英米世界秩序と東アジアにおける日本

中国をめぐる協調と相克　一九〇六～一九三六

宮田昌明

英米世界秩序と東アジアにおける日本

——中国をめぐる協調と相克　一九〇六～一九三六

目次

図表一覧

はじめに

　十九世紀から二十世紀にかけての世界は、アメリカおよびヨーロッパ諸国と非ヨーロッパ諸国との間に、政治的、経済的、文化的な格差の存在した時代であった。そのような中で日露戦争に勝利した日本は、中国に租借地を所有し、治外法権を認められながらも、欧米諸国に対する関税自主権を失ったままで、さらにアメリカにおける人種主義的な排斥運動に直面していた。二十世紀初頭の日本は、ヨーロッパ諸国と非ヨーロッパ諸国の格差の両面を経験し、そうした格差の克服を国家的課題としていた。

　本書は、そのような日露戦後から支那事変勃発に至る、約三十年間の日本とイギリスおよびアメリカとの外交関係、とりわけ中国をめぐる外交関係を取り上げ、歴史学的に検討、叙述したものである。とはいえ、本書は従来の外交史ないし国際関係史の研究よりも主題や課題を広範囲に設定しており、中国をめぐる外交関係や政策のみを取り上げているわけではない。狭義の外交史としての本書の第一の課題は、治外法権や関税政策、移民問題などを包含する、日本、中国、欧米諸国間の通商条約、関連協定および政策に関する検討である。それらは、移民や関税のみならず、中国における租借地や日米間の人種問題、いわゆる二十一か条要求問題、さらに国際連盟創設時の諸問題やワシントン条約の理念など、多様な主題に関わっている。これらの主題に関し、多数の個別研究が存在するものの、中には通商条約に関する正確な理解を欠き、研究に必要な前提を備えていないものが少なくない。その点で本書は、通商条約に関する正確な理解を再確認し、それを前提として日露戦後約三十年間の日本外交の主要課題を再検討し、従来の誤りを是正する、基礎的研究たることを目指している。

　日露戦後約三十年間の外交を再検討する結果として、本書は、日本における政党内閣の成立、終焉過程や、財政、金融、社会政策、そして政軍関係についても多く取り上げている。本書の第二の課題は、当該期の日本政治史および政策史を、外交政策やとりわけ日本の国際的地位の変化と対応させて理解することである。本書が取り上げる時期の日本は、藩閥政府から政党内閣を経て、挙国一致内閣へと移行する。その間に陸軍も外交政策に影響を及ぼしたが、その陸軍も、日本の国際的地位の変化に応じて内部の権力状況や政府との関係を変化させた。これらの課題については、外交史以上の先行研究があり、本書はそれらに依拠しながら、必要な箇所について通説を修正しつつ、本書の枠組みに則った再整理を行っている。特に第一次世界大戦前後と一九三〇年代において、軍は外交への関与を増大させた。本書はそうした現象を、軍の暴走、あるいは二元外交というより、日本の国際的地位の変化に伴う日本の国内的変化を反映したものとして捉えている。したがって、本書は一九二〇年代から一九三〇年代にかけての日本外交を、協調外交から膨張政策への転換といった、単純な変化の流れで捉えているわけではない。むしろ本書は、一九三〇年代における日本外交を、一九二〇年代に進んだ日本の民主化、それもイギリスやアメリカの動向を念頭に置きながら独自の形態を取った民主化と、遵法意識や従順を美徳とする近代日本の道徳的価値観、世界恐慌下における世界的な広域経済圏形成の動きに対応した動向、そしてこの時期に深刻化した政治指導力の低下や無責任化などの複合的現象として捉えている。その点で、本書の一九三〇年代の日本外交に関する議論は、ファシズムや軍国主義といった、包括的で曖昧な概念に基づく議論を否定している。本書は、一九二〇年代から一九三〇年代への変化という以上に、日露戦後から第一次世界大戦期の前史をも踏まえた長期的視点を設定することで、昭和初期の内政と外交を、より相対的、客観的に捉えることを目指している。

以上を踏まえ、あるいは以上の議論と並行して、本書は日露戦後三十年間の日本とイギリスやアメリカとの関係を、それぞれの国家観、社会秩序観、そしてそれに基づいた長期的かつ世界的な外交戦略の相克として捉えることを最大の課題としている。そのため本書は、英米の研究に依拠しながら、十九世紀後半以降のイギリスやアメリカの全般的な対外政策や国内政治に関する概観を行っている。本書が活用できた研究は、海外の膨大な研究の極一部に過ぎない。しかし、当該期のイギリスやアメリカの政治外交史に関する日本の研究状況には、後述のような問題が存在する。本書は第三の課題として、限界があっても、英米の研究を積極的に受容、紹介することで、日本の研究状況の改善に資することを目指している。本書は、各国間の外交上の利害や懸案を取り上げるにとどまらず、英米が歴史的に形成してきた社会の構成原理や秩序観をも踏まえて英米の対外政策を理解し、また、そうした英米の世界政策との関連や対比の中で、日本外交を捉えていく。

本書で詳述されるように、日本、イギリス、アメリカの外交には、国益や利害の対立にとどまらない、様式や形態、手法や方向性における顕著な相違が存在した。しかもそうした相違は、外交のみならず、国内政治にも表れていた。本書が日英米各国の外交政策を、国内政治と一体化させた上で、その基底となる秩序観や理念、原理の相違から説明しようとするのは、そのためである。その際、本書は特に、日本と英米における自由主義や民主主義の理念的ないし機能的な相違を重視しており、それらを次のように捉えている。すなわち、イギリスやアメリカの自由主義、民主主義とは、その制度や政策において多くの相違を有しながらも、総じて国家権力に対する個人の権利保護と、議会制や連邦制といった代表制に基づく分権的な自治の理念を意味した。これに対し、日本における自由主義、民主主義とは、所与の条件や環境の下で個々人が主体的に国家的ないし社会的責任を分有し、調和ある全体社会の形成を目指すというもので、その根底には、個人の権利保護より遵法意識や従順を美徳とし、君主の下での一体性を重視する近代日本の政治的、文化的価値観が存在していた。

こうした近代日本の価値観は、法制的に、明治憲法およびそれによって開設された議会の性格に表れている。明治二十二（一八八九）年に発布された大日本帝国憲法（明治憲法）は、日本の主権が天皇に帰属することや、臣民、すなわち国民を代表する立法機関としての議会の設置を規定した。江戸時代の日本は多数の藩に分かれ、武士や農民の忠誠や帰属意識は個々の大名家に向けられていた。明治四年に廃藩置県が行われ、統一政体が実現したものの、その後、西南戦争や自由民権運動が引き起こされるなど、統治は安定を欠き、政府は薩長出身の政治家が軍事力や警察権力を占有することで維持されていた。そうした状況に対して明治憲法は、日本人が身分や出身地域を超越して単一の国民を構成することを確認し、さらに国民の代表が立法機関を構成し、君主もまた、法に則って統治することを規定した。明治憲法はそれにより、国民の統一的な法治国家意識を定着させようとしたのである。

明治憲法は、国民の権利や義務が法律によって定められることを繰り返し明記している。これは、明治憲法における人権概念の未熟さによるものでなく、日本を近代的かつ統一的な法治国家へと再編するためであった。憲法が制定されるまでの法律は、法律というよりむしろ、政府の出す命令や行政措置に過ぎなかった。近代的統一国家の建設当初、そうした一方的措置は、当面の統治の安定化や近代化推進のために必要とされ、それが伝統的な統治様式でもあった。しかし、そのような統治方法では、長期的な国内の安定化や社会の近代化は実現できず、国際的な信頼を得ることもできなかった。そこで憲法によって、国民の権利や自由の範囲が法律によって定められることを明示したのである。それによって、国民の近代的な遵法意識を形成し、あるいはそれを前提としながら、国民の権利を保障しようとしたのである。

欧米、特に長期の議会政治の経験を有する英米における議会は、立法機関という以上に、国民の代表による合意形成の場としての性格が強かった。歴史的に欧米社会は、地域的、宗教的、階層的に分節化され、しかもそれら個々の独立性、排他性が強かったため、議会とは、そうした多様な地域や社会的結合体から選出される代表が、自らの権利を守りつつ、同時に全体的な意思を決定するための機関として発達した。また、ヨーロッパにおける法とは、王権に対する貴族の権利、特に私有財産を保護するために発達した。そのため、一般に欧米社会では、不合理でも法律に従う義務があるといった感覚は形成されず、逆に参政権の行使こそが義務であると意識されるようになった。欧米社会では、それを遵守することで自らが不利益を被るような法は、法としての価値を持たなかった。

これに対し、明治憲法下の日本の議会は、欧米のような個々の権利保護を前提とする多様な代表による合意形成機関というより、君主の立法権を国民の代表によって代理執行する機関として発足した。これにより、忠義や孝行といった伝統的な社会倫理を基礎として、国民の近代的な遵法精神を育成し、個々の利益よりも全体的な調和、統一規律の維持を優先する近代国家、近代社会が成立していった。しかし、そのような国家、社会状況は、欧米の価値観にとって、抑圧や暴力と献身や従順、あるいは専制支配と絶対服従が混在した、反自由主義的、反民主主義的な国家、社会状況として捉えられかねない側面を持っていた。欧米側に、日本社会を軍国主義的として捉える偏見が強かったのも、それだけ欧米と日本の歴史状況が異なっていたからである。また、こうした価値観の相違は、たとえば国際法をめぐり、それを自らの権利を保護、拡張するための手段として利用する欧米諸国と、国際法に対する遵守義務を重視する日本という、明治期から今日に至る国際感覚の相違を生み出すことにもなった。本書が重視するのは、こうした日本と英米の政治的、社会的原理の違いが、各国の外交にも反映されていたという点である。そしてこうした相違を持つ英米と日本が二十世紀前半にどのような内外政策を展開し、国際関係を形成していったのか、それが本書の主題となっている。

こうした英米と日本の政治的伝統の相違は、行政機能が拡大する十九世紀末から二十世紀初頭にかけての英米と日本、それぞれの国内政治秩序の性格に、決定的な相違を生み出した。すなわち、英米の自由主義の伝統は、諸政治勢力間の利害対立を引き起こしやすく、行政と議会の関係、あるいは政策をめぐる政党間の関係に恒常的な緊張をもたらした。そのため、その政治秩序は総じて、不断の政治行動の累積結果として成立する、帰納的、動態的性格を強めた。イギリスの場合、政治的な自由主義の伝統は、経済的な自由主義、すなわち経済に対する国家介入を抑制する均衡財政および自由貿易主義の伝統と一体化していた。ところが、十九世紀末以降、軍事費や社会政策費が増大し、それまでの経済自由主義の修正を余儀なくされた結果、その改革の方向をめぐり、自由党、保守党（統一党）、労働党が激しく対立した。しかし同時に、そこで成立した改革の成果は、政党間の対立や政権交代を超えて、対立政党によっても継承されていった。対してアメリカの場合、行政主導の政策遂行が議会より多大な制約を受ける中、共和党と民主党がやはり金融、関税政策などをめぐって激しく対立し、さらに共和党においては深刻な党内亀裂を生じた。そうした中、大統領が時として制度的拘束を超越する政治的指導力を発揮することで、様々な問題に対処していかなければならなかった。

他方、これに対して日本の政治は、統一規範を重視する原則の下、国際規範や国内情勢、制度の拘束を前提とした、演繹的、安定的ないし硬直的な性格を有した。日本の議会自体、欧米とは対照的に、既存の秩序や権威を前提とし、それに順応的な立法機関として発足しており、それはそのまま、日本における政党政治の基礎ともなった。日露戦後、政友会が政党として勢力を拡大できたのは、藩閥政府と対立するよりも、協調した結果であった。また、その後の二大政党内閣の時代においても、政友会と憲政会ないし民政党の間に、財政や社会政策をめぐる政策体系の相違は存在したが、政策内容、特に経済、金融政策をめぐり、英米ほどの対立は生じなかった。日本の場合、それだけ行政主導の政策遂行に対する議会ないし政党からの制約は少なかった。

こうした英米と日本の相違は、二十世紀初頭から一九二〇年代にかけての、英米における政局の混乱および不安定化と、日本における相対的安定という対照的な状況として表れた。ところが、一九二〇年代末以降の経済的、外交的危機の時代を迎えると、英米においては危機に対処するため、積極的な政治主導が確立していくのに対し、日本においては、逆に政治の混乱と停滞を招き、危機を深めていく。イギリスやアメリカの場合、恒常的な政治対立の中で常に政治の主導権が要請されており、それが危機の時代における政治機能の活発化、有効化につながったのに対し、日本の場合は、行政優位の安定的な政治状況が、外的危機に際して政府の現状維持と保身傾向を強め、全体として政府の責任意識を低下させたからである。

以上のような英米と日本の状況は、それぞれの外交政策の相違にも反映された。本論で詳述するように、英米の自由主義、民主主義は、イギリスにおいては、二十世紀初頭の同盟外交から、第一次世界大戦後の国際連盟外交や帝国政策および対外政策、一九三〇年代における帝国特恵や宥和政策などに引き継がれた。また、アメリカにおいては、日露戦後の日本に対する満州の開放要求や、第一次世界大戦およびロシア革命に対する独自の対応、戦後における国際連盟の提唱と不参加、ワシントン会議の開催、一九二〇年代のヨーロッパとの戦争債務問題や一九二四年のいわゆる排日移民法、満州事変に対する不承認政策や一九三〇年代の孤立主義などに引き継がれた。しかし、それらの流れは、イギリスやアメリカ特有の歴史状況に根ざしていたため、同時期の日本に十分に理解されなかった。こうした英米と日本における自由主義、民主主義観の相違が、本論で具体的に述べていくような、英米と日本の間の相互理解を欠いた協調と、誤解に基づく過大な警戒感や反発の背景となっていく。以上のような意識から、本書は、狭義の政治外交史ないし国際関係史という以上に、文化交渉史としての姿勢を重視している。

さらに本書の重要主題となる通商条約、特に関税と国内在留外国人の待遇に関する法規や政策は、各国間の人的、物的交流を規定する、国際交流の法制的基盤となった。ただし、治外法権の設定や関税自主権の制約を伴う通商条約は、一般に不平等条約として特定の側面から理解されており、それは十九世紀後半から二十世紀初頭にかけての日本において、欧米列強とアジア諸国との格差の象徴として克服の対象となった。しかし、不平等条約とは、国際交流を制限した前近代から、国際交流が飛躍的に拡大する近現代へと移行する過程で設定された歴史的法制であって、しかも関連する規定は、治外法権や、関税率設定権の制約のみにとどまらなかった。また、不平等条約の解消は、不平等条約設定以前の状況への回帰を意味しなかった。不平等条約は、国際交流の拡大に伴う様々な現象や、国際交流を促進する通商条約および関連政策の全体的体系の中で、多元的に捉えられるべきであろう。

二十世紀前半における通商条約や関連諸政策は、拡大する国際交流の中、各国の内外自由化や、あるいは自国を中心とする勢力圏形成の中核ともなった。イギリスの帝国政策やアメリカのラテンアメリカ政策、英米における人種問題、日本の満州政策なども、通商条約、関連協定ないしその政策、理念と相互に関連しながら展開された。それらはまた、各国の産業、経済政策とも密接な関係を持った。本書は、通商条約およびそれを包含する外交政策を、上述のような各国の伝統、価値観、そしてそれらに基づく国内政策体系との関連の中で理解することにより、イギリス、アメリカ、日本が二十世紀前半に形成したそれぞれの広域勢力圏、経済圏の特質についても、対比的に検討していく。

◇

本書は、以上の課題を検討するため、以下のような概要の、序章および三部二十章と終章から構成されている。

序章は、本論の前史と共に、全体を理解するための予備的事実経過を記述する。ここでは、十九世紀のイギリス自由主義の下での国家と社会ないし経済との関係、外交政策、イギリス帝国領域における自治領（ドミニオン）の形成とアジア人移民問題、そしてアメリカにおける革新主義と対外政策および人種問題との関係、さらに中国における租界、租借地、海関行政の成立を概観している。それらを通じ、個人の権利保護を基礎とするイギリス、アメリカの伝統が、どのような対外政策を生み、中国においてどのような制度を形成したのかを明らかにする。また、アメリカにおける在米日本人の待遇問題をめぐる日本の双務主義的な対応、すなわち、移民問題に関するアメリカの裁量権とそれに対する日本人の法令遵守義務を前提として、アメリカ側の、条約上の規定と外国人への均等待遇に関する遵守義務を主張した日本の対応は、その後の通商条約改定交渉における日本政府の原則に関わる主題となる。さらに、中国における租界や海関制度の記述は、本書においておそらく最も複雑な、中国における通商条約改定問題を理解する上で必要な事実関係を網羅している。

第一部は、日露戦後から第一次世界大戦後の国際連盟の創設までを扱う。第一章および第四章は、この時期の日本の政治史および陸軍の状況を検討している。ここでは、日露戦後の財政、経済、社会政策や、桂太郎と政友会の関係、大正政変とその後の政治情勢、そして陸軍内部の権力関係や対外意識を検討することで、従来の研究史を整理、再検討していく。この時期の日本は、国内において元老や藩閥の権威が存続する中、それを克服しようとする気運が生じる一方、対外的にも、欧米列強の優位を前提に日本の国際的地位を向上させようとする動きが、特に大陸経営や条約改正交渉をめぐって具体化した。と同時に、この時期の日本は、国民の身分制的階層意識を産業化に対応した分業意識へと再編することで、経済力の向上と国内秩序の安定化を両立的に進めようとし、そのため、国民の道徳意識に対する訴えや社会政策の導入がなされた。さらにこうした状況は、陸軍内の権力関係にも影響を与えていく。このように、第一章および第四章は、日本の国際的地位の向上を目指す動きとの関連で、当該期の日本の政治、行政、経済、外交の変化を捉えていく。

第二章は、日露戦後のイギリスの内外政策と日本外交を検討している。日露戦争前後のイギリスは、保守党（統一党）から自由党への政権交代期に当たった。本章は、序章で述べる十九世紀のイギリス自由主義の理念が、二十世紀の財政膨張の時代にどのように変容し、内外政策の変化を引き起こしたのかを検討する。この時期のイギリスは、孤立主義的な外交政策を転換し、他の大国や自らの帝国領域と多様かつ多元的な関係を形成することで、外交上の負担を軽減しようとした。その点でこの時期のイギリス外交は、第一次世界大戦後に保守党政権が展開し、さらに一九三〇年代に修正されながら引き継がれていくイギリス外交を理解するための基礎ともなる。第二章はさらに、こうしたイギリス外交との対比で、同時期の日本の同盟外交および通商条約改定交渉を検討する。この時期の通商条約改正交渉は、関税自主権の回復を中心とし、日本の主権回復という目的や、産業育成という政策的必要に基づいてなされたが、その際、日本は国家間の双務主義を対等条約とする、戦前期の日本外交に一貫する原則を設定した。これは、後の国際連盟創設時の人種問題やワシントン条約に対する日本の対応、日本人移民をめぐる日米交渉の争点を理解するための前提ともなる。さらに日本は、この問題を通じて、各国の関税政策体系の違いにも直面しており、この問題は、関税政策の複雑さを理解する上での基礎ともなるはずである。

第三章は、アメリカにおける、セオドア・ローズヴェルト、ウィリアム・ハワード・タフトの共和党政権からウッドロー・ウィルソン民主党政権が誕生するまでの内外政策を概観している。革新主義の時代のアメリカは、序章で紹介するように理想主義的な気運を高め、対外的に帝国主義を不当とし、国際社会との関係を回避しようとしながら、国内において、行政の合理化や効率化、民主主義による行政の腐敗排除を進めようとした。しかし、その一方で当該期のアメリカにおいては、具体的な内外政策とその遂行方法、特に専制政治や帝国主義を連想させる行政への権力集中をめぐって、行政の最高権力である大統領と民主主義の最高機関である連邦議会が対立した。当該期の日米関係も、こうしたアメリカの状況に規定されており、第三章ではそれを、日露戦後の満州開放問題や移民問題の検討を通じて明らかにしていく。

第五章は、第一次世界大戦期の日本の中国政策について扱う。中でもいわゆる二十一か条要求問題に関する議論は、従来の理解や誤りを大幅に修正している。当該問題に関する従来の議論は、希望条項とされた第五号に関する誤解に基づき、そればかりに関心を寄せてきた。しかし、当該問題の最大の論点は、南満州の開放に伴う司法管轄権の問題であって、それが日中間の最大の対立点となっていた。それを理解するには、中国における治外法権に関する理解が不可欠となっている。第五章はこの問題を詳細に検討すると共に、第十四章で詳論される中国と欧米各国との治外法権撤廃交渉との比較史的な検討も行っている。第五章はまた、第四章で取り上げる第一次満蒙独立運動を引き継ぐ第二次満蒙独立運動や西原借款などについて、第一章と第四章で検討した当該期の日本の政治史を踏まえて再評価し、末期を迎えた藩閥政府の国内政治と対外政策とを統一的に捉える議論を提起している。

第六章は、第三章に続くウィルソン政権後半期の内外政策と日米関係について取り上げる。第一次世界大戦期のウィルソン政権は、行政権力の発動に消極的な前半期の姿勢に比べ、社会の公共性を脅かす実力行使的な行動を抑制するため、より積極的に行政権力を行使するようになっていく。本章はこうした理解の下で、第一次世界大戦へのアメリカの参戦の論理や、大戦期の日本への対応、とりわけ二十一か条要求問題や石井‐ランシング協定、シベリア出兵問題に対する対応を体系的に捉えていく。これにより、第五章の議論を発展させると共に、第七章の議論の基礎を提供していく。

第七章は、パリ講和会議および国際連盟について取り上げる。国際連盟の創設に関して、日本では一般に、民族自決という理念に注目されがちである。しかし、これは正確ではない。というのは、少数民族が混在する中東欧地域での民族自決は、現実的にあり得なかったからである。パリ講和会議における現実的課題とは、国家主権の尊重という原則の下での、経済的に自立可能な国家の創設と各国内における少数民族の権利保護、そして大国を中心とする各国間の安全保障という主題であり、しかも、それを具体化する上で中心的な役割を果たしたのが、イギリスであった。第七章では、第二章および第六章の議論を踏まえた上で、国際連盟が、イギリスの二十世紀初頭以降の外交的潮流と対米関係上の考慮の上に成立していく過程と、それが、一九二〇年代の世界秩序にどのような影響を及ぼしていくのかを議論する。と同時に第七章は、パリ講和会議における日本の最大の懸案であった人種差別撤廃問題と山東半島問題に関する日本と英米との対立点についても詳論している。人種問題に関する日本の方針は、序章や第二章で述べる通商条約に関する日本の原則に依拠したもので、人種問題に付随しがちな感傷的な問題というより、あくまで法理的な問題であった。山東半島問題についても、交渉の焦点は条約上の権利義務に関するもので、日本政府の方針は一貫していた。ただし、山東半島問題は日米間の交渉で特に紛糾した。本章はその理由について、ウィルソンの理念、権力観と、原敬内閣や全権代表側の外交判断の誤りという点から、通説を批判、修正している。

第一部は、自国の権利や安全を確保するため、特有の自由主義の伝統と内外政策上の理念の変化を背景に、それぞれ独自の対外政策を展開したイギリスやアメリカに対し、日本が様々な面で対等の立場を実現するため、一方で国内の合理化に着手し、対外的に困難な交渉を進めながら、他方で移民問題をめぐるアメリカとの紛糾を引き起こしたり、中国に対する権利の拡大を目指す気運を高めたりしていたことについて、議論を進めている。イギリスは、対外的義務を回避する孤立主義から、諸国との多元的な関係を形成する外交へと方針を転換していったのに対し、アメリカは、ヨーロッパや日本の帝国主義的外交との関係を回避し、それらに対する批判的態度を明確にしながら、自らの権利の維持、拡大について譲らなかった。そうした国際情勢の中、日本は、国内において階層的政治秩序や派閥人脈に基づく全体的統制を維持しながら、各国との合意形成を通じ、自らの国際的地位を着実に向上させようとした。ただし、そうした国際的上昇志向が、同時に国内における伝統秩序の動揺や、陸軍による対外的な独断行動、さらには第一次世界大戦期の積極的外交を引き起こす。その結果、英米、特にアメリカの不信を招き、ひいては戦後における内外政策の再編へとつながっていく。第一部は、こうした過程を具体的に明らかにしていく。

第二部は、一九二〇年代を扱う。第八章は、アメリカにおける共和党の政権復帰とそれに伴う内外政策の転換、さらにワシントン会議およびいわゆる排日移民法について取り上げている。第一次世界大戦後のアメリカは、国際連盟の創設を提唱しながらそれに参加せず、政権交代後にワシントン軍縮会議を提唱した。ワシントン会議においてアメリカは、日英同盟の解消や日本の主力艦保有比率に関して強硬でありながら、中国問題で日本に理解を示した。アメリカはまた、ヨーロッパ諸国との戦時債務問題に関して非妥協的態度を貫いた上、高関税政策と移民制限を導入し、一九二四年にいわゆる排日移民法を成立させた。第八章は、そうしたアメリカの対外的な協調姿勢と非妥協的姿勢、そしてその背景となった国内政策の論理体系について、明らかにしていく。

第九章は、一九二〇年代イギリスの内外政策を概観する。第一次世界大戦後のイギリスは、アメリカとの債務問題、相対的な自国経済力の低下、国内における労使紛争、帝国主義に対する内外の批判といった多大な課題を抱えていた。そうした中でイギリスは、戦争債務問題、国際連盟、対日政策、そして帝国政策において、戦後の新たな国際理念に対応した新基軸を打ち出していく。戦後のイギリスは、孤立主義的気運を高めたアメリカと対照的に、国際的責任を積極的に果たすことで、自らの低下しつつある国際的影響力を維持し、高めようとした。本章はそれを具体的に明らかにすると共に、ネヴィル・チェンバレンを中心とする社会政策についても取り上げている。ネヴィル・チェンバレンは、一九三〇年代のイギリスにおける内外政策の中心となるが、地方行政、財政、社会政策、権力闘争、そして外交のいずれをもこなした、近代日本からは輩出できなかった政治家であり、当該期および一九三〇年代のイギリスの内外政策において決定的な役割を果たした。したがって、本章の議論は、一九三〇年代における日本とイギリスの、対照的な内外政策を理解するための基礎ともなっている。

第十章は、一九二〇年代の日本における政党内閣の成立過程と同時期の経済、金融、財政、社会政策の展開、そして幣原外交について検討している。日本にとって一九二〇年代は、国際連盟の常任理事国に就任し、また、ワシントン会議に主要海軍国として参加し、軍縮の義務を負うなど、大国としての地位を自覚する画期となった。これは、第一次世界大戦以前からの大きな意識転換であり、その後の日本は、そうした大国としての自覚に基づいた内外政策を展開していく。第十章は、大正末から昭和初期にかけての政党内閣を、大国意識と国際的な民主化の気運を背景に成立したものと捉え、さらに当該期の財政、金融、社会政策の全体的体系を明らかにする。

一九二〇年代の日本においては、内外の民主化の気運に対応する政治的再編が進むと共に、明治末に始動した社会政策が大々的に展開された。しかもそれは、個人の権利保障のためというより、総合的経済政策の一環として実施されたため、財政、金融、産業政策と相互に結び付いた、体系的政策の一部を構成した。本章は、一九二〇年代の政治、経済、社会行政、外交などの検討を通じ、当該期の日本が、民主化の時代に対応する国民の自立と規範意識の共有に基づいた新たな国家統合を目指しており、幣原外交もまた、そうした大国意識と国際的な規範意識の共有に基づく東アジアの安定化を目指していたことを論じていく。次いで第十三章において、以上のようなアメリカ、イギリス、日本のそれぞれの政策体系が、世界恐慌に対してどのように対応、変容し、一九三〇年代の政治情勢や政策体系に引き継がれていくのか、特にイギリスとアメリカの自由主義の伝統が世界恐慌に対してどのような現象を引き起こし、また、日本における大国意識の形成や一定の民主化が内外政策にどのような影響を及ぼしたのかを検討している。

第十一章と第十四章は、中国における関税と治外法権をめぐる列強と中国の交渉、そして中国国民党の北伐に始まる一九二〇年代後半の中国情勢の変化に対する列強の対応を扱う。これらの主題、特に中国における不平等条約の改定問題は、本書の中でもおそらく最も専門的かつ複雑な議論となっている。この内、関税問題に関し、北京関税特別会議をめぐる研究が多数存在するが、修正を要する点が少なくない。また、治外法権の問題に関し、中国側が日本との交渉を拒否していたことと問題の複雑さから、先行研究はほとんど存在しない。第十一章は北京関税特別会議と北伐に対する列強の対応、第十四章は、上海特区法院協定および一九三一年六月の治外法権撤廃に関する英中仮合意の成立過程を詳細に明らかにしている。第十一章と第十四章では、先行研究の不十分なこの問題に関する基礎的事実を確定すると共に、本書全体の趣旨に則して、中国における関税問題と治外法権問題に対する英米日の対応を、一九二〇年代におけるそれぞれの政策体系や国際秩序観に基づいて解明していく。

第十二章は、一九二〇年代における日本陸軍の状況について取り上げる。第十章で述べる当該期の日本における大国意識の形成と民主化の気運は、当該期の陸軍の権力状況にも変化をもたらした。ここでは、陸軍内部において長州閥の影響力が後退する中、その権力状況が民主化の時代に対応してどのように変化していったのかを検討している。そうした議論の中で、陸軍内の派閥間や世代間の、国家総動員や軍備の近代化、中国政策をめぐる対立を検討し、さらに張作霖爆殺問題に関する通説の修正を試みる。本章は、政府と軍部の関係を単純な対立関係としては捉えていない。張作霖爆殺事件や後の満州事変など、昭和期の陸軍、特に関東軍については、独断行動という先入観が強い。しかし、ここでは、陸軍の独断行動を先験的前提とするのでなく、なぜそのような現象が生じたのか、という基本に戻って検討を行う。それによって、満州事変勃発前後の陸軍を理解する予備的作業ともする。

第二部は、一九二〇年代のイギリス、アメリカ、日本それぞれの国際秩序観とそれに基づく対外政策、対中国政策を対比的に捉えていくことを主眼としている。当該期、イギリスは多国間関係を調整し、民族自決の理念に対応した帝国の再編を行うことで世界的影響力を保持しようとしたのに対し、アメリカは国内における孤立主義の気運を背景として、自国の権利を保持しながら、同時に民主主義の理念を掲げ、その世界的共有を進めることによって、逆に国際社会に対する外交上ないし軍事上の直接的関与を自制しようとした。対して日本は、各国による国際規範の遵守を通じ、国力や国際的評価に相応した階層的、分業的かつ安定的な国際社会の実現を目指していた。第二部は、こうした各国の外交政策の論理を、それぞれの国内政策との関連で解明し、自由主義や民主主義の世界的気運が、各国において対照的な政策を生み出していたことを具体的に明らかにする。

第三部は、満州事変の勃発から一九三〇年代半ばまでを扱う。第十五章は、満州事変勃発前後の日本陸軍内の状況を、第十二章を引き継ぐ形で検討している。本章は、張作霖爆殺事件の処理問題をめぐる陸軍上層部と中堅層の対立、石原莞爾の中国およびアメリカ観と満州問題への対策、三月事件と青年将校運動、満州事変勃発後の陸軍上層部と中堅将校の対立などを取り上げている。満州事変に関しては、満州権益の維持、拡大といった経済的要因が重視されている。しかし、そうした目的意識が直ちに関東軍の独断行動を引き起こしたわけではない。張作霖爆殺事件を引き起こした河本大作にとっても、満州事変を引き起こした石原莞爾にとっても、奉天政権に対する何らかの強硬措置を政府の正式方針として発動できれば、それが最善であった。本章は、長州閥を引き継ぐ田中義一ないし宇垣一成の統制下に置かれた陸軍上層部が、政友会ないし民政党との関係を優先し、その限りで政党内閣による陸軍の統制が確立していたために、かえって陸軍内部に政党批判と連動する陸軍上層部への批判を生み出し、現地における独断行動が引き起こされていったことを明らかにしていく。

第十六章は、満州事変期の日本、イギリス、アメリカの内外政策、政治状況を検討する。満州事変は関東軍の独断行動で始まったが、昭和七年中頃までに、陸軍中央は関東軍に対する統制を回復する。しかし、日本の政治状況は、五・一五事件をきっかけとして政党内閣が中断し、満州国の承認問題をめぐって国際連盟と対立し、財政膨張が進み、さらに陸軍内にも新たな派閥対立の要因が発生するなど、混迷を深めていった。他方、当該期のイギリスは、労働党内閣が崩壊して連立政権が成立し、金本位制からの離脱を余儀なくされる一方で、ポンドの信用に基づくスターリング圏を形成し、さらに帝国特恵を導入した。また、アメリカはハーバート・フーヴァー政権の末期に当たり、後のニューディール政策につながる政策転換が始まる一方で、対外問題における理念重視の立場と具体的関与の抑制という、それまでの外交政策の傾向をより強める形で満州事変に対処する。本章は、以上の主題の検討を通じ、一九三〇年代の日本の政治が指導力を失い、分裂傾向を強めていく初期の状況を明らかにする一方で、この時期に進められたイギリス帝国の再編と、それと並行するイギリス外交の変化およびそれと日本の国際連盟脱退との関連について検討している。本章におけるイギリス帝国に関する議論は、次章以降の議論と合わせ、一九三〇年代の英米と日本の広域経済圏形成における、根本原理の対照性を明らかにするはずである。

第十七章は、満州事変後の日本の対中国政策と、同時期の財政、金融政策を扱う。本章は、関東軍による独断行動という一般的理解を修正し、むしろ当該期の関東軍が外務出先と協調しながら、日中関係の緊張緩和を推進していったこと、そしてそれを容認した日本の全体的な外交方針は、一九二〇年代の国際秩序観を基礎とする、大国を中心とする階層的かつ役割分担的な国際秩序の形成を目指すものであったことを明らかにしていく。それを実現する方法的展望は、中国に対する軍事的威圧を積極的に活用した点で、一九二〇年代と対照的であったが、その一方でこの時期の日本は、中国との個別懸案を解決するため、着実かつ長期的な交渉を通じた合意形成を目指しており、後の華北分離工作を予定するものではなかった。本章はまた、一九三〇年代の諸政策が、一九二〇年代の諸政策の基礎の上に成立していくことを論証し、一九三〇年代を一九二〇年代と断絶させず、その特徴をむしろ長期的かつ特にイギリスとの比較の上で捉えていくと共に、日本の財政、金融、為替政策について、その政治的な弊害と合わせて議論している。すなわち、当該期の日本は、輸出、輸入両面において欧米圏との貿易に依存しながらも、円通貨の暴落によって、イギリスと対照的な経済圏を形成した。しかも、その経済圏において円通貨は膨張しており、さらに経済の合理的運営を目指す気運の高まりから、統制経済への関心とそれを実現するための権力志向を生み出した。本章は、当該期の日本が、国家権力による経済合理化を目指したため、かえって国家の分裂と混乱を引き起こしていったことを明らかにし、次章以降の議論へとつなげていく。

第十八章は、満州国と日本との関係について取り上げる。本章ではまず、満州国に対する日本の統制について、その制度と運用の実態の両面から通説を批判し、次いで満州国の一般日本人に対する開放問題について検討する。日本と満州国の間に通商条約は存在しなかったが、それを代替する一九三六年の日満条約によって、満州国における日本人の権利、義務が規定された。同条約は、満州国における治外法権と移民問題にも関連しており、これによって一般日本人に対する満州国の開放が実現すると共に、帝国領域の一部としての満州国の性格が規定された。本章は、通商条約ないし通商関連政策を通じ、各国の国際秩序観や広域勢力圏の特徴を理解していこうとする本書の枠組みを援用する形で、満州国と日本の関係について再検討している。

第十九章は、一九三〇年代におけるイギリスとアメリカの内外政策を概観する。当該期、イギリスはネヴィル・チェンバレンの主導権の下、ドイツや日本に対する宥和政策を展開し、アメリカはフランクリン・ローズヴェルト大統領の下、孤立主義的気運の中で自国の権利保護を優先しながら、国内外に理念を提示していく独自の対外政策を遂行した。本章は、これまでの議論を踏まえ、当該期のイギリスやアメリカの外交政策が、それぞれ独自の財政政策や社会政策、権力関係、伝統的価値観や原理に基づき、どのように展開されていったのかを検討していく。それによって、英米からの評価に苦慮し続けてきた明治以来の日本外交、あるいは国家や経済の合理的運営を目指し、かえって分裂を深めた当該期の日本外交とは対照的な、イギリスやアメリカの外交姿勢が明らかになるはずである。と同時に、そうしたイギリスやアメリカの外交は、強固な伝統や原理に基づいていたため、他国との相互理解に決定的な限界を持っていた。本章は、本書全体に通底するこうした理解に基づき、当該期の日本と英米との外交的懸案についても検討していく。

第二十章は、支那事変勃発の重大原因となった昭和十（一九三五）年の華北分離工作について扱う。本章は第十七章を引き継ぎ、陸軍の派閥対立や、陸軍と政府ないし重臣との関係を踏まえ、現地の陸軍によって再び独断行動が引き起こされていく原因と全体的過程について再検討している。本章は、中国に対する陸軍の強硬論にも統一的方針は存在しなかったこと、そしてとりわけ、独善的な権力志向を有した陸軍統制派と、対外協調を志向しているようでありながら単なる事なかれ主義でしかなかった政府当局との実質的癒着、馴れ合い関係が陸軍出先の暴走を引き起こし、蔣介石政権の頑強な抵抗と、陸軍中央、特に参謀本部の柔軟な対応の下に事態が収拾されていく過程を詳論している。そうした事態を招いた陸軍や政府の状況は、続く昭和十一年二月の二・二六事件につながる禍根をも残しており、さらにその後、陸軍における旧長州閥系ないし宇垣系の復活や政界における近衛文麿への期待といった、門閥や血統に事態収拾能力を過度に期待する、さらに重度の無責任、事なかれ主義を生み出す。国内に様々な制約や対立を抱える中、政府の主導権を確立していったイギリスやアメリカに対し、国家的危機に際して分裂と馴れ合いを深めた日本政府ないし軍部の状況は、深刻であった。本章は、昭和十年秋以降、中国において日本人を対象とした殺傷事件が多発し、さらに昭和十二年に支那事変が勃発するという後の展開をも踏まえ、当該期の日本政府における指導力低下の過程についても議論していく。

第三部は、一九三〇年代における日本の全体的な政治、経済情勢と、その中で日本がどのような東アジア国際秩序を目指していたのかを踏まえた上で、陸軍内の分裂と一部の独断行動が引き起こされていく過程を議論している。その上で、一九三〇年代に進んだイギリス、アメリカ、日本における広域経済圏形成の論理や、また、自由主義の伝統と多元的な国内状況の中で政府による強力な主導権が発揮されていったイギリスやアメリカに対し、権力の集権化を目指しながら逆に分裂を深めていった日本の状況を、それぞれ対比的に検討している。

終章では、全体を総括しながら、日本、イギリス、アメリカ各国の、政治と外交、移民や通商政策、中国外交、政治指導の特徴や政治的理念の相違といった各主題に沿って議論を再構成し、二十世紀前半にイギリスとアメリカが形成した世界秩序とはどのようなものであったのか、そしてそれに対し、日本がどのように反応、対応していったのかをまとめていく。その上で、本編の議論に続く支那事変、第二次世界大戦、大東亜戦争の勃発の過程を略述し、本論で明らかにした各国の政策的特徴がその後の歴史にどのように反映されていくのかを述べていく。

◇

本書は以上のような多くの主題を設定し、大部の研究となったが、それにはいくつかのきっかけないし理由が存在した。その第一は、内外、特に英米の優れた研究に接したことである。中でも、John Ramsden, *The Age of Balfour and Baldwin, 1902-1940* (London: Longman, 1978), Karen Miller, *Populist Nationalism: Republican Insurgency and American Foreign Policy Making, 1918-1925* (Westport, Conn.: Greenwood Press, 1999) そして植田捷雄『支那に於ける租界の研究』（巌松堂書店、一九四一年）に接したことは、本書を

まとめる過程でそれぞれ重要な転機となった。まずジョン・ラムズデンの著作は、二十世紀前半のイギリスの保守党（統一党）の研究である。同書は、アーサー・バルフォアからネヴィル・チェンバレンに至る保守党指導者の個性や、執行部内の権力関係、保守党における政策の推移、さらに党中央と地方支部との関係や党の財務状況にも配慮する、政党研究として日本の研究にない厚みと広がりを持った研究であるが、同書中には、一九二〇年代の労働組合運動に対する保守党の対応に、一九三〇年代のドイツに対する宥和政策の起源を求める、簡潔ながら重要な指摘が存在している。ラムズデンの研究は、国際関係史の研究においても、各国の国内状況や、内外政策を決定する行動原理、価値観に配慮していかなければならないことを確信させる、きっかけとなった。

次のカレン・ミラーの研究は、アメリカの国際連盟不参加決定に関する研究で、共和党内の革新主義派の動向を中心に、二十世紀初頭のアメリカにおける帝国主義に対する反応、革新主義の理念がアメリカの政治情勢にもたらした影響、とりわけ共和党の分裂とそれに伴う党内運営状況など、やはり国内情勢や内外政策上の理念との関連でアメリカの対外政策を検討している。ミラーの著作は、ラムズデンのような包括的研究ではないが、議論の明快さと鋭さが際立っており、イギリスの研究ばかりでなく、アメリカの研究にも本格的に取り組んでいく必要性を感じさせた。それは本書をまとめる上で、多大の負担と研究の遅滞、分散化といった危険をもたらしかねない決断であったが、ミラーの研究は、決意のきっかけと課題克服の最初の手がかりを与えてくれた。

最後の植田の著作は、中国における租界の成立、拡大、変容に関するもので、議論の斬新さや鋭さよりも、事実過程の詳細な解明に重点を置いた、日本の典型的な叙述形式に基づく良質かつ浩瀚な研究である。先に紹介したような、中国の治外法権に直接的、間接的に関わる本書中の様々な議論は、植田の研究が存在しなければ完成しなかった。植田の著作は、当該問題に関する最高水準の研究書であるが、今日の研究において援用されることは、ほとんどない。植田の研究が広く参照されていれば、本論で指摘するような関連研究の誤りも、回避されたはずである。そしてこの点は、本書が大部となった次の理由とも関わっている。

本書が大部となった第二の理由は、日本の政治史、外交史の研究水準が、イギリスやアメリカの研究水準に比べ、多大の問題を抱えていると判断せざるを得なかったことである。総じて日本における近現代史、特に外交史研究は、著者の関心に沿った事実経過の単調な叙述にとどまり、明確な議論を提起する傾向が希薄であった。そのため、様々な事実の因果関係や対立関係に対する捉え方が厳密さを欠き、議論といっても、その実態は個々の事実や全体的経過に対する著者の印象や感想、過去に対する批判などが記される程度で、中には結論そのものを読者の感慨に委ねるようなことも少なくなかった。さらにこうした状況に対し、特定の分析視点が打ち出され、あるいは論争が行われる場合でも、その多くは、著者によってある概念が提起され、それを過去に適用する形で歴史的事象を理解しようとする水準にとどまっていた。(1)

日本近代史、特に外交史研究が、こうした評論的な水準にとどまっているのは、主として、歴史的に合理的と考えられた論理、それも様々な主体において独自の合理性や体系性を有した様々な論理を理解し、それを現代においても理解可能な論理表現によって叙述していこうとする取り組みが不足していたことによる。とはいえ、過去の歴史的事象に対する内在的理解を目指す研究が、存在しなかったわけではない。戸部良一などの研究は、優れた例外に属する。しかし、その一方で独自の視点を打ち出そうとするあまり、本論で必要に応じて批判していく、次のような問題のある研究が発表され、評価される状況も生まれている。

ここでは、特に問題の多い研究として、服部龍二と井上寿一の著書を挙げておく(2)。服部の研究は一九二〇年代の日本外交、井上の研究は満州事変から支那事変に至る日本の対中国政策に関する研究であり、それぞれ新史料を積極的に発掘、紹介し、また、新たな分析視覚を打ち出そうとしている。しかし、服部と井上は、独自性にこだわるあまり、史料の曲解や事実誤認、恣意的な論理展開を繰り返している。服部の研究は、国際関係論の視点を打ち出し、海外の史料や文献を博捜しているようでありながら、基礎的事実や欧米の研究に対する理解を欠いている上、行列配置による外交政策の形式分類や、日本の孤立化に関する定型的、演繹的指摘が繰り返されるなど、総じて疑似科学的である。これに対して井上の研究は、一次史料の曲解による事実の創作、自らの主張に反する事実や議論の無視といった、研究手続き上、看過できない内容を含んでいる。したがって、両文献はそのままの援用に堪えない研究であり、いずれも、本来は厳しく批判されていなければならない。しかし、両文献とも学位論文に基づき、学術賞まで授与されている。これは、日本外交史研究の深刻な状況、すなわち、厳格な検証や相互批判を欠き、複雑な因果関係の解明や体系的全体像の理解より、内実の伴わない独創性なるものを評価する一つの傾向を、象徴している。

他方、日本における西洋史、特に本書の主題との関連で、イギリスおよびアメリカ史の研究分野においても、問題がないわけではない。総じて日本における西洋史研究は、研究対象の広がりと共に、伝統的な政治史、外交史に対する関心は低下傾向にある。しかし、欧米における政治史、外交史の研究成果は発表され続けている。かつての三宅正樹による日独伊三国軍事同盟の研究(3)や、木畑洋一による一九三〇年代イギリスの東アジア政策に関する研究紹介(4)など、欧米の研究動向に関する紹介作業は、日本の政治外交史研究にとっても、有益な情報をもたらしてきた。その後の欧米における研究の進展を踏まえれば、現在、類似の作業に対する需要はより高まっているはずである。ところが実際は、概説書において高水準の著書が刊行されているものの、専門書において、重大な問題を抱える研究が存在する。ここではその例として、君塚直隆と高原秀介の著書を挙げておく。

君塚の研究は、十九世紀のイギリス政党史に関する研究である(5)。しかし、君塚の研究は、イギリス史の研究というより、日本の元老に関する伊藤之雄の議論をイギリス史に応用するという、特異な手法を用いたものであり、しかも君塚のいう長老政治家の概念が、十九世紀半ばの、自由党と保守党の双方が不安定化した時期にしか機能していなかったことを明らかにする結果に終わっている。その意味で、君塚の研究には、イギリス史の研究として決定的な不備がある。ところが、君塚の研究は、日本近現代史の研究において評価され、援用されている。[6]こうした状況は、外国史研究としても、あるいは日本政治史の比較史的研究としても、倒錯した現象であろう。他方、高原の研究は、ウィルソン政権の対日政策に関する研究であるが、民主主義や自由主義に関する漠然とした理解、感覚のみに基づいて、ウィルソン政権を評価している。[7]高原の研究は、数々の事実誤認は別としても、たとえば社会や経済に対する連邦政府の行政的介入が、自由主義に反するのか、むしろ自由主義を補強するものなのか、あるいは議会や州の権限を侵害し、民主主義に抵触するものなのかといった、二十世紀のアメリカ史全体に通ずる問題への認識を欠いている。これは、文化や価値観を異にする他国理解の難しさに対する自覚を欠いた、安易な研究姿勢によるものであろう。

欧米、特に議会政治の長期の歴史的経験を持つイギリスやアメリカを理解する際、自由主義や民主主義という言葉には、慎重な配慮が必要であろう。日本において民主主義とは、国民の政治参加と平等な社会の実現という意味合いを帯びている。これはおそらく、自由と平等の実現を理念として掲げたジャン・ジャック・ルソー『社会契約論』（一七六二年）やその後のフランス革命の理念に由来し、しかもそれが、立憲君主制の下で一体感の強い国民性を形成してきた近代日本の価値観に親和的であったためであろう。しかし、イギリスやアメリカの政治理念において、平等は必ずしも自由に匹敵するほどの価値が置かれているわけではない。イギリスやアメリカにおいて、自由と対になる政治理念はむしろ、justiceやfairなど、正義ないし公正であって、これは個人の権利保護と個人の社会的責任とを重視する個人主義的な価値体系が強固であったことによる。上述のような、イギリスないしアメリカにおける議会と日本における議会に原理的な相違が生じたのも、大きくこの点に由来しており、イギリスやアメリカにおいて、個人の権利保護の原則に基づいて全体的な意思決定を行う議会は、自由主義と民主主義とを支える根幹的な制度となった。このように、同一の概念、用語であっても、歴史的経緯の相違から異なる意味合いを備えているとすれば、それらを援用するにはそれぞれの価値観に即した意味で用いなければならない。そうでなければ、無意識に概念の混同を引き起こしてしまうばかりであろう。にもかかわらず、右に挙げた研究をはじめ、日本の外国史研究においてこの点に関する配慮は、おそらく外国史研究という立場をむしろ超越しようとする意識から、希薄である。

本書は、自由主義や民主主義という概念を、それぞれの歴史的経緯に即して用いるため、特定国の制度や政策を優劣的に評価するようなことは行っていない。たとえば、戦前の日本における民主主義は未熟であった、というような評価である。既述の議会と同様、政党政治も一般に民主主義を反映する政治形態とされるが、その実態は欧米においても多様であった。イギリスやアメリカの場合、王党派と、王権の強化を嫌う有力貴族、あるいは連邦派と、中央集権を嫌う反連邦派といった、権力の集中と分散をめぐる有力政治家内の二つの政派が、二大政党の基礎となった。イギリスやアメリカ、特にイギリスの場合、政党政治は国民の政治参加という意味での民主主義を基礎としたわけでなく、むしろ既存の貴族や有力政治家を中心とする議会内の二大政派が、国民の政治参加の拡大に応じて民主化していくという過程をたどった。そのため、イギリスやアメリカにおいては二大政党が常態となったが、これに対して大陸ヨーロッパの場合、民主化の過程で議会や政党政治が導入されたため、多数政党の分立が常態となった。しかもその点で、イギリスやアメリカにおいても、政党政治の民主化に応じ、二大政党の内部に反主流派が形成されたり、政党間の離合集散が行われたり、第三勢力が形成されたりするようになった。

国民の政治参加の拡大に応じ、政党政治が多党化したり、多様化したりするのは、避けられない現象であった[8]。ところが、近年の日本では、上記の君塚やあるいは奈良岡聰智のように、二大政党を政党政治の理想形と見なす研究が存在する。しかし、そのような演繹的研究姿勢は、歴史研究の方法として不適切である。日本の場合、明治六年政変と明治十四年政変で政府から失脚した勢力が二つの中心的野党を形成し、そうした中で議会が開設され、藩閥政府も二大野党との提携関係を選択的に形成し、一九二〇年代の政党内閣の時代を迎えた。基本的に日本の政党は、有力政治家の分派として出発し、二十世紀初頭の、民意を反映しようとする民主化の過程で分裂や多党化の傾向を強め、政権参画の過程で小政党は大政党に統合されていったが、同時に小政党や党内分派も存続した。しかも日本の政党政治は、日本の歴史的経緯や伝統的価値観の上に成立しており、それを欧米の政治状況を基準として理解するのは、日本の慣習的ないし無自覚な概念規定に基づいて西洋史を理解するのと対をなす、非歴史学的な研究姿勢である。本書がイギリスやアメリカの内政に関する記述を多く行い、日本、イギリス、アメリカの政治状況をそれぞれの歴史的経緯に即して理解しようとしたのは、こうした状況を克服するためである。

本書は右の研究以外にも、多くの先行研究を必要に応じて厳しく批判している。故意に論争的であろうとしたわけでなく、本書にも意図せぬ誤りは存在するであろう。また、特定の欧米の研究に依拠し、概観的記述を多く行っていることも、専門的に批判の対象となるかもしれない。さらに所与の条件の下、本書をまとめる上で多くの限界を意識せざるを得なかった。そのため、本書が評価を得られないこともあり得るであろう。にもかかわらず、先行研究の誤りを積極的に指摘、批判していくことは、馴れ合いを排して本書の論点を明確化し、何より後学の研究に資するために必要と判断した。

本書が大部となった最後の理由は、当初の研究目的と研究を進める中での意識の変化であった。本書は、日露戦後から支那事変勃発までの中国をめぐる日本とイギリスやアメリカとの関係を中心として、議論を展開している。これは基本的に、支那事変やさらに大東亜戦争の原因を解明しようとした、当初の問題関心に基づく。特にこの点で、日露戦後に日本が獲得した在満権益を、その後の日中対立の重大要因と位置付ける評価が支配的である以上、日中関係の基本に関わる通商条約やそれに関連する条約、協定、政策に関する正確な検討は避けられない作業となった。日本陸軍に関する検討も同様である。しかし、その一方で日露戦争の終結から三十年間の時期に限っても、それぞれの時代にはそれぞれの理念や特徴がある。後の戦争のために、それに先立つ時代や様々な歴史的事象が存在したということは、あり得ない。戦争のような巨大な歴史的事件は、そのような事態を招いた原因を探ろうとする研究上の関心を呼び起こすが、現実の歴史は、特定の結果や事件以上の幅広い影響を後世に残している。とすれば、戦争の勃発についても、本来はそうした全体的歴史経過の中で、その原因や影響を理解し、意義付けを行っていくべきであろう。

本論で検討するように、日本が満蒙に権益を所有したことが支那事変を必然化したわけでなく、また、アメリカにおける日本人排斥や海軍軍縮問題に対する日本の反発が日米戦争を引き起こしたわけでもない。研究における目的意識は、研究の動機として重要であるが、過度の目的意識は、演繹的研究姿勢を生み出し、因果関係に対する解釈の飛躍を引き起こしかねない。本書は、日露戦争終結後から支那事変勃発直前までの日本外交の特徴とその変化の過程を、事実に即し、イギリスやアメリカの内外政策や価値観と対比しながら相対的に捉え、叙述していく。そうした作業の中で、支那事変や大東亜戦争の背景や原因についても、付随的に明らかになっていくはずである。

◇

本書の完成までに得られた支援は、数少ない個々人の善意による。本書の原稿は、平成二十一年初夏に完成したが、そこに至るまで、そしてさらなる確認や修正、追記を経て今次の出版に至るまでの間、地位を有さない個人にとって、研究を継続、発表するには、多くの制約があった。

本研究が完成に向かう最終段階において、最大の助力を与えてくれたフレデリック・クレインス国際日本文化研究センター准教授は、学位の取得を勧め続けてくれた。しかし、本研究の審査請求は平成二十四年まで持ち越した。本研究の限界や既往への反省による、分を弁えるべきとの逡巡と、権威に連なるものへの距離感とからである。歴史への理解は、権威や形式によってではなく、過去の人々の思考や心情を追想すると共に、事象間の因果関係を厳格に措定し、無限の事実が調和する体系を追究してゆく不断の試みを積み重ねることによって、深まるものであろう。

学位審査では、永井和京都大学大学院文学研究科教授が調査委員主査を、石川禎浩京都大学人文科学研究所教授、小野澤透京都大学大学院文学研究科准教授が同副査を担当され、平成二十五年三月に学位授与に至った。本書の出版に際しては、河本學嗣郎日本国体学会理事長および金子宗德同会理事の仲介により、錦正社の中藤政文会長および中藤正道社長のご理解を得られた。また、同社の本間潤一郎編集より、本書の精度を向上させる上でご協力をいただいた。衷心より謝意を表する。

省みて、自らの小ささ、はかなさを実感してきた。順縁、逆縁に対する思いは様々であるが、今はただ、努めて虚心に本書を上梓し、これまでの知見を形としておく。

序章　自由主義の理念と制約される世界

一九〇二年一月三十日、イギリスは日英同盟を成立させ、次いで九月五日に英清通商条約、通称マッケイ条約を締結した。(1) マッケイ条約の通称は、交渉に当たったイギリス全権代表、ジェイムズ・マッケイに由来する。イギリスにとって日英同盟は、十九世紀の孤立主義外交を転換し、第一次世界大戦期まで展開される同盟外交の端緒となった。他方、マッケイ条約は、中国の関税率をはじめとする通商条約の規定の改定条件を定めることで、中国をめぐる列国間の関係を律すると共に、清朝の財政安定化と中国における通商の拡大を図ることを目的としていた。それは、ロシアに対抗するためにオスマン帝国を支援し、あるいはインド防衛のためにアフガニスタンに勢力を保持してきたイギリスの伝統的外交を東アジアにおいて展開するものとなったが、それは同時に、中国の司法、行政に対する列強の国家的干渉を拡大、正当化し、中国におけるヨーロッパ諸国およびヨーロッパ人の権利保護を強化しようとするものでもあった。

以上のようなイギリスの政策の底流には、自由主義をめぐる、十九世紀後半のイギリスにおける国家観や社会秩序観の変化が介在していた。しかもそれは、イギリス帝国の変容とも、密接に関わっていた。以下に示すように、十九世紀のイギリスは、自国および自国民の権利義務関係に対する国家権力の介入に消極的で、それが非ヨーロッパ社会における独特の治外法権制度や中国における租界を成立させていた。しかし、それは十九世紀後半の、本国における民主主義の拡大、ドミニオンにおける自治権の拡大、さらにヨーロッパ諸国間の国際的競争の激化という情勢の中で、変化を余儀なくされていった。すなわち、十九世紀後半のイギリスは、伝統的な内外秩序の動揺に対し、国家が限定的であっても、社会に対して保護監督的ないし調停的な役割を果たすことで、従来の自由主義的秩序を維持しようと図り、それに応じて国家の機能や社会に対する介入を拡大させていった。その点で日英同盟もマッケイ条約も、十九世紀のイギリス外交と比較し、外交分野における国家の行政的関与や負担の度合いを高めるものとなっていた。一方、こうした民主化とそれに伴う国家権力の拡大という変化は、帝国領域にも影響を与え、白人労働者の権利保護を目的とするアジア人排斥のための立法措置という現象を引き起こす。

他方、日露戦後の日本は、アメリカ西海岸において、日本人移民の排斥運動に直面した。と同時に日本は、日露戦争で獲得した満州権益に対する、アメリカの容認的とも批判的ともつかない多義的な対応に直面した。そうしたアメリカの行動は、当該期のアメリカが革新主義の時代を迎え、やはり伝統的な自由主義の理念が動揺し、国内経済秩序や対外関係をめぐる対立、分裂に直面していたためであった。その結果、アメリカにおいても自由主義や民主主義の原則の下で、日本人の権利が制約されかねない状況が生じた。

日本にとって、十九世紀後半から二十世紀初頭に形成された、イギリスとアメリカを中心とする自由主義国際秩序は、総じて理解、同調しにくいものであった。二十世紀初頭の日本は、イギリスやアメリカの独自の論理に対応しながら、両国との協調関係を維持した。しかし、それは決して相互理解に裏付けられていたわけでなく、その後の日本と特にアメリカとの対立要因を伏在させていた。

以下、十九世紀後半から二十世紀初頭にかけてのイギリスとアメリカにおける自由主義や民主主義の変容、社会や経済に対する国家権力の拡大が、どのような内外政策の変化を引き起こしていったのかを、まずイギリスについて、リチャード・シャノンによるソールズベリ政権研究、ロバート・ハッテンバックのドミニオンにおける人種問題に関する研究、次いでアメリカについて、ルイス・グッドによるセオドア・ローズヴェルト政権に関する研究、ロジャー・ダニエルズによるアメリカにおける日本人排斥問題に関する研究、そして植田捷雄による中国における租界と租借地に関する研究などに依拠しながら、概観していく。

一　イギリス自由主義と日英同盟

イギリスにとって日英同盟の締結は、「光栄ある孤立」という十九世紀末のイギリス外交を転換させる、画期的な意義を持った。とはいえ、それはイギリス政府の総意として決定されたわけでも、あるいは明確な転換として位置付けられていたわけでもなかった。ソールズベリ首相は、一八八〇年代後半以降のイギリス外交を指導してきた立場から、従来の外交を転換させる日英同盟の締結に反対していた。とはいえ、この時点でソールズベリは、高齢のため、保守党と内閣の運営を実質的にアーサー・バルフォアに譲っており、日英同盟に対する反対を表明することなく、それを黙認した。ランズダウン外相が条約草案を閣議に提出したのは一九〇一年十月二十八日、本格的に検討されたのは十一月五日であった。とはいえ、バルフォアも日英同盟の交渉に関知しておらず、本来はドイツを含めた協約を希望していた。しかし、ランズダウンと海軍はこれに反対した。また、閣議では、海軍協力の範囲にインドが含まれていなかったため、イギリスに不利ではないかとの意見も出された。[2]

イギリス側において日英同盟は、海軍が主導権を発揮することで成立した。一八八九年にイギリスは、二か国の海軍に対抗できる戦力の保有を原則として設定していた。しかし、これはドイツ海軍やアメリカ海軍の成長のため、維持できなくなっていた。日英同盟のきっかけは、一九〇〇年にドイツからイギリスに対し、極東におけるロシアの南下政策に対抗するためになされた、日本を含めた三国間の協力を目指す提案であった。イギリスは十九世紀を通じ、オスマン帝国、インド、アフガニスタン、極東の各方面においてロシアと競合しており、保守党と連立内閣を組む自由統一党のジョゼフ・チェンバレンは、フランスやロシアの脅威に対抗するため、ドイツとの協力に積極的であった。しかし、ソールズベリは、ドイツとの同盟関係によってイギリスが義務を負い、拘束されることを警戒した。最終的に成立した日英同盟が、締約国による二国間戦争に対する同盟国の参戦義務を定めなかったのも、イギリスが過大な義務を負うのを回避するためであった。対してバルフォアは、日本からインド防衛に関する協力を獲得できなかった点を遺憾としたが、その点でイギリス海軍はソールズベリに近く、イギリスが同盟によって参戦義務を負っていないことを重視していた。イギリス海軍はそれにより、日英同盟によってもイギリスは孤立主義を放棄したわけでなく、むしろそれを修正しながら維持していると判断したのである。

以上のような日英同盟をめぐるイギリス政府内の見解の相違は、イギリスが従来の外交方針を維持できなくなった時に、いかにしてイギリスのより根元的な価値である自由主義を守っていくのかをめぐって生じた葛藤であった。すなわち、十九世紀末のイギリスの孤立主義は、イギリス特有の自由主義の理念に基づいた外交政策であり、後述のような当該期の国内的な政治観、社会観をも反映していたが、それは他方で、十九世紀後半を通じて危機に直面していた。日英同盟が公表された時、イギリス議会では、ヨーロッパ以外の人種と同盟を締結したことに対する驚きが広がった。さらに保守党内には、日英同盟をチェンバレンやランズダウンといった自由統一党が締結した同盟として捉える見解が存在した。つまり、ボーア戦争に続く日英同盟というわけである。それだけ保守党にとって日英同盟は、チェンバレンの関税改革の主張に象徴されるような、イギリス本来の自由主義に抵触する行動として感じられていた。さらにソールズベリには、閣僚の一部による秘密交渉によって成立した同盟が、議会政治と両立しないことへの懸念もあった。日英同盟の推進主体がイギリス海軍で、それが上述のようにイギリスの義務を極小化しつつ、極東方面における海軍の負担軽減を目指していた以上、自由統一党に対する保守党の不信は一方的であった。それだけに、日英同盟をめぐる政府内の葛藤は、当時の保守党と自由統一党の相違を反映していた。しかも、そうした保守党と自由統一党の相違は、十九世紀後半におけるイギリスの民主化の進展や社会問題の発生と、それに伴う自由主義の動揺から派生していた。

一八八〇年代以降のイギリス保守党に関し、リチャード・シャノンによる包括的な研究が存在する。一八八一年にディズレイリが死去した後、保守党はスタフォード・ノースコートとソールズベリの二人によって指導されることとなった。ノースコートはそれまで、下院院内総務として、保守党内でディズレイリに次ぐ地位にあったが、穏健な政治家でかつてグラッドストンの秘書でもあったことから、自由党との対決姿勢を鮮明にしなかった。そうしたノースコートに対し、ランドルフ・チャーチルやバルフォアら第四党（the Fourth Party）と呼ばれた若手反主流派は、ソールズベリを支持してノースコートを批判した。チャーチルは、自由党との対決姿勢を示しながら、自由党の改革を全否定するわけでなく、むしろトーリー・デモクラシーの立場から独自の改革を進めるべく、保守党執行部を批判した。さらにチャーチルは、自ら自由党の急進派たるジョゼフ・チェンバレンに挑戦し、チェンバレンが勢力を誇るバーミンガムへの食い込みを図ると共に、保守党の大衆組織たるナショナル・ユニオンやプリムローズ・リーグの勢力拡大にも当たった。(3)

チャーチルらに支持されたソールズベリは、チャーチルと同様、進歩的改革に理解を示していたが、党の統一を維持する観点からノースコートとの関係を保ち、しかも上院議員として、社会改革についてチャーチルのような急進派とは異なる見解を有していた。ソールズベリも、選挙権の拡大や労働者を対象とした社会政策の必要を認識していたが、ソールズベリはそれらをむしろ、伝統的な貴族階層が中心となり、一般国民の支持を得ながら新たな国家統合を実現していくための改革として意義付けていた。その点でソールズベリは、グラッドストンの急進的な改革姿勢に対しても、その立場を自由主義的と評価せず、権威主義的民主主義につながるものとして批判した。ソールズベリはこれからの時代を、民主主義とそれに起因する対立の時代として捉えており、そうした中で貴族が様々な階級の調停と統合とを実現していかなければ、帝国の維持が不可能になるという危機感を持っていた(4)。

伝統的に保守党は選挙権の拡大に反対してきたが、労働者階級への選挙権の付与が不可避とすれば、今後の選挙に勝利するため、それに公然と反対できなかった。そうした状況下でソールズベリは、以上のような理念を背景に、保守党を中産階級や労働者階級の支持を得る大衆政党へと脱皮させていくことを目指した。しかも一八八三年の腐敗不法行為防止法により、選挙における候補個人の支出に厳しい制約が課され、それだけ党の役割や自主的な協力者の果たす役割が重要になっていた。さらに翌一八八四年の選挙法改正により、有権者は二百万人増加して五百万人に達した。こうした中でソールズベリは、地方の保守党名士が地域の指導者として果たす役割と、大衆組織としてのプリムローズ・リーグやナショナル・ユニオンの果たす役割を重視した。

プリムローズ・リーグは元々、ディズレイリの栄光を称える小規模な会合に過ぎなかったが、君主、帝国、宗教の擁護や奉仕の精神を掲げ、一八八〇年代以降、中産階級や労働者の地位向上と、それと並行的に進んだ彼らによる伝統的価値観の受容や国民意識の形成を背景に、年齢、性別、宗派を超えた幅広い参加者を獲得した。プリムローズ・リーグは、伝統的価値観を顕彰する様々な商品、日常品の販売なども行いながら、一八九一年の時点で百万人の参加者を公称し、女性の参加も多かった。参加員は選挙活動の支援にも当たった。プリムローズ・リーグの拡大は、労働党が勢力を拡大するまでの間、保守党の重要な支持基盤となると共に、女性の政治意識を啓発する媒体ともなった。また、ナショナル・ユニオンは、重要選挙区に地方支部を設置し、専従職員を配置するなど、保守党を支持する政治団体として組織化が図られた(5)。

一八八五年一月のスーダンのハルトゥームにおけるチャールズ・ゴードンの戦死を契機に、六月に第二次グラッドストン内閣は総辞職し、第一次ソールズベリ内閣が成立した。同内閣はアイルランド問題に対し、アイルランド小作人による土地購入支援を通じた自作農創設措置を検討するなど、一定の改革姿勢を見せた。ただし、それは保守党の総意ではなかった。ところが、総選挙を経て翌年二月に成立した第三次グラッドストン内閣は、保守党の改革案に対抗し、アイルランドに独立の二院制議会の設置を認める、急進的なアイルランド自治法案を提出した。そのため、保守党はこれに一体となって反対できた。グラッドストンの自治法案は、自由党内でも反発を引き起こし、ハーティントン派とチェンバレン派の自由党離脱と自由統一党の結成をもたらした。グラッドストンは、アイルランドに自治を認めることで帝国の統合を維持しようとしたが、保守党はアイルランドを国内の一領域とする立場を堅持した。イギリスにとってアイルランドは、国内領域と帝国の自治領域との中間的な位置を占めていた。そうした状況が、十九世紀から二十世紀にかけてのイギリス帝国の再編過程において、アイルランドの地位をめぐり、自由党と保守党が激しく対立する最大の原因となった。グラッドストンの下院解散に対し、保守党は自由統一党との協力によって選挙に勝利し、七月に第二次ソールズベリ内閣が成立した[6]。

第二次ソールズベリ内閣に自由統一党は入閣しなかったが、ハーティントン派は閣外で協力した。閣僚人事で注目されたのは、ランドルフ・チャーチルの蔵相就任であった。とはいえ、チャーチルはノースコート派のウィリアム・スミス陸相と予算問題で対立し、辞職してしまう。これは保守党内部の動揺を引き起こしたが、ハーティントンは内閣支持の姿勢を変えず、また、チャーチルはその後、健康を害し、政治的影響力を喪失してしまう[7]。そのため、これ以降のソールズベリ内閣は、バルフォアが改革派の中心となり、一八九〇年の職工住宅法、一八九一年の工場法および基本教育法の制定を行った他、八時間労働制や、保険、年金問題、移民問題などにも取り組んだ。一八九〇年五月、労働者による大規模な示威行動が発生し、対策が急務となった[8]。しかし、ソールズベリは政府としてそれらの改革を進めながらも、国家が労働者の待遇改善のために権力を行使することに慎重であった。一八九二年にソールズベリは、次のように語ることで、社会問題解決に対する政治的措置の限界を明確に意識していた[9]。

この国の資本家は、議会の立法を通じて労働者と資本家の間に存在する困難を解決できると考えたが、無惨に失敗した。現在、労働者が強力になったが、同様の誤りにさらされ、同様の有害な助言によってつまづきつつある。

ソールズベリはまた、議会は補助を行ったり、努力を支援したりすることはできるが、問題の解決は、双方におけるより高度な義務の観念を通じてしか実現しない、とも述べていた。

一八九一年工場法は、民族の健康維持という観点から、女性、若者、子供の労働時間を制限した。成人男性については、健康を保障するとしながら、この時点で厳しい制限は見送られた。こうした改革の中で、バルフォアが主として取り組んだのは、アイルランド問題であった。バルフォアは一八八七年にアイルランド担当相に任命され、徹底した治安の維持と改革の遂行を目標とした。そこでまず、アイルランドにおける反政府的行動を、ソールズベリが懸念を示す中、徹底的に取り締まり、保守党と自由統一党から高い評価を得た。次いでバルフォアは、アイルランド小作人による土地購入法やダブリンにおけるカトリック大学設置を認める改革を進めようとした。しかし、土地購入法は反対派の抵抗を受けて不十分なものにとどまり、さらにカトリック大学については全く支持を得られなかった[10]。これらはバルフォアの、斬新な改革を打ち出す感性と、妥協により一定の成果で決着を図る柔軟性および能力、ないし政治手腕の限界といった、二十世紀に引き継がれる彼の政治的特徴を先駆的に示した事例となった。

バルフォアは保守党内の改革派として、ジョゼフ・チェンバレンと最も協調的な関係にあった。これに対応し、チェンバレンも、保守党を自由党以上に改革的な政党と評価するようになった。ソールズベリは、チェンバレンの改革姿勢を全面的に支持したわけでなかったが、自身が外交問題に専念し、また、保守党と自由統一党の協力を維持するためにも、チェンバレンとの協力関係を維持した。チェンバレンに対する保守党内の反発は強かった。しかし、保守党内には、チェンバレンが全面に出るのを阻止するため、バルフォアの失敗は望ましくないという判断が働いた。[11] チェンバレンは、バーミンガムにおける教育改革運動からその政治的経歴を始めており、一八七三年にバーミンガム市長に就任し、市政府主導による上水道やガスの基盤整備を行うと共に、都市スラム解消のための職工住宅計画を進めたり、公園、博物館の建設を進めたりするなど、自由党急進派として、行政の積極的役割を重視する立場から様々な革新的施策を展開してきた。ソールズベリは、行政権力の拡大を志向するチェンバレンやバルフォアと一線を画し続けており、彼らと政治的に妥協することはあっても、自らの主義を修正することはなかった。そのため、ソールズベリとチェンバレンの本格的な協力が実現するのは、一八九五年六月に第三次ソールズベリ内閣が成立してチェンバレンが植民地相に就任し、しかもソールズベリが高齢のために党の指導を概ねバルフォアに委ねるようになって以降のことであった。

第二次ソールズベリ内閣において、ソールズベリは外相を兼任し、他のヨーロッパ諸国の海外進出に対するイギリス権益の保持や、ロシアに対するコンスタンティープルおよびカイロの防衛に努めた。一八八七年にはイタリア、オーストリアと地中海協定を締結し、地中海の現状維持を確認した。さらにドイツとの関係改善も進め、以後、フランスやロシアを牽制しながら、「光栄ある孤立」と呼ばれる外交政策を展開した。とはいえ、こうした孤立政策は、イギリスが自由主義の立場から、過度な国際的義務や負担を負うことなく、効率的に帝国を防衛しようとした結果であって、意図的に目指されたものではなかった。しかもソールズベリにとって、世界的な権益の保持は、イギリスの国益擁護というばかりでなく、世界的な自由貿易を維持するという普遍的な意味を持っていた。イギリスが大陸ヨーロッパ諸国による世界分割や排他的支配を認めなかったのは、そのためであった。しかも、地中海協定や一八八九年の二か国標準という海軍戦略は、ヨーロッパ大陸への派遣軍を縮小するという側面も有していた。[12] つまり、ソールズベリは、イギリスが海外の重要拠点を維持することで、世界的な自由貿易を擁護すると共に効率的に帝国を防衛し、同時に大陸ヨーロッパへの関与を控えようとしたわけである。それが、国家権力の拡大を抑制し、むしろその効率的な運用に重点を置いた、ソールズベリ流の自由主義的外交戦略であった。

ソールズベリは、民主主義の時代の国家を指導する貴族として、国内における諸階級間の対立を調整し、国家の統一を維持しつつ、対外的には、大陸ヨーロッパ諸国による世界の独占的支配を牽制、阻止しながら、自由貿易主義に則ったイギリス帝国の維持、防衛を目指した。ソールズベリにとって国家とは、社会に対して過剰な介入をする主体でなく、自由主義を維持するための補助的ない し調整的な機構に過ぎなかった。十九世紀末のイギリスが「光栄ある孤立」に直面したのは、ソールズベリが国家権力の拡大に消極的で、そのためフランスやロシア、ドイツと妥協しながら海外領分割や勢力圏の設定を進めていくことに否定的であったからである。「光栄ある孤立」とは、元々、カナダの議会における発言をチェンバレンが援用したもので、それはソールズベリにとって、現下の世界情勢において従来の政策を維持することが厳しくなりつつあることを示す現象であったが、国家権力の積極的発動を必要と考えるチェンバレンには、愛国心を鼓舞する格好の材料となったわけである。

一八九八年のファショダ事件は、フランスに対して毅然たる姿勢を示したイギリス外交の勝利であり、ソールズベリの威信を高めた。しかし、それは同時に、イギリスが対外戦争に巻き込まれる危険を高め、それに対応するため、政府の負担を増加させた。その結果、十九世紀末までイギリスの海軍予算は膨張し続ける一方で、グレナダをめぐってアメリカとの緊張が高まると、ソールズベリは戦争を避けるため、譲歩を余儀なくされた。にもかかわらず、一八九九年十月、南アフリカにおいてボーア戦争が勃発した。ボーア戦争は当初、イギリス国民の熱狂的支持を得たが、予想を超える長期化によって、ソールズベリ流の自由主義的外交を二十世紀に継続していく限界を明らかにする事件となった(13)。

日英同盟は、そうした限界を補うという意味で、イギリス海軍が考えたように自由主義の原則を引き継いでおり、一九〇六年以降の自由党内閣のエドワード・グレイ外相によっても、同盟外交はヨーロッパ大陸諸国の対立を緩和するための調整手段として継承されていく。しかし、その一方でそうした限界を引き起こした一つの背景に、ソールズベリがその穏健化を図ろうとした、イギリスにおける民主主義の問題があった。イギリスにとって南アフリカは、自由貿易の拠点であると共に、イギリス人の入植地として帝国の一領域を構成していた。ジョゼフ・チェンバレンは、セシル・ローズの暴走に対し、積極的に戦争を支持したわけではなかったが、植民地相として、海外で活動するイギリス人の安全と発展とを保障する国家の責任を自覚していた。そのため、現地の暴走に対してそれを追認し、軍事的介入をやむを得ないと考えた。都市行政から始まり、市民や労働者の地位や待遇の改善による新たな国家統合を目指していたチェンバレンにとって、帝国もまた、在外イギリス人の活動の自由と安全とを国家が積極的に保障すべき領域であった。その限りでチェンバレンは、日英同盟をイギリスの安全保障に必要な国家権力の行使として評価し、イギリスの負担や拘束を懸念するソールズベリ流の自由主義を共有していなかった。しかし、こうしたチェンバレンの価値観は、日本にとって両義的な意味を持っていた。というのも、チェンバレンが何より重視した帝国が、日本と移民問題で軋轢を引き起こしていたからである。

二　イギリス自治領の成立とアジア人排斥問題

イギリスでは一八三二年の第一次選挙改革以降、国民に対する政治的権利の拡大が進められたが、それと同時にイギリスは、海外への移民を積極的に進め、さらに十九世紀後半になると、国内における社会政策にも着手するようになった。同時期のフランスが、選挙制度の改革をめぐって深刻な政情不安を引き起こしていたのに対し、イギリスの場合は、選挙制度改革や社会政策の実現を、海外への移民政策と一体化して行っていた。政治制度の一定の民主化は、権利意識を持ち始めた国民の要望に応える措置となり得たが、国民的経済格差の是正に直接的効果はなく、それどころか経済問題を政治争点化する危険をはらんでいた。ソールズベリが、社会における貴族の調整的な役割を重視したのも、そのためであった。そうした中、海外への移民とは、国内における経済的地位の向上に限界を感じた人々に新たな活動の機会を与えながら、イギリス本国の治安を安定化させる効果があった。しかも海外移民には、たとえばウィリアム・ブースの救世軍による、都市下層民を対象とした移民支援事業のように、不健全な都市生活を健全な農村生活に回帰させようとする、その意味で伝統的価値観に基づいた都市化対策という側面もあった[14]。さらに一八四八年、フランスの二月革命に端を発する革命の気運がヨーロッパを覆った年、カナダでは責任政府が成立し、一八五六年にはオーストラリアでも自治政府が成立した。つまり、十九世紀半ば以降、イギリスの海外移民の増加に対応し、海外領で自治が法制的に確立していったのである。十九世紀後半のイギリスは、国内の民主化に対応する帝国全体の民主化を進めており、その意味で、イギリスにとって帝国とは、自由主義の帝国であると共に、民主主義の帝国でもあった[15]。

二十世紀に入ると、イギリスの海外移民は帝国領内への移民に集中する形でさらに増加していく。しかし、それに応じて自治領（ドミニオン）は、白人国家としての意識を強めていった。そこで生じたのが、帝国領域における白人以外の人種に対する排斥、排除の問題であった。それには日本人に対する排斥も含まれており、その意味で日英同盟を支持したジョゼフ・チェンバレン流の国家主義、帝国主義は、帝国領域からの日本人の排除を、積極的ではないにせよ、容認する論理も含まざるを得なかった。

帝国全体の民主化といっても、ドミニオン側の自主性を重んじた結果として、ドミニオン側の国制やアジア人排斥の制度は多様であった。日本に関係したのは、カナダとオーストラリアであったが、まずカナダの場合、一八四八年の責任政府の成立自体が、国内における民族的対立を背景としていた。カナダはフランスの入植地として始まり、イギリスがそれを征服したため、カナダ内にはイギリス人とフランス人の対立が存在していた。その上、十九世紀に入り、ナポレオン戦争が終結した後の一八一五年から一八六五年までの五十年間に、百万人を超えるイギリス人が移住した。こうした大規模なイギリス本国からの移民は、カナダとイギリス本国の結び付きを強めると共に、フランス系の反発を生んだ。

さらにイギリス人とフランス人の対立は、付随的に原住民や原住民と白人の混血であるメティスに対する差別や迫害をも引き起こした。

一八三九年に前カナダ総督ダラムによって提出されたカナダ自治に関する報告は、カナダの対外関係についてイギリス本国が担当するとしながら、内閣に相当する行政評議会を立法議会の多数派政党から選出し、総督でなく、立法議会に対して責任を負わせるべきとする提案を行った。ダラムは、第一次選挙法改革を行ったグレイを義父に持つ改革派であった。これを受けてイギリスは、一八四一年にアッパー・カナダとロワー・カナダ両植民地を統合して連合カナダを成立させた。さらに一八四六年の本国における自由党政権の成立と一八四八年のカナダでの選挙における改革派の勝利によって、同年中にイギリスは、カナダの改革派に政権を委ね、責任政府を成立させた。イギリスは、カナダに自治を認め、カナダに内政上の権限を委ねることで、カナダ内におけるイギリス人とフランス人の融和を進めようとした。その結果、一八五四年にイギリス系の保守派とフランス系の対英協調派が合同して保守党を結成した。さらに、一八六一年にアメリカ合衆国で南北戦争が勃発すると、カナダ防衛のため、北米イギリス植民地全てを統合しようとする気運が高まり、一八六七年に連邦政府としてのカナダ自治領が、本国の承認を得て成立した。

カナダ自治領は、従来の連合カナダをオンタリオ州とケベック州に分割し、さらにニューブランズウィック州とノヴァスコシア州を加えた四州で発足した。ただし、連邦政府は州政府に対し、イギリス本国が各植民地に対して保有する地位を占めるとされた。つまり、イギリス本国と植民地という序列関係を連邦政府と州との関係に当てはめ、連邦制でありながら、君主制に準ずる統合的な国制を創出しようとしたわけである。その後、連邦政府は五大湖以西のハドソン湾会社の領有地について買収交渉を進め、一八六九年十二月に同地をノースウェスト準州として連邦に編入した。さらに一八七一年、ロッキー山脈と太平洋の間に位置し、一八五八年のゴールドラッシュで一時的に繁栄しながら、その後、衰退していたブリティッシュ・コロンビアを六番目の州として連邦に編入した。[16]アジア移民の排斥運動が生じたのは、このブリティッシュ・コロンビア州においてであった。

イギリス帝国領におけるアジア人排斥に関しては、ロバート・ハッテンバックの優れた研究が存在する。カナダへのアジア人移民は、後述のオーストラリアと同様、中国人が多数を占めた。アメリカのカリフォルニア州におけるゴールドラッシュでアメリカ合衆国に入国し、そこからカナダに入国した中国人が多かった。一八八一年の時点で約四千四百人の中国人がカナダに滞在したが、そのほとんどはブリティッシュ・コロンビア州に滞在していた。同州内の中国人はその後十年間で二倍近くの九千四百人に増加するが、その多くは大陸横断鉄道の建設のための労働者として雇用されていた。これに伴い、一八八〇年代になると、反中国人協会が設立されたり、中国人移民の制限を求める署名が集められたりするようになった。その理由として、中国人の不潔さや、病気や奇妙な習慣を持っていること、賃金を不当に下げ、さらに女性は全て売春婦であるといったことなどが、挙げられた。しかし、連邦議会は、そうした主張に反応しなかった。他州は中国人労働者の問題に関心を持たず、それどころか中国との貿易関係やイギリス本国との関係に配慮した。ブリティッシュ・コロンビア州側は、オーストラリアにおける一八八一年の措置に準ずる移民制限を目指し、一八八四年に中国移民制限法を制定して中国人の入州を禁止しようとした。しかし、これは、連邦政府によって無効とされた。とはいえ、連邦政府側もブリティッシュ・コロンビア州側の要請を無視できず、一八八五年七月、政府公人や旅行者、商人、学者、学生を除く全ての中国人を対象に、船舶五十トンに付き一人という輸送制限と、中国人一人当たり五十ドルの人頭税を設定する立法措置を講じた[17]。

一八八〇年代のカナダにおけるアジア移民問題は、トン数比率による輸送制限と人頭税が中心で、ブリティッシュ・コロンビア州側に不満を残した。これは、カナダの国制が州に対して連邦の権限を上位に置く準中央集権的な性格を持っていたためで、オーストラリアのような複数の州に及ばない、ブリティッシュ・コロンビア州単独での中国人排斥運動は、法制上の十分な成果を挙げられなかった。しかし、一八九〇年代以降になると、中国人に加え、日本人移民とインド人移民の問題も発生した。そうした中でカナダ連邦政府も、移民制限の立法措置を講じていくこととなる。ただし、そうした変化は、カナダのみの問題というより、南アフリカの労働移民政策に影響を受けたオーストラリアでの中国人排斥立法と、それに対するイギリス本国の対応によって引き起こされた。

一八五二年、イギリス政府はカナダにおける責任政府の成立を受け、オーストラリア東部の諸植民地に対しても自治権を与えることを決定し、植民地議会に憲法の作成を命じた。その後、一八五六年までに全ての東部植民地で二院制の議会を持つ自治政府が成立した。当初、下院は制限選挙であったが、一八五〇年代末までに男子普通選挙が施行され、イギリス本国以上に民主的な制度を持つ自治領となった。ただし、外交、軍事などの権限はイギリス本国に帰属しており、その点はカナダと同様であった。

オーストラリアがこうした民主主義を実現できたのは、当該期の経済的豊かさのためであった。一八五一年にニューサウスウェールズで金鉱が発見され、ゴールドラッシュが発生した。同地域は後にヴィクトリアとして独立したが、一八五〇年代、ヴィクトリアの人口は約十九万人から三十五万人に激増した。イギリスからの移民が多数を占めたが、アメリカやヨーロッパ大陸からの移民も増加し、さらに約四万人の中国人移民も加わっていた。金の増産によりイギリスからの輸入も増加し、生活水準が向上した上、一八五五年にはシドニーの石工が八時間労働を獲得、翌一八五六年にはメルバンで週四十八時間労働を求める建設関係の労働組合の活動が活発化し、八時間労働を実現した。この時点でそれは家事労働や家内労働に及ばなかったが、一八六〇年代から一八八〇年代にかけて経済は発展し、労賃も上昇、一八八〇年代のオーストラリア白人の名目収入はカナダの三倍、イギリスの二倍以上、アメリカの一・五倍にまで達したという。家賃などは高めであったが、食料は安価であった。こうした労働者の経済条件の向上が、自由主義や民主主義を進める原動力となっていた。

十九世紀半ば、オーストラリアは中国人労働者の受け入れに積極的であった。ただし、それは自由移民でなく、契約移民を想定していた。当時、清朝は海外への自国民の移民を禁止していたが、一八四六年から一八四九年の間に二百七十人の中国人がオーストラリアに入港した。その後、ゴールドラッシュの発生により、中国人の移民が激増し、これに応じて排斥論が登場する。しかし、オーストラリア北東部のクイーンズランドは、サトウキビを中心としたプランテーション経営を主要産業としており、外国人労働者を必要とした。クイーンズランドは、ポリネシアから年季労働者を受け入れていたが、キリスト教関係者が人道的立場から反対運動を展開し、自由党政権下の一八八五年、島民労働者の受け入れは法的に制限された。中国人労働者が必要になったのは、そのためであった。

図 0-1 オーストラリア植民地境界

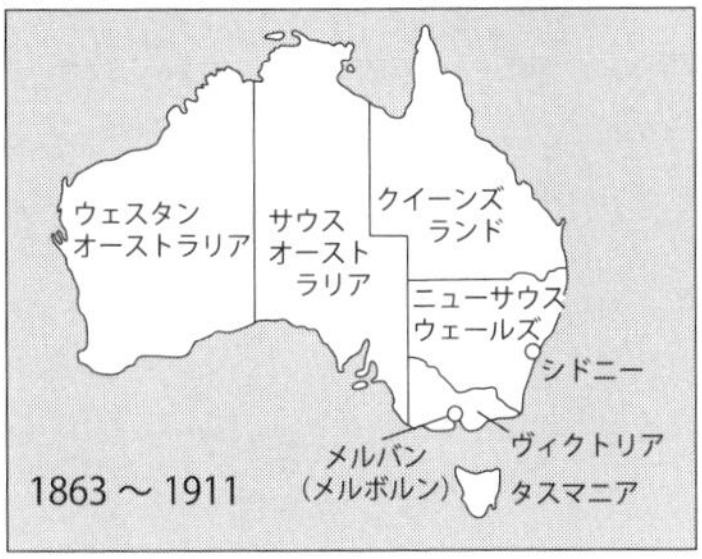

山本編『オセアニア史』109 頁。

1901 年のオーストラリア連邦の発足により、各植民地は州に移行する。

しかし、中国人労働者は金鉱に集中し、ほどなく中国人排斥の運動が生じた。後のヴィクトリア地域の鉱山労働者は、その多くが中国人であった。白人労働者は中国人を不潔とし、地域に同化せず、利益を本国に送っているなどとして非難した。ヴィクトリア植民地成立後の一八五四年、ヨーロッパ人鉱山労働者が反中国人デモを計画した。政府は治安維持に努めたが、中国人が負傷する事件を防げなかった。そのため、一八五五年にヴィクトリア政府は、船舶十トン当たり一人の中国人移民輸送の制限を設け、さらに上陸時における十ポンドの手数料の徴収などを決めた。しかし、こうした措置は、他地域に上陸し、陸上づたいでヴィクトリアに入る中国人を増加させ、中国人労働者の削減に効果を挙げられなかった。こうした中、一八五七年には中国人居住地が襲撃される事件も発生した(18)。

この年、定められた法令は、中国人に毎月一ポンドの支払いと鉱業に従事する許可の取得を義務付けており、違反した場合、最大十ポンドの罰金や、所有権に対する法的保護の停止といった厳しい措置を規定していた。そのため、多くの中国人は法の保護を得られない状況下、ヨーロッパ人の就業しない分野での労働を継続した。しかし、中国人は全体として減少し始めた。

中国人排斥運動は一八七〇年代にその性格を変える。というのも、中国人移民数は減少したが、一八七〇年代に労働組合の活動が活発化し、組合活動の一環として中国人排斥運動が展開されたからである。一八七九年にシドニーで開催された植民地間労働組合会議は、アジア移民反対を全会一致で可決し、反中国人を訴える政治家も登場した。ウェスタンオーストラリアは中国人労働者の排斥に慎重で、イギリス本国もウェスタンオーストラリアを支持した。イギリス本国は、帝国を支える原理を自由主義に求め、機会均等を保障する立場から、植民地の差別主義的行動を支持しなかった。しかも中国人排斥は、中国との南京条約に抵触した。ところが、イギリス本国の立場は、ウェスタンオーストラリア以外の植民地に同調されなかった。それどころか、中国人移民が天然痘を持ち込んでいるとの理由で香港政庁に移民禁止が求められ、香港政庁が事実を否定するといったことまで生じた。

一八八一年に植民地間会議は、中国移民制限の立法化を政府に働きかけることを決定し、新聞も、「中国人は兄弟であるが、彼らの国にいる方が彼らと我々のため」といった論説を掲げた。こうした状況により、イギリス本国は帝国における自由主義の理念と、植民地側の自治権との板挟みになった。最終的にイギリス本国は、中国移民を制限するなら、到着後の中国人に対する迫害行為より、入国自体を制約する方が好ましいと判断した。その結果、一八八一年にオーストラリアは、船舶百トンに付き輸送可能な中国人を一人とすること、イギリス国籍でない違反船長に百ポンドの罰金を課すこと、中国人は上陸時ないし入植地への到着時に十ポンドを支払うこと、中国人が逃亡した場合、船長に五十ポンドの罰金が科せられること、船長は中国人の氏名、出身地、年齢、居住地、上陸地、職業の名簿を可能な限り提出することなどを定めた法令を成立させ、イギリス本国もそれを承認した[19]。

一八八七年、ヴィクトリア政府は、中国人が所有するか中国人が従業する住居を工場法の規制下に置く決定を下した。これは、中国人が工場内や工場隣接地に居住して法定限度時間を超える労働に従事し、白人労働者の組合が賃金交渉をしている間に好きなだけ低賃金で労働しているという非難に応えたものであった。その結果、中国人は午前七時半以前および午後五時以降の労働、土曜午後二時以降および日曜全日の就業を禁止された。これに違反した場合、初犯には十ポンド、再犯には二十五ポンドの罰金が科され、三度目は工場登録が剥奪されることとされた[20]。

こうした中国人への規制が進む中、オーストラリア側はイギリスと中国の外交的解決に期待するが、イギリス本国は消極的であった。一八八八年年四月二十七日、二百六十八人の中国人を乗せたアフガン号が香港からヴィクトリアの港に到着した。乗客の多くはイギリス領の香港出身であるか、上陸料を支払う意思を示していた。しかし、同港で反対集会が開かれた。五月四日にアフガン号はシドニーを去り、メルバンに向かったが、そこでも反発を引き起こした。司法審査の結果、五十七人のみの上陸が認められた。しかし、これでも反対派に不満を残した。外国人を排除する法律的根拠がないのであれば、そうした不備を補うか、政府は法に囚われずに移民を制限すべきといった主張までなされた。その結果、同年中に、トン数比率を三百トンに付き一人とし、上陸税を百ポンドとすること、大臣の許可がない限り、鉱山労働に従事できないことなどが定められた[21]。一八八八年移民制限法が成立した時、イギリス本国の植民地省のある覚書には、次のような感想が記されていた[22]。

反中国人立法は、一つの社会的な自衛措置という性格を有している。すなわち、中国人の粗暴さに対する措置ではなく、イギリス人に堪えられない賃金で就労することに対する措置である。

問題は完全に植民地の立法権に属しており、彼らが望む限り、イギリス政府には何もできない。そのことは、中国人にも完全に理解されている。

一八九〇年代に日本人移民が問題になり始めた時のオーストラリアの状況は、以上のようなものであった。一八九一年の時点でオーストラリア在住の日本人は、主要地であるクイーンズランドで四十九人であったが、一九〇一年には二千二百六十九人となっていた。アジア人排斥に進むオーストラリアにとって、日本人移民は、ヨーロッパの支配する国からでなく、工業化を進め、軍事力を有する国からの移民であり、勤勉で、白人の産業に対する競争者として警戒された。折しも日英間で日英通商航海条約交渉が進められており、相互的な入国、旅行、居住の権利が問題となっていた。通商航海条約第十九条は、条約成立から二年以内に自治領が承認しない限り、自治領に適用されないことを規定していた。しかし、オーストラリアはこれを不十分とした。一八九六年にオーストラリアは通商航海条約を承認したが、交換文書で、オーストラリアの移民関連法令の有効性が確認された。オーストラリア全般で日本人労働者に対する感情が悪化したのに対し、クイーンズランド政府は、日本と移民を制限する協定を締結することで、木曜島における真珠業への労働力を確保しようとした。

日本はオーストラリアに対し、日本とクイーンズランドの関係を安定化し、四千人から五千人の日本人の生活を保障するため、現状維持を提案した。しかし、オーストラリア側はこれを無視した。それどころか、一八九六年のシドニーにおける植民地間会議は、移民制限の強化に関する決定を下した。同年、ニューサウスウェールズは、一八八八年の中国移民制限法を全有色人種に拡大した。イギリス政府による認定を受けた場合や、教師や学生、商人のみが例外とされた。アジア移民を排斥する理由として、共同体を守るために均質のオーストラリア、白いオーストラリアが必要という根拠が掲げられ、同種の法令は他州にも拡大した。(23)

こうした中、一八九七年六月にジョゼフ・チェンバレンは、植民地省でのオーストラリア首相との会合で、一八九六年法をナタール方式に変更するよう提案した。ここでいうナタール方式とは、南アフリカのナタールで先駆的に採用された、移民に対する言語試験のことである。チェンバレンはそれにより、帝国における自由主義の理念とドミニオンの自主権という二つの原則を調和させようとした。チェンバレンは、ナタール方式をオーストラリアに勧めると共に、外務省に対しても、日本のような友好国との移民問題を外交的に解決しなければ、アメリカで生じたような有色人種に対する民衆の暴発をオーストラリアのような民主主義社会で引き起こしてしまうとする警告を発した。(24)

ナタールは一八四三年にイギリス領になったが、奴隷制廃止後の労働力不足に対処するため、政府の補助によってインド人労働者を導入した。一八五九年に成立した法律は、五年間の年季契約を定め、その後は自由労働者となり、十年後に無償の帰国か土地の付与かを認めるとしていた。とはいえ、一八七〇年と翌年に最初の移民の本国送還が実施された際、労働者は、違法賃金や劣悪な環境状態のため、悲惨な状況に置かれていた。そのためインド政庁は、インド人労働者の調達に関する規制を強化することとし、イギリス本国も、帝国統治の観点からそれを支持した。また、ナタール側も、インド人労働者に依存しているため、調査委員会を設置して対応することとなった。一八九一年の時点で、四万千人余りのインド人に対し、約四万七千人のヨーロッパ人、約四十五万六千人のアフリカ人が滞在したという[25]。

状況が変化するのは、一八八〇年代に「アラブ」と呼ばれたインド人商人が増加してからである。彼らは財産的に自立し、労働者を雇用してインド人、白人、アフリカ人を相手とする商業に従事したため、次第に白人商人と競合するようになった。しかも、こうした中で選挙権の問題が発生した。すなわち、一八九三年にナタールに自治政府が成立し、選挙資格を定める必要が生じたのである。インド人もイギリス国籍を有しており、人種を根拠にその選挙権を制限することは不可能であった。しかし、白人にとって、多数のインド人に選挙権を与えることは阻止しなければならなかった。当初、ナタール政府は年季奉公人の送還を進めようとし、帰国しないインド人に対して三ポンドの課税を行ったが、成果を挙げられなかった。そこで本国政府に対し、インド人選挙権の制限について承認を求めたが、本国側は人種による差別待遇を認めなかった。一八九六年にナタール政府は、人種主義を認めない植民地省の原則に対応するため、選挙制度を持たない地域の出身者およびその男系の子孫に選挙権を認めないとする方針を定めた。これによりナタール政府は、人種的表現を省略しながら、インド人の参政権を実質的に排除することに成功した[26]。

これと並行し、同様の措置として、インド人の自由入国を阻止するため、一八九七年に導入されたのが、インド人に入国資格として、二十五ポンドの財産所持とヨーロッパ語の知識を義務付ける制度であった。言語試験の導入は、選挙資格の剥奪と同様、人種主義を前面に出すことなく、インド人を排除する効果が期待された。植民地省側も、それが特定人種を排除しない形態であることを評価し、これを容認した。南アフリカに対してイギリス政府は、立法を無効化する権限を持っていたが、責任政府の承認後、国内的立法に対する制限措置は不可能になっていた。イギリス本国は、帝国における自由主義という理念にもかかわらず、白人植民者の意向を重視せざるを得なかった。というより、帝国が自由の帝国であるからこそ、白人の自由に対してイギリス本国は介入できなかった。ナタールにおける言語試験制度は、白人の自由とアジア人の自由が競合する中、人種差別の装いを回避しながら、自由の帝国としての原則を維持する方法として導入された。一九〇三年、言語試験制度は、全アジア人に適用された。

こうしたインド人に対する選挙権の剥奪や入国資格の制限と並行し、自由インド人に対する許可証制度も導入された。インド人年季奉公人の管轄はインド政庁であり、労働者確保のためにも慎重な対応が必要であった。しかし、「アラブ」は自らの意思で渡航しており、年季奉公人保護関連法律の適用外であった。そこで許可証は、自由インド人が逃亡年季奉公人でないことを証明するためとされた。しかし、これにより、許可証不所持者の公道や公共施設への立ち入り時間が制限されたり、あるいは立入禁止地区が設定されたりした。不当逮捕が激増し、インド人が公立学校から排除される事態も発生した。イギリス本国やインド政庁は抗議したが、一八九八年に制定された法律はむしろ、年季奉公人に対する不当逮捕の場合でも、官憲を保護すべきことを定めていた。一八九七年には、商店開業に関する免許制が導入された。ナタールでは、定住インド人を増やさないまま、インド人労働者を獲得する方法が模索されたが、一九〇五年に「有色人種」との表現を含むインド人の権利を制約する法律が制定され、インド側は反発した。一九〇八年にインド人の商業免許は一年期限とされ、一九一八年十二月三十一日以降の新規発行は停止されることとなった。こうした中で一九一〇年に南アフリカ連邦が成立したが、翌一九一一年、インドは年季奉公制度そのものを停止した(27)。

以上のような南アフリカの事例は、十九世紀末のイギリス帝国が直面した自由主義と民主主義の矛盾を反映していた。白人植民地に自治権を認め、さらに白人植民地における民主主義が進むにつれ、白人植民者たちがアジア人を排斥し始めたのである。それは、アジア人を統治し、あるいはアジア諸国との友好関係を維持しなければならないイギリスにとって、深刻な事態であった。上述のように、一八九七年にジョゼフ・チェンバレンがオーストラリアに言語試験の導入による移民制限を提案した理由は、帝国における人種主義の装いを払拭し、自由主義の原則を形式的にでも維持するためであった。その後、一九〇一年一月一日にオーストラリア連邦が成立するまでに、ニューサウスウェールズ、ニュージーランド、ウェスタンオーストラリア、タスマニアの各植民地で、移民に対する五十語のヨーロッパ語聞き取り試験が導入され、それらはオーストラリア連邦に引き継がれた(28)。

こうした移民制限の潮流は、カナダにも波及した。カナダの場合、連邦の権限で、ブリティッシュ・コロンビア州による移民制限の主張は抑えられていた。しかし、一八九〇年代に入ると、中国人に加えて日本人やインド人の移民が増加し、対処が必要になった。連邦政府は対日関係に配慮し、移民制限に消極的であったが、州の要望に対して一方的な対応もできなかった。対してチェンバレンは、妥協案としてナタール方式をカナダにも提案した。一九〇二年に日英同盟が成立したことで、外交的配慮はさらに必要となった。一方、一九〇五年から一九〇七年の間、ブリティッシュ・コロンビア州に約四千人のインド人が入国していた。一九〇六年に成立した移民法は、移民に一定金額以上の資金保有を義務付け、貧困者の入国を禁止し、また、入国後に困窮者になった場合、二年以内に国外追放があり得ることや、総督に上陸禁止の命令を発する権限を認めていた。

しかし、一九〇六年八月から一九〇七年九月までの間に六百人余りの中国人、約二千五百人のインド人、六千四百人余りの日本人が新規に入国した。イギリス国籍を持つインド人と、同盟国たる日本人の移民が問題となった。一九〇七年、ヴァンクーヴァーでアジア排斥連盟が創設され、日本人と衝突事件を引き起こした。一九〇八年一月にも衝突が発生したため、連邦政府は日本と移民協定を成立させた。これは、後述の日米紳士協定の成立を踏まえたもので、これによりカナダは、政府が承認した労働や、日本人が雇用し、あるいは日本人が所有する土地での労働に従事する移民のみの入国を認め、日本政府は毎年の移民を四百人に制限した。他方、インド人に対しては、一九〇八年にカナダ特有の移民制限制度が成立した。これは、カナダへの移民の渡航を、移民の出身地とカナダとを結ぶ直通航路のみに制限するというものであった。当時、カナダとインドの間に直通航路は存在せず、しかもこの制度には、ハワイからカナダに入国する日本人移民を制限する効果も期待された。この直通航路制度も、言語試験と同様、人種主義的形態を回避しながらアジア移民を排除するために導入されたものであった[29]。

イギリスにとって、孤立主義を補強するために導入された日英同盟は、実質的に同盟外交への政策転換を促す契機となった。同様に、ドミニオンの権限拡大は、アジア人の排斥という、自由主義の自己否定を引き起こしていた。いずれも、イギリス帝国やイギリス国民を保護する国家の役割が拡大する中、国家権力を抑制するという意味での自由主義をそのまま維持できなくなった結果であった。その意味で日英同盟は、アジア人を排除することで自由主義と民主主義を両立させたイギリス帝国の、その自由主義の論理に則り、その防衛負担を軽減するために成立した。といって、イギリス本国がアジア人排斥を推進したわけでなく、また、日英同盟によって、日本がイギリス帝国全体の防衛義務を負ったわけでもなかった。日本にとって日英同盟は、ロシアの脅威に対する間接的な支援と、日本の国際的地位の向上とをもたらしてくれるものであり、さらに人種問題についても、イギリス本国との関係強化は、イギリス自治領における日本人排斥を緩和する効果を持ち得た。その意味で人種問題は、それだけで国家関係を悪化させるような、決定的影響力を持ち得たわけではなかった。その上、日本人の海外移民をめぐって摩擦を引き起こしたのは、歴史的経緯から主にアメリカであった。そのため、イギリス自治領におけるアジア人排斥が、この時点で日本側に深刻な被害意識を引き起こすことはなかった。

十九世紀後半にイギリス帝国で生じたのは、イギリスにおける自由主義と民主主義の原則が、白人を中心とする排他的勢力圏を形成するという現象であった。しかし、これは二十世紀初頭の日本では、人種問題として認識されたに過ぎなかった。それが政治的、経済的な勢力圏の問題として認識されるようになるのは、一九三〇年代に入ってからのことである。

三　国際的自由化をめぐる日米関係

日露戦争に際してアメリカは、中立の立場を取りながら日本に好意的態度を示し、一九〇五年のポーツマス条約を成立させる上で決定的な役割を果たした。ところが、日露戦後のアメリカは、カリフォルニア州で排日問題を引き起こしたり、満州鉄道の中立化を提案したりしたため、日本との関係を緊張させた。日露戦後、アメリカでは日米戦争が喧伝されるほど、日本に対する警戒感が高まったが、そこには、当該期のアメリカにおける社会的変化が介在していた。十九世紀末のアメリカは、産業の大規模化が進んだ上、太平洋上に新たな海外領を獲得していった。しかし、二十世紀初頭になると、海外進出に積極的であったアメリカの大企業は、国内において独占企業として批判されるようになった。満州への日本とロシアの勢力拡張に反発したのは、こうした海外進出を目指すアメリカの大企業であった。その一方で、独占企業を批判した人々は、満州問題に対して概ね不干渉ないし無関心であると共に、アメリカへの日本人移民に対し、労働者の権利保護の立場から否定的に行動した。このように、日露戦後の日米関係の軋轢は、アメリカの対外進出と独占企業の登場が生み出した、革新主義時代のアメリカ国内の葛藤と密接に関連し合っていた。

十九世紀末、アメリカはサモア、ハワイ、フィリピンなどを併合した。しかし、本来アメリカは、ヨーロッパ列強による非ヨーロッパ社会に対する帝国主義的な支配の拡大に批判的であった。そのためハワイの併合も、グローヴァー・クリーヴランド大統領によって、一旦は否定された。そうした中、ドイツとの競争からサモアの領有が断行されたことが端緒となり、アメリカによる太平洋での領土の拡大が進んだ。中でも一八九八年の米西戦争は、世界的勢力としてのアメリカの台頭をもたらした。戦争の結果、アメリカはフィリピンを領有したが、米西戦争そのものは海外領の拡大を目的として引き起こされたわけでなく、フィリピンにおける戦闘は、それまでに策定されていた海軍計画に基づき、スペインのアジア艦隊を牽制、攻撃するために行われた(30)。しかし、アメリカは、アジア方面に拠点を持たず、作戦遂行の過程でマニラなどの拠点を確保せざるを得なくなった。さらに戦後も、フィリピンからの撤退は他のヨーロッパ諸国によるフィリピン領有を招きかねないと判断されたため、それもできなかった。

とはいえ、米西戦争後のアギナルドとの戦いで、アメリカ側は約四千二百人、フィリピン側は一万八千人以上の軍人と十万から二十万人に至る一般民衆が戦死した。そのため、アメリカにおける反帝国主義の感情は、アメリカによるフィリピン領有に対する批判を引き起こした。しかし、アメリカにフィリピンを領有させたのも、アメリカにおける反帝国主義の意識であった。リチャード・コリンによれば、アメリカのフィリピン領有はアメリカの経済的利害によるものでなく、セオドア・ローズヴェルトはむしろ、フィリピンの領有によってアメリカが経済的な利益を享受しないばかりか、アジアにおいて他国から攻撃を受ける危険にさらされ、さらに九十％以上がカトリック教徒という民衆を統治することの矛盾も感じていた。にもかかわらず、ローズヴェルトは、フィリピンの民衆はアギナルドの時代より自由を享受するようになったと考え、アメリカによるフィリピン領有を、アメリカの人道的義務と捉えた(31)。

アメリカによる海外領の領有は、ヨーロッパと自らとを隔離する十九世紀のアメリカから、ヨーロッパの問題に独自の立場で関わっていく二十世紀のアメリカへの変化を象徴していた。そうした変化の予兆は、一八九〇年代に進んだアメリカの産業化や経済的発展、それらを背景としたアメリカにおける世界意識の形成に表れていた。コリンは、二十世紀におけるアメリカの拡大現象を、一八九三年に開催されたシカゴ博覧会に象徴されるアメリカの普遍意識、すなわち自国文化に世界的な意義を与える意識の所産として捉え、それを単なる経済的帝国主義や外交的現象として捉える議論を批判している。(32) 米西戦争の焦点となったキューバをめぐっても、アメリカはその永続的占領を企図せず、戦争後に軍を撤退させた。つまり、カリブ海におけるスペイン支配権の否定は、アメリカの覇権確立を直ちに意味しなかった。その一方で、十九世紀末のアメリカにとって、モンロー主義は、かつてのアメリカとヨーロッパの相互不干渉という原則から、ヨーロッパに対するアメリカの威信を象徴するものへと変化していた。一九〇一年のウィリアム・マッキンリー大統領の暗殺後、大統領に就任したセオドア・ローズヴェルトは、米西戦争に際して海軍次官を辞任し、志願兵連隊の指揮官として参戦するなど、愛国心を直ちに行動に表す直情径行的な側面を持つ政治家であり、それだけに、十九世紀末のアメリカの世界的意識を体現する資質を有していた。

ルイス・グッドによれば、セオドア・ローズヴェルトは米西戦争後のアメリカの世界的責任を自覚し、自らの主導によって国際問題への関与を強めると共に、国内においても議会を決定能力の欠けた機構と見なし、自らの信頼する閣僚や財界人との私的関係を通じて政策を遂行した。ローズヴェルトは、都市出身の貴族主義者として、大統領たる自己の権威を中心とする政治行動を取り、私有財産や巨大企業を個々人の努力や発展の結果として評価したため、巨大資本を独占企業として直ちに排除したわけではなかった。ローズヴェルトは、個人主義的、能力主義的な価値観に基づき、巨大企業の社会的責任や、企業活動と国民の福利公益との兼ね合いを問題とした。それは国際問題に関しても同様で、ローズヴェルトは世界の諸国を、自立能力のある国とそうでない国に二分し、文明を維持できない国に対して侮蔑的で、後進的と見なされた国との関わりを持つことに消極的であった。(33)

セオドア・ローズヴェルトが大統領に就任した時点で、関税問題とトラスト問題が政策課題となっていた。一八九七年に施行されたディングリー関税は、羊毛製品や皮革品、その他の工業製品に対する全般的な高率の保護関税を設定していた。しかし、それは、国内における物価高騰の要因とも見なされていた。マッキンリーは関税に関し、互恵条約を各国と締結することで、価格の低廉化とアメリカ製品の販路拡大とを実現しようとしたが、議会の同意を得られなかった。関税問題は州間の利害対立が大きく、共和党の分裂を引き起こしたからである。そのためローズヴェルトは、関税問題に取り組むことを控え、続くタフト政権に委ねた。

対してトラスト問題は、一八九〇年代における大企業の登場、成長を背景としており、それは中流階級の経済活動の機会を奪うものとして、国民の警戒を生んでいた。とはいえ、州を超えて活動する企業に対し、州法による規制には限界があった。特に問題となったのは、鉄道会社であった。一九一〇年までにアメリカの鉄道会社は千三百余に及んだが、一億ドルを超える資本を持つ三十余の大会社が全体の八十%近くを占めていた。そうした独占状況が、不当な運賃設定につながりかねないものとして、懸念されたのである。(34)

一九〇二年二月十九日、ローズヴェルト政権は、前年末に設立された鉄道持株会社たる北部証券会社に対する、シャーマン反トラスト法違反嫌疑による訴訟を公表した。ローズヴェルトは、シャーマン法の適用をトラスト問題の解決策とは考えず、大統領の権威を示すことを重視した。この訴訟は、一九〇三年四月に政府側が勝訴し、会社側は上告、一九〇四年三月に最高裁で判決が下り、シャーマン法違反が確定した。しかし、一九〇四年末から翌年にかけ、U・S・スティール社が問題になった際、同社は積極的な情報開示をローズヴェルトに約し、支援を求めた。対してローズヴェルトも、これを受け入れた。ローズヴェルトはトラストについても善悪二種に区別し、独占を無制限に容認しないものの、政府に協力し、社会的責任を果たそうとする企業には、好意的に対応した[35]。

ローズヴェルトはまた、アメリカの自然、資源保護事業にも力を入れた。その際、ローズヴェルトはギフォード・ピンショー農務省森林局長の主導の下、中西部の灌漑事業や木材企業の協力を得た森林の保護的運営など、資源の無制限な浪費を抑制し、連邦政府の関与の下で科学的、合理的な経営を進めようとした。さらに児童労働の制限、労働時間の制限、ペンシルヴァニア州の炭鉱で発生した労働争議の調停などにも取り組んだ。ローズヴェルトは、こうした一連の自らの施策を「公正な措置」(Square Deal)と称した。ローズヴェルトは、資源政策、労働政策などを通じ、社会の合理的経営を促そうとしており、この点でもローズヴェルトは、合理化に順応し得る主体とそうでない主体とを区別する、能力主義的かつ二元区分的な傾向を示していた。しかし、ローズヴェルトの施策は、関税問題と同様、議会において制約を課せられることが多く、それが議会に対するローズヴェルトの不信を助長した。つまり、ローズヴェルトは、合理化志向によって能力主義的、二元的な価値観を形成すると共に、合理主義に順応できない議会への不信から、議会を超越する政治行動への志向を強めたわけである。

以上のような、ローズヴェルトの能力主義的、個人主義的価値観や、連邦政府主導の効率重視の政策志向は、ローズヴェルト政権期の外交手法にも発揮された。すなわち、ローズヴェルトは、自らの威信とアメリカの威信とを重ね合わせつつ、アメリカの利害に関わる重要地域と非重要地域とを区別し、価値観や利害を共有する国家との合意形成によって、アメリカ議会の介入を防ぎながら、外交的懸案を解決しようとした。そうしたローズヴェルトにとって高く評価されたのが、イギリスであった。十九世紀の英米関係は緊張の連続であったが、米西戦争がそれを転換させるきっかけとなった。米西戦争においてイギリスは、中立の立場を取りながらも、アメリカに港湾の利用や補給に関して便宜を与えた[36]。また、グレナダをめぐる対立においても、イギリスは譲歩した。そうしたイギリスの姿勢は、ローズヴェルトにとって、文明的な態度として評価された。上述のように、十九世紀末のアメリカには、ヨーロッパ帝国主義に対する強い反感が存在した。しかし、ローズヴェルトにとってイギリスは、自由主義を掲げ、ドイツやロシアのような膨張主義に対しても抑制的で、自らも戦争に自制的であった。そのためイギリスは、自由主義的かつ責任意識のある国家として、共通の価値観を感じさせる対象となった。しかもローズヴェルトは、人種という人類の区分を、文化的進歩の度合いも含めた人間の合理的、科学的区分として積極的に肯定しており、イギリスに、アングロ・サクソン民族としての一体感を感じていた(37)。

イギリスとアメリカの間には、アラスカとカナダの国境問題が存在し、一八九八年のユーコンにおける金鉱の発見によって、アメリカとカナダ間の対立が深刻化していた。これに関するアメリカとカナダ双方の態度は強硬であった。対してイギリスは、ジョン・ヘイ国務長官からの提案に基づくヘイ‐ハーバート条約を一九〇三年一月に成立させ、米英六人の法律家で構成される法廷を設置することとし、これに消極的なカナダにもそれを受け入れさせた。判事には、アメリカ側からヘンリー・カボット・ロッジやエリフ・ルートなど三人、カナダより二人、そしてイギリスよりアルヴァーストンが選出された。焦点はイギリス代表のアルヴァーストンの判断であった。ロッジやルートは、バルフォアやランズダウンに働きかけ、その結果、アルヴァーストンはイギリス政府の意向を汲む判断を下し、十月二十日の判決は四対二でアメリカの主張を支持した。アラスカ‐カナダ国境問題に関してローズヴェルトは、一部の領土権について譲歩する意向を持っていたが、調停結果がアメリカの立場を反映していない場合、それを拒否する決意を固めていた(38)。

ローズヴェルトは、武力による国際紛争の解決でなく、当事国間の理性的かつ合理的判断に基づいた仲裁による紛争解決を志向した。当事者の理性的協調姿勢を評価する点は、国内におけるトラスト対策と通じ合っていた。カナダとの国境紛争の他、ローズヴェルトは一般的な政策として、ヨーロッパの九か国およびメキシコと仲裁裁判所条約を締結した。しかし、カナダとの国境紛争と同様、ローズヴェルトはアメリカの威信と死活的利害に関わる不利な仲裁結果を受諾しないという自主性を保持していた。しかも、一九〇五年二月に上院は、仲裁裁判所条約の批准手続きにおいて、仲裁手続きに関する大統領の協定締結権に制限を加える修正を行った。対してローズヴェルトは、上院の修正決議を受け入れず、批准手続きを中止した(39)。ローズヴェルトの国際紛争解決における仲裁志向は、アメリカ大統領の内外における政治的影響力の行使に法的権威を与えようとするものであって、そのためローズヴェルトにとって、アメリカの主権と同様、大統領の権限に制約が課せられることは、受け入れられなかった。

アメリカの威信という点で、モンロー主義の適用されるラテンアメリカ、とりわけカリブ海地域は、最も重要な地域であった。一九〇一年、債務問題をめぐってベネズエラとヨーロッパの間に緊張が生じた。それ以前、ベネズエラはヨーロッパ諸国から多額の融資を受けており、特にドイツから七千万マルク以上の融資が行われていた。しかし、一九〇一年にベネズエラは、債務不履行を各国に通知した。対してドイツは、海上封鎖を検討する一方で、アメリカに永続的占領の意図がないことを通知した。一九〇二年を通じ、イギリスとドイツは対応を調整し、十一月にイタリアを

含めて海上封鎖を宣言、ベネズエラに最後通牒を発出した。しかし、ベネズエラはこれを拒否した。そのため十二月に英独艦隊が

図 0-2 中央アメリカ・カリブ海諸国

結成され、ドイツ軍の一部がベネズエラに上陸する事態となった。ラテンアメリカ諸国に対するヨーロッパ列強の干渉は、アメリカにとって、モンロー主義の危機を意味した。十二月十二日にアメリカは、英独に対し、仲裁による問題解決を要請した。これに対し、イギリスは要請を受け入れ、ドイツも十九日に受諾した。最終合意は一九〇三年二月に成立するが、イギリスがアメリカとの対決を回避した後、ドイツに抵抗する余地はなかった。[40]

一九〇二年を通じてアメリカは、ベネズエラ問題への対処と並行し、コロンビアとの運河建設に関する条約交渉を進めていた。とはいえ、同年中、コロンビアは財政破綻や治安の悪化、物価高騰に直面していた。そうしたコロンビアにとって、運河の開通は新たな歳入をもたらすものであった。対してアメリカは、九月に発生したパナマにおける反乱を契機に海兵隊を派遣し、さらに一九〇三年一月、条約不成立の場合に運河交渉をニカラグアと進めるとした最後通告を発することで、条約を成立させた。これによりアメリカは、コロンビアに一千万ドルと、毎年の賃料として二十五万ドルを支払うこととし、運河建設権および運河両岸六マイルにおける百年間の警察管理権や治外法権などを獲得した。条約は、アメリカ上院においてニカラグア経由の運河建設を支持する議員から批判を受けながらも、三月十七日に批准された。しかし、コロンビア上院は、八月に条約を否決した。ローズヴェルトはニカラグアとの代替運河の建設交渉を、議会の承認手続きを回避するためにも、望まなかった。同年十一月三日、パナマで反乱が勃発し、二日でほぼ無血のままコロンビアから独立した。対してアメリカは、軍艦を派遣して独立を支持し、十三日に新政府を承認した。アメリカは直ちにパナマ政府と新条約交渉を開始し、十一月十八日に条約が調印された。この条約は、アメリカの権利を前年のコロンビアとの条約以上に拡大しており、一九〇四年二月にアメリカ上院で批准された。[41]ローズヴェルトは、コロンビア独裁政権の無能、腐敗に不信感を持っていた。パナマ運河に関する

ローズヴェルトの外交は、腐敗し合理性を欠くコロンビアに対する不信感から、パナマの反乱、独立を支援し、独立後のパナマと重要な利害に関する協定を締結するという経過をたどった。しかもローズヴェルトは、パナマ運河の経済的、文化的意義を評価することで、アメリカの干渉について積極的な意義付けを図ることもできた。

こうした、アメリカとの合意に協調的な政権を支持し、その他の国や地域との差別化を図るローズヴェルトの外交手法は、東アジアにおいても同様であった。ローズヴェルト政権にとって東アジアは、カリブ海地域に比べ、積極的に介入するほど重要な地域ではなかった。といって、十九世紀以来のロシアの膨張主義は容認できなかった。そこでローズヴェルトは、日英同盟を評価し、日露戦争に際しても、ロシアの覇権を阻止する自由主義的な観点と親英的な外交姿勢から、日本に好意的な立場を取った。しかし、レイモンド・エサスによれば、ローズヴェルトは、日露戦争で日本が戦勝を重ねるにつれ、その勢力拡大に警戒する、勢力均衡的な配慮を示すようになった[42]。ローズヴェルトの東アジアに対する関わり方は間接的であったが、そこには、排他的帝国主義に対する警戒感が一貫して存在していた。日露戦争が日本の勝利に終わると、アメリカ政府は、以下のように、自立能力のない韓国が日本の勢力圏下に入るのを容認し、満州について日本の立場に理解を示しながら、満州におけるアメリカ利権の拡大を目指す外交官や国際企業の活動に放任的ないし無関心で、しかも日本のフィリピン攻撃の可能性に対して過剰に反応した。

日露戦争末期の一九〇五年八月三十一日、アメリカのユニオン・パシフィック鉄道会社のエドワード・ハリマンがクーン・レーブ商会幹部のジェイコブ・シフを伴って来日し、満州鉄道の共同経営や日本国内鉄道改良のための出資に関する提案を日本政府に行った。日本の財政状況を懸念していた元老の井上馨や大蔵省は、ハリマンの提案に積極的に対応し、十月十二日に満州における鉄道を日米間の共同出資、共同経営とする桂‐ハリマン協定が成立した。しかし、これは、十六日にポーツマス条約締結交渉から帰国した小村寿太郎外相の反対によって、廃棄されてしまう。ポーツマス条約第六条の規定によって、東清鉄道南満支線の譲渡に清の承諾が必要で、日本に日米共同経営を単独で決定する権限が認められていなかったことなどが理由とされた[43]。一方、ハリマンはアメリカ国内において、鉄道規制問題でローズヴェルトと対立していた[44]。そのため、桂‐ハリマン協定の破棄が、日米関係に深刻な影響を与えることはなかった。

満州をめぐる日米関係は、アメリカ連邦政府が、世論の批判を受ける独占企業の国際的活動に対してどのような対応を取るか、という問題と関わっていた。アメリカ政府にとって、そうした企業を積極的に支援することは、アメリカを帝国主義諸国間の対立に巻き込むことにつながりかねなかった。ローズヴェルトは、政府の関与しないところで形成されるアメリカ企業と各国政府との関係を阻止しなかったが、それを積極的に支援したわけでもなかった。ローズヴェルトにとって、満州における日本の排他的覇権は望ましくなく、それを牽制する必要はあったが、それ以上にフィリピンの安全保障を確立する方が、アメリカの利益にとっても、帝国主義との関わりを抑え、日米間の相互不干渉を維持する上でも、緊要であった。一九〇五年七月にウィリアム・タフトが日本を訪問し、桂太郎首相と非公式に、日本の韓国保護権とフィリピンの安全保障に関する協定を締結した。ローズヴェルトはこれを全面的に支持した。アメリカにとって桂‐タフト協定は、議会の承認を必要とする条約でなく、日米がそれぞれの立場を確認し合うという措置にとどまった。[45]ローズヴェルトにとって、より重要なラテンアメリカ地域に対する外交でさえ、アメリカの威信をかけた、防御的かつアメリカとの合意に協調的な国との関係を優先する二元区分的な外交であった。その意味でローズヴェルトの東アジア外交も、大国間の合意形成に基づく、行政主導の現状維持的ないし防御的な性格が強かった。

大統領の主導によるアメリカの権益の維持や、防衛を基調とする相互不干渉というローズヴェルト外交の性格は、日露戦争後に顕在化した日米間の移民問題の解決方法でもあった。アメリカにおける日本人排斥問題自体、一八八〇年代以降の日本の海外移民を背景に、一八九八年のハワイ併合によって生じていた。その意味で日本人移民をめぐる日米間の問題も、十九世紀末のアメリカによる海外領獲得の結果として、生じていた。

日本人の海外移民は、一八八〇年代のハワイ移民に始まる。一八八一年にハワイ国王が来日し、砂糖業に従事する日本労働者の渡航許可を要請したことがきっかけであった。その後、一八八四年に日本とハワイとの間に移民条約が締結され、一八八五年より官約移民が開始された。その際、ハワイ政府が移住者の渡航費用を負担すると共に、日本人はハワイにおける市民権を保有し、労働契約の締結に際しても何ら拘束を受けないとされるなど、移民に対する優遇措置が施されていた。これら優遇措置の内、市民権については一八八七年に言語、財産資格などが設けられ、日本人の参政権は実質的に禁止されたが、官約移民は十年間で二万八千人に達した。また、児玉正昭によれば、ハワイへの日本人移民を進めたロバート・アーウィン駐日ハワイ領事は、井上馨外務卿や三井物産の益田孝と親しく、山口県と広島県で実験的な移民募集が行われた。そのため、官約移民の内、広島県出身者が三十八・二%、山口県出身者が三十五・八%を占め、両県で全体の七十四%に達した。これに熊本県の十四・六%、福岡県の七・五%が続き、四県で九十六・一%に達した。[46]この後も、日本の海外移民には、送出地域に大きな偏差が存在し続けた。これは、政府が全国的政策として海外移民を促進したわけでなく、また、移民送出が府県や郡町村側の対応に依存した上、その後、日本政府が対外関係に配慮して海外移民を全般的に抑制する一方で、海外移民が、先行移民の経験を基礎とする民間主導の移民として拡大していったことによる。その結果、初期移民の地域偏差が、その後の移民動向に大きな影響を及ぼし続けたのである。

日清戦争後、官約移民は民営に委託され、一八九四年から一九〇〇年までの間に、それまでの実績を大きく上回る約四万の移民がハワイに渡った。特にこの間、一八九八年にハワイがアメリカに併合されたため、アメリカの移民法の適用を回避する駆け込み移民が増加し、翌一八九九年のハワイ渡航者数は二万二千人に及んだ。この時点でハワイの人口十五万余の内、日本人は六万人を超え、全体の四十%近くの比率を占めるまでになっていた。[47]

一九〇〇年にアメリカの移民条例が適用されたことで、ハワイに対する契約移民は禁止された。しかし、翌年には労働力不足のため、渡航費を自己負担とする個人の自由移民として、移民が再開された。ところが、その結果、移民の主流は北米に向かい、さらにハワイ移民もアメリカに転航するようになった。一八九九年の時点で、在米日本人は約三万五千人であった。一九〇二年に在米領事の在留証明書を保持する者および在米邦人の妻子の渡航に限り承認するという措置が取られたが、一九〇一年の移民再開から一九〇七年までの六年間に約三万八千人の渡航者がアメリカに渡り、一九〇六年の時点でアメリカ滞在者は七万五千人を超えた。アメリカに移住した日本人は、鉄道、鉱山労働や開墾に従事し、特に果樹、野菜、花卉栽培に能力を発揮したという。こうした中で一九〇七年二月にアメリカの移民法が改正され、日本、韓国からの移住者が一般移民法の取り締まり対象に含まれるようになった。さらに同年末から翌年にかけて成立する日米紳士協定によって、日本政府はアメリカへの移民を自主規制することとなった。[48]こうした中で、日本の海外移民はブラジルに向かうこととなる。

アメリカにおける日本人移民問題には、アメリカ国内における人種問題、特に南部諸州における黒人の権利問題と、ロジャー・ダニエルズが指摘する中国人労働者排斥運動が関係していた。[49]セオドア・ローズヴェルトは黒人問題について、能力主義や公正さの観点から、人種を基準にした差別的措置に反対する立場を取っていた。伝統的に共和党は南部の選挙基盤が弱い一方で、一八九〇年代に南部諸州は、黒人の選挙権を制限する立法措置を施していた。ローズヴェルトは大統領就任後の一九〇一年十月中旬、黒人政治家ブッカー・T・ワシントンを会食に招待した。ローズヴェルトは一八九八年よりワシントンと知り合っていたが、会食においてローズヴェルトは、黒人だけでなく、南部全体を救いたいという意向を伝えた。ローズヴェルトとワシントンの会見は、人種主義者から反発を招いたが、ローズヴェルトは自らの行動の誤りを認めなかった。その一方でローズヴェルトは、人種としての黒人を白人に劣るものとし、文化的相違から白人と黒人の分離を必要と考えていた。問題はあくまで人種を理由とした不公正にあった。そのためローズヴェルトは、有色人種における無知で暴力的、堕落した人々の存在は、社会全体に対する以上にその人種自身にとって有害であるとして、黒人に対して秩序と規律ある行動を求めた。ローズヴェルトは一般に黒人の味方と理解された。しかし、ワシントンとの会見のような行動は繰り返されず、黒人の投票権を否定する措置に対しても、対策はなされなかった。[50]ローズヴェルトの対応は、自らの裁量で行われる個別的な政治行動に限定され、その限りで世論の注目を集めたが、それが法制上の成果につながることはなかった。その点でローズヴェルトはむしろ保守的ないし現状維持的で、人種隔離についても容認的であった。

アメリカにおけるアジア移民問題は、こうした十九世紀末に高まったアメリカにおける人種隔離の気運と労働問題とが結び付いた問題として発生した。アメリカにおけるアジア人移民に対する法的規制は、一八八二年五月の中国人排斥法の成立が画期となっている。アメリカの排日運動や移民規制立法に関するダニエルズの議論に依拠した簑原俊洋の概観によれば、アメリカへの中国人は、一八五〇年代のゴールドラッシュに合わせて増加し、一八五〇年代後半に既に中国人に対する排斥運動が存在した[51]。また、他方でヨーロッパからの移民に対しても、一八四〇年代よりアイルランド移民が増加していたことに対し、マサチューセッツ州やニューヨーク州などで、入国規制を目的とした人頭税の導入が図られていた。人頭税は、一八四八年の連邦最高裁による違憲判決で、無効とされた。この判決はまた、移民規制の権限が州でなく、連邦に属することを確定し、移民規制を望む州と、対外的な配慮や公正な措置を重視する連邦との対立を明確にした。中国人への排斥運動は、一八六一年に勃発した南北戦争により、一時鎮静化した。しかし、戦後、労働力が過剰となった州を中心に、全般的な自由移民に対する規制を求める運動が展開された。一八七五年には、犯罪者や、売春を目的とした女性の入国を禁止する移民法が、制定された。

一八七〇年前後より、カリフォルニア州を中心とした西部諸州で、中国人移民を間接的に規制しようとする立法措置がなされていた。しかし、これらは連邦権限に属すること、また、米清間の相互の自由入国などを規定していた一八六八年のバーリンゲーム条約に抵触すると判断されたことから、連邦最高裁によって無効判決が下された。その後、一八七五年に連邦議会は、船舶一隻当たりの中国人移民の搭乗数を十五人に制限する法律を可決したが、ラザフォード・ヘイズ大統領はこれに署名せず、成立しなかった。しかし、ヘイズ大統領はバーリンゲーム条約の改定を公約し、その結果、一八八〇年にエンジェル条約が成立した。同条約は、アメリカ政府に中国人移民労働者を一時的に制約する権限を認めていた。さらに翌一八八二年、アメリカは中国人排斥法を制定し、これによって、十年間の中国人移民労働者の入国禁止が定められた。これに対し、清朝政府は連邦最高裁に提訴したが、一八八九年に連邦最高裁は、外国人のアメリカ入国規制を国家主権に属する行為とし、中国人排斥法を合法とする判決を下した。中国人排斥法はその後、一八九二年、一九〇二年にそれぞれ十年間延長され、一九〇四年に無期限化する修正がなされた。

その一方で、中国人排斥法の成立からまもない一八八二年八月に成立した移民法は、移民に関する全ての事項を連邦政府の管轄下に移したため、州政府は移民行政に関与できなくなった。と同時に同法は、移民一人当たり五十セントの人頭税を課し、それを入国審査費用に充てることとしていた。さらに一八八五年、契約労働者の入国を禁止する修正がなされ、一八八八年には、入国した移民を国外追放する規定が追加された。移民法は一八九一年に大幅な改正がなされて体系化されると共に、財務省に連邦移民監督局を設置し、一八九五年に人頭税は一ドルに引き上げられた。一八九〇年代後半以降、東南欧移民の増加を規制するため、言語試験制度の導入が移民法改正の焦点となった。ただし、一八九六年の時点では、クリーヴランド大統領による拒否権発動のため、言語試験の導入を規定した修正案は成立しなかった。一九〇二年に言語試験制度を規定した移民法修正案が下院を通過したが、上院における審議で言語試験制度は削除され、翌一九〇三年に新移民法として成立した。一九〇三年移民法は、人頭税を二ドルとし、無政府主義者や物乞いによって生計を維持する人々を入国禁止とするなど、規制対象を拡大した他、移民の管轄を財務省から商務労働省に移管した。一九〇七年にさらなる修正が行われ、人頭税を四ドルとすると共に、アメリカ本土以外を目的地とする旅券の所持者がアメリカ本土に入国するためにその旅券を使用した場合、大統領は当該人物の入国を拒否できるとする規定が定められた。これは、同年末から翌年にかけて成立する日米紳士協定に対応した、最初の日本人移民の規制措置であった。

ダニエルズによれば、カリフォルニア州における日本人排斥運動は日露戦争前から存在したが、それらは概ね中国人排斥運動を引き継いでおり、それが本格化するのは日露戦後であった。[52]排日運動が問題化したきっかけは、一九〇六年のサンフランシスコ学童隔離事件であった。これは、前年よりサンフランシスコ市教育委員会が日本人を東洋人学校に通わせようとしていたところ、一九〇六年四月に震災が発生、十月十一日に教育委員会が施設不足を理由に、日本人学童の公立学校への通学を認めないとする決定を下した事件である。といって、学童は九十三名しかおらず、しかも震災の被害は東洋人学校周辺で激甚であったため、日本人にとって教育委員会の措置は、人種隔離を目的とした措置と受け取られた。

事件が外交問題に発展したことで、ローズヴェルトは対応を余儀なくされた。日米関係への悪影響を懸念するローズヴェルトは、サンフランシスコ市の措置を愚行と判断したが、問題は連邦政府と州との関係であった。ローズヴェルトはヴィクター・メトカーフ商務労働長官を現地に派遣する一方で、議会の年次演説で日本人に対する市民権取得資格の付与について言及し、かつてのブッカー・T・ワシントンとの会見のような、人種問題に関する開明的姿勢を示した。とはいえ、日本人への市民権取得資格の付与に対する反発は強く、ローズヴェルトはこれ以降、それに言及することはなかった。一九〇七年一月末から二月初めにかけ、ローズヴェルトはカリフォルニア出身議員やサンフランシスコ市長をホワイトハウスに招き、日本人排斥の自制を求めると共に、連邦政府が移民問題を外交問題として専管的に扱うことについて理解を求め、日本人移民の制限を約束した。

結局、児童の就学問題について、英語能力と十六歳以下という条件の下で従来通りの通学が認められることとなり、さらにこれは、差別的措置でないことを示すため、全外国人に適用されることとなった。また、アメリカ政府は日本人のハワイへの移民を保障する一方で、日本はアメリカ本土への移民を毎年五百人に制限することを約束した。さらに明治四十（一九〇七）年十一月から翌年二月にかけ、第一次西園寺公望内閣の林董外相とトーマス・オブライエン駐日アメリカ大使の間で書簡や覚書の交換がなされ、日米紳士協定が成立した。[53]この往復書簡においてアメリカ側は、アメリカ太平洋岸に渡米する日本人が当該地の労働事情を悪化させていることを指摘し、これに対して日本側は、学生、商人、旅行者以外の熟練、未熟練労働者に対する旅券発給の自粛継続を保証した。ただし、日本側は、アメリカに居住する日本人の家族と「定住農業者」、すなわち「監督ヲ受ケテ農地ヲ所有シ又ハ農産物若クハ農産物ノ利ヲ分チ享クル農夫」[54]について規制しない方針を明らかにしていた。ところが、ここでいう定住農業者について、一九〇八年一月二十五日付のオブライエンの書簡は次のように記しており、日本側との間に見解の相違が存在していた。[55]

右永住農業者トハ小農資本家ニシテ、彼ノ単ニ契約上農業仕事ヨリ収得スルモノヲ以テ其ノ給料ニ充用セラルル所ノ農業日雇ニアラサルモノト了解致候ニ付、此標準ニ従ヒ、右ノ如キ経済上ノ位置ヲ有スルモノニ対シテノミ相当ノ数ニ於テ旅券ヲ下付セラルヘシ。然ルニ、右農業者カ右様ノ資格ヲ有スト云フモ、現実ニ土地ノ所有権ヲ有スルニアラサレハ、適《たまたま》以テ米国契約労働法違反ヲ免カルル一ツノ口実ニ過キサル事実ト相成可申候。

日本の対米農業移民は、そのほとんどが農業労働者かあるいは日本の小作経営に相当する借地契約農民であり、アメリカ側の基準で規制の対象となるはずであった。若槻泰雄によれば、アメリカ側の承認する資本家的性格を有する定住農業者はテキサス州への入植民に例外的に存在したが、それもこの時期までにわずかになっていた。[56]にもかかわらず、日米間にこうした見解の相違が存在したのは、日本側が在米日本人農業労働者本人の再入国権と家族の渡航権の確保を重視したのに対し、アメリカ側が農業労働者の移民停止を目指していたためであった。後述のように、この後、カリフォルニア州において、日本人の土地取得権と借地権に対する規制立法が試みられることになる。こうしたカリフォルニア州の動きは、オブライエンの保証を否定するものであったが、その排斥対象は、アメリカ側が当初より入国を望ましくないとしていた農業労働者であった。その意味で、日米紳士協定ないしそれを成立させた日米両政府の情勢判断は、今後の事態を解決していく上で、当初より限界を持っていた。

麻田貞雄や有賀貞、簑原俊洋といった、日本のアメリカ史研究者は、移民問題をめぐる日本の姿勢について、「体面」を重視したものと評価している。しかし、これは誤りか、少なくとも適切な表現ではない。[57]というのは、当該問題に関する日本の方針には具体的かつ明確な原則が存在していたからである。それはすなわち、(1)在米日本人に対する外国人としての均等待遇の確保、(2)渡航制限に関する片務的明文規定の回避、(3)通商条約に基づく在米日本人の権利保護、の三点で、しかもこれらは、相互に関連し合っていた。第一義的に日本政府は、アメリカに居住する日本人が他の外国人に比して差別待遇を受けるような事態を回避しようとしており、カリフォルニア州における児童隔離事件や後の土地取得権ないし借地権の制限問題は、この点に関わっていた。日本側は、各国に在住する外国人の権利は各国の裁量と当該国間の条約上の規定に従うとする立場を取っており、したがって、ある国が在留外国人全体に対する一定の権利制限を均等に実施することや、あるいは治外法権のように、条約ないし協定上の合意事項に基づいて外国人の待遇に格差が生じることを容認していた。その上で日本側は、ある国家が国内に居住する特定外国人の権利を、条約上の根拠に基づかずに一方的かつ差別的に制限することを、それが国内法上の措置として行われた場合でも、国際法の一般原則に反する不当な措置としたのである。日本側は、移民問題に関するアメリカ側の主権ないし裁量権とそれに対する日本人の遵守義務を前提に、条約上の規定と特に外国人への均等待遇に関するアメリカ側の遵守義務を確認しようとした。その点で日本は、国家権力による個人の権利制約に否定的な英米の法観念とは対照的な、国家の法治機能を優先する、しかも国家関係における双務主義の原則を重視する立場を取っていた。

一八七〇年のアメリカの帰化法によれば、アメリカ国籍、すなわちアメリカ市民権を取得する資格は、自由白人とアフリカ人の子孫に限定されており、一八八二年の中国人排斥法によって中国人の市民権取得資格は明確に否定されていた。それでも、手続き上の不備から、一九一〇年の時点で、中国系アメリカ人と日系アメリカ人は、それぞれ三百六十八名と四百二十名に及んだ。そのため、一九〇六年の帰化法改正と移民帰化局の設置を経て市民権取得手続きは厳格化され、一九一一年に移民帰化局はアジア系の帰化申請を許可しない方針を定めた(58)。これに対して日本側は、各国の国籍付与条件は各国の主権に属するとし、日米交渉において日本人によるアメリカ市民権取得資格の獲得を重視しなかったばかりか、後述のように、一九二〇年には二重国籍問題との関連で、アメリカで誕生した日本人子女の市民権の停止についても、それが外国人全体に対して施行されるならば容認するという姿勢を示した。つまり、日本政府は、日系二世に新たな権利が保証されるより、一方で一世の権利が制限されるより、在米日本人全体が外国人として正当な権利を保証される方を優先したのである。

とはいえ、アメリカ政府が当初、問題にしたのは、アメリカに対する日本人移民、とりわけ低賃金労働者の増加という、量的な問題であった。日本政府は、アメリカが一般的な外国人移民に対する制限措置として日本人移民をも制限することに、反対していなかった。それは、アメリカ側の主権に属する問題であったからである。ところが、日露戦後にカリフォルニア州で発生した児童隔離とは、カリフォルニア州当局が日本人の教育権に実質的な制限を加えることで、日本人移民を排除しようとした事件であった。そこで日米両政府は、新規の移民を規制しながら、在米日本人の権利を保護しようとしたわけである。ところが、この時点で移民総数を規制する法的根拠は存在しなかった。しかも日本側にとって、アメリカによる包括的な移民制限でなく、日本のみが移民制限を課せられる事態は、承認できなかった。そこで日米紳士協定という、日本政府の自主的な移民制限措置となったわけである。日本政府はこれによって、片務的明文規定を回避した。

とはいえ、問題はまだ存在した。アメリカ側は労働移民の入国を望まず、その点は日本側も原則として受け入れた。ただし、日本側はヨーロッパ人労働者がアメリカに入国している以上、通商条約に基づく日本人の労働目的渡航の権利そのものは留保する立場を取っており、さらにそれを部分的に行使する必要も認めていた。その必要とは、既にアメリカに居住している日本人の再入国権とその家族の渡航権であった。日本側は、新規労働者のアメリカ本土への渡航を実質的に許可しない方針を取ったが、アメリカに一定の生活基盤を持つ日本人の家族や一時帰国した本人の再渡航を禁止する法的根拠はなく、本人が被る不利益も大きいと判断された。先に挙げた日本の原則の内、⑶がこれに該当する。しかし、この場合でも、通商条約で規定される新規移民のアメリカ渡航権が実質的に停止される一方で、低賃金労働者の再入国権をアメリカ側が積極的に承認していたわけではなかった。これは、日本人移民が基本的に出稼ぎ労働者であって、ヨーロッパ移民と質的に異なっていたことに由来する。こうした、既入国者の権利保護の問題が移民問題を複雑化させており、先に述べた日米紳士協定をめぐる日米間の見解の相違も、この点から派生していた。

在米日本人の権利保護という点で、⑴と⑶はほぼ同義であるが、後述のように、日米間では市民権取得資格の有無を基準とする、国内法上の措置に基づいた外国人への差別待遇が問題となったため、質的に異なる側面が存在する。日本政府は、市民権取得資格の有無を基準とする在米日本人の権利制限を⑴に対する抵触事項とし、そこで設定される個別の権利制限と通商条約との整合性の問題、すなわち⑶の問題とは区別した。そのため日本政府は、アメリカにおける一連の移民関連法案に対し、通商条約の規定を尊重する付帯条項が挿入された場合でも、市民権取得資格の有無を基準とする規定の削除を求めた。市民権取得資格の有無という基準設定は、特定人種を名指しするものでなかったとしても、その実態は日本人を排除するための措置であり、その点は、イギリス自治領の先例と同様であった。日本政府にとって、市民権取得資格の有無を基準とする差別待遇は、⑴の原則、すなわち外国人としての均等待遇に抵触する人種主義的措置であり、それがアメリカの国内的措置であったとしても、容認できなかった。

対して、紳士協定に先立って成立したアメリカの一九〇七年移民法には、アメリカ本土以外を目的地とする旅券の所有者がアメリカ本土に入国するためにその旅券を使用し、それがアメリカの労働事情に反する場合、大統領は当該人物のアメリカ本土への入国を拒否できるとする規定が含まれていた。これは実質的に、ハワイに渡航した日本人のアメリカ本土への転航を禁止する措置であったが、規定自体は全外国人に適用され、しかも日本政府による移民の自主規制に対応するものとなっていた。つまり、ローズヴェルトは、日本とカリフォルニア州の対立に対し、双方の自制を働きかけることでその解決を図ろうとしたのである。しかもこれは、国内における白人と有色人種の実質的隔離によって公的部門における公正な措置を維持しようとした人種政策に対応しており、簑原俊洋が指摘するような、単純な差別意識によって決定された措置ではなかった[59]。

ローズヴェルト政権は、国内において日本人排斥を積極的に進めたわけではなかった。しかし、イギリス帝国において本国が自治領のアジア人排斥を容認せざるを得なかったように、アメリカ連邦政府も、カリフォルニア州側の要望に応える何らかの措置を取る必要があった。それが、連邦の権限に対する州の自立性を保障した、アメリカにおける自由主義と民主主義の要請であった。ただし、イギリスの場合、ドミニオンが受け入れた日本人移民の規模は小さく、また、日英通商航海条約のドミニオンへの適用にはドミニオン側の批准が必要で、移民問題は日本とドミニオンとの直接交渉に委ねられた。そのため、移民問題は日英間の外交課題として副次的な問題にとどまった。そこで逆に日本は、ドミニオンとの直接交渉が可能であった上、イギリス本国との関係を通じ、ドミニオンの日本人排斥を間接的に緩和することも期待できた。対してアメリカの場合、ハワイ経由の大規模な日本人移民が発生していた上、移民問題はアメリカの国内的制約に直面した。日本は連邦政府との合意を通じ、日米間の緊張を緩和しようとしたが、「カリフォルニアを純白に」(Keep California white!)といった理念を掲げる原理主義的な排日運動との妥協は、困難であった。そこでローズヴェルトは、日本人の移民を規制することでカリフォルニア州における差別的事件の発生を抑制し、カリフォルニア州民の感情を緩和しようとした。その意味でローズヴェルトが直面していた問題は、イギリスが直面していた帝国とドミニオンの自由主義をめぐる矛盾に形を変えて対応しながら、より深刻であった。

日露戦後の日本が直面したアメリカとは、国内における大規模な企業経営と国際的活動を追求するという意味での自由主義と、独占企業による不当な権力集中およびそれと結び付いた行政権力の腐敗を批判するという意味での自由主義との対立に苦悩するアメリカであった。国際性を重視するアメリカの自由主義は、日本とロシアによる満州権益の独占に反発したが、他方でそうした国際主義的な独占企業のアメリカ国内における活動に批判的であった人々は、日本の満州政策に容認的であるか、無関心であった。しかし、そうした人々は概ね、低賃金労働者としての日本人移民の受け入れに批判的であった。こうした状況に対してローズヴェルト政権は、個別企業や各国と非公式に合意を形成し、各当事者の自制によって全体的な機会均等や活動の自由を保障しながら、象徴的な個別問題に大統領として対応することで、政府の公正な姿勢を世論に示そうとした。ローズヴェルトはそれによって、しばしば議会との緊張を招いたものの、アメリカ全体の分裂が顕在化することを阻止した。しかし、それは法制面での問題解決を先送りしており、実態としては現状維持的ないし保守的で、アメリカの分裂に対する根本的な解決を与えていなかった。そのため、国内において大企業が概ね優遇される一方で、人種隔離が不合理な暴力事件を抑止するものとして積極的に容認され、さらに国際的に、ヨーロッパ諸国や日本、アメリカの勢力範囲を相互に認め合うかのような現象を伴うことにもなった。

日露戦後の日本は、アメリカの国内対立に翻弄され、アメリカの価値観に基づく一方的な警戒感にさらされた。ローズヴェルト政権期のアメリカは、日本の韓国支配を容認する一方で、フィリピンに対する日本の意図を疑い、満州に関するアメリカ企業の個別的行動を放置した。さらに国内において日本人労働者に対する排斥事件を引き起こし、日本に移民制限を求める一方で、その代償としてアメリカ国内の日本人の権利を一定程度保護するという対応を示した。当該期の日本にとってこうしたアメリカは、政府間の合意形成を通じた協調の可能性を感じさせると共に、政府間の合意を超えた国民的な相互理解という点で、限界を持っていた。

総じて日露戦争前後のアメリカは、世界に広がる普遍的な権利意識と、帝国主義世界への関わりに対する反感とを有しており、そのため、各国と一定の距離を保ち、時として不信感をも表明しながら、友好関係を維持しようとする両義的な傾向を示した。日本にとって、アメリカとの関係が難しい問題となったのも、そのためであった。とはいえ、日本が直面した人種隔離と自由主義ないし民主主義との矛盾に関しては、日本人よりも中国人の方が、イギリス帝国においても、アメリカ合衆国においても、さらに以下に記すような中国国内においても、深刻な問題を引き起こしていた。二十世紀初頭のイギリスとアメリカが、自由主義と民主主義の原則の下でアジア人排斥を容認していたとすれば、そうした原理が中国における租界や租借地にも応用されていくことは、避けられなかった。しかもそれは、日露戦後における満州や中国全体に対する日本の政策意識にも間接的に影響を与えていく。

四　中国における租界の成立

一九〇二年九月に成立した英清通商条約、通称マッケイ条約は、第八条において、それまで従価五％に固定された中国の関税率について、中国国内に流通する商品に通行税として課せられていた釐金《りきん》の廃止を条件に、追加七・五％までの付加税を認めること、そして第十二条において、中国国内に近代法制を施行することを条件として、治外法権を撤廃することを定めていた。いずれも、中国に対する不平等条約の修正条件を定めたもので、これは翌年の日清通商条約や米清通商条約に踏襲され、さらに一九二二年に成立するワシントン条約の部分的基礎ともなった。しかし、その一方で本条約も、海外におけるイギリス人の貿易活動を保障する自由主義の精神を起源としながら、十九世紀後半の社会や経済に対する国家行政の機能拡大を背景に、中国国内におけるイギリス人と中国人の差別待遇を固定化する方向で、成立したものであった。中国人は、十九世紀後半の英米圏における最大の排斥対象となったが、それに通底する現象は中国国内においても発生しており、その舞台となったのが、上海や天津などに設定された外国人居留地たる租界であった。中でも上海租界は、規模においても、問題の複雑さにおいても、欧米と中国の摩擦の中心的な位置を占めていた。

中国における租界については、一九四一年に出版された植田捷雄『支那に於ける租界の研究』という、包括的かつ詳細な研究が存在する。中国における租界の起源は、一八四二年六月のアヘン戦争の終結によって締結された南京条約にさかのぼる。同条約は、上海、広東、厦門、福州、寧波の開港と領事の駐在、外国人の居住権などを定めた。ただし、居住地域は特定されず、そのため、開港市内全体への居住権を意味するかのようにも解釈されたことから、翌一八四三年の英清虎門塞追加条約により、外国人の居住地域が設定された。次いで一八四五年、同条約に基づき、上海に関する第一回土地章程（Land Regulation）が成立した。南京条約は外国人の居留権を認めたものの、中国人と雑居する形となっていた。そのため、イギリス領事と上海道台の往復書簡によって、洋涇浜以北および李家場（後の北京路）以南におけるイギリス人の土地租借手続きその他が定められた。その趣旨は、中国人と外国人の居住を分離することにあり、これが後の上海租界の始まりとなった。

土地章程は、イギリス人の土地租借を中国人地主と直接行うことを規定しており、英清双方の当局は必要な交渉手続きに関与するのみとされた。第一回土地章程は、居住外国人が居住地における橋梁、道路の維持、建設を相互の協議に基づいて行うことや、分担金の供出、積み荷に対する課税を公議によって行うことなども定めており、居住外国人に実質的な自治権を付与する内容を含んでいた。(60)

とはいえ、上海の租界が土地の取得契約を個人に委ねたのは、同租界が中国の主権下にあることを前提としていたからであった。しかも、土地章程に至っては、イギリス領事と上海道台との往復書簡によって成立した。つまり、土地章程は行政上の必要に基づく地方協定に過ぎず、条約によって確認された国家間の合意事項ではなかった。この時点で、上海租界が後のように発展し、中国行政から自立性を強めていくことは想定されていなかった。しかも同章程は、イギリスと清朝当局との間の合意であって、一八四四年の望厦条約および黄埔条約によって居住貿易権を得たアメリカおよびフランスとの関係で問題を生じた。アメリカは独自に上海道台の同意を取り付けてイギリス租界への割り込みを図り、フランスは隣接地に専管租界を設定した。その結果、一八五三年にイギリスは、租界の専管を断念し、翌一八五四年に第二回土地章程を成立させることとなる。

幕末期の日本においても、外国人の治外法権と外国人居留地が設定されたため、治外法権の問題は当該期の日本史研究の重要な一分野を構成してきた。そうした、日本における治外法権研究における問題の一つに、治外法権と領事裁判権の定義をめぐる問題がある。英米では一般に、治外法権と領事裁判権を区別することなく、全てを一括して治外法権（extraterritoriality）と呼称する。対して植田捷雄は、治外法権と領事裁判権は国際法上において明確に区別されるべきものとして、両者を次のように整理している。すなわち、治外法権とは、ある国家が他国の外交官や軍隊など、その国を代表する機関に対し、国際慣習法に基づき、相互に法権管轄の放棄を認め合うことであるのに対し、領事裁判権とは、特定の条約に基づいて成立し、一般国民を対象に被設定国の法権支配から免れる権利を設定すると同時に、当該国の領事がこれに対して裁判権を行使する積極的な権利である、というものである。しかし、その一方で植田は、治外法権が広義に、被設定国の統治を免れる一切の特権を総称する意味でも用いられており、この場合の治外法権は、租界や租借地、外国軍隊の駐留権や、関税、通信上の特権なども包含するが、このような用法も誤りではないとしている。ただし、こうした広義の治外法権は、国際法上の用法ではないため、植田は、条約その他における治外法権の用語使用の実態は厳密には混同であるとしている[61]。

とはいえ、欧米、とりわけ英米において、治外法権と領事裁判権の区別がなされなかったのは、混同の結果ではなく、それを生み出した十九世紀半ばの歴史的状況に由来した。治外法権とは本来、ヨーロッパ以外の地域におけるヨーロッパ人の活動の自由を保障するために設定され、特にイギリスの場合、海外で活動するイギリス人に対し、現地の法や習慣を彼らが自主的に尊重することを前提に、公権力による個人の権利に対する制約を可能な限り抑制するという、自由主義的な法秩序観念に基づいて成立していた。つまり、治外法権とは、それによって在外イギリス人を超法規的存在にしようとしたわけでなく、彼らが帰属しない法による不当な責任追及や権利の侵害から彼らを保護することを目的とし、そこでイギリス人の権利を公権力として制約できる主体をイギリスの在外機関である領事のみに制限したのである。日本や中国のように、治外法権が設定された国においては、植田が指摘するように、治外法権を外国人に対する超法規的待遇の意味で用いるのが一般的である。しかし、英米の側からすると、治外法権の目的は公権力による統治権の行使でなく、あくまで個人の権利保護にあった。そのため、司法権の行使において被告側の権利保護が優先されたのであり、さらに領事裁判とは、そうした個人の権利保護という目的に付随する司法機能に過ぎなかったため、治外法権という一般概念を法制上、領事裁判権の意味で用いることに問題がなかったのである。逆に領事裁判権は、治外法権の設定に伴う司法手続きを意味したに過ぎず、それでは、公権力に対する個人の権利保護という根本原理を十分に表現できなかった。上述のように、英米本国が租界の主権と行政上の責任を清朝側に帰属させたのも、治外法権が統治権を意味していなかったためである。

治外法権の設定された国で当該国民と外国人の間で刑事、民事事件が発生した場合、被告が所属する国家の法律および司法制度が適用される。たとえばイギリス人が日本の法律に違反したとしても、被告はイギリスの法律に則って裁かれるため、当該行為がイギリスの法律で非合法でなければ、日本の司法当局もイギリスの司法当局も、当該行為を法的に規制、処罰できなかった。森田朋子は、日本において禁制とされた狩猟が欧米人にとって重要な慣習であったため、それを規制することが困難で、日本の幕府役人や農民に対する傷害事件まで引き起こし、重大問題化した事例を検討している。事件を放置すれば、司法管轄権の問題にとどまらず、相互の敵意まで惹起しかねなかった。そのような場合、イギリスは一般に、枢密院令に基づき、公使に領事規則を制定する権限を与えることで、在外イギリス人の規制を行い、日本との軋轢を緩和しようとした[62]。対して、逆に外国人が被害者ないし原告となった場合、事件は当該国の司法、行政機関の管轄下に置かれる。とはいえ、当該国に適切な司法機関が存在しない場合や、外国人の受けた損害が当該国で事件として処理されない場合、解決は外交交渉に委ねられるよりなかった。その結果、生麦事件に対する薩英戦争など、実力行使を引き起こしてしまうこともあった。

治外法権は一般に、外国人の超法規的待遇として理解されがちであるが、治外法権は本来、個人の権利保護、特に裁判における被告の権利保護を目的としていた。にもかかわらず、それが超法規的性格を帯びていくのは、主として居住権の問題や、政治的な環境の変化と結合したためである。居住権自体は治外法権設定国と欧米各国との間の通商条約で相互規定として定められ、不平等な規定ではなかった。しかし、日本や中国は外国人に対する無制限の内地開放を望まず、特定の居住地を設定したため、結果的に同地域における居留民の自治が始まり、さらにそれを地方当局が行政協定として追認したことで、特権として確立するようになった。しかも、居留民の自治は居留民の私有財産に基づいて運営されており、そこで積み上げられていく既成事実は、実質的に個人の権利に準ずる性格を持った。そのため、治外法権の根本原理に照らし、治外法権の被設定国も、そして居留民の属する本国政府も、居留民の自治権に対して行政上の規制を加えることに制約が課せられたのである。

こうした既成事実の積み重ねによって、租界における行政権限をめぐり、イギリス本国、領事、居留民の間で恒常的に軋轢が生じる一方、清朝の行政機能が低下し、さらに地方当局と租界当局の間で地域協定が積み重ねられていった結果、租界の超法規的性格は格段に強まった。上海租界の場合、外国人と中国人地主の間の個人契約として成立したセトルメントとして出発するが、その後成立した天津租界などは、清朝政府とイギリス政府の間の契約が成立した後、イギリス政府が主体となって個人の分割契約を進めていくコンセッションとして成立した。その結果、本来ならこれによって、居留地は清朝とイギリス本国の一定の統制下に置かれるはずであった。しかし、居留民はその後も個別に中国人地主と契約を締結し、セトルメントに準ずる居留地域を拡大させた。そして同地域も、最終的に天津租界に統合されてしまう。[63]また、一九二七年に漢口租界の返還交渉が英中間で進められた際、イギリスは中国側に個人契約の保障を強く求め、その上で行政権を中国に返還し、中国は当該地域に特別市政を施行した。つまり、個人の権利を守るため、コンセッションを実質的にセトルメントに改編した上で、行政機構の急激な変化を回避しつつ、行政権を中国に返還するという手続きが取られたのである。治外法権の規定そのものに、これほどの結果を招来する機能は伴っていなかった。問題は、治外法権という制度を生み出した欧米、特に英米における法観念、すなわち国家権力に対する個人の権利保護という観念が、以下に示すような個人の権利保護に十分に応えられない中国の政治情勢に対する、租界の自己防衛的な権限の拡大を引き起こした点にあった。

上海租界の性格を変質させたのは、太平天国の乱であった。乱の勃発によって清朝の行政機構が機能不全に陥り、さらに一八五三年三月に南京が陥落したことで、上海も脅威にさらされた。上海道台は外国軍隊に支援を要請したが、イギリスとアメリカは中立を理由にこれを拒否し、居留民による義勇隊の組織や陸戦隊の配備によって独自に防衛態勢を整えた。英米側には、租界の主権が中国側に属したため、軍隊の上陸に否定的な見解も存在したが、上海当局の実質的保護が得られない状況では、居留民ばかりでなく、ラザフォード・オルコック英領事も自主防衛に積極的であった。その上、租界内に避難する中国人が増加し、一八五四年の時点で二万人を超えた。こうした状況に対応して土地章程の改定作業が進められ、一八五四年七月に英米間で合意した第二回土地章程案は、イギリスが租界の専管管理権を放棄すると共に、それまで禁止されていた中国人の租界内居住を承認した。その後、居留民はさらに、租地人会議で行う選挙によって成立する市参事会の設置や、中国人に対する課税について中国側当局と交渉すべきことを要求した。これを受けて清朝側当局の上海道台との交渉が行われ、上海道台側も英米の要求を受け入れた。その結果、中国人が租界内に土地ないし家屋を租借する場合、土地章程を遵守し、一般課金に応ずることを条件に、地主が外国人である場合は当該地主を通じて所属領事に、地主が中国人である場合は中国官憲に対して届け出を行い、許可を得ることとされた。さらに土地章程第十条は、外国領事団の下で招集される租地人会議によって委員を任命し、当該委員によって租地人に対する課税や、租界内の道路敷設や清掃といった公共事業を行うことの他、警察を設置することなども規定していた。これに基づき、市参事会（Municipal Council）が組織された。市参事会は、租界行政に当たるばかりでなく、租界防衛のため、英米仏の海軍司令官に対して租界内の駐兵に関する要請を行うなど、対外折衝の任にも当たった。

以上のような現地の経過がイギリス外務省に伝えられた時、本省側は、上海居留民の自衛権を認めたものの、その保護は中国側が責任を負うべきとする見解を堅持した。そのため当初、市参事会による警察機構の設置やそれに対する領事の関与を不適当とした。ところが、一八五四年十一月に市参事会は租界内警察を管轄下に置き、領事の介入を否定しようとした。英米の領事団は反発した。そこで、翌年二月から三月にかけて太平天国軍が上海から撤退し、中国側事務が再開されるようになると、領事団は現行組織下の警察を停止し、以後の警察業務を領事団および中国側の正式命令下に置くことを宣言した。こうした領事団側の強硬姿勢の結果、市参事会側は譲歩し、四月に市参事会とオルコックとの間で合意が成立、領事団布告に基づく租界警察が正式に発足した。つまり、租界警察について本国側は否定的であったが、他方で現地では居留民が領事の介入を排除しようとする動きを見せたため、最終的に領事の監督権を確保する形で、租界警察が承認されたのである。さらに、太平天国の乱による中国側行政の機能不全と中国人の租界内居住の開始、そして租界警察の成立によって、租界における中国人の逮捕や軽微な裁判までもが次第に外国側によって代行されるようになった[64]。

その上、一八五八年に締結された清仏天津条約は、第四十条において、フランス人が清国内において、条約に明記されない義務を一切負わないことを規定していた。これは、最恵国待遇の規定を持つ各国にも適用され、主に外国人の免税特権の根拠となった[65]。このように、清国内における外国人の権利は、清朝の混乱と外国人による自治の確立に並行して、強化されていった。

この傾向は、一八六〇年から一八六四年にかけて太平天国軍が三度にわたり上海を総攻撃したことで、さらに進んだ。この間、租界内に避難する中国人は一時五十万人を超えたともされ、中国官憲までもが租界内に避難し、掠奪などの不祥事が発生した。太平天国軍の攻撃に対して上海道台は、華北でアロー戦争が勃発していたにもかかわらず、英仏の支援を要請し、英仏両公使もこれを受諾した。さらにフレドリック・ウォード、その戦死後にはチャールズ・ゴードンが指揮した常勝軍により、太平天国軍は撃退された。しかし、その過程で防衛上の必要から租界外に道路が敷設され、その修理や管理は租界当局が行った。これが後の越界道路となる。また、中国側行政が機能停止状態に陥り、租界内の官憲による掠奪や賄賂が横行したため、租界内の中国人の刑事裁判についても、まず外国領事において予審を行った上で必要に応じて中国側に引き渡すことや、無条約外国人に対する司法権も領事団の管轄下に置くことが必要と考えられるようになった。

こうした中、居留民の間では、上海を自由市とする案まで提出された。しかし、これはイギリス公使フレドリック・ブルースらより条約を無視するものと批判され、実現しなかった。対して租地人会議は、英米仏の三租界をなるべく一体のものとし、清朝皇帝の許可の下で中国地方官憲の行動に一定の制約を加える必要を訴えた。その結果、まず一八六三年七月にアメリカ租界が成立し、十一月にイギリス租界と合同して共同租界が成立、次いで一八六九年に土地章程の第三回改定が実現した。これにより、市参事会の定員増加や、参事会を補助するための委員会の設立、事務執行のための職員の任命などが認められ、後の工部局設置の基盤が整えられた。また、市参事会員の選挙権を租地人から借家人にまで拡大する一方で、中国人の参政権は否定された。当初、租界内の中国人に関する市政事項について、中国人代表を関与させる方針であったが、これはオルコック英公使によって削除された。その後、一八八三年から土地章程の修正交渉が始められた。ただし、この時点で租界側と領事側の調整は難航し、成立は一八九八年まで遅延してしまう。しかもその内容は、軽微な修正にとどまった。(66)

太平天国の乱の勃発後、とりわけ一八五三年以降、租界内に避難した中国人の増加に伴い、租界内における中国人の犯罪は、重罪犯については中国側官憲に引き渡されたが、軽微なものについては次第に外国側領事裁判の管轄下に置かれるようになった。さらに一八六〇年の上海攻撃以降、無条約外国人に対する管轄問題も生じていた。市参事会の要望を受け、領事団と上海道台との交渉が行われた結果、一八六三年十二月に上海租界内の無条約一般外国人管轄の権限を租界警察に委ねる合意ができた。さらに翌一八六四年四月の租地人会議において、イギリス公使ハリー・パークス名で、中国人および無条約外国人の裁判を行う租界内の中国裁判所を設置する案が提出された。租界の主権は中国に帰属したが、中国の裁判手続きは欧米の慣習と異なっており、そのために生じる問題を調整しようとしたのである。案の概要は、中国裁判所において、中国人被告の審議は中国裁判官が行うが、無条約外国人の裁判には領事が会審官（assessor）として陪席するというもので、会審官は、中国裁判官の判決を不当と認めた場合、北京に対して抗告を行う権利を有した。その後、清朝との合意によって、一八六四年五月一日に上海道台より担当官が租界に派遣され、イギリス領事館内に洋涇浜北首理事衙門が設置され、イギリス副領事カロナー・アラバスターが最初の会審官に任命された。

とはいえ、中国裁判所、通称会審衙門（Mixed Court）には様々な問題があった。たとえば中国裁判官は中国国内における地位が低く、独立の権限を有していなかった。そのため、判決に際して常に上司の訓令を仰がねばならなかった。また、衙門が科し得る刑事罰は苦役にとどまり、それ以外は意見を付するのみとされ、しかも刑の執行に際して知県の再審を経る必要があった。また、中国人と外国人の紛争で外国人側勝訴の判決が下されても、罰金や資財の没収といった量刑が存在しないため、種々の不備が生じた。さらに中国人の刑事裁判に関しても、拷問による自白の強要など、外国側の理解を得られない手続き上の問題が多発した。その結果、中国裁判所でありながら、次第に外国法が導入されるようになり、会審官は共同判事（co-judge）とも呼ばれるようになった。ところが、中国側はこうした傾向を会審官の越権と捉え、上海道台が度々会審衙門に介入し、会審官の陪席や上訴権を剥奪しようとした。中国側が中国裁判所を中国の地方行政機構の一部と捉えていたのに対し、英米側はこれを、中国の主権下にありながら、政治的に独立した英米型の裁判機構として捉え、対立したわけである。こうした不備を補うため、道台と英米側で交渉が開始され、一八六九年に洋涇浜設官会審暫定章程が成立した。この章程は、一九〇二年に修正されながらも、一九二七年に上海臨時法院が成立するまでの、会審衙門の実質的な法的根拠となった。この間、衙門の位置は一八六八年末にイギリス領事館から南京路に移り、次いで一八九九年に北浙江路へと移転した。

新章程により、上海道台から一名の同知（知府や知州の下で政務を補佐する地方官）が租界に派遣されて常駐し、中国人および無条約外国人を被告とする民事、刑事事件を扱うこととなった。さらに外国人の関係する事件について、領事または代理が会審すること、領事は中国人相互の事件に干渉しないが、外国人に雇用された中国人に関する裁判については、同知が雇用主の所属する国の領事に通知し、領事は法廷に出席（観審）する権利を持つが、外国人の利益に関係のない事項に干渉できないこと、無条約外国人については、同知と領事が会審することなども定められた。しかし、同知の独立性は弱く、上司の意向に影響されやすかった上、次第に租界内中国人を擁護する政治的行動が目立つようになった。さらに重罪に対する刑の執行が不確実であったことや、中国側警察の腐敗という問題もあった。一八七六年に成立しながら、一八八六年まで批准の遅れた芝罘《チーフー》条約は、会審衙門における裁判事務を効率化するための措置を中国と外国側で審議することを定めていた。しかし、中国側は遷延策を講じ、実現しなかった。[67]

ヨーロッパ人の権利保護のために成立した中国における治外法権は、一八六〇年代以降、租界に居住する中国人の権利を保護したり、中国の行政機構による不当な政治干渉を排除したりするために運用されるようになった。これは、英米と中国との政治、司法観念の相違に加え、太平天国の乱によって清朝の政治、行政機構が機能不全に陥ったため、租界側が権限を自己防衛的に拡大した結果であった。しかもこうした変化は、日本における治外法権の運用にも影響を及ぼした。一八七二年、日本政府は船体修理のため横浜に入港したペルー船マリア・ルス号船長を、乗客である清国人苦力に対する虐待容疑で裁判にかけた。(68) 同事件は、イギリス代理公使ロバート・ワトソンの勧告がきっかけで訴訟となり、日本政府が外国人に対して司法権を行使した最初の事例となった。事件の当事者は錯綜しており、マリア・ルス号はペルー船籍で、ポルトガル領マカオを出航してペルーに向かっていた。契約主はポルトガル人で、船長はその代理という立場。事件は脱走清国人が船内における虐待を訴えたことで発覚したが、日本はペルーと通商条約を締結しておらず、治外法権は設定されていなかった。

ペルー側は、ペルー船籍船内で生じた事件であることを理由に、事件の管轄はペルー側に帰属するとの立場を取った。しかし、イギリスやアメリカは、マリア・ルス号を奴隷貿易船と認識していた。そこでイギリスは日本政府に対し、審議を行うよう勧めた。対してイギリス以外の領事は、居留地内における無条約外国人の司法管轄を領事裁判に帰属させた居留地規則を根拠として、日本による裁判を否認した。裁判は最終的に、船長に無罪判決を下した。しかし、上陸した清国人は船に帰還しなかったため、船長は神奈川県を相手取って民事訴訟を起こし、敗訴した。森田朋子の整理によれば、同事件は研究史上、日本が外国人に司法権を行使し、無条約外国人に対する裁判権を回復した事例として評価されてきたが、その背後には、ポルトガル領マカオの奴隷貿易に打撃を与えようとした、イギリスの政治的判断が介在していた。イギリス以外の領事は、最初の裁判の正当性を認めず、船長が無罪になったため、問題は解消したが、無条約外国人に対する日本の司法権と居留地規則との整合性の問題は残された。そのため事件後、居留地内における無条約外国人に対する司法管轄権を日本政府に帰属させることを明文化する形で、地域協定に過ぎない居留地規則を日本政府が承認するという改正手続きが行われた。対して船長から提訴された後半の裁判は、神奈川県が被告となったため、日本の司法権の下で裁判が行われ、船長は敗訴、清国人は本国に帰還した。これによってイギリスは、自らが奴隷貿易と見なした苦人契約労働に打撃を与えることができたわけである。

森田は研究史上の通説に則り、居留地規則における無条約外国人に対する司法権の放棄をイギリス側からの譲歩としているようであるが、居留地規則そのものは既成事実化した地方協定の集積に過ぎず、必ずしも条約上の根拠を持っていなかった。イギリスにとっておそらく重要であったのは、同事件を日本の司法権下の裁判に誘導することで、奴隷貿易に正当な司法手続きを通じた打撃を与えると共に、居留地規則に部分的修正を加えることで、日本政府にそれを正式承認させることであった。イギリスの行動は政治的配慮に基づいていたが、イギリスはあくまで、人道的理念と厳密な法規則に則って行動した。その意味で、個人の権利保護という治外法権の趣旨は、より普遍的な理念に沿って拡大的に運用されていた。イギリスにとって、清国人苦力を対象とする奴隷貿易を阻止することと、上海租界の司法、行政に対する中国政府の政治的干渉を排除することは、個人の権利保護という点で一体化していた。租界内に居住する中国人への司法管轄権は、後述のように、辛亥革命によって清朝が崩壊した後、さらに拡大することとなる。

一九〇二年に成立した英清通商条約は、治外法権について、中国における近代法の制定と司法制度の整備に応じて廃止するという簡単な規定を定めただけであった。そのため本条約は、居留民の私的権利の集積として拡大してきた租界に対する実効的な対処をほとんど想定していなかった。それどころか、後述のように、マッケイ条約締結の直前期に租界は地域的に最大化し、さらに租借地という新たな外国行政の施行地域まで設定されていた。マッケイ条約の規定は、後のワシントン条約に引き継がれ、一九二六年の治外法権委員会の設置から、一九二八年以降の治外法権撤廃交渉へと引き継がれていくが、マッケイ条約の主意は、治外法権より、以下に述べるような中国における関税率の改定問題に置かれていた。それは、十九世紀末の列強による海外領獲得競争の中で、海関の運用を通じて中国市場の開放と中国政府の財政強化とを実現し、中国における自由貿易を維持しようとしたイギリスの外交方針から生み出されていた。そうしたイギリスの政策体系からすると、中国における租界は、中国の主権を侵害するという以上に、イギリス人の権利を保護するための制度として、そして自由貿易を支える拠点として、維持されるべきものであった。

五　中国における海関と租借地の成立

一九〇二年の英清通商条約、通称マッケイ条約は、従来の五％の関税率に対する、釐金の廃止による追加七・五％までの付加税承認について定めていた。背景となったのは、釐金およびそれと関連する子口半税の存在であったが、この条約上の規定が持った政治的意味は、十九世紀後半の中国における財政、税制と海関行政の関係に由来する。そしてその起源は、アロー戦争の終結を受けて締結された一八五八年の天津条約にまでさかのぼり、これについては、岡本隆司による浩瀚な研究が存在する[69]。

一八五六年に勃発したアロー戦争は、広東のみに海外貿易を認めていた清朝の管理貿易を否定し、中国を欧米の国際自由貿易秩序に組み入れるために引き起こされた。その結果、清朝は、輸入品に対する関税率を従価五％に抑えることを強要された。とはいえ、清朝に、中央政府の下での統一的な関税徴収機構は存在しなかった。それまで関税に相当する税の徴収は、外国貿易の権利を付与された特権商人によって行われ、徴収された税は実質的な特権料として地方政府に納められていた。したがって、アロー戦争後にイギリスによって導入された海関総税務司が、行政機構として初めての関税徴収制度となった。しかもそれは、上海への導入から始まり、後に各地に拡大することで、統一的な行政機構としての性格も備えていった。さらに清朝の財政自体、中央財政が王室財政と区別されておらず、全国的な財政機構も未整備の状態にあった。そのため、国家行政の執行は、基本的に地方財源によるか、清朝の命令に基づく地方間の相互補助的な措置によるかであって、中央財源に基づく集権的な行政措置はほとんど存在しなかった。それは単に中国の地方行政にとどまらず、本来は中央政府の管轄下にあるべき軍事、外交などについても同様で、それらは事実上、地方に基盤を置く有力漢人官僚に依存していた。彼らは、清朝から必要な行政経費を保証されていたわけでなく、清朝の高官として権限を与えられた行政地域から得られる税収を自らの財政基盤とし、それを背景に中央地方行政の責任者として清朝を支えていた。釐金とはこうした状況下、それも特に太平天国の乱が勃発し、清朝の財政的軍事的脆弱性が露呈した状況下において、各地方政府が当該地域を通過する商品に対して課した通過税であり、それはそのまま、各地方政権の重要な財源となっていた。その意味で中国に輸入される商品は、決して関税のみを課せられていたわけではなかった。

　こうした釐金の通商上の弊害は、その登場からほどなく認識されるようになり、それに対処するために設けられたのが、天津条約における子口半税の規定であった。子口半税とは、正規の関税率である従価五％に上乗せして支払われる二・五％の追加税のことであり、それを支払うことで釐金の免除を保証する子口単（三連単）という証明書が交付された。釐金は商品移動の度毎に課せられており、それを海関で一括納税する形で、釐金徴収に伴う価格的ないし事務的な弊害を除去しようとしたわけである。とはいえ、地方財政における釐金の重要性が高まりつつある状況にあって、子口半税の制度は十分に機能しなかった。外国商人が子口半税を支払っても、商品が中国人商人の手に移ってしまうと、釐金が課せられたからである。問題は、釐金が地方政府の財源になったのに対し、海関税や子口半税は清朝の中央財源となった点にあった。こうした状況下において釐金を廃止するには、清朝による中央行政機構の確立と、地方行政の統轄が前提として必要となった。そしてそれを実現することは、外国製品に課せられる諸税を中央政府の下に一元化するということでもあった。

　このように、マッケイ条約は釐金の廃止を条件とする従来の関税率に対する追加七・五％の付加税実施を規定したが、それは単に税率の問題にとどまらず、その実現が清朝の中央行政機構の整備を前提としていることを、英清双方が実質的に確認した結果でもあった。しかも十九世紀後半を通じて清朝は、イギリスによって徴収される海関収入を重要な中央政府財源とし、それに対する依存傾向を強めたばかりか、関税収入を担保に外債を導入するまでになった。清朝にとって、関税率の増加は中央財源の増加を意味しており、さらに通商に関しても、子口半税の規定は外国商品にしか適用されず、それが厳密に施行されていたわけでなかったとしても、釐金によって中国製品がより重い負担を負っていることは明らかであった。そのため、マッケイ条約締結までの英清間の交渉において清朝側は、釐金の廃止を関税率増加の条件とするイギリス側の要求を内政干渉として批判しながら、その一方で清朝側にも、釐金の廃止を清朝の行政効率化や通商の促進に資するものとして肯定的に捉える見解があった[70]。その意味でマッケイ条約は、中国の産業育成に資すると共に、清朝による中央行政機構の整備を促し、それによる内地通商の開放に応じて清朝の財政基盤を強化するという機能を担ったのである。

　マッケイ条約締結の翌一九〇三年、アメリカと日本も、マッケイ条約に準拠した改定通商条約を清朝と締結したが、イギリスはさらにフランスやドイツにもこれに続く通商条約の締結を促した[71]。それは、十九世紀末の中国に対する列強の進出と、それに対する義和団事変の勃発という事態に対するイギリスの危機感に由来していた。とりわけイギリスが危機感を持ったのは、一八九七年のドイツによる膠州湾租借地の獲得と、それに続く一八九八年のロシアによる関東州租借地の獲得であった。

中国における租借地に関しては、植田捷雄の、租界研究の続編に当たる『支那租借地論』が詳しい。ドイツによる租借地の獲得のきっかけは、一八九五年六月、三国干渉から二か月後にフランスが清朝と紅河‐湄江間の国境確定条約を締結し、九月にインドシナ鉄道の延長権、一八九六年に雲南鉄道敷設権を獲得し、これに呼応する形でロシアが一八九六年に東清鉄道の敷設権を獲得したことであった。ドイツはそれに前後して膠州湾への艦船の停泊を清朝に打診し、拒否されていたが、一八九七年十一月に二名のドイツ人宣教師が殺害されたことをきっかけに、膠済鉄道および膠沂鉄道の敷設権を獲得した。ドイツは同時に、膠州湾の租借地をも獲得した。植田によれば、ドイツは事前にロシアとイギリスに打診したが、ロシアはイギリスを牽制するため、イギリスはロシアを牽制するため、ドイツの租借地獲得に反対しなかった。それどころかロシアは、翌一八九八年に関東州の租借地を二十五年の期限で獲得し、対してイギリスは、ロシアに抗議した上でドイツと調整を図り、威海衛の租借を清朝政府に要求した。イギリスは要求を、ロシアの旅順軍港租借に対する対抗措置としており、最終的にロシアによる旅順返還に応じて返還するという条件で、威海衛の租借が認められた[72]。

ヨーロッパ列強による非ヨーロッパ地域における土地租借権の獲得は、中国が初めてではなかった。イギリスは一八七八年以降、オスマン帝国からキプロス島の占領および施政権を認められ、代償としてロシアに対する防衛上の支援を与えると共に、イスラームの保護および租借料支払いの義務を負った。他にも同年中、オスマン帝国はオーストリア＝ハンガリー帝国に対し、ボスニア・ヘルツェゴヴィナの施政権を認めていた。いずれも主権はオスマン帝国に帰属したが、施政権の設定はロシアに対抗するためであったことから、租借期限は定められていなかった[73]。対して中国の場合、ドイツの膠州湾租借は九十九年、ロシアの関東州租借は二十五年の期限が設定されたが、いずれもキプロスのような租借料の支払い義務を伴っていなかった。中国の場合、期限を設定することで、中国の主権を留保したわけである。

中国における拠点確保という点で、ドイツやロシアは後発国であった。ドイツが天津や漢口に租界を設定したのは日清戦争後の一八九五年十月、ロシアは一八九六年に漢口租界、次いで義和団事変後の一九〇三年に天津租界を設置した。しかも中国における租借地が登場した一八九八年前後、租界は地域的に最大規模に拡大していた。一八四五年に第一回土地章程が成立した時点で、上海租界の北部および西部境界は定められておらず、翌一八四六年九月に西部境界が定められた。しかし、租界居住外国人は増加し、拡張の必要が生じたため、一八四八年、イギリス人宣教師に対する傷害事件をきっかけに、オルコックは租界拡張に関する協定を中国側に受け入れさせた。その上、太平天国の乱の勃発と共同租界の成立によって上海租界はさらに拡大し、越界道路の建設も始まった。とはいえ、租界北方の荒蕪地の開発が進むにつれ、境界を設定する必要が生じ、英米もそれを機に中国側に租界範囲の拡張を目指した。一八七三年にアメリカ領事から中国側に最初の租界拡張の提議がなされたが、中国側はこれを認めず、交渉は遷延した。その間、市参事会は独自に界標を立て、守衛によってこれを監視するという実力行使を行い、一八九三年に中国側とそれを追認する合意が成立した。さらに一八九八年から翌年にかけて再度の租界拡張交渉が行われ、千七百七十九エーカーから五千五百八十三エーカーへと租界面積は三倍余りに拡大した。その間、日本も日清戦争の勝利を受け、一八九六年十月十九日に締結された日清通商航海条約付属議定書に基づき、上海、天津、漢口、厦門などに租界を設定した。ただし、上海については、日本の租界設置希望地域が一八九九年の共同租界拡張範囲に包含されてしまったため、上海における日本租界は実現しなかった。以後も、上海租界は北方に拡大しようとし、中国側はそれに抵抗することとなる(74)。

租界は個人契約に基づいていたため、租界の主権は中国側に属したが、実質的な行政権は租界側が掌握していた。そのため、中国政府は新たな租界の設定を認めず、その拡大は租界周辺における既成事実の積み重ねによってしか進まなかった。こうした状況に照らせば、ドイツが中国から租借地という直接的な国家行政権を獲得したことは、後発国が中国における経済拠点を獲得し、あるいは全体的な中国の経済的開放を進めていく上で、国家の積極的役割が必要不可欠になっていたことを反映していた。それはイギリスにとって、十九世紀の自由主義国際秩序の限界を示す事態であったが、イギリス自身も、威海衛租借地とは別に、フランスによる広州湾租借地の設定に対応する形で香港周辺の九龍半島租借地を獲得しており、その意味で経済活動を拡大するための国家の役割を認めざるを得ない立場にあった。といって、租借地の登場は、国家権力の無制限な発動を意味したわけでもなかった。ドイツの租借地は、イギリスとロシアが相互に勢力を牽制し合う中で成立し、しかもドイツは後発勢力であったため、租借期間は長期に設定されたが、より軍事的性格が明確であったロシアの場合、期限は短期間に制限され、イギリスの威海衛租借地はそれと同期間とされた。ドイツ、ロシア、イギリスによる租借地の設定は、中国における排他的支配を牽制し合った結果であって、その限りで排他的支配を積極的に認め合った結果ではなかった。

こうした中で成立した一九〇二年のマッケイ条約は、中国におけるヨーロッパ諸国の排他的権益の獲得競争を抑制し、それをより建設的な方向に誘導することを目的としていた。それは、海関を通じて中国中央政府の財政基盤を強化しつつ、国内の分裂を中央行政府の下で統一し、半ば私的な領域支配の拡大によって生じた貿易障壁の除去を目指すと共に、列強が同趣旨の条約を個別に中国と締結することで、列強間の協調を進め、また、中国に対する改革圧力を強化しようとしたのである。列強による中国分割に対する反発として義和団事変が勃発し、さらに義和団賠償金の設定や各国軍隊の中国駐留といった事態まで招いていた以上、列強間の過当競争を抑制し、中国政府を支援していくという政策は、ロシアやフランスに対抗するためにオスマン帝国を支援してきたイギリスの伝統的外交とも通じていた。と同時にそれは、行政の補助的機能によって自由主義を維持していこうとする、十九世紀末から二十世紀初頭のイギリスにおける政治理念の変化にも対応していた。

租界に比べて租借地は、成立の経緯においても実態においても、国家の果たす役割が格段に大きかった。租借地の権限は正規の条約に基づいており、それだけ明確化されていたが、それでも既成事実による権利の拡大は避けられなかった。関東州租借地の場合、条約上、居住中国人の刑事事件に関する司法権は清朝政府が保持していた。つまり、ロシアの統治地域内で中国人が治外法権を享受する形になっていたわけである。しかし、現実の運用上、中国人に対する刑事司法権はロシア側が掌握しており、条約上の規定は機能していなかった。同様の状況は、日露戦争後、日本によって引き継がれる。また、租借地といっても、潜在的にその主権は中国に帰属したため、治外法権の規定は、理論的に租借地においても適用されるはずであった。つまり、治外法権享受国民は、租借地内で刑事、民事事件の被告となる場合、租借国の司法権に服するのではなく、自国の司法権に服するはずであった。しかし、これについても、列強が相互に租借地における治外法権を放棄し、治外法権享受国民であっても、租借国司法権に服するのが慣例となった。(75)

このように、租借地における中国人への刑事司法権や治外法権の運用に当たって優先されたのは、欧米列強相互の法秩序観念に対する信頼と、中国の行政、司法に対する不信であった。それが、租借地における列強相互の不干渉と中国側行政権に対する排除とを引き起こしていた。そのため二十世紀に入ると、租借地を領土の割譲に準ずる主権の委譲として捉える見解も、ヨーロッパ側に登場した。(76)そうした中で成立したマッケイ条約の治外法権解消に関する規定は、治外法権の解消を進めるより、列国相互間の協調の下、既成事実としての租界や租借地の正当性を補強するものとなった。

列強が中国に設定した租借地の内、ロシアの関東州租借地は、一九〇五年九月五日に成立したポーツマス条約によって、日本が継承した。そして第一次桂太郎内閣が総辞職した翌日の十二月二十二日、北京で「満州ニ関スル日清条約」が調印された。(77)これは、清朝が、ポーツマス条約によって定められた日本によるロシアの関東州租借権や長春以南の満州鉄道の経営権の継承を認めたもので、これによって日本は正式に、満州における租借地、その他の権益を保有した。ロシアによる関東州租借を規定した露清条約は、ロシアから第三国への権利の譲渡を禁止していた。そのため、ポーツマス条約の成立後、ロシアと日本はそれぞれ清朝と新規に条約を締結する必要が生じた。日本側は小村寿太郎外相がポーツマス条約交渉に引き続いて全権となり、十一月十七日より北京で清朝政府との交渉に当たった。(78)十二月二十二日に成立した日清条約は、日本の関東州租借期間を露清条約の規定に則って一八九八年から二十五年間、すなわち一九〇五年の時点から十八年間と定めた。同条約はまた、日本が安東 - 奉天間の軍用鉄道を、実質三年以内に商業鉄道へと改良した後、一九二三年まで経営する権利を認め、さらに付属取極は、清朝による併行鉄道線の敷設を禁止する規定などを含んでいた。

小林道彦によれば、一九〇六年一月、西園寺公望内閣は児玉源太郎を委員長とする満州経営委員会を秘密裡に設置し、満州経営について検討させた。同委員会は三月に報告書を提出し、経営の主眼を鉄道と炭鉱に置き、鉄道は会社組織によって経営すべきとする提言を行った。八月、満鉄設立委員会に対する外務、大蔵、逓信大臣の命令書が、満州経営委員会の作成に基づいて出された。同命令は、満鉄に鉱業、水運業、電気業の他、付属地経営に関わる土木教育衛生などに関して必要な措置を行い、居住民に手数料その他の形態で負担を求めることを認めていた。これによって南満州鉄道は、満州における日本の経済進出、事業拡大の中核として位置付けられた(79)。

しかし、三月にイギリスやアメリカより、満州の門戸開放に関する懸念や抗議が相次いで伝えられた(80)。一九〇五年十一月十六日に成立した第二次日韓協約に基づき、韓国に統監として赴任することになった伊藤博文は、こうした状況を憂慮した。対して関東都督府は、一九〇六年四月、満州経営委員会の検討とは別に「軍政実施要領」を制定し、満州において「我領地同様」の施政を行う方針を打ち出した。そこで伊藤は、列強の反発との調整を図るため、満州問題に関する協議会を招集した。協議会は五月二十二日に開催され、山県有朋、大山巖、西園寺首相、松方正義、井上馨、寺内正毅陸相、斎藤実海相、阪谷芳郎蔵相、林董外相、桂太郎、山本権兵衛、児玉源太郎参謀総長が出席した。ここで伊藤は、韓国統監の立場から、満州における日本の排他的な勢力拡大が英米の反発を招いた場合、それが日本の外交問題にとどまらず、韓国統治にも悪影響を及ぼすことや、さらに清朝側の反発が義和団事変のような排外事件の再発を招きかねず、その場合、中国への出兵問題が生じ、とりわけロシアの出兵をめぐって深刻な事態が生じかねないことなどについて、懸念を表明した(81)。

協議会では、軍政の早期撤廃や、軍政官と領事館の関係、「軍政実施要領」などが問題とされた。伊藤の意見が大勢に受け入れられる中、児玉源太郎は、軍政撤廃後の日本の満州経営について積極的に取り上げ、「日本の勢力を扶植してある南満州の開港場は、漢口とか上海とかと異るのは云ふ迄も無い。故に満州に於ける主権を、誰か一人の手に委ね、[…]煩雑なる事務を一箇所に纏めて、一切を指揮する官衙を新に組織」することを提案した。しかし、これに対して伊藤は、児玉は「満州に於ける日本の位地を、根本的に誤解して」おり、「満州方面に於ける日本の権利は、講和条約に依つて露国から譲り受けたもの、即ち遼東半島租借地と鉄道の外には何物も無い[…]満州は決して我国の属地では無い。純然たる清国領土の一部である。属地でも無い場所に、我が主権の行はるゝ道理は無いし、随つて拓殖務省のやうなものを新設して、事務を取扱はしむる必要も無い。満州行政の責任は宜しく之を清国政府に負担せしめねばならぬ」と述べ、「満州経営」という言葉についても否定的な見解を示した。[82]

協議会の結論として、伊藤の主張する軍政の早急撤廃に異論はなかった。ただし、討議において児玉は、清朝の行政に対する不信感を表明し、清朝との交渉委員の設置を例示的に提案するなど、軍の意向に基づいて清朝の行政に影響力を行使できる何らかの機関を要望した。しかし、伊藤はその点に強く反論し、協議会において児玉の主張は支持を得られなかった。このように、満州に対する日本の積極的な勢力拡大構想は、日本の経済的な限界と、何より欧米列強の権威が伊藤ら元老の権威を通じて発揮されることで、抑制された。国家権力の拡大を抑え、個人の権利を保護するというイギリスやアメリカの自由主義が、満州に対する日本の国家権力の拡大に対しても抑制的に機能したわけである。しかも、英米の租界に期限は存在せず、実質十八年間に制限された日本の関東州租借権との格差は、歴然としていた。さらに日本の満州経営は、関東都督府と領事館、満鉄のいわゆる三頭政治という権限の鼎立状況から出発した。それは、アメリカやイギリスのような権力の集中を否定する分権的理念に基づいたわけでなく、統一的な満州経営方針の不在や政府部内の権限争いといった、政治的、行政的な分裂の結果であった。

伊藤が懸念したのは、満州権益をめぐって日本と英米の対立が顕在化した場合、韓国内に、諸外国、特にロシアやアメリカの支援を求めようとする動きが生じかねないことであった。一九〇五年八月十二日に成立した第二次日英同盟は、日本がイギリスによるインド防衛のための必要措置を承認すると共に、イギリスが日本の韓国に対する保護権を承認することを規定していた。同盟改定交渉に際し、小村外相は韓国保護権確立の方針を定めた四月八日の閣議決定[83]を踏まえ、林権助駐英公使に対し、そうした措置が必要な理由について、次のように訓令していた。[84]

帝国政府ハ韓国ノ治安並ニ改革ノ為メ、既ニ或程度ニ於テ該国ノ政務ニ干渉セリト雖モ、而モ帝国ノ虞ルヘキ最大危険ハ実ニ韓国ノ対外関係ニ伏在セリ。蓋シ韓国ノ政界ハ今尚陰謀腐敗ノ淵藪タルノミナラス、其対外関係ハ依然トシテ該国ニ於ケル陰険ナル露国勢力侵入ノ媒介ヲ為セリ。是故ニ帝国政府ニ於テ完全且専占的ニ韓国ノ対外関係並ニ外交事務ノ監督指導ヲ収握センコトハ自衛上不得已ノ措置ニシテ、右ノ為メニハ帝国政府ハ韓国ノ対外関係ヲ帝国ニ引受ケ、同時ニ自ラ韓国ト列国間ニ現存スル条約ノ実行ヲ全フスルノ意思ヲ有ス。

森山茂徳によれば、韓国の高宗は日清戦争以前より、国内において親清派や親露派、親欧米派、親日派を互いに競合させ、均衡させながら自らの独裁を維持しつつ、対外関係においても列国を相互に競合、牽制させることで、韓国の地位を保持しようとしていた。[85]それが日本側にすれば、列強の勢力を朝鮮半島に引き入れる、危険な外交として捉えられたわけである。対してエサスによれば、アメリカでは日露戦争中より、韓国の統治能力を疑問視し、日本による韓国保護国化を容認する見解が支配的であった。一九〇五年七月二十九日に桂・タフト協定が成立した時、アメリカ本国はそれを、自己を拘束する秘密協定として理解したわけでなく、むしろ韓国の支配権を日本に認めることで、フィリピンの安全について日本の保証を得た点を評価していた。さらに九月、タフトと共に来日したアリス・ローズヴェルトが韓国を訪問した際、韓国の高宗は、同行したフランシス・ニューランズ上院議員に対し、日本の韓国保護国化に抵抗するための支援を求めたが、ニューランズは高宗に、国際法に則り、日本に厳格な抗議をすべきと提案した。しかし、韓国側に、日韓の全面対立を招来しかねないこのような提案を受け入れることは、不可能であった(86)。

満州問題に関する協議会開催直前の四月、カリフォルニア州では日本人学童の隔離問題が発生していた。アメリカの自由主義が、自立した個人や地域が主体的に州を構成し、州が自立性を保持しながら連邦を構成していくという、個人が権力によってでなく、理念や公共意識を共有することによって統合される社会を理想としていたとすれば、アメリカの豊かさを目当てに渡米する日本人は、単に人種としてだけでなく、アメリカの自由主義を共有しない存在としても、受け入れられなかった。しかし、そうした主体的な自立性を重視するアメリカの理念は、他方でアメリカが日本の韓国支配を容認する理由ともなった。その意味で、アメリカにおける日本人移民の排斥と日本の韓国支配に対する容認的態度は、一体化していた。伊藤は韓国問題に対するアメリカの姿勢を懸念したが、アメリカは、韓国がアメリカに支援を要請すればするほど、日本の立場を支持した。伊藤の懸念は、アメリカの実態に照らし、杞憂に過ぎなかった。しかし、アメリカの韓国に対する評価は、アメリカ独自の価値観からなされたものであって、日米間の合意や相互理解に基づいてなされたものではなかった。

◇

十九世紀後半以降のイギリスやアメリカの自由主義は、社会や経済に対する国家権力の介入を否定する理念から、民主主義の拡大に対応し、国家権力による保護監督や調整機能を重視する理念へと変質していった。その過程でイギリスやアメリカの自由主義は、イギリスのドミニオンやアメリカの特定州においてアジア人排斥を引き起こすと共に、中国において租界、次いで租借地を成立させ、さらに日本の韓国支配を容認しつつ、満州に対する日本の勢力拡大を牽制した。その意味で日本にとって、英米の自由主義世界秩序とは、世界的活動の機会を制約する、逆説的な自由国際秩序であった。

とはいえ、それによって日本の活動の場が閉ざされたわけでもなかった。むしろそこには、世界的な国家機能の拡大に対応した、政治力、経済力、軍事力など、総合的な国力や威信に基づく国際的な序列関係が存在していた。また、それに応じて、国家と国民の権利が序列的に保障されていた。そのため、日本にとって、国際的地位の向上が国家的目標として意識され、そうした中で日本は、移民問題や満州問題を外交的に調整しながら、国家と国民の世界的活動の範囲を拡大しようとした。日露戦後の日本は、欧米列強に対する防御的姿勢を基調としながら、国内の合理化と欧米列強との外交的調整を進め、大国に準じる地位を目指していくこととなる。

第一部　対等の地位を目指して

第一章　桂園時代の国家的展望

日露戦後の日本は、元勲より政権を引き継いだ桂太郎と政友会が提携し、交互に政権を担う桂園時代を迎えた。桂は、議会多数派の政友会の協力を得て議会運営を安定化させることにより、元老からの自立を目指し、他方で国家や社会の合理化、効率化を進めることで、欧米諸国との対等な関係を実現しようとした。そのため、国内合理化のための経済、社会政策と、満鉄を中心とする大陸経営や、韓国併合、関税自主権の回復といった対外政策を重視した。一方、政友会の中心であった原敬は、桂と協力することで藩閥政府の内部に入り込み、政権与党として権力に接近することで、勢力と影響力を拡大しようとした。ただし、国際化や効率化志向の桂に対し、政党政治家としての原は、地方への鉄道の普及など、国内のそれも後進地域の開発を優先しようとした。

本章では、以上のような、桂園時代における内政と外交の関連性、特に元老の権威の下、元老の思惑を超えて政友会が勢力を拡大していく政治状況の中で、桂園時代の日本、特に第二次桂内閣が、どのように欧米の世界秩序に順応し、欧米列強の国際的地位に匹敵する地位を目指していったのか、を明らかにする。そのため本章では、桂園時代における藩閥と政友会の権力関係、財政経済政策、社会政策、桂と政友会の提携関係が解消されていく背景などを、山本四郎や坂野潤治らの所説を再検討しながら明らかにし、桂園時代の新たな国家的理念について議論していく。

一　藩閥と政友会の相克

桂太郎と政友会総裁の西園寺公望が交互に政権を担当した〝桂園時代〟のきっかけは、桂が日露戦争中の議会運営を円滑にするため、原敬に対し、戦後、西園寺に首相を継承させることを条件に、政友会の協力を求めたことであった[1]。ただし、桂は他の条件として「政党内閣と称する事の不可」[2]などを求める一方、西園寺への政権譲渡について山県有朋の了承を得ていたわけではなかった。山本四郎や伊藤之雄が指摘するように、この時点で桂は、現実の政務担当者として、山県ら元老らの影響力を超えていこうとする意思を持ち始めていた[3]。そうした桂にとって原に付した条件は、元老との対立を回避しながら後継政権に対する独自の政策的影響力を確保し、元老に準ずる地位を確立していくための準備措置であった。その後、桂と原の間で、政権交代の時期を予算成立前とするか、成立後とするかの意見交換がなされ、(4)桂は早期の政権受諾を要望する原の意見を容れながらも、関東州租借地に関する日清条約調印の前日に当たる明治三十八（一九〇五）年十二月二十一日を待って総辞職した。第一次西園寺公望内閣は明治三十九年一月七日に成立したが、桂は日露戦争善後処理に関わる外交問題を解決した上で内閣を譲っており、外交問題を重視する姿勢で一貫していた。対して原は、政友会が野党として予算審議に臨んだ場合、予想外の紛糾をきたしかねないことを理由に早期の政権授受を求めていたが、その代償として西園寺内閣は、自らの手で桂の戦後経営予算を成立させる義務を負うことになった。

西園寺内閣の財政的課題は大きく三点あった。第一に、十七億円余りに上った戦費の八割を占める債務、とりわけ八億円余りに上った外債の償還、第二に、ロシアの報復戦争やヨーロッパにおける海軍建艦競争に対応できる軍備の充実、そして第三に、政府、野党それぞれの思惑が重なって要望の高まっていた鉄道国有化であった。戦時債務の償還は、政府の対外信用に関わる、桂園時代を通じて最大の財政的課題であり、しかも戦時外債は四分半ないし六分利の高率で、関税収入を担保とする屈辱的なものであった。そのため当面の対策は、その低利借換を進めることであった。桂内閣は政権末期の明治三十八年十一月に臨時国債整理局官制を公布、同月末に二千五百万ポンド（二億四千万円余り）の第二回四分利英貨公債をロンドン、パリ、ニューヨークで起債した。(5)これは戦時中の明治三十七年六月に成立した在外正貨制度と共に、日露戦後の財政金融状況に相乗的な影響を及ぼすことになる。

桂園時代を終わらせた、後の大正政変に関する山本四郎や坂野潤治らの古典的な研究は、政変の原因を日露戦後の財政政策の破綻に求めている。(6)とはいえ、日露戦後の財政状況が藩閥と政友会の関係に与えた影響については、より厳密な分析が必要である。というのも、戦時外債に続く戦後の外債発行は、後述のように、日露戦後の貿易収支における大幅入超にもかかわらず、正貨準備の流出から国内通貨の縮小、そして金利上昇へという流れを抑え、逆に政府支出の増大から、通貨膨張、そして金利の低下という現象を可能にしたからである。特に旧債の借換は、内債の優先償還と連動したため国内的な通貨膨張策としても機能し、それは第二次桂内閣期以降も継続した。こうした金融緩和政策は、明治三十九年九月から十月にかけての満鉄の株式募集を成功させるなど、桂から政権を引き継いだ第一次西園寺内閣前半期の好況や産業発展、あるいは明治四十三（一九一〇）年から四十五（一九一二）年にかけての「中間景気」を促す原動力となった。(7)しかし、膨大な外債の発行は、内外債の取引価格の下落傾向を引き起こした。理論的に預金と公債は金融市場で競合関係にあるため、高金利時に公債価格は下落し、低金利時に上昇する傾向にある。しかし、図1－1に示されているように、日露戦後、内債価格は外債価格と連動しており、在外正貨制度によって国内の通貨膨張、低金利傾向が維持される中、明治三十九年以降、内外債価格は下落基調となった。外資の流入などで内外経済の結び付きが強まっていたことや、政府の信用評価において海外の評価が重要になっていたことも、公債価格の下落基調に作用した。その上、日露戦後の金利をめぐっては、財政政策によってもたらされた通貨膨張の結果、民間金融機関における低金利傾向が先行し、日本銀行は最小限度の金融統制力を保持するため、それに追随しているという状態にあった[8]。そのため、日露戦後の政府、日銀の金融統制力は制限されており、公債価格の維持は専ら財政政策ないし財政状況に依存した。

第一次西園寺内閣が引き継いだ桂の戦後経営予算は、以上のように、金融緩和策としての性格を持っていた。それは、後述のような政友会の積極政策志向を助長する一方で、民間経済を過度に弛緩させたため、明治四十（一九〇七）年に顕在化した投機傾向と、その反動としての不況を引き起こす遠因ともなった。中でも明治四十年の不況は、同年秋のアメリカにおける経済恐慌の影響を受けて深刻化し、日露戦争直後の好況に対し、激しい落差を生じさせた。こうした西園寺内閣期の経済問題は、政友会に対する藩閥、官僚側の不信を強めたはずである。とはいえ、以下に示すように、政友会が藩閥の権威の下にある限り、財政、経済問題が直ちに政情不安を引き起こしたわけではなかった。問題は、こうした変動が政友会の政治的影響力が増大する中で生じ、しかもそうした政友会の台頭に警戒する藩閥側が、政友会政権下での財政再建や経済政策に次第に抵抗感を感じ始めていくことにあった。後の大正政変も、第二次西園寺内閣の行財政改革に対する藩閥や陸軍の非協力的態度から始まっており、単純に日露戦後の財政的逼迫状況が政変に直結したわけではなかった。

明治三十九年三月に成立した明治三十九年度一般会計予算は、総額約四億八千七百万円に及んだ。しかし、同予算は桂内閣の立案を引き継いでいたため、この時点で西園寺内閣に独自性を発揮する余地はなかった。新たに設置された国債整理基金に充てられる一億四千六百万円の他、陸軍四個師団の常設化、海軍新造艦費、恩給年金、戦役残務費などが予算の拡大をもたらしていた。これらはいずれも、日露戦後処理に関わる支出であった。西園寺内閣はこの歳出を維持するため、非常特別税法を改正し、戦後廃止を予定されていた特別税法を戦後も継続することとした[9]。これにより、表1-1に示されているような、日露戦後の財政膨張が可能となった。

図 1-1 内外債市価の推移（1902~1920）

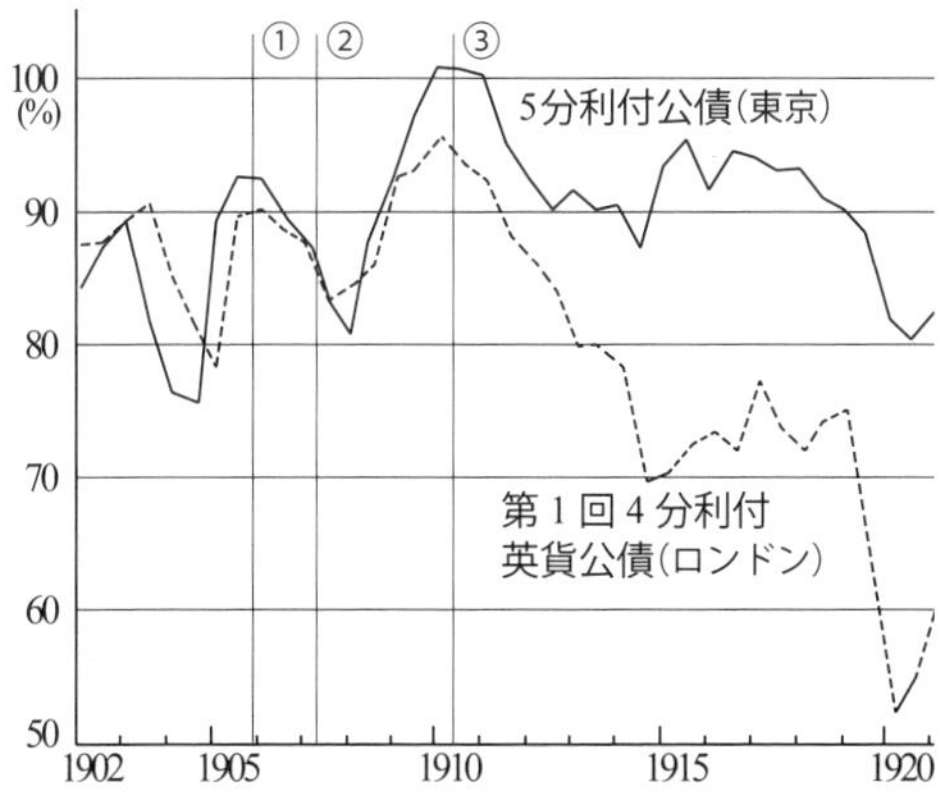

①第2回4分利付英貨公債発行 ②5分利付英貨公債発行
③第3回4分利付英貨公債および4分利付仏貨公債発行
大蔵省編『明治大正財政史』第12巻〈国債・下〉付表、村上「資本の輸入と輸出」42頁より作成。

表 1-1 明治 38 年～大正 5 年度一般会計歳出推移　（百万円単位、括弧内は前年比増減率）

年度	明治38(1905)	明治39(1906)	明治40(1907)	明治41(1908)	明治42(1909)	明治43(1910)
歳出	420.7(+51.9%)	464.3(+10.3%)	602.4(+29.8%)	636.4(+5.6%)	532.9(△16.3%)	569.2(+6.8%)
年度	明治44(1911)	明治45(1912)	大正 2 (1913)	大正 3 (1914)	大正 4 (1915)	大正 5 (1916)
歳出	585.4(+2.8%)	593.6(+1.4%)	573.6(△3.4%)	648.4(+13.0%)	583.3(△10.0%)	590.8(+1.3%)

大蔵省編『明治大正財政史』第 3 巻〈歳計・上〉より作成。

予算案が通過した後、西園寺内閣は戦後経営の中核となる鉄道国有法案を議会に提出した。必要経費は公債によって支出することとされた。その結果、明治三十九年七月の京釜鉄道買収から明治四十年十月の関西鉄道、参宮鉄道の買収に至る、総額四億七千六百万円の五分利公債が発行された[10]。西園寺内閣が、過大な公債発行や加藤高明外相の辞職につながる閣内の反対にもかかわらず、鉄道国有化を実行したのは、山本四郎が指摘するように、それが桂内閣以来の戦後経営の方針に基づいており、前政権からの政策条件を重視したためであった[11]。その上、起債直前の国内経済は、低金利と通貨膨張が継続しており、新規公債の発行は、民間産業の発展と並行する積極的産業政策としての側面を持っていた。とはいえ、戦時債務の借換のため、同年中に計画された再度の外債発行は、膨大な累積外債や外国における金利上昇傾向のために難航し、前回の明治三十八年十一月の桂内閣の下での条件より不利な、五分利での二千三百万ポンド（二億二千四百万円）の発行となった[12]。しかも起債の直前、外債価格は急落していた。そのため、明治四十年三月の公債発行は、短期的に公債購入意欲を刺激し、価格上昇をもたらしたものの、急落前の水準に達することなく、既発の四分利付公債を含めた全体の外債価格を下落させた。明治四十年度予算はこうした状況下で編成された。しかもそれは、明治三十九年度と同様、軍事費を中心に総額を拡大させていた。

明治四十年三月、第二十三回議会で成立した明治四十年度予算は、一般会計予算総額約六億七百万円、前年度に比べ、約一億二千万円の増加であった。膨張を促した最大の要因は、陸軍二個師団の増設が認められたことによる軍事費の増加であった[13]。小林道彦によれば、日露戦争末期、陸軍内で戦後の軍備計画として、戦時特設四個師団の常設化および二個師団の新設による平時十九個師団の常設を目指す方針が決定されていた。陸軍内で「明治三十九年度日本帝国陸軍作戦計画要領」が裁可されたのは明治三十九年二月二十六日、その後、明治四十年四月に裁可された「帝国国防方針」は、大陸経営を重視する陸軍軍備の充実と共に、日英同盟の攻守同盟化に対応する海軍の八・八艦隊の創設を目指していた。この間、日露戦後の陸軍軍備計画について、山県有朋の平時二十五個師団、戦時五十個師団案と、児玉源太郎の平時十九‐二十個、戦時三十八‐四十個師団案の両構想が対立する中、田中義一により、長期計画として平時二十個、戦時四十五個師団という折衷案が作成されていた。最終的に、明治三十九年七月の児玉急逝と田中案に基づく参謀本部と陸軍省の調整によって、当面の常備兵力を平時十九‐二十個師団に拡大し、長期的に二十五個師団の常設を目指す方針が定められた。明治三十九年度予算で、まず戦時四個師団の常設化による平時十七個師団を実現した。次いで四十年度予算で、続く二個師団の増設に着手し、平時十九個師団の常設を実現した(14)。

他方、明治三十九（一九〇六）年九月二十八日、斎藤実海相によって「海軍整備ノ儀」が内閣に提出され、海軍予算をめぐる本格的な折衝が始まった。斎藤は長期的な八・八艦隊の創設を目指しながら、当面、戦艦一隻、装甲巡洋艦三隻の建造を求めた。しかし、大蔵省側との折衝の結果、最終的に四十年度から七か年継続費（七千六百五十八万円）により、戦艦二隻、装甲巡洋艦一隻を建造することとなった。小林道彦によれば、海軍の方針は、同盟国イギリス以外に日本海軍に匹敵する海軍が短期的に存在しない中、日英同盟の攻守同盟化に伴う義務により、長期的な大艦隊建設を目指すものになったという(15)。こうした日英同盟上の義務は、明治四十年四月「帝国国防方針」策定における、大陸国家としての日本の防衛と国際的地位の向上を目的とする陸海軍の政策協調を実現する要因となっていた。しかし、その一方でこの時期、そうした海軍の見通しを覆す事態も生じていた。すなわち、イギリスにおける一九〇六（明治三十九）年十二月のドレッドノート級戦艦の竣工である。このため、以後の軍事予算の拡大は、主に海軍優位で進められることになった。

日英同盟の義務を遂行し、日本の大陸国家化を目指す方針の下で陸海軍の協調が実現し、そうした軍事予算の拡大を西園寺内閣が受け入れたのは、日露戦後期の日本が、ロシアに対する勝利にもかかわらず、依然として欧米列強の政治的、経済的、軍事的優位を意識し、国内的対立を抑制せざるを得ない状況にあったためであった。ただし、そうした状況は、日英同盟の締結から日露戦争の勝利を通じ、変化し始めてもいた。そうした変化を体現していたのは、桂太郎であった。伊藤之雄によれば、桂は日露戦争の講和問題に関する方針決定において、小村寿太郎外相と共に日本に有利な戦局を背景として主導権を発揮し(16)、戦後には元老の介入を排除する形で、西園寺への政権委譲を実現した。しかも桂は、小林道彦が論じるように、後藤新平と共に日露戦後の大陸経営に積極的な構想を持っており、それに消極的な伊藤博文に比べると、欧米列強による帝国主義外交や海外領経営という状況に積極的に順応し、それに必要な政策を自らの主導権の下で実行しようとしていた。その意味で桂において、対外政策に慎重な元老の権威に対する挑戦と、欧米優位の国際関係の中で日本の勢力を積極的に拡大していこうとする意欲は、一体化していた。桂にそうした自信を与えたのは、政権運営の実績と日本国家の合理的経営に向けた展望であった。とはいえ、桂はその影響力を発揮する上で必要な、国内における威信という点で、元老に及ばなかった。しかも議会対策の問題もあった。そこで桂は、「ニコポン」といわれるような、多方面の支持を取り付け、あるいは元老の権威に依存し、それを利用するという政治手腕を発揮した。その上、日本の国力や国際的信用は欧米列強に及ばなかった。そのため、桂の外交も、世界の最強国であるイギリスとの同盟関係を優先し、アメリカとの間で桂‐タフト協定を成立させるなど、列強との合意形成を重視するものとなった。

対して西園寺内閣、とりわけ政友会の中心であった原敬の政治手法は、こうした桂太郎の政治手法と一面で通じながらも、対照的であった。原の強みは、多方面の利害に配慮しながら理詰めで妥協や合意を作り上げていく力量、了承したことを遂行する実行力、それから生まれる信頼感や辣腕の印象などにあった。山本四郎は、桂園時代を桂と原の表面的妥協と実質的対立の時代として捉えているが[17]、これは元老の政治的機能が低下し始める中、桂や原のような新たな調整的政治手腕が必要とされたからであろう。しかし、桂と原は、その立場の違いから対照的な政治行動を取った。桂は既存の権威の中で地位を向上させ、政権運営の中心に位置し、自らの構想を実現できる権力基盤を有したのに対し、原は政党指導者としてまず政権奪取を目指す立場にあり、そのため一方で政友会内の統一を保ちつつ、他方で政友会に対する元老の評価を得る必要があった。たとえば予算編成をとっても、政友会は衆議院多数派として、議会審議の過程で影響力を行使できたが、官僚による予算作成過程に対する影響力は制限され、まして外交、軍事といった分野に介入する余地はなかった。第一次西園寺内閣を実現させるため、桂内閣の予算案をそのまま受け入れたように、原は政権参画の機会獲得を優先し、その上で自らの政治的力量を発揮する範囲を次第に拡大しようとした。そのため、原は全体として既存の権威や官僚機構に依存し、特に外交、軍事の分野において、国際的拘束の下で形成された伝統的政策規範を共有した。

明治四十（一九〇七）年は、日露戦後の好況から一転、深刻な不況が到来したことで、重大な環境の変化が生じた年であった。大幅な金融緩和の結果、満鉄の株式応募が募集株式の千倍以上に達するなど、経済における投機熱が高まっていた。そうした中、明治四十年初頭より、投機失敗の情報などから銀行取付騒ぎが各地で発生した。さらに三月にアメリカで株価が暴落し、十月には三度目の暴落が発生、それを機に世界的な経済恐慌へと拡大し、日本も生糸の輸出不振に始まる深刻な影響を受けた[18]。こうした状況下の明治四十一年一月、第二十四回議会に提出された次年度予算は、恐慌の深刻化を受けて厳しい制約下に置かれていた。政友会は増税に消極的であったが、政府としては、事業の繰り延べと共に、酒税、砂糖税の増税、石油税の新設、専売煙草定価の引き上げなど、増税に踏み切らざるを得なかった[19]。増税の中心となったのは間接税であり、それによって不況下でも、租税収入の増加を実現できた。こうした財政方針は、続く第二次桂内閣にも引き継がれる。その意味で第一次西園寺内閣の藩閥に対する従属的な性格は、一貫していた。しかも、間接税中心の増税政策は、後の第二次桂内閣期に都市部の産業界によって反対運動が展開されるように、短期的に、産業育成に逆行する税制と目された。しかし、後述のように、経済における農業部門と商工部門の格差に照らし、都市の消費者を対象とする課税体系への移行は、産業化に対応した税制の再編成であると共に、欧米に比べて競争力の劣る日本の生産業を優遇する、重点主義的経済政策としての性格も持っていた。

第一次西園寺内閣の政策において、研究史上注目されてきたのは、原自身が重視した郡制廃止問題である。これをめぐって衆議院で多数派を形成した政友会と山県系の貴族院議員は、第二十二、二十三回議会にわたって対立した。郡制廃止問題に関する三谷太一郎の古典的研究は、同問題をめぐる政友会と山県派の官僚との対立図式に注目しながら、両者の拮抗状態が官僚の政党化をもたらし、後の二大政党政治成立の条件を形成していったという見通しを提示している。[20]とはいえ、その位置付けに問題がないわけではない。第一に、三谷自身が明らかにしているように、郡制廃止問題の起原は市町村の権限拡大を目指す地方自治制度改革問題にあり、具体的な改革内容は、桂内閣から西園寺内閣にかけて一貫していた。[21]そのため三谷は、対立の焦点は究極的な展望や構想にあったと記述しながら、全体として政友会と山県派の相互不信が最大の対立要因であったことを明らかにしている。次いで第二に、郡制廃止問題は、第二十三回議会において大同倶楽部と猶興会が協力して政府案に反対したという点で、政友対非政友という衆議院における二大勢力の対立図式の端緒を開いた。その意味で郡制廃止問題は、政友会の貴族院縦断政策や官僚の政党化という現象以上に、政友会に対する非政友官僚と政党の連合に向けた動きを促進した。そして第三に、郡制廃止問題は財政や外交に比べて政策的争点としての重要性は低く、かえってそのため、既存の権威の内部に浸透し、実権を掌握していこうとする原の戦略と、政友会に対して優越的態度を取ろうとする藩閥側との対立が比較的表れやすかった。西園寺内閣は、国家的優先度の高い政策について藩閥の権威に従属しており、郡制廃止問題で顕在化した藩閥と政友会の競合は、そうした枠組みの中で生じた現象に過ぎなかった。そのため、原と桂は露骨な対立を回避し、全体的な政策の継続性を維持しながら、それに抵触しない限りで主導権争いを展開したわけである。

三谷によれば、郡制廃止とそれに伴う地方自治制度改革の構想は、原内相と床次竹二郎地方局長の協力の下で形成された。その一方で原の構想では、郡制の廃止によって権限を拡大させる市町村長は、狭い地域的な名望家にとどまらず、将来的に国政にも参加していくような資質を備えるべき存在であった。[22]升味準之輔によれば、原は政友会を、かつての自由民権運動の流れを汲む自由党的な政党から、地方の産業開発を指導する名望家を中心とした政党へと変革しようとしていた。[23]つまり原は、政友会を議会の一党派としてでなく、地方の政治家や官吏、財界を含めた、官民横断的な為政組織として位置付けていた。原が既存の権力、官僚機構に依存しながら、同時に山県閥や憲政本党系のような、原からすれば私的ないし情実的な結び付きによって成り立つ政治集団に対抗意識を持ったのも、そのためであった。郡制廃止問題について原は、明治四十年二月二十一日に「此案は昨年議了に至らず貴族院にて握潰したるものなり、［…］爾来大浦兼武、清浦奎吾、平田東助等山県の意を承け、小松原、一木、関清英等と共に必死になりて昨年来反対し居たるも、余は之を意とせず、幸に貴族院に通過すれば山県系の跋扈を一挙にして踏破り国家の利益大なるべく」[24]と記した。原は私党たる山県閥を敵視し、山県系官僚や非政友諸政党は、政友会の勢力拡大に警戒感を強めた。郡制廃止問題はそうした対立の象徴となっており、桂と政友会の協力関係、すなわち、桂が元老の権威の下で元老を超える政治力を行使するために政友会を利用し、原や政友会は政権に浸透するためにそれに応えるという協力関係の下でも、桂ないし藩閥と政友会の間には強い不信感が存在していた。そうした状況が、第一次西園寺内閣末期以降の政友会と桂の対立を引き起こすこととなる。

その上、原の場合、外務省時代における陸奥宗光および政友会創設以後における伊藤博文の後見の下、自らの実務能力を発揮することで地位を向上させてきた。生粋の党人派と比べ、自前の子分を持たなかった原にとって、本人の実務能力より、有力配下に対する影響力や民衆における人気によって政治的影響力を行使しようとする政治家は、政治を私物化し、国益を害しかねない存在であった。そうした個人的影響力は、旧自由党員を多く引き継いだ政友会内にも存在したが、原にすれば、そうした党派的行動も、党の規律、運営に服している限り、容認できた。しかし、原は、大石正巳や犬養毅といった、憲政本党の有力党人派を提携相手とせず、その入党希望にも冷淡に接した(25)。おそらく原にとって、政治家として相容れないものを感じたのであろう。その意味で、原の憲政本党に対する距離感は、山県閥に対する対抗意識とも通じていた。

原が桂に対する不信感を強めるのは、明治四十（一九〇七）年から翌年にかけてであった。きっかけは、第二十四回議会に猶興会および大同倶楽部によって内閣不信任決議案が上程されたことであった。第二十四回議会の開会前、原と西園寺は、第二十三回議会における二度目の郡制廃止案上程をめぐる山県閥との対立状況を踏まえ、政権交代の時期について検討していた。十一月十二日、原は西園寺と「近来大浦、清浦等が種々の奸計を施して政府を覆さんと企て」ているため、「如何なる事あるも明年の総選挙を終るまでは政府を退かざる事に決定」した。原が「群小の小策をうるさく感じて内閣辞職する如き事ありては憲政の跡戻をなし、国家の不利之より大なるものなし」と考えたからであった(26)。ところがほどなく、明治四十一年度予算における鉄道建設および改良費をめぐり、桂と阪谷芳郎蔵相、山県伊三郎逓相の三者間で調整が付かず、問題は内閣総辞職騒動にまで発展した。この問題は、蔵相、逓相の辞職のみで終わった。しかし、その直後に猶興会と大同倶楽部によって内閣不信任案が上程されたのである。明治四十一年一月二十二日夜、原は大同倶楽部の行動について桂に電話で質し、桂は、不信任案の上程は彼らの内情によるもので、「政府の財政計画には自分も参画したることなれば全然賛成する筈なり」と弁明した。しかし、原はこれを信用せず、日記に「果して彼の言の如くなるや、もし否らざる時は彼れと絶つの非は彼に在りと云ふべき言質を得たるものと認めたり」と記した(27)。

原の予想通り、大同倶楽部はその後、猶興会との協力関係を維持し、反政友会の立場を取った。しかも桂は、自ら予算編成に関与したにもかかわらず、予算の成立より、政友会の早期退陣を優先した。逆にそのため、その雰囲気を感じた原は、この時点での退陣を避けようとした。内閣不信任案は僅差で否決されたものの、原はこれを「多分桂か少くとも大浦等の小策にて、我に油断せしめて突〔咄〕嗟に不信任案を成立せしめんとの策なりしならん、［…］大同倶楽部の不徳義は殆んど其絶頂に達したるものにて要するに山県系が極力現内閣を倒さんとする奸計に出たるなり」[28]と判断した。予算の成立という国政の重要課題よりも権力闘争を優先する傾向は、後の大正政変に向けた兆候であった。原は、明治四十一年初頭の危機を克服したが、五月の総選挙の後、今度は西園寺が辞意を表明した。対して原は、「幸にして我党過半数を占めたる今日に於て、未だ一回の議会を経過せずして辞職するは如何にも妙ならず」[29]と考えた。しかし、西園寺の辞意は固かった。西園寺の辞意の原因をめぐり、赤旗事件の発生を受けた山県の誹謗説と、桂の策動説があり、山本四郎の推定する桂の策動説が有力なようである[30]。明治四十年十一月十二日の原と西園寺の会談からすると、西園寺は総選挙を目処に退陣することを考慮していた可能性があり、それが桂の策動に有利に作用したのであろう。

　第一次西園寺内閣は、藩閥官僚の政策課題や方針策定に則り、戦後好況期の軍備拡張を中心とする積極財政政策と、反動不況下における緊縮財政政策を遂行した。その限りで本来ならば、好況から不況へという経済状況の急転を阻止ないし緩和できなかった責任は藩閥側にあり、第一次西園寺内閣が藩閥側に非難ないし敵視されたのは一方的であった。しかし、問題は、桂と原・政友会の双方が、世代交代や権力の奪取を目指し、既存の元老の権威に対抗して互いを利用しながらも、同時に競合していたことであった。政権権力をめぐる動きは、複雑であった。藩閥側は、政権担当者としての政友会に政治的責任を負わせ、利用しながら、政党への偏見を払拭せず、都合に応じて批判した。対して政友会は、西園寺内閣の下、政策形成における影響力は限定されたが、議会政党として政治的立場を強化した。こうした、権力をめぐる競合、とりわけ桂と原の競合関係は、第二次桂内閣の議会運営においても争点となり、後の大正政変の一因となっていく。

二　国家と社会の合理化を目指して

　明治四十一（一九〇八）年七月十四日、第二次桂太郎内閣が発足した。組閣に際して桂は、十二項目に及ぶ政策の基本大綱をまとめ、閣僚の同意を得てこれを上奏した[31]。内容は、(1)対議会方針、(2)条約改正、(3)鉄道経営、(4)拓殖、(5)外交、(6)内務、(7)財政、(8)軍備、(9)教育、(10)経済、(11)司法、(12)逓信であった。議会方針として、一視同仁と称する不偏不党を掲げて政友会との提携解消を暗示し、内務、教育、経済に関しては、社会政策と実業教育の充実を中心とした、労働者の権利保護と産業の効率的育成を掲げ、さらに財政再建のため、各省の官営事業を独立採算方式に移行させることや、外債の借換による利子負担の軽減および内債の償還などを掲げていた。桂は明治四十一年初めに西園寺内閣の更迭を図ったが、失敗し、総選挙後の七月にようやく西園寺内閣を総辞職させることに成功した。そのねらいは、明治四十二年度予算の編成を自らの内閣で実現すること、そして社会政策や外交政策、特に日米関係の改善と通商条約改定への準備など、緊急の重要課題に取り組むためであった。外交方針について、西園寺内閣と桂内閣に根本的な相違が存在したわけではないが、問題はそれを遂行するための決意と実行力であった。西園寺内閣は総じて元老の権威に服し、また、実務において官僚に依存していたため、藩閥側と対立していたわけではなかった。しかし、政友会は、政権の地位を背景に議会で過半数を確保し、政友会の利害に基づく国内政策を優先する危険があった。また、外交においても、主導権に欠ける分、重要課題を任せる上で不安があった。後述のような議会対策に照らしても、桂としては政友会の勢力が拡大しつつあったからこそ、内閣の更迭を必要と考えたのであろう。

第二次桂太郎内閣は、前年から続く不況の中で財政再建を進めるため、債務整理と国債価格維持のための措置を講じた。日露戦後も続いた国債発行により、日本の外債価格は下落傾向にあった。それは日本政府の国際的信用に直結し、新規発行公債の利率を高率に設定させる要因となっていた。そこで桂内閣は、新規の国債発行を停止すると共に、国債整理基金を充実させ、毎年少なくとも五千万円の償還を行うこととした。その上で、国債の利子に対する所得税や国際証券取引所税、国債登録税を免除する立法措置を行い、国債運用に対する税制上その他の優遇措置を施すことで、政策的に国債価格を維持、上昇させる措置を取った(32)。その結果、公債価格はようやく上昇に転じた。これを受けて明治四十三年に桂内閣は、四分利での二度に渡る内債二億円の他、仏貨外債四億五千万フラン(一億七千四百万円)、英貨外債千百万ポンド(一億七百万円)を募集し、高利率内債の借換を進めた(33)。

日露戦後に公債発行が増加した最大の要因は、鉄道国有化であった。そのため桂内閣は、公債整理と共に鉄道経営の合理化を進めるため、鉄道会計を一般会計から分離し、特別会計に移管した。これによって鉄道事業は、前年に設立された鉄道院の下、独立採算による経営を行うこととなった。表1-1で示されているように、明治四十二年度の一般会計予算が大幅に縮小したのは主にこのためである(34)。しかし、これは単なる会計名目の変更ではなかった。鉄道事業の独立採算化は、以下に示すような、専業の促進による経営合理化という、桂内閣の理念を反映していた。同様の理念は、明治四十二年度以降の財政再建策にも反映されることとなる。

明治四十二年度予算において桂は、増税を行わない方針を掲げた。この方針は、日露戦争中に非常特別税として創設された織物消費税、通行税、塩専売制の継続を前提としていた。この三税に対し、商工業者を中心に「三悪税廃止運動」が展開され、議会でも憲政本党、又新会《ゆうしんかい》、戊申倶楽部によって三税廃止法案が提出された。しかし、政友会および大同倶楽部は政府の方針を支持し、廃止法案は否決された。さらに翌年の明治四十三年度予算において桂内閣は、非常特別税としての三税の扱いを解消し、それらを一般税化しながら、通行税、織物消費税の他、所得税、相続税、酒税などの減税を図ることとし、また、隊付および艦船付を除く文武官の内、高等官について一割、判任官について二割の人員削減を行いつつ、俸給を三十%増俸するという予算案を作成した。景気の回復基調を背景に、税負担比率の修正を図りつつ、財政再建のために特別税を一般税としたわけである。しかし、前年、これらの税の廃止を求めていた野党は、桂内閣の方針に反対した。対して政友会も、地租を減税せずに官吏の増俸を実施しようとする点を問題視し、地租の一分削減を掲げて政府を批判した。最終的に桂内閣は、官吏増俸を二十五％に減額し、地租の税率を八厘引き下げる妥協案を提示した。政友会内に反発はあったが、反対意見は執行部によって抑えられ、政友会は桂内閣の明治四十三年度予算案を承認した[35]。

　明治四十三年度予算は、政党から地租軽減や商業課税に関する批判を招いたが、桂の税政策には次のような体系があった。すなわち、官吏俸給について桂内閣は、人員整理を行いながら増俸しようとしており、それは、官吏の総量を縮小しつつ、その質的向上を実現するためであった。鉄道の特別会計化についても同様で、そこで重視されたのは、専門業種の分離、独立による効率的かつ自立的経営の実現であった。後述のような桂内閣の進めた経済、教育政策も、専門技術の習得を通じた国民の分業化や専業化による自立促進を理念として掲げており、それが財政政策にも反映されたのである。

　予算案において地租の軽減が考慮されていなかったのは、財政再建のためであろう。しかし、桂内閣は国会審議の過程で政友会の要求を容れ、地租の軽減措置を施した。ただし、他の野党が要求した商業課税の廃止には応じなかった。つまり、議会運営の必要上、多数派である政友会に配慮する形となったわけである。しかし、最終的な修正内容は、桂内閣の課税政策体系の許容範囲内に収まっていた。表１‐２は、明治三十八年から十年間の租税収

表 1-2 明治 38 年~大正 3 年度租税収入　（百万円単位、％は各税の租税全体に占める割合）

年度	明治 38 (1905)	明治 39 (1906)	明治 40 (1907)	明治 41 (1908)	明治 42 (1909)	明治 43 (1910)	明治 44 (1911)	明治 45 (1912)	大正 2 (1913)	大正 3 (1914)
租税	251.28 (100%)	283.47 (100%)	315.98 (100%)	322.64 (100%)	323.41 (100%)	317.29 (100%)	329.07 (100%)	360.97 (100%)	369.48 (100%)	343.71 (100%)
地租	80.47 (32.0%)	84.64 (29.9%)	84.97 (27.0%)	85.42 (26.5%)	85.69 (26.5%)	76.29 (24.0%)	74.94 (22.8%)	75.37 (20.9%)	74.64 (20.2%)	74.93 (21.8%)
所得税	23.28 (9.3%)	26.35 (9.3%)	27.29 (8.6%)	32.14 (10.0%)	32.80 (10.1%)	31.72 (10.0%)	34.76 (10.6%)	38.93 (10.8%)	35.59 (9.6%)	37.16 (10.8%)
営業税	18.78 (7.5%)	19.77 (7.0%)	20.38 (6.4%)	23.57 (7.3%)	25.11 (7.8%)	25.76 (8.1%)	24.60 (7.5%)	26.02 (7.2%)	27.39 (7.4%)	28.59 (8.3%)
酒税	59.10 (23.5%)	71.10 (25.1%)	78.41 (24.8%)	83.59 (25.9%)	91.48 (28.3%)	86.70 (27.3%)	86.03 (26.1%)	93.86 (26.0%)	93.22 (25.2%)	95.78 (27.9%)
砂糖消費税	11.35 (4.5%)	16.16 (5.7%)	16.18 (5.1%)	19.68 (6.1%)	13.27 (4.1%)	17.90 (5.6%)	17.26 (5.2%)	13.52 (3.7%)	21.05 (5.7%)	23.38 (6.8%)
織物消費税	5.32 (2.1%)	5.04 (1.8%)	19.11 (6.0%)	19.32 (6.0%)	18.78 (5.8%)	18.23 (5.7%)	18.92 (5.7%)	20.18 (5.6%)	19.96 (5.4%)	16.95 (4.9%)
関税	36.76 (14.6%)	41.85 (14.8%)	50.03 (15.8%)	40.07 (12.4%)	36.42 (11.3%)	39.95 (12.6%)	48.52 (14.7%)	68.50 (19.0%)	73.72 (20.0%)	44.23 (12.9%)

大蔵省編『明治大正財政史』第 3 巻〈歳計・上〉より作成。

入とその主な内訳の推移である。明治三十八年の時点で租税収入は二億五千万円余であったが、大正三（一九一四）年には三億四千万円を超過する。明治三十八年の時点で租税収入の最大のものは地租であり、三十％以上を占めた。これに酒税が続き、地租と酒税を合わせると、租税収入全体の五十％余に達した。地租と酒税で租税収入の約半分を占めるという傾向はその後も継続する。しかし、それぞれが全体に占める割合は、地租が大正三年の時点で約二十二％まで低下するのに対し、酒税は二十八％に増加する。

地租は地価に対して設定される固定税であるため、経済規模の拡大や景気動向に左右されない。地主にとって、農作物の収穫が増えればそれだけ純利益は増加するが、不作に際しても税負担は軽減されない。その上、日露戦後の時期においても国民の六割以上は農民であったのに対し、産業化の進展により、国民総生産に占める農業の割合は低下していた。地租収入がほぼ一定であったのに対し、租税収入における地租の割合が低下し続けたのは、そのためであった。しかし、それは、農業部門と商工業部門の収益格差が拡大していることを意味した。したがって、そうした中での地租の固定状況は、農民に対する負担を実質的に増加させる効果を持った。そこで地租を軽減しつつ、後述のような地方改良運動により農業経営の効率化を進めていくことは、農業経営と各産業間の負担を合理化する意味を持った。

対して所得税や間接税には、経済活動の拡大に応じて税収も増加するという利点があった。戦時中の非常税として導入されながら、それを普通税とすることは、議会において、民衆の負担や、産業発展に対する悪影響という点で批判されたが、それは課税政策として、それまで地租に依存していた税収体系を産業化の進展に対応させていくことを意味した。桂内閣は、短期的に地租を軽減し、都市の消費者に負担を負わせる形で政友会と提携したが、桂内閣のねらいはむしろ、産業全般の効率化推進と、それに対応する国家行政および課税体系の整備にあった。桂にとって政友会は、短期的な利益供与で予算案の議会通過を図る利用対象とはなったが、長期的視点から国家戦略を共有し、共に提携していく相手として、必要な資質を備えていなかった。

第二次桂太郎内閣にとって、政友会が衆議院の過半数を制している状況は、独自の政策遂行という点で、好ましくなかった。そのため、明治四十一（一九〇八）年七月の内閣発足に際して作成された基本大綱は、議会対策に関して次のような方針を定めていた。

［…］其の帝国議会に対するも、党派の異同に由て苟も合はす、又苟も拒ます、其の己れと見を同するものは、喜て之と与にするも、苟も国家の公を忘れて私に党し、乱に勢力を借て圧迫を加ふるに至ては、縦令幾回解散を行ふも、敢て辞せさる所なり。

これは「一視同仁」といわれた方針であったが、この方針は続く第二十五回議会で早々に撤回された。坂野潤治は、桂が当初、政友会に敵対的な態度を取りながらそれを転換した理由について、桂が期待していた非政友勢力の合同が失敗し、予算通過の必要上、政友会の協力を求めざるを得なくなったためと論じている。これに加えて山本四郎は、桂の変心の背景に桂の慢心が影響していたことを指摘している。[36] 単純な政党操縦として捉えると、桂の議会対策は迷走したが、先の第一次西園寺内閣の倒閣自体、桂にとっては、政策転換を行い、財政再建に着手すると共に外交上の課題に取り組むためであったから、桂内閣が成立した時点で、政友会との提携を掲げることは感情的にもできなかったのであろう。そこで桂は、内閣発足時に原理原則を重視する立場を表明したが、議会の運営は、状況に応じて柔軟に対応すれば十分であった。その意味で桂にとって政友会は、自らの政策を実施する上で必要な、場当たり的な操縦対象に過ぎなかった。山本が指摘するように、この時期、原が外遊のため不在であったことも、桂による政友会の操縦を容易にしたのであろう。桂内閣にとって、そうした議会対策よりも、国内産業の合理化や後述のような外交問題への取り組みの方が、はるかに重要であった。

　内閣発足時に定められた基本大綱中、「内務」「教育」「経済」の項目は、相互に関連した、桂内閣における国内政策の中心的位置を占めるもので、それぞれ以下のように記していた。

六　内務

今や経済の変遷時代に属し、器械工業の発達と、競争の激甚とは、貧富の懸隔をして、益々甚からしめ、従て社会の間に、乖離反動を促し、輙《やや》もすれば安寧を危害せんとするに至るは、欧米の歴史に徴して、寔《まこと》に已むことを得さる理数なり。彼の社会主義の如き、今日は尚ほ纖々たる一縷の烟に過きすと雖も、若し捨てゝ顧みす、他日燎原の勢を為すに至ては、臍を噬むも復た将に及はさらんとす。故に教育に因り、国民の道義を養ふは、言を待たす。其の産業を助て恒心を維持し、職業を与て浮浪を防き、疾病老孤を救て、流離に至らさらしむる等、所謂社会政策を講して、予め禍源を防くと同時に、社会主義に係る、出版集会等を抑制して、其の蔓延を禦くへき也。

九　教育

［…］主として普通教育、殊に小学教育の完成に力め、且つ実業教育の方針を取るを要す。彼の中学校、及高等学校の増設に専なるか如きは、我か国社会の情勢に顧み、敢て取らさる所なり。故に其の小学を終へ、進て高級の教育を受けんとする子弟に対し、成るへく之を慫慂して、実業学校に入らしめんことを図るへし。若し夫れ大中小学校の名称は、自ら子弟及ひ父母を誘惑して、徒に高級学校に狂奔せしむる嫌あるを以て、宜く適当の名称に改めしむへきなり。

十　経済

［…］近来工業の発達と、時世の進運とは、復た久く工場法の制定を、遷延する能はさるに至れるを以て、宜く調査して適当の案を定めしむへし。但、立案に当て広く輿論に問ひ、得失を鑑むるを肝要とす。工場法に続て制定すへきは、養老保険及ひ病災保険の法とす。此れ亦宜く調査して案を定むへきなり。小民

を保護して、其の産業を維持するは、独り国民の徳性を涵養し、町村の自治を発揚する為に、必要なるのみならす、其の財源を開き、海外貿易を促すの道に於て、亦最も急務に属す。殊に産業組合は、此の目的の為に最も便方なるを以て、宜く益々奨励に力めさるへからす。

すなわち、一方で国民の基礎教育と実業的専門教育を充実し、他方で労働者における勤勉さの涵養とその保護を進め、さらに自治体や産業組合などの協同活動を活発化させることで、産業化に社会全体として対応していこうとする方針である。中でも、工場法や養老保険、病災保険の制定など、産業化推進と並行する労働者の福祉、健康管理への展望は、後述のような、一九二〇年代に成立する健康保険制度の基礎となる動きであった。

日本における健康保険制度は、明治二十五（一八九二）年、ドイツ留学から帰朝し、内務省衛生局長に就任した後藤新平の提言に始まる。[37]しかし、当時の第二次伊藤博文内閣や続く第二次松方正義内閣および第三次伊藤内閣の下で、健康保険制度が重要な政策課題として検討されることはなかった。それが具体的な政策課題となるのは、民間における共済組合の成立と鉄道国有化、そして工場法の制定を通じてであった。後藤は、ドイツの国家主導の保険制度に啓発されたものの、後藤自身、強制加入というドイツの方式を自らの提案に組み入れることはできなかった。日本の場合、国家が保険制度を主導するには、知識や理解という点でも、財源という点でも、限界があった。そのため、日本における保険制度は、民間の個別会社の福利厚生事業を前提に、それを修正していくという、不統一かつ弥縫的な経緯をたどった。

日本における初期の代表的な民間共済組合は、明治三十八年に創設された鐘淵紡績会社の共済組合であった。これは、病気、老衰、負傷に対して救済金を支払い、あるいは規定の勤続年限に達した組合員および死亡した組合員の遺族に対して年金を支給するというもので、保険料は給与の三％とし、会社が払込金額の半額以上を補うことになっていた。ただし、組合員に等級が存在した上、負傷の救済は業務上の傷病に限られ、業務外の傷病には適用されなかった。年金についても、勤続年数が重視されており、老齢年金というより、勤続手当としての性格が強かった。その意味で民間共済組合は、企業内の福利厚生事業にとどまっていた。

こうした中、政府が健康保険に関わるきっかけとなったのは、明治三十九年に成立した鉄道国有法であった。これに先立つ明治三十一年、日本鉄道会社の機関手および火夫四百人によるストライキが発生し、関東から東北一帯の列車が一時運転を休止する事態となっていた。鉄道業は労働運動の活発な業種であり、それを統合する国有鉄道は、労使関係に配慮せざるを得なかった。その結果、後藤新平鉄道庁長官の下、従業員の融和促進と福利増進の一環として、明治四十年五月に「救済組合」が創設された。組合員は、(1)雇員以下の現業員で、給料の三％を拠出する強制加入者、(2)前記以外の職員中、在職六か月以上で年齢十五歳以上、五十歳未満で、給料の五％を拠出する任意加入者、(3)在職六か月未満および年齢十五歳未満ないし五十歳を越える現業員で、掛け金を負担しない強制加入者の三種に区分された。資金は、これらの組合費と、政府より支出される、強制加入者の給与総額の二％が当てられた。これに基づき、組合員の業務による負傷や死亡、老齢退職に対する救済金が支払われることとなっていた。

第二次桂内閣は、以上のように民間で導入され始めた福利厚生事業を政府が促進するという流れの上に、後述の工場法の制定に取り組むこととなる。桂内閣はこうした展望の下、産業化に対応する社会改革の一環として、まず明治四十一（一九〇八）十月十三日に戊申詔書を渙発し、国民に質素、倹約、勤勉といった伝統的な道徳意識への自覚を促し、地方改良運動を開始した。

地方改良運動について、宮地正人の研究が、反帝国主義の定型的な分析枠組みに基づきながら、多岐に渡る事例の全体像を簡潔に紹介した基本的文献となっている[38]。地方改良運動とは、戊申詔書の渙発に始まり、町村財政の再建を目標とする部落有財産の統一や納税組合の結成による納税滞納の矯正、国民に対する勤倹貯蓄の奨励、農事改良による米穀生産の向上、青年会の結成による青少年の訓育促進などを包含する、行政主導の国民諸運動の総体であった。宮地の研究は、こうした一連の施策を、帝国主義時代に対応するための国家による生産増強と国民精神の掌握を目指す施策として位置付け、特にその国際的契機の重要性を強調することで、従来の研究を批判したものである。

宮地は、地方改良運動を、国際的契機に触発された国家による国民動員として評価しているが、坂野潤治はさらに厳しく、地方改良運動を、緊縮財政下における国家優先、効率重視の政策に対する地方の不満に対し、村落共同体による教化運動で対抗したものと位置付け、その成果についても否定的である[39]。しかし、これらの理解には問題がある。宮地が指摘するように、地方改良運動は国際的な契機に触発されて開始されたが、それは他方で、国際競争に対抗するため、国内における収奪を強化するという形の国家と国民の関係を想定していなかった。この点で特に中心的な役割を果たしたのが、平田東助内相が地方改良運動は「井上君の発案[40]」と述べるほど、その理念の形成と具体化に大きく関わった、井上友一内務省神社局長兼府県課長であった。

井上は明治二十六（一八九三）年に内務省に入省して以降、主に府県行政や救貧行政に当たっていた。明治三十三（一九〇〇）年には、パリで開催された万国慈善救済事業会議に派遣され、翌年、視察復命書に基づいた『列国の形勢と民政』を公刊している。その中で井上は、国力の発展が「一に民衆の努力に存すること、国家の経営と地方民衆の発奮協力とに基因する[41]」ことを指摘している。つまり井上は、欧米列強の発展の軌跡に照らし、国力の増進とは、政府が国民を一方的に支配し、国民がそれに盲目的に服従することによって実現するのではなく、国民の主体的な団結、協力によって初めて実現するものと考えた。井上はそのような視点から、産業化に伴う貧富の格差や貧民の問題に取り組み、明治四十二年に『救済制度要義』と題する研究書を出版した。井上は同書において、ヨーロッパにおける救貧制度を中心とする社会政策史の概要を論述しながら、産業の発展に伴い、貧富の格差が発生する中で、さらなる産業の発展を促し、同時に国民の自発的な団結、協力を実現するための制度と、それを支える理念について検討した。

井上が西洋の歴史的経験として、『救済制度要義』の中で強調したのは、「貧民を救ふ最良の法は［…］其自営の風を興すに在り、之に独立経営の道を与ふるに在り。然るに若し貧民の自助を待たすして直に恵与を為すか如きは事慈善に似て却て然るに非らす『恵与は貧民を生し貧民は又恵与に頼る』といふの語は夫の宗教上の恵与に反対する経世家の常に唱ふる所なり(42)」という点であった。つまり井上は、慈恵的救貧政策は貧民の依存心を助長するのみで効果がなく、本来の救貧政策とは、社会的底辺層の人々の自立や独立を促す施策でなければならない、と考えた。そのため井上は、対処療法的な「救貧」という概念に対して根本療法としての「防貧」という概念を提起し、国民一般に対する道徳教育と産業の発展に対応した実業教育の必要性を強調した。

地方改良運動における井上の目標は、欧米を模範としながら日本独自の道徳的基盤に基づく、個々に自立し、かつ公共心を共有した欧米に対応し得る国民を形成することにあった。井上の掲げた道徳主義は、欧米における個人主義と公共精神との関係に、日本独自の倫理意識を対応させようとするものであり、そこで井上は、内務省神社局長として、神社や祭祀を中心とした地域社会の再構築を進め、さらに史跡、名勝の保存とそれらに対する歴史的教養の国民的共有を進めようとした(43)。井上はこのように、国民の知識、教養水準の向上と国民的な公共心の形成を図ると共に、それを実現するための行政の補助的な役割を模索した。井上は、以上のような観点からイギリスの社会改良運動について取り上げ、次のように評価している。その際、念頭にあったのは、キリスト教を基盤とするヨーロッパの共同体意識であり、より厳密には、プロテスタント的な社会理念であった。

> 英国労働者間に於て同業組合親誼組合の盛を致しゝは是れ洵に英人が自重自営の性格を顕はせるものにして、彼等は組合を利用し平和着実の手段に依て資本家専制の弊を矯むるの要訣を知れり。『チヤーチスト』一派の萌起せる時に当りて労働者は一時政治家の野心に煽動せられ闘争的の対抗を試みしこと熾んなりしと雖も、第十九世紀以降は彼等自から破壊的運動の非なるを悟れり又政治的勢力を借るの愚なるを知れり。之と同時に人々己の本分を尽すを以て最神聖なる人生観なりと唱へたるトーマス、カーライルの如きあり、又社会教育の中にも最重きを教育に置き道徳人に秀つる多数の人民を有する国家を以て所謂富国となすへしと説きたるラスキンの如きあり、［…］念ふに是等の社会改良家か口を極めて世人に戒告せんとする所以のものは他なし、則ち富者をして先つ仁恕の徳に嚮ひて能く人を使ふの道を知らしめ貧者をして亦能く従順の風を養ひ以て克く人に役せらるゝの利なるを悟らしめんとするに在り。其要は則ち貧富を通して一視同仁の心を養はんとするに存す(44)。

井上にとって、産業化と貧富の格差の問題や、貧民の救済と国民的公共心の育成という問題に対する解決法とは、国民にそれぞれの社会階層に応じた分業的な責任意識を形成することであった。井上は、そうした国民の階層的分業によって、産業化への対応と社会的な調和とを両立させようとした。井上は実業教育の先進国としてドイツを挙げたが、同時代のたとえば革新主義時代におけるアメリカにおいても、実業教育の重要性は意識されていた。つまり、実業教育の重視も、欧米の経験を日本に導入しようとした結果であった。

その点は、地方改良運動の中心たる農村政策においても同様であった。庄司俊作によれば、明治四十年代の農村では、地主による小作人の保護、支援事業として、生計用品の貸与や貧困家庭への救恤といった生活補助、講演会開催や学資支援といった啓蒙事業、表彰事業や、貯蓄、納税組合の組織、共同購入および販売ないし倉庫設置といった共同事業、あるいは種子交換、共同選種、共同苗代や深耕、正条植、堆肥の奨励、品評会の開催といった農事奨励、さらに耕地整理、土地調査といった土地改良などの様々な事業が行われるようになった。庄司によれば、こうした動きは明治三十年代から兆候が見られ、四十年代に本格化した。この時点で、小作人相互の横断的連帯ないし組織は存在せず、これらの事業は、地主が個々の小作人と形成した垂直的かつ伝統的な社会関係を活用する形で進められた。(45) 地方改良運動とは、こうした伝統的な農村秩序を前提に、事業の協同化や最新技術の応用を、行政部門において推奨するものとなっていた。坂野潤治は、地方改良運動に対する農政学者の批判を援用して、その意義を否定しているが、地方改良運動は内務省が中心となって進められており、末端の現場では、農村の有力者を兼ねた村長などの行政責任者を通じ、各地主や地主会に各種事業を推奨する形を取っていた。農事に関する個々の専門的問題は農業試験場や専門学校など農商務省の管轄であり、個別問題で試行錯誤や摩擦は存在したであろう。しかし、地方改良運動は、伝統的社会秩序と地方村落の主体性に依存した、政府事業としては間接的な事業に過ぎなかった。こうした、伝統的社会秩序を基礎に、協同心の育成と階層的分業による国民の自律的な生産効率化を進めようとする理念は、農業と商工業という産業部門の相違を超えて、共有されていた。

宮地は、地方改良運動の理念を、社会の合理化、効率化を目指した理念として捉えず、単なる伝統破壊としてしか評価しなかった。この点は、宮地に一貫する反君主主義の立場からしても、本来ならば、君主制の強化や道徳主義と、伝統破壊との逆説的な関係について、体系的な検討がなされるべきであった。しかし、それはなされず、宮地の議論は論理的一貫性を欠いた、批判のための批判に終わっている。しかし、社会福祉政策的な視点からすると、右田紀久恵が指摘するように、(46) 井上友一の議論はその後の社会政策を基礎付ける役割を果たした。その意味で地方改良運動は、その短期的な成果以上に、産業社会に対応する社会の効率化を目指す世界的潮流と、第一次世界大戦後の日本の社会政策へ継承されていく時代的変化とを、反映していた。

第二次桂太郎内閣は、以上のような政策の中心として、工場法の制定に取り組んだ。労働者の保護に関する法令の必要は明治初期より認識されていたが、当初は工場の秩序維持のための職工取締に重点が置かれていた。それが夜業の禁止など、労働者保護の性格を持ち始めるのは、概ね明治三十年代を迎える頃からで、関連調査や法案の作成もなされた。しかし、慎重意見の存在や度重なる議会の解散、日露戦争の勃発などのため、十年余りにわたって工場法の制定は実現しなかった。それがようやく、第二次桂内閣の大浦兼武農商務相によって、明治四十三年初めの第二十六回議会に法案が提出されたのである。とはいえ、政友会の消極姿勢のため、法案は成立しなかった。同法案は、全ての原動機使用工場を対象に、十二歳未満の幼年者雇用の禁止や、十五歳未満の者および女子を対象に、十二時間を超える労働や深夜業を原則として禁止（十年後に完全禁止）することなど、婦女子、幼年者の使用に制限を加えていた。翌年の第二十七回議会に提出された工場法案は、適用対象を常時十人以上の職工を使用する工場とし、幼年者および女子を対象とする深夜業や十二時間を超える労働の完全禁止を十五年後に施行すると改めるなど、前年の法案より職工保護の面で後退していた。さらに法案は、委員会や本会議において、対象を十五人以上の職工を雇用する工場と修正することで、ようやく成立した[47]。とはいえ、工場法第十五条は、「職工自己ノ重大ナル過失ニ依ラスシテ業務上負傷シ、疾病ニ罹リ又ハ死亡シタルトキハ、工場主ハ勅令ノ定ムル所ニ依リ本人又ハ其ノ遺族ヲ扶助スヘシ」と定めていた。この時点の給付水準は必ずしも高くなく、保険金は救貧的ないし見舞い金的な性格を帯びていた。しかし、この規定は労働者に対する事業主の補償責任を明文化しており、業務上の災害に対する工場主の経済的負担を合理的に軽減する社会保険制度の整備に向けた、重要な契機となった[48]。

以上のように、第二次桂太郎内閣は、財政再建と産業化とを両立的に進めるため、租税体系を産業化に対応させると共に、鉄道事業を独立採算化して自立的経営を促し、さらに官吏の総量を規制しつつその待遇を改善することで、官僚機構の質的向上による効率化を図ろうとした。と同時に桂内閣は、社会政策や教育政策として、一方で国民に対する基礎教育と実業教育を進めつつ、他方で道徳心の涵養と労働者の保護を進めようとした。桂内閣はそれにより、衛生、保険上の観点から国民生活を保護しつつ、国民が勤勉な労働を通じて自立的に産業化に対応していくことを促し、産業化に伴う貧富の格差をも克服しようとした。桂内閣の目指した国家の効率化、合理化という理念は、政府が国民を支配し、国民は政府に盲目的に服従するという形の政府と国民の関係を否定し、国民が産業化社会の中で分業の一端を担い、あるいは村落における共同体の一員としての役割を果たしながら、自立的に国力の向上に貢献するという国家や社会の将来像を展望していた。その意味で第二次桂内閣の理念は、後述のような、一九二〇年代における政策理念の基礎となるものであった。

とはいえ、桂内閣が以上の政策を進めるには、政友会の協力が必要であった。しかし、政友会は桂内閣の理念を共有せず、とりわけ工場法の制定に消極的であった。その上、桂内閣にとって、より根本的な課題である産業化や公債償却、財政再建の推進は、政府の緊縮財政だけで対応するには限界があり、総じて民間経済の自律的な成長、発展に依存していた。そこで桂内閣は、産業保護に関わる関税自主権の回復を外交上の最大の課題として位置付けていた。しかし、その効果が現れるには、時間が必要であった。さらに桂内閣は、分業や専門化、専業化などに経済や行政の合理化、効率化の効果を期待したが、そこには、縦割り行政によって生ずる官僚の独断的行動や全体的な政策調整の困難を引き起こす可能性も付随していた。

桂内閣は社会政策を社会主義に対抗するものとして位置付け、社会主義に対する取り締まりを強化する方針を掲げていた。そうした中、明治四十三（一九一〇）年五月二十五日、長野県の松本警察署は職工の宮下太吉を逮捕し、六月一日に幸徳秋水を湯河原で逮捕した。大逆事件として知られる、天皇暗殺計画なるものの発覚であった。結局、総勢二十六名が逮捕、起訴され、明治四十四年一月、大審院で二十四名に死刑判決が下された。この内、十二名は明治天皇の意向で無期懲役に減刑されたが、幸徳ら十二名は一月二十四日と翌二十五日に刑を執行された。

大逆事件は、児戯のような天皇暗殺計画を構想した宮下と、そうした宮下を適当にあしらいつつ、政府の社会主義取り締まりに対する反発や無政府主義の立場から、騒擾に対する期待を放言していた幸徳とを結び付け、組織的な天皇暗殺計画に拡大させた捏造事件であった。そのため大逆事件は、第二次桂太郎内閣の社会主義に対する過酷さを示す事例となった。しかし、その評価については慎重さが必要である。警察が宮下らを爆弾製造疑惑で逮捕し、天皇暗殺計画の自供を得たことは事実であったが、それを幸徳と結び付けるには無理があった。しかし、実際の取調や裁判は、むしろ幸徳を処刑するために行われたようなものであった。つまり、幸徳の処刑は、後の二・二六事件における北一輝の処刑と同様、何らかの政治的配慮の下で決定された可能性が高いのである。

ところが、『日本政治裁判史録』[49]によれば、大逆事件に関して行政側から干渉がなされた形跡はなかった。それどころか、検事側の責任者となった平沼騏一郎は、桂首相との会話で、「アノ事件は大丈夫だらうなと言はれるので、間違つてゐたら私は腹を切ると言」[50]ったという。おそらく山県有朋や桂太郎などは、事件の詳細を知悉せず、偏見と平沼の自信から事件の実在を確信したが、それでも不安があったのであろう。とすれば、政府が事件を捏造した可能性は考えにくく、大審院に対し、無実の幸徳らを処刑するよう圧力をかけたということもあり得ない。大逆事件の原因を明治政府の専制的性格に還元する議論[51]は、予断と偏見に基づいて幸徳らを有罪とした検事側の議論と同様、実証的ではない。問題は、取調に当たった検察当局や大審院が、事件の真相についてどのような判断をしていたかである。

検察や大審院が事実無根の確信を持ち、桂の政治的判断を仰いで幸徳の処刑に踏み切ったのなら、桂内閣の社会主義弾圧は恣意的かつ不正義となる。しかし、その一方で検察当局および司法当局が、元老や政府の意向を付度し、あるいは倒錯した正義感や、既に動き出した捜査や審議を止めることへのためらいなどから、事件を無理に実在させようとした可能性があり得るのである。総じて大逆事件が成立する上で決定的であったのは、平沼が事件の動機を無政府主義という信念に求めたことや、弁護士の立ち会いを認めない予審制度の存在、それによって恣意的な調書が作成され、大審院の審議でも証人質疑がなされず、予審調書が証拠として全面採用されたこと、そして大審院が十二月十日に公判を開始し、二十四日に証拠調を終え、翌二十五日に論告求刑が行われるという、迅速な裁判手続きが強行されたことなどであった。秘密主義や拙速な手続きなど、司法側に、不敬事件の詳細が世上に明らかになるのを阻止しようとする配慮が存在したことは確実である。その意味で司法当局における、予断や政治的配慮の存在、それに起因する公平性の欠如や責任放棄、職権乱用という側面は、確実に存在した。

桂内閣の全体方針は、国民が過激な社会主義に流れるのを阻止し、堅実な生活へと誘導することにあった。しかし、他方で桂内閣は、専門化や分業に対する志向を強めており、それは一面で各省の党派性を助長してしまう可能性があった。大逆事件の真相についてはともかく、内務省の社会政策意識と司法省の治安意識は、相互に機能を分担し合う可能性と、相互に競合し合う可能性とを持っていた。実際、大正期以降、内務省と司法省は隠然たる競合関係に入り、内務省は伊沢多喜男、後藤文夫、丸山鶴吉らを中心に憲政会‐民政党系に、司法省は平沼騏一郎や鈴木喜三郎らを中心に政友会に連なることとなる。(52) あるいは、まもなく生じる大正政変は、陸軍の党派的行動が政変惹起の一因となり、続く山本権兵衛内閣は、海軍の収賄事件たるシーメンス事件によって倒れてしまう。北岡伸一によれば、第二次桂内閣で陸相を務めた寺内正毅は、明治三十五（一九〇二）年三月の就任以来、明治四十四年八月までの九年五か月の在任中、参謀本部に対する陸軍省の権限を強化すると共に、陸軍省の要職を長州出身者ないしその周辺の人脈で固め、さらに参謀本部人事の長州化を進めた。(53) しかし、こうした人事は他方で、長州出身以外の陸軍軍人の反発を呼び、上原勇作を頂点に宇都宮太郎や町田経宇らによって構成される上原派の形成を促した。藩閥政府は、日露戦後の国民的な風紀の紊乱や政党による政治の私物化に警戒していたが、官僚を中心とした藩閥政府自身、同様の傾向と決して無関係ではなかった。

三　桂園時代の黄昏

明治四十四（一九一一）年一月二十六日、桂太郎は前年十二月からの政友会との交渉を踏まえて西園寺を訪問し、政友会との協力を申し入れた。政友会側もこれを受け入れ、「情意投合」と称される桂と政友会の提携が成立した。桂にとって政権発足から二年半、政権続投の意欲は強かったであろうが、政友会が議会の多数を占めている状況で、しばしば不本意な妥協を余儀なくされた。しかも当面、明治四十四年度予算や工場法などを成立させる必要があり、そのために政友会の協力が必要であった。その上、行財政改革にさらに時間が必要とすれば、桂としては当面の課題を解決し、通商条約の改定という最重要外交課題を解決した上で、第一次西園寺内閣の成立経緯と同様、政友会に対する間接的な影響力を保持しながら政権を譲渡し、将来の政権復帰に備えることにしたのであろう。桂が政友会との提携関係に「情意投合」という特別な意義を付与したのは、政権譲渡を条件に、かつてのような政友会に対する間接的影響力を保持しようとしたからであって、その意味で「情意投合」とは、政友会に対する桂の不信感を裏返しに表現したものに過ぎなかった。

第二次西園寺内閣が成立したのは八月三十日であった。組閣に際して原は、自ら内相と鉄道院総裁を兼任した他、政友会の松田正久を法相に、長谷場純孝を文相に、元田肇を拓殖局総裁に任命した。さらに内田康哉外相、牧野伸顕農商務相、林董逓相など、原と近い関係にあるか、第一次西園寺内閣の閣僚経験者を起用した。その上、原は蔵相に山本達雄を起用した。山本はかつて桂によって勧業銀行総裁に起用されたが、その後、桂に礼を失した行動があり、やや疎遠になっていた。(54)原は山本を起用することで独自の政策を行おうと考えていたが、桂はそうした原を不快に感じ、原もそれが桂に対する挑戦的人事であることを自覚していた。ところが、第二次西園寺内閣が明治四十五年度予算を編成する中で、そうした原と山本蔵相が対立した。

原と山本の対立は、鉄道予算をめぐって生じた。原は、地方鉄道の敷設計画を立案したが、山本蔵相は、元老の井上馨や松方正義の緊縮財政要求を受け、原の計画に反対した。対して西園寺らも山本を支持した。そのため、原は一時辞意を表明するなど強硬姿勢を示し、最終的に一般会計五億六千万余という前年度並の予算と、特別会計における六千五百万円の公債その他の借入金を計画した。これにより、新潟県の新発田－村上間、香川県多度津－愛媛県川之江間、千葉県の木更津－北条間、福井県敦賀－京都府新舞鶴間、島根県浜田－山口県山口間および益田－萩間の各路線が新設されることになった。とはいえ、予算案は公債発行と同時に一般会計で五千万円を減債基金に充当することとしており、議会の審議で野党の批判を招いた。(55)本来、独立採算による合理化、効率化を目指した鉄道特別会計は、西園寺内閣の下で早くも緊縮財政を形骸化する手段として用いられたわけである。

第二次桂内閣および第二次西園寺内閣期の桂太郎と政友会ないし原敬の関係について、坂野潤治の提起した解釈は、研究史に大きな影響を与えた。坂野によれば、桂はまず、憲政本党改革派の桂内閣支持の動きなどに触発され、非政友勢力の合同により政友会を牽制しようとしたが、憲政本党内に改革派と非改革派の対立が存在した上、地租減税問題をめぐって憲政本党は反政府的立場を強めた。そのため憲政本党と、桂内閣の準与党で地租問題で政府を支持した大同倶楽部、戊申倶楽部との合同は不可能になった。他方、政友会にも、地租問題に関心の低い原敬と、地租減税を重視する松田正久の間で対立が存在した。しかし、非政友合同が失敗する中、桂は原の主導権に期待して政友会と提携せざるを得なかった。その点で原敬も、党内の反発を抑えるため、桂からの政権授受の確約を必要とし、さらに長期的な原自身による政権獲得を構想し始めた。しかし、原のそうした権力志向は、西園寺および松田正久との対立を激化させ、西園寺と松田は、山本権兵衛内閣を目指す海軍の動きを支持するようになっていく。坂野は以上の理解の下に、桂と政友会の「情意投合」を「桂園時代」の完成と位置付け、さらに桂の政権委譲によって成立した第二次西園寺内閣が、予算問題で原を孤立させる一方で海軍の拡張に容認的な態度を取り、陸軍の反発を買うことになるという、その後の議論を導いている。[56]

とはいえ、櫻井良樹が指摘するように、原が第二次西園寺内閣の中で孤立していたとしても、西園寺や松田が原や桂と対立してまで、海軍の政権構想を支持していたということはあり得ない。[57]しかも桂園時代の推移を、桂と政友会の提携関係から桂と原の提携関係へという流れで捉える坂野の理解は、研究史において異例で、坂野の議論は、政友会内の対立と原に対する桂の依存を過大に評価している。坂野の研究に対し、山本四郎は一貫して「情意投合」を原に対する桂の欺瞞であったと論じているが、[58]他方で坂野を批判した櫻井は、「情意投合」を、民党連合を排除しようとした桂と、政友会の分裂を抑えようとする原との妥協として評価し、原と桂の間に従来の関係を破棄すべき重大な理由など存在しなかったと論じている。[59]その意味で坂野の研究は、坂野の主張そのものより、「情意投合」を桂と政友会の安定的な提携関係とする理解を通説化する上で、大きな役割を果たした。

とはいえ、桂が第二次内閣を組閣する時点で「一視同仁」を掲げたように、桂は予算成立のために政友会との妥協を強いられたとしても、政友会の勢力拡大を警戒していた。桂にとって政友会との妥協は、議会運営のために便宜的に必要で、しかもそれには元老に対する桂の地位を強化する意味もあった。しかし、それが必要以上の提携関係に発展することは、政友会の強大化と非政友勢力の弱体化を助長するだけであった。桂が「情意投合」を強調したのは、上述のように、予算や工場法などの成立を図ると共に、独自の姿勢を示しつつある政友会への間接的影響力を保持しながら、将来の政権復帰に備えようとした政権末期の非常措置であって、その限りで「情意投合」は、桂の「一視同仁」や桂周辺による非政友合同運動と表裏一体の関係にあった。桂の表面的な議会対策は失敗と混迷の連続であったが、それだけ桂には、政友会を統制しながら利用しようとする意思が一貫していた。そうした桂の心情が、後の第三次内閣の組閣に際しての政友会との断絶と新党創設への決意に至るのであろう。

後述のように、後の大正政変を引き起こした最大の要因は、政友会の勢力拡大に対し、桂をはじめとする藩閥勢力が、拙速、無統制かつ内部で競合しながら対抗しようとしたことにあった。そしてその際、藩閥勢力が政友会を攻撃する材料としたのが、予算問題であった。山本四郎や坂野潤治など、大正政変を日露戦後の財政状況から構造的に生じた政治的危機と見なす見解が有力であるが、後述のような政治経過に照らすと、問題はそれほど単純ではない。しかも、桂園時代における財政問題は、予算問題にとどまらず、債務問題、正貨準備の問題、貿易収支の問題、国内通貨政策や金利政策の問題などが相互に関連し合った複合的な性格を有しており、そこには、緊縮志向ばかりでなく、本来それと矛盾するはずの膨張志向までも許容する条件が存在していた。そうした二元性が、大正政変の背景となると同時に、第一次世界大戦期からさらに一九二〇年代の日本経済にまで影響を残す問題を引き起こしていくのである。

表１‐３は、日露戦前の明治三十六年から大正二年までの内外債の累積推移である。日露戦争によって内外債が増加すると共に、戦後も鉄道国有化に伴う公債発行が継続したため、残高は増加した。対して債務償還に関して政府は、当初、高利の内債の償却を優先し、明治四十三年に第二次桂内閣は、既述のように外債による内債の借換を行い、金利負担を低減させることに成功した。これ以降も同様に内債整理が優先されたため、公債における外債の占める比率は高まる一方であった。

内債を外債に借り換えると共に内債の償却を優先することには、二つの意味があった。表１‐４は、表１‐３と同時期の日銀券の発行高および正貨準備高の推移である。桂園時代を通じ、日銀券の発行高は大幅に膨張したのに対し、正貨準備の増加は緩慢であった。そのため、明治四十三年に日銀券の発行高は四億円を超過したのに対し、正貨準備は二億二千万余で、発行高の五十五％余に過ぎなかった。つまり、第二次桂太郎内閣が進めた内債と外債の借換および内債の優先償却は、一方で国債の金利負担を軽減しながら、他方で国内における通貨供給量を増加させる効果を持ったわけである。通貨供給量の増大は景気刺激策としての効果もあり、日露戦後のこの時期、電力業、機械工業、造船業といった重工業の勃興、発展が進んだ[60]。しかし、それは金本位制の原則に照らし、兌換制度の根幹に関わる危機的状況を招来した。

その上、この時期の対外収支は、日露戦前と同様、入超状態にあった。表１‐５は、当該期の国際収支の動向であるが、この期間に貿易収支は約六億円の累積赤字に達した。こうした赤字を補塡したのも、直接的な外貨導入、すなわち在外正貨制度を利用した外債からの外貨の充当であった。つまり、外貨を獲得すべき対外貿易は、逆に外貨の補塡を必要とする状況で、政府、金融

表 1-3 内外国債の累積　（百万円単位）

年次	内債	外債	計	外債比
明治 36(1903)	463	98	560	17.4%
37(1904)	683	312	996	31.4%
38(1905)	922	970	1,892	51.3%
39(1906)	1,072	1,146	2,218	51.7%
40(1907)	1,111	1,166	2,276	51.2%
41(1908)	1,085	1,166	2,250	51.8%
42(1909)	1,439	1,166	2,605	44.8%
43(1910)	1,225	1,447	2,672	54.2%
44(1911)	1,168	1,437	2,606	55.2%
45(1912)	1,138	1,457	2,595	56.1%
大正 2 (1913)	1,077	1,529	2,606	58.7%

高村「日露戦時・戦後の財政と金融」106 頁。

表 1-4 日銀券の発券準備　（百万円単位）

年次（年末）	日銀券発行高	正貨準備	正貨準備 在外	保証準備 ＊は制限外発行高
明治 36(1903)	233	117	-	116
37(1904)	287	84	54	*203
38(1905)	313	116	79	*197
39(1906)	342	147	123	*195
40(1907)	370	162	125	*208
41(1908)	353	170	108	*183
42(1909)	353	218	102	*135
43(1910)	402	222	87	*179
44(1911)	433	229	98	*204
45(1912)	449	247	111	*202
大正 2(1913)	426	224	94	*202

同前、108 頁。

表 1-5 日本の国際収支動向　（百万円単位）

年次	貿易収支			貿易外収支				
	輸出	輸入	差引	受取	外資導入	支払	国債利子	差引
明治 36(1903)	290	317	△28					
37(1904)	319	371	△52	279	227	147	15	132
38(1905)	322	489	△167	1,054	993	239	33	816
39(1906)	424	419	5	120	35	260	72	△140
40(1907)	432	494	△62	226	63	131	57	96
41(1908)	378	436	△58	173	60	138	60	35
42(1909)	413	394	19	209	103	139	61	71
43(1910)	458	464	△6	419	309	243	64	176
44(1911)	447	514	△66	156	39	215	66	△58
45(1912)	527	619	△92	233	98	190	67	42
大正 2(1913)	632	729	△97	281	119	186	65	96

高村「日露戦後の産業と貿易」151 頁。

当局は、対外収支の赤字を補塡するためにも、外債に依存していた。外債の発行残高に比べれば、毎年の貿易赤字など、規模は小さかった。しかし、正貨準備と国内通貨発行量の格差が拡大している時に、貿易収支が入超状態であることは打撃であった。しかもそれは、一般に理解しにくい内外債の借換による金融緩和政策に比べ、明確な、日本経済の脆弱性を示す象徴となった。さらに、国際収支の赤字を外債で補塡するということは、いずれそれらを公的資金によって補塡しなければならないことを意味した。これらは全て、内債の借換、すなわち外国に対する負債によって国内通貨を膨張させたことの副次的結果であった。

対外債務や貿易赤字が増加する中で国内流通通貨が増加している以上、金本位制は実質的に機能していなかった。そうした中で自由貿易の原則を適用するのであれば、国内金利を上昇させるか、円の切り下げを行うか、資本統制を行うか、ということになる。その点で在外正貨制度は、資本移動の部分的な制限措置に該当し、変則的な金本位制が可能であったのも、このためであった。次いで明治四十四（一九一一）年九月二十七日、日本銀行は公定歩合の引き上げに踏み切った。これにより、日露戦争以来低下し続け、明治四十二年下半期以来、最低水準を維持していた金利は、上昇傾向に転じた[61]。しかし、そうした金融引き締め措置だけで、財政政策によって作られた金融緩和状況を統制することはできなかった。明治四十四年五月二十九日と八月十日、桂首相兼蔵相、若槻礼次郎大蔵次官、橋本圭三郎主計局長、勝田主計理財局長、山崎四男六国際局長ら大蔵省当局と高橋是清日本銀行総裁（六月一日に副総裁より総裁に就任）によって、正貨に関する会議が開かれた。会議では、正貨問題の根本的な解決策は産業発達と輸出促進にあるとされたが、他方で当面の対外支払いに使用できる正貨高が一億七千万円余り、しかも明治四十五年三月末に四千八百万円まで激減する見込みであり、正貨準備の現状維持が困難であることも確認された。会議は結局、外債依存の政策を継続していくより他に、解決策を見出せなかった[62]。

正貨準備の危機は金本位制の危機であり、日本が金本位制から離脱した場合、外債価格は暴落し、外債によって維持されている日本の財政、金融政策の前提が崩壊する。第二次西園寺内閣が成立した時点で、井上馨や松方正義が懸念したのは、何より日本の正貨準備の実態に照らし、金本位制の維持が困難になることであった。そこで井上や松方は、西園寺首相や山本蔵相に対し、新規の外債募集を行わず、財政再建を進めるよう求めた。しかし、原敬に危機感は希薄で、それどころか原は、政権獲得を積極的な財政出動を行う好機と捉えていた。国内の流通通貨が増大し、企業の勃興や発展が順調に進んでいる以上、政府も鉄道敷設を中心として基盤整備に当たらねばならないというわけである。その点で原の方が、井上や松方よりも、第二次桂内閣の正貨に関する会議の掲げた産業の積極育成方針に近い立場にあった。といっても、原に正貨問題に関する危機感は欠落しており、さらに政友会の目指した鉄道敷設は、桂太郎や後藤新平が目指した、主要幹線の広軌化による効率化でなく、地方鉄道の普及に重点を置いていた。桂らは、当面の財政状況に照らし、重点投資という方針を掲げていた。これに対し、地方産業の発達促進は、長期的に日本経済全体を底上げする可能性を持ち、しかも発展の格差を調整する民主主義的な側面も持ち得た。しかし、当面の財政状況に照らすと、原敬の構想は長期的という以上に、遠大に過ぎた。ただし、原敬・政友会は、朝鮮半島や満州といった大陸方面への投資に消極的であった。その点で、大陸経営を重視していた桂太郎や後藤新平の方が、当面の日本の経済力に照らして過重な構想を持っていたことになる。

後の大正政変の経済的背景は、こうした、表面的な緊縮財政の下での拡大志向という現象であった。そうした現象が、日露戦後の財政問題を、歳入不足の中でいかに国防の充実を図るかという問題から、いかにして日本の経済実態を超える国力の発展を実現するかという問題へと変質させ、緊縮財政方針の下での国防予算の配分調整にも支障をきたす結果になったのである。

大正三（一九一四）年に第一次世界大戦が勃発した時、井上馨は「大正新時代の天祐[63]」と述べた。それは、以上のような日本の財政、貿易状況に対する危機感から出た言葉であった。第一次世界大戦の勃発によって、日本の貿易は出超に転じると共に、海外融資によって保有債権を増加させた。第一次世界大戦の勃発は、桂園時代に解決できなかった外貨問題を解決する好機となった。しかし、第一次世界大戦期の日本は、その好機を活かせなかった。それどころか、第一次世界大戦期の日本は、中国に対する過剰な融資を行い、一九二〇年代に反動不況と過大な不良債権を生じさせてしまう。しかし、そうした状況の起源をさかのぼるなら、それは桂園時代の正と負の両面にあった。それはすなわち、外国からの負債によって国内経済を膨張させ、それによって新しい産業の発達を可能にしながら、同時に、国力以上の過大な構想を追求する気運を生み出したことである。

桂園時代の日本は、欧米の政治的、経済的、軍事的な権威の下にあったが、そうした中で欧米列強との対等関係の実現が現実化してきたことで、様々な将来への展望が可能になった。しかし、それは同時に、政府部内各方面の調整や協力関係を損なう結果をも引き起こした。

◇

第一次西園寺公望内閣は、藩閥官僚の政策課題や指針に則って、戦後好況下における軍備拡張を中心とする積極財政と、反動不況下における緊縮財政を忠実に遂行した。原敬を中心とする政友会は、藩閥政府の一端に食い込むことで、議会政党としての勢力を拡大し、政策に参画する機会も得た。そこで政友会は、郡制改革問題など、周辺的な問題で藩閥側と対立することもあったが、軍備や財政政策の立案、遂行において、既存の藩閥や官僚勢力に依存した。対して桂太郎は、議会多数派の政友会の協力を得ることで、元老からの自立を目指したが、政友会の党勢拡張を歓迎せず、また、政友会に対する間接的影響力の行使だけで自身の目指す国家の合理化や外交課題に取り組むことには限界があったため、政権を退陣に導き、自ら第二次内閣を組閣した。

第二次桂内閣は、財政再建と産業化推進を両立させるため、租税体系を産業化の進展に対応させると共に、鉄道事業を独立採算化して自立経営を促し、さらに官吏の総量を抑制しつつその待遇を改善することで、国家の合理化、効率化を進めようとした。と同時に桂内閣は、教育政策や社会政策として、一方で国民に対する基礎教育と実業教育を進めつつ、他方で道徳心の涵養と労働者の保護を進めようとした。桂内閣はそれによって、産業化に伴う新たな社会階層の形成に対応した、国民それぞれの分業的な責任意識を定着させようとした。桂内閣の目指した国家の合理化、効率化という理念は、資本主義の下での新たな社会階層の形成を前提としていた。しかし、それは国民に対する支配の強化というより、国民それぞれが国民経済の中で分業の一端を担い、あるいは村落共同体の一員としての責任を果たしながら自立することで、長期的な日本の国力向上に貢献していくという国家や社会の在り方を展望していた。

とはいえ、桂内閣の目指した分業化や専門化による国家や社会の効率化という理念は、行政部門間における党派的分裂や対立を助長しかねないという欠点を持っていた。さらに桂園時代を通じ、外貨建ての債務を増大させることで、金本位制や国家の対外信用を揺るがしかねない事態を招きながら、他方で国内流通通貨を増加させることで、国内経済を発展させると同時に、当面の国力をも越える積極的な開発志向を高めた。これによって桂園時代は、政府部内における自制に基づいた協力関係から、各方面の要求肥大化による対立の激化へという、後の大正政変につながる気運の変化をも生じさせていた。

第二章　同盟外交と通商条約改定交渉

国家の行政機能を拡大することで社会や経済の効率化を進めようとした日本が模範としたのは、同時代の欧米諸国であった。本章では、第一次世界大戦以前のイギリスの内外政策と桂園時代の日本外交を対比的に検討し、それぞれの特徴を明らかにしていく。次いで革新主義時代のアメリカについて、次章で取り上げる。

総じて、イギリスが国内における社会政策遂行のため、外交政策の重点主義的な合理化、効率化を進め、独自の自由主義的国際秩序観に基づいた国際関係を構築しようとしたのに対し、日本の場合は、経済力、軍事力、国際的信頼など、総合的な国力で欧米諸国に及ばない中、ヨーロッパ列強との同盟や協約関係を通じて日本の安全保障を確保し、欧米諸国との対等な関係、特に条約上の対等関係を実現しようとした。そのため日本は、前章に述べたように国家機能や経済の効率化を進めつつ、欧米諸国や清朝との個別的な合意形成を進めた。当該期の日本は、国内政治において、元老の権威の下、国家の効率的運用を目指す桂太郎らの動きが台頭したことに対応し、外交においても、欧米の権威の下で日本の国際的地位を向上させようとしていた。

本章では、イギリス史に関し、ブルース・マレイの「人民予算」に関する研究、ジョン・ホワイトによるイギリス、フランス、ロシアの三国協商に関する研究、F・H・ヒンズリー編のエドワード・グレイの外交に関する論文集などに依拠しながら、議論を進めていく。以下に示すように、イギリスが利害関係地域の状況に応じた柔軟かつ多元的外交政策を展開したのに対し、日本は欧米諸国との関係において、政治的、経済的負担を負いながら法的な双務主義の規範や原則を確立しようとした。それぞれ、大国としての地位を守ろうとするイギリスと、既存の国際秩序に順応しながら大国の地位を目指した日本の意識を反映していた。日本のそのような姿勢は、特に通商条約改定交渉に表れており、交渉に当たった第二次桂太郎内閣は、それを実現して退陣することとなる。

一　イギリス外交　一九〇五～一九一四

日露戦争終結後の一九〇五年十二月四日、イギリスではバルフォア内閣が総辞職し、十四日にヘンリー・キャンベル＝バナマン自由党内閣が成立、外相にエドワード・グレイが就任した。バルフォア内閣は、教育法をめぐって自由党から批判される一方で、統一党（保守党）内はジョゼフ・チェンバレンの閣僚辞任と関税改革運動の開始によって対立を深めており、内閣の継続が困難になっていた。そこでバルフォアは、統一党以上に党内の分裂、対立を抱えている自由党に政権を譲り、その自滅を待って再び政権を担当しようとした。しかし、一九〇六年一月に行われた総選挙において、自由党は四百議席を獲得する大勝利を収めた。対して統一党は、議席を百五十七に激減させ、しかもバルフォアが期待した自由党内閣の分裂も生じなかった。

自由党は、ジョゼフ・チェンバレンらがアイルランド自治法案をめぐって離脱した後も党内に対立を抱え、特にボーア戦争をめぐって政府を支持するローズベリー、ハーバート・アスキス、グレイら自由帝国主義派と、キャンベル＝バナマンやロイド・ジョージら政府批判派との間で対立を深めていた。しかし、自由党は、チェンバレンの関税改革運動に対し、自由貿易擁護の立場から反対することで一致し、さらに政権を担当したキャンベル＝バナマンは、自由党内の対立各派を内閣に包容しながら自ら主導権を発揮せず、各閣僚に主導権を委ねることで政府の統一を維持していた。(1) その結果、バルフォアの計算は外れたが、イギリスが国内外に様々な課題を抱える中、自由党内閣が積極的な施策を打ち出したわけでもなく、その後の補選において、統一党が議席を回復する情勢に転じた。しかし、その後、キャンベル＝バナマンが死去し、アスキス内閣が成立したことで、自由党は積極的かつ体系的な改革政策を打ち出していく方針転換が可能になった。

二十世紀初頭のイギリスが直面していた問題は、困難かつ複合的であった。アメリカやドイツが急速な経済成長と軍事力の拡大を実現する一方で、イギリスはボーア戦争で苦戦し、広大な帝国防衛の負担を抱え、さらに国内において労働問題や都市化に対応する社会政策の必要が認識されながら、歳出が拡大し、財政的困難が生じていた。社会政策をめぐり、統一党ではジョゼフ・チェンバレンら関税改革派、自由党では自由帝国主義派が積極的で、それらはドイツなどを模範としながら、イギリスに社会政策を導入することで、社会や経済の合理化を進め、イギリスの直面する様々な課題に対処しようとしていた。しかし、イギリスの財政は十九世紀末以降、急速に拡大していた。たとえば一八九五年の政府支出が一億五千六百八十万ポンドであったのに対し、一九一三年には三億五百四十万ポンドにまで増加した。(2) こうした中で社会政策を進めるには、新たな財源を確保する一方で、対外的な防衛負担の軽減を図る必要があった。そこでグレイ外相は、分権的なキャンベル＝バナマン内閣の中で独自に主導権を発揮し、ソールズベリ内閣の末期に始まった同盟外交を修正しながら引き継ぐことで、イギリス外交全体、とりわけドイツに対する安全保障の効率化を進めていった。

一九〇二年一月末に成立した日英同盟は、イギリスの海軍防衛の負担軽減に貢献したが、日英同盟の締結によっても、ロシアに対するインドやペルシア方面の安全保障は確保されなかった。その後、同年七月に成立したバルフォア内閣のランズダウン外相は、フランスとの交渉を通じてロシアの脅威の緩和を図り、さらにロシアとの関係改善によって、日露関係の緊張緩和をも図ろうとした。日本が日英同盟成立に至るまで、イギリスと並行する形でロシアとの交渉を進めていたように、イギリスもまた、ロシアとの関係改善を模索していた。

一方、フランスは一九〇一年六月以降、モロッコをめぐり、ドイツと交渉していた。しかし、アルザス・ロレーヌを犠牲にしない限り合意は難しく、交渉は進展しなかった。そこでフランスは、イタリアの承認を得ながら、北アフリカに勢力を拡大しようとした。しかし、ジブラルタルにイギリスの重要な利権があるため、モロッコをめぐるイギリスとの合意が必要となった。一九〇二年一月のフランス駐英大使パウル・カンボンとジョゼフ・チェンバレンの会談を経て、七月以降、モロッコ問題をめぐるカンボンとランズダウンの交渉が開始され、タイやニューファンドランド、そしてエジプトも折衝内容に追加された。しかも、そうした折にドイツがモロッコの保全を主張し始め、一九〇二年十二月にモロッコで反乱が勃発した。フランスにとって、ドイツの脅威に対抗する上で、イギリスとの関係改善はさらに重要となった。

他方、日英同盟は、締約国の戦争に対する他の締約国の参戦義務を規定せず、当該戦争に第三国が介入した場合にのみ、参戦義務を定めていた。そのため、日露戦争が勃発した場合でもイギリスは参戦義務を負わず、日英同盟は実質的に、日露戦争を日本とロシアのみの二国間戦争に限定する効果によって、それを抑止するものとなっていた。それにより、イギリスは過大な負担を回避できた。しかし、それだけに日英同盟のロシア抑止効果には限界があり、一九〇三年を通じてそれが明らかとなった。日露戦争が勃発した場合、日本が敗北する可能性があり、その場合、イギリスが介入するか、あるいはイギリスの一部の勢力範囲を放棄するかという事態に直面しかねなかった。イギリスにとって、フランスとの関係改善は、ロシアに対する間接的影響力を高める上でも必要となった。また、フランスにとっても、イギリスとの関係改善は、日露戦争に際してフランスがイギリスと対立するのを防ぐと共に、東南アジアに対する日英同盟の脅威を緩和し、さらにモロッコにおけるフランスの地位を強化し、ドイツに対抗する上でも有効と考えられた。そこで一九〇三年五月のイギリス国王エドワード七世のパリ訪問や、翌月のフランス大統領エミール・ルーベのロンドン訪問を経て、日露開戦直後の一九〇四年四月八日に英仏協商が成立した。これにより、フランスはイギリスのエジプトにおける地位を、イギリスはフランスのモロッコにおける地位を相互に承認した。(3)

英仏協商の交渉を通じ、イギリスはロシアとの関係改善効果、特にアフガニスタンとペルシア方面におけるロシアとの対立緩和を期待していたが、これにもドイツの勢力拡大が影響を与えていた。一九〇二年の時点でドイツからイギリスに対し、バグダッド鉄道建設のための資金援助に関する要請がなされており、一九〇二年十一月十九日に外務省で行われた検討において、コンスタンティノープルとバグダッド間の鉄道管理にイギリスが関与できれば、ロシアに対する牽制になり得るという見方も提起されていた。しかし、一九〇三年を通じ、ドイツはむしろイギリスの競争者として認識され、ロシアとの和解が優先されることとなった。

一九〇三年三月五日、オスマン帝国とオスマン・アナトリア鉄道会社の契約が成立した。それに応じ、ランズダウン外相はバグダッド鉄道への融資を目指して四月にベアリング兄弟会社に参加交渉を指示し、イギリス、フランス、ドイツが二十五％ずつ、アナトリア鉄道会社が十％を出資することとなった。しかし、ドイツに対する反発やロシアへの悪影響に対する懸念から反対が生じ、閣議はランズダウンの提案を否決した。十月にはフランスもバグダッド鉄道への融資から撤退した。対してロシア側にもイギリスとの関係改善を求める動きがあり、セルゲーイ・ヴィッテ蔵相は、バグダッド鉄道の阻止は不可能との判断から、イギリスとの和解を目指した。英露交渉の焦点は、アフガニスタン、チベット、ペルシアの勢力範囲であった。交渉の過程でランズダウン外相は、アフガニスタンがイギリスの勢力圏であることを伝え、アフガニスタンに対するロシア人顧問の派遣を拒否しながら、地方的な問題に関するロシアとアフガニスタン政府当局との接触について容認する用意を示した。しかし、この時点で合意に至らず、ペルシアや満州からの撤退問題でも合意はできなかった(4)。

こうした中、一九〇五年一月二日にドイツのベルンハルト・フォン・ビューロー宰相は、モロッコに対するドイツの政治的関心を表明、二月二十五日にセオドア・ローズヴェルトにモロッコの主権尊重や機会均等について同調を促し、フランスによるモロッコ支配の危険について警告を発した。次いで三月三十一日、ヴィルヘルム二世がタンジール港に上陸し、第一次モロッコ危機が発生した。ドイツは一八八〇年のモロッコ協定参加国による国際会議を提案したが、イギリスは、ドイツと海軍拡張で競合関係にあり、さらにジブラルタル防衛の観点からもフランスに同調し、国際会議の開催に反対した。対してローズヴェルトも、ドイツ皇帝に好印象を持たず、また、前年六月にアメリカはモロッコで発生した誘拐事件を英仏の協力で解決しており、日露戦争に関してもイギリスに好意的であった。そのためローズヴェルトは、フランスの同意がない限り会議に賛成しない、という立場を取った。

とはいえ、五月十六日にモロッコのスルタンが国際会議の開催を決定し、三十日に各国を招請、六月五日にドイツがこれを受諾した。その間、日本海海戦でロシア海軍が潰滅したことで、日本とイギリスの立場が強化される一方、フランスの立場は悪化していた。英仏間に協商は存在していたが、攻守同盟は存在していなかった。対してビューローは、日露戦争への仲介とモロッコに関する国際会議開催の要望をローズヴェルトに伝えた。そのため、フランスも七月八日に国際会議を受諾し、一九〇六年のアルヘシラス会議の開催が決定された(5)。

日露戦争終結後の一九〇五年十二月十四日、イギリスでは自由党のキャンベル＝バナマン内閣が成立し、外相にエドワード・グレイが就任した。グレイは外相就任前より、外交の継続と英仏協商を重視する立場を表明していたが、グレイはそれらを国内政策上の必要に対応する形でより体系的に継承した。すなわち、グレイは自由党政権が社会政策の推進と緊縮財政の方針を取ったことに対応し、以下に示すように、日英同盟を通じた中国、インド方面の防衛強化、アメリカとの友好関係の維持、そしてフランスやロシアとの合意形成などによって、帝国防衛の負担軽減や効率化を目指していった。ただし、それだけにグレイは、ドイツの一方的な海軍拡張に対して強硬な立場を堅持し、閣内の反対に対してもそれを撤回しなかった。既にバルフォア内閣期の一九〇二年十二月より、イギリス防衛戦略の再検討が進められ、翌年八月、ドイツのベルギー侵攻に対する二個軍団の派遣について検討されていた。キャンベル＝バナマン内閣もこれを継承し、アルヘシラス会議の開催を迎えた一九〇六年一月十六日、英仏軍当局の最初の正式折衝が行われた。さらに二月十日に新型戦艦のドレッドノートが竣工し、ドイツとの対抗姿勢を明確にした。(6)

一九〇六年一月十六日から四月七日まで開催されたアルヘシラス会議において、ドイツの掲げたモロッコの門戸開放は、本来ならイギリスの同調を得られるはずであった。しかし、各国はドイツによる武力行使の可能性に対する懸念や、ドイツの要求を認めた場合、さらなる要求がなされるのではないかという警戒から、ドイツの主張に同調しなかった。会議では、八つの主要港における国際警察の設置や中央銀行の設立などが検討された。しかし、ドイツの掲げるモロッコの主権尊重や門戸開放といった原則は承認されたが、国際警察や中央銀行に関するドイツの主張は、ほとんど認められなかった。結果的にドイツは孤立し、英仏協商、露仏同盟が強化された。(7)

日露戦後のロシアの後退によって、イギリスはドイツの脅威をより重視し、ロシアとの協調を進めようとした。また、一九〇六年五月にロシアの外相に就任したアレクサーンドル・イズヴォーリスキー外相も、国内再建の必要とロシアの財政、軍事力の現状に照らし、日本との和解を進めると共に、アフガニスタンおよびペルシア方面におけるイギリスとの関係改善を必要と判断した。イギリスでは、一九〇四年五月より駐露大使を務めていたチャールズ・ハーディングが一九〇六年二月に外務次官に就任し、ロシアとの協調を推進した。その結果、一九〇七年八月に英露協商が成立した。これは、チベットを清朝の宗主権下に置き、アフガニスタンの現状維持と同地域がロシアの勢力範囲外にあることを確認し、さらにペルシアについて、北部をロシアの勢力範囲、南部をイギリスの勢力範囲とし、その間に中立地帯を設定した。(8)

英露協定は、チベット、アフガニスタン、ペルシアについて、それぞれ異なった形態でイギリスとロシアの関係を規定しており、特にチベットとペルシアについて、それまでのイギリスの方針を修正していた。統一党政権の時代、チベットはイギリスの勢力圏とされ、一九〇四年のフランシス・ヤングハズバンド大佐によるチベット占領とラサ協定の締結によって、チベットに交易所の開設や五十万ポンドの賠償が強要された他、鉄道、鉱山利権をイギリスの許可なく外国に提供することが禁止されていた。英露協商はそうした状態を修正し、インド政庁が反対する中、チベットの宗主権を賠償金の支払い義務と共に清朝に帰属させ、ロシアを牽制しながら、イギリス軍の撤退を可能にした。また、ペルシアの勢力圏分割については、テヘラン駐在公使から、かつてのポーランド分割になぞらえるほどの批判が寄せられた他、インド総督を直前まで務めていたカーゾンより、何ら得ることのない協定として批判された。さらに英露協商は、ペルシア政府や国民からも不信を買い、むしろドイツの威信を高めた。しかし、グレイは、西アジア諸国における国民意識を重視し、また、ペルシア北部におけるイギリスの貿易上の利害を犠牲にしながらも、同地域の独立と主権をロシアから確保することで、イギリスが過大な負担を負うことなく、同地域の安全保障を確実にしようとしたのである(9)。

グレイは、英仏協商と英露協商の目的を、イギリス帝国領域に対する防衛負担の軽減と、ヨーロッパにおけるドイツの軍事的脅威に対する防衛強化に置いていた。そのためグレイは、後述のように、ベルギーやフランス北部に対するドイツの侵攻を阻止するという重点防御の方針を採用する一方で、フランスの海外領をめぐるフランスとドイツ、あるいは東欧地域をめぐるロシアと各国の対立に対し、フランスやロシアを積極的に支援することはなかった。

一九〇八年四月にキャンベル＝バナマンが死去し、アスキス内閣が成立した。これに伴い、デイヴィッド・ロイド・ジョージが蔵相に就任し、国内政策においても積極的な施策が打ち出されることとなった。ロイド・ジョージは、首相に就任した前任のアスキス蔵相の予算方針を引き継ぎながら、累進的な相続税や所得税、新規の土地課税の導入や酒税、煙草税などの増税によって、老齢年金や国民健康保険、失業保険といった社会保障制度を導入する予算案の策定を進めた。酒税について、これを労働者への課税として批判する見解も存在し、自由党との提携が想定されたアイルランド国民党は特に反発していたが、これは労働者の酒類依存を抑制し、社会の効率化を進めるための措置として正当化された。そして内閣の発足から一年後の一九〇九年四月、ロイド・ジョージはいわゆる「人民予算」案を下院に提出した(10)。

「人民予算」の提出に対し、統一党では八月から九月にかけ、バルフォアが予算案を上院で否決する方針を固めた。バルフォアは自由党への政権委譲後、上院を通じて自由党の政策を妨害する戦術を多用していた。さらに「人民予算」に対抗し、社会政策の財源として保護関税を導入する方針を打ち出すことで、自由党との対立図式を鮮明にし、それによって統一党内の関税改革派の支持も確保し、来るべき総選挙に臨もうとした。対してランズダウン上院院内総務は、上院における関税改革への支持がそれほど強くなかったため、当初、予算案を修正の上、可決する方針であった。しかし、自由党と統一党が総選挙を念頭に対決姿勢を強める中で方針を転換し、最終的にバルフォアに同調した。これに対して自由党も、ロイド・ジョージが七月三十日、ロンドン東部のライムハウスで統一党を激烈に批判する演説を行い、総選挙に向けた統一党との全面対決姿勢を鮮明にした。自由党では、ロイド・ジョージと商務大臣に就任したウィンストン・チャーチルらが中心となって統一党との対決を主導した。さらに予算連盟が結成され、千七百万枚のパンフレットを配布するなど、国民的活動が進められた(11)。

ブルース・マレイによれば、自由党と保守党の対立点は、社会保障費の財源に土地課税や累進的な相続税、所得税といった国内税収を充てるのか、あるいは関税による収入を充てるのか、という点にあった。統一党は、関税制度は外国の輸出業者が納税負担を負う制度であり、また、関税による産業保護によって雇用が創出されると主張し、さらに「人民予算」を社会主義的と批判した。対して自由党は、関税の導入を低所得者層に対する負担転嫁として批判し、富裕層はドレッドノート級戦艦を要求しながら、その負担を回避していると主張した。国内課税か関税かをめぐる対立は、社会保障費の増加に対し、富裕者が財源を負担する所得再分配によって対応するか、社会保障によって恩恵を受ける低所得者層の自己負担によって対応するか、という理念の対立でもあり、両党の主張が全面対立する中、一九〇九年十一月三十日に上院は「人民予算」案を否決し、アスキスは下院を解散した。

一九一〇年一月に執行された総選挙において、自由党は二百七十五議席を獲得、統一党は二百七十三議席で、自由党は議席を減らしながらも僅差で統一党に勝利し、再び政権を担当した。予算案は四月二十八日に上院を通過して成立、アスキスは引き続き、上院の拒否権を制限する上院改革に着手した。そして十一月に下院を解散、この年二度目の総選挙を断行すると共に、新貴族創出の大権行使に訴えることを武器に、上院改革を上院に承諾させることに成功した。

人民予算の策定や一九一〇年の総選挙を通じ、自由党は統一党との対決姿勢を強め、富裕層を批判し、下層階級の利害を代弁する方針を明確にした。しかし、その税制はむしろ、中間層の利害を保護しようとするものであった。選挙に際し、自由党は急進的な主張を展開したため、自由党は全体として、労働党と共に労働者階層の支持を得ることで政権を継続した。そのことは逆に、十九世紀後半、大衆政党として勢力を拡張し、自由党に対する優位を維持してきた保守党（統一党）にとって、深刻な危機を招来した。と同時に人民予算の成立は、イギリスの財政政策上、経済に対する国家の介入を拡大するという点で画期的意義を持ったが、その実質的な政策内容は、中間層の利害を保護する中で労働者階層を対象とする社会保障制度を導入するものであり、所得再分配という点で、自由党の財政政策にも限界があった。

総じて自由党の国内政策は、民主主義の理念の高まりに対応し、税制改革と社会保障制度の導入を通じた国家の調整的機能を拡大することで、イギリス社会の効率化を図ろうとするものであった。その点でグレイ外相の進めた対外政策も、イギリスの主権や安全保障上の必要を保持しながら、国際社会における民主主義の原則を重視し、イギリスに関わる国際的緊張に対する調整機能を果たすことでそれらを緩和し、他方で国際社会における権威主義的な勢力の拡大を抑制し、あるいはそうした勢力間の対立へのイギリスの関与を回避しようとするものとなった。自由党、とりわけグレイ外相の外交政策は、孤立主義からの転換を見せ始めた統一党政権末期の外交政策を、国家の機能をさらに拡大させる形で引き継ぎ、展開された。と同時に、それは前内閣からの方針に基づき、重点主義的な視点から外交の効率化を進め、各地域それぞれの実情に応じた多元的な施策を展開するものとなった。

アスキス内閣の成立後、一九〇八年七月にオスマン帝国で青年トルコ党の革命が勃発し、次いで十月五日にブルガリアがオスマン帝国から独立を宣言、翌六日、オーストリア゠ハンガリー帝国がボスニア・ヘルツェゴヴィナの併合を宣言した。グレイは、オスマン帝国における立憲制の導入を評価し、さらにトルコの弱体化阻止とイスラーム諸地域におけるイギリスの地位を守るため、ブルガリアとオーストリアにオスマン帝国に対する補償を行わせる方針で調停を進めた。しかし、オーストリアとセルビアの対立に際し、イギリスは、オーストリアに対抗するロシアを支援せず、セルビアとそれを支持するロシア側の敗北を招いた。また、トルコに関しても、イギリスの調停は青年トルコ党に満足を与えられず、紛争の収拾後、オスマン帝国はむしろドイツに接近した(12)。

ボスニア危機を通じ、グレイがロシアとの協力を回避したのは、英露協商をヨーロッパに適用した場合、ドイツに対し、包囲網を形成しているかのような印象を与え、戦争の危険を高めてしまう可能性を懸念したためであった。イギリスはドイツの海軍増強を警戒し、それに対する対抗措置を講じたが、ドイツとの全面対立を望んだわけでなく、むしろ海軍競争を緩和するドイツとの合意を目指していた。ただし、ビューローが宰相の地位にある時期に英独交渉は進展せず、具体的な提案がなされるのは、一九〇八年七月にビューローが宰相を辞任し、テオバルト・フォン・ベートマン・ホルヴェークが後任に就任してからのこととなった(13)。

英独交渉の焦点は、ドイツが建艦の速度を緩和する代償として、イギリスの中立など、ドイツに対する安全保障を求めたことであった。しかし、イギリスにとって、海軍支出を減らすという条件でない限り、ドイツの提案は受け入れられなかった。一九一〇年四月中旬までに、グレイはドイツとの合意を断念せざるを得なくなった。そのため、アスキス内閣は、一九〇九年のドレッドノート級八隻の建艦計画に続き、一九一二年までに五隻の建艦を進めることを決定した。イギリスは、ドイツとの合意よりもフランスやロシアとの関係を優先する形になった。しかし、イギリスは外交上の義務を回避しており、そのためアガディール危機の後、イギリスは改めてドイツとの関係改善を目指すこととなる。

一九一一年初め、モロッコで反乱が発生し、四月初めに首都が包囲される事態となった。そのため、フランスはフェズ在留フランス人の保護を名目に出兵に踏み切った。しかし、フランスはその後、撤退の約束を履行せず、七月一日にドイツは砲艦パンターをアガディールに派遣した。グレイは直ちに、モロッコに関する交渉の意向をドイツに通知した。しかし、グレイはモロッコをめぐり、フランスに強い支持を与えようとはしなかった。それどころかグレイは、ドイツがアフリカ中央部に海外領を獲得すること、とりわけモロッコのフランス支配を承認する代償として、コンゴに権利を保持することに理解を示した。全体としてグレイは、交渉を仏独間に委ねつつ、海外領問題でフランスを支持することなく、交渉妥結のための調整的役割を果たそうとした。しかし、同時にアスキスやグレイは、八月二十三日の帝国防衛委員会において、ドイツが北フランスに侵攻した場合の陸軍の大陸派遣について、海軍の反対を抑えて支持した(14)。その点で、グレイにおける重点防御の方針は一貫していた。

一九一二年以降、イギリスはフランスとの軍事協力計画をさらに具体化した。三月にはチャーチルが、地中海おけるイギリス海軍の一部を撤退し、ジブラルタルと北海、大西洋の防衛に集中的に当てるという構想を立てた。地中海には必要に応じて再増派することとし、また、対ドイツ戦に際し、イギリスが本国海域を担当すると共に、フランスが地中海の防衛を担当するという計画であった。外務省は地中海におけるイギリスの地位低下を懸念し、チャーチルの提案に反対する一方で、グレイはフランスとの軍事協力交渉を承認しながら、それに強い拘束力を持たせることに反対した。一九一三年一月から二月にかけ、英仏海軍でドーヴァー海峡、英仏海峡、地中海に関する三つの合意が成立した。しかし、イギリスは、海軍協定が政府を拘束するものでなく、決定は政府のその時々の判断によることをフランス側に認めさせた。ドイツに対する悪影響とフランスによる予防的先制攻撃を懸念した結果であった。(15)

イギリスはフランスと、北フランスの防衛に関する軍事戦略を策定する一方で、ドイツとの関係改善交渉を進めた。全体としてドイツは、最小限の海軍力の制限でイギリスの中立を確保しようとし、イギリスは、最小限の政治的譲歩で海軍の縮小を実現しようとした。そのため、海軍問題や中立問題をめぐって両国間の合意はできなかった。しかし、アガディール危機以降のグレイは、むしろ海軍問題を一時中断することで、英独関係の改善を図ろうとした。特に一九一三年以降、ロシアの軍事力が回復する一方で、ドイツの軍拡は財政的制約のために限界に達しつつあった。そのためグレイは、フランスやロシア重視の方針を修正し、ドイツとの緊張緩和を目指すことで、全体の均衡を保とうとした。(16)

以上のように、日露戦争の終結から第一次世界大戦に至るまでのイギリス外交は、フランスやロシアとの合意によってドイツに対抗しながら、同時にフランスやロシアの周辺地域に関する防衛上の負担を回避した。その過程で、チベットを清朝の宗主権下に置き、アフガニスタンについて現状を維持し、ペルシアについて主権尊重の原則を掲げながらロシアと勢力を分割し、モロッコとエジプトについてフランスと相互の地位を保障し合った。そしてオスマン帝国の解体を阻止し、青年トルコ党に期待して、オスマン帝国の危機に対して調停的な役割を果たした。ただし、イギリスは、以上のような政策を勢力分割としてでなく、ヨーロッパ列強間の過当競争を緩和するための措置として位置付けていた。イギリスは、ロシアやフランスの勢力拡大に伴うドイツとの対立に巻き込まれることを警戒し、勢力範囲問題でフランスやロシアに軍事的支援を与えるような協定を回避した。イギリスは、ドイツの軍事的脅威を警戒する立場から、全体としてドイツよりもフランスを支持したが、イギリスの負う軍事上の責任は北部フランスに対する侵攻の場合のみに限定された。しかもそれは、フランスとの条約上の義務でなく、実際の決定はイギリス政府の自主的な判断によってなされることになっていた。

以上のようなフランスやロシアに対するイギリスの外交は、この時期の日英同盟にも反映されていた。たとえば一九一〇年、日英同盟の更新問題についてハーディング外務次官は、次のように記していた。(17)

もし我々の同盟が一九一五年で終了するなら、日本は極東において、我々の制約や統制を受けることなく行動する自由を得ることになるであろう。その場合、日本艦隊が我々に対して配備され、あるいは他の諸国と同盟するということもあり得るであろう。こうした変化の想定が快いものではない以上、我々の政策は、一九一四年にあっても依然として日本との同盟であるべきと信じる。

イアン・ニッシュによれば、日露戦後、日英同盟は日本を牽制するための同盟に変質していた。イギリスは、フランスやロシアと協商関係を締結することでその排他的支配領域の拡大を抑え、イギリスとの競合関係を緩和していた。同様に、それが日英同盟にも応用されたわけである。日露戦後、日本は満州に権益を獲得し、韓国を併合した。そうした中でイギリスは、日本をフランスやロシアと同様の、排他的支配領域の拡大を目指す国家として認識し始めていた。その意味で日英同盟の変質は、日本側の問題という以上に、イギリス側の国家観や外交戦略を反映していた。しかもイギリスは、日英同盟の更新に際し、タフト政権下のアメリカとの仲裁裁判所条約交渉を理由に、アメリカを同盟の対象から除外することに成功した。イギリスは、日英同盟がイギリスに過大な責任や負担を及ぼすような事態を回避し、日本との関係においても自主性を保持した。その点で日英同盟に対するイギリスの姿勢は、同盟に対する遵守義務を強く意識した日本側と、対照的であった。

イギリスとアメリカの仲裁裁判所条約は一九一一年に調印に至ったが、アメリカ上院で批准されず、発効しなかった。しかし、アメリカに対する防衛負担を軽減しようとするイギリスの外交政策は、アメリカ‐カナダ間の互恵通商協定交渉に対する対応にも反映された。これは一九一一年七月末、アメリカにおけるペイン‐オルドリッチ関税法の成立に対応して行われたもので、同協定は、アメリカとカナダ間の一次産品貿易のほぼ全てを無税化することを規定していた。これに対し、アメリカでは共和党反主流派が、イギリスでは統一党が反発した。共和党反主流派はアメリカの農業州の利害を代表し、統一党は同協定がイギリスとカナダの関係を希薄化させかねないことを懸念した。統一党は、アメリカ‐カナダ間の関税協定に対し、逆に帝国特恵決議を議会に上程する形で対抗した。しかし、アスキス内閣は米加自由貿易協定を支持し、統一党の決議案は否決された。(18)

関税政策をめぐるアメリカ‐カナダ関係とイギリス‐カナダ関係の駆け引きは、アメリカ‐カナダ間の一次産品貿易を無関税化した、一八五四年のエルギン‐マーシー条約にさかのぼる。イギリスは、一八四六年の穀物法の廃止によって自由貿易政策を採用し、カナダの穀物輸出に対して短期的に負担を与えた。しかしその後、カナダはアメリカとの自由貿易を通じて独自の貿易基盤を強化し、自由貿易主義に積極的に順応した。とはいえ、同条約は南北戦争後の一八六六年に失効し、さらにその後、アメリカは一八九〇年にマッキンリー関税法を制定し、保護関税政策を採用した。それはカナダの農業貿易に打撃を与え、そのためカナダ政府は、一八九七年に本国製品に対する特恵を実施し、本国に自由貿易の修正を求めるに至った。対してジョゼフ・チェンバレンは、帝国の統合を目指す観点から、これに積極的に応えようとした。チェンバレンはカナダの要請に応じ、イギリスとドイツおよびベルギーとの通商条約を廃棄することに成功したが、チェンバレンの保護関税主義はそれ以上の支持を内閣で得られなかった。そのためチェンバレンは、一九〇三年九月に植民地相を辞任し、十月六日のグラスゴー演説に始まる関税改革運動を展開した。しかし、一九〇六年七月にチェンバレンは脳卒中で倒れ、関税改革運動も挫折してしまう。チェンバレンの関税改革運動は、統一党の中でも全面的に支持されていたわけではなかった[19]。

とはいえ、帝国特恵に基づく保護関税の問題は、それが帝国以外の地域からの輸入製品の価格を高騰させかねず、国民の支持を得られないという点にあった。その点を除けば、統一党にとってカナダとの関係強化は、帝国の統合という観点から極めて重大な関心事であった。それだけに、カナダがアメリカと自由貿易協定を締結することは、統一党にとって、カナダがアメリカの貿易圏に吸収されかねない事態と認識された。ところが、自由党のアスキス内閣は、同協定を伝統的な自由貿易主義の観点から積極的に評価した。自由党にとって同協定は、カナダの自立的な貿易拡大と対米関係の安定化をもたらし、イギリス本国の負担を軽減するものとして評価された。ただし、一九一一年の米加自由貿易協定は、同年九月にカナダで実施された総選挙でウィルフレッド・ローリエ自由党政権が保守党に破れたため、実施されずに終わった。この時点で、カナダ側がイギリス本国との関係に危機感を持ったということになる。

イギリスは、帝国およびその周辺領域におけるロシアやフランス、アメリカとの合意形成によって、本国およびベルギーと北フランスの重点防御を行おうとした。そうしたイギリスの戦略は、中国においても同様であった。グレイ外相は、中国における重大利権となった鉄道借款に関し、フランスをはじめとする各国との協調や調整を重視した。一九〇五年九月以降、英仏間で粤漢《えっかん》線の敷設権をめぐり対立が生じていたが、グレイはイギリスとフランスの権利を調整し、一九〇八年二月、英仏の銀行団代表の間で、粤漢線の融資におけるイギリスの優先権、北京‐漢口線関連融資におけるフランスの優先権を前提として、両国が協力して借款を行う合意が成立した。ただし、その後、英仏の鉄道利権を警戒する清朝側は、英仏と競合関係にあったドイツに融資を求めることで、対抗しようとした。そこでドイツ銀行団は一九〇九年一月、イギリス銀行団に対して英仏の鉄道借款への参加を要望し、これが容れられない場合、単独で清朝からの借款要請に応じるという姿勢を示した。ドイツの参加要請に対し、フランスは反対したが、グレイ外相はドイツを借款団に参加させることで、列強間の競争を緩和しようとした。その結果、三月一日に英仏独間で、中国における鉄道借款の協調に関する合意が成立した[20]。

ところが、こうして成立した英仏独の三国借款団に対し、今度はアメリカが、一九〇三年および翌一九〇四年に成立した漢口‐

四川鉄道借款に関する英米の優先権を理由として、借款権の共有を求めた。これに対し、イギリスとドイツは反発したが、最終的に参加を認め、四国借款団が成立した。四国借款団は一九一〇年五月二十三日に清朝と湖広鉄道借款仮契約を締結し、翌一九一一年五月二十三日に正式契約が調印された。契約は、武昌‐広州間の九百キロをイギリス系銀行が、漢口‐宜昌間の六百キロをドイツ系銀行が、宜昌‐虁州《きしゅう》間の約三百キロをアメリカ系銀行が担当し、融資総額六百万ポンド、担保は湖北省、湖南省の釐金、塩税などで、利子は年率五％、償還期限は十年間据置後の四十年間とされていた。しかし、アメリカは他方で、一九一〇年十月二十七日、単独で清朝と五千万ドルの幣制改革借款を成立させていた。対してイギリス、フランス、ドイツは、逆にアメリカの独占を批判した。その結果、本借款についても四国借款団の事業として行うこととなり、一九一一年四月十五日に一千万ポンドの幣制改革借款が成立した。

しかし、こうした融資をめぐる列強間の相互牽制と調整の一方で、日露戦後の清朝は、外国鉄道利権の回収と鉄道自弁を目指していた。その一方で、中国資本による民営鉄道も登場し始めた。とはいえ、清朝は一九一一年五月九日、北京‐漢口‐広州および漢口‐成都間の主要幹線の国有化令を発令した。四国借款団による契約成立はその直後のことで、十月十日の武昌起義に始まる辛亥革命の直接的原因ともなった。

Ｅ・Ｗ・エドワーズによれば、辛亥革命の勃発に対してイギリスは、いずれかの勝利でも妥協でもなく、内乱に対する外国の干渉を防ぎながら、早期の事態安定化を目指した。(21) 革命勃発の報を受け、アメリカから中国に向かった孫文がロンドンに到着した時、グレイは孫文に対し、シンガポールから香港に至る旅程を保障すると共に、イギリスの関心が政府の勢力構成よりも、行動の実効性にあることを伝えた。十二月初め、清朝政府内で実権を掌握した袁世凱からイギリスに借款の要請がなされた。借款団は中国の内乱に中立の立場を取っていた。しかし、イギリスは停戦が実現しつつあるため、反乱軍の同意を前提として袁世凱の借款要請に応えることとし、アメリカもこれに同調した。イギリスもアメリカも、袁世凱を、中国の安定を回復し得る政治家として評価した。そのため、革命勃発後に日本から提議された京奉線保護のための出兵に対しても、原則として賛成しながら、現実の脅威が生じるまでそれを実施しないよう求めた。さらに、辛亥革命の勃発で中国が弱体化したばかりか、融資の政治性が強まったため、日本やロシアを含めずに融資を進めることが困難になった。そこでイギリスは、日本やロシアの独走や、過当競争を抑えるため、日本とロシアを借款団に加えることとした。

一九一二年三月十八日、日本は、満州の除外を条件とする四国借款団参加を表明した。対してロシアはより消極的で、六月六日にようやく参加を決定した。ドイツやアメリカは、日本とロシアの満州における特殊権益の承認に反対した。フランスも脱退を示唆するなど、反発した。しかし、イギリスはロシアとの関係を重視し、条件を容認した。その結果、日本とロシアを加えた六国借款団が成立した。しかし、この決定により、一九一三年三月四日にアメリカ大統領に就任したウィルソンは、二十日に六国借款団からの脱退を宣言する。他方、イギリスをはじめとする五国借款団は、袁世凱の要請を受け、一九一三年四月二十七日に二千五百万ポンドの善後借款協定に調印した。

辛亥革命後のイギリスは、借款団を通じて日本やロシアの独走を牽制し、同時に袁世凱を支援するという、他地域において展開された帝国戦略を中国においても展開した。しかし、そうした、非ヨーロッパ諸国の主権尊重を掲げつつ、列強との協調や相互牽制によってイギリスの利益を確保するグレイの外交は、中国においては、辛亥革命を契機とする租界司法権の拡大を容認し、欧米列強の特権的地位を強化することにもなった。こうした租界権限の拡張を容認する姿勢は、グレイがイギリス帝国における自治領の主体的判断を尊重したことにも対応していた。つまり、グレイ外交における自由主義の原則は、中国に対する列強の排他的影響力の拡大を抑制しながら、同時に中国国内における欧米人の自治権の拡大を容認し、それによってイギリス人の権利の維持、拡大を実現するものとなったのである。

図 2 清朝末期の鉄道路線

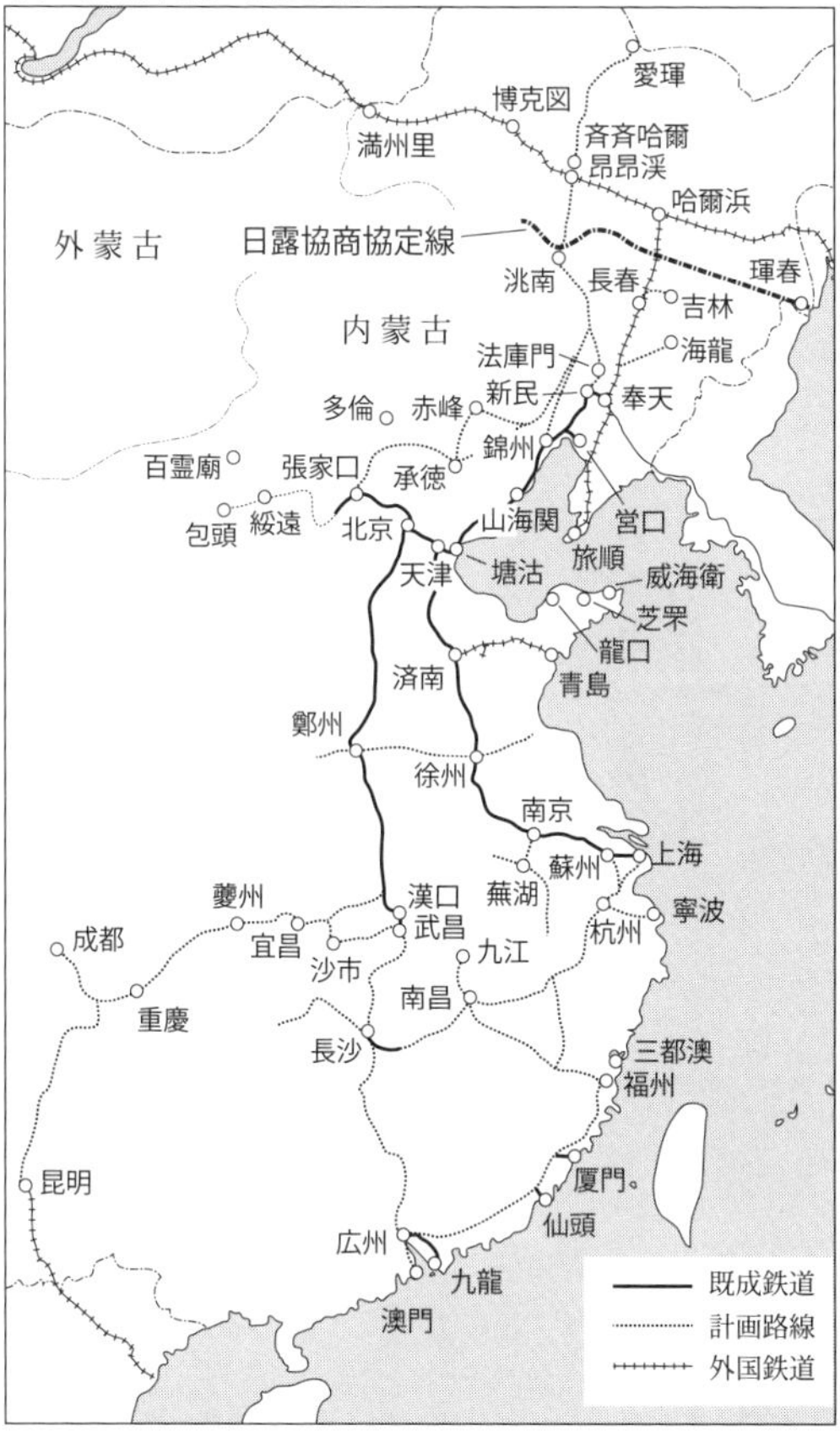

千葉『近代交通体系と清帝国の変貌』370～371 頁、鹿島平和研究所編『日本外交史』別巻 4〈地図〉第 11 図より作成。計画路線は、遠大な構想の主要部のみを表記している。

本来、租界における主権は清朝側に属したが、清朝の崩壊後、租界内における清朝の行政権や司法権は停止された。同知など清国官憲が逃亡し、会審衙門が閉鎖された結果、中国人が被告となる混合裁判の実施が不可能になったためである。そこで列強の領事団は、暫定措置として中国裁判官を独自に任命し、さらに会審衙門および付属監獄を接収してその運営を市参事会に委託した。運営費は、中国裁判官については旧道台から領事に委託されていた保証金より支払うが、それ以外の経費は市参事会が負担することとし、領事団に月報を提出することなどの義務が課せられた。その後、中華民国政府による中国裁判官の任命が再開された後も、任命に際し、領事団の承認が必要とされたり、領事団の承認がない限り裁判官の罷免ができなくなったりするなど、列強の保護下で中国政府に対する裁判官の独立性が保障されるようになった。さらに会審衙門の運営が市参事会に委託されたことで、会計や令状の送達、調書の保存などに当たる書記局が発達し、その責任者は外国人によって占められた。

会審衙門における租界行政当局の影響力の拡大は、会審官の権限強化も引き起こした。その結果、それまで租界外の清朝の行政当局によってなされていた中国人刑事被告に対する重罰刑の宣告や、中国人に対する租界章程に基づく罰則の適用も、会審衙門においてなされるようになった。さらに一九一二年一月に領事団が制定した「中国人民事訴訟章程」によって、中国人相互の民事事件にも外国人の利益が関係する場合は会審官が観審することとなり、会審官による裁判への干渉もなされるようになった。「中国人民事訴訟章程」は、一九一四年に在中国イギリス高等法院訴訟法を基礎として改定され、刑事訴訟法、民事訴訟法、上訴に関する法典整備が行われた。また、辛亥革命前は、中国人相互の事件の上訴は道台が、外国人を原告とし、中国人を被告とする混合事件の上訴は道台と領事が法廷を構成し、審議に当たっていたが、新政府が道台に代えて任命した道尹は、司法と行政の区分が厳密に適用されたため、逆に司法権限を喪失していた。さらに列強側も、道尹による裁判官の管理を望まなかったため、上訴法廷を構成できない事態が続き、暫定的な再審制度が導入された(22)。

租界内のこうした状況は、一九一七年八月に中国が第一次世界大戦に参加したことで、ドイツ人やオーストリア人に限り、解消された。しかし、その他の欧米各国については、一九二七年一月一日に上海臨時法院が設立されるまで継続された。辛亥革命後、中国政府は、租界内に居住する中国人に対する司法管轄権すら制約されるようになっており、これによって租界は、中国人をも統括する外国人自治区としての性格を強めた。こうした、辛亥革命後の租界における司法権と行政権の拡大は、第一次世界大戦勃発後の日中交渉、特に一九一五年のいわゆる二十一か条交渉にも間接的な影響を与える一方で、一九二〇年代後半の治外法権撤廃交渉における焦点となっていく。

辛亥革命はさらに、上海租界の地域的拡大にも影響を及ぼした。上海租界は一八九八年から翌年にかけて地域規模を三倍余に拡大したが、その後も租界は北方への拡張を目指し、清朝側はそれに抵抗していた。辛亥革命の勃発後、租界地域でも閘北方面で警官同士の衝突が発生した。こうした中で租界当局は、一九一五年に至り、政治犯の引き渡しや中国人参政権の承認などを代償に、租界の地域拡張を実現しようとした。この時点でそれは成功しなかったが、これ以降、租界当局は越界道路の建設を通じて租界拡張を図っていった。越界道路とは、一八六〇年から六四年にかけての太平天国軍による上海攻撃に際し、軍用道路として建設されたのが始まりで、租界外に建設された乗馬道もこれに含まれていた。一八六六年以降、市参事会がそれらを管轄するようになったが、中国人地主による毀損行為が頻発した。そこで、道台に対し、道路修繕や地主に対する免租措置などが求められ、領事団からも交渉が行われた。しかし、成果は挙がらなかった。越界道路の大部分は一八九九年の租界拡張に際してこれに吸収されたが、逆にこれ以降、租界の拡張が大幅に制約されたため、租界拡張の実質的な代替手段として越界道路の建設が進められた。こうした傾向は、租界の拡張が絶望的になった辛亥革命後、一段と進み、一九二五年の五・三〇事件の発生まで続くこととなる。[23]

以上のように、日露戦後のイギリスは、国家主権の尊重を掲げることでアジア方面におけるロシアの勢力拡大を牽制し、また、フランスやロシアとの協商を通じてドイツを牽制し、さらに同盟関係を通じて日本を制約しようとした。イギリスはそれによって、非ヨーロッパ地域における防衛負担の軽減化を図り、イギリス本国周辺に海軍力を集中する条件を整備した。さらに、アメリカとの友好関係を維持し、カナダとアメリカの自由貿易を認めることで、自治領を含めた帝国全体の防衛負担も軽減しようとした。中国においても、辛亥革命以前は清朝への融資を各国と共同で進めることで列強間の競争緩和を図り、辛亥革命後は列強の干渉を牽制すると共に袁世凱を支持し、その一方で租界において、当事者の主導権の下、司法権を租界史上最大限にまで拡大させた。多国間にわたる限定的な関係形成というグレイの外交は、十九世紀末の「光栄ある孤立」と対照的であったが、それは、イギリスの過大な負担を回避することで本国の主体性を確保すると共に、自治領や中国における租界など、在外イギリス人の権利と独立を保障するという意味において、自由主義の原則に適っていた。

しかし、その結果、第一次世界大戦直前のイギリスは、ドイツとの関係改善を進めながら、フランス北部に対する防衛義務を強く自覚することになった。[24] とりわけベルギーは、イギリスにとって防衛の要衝であると共に、戦争抑止のために守られるべき国家主権の象徴的地域となった。そのため、一九一四年八月三日にドイツがベルギーに対し、軍の通過を要求したことで、イギリスは最終的に開戦を決意する。[25] しかし、それと同時に、多国間にわたる限定的な関係形成というイギリスの外交手法は、第一次世界大戦後のイギリス外交、とりわけ国際連盟の創設と運営をめぐるイギリス外交へと発展的に継承されていく。

二　日露戦後の日本外交

第一次西園寺公望内閣の外交について坂野潤治は、その大陸政策における消極性を指摘している。[26] しかし、明治三十九（一九〇六）年五月の満州問題に関する協議会において、西園寺は一方で伊藤博文や山県有朋ら元老の意見を尊重し、他方で児玉源太郎らに政策遂行の実務を委ねていた。つまり、西園寺内閣は、独自の判断として大陸政策に消極的であったわけでなく、桂内閣の国内政策を引き継いだのと同様に、外交政策についても、国家の根幹に関わるものとして、既存の政治秩序と方針の下で決定を行っていた。日露戦後の日本外交は、ロシアの脅威に備えるため、日英同盟の維持、強化を図りながら、ロシアとの関係改善を進め、朝鮮半島の防衛を確実にし、さらに日本の産業育成と国家主権に関わる関税自主権を回復するという課題の他、アメリカにおける日本人移民の権利保護という課題にも直面していた。桂園時代の日本外交は、イギリスによる多国間外交による現状維持という政策を背景に、こうした課題に取り組んだ。しかし、藩閥直系の桂太郎や桂の信頼を得ていた小村寿太郎外相に比べ、元老の権威の下で自制的にならざるを得なかった西園寺内閣が、これらの課題に対応するには、限界があった。そのため、桂園時代の日本外交は、第二次桂太郎内閣の成立によって、進展することとなる。

第一次西園寺内閣は、戦争債務の整理を進める中で、軍備を充実させつつ、満州経営の端緒を開いていかなければならなかった。その上、韓国統治の安定化のためにも、ロシアとの関係安定化は必須となった。日露戦後の日本とロシアの関係改善の動きは、ポーツマス条約締結交渉を引き継ぐ形で気運としては存在していた。しかし、それが具体化するのは、一九〇六（明治三十九）年五月にヴラジーミル・ラームズドルフ外相が退任し、イギリスとの協調を重視するイズヴォーリスキーが外相に就任して以降であった。明治三十九年中、日本はロンドンとパリで公債発行を計画し、フランスは外交関係上の配慮から、日本の公債発行計画についてイギリスとロシアに通知した。しかし、ロシアは日本の軍備拡張を警戒し、公債発行に難色を示した。[27]とはいえ、ロシアは他方でイギリスと協商交渉を進めており、それと並行して日本との関係改善が具体化していった。

英露協商交渉中の明治四十（一九〇七）年一月十八日、ロシア駐在の本野一郎公使は、ロシア駐在のイギリス大使より、英露交渉に関連し、ペルシア方面の合意で困難が予想されるとの情報を知らされた。その際、イギリス大使は、ロシア側の意向として、日本との平和維持のために「何カ発議スルコトアルヤモ測リ難キ」ことも伝えていた。[28]これを受け、第一次西園寺内閣の林董外相は本野に対し、ロシアからの発議に好意的に対応する意思を伝えたところ、二月四日に本野はイズヴォーリスキー外相より、ロシア政府の方針として「一方ニ於テ日本トノ和親ヲ固クシ、他ノ一方ニ於テハ英国トノ妥協ヲ満足ニ締結シ、依テ以テ世界ノ平和ヲ維持シ、専ラ国力ノ休養ニ力ヲ尽クシ、帝国外交政策ノ中心ヲ其ノ本領タル欧州ニ移転スルニ在リ」として、「協商ヲ日本ト結ビ度キ誠実ノ考」を伝えられた。[29]日本政府もロシアの意向を歓迎した。二月十八日、イズヴォーリスキー外相よりロシア案が提出された。ロシア案は第一条で、日露相互の領土保全と、ポーツマス条約によって規定された中国における権利を尊重すること、第二条で、日露両国が平和的手段により第一条で規定された権利を維持するための支援を与えることを規定していた。[30]これを受けて日本側は、三月三日の元老会議において対案を決定した。

日本案は四条からなり、第一条はロシア案に準拠しながら、相互の領土保全と機会均等主義の下での清における条約上の権利尊重を規定していた。次いで第二条は清の領土保全と機会均等を掲げていた。そして第三条および第四条は、以下のように、満州および韓国に関する規定であった。[31]引用中の「……」部は、交渉によって定められるべき未決部分である。

第三条

日本国ハ満州ニ於ケル政治上及経済上ノ利益及活動ノ集注スル

自然ノ趨勢ニ顧ミ、且競争ノ結果トシテ生スルコトアルヘキ紛議ヲ避ケムコトヲ欲シ、自国ノ為又ハ日本国臣民若クハ其ノ他ノ為……以北ノ満州ニ於テ何等鉄道又ハ電信ニ関スル権利ノ譲与ヲ求メス、又、同地域ニ於テ露西亜国政府ノ支持スル該権利譲与ノ請求ヲ直接間接共ニ妨碍セサルコトヲ約ス。
露西亜国ハ同一ノ平和的意向ニ基キ、自国ノ為又ハ露西亜国臣民若クハ其ノ他ノ為……以南ノ満州ニ於テ何等ノ鉄道及電信ニ関スル権利ノ譲与ヲ求メス、又、同地域ニ於テ日本国政府ノ支持スル該権利譲与ノ請求ヲ直接間接共ニ妨碍セサルコトヲ約ス。

第四条

露西亜国ハ日本国ト韓国トノ間ニ於テ一千九百四年及一千九百五年ノ日韓条約及協約［…］ニ基キ存在スル政事上利害共通ノ関係ヲ承認シ、該関係今後ノ発展ニ対シ之ヲ妨碍シ又ハ之ニ干渉セサルコトヲ約ス。［…］

第三条の趣旨は、「満州ニ於ケル双方活動ノ範囲ヲ消極的ニ定メ」ることにあった。それは、当該地域における積極的な自由行動権の承認が、清朝や列国との関係、特に日英同盟における中国の主権尊重や機会均等の規定に抵触する可能性があったからである。また、鉄道および電信の権利が取り上げられているのは、それによって満鉄の活動に対するロシアの承認を得るためであった[32]。対して第四条の趣旨は、韓国における「今後ノ発展」、すなわち併合を念頭に置いた今後の日本の行動をロシアに容認させる点にあり、第三条と同様、「該条文ヲ公ニスル積リニテ特ニ婉曲ナル文字[33]」が用いられた。

日露交渉が具体化する中、パリにおける起債計画も軌道に乗り、三月にロンドンとパリにおいて五分利付公債の発行に成功した。これにより、日露戦時中に発行された六分利公債の借換が進められた。これに合わせ、英仏協商に対応する日仏協商の交渉も開始された。フランスから日本に協約案が提出されたのは三月二十七日で、フランスは仏領インドシナの安全保障を重視していた[34]。協約案は、日英同盟に準拠し、清朝の独立、領土保全、機会均等を掲げつつ、「両締約国カ主権、保護権又ハ占有権ヲ有スル領域ニ近邇セル清帝国ノ諸地方ニ於テ秩序及平和事態ノ確保セラルルコトヲ特ニ顧念」するとしていた。清朝の近接地とは、フランスについてはインドシナであることは明らかであったが、交渉過程で日本側は、台湾に隣接する福建省の「秩序平和ノ維持ヲ特ニ希望」する旨を秘密協定で規定することとした[35]。日仏協商は、六月十日にパリで調印された[36]。

イズヴォーリスキーは、日本案に対する対案を四月三日に提示し、各条について概ね承諾しながらも、第三条と四条を秘密条約第一条、第二条とし、さらに第三条として、日本がモンゴルにおけるロシア権益の優越を認める趣旨の条項を追加するよう求めた[37]。本野公使は本国に第九五号電として、第三条、第四条が秘密条項となることを理由に、第三条の趣旨を「判然annexationニモ及ブ意義ナルコトヲ明カニナシ置コト必要」との意見を送った[38]。しかし、林外相は、本野の意見を時期尚早とした。林は本野への訓令に先立ち、伊藤博文韓国統監に本野への回訓案について意見を求

めたが、その回訓案は韓国併合について次のように記していた。(39)

韓国問題ニ関スル条項ハ、韓人カ徒ニ外国ノ同情ト援助ヲ予想シテ陰謀術数ヲ試ムルヲ防止スルノ効力アルヘキカ故ニ、帝国政府ハ本条約中ニ之ヲ規定シテ一般ニ発表スルヲ可トス。然レトモ露国政府ニ於テ到底其ノ発表ニ同意セサルトキハ、貴官ハ本条ヲ秘密協約ニ移スコトヲ承諾セラルルモ妨ケナシ。貴電第九五号稟申ノ御意見ニ関シテハ、帝国政府カ結局韓国ヲ併合スルノ意思ナル旨ヲ此際他国ニ通知スルハ其ノ何国ニ対スルヲ問ハス未タ機宜ニ適セサルモノト思考シ、我対案第四条ニ於ケル「将来ノ発展」ナル語ニ対シ、其ノ意義ヲ限定スルノ必要ヲ認メス。

対して伊藤は、「韓国ニ関スル条項ハ本条約中ニ規定シテ発表シ、之ニ加フルニ本野公使ノ稟議ノ如ク公文ヲ交換シテ『将来ノ発展』ナル語ハ『アネキゼーション』迄モ包含スル旨ヲ明カニスルヲ最モ得策ナリ」(40)とする回答を寄せた。しかし、四月十六日の閣議は、伊藤の意見を採用せず、原案のまま訓令を送ることを決定した。(41)交渉方針として、モンゴルに関してまず、日露間の懸案地域でないことから協定で取り上げる必要はないとして削除を求めるが、ロシア側がモンゴルに関する規定を強く求めた場合、外モンゴルについてのみ、機会均等の原則に反しない限りでロシアの平和的活動を妨害しないとする条文を提起することとなった。内モンゴルについては日英同盟の趣旨に反するため、ロシアの特殊地位を承認できなかった。

林外相と伊藤とのやりとりから明らかなように、第四条で韓国に関する規定が定められたのは、ロシアより、韓国における日本の現状勢力と今後の勢力拡大の可能性に関する承認を得ることで、韓国内の、列強の支援を得て日本に対抗しようとする勢力を封じ込めることにあった。その意味で韓国に関する条文は、韓国統治上の必要性という、準国内的配慮から挿入された。ところが、ロシア側は日本の韓国併合とロシアのモンゴルにおける優越的地位の承認とを交換的に捉えていた。そのため、四月二十二日に本野がイズヴォーリスキーに、モンゴルに関する提案を拒否する趣旨を伝えると、イズヴォーリスキーは「大ニ失望ノ有様」を示した。(42)その結果、日本側は外モンゴルにおけるロシアの特殊利害を間接的に認める上記の提案を行った。

とはいえ、ロシア側は日本の提案に難色を示した。日本にとって、イズヴォーリスキー外相から日本による韓国併合に対し「明カニ異存ナキコトヲ断言」(43)する言質を得たことは、画期的であった。しかし、日英同盟の規定から、モンゴルに関する譲歩には限界があった。そこで六月十四日の元老会議は、ロシアが譲歩しない場合、韓国とモンゴルに関する条文全てを削除することに決した。(44)対して伊藤博文は、ロシアがポーツマス条約後も露韓条約の存続を主張していたため、ロシアは「日韓現在ノ関係ヲ明ニ承認セシメ置カザレバ将来機会アル毎ニ異議ヲ提出スヘシ[…]韓国ハ必ズ之ニ同意スベシ」(45)として、韓国に関するロシアとの合意を、韓国統治上の理由から重視した。実際、直後の六月二十九日、韓国皇帝によるハーグ密使事件が発生し、朝鮮半島に列強の勢力を引き入れようとする韓国側の策動は、具体的な行動となって表れた。とはいえ、七月三日にロシア側は、ロシアが日韓関係の今後の「発展」を妨害しない代償として、外モンゴルのみをロシアの実質的勢力範囲として認める日本側の提案を受け入れた。[46]そのため、伊藤の反論がそれ以上の問題を引き起こすことは回避された。これを受けて七月二十三日、日本では元老および閣僚会議で協約案が了承され、[47]七月三十日に日露協約が調印された。[48]秘密協約第二条の鉄道、電信に関する境界は、露韓国境の北西端から琿春、必爾滕湖北端を経て、秀水站に至る直線を引き、さらに松花江から嫩江、托羅河に沿って東経百二十二度の地点に至るまでの線とされた。この境界は概ね、ハルビン（哈爾浜）と長春の中間を通過する。日露協約の秘密協定は、イギリスとフランスにも通知された。[49]英露協商が調印されたのは、日露協商の成立から一か月後の八月三十一日のことであった。

坂野潤治は第一回日露協商について、日本は満州権益の安定化よりも韓国の実質的併合の国際的承認に重点を置いていたと論じているが、[50]これは誤りである。日本にとって、この時点で韓国併合に対する国際的承認を得られれば、韓国統治にとって好都合であった。しかし、日英同盟に抵触するロシアへの過大な譲歩を回避するため、これは断念された。日露協商は、日英同盟と英露協商交渉を背景に、満州における日露間の過当競争やロシアの軍事的脅威を緩和することを目的としていた。西園寺内閣の消極的な外交姿勢を反映したというより、この時期の日本の国力と、元老の権威下において西園寺内閣が主導権を発揮すること自体に限界があったのである。その点で日露協商は、同年十二月に成立する日米紳士協定と同様、欧米列強に対する日本の自制的な行動原理の上に成立した。

日露協商が成立した明治四十（一九〇七）年は、四月一日に満鉄が開業する一方で、清朝側との満州における鉄道交渉が問題になっていた年でもあった。明治三十八年十二月に成立した「満州ニ関スル日清条約付属取極」は、その第一項で長春‐吉林間の鉄道敷設に関する日本の融資について規定し、第二項で日露戦争中に日本軍が建設した奉天‐新民屯間の軍用軽便鉄道を清朝に売却することを定めていた。ただし、この規定は新奉線の売却時期を具体的に定めておらず、また、路線の改築は日本の借款に基づき、清朝側が行うとしていた。ところが、日本側は、売却を日本軍の撤退後とし、しかも撤退以前に改築工事に着手したため、日清間に紛糾を引き起こしていた。結局、新奉鉄道の売却交渉は明治三十九年に開始され、同年四月十五日に新奉鉄道および吉長鉄道に関する協約が成立した。これは、「満州ニ関スル日清条約」に基づいて締結された最初の協定で、新奉鉄道は明治四十年六月一日に清朝側に引き渡された。清朝は直ちにこれを改築すると共に、満鉄奉天停車場の西方に瀋陽停車場（後の皇姑屯停車場）を建設し、京奉線を開通させた。清朝側が瀋陽停車場を建設したのは、京奉線と日本の租借地内にある奉天駅との直接接続を回避したためであった。しかし、そのため瀋陽停車場と奉天停車場の接続線が必要となり、十月に協約草案が成立した。とはいえ、清朝側は京奉線と満鉄の接続交渉に際し、接続線の敷設とは別に、京奉線をさらに東方に延長し、奉天停車場の北方で満鉄と交差させて奉天市内にまで延長することを要求した。対して日本側は、延長線が満鉄と競合する可能性を懸念し、反対した。そのため交渉は停滞し、解決は第二次桂内閣に持ち越された[51]。最終的に延長線は明治四十二年九月四日に成立した日清条約によって認められた。これにより建設された満鉄と京奉線の立体交差地点は、昭和三（一九二八）年六月の張作霖爆殺事件の現場となる。

「満州ニ関スル日清条約」第六条は、安奉線の経営権について規定していたが、同鉄道は、明治四十年四月の満鉄の開業により、満鉄の経営管理下に置かれた。日清条約は、明治四十一年末までの安奉線の改良を規定していたが、満鉄は大連‐長春間の軌道改良および大連‐蘇家屯間の複線化を優先したため、安奉線の改築に着手できなかった。さらに、鉄道守備隊の派遣や鉄道付属地の設定、炭鉱採掘権、特に本渓湖炭鉱の採掘権をめぐっても問題が生じた。安奉線は満鉄のようなロシアから権利を引き継いだ鉄道でなかったため、清朝は満鉄に付属する諸権利を安奉線に認めていなかった[52]。

以上のような京奉線や安奉線の問題とは別に、明治四十年一月、日本は清朝による法庫門鉄道の敷設計画を探知した。その後、詳細が明らかになったのを受け、八月十二日に日本政府は清朝側に、法庫門鉄道を満鉄併行線に当たるものとして、その敷設に反対する意向を通知した。しかし、十一月八日、法庫門鉄道建設のための予備契約がイギリスのポーリング商会の代表フレンチと満州総督唐紹儀との間に成立した。この時点で日本側は契約について関知せず、十二月二十五日に情報を得た。翌明治四十一年一月に林外相は、改めて法庫門鉄道への反対の意向を通知し、イギリス政府もポーリング商会より日本政府の方を支持したが、この解決も第二次桂内閣に委ねられた[53]。

明治四十一（一九〇八）年七月十四日に第二次桂内閣が成立し、外相に小村寿太郎が就任した。桂は組閣直後に定めた十二項目の中で、日英同盟や日露協商を重視すると共に対米関係を改善し、条約改正を目指す外交方針を打ち出していた。さらにイギリスからの小村の帰国を受け、九月二十五日に桂内閣は「帝国ノ対外政策方針決定ニ関スル件」を決定した[54]。同決定は、列国に対する態度、対外経営、条約改正の三項目からなっていた。この内、条約改正については、明治四十四年の改定のため、一年前の四十三年に廃棄通告を行う必要があり、「維新以来ノ宏謨タル国権ノ回復」を目指して、準備に着手することとなった。そのため小村は、翌十月、勅令によって条約改正準備委員会官制を公布し、小村委員長の下、平田東助内相、大浦兼武農相、井上勝之助前駐独大使を副委員長に、若槻礼次郎大蔵次官を国定税率に関する特別委員に任命し、明治四十三年七月十六日以前の関税定率法改正案の公布を目指して立案作業を開始した[55]。

条約改正問題が一定の準備を必要とする問題であったのに対し、列国に対する態度、特に清朝およびアメリカとの関係は緊急を要する課題となっていた。これに関して第二次桂内閣は、まず日英同盟と日露協商を基軸とする原則を定めた。つまり、清やアメリカとの懸案を抱えている状況に照らし、良好な関係を維持してきたイギリス、ロシアとの関係を確実にしておく必要があると判断したわけである。その上で清朝に対し、「如何ナル場合ニ於テモ［…］優勢ナル地位ヲ占ムルノ覚悟」を持ち、「帝国カ現ニ満州ニ於テ有スル地歩ハ容易ニ之ヲ抛擲スヘキモノナラサルヲ以テ永ク現在ノ状態ヲ将来ニ持続スルノ策」を講ずること、そのため「努メテ其感情ヲ融和シ、彼ヲシテ成ルヘク我ニ信頼セシムルノ方針ヲ取リ、一方ニ於テ万一ノ事変ニ際シ威圧ヲ加フルノ已ムヲ得サル場合ニ処スルノ準備ヲ怠ラサル」ことを定めた。

日英同盟と日露協商を重視し、満州権益を維持するため、清との協調を原則としながら、清との間で紛糾が生じた場合に威圧的態度を取ることを想定したのは、西園寺内閣期に解決できなかった、鉄道交渉問題の解決を決意していたからである。日本にとって、列強が中国に勢力範囲を設定する中で獲得された大陸権益は、欧米列強に準ずる日本の国際的地位の象徴であると共に、列強との通商競争に対抗するための拠点であり、それ自身が収益を挙げ得る事業でもあった。イギリスにとって同盟外交が、帝国防衛のためのイギリスの負担を軽減し、イギリス本国とベルギーおよびフランス北部の安全保障に軍事力を集中するために展開されたのに対し、日本にとって同盟外交は、日本、朝鮮、満州を防衛するための軍事力を補う戦略として展開された。

以上のような同盟外交と対照的に、日米紳士協定の成立からほどないアメリカとの関係について、閣議決定は次のように記していた。

帝国カ今後其発展ヲ期スル為、我商工業ヲ進捗シ、大ニ対外商業ノ発展ヲ計ルノ必要アルハ元ヨリ論ヲ待タス。而シテ米清両国ハ我対外商業上最モ重要ナル市場ナルヲ以テ、啻ニ両国トノ間ニ於ケル現時ノ貿易ヲ維持スルノミナラス、益々両国ノ市場ヲ開拓シテ我貿易ヲ此方面ニ発展セシムルヲ必要ナリトス。

閣議決定はさらに、商業関係の重要性と「少数人士ノ、帝国ノ真意ニ疑ヲ挟ミ、殊ニ其声ヲ大ニシテ民心ノ煽動ニ苦慮セル事実」などに照らし、紳士協定成立を踏まえて引き続き日本に対するアメリカ側の誤解を解くと共に、太平洋問題に関する協定の締結により、「一般米国人ヲシテ不安ノ念ヲ去ラシメ、以テ排日論者ヲシテ煽動又ハ離間ノ余地ナカラシメ、日米永遠ノ和親ヲ維持スルヲ必要」としていた。日米間で懸案となった移民問題に関し、アメリカ、カナダ、オーストラリアへの移民は反発を買う危険が高いため、「現状ヲ維持スルコト」とされた。その一方で、「日露戦役ノ結果トシテ帝国ノ位地一変シ、帝国ハ亜細亜大陸ニ所領ヲ有スル大陸国トナルニ至レリ」として、ロシアと清に対抗するため、なるべく移民を「東亜方面ニ集中シ、其勢力ヲ確立維持スルヲ以テ確定不動ノ方針トナササルヘカラス」という原則も掲げた。しかし、これも商業関係に影響を及ぼす反発を引き起こさないよう、「其最モ希望セサル移民ノ輸入ヲ強ユルカ如キハ之ヲ避クル」との留保が付された。

九月二十五日の閣議決定は、同盟や協商を通じて安定的な関係を期待できるイギリス、ロシア、フランスと、政治的優位を確保し、経済的進出を目指していくべき清、そして通商において密接な関係を必要としながら、関係に不安が伴うアメリカという認識を示していた。同盟、協商外交を通じて国力を補おうとした日本にとって、自国を拘束する協定や条約を拒否するアメリカとの関係は、重要かつ何らかの対策の必要性を感じさせながら、最も対応しにくいものとなっていた。

閣議決定から四日後の九月二十九日、太平洋問題に関する日米協定の締結を目指す方針が高平小五郎駐米大使に伝えられた(56)。その後、十月二十五日に小村外相は、アメリカ艦隊の日本寄港が終わったことを契機として、「(第一)ニ太平洋ニ於ケル通商貿易ノ自由発達ヲ期スルコト(第二)ニ太平洋ニ於ケル所属島嶼ハ互ニ之ヲ侵サザルヘキコト(第三)ニ清国ニ於テ機会均等主義ヲ保持スベキコトヲ定メ」るための対米交渉に着手するよう高平に伝え、宣言案を送付した(57)。高平大使は、これに先立つ二十二日にルート国務長官と会見し、「両国ノ親交ヲ永遠ニ持続」するため、宣言書の交換を行うことについて好意的な言質を得ていた(58)。高平大使は、二十六日にタフト大統領と面会し、日本案を提示した。その際、高平はタフトより好意的反応を得る一方で、アメリカは同盟ないし協商的関係に応じられず、「拘束的文言ナキモノ」についてのみ受け入れ可能であることを伝えられた(59)。これは上院の審議を必要としない措置とするためで、これを受けて小村外相は、二十九日に交換公文案を高平大使に伝え、十一月九日、アメリカに日本案を提示するよう訓令した(60)。

ルートからアメリカ案が伝えられたのは十一月十一日であった。アメリカ案は、清における機会均等を保障する規定に、清における領土保全と行政的統一（territorial integrity and administrative entity）の維持という趣旨を追加していた(61)。しかし、小村外相は、行政的統一という表現が租借地や満鉄付属地行政権と抵触する可能性があるとして、これを拒否した(62)。その後、二十六日に最終合意に達し(63)、十一月三十日に公文交換がなされた(64)。高平‐ルート協定は、太平洋における商業の自由、発展の希望を表明した他、交渉で問題となった表現は、「両国政府ハ又、其ノ権内ニ属スル一切ノ平和手段ニ依リ、清国ノ独立及領土保全並同帝国ニ於ケル列国ノ商工業ニ対スル機会均等主義ヲ支持シ、以テ清国ニ於ケル列国ノ共通利益ヲ保存スルノ決意ヲ有ス」と規定し、日本側の要望に沿った内容となっていた。ところが、高平‐ルート協定が成立してから一年後、アメリカは満州鉄道の中立化案を提起し、それによって日米関係は再度緊張し、日英、日露関係のみならず、日本の韓国政策にまで影響を及ぼすことになる。

一方、清朝との満州における鉄道関連交渉は、難航しながらも、明治四十二（一九〇九）年中に進展した。安東線の改築期限は前年末に超過していたが、これは安東鉄道の租借期限を確認した上で、同期間内の改築期限を延長することで清朝と同意に至った(65)。そして他の問題についても調整が進められた結果、九月四日に「満州五案件ニ関スル日清協約」が成立した。これは第一条で、清朝が法庫門鉄道の敷設を実質的に断念したことを踏まえ、今後、新民屯‐法庫門間鉄道を敷設する場合、予め日本と協議することを定め、第三条で、撫順、煙台の両炭鉱における日本の採掘権を確認し、第四条で、安奉線および満鉄沿線の炭鉱について、撫順、煙台炭鉱を除いて日清の合弁事業とすること、そして第五条で、京奉鉄道の奉天市内への延長を日本側が承認することを規定していた。小村外相はまた、間島問題についても解決する方針で交渉に臨んでおり、「満州五案件ニ関スル日清協約」と同時に「間島ニ関スル日清協約」が成立した。同協約は、図們江（豆満江）を清韓両国の国境と定め、間島、すなわち図們江北側における韓国の領土権を放棄しながら、同地域における朝鮮人の居住権や土地所有権を確保し、当該朝鮮人は清朝の法権に服することとなった。同協約はまた、吉長鉄道を今後、延吉南境に延長し、韓国会寧で韓国鉄道と接続することも定めており、日本側の軍事的必要にも応える内容となっていた。[66]前年九月二十五日の閣議決定は、清朝に圧力を加えることを想定しながら、清との協調を基調としていた。「満州五案件ニ関スル日清協約」と「間島ニ関スル日清協約」は、間島問題や京奉線延長問題などで日本側が大幅に譲歩しており、清朝との協調方針に則った外交成果となった。

清朝との交渉が進められていた明治四十二年七月六日、桂内閣は「適当ノ時期ニ於テ韓国ノ併合ヲ断行スルコト」を閣議決定した。[67]伊藤博文韓国統監は、第一次日露協約交渉の過程で、ロシアから日本の韓国併合に対する承認を得るよう求めていたが、その後、韓国併合を容認する言動をしなくなっていた。伊藤は、両班層による伝統的政治秩序の維持を図る李完用らと提携することで、韓国政治の安定化を目指し、対して李完用らは、伊藤を支持し、日本の韓国保護国化を受け入れながら、日韓併合を阻止しようとしていたからである。しかし、伊藤は明治四十二年六月十四日に韓国統監から枢密院議長に転じてしまう。その間、伊藤は、司法制度改革や銀行設置、教育振興、殖産興業政策を進めることで、韓国の「自治育成」による内政の安定化を図ろうとしていた。しかし、抗日運動を鎮圧しない限り、行政改革は困難であった。その上、本国側の韓国併合の意向に加え、韓国側では一進会が日本の韓国併合推進派の支援を得ながら伊藤と李完用らの両班政治を攻撃していた。李完用は一進会の封じ込めに成功したが、それでも伊藤は、抗日運動鎮圧の長期化から韓国の自治育成に悲観的となり、明治四十三（一九一〇）年四月、桂首相と小村外相による朝鮮併合の主張に同意するに至った。[68]韓国併合となれば、韓国の既存の政治秩序を利用しつつ、内政の安定化を図るという従来の統治手法は放棄され、抗日運動の全面鎮圧を本格化することとなる。伊藤もその必要を認めざるを得なかったが、それは自らの意に反する措置を自ら講じなければならないことを意味した。伊藤はそうした状況に堪えられず、統監辞任となったのであろう。

とはいえ、森山茂徳が指摘するように、七月六日の閣議決定は、翌年の韓国併合を予定していたわけではなかった。[69]むしろこの時点で、関税自主権の回復交渉が最優先課題となっていた。外務省編『小村外交史』によれば、桂首相は韓国併合に積極的であったが、小村外相は、条約改正交渉を控える中での韓国併合には、特にイギリスに対する配慮から慎重であったという。[70]韓国が日本領となった場合、日本は韓国の関税設定権をも保有することとなる。

欧米諸国がそうした事態に反発した場合の、関税交渉への悪影響が、懸念されたのであろう。

韓国併合方針の閣議決定から約四十日後の八月十七日、桂内閣は通商航海条約の改正に関する方針を閣議決定した(71)。これは、現行条約について明治四十三年七月に廃棄通告を行い、四十四年七月に失効させ、対等条約の締結を目指すとしていた。しかし、そのため、半年後の四十三年二月中までに各般の準備を完了し、三月を期して交渉を開始する必要があると判断された。九月、在欧米大使に閣議決定を通知するため、特使が派遣された。そして明治四十三年一月二十九日、小村外相は桂首相に、日英通商航海条約草案と日英特別相互関税条約草案の起草を踏まえ、交渉開始の閣議決定を求めた(72)。その際、小村は、「該条約案ハ英国ニ対スルモノナレトモ、其他ノ諸国ニ対スルモノモ亦其要領殆ト同一ニシテ、夫々必要ニ従ヒ、幾分ノ変更ヲ加フルニ過キス」と述べ、イギリスとの交渉を重視する姿勢を見せていた。日英同盟の締結国であり、さらに韓国併合の国際的承認を獲得する上でも、通商条約の改定交渉を進める上でも、イギリスの反応が日本にとって最も重要と判断されたのである。ところが、そうした折に、アメリカから満州の鉄道に関する重大提案がなされた。

明治四十二（一九〇九）年十二月十八日、オブライエン駐日米大使は小村外相に対し、清と英米間の錦愛鉄道敷設借款予備協定の成立を受けて、鉄道敷設に対する日本の参加を歓迎すること、そして満州における政治上の権利を清朝に完全に帰属させ、かつ門戸開放、機会均等の主義を徹底するため、「適当ナル協定ニ依リ満州ニ於ケル一切ノ鉄道ヲ清国ノ所有ニ帰セシメ、之ヲ一ノ経済的学術的ニシテ且公平ナル経理ノ下ニ併合シ、之ニ要スル資金ハ適当ノ方法ヲ以テ相当ノ割合ニ依リ加入希望ノ諸国ヨリ調達スルコト」を提案した(73)。同提案の起源は、法庫門鉄道の敷設に関して清朝と交渉を行っていたポーリング商会が、同鉄道の敷設に対する日本の反対に直面し、代替案として錦州 - 斉斉哈爾（チチハル）間の鉄道敷設を構想したことであった。ポーリング商会のフレンチは、一九〇八年九月二十六日に秘密裏に清朝より錦州 - 洮南間の敷設契約を獲得していたが、さらにアメリカの元外交官で、清における鉄道借款交渉に関わっていたウィラード・ストレートがアメリカ資本からの借款供与について清朝側の同意を得たことにより、フレンチとストレートの協力が進んだ。そして「満州五案件ニ関スル日清協約」成立から約一か月後の一九〇九年十月二日、錦愛鉄道の借款契約が成立した。これを受けてフィランダー・ノックス国務長官は、日本とロシアによって満州の鉄道が二分されている中で錦愛鉄道敷設契約を成立させるため、満州鉄道全体を実質的な国際管理下に置く構想を作り上げた。それはすなわち、満州の鉄道に関心を持つ列強が国際借款団を組織し、満州の鉄道を借款団の融資によって清朝に買収させ、借款団が鉄道経営に当たるという構想で、これは十一月九日にイギリス側に提案された。法庫門鉄道敷設の挫折が錦斉鉄道計画の策定と英米商会の提携をもたらし、さらにタフト政権をも動かしたわけである(74)。

十二月十八日にアメリカ政府によってなされた提案は、満州鉄道中立化提議と呼ばれた。アメリカは満州鉄道の中立化を、清朝の主権を尊重しつつ、科学的合理的鉄道経営を導入するものとしたが、これに対して日本は、清朝による満州鉄道の買収について直ちに反対の方針を定めた。さらにイズヴォーリスキーの提案に応える形でロシアと意見交換を進めつつ、イギリスに対し、アメリカの提案はポーツマス条約に抵触するという日本の立場を通知することとした(75)。明治四十三（一九一〇）年一月十八日の閣議決定で、満州鉄道の中立化を拒否することが正式に決定され、二十一日にアメリカ側に通告された。ただし、錦愛鉄道の敷設については、最終的に対米関係上の配慮から、借款や技師の派遣などに日本が参加することと、錦愛鉄道の支線を満鉄に接続することを条件として、承認することになった(76)。

満州鉄道の中立案も錦愛鉄道も実現しなかったが、アメリカによるこの提議は、日露協商の更改と韓国併合の即行という日本の防衛措置を招いた。日露協商更改のきっかけは、アメリカの満州鉄道中立化提議への対応をめぐる意見調整の過程で、イズヴォーリスキー外相が日露協商の強化について言及したことであった(77)。日本側もこれに積極的に対応した。しかも、これからほどない明治四十三年二月二十八日、前年七月六日の閣議決定「韓国併合ニ関スル件」が駐英大使他に通知され(78)、その上で三月に、日露協約更改に関する閣議決定がなされた(79)。同決定は、「韓国ニ於ケル帝国ノ地歩ハ今ヤ既ニ確立セルニ拘ラス、満州ニ対スル地位ハ薄弱ナルモノアルヲ免レス、日露両国カ南北満州ニ特殊利益ヲ有スルノ事実ハ争フヘカラスト雖、両国間ニハ未タ明確ニ勢力範囲ヲ協定シタルコトナキヲ以テ、両国ノ利害ハ将来如何ナル衝突ヲ見ルコトアルヤモ之レヲ保シ難キ状態ニ在リ、其他ノ列国ニ至リテハ満州ニ於ケル我特殊ノ地位ヲ認識スルコト尚未タ充分ナラス」として、さらに次のように記していた。

抑々満州ノ現状ヲ永遠ニ持続シ、以テ帝国将来ノ発展ノ素地ヲ作ルハ、帝国政府既定ノ方針タリ。而シテ此ノ方針ヲ遂行セムトスル為メニハ、一面実地ニ於ケル経営ヲ進捗シテ我根底ヲ深クスルト同時ニ、一面列国ヲシテ我特殊ノ地位ヲ承認セシムルノ策ヲ講スルヲ以テ最急務トス。然ルニ列国ヲシテ右ノ承認ヲナサシメントスルニ方《あた》リテハ、先ツ満州ニ於テ最重大ナル利害関係ヲ有スル露国トノ間ニ協商ヲ遂ケ、日露両国カ該地方ニ於ケル特殊ノ地位ヲ相互的ニ確認シ、両国間ニ利害ノ衝突ヲ生スルノ端ヲ拒クト同時ニ、両国ノ関スル限リニ於テ満州ノ事態ヲ決定スルコトヲ最得策ナリトスヘシ。

すなわち、列強に満州における日本の権利を積極的に承認させる最初の措置として、ロシアの承認を得ようとしたのである。その上で閣議は「新日露協約案」を決定し、三月十九日に小村外相より帰朝中の本野駐露大使に渡された。帰任後の本野大使は、四月五日にイズヴォーリスキーと会見し、協商締結に関するロシア側の意向を打診した。会見に際して日本側は、決定済みの協商案を提出することなく、まずロシア側の真意を確かめようとした。イズヴォーリスキーは、「満州鉄道問題ニ関シ日露両国間ニ完全ナル協商ノ存在スルコトヲ全世界ニ示スヘキ条項」を求めると共に、秘密協定に関する日本側の意見を質した。これに対して本野は、一九〇七年の協商で確定した「両国各自ノ勢力範囲内ニ於テ各其権利利益ヲ防護スルニ足ル条項」を秘密協約内に挿入することを求めた。本野はまた、韓国に関するロシアの態度を照会したところ、イズヴォーリスキーは、ボスニア・ヘルツェゴヴィナ問題を引き合いに出し、日本が韓国の状態に変更を加えるなら、ロシア国内の世論が激昂する可能性があることを指摘した。本野はこれに反論し、一九〇七年協約中の「今後ノ発展」が「日本国カ韓国合併ヲ行フコトヲ指ス外他ノ意義ヲ有スル能ハス」と応えた(80)。

さらに日露間の打診が継続された後、五月十七日に小村外相は本野大使に、協約案をロシアに提示するよう訓令したが、十八日にイズヴォーリスキーよりロシア側草案が本野に提示された。対して本野大使は、日本側の協約案との調整を行い、二十日に修正案を提示した。これを受け、二十五日に「実質ニ於テ我提案ト大差ナ」きロシア案が再提出された(81)。

しかし、五月三十日に至り、在英加藤高明大使より三月の閣議決定について、日英同盟との整合性に関わる問題点が指摘された。加藤は特使より日露協約の日本側原案を受け取ったが、秘密協約第三条および第四条について、「事実上満州分割ニ類スル書面的協約ハ英国政府ニ於テ之ヲ承認スルニ極メテ困難ヲ感スヘシ。殊ニ秘密事項第三項ハ遼東半島租借地及南満州鉄道ヲ期限経過後モ保持スルコトヲ今ヨリ承認セシムルニ斉シク[…]又同項及第四項ハ機会均等主義ニ反シ、日英同盟条約前文ニモ抵触スルノ嫌アリ」と指摘したのである(82)。これを受けて小村は、当該条項の追加修正を行った。

日露協約は、六月二十八日にイギリスへ、二十九日にフランスへそれぞれ秘密協定も含めて通知され(83)、七月五日に調印された(84)。第二回日露協約は、秘密協約第一条において、第一回日露協約で定められた境界を両国の「特殊利益」範囲の境界として定め、イギリスとの関係で問題になった第三条および第四条において、日露両国がそれぞれの特殊利益の発展を阻害しないことなどを定めた他、第五条において「満州ニ於ケル各自ノ特殊利益ニ共通ノ関係アル一切ノ事項ニ付、隔意ナク且誠実ニ随時商議ヲ為スヘ」きことや、「特殊利益カ侵迫セラル丶コトアルトキハ両締約国ハ該利益ノ擁護防衛ノ為共同ノ行動ヲ為シ又ハ相互ニ援助ヲ与フルノ目的ヲ以テ執ルヘキ措置ニ付協議スヘ」きことを定めていた。第一回日露協約が、日露間の過当競争を抑え、それぞれの勢力範囲に対する相互不干渉を規定していたのに対し、第二回日露協商は、相互の利益防衛のための協力を掲げていた。これにより、日露協商は、第三国の脅威を意識した内容に改編された。ただし、日本側の立場からすれば、これはロシアとの競合からアメリカとの競合へという状況の変化に対応した改編であって、その限りで防衛的な外交措置という協商の性格は、一貫していた。

日露協約が成立してまもない七月十七日、小村外相は加藤高明駐英大使に、韓国併合に関する日本の意思をイギリスに通知するよう訓令した。加藤は十九日のグレイ外相との会談でこれを通知し、イギリスの反応を打診した。グレイは八月三日に回答し、イギリスと韓国の関税について問題としたが、逆にそれによって日本による韓国併合を実質的に承認する態度を示した。[85]これを受けて八月二十二日に日韓条約が調印され、韓国併合が完了した。

森山茂徳は、アメリカによる満州鉄道中立化案が第二次日露協商の成立をもたらし、それによって韓国併合が即時実施されたことを論じている。[86]ただし、日露協商交渉において韓国併合問題は、日本がロシアの意向を打診した以上には、取り上げられなかった。第一次日露協商の交渉経緯に照らし、韓国併合について日本側が正式な承認を求めた場合、ロシア側からモンゴルに関する代償を求められることは確実であった。そのため、日本側はロシアからの保証を断念せざるを得なかったのである。とはいえ、日露協商を成立させ、韓国併合に関するロシアの承認を暗黙の了解事項とした上で、イギリスに対し、韓国併合に関する、公式には最初の了承を求めれば、イギリスがそれに反発する可能性を極小化できた。また、森山が指摘するように、韓国併合はアメリカによる満州鉄道中立化の提議によってその実施が早められ、その意味でアメリカに対する防衛的措置という性格を持ったが、そのこと自体、アメリカとの対立を目指すものではなかった。その点で日本にとって、韓国併合に関するロシアの了解よりも、イギリスの了解を取り付けておく方が、アメリカとの対立を惹起せず、しかもその行動を牽制するという点で、重要であった。

日露協商と日英同盟の関係について井上勇一は、第二次日露協商の成立により、日本にとって日英同盟は、満州権益の維持という点で重要性を低下させたと論じている。[87]しかし、日本にとって日英同盟と日露協商は、ロシアとの合意によって満州の現状維持を図りつつ、イギリスとの合意によって、ロシアに過大な譲歩をすることなく韓国併合に関する国際的承認を獲得し、また、アメリカとの全面対立を引き起こさない形で満州や韓国に対するアメリカの影響力の拡大を牽制する、一体化した存在となっていた。イギリスによる同盟、協商外交が、列国の勢力拡大を牽制することにその目的があったとすれば、日本はそうしたイギリス外交の成果を逆に利用しながら、満州と韓国における勢力の維持、拡大を図ろうとしたのである。

三　通商条約改定交渉

韓国併合の実現により、第二次桂太郎内閣にとって、通商条約の改定が最後の政策課題となった。坂野潤治は、桂内閣による通商条約交渉に大きな困難はなく、自己の内閣担当中に偶然めぐってきた改正期限を利用して外交的成果を誇張した面があったという指摘をしている。[88]しかし、これは、当時の日本における関税政策の重要性と、国際的な関税政策体系の複雑性に対する無理解から生じた、根拠のない指摘である。明治四十四（一九一一）年に成立した日本と各国との通商条約をめぐる交渉は、一般に関税自主権の回復交渉として位置付けられている。ただし、治外法権と並ぶ不平等条約の象徴である関税率の設定権と国家主権との関係は、原則の問題という以上に政策的ないし政治的な配慮が絡み合っており、坂野が記すほど単純な問題ではなかった。

小村外相が日本の関税自主権と調整を図らねばならなかった欧

米の関税政策体系には、イギリスの無関税方式、ドイツの協定関税方式、フランスの複関税方式という、大きく三種類の方式が存在していた。まずイギリスの無関税方式が関税政策体系として最も単純で、イギリスは歳入充当関税を設定する以外、自由貿易主義の原則を採用していた。しかし、そのため日本が関税自主権を主張し、新規の税率を設定した場合、イギリスの対日輸出品が一方的に増税措置を受けるという事態を引き起こしてしまう。つまり、日本側は固有の主権を回復するという立場を取ったが、それは実質的に、イギリスに対する敵対的関税政策を取る形になるわけである。小村外相が韓国併合に先立ち、イギリスとの通商条約改定交渉に対する影響を懸念したのは、関税問題が単なる原則の問題にとどまらず、政治的含意を持ち得たからであった。この点で桂首相は、小村ほど関税問題の複雑さについて理解していなかったか、あるいは楽観的に過ぎたようである。

日本はイギリスと同盟関係にある上、イギリスが無関税主義を採用していたため、小村はイギリスとの交渉が通商条約改定交渉の最大の焦点になると判断していた。しかし、この判断は結果的に誤りであった。小村外相の通商条約改定交渉方針は、日英同盟を重視する小村の判断に基づいていたが、それがかえって、事前の準備にもかかわらず、ドイツや特にフランスとの交渉で困難に直面してしまう原因ともなった。イギリスの無関税主義に対し、ドイツの協定関税方式とは、基本的に、税率を各国との協定によって設定する方式であった。ただし、それは協定品目を細分化することで、協定国への優遇措置が最恵国待遇によって他国に適用されるのを阻止すると共に、個別交渉に際して特定品目の税率を他国との貿易に重大な影響を与えることなく増加させ、交渉を有利に進めることも可能になるという制度であった。しかも、日本とドイツの貿易は日本の大幅な入超状態にあり、そのためドイツにとって、貿易収支の均衡を要求する日本との交渉に応じるより、無条約状態を選択する方が有利になりかねない側面まで存在していた。

対してフランスの複関税方式とは、一八九二年に導入された制度で、個別商品毎の関税率に一般税率と最低税率の二種類を設定し、フランスに対して通商上の優遇政策を採る国に対して最低税率を適用するが、それ以外の国に対して一般税率を適用し、さらにフランスに対して敵対的な通商政策を採ると判断された国に報復関税を適用することを定めていた。その上、フランスの関税法には、中継貿易を抑制し、直接貿易を奨励するため、原産地と異なる国からの商品輸入に別体系の関税を適用する規定があり、しかもその特別税率には、ヨーロッパからの輸入品に適用される税率とヨーロッパ以外の地域からの輸入品に適用される税率の二体系が存在していた。日本側にとって問題であったのは、日本による新税率の設定がフランス側に敵対的政策と見なされる可能性があり、その点はイギリスの場合と同様であったが、深刻であったのは、日本の税率設定がフランスにとって敵対的と見なされた場合、日本の対仏輸出品全体に一般税率が適用され、最悪の場合、報復関税まで適用される危険があったことである。しかも、フランスの関税政策は個別の税率協定を伴わないため、ドイツの関税政策と対照的に柔軟性がなく、フランスはスウェーデンとの通商条約締結に失敗し、実質的な関税戦争を引き起こしたこともあった。その上、日本とフランスの貿易関係は、日本側の出超という状態で、日本側からの税率増加を提案しにくい状況にあった。

フランスの複関税方式は、各国との税率協定を拒否し、フランス側の一方的措置として税率を適用するため、税率設定の自主性という点で最強であった。これは、税率設定に関する外交交渉、すなわち行政の裁量権を否定し、それを国内の立法措置、すなわち議会に全面的に帰属させるという国内的理由に由来した。関税の設定権が議会によって強く制約された点は、アメリカも同様であった。しかも、一九〇九年に成立したアメリカのペイン‐オルドリッチ関税法は、フランスと同様に複関税方式を採用していた。ただし、ペイン‐オルドリッチ関税法は、フランスと対照的に、高率関税の引き下げ気運の中で成立しており、税率体系として最低税率と一般税率とを設定しながら、一般税率を最低税率の二十五％増の税率と規定するのみで、一般に最低税率を適用し、一般税率を報復関税として適用する運用形態を取っていた。さらにアメリカの関税政策は、最恵国待遇を確保することで自国が通商上の不利を被らないようにすることを目的としていた。アメリカ国内においてペイン‐オルドリッチ関税法は、ディングリー関税より保護的性格を緩和しながらも、産業界の意向を反映したものとして批判されていた。しかし、ペイン‐オルドリッチ関税法には、フランスどころかドイツの協定税率方式以上に自由貿易を志向している側面があった。日本との関係においても、アメリカは日本と協定税率を設定せず、最恵国待遇を規定するのみであった。そのため、アメリカとの関税交渉は条文表現の問題にとどまり、焦点は例外的に移民問題に置かれた。その結果、アメリカとの交渉はイギリスより早く妥結し、明治四十四年二月二十一日に条約の調印に至った。とはいえ、交渉過程におけるアメリカの態度は、後述のように、既存の条約解釈を一方的に変更するというもので、日本側として対応に苦慮させられたばかりでなく、長期的に禍根を残した。

小村外相は、明治四十三（一九一〇）年一月末の桂首相への日英通商航海条約草案の提出に続き、二月に条約改正方針を閣議に提出し、了承された。これは現行条約中、日本にとって不利となる条項を削除することなど、十項目の方針を掲げていた。その内、条約案の全体的性質を示していたのは、次の項目であった。[89]

第六　輸入税は国定税率を適用するを以て原則とし、必要に応じ互恵の基礎に於て協定を為すことあるべき事。

第七　国定税率は国家の収入及び産業発達を以て目的とし、併せて各産業の調和及び税率の権衡を保つに努むること。

第八　国定税率は複税率（Double-Tariff）を採らずに、単税率（Single-Tariff）を採ること。

小村外相は、自由貿易でなく産業保護を目指すが、それ以上に国定税率適用の原則、すなわち関税自主権の確保を優先すること、交渉上の必要に応じて税率協定を締結すること、そして部分的協定主義を採用し、複関税制度を導入しないことを方針として定めた。方針策定の過程で、イギリスやアメリカ、フランスが協定税率の方針を取っていないため、日本が交渉で不利になることを懸念する見解もあった[90]。にもかかわらず、小村らは、複関税制度を採用した場合、日本政府自身が制度によって拘束され、交渉に際して柔軟な対応ができず、交渉妥結が困難になる可能性を懸念した。そこで日本側は、以下に示すように、各国の状況に柔軟に対応しながら双務主義に基づく関税協定を締結することとし、それを実質的な関税自主権の回復と位置付けた。

当初の日本の方針では、明治四十三年七月に現行条約の廃棄通告を行い、四十四年七月に失効させる予定であった。しかし、この点に関してアメリカとの間で紛糾が生じた。というのは、日米通商航海条約の廃棄通告の時期をめぐり、日米間で解釈が対立したからである。明治二十七（一八九四）年十一月二十二日に調印された日米通商航海条約は、第十九条第一項において、条約が明治三十二年七月十七日より施行され、その期限を十二年とすること、第二項において、締約国が「其ノ後何時タリトモ」条約終了の通告を行うことができ、通告から十二か月後に条約が失効することを定めていた。問題は第二項中の「其ノ後」が条約施行の明治三十二年七月を指すか、条約の満了期を指すかを明示していなかった点にあった。このような不手際が生じた理由は、同条項が、アメリカの批准過程で修正されたことにあった。同条項は、調印の時点で「本条約実施ノ日ヨリ十一個年ヲ経過シタル後ハ何時タリトモ」と定めていたが、アメリカ上院の外交委員会において、アメリカが十一年もの長期間、拘束されることに対する批判がなされ、これを単に「何時タリトモ」と修正することとした。しかし、これに対して日本側は、アメリカが条約施行までの三年間の猶予期間内に条約を破棄する可能性を懸念し、「其ノ後」という文言の追加を求めたのである。

以上の経緯に照らし、日本側は、廃棄通告を行う権利は条約施行後、常に生じていたとする立場を取ったが、アメリカ側は、廃棄通告は条約期限後に可能になるという立場を譲らなかった。既に明治四十一（一九〇八）年十月二十八日の時点で、高平駐米大使は第十九条の解釈について、日本側の主張をアメリカ側に伝えていた。しかし、アメリカは譲歩しなかった[91]。アメリカが自国の都合に応じて条約の解釈を変更していることは、明らかであった。日本側がアメリカの主張に屈し、交渉に着手するのは、明治四十三年十月以降のこととなる。

日本側は通商条約改定交渉の中心をイギリスとの交渉に置いていた。日英間の条約交渉については、加藤高明駐英大使が広田弘毅三等書記官に起草させた「日英通商条約改正交渉記録」に、概要がまとめられている[92]。明治四十三年七月から八月にかけての現行通商条約廃棄に先立ち、加藤大使は二月二十三日にグレイ外相と別件で会見した際、条約改定について言及した。グレイは協定税率の存続を希望したが、加藤は片務的規定を承認しないとする日本政府の立場を伝えた。三月七日に加藤は、本国からの訓令に基づいてグレイを訪問し、条約改定交渉の希望を通知した。十一日にグレイは交渉を了承したが、その際、日本の新国定税率の内容を承知しなければ、最恵国待遇のみの条件は受け入れられないとする見解を伝えた。

小村外相は加藤に、特使を通じて通商条約案、関税条約案を伝えることとし、特使は四月十一日にロンドンに到着した。草案および特使の携行した三月十五日付の政府の指示は、関税条約を通商条約から分離することで関税政策の自由度を高めると共に、イギリスを含めた各国と可能な限り協定税率を締結しないことや、イギリスと相互に最低税率を保証することで利益を享受し合うことなどを目指すとしていた。対英交渉における課題は、イギリスが自由貿易主義を採用し、歳入充当関税以外、日本からの輸出品は大部分が無関税で、さらにイギリスへの譲歩は最恵国待遇により他国にも適用されるため、イギリスとの利益交換が困難な点にあった。そこで最低税率の相互保証を行うのみとされたのである。また、仮にある国と協定税率を採用する場合でも、最恵国待遇により当該税率はイギリスにも適用されるため、イギリスに不利益をもたらすことはないとされた。なお、特使がロンドンに向けて移動中の三月二十六日、日本において新関税定率法が両院を通過した。

四月二十一日に加藤は、条約案をイギリス側に提出し、イギリスは商務省を中心に検討に当たった。六月二十八日にグレイ外相は、加藤との会談において、商務省が日本の新関税を高率と判断し、新条約に反対していることを明らかにした。こうしたイギリスの反応について加藤は、イギリスは新条約を締結するより旧条約の修正によって利益を確保しようとし、また、条約不成立の場合、日本が他国とどのような税率協定を成立させるかを見極めようとしているのではないか、とする観測を本国に伝えた。

七月八日に日英間の非公式の予備会議が開催された。ここでイギリス側は、国内における日本の新税率に対する反対意見を伝え、譲歩を求めた。イギリスの対案は、関税条約を特別条約として分離せず、本条約中に設けていたが、イギリス政府は、イギリスが日本製品に優遇を与えているため、日本側にもイギリス製品に対する優遇措置を講ずるよう求め、関税に関する合意がなければ条約を調印しないという前提で、条約交渉に応じるとした。イギリスの希望は、綿製品、毛織物などに対する協定税率であった。七月十五日に商務次官より、協定税率に関するイギリス案が日本側に提出された。対して日本は七月十六日、翌十七日付で一年後に条約を廃棄し、カナダとの条約についても追って廃棄するとした通告文をイギリス側に提出した。

七月二十日に加藤は、イギリスの協定税率案について、そこで掲げられた品目は多くなく、また、税率も不当に低くないため、イギリスが自由貿易を維持するとすれば、協定税率を片務的規定と解釈する必要はないのではないか、とする意見を本国に送った。しかし、二十二日に小村外相は、日本のみが協定によって拘束されるイギリス案は実質的な片務的規定であり、さらに他国との交渉に悪影響を及ぼしかねないため、受け入れられないとする回答を送った。対して加藤は八月二日に、「此秋《とき》ニ際シ、我政府ニ於テハ新関税ヲ改定シ、従来ノ協定税率ニ比シ二倍乃至数倍ノ増率ヲ行ハレ、而シテ英国トハ協定ノ余地ナシト宣言セラレシカハ、当国関係者ノ激昂ハ一方ナラス」、として、イギリス国内、特に関税改革派の反発を伝え、さらに将来、「仮令統一党内閣ヲシテ関税制度ヲ一変シ、或ハ他ノ報復手段ヲ採リ、結局日本ト妥協セシムルモ、事茲ニ至リテハ英国人多数ノ同情ハ既ニ日本ヲ去リ、同盟ハ期限中有レトモ無キニ均シク、満期後ノ継続ハ到底覚束ナキモノト覚悟セサルヘカラス」(93)とする悲観的な見通しを本国に伝えた。

加藤は、イギリスが現制度を維持する期間中の協定税率は片務的といえず、また、日本から協定を廃棄する自由や期限設定もあること、イギリスの協定税率案に綿糸が含まれていないこと、イギリスとの協定品目を従来の協定品目内にとどめれば、オランダ、ベルギーといった自由貿易主義国から新規に協定を要求されることはないと判断されることなどから、妥協を具申した。しかし、小村外相は、イギリスが自由貿易主義を採用している期間中、協定税率を維持することを規定するのは、日本が片務的義務を負う規定であるとする解釈を固持した。最終的に小村は、片務性を解消するため、「双務的ノ形式ヲ有スルニ於テハ強ヒテ之ヲ拒絶スルモノニアラス」(94)として、条約期間中、イギリスが現行の無関税政策を維持することについて、保証を求めることとした。これを受けて加藤は、十一月十六日に外務次官および商務次官らに本国の提案を提示した。しかし、今度はイギリス側が、日本案をイギリスにとっての実質的片務的規定とする解釈を示した。その際、イギリス側は、「関税上日本ノ譲歩程度ヲ知ランコト極メテ緊要ナリ」(95)と伝えた。イギリス側は、自国が自由貿易の原則を採用しているにもかかわらず、日本との協定税率は各国にも適用されるため、協定品目の内容が明らかにされない限り、イギリスの主要商品が不利となる税率体系が導入される可能性を懸念したのである。これに対して加藤は、原則に関する合意が成立しない段階での税率交渉は本国側が認めないとする判断を伝えた。その結果、イギリスは、本条約不合意の場合、関税協定を無効にするという条件の下で税率に関する交渉を進めるという提案を行い、加藤はこれを本国に照会することを約束した。イギリス側は、日本が原則論的立場を固持していることを遺憾とし、人民予算をめぐる選挙に続くこの年二度目の総選挙が三週間後に始まることを踏まえて交渉を進めざるを得ない、という政治的事情についても、理解を求めた。

十一月二十四日、日本では桂太郎とクロード・マクドナルド駐日イギリス大使が会談し、桂は、日本の原則をイギリスが尊重すれば、大幅に譲歩することが可能なので、「妥協ニ達シ得ヘキ蓋シ疑フヘカラサルナリ。[…]英国政府カformulaヲ案出スルニ当リ、努メテ当方ニ満足セシメラル、ニ於テハ、当方モ進テ減税ノ程度ヲ交渉スルニ当リ、事情ノ許ス限リ努メテ英国政府ノ希望ニ副フコトヲ期スヘシ。其場合ニ至ラハ拙者モ亦当局者ヲ督励シテ可成円満ニ妥協セシムルコトヲ怠ラサルヘシ」(96)と伝えた。二十八日、加藤は小村に対し、イギリスは「若シ我方ニ於テ関税上譲歩スル所ナクンハ無条約国タルヲ覚悟シ居ル」(97)として、税率交渉に応じる旨を具申した。しかし、小村外相はこの日、マクドナルド大使と会見し、主義を重視する日本の立場を繰り返していた。三十日に小村は、「税率其者ノ如キハ彼等相互ノ譲リ合ヲ以テ妥協スルコト必シモ困難ナラサル事柄(98)」として、原則の合意を優先する旨を改めて加藤に訓令した。三十日に加藤がグレイと会見した際、グレイは、協定はいかなる形式でも内閣に必ず反対を生じることから、説得のため、日本側の関税率の譲歩の程度を知る必要があることを強調した上で、日英双方の委員を設置して協定方式について検討し、委員会内での合意成立に応じて日本側の税率を提示するという案を提案した。

これを受けて日本政府は、十二月二日、協定方式と税率に関して交渉するための委員の設置を受け入れた。これにより、交渉開始の見通しが立った。協定方式をめぐる交渉に先立ち、駐英日本大使館は本国に対し、イギリスに現行制度の維持について保証を求めるのか、確認を求めた。これに対し、四日に日本政府は、「帝国政府ヨリ求メントスル協定品目ハ目下取調中ニテ未タ確言シ難キモ、大約十種内外ナルヘク、主トシテ本邦特産物ヲ選択スル方針ナリ。蓋シ一切ノ物品ニ付現制維持ヲ求ムルトモ英国ニ於テ他国トノ関係上承諾ニ困難ナルヘシ(99)」と回答した。実際、イギリスとの交渉開始後、イギリス側は同様の反応を示したため、これによって、日本による協定税率の施行と、イギリスによる特定品目に対する無関税保証、そしてイギリス側の追加要望に基づく、条約施行一年後より税率改定提議をなすことができるとする規定からなる協定内容が定まった。さらにこれを条約文の形式に改め、委員限りの一致案が完成したことで、税率協議が開始されることとなった。加藤は、イギリス側がクリスマス前の合意を要望していることを踏まえ、本国に対し、特使の派遣でなく直ちに交渉を開始すべきこと、また、交渉の方式として逐次に譲歩していくのでなく、当初より譲歩の限度を示すべきことを求めた。これを受け、十六日に小村外相は、交渉子細は特使派遣によるとしながら、イギリスが要求する十四品目七十七項目中、四十二項目について承認すること、二十項目は一定程度の減税に応ずること、残り十五項目について拒否すること、税率据置希望の九品目は、日本にとって重要な機械、原料であるため、関税を引き上げる予定がなく、協定の必要性がないことを説明すること、対して日本からイギリスに無関税据置を希望する品目は、羽二重、羽二重製品、漆器類、真田紐、花筵、樟脳および樟脳油、竹製品、菜種油の八品目に内定したことなどの概要を伝えた。そして、税率の数値について、電報連絡では誤りが生じる可能性があるため、「他日訂正ノ余地アル様必要ノ留保ヲ声明(100)」した上で、翌日の閣議決定を待って加藤に交渉に入ることを承認した。特使は一月十五日頃ロンドン到着の予定とされたが、二十日の閣議決定を受け、加藤は直ちにイギリス側と交渉に入った。その際、加藤の提案で、銅、陶磁器、紙類、魚油、鯨油についても、イギリスの無関税保証を受けられるよう、提案することとなった。

十二月二十二日、加藤は商務次官を訪問し、非公式に税率に関する回答案を提出した。対して商務次官は、協定税率案に「大ニ満足ノ体ニテ、之ナラハ条約ハ先ツ締結ヲ見ルヘシ(101)」という反応を示した。日本からの輸出品に関する無関税保証品目は、主要八品目と、銅、魚油および鯨油、陶磁器、紙類の四品目であったが、加藤は陶磁器の拒否は疑いなく、他にも数点減じる可能性があるという感触を受けた。

明治四十四（一九一一）年一月七日、商務次官より税率協定に関するイギリス覚書が送付され、十日より日本大使館で交渉が開始された。日本の無関税要求品目の内、菜種油、魚油、鯨油、陶磁器、七宝および象牙（漆器は修正の上存置）、紙について、イギリスは無税保証を拒否したが、加藤は菜種油について留保した。ただし、イギリスは、綿織物、電鍍板の協定税率について譲歩を得られるのであれば、毛織物、鍍金のない鉄板、帽子、鉄螺旋釘、瓦斯機械の税率協定を放棄し、菜種油の無税協定への追加にも同意するとした。また、可能なら毛織物の協定税率設定も望ましいとし、綿織物、毛織物の税率は、日本譲歩案の、原案からの六分の一減税では不十分で、当業者は三分の一減税を要求していることから、妥協案として四分の一減税を要望した。さらに電鍍板について、二円を一円五十銭に減税する日本譲歩案は不十分で、妥協案として一円三十銭までの減税を希望した。対して日本側は、綿織物、毛織物の四分の一減税などを受諾し、代償としてイギリスに、菜種油と可能ならば七宝類の無関税協定の他、品質評価の問題や、通商条約中の各項、特に不動産所有権、沿岸貿易、条約適用区域についても、日本側修正要求の受諾を求めた。

一月十七日、加藤はイギリス側に、日加条約の廃棄を通告すると共に、十八日に上記の日本譲歩案を提出、翌十九日に交渉を再開した。イギリスは菜種油と七宝類の追加などを受け入れ、税率協定はほぼ合意に至った。そこで委員会の仮合意として扱われていた通商条約本文の交渉も、一月二十七日より開始された。土地所有権に関し、日本側は国内法で外国人と外国法人の土地所有について、登記や内務大臣の許可などを条件としており、イギリスとの互恵は困難と判断された。そのため、日本人および日本法人がイギリスにおける現行の土地所有権を享受する限り、日本における外国人の土地所有条件の下でイギリス人およびイギリス法人に土地所有権を認めるという規定で合意が図られた。また、条約適用区域についてイギリスは、自治領が個別に条約参加を判断する権限を持ち、各自治領の意向を照会する必要があるが、それには時間が必要であることを説明した。日本は香港や海峡植民地への適用を希望し、植民地の参加を希望したが、時間の問題と情報漏洩の危険性から断念し、香港や海峡植民地の新条約参加について、イギリスの斡旋を期待することとした。三月三日に最終公式会議が開催され、四月三日に条約の調印と付属公文書の交換が行われた。

日英交渉の焦点は、自由貿易主義を取るイギリスに対し、締結される協定税率が日本の片務的義務となるため、日本が協定税率施行期間中のイギリスの無関税措置について保証を求めたことにあった。日本はそれによって、関税条約の成立に伴う義務を双務的にしようとした。しかし、イギリス側は、イギリスが不利になる可能性のある協定税率に対し、無条件に自由貿易を保証できないとする立場を取った。とはいえ、最終的にイギリスは、委員会の設置を通じて税率交渉に着手し、イギリスが重視する商品について双務的な税率協定を成立させた。このように、関税自主権といっても、日本が一方的に税率を設定することは不可能であり、日本側は、両国の双務的な義務の設定と最恵国待遇の保証を、関税自主権の回復としたのである。

日英間の原則の対立が克服されたのは明治四十三年十二月半ばであったが、ほぼ同じ頃にアメリカとの交渉も膠着状態を脱した。日米間では、条約の廃棄通告の時期をめぐって対立していたが、明治四十三年四月二十一日、内田康哉駐米大使は十九条の解釈にかかわらず、明治四十四年七月より新条約を発行させるべく、交渉開始をアメリカ側に提案した。対してアメリカ側は、一か月間回答を寄せず、ノックス国務長官は、五月二十六日に面会に訪れた内田大使の要請に対し、交渉開始は約束できないが、「日本政府ノ提議セント欲スル新条約案ヲ日本政府ノ便宜次第極内密ニ」受け取り、国務省が長期間の交渉を経ずに受け入れ可能と判断できるならば、交渉開始に好意的に対応すると回答した(102)。結局、日本側は条件の事前提示の要望を受け入れ、十月十九日に内田大使は、日本案を移民に関する覚書と共に提出した(103)。対してアメリカ側は、明治四十四年一月二十三日付の公文によって、交渉に応じることを回答した(104)。結局、期限問題で日本側が譲歩した上、条約案を提示したことで、交渉が開始された。そのため、日米通商航海条約は他国の通商条約より施行が一年間遅れることとなった。ただし、旧条約は特定の関税協定を伴わず、最恵国待遇を規定するのみであったため、関税自主権に関する限り、施行時期の遅延は実務上の問題を惹起しなかった。とはいえ、アメリカの外交姿勢は、条約の解釈を成立時の経緯を無視して変更するもので、その交渉も、日本側の条文を検討した上で交渉に応じるかどうかを判断するという一方的な態度の上に開始された。しかも、アメリカによる条約解釈の変更は、これのみにとどまらなかった。

日米通商航海条約は一か月後の二月二十一日に調印に至ったが、交渉における争点は、関税問題における最恵国待遇の扱いと移民問題であった。第一の関税について、アメリカ案は、ペイン-オルドリッチ関税法の複関税制度の規定に基づき、日本がアメリカに最恵国待遇を付与する代償として、アメリカは日本に最低税率を適用すると定めていた。しかし、日本側はこれを片務的規定として、修正を求めた。日本側の理解では、最低税率における個別品目の税率設定はアメリカ側の一方的措置として実施でき、しかもアメリカは他国と最恵国待遇の相互規定を行っているのみであったため、日米条約についても同様とすべきとした(105)。ペイン-オルドリッチ関税法における複関税制度は、フランスと異なり、税率協定を否定していなかったが、日本もアメリカも税率協定に消極的で、しかも最低税率付与と最恵国待遇の付与の間に実質的な差異は存在しなかった。そのため、逆に理論的に、相互に最恵国待遇を承認し合っても、アメリカが日本の重要商品に不利となる最低税率体系を設定したり、あるいは日本が他国と税率協定を締結した結果、日本がアメリカの重要輸出品に不利となる関税体系を成立させたりする可能性はあった。その点で日本の主張は、実際的というより、双務主義に基づく関税自主権の回復という原則を重視したもので、これはイギリスに対する交渉方針と同様であった。

対して二点目の移民問題をめぐる交渉は、難航した[106]。先の一八九四年十一月に締結された日米通商航海条約の交渉では、交渉草案の第二条末項に、条約の施行に際し、「外国人全般」に適用される通商、警察、治安に関する既存の法律や規定に影響を与えないとする規定が存在していた。しかし、アメリカ側の要望で、労働移民法もこの規定に追加される一方で、外国人全般に適用云々の文言が削除されていた。日本側は、在米日本人労働者が差別待遇を受ける可能性を懸念したが、この時点では関税問題を優先し、アメリカの要望を受け入れた。そこで、今回の条約改定に際して第二条末項を削除し、移民問題に関しても対等の関係を実現しようとした。そのため日本側は、アメリカの外国人全般に対する入国管理権を前提としながら、日本人に対する差別待遇の存在を国際法の許容範囲外として、通商条約上の規定をアメリカがヨーロッパ諸国と締結している規定と同等のものにするよう求めた。その結果、条約上の表現にも日本側の要望が概ね取り入れられた。しかし、交渉の過程で、日本側は日米紳士協定の遵守を強調すると共に、アメリカ側の要望に基づき、移民制限の主権がアメリカ側に帰属することを明記した交換公文を交わすこととなった。このように日本側は、移民問題についても自主的な措置によって問題の解決を図りながら、条文上の差別的規定を解消しようとした。その意味で日本側は、政治的な負担を負うことで法理上の対等性を求めたわけである。

　ところが、明治四十四（一九一一）年の日米通商航海条約も、その後の移民問題に禍根を残した。というのは、アメリカが一九二四年の排日移民法の制定に際し、連邦議会の権限として、条約第一条に関する解釈を一方的に変更したからである。第一条の日本語正文は、「両締約国ノ一方ノ臣民又ハ人民ハ、他ノ一方ノ版図内ニ到リ、旅行シ又ハ居住シ、卸売又ハ小売商業ニ従事シ[…]住居及商業ノ目的ノ為土地ヲ賃借シ、其ノ他一般ニ商業ニ付帯シ又ハ必要ナル一切ノ行為ヲ為スコトニ付[…]之カ自由ヲ享有スヘシ[107]」とされていた。ところが、一九二四年の時点でアメリカ側は、この条項を「卸売または小売業に従事するため、入国し、旅行し、又は居住する自由」と解釈する立場を取った。これは英語条約文が、“... have liberty to enter, travel and reside in the territories of the other to carry on trade, wholesale and retail, to own or lease and occupy houses, ...” と規定していたためで、アメリカは “to carry on trade” 以下を “to enter” などと等格の「自由」を修飾する権利内容とはせず、“to enter, ... reside” を制限する目的副詞格とする立場を取ったのである[108]。文法的に、“to carry” の前にコンマが挿入されていないことで表現が曖昧になり、日本人の居住目的を通商のみに制限したわけである。とはいえ、交渉経緯からすると、日本側の主張にも合理性はあり、これも条約交渉冒頭の期限問題と同様、アメリカが自国の都合に応じて条約解釈を変更した事例となった。ただし、後述のように、アメリカはこうした解釈の変更を、外交交渉の場でなく、移民法の審議に当たった下院委員会の報告書の中で提起しており、日本側に対応の余地はなかった。

　次にドイツとの交渉は、明治四十三年七月に日本側から廃棄通告が行われ、翌八月に新条約がドイツ側に提出された。対してドイツは十一月に対案を提出、明治四十四年三月に日本政府の方針が珍田捨巳大使に伝えられ、五月中旬に関税問題以外についてはほぼ合意に達した。交渉において問題となったのは、ドイツ側が協定税率方式を採用していたのに対し、日本側は最恵国待遇の相互付与を原則とし、日本の主権を確保するため、税率協定を最低限にとどめる方針であったことである。しかも、日独貿易の実態は日本の大幅入超であったため、貿易均衡の点で日本側の増税要求に合理性はあった。しかし、日本がイギリスなどと税率協定を締結せずにドイツとの関税戦争に突入した場合、ドイツは対日輸出における他国との競争で不利益を被らない一方、日本の対独輸出はドイツの協定税率の適用を受けられず、一方的に不利益を被りかねなかった。そのため、日独間の交渉が進展するのは日英間の協定税率設定が確実となって以降のことで、しかも交渉に際してドイツ側は、日本側税率項目四十三個について協定を求めたため、「独逸国政府ノ対案ニ示スガ如キ多数ノ物品ニ渉リテ協定ヲ行フコトニハ到底同意スルヲ得ズ」と判断された。[109]原則面の対立は解消されたが、個別品目をめぐる交渉は労力を要し、条約が調印されたのは、旧条約失効二十日前の六月二十四日のことであった。最終的に、ドイツから日本への輸出品について、毛織物の他、原料および機械類を中心とした十一品目、日本からドイツへの輸出品について、十二品目の協定が締結された。[110]日独条約は、ドイツが協定税率の設定を原則としていたため、日本が各国と締結した条約の中で最も互恵性の高い条約となった。

最後にフランスとの交渉は、明治四十三（一九一〇）年七月十五日の政府訓令により、日本の条約案がフランスに提出され、八月四日の廃棄通告を経て、開始された。しかし、十一月に第一次アリスティード・ブリアン内閣は辞職、第二次内閣が成立し、ステファン・ピション外相は留任したものの、翌一九一一年三月の内閣辞職で、外相も交代した。続くエルネスト・モニ内閣は内政問題に忙殺され、ジャン・クルッピ外相もモロッコ問題を重視したばかりか、日本との交渉で国内商業利益を全面擁護し、交渉は進展しなかった。六月末にモニ内閣は倒壊し、ジョゼフ・カイヨー内閣が成立、ジュスタン・ド・セルヴが外相に就任したことで、交渉は始動する。しかし、イギリスやアメリカ、ドイツとの交渉が進む中、フランスとの交渉は大きく停滞していた。[111]

日仏交渉で最大の問題となったのは、フランスが複関税制度を採用し、最低税率を、フランスに優遇措置および最恵国待遇を与える国に対して適用していたことであった。そのためフランスは、日本側の国定税率に減税措置を加えなければ、最低税率の適用はできないとする立場を取った。最低税率適用の可否は日本商品全体に関わり、日本側の一部の商品に関する主張が日本の全商品に対する制裁を招きかねないという状況において、日本側の、日本の国定税率はフランスの最低税率に該当するという主張や、互恵主義に基づき、協定税率の導入に対するフランス側の最低税率適用の保証を求めるという主張は、フランス側に全く理解されなかった。カイヨー内閣において、ド・セルヴ外相は日本側の立場に歩み寄ったが、それでもフランス側では蔵相が日本への譲歩に反対し、交渉は難航した。

無条約状態を回避するため、七月二十六日より両国の委員会によって、フランス産品に対する税率軽減に関する検討が進められた。この時点でフランス側も無条約状態の回避を優先するようになり、八月二日の第五回委員会は、日付の替わった未明三時に議了し、成案を得た。しかも合意に際し、日本側の求める互恵主義に応えるため、最低税率適用の保証に関し、日本外務省顧問ヘンリー・デニソンの提案により、増率の実施に際して五か月（原案は六か月）間の猶予期間[112]を設けるという「間接据置」の措置を採用し、そのため「仏国憲法ノ正確ナル解釈ニ依レハ蓋シ行政府ノ権限ヲ超越スルモノ[113]」となった。ところが、この合意案も日仏政府の了承を得られなかった。フランスでは、蔵相が合意案に反対したばかりか、外相を激しく攻撃するような状況で、しかも日本側は、協定品目のさらなる削減ないし最低税率保証品目に漆器類を追加することや、協定税率変更の権利を日本側も保留することで、互恵主義を確実にしようとした。そのため、新条約を期限内に成立させることは不可能となり、さらに暫定協定も、日本側において枢密院の事前審議が必要なため、不可能であった。その結果、八月四日に条約は失効し、無条約状態となった。

日仏貿易が無条約状態となり、他方で日本側が国定税率を施行したことで、フランス側はこれを、フランスに対する優遇措置の放棄と見なした。そこでフランスは、日本商品に最高税率を課す措置を発動すると共に、八月四日中に最低税率で輸入された日本商品への追納命令までも発した。これによってド・セルヴ外相の閣内における立場はさらに悪化した。しかしその後、フランス側が漆器類の最低税率保証を受諾し、また、フランス側の増税に対して日本側が条約の廃棄権を行使し得るとする形で互恵主義を確立し、ようやく合意が成立した。フランス側では、首相が蔵相の異論を抑え、八月十九日に条約の調印が実現した。第二次桂太郎内閣が総辞職したのは、それから六日後の八月二十五日のことであった。

◇

日露戦後のイギリスは、国家主権の尊重を掲げることでアジア方面におけるロシアの勢力拡大を牽制し、また、フランスやロシアとの協商を通じてドイツを牽制しながら、同時にアフリカや東欧といった周辺地域での国際的対立に巻き込まれることを回避し、さらに同盟関係を通じて日本を牽制しようとした。また、アメリカとの友好関係を維持し、カナダとアメリカ間の自由貿易を認めることで、自治領を含めた帝国全体の防衛負担を軽減しようとした。中国においても、辛亥革命以前は清朝への融資を各国との共同で進めることで列強間の競争を緩和し、辛亥革命後は列強の干渉を牽制すると共に袁世凱を支持し、事態の早期収拾に期待を寄せた。このように、イギリスは多国間にわたる限定的な関係形成によって、外交や安全保障上のイギリスの負担を軽減し、国内の社会政策を進めようとした。

対して同時期の日本は、英露関係の改善を背景に日露協商を成立させ、日本の安全保障を確実にすると共に、ポーツマス条約で獲得された大陸権益に対する承認を再確認し、その上で清朝と追加条約交渉を進めた。それによって日本は、清朝側に一定の譲歩をしながら、大陸権益に関する未決事項を確定した。しかし、その一方でアメリカ企業の満州進出の動きが活発化し、しかもそれは、日本に対抗しようとする韓国内の動きを刺激しかねなかった。といって、そうしたアメリカの動きに対抗する上で、日露協商は必ずしも十分ではなかった。日露協商は、満州に関する日露間の協力に資したものの、韓国併合についてロシアの承認を得るには、モンゴルに関し、日英同盟に抵触しかねない譲歩をしなければならなかったからである。そのため日本は、韓国併合に関するロシアの暗黙の了解を背景に、イギリスから事実上の承認を得ることによって、韓国の併合に踏み切った。後述のように、アメリカは満州に関して日本と対立しようとしたわけでなく、むしろアメリカ自身の国内的分裂を背景に、日本との関係を緊張させていた。しかし、かえってそのため、日本はアメリカとの信頼関係を確立できない状況に置かれていた。

こうした同盟、協商外交と並び、日本にとって通商条約の改定は、主権の回復や外貨の獲得、産業保護といった様々な意味において、重要であった。第二次桂内閣は、その実現を内閣の最後の課題とした。交渉に際して日本は、日英同盟を重視する外交方針に則り、イギリスとの交渉を最重視した。イギリスとの関税交渉は、双務主義を確立する原則論において難航したが、それ以上に、各国の関税政策体系の違いを反映し、ドイツおよびフランスとの交渉において難局に直面した。最終的に日本は、政治的ないし経済的負担を負う形でアメリカ以外の各国と双務的な協定税率を成立させ、それを関税自主権の回復として位置付けた。しかも、日本側の要望で設定されたイギリスとの双務規定は、後述のように、一九二八年のイギリスと中国の関税条約において、イギリスからの提案として活かされる。その点で日本の原則論的な交渉姿勢は、不平等条約の改定に関するその後の一定の規範確立にも貢献した。他方、日本とアメリカとの交渉は、関税に関する困難こそなかったものの、アメリカ側の条約解釈の変更に直面し、日本は全面屈服を余儀なくされたばかりか、後々の禍根まで残した。

イギリスは、地域の利害状況や国際関係に応じて多様な外交政策を展開し、他国との同盟や協商関係を、自らの権利擁護と安全保障の効率化という観点から他国を牽制、拘束するために柔軟かつ多元的に活用した。対して日本は、イギリスとの同盟関係を通じ、ヨーロッパ諸国との同盟、協約関係の形成に成功したが、その際、日本は同盟や協商を、自らも含めた国際社会全体における規律や規範として位置付けていた。それは、双務主義を重視した日本の通商条約改定交渉の方針においても同様であった。こうした日本の外交方針は、イギリスに対して自らを拘束する原因となり、イギリスに多大な利用価値を与えた。しかし、アメリカは対照的に、自らを制約する対外協定を容易に承認しなかった。それだけ日本とアメリカの外交上の原則は隔絶しており、日本にとってアメリカとの関係は、必要以上の配慮が要請される、難しい問題となっていた。

第三章　革新主義時代のアメリカ

アメリカにおける国家や社会、経済の合理化、効率化を進めようとする気運は、二十世紀初頭の革新主義として表れた。しかし、その革新主義を、政治的にどのように具体化するか、となると、困難が生じた。アメリカの場合、連邦政府を代表する大統領の権限と、州を代表する州政府ないし連邦議会の権限がしばしば対立したからである。

本章では、革新主義の時代を担ったセオドア・ローズヴェルト政権の後半期、ウィリアム・タフト政権期、ウッドロー・ウィルソン政権の前半期までの期間について、ルイス・グッド、パーオロー・コレッタ、ケンドリック・クレメンツなどの研究に依拠しながら、概観していく。当該期のアメリカは、議会の制約を回避するため、非公式の政治的影響力を駆使したローズヴェルトから、革新主義的政策を立法、司法、行政それぞれの措置によって遂行しようしたため、かえって各機関相互の対立や共和党内の分裂を引き起こしたタフトを経て、個別当事者の自主性と理念を重んじ、世論や議会、労使関係などに一定の影響を与えることに成功したウィルソンの時代へと移行する。それだけ、各大統領の手腕が重要となったが、そこには、大統領と議会の権限をめぐる緊張関係が一貫して介在していた。それは内政ばかりでなく、外交についても同様であった。革新主義の理念は、行政の合理化や効率化の推進の他、民主主義による行政の腐敗排除といった、行政と議会の関係に大きく関わっていた。総じて当該期のアメリカは、行政の最高権力である大統領と、民主主義の最高機関である議会が、革新主義のあるべき具体像をめぐって対立を深めていた。

当該期の日米関係も、こうした革新主義の気運によって影響された。カリフォルニア州における排日問題も、満州の開放問題も、いずれもアメリカ国内における様々な対立を背景として、解決に支障をきたした。本章は、アメリカの全般的な外交政策との関連でその東アジア政策を取り上げるが、アメリカにおける革新主義をめぐる動向が日米関係に緊張を引き起こしていくという現象は、第一次世界大戦中からその後の日米関係にも引き継がれていく。

一　ローズヴェルト政権からタフト政権へ

一九〇四年の選挙でセオドア・ローズヴェルトおよび共和党が大勝した後も、ローズヴェルトは、関税改革や仲裁裁判所条約問題で、共和党保守派を含めた議会の制約を受け続けた。しかし、その一方で大統領二期目のローズヴェルトは、日露戦争を終結させるため、ポーツマス会議の開催を仲介したのに続き、アルヘシラス会議においても仲介的役割を果たすなど、国際問題への関与を強めた。ローズヴェルトは、モロッコをめぐるフランスとドイツの対立に対し、ドイツの要求する国際会議の受諾をフランスに促す一方で、モロッコの警察管轄権の問題に関してフランスを支持し、ドイツに最終合意を受け入れさせた。と同時に、最終合意に対し、モロッコにおける通商の自由に関する保障のみを支持しう、アメリカの伝統的政策を継承していた。アルヘシラス条約は五月に上院に上程され、十二月中旬に承認された。ただし、その際、ヨーロッパ諸国間の政治的合意に対するアメリカの関与を禁ずる付帯決議がなされた。ローズヴェルトは、大統領を制約しようとする議会に反発しながらも、条約を発効させるため、決議を受け入れた(1)。

二期目のローズヴェルトの外交課題は、キューバ問題と日本人移民問題であった。一九〇六年夏、キューバで反乱が発生し、キューバ政府よりアメリカに、プラット条項に基づく支援要請がなされた。同様に、反乱軍側もアメリカに支援を要請した。ローズヴェルトとエリフ・ルート国務長官は、介入には何千もの兵力が必要で、国民の支持も得られないと判断した。しかし、キューバの無秩序も容認できないとし、政治的支配に関わらない、最低限の介入のみを行う方針を定めた。八月末、キューバ政府への弾薬の売却が許可され、九月一日に三人の陸軍将校を派遣、七日後に二隻の軍艦をキューバ政府の要請で派遣した。ローズヴェルトは、キューバ大統領トマス・エストラーダ・パルマらに宛てた九月十四日付書簡で、独立保持と外部からの介入阻止のために内戦を停止するよう訴えた。ローズヴェルトはさらにタフトらを派遣した。タフトらは十九日にキューバに到着し、政府と反乱軍の妥協を模索したが、失敗した。そこで九月二十八日にローズヴェルトは軍の上陸を承認、翌日よりタフトは、キューバ臨時総督として行政を担当した。それから二週間後、パナマからチャールズ・マグーンが到着してタフトと交代し、一九〇九年一月のアメリカ軍撤退まで施政を担当した。ルイス・グッドによれば、ローズヴェルトはキューバへの過剰な介入に消極的で、キューバを変革しようとする意思もなく、秩序の回復のみを目指していた(2)。

他方、日本人移民問題は、以前に増して紛糾の兆候を示していた。日本から、移民制限に関する内約を取り付けたにもかかわらず、一九〇七年も日本人移民の入国は続き、日米戦争の危険まで喧伝されるようになった。さらに九月七日、カナダのヴァンクーヴァーで、日本人や中国人に対する襲撃事件が発生した。ローズヴェルトは同事件によって、アメリカの立場に対するイギリスの理解を期待するところさえあった。事件の五日後、タフトとオブライエン大使は日本に向けて出発し、九月二十八日に横浜に到着した。タフトは西園寺公望首相や林董外相と会見し、フィリピン問題と移民問題について意見を交換した。会見において林外相は、特に移民問題について、「日本人ヲ欧米各国人ニ比シ劣等ナル待遇ノ下ニ置クカ如キ取極ハ［…］帝国政府ノ断シテ応諾スルコト能ハサル所」「国民感情ノ衝突ヲ防止スル為メ現在ニ於ケルガ如ク互譲ノ精神ニ依リ行政上ノ取扱手加減ヲ以テ本邦人ノ米国渡航ニ対シ帝国政府自ラ相当ノ制限ヲ付スコトハ差支ナキ旨」をタフトに通知した。すなわち、日本からの譲歩的措置によって、日本人に対する差別待遇を阻止するローズヴェルトの政治手腕を期待したわけである。また、日本側はフィリピンに関するいかなる政治的意図も持たないことを保証し、タフトは、アメリカがフィリピンにおける自治政府の育成を目指していることを伝えた(3)。

ところで、ヴァンクーヴァー事件の後、カナダのマッケンジー・キングがワシントンを訪問し、ローズヴェルトと移民問題に関して意見交換を行っていた。次いで一九〇八年四月、キングはロンドンを訪問し、グレイ外相と会見した。グレイはキングより、セオドア・ローズヴェルトとの会談の模様について伝えられ、キングが日本人移民問題に関してローズヴェルトから受けた印象について、次のように記した(4)。

彼は、ローズヴェルト大統領が当該問題について持っている感情の強さ、日本がアメリカとカナダの太平洋岸の植民地化を企図していると信じていること、そして極めて近い将来に戦争が生じる可能性があるという懸念を持っていることに、強く印象付けられた。

ローズヴェルトは、日本との戦争の懸念を他国の指導者、それも仮想敵国の同盟国を本国とする自治領の指導者に示唆したわけである。アメリカにとって、かつてのアメリカ自身によるテキサスやカリフォルニアといった西部への領土拡大自体、アメリカ人の先行的な移住によって実現していた。トーマス・バークマンによれば、日清、日露戦争を経て、カリフォルニア州では、同州がハワイ化されることへの警戒が高まったという(5)。しかも、海外移民の処遇が戦争に発展した最近の事例として、ボーア戦争が存在していた。とはいえ、アメリカに渡航した日本人の多数は、移民というより出稼ぎ労働者であって、在米日本人が本国への帰属意識を保持していたのも、そのためであった。しかし、アメリカ側はそうした日本人労働者の実態や心境を理解せず、それらを欧米の歴史的経験に即して捉えていた。グレイはキングに対し、日米戦争の可能性を否定したが、他方で日本による移民規制が不十分な場合、日本人移民を禁止することについて理解を示した。とはいえ、レイモンド・エサスによれば、イギリスは日英同盟への配慮から、アメリカと移民問題で協力する姿勢を示さなかった。

続く一九〇九年一月、カリフォルニア州議会は、五年以内に市民権を獲得しない外国人の土地取得を禁止し、外国人への土地賃貸期間を一年に制限することなどを定めた外国人土地法案を上程した。これに対してローズヴェルトとルートは、カリフォルニア州知事ジェイムズ・ジレットと連絡を取り、共和党議員に働きかけて法案を否決させた。しかし、議会はその代償として、連邦議会に、中国人排斥法を全てのアジア人に拡大適用すべきことや、連邦労働委員会による在米日本人の調査などを求める決議を採択した。ロジャー・ダニエルズによれば、一九〇九年の排日土地法案は、共和党保守派や対日貿易への悪影響を懸念する産業界の反対により、成立を阻止された。しかし、それは、排日法案の可決を阻止した最後の機会となった(6)。

カリフォルニア州議会で土地法案が不成立に終わる直前の一九〇八年十一月三日、大統領選挙において、共和党の候補となったタフトが民主党のウィリアム・ブライアンを大差で破り、当選していた。ローズヴェルト政権期のタフトは、陸軍長官でありながら、法律専門家としての経歴や合意を作り上げる能力を活かし、外交や政府部内の意見調整に当たっていた。ただし、タフトは政治的に保守派に属した。タフトは政権発足に際し、ローズヴェルトの革新政策の継承を掲げたが、それをローズヴェルトのような政治力で行うのではなく、立法措置や司法措置によって行うという、立法、司法、行政の三権の均衡を重視する立場を取った。タフトは、革新政策に消極的ではなかったが、自ら主導権を発揮することに自制的であったため、革新派から保守的と批判される一方で、立法措置を重視した結果、かえって議会との関係で困難に直面した(7)。

タフト政権の最初の課題は、ローズヴェルトが先送りしてきた関税問題であった。一九〇九年三月に開会された議会において、タフトはディングリー関税の引き下げに取り組んだ(8)。十九世紀末以来、共和党と民主党は、対照的な経済、金融政策体系を掲げ、関税政策についても対立していた。共和党は、一八九七年の高率のディングリー関税によって産業保護と雇用の維持を図りながら、大統領に各国との通商協定締結に関する権限を与えることで、互恵措置による特定品目の価格低下を実現し、同時に金本位制を維持することで通貨価値を保持しようとした。対して民主党は、共和党の保護関税政策を、物価高騰の原因かつ特権企業に対する優遇措置として捉え、一八九四年のウィルソン－ゴーマン関税において関税率を引き下げた。民主党はそれにより、特権企業への保護を廃止すると共に物価の抑制を図り、さらに関税収入の減少を高所得者に対する所得税によって補おうとした(9)。所得税は、一八九五年に違憲判決が下されたが、民主党は、翌年の大統領選挙に臨んだブライアンの主導により、銀貨の無制限鋳造という金融政策を掲げる。これは、金融業界が大銀行によって独占される一方で、アメリカに中央銀行が実質的に存在しなかったことで引き起こされる通貨供給不足に対処するためであった。総じて共和党が、保護関税と金本位制による通貨安定や資産価値の維持に基づいた、保守的で、大企業や富裕層に有利な政策体系を採ったのに対し、民主党は、自由貿易と国内流通通貨の増大、所得税の導入による、大企業規制、消費者優遇の政策体系を採用していた。

とはいえ、共和党といえども、輸出農業生産者、完成品生産者、輸入業者らによる関税引き下げの要望を無視できなかった。そこで一九〇一年にマッキンリー大統領は、通商協定による関税率の部分的引き下げを目指したが、実現できなかった。マッキンリーを引き継いだセオドア・ローズヴェルトも、七年間の政権期を通じ、関税に関して何の措置も取ることができなかった。とはいえ、ローズヴェルト政権期を通じ、独占企業に対する批判は高まっていた。そこでタフトは、革新政策を継承する重要政策として、関税率の引き下げに取り組んだのである。

議会の勢力は、下院で、共和党が二百十九議席、民主党が百七十二議席を占め、上院では、共和党が六十一議席、民主党が三十二議席を占めていた。共和党では保守派のネルソン・オルドリッチが上院院内総務となっていたが、下院における共和党の優位は四十七議席に過ぎず、三十人ほどの共和党反主流派、すなわち革新主義派の動向が焦点となった。オルドリッチは、関税に精通すると共に、生産業、銀行業、鉄道業などの雇用者側の利害を代弁し、娘をロックフェラーに嫁がせていた。革新派は、オルドリッチを大企業寄りとし、対立していたが、その一方で、綿や羊毛、木材などの農業、原料生産州の利害を代表する議員は、それらの保護政策についてオルドリッチと利害を共有し、革新派の間でも立場は一致していなかった。それだけに、ペイン‐オルドリッチ関税法をめぐる審議は、共和党内の分裂を深刻かつ複雑にした。

セリーノ・ペイン共和党下院議員は、保護貿易主義者であったが、消費者の利害のために関税を引き下げることに理解を示していた。ペインの関税法案は、木材、印刷紙、亜鉛鉱石、銑鉄、石炭、靴用皮革、石油および石油製品、砂糖などに関するディングリー関税の税率を撤廃するというものであったが、委員会の検討を経て、木材、砂糖、石油、食料品の他、繊維、靴下、かみそり、手袋などの製品の関税率は引き上げられることとなった。同法案により、四千に及ぶ輸入品について検討され、七十五品目の関税が引き上げられ、四百品目について軽微ながら引き下げられることとなった。と同時に法案は、減収を補うため、一万ドル以上に対する一％の相続税を導入することとしていた。共和党革新派は、税率引き上げを批判した。しかし、四月九日に法案は上院に送られた。しかも、上院においてオルドリッチは、二日間の財政委員会審議で六百品目の関税を引き上げ、相続税を撤回した。こうした修正に、革新派は強く反発した。中でもウィスコンシン州の上院議員で、革新派の代表的議員の一人であったラフォレットは、タフトに対し、法案成立の場合の拒否権の発動を要請した。

上院における審議では、民主党議員が所得税を導入する修正を提起した。これは、撤回された相続税に代わるもので、これに革新派が同調し、五千ドル以上の個人と法人の収入に対して二％の課税を行うという合意案が成立した。オルドリッチはこれに反対し、タフトに支援を求めた。しかし、タフトは、オルドリッチが党内の反発にもかかわらず、自らの方針を強行したことに反発していた。また、タフトは、関税収入の減少を補う所得税の意義を認めていた。ただし、一八九五年の判決に基づき、憲法修正を必要と考えた。そこでタフトはオルドリッチと、関税率修正を容認し、また民主党と革新派の所得税案を阻止する代償として、関税法に二％の法人税規定を追加すること、および所得税を合法化する憲法修正を行うことで合意した。七月二日、上院は法人税を、十五日に憲法修正を可決し、下院も十二日に憲法修正を可決した。三十日、ペインは下院に関税法案の修正点について報告を提出し、翌日、同報告は百九十五対百八十三で承認された。採決に際し、共和党は二十名が反対し、民主党からは二名が賛成したに過ぎなかった。

ペイン‐オルドリッチ関税法は、税率変更の他、最高税率と最低税率という複関税の導入や、関税専門部局の設置なども定めていた。最高税率は、最低税率を二十五％増加させたもので、これは大統領の権限により、アメリカに対する差別待遇国に適用されることとなった。税率において保護関税的な性格を残したが、同法は、フィリピンとの自由貿易の規定や、中西部で産出する原料の輸入税率の引き下げ、法人税の徴収などと一体化していた。したがって、同法は大企業ばかりに有利な保護関税ではなかったが、税率引き下げが地域利害と衝突し、修正を余儀なくされたため、東部の産業界やトラストの影響に対する批判を招いたのである。

タフトと革新主義派の対立をさらに深めたのは、タフトがローズヴェルトの下で環境保全、資源問題に当たっていたギフォード・ピンショーと対立したことであった。[10]ローズヴェルト政権期より、国内の環境保全、天然資源問題に関し、企業による寡占と不効率な開発を規制し、連邦政府の主導下で効率的な資源運用と環境保全とを実現しようとする気運が高まっていた。しかし、これに対してタフトは、行政当局として保全問題に積極的に取り組むより、議会による立法措置に主導権を委ねた。ピンショーは環境保全運動の象徴的人物となり、革新派にとってタフトは共和党保守派と一体化して捉えられた。他方、タフトにとって革新派は、タフトと対立するピンショーの支援者として捉えられた。

政治主導ではなく、立法措置や司法措置を通じた革新政策の遂行というタフトの政策志向が典型的に表れたのが、反トラスト政策であった。タフトの反トラスト措置は、ローズヴェルト政権期を凌駕した。ローズヴェルトは七年間で四十件の訴訟を行ったのに対し、タフト政権は四年間で七十件の訴訟を提起した。しかも、ローズヴェルトはトラストを、政府や社会に対する責任や公開性を基準に善悪に区分し、U・S・スティール社についてむしろ評価する姿勢を示していた。ところが、タフト政権は、一九一一年の下院における同社に関する公聴会を経て、同社の提訴に踏み切った。これにより、ローズヴェルトの面目が失われ、タフトとローズヴェルトの関係も悪化した。ローズヴェルトの手法が、大企業を政府の指導下に置く政治的措置であったのに対し、タフトは企業を法的に規制しようとした。しかし、そのため一九一二年には、特許法により、シャーマン法の運用に制約が課せられるようにもなった。コレッタは、タフト政権によるシャーマン法の運用について、トラストを破壊するより実質的に安定化させ、法を強化するより弱体化させ、公正な商業活動に対する監視機構について議会から承認を得ることを困難にし、しかも産業界の支持まで失わせたと指摘している。[11]

ペイン‐オルドリッチ関税法をめぐる対立をはじめ、タフト政権は共和党内の分裂によって多くの困難に直面した。とりわけ反乱派（insurgents）とも称した共和党内の反主流派である革新主義派には、ウィスコンシン州知事を務めたラフォレットやカリフォルニア州知事を務めたハイラム・ジョンソン、アイオワ州知事を務めたアルバート・カミンズなど、二十世紀初頭に州知事を経て連邦議会議員に選出された政治家が多かった。彼らは州知事時代、行政を政治から切り離すことで、行政の事務的効率化や専門化、党派性の排除や腐敗防止などを進めようとしていた。彼らはとりわけ、腐敗に象徴される民主主義の弊害を、国民による行政の監視強化という、民主主義のさらなる促進によって対処しながら、効率性や専門性に裏付けられた民主主義の実現を目指した。一九〇五年頃より議会勢力として台頭し始め、当初はラフォレットを中心としながら孤立していたが、その後、アルバート・ビヴァリッジやモーゼス・クラップ、ジョナサン・ドリヴァー、ウィリアム・ボーラー、カミンズらが参加し、タフト政権の関税政策に反対しながら、革新派としての一体感と地元の支持を確立していった。一九一〇年の選挙において革新派は、下院で五十議席余、上院で十議席余を占め、民主党と提携することでタフト政権を苦境に追い込めるまでに躍進した[12]。上述のように、タフトは政治主導でなく、立法措置や司法措置を通じた革新政策の遂行を目指していたが、そうした方針は、タフトの行政措置、特に外交問題に対する議会の抵抗を、より頑強にする結果をもたらした。

共和党の反主流派たる革新主義派は、国内における独占企業をアメリカ民主主義に対する脅威と捉える一方で、アメリカの海外領の拡大や戦争についても懸念を表明していた。ロバート・ジョンソンやカレン・ミラーによれば[13]、ラフォレット、ハイラム・ジョンソン、ボーラーといった、後にアメリカの国際連盟参加を阻止する上で決定的な役割を果たす共和党革新派は、農業州への大企業の独占的な影響力の拡大と、アメリカの海外領の獲得とを一体化した現象として捉えていた。彼らによれば、国内で独占を進める大企業は、軍需産業の利害を反映して対外戦争を進め、海外領の保有を実現した。共和党主流派は国際主義の立場を取り、アメリカの勢力拡張を支持すると共に、帝国主義国家たるイギリスに対しても友好的であった。しかし、そうしたアメリカ外交がイギリスと対等に渡り合っているわけではなかった。革新派にとって、アメリカがヨーロッパの外交世界に関わることは、アメリカが帝国主義外交に感化され、あるいはイギリスに利用され、その術中にはまることを意味した。その上、そうした危険な外交を進める共和党主流派は、専権的かつ秘密主義的な党運営を行い、また、同様の手法で内外政策を決定していた。こうした政治手法は、議会主権やアメリカ民主主義を脅かすものであって、そうした政治手法がアメリカを抑圧的な国家へと変質させ、盲目的な対外領土の拡大と国内における独占企業の横暴とを許す原因となっているとも判断されたのである。こうした革新派の議論は、平和主義に連なる議論を包括的に提起し、議会内における一定の勢力を背景に、アメリカの孤立主義を牽引したばかりでなく、日本人移民の排斥問題に関しても重要な役割を果たすこととなった。

とはいえ、革新主義派が批判するほど、共和党保守派が戦争を志向していたわけでも、ヨーロッパ帝国主義に対するアメリカの独自性を放棄していたわけでもなかった。ローズヴェルト政権は、大統領自らの政治力や各国政治家との関係を通じてアメリカの威信を示したが、対してタフト政権は、債務問題で不安を抱えるラテンアメリカ諸国に対し、アメリカが融資を進めることで、情勢の安定化を図ろうとした。すなわち、ラテンアメリカ諸国がヨーロッパ諸国に過大な債務を抱えている状況は、ヨーロッパ諸国からの介入を招く危険があり、その場合、ラテンアメリカ諸国の独立とアメリカのモンロー主義および戦略的安全が脅かされかねなかった。そこでタフト政権は、アメリカの銀行界がこれらの地域に投資し、対外債務を償却させることで、銀行界の収益を図るばかりでなく、投資地域の政治的、経済的安定化をも実現しようとしたのである。(14)

「ドル外交」と称されるタフト政権期のアメリカ外交を推進したのは、ハンティントン・ウィルソン国務次官であった。ウィルソン国務次官は、ホンデュラスに対するアメリカ銀行団からの融資によって一億一千万ドルに及ぶ対英債務を償却させようとし、一九一一年一月にニカラグアと関連協定を成立させた。しかし、上院外交委員会はそれを承認しなかった。他方、アメリカ銀行団は政府の要請に応じ、アメリカの徴税官によって徴収される関税の基金で利子を支払うとする融資協定に基づき、利益の期待できない冒険的融資を進めることになった。しかし、七月にニカラグアで革命が勃発し、アメリカ政府は二隻の軍艦と調停のための特使を派遣する一方で、上院に再度、協定の確認を求めた。ところが、アメリカ銀行団の中心であったJ・P・モーガンは、融資計画を撤回し、協定は空文化した。フィランダー・ノックス国務長官は、融資に対するアメリカ企業の消極姿勢に不満であった。

さらに一九〇九年十月、ニカラグアにおいて、反米的なホセ・サントス・セラヤ大統領に対するファン・ホセ・エストラーダの反乱が勃発した。対してノックスは、セラヤが戦乱中に二人のアメリカ人を殺害したことを理由に政権承認を取り消し、一九一〇年五月、アメリカ人保護を理由に軍艦を派遣し、海兵隊を上陸させた。九月にエストラーダは、一年以内に総選挙を行い、また、アメリカ人殺害の責任者を処罰するとして承認を求め、アメリカからの融資を希望した。対してタフト政権は、関税収入を担保とすることを条件にこれに応じることとし、一九一一年一月一日にエストラーダ政権を承認した。ノックスは、アメリカによる融資を進めることで、ニカラグアの財政安定化や運河地帯の安全確保、対外債務の償却、革命勢力の排除を進めようとした。しかし、五月にエストラーダは失脚した。後を継いだアドルフォ・ディアス大統領も、アメリカとの条件を維持し、反対派から非難された。そのため、治安は安定せず、一九一二年八月にタフト政権は、軍艦と二千七百名の海兵隊を派遣し、首都マナグアおよび内陸の主要都市を占領した。部隊は同年末までにほとんど撤退するが、他方でアメリカがディアス政権と成立させた協定は、アメリカ上院で否決された。一九一一年五月、ニカラグア議会は二千万ドルのアメリカ銀行団による融資を承認し、タフトは連邦議会に融資協定の承認を求めたが、上院の承認を得られず、タフト政権の退任まで融資計画は進捗しなかった。コレッタによれば、タフトの政策には保護国化を目指す兆候があったのに対し、上院は伝統的な不介入政策を堅持していた。(15)ラテンアメリカへの投資促進による同地域の安定化というタフト政権の目標は、ラテンアメリカにおいても、議会対策においても、成果を挙げられなかった。

他方、一九一〇年よりメキシコにおいても、三十年以上の長期政権を維持してきたポルフィリオ・ディアスに対するフランシスコ・マデーロによる反乱の動きが活発化しており、一九一一年に戦闘が勃発していた。P・E・ヘイリーによれば、タフトやノックス、とりわけヘンリー・ウィルソン大使は、ディアス政権の専制や腐敗、国内の貧困状況から、メキシコにおける近い将来の民主政治に期待せず、それより、外国の投資を歓迎する点で、ディアスを評価していた。一九一一年三月、メキシコ情勢の悪化に対応し、タフトはウィルソン大使の提言を踏まえ、二万人の兵力を国境に動員した。その理由についてタフトはノックスに、「メキシコにおける法と秩序への力を強化し、同共和国の両当事者に対し、必要が生じれば、我々の諸権利を守る用意ができていることを通告[16]」するためと説明した。基本的にタフトは、メキシコ政変に対して不介入の立場を取り、武力行使の判断を議会に委ねようとしたが、情勢判断や決定においてウィルソン大使に依存していた。ウィルソン大使は、ディアス政権を打倒したマデーロと敵対し、タフト政権を継いだウッドロー・ウィルソンとも対立することになる。タフト政権は、不干渉の方針を定めながら同時に官僚に依存しており、大統領自身の判断でメキシコ出兵に踏み切る後継のウッドロー・ウィルソンとは対照的であった。ただし、タフトの兵力動員は、アメリカの権利保護のため、メキシコに対して間接的に影響力を行使しようとした結果であって、その点は後のウィルソンの出兵理由にも引き継がれていく。

タフト政権のラテンアメリカ外交は、同地域へのヨーロッパの介入を阻止するという点でローズヴェルトの外交を引き継いでいた。しかし、そこには、ラテンアメリカ諸国に対するアメリカの介入を強める側面があり、タフトの外交はその点で議会の承認を得られなかった。また、ラテンアメリカ外交は、ハンティントン・ウィルソン国務次官やヘンリー・ウィルソン駐メキシコ大使らが主導しており、議会や官僚など、担当部局の決定や判断を尊重したタフトの政治手法が、かえって全体的な政策の分裂を引き起こす結果となっていた。その上、タフト政権は共和党の分裂によって、内外政策全体の遂行に多大な支障をきたしていた。

タフト政権期のアメリカの分裂傾向は、この時期のアメリカと日本との懸案、すなわちアメリカによる満州鉄道の中立化案の提案や、カリフォルニア州における排日問題の再燃にも影響を与えた。満州鉄道中立化案のきっかけは、一九〇六年に奉天総領事を務めていたウィラード・ストレートが一九〇七年八月に唐紹儀と満州銀行設立に関する交渉を行ったことであった。ストレートはその後、エドワード・ハリマンに計画案を送付した。しかし、この計画はこの年十月に発生したアメリカの経済恐慌によって失敗に終わった[17]。ストレートは日本に対抗意識を持つ一方で、駐清アメリカ公使ウィリアム・ロックヒルとも対立していた。その後、ストレートはイギリスのJ・O・P・ブランドやフレンチによる新法鉄道計画との協力を目指し、十一月九日にフレンチと清朝の契約が調印された。これを受け、ストレートはタフトに協力を要請した。タフトはストレートの計画案を国務省に伝えたが、ルートはこれに消極的であった。さらに満鉄併行線禁止規定のため、この計画も中止となった。新法鉄道計画の失敗後の一九〇八年三月、ウィルソン国務次官の提言により、アメリカ国務省に極東部が設立された。ウィリアム・フィリップスが部長に就任し、門戸開放を厳密に解釈する立場から、ストレートを支援することとなった。エサスによれば、ジョン・ヘイの門戸開放宣言は、各国の影響力の範囲を容認しつつ、中国の主権尊重について各国の注意を喚起するというものであったが、ウィルソン国務次官らの門戸開放政策は、より原理主義的で日本との対立を深めた。ローズヴェルトとルートは、満州におけるストレートの活動に関心を示さなかったが、タフト政権の成立時、ストレートはアメリカ銀行団の代表として、フレンチやブランドと共に錦愛鉄道計画を進めていた。これに応じて国務省も、ウィルソン次官が中心となり、満州鉄道中立化案を提議することになった。(18)

一九〇九年五月末、ノックス国務長官は、英仏独借款団による漢口‐四川鉄道借款提案を知り、アメリカ参加の可否を清朝に照会した。清朝側はこれを受け入れ、ノックスは駐英大使ホワイトロー・リードを通じてグレイ外相に、アメリカの参加が門戸開放のために必要と通知した。借款団側は難色を示したが、アメリカは参加を断念せず、四国借款団を成立させる。次いで十月七日、ノックスは、ストレートとイギリスのポーリング社の間で錦愛鉄道の融資、建設、経営に関する予備協定が成立したことについて報告を受けた。ノックスはストレートの案を、満州の鉄道を清朝の主権下で、関連諸国による基金を通じ、経済的、科学的、かつ公正に管理するものと評価した。そこでリードに対し、満州の門戸開放に関するグレイの支持を得るよう訓令した。しかし、計画は日本とロシアの反対で失敗に終わった。(19)

アメリカは満州鉄道中立化案を、清朝の主権を尊重しつつ、そこに科学的、合理的経営を導入するものとしており、これは革新主義の理念を反映していた。ところが、アメリカ側では、政府による積極的な提議とは対照的に、金融業界の資金は不十分であり、ストレートを中心とする外務官僚がそれを推進していたに過ぎなかった。タフト政権は、大統領自身が主導権を発揮するより、官僚に政策立案を委ねることで、行政の効率化や非政治化を進めようとしたが、それがかえってストレートの政治的、独断的行動を助長した。とはいえ、独占企業の経済活動に対する両義的感情が存在したアメリカにおいて、満州鉄道中立化案に対する政府の関与は、難しい問題をはらんでいた。この点に関連し、ニューヨーク駐在の日本総領事館は、日本外務省に対し、アメリカ国内の様々な新聞論調について次のように報告していた。(20)

満州問題ニ関シ其ノ後新聞ノ論調ヲ見ルニ、「ウオールド」ハ、米国民ハ一部ノ銀行家ヲ除ク外、清国鉄道借款ニハ何等利害ヲ感セス、極東ニ於ケル国交ヲ害スル如キ干渉ヲ為スハ不可ナリト論シ、「ニユーヨルク、アメリカン」ハ、政府カ公明正大ノ主義ヲ執リ投機的企業家ノ私益ニ基キ本件ヲ所理セサラムコトヲ希望シ、「ツリビユーン」ハ、本問題ニ対スル日露ノ反対ハ其ノ鉄道付属地内ニ行使スル行政権ノ放棄ヲ好マサルニ依ルモ、斯カル独占的権利ノ行使カ門戸開放主義ト相容ル、ヤハ疑問トシ、「タイムス」ハ、東京新聞ノ反対ニ重キヲ置カス、列国ハ門戸開放主義ヲ執ル以上他ニ良策ナキ限リ、「ノックス」ノ提議ヲ拒否セサルヘシトナシ、「ヘラルド」ハ、東京ニ於ケル反対論ハ平生邪僻ノ外交ニ慣レ、米国ノ公明正大ナル政策ヲ了解スルコト能ハサルニ依ルトナセリ。

つまり、満州鉄道中立案は国際的独占に対する特定金融業界の挑戦であり、そのためアメリカ国内には、日本とロシアによる満州権益の独占に対する批判から、特定企業のために日米関係を緊張させることへの反対意見に至るまで、多様な意見が存在した。ウィルソン政権がその発足時に、アメリカ銀行団の六国借款団からの撤退を決定したのも、こうした状況が背景となっていた。しかし、タフトは一九一〇年五月三日の時点でも、満州の鉄道中立化案について、ピッツバーグにおいて次のように演説していた。[21]

この提案は、それを受けた国全ての承認を得たわけではないが、それが東洋の平和を保障する基礎になり得るという点に、我々は希望を失っていない。満州を緩衝国家とし、鉄道を全ての国家の代表による管理下に置き、軍の警備を伴わないものにするという構想は、最も有益で、それが実現された場合、恒久的平和を作り出す上で効果的なものになるであろう。

アメリカの門戸開放主義とは、中国の主権を欧米列強と対等に位置付けるわけでなく、中国に対するヨーロッパ諸国や日本の優位を前提とした上で、ヨーロッパ諸国や日本と同等の権利をアメリカに求めるというものであった。ローズヴェルト政権は、世界に対するアメリカの威信を重視したが、それを引き継いだタフト政権は、ヨーロッパ列強と対等の権利を中国において追求した。しかし、そうしたタフト政権の行動は、利害を共有しないアメリカ人の関心を引かないか、あるいは国際問題への過剰介入として警戒を引き起こしていた。満州鉄道中立化案が失敗した後、十二月にタフトは、アメリカ銀行団が清朝への幣制改革借款に参加することを明らかにした。これに基づき、一九一一年四月に幣制改革借款が成立した。しかし、これはかえって辛亥革命を引き起こす原因となり、それによって計画は再び中止された。

一九一〇年はまた、連邦議会の中間選挙と州知事選挙が行われた年であり、共和党はそれらに敗北した。タフト政権は下院で民主党の優位を許すと共に、上院における共和党議席の優位も縮小した。そのため、連邦議会の運営において、共和党革新派の影響力が増大した。この選挙戦はさらに、カリフォルニア州における排日運動のきっかけともなった。カリフォルニア州知事選挙において民主党が、かつてローズヴェルトが日本人への市民権取得資格の付与に言及したことを批判するなど、日本人移民問題を利用して共和党を攻撃したからである。対して共和党革新派のハイラム・ジョンソンは、日本人移民問題に関する立場を表明せず、選挙戦で苦戦の末に当選した。

一九一一年に入り、カリフォルニア州議会は、排日土地法の制定に向けて再び動き出した。中でも二つの法案が重要で、第一は全外国人を対象とした土地取得を制限する法案、第二は市民権取得資格のない外国人の土地取得を禁止する法案であった。一八七〇年代を通じ、市民権の資格は「自由白人」のみに限られるとする連邦最高裁による判決が下されていた。「自由白人」といっても、アフリカ系にも権利は認められていたため、一連の判決は実質的に、中国人をはじめとする東洋人の市民権取得資格を否定するものとなった。日本人については、一九二二年にこれを否定する判決が下されるまで曖昧な部分はあったが、一般に日本人にも市民権取得資格は認められていないと理解されていた。したがって、カリフォルニア州議会は、東洋人に対する差別的待遇を規定しているのは連邦法であって、カリフォルニア州法ではないという立場を取ることができた。しかもその点で第二の法案は、日本人を明示することなく、日本人の土地取得権を剥奪できるという利点があった。

実質的に日本人を対象とした法案が上程されたことで、ジョンソン州知事は国務省に対応を照会した。ノックスは日本人を対象とする法案に反対し、さらにパナマ博覧会への日本の参加に悪影響を及ぼすことへの産業界の懸念もあり、個別議員への働きかけがなされた。市民権取得資格のない外国人の土地取得を禁止する法案は、審議が遅延し、三月二十一日に上院を二十九対三で通過したが、下院において審議未了のまま廃案となった。[22]この時点でジョンソンは、連邦政府と協力し、排日土地法案の成立を阻止した。とはいえ、後述のように、ウィルソン政権成立後の一九一三年になると、ジョンソンは排日土地法案の成立を容認する立場に転じ、さらに一九二四年には連邦上院議員として、いわゆる排日移民法の成立を推進することとなる。

このように、一九〇九年から一九一〇年にかけて、アメリカは満州の開放を要求する一方で、カリフォルニア州において日本人の権利を制約しようとした。いずれもこの時点で成功しなかったが、タフト政権にとって満州問題は、行政効率化を進めようとする中、国務省官僚の独走を追認する形となって紛糾し、そのためタフト政権は、ローズヴェルト政権時代にタフト自身がその一端を担って作り上げた日本との安定関係を損なう結果となった。他方、移民問題では自らと対立する革新派の協力を得ることで、日本との関係悪化を阻止した。タフト政権は、ローズヴェルト政権の方針を発展的に継承しようとしたが、実際は意図に反する政策上の分裂や混迷を引き起こしていた。

選挙の敗北を受けて迎えた一九一一年、タフトはカナダとの互恵通商協定をめぐって議会とのさらなる対立に直面した。[23]一九一〇年三月、タフト、ノックス国務長官と、カナダ蔵相ウィリアム・フィールディングとの間でアメリカ‐カナダ間の関税引き下げに関する意見交換がなされて以降、両国間の折衝が続けられていた。一九一一年一月七日から二十一日までのワシントンにおける交渉により、ノックスとカナダ代表との間で、互恵通商協定が調印された。協定は、イギリス本国の承認を必要とする条約としてではなく、アメリカとカナダ両国議会の承認と立法措置を要請する行政協定として成立しており、これを受けてタフトは、二十六日に上院に承認を求めた。アメリカにとってカナダとの互恵通商協定は、アメリカ製品の輸出促進と共に、安価なカナダの原料や食料の輸入という利点がある一方で、小麦の価格競争にさらされる農家や、原料生産者、賃金の低下や雇用減少を警戒する労働者からの反対が予想された。対してカナダにとって協定は、農業生産物の輸出を促進し、アメリカ製品の低廉化をもたらす一方で、工業品生産者やカナダに投資するアメリカ資本、そしてイギリス本国の利益に抵触するものと考えられた。十九世紀後半を通じ、カナダはアメリカに対して保護関税の緩和を要請していたが、十九世紀末にイギリス本国との関係を重視する方針に転換していた。そのため、この時点でアメリカとの互恵協定の締結は、本国との関係を希薄化させ、将来的なアメリカによるカナダ併合を準備するもの、という批判まで引き起こしていた。

関連法案は、歳入関連としては例外的に上院での審議を経て、二月初めに下院に送られ、十四日に下院を通過した。ただし、問題は共和党議員の動向であった。採決は二百二十一対九十二と大差で法案を支持していた。しかし、その内訳は、民主党の百四十三人が支持、反対は五名のみであったのに対し、共和党は賛成七十八に対して反対が八十七という結果で、党内の分裂を露呈した。四月五日、タフトは教書演説で、カナダとの互恵法案の承認を両院に求めた。二十一日、下院は法案を二百六十五対八十九で可決した。しかし、この時も共和党議員は、出席した百六十人の内、六十六人が賛成、七十八人が反対、十六人が棄権するという状況であった。しかも、下院歳入委員会は、民主党のオスカー・アンダーウッドの提案で、協定により農家が被る損害を埋め合わせるため、百品目以上の農業関連製造品の無税化措置を提起していた。

五月八日、下院は、無税化品目に関する法案を二百三十六対百九で可決した。さらに下院は、羊毛および毛織物の税率を四十四％から二十％に引き下げる法案について審議し、六月にこれを可決、上院との調整を経て、二十九％とする案が成立した。税率引き下げは、綿や鉄鋼、化学製品などにも及んだ。対してタフトは、保護関税派の要請を受けて、これらに拒否権を発動した。

ただし、アメリカ‐カナダ互恵通商協定は、アメリカ以上にカナダ側の事情で成立しなかった。カナダでは七月十八日に議会が開会し、二十九日に解散、九月に実施された総選挙でローリエの自由党が敗北したからである。これにより、互恵協定はカナダ側の承認を得られず、不成立に終わった。とはいえ、互恵協定をめぐるアメリカ議会の動向がタフト政権に与えた影響は、深刻であった。互恵協定をめぐり、共和党は工業利益と農業利益をそれぞれ代表する議員間の対立を収拾できず、タフトは実質的に民主党に依存した。ところが、その民主党は、タフト政権を苦境に追い込むため、税率を全般的に引き下げる法案を通過させて、共和党内の対立を助長した。タフトは、ペイン‐オルドリッチ関税法の枠内での協定締結を目指しており、民主党が主導して成立させた税率引き下げは、党内の事情もあり、容認できなかった。タフトが拒否権を発動したのは、そのためであった。

タフト政権はまた、一九一〇年十月以降、イギリスやフランスと仲裁裁判所条約の締結交渉を進めた[24]。これも、紛争を平和的かつ司法手続きに則って解決しようとするタフト政権の構想を反映した政策であり、イギリスやフランス側の反応も好意的であった。

タフトの提案内容は、司法判断に適する事案をハーグ裁判所に移管し、司法判断に適さない事案をハーグ裁判所に属する両国国籍の委員からなる調査委員会に委ねるというものであった。一九一一年八月三日、ノックス国務長官はイギリス、フランス大使と仲裁裁判諸条約を調印した。しかし、上院は、仲裁事項を両国合同委員に付するという規定を削除し、懸案を仲裁に付するかどうかの判断を上院の権限に帰属させ、さらにモンロー主義や移民問題を仲裁に付さないとする修正を行った。南部民主党と西部の共和党反主流派も、タフトを苦境に追い込むためにこの修正に賛成し、条約は七十六対三で承認された。とはいえ、批准過程で修正がなされたため、タフト政権はイギリスとフランスに修正内容について再提議する必要が生じた。対してタフトは、英仏の同意を得るより、翌一九一二年の大統領選挙後の上院の変化を期待し、問題を先送りした。しかし、一九一二年の大統領選挙で民主党のウッドロー・ウィルソンが当選したため、仲裁裁判諸条約は発効しなかった。

タフトのラテンアメリカ外交は、同地域へのヨーロッパ諸国の介入を阻止するという点で、ローズヴェルトの外交を引き継いでいた。しかし、タフト政権は、ラテンアメリカに対する介入を強めており、その点で議会の承認を得られなかった。関税法は議会を通過したが、共和党内の分裂を露呈した。共和党の分裂は、カナダとの互恵通商協定関連法をめぐってさらに深刻化し、民主党はそれを利用してタフトを苦境に追い込んだ。また、仲裁裁判所条約に関しても、議会が仲裁手続きの開始決定権を保持しようとしたため、批准に失敗した。このように、タフト政権は、共和党の分裂や議会との対立によって、外交政策の遂行に多大な支障をきたしていた。こうした大統領と議会の軋轢は、引き続き日本人移民問題にも影響を及ぼすこととなる。

二　ウィルソン政権の始動

カナダとの互恵通商協定をめぐって深刻化した共和党の分裂は、一九一二年の大統領選挙をめぐる共和党の分裂に直結した。共和党の候補選出において、セオドア・ローズヴェルトがタフトに対抗して立候補したためである。しかし、同年六月十八日に開催された党大会において、共和党の組織票を駆使したタフトが共和党候補を勝ち取った。対してローズヴェルトは、既に共和党の大統領候補選挙において、党の組織票に依存せず、国民に直接支持を呼びかける選挙戦術をとっていたため、タフトの候補決定を受け入れず、自ら革新党を結成して改めて大統領選挙に立候補し、国民に直接支持を訴えることとした。ローズヴェルトは、対立するラフォレットや共和党内の改革を目指すボーラーなど、革新派全体の支持を得たわけでなかったが、共和党の分裂はタフト当選の可能性を失わせ、選挙は実質的に、民主党のウッドロー・ウィルソンと革新党のローズヴェルトの争いとなった。選挙結果は、ウィルソンの勝利に終わったが、得票は、ウィルソンの六百三十万票弱に対してローズヴェルトは四百十万票余り、タフトは三百五十万票弱を獲得していた。つまり、ローズヴェルトとタフトの得票合計はウィルソンを上回っており、共和党の分裂が民主党政権を誕生させる要因となっていた。[25]

選挙戦におけるウィルソンとローズヴェルトの明確な争点は関税問題であった。ローズヴェルトが保護関税継続の立場をとったのに対し、ウィルソンは関税率の引き下げを主張したからである。しかし、選挙戦において注目を集めたのは、トラストに対する姿勢であった。ローズヴェルトは、大企業の権力乱用を規制、善導する措置や、児童労働法、最低賃金法、労働時間の規制、労災、年金、保険制度の確立を掲げたのに対し、ウィルソンは、トラスト問題に対する包括的計画を提起していなかった。ウィルソンの関心は、自由競争を阻害する不公正な行為を禁止することにあり、その点で独占やトラストを批判したが、その一方でウィルソンは、企業に一定の規範が明確化されれば、彼らは自発的に政府に協力するであろうと認識していた。[26]

こうしたウィルソンの立場は、ウィルソンの政治観に基づいていた。ウィルソンは、利己主義を抑制し、規範と公共意識を共有する人々の競争によって発展する社会を理想とした。かといって、富を持った人間のみが自由主義的見解を持ち、政府を経営できるといった保守的な信念も共有せず、その意味で貴族主義的ではなかった。しかし、大衆を信頼したわけでもなく、直接民主主義にも否定的であった。ウィルソンは、政治家が国民の要望を感じ取り、あるいは自らの理念に基づき、積極的に指導力を発揮していくことを理想とした。ウィルソンは、アメリカ人にとって、行政権力の拡大がヨーロッパの絶対主義を連想させることを理解していたが、それでも民主主義は、無責任な政府によってでなく、強い行政指導力によって実現すると考えていた。ウィルソンは、公共心や徳義心を持ったエリートによる社会の指導を理想とし、その点でブライアンの大衆主義とは異なっていた。しかし、両者には連邦権限の強化を志向ないし容認する点で共通する部分があり、その点でウィルソンとブライアンは、民主党を党派性の強い自由放任主義の政党から、国民全体の利益のため連邦権力の行使を支持する政党へと転換させていった。[27]

ウィルソンは、徳義心や公共心を中心としたエリート主義的な価値観の下に、成功した企業への敬意を持ちつつも、利己的な利益を追求する企業が結果的に紛争や暴力を引き起こしかねないことを警戒していた。とはいえ、そうした大企業に対する懸念は、労働組合に対する理解につながらなかった。ウィルソンにとって、強力な組合は無責任な企業と同じく、暴力や紛争を引き起こす危険があり、個人の自由や機会を奪い、生産性をも下げかねなかった。[28] エリートの公共心を重視する価値観に基づき、ウィルソンにもトラストを善悪で二分する発想はあったが、組合に対してそのような評価はなされなかった。ウィルソンは労働条件の改善を、組合を通じてでなく、産業界の良識に訴えることによって実現すべきと考えていた。一九一〇年のニュージャージー州知事選挙に際し、ウィルソンは初めて組合幹部と会い、これ以降、巨大企業に対する対抗勢力としての組合の意義を認めるようになった。しかし、ウィルソンは、労働条件改善にとって組合活動が最善とは認識せず、人道主義の立場を堅持した。

とはいえ、ウィルソンは、現実に発生する労働争議にも対処しなければならなかった。ウィルソンは政権の発足に際し、ウィリアム・ウィルソンを労働長官に起用し、ウィルソン労働長官はこれ以降、労働運動の先鋭化に対処するため、企業と穏健な組合との労資協調を実現しようとした[29]。ウィルソン労働長官は、穏健な組合の果たす役割を評価した点で、ウィルソン大統領より組合に同調的であった。その一方でウィルソン大統領は、ウィルソン労働長官の進める、連邦政府による紛争調停や、労働条件の調査委員会設置などが国民の支持を得たことを背景に、ウィルソン労働長官の対応を支持した。社会の自主性を重んじるウィルソン大統領は、ローズヴェルトのような大統領個人による直接的かつ私的な影響力の行使に否定的であったが、担当長官の積極姿勢と世論の支持を背景に、連邦政府の権力行使を容認した。こうした、担当者への委任と世論の支持に基づく決断が、社会の自主性と連邦権限の拡大という、互いに矛盾する理念をウィルソンにおいて調和させていた。

ウィルソンの議会における最初の課題は、関税問題であった。それは後述のように、保護関税を撤廃し、アメリカ産業を自由貿易主義に順応させることを目指していたが、それに取り組む前にウィルソンは、タフト政権期から継続していた外交問題について独自の立場を表明し、あるいは対応を余儀なくされた。すなわち、三月四日に大統領に就任したウィルソンは、十一日にメキシコのウエルタ政権を否認し、十八日に中国における六国借款団からのアメリカの撤退を発表した上、さらにカリフォルニア州における排日問題にも対応しなければならなかったのである。

タフト政権期の一九一二年、メキシコではフランシスコ・マデーロがポルフィリオ・ディアス独裁政権を打倒し、政権を奪取していた。しかし、ウィルソン政権成立直前の二月九日、首都防衛軍司令官のビクトリアーノ・ウエルタによる反乱が勃発した。マデーロと対立するヘンリー・ウィルソン大使も政変に介在していた。十九日にマデーロは拘束され、二十二日に殺害された。メキシコにおける政変に対し、国務省は現実の政権を支持する伝統的不干渉の方針を取り、特にウィルソン大使はウエルタ政権の承認を求めた。しかし、ウィルソン大統領は、ウエルタによるマデーロの他、議員を含む百名近くの殺害に衝撃を受け、ウエルタ政権を否認した[30]。その際、ウィルソン大統領はラテンアメリカにおけるアメリカの役割について、次のように位置付けていた[31]。

> 我々は、政府とは常にその統治下にある人々の同意に依拠するものであり、自由とは法および公衆の良心と承認に基づいているもの以外にあり得ないと考えている。そのことは、あらゆる地域の共和国政府における、思慮深い全ての指導者たちも同様に考えていると確信する。我々は、[…]自らのあらゆる影響力を、これらの原則が事実と実践において実現するよう、行使するであろう。

ウィルソン大統領は、ウエルタ政権の早期承認はウエルタと対立する立憲主義派の機会を阻害すると判断した。そのため、メキシコにおける平和回復と民主主義の実現のため、ウエルタ否認を堅持した。このように、ウィルソン政権の不承認政策は、民主主義を間接的に支援するための方策として、登場した。

一方、中国では一九一一年の辛亥革命勃発以降、政情不安の末に袁世凱が政権を掌握し、袁世凱政権の要請に基づく善後借款が問題になっていた。とはいえ、松田武によれば、善後借款は鉄道借款と異なり、政治性が強く、しかも袁政権との交渉は遅延し、六国借款団の中でもイギリス、フランスとドイツが対立するなど、ヨーロッパ情勢を反映した上、メキシコ情勢の悪化からニューヨークの金融市場が逼迫していた[32]。そのため、アメリカ銀行団は中国への融資に消極的となり、タフト政権末期に、六国借款団からの脱退の意向を国務省に伝えていた。タフト政権期の国務省はこれを慰留していたが、ウィルソン政権が成立すると、アメリカ銀行団は政府に意見交換を要請し、三月十日に銀行団と政府の会合が行われた。ここで銀行団側は、条件が十分でなければ対中借款から撤退することを伝えた。ウィルソン政権は十二日に対応を協議した。ここでブライアン国務長官は、交渉中の借款条件を中国への内政干渉につながるものとし、さらに六国借款団がアメリカ国内のマネー・トラストに対応する独占的性格を持つことを指摘した。アメリカ銀行団の撤退がアメリカの対中融資を不利にしかねないことへの懸念も存在したが、アメリカ国内には、銀行団に参加する銀行のみに対中融資の権利が独占されていることへの批判も存在した。最終的にウィルソンは、十八日の声明において、借款団が中国の行政的独立を侵害していること、アメリカは独自の立場から中国を支援する立場を取り、単独で中国の共和国政府を承認する用意があることを述べ、六国借款団からのアメリカ銀行団の脱退を表明した[33]。ウィルソンの決断に国務省は衝撃を受けたが、ウィルソンは、対中借款におけるアメリカ国内の独占と国際的な独占を批判し、借款団に拘束されないという意味での自由主義の原則を優先した。

ウィルソンにとって、アメリカ資本の海外発展は望ましかったが、それ以上に自由主義の理念、原則の擁護が重要であった。タフト政権は、ラテンアメリカに対するアメリカの融資によって、同地域の政治的、経済的安定を図ると共に、ヨーロッパからの干渉を阻止しようとしたが、ウィルソンはさらに、経済的自由主義の促進以上に、自由主義の原則を政治理念にまで拡大し、ラテンアメリカ諸国の民主化促進による地域の安定化を期待した。そうしたウィルソンにとって、虐殺事件を引き起こしたメキシコのウエルタ政権を承認することはできなかった。そこでウィルソンは、六月から八月にかけて特使としてメキシコに滞在したウィリアム・ヘイルの報告や、ウエルタとの交渉のために七月にメキシコに派遣されたジョン・リンドの提言に基づき、政情安定化のため、ウエルタ自身が立候補しない、早期の大統領選挙の実施を勧告した[34]。これは、アメリカの権利を承認する独裁政権に対してその存続に容認的なそれまで内政不干渉を修正し、アメリカの理念に対するラテンアメリカ諸国側の自主的な順応を促す政策へと、方針を転換するものであった。

ウィルソンは自らの価値観に基づき、政治理念の共有による地域秩序の安定化を目指していた。これはウィルソンの国内政策と同様であった。そのため、ウエルタに対する大統領選挙の実施勧告も、政治干渉を目指した結果ではなかった。しかし、ウエルタ政権はウィルソンの要請を拒否したばかりか、一九一三年後半に議会を解散し、メキシコ情勢は第一次世界大戦期にかけて混迷を深めていく。対して中国においても、ウィルソンは帝政廃止に伴う民主化と袁世凱による秩序の回復に期待を寄せつつ、ヨーロッパ帝国主義による経済支配とアメリカ銀行団のアメリカ国内における独占状況を打開する理念を提示することで、自由主義を貫徹しようとした。ただし、ウィルソン政権はそれ以上の影響力の行使に消極的であった。こうした、独占と過度の権力集中を排したウィルソンの自由主義経済政策は、中国への借款問題のみならず、後述のような、一九一三年後半のアメリカ国内における銀行通貨改革問題にも発揮されていく。

メキシコ問題にせよ、対中借款団の問題にせよ、ウィルソンは政府による直接介入に自制的であったため、かえってメキシコにおける後の政策的混迷を引き起こし、中国では自ら新四国借款団を提案するという再度の方針転換を引き起こす。同様の傾向は、ウィルソンが政権発足に際して直面したカリフォルニア州における排日問題においても表れた。ダニエルズによれば、一九一〇年のカリフォルニア州における知事選や一九一二年十一月の議会選挙で、共和党は勝利したものの、民主党は選挙戦で日本人排斥を訴え、善戦していた[35]。これを受けて一九一三年一月十三日、民主党と共和党革新派の議員により、カリフォルニア州議会に排日土地法案が上程された。法案は一九一一年と同様、二案からなり、一方は外国人全ての土地取得を禁止する法案、他方は市民権取得資格のない外国人の土地取得を禁じる法案であった。対して珍田捨巳大使は、タフトやノックスに法案阻止を依頼したが、共和党内の分裂が深刻化していたため、タフトらは対応できなかった。こうした中でウィルソン政権が成立すると、珍田大使は直ちにウィルソンを訪れ、排日土地法に関する善処を依頼した。

とはいえ、ウィルソンはこうした問題に対し、かつてのローズヴェルト大統領とは異なり、自らの政治的影響力を行使することで対処しようとはしなかった。ウィルソンにとって重要であったのは、カリフォルニア州側の理性的かつ自発的な判断であり、その上、ウィルソンには、人種問題に対する知識も関心もそれほどなかった。ウィルソンは南部出身であったが、上流家庭に育ち、学術、研究分野で経歴を重ねたため、黒人と接触する機会をほとんど持たなかった。そのためウィルソンは、極端な人種主義を持たなかった代わりに、南部における人種隔離問題に対する関心も低く、したがってアフリカ系アメリカ人の感情や要望に鈍感であった。人種問題に関し、オズワルド・ヴィラードら有色人種協会からの働きかけなど、個別に要請がなされた場合、それに応える姿勢を示すことはあった。しかし、そうした姿勢は、議会においてより重要な法案を通すため、容易に犠牲にされた[36]。ウィルソンの場合、特定の問題に積極的に取り組む下僚を持たなければ、自ら当事者の意思に反してまで当該問題に関与しようとする意思を持たなかった。そのため、排日問題についても、何らかの妥協を模索したり、直接的な働きかけを行ったりする発想は、ウィルソンにはなかった。ウィルソンの当初の行動は、カリフォルニア州側の良識的判断を促すという、間接的な措置にとどまっており、しかもその際、問題となったのが、カリフォルニア州における排日運動が、民主党によって進められていたことであった。

日本側からの要請を受けたウィルソンは、カリフォルニア州の民主党上院議員を通じ、共和党革新主義派のハイラム・ジョンソン州知事に法案審議を遅らせるよう依頼した。それは、カリフォルニア州側の自制を促すためであったが、これがウィルソンの認識不足に基づく誤断となった。ウィルソンの要請を受けたジョンソンは、自身の補佐を務める人物に宛てて、「今の状況は特殊かつ興味深いもので、しかも単に興味深いというだけでなく、そこから多大な満足を引き出せるものである[37]」と書き送った。ジョンソンが「特殊かつ興味深い」と記したのは、カリフォルニア州の民主党議員が排日を掲げて選挙で善戦し、排日土地法案を提出したのに対し、民主党のウィルソン大統領が共和党の州知事に法案不成立のための尽力を依頼したことによる。ジョンソンがウィルソンの依頼に応じた場合、民主党は排日土地法不成立の責任を共和党州知事に転嫁できる一方で、連邦政府は対日関係を悪化させずに済む、というわけである。ジョンソンの「興味深い」という表現には、多分に皮肉が込められていたのであろう。

ジョンソンにすれば、ウィルソンが排日土地法案の成立に反対するのであれば、選挙で民主党が排日問題を取り上げること自体が誤りなのであって、対してジョンソンや共和党は、選挙において排日問題を取り上げなかったため、苦戦を強いられていた。ところが、ウィルソンは四月二十二日にジョンソンに宛てて、アメリカ市民権取得への意思を示さない外国人への土地取得を禁止するのであれば問題ないとしながら、現在の法案が日本との条約に抵触することを示唆した。これに対してジョンソンは、法案が日本との条約に抵触していないことを明言する回答を送った。ウィルソンには、カリフォルニア州における排日問題の経緯、特に日本人を特定することなく排斥するため、市民権取得資格の有無が問題になっていたことへの認識が欠如し、日本側からの要請や情報に影響されていた嫌いがある。ジョンソンが連邦政府の意向に応えない中、ウィルソンはさらにブライアン国務長官を派遣することとし、ジョンソンにブライアンと意見を交換するよう求めた。しかし、到着したブライアンは、日本人移民問題に関する連邦政府の具体的対策を示すことなく、連邦政府に州の問題への介入意思がないことを強調した[38]。ウィルソンの対応は、排日土地法案の成立が望ましくないことを繰り返し暗示しながら、これは政治介入を意味するものではないという予防線を張っているようなもので、こうした手法でジョンソンに排日土地法案を阻止させることは、不可能であった。

市民権取得資格のない外国人による土地取得や三年を超える借地を禁じたいわゆる排日土地法案は、五月三日から四日にかけて下院と上院を圧倒的多数で通過し、五月十九日にジョンソンが署名したことで成立した。ジョンソンはその後、法案が市民権取得資格の有無を基準としており、日本人を差別するものでないことを説明する書簡をブライアンに送った。ジョンソンはまた、セオドア・ローズヴェルトに宛てて、法案に対する民主党の変節的態度や州権への不介入というウィルソンの偽善的態度を非難する書簡を送った(39)。ジョンソンは、民主党の自己矛盾を露呈させることで、彼自身が記した「多大な満足」を引き出したわけである。

しかし、その一方でハイラム・ジョンソンは、この時点で成立した土地法案に不備があることを認識していた。二世名義やアメリカ人名義によって法のすり抜けが可能であったためで、ジョンソンはそれによって、日本人が過度の不利益を被ることはないと認識していた。ジョンソンは革新主義の立場から、暴力的な人種差別を嫌悪する一方で、人種の差異や区別を科学的根拠を持った客観的事実として認識し(40)、さらに議会をアメリカ民主主義の根幹として捉えていた。ジョンソンにとって人種の隔離とは、不合理かつ感情的な差別によって引き起こされる不祥事を、科学的根拠に基づいた人種区分によって抑制する措置であり、しかもそれを、人種の名称に言及することなく議会の立法措置によって行うことは、合理的で民主主義の原則にも適っていた。その意味でジョンソンは、単純に民主党やウィルソンへの感情的反発から、排日土地法案を支持したわけではなかった。ジョンソンはこうした立場から、後に上院議員として、一九二四年のいわゆる排日移民法の成立を推進していくこととなる。

メキシコ、中国、排日問題のいずれにおいても、ウィルソンは自由主義の理念を掲げ、それによって問題の解決を図ったが、成果を挙げられなかった。とはいえ、これらはアメリカにとって周辺的な出来事であり、ウィルソン政権発足時のより重要な課題は、自由主義経済政策の象徴ともなった関税の引き下げであった。南部の民主党は自由貿易主義を十九世紀以来の伝統的政策としており、さらに保護関税を、国内の特権や独占を助長するものと評価していた。そこでウィルソンは、国内の独占企業を海外との自由競争にさらすことで、これに対処しようとした(41)。

とはいえ、共和党は分裂しながらも保護関税を求める点で概ね一致し、産業界も保護主義を支持していると判断された。そのため、ウィルソンは議会における苦戦を予想した。その上、民主党が地盤とする州の、砂糖や靴、羊毛製品業界による反対も懸念された。一九一三年四月に開会した議会で関税問題が審議され、五月八日にアンダーウッド法案が下院を二百八十一対百三十九で通過した。民主党内の反対は五名のみであった。対して上院は、保護貿易派が勢力を保持していた上、民主党の優位は六議席のみであった。こうした状況に対してウィルソンは、保護関税を求めるロビー活動を非難する声明を発表し、世論を味方に付けた。六月下旬から七月にかけ、上院民主党議員総会は砂糖と羊毛の税率を三年間で段階的に引き下げ、無税化する方針を決定した。アンダーウッド法案は、それまでの従価三十七％から四十％の税率を平均二十六％に引き下げ、非課税品目を増加させていた。とはいえ、上院の審議は、関税収入を補うための憲法修正第十六条に基づく連邦所得税の創設をめぐり、難航した。所得税は年収に応じた累進課税制度を採用していたが、カミンズやボーラー、ラフォレットら共和党革新主義派は、年収十万ドルに対する三％の課税を十%に増加させる提案を行ったため、両党の保守派がこれに反発し、法案全体が危機に陥った。八月末に民主党は、共和党革新派の提案を拒否すると共に、年収十万ドルに対する最高税率を三%から七%に引き上げることとした。これにより、法案は議会を通過し、十月三日にウィルソンが署名したことで、関税引き下げと所得税が成立した。

ウィルソン政権の初期の施策は、関税問題にせよ、それに続く銀行および通貨制度改革にせよ、反トラスト法案にせよ、概ねタフト政権期の課題に具体的成果を与えるところから始まった。銀行、通貨制度改革とは、アメリカの銀行法が南北戦争の頃から実質的に修正されず、七千に及ぶ個人銀行が中央銀行の統制や調整なく営業し、金融危機に際しても準備金を用意できなかったことに端を発する。(42) こうした状況のため、通貨供給が不十分で、経済変動や季節的需要に対応できないばかりか、恐慌に際し、健全な経営状態にある銀行が取り付け騒ぎに巻き込まれて破綻に追い込まれる危険すらあった。ローズヴェルト政権期の一九〇七年恐慌の後、議会はオルドリッチを委員長とする委員会を発足させ、同委員会はタフト政権期の一九一一年、民営のナショナルバンクを創設するという提案を行っていた。これは、全国に十五の支店を持ち、銀行への貸出や準備金の保管に当たると共に、準備金に基づく通貨発行権を持つものとされていた。産業界はオルドリッチ委員会案を概ね支持したが、その一方で、大銀行が影響力を保持することへの懸念もあった。

ウィルソンおよび民主党は、アメリカにおける通貨供給の硬直性をニューヨーク銀行界の独占状況によるものと判断していた。そこで政権発足後の一九一三年五月、オルドリッチ委員会案に政府の監督権を追加した案がまとめられた。対してブライアン国務長官は、政府が完全に金融制度を統制し、通貨を発行すべきと主張した。さらに七月から八月にかけて南部と西部の民主党は、金融トラストが生産業から資金を引き揚げ、投機事業に融資しているといった議論を展開した。対して銀行業界や産業界は、新銀行制度の完全民営を主張し、上院は民営制度と政府管理制度の両案を審議した。十二月に上院は、完全民営案を四十四対四十一で否決すると共に、連邦準備法を五十四対三十四で可決し、同法は十二月二十三日に両院の調整と大統領の署名を経て成立した。これにより、全国十二の地区に準備銀行が創設され、これらは各地区の加盟銀行によって管理されると共に、全体として連邦準備局の管理下に置かれることとなった。地方分権的な民間主導の準備銀行制度を基本としつつ、連邦政府の監督機能を追加したもので、結果的に企業側の論理と連邦権限を重視する革新主義の均衡を保ちつつ、独占を抑制し、自由主義を貫徹するウィルソンの理念に沿うものとなった。

ウィルソン政権はさらに、翌一九一四年初めより反トラスト関連法の立法に着手し、第一次世界大戦勃発後の九月に連邦取引委員会法が成立した。これにより、不当競争を抑える調査権と中止命令権を持った連邦取引委員会が設置された。(43) この場合もウィルソンは、不当な競争とトラストの阻止による自由競争の確保を目指しており、革新主義派が主張していた連邦政府の介入強化を全面的に支持していたわけではなかった。

上述のように、ウィルソンは、利己主義を抑制し、規範と公共意識を共有した人々の競争によって発展する社会を理想としていた。ただし、理念を掲げるが自主性を重んじるため、ウィルソンは懸案となった問題に自ら積極的かつ恒常的に介入したり、特に政治力を行使して妥協を作り上げたりするようなことを行わず、担当者に主導権を委ねながら、重要な決定のみに関与した。ウィルソンはまた、個人的に大企業を評価する一方で、労働組合や人種問題に無関心ないし支援に消極的であるなど、保守的であったが、担当閣僚や専門官僚が作成し、世論が支持した革新的政策を採用する決断によって、全体として革新的で、連邦権限を強化する政策姿勢を示した。それだけに、ウィルソンにとって資本家と労働組合の衝突事件の発生は、社会の安定維持と当事者間の自主性の尊重という、両立し難い原理への対応を余儀なくされる深刻な問題となった。

一九一三年九月、コロラド州で石炭ストライキが発生した。規模の小さい炭鉱ながら、ロックフェラーと対立し、五十人が死亡する事件に発展した。労働省は調停を試みたが、企業側は対話を拒否し、一九一四年四月二十日にコロラド州軍が介入、労働者側に五名の坑夫、二名の女性、十二名の子供の死亡者を出す事態となった。対して労働者側も、会社資産への放火といった反撃に出たため、州知事はウィルソン大統領に介入を要請した。

当初、ウィルソンは、治安維持を州の責任として介入に消極的であったが、二十八日に連邦軍を派遣し、翌年一月まで駐留させた。連邦軍は会社側と労働者側の双方を武装解除し、改めて労働省による調停が試みられた。とはいえ、労働者側が連邦政府の調停を受け入れたのに対し、企業側は拒否した。そのため、紛争は労働者側の敗北に終わった。しかし、紛争を通じて労働者の生活条件が明らかになったことで、州による健康安全規制が強化され、企業側も、労働者のストライキを防止し、組合組織力を弱めるという視点から、労働者に対する保護措置を講じていくようになった[44]。つまり、ウィルソン政権は、労使紛争の重大事件化に対して消極的ながら治安上の理由から介入し、同時に調停案も提出したが、それを強要するわけでなく、むしろ連邦が事態鎮静化についてのみ責任を果たすことで、短期的な成果は不十分であっても、当事者が自主的に紛争を解決していく長期的な効果に期待するという対処法を示したのである。

同様に、一九一三年後半から翌年にかけてのメキシコ情勢の悪化は、最低限の治安保護措置を通じて当事者の自主的な問題解決を期待するというウィルソンの政治手法を、外交の分野で発揮する機会となった。ウィルソンは、政権発足直後にウエルタ政権を否認し、使節を派遣して、ウエルタを除いた大統領選挙を勧告した。しかし、ウエルタはこれを拒否した。その後、ウィルソンはウエルタと立憲派の調停を目指したが、十月八日に立憲派はトレオンを占拠、十日にウエルタはメキシコ議会を解散し、百十名の反対派議員を逮捕した。ウィルソンはウエルタの措置をアメリカに対する背信とし、不当選挙に対する不承認を通告する一方で、調停の試みを継続し、武器禁輸の解除などで立憲派を間接的に支援しようとした(45)。さらにウエルタ政権の基盤が強固と判断される中、一九一四年四月一日にジョン・リンド特使は、メキシコ東海岸の石油基地であるタンピコをアメリカが保護するよう政府に提言した。しかも、そうした折の四月九日、アメリカの小型船がタンピコ港に接岸し、禁止地域に誤って上陸したため、メキシコ政府当局によって逮捕されるという事件が発生した。

逮捕されたアメリカ人船員は直ちに釈放された。しかし、アメリカ海軍部隊の司令官は、メキシコ側に、正式の謝罪や責任者の処罰などを要求した。ウィルソンもこれを承認し、二十日に議会に対し、部隊派遣とウエルタへの要求について承認を求めた。議会は三百三十七対三十七の圧倒的多数でこれを承認し、二十一日に千人の海兵隊部隊がベラクルスに上陸した。しかし、これにメキシコ海軍が抵抗して衝突事件が発生、アメリカ側で十九人の死者と七十一人の負傷者、メキシコ側で百二十六人の死者と百九十五人の負傷者を出した。メキシコでは反米気運が高まり、アメリカ領事館が襲撃される事件も生じた。しかし、五月に立憲派がタンピコを占領したことで、ウエルタの凋落が決定的となり、七月十五日にウエルタは辞職、スペインに亡命した。その間、立憲派の内部でベヌスティアーノ・カランサとパンチョ・ビヤの対立が発生していたが、ウィルソンは立憲派への期待から、四か月後にアメリカ軍を撤兵させた(46)。

ウィルソンにとって、メキシコへの出兵も緊急事態に対応して行われたもので、しかもメキシコの内戦に介入するものでないという意味で、内政不干渉の原則に反していなかった。ウエルタを排除した選挙勧告も、普遍的な原則に対するメキシコ側の主体的な同調を促し、それによって秩序の回復と安定化を図るためであった。とはいえ、ウィルソンにとって、武力衝突の発生は予想外で、そうした非常事態の勃発によってさらなる介入を余儀なくされた。しかも、この時点でアメリカ軍は撤退したものの、メキシコ情勢は不安定のままであった。第一次世界大戦中、アメリカにとってメキシコ問題は、ヨーロッパとの関係や、中国をめぐる対日関係以上に深刻な問題となる。

◇

セオドア・ローズヴェルトは、革新的政策を掲げながら議会の制約を回避するため、非公式の政治力を駆使して国内の諸問題に対処し、国内の対立や共和党の分裂を阻止すると共に、外交においても同様の政治手法を発揮して、アメリカの国際的威信を高めた。ところが、政権を引き継いだタフトは、革新的政策を行政、立法、司法の各機関それぞれの措置によって遂行しようとしたため、かえって各機関相互の対立や、共和党内の対立が顕在化し、党内分裂を深刻化させた。そのためタフト政権は、共和党内の革新主義派から保守的と批判されたばかりか、議会より多大な制約を課せられた。こうした傾向は外交においても同様で、タフト政権期の外交は、ラテンアメリカ地域の経済的安定を目指すため、国務省が主導権を発揮し、同地域への投資を拡大しようとする積極的施策を展開する一方で、その方針は議会から承認されなかった。同様に日本との関係においても、国務省が満州へのアメリカ企業の進出を支援しようとし、大統領は多様な世論の中でそれを受動的に承認したため、日本との緊張を引き起こした。

この時期のアメリカの中国外交は、門戸開放、機会均等という、自由主義の理念を掲げていた。しかし、その実態は、列強と中国の格差を前提に、列強と同等の権利を追求するというもので、しかもアメリカ国内には、独占的国際金融資本と政府との関係に対する批判も存在した。一方、カリフォルニア州における排日移民問題に関し、タフト政権は、革新主義派州知事の協力を得て排日土地法案の成立を阻止した。しかし、州議会による排日立法の動きとそれに対する州政府の容認姿勢は強まっていた。アメリカの自由主義は、独占化の進展とそれに対する反発や、保護すべき権利主体相互の対立、国内世論と外交関係との軋轢といった、様々な矛盾を内包しており、それが日本との関係を含めた多くの政策上の混乱に直結していた。

続く民主党のウィルソン大統領は、理念や原則を重視し、利己主義を抑制して規範と公共意識を共有する人々の自主性を重んじたため、連邦政府が社会や経済に対して必要以上の介入を行うことに否定的で、また、ローズヴェルトのような非公式の政治力を行使し、政治的な妥協を作り上げることもしなかった。そのためウィルソンは、具体的政策の立案に当たって自らそれを主導するより、担当閣僚や専門官僚が作成し、世論が支持した革新的政策を採用する決断によって、結果的に介入的に行動した。そうした手法によってウィルソンは、関税改革や連邦準備制度の創設において成果を挙げたものの、労使紛争に対する対処は治安維持という面に限定され、雇用者側の善処を期待するにとどまり、人種問題に関しても概して無関心であった。

こうした、理念を重視し、自ら解決策を提示するよりも当事者の自主的な善処に期待するウィルソンの気質は、外交においても発揮された。しかし、理念を重視するあまり、外交問題に関するウィルソンの判断は、中国に対する借款団からの撤退や、ラテンアメリカに対する選挙勧告や軍隊の派遣など、独占や暴力に対する反対姿勢は鮮明であっても、行動には躊躇や混乱が伴い、しかも関係相手国側に唐突で、一方的になりがちであった。また、この時期に成立したカリフォルニア州における排日土地法案に対しても、ウィルソンはカリフォルニア州側の自制を求めるのみで、それ以上の行動を取らなかったばかりか、民主党議員が排日を掲げる中、連邦政府として州権に対する不干渉の立場を貫いたため、法案の成立を阻止できなかった。さらに、以上のような自主的な理念の共有を重視するウィルソンの性格は、信用を失った相手に対する徹底的な不信感の表明という、硬直した態度ももたらした。こうしたウィルソンの政治手法や性格は、第一次世界大戦期に発展的に引き継がれ、メキシコや日本との関係において、様々な問題を引き起こす。

革新主義時代のアメリカは、議会の権限と大統領の権限が対立する中、個人の権利や自由主義と公共の利益や公平性をいかに両立させるかをめぐり、苦悩していた。そうした状況は、アメリカの外交にも大きな影響を及ぼしており、アメリカの対外政策は、日本を含めた諸外国にとって、対処しづらいものとなっていた。

第四章　辛亥革命、大正政変とその後の内外情勢の緊迫化

本章は、辛亥革命から大正政変を経て、第一次山本権兵衛内閣期に至る時期の日本陸軍と外交を主に取り上げる。辛亥革命以降、中国が政情不安に陥ったことで、日本では、ヨーロッパ列強による権益拡大への警戒が高まる一方、大陸浪人の活動が活発化し、さらに国内でも、予算問題を直接的な理由として第二次西園寺内閣と陸軍が対立し、大正政変が発生する。その後も中国の情勢は安定せず、中国で日本人を対象とした排外事件が発生する一方で、アメリカではカリフォルニア州で排日土地法が成立するなど、日本をめぐる内外情勢は、国民感情を激昂させる展開を示した。

こうした状況において、陸軍がこの時期の日本の内政と外交に与えた影響は大きかった。本章は、辛亥革命後の中国やあるいは欧米列強に対する陸軍の見方を、長州閥の陸軍支配が動揺していく文脈の中で整理し、大正政変とその後の山本内閣期における軍部大臣現役武官制の廃止をめぐる陸軍の動向や、満蒙独立運動と陸軍の関係について再検討し、合わせて山本内閣による対米、対中外交を後の二十一か条要求につながる流れの中で取り上げる。

本章の対象時期は、日本ないし日本人に関係する国際的な情勢の変化と、それと連動する国内情勢の緊迫化が生じた時期であった。当該期における陸軍の行動は、当時においても独断的として批判されたが、本章はそれを、陸軍と政府の二元的対立として捉えるより、日本の国際的地位の変化に伴う日本の国内的変化、すなわち藩閥や陸軍における権力関係の変化や、国民的な対外意識の変化を反映したものとして捉えていく。本章ではこうした観点から、アメリカとの懸案となった日本の海外移民についても取り上げ、第一次世界大戦以前の海外における日本人の活動の広がりとその全体傾向を概観することで、この時期の対米、対中外交の背景を明らかにする。

一　辛亥革命と日本陸軍

大正元（一九一二）年十二月の第二次西園寺公望内閣の総辞職に始まり、第一次護憲運動を経て、翌年二月の第三次桂太郎内閣の総辞職に至る大正政変の原因や背景をめぐり、概ね次のような見解が存在する。すなわち、山本四郎は、桂園時代末期の官僚派と政党との対立、とりわけ第二次西園寺内閣が独自性を発揮したことで激化した両者の対立を重視するのに対し、坂野潤治は、日

露戦後の財政問題を、他方、小林道彦や櫻井良樹は、辛亥革命に対して西園寺内閣が消極的な対応しかできなかったことに対する陸軍の不信を重視している。(1) 第二次西園寺内閣総辞職の直接のきっかけは、朝鮮二個師団の増設問題という次年度の陸軍予算をめぐる対立であり、そこで財政的要因と西園寺内閣に対する陸軍の不信という要因が重視されたわけである。とはいえ、政変開始直前の十一月下旬における内閣と陸軍の対立は、予算問題のみによって引き起こされたわけではなかった。後述のように、予算をめぐり、陸軍内にも政府との妥協を求める有力な見解が存在したからである。

財政問題そのものは、桂園時代を通じて存在していた。しかし、それが辛亥革命の勃発後、陸軍と政友会の対立にまで発展するには、複数の政治的要因が介在した。小林によれば、日露戦後、イギリスで最新鋭戦艦が竣工したことで、海軍の拡張が必要となり、そうした海軍の拡張要求によって、陸軍も明治四十年国防方針の充足を目指すようになり、さらに辛亥革命の影響もあって、陸軍の予算増加を求める傾向は強まった。(2) とはいえ、陸海軍の予算要求を調整できなかったことは、財政問題とは別の政治指導力の問題であって、それには、政友会の勢力拡大に反発する藩閥側の意識や、藩閥内部における権力関係の問題も関わっていた。

小林道彦によれば、寺内正毅陸軍大臣が朝鮮への二個師団増設を内閣に提案したのは、韓国併合二か月前の明治四十三（一九一〇）年六月下旬であった。(3) その後、明治四十四年八月に陸相は寺内から石本新六に交代し、十月六日に新任の石本陸相と奥保鞏参謀総長は明治天皇に、朝鮮二個師団の常設に関する上奏を行った。上奏は、当時の朝鮮駐留部隊が内地定員による応急措置であったことを踏まえ、「新領土ニ有力ナル圧力ヲ加ヘ以テ新付ノ民ヲ威服セシメ、且露国ノ極東経営及清国ノ軍備施設ニ照シ、大陸上ニ於ケル帝国ノ立脚地ヲ鞏固ナラシム」ため、財政状況に関する内閣との交渉次第で朝鮮に二個師団を常設する、という方針を掲げていた。(4) 辛亥革命が勃発したのは、その直後であった。

明治四十四年十月の辛亥革命の勃発を受け、在清公使伊集院彦吉や陸軍は、出兵を主張した。小林道彦や櫻井良樹によれば、革命勃発以前より陸軍内には、清朝に内乱が発生し、列強が出兵した場合、日本が反乱鎮圧の負担を負わされながら、欧米列強のみが権益を拡大するような事態になることへの警戒感が存在していた。陸軍はそのような事態を避けるため、清国要地の保障占領についても想定していた。そこで辛亥革命が勃発すると、陸軍は満州への単独出兵と北清および長江流域への共同出兵の準備に着手しようとした。対して西園寺内閣は、十月二十四日に「対清政策ニ関スル件」(5) を閣議決定し、清朝と反乱軍の双方に武器援助を行い、清国における経済権益の獲得を目指すと共に、当面は列強との協調を維持し、満州に関しても現状を維持するという方針を定めた。西園寺内閣は清朝への出兵に消極的で、それは列強との協力の下、北京‐天津間の鉄道警備を行うという限定的な規模にとどまった。しかも列強、特にイギリスは、袁世凱政権の成立に対し、一方で南北妥協の調停を進めながら、四国借款団による袁世凱への借款を進めることで、同政権を支持する姿勢を明らかにした。日本では、隣国における帝政廃止、共和制への移行という事態に警戒感を高めたが、イギリスが袁世凱政権を支持している状況にあって、それに対抗することはできなかった(6)。

こうした政府の受動的な対応を批判したのが、田中義一陸軍省軍務局長であった。田中はまた、海軍や石本陸相についても酷評した(7)。しかし、石本は明治四十五年四月二日に死去してしまう。後任には上原勇作が就任した。山本四郎によれば、上原は就任に際し、山県の意向を汲み、増師について決意を語っていたようである(8)。上原は都城出身、地縁的に薩派に属し、山県派でなかったが、前年に寺内が陸相を退任した時点で、長州閥には人材が払底していた。宇都宮太郎参謀本部第二部長は寺内の後任について、「適任者より言へは上原の外には之に及ふもの断して無之」「長閥中には一寸後任者の候補者無」き状況との観測を上原に伝えていた(9)。しかし、実際は寺内に近い石本が陸相に就任した。ところが、その石本が死去したため、遂に上原が陸相に就任したのである。

上原を推していた宇都宮は、辛亥革命の勃発後、十月十五日付の「対支那私見」と題する文書を上原や福島安正参謀次長に送付し、白人が世界の八割以上を掌握する中で生じた辛亥革命に対し、欧米諸国の中国掌握を阻止すると共に、中国を「二国に分立せしめ、而して出来得れは其双方と特種の関係（例へは一は保護国若くは其類似、一は同盟とする等にして、此間報酬的に満州問題等を我れに有利に解決せしむへきは勿論なり）を結ひ、以て時局再転の機を待つへきなり」と提言していた。櫻井良樹によれば、宇都宮は、南方革命派に支援を与える一方で、北方の清朝を日本の保護下で維持し、日本主導下の調停により南北分立状況を固定化しようと構想していた(10)。後述のように、大正政変までの宇都宮は、長州出身の田中に対しても不信感を持っていたが、その後、満州政策に関して見解を共有し、協力し合うことになる。対して北岡伸一によれば、山県有朋や寺内正毅は、辛亥革命から第一次世界大戦期にかけて、中国の分裂を望まず、中国における安定政権の登場とそうした政権との協調を目指していた(11)。その点で、清朝の分裂を歓迎する宇都宮の見解は、明治期に支配的であった対清外交方針と断絶していた。このように、明治末期の陸軍内における権力関係の変化は、対中国意識の変化と一定の相関関係にあった。

明治期の日本外交において、東アジア地域の混乱は、中国においても朝鮮半島においても、当該地域における欧米列強の勢力拡張を助長しかねず、基本的に望ましくなかった。しかし、東アジアの政情不安は現実として存在していた。しかも辛亥革命は、欧米列強による世界分割と、清朝に対する借款供与やそれに伴う利権設定が行われる中で勃発した。その結果、中国の分裂と欧米列強による勢力拡張の現実性が高まった。宇都宮の態度は、そうした白人に対する対抗意識から生まれていた。さらに宇都宮が清朝の分裂を好機と捉えた背景には、後述のような第一次満蒙独立運動に対する多少の期待と、欧米列強による世界的な影響力の拡大の中で実施された韓国併合の経緯からであろう。すなわち、日露戦争前後の日本は、朝鮮半島への欧米列強の勢力浸透を阻止するため、列強に支援を求める朝鮮半島内の政治勢力と、朝鮮半島の政治的分裂から列強がそれに介入する事態を警戒していた。そのため、日本は韓国併合の時期についても、欧米の動向に配慮して慎重に判断せざるを得なかった。最終的に日本は、通商航海条約改定交渉を控える中、アメリカによる満州鉄道中立化の提案が、列強に対する韓国の支援要請を引き起こしかねないことを懸念し、韓国併合を断行した。こうした経験に照らし、宇都宮は中国に対しても、日本が保護的立場に立つことで、中国への欧米列強の介入を阻止すると共に、満州における権益を拡張しようとしたのであろう。しかし、そうした中国の分裂を日本の好機として捉える点で、宇都宮は山県や寺内と決定的に異なっていた。

山県や寺内と宇都宮の間には、長州閥と非長州閥という人脈の違いに加え、世代的な違いが存在していた。辛亥革命の勃発に際して出兵に積極的であった田中は、宇都宮のさらに後輩であった。宇都宮における人脈と世代の問題は、宇都宮における能力主義的な権力観とも関わっていた。宇都宮が長州閥を批判した理由は、長州閥が個人の能力や職務上の必要より情実的な人間関係を優先し、人事や政策の停滞を招いていたことにあった。宇都宮は、長州閥による上原の陸相起用を、情実人事によって人材を枯渇させた長州閥の行き着いた必然的結末と捉え、それを長州閥打倒の好機として利用しようとした。同様に、宇都宮が中国への干渉に積極的な見解を示したのも、内乱を引き起こした中国の統治能力に低い評価しか与えていなかったからである。さらに白人が、欧米の勢力圏においてアジア人を排斥しながら、アジアに勢力を拡張していた現実も、宇都宮の対抗心を高めた。後述のように、大正政変に際して宇都宮は、陸軍予算についてむしろ自制的かつ合理的な判断を下し、しかも上原陸相に情理に則った対応を示した。こうした宇都宮の現実的、実務的行動に照らし、長州閥や、中国、欧米に対する宇都宮の攻撃的な見解は、実際的構想というより、論理を情緒的に突き詰めた極論に過ぎなかった。それだけ宇都宮は自尊心が強く、内外情勢に堪えられないものを感じていたのであろう。

とはいえ、藩閥政府は伝統的に、欧米列強との合意形成と自制的な対外姿勢によって、日本の地位を保全しようとしてきた。その点で、欧米の反発を招きかねない中国の分断政策より、清朝ないしその後継政権である袁世凱政権を、特にイギリスが袁世凱を支持している状況にあっては、支持する方が現実的であった。形式的に日本と欧米諸国は対等であったが、実態は異なっていた。しかも、そうした不均等な関係は、国内における藩閥政府によって維持されていた。そうした中での上原陸相の登場は、長州閥の陸軍支配を長期的に打開していくきっかけになる可能性を持ち得た。長州閥の打破には、陸軍の情実人事の解消ばかりでなく、日本の飛躍的発展を実現する可能性も期待された。とはいえ、上原を陸相に起用した長州閥の権威は、依然として大きかった。そうした状況を背景に、山県、桂、上原、宇都宮、田中の関係には、後述のような交錯した配慮が働くことになる。

辛亥革命への西園寺内閣の対応には、陸軍のみならず、山県や桂も批判的であった。しかし、波多野勝によれば、山本権兵衛や斎藤実海相は、辛亥革命に対する中立、不干渉の立場を取り、西園寺内閣の方針を支持した。(12) 山県や桂が出兵問題で内閣を批判する中、辛亥革命に対する不干渉について海軍の支持を得られたことは大きく、西園寺が第三次桂内閣の後継首班に山本を推す動機ともなったはずである。しかし、問題はそればかりではなかった。辛亥革命後、大陸浪人や陸軍の出先、さらには参謀本部までもが関与した満蒙独立運動が発生していたからである。

第一次満蒙独立運動について、会田勉『川島浪速翁』[13]という基本文献と栗原健や波多野勝、櫻井良樹の研究が存在する。運動の中心となった川島浪速は、義和団事変時に臨時派遣隊の福島安正少将の通訳として従軍し、清朝側との仲介にも当たっていた。川島と福島は同郷で、旧知の間柄であった。事変後、川島は満州八旗世襲王の一人である粛親王の信頼を得て、明治三十九（一九〇六）年末に義兄弟の契りを結んだ。辛亥革命勃発後、川島は袁世凱や孫文を信頼せず、まずは袁世凱の爆殺を計画し、次いで清朝を日本の支援により満州で存続させると共に、粛親王の妹を王妃とする内蒙古の喀喇沁《カラチン》王に挙兵させる構想を立てた。明治四十四年十二月六日、川島は福島安正参謀次長に、喀喇沁王への資金や弾薬の援助を働きかけ、さらに翌年二月二日の清朝皇帝の退位を受け、粛親王を北京から脱出させた。粛親王は六日に旅順に到着したが、この脱出は参謀本部の了解事項であった。

川島らと並行し、宇都宮参謀本部第二部長も、満蒙を分離して清朝を日本の保護国として存続させ、「他日第二の韓国たらしむるの地」とする構想を立てていた。そこで宇都宮は、多賀宗之少佐や高山公通大佐、宇多利遠少佐らを通じて蒙古挙兵に対する多額の資金援助を行った。とはいえ、参謀本部は、川島らの工作が成果を挙げた場合にそれを機会主義的に利用しようとしただけであって、自ら責任を負って挙兵を成功させようとするほどの決意を持っていなかった。その上、イギリスをはじめとする列強が袁世凱政権を支持する中、外務省や海軍は、川島らの挙兵計画に反対した。そのため、二月下旬に参謀本部は、出先将校に挙兵計画への関与を禁ずる命令を発した。川島にも工作の中止が指示された。川島は納得せず、福島次長に談判したが、無駄であった。参謀本部による中止命令後も、弾薬の輸送計画は現地の独断で継続された。とはいえ、輸送隊は中国側の襲撃を受け、挙兵計画は失敗に終わった。第二次西園寺内閣にとって、辛亥革命の発生に沸き立つ大陸浪人や陸軍を抑えることは重要課題となったが、それは第三次桂内閣後の山本権兵衛内閣にも引き継がれていく。

二　大正政変をめぐる藩閥と陸軍

辛亥革命への出兵問題が終息し、明治四十五年度予算の成立を経た後の五月十一日に執行された第十一回総選挙において、政友会は単独過半数を確保し、西園寺内閣はこれ以降、本格的に行政整理に取り組むこととなった。この時点で政府は、行政整理に困難が伴うとしても、それが陸軍との対立を惹起し、内閣総辞職の原因になるとは予想していなかった。しかし、その間に伏線となる事件は発生していた。すなわち、七月三十日の明治天皇の崩御と続く大正天皇の即位、それに伴う桂太郎の内大臣就任である。桂の内大臣就任は、山本四郎によれば、桂と水面下で対立していた山県の策謀によるもので、八月末までに桂の宮中入りは永続的な措置と観測されるようになった(14)。後述のように、こうした山県と桂の対立は、大正政変を引き起こす藩閥側の要因となる。

桂が宮中入りしたことで、第三次桂内閣の可能性が消滅し、西園寺内閣の後継は他に求められなければならなくなった。八月末までにまとめられ、後藤新平から桂太郎に伝えられた政界情報は、これに関して次のように記していた(15)。なお、山本四郎は、これを杉山茂丸による情報と推測している。

今や漸く桂公の奉仕は、山県公等の排斥的幽閉策にあらずして、自己の政治的系統の根底を厚からしむるのみならず、延て自己系統の発展に資せんとするの方針に出で、同時に桂公は成るべく長く宮中に蟠踞し、その後継者をして遂に政権を把握せしむるの心算なることも明瞭と相成り候様確信せらるるに至り申候。這般《しゃはん》蓋し報知新聞今夕刊に「山本か寺内か」と題するものは、この消息を漏らせるもの[…]桂公の後継者として山本伯を推さんと欲するものは上下両院各派間に存るのみならず、凋落の悲運より一転進を計らんと腐心しつつある薩派中にもこれあり候[…]寺内伯は爾来官僚系中の比較的大人物にして、山桂両老と切つても切れぬ関係を有するのみならず、両老の政治的理想に訴うるも寺内伯を後継者となすを最も適当すべきにより、西園寺侯が退隠の志を発こすの日は、必ず寺内伯を推さざるを得ざるべし。[…]而して寺内内閣は[…]其の実質において第三次桂内閣と称するも不可なく[…]対議会策の関係は、或意味の情意投合を山桂両公と西侯との間になし、政友会をして与党たらしむに在るべく、或は原敬をして留任せしむるやも知るべからずと消息されつつあり候。

この情報は、「情意投合」の実態などについて誤った認識を示していた。しかし、他方でこの情報は、『報知新聞』報道に言及しながら、世上で桂の後継候補として寺内正毅と山本権兵衛が挙がっていることを記していた。ここでは寺内が有力とされたが、貴衆両院や薩派には山本を擁立しようとする動きも存在した。この後、田中義一が寺内擁立運動を進めていくのは、そうした動きに対抗するためであった。しかもこうした中で、十月十五日に元老松方正義が井上馨、大山巖と共に閣議に出席し、外債募集反対など、消極論に基づく財政意見を述べるという出来事があった(16)。松方に財政上の主張以外の政治的意図はなく、原敬も「老人の言、固より取るべきものなし(17)」と相手にしなかった。しかし、この出来事は、田中の運動にも間接的な影響を及ぼすことになる。

ただし、寺内は六月上旬に山県に対し、増師は望ましいが、やむを得なければ充実にとどめることを容認する発言をしていた(18)。朝鮮への二個師団増設に関し、寺内は必ずしも強硬ではなかった。にもかかわらず、田中が寺内内閣の実現を目指したのは、寺内が桂の有力な後継首相候補であると共に、その対立候補が山本であったからである。正確な時期は不明であるが、これよりしばらく後に田中ないしその周辺によって作成され、陸軍内に回された情勢観測は、次のように記していた(19)。

政府ノ政策ニ重大ナル関係ヲ有スル師団増設ノ要求ニ対シ、首相結局ノ意見ハ諸種ノ情況ニ因リ左ノ如ク判断セラル。

一、政府ハ整理ノ実ヲ挙ゲ、公約ヲ実行シテ政友会内閣ノ声価ヲ発輝シ、以テ政党内閣ノ基礎ヲ固フスルコトヲ謀ル。之レガ為メ、一時海軍ヲ利用シテ先ツ陸軍ニ強大ナル圧迫ヲ加ヘ、其要求ヲ卻《しりぞ》ケ、以テ政友会ノ威信ヲ示サンコトヲ期ス。

二、若シ陸軍ノ主張強固ニシテ首相ノ意思ヲ遂行スルコト困難ナル場合ニ於テハ、陛下ノ聖断ヲ奏請ス。此如クシテ尚ホ且ツ首相ノ希図ヲ実行スル能ハザル時ハ、内閣ノ総辞職ヲ奏請シ、行政整理、海軍拡張、減税等ノ実行不可能ナル罪ヲ陸軍ニ嫁シテ、後継内閣ノ立場ヲ困難ナラシム。

右の文書について北岡伸一は、十月下旬に陸軍が政府との全面対立を決意した史料とし、坂野潤治は、陸軍が十一月中旬に陸軍に対抗する西園寺と海軍の動きを正確に把握していたことを示す史料として利用している(20)。しかし、西園寺や原は、増師問題について山県や桂に調停を依頼し続け、西園寺は薩派を通じ、上原陸相への働きかけも行っていた(21)。十一月十六日の時点でも、原は桂に対し、「此増師問題ほど訳の分らぬものなし、世間にては大騒ぎをなし居るも内閣にては上原一言をも余等に洩らさず、[…]左までの大問題とも思はざれば何とか解決の方法あらん(22)」と述べていた。つまり、西園寺や原は、内閣の存続を前提とし、増師問題でこれほどの困難に直面するとは思っていなかった。その意味で右の史料は、田中が政友会の意向を取り違えていたばかりか、八月下旬以降の世上の観測に沿って邪推を深め、一方的に危機感を募らせていたことを示している。

田中はおそらく、右の文書の配布と前後して、増師問題がらみで生じる今後の政局について、詳細な観測を寺内に送付していた。この文書は二つの部分からなり、特に重要なのは次の部分である(23)。

〔第一部〕

四、首相ヨリ山県元帥ニ陸軍側ノ鎮圧ヲ強制的ニ依頼スル場合ニハ、元帥ハ国防ニ関スル問題ハ元老トシテ私議ス可キ筋ノモノニアラズ、元帥トシテモ陛下ヨリ御下問アレバ別ナレドモ、一個人トシテ陸軍ノ要求ヲ緩和スル如キ責任ヲ執ル能ハズ、[…]宜シク当面ノ責任者タル陸軍大臣ト協議セラルベシ、此間個人ノ意見ヲ挿ムベキ筋ニアラズトシテ謝絶セラル。桂大将ニ相談アレバ、仮令ヒ友誼的タリトモ、今日ノ位置職責柄此如キ問題ニ言議ノ容ルル能ハズトノ理由ヲ以テ謝絶セラル。

五、陸軍大臣ハ、政府ニ於テ陸軍ノ要求ヲ容レザルモノト認ムレバ、直チニ参謀総長帯同ノ上、国防ノ危殆ナル所以並ニ首相ノ主張ハ国防ノ関係上自分等ノ職責ニ対シテ到底同意スル能ハザル旨ヲ陛下ニ奏上シ、且ツ本件ハ国防上ニ重大ナル関係ヲ有スルヲ以テ、軍事参議官ニ御諮詢アランコトヲ奏請ス。

六、軍事参議官開催ノ旨、仰セ出サルレバ、成ル可ク速カニ開会セラルル如ク取リ計フ。[…]要スルニ、現下ニ於ケル情況ハ単純ナル師団増設問題ニアラズシテ、政府ハ此機会ニ於テ政党内閣ヲ作成セントスル底意ナルガ故ニ、増師問題ハ之ガ犠牲タルニ過ギズ、実ニ我国是ニ関スル重大ナル時機ナリ。即チ日本帝国ハ民主国タルカ将《は》タ君主国タルカ、所謂ル天下分ケ目ノ場合ニシテ、実ニ鞏固ナル意志ト堅実ナル協同ノ力ニ依リ大ニ努力セザル可ラズ。

〔第二部〕

一、首相、山県元帥桂大将ノ謝絶ニ会セバ、已ムヲ得ズ陸軍ノ要求ハ政府ノ施政方針ヲ阻碍スルモノナルコトヲ奏上シテ聖断ヲ仰グニ至ルベシ。此場合ニ於テ、陛下ヨリ之レニ対スル処置ニ関シ、桂大将ニ御下問アレバ、此如キ問題ヲ以テ新帝ヲ煩ハシ奉ルベキモノニアラズ、宜シク統一セル政策ヲ定メテ奏請スベキモノナルガ故ニ、御却下アラセラレテ然ルベキ旨ヲ奉答セラル。

二、首相ヨリ内閣総辞職ノ裁可ヲ奏請スルニ至レバ、陛下ハ各元老ヲ宮中ニ召サレ、御下問アラセラル可ク、其場合ニ於テハ内閣ノ辞職ヲ勅許セラレ、寺内大将ニ新内閣組織ヲ御下命アラセラレテ然ル可キ旨桂大将ヨリ発言セラレ、山県大山両元帥之レニ和セラレ、井上侯ノ賛成ニ依リ決定スル如クシテ国是ノ貫徹ヲ謀ル。

つまり、山県や桂に対する政友会側からの働きかけに対し、問題が陸軍の専管事項であることを理由にその介入を自制させる一方で、軍事参議官会議を招集することで政府に陸軍の主張を強要し、さらに政府が総辞職した場合、桂内大臣の上奏によって寺内内閣を成立させ、増師を実現しようというわけである。由井正臣は右の史料を、軍部が統帥権の独立を手段として内閣を倒すだけでなく、軍部の望む軍事的性格を持つ内閣構想を持つに至った史料として位置付けている。しかし、田中義一が寺内内閣を構想したのは、長期的計画に基づいていたわけでなく、桂太郎の内大臣就任と政府による制度整理問題の本格的調整が始まったことをきっかけとしていた。田中が辛亥革命に対する政府の対応に不満を持ち、その退陣を希望していたとしても、それが具体的な後継内閣構想に発展するには、多くの条件が必要であった。田中は四月の時点では、石本陸相の死を機に、後継の上原陸相を通じて内閣に陸軍拡張を求めようとしていた。しかも、桂が政権意欲を持っている中、寺内を後継に擬することは不可能であった。

しかし、その後、桂が内大臣に就任したことで、田中は山本内閣の可能性を警戒し、寺内の擁立を積極的に進めるようになった。田中が政友会の陰謀に警戒したのも、田中が現実以上に世上の観測に影響されたためであった。しかも、田中が元老の間を奔走したのは、松方が主要閣僚に財政意見を述べた前後の時期であった。松方が財政意見を述べた五日後、原が井上を訪れると、井上は既に田中の意見に共鳴しており、原に増師を求めたが、原はこれを拒否した[24]。その後、田中は井上の仲介を得て、十一月九日に首相官邸で自ら原らに陸軍の主張を説明したが、翌十日に山県と西園寺の会談が行われた際、山県はそれまでの態度を一変させ、増師を主張するようになっていた。これも田中による働きかけの結果であったらしい[25]。田中は、政友会による陸軍への責任転嫁を警戒し、しかも政府が元老に働きかけていたため、逆に元老を陸軍の立場に同調させることで政府の翻意を促すと共に、陸軍に全責任が課せられるような事態を避けようとした。既にこの時点で、先の引用にあるような、軍の専管事項に対する元老の介入を自制させるとか、軍事参議官会議を招集するといった悠長なことをしている場合ではなくなっていた。

しかし、田中にとって本当の誤算はそれからであった。まず山県の態度が無責任であった。山本四郎が推測するように、山県や周辺の官僚は、田中と同様、内閣総辞職の場合、寺内を後継首班に想定しながら、政府は最終的に譲歩し、準政党内閣の下で増師が実現されるであろうと観測していた。十一月十日の西園寺による仲介依頼に対し、山県は態度を硬化させていたが、西園寺内閣が増師拒否を決定した二十八日夜になると、その報告を得た山県は桂に宛てて次のような書簡を送った[26]。

内閣懸按増師問題、首相ニ於テ採用無之との事ニ相決候趣、実ニ不容易大事件惹起セシニ付、老生将来之ニ処スルノ順序概要別紙ニ相認め、副官差出し候間、御一閲之上篤と御熟慮可被下候。老生一昨夜より為風気平臥罷在候へ共、御一報次第直ニ帰京可致覚悟ニ付、御含置願上候。為其早急如此。

この時点の山県は、少し前に自ら西園寺に強硬論を述べ、西園寺を困惑させていたことを忘却していた。その後、十二月三日に西園寺が上原陸相辞職の経緯を大正天皇に奏上し、その帰途に山県を訪れた際、山県は西園寺に対し、「桂公より聞く所に拠れば、閣員中にも現に原内務大臣の如き、折衷協定を可とする者あり、[…]貴官は余りに固くなり過ごされたるに非ずや[27]」と語った。坂野潤治はこれを、西園寺が原の妥協への模索や調整を相手にせず、当初から増師問題での総辞職を考えていたのではないか、と推測する根拠とするが、山本四郎が指摘するように、これは山県の責任転嫁に過ぎない[28]。西園寺の淡泊な性格に照らし、西園寺が十一月九日の山県の無責任な強硬論に直面し、政権意欲を損なったことはあり得ても、原が内閣継続に向けて努力している中、西園寺が陸軍との対決によって総辞職するという計略を立てたと推測するのは、飛躍である。むしろ、ここでより重要なのは、山県が自らの行動が倒閣の要因となったことについて、事前事後を通じて無自覚、無責任であった点である。西園寺内閣は、陸軍と妥協し、可能な限り政権を続行したかったが、陸軍や元老側が妥協を拒否した。特に山県が、一方的主張をするだけで、元老としての調停機能を果たせなかったことは、西園寺が第一次内閣の総辞職時と対照的に、陸軍との全面対決色を打ち出しつつ総辞職する要因となった。しかもそれは、西園寺内閣の総辞職を自作自演とする官僚側の、政友会に対する不信の原因ともなった。

さらに田中にとって、政府と陸軍の対決色が強まった十一月中旬以降、政府の態度が軟化する一方で、上原陸相に自制を求める動きが陸軍内に生じたことも、誤算であった。それまで、政府の意を受けた床次竹二郎ら薩摩出身者による上原説得が断続的に行われていたが、そうした中、十一月二十八日に宇都宮参謀本部第二部長は、上原に対して次のような書簡を送った(29)。

今衝突して辞職せらるゝことは我軍国の為め甚た不利益なりと確信す。是れ一年間待てはとて成立さへすれは、軍は数年間不成立に終はるよりは遙かに有利なること明かなれはなり。然るに今此内閣をこわせば、少くも二、三年は不成立なることを免れさるへく、且陸軍は多数党と終始相敵視せさる可らさるに至るの不利あり。

翌二十九日、上原は閣議でこの日の増師問題の決定を留保することを申し出た。上原は対応に苦慮し、態度を軟化させていた。この日、宇都宮は上原に、「爾後は折衝は成へく絶対に御自身に御当り被遊、中間に人を介せさる事緊要かと奉存上候。首相の外、原、松田にも時機到らは赤誠御談合可然かと奉存上候」「御一身の御進退等に関しては、夢にも属僚等には御下問は勿論、何かの御使等にも御無用かと婆心罷在候(30)」との書簡を送った。宇都宮は、田中の行動に不信感を持っていた。

ところが、翌三十日、上原陸相は西園寺首相に、「増師は大正二年度より必らず着手のことに決定ありたし(31)」と明言した。原因は、以下に述べるように、二十九日夜に田中が桂の書面を上原に持参したからである。しかし、十一月中旬以降、陸軍に対する世論の反発が高まっており、増師問題をきっかけに内閣総辞職となれば、陸軍が苦況に陥ることは明らかであった。宇都宮が上原に自制を求めたのもそのためで、そのことは、田中自身がかねてより懸念していたことでもあった。ところが、田中は、政府が明後年からの増師実施という線にまで譲歩したにもかかわらず、それを受け入れなかった。坂野潤治は、その理由を田中の寺内内閣樹立計画に求めているが(32)、それは従前の研究史に影響された予断に過ぎず、田中があえて最悪の事態に突き進んだ理由を説明していない。しかも、陸軍対内閣の対立図式が成立してしまった状況では、寺内内閣が成立したとしても、増師予算が衆議院を通過する見通しは立たなかった。また、寺内自身も増師に関して強硬ではなかった。したがって、十一月の末に田中が上原の辞職から内閣倒壊へという筋書きを決意した理由は他にあった。きっかけは、山本四郎が明らかにしたように、桂の策謀であった。西園寺内閣総辞職の後、二十九日夜の出来事に関して田中は、十二月十七日付で桂に宛てて、次のような書簡を送っている(33)。

過般来ノ紛争ニ付テハ、偏ニ閣下ノ御心添ニ依リ陸軍ノ威信ヲ保ツコトヲ得タル次第、就中深夜閣下ノ御書面ヲ戴キニ参リ候折柄ノ如キ、実ニ間一髪ノ場合ニ有之、上原中将始私共実ニ千鈞ノ力ヲ得テ踏ミ止マリ得タル事ハ心魂ニ徹シ居リ候。

十一月二十九日夜に、田中が桂の書面を上原に持参した事実は、第二次西園寺内閣総辞職の諸要因を相互に関連付ける意味を持った。何よりこれで、上原の態度は最終的に強硬路線に定まった。上原にとって桂の意向は、世論の反発以上に自らの行動を律する権威を持ち得たからである。対して田中は、桂に対し、上原のような服従心を持たなかったが、上原を動かすほどの信頼感や一体感を形成していたわけでもなかった。その点では宇都宮の方が影響力を持っていた。そのため、田中にとって、陸軍の拡張やあるいはそれに否定的な西園寺内閣の倒壊は望ましかったが、増師問題がこじれて陸軍に対する世論の反発が高まり、さらに宇都宮をはじめ、上原に対し自重を求める動きが陸軍内に生じてくると、問題の性格は変化した。

田中は「陸軍ノ威信」と記したが、政府は明後年度からの増師を容認するなど、譲歩しており、陸軍内にもそれを受け入れようとする見解が存在した。その意味で、田中のいう「陸軍ノ威信」とは、政府に対する陸軍の権威失墜という以上に、陸軍が田中の意向に反して分裂し、政府の妥協姿勢に応じようとしたことに対する個人的反発を誇大に表現したものに過ぎなかった。田中にとって、十一月末の上原の態度変更は、そのまま田中の誤断と力量の限界を示すことになり、容認できなかった。したがって、世論がどれだけ反発し、また、倒閣によって陸軍が苦況に陥ることが予想されたとしても、田中としては、上原に強硬姿勢を貫かせるよりなかった。その点で桂の書面は、それまでの田中の言動を正当化し、その主張に権威を与えた。しかも、田中が後継首相に期待した寺内が増師問題から距離を取っている中、桂が明確な態度を取ったことは、世論の反発にもかかわらず、後継内閣の軍備政策に期待を持てる根拠となった。

しかし、桂のねらいは別にあった。桂は組閣後、かねての計画に沿って陸海軍の増強を一時延期し、国防会議によって決定する方針を打ち出した。これに田中は驚愕した。先に引用した十二月十七日付の桂宛書簡は、続けて次のように記している。

大臣辞表提出後、高等政治ニ移リシ以来、閣下ノ御仰ヲ体シ一切御伺モ不仕候得共、敢テ尊厳ヲ冒シテ申述度義ハ、閣下ノ大命ヲ奉ゼラレテ局面展開ノ場合ニ於ケル陸軍ノ面目ト云フ一義ニ御座候。此際何トカ適当ノ方法モ無之無意義ニ延期セラレ候テハ、陸軍ノ主張ハ全ク政略ノ具ニ供セラレタル観ヲ呈シ、陛下ニ恐レ多キノミナラズ、信ヲ国民ニ失ヒ、未来永劫陸軍ノ威信立場ヲ失墜スルコトト相成可申、此儀ニ付テハ上原始メ私共日夜心痛罷在次第ニ御座候。閣下ノ御就任ハ陸軍ノ意見ヲ貫徹スル機会ナルハ固ヨリ申上ル迄モ無之、刻下ノ局面展開ノ場合ニ於テモ其ノ辺ノ御考量ハ疾ク御心算ノ存スルコトトハ奉存候得共、一入閣下ノ御心添ニ依リ陸軍ノ面目ヲ発揮シ得ル様指導方御苦慮ノ程奉懇願候[…]何卒血ヲ吐クノ思ヒ御関察ヲ賜ハリ度、重々ノ御配慮御健康ニ障ラザル様、為邦家奉祈候。

上原陸相辞職までの田中の行動は、表面的かつ断片的な情報に左右されて終始一貫性を欠いた。そのため田中は、西園寺内閣の総辞職は政友会によって仕組まれた陰謀であり、陸軍はむしろその被害者であると逆恨みした。上原の後任は、山県の推薦拒否などのため、選出されなかったが、陸軍側も後任選出を拒否する方針を定めていたという。[34] ただし、その背景は一様ではなかった。

田中にとって、後任陸相の推薦拒否は当然であった。しかし、宇都宮をはじめとする大勢はそう考えなかった。すなわち、この時点で陸軍側に働いたのは、計画的な倒閣への意思というより、上原の単独上奏と辞職は陸相としての判断と権限に基づいて行ったものであり、したがってその決断理由に賛否両論があり、また、それに対する世論の反発が強かったとしても、それを尊重しなければならないという分限意識であった。宇都宮は先の書簡からまもなく、妥協への期待を述べながら、信条や一貫性を重視する、以下のような書簡を上原に送っていた。[35]

大臣は程度に因りては妥協の雅量あるを示さるると同時に、其主張の全滅撤回等は進退を賭しても断して承認せられさるの決心を暗示せらるること必要ならんと信す。

〔…〕

大臣にして此際強硬の態度を持せられん乎、仮令一時は失職の事ありとするも其政治的生命には更に光輝を加へ、次の内閣には必す旧地位を回復せられ得て、而かも閣中有力の大臣たるゝを得らるへきを信す。

宇都宮は、政府と陸軍の対立が深刻化した十一月下旬の時点で、上原に自制を求めることで政府と陸軍の対立を緩和し、上原を擁護しようとしたが、上原の辞職決意後は、従来の経緯を排してその行動を支持した。それだけ両者に信頼関係があったということになる。そうした陸軍に対し、より上位の権威たる山県が、上原の政治生命を犠牲に後任陸相を選定すれば、陸軍内の人間関係に亀裂を引き起こす可能性はあったが、陸軍と政府との対立は回避できた。しかし、山県にそうした調整を行う意思や発想はなかった。山県にできたのは、西園寺に責任を転嫁し、桂の策謀に乗せられるぐらいのことであった。

従来の研究は、上原の辞職を、陸軍が軍部大臣現役武官制を利用して政治介入しようとした結果として捉えてきた。しかし、事態はそれほど単純ではなかった。田中による寺内内閣樹立運動を陸軍の倒閣計画として理解するのも、同様である。小林道彦が強調するように、大正政変の発生において、陸軍の陰謀ばかりでなく、桂の果たした役割も大きかった。[36] しかし、大正政変は桂の策略だけで発生したわけでもなかった。全体として、政府と陸軍の対立に対し、山県は態度を頻繁に変え、政府と陸軍の調停を放棄する一方で、桂は政府と陸軍の対立を政界復帰のために利用した。その上、陸軍の内部においても、非長州系の上原が山県や桂の意向に振り回される一方で、長州閥直系の田中が自らの意思を陸軍内に貫徹すべく、山県や桂を利用しようとし、逆に桂に利用された。既にこの時点で、財政再建という重要課題のため、各当事者が自制的に協力関係を作り上げるという、桂園時代を通じて見られた安定的な状況は失われていた。山県や桂、上原や田中は、政友会への反発と相互の思惑の相違から、政友会を抑制しつつ、全体的に妥協を作り上げる中で自らに有利な予算配分を実現するという合理的な行動を取れなかった。藩閥側が個別に強硬姿勢を取ったり、調整を放棄したり、陰謀を策したりした結果、西園寺内閣との妥協が不可能になり、内閣総辞職と陸軍に対する世論の反発を招いたのである。

第二次西園寺内閣の総辞職を受けて成立した第三次桂内閣は、軍備拡張に消極的で、制度整理と財政緊縮を進める政策綱領を発表した。(37)とはいえ、これは一般国民に理解されず、さらに桂が新党の創設を発表したため、政友会も桂内閣との対決姿勢に転じた。その結果、桂内閣は護憲運動の批判の中、大正二年二月に総辞職してしまう。藩閥政府の不統一が招いた代償は、大きかった。

と同時に、藩閥政府内の不統一は、大正政変を引き起こし、第三次桂内閣を短命に終わらせたばかりでなく、陸軍内の権力意識の変化とも連動していた。明治期を通じ、陸軍は山県有朋を頂点とする長州閥がその中核を構成していた。しかし、戸部良一が指摘するように、長州閥とは、長州のための利益集団というより、長州出身者を中心とする人脈を通じて権力を保持する集団であった。(38)そのため、上原のように、地縁上、薩派に属しても、それを要職に起用することで長州人脈以上の忠誠を本人から引き出すことも可能であった。大正政変に至る山県、桂、上原、田中の人間関係は錯綜していた。長州閥に属する山県と桂は実質的に離反していたばかりか、山県は無責任に表面を取り繕うばかりで主張は一貫せず、対して桂は、実行力や責任感はあるが、山県や政友会に対抗するため、策謀に流れがちであった。しかし、上原や田中はそのことを理解せず、上原は桂の指示に従ったが、対して田中は世上に惑わされ、政友会と海軍に対抗するために寺内と桂に頼り、あるいは二人を利用しようとした。しかし、寺内は情勢が不利になったのを看取して保身に走り、対して桂は、山県への反撃を兼ねて政友会内閣を倒壊すべく、逆に田中を利用した。

大正政変の過程で顕在化したのは、陸軍内における長州閥による統制機能の低下であった。この後、陸軍における人脈的影響力としての長州閥の機能はむしろ上原勇作によって継承され、約三年後の大正四（一九一五）年十二月から大正十二年三月までの七年余にわたる上原参謀総長の時代に、統帥系を中心とする上原派が勢力を拡大する。対して田中は、原敬内閣の陸相に就任して以降、原との関係や宇垣一成の起用によって軍政系に勢力を確保し、さらに一九二〇年代半ばまでに職権を行使して上原派の排除を目指していく。その上、田中は大正政変に至る過程で、山県や桂に対する西園寺や原の働きかけに対抗するため、増師問題が陸軍の専管事項であることを理由に元老の介入を自制させ、あるいは軍事参議官会議による専門的判断によって増師を政府に強要しようとする構想を立てていた。戸部は、大正政変前後の陸軍内における専門職意識の形成が、陸軍に対する政党の影響力排除の理由付けとなったことを指摘しているが、(39)それは政党と陸軍の関係のみに生じた現象ではなかった。田中が山県や桂への働きかけを行いながら、同時に陸軍の独自の立場を念頭に置いていたように、専門職としての陸軍の位置付けは、藩閥の人脈によって陸軍が統制される状況をも流動化し、むしろ職権の担当者が上位の権威を動かす権力の逆転現象を引き起こす可能性を帯びていた。

しかも、そうした陸軍における長州閥支配の動揺を助長したのは、辛亥革命をきっかけとする欧米列強による中国分割の可能性に対する危機感であった。田中や宇都宮は、欧米列強による中国分割に備えた対応を政府や軍に求めたが、長州閥が占める陸軍上層部に積極的な対応は期待できなかった。その意味で、辛亥革命と大正政変の因果関係についても、厳密な評価が必要である。辛亥革命の勃発は、西園寺内閣に対する山県や桂、陸軍全体の不満を引き起こしたという以上に、陸軍内の信頼関係や権力関係を動揺させた。大正政変の結果、上原や田中といった、山県、桂に次ぐ後継世代が短期的に責任を負わされたが、長州閥を無能視する宇都宮と職掌を通じて陸軍上層部を動かそうとする田中には、既存の藩閥秩序を改変していこうとする点で、共通するところがあった。その意味で、満蒙独立運動のような陸軍の独断的行動を、政府対軍部の対立図式や、二重外交といった枠組みで捉えるのは不十分である。大正政変以降、藩閥という情実的人間関係の権威が動揺する中、欧米列強の権威に対抗するために積極的な大陸政策が必要であるという認識が陸軍内に登場し、それが陸軍内の不統制を引き起こした。大正政変は、そうした陸軍内の変化を一つの背景として発生し、さらにその傾向を助長したのである。

三　山本権兵衛内閣期の外交と陸軍

第三次桂太郎内閣が護憲運動によって総辞職したことで、陸軍や桂のみならず、元老を含めた長州閥全体、さらに政友会を抑えられなかった西園寺も、それぞれ政治的打撃を被った。最終的に後継首班は、西園寺の提案で山本権兵衛が担当し、政友会が内閣を支持することとなった。[40] 西園寺が山本を候補に挙げたのは、第二次内閣時の辛亥革命に対する対応において、海軍ないし薩派の協力を得られたことが大きかったからであろう。対して山本内閣も、大正政変の経緯を踏まえた財政緊縮の実行と軍部大臣現役武官制の廃止といった課題に取り組んだ。その上、山本内閣は、中国における南北対立の激化や日本人殺傷事件の他、第三次桂内閣期に発生したアメリカのカリフォルニア州における排日土地法の成立問題といった外交問題に対処しなければならなかった。

山本内閣は大正二（一九一三）年二月二十日に成立した。次年度予算の成立が最初の課題となったが、前内閣の編成予算を概ね継承することで、会期内の成立に成功した。しかし、年初から問題になっていたカリフォルニア州における排日土地法案の審議状況は、憂慮すべき状態が続いていた。第三次桂内閣の加藤高明外相とそれを継いだ牧野伸顕外相、そして珍田捨巳駐米大使は、タフトおよびノックスに善処を要請し、次いで三月四日に大統領に就任したウッドロー・ウィルソンに対しても、六日に珍田大使が牧野の訓令に基づいて訪問し、法案不成立に関して協力を要請した。[41] アメリカではタフト政権の末期、移民に言語試験を課すと共に、アメリカ市民権取得資格を持たない外国人移民を禁止する移民法が議会を通過していた。日本は、市民権取得資格を基準とする移民禁止措置を日米通商航海条約に抵触するものとしてアメリカに抗議したが、移民法案は、言語試験に反対するタフトによって拒否権が発動され、不成立に終わっていた。[42] 対してカリフォルニア州における土地法案も、市民権取得資格を持たない外国人の土地所有を禁止し、借地権を三年間に制限することを規定していた。日本側は、同法が日米通商条約に抵触するという日本の立場を伝えると共に、四月十八日、牧野外相は珍田大使に、アメリカ側の感情を害していると判断された「写真花嫁」に関し、「将来写真結婚婦人ノ渡米ヲ制限スルコト」と「日本ニ於ケル外国人土地所有ニ関スル制法ノ手続ヲ急グコトヲ条件トシテ加州官憲ノ再考ヲ求ムル様尽力」することをアメリカ政府に要請するよう訓令した。珍田は四月十九日にブライアン国務長官と会見して日本の方針を伝え、ブライアンの好意的反応を得た(43)。

　とはいえ、既述のようにブライアンは、カリフォルニア州に派遣されながらも、事態を静観するのみで、法案成立を阻止する具体的な働きかけを行わなかった。これは、ウィルソンやブライアンらの政治手法に由来しており、その意味でこの問題は、民主党政権が成立した時点で、実質的に日本の能力を超えていた。排日土地法案がカリフォルニア州議会を通過した直後の五月十日、珍田大使は牧野外相の訓令に基づき、ブライアンに対し、「該土地法カ不当且差別的ニシテ、正義公道ニ悖戻《はいれい》スルノミナラス、日米通商条約ノ明文及精神ニ抵触スルモノナル旨ヲ詳論(44)」した最初の抗議書を提出した(45)。ここで挙げられた条約への抵触事項とは、法案により、日本人が合法的に取得した土地の正当相続人による相続権が失われてしまうことや、居住および商業目的で土地を賃借する権利が奪われてしまうことなどであり、それらは、通商条約第一条に違反すると判断されていた。対してブライアンは、カリフォルニア州の法案に政治的意味はなく、また、同法の実施により日本人の権利に対する侵害が生じた場合、被害日本人には提訴する権利があることを述べたのみで、日本はこの後、六月四日、八月二十六日と二度に渡る追加抗議書を提出した(46)。

　山本内閣はさらに、中国問題においてもウィルソンの新政策に対する対応を余儀なくされた。ウィルソンは三月十八日に六国借款団からの脱退を声明したが、他方で四月二十七日に五国借款団による袁世凱政府への二千五百万ポンドに及ぶ改革借款が成立した。この契約によって、塩税の総税務司にイギリス人が、塩税副総税務司にドイツ人が、会計検査顧問にフランス人とロシア人がそれぞれ任命された。ウィルソンは、こうした列強の帝国主義外交からさらに一線を画そうとした。そこでアメリカは、借款団からの脱退からまもなく、袁世凱政府の正式承認に向けて独自に動き出し、中国における四月八日の憲法議会の成立を受け、承認を各国に提案した。それまで日本は、中国政府承認の条件として、列国の利権および外債の保証を重視していたが、牧野外相はこうした事態を受け、承認問題についても対米協調を模索することとした。しかし、中国では三月二十日に宋教仁暗殺事件が発生しており、さらに改革借款の成立に対する反発も加わって、七月十二日に第二革命が勃発した。

　その間、カリフォルニア州における土地法問題をめぐるアメリカとの折衝は、成果を挙げられなかった。中国における第二革命勃発後の七月三十一日、山本内閣は、アメリカとの間で、不動産の取得、処分、賃借に関する最恵国待遇を規定する条約の締結を目指す第一案、第一案の趣旨を日米両国の現行法に影響を及ぼさない条件で両国の合意事項とする第二案、そして「外交文書ノ交換ヲ以テ全然懸離レタル問題ニヨリ他ノ方面ニ於テ邦人発展ノ目的ヲ達セントスル」第三案を検討し、第二案に基づき、アメリカと交渉を進めることを決定した。第二案は、新規の条約締結に必要な手続きを回避できるが、そのため、カリフォルニア州における排日土地法への影響や効果に限界があり、むしろ当該問題に対するアメリカ政府の自主的かつ積極的対応を引き出し、それによって今後の排日的法律の制定を阻止しようとするものであった。その点で第二案は、条約上の拘束を嫌うアメリカと片務的規定を回避しようとする日本の立場を、双方の自主規制によって調整し、当該問題の解決を図ろうとしていた。こうした方針は、日米紳士協定以来の方針に準拠しており、珍田大使とブライアンの交渉は八月七日から開始された。

ブライアンは珍田に対し、州権尊重の立場と議会で関税法が審議中であることを理由に、条約締結に難色を示した。そこで珍田は、十二日に協約案を提出した。しかし、交渉の過程でブライアンは、第三条の「但シ締約国ノ一方ノ国民又ハ会社若ハ組合カ他方ノ版図内ニ於テ既ニ適法ニ取得シタル不動産ニ関スル権利ノ取得享有処分移転又ハ相続ニ関シテハ、現ニ該権利ヲ所有シ若ハ取得スル者又ハ其相続人被遺贈人被配当人ニ対シテ最恵国民待遇ヲ与フルコト」という趣旨の但書部分の修正を求め、日本側はこれを受け入れた。ところが、翌年一月十四日にアメリカ側は、ウィルソンの意向として、この記述全体の削除を求めた。日本側はこれも受け入れるよりなかった。にもかかわらず、アメリカはメキシコ問題に忙殺され、交渉はその後も進展しなかった。そのため、日米協約交渉は、続く大隈重信内閣の加藤高明外相によって打ち切られる。しかも一九一三年六月以降、アメリカ議会は再度、移民に対する言語試験と、市民権取得資格のない外国人移民の禁止を規定する移民法を審議していた。珍田大使は一九一四年二月二十六日にブライアンを訪問し、市民権取得資格の欠如を理由とする移民禁止は日米通商航海条約第一条に違反すること、しかも市民権取得資格を基準とする規定はカリフォルニア州における土地法に採用された規定であり、連邦政府がそれを採用することは、カリフォルニア問題に対する連邦政府の対応と矛盾するばかりか、今後のアメリカ各州の動向にも影響を及ぼしかねないことを指摘し、その後も抗議を繰り返した。ただし、この移民法は、上下両院を通過したものの、一九一五年一月二十八日に言語試験に反対するウィルソンによって拒否権が発動され、成立しなかった。[47]

山本内閣が最大の政治課題となる軍部大臣現役武官制の廃止に着手したのは、こうしたアメリカと中国をめぐる外交問題を抱える中でのことであった。山本首相は既に大正二（一九一三）年三月十一日の議会答弁において、軍部大臣現役武官制と文官任用令の改正について言及しており、山本首相はこの問題に強い決意で臨んだ。それは、大正政変の経緯に照らし、政府による陸軍統制を強化すると共に、国民世論に応えるためであった。

山本内閣による軍部大臣現役武官制の廃止については、山本四郎の詳細な研究が存在する。[48] それによれば、山本首相は木越安綱陸相に命じ、四月二十六日に陸相の職権として六月十三日付で現役武官制を廃止する勅令案を軍務局長に作成させ、参謀総長の意見を照会しないまま決裁、閣議に提出させた。勅令案には、柴勝三郎軍務局長が「本案ハ不同意ナレトモ特ニ大臣ノ命ニ依リ提出ス」とした付箋の他、宇垣一成軍事課長以下軍務局各課長全ての反対意見を明示した付箋が貼られていた。結局、木越陸相は六月二十四日に辞職し、山本首相は楠瀬幸彦中将を呼び、後任陸相の就任について直接同意を得た。他方、軍部大臣現役武官制の廃止に反対する宇垣は、「陸海軍大臣問題に就て」(49)と題する文書を作成し、諸方に配布した。また、田中義一や岡市之助陸軍次官は、入院中の上原に再起を促す書簡を送った。さらに現役武官制廃止を控えた六月三日までに、寺内陸相時代に参謀本部から陸軍省に移管された編制、動員業務を参謀本部に復することや、将官人事の異動を陸軍大臣より参謀総長、教育総監に内議の上、実施することについて、陸軍省と参謀本部の間で合意した。これにより、軍部大臣現役武官制廃止の影響を緩和しようとしたのである。

既述のように、第二次西園寺内閣は軍部大臣現役武官制によって総辞職に追い込まれたわけではなかった。しかし、上原の単独上奏、辞職をきっかけとする内閣総辞職は、そうした認識を決定的にした。そのため、世上における陸軍への批判は強く、陸軍側は、政府が予備役の軍人を陸相に起用し、陸軍人事に介入することを警戒した。しかし、そうした事態は生じなかった。その意味で、軍部大臣現役武官制の廃止は、象徴的措置にとどまった。とはいえ、他方で軍部大臣現役武官制の廃止は、大正政変を通じて露呈した長州閥の影響力低下をさらに進めた。というのは、山本内閣がそれを実行できたのは、陸軍大臣に職権を強権的に発動させ、それによって下僚の反発を招きながらも、山県や寺内といった長州閥上層部の政治介入を引き起こさなかったからである。そのため、岡市之助や田中義一といった長州系の軍人も、現役武官制の廃止後、上原の再起に期待を懸けるようになった。

長州閥という、人脈に基づく政治的影響力が低下し、職権を通じて政策や人事を統制するという傾向は、本来なら政府による陸軍の統制に資するはずであった。しかし、そうはならなかった。それは、制度以上に、政府側の意思や力量、姿勢が重要であったからである。大正政変の過程で、陸軍と長州閥は一括して捉えられたが、その内実は、陸軍においても長州閥においても、権力を保持しながら守旧的な上層に対する後継世代の反発によって、分裂していた。ところが、他方で山本内閣および政友会は、陸軍に対して表面上、強圧的に臨みながらも、藩閥政府を否定したわけでなく、特に政友会は、藩閥政府の一端を担い、それを継承しようとしていた。そのため政友会は、職権を通じて陸軍を統制するより、むしろ旧来の長州閥と陸軍の関係を前提に、長州閥の人脈を通じて陸軍との関係を構築しようとした。しかも政友会は、対外政策についても従来の方針を継続しており、その点で辛亥革命から大正政変に至る混乱の要因、すなわち、中国の混乱とそれに伴う欧米列強による権益拡大の危険に対し、日本政府が自制的にしか対応できなかったことへの国内各方面、特に陸軍内の反発を、解消できなかった。

後述のように、この問題は、続く第二次大隈重信内閣において岡市之助が陸相に就任し、次いで大正三年末に上原勇作が参謀総長に就任し、さらに翌年七月に陸軍の統制に積極的であった加藤高明外相が辞任して以降、袁世凱の帝政施行をめぐる中国情勢の混乱に対応して再び表面化する。また、政友会が長州閥と陸軍の関係に依存したことは、動揺しつつあった陸軍内における長州閥の影響を間接的に温存することにつながり、一九二〇年代における田中義一と政友会、宇垣一成と憲政会ないし民政党との関係へと引き継がれていく。と同時に、一九二〇年代後半の陸軍内には、政府と陸軍との情実的関係を、陸軍本来の職務遂行や中国外交の刷新に対する障害と捉える動きが生じ、満州事変勃発の要因ともなる。その意味でも、山本内閣による軍部大臣現役武官制の廃止は象徴的措置にとどまり、その後の陸軍の独断的行動を抑制する措置とはなり得なかった。さらにこうした、国際情勢の変化に応じて日本の国内情勢が混乱したり、緊迫化したりする現象は、陸軍を超えた国民的現象としても生じていた。山本内閣は、アメリカや中国との外交問題を抱える中で軍部大臣現役武官制の廃止に取り組み、その点では成功した。しかし、その間に外交問題は、悪化していた。ところが、山本内閣は、以下のような場当たり的な外交に終始した。そのため、山本内閣は、陸軍に対する象徴的な成果とは対照的に、国民的批判に直面し、自ら継承しようとした既存の政治秩序を安定化することには、成功しなかった。

軍部大臣現役武官制の問題が決着した直後の七月十二日、中国では第二革命が勃発し、八月十一日には漢口事件が発生、次いで八月下旬に兗州事件が発覚、さらに九月一日には南京事件が発生した。漢口事件とは、北軍兵士が中清派遣隊付西村彦馬少尉に対して行った暴行事件、続く兗州事件とは、山東省兗州で支那駐屯軍所属の川崎亨一大尉が津浦線の鉄道列車中で張勲の兵士によって拘束され、八月五日から八日まで監禁された事件である。[50] 両事件は発生と発覚で時系列的に前後したが、最初に漢口事件が発生した時点で陸軍は態度を硬化させており、八月三十日、楠瀬陸相は牧野外相に対し、日本将校立ち会いの下での犯人および現場将校の厳刑、関連上級将校全ての免職、謝罪使の日本派遣、被害への賠償などを中国側に求めるよう要請した。[51] 外務省および政府はこれを過酷と判断したが、最終的に主要部分を受け入れた。九月三日、牧野外相は山座円次郎公使に対し、処罰要求として、「侮辱行為ヲ直接ニ指揮又ハ下手シタル将校兵卒ヲ総テ厳重処刑スルコト並ニ右処刑ニハ我陸軍将校ヲシテ立会ハシムルコト」の他、直属大隊長の免職や、連隊長、旅団長の「厳重戒飭《かいちょく》」、当該師団長または司令官による陳謝などを要求するよう指示した。[52] しかし、山座公使は、次のような理由から、これに一旦反対した。[53]

峻厳ナル要求条件ハ、黎元洪ヲ膺懲シ、序ニ武昌方面ノ排日空気ヲ一掃セントノ御主意ニ出テタルコトカトハ存スルモ、黎元洪カ同意セサルヘキハ勿論ナルノミナラス、仮令彼ヲ同意セシムヘク余儀ナクシ得ルトモ、其実行ハ部下将卒ノ反抗ヲ招キ、引テ武昌ノ現状維持ヲ困難ナラシムル虞アルニ付［…］帝国政府ニ於テハ武昌ノ現状ヲ危フシテ迄モ結局何等高圧手段ヲ執ラルル御決心ナリヤ。元来我ニ対スル武昌方面ノ反感ハ、彼ニ取リテハ相当理由アル歴史アルノミナラス、今回ノ兵乱ニ際シ、日本人カ南軍ヲ煽動幇助シ、南方首領連ヲ庇護セルヤノ批難ハ支那人間ニ行キ渡リ居リ、之ト同時ニ軍人等ノ日本ニ対スル反感ハ極メテ強烈ナルモノアリ。

ここでいう日本人による南軍の「煽動幇助」とは、宮崎滔天ら孫文派や北一輝らの活動を指し、陸軍の満蒙独立運動とは性格を異にしていた。かつて満蒙独立運動を支援した参謀本部の行動は、組織のために現場の労苦や犠牲を見捨てる、機会主義的な職権の乱用に過ぎなかった。これに対して北一輝らは、義侠のためであれ、血気に逸った結果であれ、利権のためであれ、自らの信念と責任の下で、様々な危険を犯して革命に身を投じていた。それだけに、その情熱と行動力は大きかった。しかも、革命や騒乱を契機とする情熱の高まりは、大陸浪人のみならず、日本国内の対外硬派においても生じていた。山本四郎が詳細に紹介しているように、カリフォルニア州における排日土地法をめぐり、四月から五月にかけて演説会が催されたり、雑誌などで取り上げられたりしていた。(54) 排日土地法案に関し、政府を督励し、善処を求めるという論調も強かったが、対して中国における日本人殺傷事件の発生は、政府の軟弱姿勢に対する批判を高めた。

牧野と山座が漢口事件への対応で意見を交換していた最中の九月一日、南京事件が発生した。これは、南京において張勲麾下の兵士により三名の邦人が殺害され、多数の日本人家屋が掠奪された事件である。(55) 南京事件の発生により、現地では陸戦隊百名の増派が決定され、(56) 日本国内でも中国への強硬姿勢を求める気運が高まった。九月五日には、軟弱外交の元凶と見なされた阿部守太郎外務省政務局長が二人の暴漢によって腹部を刺され、翌日死亡した。犯人は十八歳の岡田満と二十一歳の宮本千代吉で、岡田は九日夜、弁護士の角岡知良方の二階で中国地図上に端座して切腹、宮本は満州への逃亡途中で逮捕された。岡田と宮本の背後には二十四歳の岩田愛之助がおり、岩田は自首した。北一輝は後に、阿部の暗殺について「政務局長阿部某は神武皇帝の神霊が岡田満を刑手として行へる死刑なり」と記した。(57) さらに九月七日、日比谷公園で対支同志会主催の国民大会が開催され、中国への出兵を政府に勧告した。(58) 牧野はこうした世上の激昂に危機感を覚え、国内の不穏な情勢を各出先大公使館に伝えたが、その一方でアメリカは、その袁世凱政権を承認しようとしていた。原敬は牧野の狼狽振りについて、「牧野は訳もなく世間に気兼するも、支那浪人など何を云ふも国家の利害には代へがたし」(59) と日記に記した。

九月六日、牧野外相は漢口事件に関する中国への要求事項について、「漢口侮辱事件ハ帝国陸軍ノ名誉及威厳ニ関スル点ニ於テ陸軍ハ固ヨリ政府モ重大視シ、之ガ救済ニ必要ナル条件ヲ要求スルコトニ決シタル義ニシテ、此機会ニ乗ジ更ニ何等カノ利権ヲ併セ要求スルコトナク、政府ハ専ラ侮辱ノ救済ヲ目的トシテ要求条件ヲ定メ、其以上ニ出デザリシ次第ナリ」(60) との説明を行い、南京事件に関して九日、虐殺掠奪を行った兵卒および将校の日本の領事または領事館員立ち会いの下での処刑その他の厳罰、張勲ら直系上官の「厳重戒飭」、張勲の南京領事館への訪問と謝罪、被害者への賠償、凶行に及んだ連隊による領事館前での謝罪の意を示す捧銃などを要求することを伝えた[61]。九月十日、山座公使は袁世凱に会見し、三事件に関する日本側要求を通知した。その際、山座は張勲の江蘇都督更迭や日本との交誼尊重に関する大総統令を発することなども希望条件として追加した[62]。結局、九月十三日に曹汝霖は山座に対し、張勲の更迭を直ちに実行することは困難としながらも、兗州事件も含めた三事件全てに関する要求を受諾した[63]。

南京事件後に暗殺された阿部守太郎は、第二次西園寺内閣以来の辛亥革命に対する不干渉政策を遂行してきた外務省の中心的存在であり、山本内閣は、中国における騒乱に対する不干渉政策を維持する代償として阿部を失った。しかし、その一方で牧野外相には、軍や世上の要求に同調するわけでないものの、多分に場当たり的、日和見的なところがあった。国内の強硬論に配慮し、袁世凱政府に強硬な要求を提起したのも、そのためであった。対して中国側は、漢口事件のみならず、南京事件までも引き起こしたため、速やかに日本側要求を受諾し、この時点で問題は早期に決着した。

ところが、牧野外相はこうした紛争解決交渉と並行して、後任の加藤高明外相による対華二十一か条要求につながる動きも見せていた。しかもそこには、日米交渉の動向も間接的に関わっていた。七月三十一日、山本内閣はアメリカとの新協約交渉に着手するに当たり、アメリカ国内における土地取得等に関する最恵国待遇を求める方針案を決定したが、その際、第三案として、「外交文書ノ交換ヲ以テ全然懸離レタル問題ニヨリ他ノ方面ニ於テ邦人発展ノ目的ヲ達セントスル」ことも検討していた。その発展の方面とは満州とフィリピンであり、特に満州について方針案文は、次のように記していた[64]。

加州問題ニ関シ、米国政府ヲシテ日本ノ多方面ニ於テ発展スルノ止ムヲ得サル立場ヲ諒トシ、満州ニ於ケル日本ノ特殊利益ヲ承認セシメ、同方面ニ於テ自国ノ為又ハ自国人民若クハ其他ノ為、鉄道鉱山其他各種ノ工業ニ関スル権利ノ譲与ヲ求メス、又同地域ニ於テ日本政府ノ扶持スル該権利譲与ノ請求ヲ直接間接共ニ妨碍セサルコトヲ約セシムルコト。但シ日本カ同方面ニ於テ依然トシテ商業上ノ門戸開放機会均等主義ヲ恪守スヘキハ勿論ナリトス。

これは、かつての韓国に関する桂‐タフト協定を発展させ、第一次日露協商に通じる満州に関する協定を締結しようとするもので、さらに後の石井‐ランシング協定に引き継がれる構想であった。とはいえ、アメリカにとって、満州における日本の特殊利益なるものを承認することは、不可能であった。そのような行為は、そこに門戸開放が掲げられていたとしても、アメリカ政府が帝国主義的な勢力分割に関与することを意味したからである。にもかかわらず、日本側はそれを認識できなかった。日本の場合、日米紳士協定など、行政措置によって日本人の対外活動を制約していたため、アメリカ側にそれに対応する措置を求めることに抵抗を感じなかったのである。とはいえ、牧野はアメリカへの提案を見送り、この時点で問題は表面化しなかった。

一方、南京事件に関し、張勲の免職が問題になっていた九月十七日、牧野外相は山座公使に、「張勲ノ革職ヲ断行セシメザルニ於テハ我民心ノ緩和極メテ困難ニシテ、日支国交ノ前途ニモ容易ナラヌ影響ヲ及ホスニ至ルベク、詢《まこと》ニ憂慮ニ堪ヘザルニ付[…]張ノ革職到底急ニ行ハルル見込ナキニ於テハ此際善後手段トシテ方向ヲ転換」することがあり得るとして、次のような新たな要求条件を伝えた(65)。

（第一）関東州ノ租借年限ヲ更ニ九十九年間延長スルコト及ヒ南満鉄道（安奉線及一切ノ枝線ヲ含ム）ハ右延長期間内之ヲ支那ニ還付シ又ハ売戻サザルコト。

（第二）予テ要求セル左記鉄道ニ関スル譲与（コンセッション）ヲ承諾スルコト。但シ譲与ノ範囲ハ追テ商議スルコト。

一、四平街ヨリ鄭家屯ヲ経テ洮南府ニ至ル線。

二、洮南府熱河線。

三、四平街奉天間ニ於ケル南満鉄道ノ一点ト洮南府熱河線トノ連絡線。

四、開原海龍線。

以上第二項洮南府熱河線ニ付テハ、九月九日付小田切ノ報告ノ程度ニ折合フモ差支ナシ。

これに先立ち、海外では、南京事件などに対する日本の反応として、「支那ニ対シ或ハ領土的ノ要求ヲ為スニアラサルカ」との懸念を示す報道もなされていた(66)。山座も、牧野による条件追加について、既に袁世凱に対し、「要求ノ目的ハ単ニ当面ノ案件ニ対スル相当ノ解決ヲ期スルノ趣意ニ外ナラス、此ノ機会ニ乗シ範囲ヲ脱シタル企図ヲ為スモノニ非ラサルコトヲ付言シ、以テ我善隣ノ本義ヲ宣明」していることなどを理由に反対し、「張勲問題ハ先方懇請ノ通リ時ヲ仮シテ之レヲ実行セシムルコトトシ、満蒙鉄道問題ハ従来ノ経路ヲ追フテ迅速解決セシメナハ事実ニ於テ双方トモ円満ニ我目的ヲ達ス」とする観測も伝えた(67)。これを受けて牧野外相は、条件追加を撤回した。結局、牧野外相は、アメリカに対しても、中国に対しても、満州における日本の特殊権益の存在とその拡張について承認を求める交渉に着手できなかった。

牧野がアメリカとの交渉や中国における邦人殺傷事件の発生に際し、満州の権益問題を意識したのは、直接には、それが加藤高明前外相からの引き継ぎ事項であったからである。加藤は第三次桂内閣の外相に就任するためのイギリスからの離任に際し、大正二（一九一三）年一月三日と十日の両日にグレイ外相と会談し、関東州租借地および満鉄、安奉鉄道経営の期限延長に関する中国との交渉について了解を得ていた。その上で帰朝途中、長春において離任直前の伊集院彦吉公使と会見し、中国の政情が期限問題に関する交渉に適しているかどうか質問していた。伊集院の回答は否定的であったが、それ以前に、桂内閣自体が二月十一日に総辞職したため、加藤は期限問題に着手できなかった。山本内閣の成立に際し、山本首相や、山本の依頼を受けた牧野や奥田義人によって、加藤への留任要請がなされた。牧野や奥田と加藤は、明治三十五（一九〇二）年頃から赤坂の三河屋で準定期的に会合を重ねてきた親しい関係にあった。しかし、加藤は外相留任を拒否した。桂内閣が政友会によって打倒され、後継として成立した山本内閣は準政友会内閣であったためである。と同時に加藤は、三月中旬に山本首相および自分の後任外相となった牧野に会見を申し入れ、関東州租借地および満鉄、安奉線の租借期限延長問題についてグレイ外相の了承を取り付けたこと、中国との交渉にいずれ着手すべきこと、そして日英同盟を今後も維持するため、アメリカとの関係に配慮しなければならないことを伝えていた(68)。

牧野外相は中国側への条件追加について、「張勲革職ノ一事ハ先方ニ於テモ実際困難ニシテ、其断行ハ容易ナラサルヘキモ、此一点ノミノ為交渉ヲ重ネ徒ラニ事件ノ解決ヲ遷延セシムルハ内政ノ事情之ヲ許サヾルヲ以テ、寧ロ変通ノ方法ヲ講スルコト一策ト思料」した結果、「租借地期限延長ハ支那側ニ於テモ予テ覚悟シ居ル様承知シ居リ、又満蒙鉄道モ段々ノ御尽力ニ依リ支那側ニ於テ已ニ大体承諾シ居リ、而カモ此等ノ条件ハ我特殊利益ノ区域ニ関スル事ニシテ第三国トノ関係ニモ影響スルコト最モ少ナシト思料シタルヲ以テ、此両者内ニテ其何レカ容易ニ行ハルヘキモノニ付、先方ヲシテ我ニ満足ヲ与ヘシメ、以テ一先ツ当面ノ問題ヲ解決センコトヲ試ミタルモノ」と説明した(69)。実際、右の要求事項中、第二項の南満州における鉄道敷設問題に関しては、八月二十日に小田切万寿之助から交通総長朱啓鈐に要望が伝えられ、交渉が始まっていた。九月下旬から十月初めにかけて日本側協定案と中国側の対案が交わされ、十月五日に交換公文が成立した(70)。しかし、以上のような牧野の弁明からすると、日本側は関東州租借地の期限延長問題に関する中国側の反応について、判断を下しかねていたようである。おそらく、中国側による拒否はないであろうという期待と、期限延長は中国側にとって一方的な利権供与になるため、交渉に楽観できないという観測とが交錯していたのであろう。

総じて中国におけるヨーロッパ諸国による権益の獲得は、中国側の治安問題から派生していた。ドイツによる膠州湾租借地の獲得は、ドイツ人宣教師の殺害事件がきっかけであった。また、租界の自治権も、清朝における治安悪化や行政機構の機能不全によって拡大していた。つまり、中国において治安が悪化し、政府当局による在留外国人の生命、財産の保障が十分になされなかったため、一定の特権区域が設定されたのである。とはいえ、漢口事件や南京事件勃発当初の日本外務省は、事件を単独に扱い、責任者の処罰や謝罪などを要求したに過ぎなかった。その意味で日本は、欧米の租界や租借地に関する感覚を共有していなかった。牧野の追加要求は、外国側の懸念に逆に触発された機会主義的な判断に過ぎず、牧野のこうした場当たり的な行動は、後のパリ講和会議における折衝や、五・一五事件後の首班選択にまで影を落とす。と同時に、関東州租借期限の九十九年の延長という条件は、既にこの時点で、いずれ中国に対してなされるべき要求内容として確定していた。これはそのまま、後任の加藤外相へと引き継がれ、加藤の外相就任からほどなく勃発した第一次世界大戦に対する参戦決定にも影響を及ぼすことになる。

　山本内閣の外交は、対米関係において成果を挙げられず、対中関係において緊急問題を解決したが、場当たり的対応に終始し、長期的課題に着手できなかった。藩閥政府の継承を目指す政権であっただけに、対外政策において自制的であったが、それだけ対外政策の行き詰まりも明確で、辛亥革命や大正政変を経て顕在化した国民や陸軍内の不満を解消するには、不十分であった。

四　第一次世界大戦前の海外移民状況

　二十世紀初頭の日米関係において、アメリカへの日本人移民および在米日本人の待遇問題は最大の懸案となった。アメリカや、イギリスのドミニオンは移民によって成立した国家であり、ヨーロッパからの移民は二十世紀においても継続していた。しかし、アメリカにおける州独自の動きとイギリス帝国におけるドミニオンの自立化によって、新規移民に対する規制は強化されていた。これに対して日本は、日清戦争後に海外領を所有する一方で、海外移民を送出するようになった。とはいえ、日本の海外移民は日本の海外領に向かわず、日米間の摩擦の原因となった。当時の世界的趨勢に照らし、移民を日本の海外領に向けようとする試みもなされたが、失敗した。それが実現するには、後述のような、一九二〇年代における政策意識の変化と、一九三〇年代における国際情勢の変化が、必要であった。

　表４－１に示されているように、日本の海外渡航および移民は日清戦争後に急増し、二十世紀に入りほぼ安定した。ただし、労働目的渡航と移民の区別は申請に基づいており、誤差を含む。表４－２は、これを目的地別に詳細化したものである。これによると、十九世紀中の海外渡航目的地は、ハワイが圧倒的割合を占め

表 4-1 旅券発給数推移

年 次	総 数	労働目的渡航（含移民）	移 民
1868-81	10,516	2,498	1,586
1882-84	4,218	770	649
1885-89	25,528	15,899	15,306
1890-94	62,298	35,860	23,824
1895-99	158,187	106,805	87,598
1900-04	161,313	76,523	67,112
1905-09	159,028	99,656	29,042
1910-14	160,314	109,875	63,426
1915-19	270,555	174,274	92,148
1920-24	173,537	94,353	61,287
1925-29	151,009		90,475
1930-35	197,090		117,458

『日本人の海外活動に関する歴史的調査』通巻第1冊総論の1、169頁。

（括弧内％）

中国	ロシア
2,883(27.4)	797(7.6)
1,249(29.6)	599(14.2)
1,879(7.4)	843(3.3)
6,023(9.7)	4,308(6.9)
11,880(7.8)	24,173(15.8)
27,989(17.4)	18,957(11.8)
19,720(12.4)	22,577(14.2)
10,832(6.8)	66,860(41.7)
15,186(5.6)	116,680(43.1)
8,714(7.2)	42,910(35.3)
9,524(1.2)	2,140(2.8)

た。次いで二十世紀になると、アメリカへの渡航が増加する。対してイギリス帝国領のカナダやオーストラリアへの渡航は数%の水準にとどまっていた。また、第一次世界大戦中にロシア向けの渡航が急増したが、これは短期的現象に過ぎなかった。

既述のように、日本の海外移民は一八八〇年代のハワイ移民に始まったが、一八九八年にハワイがアメリカに併合されたことで、海外移民はハワイからアメリカ西海岸へと向かい始め、日米間の外交問題を引き起こした。その結果、一九〇七年末から翌年にかけて日米紳士協定が締結され、日本政府はアメリカへの移民を自主規制した。こうした中で、日本の海外移民先はブラジルへと移行し始める。表4・3は、ハワイ、アメリカ、ブラジルにおける在留邦人数の推移であるが、これにも同様の傾向が反映している。

ブラジルは一八五〇年に奴隷売買を禁止し、一八八八年に奴隷制度を廃止した。その結果、農業労働、特にコーヒー園での労働力に不足を生じ、一八九〇年にヨーロッパからの移民法を制定した。しかし、需要に応え切れず、一八九二年に移民法を日本と中国にも適用した。一八九五年に日伯修好通商航海条約が締結され、一九〇八年に第一回移民として、七百八十一人がコーヒー園の労働者としてブラジルへ渡った。その後、一九一〇年に第二回の移民が行われたが、一九一四年にサン・パウロ政府は、日本人への渡航補助を停止した。理由は、日本人の耕作地変更が多かったことや、一定の資産を貯えた後に自立していくことへの現地の反発にあったともいう[71]。若槻泰雄、鈴木譲二によれば、ブラジルに移民した日本人の多くが、三、四年で契約労働から脱して借地農、

表 4-2 地域別旅券発行数

年次	総数	ハワイ	アメリカ	カナダ	オーストラリア	ブラジル
1868-81	10,516	-	953(9.1)	-	24(0.2)	-
1882-84	4,218	7(0.2)	403(9.6)	-	49(1.2)	-
1885-89	25,528	12,375(48.5)	2,461(9.6)	-	103(0.4)	-
1890-94	62,298	22,924(36.8)	7,891(12.7)	2,207(3.5)	3,106(5.0)	-
1895-99	153,187	57,951(37.8)	7,694(5.0)	7,038(4.6)	2,749(1.8)	43(0.03)
1900-04	161,313	31,906(19.8)	33,291(20.6)	4,602(2.9)	1,438(0.9)	-
1905-09	159,028	57,189(36.0)	29,324(18.4)	6,114(3.8)	210(0.1)	740(0.5)
1910-14	160,314	18,514(11.5)	24,774(15.5)	5,474(3.4)	1,638(1.0)	6,398(4.0)
1915-19	270,555	19,764(7.3)	49,437(18.3)	7,291(2.7)	576(0.2)	10,966(4.1)
1920-22	121,658	10,989(9.0)	27,153(22.3)	4,072(3.3)	3,960(3.3)	3,110(2.6)
1924-25	77,826	5,188(6.7)	12,970(16.7)	3,530(4.5)	895(1.2)	17,908(23.0)

同前、171 頁。

日本の労働目的海外渡航は概ね、20 世紀初頭まではハワイ、次いでアメリカ、そして 1920 年代以降は南米、特にブラジルに向かった。イギリス自治領は、日本の海外渡航が始まった 1880 年代に中国人労働者の受入を規制し始めたため、日本人労働者の受入も進まなかった。

表 4-3 在外邦人数（領事館報告集計）

年次	総　数	在アメリカ	在ハワイ	在ブラジル
1885	11,580	1,090	1,949	-
1890	23,950	1,979	12,675	-
1895	46,277	6,156	23,102	-
1900	123,971	32,660	57,486	-
1905	183,244	53,710	59,956	-
1909	301,031	(20,998)	65,790	605
1912	309,467	76,138	85,800	4,105
1915	366,476	99,104	93,877	15,966
1920	581,431	115,533	112,221	34,258
1925	625,430	82,988	125,764	34,208
1930	634,913	99,600	120,909	116,505
1935	689,818	98,357	110,040	173,420

『日本帝国統計年鑑』各年度版より作成。

1910 年は、ハワイの数値が欠如しているため、参考として 1909 年および 1912 年を取り上げた。1909 年から 1911 年までのアメリカ在留数にはカリフォルニア州の数値が欠如している。カリフォルニア州にアメリカ在留日本人の 70％前後が在留したとすれば、1909 年のアメリカ在留数は 65,000 人程度でないかと推測される。

ブラジル在留日本人が統計に現れるのは 1906 年からで、在留者は 44 人。

分益農、コーヒーの仕立て請負農へと移行し、自営農となる資本を蓄積すると共に、ブラジル奥地への開拓を進めていった(72)。ブラジル側による渡航補助の打ち切りはこうした中で行われたが、第一次世界大戦後、日本政府がそれを代替する形で、移民補助措置を講じていくこととなる。

このように、日本の海外移民における目的地傾向は、十九世紀におけるハワイから、二十世紀初頭におけるアメリカ、そして一九二〇年代におけるブラジルへと推移した。こうした推移を媒介したのは、ハワイによる積極的な日本移民の受け入れから、ハワイのアメリカ併合に伴う移民規制、それに代わるブラジルによる日本人移民の受け入れ開始と、大正後期以降の、後述のような日本政府によるブラジル移民補助の開始であった。日本の海外移民は、ヨーロッパに比べて伝統も浅く、ハワイやブラジル側の補助を必要とし、しかも規模は小さかった。第一次世界大戦後、日本においても急激な人口増加に対する関心が高まるが、海外移民はその規模に照らし、それだけで人口問題に対する解決を与え得るものにはならなかった。

他方、日本には台湾や朝鮮といった海外領と、日本が行政権を行使する満州の関東州租借地および満鉄付属地が存在した。しかし、これらは移民先としての機能を果たさなかった。高橋泰隆によれば、日露戦争後、後藤新平は満州への五十万人の移民を主張し、小村寿太郎は一九〇九年の二月の議会演説で、アメリカにおける日本人移民の排斥運動を踏まえて満州や朝鮮、樺太への移民の必要を論じたが、それらは実現しなかった(73)。表４・４〜４・７は、台湾、朝鮮、関東州および満鉄付属地における、日本人有業者の職業別人口の推移である。台湾と朝鮮のいずれにおいても、内地人の人口は台湾人や朝鮮人の三％に満たず、しかも各地域における日本人の就業構造は、台湾の場合、公務自由業が三十％から四十％を占め、商工業がそれぞれ二十％前後でこれに次いでいた。朝鮮においても、公務自由業の比率が二十％から四十％近くを占め、次いで商工業、交通業が二十六％から三十％を占めた。満州の場合、公務自由業は十％から二十％

前後と台湾、朝鮮よりやや低く、商工業とほぼ同水準にある一方で、満鉄の存在によって交通業の占める比率が単独で二十%前後に達した。台湾、朝鮮、満州のいずれの地域も、日本人の農業従事者は一%前後と低かった。日本の海外領における日本人は、海外領統治のための行政官僚と商工業関係者が多かった。

こうした中、実験的に満州への農業移民が試みられたことはあった。明治四十五年四月から大正三年九月まで関東都督を務めた福島安正が発案し、山口県玖珂郡で第一回移民の募集を行い、福島退任後の大正四（一九一五）年三月に山口県から十七戸、新潟県から一戸の十八戸四十三人が関東州の金州郊外に入植した。入植地は愛川村と称された。名称は、玖珂郡の愛宕村と川下村に由来する。しかし、愛川村の経営は不調に終わり、離村者が相次いだ。[74] 賃金体系や自然環境の違いといった、日本側に不利な条件の下で移民事業を進めることは、困難であった。

以上の結果、ハワイやブラジルに向かった海外移民と、日本の海外領で活動した日本人は、対照をなした。すなわち、南北アメリカへの海外移民は主に労働移民であったが、台湾、朝鮮、満州における日本人の活動は公務、商工業が中心であった。こうした対照が生じた背景は、日本の海外移民の大部分が農村からの出稼ぎ労働者であったことによる。ただし、児玉正昭によれば、一八九〇年頃までにハワイに渡航した人の大部分は、契約期間後、一定期間内に帰国したが、一八九二年以降の渡航者より、満期後も在留する割合が次第に高まり、出稼ぎ的性格に変化が生じたという。これは、日本における就業機会の制約や、労働賃金の低さ、さらにハワイで契約満期後、転職し、自由移民として砂糖耕地で労働することが可能であったことによる。一九〇〇年

表 4-4 在台湾・内地人の職業別人口　（括弧内%）

職業＼年次	1905 年	1920 年	1930 年
農業	323(1.0)	4,024(5.3)	4,449(4.9)
水産業	175(0.5)	1,472(1.9)	1,620(1.8)
鉱業	1,658(5.0)	1,226(1.6)	418(0.5)
工業	5,953(18.0)	18,609(24.4)	14,784(16.3)
商業	6,582(19.9)	15,602(20.5)	18,153(20.0)
交通業	3,923(11.8)	7,879(10.3)	9,063(10.0)
公務自由業	12,209(36.8)	25,582(33.6)	37,619(41.5)
家事使用人	1,094(3.3)	1,441(1.9)	1,546(1.7)
その他	1,217(3.7)	310(0.4)	2,920(3.2)
就業者計	33,134(100)	76,145(100)	90,559(100)
内地人人口	57,300	164,300	228,300
台湾人人口	2,936,900	3,420,200	4,172,700

大蔵省管理局『日本人の海外活動に関する歴史的調査』通巻第 1 冊総論の 2、205, 211 頁。

表 4-5 在朝鮮・内地人職業別人口（括弧内%）

職業＼年次	1917 年	1940 年
農林牧畜業	37,000(11.1)	33,000(4.9)
水産業	11,300(3.4)	9,900(1.5)
鉱工業	44,300(13.3)	144,900(21.5)
商業・交通業	96,300(29.0)	191,200(28.4)
公務自由業	89,100(26.8)	258,300(38.4)
その他	41,200(12.4)	28,600(4.2)
無業	12,700(3.8)	700(1.0)
計	331,900(100)	673,000(100)
内地人人口	332,400	689,800
朝鮮人人口	16,617,400	22,955,000

同前、215, 221 頁。

以降になると、ハワイ定住を志望する人々も登場するようになった。しかし、その一方でハワイから日本への送金や持帰り金はかなりの金額に達した。一八八五年から一八八九年の送金は八十三万ドル、一八八九年から一八九四年までは百八十一万ドルに拡大しており、移民希望者を続出させる要因となっていた[75]。しかも、そうした移民の多くは家族を日本に残しており、日本とのつながりを維持する一方で、アメリカ西海岸への移民が始まると、定住志望者と共に出稼ぎ労働者がさらに増加した。その結果、アメリカにおいても定住志望者が増加し、それと共に家族の呼び寄せが行われるようになり、日米間の外交問題を惹起したわけである。

若槻泰雄、鈴木譲二によれば、北米への移民は単身移民が多かったのに対し、ブラジルへの移民は家族帯同が大部分であった。これは、ブラジルにおける農業労働が家族雇用の形態を取っていたためで、移民はやはり出稼ぎを前提としたものがほとんどであった。ブラジルの場合、移民の約九十四%が雇用移民であった[76]。高橋泰隆が指摘するように、移民は後進地域から先進地域に向かうのが経済的に合理的で、日本の在外邦人の職業構造は、先進地域に対する出稼ぎ労働、後進地域への公務、通商活動という形で対照をなしていた。ただし、南米への日本人移民を後進地域から先進地域への移民と位置付けるには問題があろう。むしろ日本の海外移民は、ハワイ移民と同様、移民受入国側の助成措置や環境、経験、実績に依存しながら発展した。その点で台湾や朝鮮、満州という日本の海外領ないし準海外領は、慣例として植民地と呼称されるが、日本よりも経済的に後進地域であるばかりか、移民受入の実

表 4-6 満州における日本人人口

地域／年次	関東州	鉄道付属地	それ以外の満州	計
1906	12,792	3,821	-	-
1910	36,668	25,266	14,407	76,341
1915	50,176	34,396	15,993	101,565
1920	73,894	61,576	24,590	160,060
1925	90,542	83,620	13,826	187,988
1930	116,052	99,411	13,285	228,748
1935	159,749	190,508	144,451	594,708
1940	202,827	-	862,245	1,065,072

同前、240 頁。

表 4-7 関東州・鉄道付属地における日本人有業者の職業別人口の推移　（括弧内%）

年次／職業	1910 年	1930 年	1935 年
農業	195 (0.7)	971(1.3)	1,113(0.8)
水産業	197 (0.7)	275(0.4)	553(0.4)
鉱業	-	1,841(2.4)	2,773(2.0)
工業	3,844 (13.5)	14,888(19.7)	28,742(20.6)
商業	4,445 (15.6)	17,946(23.7)	33,191(23.8)
交通業		16,279(23.7)	23,814
労働者	3,144 (11.0)	-	-
公務自由業	3,072 (10.8)	17,632(23.3)	29,512(21.1)
その他	12,684 (44.6)	3,402(4.5)	7,115(5.1)
家事使用人	632 (2.2)	1,545(2.0)	5,781(4.1)
無業	243 (0.9)	803(1.0)	1,779(1.3)
計	28,456 (100)	75,582(100)	139,355(100)

同前、243 頁。

績を欠いており、実態面で植民地として機能しなかった。これは、イギリスにおけるカナダやオーストラリアとインドとの違いと同様である。台湾や朝鮮、満州に対する日本人の移民ないし出稼ぎ労働は生じにくく、一九二〇年代になると逆に朝鮮人の内地移住が増加する。一九二〇年代の日本は慢性不況の時代であったが、工業の発展は着実で、経済的後進地域たる朝鮮半島から先進地域たる内地への人口移動を引き起こした。その結果、一九二〇年代後半、大都市部周辺で実施された失業対策事業に、かなりの割合で朝鮮人が就業するという事態まで生じた[77]。

明治から大正期にかけての日本の海外移民は、国内における出稼ぎ労働の延長上に行われていた。そのため、本国における家族や親類との関係は維持され、本来の生活基盤を日本に置こうとする意識が強かった。しかも、日本の海外移民は、表4-8で示されているように、西日本が中心で、特に東北は低調という地域偏差が存在した。若槻によれば、一九二五年の時点で人口の一％以上をアメリカに移出していた県は、広島、山口、和歌山、熊本で、神奈川を除く関東および福島、宮城を除く東北からの移出数は人口の〇・一％に満たなかった[78]。移民の傾向に社会階層や経済構造上の要因を特定することは困難で、これは、海外への出稼ぎの斡旋が地域的縁故関係に依存し、先行者の縁故を利用して後進がこれに続くという形態が多かったためである。児玉正昭によれば、アメリカへの移民は地縁や血縁関係に基づく呼び寄せが大きな移民促進要因になっていた[79]。つまり、経験の蓄積した地域が多数の海外移住者を輩出し続けており、海外では出身府県や町村の名称を掲げた相互扶助団体が結成された[80]。総じて日本の海外移民に、退路を断って新天地での生活に全てを託すような意識は希薄で、新生活の成功を保証するような環境や実績、情報も存在しなかった。そのため、日本の海外移民において、初期段階のハワイやブラジル側の渡航費補助などの行政支援と、地域や縁故といった個人的要素が重要な役割を果たしたのである。

このように、日本の海外移民には偶発的要素が大きく作用したが、これは第一次世界大戦までの日本政府が海外移民を奨励せず、アメリカとの関係に対する配慮からそれを抑制していたことによる。一九〇七年から翌年の日米紳士協定がその典型で、日本政府にとって、日本の海外移民が出稼ぎ労働であるか定住移民であるかは、アメリカとの外交関係に比べ、重要ではなかった。日本の海外移民は、移民受入国の助成措置と民間の地縁や血縁に基づく互助に依存し、また、本国に対する移民の帰属意識が継続する一方で、政府は移民を抑制しようとしていた。そのため、日本の海外移民は、ヨーロッパの海外移民のように海外に勢力圏を形成するものになり得なかった。こうした状況は、アメリカやイギリス

表4-8 累計移民数の上位10県（1899～1932）

道府県名	累計人数
広島	92,716
熊本	61,400
沖縄	55,706
福岡	44,793
山口	42,842
和歌山	28,062
福島	19,921
岡山	19,728
長崎	17,329
北海道	15,983

児玉『日本移民史研究序説』473頁。

自治領側に理解されず、日本による勢力拡張や戦争の懸念まで感じさせた。他方、日本側は、海外移民と勢力圏形成の関係や英米側の懸念を認識できず、英米の移民排斥を人種主義として受け止め、それに反発した。日本政府も英米政府も、外交上の措置により対立を回避しようとしたが、国民相互の対立感情を抑えるには、限界があった。

とはいえ、アメリカやイギリス帝国の移民受入の趨勢に照らし、二十世紀初頭の海外日本人は、移民先における生活上の差別待遇を甘受し、反発を緩和するために品位の向上を目指し、あるいは低級移民でないことを示すために虚勢を張りながら、社会への浸透を図っていくよりなかった(81)。また、日本政府は、移民を抑制しながら、アメリカに在米日本人の権利保護を要請した。その点で、日本政府も現場の日本移民も、英米の内外秩序に従属し、それに順応しようとしていた。こうした状況下、日露戦後の在米日本人には、新たな気運も生じ始めた。条井輝子によれば、一九〇八年一月、「在米帝国臣民の品位を高め日米両国民の交誼を厚くし商業農事工芸其他事業の発達を計り同胞一般の福祉を増進する」ため、在米日本人会が設立され、一九〇九年には農業経営者による加州日本人中央農会が設立された。中央農会は次のような趣意書を公表し、アメリカにおける強い自立精神を表明していた(82)。

過去に於て我政府の保護に依頼し過ぎて失敗したる苦き経験を有す。我等は米国々憲下に日米人協力して、吾人の境遇を開拓せんと欲して移住したるものなり。過去に於て政府の声援に重きを置きたるは、其頼むべからざるに多くを期待したるものなり。今は覚醒の時なり。我等は自ら同胞社会の欠点を補ふ責任を有す。此責任を完ふするは吾人の協力一致にあり。

他方、在米日本人会は、日本人の一時帰国や再渡米に際して必要な在米証明を発行するなど、行政の代行機能を果たした他、表4-9に示したような、日本文化の対外紹介や在米日本人に対する日本人としての自覚育成事業などを行った(83)。これに対応して日本政府も、アメリカ政府に対し、移民を規制する代償として、在米日本人に対する差別的待遇を撤廃させるべく、引き続き努力した。しかし、アメリカ連邦政府やイギリス本国政府の意向とは別に、イギリスの自治領やアメリカの州および連邦議会は、アジア人に対する排斥行動を継続した。アメリカやイギリス自治領における民主主義や自由主義は、実質的に、既得の権利や豊かさを専有することによって維持されていた。そのため、日本において白人の優越的態度に対する反感が高まったが、これに対して日本政府は、満州への移民を代替的に試み、あるいは満州に対する日本の特殊利益に対する欧米側の理解を求めようとした。しかし、満州移民は、経済合理性や日本の海外移民の実態にそぐわず、成果を挙げられなかった上、満州の特殊利益に関する主張も、アメリカ側の理解を得られなかった。これらの問題は後述のように、第一次世界大戦中および戦後の国際連盟創設時に改めて表面化し、一九二〇年代に引き継がれていく。さらに大正後期になると、日本政府による海外移民への補助政策も開始され、一九三〇年代に

おける移民政策の転換を可能にする条件が整えられていく。◇

表 4-9 サンフランシスコ日本人会の事業例

1914 年	昭憲皇太后御大喪遙拝式。
1916 年	御大典奉祝記念名馬 2 頭献上募金。
1917 年	邦人学園へ月額 60 ドルの補助金支出。
1918 年	帝国飛行協会後援資金として 1,089 ドル送金。米国公債 20,600 ドルに応募。
1923 年	関東大震災義捐金 53,000 ドル、慰問袋 3 万個送付。
1927 年	牛島謹爾（在米日本人会初代会長、1926 年死去）の建碑式。
1932 年	駐満日本軍への慰問送付。
1933 年	サンフランシスコ市に桜樹 800 本寄贈。

岡元『アメリカを生き抜いた日本人』86 頁。

辛亥革命の勃発は、欧米列強による中国分割の可能性に対する危機感を日本で高めた。しかし、第二次西園公望寺内閣はそれに消極的な対応しかできず、陸軍側の反発を招いた。ただし、そうした反発は、陸軍内の、長州閥に対する特に軍令系統の非長州閥系軍人の反発と連動していた。というのも、長州閥は情実的な人間関係を生かし、陸軍大臣など特に軍政系統で要職を占めたが、辛亥革命に積極的に対応して政府を動かすことができなかったからである。そうした状況下で満州において満蒙独立運動が展開されると、参謀本部は独自にこれを支援した。しかし、参謀本部自身、満蒙独立運動に関する具体的計画なり、情熱なりを有していたわけでなく、外務省や海軍の反対を受けて支援を中止せざるを得なかった。参謀本部にとって、大陸の事態に何らかの対応をしなければならないという思いが空回りする結果となった。

その後、発生した大正政変は、陸軍による倒閣という単純化された事件ではなかった。朝鮮常設二個師団の予算をめぐる政府と陸軍の対立に際し、山県は態度を頻繁に変え、政府と陸軍の調停を放棄する一方で、桂は政府と陸軍の対立を政界復帰のために利用した。その上、陸軍の内部においても、非長州系の上原が山県や桂の意向に振り回される一方で、長州閥直系の田中が自らの意思を陸軍内に貫徹すべく、山県や桂を利用しようとして、逆に桂に利用された。対して宇都宮は、上原の辞職まで上原に慎重な対応を勧め、辞職後は上原の行動を支持した。大正政変は、重要政策課題のために各当事者が自制的に協力関係を作り上げるという、桂園時代の安定的状況が失われたことによって発生した。藩閥側は個別に強硬姿勢を取ったり、調整を放棄したり、陰謀を策したりした結果、西園寺内閣との妥協が不可能になったのである。そのため、桂と陸軍は世論の批判を受ける一方、陸軍内における長州閥の権威が低下し、上原を中心とする権力関係の再編が進むこととなった。

辛亥革命後の陸軍の危機感は、欧米諸国が白人の勢力圏からアジア人を排斥しながら、アジアに勢力を拡張しようとしていると判断されたことで助長された。そうした国際情勢に対する危機感とそれに対応できない政府および長州閥に対する反発が、辛亥革命から大正政変に至る日本の国内情勢の流動化や混乱を引き起こした。さらに大正政変後に成立した山本権兵衛内閣期になると、アメリカのカリフォルニア州で排日土地法案が成立する一方で、中国情勢は混乱の度を深め、日本人を対象とする殺傷事件まで発生した。そうした情勢下で山本内閣は、強権発動によって軍部大臣現役武官制を廃止した。しかし、それは実質的に、陸軍内における長州閥の影響力低下と上原派の団結強化をもたらす一方で、山本内閣は、それまでの人脈的影響力に代わる、新たな陸軍の統制方法を構築できたわけではなかった。他方、外交問題では、中国との交渉は妥結したが、アメリカとの在米日本人の権利をめぐる交渉は成果を挙げられなかった。しかも、アメリカや中国における事態に、政府に対する国民や陸軍内の不満は高まるばかりであった。こうした中、牧野外相はアメリカと中国の双方に対し、満州における日本の権利保障を積極的に求めようとしたが、実行できなかった。その意味で山本内閣は、国際情勢に大きく影響される国内状況を長期的に安定化させるための環境や基盤の整備に、成功しなかった。

さらにこの時期、日本の海外移民は、政府の自制方針にもかかわらず、十九世紀以来の先行移民の縁故を利用して拡大した。しかし、アメリカにおいて、在米日本人の権利が制限され始めたため、日本側に国民的な反発が生じると共に、在米日本人社会では、相互扶助的な自立を目指す気運も生じた。

アメリカやイギリス自治領は、移民の自治社会として出発した。そして自由主義の原則に基づいて本国から独立し、あるいは独立国家に準ずる地位を確立したが、その一方で十九世紀後半になると、アメリカやイギリス自治領は、民主主義の原則に基づいてアジア移民を排斥するようになった。対して日本の海外移民は、そうした既存の欧米の移民社会に参入しながら拡大し、その社会秩序に順応しようとした。しかし、イギリスやアメリカ側のアジア移民排斥に直面し、かえって人種主義に対する不信感を強めた。このように、海外移民をめぐっても、個々の権利保護を原則とし、結果的に白人優位の社会秩序を形成した欧米諸国と、所与の条件や環境の下で個々人が全体状況に順応し、安定的社会秩序の形成に貢献していこうとした近代日本の行動原理が、対照的に表れていた。そうであればこそ、海外移民をめぐる日本とイギリスやアメリカとの摩擦や相互不信は、容易に解消できなかった。

明治末から大正初めの日本は、伝統的な国内統合が流動化する一方で、国民的な対外意識の高まりや海外での活動が拡大し、欧米諸国、特にアメリカとの外交調整の必要を生じさせた。にもかかわらず、日本政府はそれに十分な成果を挙げられなかった。それは、藩閥政府の自制的な外交姿勢による内外調整力の限界を示しており、そうした状況が、政治家や官僚、軍人のみならず、国民的な不満をも招き、国際情勢の流動化と連動する形で日本国内に様々な混乱を引き起こす結果となった。こうした状況はさらに、第一次世界大戦勃発後の対中国外交や、あるいは戦後の国際連盟創設時における人種差別撤廃提議といった新たな試みと、それと並行する様々な混乱とを生み出す背景ともなる。

第五章　第一次世界大戦期の日本の中国外交

大正三（一九一四）年八月の第一次世界大戦の勃発とイギリスの参戦要請を受け、第二次大隈重信内閣の加藤高明外相は直ちに参戦を決意した。以下に示すように、加藤のねらいは、膠州湾のドイツ租借地を占領することで、関東州の租借期限延長などに関する中国との交渉を有利に運ぶことにあった。青島の攻略に続き、加藤はいわゆる二十一か条要求を中国側に提示する。加藤は、外交に対する元老の関与を排除し、また、陸軍を統制しながら外交の一元化を図り、満州における日本の通商関連権利の拡大を目指した。加藤にとって、外交に関する職権や責任を外務大臣に集中することと、中国における欧米諸国の権利拡大に対応する日本独自の権利を追求することは、一体化していた。それだけ、国家機構を情実的な人間関係でなく、職責によって運用しようとする姿勢が明確で、それが欧米に匹敵する条約上の権利を中国側に積極的に要求する姿勢へとつながっていた。

本章ではまず、以上のような加藤外相による対独参戦の決定と、二十一か条要求に関する交渉を検討する。二十一か条要求は、治外法権に関わる通商条約の部分修正を含んでおり、中国における租界の成立と拡大の歴史を踏まえてその性格と特徴を詳論する。次いで加藤外相退任後の大隈内閣後半期の反袁世凱政策から寺内正毅内閣期における中国外交について取り上げる。この時期の対中国外交は、干渉の度合いを強めた。本章はそうした現象を、藩閥政府最末期の、藩閥の影響力低下による外交的分裂の結果として捉え、その特徴を検討していく。

一　第一次世界大戦への参戦

大正三年四月十六日、第二次大隈重信内閣が成立し、外相に加藤高明が就任した。加藤は第三次桂太郎内閣の外相に就任した際、関東州と満鉄の租借期限問題について取り組もうとしていた。しかし、内閣は短命に終わった。そこで加藤はそれを後任の牧野伸顕に託したが、牧野外相はそれに着手できなかった。その間、加藤は中国各地を視察していた。加藤は大正二年四月二十五日に出発し、上海、九江、南京、漢口、長沙、北京、済南、青島を経て六月七日に帰国した。これによって加藤は、中国の紛争が国内的な権力闘争に過ぎず、その一方で中国には日本留学の経験を持つ政治家や官僚が多く存在し、法制面で日本の影響も大きいことから、日本は慎重に情勢を見極め、内政に干渉せず、善隣の交誼を進めていくべきと判断したという。[1]後の二十一か条要求に際し、加藤は、満州の開放や日本人顧問の採用などを中国側に求めた。これには、中国に対する内政干渉の側面はあったが、加藤はむしろ、それらの措置を通じて日中間の交流や協力関係を促進していこうとしていた。加藤は、そうした観点から日中間の懸案の解決に取り組む決意で、大隈内閣の外相に就任した。[2]

その一方で、加藤による最初の外交的決定は、牧野外相によって開始されていた日米間の新協約交渉の中止であった。大正三年六月九日に中止の閣議決定がなされ、珍田捨巳駐米大使に決定が通知された。打ち切りの理由は、アメリカ政府の交渉姿勢が消極的な上、協約がアメリカの上院外交委員会で承認されるか疑わしく、さらに第三条の但書部分を削除したため、新協約の内容がカリフォルニア州の問題と無関係になったばかりか、交渉の経緯から、日本側が主張を放棄したことにもなりかねないと判断されたからであった。翌十日、珍田はブライアンに面会して加藤外相の訓令を伝え、交渉は打ち切られた。[3]前任の牧野外相は、一時的に、カリフォルニア州における排日土地法の成立と中国における邦人殺傷事件に対する代償として、アメリカと中国から満州における日本の権利に関する積極的承認を得ようと構想した。しかし、牧野はそれを実行できなかった。対して加藤は、アメリカとの交渉を打ち切り、日本の正当性について譲らない姿勢を示した。そこには、欧米との対等な立場を自覚する自立意識と、それまでの経緯にこだわらない強い姿勢があった。加藤の外交姿勢は牧野と対照的で、それが第一次世界大戦の勃発に際して直ちに参戦を決意し、さらに中国に対して懸案の解決を直接的に提起する行動へとつながっていく。

七月二十八日にオーストリアがセルビアに宣戦布告し、八月三日にドイツがベルギーに侵攻、これを受けて四日、イギリスはドイツに宣戦布告した。これにより、第一次世界大戦が勃発した。元老井上馨は、ヨーロッパにおける大戦の勃発を「大正新時代の天祐」[4]と評した。理由は、日露戦後の日本財政が慢性的膨張傾向にありながら、対外貿易は大幅な入超状態で、正貨危機を招来していたからであった。そうした中、日本の対外貿易において中国は、ヨーロッパ向けの貿易赤字を補塡する輸出市場として期待されており、ヨーロッパにおける大戦の勃発は、中国に対する日本の通商拡大の好機と判断された。

大戦の勃発を好機と捉えたのは、加藤外相も同様であった。ただし、加藤外相の場合、満州問題を解決するきっかけを模索する中、アメリカとの新協約締結交渉を打ち切った直後に第一次世界大戦の勃発を迎えていた。加藤にとって大戦の勃発は、それに積極的に関わることで大国としての日本の地位を確立し、さらに中国との交渉に着手するきっかけとして捉えられた。日本の関東州租借地自体、中国との紛争や中国に対する軍事的威嚇によって得られたわけでなく、日露戦争の勝利という、列強との関係の中で獲得された。加藤にとって中国における権益は、欧米諸国から消極的に承認を得るばかりでなく、積極的にヨーロッパ諸国間の競争に参加していくことによって維持、拡張されるべきものであった。その点でドイツとの戦争は、中国における新たな権利を獲得する好機となったのである。

イギリスの参戦から三日後の七日、ウィリアム・グリーン駐日イギリス大使が加藤外相と面会し、中国近海におけるドイツの仮装巡洋艦の捜索と破壊について依頼した(5)。加藤はこれを機に、直ちに参戦を決意した。七日夜の臨時閣議で、加藤外相は参戦を提議し、承認された。仮装巡洋艦の撃破は戦闘行為であるため、宣戦布告が必要とされ、さらに宣戦するのであれば、軍事行動を仮装巡洋艦の捕捉、撃破に限定できず、東アジアにおけるドイツ勢力全体の排除を目指すこととされた。閣議において加藤は、参戦理由について次のように説明した(6)。

日本は今日、同盟条約の義務に依つて参戦せねばならぬ立場には居ない。条文の規定が、日本の参戦を命令するやうな事態は、今日の所では未だ発生しては居ない。たゞ、一は、英国からの依頼に基く同盟の情誼と、一は、帝国が此機会に独逸の根拠地を東洋から一掃して、国際上に一段と地位を高めるの利益と、この二点から参戦を断行するのが機宜の良策と信ずる。

しかし、伊藤正徳が指摘するように、加藤は対独参戦によって、中国問題解決のための手がかりを得ようとしていた(7)。つまり、加藤外相の真の目的は、関東州の租借期限延長などに関する中国側との交渉を優位に進め、また、新規の権益を獲得するため、膠州湾のドイツ租借地を占領、確保することにあった。ドイツへの宣戦布告から膠州湾の攻略、それを背景とする中国との交渉という展開は、中国との交渉懸案を抱えた中でドイツとの開戦を意識すれば直ちに想定できるものであって、右に引用した説明は、膠州湾への攻撃を念頭に置きながら参戦目的を一般化することで、参戦の主目的を実質的に擬装したものである。

とはいえ、翌八日夕刻、山県有朋、松方正義、大山巌の三元老を加えて行われた閣議において、山県はドイツとの関係に配慮すべきことを指摘し、「今回欧州の戦争は[…]人種の争ひが其の一大原因を為し居れる」「米国に於ける日本人排斥は年と共に盛んになり居れり」と語り、この趨勢は最終的に「白色人と黄色人との競争」になるという認識を示した。山県はそうした認識に基づき、日中関係に関して次のように加藤外相に提言した(8)。

日本は此際支那の信用を恢復し、彼我の関係を鞏固にすることを計らざる可からず、最近五年間支那に対する日本の政策は、殆んど無為にして、彼れの上下をして我れを疑ひ我れを疎んずるに至らしめたるは、如何にも歎ずべきことなり、此際は先づ袁世凱に説くに世界に於ける人種競争の趨勢を以てし、東洋に於て独立の国家を為すものは日本と支那とに過ぎず、両国相依り相援けて東洋の安全を維持せざる可からざることを、丁寧反覆すべきなり。

山県の主張は、人種と民族の混同に基づいており、現実においては破綻していた。ナショナリズムの昂揚により、「白色人」間の対立が激化したように、「黄色人」間の対立も発生していた。それは、中国における辛亥革命の勃発やその後の排外事件の発生に明らかであった。しかし、山県は中国の趨勢を理解せず、大正政変に至る過程と同様、他に責任を転嫁しながら無責任かつ実現不可能な議論を展開した。加藤外相は、袁世凱に人種競争の趨勢を説明することで日中関係の強化を図るべきと主張されても、聞き流すより他になかったであろう。しかし、山県もヨーロッパ諸国間の競争、勢力争いの激化に直面することで、中国との関係強化の必要を認識するようになっていた。その方向性は、加藤とそれほど異なってはいなかった。

八日の閣議で参戦の方針は再度確認された。ただし、加藤はドイツとの関係に一定の配慮をすることとした。閣議後、加藤は若槻礼次郎蔵相、八代六郎海相、小池張造外務省政務局長の三人と対応を協議し、戦闘を回避するための最後の方法として、ドイツに膠州湾からの撤退を求める最後通牒の回答期間を七日間に設定することとした。と同時に、膠州湾租借地は、中国に還付する目的の下、日本に引き渡すよう要求することとされた。[9]

翌九日、加藤外相はグリーン駐日イギリス大使に、仮装巡洋艦の捕捉、撃滅に宣戦布告が必要であり、開戦の根拠を「日英同盟協約ニ記載セル広汎ナル基礎ノ上ニ置キ」、軍事行動を巡洋艦の捕捉、撃滅に限らないとした覚書を手交した。[10] しかし、この日、加藤の通知と入れ違いに在英日本大使館から、グレイ外相による日本の参戦延期希望が伝えられた。その際、グレイは理由として、日本の参戦が中国の内戦を誘発する可能性があることを挙げたが、同時に日本が参戦した後、「日本国ガ膠州湾ヲ陥レ、戦後之ヲ領有スルトモ、英国政府ニ於テハ毫モ異議アル次第ニ非ラサル」[11] ことをも伝えていた。他方、八日にグリーンとフランス大使は、日本の軍事行動への対応について、意見を交換していた。ここでフランス大使は、英仏海軍による日本との協力を提案し、その理由として、参加が失敗すれば英仏の威信に傷が付くこと、日仏関係が緊密であること、英仏間の海軍協力に関する合意の存在を挙げた。グリーンもこれに同意し、グレイ外相に、青島攻略への協力のため、天津からの部隊派遣を日本に提案するよう伝えた。対して中国駐在イギリス公使ジョン・ジョーダンもグリーンに賛同し、九日に次のような見解をグレイに伝えた。[12]

もし日本がイギリス海軍の参加なく青島に対する行動を起こした場合、極東における我々の威信に永続的な打撃が加えられることになるであろう。［…］天津の陸上部隊による協力自体、最も望ましく、その実現もかなり容易であるが、我々の威信と権益はそれ以上のものを要請している。

翌十日、グレイ外相は井上勝之助大使に対し、ドイツの巡洋艦の捕捉撃破に関する依頼を取り消した。[13] しかし、加藤はこれを受け入れなかった。理由は、軍事行動の準備がほぼ終了しつつあり、それを解除するため「相当ノ説明」が必要となる一方で、参戦の依頼と取消という経緯を秘匿することが不可能で、世上にそれが漏洩した場合、日本政府の立場が困難になることなどであった[14]。そこでグレイは十二日以降、中国沿岸に作戦範囲を限定することを日本側に求めた。しかし、日本側はこれに応じないまま、二十三日の対独宣戦布告を迎えた[15]。とはいえ、イギリス側も、開戦まで日本の行動を牽制しながら、日本による青島攻略を想定し、中国におけるイギリスの影響力を維持すべく、共同作戦の実施に向けて動き出していた。

日本側では、加藤の参戦決定に対し、元老、特に山県有朋が反発した。山県はドイツに対する最後通牒について、「加藤ハ一体其眼中唯自分一人ノミデ国家ト云フ感念ガ無イ[16]」と酷評した。山県は人種と民族の違いを区別できないまま、日本の孤立回避について独善的な予測をしていた。対して加藤外相は、日本の主体性を確保し、欧米列強に対して対等の立場で臨もうとしていた。そのため、山県と加藤に相互理解の余地はなかった。

加藤のような、日本独自の立場から世界大戦を好機と捉える傾向は、陸軍にも存在した。参謀本部第二部長から第七師団長に転出した宇都宮太郎は、八月六日付で上原勇作に宛てて、「欧州の風雲益々急を加へ候ものゝ如く、此度こそは成るへく大袈裟に、成るへく深刻に噛み合せ度」「何れか勝つにしても彼等間の怨恨は益々深かるへく、即ち彼等の歩調を乱し我国策の進行も其間には捕捉の機会可有之」と述べていた。さらに宇都宮は、「明石、田中等御指導内閣に肉薄、是非共此好機を逸せさる様[…]、田中は何れに内定致居候や、有用の材御重用可然と存候」とも記していた[17]。宇都宮の白人に対する感情は憎悪に近く、その点は加藤と異なっていた。また、田中義一に期待し、大戦勃発を好機として利用しようとした点は山県とも対照的で、山県ら長州閥の影響力の低下は、大戦の勃発によっても進んでいた。

ドイツに対する宣戦布告後、外務省においても陸軍においても、膠州湾の占領とそれに伴う中国政策の具体化が直ちに問題となった。日本の対独宣戦布告から三日後の二十六日、日置益駐華公使は加藤外相に対し、中国に対する要求条件と交換条件について、次のような具申を行った[18]。

要求条件

第一　関東州租借期限ヲ更ニ九十九年間延長スルコト。

第二　南満州鉄道ハ右延期期間内之レヲ還付又ハ売戻サザルコト。

第三　安奉鉄道ハ一切ノ関係ニ於テ南満州鉄道ニ準スルコト。

第四　日本ノ援助ニヨリ南満州及東部内蒙古ノ軍政及一般内政ヲ漸次改善スルコト。

第五　南満州及東部内蒙古ノ地域内日本国臣民ノ居住及営業ノ自由ヲ認メ、且之レカ為メ必要ナル一切ノ便宜ヲ与フルコト。

第六　日本国ヨリ借款ヲ起シ、九江武昌間及南昌衢州杭州間ノ鉄道ヲ建設スルコト。

交換条件

第一　膠州湾租借地占領ノ上ハ追テ之ヲ支那ニ還付スルコト。

第二　日本国ニ在住スル主ナル革命党員ハ直ニ之ヲ国外ニ立去

ラシメ、且再ビ帰来セサル様取計フコト。
支那ニ於ケル日本居留地其他日本国権下ニ在ル地域ニ於テモ
右同様取計フコト。
第三　支那政府ニ対スル革命的性質ヲ有スル一切ノ企画ニ関シ、
厳密ナル取締リヲ行フコト。
第四　満蒙開放ニ付随シテ発生スヘキ日支人間ノ交渉按件ハ親
切公平ニ処理シ、支那政府ニ煩累ヲ及ボサザル様努ムルコト。

加藤外相は、膠州湾攻撃前の条件提出を時期尚早として、「形勢ノ推移ヲ看守シ十分ノ見込付キタル上ニテ之ヲ提出スルコトト致度」とした。[19] 加藤が中国に対する交渉案を日置に伝えるのは、膠州湾が陥落した後の十二月三日であった。

一方、波多野勝によれば、参謀本部は八月八日の参戦決定を受け、福島安正関東都督に対し、旅順または柳樹屯に駐屯する歩兵大隊の威海衛派遣準備を十日までに完了するよう指示し、また、佐久間左馬太台湾総督に対し、歩兵一個大隊、機関銃一個小隊を福建省北東部の三都澳に派遣できるよう、準備を指示した。しかし、三都澳への出兵情報は十二日に福州の領事館から加藤外相に伝えられ、加藤は陸軍側に、開戦前の単独行動について制止した。その結果、参謀本部は派兵準備を中止した。さらに二十日、「時局極メテ機微ノ関係ヲ有スル折柄、出先文武官ニ於テ政府ノ意ヲ体セス専擅ノ措置ニ出テ為ニ累ヲ大局ニ及ホスカ如キ事態ヲ生スルコトアリテハ、国家ニ取リテモ多大ノ不利ヲ来ス次第ナルニ付、此際関係各省ヨリ出先文武官憲ニ対シ必要ナル訓戒ヲ与フルコト」とする閣議決定がなされた。この決定に基づき、岡市之助陸相も出先に対し、行動を慎重にするよう訓令を発した。波多野勝によれば、加藤は外交一元化のため、閣議を主導して陸軍を抑えることに成功していた。[20]

陸軍側は、加藤の要請に応じる一方で、加藤と同様、ドイツとの開戦に伴う中国への要望をまとめていた。北岡伸一によれば、明石元二郎参謀次長は八月二十日、寺内正毅に宛てて「対支根本解決の為メニハ膠州湾問題ハ乗スヘキ機会ヲ与ヘタ」と書き記し、さらに十八日に田中義一は岡陸相に対し、日中間の協商案の一部として「日本ハ南満州東部内蒙古ニ於ケル支那ノ宗主権ヲ認ム。支那ハ日本ニ南満州東部内蒙古ニ日本人ノ土地処有権及居住営業ノ権ヲ認許ス。支那ハ日本ニ関東州ノ租借年限ヲ九十九年ニ延長ス。支那ハ日本ニ南満州及東部内蒙古ニ於ケル交通機関ヲ開発シ及之ヲ保護スルノ権利並ニ同地域内ニ於ケル利源開発ノ優先権利ヲ認ム」などとした提案を伝えた。岡陸相は田中をはじめとする陸軍部内の意見を集約し、十一月に内閣に対し、関東州租借期限の延長や、間島の租借、満鉄および安奉鉄道の日本の所有、吉長鉄道の譲渡、南満州および東部内蒙古における土地所有および居住の自由、鉱山採掘および鉄道敷設利権、軍の改革や兵器製造に関する日本の指導などを中国に求めるべきとする覚書を提出した。[21] 岡の要望は日置の要求案と多く重なる一方で、武器や軍事に関する日本の指導といった独自の提案も含まれており、それらも部分的に、実際の要求事項中に形を変えて含まれることとなる。

二　再考・二十一か条要求

昭和四（一九二九）年に加藤高明の伝記をまとめた伊藤正徳は、加藤外相による二十一か条要求について、要求事項に加藤が必ずしも支持していなかった項目が含まれていたとして、第五号の要求を国内的な譲歩の結果と評価した。同様に北岡伸一も、加藤外相による外交一元化の意図を評価した上で、陸軍ないし元老からの要求が二十一か条要求に含まれたことを、加藤の国内的譲歩と評価している。(22)しかし、おそらく加藤は、武器の供給問題や顧問派遣問題などについて、陸軍出先が外交当局と別個に中国側と交渉することを懸念したのであろう。とすれば、加藤はむしろ、中国との交渉要件に陸軍の意向を一定程度反映させることで、自らの主導権の下で外交の一元化を徹底したことになる。

青島の陥落後、加藤は中国との交渉に着手することとした。その間に要求内容をまとめ、十二月三日に日置公使に要求事項を伝え、(23)日置の意見を容れて翌年より交渉を開始することに決した。

二十一か条要求については、伊藤正徳をはじめ、第一号から第四号までの要求条項と第五号の希望条項に分けて理解するのが通例となっている。しかし、これは正確ではない。第一号から第五号までの分類は、内容と最終的に想定される合意形式に則って分類されたもので、具体的には、山東半島関連の第一号と南満州および東部内蒙古関連の第二号は条約形式、漢冶萍公司関連の第三号と領土不割譲関連の第四号は政府間の行政協定ないし交換文書の形式、そして第五号は、各条項に関する中国側からの何らかの履行保証という形式を想定していた。したがって、二十一か条の要求内容は、条約形式の第一号および第二号、協定形式の第三号および第四号、そして中国側の自主的な履行保証の第五号という三種に区分するのが適切である。第五号について、北岡伸一や島田洋一は、第一号から第四号までの各条に比べ、内容が一貫しないことや、形式に不備があることを指摘している。(24)しかし、第五号は、中国による各条項の自主的な履行に関する、非公式な形態も含めた保証の獲得を目的としており、必ずしも成文化を目指していなかった。中国や英米に対し、第五号が「希望条項」として伝えられたのは、そのためである。その意味で、第五号を雑多かつ機会主義的な寄せ集めとして理解するのは、誤りである。

条約形式の第一号と第二号は、租借地に関連していた。しかも第二号は、通商条約の修正に関わる条文を含んでいた。第一号と第二号が批准手続きを要する条約形式を想定したのはそのためである。批准手続きの重要性に照らし、第一号および第二号とそれ以外との違いは、質的にむしろ、希望条項とその他との違いより大きい。また、日中間の交渉で最大の争点となったのは、この第二号に関してであった。第三号の漢冶萍公司に関する要求は、民間事業の経営およびそれに対する中国政府の対応に関する要求であり、第四号の沿岸部の不割譲に関する保証とは、日中間の合意を通じた、当該問題に対する中国政府の公式の意思表明を求めるというものであった。これらは行政上の措置に属することから、政府間の行政協定ないし交換公文の形式を想定したのである。

対して第五号は、個々の条項内容に関する中国政府の好意的配慮を要請するというもので、多分に非公式な性質を帯びていた。第五号は英米に対する通知内容に含まれなかったが、外交交渉の内容を他国に通知する義務自体、存在しなかった。加藤外相は列強への要求内容の通告に際し、イギリスを優先し、次いで協商締約国のフランスとロシア、そしてアメリカに通告したが、第五号の存在が問題になった際、加藤はグリーン英大使に対しても、「必ズシモ希望条項ノミナラス、要求条項ニテモ悉ク御内示ニ及バザルベカラザル義務アリトハ思ハレズ、之ヲ内示スルト否トハ是我方ノ裁量ニ依ル」(25)と述べていた。ただし、加藤は第五号ばかりでなく、第三号第二項も各国に秘匿していた。これは島田が指摘するように、機会均等の原則に抵触する可能性があったからで、そうした懸念は第五号に関しても存在していた。しかも第五号は、その内容が英米の反発を招きかねなかったというばかりでなく、中国の自主的配慮を求めるというその趣旨に照らし、第三国への通知になじまなかった。第五号は英米に対してのみならず、英米に駐在する大使にも通知されていなかった。島田はこの点を加藤外相の背信的行為として批判するが、そうした加藤の行為は、以上のような第五号の非公式的性格から生じていた。

一般に第五号は希望条項として理解されており、そのため、交渉最終段階の最後通牒発出に際しても、第五号未決事項は撤回された。しかし、加藤外相は、最後通牒の発出に際しても、要求内容に第五号の一部を含めようとした。希望条項と最後通牒では論理的に矛盾するが、その時点で加藤外相は、第五号について、将来必要が生じた場合、関係者の協議に問題を委ねるといった内容を会議録に記録しておくことを中国側に求めていた。第五号の性格や、中国側が当初から交渉を拒否していたことから、第五号に関する交渉はそれまでほとんど進展していなかった。加藤が第五号を中国に強要するつもりであったなら、当初から第三号に準じる政府間協定の合意形態を目指し、必要な体裁を整え、英米に通知することもできた。実際、警察権問題は後述のように、第二号に関する交換公文で明文化される。その意味で、加藤外相が不手際を引き起こしたのは、加藤自身が第五号に関連し、中国側の主権に事前に配慮したためであった。

二十一か条要求は、大正四年一月十八日に日置公使から袁世凱に伝えられた。加藤外相は、中国側と条項毎に交渉を行うのでなく、全条項について、それぞれの主張を一括して提案し合う交渉方式を日置に指示した(26)。懸案事項を一括して取り上げる交渉方式は、第二次桂内閣における日清交渉に先例が見られ、さらに加藤が駐英大使時代に日英通商条約交渉に際して採用した交渉方式にも準じていた。加藤はそれによって、交渉が速やかに進展することを期待していた。しかし、そうはならなかった。表5-1は、交渉会議の日程と検討議題、主要な出来事の流れである。二十一か条要求に関する交渉をめぐり、一般に第五号第三項の警察顧問に関する要求に注目されがちであるが、この条項は日本側が早々に撤回したため、交渉を長期化させる原因にならなかった。表から明らかなように、交渉において最も時間を要したのは、第二号、とりわけ同号第二条および第三条であり、これは南満州の内地開

表 5-1 21 か条要求に関する日中交渉経過（『日本外交文書』大正 4 年第 3 冊上巻）

日程	事項ないし交渉会議と議題	日本外交文書文書番号
1 月 18 日	日置益公使より袁世凱に日本案提出。	137
1 月 25 日	加藤高明外相よりイギリス大使に要求内容通知。	490
2 月 2 日	第 1 回会議（検討方式、第 1 号）。	159
2 月 5 日	第 2 回会議（第 1 号~第 5 号）	164
2 月 5 日	加藤外相よりフランス、ロシア大使に要求内容通知。	501, 502
2 月 8 日	珍田駐米大使よりブライアン国務長官に要求内容通知。	506
2 月 12 日	中国側対案提出。	182, 183
2 月 17 日	加藤外相、井上駐英大使に第 5 号内容を通知。20 日にイギリスに通知。	519, 520, 532
2 月 22 日	第 3 回会議（第 5 号の扱い、第 1 号）。	208
2 月 22 日	珍田駐米大使よりブライアンに第 5 号内容を通知。	537
2 月 25 日	第 4 回会議（第 1 号、第 2 号）。	214
2 月 28 日	第 5 回会議（第 1 号、第 2 号）。	219
3 月 3 日	第 6 回会議（第 1 号、第 2 号第 1 条）。	220
3 月 5 日	加藤外相、南満州駐屯師団と山東守備軍の交代を利用して兵力の増強を図り、対中交渉上の威圧手段とすることを訓令。	222
3 月 6 日	第 7 回会議（第 2 号第 1 条）。	224
3 月 9 日	第 8 回会議（第 2 号）。	232
3 月 11 日	第 9 回会議（第 2 号）。	239
3 月 13 日	第 10 回会議（第 2 号第 1, 5 条）。	243
3 月 15 日	ブライアン、3 月 13 日付公文を珍田大使に送付。	558, 561
3 月 16 日	第 11 回会議（第 2 号）。	253
3 月 20 日	第 12 回会議（第 2 号）。	260
3 月 23 日	第 13 回会議（第 2 号、第 3 号）。	265, 267
3 月 25 日	第 14 回会議（第 2 号第 2, 3, 4 条、第 4 号）。	270
3 月 27 日	第 15 回会議（第 2 号第 2, 3 条、第 3 号、第 4 号、第 5 号第 1 項）。	277
3 月 30 日	第 16 回会議（第 2 号第 2, 3 条、第 3 号、第 4 号、第 5 号第 2, 7 項）。	283
4 月 1 日	第 17 回会議（第 2 号第 2, 3 条、第 5 号第 2, 3 項）。	289
4 月 3 日	第 18 回会議（第 2 号第 2, 3 条）。	296
4 月 6 日	第 19 回会議（第 2 号第 2, 3 条、第 3 号、第 5 号第 4, 6 項）。	303-305
4 月 8 日	第 20 回会議（第 2 号第 2, 3 条、第 5 号第 6 項）。	309
4 月 10 日	第 21 回会議（第 5 号第 4, 5, 6 項）。	313
4 月 13 日	第 22 回会議（第 5 号第 5 項）。	320
4 月 15 日	第 23 回会議（第 2 号、第 5 号）。	321
4 月 17 日	第 24 回会議（第 2 号、第 3 号、第 5 号）。	329
4 月 26 日	第 25 回会議	347
5 月 7 日	日本、最後通牒発出。	387-401
5 月 13 日	駐日アメリカ代理大使、ブライアン覚書を加藤外相に手交。	708

放に関する条項であった。たとえば奈良岡聰智のように、第五号が日中交渉を難航させたとする指摘[27]が近年でも見られるが、これは誤りである。ただし、内地開放は司法権をはじめとする治外法権全般に関わっており、その限りで警察顧問の問題とも間接的に関わっていた。中国側は、治外法権、特に租界司法権をめぐって欧米列強と恒常的な緊張関係にあった。その点で中国側は日本側より当該問題に精通しており、結果的に日本側の準備に不備があったということになる。

二十一か条要求問題に関し、一般に日本側における要求の過酷さや交渉の拙劣さが強調される。にもかかわらず、上述のような希望条項に関する正確な理解が共有されておらず、また、島田洋一が北岡伸一の所論について、多くの史料の誤読や曲解を指摘しているように[28]、合意内容を交渉経緯に即して理解し、その全体的性格を中国における条約体系の中で捉えた研究は存在しない[29]。島田の研究は、二十一か条要求交渉の問題点を厳しく指摘した基礎的研究であるが、その一方で島田の研究は、第五号と加藤外相の交渉手腕に過度に注目し、交渉における最大の懸案であった南満州における内地開放問題を取り上げていない。この点に部分的に言及しているのは、後述のような間島問題に関する研究のみである。二十一か条要求をめぐる議論は、総じて不十分な事実認識に基づき、表面的批評にとどまっている。

表5‐2は、二十一か条の各条項の交渉経過をまとめたものである。全体を、**A**日本側原案、**B**二月五日の中国側回答ないし二月十二日の中国側対案、**C**二月十六日の日本側修正要求、**D**中国の対応、**E**日本の対応ないし四月二十二日の最終譲歩案、**F**最後通牒前の中国側態度、**G**最終合意、の七段階に区分し、条項毎に交渉の推移を要約している。二十一か条の要求事項の内、中国の主権を侵害するものとして当時から問題になり、研究史上でも多く援用されてきたのは、第五号第三項の警察顧問に関する条項である。しかし、加藤外相は二月十六日の時点で、それを第二号第六条の南満州および東部内蒙古における日本人顧問に関する規定に警察を追加する代償として撤回することを日置に訓令し、日置は三月九日の会議でこれを実施した。ただし、島田が指摘するように、日置は第二号第六条の修正を報告するに際し、第五号第三項全体を撤回したことを加藤に報告しておらず、第五号が議題になった四月二日まで、加藤は撤回の事実を把握していなかった。

島田が指摘するように、加藤が第五号第三項の撤回について誤認していたことは不手際であったが、おそらくその原因は、加藤が、第五号第三項でいう警察顧問の設置されるべき「必要」な地域に、南満州と山東省を想定していたことであった[30]。その一方で、日本人顧問に関連する規定は第二号にしか存在せず、山東半島に関する第一号は都市の開放を規定するのみであった。そのため、第五号第三項の撤回に備え、二月十六日になされた修正要求は、第二号第六条で規定する「政治財政軍事」顧問に警察顧問を追加する一方で、第一号第四条で、開埠章程の制定に際して日本側とその内容について協議するとしていた。ところが、三月九日に第二号第六条を交換公文とすることで合意した際、同時に第五号第三項が撤回されてしまった。その結果、警察顧問の問題を第一号第四条の山東半島開放市開埠章程の事前協議内容に含ませる機会を逸してしまったのである。この点はむしろ日置の過失であり、おそらく加藤には、警察顧問の問題が南満州のみではないことを出先も認識しているはず、という思い込みがあったのであろう。その結果、山東半島における警察顧問問題は、後の一九一八年条約で追加的に規定されることになる。

おそらく、加藤外相が当初、警察顧問の採用を第五号に入れたのは、警察顧問に関する合意を明文化するより、内約にとどめておく方が、欧米の反発を招かず、また、中国側にも受け入れやすいと判断したためであろう。ところが、中国側は第五号規定の不明瞭さを問題としたため、結果的に中国側は、南満州における警察顧問について、外国人顧問採用の際の日本人優先という形で、交換公文中に明記することを受け入れた。この点は日本側の成果となるはずであった。ところが、交渉経緯から中国側の過大な反発を招き、しかも山東半島における警察顧問について、中国側の合意を得る機会を逸してしまったわけである。

警察顧問に関する条項は、中国の主権に抵触する要求としてアメリカの反発も招いたが、その目的は、中国の部分的な内地開放に伴う、中国警察による日本人取り締まりの問題に対処することにあった。治外法権は本来、司法管轄権の帰属を規定するものであって、警察権は治外法権の対象とならなかった。とはいえ、警察権力の発動は被疑者の権利を制約するものであったため、治外法権の原則に抵触しかねなかった。一方、外国人は中国内地に居住を認められていなかったが、通商や旅行、布教のために内地を

表 5-2　21 か条要求の各条項交渉経過〈第 1 号〉

第一条	**A** 山東省におけるドイツ権利の譲渡に関し、日独間で締結される協定の承認。	**B** 受諾（2 月 12 日）。			**F** 受諾。	**G** 字句も含め原案通り。
第二条	**A** 山東省内および沿岸地域の譲与、貸与の禁止。	**B** 膠州湾での戦闘に伴う損害の賠償と軍の撤退（2 月 12 日）。	**C** 原案撤回。交換公文ないし声明書で不割譲を保証。賠償は拒否（2 月 16 日）。		**F** 受諾。	**G** 交換公文で、山東省内、沿岸部、島嶼の不割譲を保証。
第三条	**A** 芝罘または龍口から膠済鉄道に接続する鉄道の敷設権。	**B** ドイツとの合意内容に抵触しない範囲で受け入れ（2 月 5 日）、最終合意案の内容を提示（2 月 12 日）。	**C** 日中合弁か日本の資金で鉄道を敷設。日独協定成立まで秘密協定とすることも可能（2 月 16 日）。合弁敷設を放棄、日本からの借款による敷設（2 月 24 日 [211]）。	**E** 中国案を承認（4 月 22 日）。	**F** 受諾。	**G** 中国政府が該鉄道を敷設する場合、ドイツが借款権を放棄すれば、日本の資本家に商議する（第 2 条）。
第四条	**A** 日本政府の要望する山東省諸都市の開放。	**B** 中国政府による山東省内における商埠地と開埠章程の設定（2 月 12 日）。	**C** 商埠地および章程を日本と協議する条件で、中国案を承認（2 月 16 日）。		**F** 受諾。	**G** 山東省諸都市の開放（第 3 条）。開放地は中国政府が選定し、日本公使と協議の上、決定（交換公文）。

[ ] は『日本外交文書』大正 4 年第 3 冊上巻の文書番号。

A 日本側原案　**B** 中国側回答（2 月 5 日 [164]）、中国側対案（2 月 12 日 [183]）　**C** 日本側修正要求（2 月 16 日 [190] 他）**D** 中国の対応　**E** 日本の対応、最終譲歩案（4 月 22 日 [340]）　**F** 最後通牒前の中国側態度（5 月 2 日 [361]）　**G** 最終合意 [473]

第四条	A 南満州、東部内蒙古における鉱山の採掘権。 B 東部内蒙古の削除（2 月 5 日）。東三省において、条約調印後 1 年間のみ、1 年限りの試掘権を認め、調査鉱山の半数について採掘権を承認(2 月 12 日)。 C 原案の復活（2 月 16 日）。	D 鉱業条例によること、当該鉱山を交換文書に明記することを条件に、日本案を了承（3 月 9 日 [232]）。 E 鉱業条例への準拠および日中の合弁事業化を了承（3 月 19 日 [256]）。	F 受諾。 G 交換公文で、奉天省および吉林省南部における指定鉱山の試掘、採掘権を承認。
第五条	A 南満州、東部内蒙古における他国への鉄道敷設に関わる権利供与、借款契約、税を担保とする借款に関する日本の事前同意。 B 東部内蒙古の削除。既に担保となっている塩税との整合性の調整（2 月 5 日）。東三省南部の鉄道敷設において外国資金が必要な場合、日本資本家と商議する（2 月 12 日）。	C 税担保借款への日本政府の事前同意を条件に、2 月 12 日の中国案を了承（2 月 16 日）。 D 中国は交換公文による規定を了承（3 月 9 日 [232]）。	F 交換公文で、南満州、東部内蒙古で関税、塩税以外の諸税を借款の担保としないこと、同地域の鉄道敷設に外資を必要とする場合、まず日本の資本家と商議することを規定。 G 同上。
第六条	A 南満州、東部内蒙古における政治財政軍事に関する顧問教官の採用に関する日本との事前協議。 B 東部内蒙古の削除（2 月 5 日）。東三省南部で関連する外国人顧問を聘用する場合、日本人を優先する（2 月 12 日）。	C 政治財政軍事の他に警察を追加し、顧問の他に教官を追加（第 5 号第 1 項を参照）（2 月 16 日）。 D「警察」の追加を了承、交換公文による規定を主張（3 月 9 日 [232]）。	F 受諾。 G 交換公文で、満州において政治財政軍事警察等に関わる外国顧問教官を傭聘する場合、日本人を優先することを規定。
第七条	A 吉長鉄道の 99 年間の管理経営委任。 B 拒否（2 月 5 日）。 C 現行吉長鉄道借款契約の改定（2 月 16 日）。	D 中国は借款額の増額を提案（3 月 16 日 [253]）、後に借款契約の改定を了承（3 月 23 日 [265]）。	F 受諾。 G 中国と外国資本家との契約を標準とする契約の改定。

通過する権利を有した他、中国政府に雇用される外国人も存在した。そのため、警察権の問題は、中国と列強の間でも特に紛糾を引き起こしがちな懸案となっていた。また、租界内での逮捕、監禁といった警察業務も、本来は中国側の法律、制度に則って行われ、治外法権が発動するのは、容疑者の引き渡しと司法手続きの段階に入って以降となるはずであった。しかし、欧米側は租界内における中国警察の機能を実質的に停止させる一方で、中国側はそうした事態を容認していなかった。欧米列強と中国との警察問題をめぐる紛糾は、重層化していた。

こうした状況に照らし、日本が二十一か条要求において中国側に日本人警察顧問の採用を求めたのは、南満州や山東半島における内地開放に際し、在留日本人と中国側警察当局との紛争を予防するためであって、中国の警察権力を掌握するためではなかった。ところが、この点について、アメリカ側の理解を得られなかった。それは、日本を膨張主義的国家と捉える偏見と、何より伝統的な権力観

表 5-3 21 か条要求の各条項交渉経過〈第 2 号〉

第一条	**A** 旅順大連租借期限、満鉄、安奉鉄道の期限を 99 年間延長。	**B** 旅順、大連、満鉄について原条約の期限規定を 99 年に修正、安奉鉄道について第 2 条で期限満了時に商議（2 月 12 日）。	**C** 旅順、大連租借期限および満鉄無償還付期限について中国案を了承。満鉄買戻期限を 36 年間延長、安奉線についても満鉄と同様の措置を取る（2 月 16 日）。	**D** 受諾（3 月 9 日 [232]）。 **F** 受諾。 **G** 原条約の期限規定を、経過期間を含めた 99 年間に延長。
第二条	**A** 南満州、東部内蒙古における商工業上の建築または耕作に必要な土地の賃借、所有権。 **B** 東部内蒙古の削除（2 月 5 日）。第 3 条として、東三省における商埠地の追加および当該地における借地の許可〔開埠地案〕（2 月 12 日）。 **C** 原案第 2 条の復活（2 月 16 日）。	**D** ①日中の合弁公司を設立し、南満州における開墾事業を承認〔制限的内地雑居案〕（3 月 9 日 [232]）。②南満州における条件付き雑居（第 3 条を参照、3 月 23 日 [265]）。③租借権（商租と表記、地主と商議して土地を租借する権利で、土地の購入および所有ないし永租権を伴わない）のみを承認（4 月 1 日 [289]、3 日 [296]）。	**E** ①必要な土地の賃借または購買権（長期かつ無条件で更新可能な租借を含むという意味で商租の語を用いてもよい）。②東部内蒙古について、租税担保借款および鉄道借款に関する日本との協議。③東部内蒙古における若干の商埠地増設。④東部内蒙古における日中合弁事業の承認、東部内蒙古を独立条文にしてもよい（4 月 22 日）。	**F** 南満州における土地の賃借または購買を「商租」に修正。 **G** 東部内蒙古を削除（代替として第 4 条、第 6 条の規定を追加）、土地の賃借、所有権を商租権に修正。交換公文で、30 年までの期限付きで無条件に更新できる租借が商租に含まれることを規定。
第三条	**A** 南満州、東部内蒙古における居住、移動、商工業従事の自由。 **B** 第 2 条を参照。 **C** 原案第 3 条の復活（2 月 16 日 [190]）。 **D** ①東部内蒙古について将来の協議に委ねる（3 月 9 日 [232]）。②開埠地案を撤回。領事ないし保証人による身分証明および中国警察法と課税に服することを条件とする南満州における内地雑居権（3 月 23 日 [265]）。	**E** ①日本領事の承認した警察法令のみに服するが（4 月 17 日、22 日）、警察法令の非公開について容認。②日中双方が被告国籍の司法権に服し、臨席傍聴員を相互に派遣する。③土地に関する民事訴訟は、中国の法律および地方慣習に従い、日中の共同審判とする（4 月 22 日）。 **F** 日本領事による警察法令承認を削除。土地訴訟は中国官吏による審判とし、日本領事の傍聴を承認。南満州および東部内蒙古の適当な地方に速やかに商埠地を開設。	**G** 第 3 条で、南満州における居住、商工業従事の自由を規定。第 4 条で東部内蒙古における農業および農業付随工業の合弁事業を承認。第 5 条で、日本人は旅券を地方官に提出し、登録を受け、中国の警察法令および課税に服すること、日中双方は被告国籍の司法権に服し、相互に観審官を派遣できること、土地に関する民事訴訟は中国の法律および地方慣習に則り、両国の共同審判とすること、を規定。第 6 条で、将来の東部内蒙古の居住、貿易のための開放を規定。交換公文で警察法令について、事前に日本領事と協議の上、施行することを規定。	

A 日本側原案　**B** 中国側回答（2 月 5 日 [164]）、中国側対案（2 月 12 日 [183]）　**C** 日本側修正要求（2 月 16 日 [190] 他）**D** 中国の対応　**E** 日本の対応、最終譲歩案（4 月 22 日 [340]）　**F** 最後通牒前の中国側態度（5 月 2 日 [361]）　**G** 最終合意 [473]

表 5-4　21 か条要求の各条項交渉経過〈第 3 号〉

第一条	**A** 漢冶萍公司の日中合弁化、同意のない資産、権利の自由処分の禁止。	**D** 日中の当事者間で成立した合弁事業の承認、公司の非国有化、外国資本を入れないことを言明（4 月 6 日 [304]）。
	B 民間の問題として交渉拒否（2 月 5 日）。将来、当該公司の日中合弁事業化について合意が成立した場合、政府はこれを承認する（2 月 12 日）。	**E** 日中合弁に向けた中国政府の尽力を要請（4 月 6 日 [304]）。 **F** 最終案提示時に電文の誤りから原案を再度提示したため、中国側は拒否。4 月 28 日に修正案を提出 [350-352, 355]。5 月 2 日に中国側は会議中の声明以上の措置を拒否し、対案を提出せず [360]。
	C 原案復活。形式は中国案の交換公文とする（2 月 16 日）。	**G** 交換公文による将来の合弁成立の場合の承認と非国有化の保証。
第二条	**A** 漢冶萍公司に属する鉱山付近の鉱山採掘権について、同公司の承諾なく同公司以外に与えることの禁止。	**D** 日本は、「付近」の解釈は後の日中両国による調査に委ねることの記録を求める（4 月 13 日 [319]）が、4 月 22 日に第 1 条の修正を条件に本条全体を撤回。
	BC 第 1 条を参照。	**F** 撤回。

表 5-5　21 か条要求の各条項交渉経過〈第 4 号〉

A 中国沿岸の港湾、島嶼の譲与、貸与の禁止。	**C** 第 1 号第 2 条と同様の形式で原案の趣旨を保証（2 月 16 日）。	**F** 自主的声明済みを確認。
B 拒否。	**E** 中国政府による宣言（日本政府への通知不要）で了承（4 月 22 日）。	**G** 中国政府による会議中の声明（第 5 号第 6 項参照）。

A 日本側原案　**B** 中国側回答（2 月 5 日 [164]）、中国側対案（2 月 12 日 [183]）　**C** 日本側修正要求（2 月 16 日 [190] 他）**D** 中国の対応　**E** 日本の対応、最終譲歩案（4 月 22 日 [340]）　**F** 最後通牒前の中国側態度（5 月 2 日 [361]）　**G** 最終合意 [473]

に根本的な相違があったからである。

二十一か条要求における警察権問題の特徴は、むしろそれをめぐる日本と英米との見解や価値観の相違を明らかにした点にあった。加藤外相は、南満州の開放を円滑に行うため、中国側に日本人警察顧問を採用するよう求めたが、対して辛亥革命後の上海租界においては、租界警察が実質的に中国人に対しても警察権を行使し、司法権に至っては、租界当局が中国裁判所における中国人裁判官の任命権や、裁判事務員、経費などを掌握すると共に、司法と行政の分離を徹底することで、中国人を被告とする裁判への中国政府の関与を実質的に排除する事態になっていた。それは事実上、欧米の司法機構が租界に居住する中国人に対する司法管轄権を掌握するという事態であった。総じて欧米諸国は、中国の内地開放にさほど関心を示さず、欧米の司法手続きの原則に則って、租界における司法や行政に対する中国政府の影響を可能な限り排除しようとした。それは、一九二〇年代末の欧米列強と中国の間の治外法権撤廃交渉においても同様で、欧米諸国は、治外法権撤廃の代償として、特別裁判所の設置の他、同裁判所への外国人顧問の採用、令状によらない逮捕の禁止、保釈権の確保、監獄管理の厳格化などを中国側に求めていく。日本側が日本と中国の交流や相互の合意ないし協力、あるいは癒着関係の促進に積極的であったのに対し、欧米は概ね、中国の行政と租界行政との分離、隔離を志向していた。

表 5-6 21 か条要求の各条項交渉経過〈第 5 号〉

	A	B	C	D	E	F	G
1	**A** 政治財政軍事顧問の傭聘。	**B** 拒否。	**C** 日本公使から中国政府への勧告声明にとどめる（2 月 16 日）。	**D** 交渉会議において将来必要の場合に日本人顧問を聘傭することを言明、日置公使は文書化を見合わせ、将来の実行に期待することを声明（3 月 27 日 [277]）。後に日本側より、中国側声明内容の会議録への記載を要求（4 月 12 日 [317]）。		**F** 会議録記載を拒否。	**G** 会議中に声明を交換。
2	**A** 中国内地の病院、寺院、学校の土地所有権。	**B** 拒否。	**C** 中国側の好意的対応について確約を求める（2 月 16 日）。		**E** 寺院に関する土地所有権の要求を実質的に撤回、病院、学校のための土地租借、購買許可について会議録に記載（4 月 1 日 [289]）。	**F** 拒否。	**G** 撤回。
3	**A** 必要地方における日本人警察の傭聘。	**B** 拒否。	**C** 3 月 9 日に撤回 [232]。ただし、南満州における合同警察ないし顧問、教官の採用に応じ、司法権問題について検討する（第 2 号第 6 条参照、2 月 16 日）。				**G** 満州に関する第 2 号付属交換公文規定の合意（第 2 号第 6 条参照）により撤回（ただし、加藤外相は 4 月 2 日まで撤回通知を認識せず [289-291]）。
4	**A** 日本からの兵器の購入、日中合弁の兵器廠の設立。	**B** 拒否。	**C** 原案復活ないし中国内地に日中合弁の兵器製造所の設立ないし将来の商議について確認（2 月 16 日）。		**E** 将来の軍事当局者による協議について会議録に記載（4 月 12 日 [317]）。	**F** 拒否。	**G** 撤回。
5	**A** 武昌と九江 － 南昌線の連絡鉄道、南昌 － 杭州間鉄道、南昌 － 潮州間鉄道の敷設権。	**B** 拒否。	**C** 原案復活か敷設権を借款提供に修正（2 月 16 日）。		**E** 第三国に支障を来さない限り日本に許与するか、日本と第三国の間で合意するまで他国に許与しないことを、会議録に記載するか交換文書で規定（4 月 12 日 [317]）。	**F** 拒否。	**G** 撤回。
6	**A** 福建省における鉄道、鉱山、港湾設備への外資導入に際しての事前協議。	**B** 拒否。	**C** 秘密協定とする（2 月 16 日）。アメリカ政府との協定を優先する（3 月 30 日 [281]）。	**D** 日本から中国に、アメリカ政府の内意を通知の上、合意（4 月 12 日 [317]）		**F** 交換公文受諾。	**G** 日本政府からの照会公文に対する中国政府からの回答公文として、福建省における外国の軍事施設建設の不許可を保証。
7	**A** 布教権。	**B** 拒否。			**E** 会議録に今後の再交渉を記載（4 月 12 日 [317]）。	**F** 拒否。	**G** 撤回。

また、海関や塩税における税務司制度は、中国政府の介入を排除したヨーロッパ人による実質的な行政権の掌握であった。さらに、二十一か条要求における警察顧問の問題に批判的であったウッドロー・ウィルソン政権は、一九一四年四月、アメリカ軍とメキシコ軍との衝突をきっかけにメキシコに出兵し、一九一六年にはパンチョ・ビヤによるアメリカ人殺傷事件の発生を受け、ビヤ追及のために再度出兵、カランサ政権軍との衝突事件を引き起こしていた。ウィルソンはこれらの出兵について、メキシコの内戦に介入するものではないという意味で、内政干渉に当たらないとした。中国に対する日本人警察顧問の採用要請は主権侵害に当たるが、メキシコへのアメリカの出兵は内政干渉に当たらない、すなわち、自国民保護のために他国の関係当局に助言することは内政干渉に当たるが、当

該国に軍隊を派遣することは内政干渉に当たらないとするアメリカ側の論理は、日本側に理解、同調できなかったはずである。しかし、アメリカにとってそこには、日本の行動が他国の内政権力を掌握し、排他的支配を実現しようとするものであるのに対し、アメリカの行動はあくまでアメリカ人の権利保護を目的とした自衛措置であるという違いがあった。山東半島問題に関しても、アメリカはパリ講和会議において旧ドイツ租借地の中国への無条件返還を支持せず、その国際管理を提案した。それは、中国の主権を制限する形で欧米の権利を確保しようとするもので、逆に日本はそうした提案に強く反対する。二十一か条要求をめぐる日米間の対立にも、こうした日本とアメリカの価値観や思考様式の相違が反映しており、それは決して、加藤外相の不手際のみによって引き起こされたわけではなかった。

加藤は中国との交渉に際し、交渉を速やかに妥結させるため、条件を一括して提案し、一括交渉を求めた。しかし、中国側はそれを日本側の強圧的な姿勢と受け取った。結果的に、イギリスに通用した交渉方式が中国に通じなかったのであり、加藤にとって最大の誤算は、中国側が自尊心や矜持を捨てて全面的に抵抗したことであった。中国側は英米に日本の要求内容を通告し、支援を求めた。加藤はそうした事態を予測しておらず、島田洋一はその点を、加藤の認識の甘さとして批判している。しかし、中国側がそのような対応を取ること自体、日本にとって初めての事態であった。清朝が健在であった時期、鉄道交渉などをめぐり、競合する列強間に部分的な情報を提供し、列強を相互に牽制することもなされたが、日本が露骨に牽制の対象とされたことはなかった。その意味で、加藤外相ばかりか、中国との提携を掲げた山県においても、日本が強大化したことによって生じた、日本に対する国際的な信用と警戒の両側面に対する認識が欠けていた。他方、二十一か条交渉における中国側の対応は、「以夷制夷」という、一九二〇年代から三〇年代にかけての日本側の中国外交に対する認識を定着させたという点で、中国側にとっても禍根を残した。

中国側との交渉に際し、加藤外相が取引材料としたのは、膠州湾のドイツ租借地の返還であった。北岡伸一は第五号を、後の譲歩を前提とする、事前に計算された過大な要求であったと解釈している。しかし、これは上記のような各号、とりわけ第五号の性格に対する無理解から生じた誤解であって、島田が指摘するように、交渉経緯に照らしても、北岡の解釈は成立しない。ただし、加藤は、ドイツ租借地の返還のみでは日本側の要求事項に対する対価として不十分なことも認識していた。ところが、加藤外相は交渉の過程で、中国側が交渉を遅延させたことに反発した。そのため、膠州湾の返還問題についても、日置公使が中国側の態度を緩和するため、返還保証を早期に中国側に与えるべきとしたのに対し、加藤外相は、ドイツが平和裡に膠州湾を日本に引き渡さず、戦闘が発生したために状況は変化したとする立場を取った(31)。さらに交渉開始から一か月余り後の三月五日、加藤外相は、満州と山東半島に駐留する部隊の交代を利用して一時的な増派を行い、中国側に圧力を加えることを日置公使に通告した。その間、中国に対する加藤の不信感は決定的になっていた。

加藤が軍事的圧力を決意した時点で、日中交渉は実質的に第一号の合意がほぼできていたに過ぎなかった。したがって、交渉が本格化したのは、日本側が軍事的圧力を決定して以降のことである。しかし、その一方で加藤は、中国側の個別提案に対応することで、一括交渉方式を放棄した。日本側が一括交渉方式を放棄せざるを得なかったのは、南満州の開放を実現する場合、土地取得権と治外法権に関連する司法管轄権の問題について調整する必要があり、しかも外国人に認められる権利と中国側の国家主権の調整については、租界をめぐる欧米列強との交渉を長く経験してきた中国側の方がはるかに通暁していたからであった。

内地開放をめぐる日中間の交渉は、中国側がまず開埠地、すなわち特定地域の開放を提案し、次いで日中合弁事業を条件とする経済実務に応じた内地開放案を提案したのに対し、日本側は終始、南満州と東部内蒙古の全面開放を要求した。中国側は、治外法権と内地居住権は両立しないとする立場を取り、治外法権が設定される中での内地開放は、特定地域内に制限されるべきとした。この点は、かつての日本と欧米との治外法権撤廃交渉においても同様であった。ただし、原理上、治外法権が居住地域の開放と矛盾していたわけでもなかった。租界自体、治外法権と同時に設定されたわけでなく、治外法権成立後に、中国側が外国人の居住地域を制限するため、追加条約と地方協定を締結することによって設定された。その意味で、日本側の求める南満州の開放は、南満州を実質的に、租界行政権や中国人と外国人との居住分離を設定しない原初的な治外法権設定状況に、以下のような修正を加えた地域とすることを求めるものとなっていた。

南満州の開放に関する交渉の争点は、(1)日本人の土地関連権利の具体的内容、(2)混合裁判の形式、(3)警察関連法規および課税の扱い、であった。まず(1)に関連し、日本側は土地所有権ないし永租権の承認を求めたが、中国側はこれを拒否した。全体として日本側は借地権の保護を求めており、これは租界において欧米諸国民の借地権が強固に保護されていたことにも対応していた。次に(2)の混合裁判、すなわち日本人と中国人の係争事案に関しては、日本側が被告主義に基づく司法管轄権の維持を確認した他、相互に観審官を派遣することと、特に土地関連民事訴訟に関して被告主義を撤廃し、共同判事による審議を行うことを求めたのに対し、中国側は、土地関連訴訟について、混合事案および日本人相互の事案も含めた全ての事案を中国司法権の下で審議し、日本領事は観審官としてそれを傍聴できるのみとすることを主張した。つまり、日本案が土地訴訟に関して共同判事を設定し、中国側の司法権を、中国人が被告となる事案も含めて部分的に制約しようとしたのに対し、中国側の提案は逆に、土地関連訴訟について、日本側司法管轄権の停止を求めたわけである。

最後に(3)の、南満州の日本人に施行される警察関連法について、日本側が日本領事による当該法規の事前協議を必要としたのに対し、中国側はこれを拒否した。上述のように、警察関連法規は治外法権と関連していながら、実質的にそれが施行できない領域に属した。課税問題は警察権と異なるが、一八五八年の清仏条約以来の、条約上の根拠のない不当課税に服さない権利という点で、類似した性格を持っていた。そのため日本側は、関連法令の事前協議によって不当な権利侵害に対する予防措置を講じようとしたが、これに対して中国側は、国内法制定に対する日本の干渉を排除しようとしたわけである。

二十一か条交渉における最大の争点は、右の(2)に関する項目であった。土地関連訴訟について、日本側と中国側が治外法権の原則たる被告主義を採用しなかったのは、それが不可能であったからである。租界の場合、土地に関する契約は土地章程に依拠したが、日本人が南満州において土地を取得ないし賃借する場合、その手続きは中国法および慣習に則って行い、登記関連手続きも中国側当局に対して行わなければならなかった。その結果、日本人が被告となる民事裁判に被告主義の原則を適用するといっても、それは中国法の適用される日本の領事裁判になるだけであって、日本法の適用される領事裁判とはなり得なかった。その上、土地関連裁判において基礎的証拠となる登記関連書類を中国政府が管理している以上、日本側としても中国当局の協力が必要で、日本の領事裁判に中国法を適用するという対応にも限界があった。一方、日本人が原告となる場合でも、中国法廷における審議で日本人が不利益を被る可能性が懸念された。そこで日本側は、土地関連訴訟を一括して共同審判とすることを求め、逆に中国側は土地関連訴訟に関する全ての司法権を保持しようとしたわけである。この時点で日本側は土地所有権を断念したが、この後、奉天北陵の榊原農場をめぐる紛糾が長期化し、注目を集めた他、土地を抵当とする日本人から中国人への貸付が行われ、しかもそれが不良債権化することで所有権が日本人に移ってしまう事例や、東洋拓殖会社による土地登記を中国当局が受理した事例が発生する[32]。

一方、土地関連訴訟の扱いに比べると、(3)の警察関連法規の事前協議という日本側の主張は、治外法権運用の実態や慣習に照らしてそれなりの合理性はあり、イギリスもこの点に異議を挟まなかった[33]。ただし、アメリカ側の理解状況について日本側は不安を感じたようで、最後通牒発出後、以下のようなアメリカに対する説明が用意されていた[34]。

帝国政府ニ於テ警察法令及課税ノ承認権ヲ留保スルハ、恰モ各国ガ支那ノ司法制度ニ信頼スル能ハズシテ領事裁判権ヲ留保シ居レルト其趣旨及精神ニ於テ異ルコトナシ。加之《しかのみならず》支那ノ法令ニシテ条約上又ハ慣例上、外国ノ承認ヲ要スルコトトナリ居ルモノハ、鉱山条例印紙税法等ノ如ク従来其例ニ乏シカラズ。現ニ米国政府自身モ一九〇三年ノ米支通商条約第七条、同第十二条ニ於テ、或種ノ法令ニ関シ事実上承認権ヲ有シ居ル次第ナルヲ以テ、領事ノ承認ヲ以テ支那ノ主権ニ対スル制限ナリトセバ、米国ハ勿論、列国ハ皆支那ニ対シ此種ノ制限ヲ加ヘ居ラザルモノナキニ至ルベシ。

このように、日中交渉において、土地関連訴訟と治外法権の整合性が最大の争点となったが、従来の研究はこの点を理解しないまま、過大な要求が日中関係を悪化させたとか、欧米の非難を受けたといった不適切な議論を行っている。しかも、以上のような内地開放に伴う治外法権の扱いは、一九二〇年代後半に中国と欧米列強の間で進められた治外法権撤廃交渉で争点となる問題に多く通じている。その意味で二十一か条問題は、中国の国内改革に対応した内地開放や治外法権の修正という、一九二〇年代後半の中国と列国の通商条約改定交渉の先駆となる意義を有していた。さらにこの点に関連し、二十一か条要求について検討した吉野作造は、交渉妥結の一か月後の六月に出版した『日支交渉論』の末尾で次のように記している。(35)

要するに予は今度の対支要求は、皮相的に見れば、或は支那の主権を侵害し、或は支那の面目を潰したやうな点もあるが、帝国の立場から見れば、大体に於て最小限度の要求である。[…]外交談判の懸引の上に、多少の失敗あつたことは予も之を認むるが、[…]此機会を利用して切に国民に訴へんと欲する点は、帝国の支那に対する理想的の政策は、何処迄も支那を助け、支那の力となつて、支那の完全且つ健全な進歩を図るに在り、今日支那に斯の如き要求を為して一時彼等の反感を買ふのは、実は支那に於ける列国競争の勢に促されて已むを得ざるに出づるもので、決して日本の本意ではないといふことを、深く各自の脳裡に印し、将来支那の事物に対しては、大に同情と尊敬とを以て接せんことである。

すなわち、欧米列強との競争を意識しながら、中国に対する日本の優位を前提に中国の国内改革に協力し、日中関係を緊密化していこうとする姿勢である。吉野は明治三十九年から四十二年までの三年間、清国に赴任していた。次いで明治四十三年から大正二年までの三年間、ドイツに留学し、帰国の翌年に成立した大隈内閣に、二大政党政治から政党内閣の実現に至る可能性を期待していた。吉野は、列強に準ずる日本の政治改革と対中外交の刷新を一体化して捉えており、そうした立場から加藤外相を擁護した。小山俊樹によれば、吉野は責任内閣としての政党内閣が実現する要件として、二大政党政治の成立を重視していた。(36)少数政党が乱立している状況で政党が内閣を構成しても、責任ある政治は実現できず、政党間の政権交代も不可能と考えたからである。吉野が留学していた桂園時代は、政友会が衆議院の過半数を制していたが、吉野は上記理由から、むしろ立憲同志会の成立とそれを与党とする大隈内閣に期待した。こうした吉野にとって、多方面から批判される加藤外交を擁護することは、責任内閣実現のための論陣を張ることでもあった。と同時に、辛亥革命直前の三年間、中国に滞在した吉野にとって、加藤外相による二十一か条要求の成果は、日中両国民が責任感を持ちつつ交流することを促進し、長期的な中国の発展に貢献するものとして評価された。加藤も外相就任前に中国を視察し、同様の認識を持っていたが、租界の形成、拡大に象徴される欧米の隔離主義より、日中間の交流促進に日中関係の発展を期待する点で、両者は大国化しつつある日本と中国との新たな関係について、共通の展望を示していた。

二十一か条要求をめぐる日中交渉の、最後通牒直前における対立点は、⑴南満州における土地所有権ないし永租権の承認（第二号第二条）、⑵日本人に適用される警察法令の日本領事による事前承認（第二号第三条）、⑶土地関連民事訴訟を日中の共同審判によって審議するか、日本は観審官を派遣するのみとするか（第二号第三条）、⑷東部内蒙古における速やかな商埠地の開設（第二号第三条）、⑸第三号に関連し、中国側が交渉中に表明した内容の交換公文による明文化、⑹第五号第一、二、四、七項に関する将来の協議についての会議録への記載、第五項に関する会議録ないし交換公文の作成、であった。この内、⑴から⑷は第二号に関連し、その内の二点は治外法権に関わっていた。⑹の内、第五号第一項について、日本側は会議での中国側の声明を受け入れておきながら、後にそれを議事録に記載するよう求めており、異例の展開をしている。島田洋一はこの不手際についても厳しいが、おそらく加藤は、交渉が遅延する中で中国側の言明に信頼を置けなくなったのであろう。また、第五号第六項に関しては、三月末の日米間の折衝でアメリカ側より、「米国ハ福建省ニ軍港貯炭所等ノ海防設備ヲ作ラントスルカ如キ意志毛頭無之ニ付、日本国カ支那国ヲシテ同省ニ於テ何レノ国ニモ斯ル譲与ヲ為ササル事ヲ締約セシムル場合ニハ、米国ハ右締約ニ対シ何等異論ヲ挟マザルノミナラス、日本国政府ニ於テ希望スル時ハ進ンデ其旨ヲ支那政府ニ声明スル事モ辞セザルベシ」[37]との申し入れがなされ、これが日本側から中国側にも通知され、合意に至っていた。

最後通牒の発出に際し、⑹の第五号未決事項は撤回された。加藤外相自身は第五号関連要求の全ての撤回に消極的であったが、元老の意向が優先された。これは、元老が英米との関係に配慮する一方で、交渉経緯に精通していなかったためであろう。これら以外の日本側要求は、その多くが交換公文によって合意に至っていた。旧ドイツ租借地に関する要求や、関東州や満鉄に関する期限問題について中国側は争わず、南満州における鉱山の採掘権についても、中国側がおそらく後の要求拡大を警戒したため、むしろ積極的に日本側の希望する鉱山の具体的開示を求め、比較的早期に合意に達していた。警察顧問の問題は、三月上旬の時点で解決していた。その後、内地開放と治外法権に関する問題をめぐって交渉は遅延しており、結果的に加藤外相は、第五号に関する交渉をほとんど行えないまま、最後通告を決意した。

加藤外相による最後通牒発出の決定は、やや唐突であったが、四月十七日の時点で日置は加藤に、主要対立点を残して検討作業はほぼ終了したが、他方で中国側の態度が硬化していることを伝えていた。中国側の態度硬化の原因は、アメリカ公使から中国政府に対し、アメリカの権利保障に関する申し入れがなされたことと判断された[38]。加藤外相はおそらくこの頃までに、交渉期間を四月末日に設定したのであろう。中国側が欧米諸国に交渉内容を内通し、支援を求めたことも、加藤が交渉期限の設定を決断する要因となったはずである。最後通牒の決定は、後のパリ講和会議において、中国側が条約の正当性に疑義を呈する根拠となったが、おそらく加藤外相は、上記の最終対立点を、日本側の譲歩の限界であると共に、中国側にとっても受け入れ可能か、あるいは交渉を遅延させたことへの代償ないし制裁として強要可能な条件と判断したのであろう。その上、中国側のさらなる時間稼ぎを阻止するためにも、最後通牒の発出は効果的であった。

島田洋一が指摘するように、最後通牒を中国側が拒否し、開戦に至る可能性も皆無ではなかった。しかし、中国側が最後通牒を拒否するとすれば、それはおそらく、日本の最後通牒に屈することへの屈辱感や政府の威信が低下することへの懸念からであって、最終対立点を拒否するためでなかったはずである。最後通牒発出直前、中国側は交渉継続の希望を日本側に伝えており、この時点で中国側は、日本に屈する形での合意成立よりも、交渉による合意成立を希望した。おそらく交渉を継続しても、日中間の合意はいずれ成立したであろう。しかし、加藤外相にとって問題は、交渉の長期化と強権発動による即時の交渉妥結のいずれが政治的に好ましいかであった。加藤外相はおそらく、日本の威信や自身の国内的評価という点で、交渉長期化のもたらす弊害の方が大きいと判断したのであろう。

二十一か条要求に基づく日中条約は五月二十五日に調印された。しかし、この問題をめぐる日本側の最大の不手際は、交渉の紛糾よりも、むしろ条約成立後の間島問題に関する対応であった。既述のように、明治四十二（一九〇九）年の日清間の間島協約は、在満朝鮮人の司法管轄権を清朝側に認めていた。その翌年に日本は韓国を併合し、朝鮮人は日本国籍を保有したが、間島協定の規定は存続した。李盛煥や白栄勛によれば、大正四（一九一五）年の日中条約の成立後も、外務省は間島協定を有効とする方針を鈴木要太郎間島総領事代理の照会に応じて伝えていた[39]。ところが、その方針に寺内正毅朝鮮総督が異議を唱えた。六月十七日、寺内は加藤外相に宛てて、次のような見解を伝えた。

若シ間島協約ノ一部カ新条約ニ依リ何等影響ヲ受クル所無シトセハ、地域相連続セル江岸一帯支那地方ニ居住シ、且其ノ状態ニ於テ全然同一ナル朝鮮人ニ対シ、其ノ一部ニハ我治外法権ノ恩典ヲ与ヘ、他ノ一部ニハ之ヲ与ヘサルノ変態ヲ生スルコトトナリ、之カ為朝鮮人ニ対スル施政上多大ノ影響ヲ及ホスヘキハ勿論、帝国政府カ朝鮮人ヲ内地人同様帝国臣民トシテ取扱ハントスル根本方針ニモ副ハサルコト。

つまり、新条約の成立によっても間島協約が有効ならば、同じ朝鮮人であっても、間島協約の対象地に居住する朝鮮人とそれ以外の地域に居住する朝鮮人との間に待遇格差が生じてしまうというのである。とはいえ、間島協約は、間島の特定地域を対象とする朝鮮人の土地取得権と一体化した特別協定であり、属地主義の原則の下で、朝鮮人に対する均等待遇を保障していた。これは、日本でも内地と外地で属地主義的に施行法令に格差が存在したことと同様である。間島協約の成立経緯に照らせば、特定地域内に居住し、土地取得権を有する朝鮮人に対する治外法権の停止が朝鮮人に対する待遇格差に相当する、という議論の方が不合理で、実態にも即していなかった。右の寺内の主張は、根拠薄弱なばかりか、朝鮮総督として朝鮮人に特別待遇を付与しようとする、後述のような寺内に特有の党派的かつ独善的な主張に過ぎなかった。にもかかわらず、八月十三日に政府は、新条約を間島にも適用し、間島協約を実質的に無効化するという閣議決定を行った。(40) これは、二十一か条要求関連の日中交渉で全く取り上げられていない、日本側による事後的かつ一方的な解釈変更であった。中国側は当然、それを認めず、在満朝鮮人に対する司法管轄権の問題はそのまま放置された。こうした事態に対し、中国側は一九二〇年代に入ると、間島居住朝鮮人の帰化を進める一方で、在満朝鮮人の土地関連権利を制限していく。これは、朝鮮人が日本による満州権益拡大の道具になっているとの中国側の偏見からなされたもので、結果的に一九二〇年代末の満州における中国人と朝鮮人の紛争を多発させ、満州事変を引き起こす要因ともなる。

二十一か条交渉はまた、加藤と元老との対立を引き起こし、その後、加藤を政権から遠ざけるという結果も招いた。明治期の日本を指導してきた元老は、欧米列強の国際的優位を前提に、内政、外交政策を決定してきた。第一次世界大戦の勃発に際しても、山県有朋は加藤外相に対し、日英同盟を外交の中心とするのを認めながら、ドイツとの友好関係にも配慮を求める一方で、世界が人種間競争の時代に入りつつあることを指摘し、その観点から日中間の連帯が必要であることを強調していた。また、井上馨も、中国に後藤新平を派遣し、袁世凱を「我が掌中に納め」ようとする構想を立てていた。(41) 対して加藤外相は、袁世凱との親密な関係を形成するよりも、日本と中国の国力の格差を明確にすることを目指し、その意味で欧米に対する日本の独自の立場を、より挑戦的な形で追求し始めていた。逆に元老にとってそうした加藤の外交は、自らが政策決定過程から排除されることに対する反発に加え、性急な指導によって日中関係を悪化させ、欧米の反発をも招く、危険な外交として危惧された。後述のように、こうした欧米との対等の地位を自覚する加藤の外交手法は、当面は加藤にとって不利に作用したが、長期的にはむしろ、後述のような一九二〇年代の幣原外交へと引き継がれていく。

三　反袁世凱政策から西原借款へ

大正四（一九一五）年八月十日に加藤外相が辞職した後、日本の対中国政策は袁世凱による帝政施行への反対から、第二次満蒙独立運動を含んだ反袁世凱政策へと急展開していった。当該期の反袁政策に関しては、栗原健や北岡伸一、波多野勝らの研究があり、詳細が明らかにされている。(42) しかし、これらの議論には後述のような混乱があり、反袁政策に関わった当事者間の複雑な協力、競合関係を厳密に整理しておく必要がある。

加藤外相や大浦兼武内相の辞職後、大隈内閣はかつての対外硬派に近い党人派によって占められた。中でも袁世凱に対し、露骨に敵対的態度を示したのは、尾崎行雄であった。尾崎は四月の時点で大隈に対し、欧米が反対しても「是非とも排袁の目的を貫徹せられたき事」と述べた書簡を送付し、十月十四日には外務省の幣原喜重郎次官と小池張造政務局長を呼び、袁世凱の帝政実施に反対した場合の英米の反応を尋ね、新任の石井菊次郎外相に排袁政策を説得するよう促したという。(43) 他方、十月に参謀次長に就任した田中義一は、十二月末まではむしろ、袁世凱を支持することで、中国に対する日本の影響力を拡大しようとしていた[44]。その意味で、大正四年中は政府の方が袁世凱に対して敵対的な姿勢を示していた。これは主として、袁世凱による帝政の実施が中国の民意に反する専制政治への逆行と受け取られる一方で、袁世凱の強い姿勢が日本に対する非妥協的な姿勢につながりかねないものとして警戒されたためであろう。

とはいえ、中国では十二月に袁世凱の帝政実施に反対する第三革命が勃発した。反袁世凱の急先鋒は、議会政党としての国民党を解消し、再び革命結社としての中華革命党を組織していた孫文であった。ただし、孫文は十二月に袁世凱討伐の檄文を発したものの、それ以上の実行力を欠いていた。国会では梁啓超の進歩党や、中華革命党結成問題で孫文と決裂した黄興ら国民党系が袁世凱に反対した。その上、雲南都督から袁世凱よって北京に招聘され、軍事教育に当たっていた蔡鍔や、蔡鍔の後任として雲南都督に就任していた唐継堯、李列鈞らによって、十二月二十五日に雲南の独立が宣言された。蔡鍔、唐継堯、李列鈞はいずれも日本の士官学校に留学した軍人であり、蔡鍔は梁啓超の助けを得て北京を脱出、日本を経由して雲南に到着していた。雲南起義はその後、貴州都督の劉顕世や広西都督の陸栄廷の反乱を引き起こした。このように、第三革命は袁世凱の帝政実施に対する中国の諸政党の反発と軍人の蜂起が結び付き、広範囲に広がった。その結果、三月二十二日に袁世凱は、帝政の撤回を宣言した。

大正五（一九一六）年一月五日、陸宗輿駐日公使は石井外相に対し、二月上旬に帝政を実施する袁世凱の意向を通知したが、十九日の閣議は、袁世凱に帝政実施を無謀とする通告を行うこととした。この間の一月十三日、軍令部と参謀本部の会合が開催され、陸軍から田中義一次長や福田雅太郎第二部長らが出席、動乱の拡大を見越して帝制実施に反対することで合意した[45]。また、外務省の小池張造政務局長室においても、陸海軍省、参謀本部、軍令部の関係局部長らが週に一、二回ずつ会合し、情報交換を行った。一月十二日夜には、大陸浪人の福田和五郎による大隈首相への爆弾暗殺未遂事件まで発生した。こうした中、三月七日に反袁政策に関する以下のような閣議決定がなされた[46]。

一、支那ノ現状ヲ見ルニ、袁氏権威ノ失墜、民心ノ離反及国内ノ不安ハ漸ク顕著トナリ、同国ノ前途実ニ測ルヘカラサルモノアルニ至レリ。此ノ際、帝国ノ執ルヘキ方針ハ、優越ナル勢力ヲ支那ニ確立シ、同国民ヲシテ帝国ノ勢力ヲ自覚セシメ、以テ日支親善ノ基礎ヲ作ルニ在リ。

二、袁氏カ支那ノ権位ニ在ルハ帝国カ叙上ノ目的ヲ達スルノ障碍タルヲ免レサルヘシ。従テ右帝国ノ方針遂行ノ為ニハ袁氏カ支那ノ権力圏内ヨリ脱退スルニ至ルヲ便トス。何人カ袁氏ニ代ハルトモ、之ヲ袁氏ニ比スルトキハ帝国ニ取リテ遙ニ有利ナルヘキコト疑ヲ容レサル所ナリ。

三、袁氏カ支那ノ権力圏内ヨリ脱退スルコトヲ期セムカ為ニハ、成ルヘク支那自身ヲシテ其ノ情勢ヲ作成セシムルヲ得策トス。蓋シ支那ノ将来ハ同国民心ノ帰向スル所ニ従テ決定セラレサルヘカラス。帝国ハ其ノ趨勢ヲ察シ、之ニ乗シテ事ヲ処理スルヲ要スヘク、帝国自ラ支那ノ将来ヲ決定セムトスルハ、労多クシテ効少カルヘシ。

［…］

六、帝国ニ於ケル民間有志者ニシテ袁氏排斥ヲ目的トスル支那人ノ活動ニ同情ヲ寄セ、金品ヲ融通セントスルモノアリ。政府ハ公然之ヲ奨励スルノ責任ヲ執ラサルト同時ニ、之ヲ黙認スルハ叙上ノ政策ニ適合スルモノナリ。

陸軍による反袁工作の中心は、孫文や岑春煊ら南方革命派への支援と、第二次満蒙独立運動を含めた満州における反乱幇助であった。ただし、山東省や上海方面の反乱支援は、孫文からの個別軍人に対する支援要請に個々に対応する程度の、小規模かつ計画性や組織性を欠いたもので、二月二十日に久原房之助と孫文の間に七十万円の借款が成立したものの、孫文は雲南起義との関係を持たず、成果を挙げられなかった(47)。こうした対応は、日本政府が右の閣議決定で明示したように、責任ある行動を回避し、機会主義的に中国側の動向を利用するにとどまっていたからである。

他方、満州における反乱幇助に関しては、福田参謀本部第二部長の指示で小磯国昭少佐や土井市之進大佐が満州に派遣され、情報収集や反乱支援に当たった。しかし、支援対象をめぐって混乱が生じた。中村覚関東都督は、粛親王を中心とする宗社党への支援に好意的であったが、外務出先には、「暴行掠奪ヲモ黙過」することへの反対意見が強かった。しかも満州において、奉天将軍の段芝貴と張作霖の確執が表面化しており、張の軍事顧問の菊池武夫や、奉天総領事代理の矢田七太郎は、袁世凱への圧迫のため、宗社党よりも張を支援して満蒙独立を図る方が現実的と判断していた。田中参謀次長も同様の判断を下した。そこで田中は四月十日に関東都督府参謀長の西川虎次郎少将に対し、張作霖の独立を促すよう指示した(48)。四月十九日、段芝貴は奉天を脱出して北京に逃れ、張作霖が奉天将軍代理兼奉天巡按使に就任した。ところが、宗社党にとって張作霖の勢力拡大は、清朝の復活につながらない限り、歓迎すべき事態ではなかった。

辛亥革命勃発後に満蒙の独立を策動した川島浪速は、宗社党のみならず、大正四（一九一五）年夏頃から蒙古騎馬隊のパプチャップとも関係を持ち、これを宗社党と結び付けて再度の独立運動を起こすべく、準備を進めていた。協力者には、予備役陸軍大尉の青柳勝敏、木沢暢、入江種矩の他、柴四郎、松平康国、押川方義、大竹貫一、五百木良三、上泉徳弥らがいた。川島らの計画は、まず入江らが粛親王の第七王子憲奎王を奉じて遼東方の山中に立て籠もって戦い、その間に青柳らがパプチャップ軍に合流して興安嶺を越えて満州に侵入、さらに各地で挙兵し、奉天を攻略して仮政府を樹立する、というものであった。大正五年一月に青柳らは憲奎王と共にパプチャップ軍に合流した。川島らは大連に集結し、伊達順之助らは奉天に潜伏した。そして三月下旬に改めて方針を検討した結果、パプチャップ軍は二千の騎兵を擁して七月初旬にハルハ河畔を出発し、七月下旬から八月初旬までに郭家店に達して挙兵、その間に大連でも兵力を集め、パプチャップ軍に増援を送ることとした。これと並行し、パプチャップ軍挙兵の障害となる張作霖を排除する計画も立てられた。実行に当たったのは、三村豊予備少尉であった。五月二十七日、三村豊は爆弾を抱えたまま張作霖の馬車に突撃し、自爆による暗殺を試みた。しかし、張は別の馬車に乗車していたため、計画は失敗に終わった。(49)

ところが、六月六日に袁世凱が急逝し、黎元洪が大総統に就任した。陸軍では七日、大島健一陸相、本郷房太郎次官、田中次長、奈良武次軍務局長が協議し、田中を中心に「対支意見原案」がまとめられた。これにより、以後、黎を支持し、借款の準備をすることや、同時に南方援助も継続することが決定された。福田第二部長は辞職し、ヨーロッパへの出張を命じられた。外務省でも、大陸浪人の活動をこれ以上、支持しないこととなった。(50)

一方、七月四日、元帥賜号への答礼のために上京した寺内正毅朝鮮総督は、そのまま東京に滞在し、自らの後継首班指名に関する情報に接すると共に、勝田主計と西原亀三に、対中国経済借款に関する立案を指示した。勝田と西原は七月下旬に「時局に応ずる対支経済的施設の要綱」をまとめた。これは、中国に日本貨幣と形状、量目などの一致する金貨幣併用の法律を制定させ、中国の幣制統一を支援すると共に、満州と直隷省、山東省に日本の出資による省立銀行を設置するか、窮状に陥っている交通銀行を救済整理し、金紙幣を発行させることを提案していた。寺内はこれに賛意を示したという。このように、袁世凱の急逝と内閣交代の気運が重なることで、後の西原借款に向けた動きが始まっていた。(51)つまり、日本側では、満蒙独立どころか、中国の後継政権への経済支援に向けて政策転換が行われ始めたわけである。

とはいえ、黎元洪の大総統就任を承認する政府方針に納得しない上泉は、六月十三日に大隈首相に面会し、十四日と十五日に石井外相と面会した。しかし、大隈も石井も、方針転換を撤回しなかった。ところが、七月一日にパプチャップ軍は移動を開始し、七月二十二日に突泉付近で呉俊陞の部隊と衝突、八月十四日に郭家店の旧市街を占領した。さらに前日の十三日、近郊の鄭家屯で一人の日本人が中国官憲に殴打されたことをきっかけに、日本側の守備隊と中国側警備隊が衝突し、日本側に十一名の戦死者が出る事件まで発生していた。その間、政府および参謀本部は川島に行動の中止を働きかけたが、川島は応じなかった。川島が説得に応じたのは八月三十日で、パプチャップ軍は九月二日に撤退を開始した。しかし、翌三日、東遼河の渡河点である朝陽坡で張作霖軍と衝突し、さらに十月七日の林西県城における戦闘でパプチャップは戦死した。小池外務省政務局長は、十二月に依願免官により、外務省を去った。(52)

第二次満蒙独立運動は、川島浪速や粛親王、パプチャップが中心となって推進されたが、日本側に独立運動としての目的は共有されていなかった。北岡伸一は満蒙独立運動について、現地で不統一も存在したが、中央で陸軍と外務省が一体となり、反袁政策としてそれを推進していたと述べている。(53)対して波多野勝は、反袁政策と満蒙独立運動を、後の満州事変に連なる満蒙の分離独立から日本の実質的保護領化を目指す運動として理解しているようである。つまり、北岡と波多野には、袁世凱排斥と満蒙分離のいずれを重視するかで違いがあり、中央のねらいと現地の動きとの関係について、理解に混乱が生じている。参謀本部や外務省、特に田中参謀次長や小池政務局長にとって満蒙独立運動は、中国の混乱に乗じて袁世凱政権を弱体化させ、日本に対する中国の従属性を強めるために利用された手段に過ぎなかった。その点で彼らは、満蒙の独立を目指す宗社党やパプチャップ軍に期待せず、むしろ有力軍閥として台頭しつつあった張作霖に期待を寄せた。張作霖が独立に成功すれば、それを日本の庇護下に置くことで張を日本に従属させ、袁世凱の勢力も弱体化できるはずであった。しかし、六月六日に袁世凱が死去したため、田中や小池は混乱しながら、黎元洪の支持を決めた。つまり、黎元洪の支持を表明することで、新たに黎に対する影響力の拡大を目指したわけである。

参謀本部や外務省が満蒙の独立を目指していたならば、袁世凱の死去は、張作霖ないし宗社党を暴発させて目的を達成する、好機となる可能性もあった。しかも、パプチャップ軍は袁の死後に行動を開始していた。しかし、田中や小池に満蒙独立運動を支援する考えはなかった。田中や小池にとって、中国における革命運動や満蒙独立運動は、利用対象に過ぎなかったからである。その意味で参謀本部や外務省は、満蒙独立を積極的に推進していたわけではなかった。それどころか、第二次満蒙独立運動は大隈内閣の末期に展開しており、しかも運動の最中に内閣交代をにらんだ中国中央政府への財政支援計画まで始動していた。

北岡は袁世凱に対する大隈内閣の攻撃性を強調するため、反袁政策を推進した田中義一とそれに批判的であった寺内正毅朝鮮総督を対比的に評価している。しかし、寺内は反袁政策に批判的であったが、対する田中も、大正五年末まで袁世凱政権をむしろ支持していた。その後、田中は中国の混乱を利用し、反袁政策と張作霖の独立運動を推進したが、袁の死後、直ちに黎元洪を支持した。田中の目標は、満蒙の独立でなく、中国の有力政治家に対する日本の影響力を強めることにあった。その点で田中は、袁世凱政権の打倒そのものを自己目的化していたわけでなく、長期的ねらいにおいて、寺内とそれほど隔たっていなかった。田中が満蒙独立を機会主義的に利用したとすれば、寺内は以下のように、資金援助などによって中国の政権との協力、癒着関係を形成しようと考えた。いずれも、中国における軍閥操縦外交の先駆となる行動であり、後の田中外交へと継承されていく。

大隈内閣が総辞職したのは、パプチャップの戦死直前の十月五日であった。大隈内閣の辞職後、元老山県有朋の上奏で、寺内正毅内閣が成立した。大隈は政権末期、加藤高明を後継首班にしようとしたが、山県や西園寺公望はそれを阻止し、寺内に大命が降下した。寺内内閣は挙国一致を掲げ、組閣当初、各政党に協力を求め、立憲同志会を与党にしようとした。しかし、加藤高明はこれに応じなかった。藩閥内閣を非憲政的な内閣と判断し、さらに寺内内閣に後藤新平が入閣していたからである。後藤は立憲同志会の発足に参加しながら、桂の死後に離脱し、同志会と敵対していた。一方、政友会は中立を掲げながら、寺内内閣を実質的に支持した。これに対し、立憲同志会は、寺内内閣成立の翌十日、中正会、公友倶楽部と合同して憲政会を結成し、加藤高明が総裁に就任した。そこで寺内内閣と政友会は、憲政会の多数を打破するため、第三十八回議会会期中の大正六（一九一七）年一月二十五日、衆議院を解散へと持ち込んだ。

四月二十日に執行された第十三回総選挙は、政友会が百六十八議席を獲得したのに対し、憲政会は議席を百二十三に減らし、政友会の勝利に終わった。これにより、寺内内閣は政友会を実質的な与党とし、政権安定化に成功した。しかし、他方で選挙期間中の二月、アメリカが第一次世界大戦に参戦していた。そこで寺内は、今後の国際情勢の展開、特に戦後に備える外交方針を確定するため、宮中に臨時外交調査会を設置する構想を立てた。寺内は六月二日、原敬、加藤高明、そして国民党の犬養毅に委員就任を求めた。寺内は、選挙終了後でかつ特別議会開会直前に外交調査会を設置し、各政党の党首を取り込むことで、議会運営の安定化をも図ろうとしたようである。そのため、逆に加藤は、外交調査会への参加を拒否した。[54]

寺内は、長期の陸相時代、非長州閥の優勢な参謀本部に対して陸軍省の権限を強化していた。同様に、首相就任後も、自らを中心とする組織範囲や私的関係に権力を集中することで、諸決定を行い、それを遂行しようとした。それは、寺内が長州閥という郷党を母胎として政治的経歴を積み重ねてきた経験を反映していた。寺内はそれにより、朝鮮総督を経て内閣総理大臣の地位を獲得したが、それだけに議会に支持基盤を持つことはできなかった。そのため寺内にとって、各党総裁と私的に合意を形成し、郷党に代わる新たな縁故を作る必要があった。そのような政治手法は、原敬に積極的に受け入れられたが、加藤高明には受け入れられなかった。加藤は、外交調査会が国務大臣の輔弼責任を曖昧にし、憲法に抵触する可能性があることを問題にしたが、それ以上に、寺内の要請に、世論の批判に対して政治家の馴れ合いで応えようとする姿勢を感じ、反発したのであろう。

自らを中心とする私的関係や組織関係を通じて政策を決定し、それを実施しようとする寺内の手法は、外交調査会ばかりでなく、中国外交においても発揮された。寺内は組閣に際し、当初は蔵相を自ら兼任し、勝田主計を次官としたが、十二月に勝田を蔵相に就任させた。勝田はそれまで朝鮮銀行総裁を務めており、袁世凱の死後、西原亀三と共に中国に対する借款計画の策定に当たっていた。西原は日露戦争後、朝鮮半島で綿業に関わり、寺内が明治四十四年に朝鮮総督として赴任したことで関係を持つようになった。勝田が朝鮮銀行総裁に就任したのも、西原の推薦によるものであったという。寺内はこうした縁故を通じて、中国に対する借款を進めようとした。勝田と西原が交通銀行への借款計画を作成し、寺内は、勝田の蔵相就任後の十二月十七日に西原を中国に派遣した。勝田は、五国借款団規約との関係から中国への借款を政治借款と経済借款に区別し、従来の、対中借款における横浜正金銀行の独占状況を改め、日本興業銀行、朝鮮銀行、台湾銀行に経済借款を担当させることとした。十二月二十八日、第一次交通銀行借款五百万円が成立したが、これは、大倉組と横浜正金銀行が進めていた交渉に西原と勝田が割り込み、大倉組と横浜正金銀行を排除する形で成立させたものであった。[55]

寺内内閣は大正六年一月九日の閣議で、「支那ヲシテ其ノ独立維持及領土保全ニ必要ナル庶政ノ改善ヲ実行セシメムカ為、帝国ハ誠意ヲ以テ支那ヲ指導啓発シ、両国親交ノ増進ヲ図ル」[56]とする方針を決定した。次いで二月九日、寺内内閣は中国の対独断交を支持した。しかし、中国ではその後、政治的混乱が生じた。すなわち、段祺瑞と黎元洪が対立し、段は失脚の末、反乱を起こした。しかも、その最中の七月一日、張勲による清朝復辟が勃発し、段祺瑞がこれを討伐した。こうした政変により、借款は遅れたが、最終的に段の勢力が確立したことで、寺内内閣は段祺瑞への資金援助を決定した。[57]寺内は、段への支援を通じて中国の政治、経済の安定化と日中の経済、金融関係の緊密化を図ろうとし、九月二十八日に第二次交通銀行借款二千万円が成立した。

鈴木武雄によれば、寺内内閣期の対中国借款の背景には、アメリカの対中借款に対する意識があった。すなわち、一九一六（大正五）年十一月に中国とシカゴ銀行の間に五百万ドルの借款が成立し、さらに中国銀行、交通銀行の兌換再開を目的とする借款交渉が進められていた。[58]北岡伸一によれば、寺内内閣はそうした中、アメリカとの軋轢を回避するため、交通銀行借款や満州鉄道への融資は日本が単独で行うが、山東省における運河改修借款については日米共同で行うこととした。アメリカとの関係に配慮するこうした方針は、後の石井‐ランシング協定につながる。その上、寺内内閣の対中借款政策には、独自の朝鮮半島と満州の経済一体化構想が介在していた。すなわち、奉天‐釜山間の運賃優遇措置による朝鮮鉄道の発展促進や、東洋拓殖会社による朝鮮人の満州移民促進と同社の在満金融業への進出、そして朝鮮銀行による満州通貨の金本位化促進などである。これらは、従来の大連を中心とする満鉄の鉄道経営や、満州銀行設立案、横浜正金銀行による銀券発行に代わる、新たな構想として提起されていた。[59]

西原はその後も、大正七（一九一八）年四月三十日の有線電信借款二千万円、六月十八日の吉林会寧鉄道借款前貸金、八月二日の吉林省黒竜省森林鉱山借款三千万円など、総額一億四千五百万円に及ぶ借款を成立させた。[60]しかし、その多くは軍事費に転用された。しかも、寺内内閣が九月二十一日に総辞職し、次の原敬内閣が成立する前日の二十八日に至り、満蒙四鉄道借款前貸金二千万円、山東二鉄道借款前貸金二千万円、参戦借款二千万円が成立した。内閣の退陣後、慌ただしく成立した最後の三契約、合計六千万円の借款は、西原借款全体の四割に達した。西原借款は、横浜正金銀行や大倉組と対立して実施されたため、それだけ党派的で、不明朗な性格を持っていた。

鈴木武雄や多田井喜生によれば、寺内内閣は以上のような対中借款と朝鮮銀行の満州進出計画の延長線上に、交通銀行に朝鮮銀行券と連動した金券を発行させようとする構想を持っていた。[61]鈴木が指摘するように、マッケイ条約、すなわち一九〇二年の英清通商条約第二条は、中国に対し、幣制統一に向けた措置を義務付けており、それは翌年に成立した米清および日清通商条約にも踏襲されていた。辛亥革命前に借款団による幣制改革借款が成立したのも、それらが根拠となっていた。ただし、交通銀行発行金券を朝鮮銀行券と連結するには、両通貨の兌換比率を均等にする必要があった。しかし、一九一八年五月十三日、曹汝霖財政総長は、中国銀行、交通銀行の発行する金券について、その金単位を円と同一にしないことを決定した。この時点で、日本円との金の重量差は千分の五・三であり、八月十三日に公布された金券条例、幣制局官制で千分の三・一まで重量差は縮小されたが、一致は見送られた。しかも、金券発行は実現しなかった。金円と連結する金元の発行には、中国側銀行に対する金準備支援が必要で、そのため、日本から三億ないし四億円もの金準備の割愛が必要であった。しかし、日本にその余力はなかった。六月十三日、勝田蔵相は西原に宛て、次のように、正貨の割愛が困難であることを伝えた。[62]

交通銀行券発行ノ問題ハ結局ハ金準備ヲ支那ニ割愛シ得ルヤ否ヤニ存ス。而テ目下戦局ノ前途ハ尚ホ逆睹スヘカラス、帝国ハ正貨保有ニ付キ厳密ノ用意ヲ要ス。故ニ帝国ト支那トノ間ニ根本的経済連絡成リ、幣制ノ実行ニ付テモ相当ノ成案ヲ得タル上ナラテハ正貨ヲ支那ニ割愛スルノ決心ヲ為スコト困難ナリ。支那カ日本ト同一量目ノ貨幣ヲ造ルコトハ頗ル好都合ナルヘシ。然レトモ此等ノ理想ヲ実行スルノ提案ヲナサシムル為、各種ノ関係ヲ度外視スルハ策ノ得タルモノニ非ス。

北岡伸一は寺内内閣の中国政策について、陸軍、とりわけ田中義一の威圧的な政策傾向と対比しながら、日中間の経済的緊密化を目指すその体系性を強調している。とはいえ、北岡自身が指摘するように、朝鮮銀行の満州における金券発行は、満州金融の実態にそぐわず、所期の成果を挙げられなかった。[63]そして何より西原借款は、中国側の膨大な債務不履行を生み出し、数々の禍根を残した。寺内は、朝鮮総督時代の縁故を通じ、満鉄や横浜正金銀行といった既存の組織と競合しながら、中国経済を日本の信用の下で再建し、中国経済と日本経済の結び付きを緊密化しようとした。寺内内閣の対中国経済外交は、アメリカの活動を意識し、また、列強と中国の間の通商条約で規定された中国の幣制改革支援を行おうとした点で、国際的であった。しかし、そうした政策は、経済合理性という点と、限られた党派関係のみで日本の経済力や財政力を超えた課題に取り組もうとした点で、限界を持っていた。寺内内閣の政治、経済政策は、既存の党派的な国内権力を通じて日本の国際化を推進しようとしており、それは、大正時代における藩閥政府の状況と限界の両側面を象徴していた。

◇

分業、専門化による国家の合理化、効率化と日本の国際的発展を目指した桂園時代の流れを継承し、加藤高明は外交を外務大臣の下で一元化しながら第一次世界大戦に参戦し、膠州湾ドイツ租借地を攻略すると共に、満州における諸権利の拡大を目指す交渉を中国側と行った。加藤はそれにより、欧米諸国に匹敵する権利を満州や中国本土において獲得しようとし、中国における日本人の活動を発展させようとした。

二十一か条交渉は、日本側が交渉における最大の課題とした関東州租借地の期限延長や山東半島における新規居住権の設定などについて、困難なく合意に達した。対してアメリカは、日本側要求の第五号、とりわけ中国に対する日本の警察顧問の派遣を問題にしたが、これは日中交渉で早期に解決しており、問題になっていなかった。交渉は、満州南部地域における居住権の設定に伴う土地関連民事訴訟の司法管轄権をめぐって停滞した。しかし、他方で欧米側は、辛亥革命後、租界の司法権を最大限に拡大していた。加藤外相はこうした状況に対応し、日中関係をより緊密化しようとする理念の下に要求を行っており、さらに二十一か条問題は、一九二〇年代後半の欧米列強と中国との治外法権撤廃交渉に通ずる問題を含んでいた。とはいえ、アメリカ側は、日中交渉の詳細に関心を持たず、日中間でそれほど問題になっていない懸案を理由に、日本への不信感を高めた。その意味で二十一か条要求問題をめぐる日米対立は、交渉そのもの以上に、日本に対するアメリカ側の実態を超えた懸念ないし偏見によって生じていた。

加藤外相退任後、大隈内閣は袁世凱による帝政実施に反対した。中でも袁世凱に対して強硬であった尾崎行雄は、袁世凱の専制的行動に反発していたが、そうした国内気運と中国の混乱に対し、田中義一や外務省は、中国に対する機会便乗的な介入の動きを拡大させた。満州では、辛亥革命後に続く満蒙独立運動が再発したが、田中らは、一方でそれらを利用しながら、大勢としては独立運動勢力と対立する張作霖の独立に期待し、しかも袁世凱の死後は直ちに満蒙独立への支援を撤回するなど、満蒙独立運動に対して常に背信的に行動した。田中にとっては、信念より権力の方が重要であり、中国において新たな政権が登場すると、そちらとの関係調整が優先されたのである。

大隈内閣の後を継いだ寺内内閣は、自らを中心とする人脈によって政策を遂行しようとする党派的政治手法を特徴としており、それは中国外交においても同様であった。すなわち、寺内は朝鮮総督時代より密接であった西原亀三や勝田主計と共に、朝鮮銀行を満州に、既存の金融組織に対抗させる形で進出させ、袁世凱の実質的後継となった段祺瑞への経済支援に着手し、さらに中国の金通貨を円と連結する形で発行させようとした。しかし、寺内内閣の対中政策は、党派的で各機関の競合を助長し、しかもその目標は日本の経済力を超えていた。それは、中国の経済的混乱に注目し、過大な構想の下、特定政治家との不明朗な関係によって中国全体に対する影響力を拡大しようとするもので、その点で田中らの反袁世凱政策を形を変えて引き継いでいた。

第一次世界大戦期の日本の中国外交は、桂園時代に顕在化していた、藩閥の人脈的影響力の低下と行政機構の分裂という、国家機能の不調和を背景として展開した。加藤外相は、外交行政の一元化を目指したが、元老らの理解を得られなかった。陸軍では、参謀本部の独断的行動が目立った。さらに寺内内閣は、党派的行動によって日本の国力を超える政策を行おうとした。全体として日本は、非公式な人脈による国家機構の統一という時代を脱しつつあったが、それに代わる、新たな国家機構統一の規範や原理を形成できていなかった。しかも、そうした中で欧米列強と対等な地位を目指す動きが一段と活発化していた。そうした状況が、国内的権力関係や外交における様々な混乱や分裂を引き起こし、激化させる結果となったのである。

第六章　第一次世界大戦期の日米関係

第一次世界大戦期のアメリカは、大戦に対する中立問題、和平提議や参戦問題、中国をめぐる日本との対立、メキシコ問題などの対外問題に直面する一方で、国内において、農産物価格の下落や高騰、労使紛争の激化などに対処しなければならなかった。とはいえ、ウッドロー・ウィルソン政権がこれらに対処する上で、理念を共有する人々の主体的な協力に期待する、それまでの政治手法では限界があった。そこでウィルソンは、それまでの政治手法を部分的に修正し、公共性や社会秩序に関わる実力行使的な行動の抑制をより積極的に行うことで、自らの理念や原則を維持しようとした。総じて大戦期のウィルソン政権は、国内問題に対する行政の介入や国際問題への関与を拡大しながら、同時に個々の主体性や権利を尊重し、自由主義や民主主義に関わる普遍的理念を擁護しようとする困難な課題に取り組んだ。しかもウィルソン政権はそれを、戦時下における国家主義や愛国主義の昂揚、それに伴うアメリカ全体の保守化ないし伝統回帰の傾向の中で行わなければならなかった。

本章は、ウィルソン政権後半期の内外政策を、ケンドリック・クレメンツのウィルソン政権研究やエドワード・ヘイリーのタフトおよびウィルソン政権期のメキシコ政策研究などに依拠しながら概観し、さらにそうした内外政策との関連で、当該期の対日政策についても検討する。次いで、ロシア革命に対するアメリカの出兵問題をめぐるヴィクター・フィックやデイヴィッド・フォーグルソングの研究に依拠しながら、シベリア出兵をめぐる連合国や日本に対するウィルソンの対応について検討していく。

一　理念と権力の相互関係

第一次世界大戦の勃発に対し、アメリカ国民の関心は国内の鉄道ストライキや、小麦、綿価格の暴落に向けられており、大戦は外国の出来事に過ぎなかった。大戦勃発後、アメリカでは外国市場の崩壊により、農産物価格、特に総生産の六十五%を輸出していた綿の価格が暴落した。ところが、一九一六年から翌年にかけ、戦争の長期化と不作で農産物価格が高騰し、ニューヨークその他東部の都市で食糧暴動が発生した(1)。その上、資源価格の高騰や労使紛争の激化も重なり、ウィルソン政権は一九一六年の大統領選挙が近付くにつれ、価格統制や労資協調の実現に向けて連邦政府の積極的行動を拡大していくこととなった。

一方、大戦に対してウィルソンは、価値観において連合国側に同調的であったが、中立を堅持した。九月初めのマルヌの戦いを経て戦争が長期化すると、中立路線をさらに厳格化し、特にブライアン国務長官の主張により、戦争当事国に対するアメリカ企業の融資に自制を求めた。しかも、そうした融資の抑制には、戦争終結を促進する効果も期待されていた。ところが、アメリカによる融資や輸出の禁止は、連合国側に不利に作用した上、アメリカ経済にも悪影響を及ぼした。そこで十月にウィルソンと国務省顧問のロバート・ランシングは、民間融資の禁止を撤回した。その結果、一九一四年十月から翌年三月までにアメリカより八千万ドルの融資が連合国側になされた。

ただし、こうしたアメリカの政策変更は、戦時下におけるアメリカの通商の自由を優先する論理に基づいていた。一九一四年七月三十一日から十二月十二日まで、ニューヨークの株式市場が閉鎖され、綿価格は半分にまで下落していた。アメリカによる貿易の再開は、こうした国内製品の海外販路を確保するためでもあった。しかし、そのためアメリカの政策は、海上封鎖を行うイギリスと対立した。九月二十七日にランシングは、大戦中のイギリスの態度を一八一二年の米英戦争時のイギリスに比定し、批判する覚書を作成した。しかし、大統領顧問のエドワード・ハウスは、ランシングの抗議案を不適当と判断し、イギリス側への通告はなされなかった。(2)

ウィルソンが中立にこだわったのは、戦争への関与を避けると共に、和平仲介の可能性を残すためであった。ウィルソンの仲介構想において中心となったのは、ハウスであった。ハウスは開戦前の一九一四年五月、戦争回避の調停に当たるため、ヨーロッパに滞在していたが、開戦を阻止できなかった。しかし、九月半ばまでに戦争は膠着状態に陥った。そこでハウスは再び和平を模索するため、一九一五年一月三十日、ルシタニア号でロンドンに向けて出発した。

ハウスの仲介希望に対し、イギリスのグレイ外相は、一月二日の時点でセシル・スプリング＝ライス駐米大使を通じ、ベルギーの解放とドイツ軍国主義の打倒が実現しない限り、和平交渉に応じられないとする意向を伝えた。と同時にグレイ外相は、条約違反を実力で抑止するヨーロッパ列強間の相互安全保障にアメリカが参加する用意があるならば、和平交渉があり得るかもしれないことを伝えた。ハウスの到着後、グレイは改めて世界的な平和保障に対するアメリカの参加を打診した。しかし、ハウスはそれを否定し、ハーグ協定の推進を提案するにとどまった。他方、連合国側も相互に秘密条約を締結していたため、ドイツとの休戦の可能性は、当初より制約されていた。(3)

海上封鎖問題でも、イギリスはアメリカに対し、交戦国としての立場で接した。対してアメリカは、海上の自由を、自国の権利という以上に普遍的な原則として主張した。アメリカはそれだけ、自らを交戦国に対して超越的に位置付けていた。一方、グレイ外相がアメリカに提示した戦後安全保障構想は、戦争遂行に関する直接的な支援要請ではなかったが、戦争目的をアメリカと部分的に共有し、その点に対するアメリカの関与や責任の分担を求めるものであった。この間、イギリスは、アルザス・ロレーヌ地方など、フランスとドイツの係争地やドイツの海外領に関し、各国と協定を締結していた。しかし、戦後のイギリスは、後述のように、ヨーロッパの再建と安全保障のため、国民性に基づく主権国家の創設とそれらの参加する国際機構の設立を目指し、その過程で戦時中の領土再分割協定を修正していくことになる。

アメリカとイギリスは、和平問題で部分的に関心を重ね合わせながら、その立場は海上封鎖問題と同様、異なっていた。しかも、一九一五年二月四日にドイツが十五日からの無警告潜水艦作戦の実施を宣言したため、アメリカによる和平仲介の可能性はさらに制約された。ドイツの宣言に対し、ウィルソンとランシングはドイツに厳格な説明を求める文章を作成した。ドイツによる潜水艦作戦は、イギリスの海上封鎖以上に国際法に抵触すると判断され、さらに三月二十八日、イギリス船に対する魚雷攻撃によってアメリカ人乗客が死亡する事件が発生した。

ドイツとの紛争に際してブライアンは、潜水艦による攻撃を違法としながら、アメリカ人の被害を交戦国の船に乗船した当人の責任とした。しかも、事実関係に不明瞭な部分があったため、ドイツに対する抗議はなされず、その後の事件にもアメリカは抗議しなかった。しかし、五月七日にルシタニア号が撃沈された。同船は客船で、しかも千二百一名の死亡者に、百二十八名のアメリカ人が含まれていた。ウィルソンは依然として和平仲介の可能性を模索していた。しかし、五月十一日に至り、ドイツに対する抗議文草案を閣議に提示し、ドイツに潜水艦作戦の停止を要求することとした。対してブライアンは、非戦闘地域の設定を求めるか、ドイツとイギリスの双方に公平に抗議すべきと主張した。しかし、ウィルソンはこれを拒否した。その結果、一九一五年六月八日にブライアンは国務長官を辞任し、ランシングが後任に就任した。ブライアンの辞任は、ウィルソンの姿勢にドイツの回答次第でアメリカを戦争に巻き込む危険があることや、ウィルソンが戦争回避よりもアメリカの権利保護を優先していることを懸念したためであった。(4) 対して後任のランシングは、ヨーロッパへの融資問題に関する対応に照らしても、アメリカの権利を優先するという意味でウィルソンに近かった。しかし、ウィルソンはアメリカの国益を国際的かつ普遍的な原則として擁護しようとしており、その点でランシングと異なっていた。そのため、ウィルソンとランシングは、戦争後半期からパリ講和会議にかけ、原則的対応か現実的対応かをめぐって対立することになる。

ヨーロッパ大戦の長期化に対し、ブライアンがアメリカとヨーロッパ諸国とを可能な限り隔離しようとしたのに対し、ウィルソンは、戦争に介入するわけではないが、国内経済事情を背景に、各国に対して普遍的原則に則ったアメリカの権利や、自由貿易の正当性、そしてアメリカの中立的な和平努力について、理解や同調を求めた。こうしたウィルソンの姿勢は、アメリカの名誉と実益を重視し、個別の合意形成に努力したローズヴェルトの外交手法と対照的であったが、ウィルソンの外交は、ローズヴェルト以来の、ヨーロッパ帝国主義から一線を画しつつ、アメリカの世界的な役割を自覚し始めたアメリカ外交の気運を引き継いでいた。そうした中でのウィルソンとブライアンの対立は、ヨーロッパ帝国主義に対し、アメリカが隔絶しているべきか、あるいは超越的であるべきかをめぐって生じており、こうした理念の相違は、一九一五年初めに発生した、日本と中国の二十一か条要求問題においても表れた。

高原秀介によれば、ポール・ラインシュ中国駐在公使が日中交渉の情報を得たのは一月二十二日で、国務省に情報が伝えられた。とはいえ、ラインシュの報告は、中国側の情報や新聞情報に依拠していたため、国務省から必ずしも信用されていなかった。ところが、その後、駐日大使からの報告で第五号の存在が確認され、アメリカ側の対日不信が高まった。ブライアンやウィルソンは、一号から四号について容認的であったが、エドワード・ウィリアムズ国務省極東部長は、日本の満州における特殊利益を承認する代償として、満州における鉄道運賃の公平化などを要求すべきと主張した。また、ランシングも、日本の満州における特殊権益を容認しながら、中国における日本の勢力拡張を抑制し、貿易の公正化を図ろうとした。そのため、ブライアンは三月十三日に日本側に最初の通告を発した。高原によれば、ブライアンは日本との取引につながる行動に消極的であったが、同通告は、満州における勢力範囲を容認することで問題解決を図ろうとする、譲歩的な文書になったという(5)。しかし、高原のこの解釈は誤りである。

三月十三日のブライアンによる対日通告は、満州における勢力範囲を容認したものでなく、ジョン・ヘイによる門戸開放宣言やルート－高平協定に言及することで、中国の領土保全や機会均等の原則を改めて確認したものであった。特に文書の冒頭で、ブライアンは日中交渉に関して、次のように記していた(6)。

> 米国政府ハ［…］、希望条項ナルモノハ、要求トシテ支那ニ提示サレタモノデナク、単ニ支那ニ対シ、友好的考慮ヲ求メタモノニ過ギナイコトヲ知ツタコトヲ喜ブ。米国政府ハコノ要求ト希望条項トノ区別カラ考ヘル時ハ、後者ハ支那政府ニ於テ、之ガ考慮ヲ拒ンダ場合ニハ、日本政府ニ於テ、之ヲ強イラレザルモノト諒解スル。

高原は、ブライアンは第五号が「希望条項」とされていたことを評価したとするが、右の趣旨はむしろ、第五号が「希望条項」とされていたことを理由に、中国側の対応次第でそれを断念することについて確認を求めた点にあった。しかし、日本は三月十六日以降、山東半島への増兵措置に踏み切る一方で、ラインシュから国務省に、日本が中国に、アメリカが日本の行動に反対していないとする趣旨を伝えているという情報が伝えられた。そして五月に日本は、最後通牒に向けて動き始めた。こうした中でウィルソンは、イギリス、フランス、ロシアの三か国に共同で対処しようとする提案を行った。しかし、これは同意を得られなかった。そこで五月十三日、改めて駐日アメリカ代理大使から加藤高明外相に対し、ブライアンからの覚書が提示された(7)。二度目となるブライアンの通告は、次のような短いものであった(8)。

日本政府と中国政府の間で行われ、現在懸案となっている交渉と、その結果として到達した合意に関する状況を考慮し、合衆国政府は日本帝国政府に対し、合衆国および中国における合衆国国民の条約上の権利や、中華民国の政治的ないし領土的統合、ないし「門戸開放政策」として一般に知られる中国に関する国際的政策を侵害する、日本政府と中国の間で締結された、あるいは締結されるかもしれないいかなる協定や約定も、承認できないことを通知する栄誉を有する。

同一通告は中華民国政府にも通知されている。

通告に対し、加藤高明外相は直ちに珍田捨己大使にアメリカ側の意図を確認するよう指示した。珍田は即日、ブライアンを訪問した。珍田は、会見でのやり取りについて、次のように報告している。(9)

本使ハ長官ヲ往訪シ、長官ヨリ送付ノ覚書ニ関シ本使ノ心得迄ニ承知シタキ旨ヲ述ベタル後、長官ニ向ヒ、右覚書中ニハ既ニ妥協ヲ見タル約束ニ関シ云々トアル所、米国政府ハ右約束中ノアル特定ノ点ニ対シ何等故障ヲ有スル訳ナリヤト尋ネタルニ、長官ハ、唯事前ノ注意（precaution）ノ為メ米国政府ノ態度ヲ申入レタル次第ナリト答ヘタルニ付、本使ハ、交渉ノ内容ハ是迄既ニ説明シタル通ナルヲ以テ此上注意ヲ要セザルベシト述ベタルニ、長官ハ、大体ハ既ニ承知シ居ルモ、約束ノ詳細ノ点ハ尚未ダ判明セズ、大統領モ事前ノ注意ノタメ、此際米国政府ノ態度ヲ記録ニ存シ置クヲ可トスルノ意見ナルヲ以テ、前記覚書ノ通申入レタル次第［…］ト語レリ。

島田洋一が指摘するように、これは日中条約を否認したものでなく、条約中に、アメリカに通知されず、しかもアメリカの権利などに抵触する規定が存在する場合、それを承認しないことを日本側に通知したものであった。(10) 日中間の交渉が終了した後に、それが継続中であるかのような認識を装い、未決事項について警告を発するというのは、外交文書として異例であり、加藤外相がアメリカの真意を測り兼ねたのは、そのためであった。それだけウィルソンの不信は強かったが、他方でこの覚書は、日中条約に対するアメリカの実質的な承認を与える文書ともなった。にもかかわらず、戦後のパリ講和会議においてアメリカは、アメリカ自身が了解したはずの山東半島における旧ドイツ租借地の扱いをめぐり、日本側の主張を否認するかのような態度を示す。日本側にすれば、そうしたアメリカの態度こそが場当たり的かつ背信的な行動であって、後に日本側が講和会議からの脱退までも示唆する重要な原因となる。

二度のブライアン覚書は、いずれも日本に対する警戒感を示していたが、最初の覚書が日本側の言質を確認して自制を求める趣旨であったのに対し、二度目の覚書は、日本に対する露骨な不信感を表明しており、日本側の反発を招きかねないものであった。二度目の覚書提出に関与したウィルソンは、第一期政権期のような、理念を提示することで紛争当事者の同調や自制を促すという政治手法から、後述のような、紛争当事者による権力や実力の行使に対し、それが一定の社会性や公共性に関わる場合、それを制限するため、躊躇しながらもより積極的に介入する方向へと変化しつつあった。ウィルソンにとって、日中交渉は日中間の問題であったが、日本による実力行使の可能性は国際秩序全般に関わる公共性を有しており、日中間の問題への関与に消極的なブライアンに比べ、ウィルソンはより干渉的な姿勢を示した。一九一五年の日中条約をめぐる日本の行動は、アメリカの利害を侵害しておらず、ドイツの潜水艦作戦に対する対応ほどの深刻な対立をブライアンとウィルソンの間に引き起こすことはなかった。とはいえ、こうしたウィルソンの政治手法の変化は、二年後の一九一七年の石井‐ランシング協定をめぐる交渉に際しても発揮される。

一九一五年夏、ドイツのテオバルト・フォン・ベートマン・ホルヴェーク宰相は、アメリカの反発に配慮し、潜水艦作戦を制限した。それでも八月十九日、イギリス船アラビックが撃沈され、二人のアメリカ人が死亡した。アメリカはドイツ側に抗議し、ドイツは二十八日に乗客船への無警告攻撃を中止した。とはいえ、十一月、十二月のアンコラ号やペルシア号に対する攻撃でアメリカ人が死亡し、ウィルソンは軍の増強に踏み切った。他方、一九一五年夏を通じてハウスとグレイは交信を継続し、グレイは九月二十二日、侵略や平和解決を拒否する国民に対抗する国際組織にアメリカが参加するかどうか、照会した。ハウスは衝撃を受けながらも、十月八日にウィルソンに対し、非公式の停戦交渉、それもドイツが拒否した場合の外交関係の断絶を想定する和平会議の提案を提言した。ウィルソンはこれに驚くが、ハウスは暗黙の同意を得られたと判断した。

クレメンツによれば、ハウス、ウィルソン、グレイはそれぞれ別の目標を追求していた。ハウスは連合国を支持し、アメリカの参戦を目指したのに対し、グレイは将来の安全保障におけるアメリカの協力を希望し、ウィルソンは、和平調停を重視した。一九一五年十二月二十八日にハウスはロンドンへ出発し、一九一六年二月二十二日のグレイとの会談で、アメリカによる平和会議の提唱に関する覚書に署名した。これにドイツが参加しない場合、アメリカが参戦する可能性があることも明記された。これは、ウィルソンが孤立主義を転換し、世界問題への介入意思を示した最初の態度表明となった。四月十八日、ウィルソンとランシングは、潜水艦作戦の停止をドイツに求め、ドイツが応じない場合、外交関係を断絶することとした。五月三日、ドイツは譲歩し、国際法の遵守を約束した。これにより、アメリカとドイツの危機は回避された。しかし、他方でアメリカとイギリスの関係も良好ではなかった。一九一六年春のアイルランド反乱への弾圧にアメリカ世論が反発した他、アメリカは、一九一六年六月のパリ経済会議が、戦後のドイツや、アメリカを含む中立国に対する差別待遇を採用したものと判断していた。英米関係においても、アメリカの普遍的権利意識が友好ないし協力関係の障害となっていた。(11)

以上のようなドイツやイギリスとの緊張関係に加え、一九一六年におけるアメリカの最大の問題は、メキシコ情勢と大統領選挙であった。メキシコ政情は一九一四年以降も安定せず、一九一四年に成立したパンチョ・ビヤ政権はほどなくベヌスティアーノ・カランサに取って代わられた。一九一五年を通じ、アメリカは革命各派を含めた政権樹立のため、アルゼンチン、ブラジル、チリのABC諸国の協力を得て調停を試みたが、カランサ政権はこれを拒否した。ウィルソン政権は最終的に、外国の権利保護、憲政遵守などを要求した上で、カランサ政権を承認した[12]。しかし、これに反発したビヤは、カランサ政権をアメリカの資金目当てに国を売った政権と非難し、一九一六年三月九日にニューメキシコ州コロンバスを攻撃、十五人のアメリカ人兵士と市民を殺害する事件を引き起こした。三月十日、ウィルソンは、メキシコ政府の同意を得ることなく、ビヤ追及のため、軍の派遣を決定した。エドワード・ヘイリーによれば、ウィルソンは、ビヤの逮捕および議会の制約回避のため、迅速に行動した。しかも、この年十一月に大統領選挙を控えていたため、共和党に非難材料を与えないようにしなければならなかった。ウィルソンがメキシコ側の同意手続きを省略したのは、こうした配慮からであった[13]。

カランサ政権は、ビヤの逮捕その他のいかなる理由に基づく干渉も拒否したが、ウィルソンはジョン・パーシング指揮下の四千人の部隊を派遣し、兵力は翌月には一万人に増強された。しかし、パーシングの部隊は、ビヤを発見できなかったばかりか、六月二十一日にカランサ政権の部隊と衝突し、十四人のアメリカ人と三十人のメキシコ人が戦死、二十五人のアメリカ人が捕虜になるという事件を引き起こした[14]。ウィルソンは、衝突事件を失敗としながらも、派兵を内政干渉とせず、誤りを認めなかった。最終的に、事態収拾のため、アメリカとメキシコの合同委員会が設立された。その際、アメリカ側は、外国人の生命、財産の保護や、信仰の自由などを求めたのに対し、メキシコ側は、アメリカ軍の撤退を優先的に検討すべきことを主張し、さらにアメリカ側の主張を内政干渉として受け入れなかった。一九一七年一月十五日に開かれた最終会議で、アメリカ側委員は外国人の生命、財産の保護やその他の懸案を引き続き外交交渉で解決するよう提言した。しかし、メキシコ側は、アメリカ軍の撤退が実現しない限り、要求に応じられないことを伝え、合意に達しなかった。結局、一月三十一日にパーシングは撤退を開始し、二月五日に撤退を完了した。その結果、問題は自然消滅する形となった[15]。

ウィルソン政権期のアメリカは、ハイチやドミニカに対する干渉も行った。しかし、クレメンツによれば、ハイチやドミニカへの派兵においてウィルソンの果たした役割は比較的小さく、アメリカ側の認識としては、兵力は限定され、積極的介入を目指すものではなかった。さらに一九二〇年初めにメキシコで暴力事件が発生した際、ウィルソンは干渉に同情的なランシングを解任し、干渉を行わなかった。ウィルソンの政策判断において、経済的利害は重要でなく、民主化による政情の安定化を目指すという理念が先行し、それがかえって新たな紛争を引き起こしていた[16]。ウィルソン政権の成立まで、アメリカのラテンアメリカ政策は、独裁政権を容認しながらアメリカ人の諸権利を設定する不干渉政策を採用していた。それが、ラテンアメリカ諸国における政情不安に対応し、独自の自衛措置として軍隊を派遣するようになり、さらにそれ以上の紛争や干渉を避けるため、不承認政策や選挙勧告を行うようになった。ウィルソン政権は、各国の自発的な民主化と事態の安定化を促すための不承認政策を重視しており、そうした外交は、一九二〇年代の共和党にも引き継がれていく。

一方、一九一六年に行われた大統領選挙において、共和党は革新党の多くを復党させ、チャールズ・ヒューズを候補としてウィルソンに挑んだ。ヒューズは、ニューヨーク州知事として革新主義的施策の実績を持ち、最高裁の自由主義派判事でもあった。そのためヒューズは、アメリカ軍の増強と大戦に対する厳正中立を掲げながらも、内政面でウィルソンを支持しており、保守派の反発を買っていた。しかも、ドイツに好意的な中西部の共和党に配慮し、強硬な外交方針を提言できない一方で、保守派と革新派が分裂するカリフォルニア州では、保守派の支持を受け、ハイラム・ジョンソンと対立した。最終的にウィルソンは二百七十七人の選挙人、ヒューズは二百五十四人の選挙人を獲得し、ウィルソンが僅差で勝利を収めた(17)。

大統領選挙の勝利を受け、ウィルソンは再び交戦国に対する和平調停に着手した。一九一六年十一月下旬、ウィルソンは交戦国に対する覚書草案を完成させ、戦争が中立国に対して与えた損害などを指摘し、交戦国の双方に平和会議の前提となる条件の表明を求めた。ランシング国務長官やハウスは連合国側の勝利を望んでいたが、ウィルソンは和平会議を希望した。しかし、イギリスは軍国主義との戦争を掲げ、ウィルソンの提案を受け入れなかった。そのため、一九一七年一月十一日にウィルソンは、新たな草案を作成し、翌日にランシングと上院外交委員長ウィリアム・ストーンに示した上で、一月二十二日の上院での演説でこれを公表した。ここでウィルソンは、諸国の対等関係に基づく「勝利なき平和」や、信教の自由、産業発展の権利、公海の自由、軍備制限などの戦争終結に関する原則を掲げ、アメリカが文明的諸国と共に恒久平和の保障に参加することを明らかにした。これは、孤立主義の放棄のみならず、中立国として、戦争被害と各国の普遍的権利を理由に、戦争停止を呼びかけるものとなった。

しかし、その間の一九一七年一月六日、ドイツは無制限潜水艦作戦に踏み切っていた。一月三十一日に駐米ドイツ大使はその方針をアメリカに通知し、ウィルソンはこれをアメリカの提案に対する拒絶回答と理解した。二月三日、ウィルソンはドイツとの国交断絶を表明した。しかし、この時点でもウィルソンは、「勝利なき平和」の理念に則り、一方のみの勝利を望まなかった。とはいえ、イギリスにとってドイツの潜水艦戦は破壊的で、一月から四月までの間に航行中のイギリス船舶の半分近くが撃沈される事態となった。ただし、アメリカ船舶に被害はなく、そのため、一九一七年二月二十八日に暴露された、ドイツからメキシコへの同盟提案に関するツィンメルマン電報事件の後も、アメリカ側に危機感はなかった。その後、三月十二日のロシア革命勃発、三月十八日のドイツ海軍による戦闘地域内でのアメリカ船三隻の撃沈に至っても、ウィルソンは参戦を躊躇していた。ランシングはウィルソンに開戦が近いことを訴えたが、ウィルソンは依然として公正かつ永続的な平和は中立アメリカによってしか実現できないと考えていた。しかし、三月二十二日に至り、ウィルソンは参戦を決意した。翌二十三日、ウィルソンは議会に四月二日の議会開会を要請し、開会した議会においてドイツへの宣戦布告について承認を求める演説を行った。その際、ウィルソンは徴兵制の導入を要請する一方で、勝利なき平和や公海の自由に言及した。ドイツへの宣戦布告は、四月六日に行われた(18)。

ウィルソンは、躊躇の末、大戦参加を決定したが、その目的は、普遍的理念やそれに基づくアメリカの権利を擁護することにあった。ウィルソンはそれにより、帝国主義と自らの決断とを区別しようとした。しかも、そうした理念は、参戦に伴う国内的な強権措置を正当化するためにも援用された。

アメリカの参戦後、最大の問題となったのは徴兵制の是非であり、次いで国内物価統制、そして労働問題であった。徴兵制は、個人の権利を侵害する措置となる可能性があった。しかし、この点に関してウィルソンは、アメリカ国民に高度な義務の遂行を求める一方で、徴兵制を軍国主義的な動員制度としてでなく、志願を希望する多くの国民の中から兵役該当者を選出する選抜制度として位置付けた(19)。

対して農産物価格の統制問題に取り組んだのが、連合国との食糧問題の調整に当たったハーバート・フーヴァーであった。価格統制問題は大戦勃発当初から存在したが、農務省は生産拡大に関心を集中し、配分調整に関する理解が不十分であった。そのため、農務長官のデイヴィッド・ヒューストンとフーヴァーの対立や、価格統制をめぐる企業側の抵抗も生じた。これに対してフーヴァーは、価格統制を強権措置でなく、自主的協力の結果とする印象を与えるよう努めた。小麦については、それが共和党の支持地域で生産されていたこともあり、農民の要求が抑えられ、消費者の要望に応える形で統制が導入された。これに対して綿は輸出が中心で、しかも生産の中心が南部であったため、価格統制はなされなかった(20)。

価格統制は農産物に限られなかった。一九一七年七月、物資調達と価格設定のため、戦争産業委員会が設立された。しかし、政府と企業の自主的な協力は難航し、さらに一九一七年から一九一八年にかけて燃料不足が深刻化した。一九一七年九月、戦争産業委員会は鉄鋼各社代表を招集し、紛糾の末に固定価格を承認させた。とはいえ、この決定は鉄鋼業界側に利益が多く、政府や一般国民に不利な点が多かった。政府と企業の協力は存在したが、相互不信を払拭できず、その多くは強要に基づいていた(21)。

労使紛争に対し、ウィルソン政権は企業と労働者の双方に公正な解決を目指したが、困難であった。企業側は交渉を拒否する一方で、労働者側も戦時中の生産拡大と移民停止による労働不足を労働条件改善のために利用した。一九一四年に千件未満であった労働争議は、一九一七年には四千二百件を超えた。また、防衛関連産業は、東部と中西部で四分の三を担っており、政府は労働力の再配分を考慮した。しかし、余剰労働を有する企業は人件費の上昇を懸念し、全体の利害調整は困難であった。一九一七年六月、アリゾナの銅鉱でストライキが発生し、企業側は実力行使によって対抗した。調停委員会は、賃金引き上げや交渉制度を導入する一方で、組合側にストライキ放棄の誓約を求めた。一九一八年三月末から四月初めにかけて、全米産業審議会とアメリカ労働総同盟代表の間で調整が進められ、ウィルソンは全国戦時労働委員会の設立を決定した。委員会は終戦までに八百四十七件の事例に対処したが、組織が遅れたために七十二件の解決しか実現できなかった。とはいえ、スミス・ウェソン武器工場の事例では、委員会裁定を拒否した会社を陸軍省が差し押さえる一方で、ウィルソンは労働者を仕事に復帰させるなど、双方に強制力を発動した。戦争の終結で委員会は解散し、労資協調の試みは中断したが、労働条件の改善や賃金上昇、八時間労働などの実現で成果を挙げた。それにより、労資協調への期待が生み出され、一九二〇年代における、過当競争を協調に基づく競争へと変えていこうとする気運に継承されていく[22]。

農業問題や燃料問題のように、需要と供給の関係が不安定化した部門において、全体的な利害調整に限界はあったものの、価格統制を導入するなど、連邦の市場介入は拡大した。また、労使紛争に対してウィルソン政権は、かつての第一期政権のような、調停を主とし、治安維持のみに強権を発動する姿勢から、労働条件の改善にまで介入する積極的姿勢へと変化した。それまでウィルソン政権は、労使紛争の重大化に対し、主として治安上の理由から介入し、調停案も提出するが、それを強要するわけでなく、当事者が自主的に紛争を解決していく長期的な効果に期待するという対応を示した。それに対して第二期のウィルソン政権は、紛争の当事者間の対立が、当事者間の問題に限らず、価格や賃金など一定の社会性や公共性に関わっていた場合、双方の実力行使を制約する形で介入し、それによって公正さを維持しようとした。第二期のウィルソン政権は、社会や経済に対する連邦政府の介入強化と、当事者の自主性を重んじる原則とを両立させるため、社会性や公共性を帯びた私的権力の発動を制約するための行動を積極化し、それを正当化する理念を提起した。

こうしたウィルソン政権の権力行使の方法は、アメリカの第一次世界大戦への介入の理念と密接不可分の関係にあった。ウィルソン政権にとって、参戦の直接的なきっかけは、ドイツによる無制限潜水艦作戦によってアメリカ人に被害が出たことであった。しかし、ウィルソンは、アメリカの参戦をドイツに対する制裁措置とは位置付けず、「勝利なき平和」や公海の自由といった理念を重視した。つまり、ウィルソンにとって参戦は、ドイツによる不当な権力行使に対する介入であって、公正な終戦の可能性は否定されていなかった。一九一八年一月八日、ウィルソンは十四か条の原則を発表し、民族自決や公海の自由、軍備縮小、各国が参加する国際機構の設立などを提案した[23]。ウィルソンにとって、普遍的な原則に則ったアメリカの権利保障という理念は、大戦勃発時から一貫しており、それは対日外交においても同様であった。

アメリカの参戦後、イギリス、フランス、ロシア、イタリアからアメリカに特使が派遣された。これを受けて五月十二日、ランシング国務長官は佐藤愛麿駐米日本大使に、物資供給や太平洋警備に関する取り決め、東洋問題に関する意見交換を行うための日本からの使節派遣について、非公式に要請した。ただしその際、ランシングは使節派遣をアメリカ側からの提案としないことについて理解を求めていた[24]。高原秀介によれば、この提案に先立つ五月二日以降、佐藤大使はハウスに対し、日米関係改善のため、日米関係における懸案事項、特に在米日本人の待遇問題について交渉する機会を打診していた[25]。五月十二日のランシングと佐藤の会見は部分的にこれを引き継いでいたが、この会見においてランシングは、在米日本人問題に言及せず、アメリカ参戦後の両国の協力問題を主な交渉議題とした。寺内正毅内閣は、二十二日に交渉開始を決定し、翌二十三日にアメリカ側にその意向が伝えられた[26]。交渉に当たる石井菊次郎特使は、七月二十八日に横浜を出航、八月十三日にサンフランシスコ、二十二日にワシントンに到着し、九月六日から石井とランシングの折衝が始まった[27]。

ワシントンにおける交渉で最大の問題となったのは、中国問題であった。日本側は、アメリカとメキシコの関係を引き合いに出しながら、中国における日本の「卓越した利益」(paramount intersets)の承認を求めたが、ランシングはこれを認めず、最終的に「特殊利益」(special interests)という表現に落ち着いた[28]。とはいえ、日本側の求めた「卓越した利益」とは、中国に対する日本の排他的支配を意味したわけではなかった。日本のねらいは、中国において現実に存在する欧米諸国の勢力範囲の中で、満州が日本の国防や重要な利害に関わっているという事実について、アメリカから理解を得ることにあった。日本はそれまでの伝統に則り、列強相互間の妥協や合意、利害調整を積み上げることで、欧米列強優位の国際秩序に順応しようとしていた。対してアメリカは、「卓越した利益」という表現を拒否し、機会均等や主権尊重の原則を重視した。それは、アメリカが中国においても、ヨーロッパ諸国や日本と対等の権利を確保しようとしていたからである。その点でアメリカに、中国の主権を尊重するために自らの権利を放棄するような意図は、存在しなかった。

バートン・ビアースによれば、二十一か条問題が紛糾するまで、ウィルソンは中国における日本の権利拡張に必ずしも否定的でなく、さらにブライアン国務長官の辞任後、後任となったランシングは、日本の満州権益に容認的で、しかも列強が大戦に忙殺されている時期にあって、日米間の合意が門戸開放を保障する効果を持ち得ることを期待していた[29]。その点でランシングは、日本が地理的に中国に特別な利害を持つことを認めつつ、中国の主権尊重という原則を掲げることで、中国における欧米列強の権利を保障すると共に、日本の突出した権益獲得を阻止しようとしていた。一方、ウィルソンは、二十一か条要求以来の日本に対する不信感から、戦時下の日本の行動に対するアメリカの懸念を示そうとした。そうしたアメリカの姿勢が明確になったのが、十月十日までに起草された草案の第五段落をめぐる日米間の折衝であり、それは次のような内容であった[30](傍線は説明上の便宜による)。

合衆国政府と日本は、両政府がいかなる方法によっても中国の独立や領土保全を侵害する意思を持たないことを表明し、さらにいわゆる「門戸開放」ないし中国における通商と産業の機会均等の原則を遵守すること、および現在の状況を利用して中国国民や他の友好的諸国民の諸権利を制約するような特殊な権利や特権を求めないことを宣言する。さらに両国は相互に、両国がいかなる他の政府による、中国の独立や領土保全に影響を及ぼし、あるいは全ての国民が中国における通商や産業の機会均等を十分に享受することを否定する、いかなる特殊な権利や特権の獲得にも反対することを、宣言する。

原案は二文からなり、前半は日米間で中国の領土保全や機会均等などを保障し合うこと、後半は日米両国が第三国による中国の領土保全や機会均等の侵害に反対することを規定していた。対して日本政府は、第一文中の傍線部「現在の状況を利用して」以下の記述の削除を求めた。これを受けてランシングは、日本の修正を容れる代わりに、私案として後段の文章中より、(1)「他の」を削除するか、(2)「相互に」を「各自に」と修正するか、(3)「反対する」の述語に「同様に」の修飾を付すと共に「現在の状況」以下を秘密文書の交換によって記録に残すか、のいずれかの修正を提案した[31]。つまり、日本側の要請を受け入れ、第一文より「現在の状況を利用して」以下の規定を削除した場合、第二文のみでは、特権獲得に関わる対象国に日米両国が含まれなくなってしまう。そこでランシングは、「他の」を削除することで、後段の文章を、日米を含めた全ての政府を対象とする規定とするか、後段の宣言を日米が個別に行うことで、「他の政府」に日米を相互に含ませるか、あるいは「同様に反対」とすることで、表現としてやや曖昧であるが、別の秘密交換文書でその点を明確にするかを求めたわけである[32]。

これに対して本野一郎外相は、ランシングが提示した第一案、すなわち「他の」を削除することを石井らに通知した。とはいえ、石井や駐米大使側は、ランシングのような一般的な表現とするより、原案で成立させる方が日本にとって拘束が少ないと判断した。というのも、問題の一文は、「現在の状況」、すなわち戦時下という特殊な状況の利用を制限する限定的な規定であるのに対し、それを削除する修正は、一般的な規定として、日本に包括的な制約を課すものになると解釈したからである。しかし、本野外相はあくまで、「現在の状況を利用」という規定が日本に対するアメリカの不信感を表明しているかのような表現である点を問題とした。そこで駐米大使らの意見に対しても、本省側の理解では、「此種ノ協約ハ pact of good faith ニ属シ、権利義務ヲ規定スル通商条約等ト異ナル[…]要ハ宣言全体ノ精神ニアリ」とし、さらに「現在の状況」という表現に関しても、これを大戦中という限定的な意味に捉えておらず、一般的な主権尊重と同等に理解することを伝えた[33]。

とはいえ、アメリカ側は、ランシングとウィルソンの意見交換を経て、第一案であっても、「現在の状況を利用しない」云々の規定は必要との立場を示した。そこでアメリカ側は、その趣旨に添った日本政府側からの覚書の提出を求めた[34]。しかし、日本側はそれに反対した。というのも、秘密文書で「現在の状況」云々を規定するとしても、秘密文書の存在がいずれ他国に知られてしまう可能性が高く、それが日本の信頼を損ないかねないことを懸念したからである。その上、アメリカから新たに提案された内容は、削除された一文の趣旨を日本がアメリカに対して一方的に保証するというものであった。それは日本にとって、片務的規定であると共に、現状を利用する危険のある国が日本のみであることを間接的に認めることになる提案であった。そのような提案は容認できなかった。そこで日本側は、秘密交換文書に応じるものの、その内容を、「現在の状況を利用しない」という削除された一文の趣旨が日米両国の政策に合致していることを日米両国が交渉の中で確認したという趣旨の、議事録に準ずるものへと修正し、それによって必要な場合に当該文書を公開できるようにした(35)。アメリカもこれを受け入れ、石井‐ランシング協定が成立した。

交渉の過程で日本側は、懸案の文章が、先行する主権尊重の文章に照らして不要なばかりか、日本に対するアメリカの不信感を感じさせるものであることを説明したが、ランシングは大統領の意向を理由に、譲歩しなかった。ウィルソンの対応は、交渉の機微に無感覚で、二十一か条要求のような大戦中の日本の独断的行動を牽制しようとする意図を露骨に示していた。その意味でウィルソンは、協定の締結交渉を通じて日本を牽制すること、それも緊急措置としてそれを行うことを重視していた。中国をめぐる日本とアメリカの対立は、アメリカが自らの権利を普遍的原則に則って主張するという点で、海上封鎖権を主張するイギリスと公海の自由を掲げるアメリカとの対立に重なり合っていた。ランシングをはじめとするアメリカ国務省は、アメリカの掲げる理念に対する各国の自主的な同調を求めるより、日本に一定の行動の自由を認めた上で、普遍的原則に則ったアメリカの利害や権利を主張するという、タフト政権期以来の国務省の外交方針に即して行動していた。対してウィルソンは、各国に理念への自主的な同調を求めるというかつての姿勢から、公共性に関わる権力行使を制約する方向で積極的に行動するようになっており、その点で日本の行動、とりわけ大戦中の突出した行動を抑制しようとするランシングと目標を共有することができた。とはいえ、ウィルソンとランシングの外交理念や手法は根本的に異なっており、後のパリ講和会議における山東半島問題において、それが顕在化することとなる。

以上のように、参戦後のウィルソン政権は、内外において理念の共有を求めるばかりでなく、社会性や公共性に関わる権力行使を抑制する措置を取ることで、社会の公正を維持しようとした。それだけウィルソン政権にとって、政府の積極的な行動に対するアメリカ国民の支持や協力を得ることが必要となった。ウィルソン政権は、アメリカの参戦後、国民に参戦の意義を伝える宣伝活動を展開し、愛国心を鼓舞した他、スパイ防止法も制定した。そうした愛国心の鼓舞は、アメリカの保守的な気運に訴え、また、ドイツの不正義を強調することになったため、アメリカ国内における外国人排斥の気運をも助長した。参戦に伴う愛国主義の昂揚と保守化の傾向は、労働運動、とりわけその急進派に対する政治的ないし社会的な弾圧を引き起こし、一九一二年の大統領選挙に立候補していた社会主義者のユージン・デブスも逮捕された。その一方で、こうした保守化の気運は革新主義運動にも受け入れられており、彼らは売春や酒類といった悪徳を排除するための伝統的啓蒙運動を活発化させた。こうした気運や運動を背景に、一九一九年一月、アルコールの製造、販売を禁止する憲法修正第十八条が成立した。ウィルソンは、部分的な見解の相違から、同年十月に成立した憲法修正第十八条の実施に関わるヴォルステッド法案に拒否権を発動したものの、議会は同法を再通過させ、一九二〇年一月十五日より酒類の全面禁止が実施された(36)。

このように、ウィルソン政権が連邦政府の権限行使を拡大する一方で、排外主義など、国内における保守化の傾向に直面したことは、後にアメリカの提唱で創設された国際連盟にアメリカ自身が参加を見合わせるという、政権末期の混乱を引き起こす背景となる。

二　シベリア出兵をめぐって

一九一七年十一月に発生したロシアの十一月革命に対し、ウィルソンはそれを圧政に対する反乱として評価することもあったが、基本的にボリシェヴィズムを、世界の政府を転覆し、プロレタリアート独裁を目指す過激派と捉えた。また、ボリシェヴィキがドイツとの講和を進めようとしたため、ウィルソンはその平和主義に対抗する必要も意識した。さらにボリース・バフメーチェフ駐米ロシア大使は、社会主義政権の正当性を認めず、アメリカや連合国の介入を求めていた。対して連合国も、東部戦線の再建のため、ロシア南部やシベリアにおける白系ロシア軍への支援に乗り出した。こうした動向に、アメリカも対応を余儀なくされた。

ヴィクター・フィックの整理によれば、アメリカのシベリア出兵をめぐり、旧ソ連の研究はアメリカを帝国主義的干渉の中心と見なしてきたが、アメリカ側の研究はむしろ、ウィルソンの方針がロシア内政に対する不干渉で一貫していたとする(37)。他方、デイヴィッド・フォーグルソングは、ロシア革命に対する以下のようなアメリカの間接的、秘密的な干渉の実態に注目することで、アメリカがロシア側の自発的な反ボリシェヴィズムの動きに期待を寄せていたことを指摘し、その点でアメリカの政策は干渉的であったと論じている(38)。フィックとフォーグルソングの視点と議論は対照的であるが、両研究は共に、アメリカが英仏や、特に日本との共同作戦に否定的で、帝国主義的な行動と一線を画そうとしていたことを明らかにしている。その上でフィックは、アメリカの政策がロシア現地の情勢を無視した教条的なものであったため、共産主義政権の存続を許してしまう結果に終わったことを、フォーグルソングは、ウィルソンが内外における様々な制約とロシアにおける自発的な民主化を促すという理念から、間接的、秘密的な干渉を展開しながらも、そうした制約と理念のために、ロシアの民主化という目的を達成できなかったことを議論している。このように、シベリア出兵をめぐるウィルソン政権の対応には独特の理念や方法的特徴があり、その点は、当該期の日本側に全く理解されていなかった。シベリア出兵をめぐっても、日本とアメリカの合意形成は、困難であった。

一九一七年十一月の革命勃発後、ハウスはイギリスに渡り、ロシア情勢についてイギリス側と意見を交わし、次いで十二月一日にパリで開催されたイギリス、フランス、イタリアの最高戦争会議に出席した。[39]この会議において、ロシアによる和平に関する布告や秘密条約の暴露などへの対応が検討されると共に、南方の白系ロシア軍のカレージンに英仏合同使節を派遣することが決定された。同使節は一千万ポンドの財政支援を保証する権限を与えられており、これにアメリカも秘密裡に参加することになっていた。ハウスはそれを秘密にすることで、アメリカがロシアにおいてイギリスやフランスのような帝国主義国として受け止められることや、アメリカ本国における世論の反発を回避しようとした。ウィルソンとランシングも、ハウスの判断を支持した。

イギリスとフランスが南ロシアの反ボリシェヴィキ勢力を支援したのは、東部戦線のドイツ軍をそのままとどめておくためであった。しかし、アメリカは、英仏の求めた東部戦線の再建に期待せず、むしろ圧政から解放され、自由なロシア国民による秩序ある安定政府の形成を支援しようとした。ウィルソンは、ロシアにおける秩序崩壊に衝撃を受け、カレージンやアレクセーエフら白系ロシア軍に、ロシア再建への期待を寄せた。[40]

さらに十一月下旬以降、イギリスとフランスはアメリカに対し、日本とアメリカによるヴラジヴァストークへの部隊派遣を求めた。目的は、同地のロシアへの支援物資がボリシェヴィキに奪取されるのを阻止すると共に、ロシア東方に連合軍の部隊を派遣することで、東部からの圧力を強化し、東部戦線のドイツ軍がフランス戦線に転用されないようにすることであった。しかし、ウィルソンはこれに反対した。ウィルソンにとって、ドイツに対する勝利は西部戦線で実現すべきであって、シベリアへの出兵は不干渉政策に反するばかりか、ボリシェヴィキをドイツ側に接近させてしまう懸念があった。さらにロシアに帝政が復活するのも望ましくなく、また、日本の干渉がボリシェヴィキ以外のロシア人の反発をも招き、シベリア解放の障害となることが懸念された。しかし、イギリスは十二月末から翌年初めにかけ、日本に対してもヴラジヴァストークへの派兵を打診した。[41]

イギリスは十二月までに、トビリシ経由でロシア南部の白系ロシア軍に百万ルーブリを提供し、フランスはアレクセーエフに三十万ルーブリを提供した。対してアメリカは、資金提供をイギリスないしフランス経由で行おうとしており、直接的な関与に消極的であった。ロシア南部への資金提供は小規模に止まり、さらに白系ロシア軍は貧農などの支持を得られなかった。そのため、一九一八年二月に戦局は白系ロシア軍に不利となり、二月十一日にカレージンは自殺、二十三日に赤軍がロストーフを占領する事態となった。とはいえ、白系ロシア軍に対するアメリカやイギリスの支援は、むしろ南部ロシアにおける白系ロシア軍の崩壊後、シベリアにおいて活発化し、一九一九年五月から十二月の間に、アメリカから一千六百万ドル以上の武器、弾薬が、バフメーチェフを通じて提供された。[42]

ソ連による和平の呼びかけに対し、ウィルソンは戦争遂行のため、国民に向けて、アメリカの戦争が利己主義的ではない、高度な原則のための戦争であることを訴えなければならなかった。ウィルソンの主張は、ソ連の宣伝と競合したばかりか、ソ連に対する干渉と自らの理念との整合性を図る必要性も生じさせた[43]。そのためアメリカは、ソ連に対する直接的行動を回避すると共に、秘密の諜報活動を重視した。これには、一九一八年五月にモスクワ総領事に就任したデウィット・プールの下、ギリシア系ロシア人の家系を持つアメリカ人実業家ゼノフォン・カラマティアーノが当たった。カラマティアーノは約三十人のロシア人を組織し、五月のチェコスロヴァキア軍団（以下、チェコ軍と表記）とロシア軍の衝突や、八月のロシア北部へのアメリカ軍の派遣などに対応して、ロシア内陸部の状況に関する情報収集を進めた。しかし、八月末に反ボリシェヴィキ派によるチェカー（反革命・怠業取締非常委員会）要人の暗殺やレーニン狙撃事件が発生し、ソ連当局は国内における他国の情報機関に対する規制を強化した。そのためカラマティアーノも、連合国の工作員と接触していたことを理由に、ソ連当局によって逮捕された。ウィルソンはロシア内における諜報活動の詳細を把握していなかったが、諜報活動は、アメリカの全体方針から逸脱していなかった。カラマティアーノは裁判にかけられ、十二月三日に死刑判決を受けた。しかし、ソ連側はカラマティアーノをアメリカとの取引材料とし、アメリカで逮捕されている社会主義者ユージン・デブスの釈放を要求した。カラマティアーノは一九二一年八月、アメリカ復興機構による食料支援に対する代償として、釈放された[44]。

一九一八年二月中旬、連合国最高司令部はアメリカに、日本のシベリア出兵に関する要望を繰り返した。しかし、アメリカはこれに同意しなかった。とはいえ、アメリカは、英仏の方針に明確な反対意見を表明することもなかった。二月十九日、アメリカの代表タスカー・ブリスは、日本によるヴラジヴァストーク‐ハルビン間の鉄道の占領を求める決議第十六号を起草した。ブリスは、ドイツ軍の西部戦線への兵力転用を懸念する連合国の立場に同情し、アメリカ本国に、日本の干渉をヴラジヴァストークないしハルビンのみにとどめれば、干渉を最小限に抑えることも可能とする見通しを伝えた。二月末までに、アメリカ軍は日本の干渉を支持するようになっていたが、ランシングはロシア側の反発を懸念した。しかし、ランシングは同時に、日本はアメリカとの合意がなくても行動するであろうと予測した。そこでランシングは、むしろ日本から出兵に関する確約を取り付けることで、日本を牽制できるのではないかと判断した。

とはいえ、ウィルソンは、連合国側の戦略的考慮に理解を示さず、また、日本のみの干渉を許さず、さらにアメリカの参加を提言する閣僚に対しても、アメリカの派兵がドイツの宣伝に利用されかねないことを理由に、それを承認しなかった。結局、ウィルソンは、日本への要請に反対しないが、アメリカは要請に参加しないこととし、さらに日本の行動を牽制するため、連合国に対し、日本の出兵目的をドイツ軍からのシベリアの保護のみにとどめるというアメリカ側の見解を改めて通知することとした。さらにハウスは、エリフ・ルートに対し、白人に対する黄色人の行動を要請するのは、アメリカの新聞と世論、特に反日感情の強い西海岸において反発を招く懸念がある、という見解を伝えていた。アメリカにとって日本のシベリア出兵は、人種主義的な配慮からも望ましくなかった(45)。ところが、二月五日に日本の本野一郎外相は、ローランド・モリス駐日アメリカ大使に、シベリア鉄道の管理について発言していた。そこで三月七日、アメリカは駐日大使を通じて日本側に、以下のような覚書を提出した(46)。

万一此干渉ヲ是非実行セサルヘカラサルニ於テハ、合衆国政府ハ、日本カ露国ノ同盟国トシテ露国ノ利益ノ為メニ独逸ニ反抗シテ其ノ安全ヲ計ル外、此ノ干渉ヲ実行スルニ何等他意ナキ次第ナルコト、並本問題ノ結局ハ之ヲ平和会議ノ絶対的専決ニ委スル旨ノ明確ナル声明ノ為サレンコトヲ主張ス。若シ然ラサルニ於テハ中欧諸国ハ西方ニ於テ独逸ノ為シツツアル処ノモノト正ニ同一ノ行動ヲ日本カ東方ニ於テ敢テセントスルモノナリト為シ［…］露国内ニ於テスラモ熱烈ナル憤恚ヲ誘起スヘキハ勿論［…］合衆国カ最モ深甚ナル同情ヲ寄与スル革命ニ反対スル人士ノ為ニ悪用セラルルニ至ルヘキヲ疑ハス。

ウィルソンは、日本に対する連合国の派兵要請に反対しないとしながら、この通告により、日本の出兵に制約を課そうとしたのである。

一方、日本のシベリア出兵に関する細谷千博の古典的研究によれば、外務省や陸軍、特に参謀本部は、当初よりシベリア出兵に積極的であった。また、和田春樹の整理によれば、参謀本部においてロシアへの出兵計画が策定されたのは、ロシア革命の勃発からほどない一九一七年十一月中旬で、その内容は、沿海州と満州北部にそれぞれ混成一個旅団程度を派遣し、居留民の保護に当たるというものであった。その後、一九一八年一月に海軍の第五戦隊がヴラジヴァストークに派遣され、陸軍はこれと並行して、中島正武少将らをシベリアに派遣し、「露国穏健分子ノ支持ニ任セシメ」た。二月二十八日、田中義一参謀次長の下に軍事協同委員会が設置され、出兵の準備として、兵力の決定と資材の準備、「日支陸軍共同防敵軍事協定」の締結、ヴラジヴァストークおよびハルビンにおける準備機関の設置、セミョーノフに対する支援などを進めることとした。三月中に「極東露領ニ対スル出兵計画」が作成され、沿海州に約一万九千、ザバイカル（バイカール湖以東）方面に約五万一千を派兵することを想定した(47)。ところが、こうした折に、アメリカの意向が伝えられたのである。

細谷によれば、外務省や陸軍に対し、原敬は日米協調の立場からシベリア出兵に反対し、山県有朋や寺内正毅首相も当初は消極的であった。寺内や山県は後に方針を転換したが、それでもアメリカとの協調を重視した。ウィルソンの通告に関しても、原敬は三月九日の外交調査会において、モリスに対する二月五日の本野外相の発言がアメリカの反発を招いたとして批判した。この会議において、原や牧野伸顕、平田東助は出兵に慎重な見解を述べており、検討の様子について、原は次のように日記に記している(48)。

寺内より、英仏より出兵等の申出あらば、其時機は日本の択ぶ所に依る事を返事せば可ならずやと云ふ（恰も余が院内にて注意せし通りの意見なり）、依て余は同感を表し、〔…〕其辺にて然るべしと賛成せしに、平田も之に賛成したる上に、元来英仏等は単に独逸を牽制せんが為めに日本に出兵を促がすに似たるも、日本は自己の利害より判断せざるべからず、而して英仏が露国過激派政府を如何に見るか判然せず、故に彼等に此点に付反問すべし、是れ先決問題と思はると云ふに付、余は尤の事なり、畢竟彼等は日本を使嘱〔嗾〕するを以て独逸を牽制若しくは英仏の士気を引立つるの策となすが如きも、彼等が我大使に問答せし様子によれば、常に露国の誤解を避けたし、必要去らば我兵の撤退を希望するの語気にても彼等の真意は知るべしと思ふに付、其意見に賛成なりと云ひたり。

つまり、原らは、日本がシベリア出兵によって負担を強いられ、連合国に利用されることを警戒していた。他方、シベリア出兵に積極的な、外務省に伝わるある文書は、次のように記していた(49)。

爾来形勢一変シテ世界ノ強国米国モ終ニ此ノ大戦ノ渦中ニ突進シ、亜細亜、亜米利加ノ諸国亦之ニ参加シ、事実上全世界ノ大戦ト化シ、形勢ノ推移ニ随ヒ、各国ノ戦争目的ハ愈々拡大シ、戦後ノ企図愈々錯綜シ、其ノ結果モ亦当然世界地図ノ変更ト成リ、独リ欧州ノ勢力均衡問題ニ止ラス、必然世界ノ勢力均衡ノ変更問題タルニ至リ、帝国ノ世界政局ニ於ケル地位モ亦甚大ナル変化ヲ見ムトス。茲ニ至テ帝国独リ此ノ紛糾セル大勢ノ外ニ超然タルヲ得ンヤ、殊ニ最近露国政界ノ急転ヨリ延イテ露独単独講和ヲ締結セムトシ、其影響独リ欧州ノミナラス中央及東方亜細亜ノ形勢ニ絶大ノ変化ヲ来サムトシ、帝国ノ直接利害ニ大影響ヲ及ホスノ情勢トナレリ。是レ実ニ亜細亜ノ危機ニシテ、帝国カ最モ深思熟慮シテ予メ今後ノ形勢ノ急転ニ応スルノ策ヲ講シ、進テ戦後世界ノ大変局ニ処スルノ道ヲ開カサルヘカラス。

戦後東亜永遠ノ平和ノ基礎ニ想到セハ、独逸ノ勢力範囲タリ独逸東侵ノ手先タル露国トノ接触地点ニシテ帝国国防上及経済的発展上ノ要衝タル北満ノ地ハ、此ノ機ヲ利用シテ露国ノ手ヨリ脱出セシメ、少クトモ自由競争地帯ト為サハ、帝国ノ勢力当然ニ此ノ地ニ確実ニ扶植セラルヘク、必スシモ之ヲ帝国ニ併合セストモ充分独逸ノ南下ヲ防クヲ得ヘシ。而シテ出来得ヘクンハ、満州横断ノ東清鉄道全部ヲ我カ出兵ノ報償トシテ樺太北半ト共ニ取得スルノ素地ヲ造ルノ要ナシトセス。特ニ樺太カ帝国海軍カ保持ニ必要ナル石油ノ有望産地タルコトヲ忘ルヘカラス。此ノ二大利源ヲ我手ニ収ムルノ必要ハ多年朝野ノ知悉セル所ニシテ、実ニ帝国国防ノ独立及帝国ノ東亜ニ於ケル優越ノ地位ヲ確実ニ保持スル所以ナリ。

総じて日本には、ヨーロッパ大戦が拡大、長期化し、さらに帝政ロシアが崩壊する中で、新たな勢力分割が展開するであろうという認識があった。連合国側からのシベリア出兵要請をめぐり、日本側に、連合国から一方的に利用されることへの警戒と、これを好機とする見方があったのは、そのためであった。田中参謀次長も五月九日、ハルビン駐在の特務機関中島正武少将に対して、連合国との共同出兵に際し、「軍事行動ノ門戸タル東清沿線ヲ予メ我手中ニ収メ置ク必要アリ」[50]と伝えていた。田中らにとって、欧米列強間の競争が熾烈になっている状況に対し、それを利用して日本の権益を拡大していかなければ、戦後の競争に対応できないと考えられたのである。

シベリア出兵に対する日本国内の対立は、出兵が日本の利益に適うかどうかをめぐって生じていた。その点で、原理、原則を重視するウィルソンの姿勢と、対極的であった。ただし、フォーグルソングによれば、ウィルソンは自由主義の原則や現実的分析からロシアへの干渉に絶対的に反対したわけでなく、むしろ自由主義の原則に公然と抵触する、直接的ないし攻撃的な干渉に反対していたに過ぎなかった。ウィルソンの関心は西部戦線にあり、また、日本に対する警戒感も強かったが、反ボリシェヴィズム勢力の支援に反対せず、むしろ愛国的ロシア人が外国軍の派遣を歓迎する兆候が現れるのを期待していた。

ウィルソンは、シベリアに安定的な秩序を形成し得る勢力として、セミョーノフに期待した。一九一八年二月初め、ハウスとランシングは、イギリスがセミョーノフに武器、弾薬の支援を与えようとしているとの情報を得、五月下旬にランシングはウィルソンに対し、セミョーノフにカレージンやコルニーロフらロシア南部の白系ロシア軍以上の期待を寄せたバジル・マイルズの覚書を提出した。五月末までにウィルソンは、ロシアに対する干渉が短期的にロシア国民の希望に反しても、最終的にロシア国民の利益に適うと判断するようになった[51]。セミョーノフらへの支援に関し、ウィルソンの行動は日本の参謀本部の行動とそれほど対立してはいなかった。

こうした中、五月二十六日にチェコ軍とボリシェヴィキ軍がシベリア鉄道沿線で衝突する事件が発生した。チェコ軍は、ロシア軍の捕虜となったオーストリア＝ハンガリー帝国軍兵士から編制されていた。編制に当たったマサリクは、この時点でアメリカに滞在しており、アメリカに、チェコ軍のフランス移送に関する支援を求めていた。ウィルソンもこれを受け入れ、六月末までに支援軍の派遣を支持するようになった。他方、イギリス、フランス、イタリアの首相は七月二日に会合し、チェコ軍の行動によって東部戦線の再建が現実的になったと判断し、改めて日本からの派兵が必要なことを確認した。そこで翌三日、連合国よりアメリカに対し、日本の派兵について改めて要請がなされた[52]。

七月四日にランシングは、チェコ軍によるヴラジヴァストークやシベリア西部の拠点確保に対応し、チェコ軍への支援をアメリカの義務に関わるものとする覚書を作成した。七月六日の会議でウィルソンもこれを承認した。これによってアメリカは、ヴラジヴァストークのチェコ軍に対する武器支援、シベリア西部のチェコ軍との連絡、チェコ軍の鉄道確保に対し、アメリカと日本がそれぞれ七千ずつの兵力で支援に当たること、ただし、イルクーツクより西に進出せず、チェコ軍をヴラジヴァストークに撤退させることなどを決定した。しかし、翌七日にチェリャービンスクのチェコ軍は積極攻勢に転じ、ヴォールガ流域で反ボリシェヴィキ戦線を形成した。ランシングは八日、石井菊次郎大使に、日本によるチェコ軍への武器支援を歓迎することを伝えた。しかし、ウィルソンやランシングは、東部戦線の再建に反対していた。アメリカは干渉の目的を、ロシア人によるソ連支配からの自発的解放に対する間接的な支援に置いていた。ウィルソンはこうした判断から、連合国からの圧力と日本の領土的拡大への懸念の板挟みになりながら、シベリア出兵の決断を下した(53)。

アメリカが出兵に向かい始めたことで、日本も出兵に向けて動き始めた。外交調査会において、アメリカの反対を理由に出兵に反対していた原敬は、六月二十二日に次のように日記に記した(54)。

若し米国に於て英仏の提議に同意して我に出兵を求め来らば、我に於ては米国の真意を慥かめ、米国に於て已むを得ず同意したる位の事ならば相当の条件を提出し（承諾前）、然る後にあらざれば詮議するの要なし、若し又米国に於て熱心主動者の如き精神を以て我に出兵を求むるならば一考すべし、或は之を動機に将来日米提携の実を挙ぐるに至らんも知れず、故に米国より英仏に同意したりとて、単に同意のみにては出兵するに至り難し。

原はアメリカの真意に懐疑的で、出兵に消極的であったが、その反対理由が対米協調にあった以上、アメリカの出兵は原の反対理由を損なうものとなった。しかし、アメリカは派兵の目的や地域、兵力について制約を課していた。そのため、日本の自主性を確保しようとする伊東巳代治や四月より外相となっていた後藤新平と、対米関係を重視する原や牧野伸顕らの間で意見対立は続いた。しかし、七月十六日から十八日にかけ、外交調査会はシベリア出兵に関するアメリカへの回答と宣言を決定した。その後、アメリカとのやり取りを経て、八月二日に出兵宣言がなされ、十二日に日本軍がヴラジヴァストークに上陸した(55)。

ところが、陸軍ではシベリア出兵の積極派であった田中義一が、まもなく早期撤兵論に態度を急変させた。田中の急転の理由は、おそらく第一に、派兵兵力や指揮権の問題などでアメリカの主張を拒否したものの、出兵目的が限定されるなど、制約を受けたため、北満権益の拡大などに支障をきたしたこと、第二に、九月末に原敬内閣が成立し、田中自身が陸相に就任したこと、そして第三に、十一月に第一次世界大戦が終結したことであった。田中はかつての大正政変に際し、政党内閣の成立や政党による陸軍の統制に反発していたが、第一次世界大戦末期の状況下、山県有朋でさえ、最終的に原の首班指名を余儀なくされていた。機会主義的で、全体的趨勢に敏感に反応し、状況に左右されやすかった田中にとって、原敬内閣の成立は、従来の藩閥政治の終焉を意味した。その上、田中にとって第一次世界大戦がドイツの敗北に終わったことも衝撃的であった。ドイツの敗北を受けて田中自身、「俺は独逸を見損って居た(56)」と述べたという。国内における原敬内閣の成立とヨーロッパにおけるドイツの敗北は、田中にとって、共に民主化という世界的な趨勢を示すものであり、それに抗するので

図 6 ロシア革命干渉戦争・シベリア出兵関連地図

岩間編『ロシア史』476 頁付図を参照。

日本軍は、1918 年 9 月 6 日にチターを、18 日にブラガヴェーシェンスクを占領した。その後、1919 年 7 月 18 日と 10 月 17 日に日本政府は、オームスク政府よりイルクーツク以西への派兵を要請されたが、拒否している（細谷『シベリア出兵の史的研究」付属年表）。

はなく、乗ずべきものであった。

田中にとって陸相への就任は、陸軍内における権限の変化を意味した。参謀次長職であれば、シベリア出兵を通じた野心の実現もあり得たが、田中は陸相に就任したことで、陸軍予算の編成という、別の巨大な権限を持つことになった。田中は第一次世界大戦期を通じ、航空兵力の発達に関心を向けており、陸相の就任直後より、陸軍の予算を航空部門の研究促進、組織改革、装備充実に重点配分しようとした[57]。こうした陸軍の近代化を進める上で、膨大な予算を消費するシベリア出兵は、障害にしかならなかった。これまでも、大正政変のみならず、満蒙独立運動に対する対応など、状況に応じて態度を急変させてきた田中は、始まったばかりの、しかも自分がその実施の急先鋒であったシベリア出兵を中止することに、何の未練も責任も感じなかった。

さらに田中にとって、陸相への就任は、陸軍内外における自らの政治的影響力を格段に拡大する契機となった。原首相は田中を陸相に就任させることで、田中を通じて山県有朋との関係を維持、強化しようとしたが、田中にとっても、山県が原敬への依存を強めるにつれ、山県に服するばかりか、原首相との関係を利用して山県に影響力を行使することも可能になった。とりわけシベリア撤兵問題をめぐり、参謀総長の上原勇作がそれに強硬に反対しており、田中はそれを抑えるため、原と山県の支持を取り付け、参謀本部に対抗していくことになる。

八月初め、ウィルソンはロシア北部とシベリアへの派兵を決定したが、これは概ねアメリカ国民の支持を得られた。アメリカでは、派兵はロシア国民とチェコ軍に友好的な支援を与えるものと想定されており、ウィルソンは連合国からの圧力にかかわらず、限定的、間接的な干渉に固執した。アメリカの干渉は、限定的な派兵によってロシア側の自主的な民主化を促そうとするものであって、その点でウィルソンにとって日本の派兵は、派兵目的自体を阻害するものとして捉えられた。ウィルソンは、日本の権益拡大ばかりを警戒していたのではなかった。アメリカにとって日本は、敵国でなく、また、自主性を重んじるウィルソンの主義に照らしても、その行動を積極的に阻止する対象ではなかった。しかし、ウィルソンにとって日本は、利害を共有して妥協を形成する対象でも、ましてロシアの民主化促進という理念のため、協力し合うような対象でもなかった。

ウィルソンは、日本軍の大規模な派兵を警戒し、チェコ軍のロシア駐留を、日本に派兵の口実を与えるものとして歓迎しなかった。そのため、ウィルソンはチェコ軍のフランス移送を主張し続けた。しかし、九月に至っても、チェコ軍輸送の具体的準備は進まなかった。他方、一九一八年夏にチェコ軍と白系ロシア軍がボリシェヴィキを撃破したことで、ヴォールガ流域からシベリアにかけて十九もの自治政府が出現していた。そのほとんどは社会革命党によって掌握されており、七月にオームスクにシベリア暫定政権が成立した。九月末にシベリア暫定政権は五人の代表によって継承されたが、ウィルソンはこれに支援も承認も与えず、支援対象はチェコ軍のみに限定された。ウィルソンは社会革命党政権を、内部に分裂を抱え、全体統一の力量を欠いた政権と評価しており、その経済政策にも不信感を持っていた(58)。

ケーレンスキー政権が崩壊する以前より、イギリスとアメリカの双方に、ロシアの政治的安定と軍事力再建のため、ロシアへの介入を主張する見解があった。一九一八年三月にソ連がドイツとの講和を受け入れるまで、ロシアへの派兵地は主としてシベリアが想定されていた。とはいえ、ブレスト・リトフスク条約の締結後、ドイツは西部戦線で新たな攻勢に出たため、連合国はロシア北部に対する干渉を構想するようになった。ところが、ウィルソンは西部戦線における勝利を目指し、ロシア北部への部隊派遣に反対した。しかし、ロシア北部の港とそこに輸送された軍需物資を確保し、ドイツがムールマンスクとアルハーンゲリスクを潜水艦基地として利用する事態を阻止する必要については認めていた。しかも、ロシア北部への派兵は、シベリア派兵とは異なり、日本の参加によって黄禍論に基づくロシア側の反発を引き起こす懸念はなかった。ただし、軍事介入が連合国に対するロシア側の反発を引き起こす懸念はあった。そこでウィルソンは、あくまで限定的、間接的な干渉にとどめようとした。それによってアメリカの派兵は、内政不干渉と矛盾するどころか、ロシア国民の自己決定を促進するものと判断されたのである。

五月二十六日、連合国最高会議のアメリカ代表タスカー・ブリスは、最高会議がムールマンスクとアルハーンゲリスクの占領を承認しようとしていることを本国に報告した。ウィルソンもそれを了承した。対して七月初めまでにソ連側は、アメリカ人船員やイギリス人の派遣団を受け入れていたムールマンスクの現地政権を非難するようになり、ロシア北部における緊張が高まった。

七月十六日、アメリカは連合国に対し、ロシア北部とシベリアにおけるアメリカの行動目的に関し、攻撃的な軍事干渉や東部戦線の再構築に反対すること、ロシアにおける民主主義復興のための安全地帯の設定を支持することなどを秘密裡に伝えた。ウィルソンは、ロシア人の安定的秩序が形成されればさらに支援を与えるが、そうした実験的な計画以上の積極的な措置には反対した。七月二十二日にはアメリカ軍部隊のロシア北部への派遣がパリに伝えられ、八月二日にはフレドリック・プール率いる千七百人のイギリス軍部隊がアルハーンゲリスクに上陸した。イギリスは港の防衛ばかりでなく、南東のチェコ軍との連絡も構想していた。しかし、アメリカ側はこれに反対した。イギリスは、ウィルソンに兵力不足を訴えたものの、ウィルソンは東部戦線の再開を懸念し、増兵に反対した。七月までにアメリカは二十六個師団を西部戦線に派遣しており、イギリスやフランスも、アメリカの派兵に依存していた。そのため、ウィルソンの主張を認めざるを得なかった。その意味でムールマンスク、アルハーンゲリスクへの連合国の派兵は、限定的派遣を主張するアメリカと、より積極的な介入を目指すイギリスの妥協として実現した。

それだけに、九月にイギリスの現地司令官プールがチェコ軍との連絡を目指して動き始めると、ウィルソンはこれに反発した。とはいえ、ウィルソンは、アメリカ軍の一部が内陸進出に派遣されたことに抗議しなかった。しかし、九月中、英仏からムールマンスクへの増援要請がなされると、ウィルソンは、イギリスの独断行動への警戒と、期待された反ボリシェヴィキ勢力の結集が不十分であったことから、これを拒否した。九月二十五日、ウィルソンはランシングと冬季のアメリカ軍の配置について決定し、港の防衛に専念することとした。ウィルソンは、干渉の拡大を抑えるため、アメリカ部隊をイギリスの統制から解放しようと圧力をかけたが、撤退の姿勢は見せなかった。(59)

さらに一九一八年九月以降、ドイツに対する勝利の確信が強まるにつれ、ウィルソンは、ロシアにおける軍事行動を対ドイツ戦争から切り離す意向を強めた。しかし、アルハーンゲリスクが凍結する十一月まで撤退の時間はあり、しかも港が凍結した場合、部隊が孤立してしまう危険があったにもかかわらず、アメリカ軍の撤退はなされなかった。ウィルソンは軍の駐留によって連合国に対する協力姿勢を示すと共に、ロシアにおける秩序ある民主主義実現のための間接的支援を継続しようとした。それだけに、シベリアにおけるチェコ軍の動向は、アメリカにとって難しい問題を惹起した。九月二十四日、ランシングは次のように記していた。(60)

［…］私は、チェコスロヴァキア人が、助けを得られない友人たちを確実な殺戮や略奪に委ねることができないという時、その精神に同情を表明せざるを得ない。世界はそのような方針を非難し、また、チェコスロヴァキア人は気高い名誉心から、そのような忘恩の非難を受けるより、ヴォールガで死ぬことを選ぶであろうと信じる。

我々は、ウラルの西のチェコスロヴァキア軍がそこにとどまり、親しいロシア人の社会をボリシェヴィキの非道から守るために最善を尽くすであろうと仮定しなければならないように思われる。

[…]

[…]しかし、たとえ十分な弾薬と補給があったとしても、相当の部隊を派遣し、ボリシェヴィキの撃退に協力しない限り、これほど小さな規模の部隊で最後の全滅を回避できるかどうかには疑問を感じる。そのような部隊はどこから来るであろうか。二、三千では役に立たないであろう。出所は一つしかないと思われる。それは日本である。私は、日本政府が物理的に可能であっても、それほど危険な冒険に入り込むことには躊躇するであろうと強く確信する。[…]我々は、チェコスロヴァキア人が彼らのロシア人の友人を見捨てないであろうという理由に基づき、彼らを見捨てることはできない。

ランシングは、民主主義を尊重する立場からチェコ軍に理解を示し、それを支援しようとした。しかし、ウィルソンは、ロシア側の自主的な情勢変化に期待する姿勢を堅持していた。十月三日、ウィルソンは連合国最高会議より、今後の軍事計画について通告を受けた。それは、ロシア北部とシベリアにおける軍事行動の目標を、中欧諸国からロシアの資源を守ると共に、チェコ軍を支援し、状況次第で東部戦線を再建することに置いていた。しかし、ウィルソンは、十月十六日に次のように記していた。(61)

[…]ロシアに関する私の政策は、私のメキシコ政策と非常によく似ている。私は、たとえ彼らがしばらく彼ら相互の争いにふけっているとしても、彼らに彼ら自身の救済を成し遂げさせるのがよいと信じている。

フィックはこの発言を、メキシコとロシアの相違を無視したウィルソンの硬直的姿勢を示すものとしているのに対し、フォーグルソングはこれを援用しながら、ウィルソンの対外干渉がメキシコとロシアの場合で一貫していたことを強調している。(62)ウィルソンはロシア北部においても、アメリカ部隊を派遣しながらその行動を制限することで、ロシアの反発を緩和しようとした。また、ボリシェヴィズムとの戦争状態を自覚しながら、それを公式には認めなかった。さらにウィルソンは、アメリカ国民や議会の反応に配慮しなければならず、その点でもボリシェヴィズムとの戦いを積極的に遂行できなかった。しかも、この時点でウィルソンの関心はドイツの降伏条件に移ったため、ロシア問題の解決はパリ講和会議以降に委ねられた。

十一月十一日にドイツとの休戦が実現した後、ウィルソンにとって、ロシア問題はさらに困難となった。シベリアでは十一月十七日にコルチャークがオームスク政権の要人を逮捕し、オームスク政権を掌握する一方で、アメリカでは十二月十二日、ハイラム・ジョンソン上院議員が、ロシア北部の戦闘理由について国務長官の説明を求める決議案を提出していた。ジョンソンの提議は、上院外交委員会で封じ込められたものの、政府の秘密主義に対する新聞の批判は強まっていた。しかし、ウィルソンは、ヨーロッパにおける戦後のボリシェヴィズムの拡大に警戒せざるを得ず、ウィルソンと国務省は、ドイツとの休戦後も、ロシア北部からの撤退を目指す陸軍側の動きを受け入れなかった。とはいえ、アルハーンゲリスクに対する限定的介入は、失敗に終わった。そのため、一九一九年六月に至り、アメリカ部隊はアルハーンゲリスクから撤退を開始した。ただし、ロシア北部からの撤退後も、シベリアに部隊は駐留し、コルチャークへの補給も継続された。また、ロシア大使館を通じた白系ロシア軍への支援も継続しており、さらに人道組織も反ボリシェヴィキ勢力への支援に当たっていた(63)。

一九一八年十一月にコルチャークがオームスク政権を掌握した後、コルチャークは連合国に対する債務履行を約束し、一九一九年五月初めに軍をヴォールガ流域に侵入させた。アメリカでは、シベリアへの増援を主張する意見も存在したが、ウィルソンは日本の動向を警戒し、反対した。ウィルソンは、コルチャークを信頼せず、君主主義的な性格にも不信感を持っていた。しかし、五月二十三日、ウィルソンはコルチャークにロシアの債務の確認を求め、六月に保証がなされた。そこでウィルソンと連合国は、コルチャークに対する弾薬、食料支援を決定した。しかし、前年十一月に第一次世界大戦が終結しており、そうした中でアメリカが軍事支援を行うには、議会の制約が大きかった。しかも、十月二日にウィルソンは脳卒中に倒れた。国務省はコルチャーク政権への支援を維持しようとしたが、十一月にコルチャーク軍は赤軍にオームスクを奪われ、崩壊してしまう。さらに一九二〇年初め、チェコ軍はコルチャークをイルクーツクの社会主義者に引き渡し、シベリアからの出発に向けて動き出した。コルチャークは、ボリシェヴィキの軍事裁判で裁かれ、二月六日に処刑された。

以上のように、ロシア革命の勃発後、ウィルソンはランシングと共に、連合国を支持するロシア人がボリシェヴィキを打倒し、治安の回復と民主化を実現するのを支援しようとしたが、それには様々な制限が課されていた。一九一八年前半は、西部戦線への兵力集中を優先する一方で、東部シベリアに対する日本の勢力拡大や、黄色人種たる日本軍がロシアの敵対感情を招くことへの警戒があった。しかし、ウィルソンは、干渉に絶対的に反対したわけでもなかった。一九一八年三月から五月にかけ、アメリカはセミョーノフへの期待から、干渉に向けて動き始めた。しかし、この時点で具体的に行動できず、五月末から六月にかけてのチェコ軍の動向によって、アメリカはシベリア出兵に踏み切った。アメリカにとってチェコ軍への支援は、ロシアへの内政干渉でなく、チェコ軍を救済すると共に、チェコ軍とアメリカ軍の存在によってシベリアにおける自治政府の形成を促すための措置であった。それによって、日本軍を利用しなくてすむはずであった。それだけに、ウィルソン政権はその後も、シベリア政府に対する支援に消極的であった。アメリカが支援に積極的になるのは、コルチャークがオームスク政権を掌握した後であったが、それはヨーロッパ大戦の終結後であったため、コルチャークへの支援はアメリカ国内の理解を得られず、コルチャーク政権もロシア国民の支持を得ていなかった。アメリカにとって、様々な制約の中、限定的、間接的な介入が最善であったが、それでも国内とソ連の反発を招き、しかもロシアの民主勢力を結集するには不十分であった(64)。

一方、日本側では、世界大戦が長期化し、しかもロシアが崩壊する中、シベリア出兵をめぐり、列国間の権益競争に巻き込まれるのを警戒する主張と、積極的に出兵し、満州北部における権益拡大を目指す主張とが対立していた。しかもその対立は概ね、政府内における政治的な役割関係を反映していた。すなわち、参謀本部や外務省など、政策実務を担当する専門部局が出兵に積極的ないし容認的であったのに対し、山県有朋や寺内正毅ら、政治の中心たる旧来の長州閥は消極的な姿勢から出兵を支持する立場へと転換し、また、藩閥政府を政治的に支え、藩閥政府を引き継ごうとしていた原敬や牧野伸顕ら、政友会ないしそれに連なる官僚は出兵に反対した。つまり、イギリスやフランスが日本の出兵を求め、アメリカがそれに反対する中、藩閥政府における外交、軍事の実務担当部局が国際情勢に順応し、それとの関わりに積極的であったのに対し、藩閥政府の後継政権たろうとした政友会は、それに否定的であった。当初、藩閥政府たる寺内内閣は、欧米列強の制約下にあった明治期の伝統的な外交方針に則り、しかも政治的支持基盤たる政友会の意向を受けてシベリア出兵に消極的であったが、アメリカの出兵決定後は、出兵に積極的な外交当局や参謀本部側に主導権を委ねる結果となった。

ところが、ウィルソンは一貫して日本のシベリア出兵に反対していた。日本の権益拡大を懸念した上、何より日本の出兵が、ロシア側の反発を招き、限定的な出兵を通じて非ボリシェヴィキ勢力によるロシアの民主化を支援しようとした自らの構想を、阻害しかねなかったからである。ウィルソンにとって日本は、敵国でなく、その意味で全面的に対立する必要はなく、その主体的な判断をむしろ尊重しなければならなかった。しかし、ロシアの民主化促進という理念に照らせば、日本はシベリア出兵から排除されるか、少なくとも派遣兵力などの点でアメリカの統制下ないし従属下に置かれねばならなかった。ウィルソンは、日本人を日本人であるという理由で排除したわけでなかったが、民主主義という理念に基づき、それに適合しない日本をシベリア出兵から排除しようとした。その意味で、シベリア出兵をめぐるウィルソンの対日政策は、人種そのものを理由とせず、文化や慣習の違いを基準に科学的、合理的に人種を隔離しようとした、革新主義流の人種隔離主義に基づいていた。

日本側では、特に原敬が日米協調を重視し、シベリア出兵をアメリカとの共同行動にしようとしたが、そうした原でも、以上のようなウィルソンの理念や価値観を全く理解できていなかった。しかもアメリカは、イギリスやフランスの要望やチェコ軍の行動、ロシアにおける現地情勢に対する実際的対応より、ロシアへの限定出兵によってその民主化を間接的に支援するという理念を優先しており、日本にとって、そのような抽象的で非現実的な理想による拘束を受けながら出兵を実施することは、不可能であった。シベリア出兵は、それに関わった連合国、アメリカ、日本の各国間において、目的や方針の調整、一致が実現しないまま、実行に移された。それだけに、各国の思惑や価値観の相違は際立っており、特に日米関係において、二十世紀初頭以来の相互理解の欠如を改めて確認する出来事となった。

◇

理念や原則を重視し、それを共有する人々の自主性を重んじたウィルソンの政治手法は、対外的な第一次世界大戦の勃発と国内的な物価の変動や労働争議の頻発といった事態に対応し、公共性や社会秩序に関わる実力行使をより積極的に規制し、内外問題に対する連邦政府の介入を拡大する方向に変化した。ウィルソンは、アメリカの権利を普遍的な権利として位置付け、大戦に対する和平仲介の試みを継続しながら、無制限潜水艦作戦を展開したドイツや、海上封鎖を実施したイギリスと対立した。最終的にウィルソンはドイツとの戦争を選択したが、それはアメリカの個別的な利害という以上に、アメリカを含めた諸国の普遍的な権利を擁護しようとした結果であった。そのためウィルソンは、「勝利なき平和」といった理念を掲げるなど、ヨーロッパ諸国に対するアメリカの普遍的、超越的な立場を維持しようとした。

こうしたウィルソンの外交は、ラテンアメリカ外交や、中国における日本の機会主義的な勢力拡大に対する不信感という形でも表れた。ラテンアメリカ諸国に対してウィルソンは、独裁政権に容認的なそれまでの不干渉政策を、政情不安や治安の悪化に対応して転換し、独自の自衛措置として軍隊を派遣すると共に、不承認政策や選挙の実施勧告などを通じてラテンアメリカ側の自主的な民主化と、それに基づく事態の安定化を実現しようとした。そうした対応は、ラテンアメリカ諸国とのさらなる紛争を引き起こす一方で、後述のような、一九二〇年代におけるラテンアメリカ外交の基礎を形成した。また、日中間の懸案は、アメリカの個別的権利を侵害するものではなかったが、普遍的な権利としてのアメリカの権利に抵触しかねなかった。そのためウィルソンは、日本に対する不信感を表明することで、その行動を牽制した。さらにシベリア出兵に際しても、ウィルソンはそれを、ヨーロッパ戦争から切り離し、チェコ軍のフランス移送支援と何よりロシアの民主主義勢力に対する間接的な支援のためとした。そうしたアメリカの目的設定は、かえって第一次世界大戦の終結にもかかわらず、シベリア出兵を継続せざるを得なくなる要因になると共に、そうした目的を共有することのできない日本を出兵から排除し、あるいは統制しようとする動機となった。とはいえ、この場合もアメリカは、日本の行動を実力で阻止するわけでなく、日本に対する不信表明を繰り返すばかりであった。ところが、こうしたアメリカの態度は、現地情勢を無視するものであったため、出兵の実施に当たり、日本のみならず、イギリスやフランスとも対立や誤解を生じさせた。

以上のようなアメリカの態度を、日本側は理解できていなかった。日本側はアメリカとの関係改善のため、石井‐ランシング協定を締結し、シベリア出兵に際してもアメリカに配慮した。しかし、日本側の政策的譲歩によってウィルソンの対日不信を払拭することは、不可能であった。妥協の形成でなく、不信感の表明によって影響力を行使しようとするウィルソンの対日政策は、戦後のパリ講和会議にも引き継がれていく。

第七章　国際連盟の創設

第一次世界大戦前のイギリス外交を指導したエドワード・グレイ外相は、国家主権の尊重を掲げてアジア方面におけるロシアの勢力拡大を牽制する一方で、フランスやロシアとの協商を通じてドイツを牽制した。また、アフリカや東欧といったヨーロッパ周辺地域において紛争を調停しながらも、フランスやロシアを支持する外交的負担を回避し、他方で本国およびカナダとアメリカとの友好関係を進めることで、ドミニオンを含めた帝国全体の防衛負担を軽減しようとした。こうした、国家主権尊重の国際原則化と多国間関係の個別調整によって国際関係の安定化を図ったグレイの外交は、第一次世界大戦の勃発を阻止できなかったものの、ヨーロッパにおける新国家の創設とそれらの参加する国際機構の創設という、戦後の安全保障構想へと継承されていく。その際、重要な意味を持ったのが、そうした安全保障構想に対するアメリカの支持と参加を取り付けることであった。

他方、ウッドロー・ウィルソン政権下のアメリカは、連合国やアメリカの狭義の国益というより、アメリカを含めた諸国の普遍的権利の擁護を掲げて第一次世界大戦に参戦していた。しかも、当該期のアメリカは、社会秩序や公共性に関わる権力や実力の行使を抑制する連邦政府の行政機能を拡大していた。ウィルソンがパリ講和会議において、イギリスの提案による新たな国際機構の創設という構想を自らの主導権の下で実現していったのも、そうしたウィルソンの政治手法を国際政治の分野に発展させた結果であった。他方、国際連盟をめぐり、イギリスの内部に統一方針は存在せず、むしろ否定的な見方も強かったが、ロイド・ジョージは対米協調の視点からそれを支持し、国際連盟が発足した。

本章は、英米関係の視点からイギリスの国際連盟創設構想について検討したジョージ・エジャトンの研究と、パリ講和会議におけるウィルソン外交の包括的な研究であるアーサー・ウォルワースの研究に依拠しながら、パリ講和会議の全体的経過、特に民族自決の理念と新国家の建設、戦勝国による領土獲得問題、安全保障問題、そしてそれら全てに関わる国際連盟創設の過程を概観することで、英米の戦後国際秩序観や戦略構想を解明していく。一方、パリ講和会議において日本は、主に人種差別の撤廃と山東半島における旧ドイツ権益の継承問題で、英米、特にアメリカと対立した。本章は、以上のようなイギリスおよびアメリカの戦後構想を理解することで、英米と日本がどのような背景の下に対立しなければならなかったのかについても、明らかにする。

一　準備構想

主権国家の参加する国際機関によって世界平和を維持しようとする構想は、十九世紀末以降、国際司法裁判所の設立や国際的軍縮を求める平和主義運動などに具体化していた。大戦前のグレイ外相によるイギリス外交も、国家主権の尊重を国際原則とし、それによってイギリス帝国の安全保障の効率化を進めながら、そうした気運に対応していた。それはさらに第一次世界大戦勃発後も継承され、アメリカによる停戦調停に対する対応や戦争目的の確定作業の中で、イギリスにおける戦後の国際連盟創設に向けた構想が具体化していった。

グレイ外相は、新たな国際機関の創設について、開戦前より関心を有していた。そこでグレイは、開戦後、ウィルソンの意向を受けて和平の可能性を探るべく一九一五年初めにイギリスを訪れた大統領顧問のエドワード・ハウスに対し、世界平和のための相互安全保障に対するアメリカの参加について打診した。さらに同年九月三日、ハウスがグレイに和平に関する書簡を送った際、グレイは二十二日付の返信の中で、条約侵害国に対して参加国が反対する義務を負う国際機構の創設について、アメリカ大統領より提案することを打診した。一九一六年一月、ハウスは再度ヨーロッパを訪問したが、これに対応して作成された二月二十二日のグレイによる覚書は、ドイツがアメリカの提唱する平和会議を拒否した場合のアメリカの参戦について確認を求めていた。三月八日、ウィルソンはグレイの覚書に対し、「おそらく」という言葉を挿入して断定を避けながらも、平和会議がドイツの拒否にあった場合のアメリカ参戦の可能性を表明した。

とはいえ、以上のようなイギリスとアメリカのやり取りは、イギリスとアメリカそれぞれの思惑や外交方針からなされており、両国の意見は容易に一致しなかった。アメリカは中立を維持し、和平仲介を模索していたのに対し、グレイ外相はドイツに対する勝利を前提に、戦後の安全保障に対するアメリカの支持を確保しようとしていた。一九一六年五月二十七日、ウィルソンはアメリカの平和実現連盟における演説で、戦争の早期終結に対する希望ばかりでなく、将来の平和保障にアメリカが関与していくことにも言及した。しかし、イギリスは、戦況が有利にならない限り、講和はあり得ないとする立場を堅持した。(1) と同時にイギリスは、戦後の国際機構の創設をはじめとする戦争目的の共有を通じ、アメリカとの協力を実現しようとしていた。

一九一六年八月三十一日、ハーバート・アスキス首相は内閣戦争委員会を招集し、戦争終結に際して生じる諸問題について検討した。この会議に提出された、外務省のラルフ・パジェットとウィリアム・ティレルによって作成された覚書は、領土問題を国民性（nationality）の原則に基づいて解決することを提言しており、デイヴィッド・ロイド・ジョージはこれを印象的な文書と評した。同文書は、国民性の原則を、平和に危険を及ぼす国家に適用すべきでないとする一方で、百年前のウィーン会議が、フランスを緩衡国で包囲し、それによって侵略を阻止しようとしながら失敗したのは、それらの国家が人工的で、国民に満足と繁栄をもたらすことができなかったためと指摘していた。そこから同文書は、国民性に基づく解決こそが強固で永続的な解決となり得るのであり、領土の変更も国民性の原則に則って行われなければならない、と主張していた。エリック・ゴールドスタインによれば、こうした、国民性に基づく主権国家の創設、少数者の権利保障、地理的および経済的な外的環境、そして戦争の再発を防止する安全保障の原則が、国際連盟の創設に向けたイギリスの戦後安全保障構想の中核となった。しかも、そのような新国家の創設と一体化した国際機構の設立という構想自体、ドミニオンが独立性を高め、ブリティッシュ・コモンウェルスの建設に向けて進んでいたイギリス帝国の経験を発展させる形で生み出されていた(2)。

一九一六年十二月にロイド・ジョージ内閣が成立し、グレイ外相が退任した後、同内閣において、戦後の国際機構創設構想に取り組んだのは、ロバート・セシル海上封鎖相であった。セシルは、ドイツの軍国主義の破壊も、主権国家を中心とする領土保全も共に安定的平和につながらず、戦争を阻止するため、何らかの国際的な強制力が必要と認識していた。セシルは自由貿易主義者としてグレイ外交を評価すると共に、ウィーン条約下のヨーロッパ協調を評価しながら勢力均衡を実現した父ソールズベリの保守的価値観を、形を変えて引き継ぐ国際主義的な立場を取っていた(3)。

その一方でロイド・ジョージ内閣は、カーゾンとアルフレッド・ミルナーという帝国主義者も閣僚に含めており、特にミルナーは、共通の戦争経験を通じて帝国の統合を強化しようとしていた。また、ロイド・ジョージは、一九一七年に創設された帝国戦時内閣において戦争目的を明確化しようとしたが、それは、帝国主義者に将来の帝国政策を検討させる機会となった。レオポルド・エイマリやカーゾンは、インド、アフリカ、中東地域の防衛を強化し、また、ドミニオンの期待に応えるため、旧ドイツ海外領の併合を求めた。帝国戦時内閣は、強国としてのドイツを容認しながら、海外領を剥奪することで平和を維持しようとした。しかし、これは軍の西部戦線計画や、外務省の勢力均衡論と対立した。帝国戦時内閣はドミニオンから評価されたが、帝国全体の安全保障問題は戦後の課題として残された(4)。

一九一七年一月二十二日、ウィルソンは「勝利なき平和」を提唱し、交渉を通じた、対等かつ民主主義的な平和の実現を掲げた。そのためウィルソンは、参戦に際しても、領土拡張ではない、普遍的な目的を掲げた。他方、イギリスでも一九一八年初め、セシルや南アフリカ代表のヤン・スマッツ、ロイド・ジョージの側近であるフィリップ・カーにより、戦争目的の宣言案が作成され、一月三日の閣議で検討された。大国としてのドイツを破壊したり、ドイツに外国の制度を強要したりすることは、ドイツの民主化が必要であることを除けば、戦争目的に不適切とされた。しかし、閣議では、民族自決に基づくヨーロッパの領土再編や、ドイツ海外領の扱い、中東の安定化などについて、基本的な合意ができた。さらにカーはロイド・ジョージに対し、連合国による連盟の創設を平和維持の中心構想として宣言することを提案し、スマッツは、徴兵制の廃止、軍備制限、国際紛争の仲裁への強制付託などを、定期的国際会議ないし国際連盟の創設によって行うことを講和条約に含めるよう提案した。これを受けて一月五日、ロイド・ジョージはカクストン・ホールにおける演説において、戦争目的がドイツやオーストリア＝ハンガリー帝国、オスマン帝国の破壊ではなく、ドイツの民主化と平和にあることを明らかにし、戦争に代わる新たな国際紛争解決手段としての国際機構の設立を提案した。その上、一月八日にウィルソンが十四か条を公表したことで、連盟構想は、軍国主義とロシア革命に対抗する米英の自由主義国際理念を象徴するものともなった(5)。

セシルは英米による連盟構想の検討を希望したが、ウィルソンの同意を得られなかった。そこでセシルはバルフォア外相に対し、イギリス単独の検討委員会の設置を要請した。委員として、歴史家のA・F・ポラードや、外務省のエア・クロウ、ティレル、セシル・J・B・ハーストらが参加し、ウォルター・フィルモアを委員長として、一月三日より連盟の創設や国際紛争の解決方法について検討を開始した。フィルモア委員会は、九回の会合の末、三月二十日にバルフォアに部内報告を提出した。同報告は、戦後の平和維持について、大戦中の同盟関係を維持することを主眼とし、非常時の大使会議以上の新たな国際機構を不要としていた。と同時に同報告は、同盟国への武力行使に対する強制的な経済、軍事制裁を提案していた。こうしたフィルモア委員会の提言に対し、カーやモーリス・ハンキーらは、戦時中の同盟や帝国戦時内閣を発展させた、列国の協議に基づく国際機構の創設を主張した。さらにセシル以外にも、連盟問題に関するアメリカとの合意実現への期待が存在した。しかし、それを具体化する以前にドイツから休戦提議がなされ、大戦の終結を迎えた(6)。

イギリス政府内における国際連盟への期待は高くはなかった。そこでフィルモア委員会と別に外務省でも、クロウやティレルらがハーディング外務次官に連盟問題に関する対応不足を注意していた。そのため、セシルが海上封鎖相を辞任し、国際連盟担当に任命されたことは、外務省に歓迎された。外務省では、E・パーシーやA・ジマーンらの政治情報局が、連盟問題に関する検討に当たった。パーシーやジマーンも、連盟を列国間の定期的な意見調整の場として位置付け、その上で司法、行政、調査機能を拡大しようとした。ジマーンらはまた、アフリカ、太平洋、西アジアにおける委任統治制度も提案していた。セシルはジマーンの覚書を採用すると共に、十二月十四日に国際連盟の組織概要に関する提案を受けた。これは、各国の代表からなる定期的な会議を設立し、決定を全会一致で行うことや、年に一度の首相、外相会議と、参加国の会議を四年ごとに開催することなどを提案していた。と同時に、それは連盟を大国中心の国際会議とし、アメリカを含めたヨーロッパ協調（Concert of Europe）を目指しながらも、相互保障や制裁といった強制的な措置を認めていなかった。この構想は、外務省の基本方針として十二月十七日の戦時内閣に提出され、さらにセシル計画としてパリ講和会議におけるイギリスの構想ともなる。ただし、セシル計画は安全保障に関する強制措置を伴っていなかった。そのため内閣において、それがイギリスの新たな

安全保障を担うことになるとは、評価されていなかった。(7)

帝国戦時内閣において、オーストラリアのウィリアム・ヒューズ首相は、連盟構想に反対した。しかし、一九一八年十二月初め、南アフリカのスマッツは、英米間の協力と平和会議への準備を進めると共に、連盟創設に関してウィルソンを支持することを提案した。スマッツは、帝国を、アメリカとイギリスという二つの民主主義的なコモンウェルスをつなぐものとして位置付ける一方で、フランスに警戒していた。スマッツは、中東や旧ドイツ植民地をめぐるフランスやイタリアとの対立を意識し、英米協力を中心に据え、帝国戦略と国際連盟構想とを連動させようとした。スマッツはこうした構想に基づき、十二月三日に国際連盟に関する覚書を作成し、十二月中旬に「実際的提案」(*Practical Suggestion*) と題する小冊子をまとめた。これは、国際連盟の構想を提起すると共に、ロシア、オーストリア＝ハンガリー、オスマン帝国の崩壊によって解放された国民の保護や監督に各国が当たる委任統治制度についても提言していた。スマッツはまた、国際連盟に理事会と総会を創設することや、平和維持機能としてフィルモア報告やセシル計画に通ずる構想を提起していた。スマッツの「実際的提案」は、イギリスを訪れたウィルソンにも伝えられ、ロイド・ジョージやウィルソンはこれを高く評価した。とはいえ、イギリスにおいても、セシルやスマッツの案に対する懐疑的見解は少なくなく、連盟に独立の行政権限を与えようとする見解は存在しなかった。一方、ロイド・ジョージは、連盟に関する独自の構想を持っていなかったが、アメリカとの協調という視点から、国際連盟構想を支持するようになった。ロイド・ジョージはスマッツと同様、連盟と帝国の両立に楽観的で、伝統的な海軍戦略を堅持しながら、アメリカとの関係において連盟構想を重視したのである。(8)

対して日本の場合、加藤高明外相時代の一九一四年十月に、終戦後の方針について検討が開始された。ヨーロッパ各国と同様、その時点で戦争が長期化すると予想されていなかったためで、講和の先例と関係文書の収集、調査が中心であったという。資料収集は翌年八月に終了し、九月に日独戦役講和準備委員会が外務省内に設置された。同委員会は一九一六年十二月に報告を提出し、大戦終結直前の一九一八年九月二十九日に発足した原敬内閣も、前内閣までの方針を継承した。と同時に原内閣は、休戦協定成立直後の十一月十三日に外交調査会を招集し、ウィルソン十四か条に対する方針について検討した。ここで内田康哉外相が提出した意見書は、特に国際連盟について次のように記していた。(9)

国際連盟問題ハ最モ重要ナル問題ノ一ニシテ、其ノ終局ノ目的ハ帝国政府ノ賛成スル所ナリト雖モ、国際間ニ於ケル人種的偏見ノ猶未タ全然除去セラレサル現状ニ顧ミ、右連盟ノ目的ヲ達セムトスル方法ノ如何ニ依リテハ、事実上、帝国ノ為メ重大ナル不利ヲ醸スノ虞ナキ能ハス。[…]故ニ本件具体的成案ノ議定ハ成ルヘク之ヲ延期セシムルニ努メ、単ニ希望案ノ如キモノニ取纏メ、制度ノ実行方法ハ各国ノ宿題トシ、更ニ実行シ得ヘキ成案ノ討議ヲ将来ノ相当ノ時機マテ各国ノ熟考ニ付スルヲ可トス。尤モ国際連盟ノ組織セラルル場合ニ於テハ、帝国ハ結局連盟外ニ孤立スルコトヲ得サルヘキヲ以テ、本問題ニ関シ何等具体的提案ノ成立スヘキ形勢ヲ見ルニ至ラハ、前顕人種的偏見ヨリ生スルコトアルヘキ帝国ノ不利ヲ除去センカ為メ、事情ノ許ス限リ適当ナル保障ノ方法ヲ講スルニ努ムヘシ。

日本が新たな国際機構の創設に際し、人種問題を懸念したのは、十九世紀以来の欧米諸国の権利意識や国際秩序に対する、日本の違和感に由来した。十九世紀後半以降、イギリス帝国やアメリカは、ドミニオンの自立化や州権の独立性といった民主主義や自由主義の原則、労働者の権利保護、さらに行政の合理化や科学主義などに基づいて、アジア人排斥を強化した。日本側が人種主義として非難した現象は、英米においては自由主義や民主主義に付随して生じた現象であったが、日本側は、英米の価値観や社会趨勢を理解せず、アジア人排斥という現象に関心を集中し、反発した。その一方で欧米諸国は、条約や国際法を、自らの権利を維持、拡大するために利用した。ところが、日本はそれらを、自らを含めた各国を拘束する規範として捉えていた。その結果、日本側は、欧米諸国によって形成される新たな国際機構が、人種主義を固定化、正当化するばかりでなく、欧米優位の論理でアジア諸国を拘束する、不公正な媒体となりかねないことを危惧したのである。後述のように、一九三〇年代になると、イギリスやアメリカは民主主義や自由主義を維持、共有する場として広域経済圏を形成し、日本ではそれを排他的な経済勢力圏と捉え、それに対抗しようとする気運を生じさせる。つまり、一九二〇年代まで、日本は人種を基準とする欧米側の日本人排斥に警戒していたが、一九三〇年代には経済的排斥へと関心を移していった。それだけ、自らの自由主義や民主主義を優先し、他国への配慮が希薄であった英米、特にアメリカと、そうした欧米諸国の動向に過剰に反応した日本との相互理解は、困難であった。

次いで十一月十九日の外交調査会に、山東半島および南洋諸島に関する「講和会議ニ規定セラルヘキ帝国ノ要求条件」が提出され、伊東巳代治、牧野伸顕、内田外相、幣原喜重郎外務次官によって構成される特別委員会で検討された。検討結果は、十二月二日の外交調査会に「帝国要求条件審査報告書」として提出、検討され、二十二日に訓令案として承認された。同訓令は、「青島及赤道以北南洋諸島ニ対スル独逸国領土権ノ無償及無条件譲渡」「山東省及赤道以北南洋諸島ニ関シ独逸国カ国家トシテ享有スル権利及独逸国又ハ独逸公法人ノ所有スル物件ノ無償譲渡」などを要求するとしていた。ただし、この間の検討で、山東鉄道と鉱山利権の要求根拠が問題となった。これらは一九一五年条約および一九一八年の交換公文で間接的にしか規定されておらず、要求の根拠を強化しておく必要があった。草案は、鉄道と租借地の不可分性などを要求理由としていたが、根拠薄弱とされ、「戦勝ノ権利ニ依」ることとされた。その一方で、内田外相は十二月二日の外交調査会において、「膠州湾租借地ノ自由処分権ヲ獲得スルニ至ラハ、大正四年五月二十五日山東省ニ関スル日支条約関係公文ノ条項ヲ遵守シ、該租借地ヲ支那国ニ還付スルノ決意ヲ有ス」ることについて承認を得た。[10]

後の山東問題において日本が英米に伝えた日中間の合意事項は、一九一五年五月に成立した日中条約および付属交換公文と、原敬内閣成立直前の一九一八年九月二十四日に東京で交わされた日中間の交換公文であり、それらは次の諸点を規定していた。(11)

一九一五年条約

第一条　中国政府は、ドイツが山東省に有する権利に関し、日本とドイツで協定される内容を承認する。

第二条　中国政府が芝罘または龍口から膠州湾に接続する鉄道を敷設する場合、ドイツが借款権を放棄した時には、日本からの借款について商議する。

第三条　中国政府は外国人の居留貿易のため、自主的に山東省の諸都市を開放する。

一九一五年条約付属交換公文

終戦後、日本に膠州湾租借地の自由処分が認められた場合、以下の条件で租借地を返還する。

一、膠州湾を商港として開放する。

二、日本政府の指定地に日本専管居留地を設置する。

三、列国が希望する場合、別に共同居留地を設置する。

四、ドイツ資産の処分とその手続きについて日中間で協定を締結する。

一九一八年九月交換公文

一、膠済鉄道沿線の日本軍は済南に一部隊を残留させる他、青島に集中する。

二、膠済鉄道警備は中国政府が巡警隊を組織し、担当する。

三、膠済鉄道より巡警隊の経費を支出する。

四、日本人を巡警隊本部、枢要駅、養成所に雇用する。

五、膠済鉄道の従業員に中国人雇用者を含める。

六、膠済鉄道の所属確定後、日中合弁で経営する。

七、現行民政の廃止。

この内、鉄道および鉱山は、ドイツから譲渡される権利に含まれており、間接的に条約上の根拠を持った。しかし、専管居留地の設置や、膠済鉄道の合弁事業化および同鉄道警備隊への日本人顧問の採用は、ドイツ利権の継承と別個の要求であった。居留地の設置などが租借地返還の条件とされており、租借地の継承と返還は、こうした新規の権益獲得のための取引材料となっていた。日本にとって租借地の継承が、長期確保の意図がなかったにもかかわらず、重要になったのは、そのためであった。パリ講和会議において山東問題が紛糾した日本側の要因として、日本がドイツ利権の継承を主張しながら、要求内容が実際のドイツ利権と異なっていたことがあった。すなわち、日本は、ドイツの軍事拠点たる租借地を長期的に確保する意思を有さず、むしろ租借地の継承と返還を進める中で、商業拠点たる居留地や鉄道および鉱山に関する権利を獲得しようとしていた。しかし、その一方で中国は、講和会議において日本との条約の有効性を否認したため、日本側は条約の正当性を訴えざるを得なくなった。ところが、日本が重視した経済上の権利は、ドイツの権益継承と別個のものであった。そのため日本の代表団は、英米、特にウィルソンの理解を得ることに苦労するのである。その上、ウィルソンをはじめ、アメリカの代表団は、日本のねらいを、中国内政、特に警察権に関する権利の確保にあるのではないかと警戒していた。そうしたアメリカにとって、日本が条約の正当性を訴えながら条約の規定以上の要求をしていることは、日本の真意がどのようなものであれ、彼らの偏見に基づく日本への疑念を裏付け、増幅させるものでしかなかった。

国際連盟をめぐり、イギリスは統一的な意思を形成しないまま、セシルやスマッツらを中心に、具体的構想を形成した。大戦前のグレイ外交は、国家主権の尊重という原則を普遍化することで世界の安定化を図り、イギリスの安全保障を補完しようとしたが、セシルらはそれを、アメリカとの協力関係に基づく国際連盟の創設という形で発展的に継承しようとした。これに対して日本では、講和会議に対する方針をめぐり、政府首脳に対立は存在しなかった。ただし、国際連盟について、その具体的内容が予測できないばかりか、それが欧米諸国優位の国際機関となることで、日本が不利益を被るような事態が懸念された。山東半島問題を中心に、日本が自国権益の確保に関心を集中させたのも、欧米諸国に対する日本なりの不信感からであった。第一次世界大戦の終結を迎えた時点においても、日本は明治期以来の、欧米の国際的権威の下で自国の安全保障と海外権益を確保する外交方針を堅持していた。しかし、中国で確保すべき権利内容は、ドイツから継承される権利内容と実際に獲得すべき目標、それを実現するための戦術的な配慮などが錯綜し、英米側に理解しがたいものとなっていた。分裂含みの多様かつ外向的なイギリス外交に対し、日本外交は内向的かつ集中的であったが、精緻さを欠いていた。一九一九年一月十八日に開会を迎えるパリ講和会議において、ウィルソンはイギリスと協力し、国際連盟に具体的な実体を与えることに成功するが、その一方で日本との深刻な対立に直面することとなる。

二　英米関係と国際連盟構想

一九一九年一月十二日、講和会議の開会に先立って開催された、イギリス、アメリカ、フランス、イタリア、日本の五大国の代表、外相会議で最初に問題となったのは、会議における手続きと優先議題であった。中でもフランスは、ドイツに対する安全保障や賠償問題、領土問題といった自国の利害に関わる問題を優先的に検討するよう主張した。しかし、ウィルソンは、国際連盟の設立を最優先課題と位置付け、それを平和条約の一部に含めるという主張を譲らなかった。ウィルソンにとってそれは、アメリカによる講和会議への参加と、帝国主義的なヨーロッパ国際政治への関与とを区別する、中心的な意味を持っていたからである。パリ講和会議は十八日に開会し、二十二日に国際連盟委員会が設立された。ただし、ウィルソンが講和条約と連盟規約を一体化して捉えたことから、イギリスのドミニオンに個別に代表派遣が認められる一方で、中立国など、連盟への参加を想定されながら大戦に参加していなかった諸国は、国際連盟規約の審議に参加できなかった。そのため、イギリスとアメリカは、講和会議を主導するばかりでなく、小国の立場をも代弁することで、自らの「公正さ」を示しつつ、他の列強の主張を抑えていくこととなった(12)。

イギリスの国際連盟構想の中心であったセシルがパリに到着したのは、一月六日であった。二日後の八日、他の連合国に先立ち、英米間で連盟に関する政策合意を作ることとなった。これを受け、十日よりイギリスの連盟案の作成が開始された。セシル計画は一月初めにアメリカ側に通知されていたが、これは組織の概要と原則を定めていたに過ぎなかった。十六日までにフィリップ・ノエル＝ベーカーによって最初の連盟草案が作成され、十九日にウィルソンに通知された。草案は、連盟が総会、理事会、事務局で構成されることや、国際裁判所を設置することなどを規定していた。総会は、平和会議に参加する諸国の他、ヨーロッパの中立国やラテンアメリカ諸国、連合国が招請する諸国によって構成され、イギリスのドミニオンおよびインドも個別に代表を送る権利が認められていた。ドイツなどの敵国は、許可が得られるまで排除される一方、連盟の運営は理事会が中心となって行い、これは五大国から構成されることになっていた。理事会は最低でも年に一度開催される他、必要に応じて開催されるとされた。そして紛争の平和的解決や制裁の問題について、フィルモア報告やセシル計画を踏襲しながら、締約国は全参加国の領土を尊重し、侵略からの保護の義務を負うことを規定していた。セシルは草案をドミニオンの全権にも通知した。

対してウィルソンも、十二月のイギリス訪問時にセシルとスマッツから受けた提案を踏まえながら、独自の計画案を検討していた。ウィルソンはスマッツの軍縮提案、紛争の平和解決規定に従いながら、強制的仲裁を否定する一方で、領土と政治的独立の集団的保障（collective guarantee）を必要とした。さらにウィルソンの案は、ドイツ植民地に関わる委任統治や労働問題に関する規定も含んでいた。こうしたウィルソン案に対し、ランシングは、国際的な制裁や行政機関を不要とし、国家主権の尊重に関し、他国の主権や独立を侵害しないとする消極的な規定のみにとどめるべきこと、後進地域、特に列強の海外領の問題については、外交を通じて解決すべきこと、その上で平和条約において門戸開放の原則を確立すべきことを主張し、ウィルソンを批判した。しかし、ウィルソンはこれを受け入れず、これ以降、ランシングは国際連盟規約の策定から実質的に排除されることになった。

アメリカにおいてウィルソンが国務省から批判されたように、イギリス側でもセシルの見解は、ロイド・ジョージやその側近、統一党や軍部、オーストラリアなどから批判された。にもかかわらず、国際連盟は、アメリカにおけるウィルソンの意思や権威とハウスの補佐、イギリスにおけるセシルや法律専門家、外務官僚、そしてスマッツらの提案や条文作成作業によって具体化し、英米協調の中心的役割を果たした。英米の担当者が相互の立場に配慮しながら作り上げた連盟構想は、全体として対立点より共通性が際立っており、一月二十一日より、セシルとアメリカ法律顧問のデイヴィッド・ミラーとの間で、連盟規約の草案作成が開始された。検討においてセシルは、理事会に中小国を含めるウィルソン案を撤回させ、理事会の構成を大国のみに限ることや、ドミニオンの個別代表権を承認させた他、公海の自由について留保を付すなど、ウィルソン案の形式を維持しながらイギリスの主張に沿った実質的変更を加えた。一月二十五日に開催された講和会議の総会において、国際連盟委員会を含めた四つの委員会の設置が決議され、二日後の二十七日にセシル－ミラー草案が完成した。これに対するウィルソンの意見を踏まえ、二月一日から翌日にかけて、ミラーとイギリスのC・J・B・ハーストとの間で最終的な連盟規約草案が作成された。ウィルソンもこれを承認し、二月三日に始まる国際連盟委員会に提案されることとなった。イギリスにおいても、アメリカにおいても、国際連盟の創設に対する部内の否定的見解は強かった。にもかかわらず、ウィルソンの意思は強固で、しかもイギリスがアメリカとの協力を優先しながら、連盟構想を自らの戦略に沿う形で具体化したことで、連盟の創設が実現していった(13)。

以上のような国際連盟の創設作業と並行し、領土問題に関する検討も開始されていた。領土問題の複雑さは、一九一五年のロンドン条約の他、フランスの安全保障、民族自決の理念、ドイツ帝国やオーストリア＝ハンガリー帝国、ロシア帝国、オスマン帝国の崩壊に伴う新国家の創設とそれら新国家の経済的安定、アフリカや太平洋におけるドイツ海外領の処分に関する原則とそれらをめぐる戦略的配慮などが相互に絡み合っていたことにあった。まずフランスは、アルザス・ロレーヌ地方の獲得の他、ドイツに対する安全保障のため、ラインラントにおける緩衝国家の創設やザール地方の石炭権利などを要求した。イギリスとアメリカは、アルザス・ロレーヌのフランス編入を認めたものの、ラインラントやザール地方をドイツから切り離すことに反対した。ドイツを経済的に過度に弱体化させることは、ドイツの賠償支払い能力を低下させかねなかった。しかし、フランスはその代償として、ドイツに対する多額の賠償や、国際連盟によるフランスの安全保障を求めていくことになった。

旧帝国の崩壊と民族自決の原則によって、新たにポーランドやチェコスロヴァキア、ユーゴスラヴィアなどが創設された。その内、特にドイツとポーランドに関し、旧プロイセン領域にいわゆるポーランド回廊が設定される一方、ポーランドが併合を要求していたダンツィヒは自由市とされ、上シュレジエンについては住民投票が実施されることになった。一九二一年に実施された投票によって、上シュレジエンはドイツに帰属することとなる。ポーランドやチェコスロヴァキア領内には多数のドイツ人が居住しており、その点で、多民族の混在する地域に民族自決の原則を適用するには、限界があった。ドイツとポーランドの国境確定に際し、民族自決の原則より、ポーランドに海への出口を与えつつ、シュレジエンをドイツに含めるなど、両国の経済的必要に配慮する決定が下された。それによって各国家の経済力を強化し、地域全体の安定化を図ろうとしたのである。その上、ダンツィヒを自由市とすることで、圏外との自由貿易を促進することも期待された。

民族自決の原則と広域の経済関係が複雑に絡み合っていたのは、ユーゴスラヴィアとイタリアの係争地となったフィウメにおいても同様であった。フィウメは領土問題の中でも特に紛糾した地域で、その背景は重層的であった(14)。フィウメはそれ自体ではイタリア人が過半を構成する都市であったが、イストリア半島の後背地を含めるとイタリア人は少数派となる。講和会議においてイタリアは、一九一五年のロンドン条約に基づく領土を要求していたが、フィウメはロンドン条約の規定に含まれていなかった。そこでイタリアは、民族的な理由を掲げてフィウメを要求した。しかし、イギリスやフランス、アメリカは、イタリアの領土要求に警戒を強めており、英仏はロンドン条約の規定も重視しない点で一致していた。その上、多民族国家として新たに建設されるユーゴスラヴィアは、外港としてのフィウメの重要性を訴えていた。局所的な多数派としてのイタリア人を優先する論理は、多民族国家として成立したユーゴスラヴィアに適用できなかった。ユーゴスラヴィアにおける民族自決の原則は、ポーランドやチェコスロヴァキアにおけるドイツ人問題と同様、少数民族の自治ないし権利保護という形で適用されており、したがってフィウメがイタリアに帰属しないことも、民族自決の原則に反していなかった。

さらに、パリ講和会議は大国を中心として運営されたため、一般に小国はその主張を展開する機会が制約されていた。そこでイギリスやアメリカは、そうした状況が講和会議や国際連盟の正当性を損なうことを懸念した。その上、イギリスやフランスは、イタリアの領土要求に警戒する一方で、自らもロンドン条約の当事者であったことから、アメリカが主導権を発揮してイタリアの領土要求を抑えることを期待した。そこでウィルソンは、アメリカによってイタリアを抑制しようとする英仏の意図に警戒しながらも、イタリア首相に宛てた一月十五日の書簡の中で、既にイタリアに保証された条件がイタリアに有利であること、ユーゴスラヴィアは沿岸警備の必要以外の海軍を持たず、また、アドリア海の東岸、島嶼部のオーストリアの基地は破壊されること、連盟規約が少数民族に対する保護を規定していることなどを列記した上で、フィウメを自由都市とすべきことを提案した。ウィルソンはその後、南チロルをめぐるイタリアとオーストリアの国境問題についてロンドン条約を尊重する形で譲歩しながらも、フィウメについては譲歩しなかった。そのため、フィウメ問題について最終的な合意は得られず、四月二十四日にイタリアは、パリ講和会議から一時的に代表を引き上げてしまう。しかし、全体として講和条約からイタリアが得られるものは少なくなかった。そのため、ドイツへの講和条約案提示直前の五月五日、フランスからイタリアに対し、講和条約不参加の場合、一切のイタリアの権利が認められなくなることが通告された。その結果、七日のドイツへの条件提示に際し、イタリアもこれに出席した。とはいえ、フィウメは一九一九年九月、ダヌンツィオによって占領される。

全体としてイギリスとアメリカは、領土問題をめぐって協力関係にあったが、ドイツ海外領の処理をめぐり、両国間にも対立が生じた(15)。ウィルソンが無併合の原則を掲げたのに対し、南アフリカが南西アフリカのドイツ領の併合を、オーストラリアやニュージーランドが赤道以南のドイツ領南洋諸島の併合を求めたためである。とはいえ、南アフリカとオーストラリアの姿勢には違いがあった。南アフリカの代表であるスマッツは、フランスの勢力拡大に警戒し、英米協力を重視する立場から、国際連盟を支持した。対してオーストラリアは、イギリスの海軍力の優位や勢力均衡といった伝統的な戦略の中で、自国の安全保障を図ろうとした。そのため、オーストラリアのヒューズ首相は、国際連盟の創設に懐疑的で、セシルと対立していたイギリス本国の統一党や軍部など、保守派の主張に同調していた。

最終的にドイツの海外領については、それをドイツに返還しないことを原則とした上で、スマッツによる委任統治制度の提案に基づき、妥協が成立した。スマッツ案は、委任統治を、統治国の選定に当たり当該地域国民の意向を尊重するA式から、統治国の国内法を施行できるC式までの三等級に分類しており、アフリカや南洋諸島にはC式が適用された。委任統治はまた、オスマン帝国領であった中東地域にも導入された(16)。これらの合意によって、二月三日の国際連盟委員会に提出されたウィルソンの連盟規約草案は、第十七条において、旧ドイツおよびオスマン帝国領について、「現在ニ於テ安固ナル政治ノ恩恵ニ浴ス

図7 第一次世界大戦前後のヨーロッパの国境変化

柴編『バルカン史』246頁、木村編『ドイツ史』295頁より作成。

ル能ハサル諸民族ノ居住スル領域ニ関シ、是等民族ノ福祉カ文明ニ対スル神聖ナル信任ヲ構成シ、連盟国ハ右民族ノ施政ノ発達ニ関シ援助及指導ヲ与フヘキ義務ヲ有スル」ことを規定した[17]。委任統治、特にC式の委任統治は実質的な併合に相当する措置であったが、それは単なる支配の拡大ではなく、当該地域の政治的安定や文明の発達に貢献することが想定されていた。それは後述のような、一九二〇年代におけるイギリス帝国の理念的再編や、さらに後の、先進国による後発国支援といった理念の基礎となった。委任統治の導入はまた、日本の南洋諸島統治を認める根拠となる一方で、後述のように、山東半島問題が紛糾する原因ともなる。

南洋諸島に適用されたC式に対し、旧オスマン帝国領に適用されたA式は、委任統治国の選定に当たり、地域国民の意向を尊重するとしていた。第一次大戦末期よりイギリス外務省は、フランスにシリアを与えるとしたサイクス－ピコ協定をウィルソンの掲げる民族自決の原則によって修正する可能性に期待を寄せていた。委任統治国の選定に当たり、被統治国民の意向を尊重するとしたA式の規定には、シリアに対するフランスの勢力拡大を牽制するねらいも込められており、さらにイギリスは、中東地域における委任統治にアメリカが関与することを期待した。最終的にシリア、レバノンはフランスの委任統治下に、ヨルダン、パレスチナ、イラクはイギリスの委任統治下に置かれ、アメリカの関与も実現しなかった。にもかかわらず、イギリスにとって委任統治の導入は、英米協調の中でドミニオンの要求に応えつつ、世界的な勢力均衡を補う機能を果たし、しかも民族自決の理念に対応し得るものとなった。英米の協調下で他の列強の帝国主義的拡張を抑制しようとする戦略は、山東半島における日本の権益要求に対しても適用されることとなる。

二月三日より国際連盟委員会の検討が開始された。五大国より二人ずつの代表と、小国より当初五か国、後に九か国から一人ずつの代表が出席したが、ここでも英米の連盟構想と他の大国ないし小国との見解が対立した。まず連盟の理事会の構成について、ウィルソンとセシルは、ハースト－ミュラー案に基づき、大国のみとする案を主張したが、これはベルギーなどから批判された。セシルは小国に二議席を与えようとしたが、受け入れられず、二月十三日の会議で小国に四議席を与えることとなった。

連盟規約に関して最大の問題となったのは、領土保全や独立の保障に関する規定であった。セシルは、侵略行為に対する積極的な対抗措置を各国に義務付ける規定に反対し、各国が相互に領土や独立を尊重するという消極的な規定のみを主張した。しかし、これは各国の支持を得られなかった。ウィルソンも、連盟が検討の場を提供するばかりでなく、それ以上の義務を各国に課すべきとした。最終的に連盟規約第十条は、何らかの侵略行為が生じた場合、理事会はそれに対する措置について助言することを規定した。ウィルソンはこの追加規定を、安全保障の機能を明確化するものと理解したが、セシルは、各国の義務を緩和したものと理解していた。しかし、その一方でウィルソンとセシルは、理事会の決定を全会一致で行うことを主張し、また、紛争に際し、仲裁を強制義務化することに反対した。ウィルソンにとって全会一致の原則は、各国の主権尊重と連盟の強制力とを両立させるものであり、他方の仲裁の強制義務化は、各国の主権を侵害するものと判断された。対してフランスは、全会一致の原則が理事会の機能を実質的に失わせかねないことを懸念する一方で、侵略国に対する連盟の全会一致の決定は、連盟参加国による制裁によって裏付けられるべきことを主張した。しかし、ウィルソンは、そうした規定がアメリカにとって、憲法上の規定においても、政治的配慮においても受け入れ不可能なことを強調し、さらに国際的軍隊の創設を軍国主義の国際版と見なす議論まで展開して、フランスの議論を否定した[18]。

フランスは国際連盟についても、ラインラントにおける緩衝国家の創設構想と同様、ドイツに対する自国の安全保障の観点から捉えていた。対してアメリカやイギリスは、ドイツからのラインラントの分離に反対する一方で、国際連盟を集権的な超国家機関としてでなく、大国が中心となる調整、協議機関として捉えていた。権力の集中を警戒する点に、イギリスとアメリカにおける自由主義の伝統が表れていた。こうした両者の対立に直面し、ロイド・ジョージは三月十四日、フランスに対するイギリスとアメリカ共同の安全保障を提案した。次いで三月二十二日、ロイド・ジョージはフォンテーヌブローで側近と共に対応を協議し、二十五日に覚書を完成させ、翌二十六日にウィルソンとジョルジュ・クレマンソーに提示した。その中でロイド・ジョージは、報復的平和はドイツをロシア側に追いやる危険性が高いこと、平和は自由主義の原則に基づいて実現されるべきこと、国際連盟にはボリシェビズムに対する選択肢としての意義があること、そしてその成功が大国間の合意にかかっていることなどを指摘していた[19]。

連盟規約は四月二十八日に全体会議で採択されたが、その最終段階においても、フランスは連盟の軍事指揮権を強化するよう主張した。四月十日、連盟委員会は、ウィルソンが求めた、第十条に対するモンロー・ドクトリンに基づく留保について検討したが、これに対し、ブラジルがアメリカ大陸への連盟の活動を阻止するものかを質す一方で、フランスは、アメリカによるモンロー主義に関する留保はドイツの脅威に対するフランスへの支援を放棄するものではないかという懸念を表明した。ウィルソンはいずれも否定し、連盟委員会は、モンロー主義の有効性を、独立した第二十一条で明示することとした。フランスは有事におけるアメリカの対応が世論に左右されかねないことを懸念する一方で、アメリカでもヘンリー・カボット・ロッジは、モンロー主義の解釈を連盟に委ねる規定を無意味とし、ウィルソンを批判していた。にもかかわらず、連盟規約におけるモンロー・ドクトリンの扱いは、ウィルソンの意向が優先される形で決着した[20]。

三　山東半島問題と人種差別撤廃問題

以上のように、パリ講和会議における領土問題や安全保障問題は、英米の主導によって解決された。こうした中で日本が関わった議題は、旧ドイツの南洋諸島の継承問題、山東半島における旧ドイツ租借地の継承問題、そして連盟規約に対する人種差別撤廃規定の挿入問題であった。この内、赤道以北の南洋諸島についてウィルソンは、日本の統治下に置くことに難色を示したが、スマッツの提案によって成立した委任統治領とすることで解決された。これにより、南洋諸島に日本によるC式の委任統治が適用されることとなった。しかし、この解決法は、ドイツの海外領を連合国の協議によって処理するという原則の下で定められたため、かえって続く山東半島問題に関する日本と英米との対立を引き起こす原因ともなった。

山東半島におけるドイツ租借地について日本は、旧ドイツ海外領の処分に関する一月二十七日の会議において、南洋諸島の譲渡と合わせてその権利の継承を要求した。その前日にドイツの海外領はドイツに返還しないことが決定されており、アメリカはその決定を踏まえ、旧ドイツ海外領の管理について国際連盟が担当すべきことを主張した。一方、一月二十八日の会議において中国全権の顧維鈞は、山東半島が孔子の生誕地で中国にとって聖地であること、中国の参戦によって中国とドイツの条約が無効になったこと、そして日中間の条約は強要によるもので、有効性に疑義があることを理由として、山東半島における旧ドイツ租借地の中国への直接返還を求めた(21)。これによって、英米と日本、中国の立場がそれぞれ交錯することとなった。

ただし、山東半島問題について審議が本格化したのは、講和条約の作成が最終段階を迎えていた四月中下旬のことであった。端緒となったのは、十五日の五国外相会議において、イギリスとフランスがそれぞれエジプトとモロッコにおける特権をドイツに承認させる個別の規定を求めたことであった。対してランシングは、個別規定より、ドイツが海外領の全てを放棄することを約し、その処分を戦勝国で決定するという包括的処理を提案した(22)。その際、ランシングは山東半島のドイツ租借地もこれに含めており、これによって、同地を国際管理下に置くという提案が登場したのである。しかし、日本は、ドイツ租借地を一般的な領土問題に準ずる形で処理することを想定していた。しかもそれは、かつて関東州租借地をロシアから継承した先例と一九一五年の日中条約の規定に則って解決されるという点で、本来は講和会議から独立した問題として理解されていた。ところが、イギリスやアメリカは、山東半島の旧ドイツ租借地をドイツの旧海外領と同等に処理するという立場を取った。本来、租借地は中国の主権下にあったが、パリ講和会議においては、日本も英米も、それを実質的な割譲地として扱うことで、自国に有利な議論を展開しようとした。その意味で、ドイツの租借地の処分問題は、法理的な問題というより、多分に日本と英米の権利意識の相違を反映していた。

山東半島における旧ドイツ租借地の国際管理に日本が反発した直接の理由は、それが後述のような日中条約の効力問題と関わっていたからである。と同時に、それは人種差別の撤廃問題とも間接的に関わっていた。人種問題について牧野伸顕、珍田捨巳代表は、前年十一月十九日の外交調査会決定に基づき、二月二日にハウスを訪問して連盟規約の修正について打診した。次いで翌三日の英米による連盟規約草案の提出を受け、四日に牧野らは、人種問題に関する具体的修正案を非公式に提示した。日本側の提案は、規約案第十九条の信仰の自由に関する規定に続けて、人種問題に関する文言を追加するというものであった。[23] 牧野らがハウスに提示した案には甲乙二案が存在したが、ハウスが理解を示した、強制的表現の緩和された乙案は、次のように記していた。[24]

各国民均等ノ主義ハ国際連盟ノ基本的綱領ナルニ依リ、締約国ハ各自其ノ領域ニ於ケル外国人ニ対シ、法律上並事実上、正当権力内ニ於テ為シ得ル限リ均等ノ待遇及権利ヲ与ヘ、人種或ハ国籍ノ如何ニ依リ差別ヲ設ケサルコトヲ約ス。

提案は本国からの指示でなく、既述のような講和会議前の政府方針に基づき、日本代表によって起案された。しかも一九一三年、カリフォルニア州で排日土地法案が問題になった時、牧野伸顕は山本権兵衛内閣の外相、珍田捨巳は駐米大使として、対応に当たっていた。右の提案が、カリフォルニア州における排日土地法制定の経緯を念頭に置いていたのは、明らかである。したがって、島田洋一が指摘するように、提案の趣旨は移民問題と関わっていた。[25] しかし、より厳密な目的は、移民行為、すなわち各国に対する定住ないし労働目的渡航の権利確保ではなく、在外日本人の権利保障と待遇改善にあった。そのため、日本側は人種問題に関する交渉において、移民問題との関係を否定した。[26] 各国における在留外国人の権利や待遇は、当該国間の通商条約上の規定によって定められており、右の条文は、そうした既存の条約体系を問題にしていなかった。むしろここで問題となったのは、通商条約の規定と、国内法上の措置によって導入された、人種を実質的な基準とする様々な権利の制約との関係であった。

大沼保昭をはじめ、日本代表の提出した人種差別撤廃の提案について、日本におけるアジア蔑視の感情との矛盾を指摘する見方がある。しかし、これは不適当である。[27] 日本が求めた連盟規約における人種差別の撤廃規定は、あくまで通商条約の解釈、運用、精神に関わる法理的な問題であった。日本の提案は、各国が自国内に滞在する外国人に一律に課す制約や、当該国間の合意の差によって生じる待遇格差を否定しておらず、その限りで有色人種の待遇を世界全体にわたって均質化しようとするものではなかった。日本代表は提案に当たり、カリフォルニア州における排日土地法を念頭に置いていたはずであるが、それは、それが国内法上の措置により、アメリカ市民権の取得資格の有無を形式的な基準としながら、人種を実質的な基準とする権利の格差を規定していたからであった。日本の提案は、在留外国人の権利を各国の立法措置に従属するものとした上で、在留外国人の間に条約上の根拠を有さない権利や待遇の格差、それも人種を実質的な基準とした格差が存在することを、通商条約の精神に抵触するものとし、各国にその自主的な是正を促そうとしたのである。

こうした日本側の主張に対し、ウィルソンやハウス、セシルらは、人種差別の撤廃という原則に一定の理解を示した。しかし、問題はそれを連盟規約に採用し、各国の義務として設定できるかどうかであった。日本側は、提案は各国に対する自主的な努力を促すものであり、各国の事情を無視して強制するものではないと説明したが、理解は得られなかった。それはすなわち、イギリス帝国のドミニオン諸国やアメリカにおける移民規制が、形式はともかく、人種主義に基づいていたことを彼ら自身が自覚していたということでもあった。その上、イギリスにとって、オーストラリアの反対を抑えることは、オーストラリアの自由や自主性を尊重するという帝国の原則に照らして不可能であった。また、アメリカにとっても、カリフォルニア州などの反発が予想され、人種問題が規約に採用された場合、上院で批判が強まることは必至であった。(28) 結局、日本による連盟規約の修正提案は、信仰による差別の禁止を定めた規定と共に、条文全体が削除された。

各国の主権が障害になったという点で、人種問題は労働問題と部分的に通じ、あるいは重なり合う可能性を持っていた。二月三日の規約草案において、労働条件の制限に関する規定は、宗教および人種に基づく差別の撤廃に関する条文の前条たる第十八条で規定されていた。それに基づき、労働条件の世界的改善を目指す国際労働機関が国際連盟の下で設立されることとなった。国際労働機関設立のきっかけは、ウィルソンによって、各国に八時間労働制の実現や児童労働の制限などを求める措置が提唱されたことであった。しかし、アメリカにおいても、そうした労働条件の国際的規制をアメリカの憲法に抵触するものとして捉える批判があり、(29) それはそのまま、アメリカにおける産業界対労働界の対立を反映していた。対して日本は、各国の労働条件の改善について、個別各国の経済状況などに配慮するという留保条件の下で、それを受け入れた。(30) 人種問題についても日本は、各国個別の事情に照らして人種差別の解消に努めることを求めており、しかも人種問題は労働問題と関連し合っていた。労働条件の世界的改善は、低賃金労働者としてのアジア人労働者に対する雇用規制の強化につながり、白人労働者によるアジア人排斥を緩和する可能性を持ち得たが、そうした考えは当時まだ存在していなかった。各国は自らの主権保持を優先し、その枠内で労働問題を解決しようとした。そのため、人種差別の撤廃は、むしろ労働問題の解決を阻害するものと評価された。日本は、国際労働機関に留保付きで参加する一方で、人種問題について、条文削除の後も、連盟規約の序文に、より抽象的な表現で関連する文言を挿入するよう努めた。しかし、それも成立の見通しが立たない中、断念するよりなかった。

四　山東半島問題をめぐる日米対立

以上のような人種問題と山東半島問題は、直接関連し合っていたわけではないが、日本と英米の相互不信という点と、何より既存の条約秩序を前提に、各国による双務的な権利保護を主張した日本の立場が英米に理解されなかった点で、相互に通ずる側面を有していた。すなわち、英米にとって日本は、英米の領内に同化を拒否する移民を送り出しながら、中国において排他的な拠点を作ろうとしており、いずれも帝国主義的な勢力拡大として捉えられた。対して日本にとって英米は、その国内においてアジア人の権利を制限しながら、他方でアジアにおいても国際管理の名の下に白人優位の統治秩序を形成しようとしていた。さらにパリ講和会議において、英米の権利は制約されなかったのに対し、日本は既存の条約で認められた権利さえ、制約されかねなかった。日本にとって、人種問題で主張が容れられない中、山東問題でも権利を制約されることは、白人のみが一方的利益を享受するものであって、合理的かつ公正な措置とは評価できなかった。

日本が山東半島問題に関して強硬であった直接的理由は、英米が旧ドイツ租借地の国際管理を通じて日本の勢力拡大を抑制しようとする一方で、中国が日中条約の有効性を否認した結果、日本にとって、部分的な譲歩で妥協を作り上げる余地が失われてしまったことにあった。日本による旧ドイツ租借地の継承を規定した一九一五年の日中条約は、関東州租借地の期限延長なども定めており、中国の主張を認めると、それらも問題となりかねなかった。英米は、日本の関東州租借地の正当性まで問題にしたわけでなかったが、他方で日本による旧ドイツ租借地の継承を阻止するため、中国側に同情するかのような姿勢を示していた。その点で、英米の主張する旧ドイツ租借地の国際管理案は、日中条約全体の有効性という問題にまで波及しかねなかったのである。

その上、中国における租界や租借地は、中国と個別各国との条約ないし協定によって成立しており、しかも租界については、辛亥革命後に司法管轄権をなし崩し的に拡張させていた。こうした状況下において、日中条約で規定された旧ドイツ租借地の地位を国際会議で一方的に修正することは、中国における条約秩序においても、パリ講和会議における既存の権利関係の修正においても、異例に属した。さらに、大国が第三国に特殊な政治的権限を有するという現象は、イギリスとエジプト、フランスとモロッコ、アメリカとリベリアの関係においても存在し、これらはパリ講和会議において問題にならなかった。(31) その上、アメリカは連盟規約においてモンロー・ドクトリンの有効性を確認させる修正まで行わせていた。こうした、欧米戦勝国の権利が強く保護される状況は中国においても同様で、イギリスやフランスの租界や租借地の正当性は、パリ会議において全く問題にされなかった。

さらに、日中間の条約が第三国によって修正されることは、明治以来、日本が克服しようとしてきた片務的条約体系の復活にもつながりかねなかった。欧米諸国と中国の間では、特に国際的借款をめぐり、特定国の独占を牽制する相互調整の結果、国際借款団が設立されていた。そして日本も、これに参加を余儀なくされていた。しかし、それによって日本は、行動を牽制されながら、中国における欧米諸国の既存の諸権利を共有できたわけではなかった。ドイツ利権の国際管理案はこうした流れの上に登場しており、英米にとっては正当な権利の共有要求と意識されたが、日本にとっては、日本のみが権利を制約される一方的な措置として認識されたのである。

中国は、山東半島の旧ドイツ租借地を中国に直接返還させるため、中独条約の失効と一九一五年日中条約の無効性という二つの論拠を提出し、各国の理解を訴えた。しかし、中国がこうした二つの論拠を出したこと自体、欧米戦勝国の権利が保護される状況下での中国側の限界を示していた。中国にとって、日本の山東半島における権利獲得を阻止するのであれば、一九一五年の日中条約を失効させるのが目的に直接適い、これが実現できれば、膠州湾租借地の設定を規定した中独条約の失効を主張する必要はなかった。しかし、中国が主張するように、条約が中国の意思に反して締結されたことを理由に不当とできるのであれば、租借地や、さらに条約上の根拠自体が不確かな租界の正当性まで問題になりかねなかった。実際、中国がパリ会議において治外法権などを問題にしようとした際、フランスから当該問題は講和会議と無関係であり、国際連盟創設後に問題にするよう指摘されていた。[32] 問題は広範囲に波及しており、日本の主張が各国から理解されにくかったのと同様に、中国の主張も各国から理解を得られなかった。そこで中国としては、中独条約の失効論も持ち出さざるを得なかった。それは法理的な一貫性より政治的効果をねらったものであって、その点で中国は、当初から中国の不平等条約全体を問題にするより、意識的に日本のみを標的としていた。

パリ講和会議では、一九一五年日中条約の無効論よりも中独条約失効論の方が、法理的に各国に受け入れられやすかった。講和会議では、ドイツの海外領を全て放棄させるという原則が定められていたからである。とはいえ、これにも限界があった。というのは、租借地に関する条約の失効は、直ちに租借地資産の無条件譲渡を意味したわけでなく、租借地におけるドイツ資産の管轄権や継承権を新たに定める必要があったからである。この問題はドイツの賠償問題に直結しており、中国がドイツに宣戦したことで中独条約が失効したとしても、ドイツの租借地および資産が日本の管理下にある以上、その資産は日本の戦利品か賠償に充当されるべきものとなっていた。実際、戦時中に接収されたドイツ資産は連合国から返還されておらず、中でもアメリカは、参戦後にドイツ籍石油タンカーの半分以上を接収し、戦時中に使用していた。しかもそれは、アメリカ自身が失った船舶量をはるかに超えていた。アメリカが接収した船舶について、超過分を連合国の間で分配するという合意が成立したが、ウィルソンは、それが議会の承認を得られるかについて保証せず、特にフランスは、そうしたアメリカの姿勢に反発した。[33] したがって、中国は租借地の返還に際しても、日本の接収した資産に対する補償義務を負うはずであったが、中国は逆に、旧ドイツ租借地における公的資産の全面接収を要求していた。[34] 当然、中国の主張は認められず、中国の主張は、一九一五年日中条約の無効論と同様、実質的に宣伝以上の意味を持ち得なかった。中国の主張は、政治的効果と対照的に、法理的解釈においてむしろその未熟さを示していた。この時点の中国に、条約上の解釈を厳密化することで、限定的でも実質的な利益を確保しようとする発想は、存在していなかった。

山東問題に関する協議が本格化したのは、国際連盟規約の検討が最終段階を迎えていた四月中下旬であった。山東半島の旧ドイツ租借地の扱いについてランシングは、ドイツが権益を五大国に対して放棄し、五大国が同権益の最終処分を決定するという国際管理案を提案したが、日本はこれを拒否した。イギリスも、アメリカの強硬な姿勢に照らし、旧ドイツ海外領を国際連盟の下で解決するという原則が受け入れられないか、日本側に確認を求めた。[35] しかし、ランシングの提案は、列強の権利をアメリカも共有しようとするアメリカの利害を優先した提案であり、イギリスも、アメリカや国際連盟との協力の下で自らの権益を維持しようとする、既に中東において展開された戦略を極東においても展開しようとしていた。アメリカもイギリスも、自国の利害と戦略に基づいて山東半島問題に対処しており、中国側の主張を支持していたわけではなかった。

しかし、日本側は、英米の提案が中国側の主張に正当性を与えるものでなかったとしても、それが一九一五年日中条約の規定を実質的に修正するものであった以上、それを承認できなかった。四月二十一日、内田外相は松井慶四郎全権代表兼駐仏大使に宛てて、「青島ノ処分ニ関スル帝国ノ方針ハ［…］無条件ニテ独逸ヨリ獲得シタル上、日支協約ノ条文ニ従ヒ、之ヲ支那ニ還付スルニ在リ。右ハ帝国政府最終ノ決定ニシテ、何等ノ変更ヲ許ササル次第ナルニ付、若シ右主張ニシテ其ノ儘貫徹セサルカ、又ハ国際連盟委任管理ノ制ヲ青島ニ関スル我要求事項ニ適用セラルルカ如キ場合ニハ、国際連盟規約ニ調印スルコトヲ見合サレ、直ニ請訓セラレ度[36]」との指示を発した。イギリスやアメリカと日本の主張は、全くかみ合っていなかった。

交渉が膠着状態に陥る中、四月二十六日にイギリス代表のバルフォアは、牧野と珍田に会見を求め、日本側の要求内容について質した。ここで牧野らは、日本側は日中条約に基づき、ドイツの租借地を含む全ての権利の継承を要求しているが、租借地自体の所有を目指しているわけでなく、租借地については返還し、その上で条約上の規定に基づき、新規の居留地設置などを要求していることを説明し、その上で要求に含まれる鉄道警察顧問や日中合弁鉄道会社の所有権および融資の性格についても説明した。この応答で日本側はようやくバルフォアより、「少クトモ英国側ハ、日支条約及取極ノ条項ノ解釈ニ付多大ノ疑ヲ懐キ居リ、支那通ノ『マックレー』スラ誤解セル程ニテ、思フニ支那側カ故意カ無意カ日支条約取極ヲ誇大ニ解釈シ、英米側ヲシテ日本ノ野心ヲ疑ハシメムト企テタル結果ニヤ、大ニ疑問ヲ懐キシ処、此会見ニ依リテ日本ニ対スル疑念黒白トモ誤解ノ氷釈セル旨」の発言を得ることができた[37]。同日夜、珍田はランシングを訪問し、「内話」として、中国代表の「其一意日本ノ讒誣排擠ニ腐心セル事実ヲ詳説シ、要スルニ本案件ハ我威厳栄辱ニ関スル重大問題トナリタル事由ヲ弁明シ、此問題ニ対シ満足ナル解決ヲ含マサル講和条約ニハ日本委員等ニ於テ調印スルコト能ハサル旨ヲ声明」した。と同時に日本側は、次のような立場を明らかにしていた[38]。

日支条約ノ可否又ハ効力有無ノ論議ニ関シテハ、帝国政府ハ断シテ他国ノ容喙ヲ容認スルモノニアラス。抑々連合列国カ自主対等ノ国家トシテ此処ニ会合シタルハ、専ラ敵国ニ対スル講和条件ヲ議定セントスルノ目的ニ外ナラス、此際猥リニ友邦間ノ条約ヲ審判セントスルカ如キハ、平和会議ノ趣旨ニ背反セル企図ニシテ、帝国代表者ノ極力排斥セサルヲ得サル所ナリ。

日本は、一九一五年日中条約の正当性を保持するため、山東問題を同条約の規定に則って解決することについて、一切譲歩しない姿勢を改めて明確にした。交渉の最終段階でイギリスは日本の立場をほぼ正確に理解したが、アメリカ側には、日本の主張を理解しようとする姿勢自体が存在しなかった。そのため日本側は、軍国主義という、予想外に与えられた悪印象をさらに強めることになったとしても、旧ドイツ租借地をドイツから直接継承することを繰り返し主張するよりなかった。結局、中国の条約無効論は、短期的に日本と英米の対立を引き起こしながら、実質的に日本の態度を硬化させ、日本からの譲歩の余地をなくさせただけであった。

　四月二十九日、牧野と珍田はウィルソンと会見し、ウィルソンより主として警察問題に関する質疑を受けた。日本代表はこの時のウィルソンの態度について次のように本国に報告している。

> 大統領ハ、警察問題ニ至リテハ租借地外ニ於テ独逸カ支那ヨリ得居リタル権利以外ノ権利ニシテ、経済的ノ権利ニモアラスト思考ス、且右ハ支那ノ主権ヲ害ストノ趣旨ニテ強硬ニ反対シ、所謂二十一箇条要求ニ基ク日支条約ハ之ヲ認メサル趣旨ヲモ仄メカシ[…]。

　一時間の会談の後、ロイド・ジョージとバルフォアも参加し、最終的にバルフォアの提案によって、日本側よりウィルソンの不信感を解消するための声明を発することで、日本の要求を承認することとなった。声明案は、バルフォアの草案とウィルソンの対案、日本からの修正案の提出を経て、ウィルソンの再修正案を日本側が受け入れ、成立した。これは、日本全権委員がウィルソンからの質問に対する答弁として、「日本ノ政策ハ、山東半島ヲ支那ノ完全ナル主権ノ下ニ還付シ、独逸ニ許与セラレ居リタル経済上ノ特権並ニ一般行ハレ居ル条件ノ下ニ青島居留地ヲ設定スル権利ノミヲ留保スルニ在」ること、「鉄道所有者ハ運輸ノ安全ヲ保障スル為メニノミ特別警察官ヲ使用ス」ること、「警察隊ハ支那人ヲ以テ組織シ、支那政府ニ於テ鉄道会社ノ取締役カ選択スル日本人教習ヲ任命ス」ることを新聞記者会見で声明するというものであった。この決定を受け、翌三十日、講和条約に日本の主張に基づく条文を挿入することが決定された[39]。

　山東半島問題に関する日本の主張は、(1)日中条約に基づく膠州湾租借地の継承と返還の問題、(2)条約に基づいて実施される、旧ドイツ権益とは別個の新規居留地の設置や鉄道の合弁事業化、鉄道警察への顧問の設置に関する問題、(3)条約の正当性が失われた場合に波及する問題、の三点が、それぞれ絡み合っていた。したがって、服部龍二のような、日本がドイツ権益の継承に固執したために中国やアメリカとの関係を悪化させたといった主張[40]は、予断と断片的な情報に基づいたもので、事実経過の誤認を含む上に、関係当事国それぞれの問題点について、正確な理解を欠いている。日本側の主張や交渉経緯を正確に概観すれば、山東半島問題が紛糾した日本側の要因は、ドイツ海外領を国際連盟の管轄下に置くという方針が一月末に定まったにもかかわらず、山東半島に関する対応方針を定めなかったことにあった。そのため日本代表は、アメリカが旧ドイツ租借地の国際管理を提案した四月下旬に至り、中国側の悪意を一方的に強調しながら、中国は文明国であるから国際管理は不可能であるとか、日本の要求に国際居留地の設置も含まれているため国際管理は不要であるといった、体系性のない、場当たり的な議論を展開する羽目に陥ったのである。

理論的に、旧ドイツ租借地を中国に直接返還させる方向で日中条約を修正し、中国に条約無効論を撤回させつつ、日中条約の正当性を英米にも確認させ、さらに旧ドイツ権益の継承以外の問題をパリ講和会議から切り離す、という方法も、中国側の反応や日本国内の法的手続きをともかくとすれば、あり得た。しかし、牧野代表らは、人種問題に忙殺されたため、四月下旬まで山東半島問題を放置した。様々な論理が交錯した日本側の主張は、アメリカのみならず、イギリスにとっても容易に理解できないもので、日本代表が四月下旬に至るまで、日本の立場を英米に体系的に説明しなかったことは、複雑な問題をさらに複雑化した。そうした中、本国側が日中条約の完全履行を要求したことも、牧野らの行動を制約し、牧野らの場当たり的対応を助長した。四月下旬における牧野らの対応からすると、牧野や西園寺といった日本代表も、原敬首相や内田康哉外相ら日本政府も、旧ドイツ租借地問題がこれほど紛糾するとは明らかに予測していなかった。

山東半島問題が紛糾した要因は、中国やアメリカ側にもあった。中でも、中国代表が日中条約を否認することによって不平等条約の一部解消を目指したことは、日本の態度を硬化させ、連鎖的に日本に対するアメリカの態度も硬化させた。しかし、それによって中国が得たものは何もなかった。対してアメリカは、旧ドイツ租借地の国際管理を掲げる一方で、旧ドイツ権益外の鉄道警察への日本人顧問の派遣に対して特に反発した。アメリカにとって警察問題は、一九一五年の二十一か条要求第五号の問題を連想させたからである。アメリカは、日本に対する長期的な不信感とアメリカの権利確保を優先する立場から行動しており、日本との相互理解を目指す発想そのものを持っていなかった。アメリカは日中条約の正当性にも関心を持たず、むしろアメリカが帝国主義的な外交に関わり、あるいは不平等な待遇を受けることを警戒していた。そのため、日本も中国もアメリカも、各国の利害を調整し、妥協を実現していくような余裕を持ち得なかった。アメリカが、たとえば日中条約の正当性を支持することで日本から実質的な譲歩を獲得するというような外交を展開するのは、政権交代後のワシントン会議においてのことである。

山東半島問題は最終的に、日本がその権利内容を確認する声明を発することで、解決した。それは、かつての石井-ランシング協定交渉において、アメリカが追加協定を求めたことと同様であった。ただし、石井-ランシング協定交渉における焦点は満州であったのに対し、今回の焦点は中国本土であった。そのため、日本の満州権益に対して容認的であったランシングは、かえって強硬な態度を示した。山東半島に関する日本の要求を容認したウィルソンの対応に関連し、ランシングはある書簡の中で次のように記していた(41)。

もし日本が連合国中のある国の領土を併合することを正当と

認めるならば、イタリアが敵から獲得したフィウメを保持することを不当とはできない。

もし我々が日本の要求を支持するならば、我々は中国の民主主義を日本のプロイセン化した軍国主義の支配に引き渡すことになる。

我々は争いの種をまくことになるであろう。

たとえ平和を実現するためであっても、誤ったことを正当化することはできない。平和は望ましいが、平和以上に大切なものがある。それは正義と自由である。

山東半島の旧ドイツ租借地問題とフィウメ問題では、大国対小国という対立図式と、連盟規約の採決直前に両国が会議からの脱退を示唆したこと以外に、共通する点はなかった。フィウメ問題は、条約上の根拠を欠いた、民族構成を理由とする新規の領土要求であったが、対する租借地の継承問題は、中国の主権を認めた上での既存の条約に基づく権利の要求であって、日本は中国領の一部併合を要求していたわけでもなかった。にもかかわらず、これらは帝国主義的な無法な要求として一括して捉えられた。アメリカ国内においても、山東半島問題はパリ講和会議に対する批判材料とされており、それだけアメリカにおいて、ヨーロッパや日本を排他的な帝国主義国家と見なす偏見は強かった。

ウィルソンとランシングの対立は、国際連盟をめぐる両者の対立の延長線上にあった。ウィルソンが連盟を、大国を中心とする相互調整と協力のための機関として捉えていたのに対し、ランシングは連盟を、安全保障機構としても、アメリカ憲法との整合性においても、評価しなかった。ランシングはむしろ、国際連盟と一線を画したアメリカの権利確保を重視しており、その点で、満州における日本の特殊な地位を認めつつアメリカの権利を確保するという、セオドア・ローズヴェルトやエリフ・ルートの外交と、アメリカの世界的かつ普遍的な商業的権利の確保を目指したタフト政権期以来の国務省の立場を融合的に継承していた。ランシングにとって山東半島問題は、アメリカの国益にとっても、普遍的な理念に照らしても、譲歩できない問題であった。

その一方で、パリ講和会議において、上海租界における中国人を対象とした警察権や司法権の行使は問題にならなかった。アメリカの論理では、租界は、個人の権利を保護する存在であったのに対し、租借地は、帝国主義的な、中国の主権を侵害しかねない存在であった。さらにまた、大戦中の一九一八年七月十日、ウィルソン政権は、英米仏日からなる新たな対中借款団、すなわち、新四国借款団の創設を提議していた。かつてウィルソン政権は、国際独占資本を批判して六国借款団から撤退していたが、戦時中のアメリカ資本の拡大を背景に、対中融資への再参加を表明したのである。この提議を受け、講和会議と並行して四国銀行団代表による協議が進められ、一九一九年五月、パリにおいて仮協定が締結された。その後、新四国借款団は、一九二一年十月十五日にニューヨークで正式発足する。(42)

とはいえ、日本にとって、こうしたアメリカ流の自由主義は、自国の権利のみを優先するものでしかなかった。山東半島に関しても、ウィルソンは日本との相互理解に関心を示さず、日本に対する不信感を表明するばかりで、建設的提案を行わなかった。その結果、最終的にウィルソンは、日本の連盟不参加を回避するため、日本の主張を全面的に認めざるを得なくなった。対してランシングは、講和会議からの脱退を示唆する日本の姿勢を、単なる虚勢としか理解できなかった。ランシングは、日本の国内政治を穏健派と軍国主義の対立として捉え、日米間の妥協の可能性を示しつつ、アメリカにとって譲れない一線を明確にすることで、日本における穏健派の優位を実現しようと考えていた。しかし、そうした自由主義対軍国主義という対立軸で日本の政治を理解する視点自体、ヨーロッパの帝国主義対アメリカの自由主義という理解で世界を捉えるアメリカの世界観を日本に適用したものに過ぎなかった。それだけアメリカにとって、外国との関係を自らの主観を離れ、客観的、相対的に理解することは、困難であった。

◇

国際連盟は、二十世紀初頭以来のイギリス外交、すなわち、国家主権の尊重を国際原則とし、個別地域をめぐる多元的な国際合意を形成することで、世界秩序の安定化を目指したイギリス外交と、革新主義の影響を受けたアメリカ外交、すなわち、帝国主義との関わりを忌避し、国家主権の尊重や諸権利の保護といった普遍的原則の下で自国の権利を擁護しようとしたアメリカ外交とが融合することによって設立された。ただし、イギリスやアメリカが、国際連盟の権限拡大に消極的であったのに対し、パリ会議においてフランスや小国は、自らの安全保障のため、イギリスやアメリカ以上に国際連盟の安全保障機能に期待を寄せた。その意味でパリ講和会議における各国間の対立は、ウィルソンの理想主義対ヨーロッパ諸国の現実主義の対立ではなく、各国がそれぞれの外交をそれぞれの新たな国際理念に適応させようとする中で生じた、理想主義と理想主義の対立であり、利害と利害の対立であった。パリ講和会議は、民族自決の理念と大国間の合意の下で、経済的に自立し、国民性に依拠した新たな国家を創設し、同時にそうした諸国の参加する国際連盟を創設することで、国家主権の尊重と各国内における少数民族の権利保護を国際原則として確立し、戦後ヨーロッパ国際秩序の安定化を図ろうとした。全体としてパリ講和会議は、こうした枠組みの中で、新たな国際理念と国家利害との調整を図っていった。

イギリスは、イギリス帝国の経験と大戦前の外交的経験から、国際連盟を、各国の主権尊重をアメリカとの協力の下で国際的規範として確立する媒体と位置付け、それによって大陸ヨーロッパや中東などにおけるイギリス帝国の防衛を補強しようとした。国際連盟の創設過程において、イギリス政府部内ではそれに対する批判的見解が支配的であった。しかし、イギリスはアメリカとの協調を優先し、連盟創設のための中核的かつ実務的な役割を果たした。さらにアメリカ上院が国際連盟への参加を拒否した後にあっても、イギリスは国際連盟を、民族自決の時代における新たな世界的影響力行使の手段として、積極的に活用していくことになる。対してアメリカは国際連盟に、ヨーロッパ帝国主義外交と一線を画する、世界との新たな関係形成の可能性を期待していた。

しかし、そうした期待は、後述のようなアメリカの国内政治上の理由によって実現しなかった。と同時にその後のアメリカは、ワシントン会議の提唱やヨーロッパへの融資問題を通じ、世界への新たな関わり方を模索していくことになる。結果的に、国際連盟に消極的であったイギリスが、その創設と運営の中心的役割を担う一方で、国際連盟を提唱したアメリカは、それに参加しないことで独自の立場を維持しつつ、各国を連盟規約によって拘束する形となった。こうした、アメリカが理念を提唱し、各国に間接的に影響力を行使しながら具体的な関わりに消極的な姿勢を示す一方で、イギリスが新たな理念の下で具体的な実務を担当し、世界秩序の安定化を目指していくという両国の役割分担的な関係は、一九二〇年代における国際関係の原型となった。

こうした中で日本は、人種問題においても、山東半島の問題においても、国家主権の対等、尊重という立場から、日本人の各国における待遇改善と、自らの条約上の権利の保障を求めた。そうした原則は自国本位であったが、総じてパリ講和会議における国家主権の尊重という原則は、各国間における相互理解を促す原則というより、各国の主張を拡大させる原則として機能していた。しかも、英米にとって日本は、英米の領内に同化を拒否する移民を送り出しながら、中国において排他的な拠点を作ろうとしており、その帝国主義的な勢力拡大傾向において懸念された。対して日本にとって英米は、その国内においてアジア人の権利を制限しながら、他方でアジアにおいて、国際管理の名の下に新たな白人優位の国際秩序を形成しようとしているものと捉えられた。日本は人種差別の撤廃よりも山東問題について非妥協的であったが、英米にとって人種問題は国内問題であったのに対し、山東半島問題は第三国の問題に過ぎなかった。その意味で英米と日本の合意は、三国それぞれの相互不信に基づき、自国の権利を優先的に保持し合った結果であった。

パリ講和会議における日本の対応は、短期的に場当たり的かつ自国本位で、明治期の外交意識を引き継いでいた。しかし、日露戦後の日本外交を特徴付けた、欧米諸国との合意や協定を通じて日本の安全保障や大陸権益の維持を図るという原則は、次第に通用しなくなりつつあった。パリ講和会議において明らかになったのは、日本の主張が英米の掲げる新たな国際理念の下で、十分な理解を得られなくなったという現実であった。第一次世界大戦勃発までのイギリスの多元的な外交政策は、東アジアにおける日本の国防や大陸政策と調和し、相互に利益を与えたが、それが戦後、アメリカとの協調を背景に国際連盟を生み出したことによって、それまでのイギリス外交と日本外交の相互補完的な調和は失われた。しかし、日本にとって欧米列強との協調が依然として重要であるならば、第一次世界大戦後の日本は、英米の掲げる新たな国際理念に順応していく必要があった。日本はこの後、国際連盟に常任理事国として参加し、さらにワシントン会議に参加することで、大国としての責任を自覚していく。一九二〇年代の日本は、そうした大国意識を形成していく中で、民主主義の時代に対応した国内政治と外交の刷新を目指していくことになる。

第二部　国際的自立と内外融和への模索

第八章　ワシントン会議から排日移民法の成立へ

一九二〇年に発足した国際連盟は、普遍的国際原則を確立する中でアメリカの権利を擁護しようとしたウッドロー・ウィルソンの外交的成果であったが、最終的にアメリカは、連盟に参加しなかった。第一次世界大戦後のアメリカは、ヨーロッパ世界との関わりに警戒する一方で、国内における失業、景気問題や財政再建に対処しなければならず、対外問題に対する関心を急速に低下させた。そうした傾向は、一九二〇年代のアメリカにおける孤立主義の背景となり、さらにそのような国内優先の気運は、保護関税の導入や移民入国規制の強化といった措置にも表れた。

とはいえ、ウィルソンによる行政優位の国際主義が、二十世紀初頭以来の革新主義の帰結であったとすれば、アメリカの連盟参加を阻止し、一九二〇年代の孤立主義を主導した原動力も、革新主義の気運であった。しかも、一九二〇年代のアメリカは、対外的な関心を完全に喪失したわけでも、ヨーロッパや日本との関係を不要としたわけでもなかった。それどころか、一九二〇年代のアメリカは、戦時中の経済成長を戦後においても継続するため、ヨーロッパへの輸出や投資の拡大を必要とし、大戦中のヨーロッパ諸国に対する戦時債権の回収を進める必要もあった。その上、ヨーロッパ諸国や日本、あるいはラテンアメリカ諸国との安全保障問題にも取り組まなければならなかった。こうしたアメリカにおける国際主義は、二十世紀初頭以来、革新主義と対立してきた立場であったが、そのような国際主義も、革新主義の時代を経ることで、革新主義との関係に制約され、あるいはその影響を受けていた。

総じて第一次世界大戦後のアメリカは、二十世紀初頭以来の革新主義の気運を修正し、あるいはそれに順応しながら内外の政治課題に対処した。すなわち、一九二〇年代のアメリカは、大統領権限に対する議会権限の優位という、革新主義における民主化の気運に一方で順応しながら、大企業優遇の経済政策や、労働組合に対する冷淡な姿勢など、革新主義における行政主導の側面を後退させた。そしてその原動力となったのが、以下に示すような、既存の法と秩序を重んじ、社会や経済に対する政治の介入を抑制する、個人の権利保護や自己責任の原則、エリートの指導や牽引によって発展する社会への展望であった。しかし、そうした展望は必ずしも過当競争を是認せず、むしろ革新主義の時代を経ることで、国家間や企業間の協調精神を重視するものとなっており、そうした精神が、アメリカの対外的権利を国際法や国際会議を通じて保持していこうとする、一九二〇年代のアメリカ外交を生み出した。

以下、アメリカの国際連盟不参加に始まり、ウォレン・ハーディング政権からカルヴァン・クーリッジ政権へと引き継がれていく一九二〇年代アメリカの内外政策について、カレン・ミラーや、ユージーン・トラーニとデイヴィッド・ウィルソン、そしてロバート・ファレルなどの研究に依拠しながら、概観していく。そして日米関係においても、アメリカが一方でワシントン条約を成立させながら、他方でいわゆる排日移民法を制定していく論理を、以上のような一九二〇年代アメリカの内外政策の全体的特徴の中で捉えていく。

一　新自由主義の時代

第一次世界大戦時、アメリカはヨーロッパに二百万の兵力を派遣しており、戦後のアメリカにとって、その復員と戦時経済から平時経済への移行が重要な課題となった。しかし、ウィルソンは外交問題に関心を集中し、経済問題に十分に取り組むことができなかった。戦後、アメリカの景気は後退し、失業率も一九一九年の二・三%から一九二〇年の四%、一九二一年には十一・九%へと上昇し、この年の失業者は五百万人以上に達した。一九一九年のストライキの発生件数は三千六百件に及んだ。共産主義への恐怖など、感情的な気運も高まり、急進派と移民が排撃の対象となった。こうした中、アメリカ国内において、ウィルソンが重視していた国際問題、とりわけ国際連盟に対する国民的関心は、急速に低下していった[1]。

一方、一九二〇年の大統領選挙を控え、民主党からの政権奪還を目指す共和党は、一九一二年の分裂の経緯に照らし、党内の対立を解消する必要があった。その点で共和党反主流派は、ウィルソンの行政優位の政権運営や大戦への参加決定に反発しており、こうした動向が、第一次世界大戦後のアメリカの国際連盟参加問題をめぐる共和党主流派の方針にも影響を及ぼした。

本来、共和党主流派は国際主義的立場を取っており、ヘンリー・カボット・ロッジやハーバート・フーヴァーは、大戦中のアメリカ経済の成長を戦後も継続していくため、ヨーロッパへの投資や輸出の拡大を必要と考えた。そうした判断から共和党主流派は、イギリスとの協調を維持し、ヨーロッパ経済の再建にも協力すべく、アメリカの国際連盟参加に原則として賛成していた。ただし、各国の独立尊重と侵略に対する対応義務を規定した連盟規約第十条など、アメリカの主権が制約されかねない条項について、留保の必要があるとも判断していた。それは、民主党に対する共和党の独自性を示す上でも必要であった。しかし、問題は共和党内の反主流派の動向であった。アメリカの国際連盟参加について、共和党反主流派は絶対反対の立場を取った。彼らにとって国際連盟は、イギリスを中心とするヨーロッパ外交の舞台であって、アメリカがそれに関わることは、アメリカがイギリスに利用され、アメリカがヨーロッパの帝国主義外交にアメリカを感染させるものでしかなかった。[2]

一九一九年の国際連盟参加をめぐる上院の攻防は、共和党が民主党案を否定し、民主党はウィルソンの指示の下、共和党の主張する留保条件付き連盟参加案を拒否したため、一九一九年十一月十九日の二度の採決と一九二〇年二月十九日の三度目の採決の末、連盟不参加という結果に終わった。カレン・ミラーによれば、一九二〇年一月二十三日に行われた、ロッジと民主党の調整の失敗が、アメリカの連盟不参加決定に至る山場となった。ロッジは、連盟参加を実現すべく民主党との調整を試みていたが、共和党反主流派がそれに反対し、調整は打ち切られた。[3]この時点で共和党の最大の目標は、一九二〇年の大統領選挙で勝利することであった。そのためロッジは、反主流派に配慮した党内運営をせざるを得ず、国際連盟への参加に向けた民主党との合意を見送らざるを得なかった。しかも、その間の一九一九年九月二十五日、ウィルソン大統領は、連盟参加への支持を国民に訴える遊説中に倒れていた。共和党にとって、政権奪回の好機到来であった。

共和党の大統領候補は、ローズヴェルト派のレオナード・ウッド、保守派の支持を獲得したフランク・ローデン、革新派で連盟反対の急先鋒であったハイラム・ジョンソン、そしてウォレン・ハーディングの四人であった。この中ではウッドとローデンが有力で、一九二〇年六月十一日に行われた共和党大会における投票では、ウッドが首位、ローデンがこれに次いでおり、ハーディングは最下位であった。しかし、各派間の駆け引きや調整の結果、ハーディングが逆転勝利し、共和党の大統領候補となった。各派の有力者が拮抗する中、党内における領袖支配への倦怠感も広がっており、そうした中でハーディングは、最も無難な候補と見なされた。対する民主党は、ジェイムズ・コックスが候補となったが、ウィルソンが倒れた後の状況において、資金力や支持基盤などから、共和党が圧倒的優位に立っていた。ハーディングは「常態への復帰」を掲げ、国民に安定を訴えると共に、かつてのセオドア・ローズヴェルトとは対照的に、独自の政治力を発揮しないことでウィリアム・ボーラーやハイラム・ジョンソン、ラフォレット、タフト、ロッジら全党的な支持を獲得した。それに対してコックスは、連盟参加問題を全面に打ち出し、遊説を重視する選挙活動を展開した。しかし、民主党内に統一を欠き、しかもコックス自身が離婚し、飲酒容認派であったため、その立場は不利になっていた。結局、選挙はハーディングの圧勝に終わり、議会においても、共和党は下院で四百三十五議席中の三百三議席を獲得、上院でも五十九議席を確保した。[4]

ハーディングは一九一二年選挙でタフトを支持し、革新派と対立していた。しかし、一九一四年に上院議員に当選し、保守派として連盟参加に反対、禁酒法に対しても個人的には懐疑的であったが、出身州であるオハイオ州の禁酒運動に配慮してそれを支持していた。さらに大統領と連邦議会の関係に関しても、ハーディングはウィルソンの態度、特に上院に対する態度を批判し、その点で共和党革新派と共通していた。ハーディングはマッキンリーを理想とし、大統領の積極的行動に否定的で、自らの役割を儀礼的ないし調停的なものとして位置付けていた。その一方でハーディングは、外交問題に対する関心が強かった。ハーディングは国務長官に、保守派の反対にもかかわらず、国際派のチャールズ・ヒューズを任命した。また、商務長官にはフーヴァーを起用した。フーヴァーも大戦中、ウィルソン政権の下でヨーロッパ諸国との調整に当たった国際派であったため、保守派はその起用に警戒していた。さらに農務長官にも、穏健な革新派であるヘンリー・C・ウォレスを起用した。しかし、同時にハーディングは、財務長官にノックスの提案に基づいてアンドリュー・メロンを任命した。ハーディングは財政再建のため、チャールズ・ドーズの起用を希望していた。しかし、ドーズはこれを固辞した。メロンはそれに代わって起用されたが、そこには、フーヴァーの起用に対する保守派の批判を緩和するねらいもあった。さらにハーディングは、タフトを連邦最高裁判事に任命することで、保守派の意向に応えた。(5)

ハーディングは、社会や経済に対する連邦政府の介入に否定的で、社会や経済の自律的発展を重視するという意味で自由主義的、議会の権限を尊重するという意味で民主主義的であったが、既存の法や秩序を重視し、社会的ないし経済的格差の是正に消極的という点で保守的であった。ハーディングが政権発足後に最も重視したのは、財政緊縮と税制の再編であった。ハーディングは、商業に対する不要な政府の干渉を解消し、税負担の軽減によって健全な商業活動を促進し、同時に関税によってアメリカの生活水準を維持すべきとした。(6) ハーディングは、政府の効率化という革新主義の成果を引き継ぎながら、マッキンリーの時代に通ずる伝統的な共和党保守派の理念への回帰を目指した。その一方で、大統領選挙からほどない一九二〇年十二月十四日、ボーラー上院議員などにより、イギリスや日本といった主要海軍国との海軍軍縮合意を求める決議が提出された。連盟不参加決定後のアメリカでは、連盟のような超国家的機関に拘束されない、大国相互の主体的な合意形成を本来の国際関係の在り方とし、それを通じた軍縮実現への期待が高まった。ボーラーはさらに、米英日による五年間の海軍建設計画の五十％縮小や、六か月間の海軍建造計画の停止といった提案を行った。(7) これを機にハーディング政権は、後述のように、政府機能の全体的縮小を目指す国内政策に対応した、ウィルソン政権とは異なる独自の外交方針の下で、一九二一年十一月のワシントン会議の開催に向けて動いていく。

一九二一年四月十一日からの第六十七議会において課題となったのは、予算、関税、移民問題であった。一九二〇年の国勢調査によれば、アメリカの人口は一億六百万人に達していたが、九千五百万人の白人の内、千四百万人近くが外国生まれであり、二千三百万人近くが外国生まれの親を持っていた。大戦前、アメリカに入国した移民は年に百万人を超えており、南欧の他、ユダヤ人やスラブ人、そして東洋人の移民増加が問題視されていた。大戦中、移民は激減したものの、戦後の一九二〇年、ヨーロッパから二十五万人近くが、アジアから一万七千人余りが、ラテンアメリカから十六万人余りが入国し、移民総数は四十三万人まで回復した。(8) 一九一三年、タフト大統領は拒否権を行使し、続くウィルソン大統領も、議会が移民に対する言語試験の導入を可決した時、一九一五年と一九一七年の法案に対して拒否権を発動していた。しかし、一九一七年の法案について議会は、拒否権を無効化する再可決に成功していた。こうしたアメリカにおける移民制限の気運は、日米間においても懸案となっていた。

一九一七年移民法は、日米通商条約の存在と移民法における緯度、経度表示によるアジア人入国禁止規定により、日本人移民を制限対象としていなかった。ところが、大戦の終結を受け、一九一九年中にカリフォルニア州で再び排日運動が昂揚し、急進派は、日本人の借地権の否定や写真結婚女性の入国禁止、紳士協定の廃棄と日本人移民を禁止する立法措置、日本人に対する市民権資格付与への反対、アメリカで出生した日本人子女に対する市民権付与への反対などを主張していた。そこで日本政府は、幣原喜重郎大使の提案を容れ、写真結婚女性の渡米を原則として認めない方針を決定した。しかし、一九二〇年十一月、カリフォルニア州で新たな排日土地法が成立した。同法は、市民権取得資格のない外国人の土地所有権、借地権を否定した他、この種の外国人が不動産の取得移転を目的とする法人の社員となったり、当該会社の株式を取得したりすることも禁止していた(9)。

一九二〇年九月以降、幣原大使は、帰国中の駐日アメリカ大使ローランド・モリスとの間で、移民問題に関する非公式の協議を行った。ここで協議課題となったのは、日米紳士協定の改定と在米日本人に対する差別待遇の撤廃であった。日米紳士協定の改定が問題になったのは、日本政府が日本人の労働目的渡航に対するアメリカ側の反発に対し、日本側の自主的な追加措置によって対処しようとしたからである。日本側はアメリカ側の要望に応え、日米紳士協定に基づく日本側からの渡航許可の基準について、特別に用意した概要を説明した。その一方で日本側は、その代償として、在米日本人に対する差別待遇の撤廃を求めた。その際、日本側は、一九一五年の珍田大使による最恵国待遇に関する協約案を基礎とした。とはいえ、同協定で市民権取得資格の有無による外国人への待遇格差に対処するには、限界があった。しかも、カリフォルニア州における排日運動は、アメリカで出生した日本人子女への市民権付与に対する反対論まで提起していた。協議ではこの問題も間接的に取り上げられており、モリスは幣原に対し、日本人に対するアメリカ人の感情悪化を緩和するため、二重国籍の問題を取り上げ、アメリカ市民権を獲得したアメリカ出生日本人による日本国籍の放棄手続きを定めるよう求めた。しかし、これに対して日本側は、日本国籍が血統主義、属人主義に基づくことを理由として反対し、それどころか「米国ハ、外国ノ国籍ヲ喪失セリトノ証拠ナキ米国出生者ニ対シ、米国人民ト同一ノ権利ヲ与ヘサル法律ヲ制定スルモ可ナルヘク、其法規カ一般的ナル限リ異議ヲ唱ヘサル」ことを明らかにした。しかし、幣原とモリスの協議は、翌年の共和党政権の成立で打ち切りとなり、成果を挙げられなかった(10)。

とはいえ、この協議は、生地主義と血統主義をめぐる日米間の意識や優先課題の違いを明らかにした。アメリカ側は生地主義によって市民権を付与していたため、カリフォルニア州の排日運動は日本人の入国そのものの排除を目指した。日本人がカリフォルニア州に滞在し、子女を誕生させれば、その子女は市民権を獲得し、市民権取得資格の有無を基準とする権利の制限が不可能になってしまうからである。とはいえ、日本人の入国阻止には限界があった。そこで、アメリカで誕生した日本人子女についても、その市民権を剥奪する必要が認識され始めたわけである。こうした排日運動を背景に、日本側はアメリカに、二重国籍を理由として生地主義による市民権付与を停止する場合についても、それが外国人全体に適用されることを条件に受け入れる立場を示した。日本側は、在米一世と二世の権利に格差が生じるより、二世を含めた在米日本人全体に対する外国人としての均等待遇を重視しており、日本にとってそれが国家間の対等関係を示す指標ともなっていた。アメリカで出生した日本人子女に対する市民権停止の可能性にまで日本側が理解を示したのは、日本自身に外国移民の受け入れ実績がなかった上、外国人の待遇に関するアメリカの判断はアメリカの主権に属する問題としていたからであった。ただし、そうした措置が実施される場合、日本側が抗議してきた市民権取得資格の有無を基準に、生地主義の適用可否が決定される可能性もあった。幣原もその点をモリスに指摘していたが、この時点において日本側は、後の一九二四年移民法の制定に向かうアメリカの動向に対し、それほどの危機感を有していなかった。

移民問題に関する日本側の論理は、血統主義と在留外国人に対する均等待遇の原則に基づいていたが、この点は生地主義を原則とするアメリカ側に十分に理解されなかった。しかも、大戦後のアメリカは、日本人を含めた移民全体に対する制限を強化しており、ハーディング政権は前政権までの対応に比べ、移民制限に協力的であった。一九二一年四月からの議会において、新移民法は四時間の審議で可決され、ハーディングは五月十九日にこれに署名した。今回の通過は、下院で三百二十三対七十一、上院で六十二対六と圧倒的多数で実現しており、国際連盟の参加に反対していた革新派のボーラーやハイラム・ジョンソンもこれを支持していた。この新移民法によって、移民総数は三十五万七千人に設定され、その内訳として、一九一〇年の各国毎のアメリカ居住者数を基準に、各国にその三％までの移民数が割り当てられた。その結果、戦後急速に回復した移民数は、一九二二年に三十万人に減少した。(11) この法案は一年間の期限が設定されていた。しかし、同法は二年間の延長措置を受け、一九二四年に恒久化された。その際、実質的な排日規定が追加されることになる。

次の関税問題は、大戦の終結とヨーロッパ経済の復活により、一九二〇年に農産物価格が大幅に下落していたことから、懸案となっていた。関税の引き上げについて、農業界のみならず、産業界からも期待があり、五月二十七日にハーディングは、六か月間の関税引き上げを規定した緊急関税に署名した。これは、六か月の間に常設関税について準備を進めるための措置であり、その後、下院歳入委員長のジョゼフ・フォードニーよって新関税法案が起草され、七月二十一日に下院を通過した。ただし、新関税法は、上院において産業保護をさらに強化する方向で二千以上の修正を受け、翌一九二二年八月十九日に上院を通過した。審議において焦点となったのは、関税に、安価な外国製品に対抗するための価格格差の是正に関する機能を備えさせた点であった。同関税法は、大統領に、委員会の提言に基づいて内外価格差を判定し、関税率の五十％を増減させる権限を認めていた。九月二十一日の大統領の署名によって成立したフォードニー＝マッカンバー関税法は、アメリカ史上でも最も高率な保護関税の一つで、世界貿易に悪影響を与え、ヨーロッパ諸国による戦争債務の支払いをより困難にする結果を引き起こすことになる。(12)

最後に予算法に関しては、大戦中の増税に対する軽減、特に関税収入の代替措置として実施された所得税の改定が問題となっていた。一九二一年六月十日、ハーディングは予算＝会計法に署名し、予算事務局の初代長官にチャールズ・ドーズを任命した。政府はこれによって、各省の予算提案や議会の法案効果を査定することが可能になり、予算の縮小に効率的に取り組んでいくこととなる。メロン財務長官は、累進課税や法人税を引き下げる一方で、印紙税の引き上げや銀行小切手に対する二セントの課税、自動車税の創設などを行おうとした。メロンは、富裕者が経済を牽引し、仕事を生み出すことから、富裕者が多くの資本を所有すべきと考え、また、中下級所得層の税負担を軽すぎると判断していた。下院歳入委員会は、メロンの考えに沿った歳入法案を提出した。議会では、民主党と共和党の農業関連議員が歳入法案を批判した。しかし、歳入法は、十一月七日に一部修正の上、上院を通過し、下院との調整を経て、二十三日に大統領による署名が行われた。こうしたメロンと議会の対応は、一九二〇年代アメリカにおける所得格差の拡大を引き起こす要因となり、ユージーン・トラーニとデイヴィッド・ウィルソンは、一九二一年に革新主義が少なくとも政府において死亡した、と評価している。(13)

第一次世界大戦の終結を受け、議会ではさらに、退役軍人に対する恩給と農産物価格の下落に対する対応も問題になった。しかし、ハーディングは軍人恩給の支給に伴う予算の拡大を懸念し、これに反対した。また、農業政策をめぐり、農業関連議員が政府の支援を求める中、ウォレスとメロンが対立した。一九二一年六月、農業対策のための調査委員が設置され、翌年一月に報告が提出された。対策の焦点となったのは、農業部門に対する信用給付や農産物輸送料金の引き下げ、設備改善、道路改良、包装業の価格監視、先物取引規制、余剰農産物処理などであった。この内、余剰農産物処理とは、国内における余剰農産物を基金で買い上げ、海外で販売するという構想であった。これは、農業議員から広範な支持を得たが、政府部内でメロンが強硬に反対し、ウォレスも、政府の市場介入を否定する立場からこれに反対した。さらにフーヴァーは、商業への悪影響を懸念する立場から、農業補助や農業生産物運賃の引き下げに反対し、ウォレスと対立した。一九二〇年代を通じ、共和党は農業問題に対する連邦政府の介入に否定的で、一九二四年にウォレスが死去したことにより、この傾向はクーリッジ政権にも継承された。

一九二一年から一九二二年にかけて景気はさらに悪化し、一九二二年十一月の議会選挙で共和党は議席を大きく減らした。下院で共和党は二百二十一議席、民主党は二百十二議席を保有し、共和党が過半数を維持したものの、両党はほぼ拮抗した。しかも一九二二年に軍人恩給問題が再浮上し、関連法案が九月十四日に下院を、翌日に上院を通過したにもかかわらず、ハーディングは拒否権を発動した。議会選挙六週間前のことであった。二日後、下院は法案を再通過させたが、上院では四十四対二十八で、拒否権の無効化に四票及ばず、法案は成立しなかった。共和党執行部はハーディングを批判したが、産業界はこれを支持した。(14)メロンはこの後、一九二一年の時点で二百三十一億ドルに達した連邦債務を、一九二三年には二百十八億ドル、一九二九年には百六十五億ドルにまで削減する。(15)

産業界を支持し、社会的格差の是正に消極的なハーディングの姿勢は、労働問題や黒人問題への対応にも表れた。一九二二年四月にイリノイ州で炭鉱ストライキが発生し、七月には全国的な鉄道工場ストライキが発生した。フーヴァーは委員会の設置などを通じて仲裁を試みたが、ハーディングはストライキを非難し、非組合労働者による生産継続を支持した。(16)また、ハーディングは大統領就任後、黒人運動の代表と会見し、選挙権の承認や反リンチ法の制定に関する要請を受けていた。一九二〇年の時点で黒人人口は千四十万人、内八百九十万人が南部に居住し、大戦中に五十万人が北部へと移動していた。とはいえ、北部においても黒人は差別に直面し、法の下での対等な扱いや、職業機会の均等、賃金の平等、反リンチ法の制定などを求めた。対してハーディングは、議会やその他における演説で人種問題に言及し、教育や経済における機会の均等を呼びかけたこともあった。しかし、ハーディングはそれを行動に移すことなく、反リンチ法を支持することもなかった。一九二〇年代に、排撃の対象を黒人から移民やカトリックにまで拡大したクー・クラックス・クランへの対応も、消極的であった。ハーディング政権は女性の権利拡大に積極的で、女性参政権は認められた。とはいえ、一九二二年に制定されたケーブル法は、アメリカ人女性が市民権獲得資格のない外国人、すなわち東洋人と結婚した場合、結婚期間中は参政権が停止されること、アメリカ生まれの黒人女性および東洋人女性が市民権資格のない外国人と結婚した場合、その参政権は永久に停止されることを規定していた。(17)一九二〇年代のアメリカは、移民制限の強化に対応する人種隔離や人種に基づく権利の格差を容認し、法制化する傾向を強めていた。

大企業主導の経済政策を推進した中心は、フーヴァー商務長官であった。フーヴァーも、経済に対する政府の介入に反対する立場から、農業補助に反対してウォレスと対立し、また、労働運動に対しても否定的であった。しかし、その一方でフーヴァーは、独立の経済単位として組織され、集権化されず、自治的な社会機構としての協同組合的組織を支持しており、とりわけ農業問題に関し、組合組織による農民の自主的な生産調整を促そうとした。他方、産業界においても、マイケル・ホーガンによれば、第一次世界大戦後のアメリカ経済社会は、かつての原理的な自由主義に基づく過当競争の時代から、経済界自身の自主的な調整や協調により過当競争の弊害を抑えていこうとする時代へと移行していた。(18)かつての帝国主義の時代から、革新主義やウィルソン民主党政権時代を経ることで、経済界や共和党主流派においても、大企業がアメリカ経済において中心的、牽引的な役割を果たしながら、自制された協調精神を発揮することで、社会的批判に応えようとする気運が生じていた。一九二三年以降、アメリカ経済が回復し、好況を維持するようになると、労働者に対する産業界の管理も進展した。戦後に高まった失業率も、一九二三年から一九二九年にかけて三・七％へと低下した。一九一一年から一九一七年の失業率は六・一％であり、参戦前よりも低くなっている。それと並行し、労働組合に参加する労働者の数も、一九二〇年の五百十万人から、一九二三年には三百五十万人まで減少した。(19)

以上のようなハーディング政権の政策は、エリート中心の社会秩序を理想とする点で、ウィルソンの理念と部分的に共通していた。しかし、ウィルソン政権が保護関税の撤廃や所得税の導入など、大企業や富裕層に負担を求め、独占を規制し、さらに政権後期には公共性や社会秩序、国際秩序に関わる権力行使を政府が積極的に抑制することで、アメリカの自由を擁護しようとしたのに対し、ハーディング政権は、法と秩序の名の下に政府による行政権の発動を抑制し、緊縮財政と大企業優遇を進め、それによって経済成長と社会的安定とを実現しようとした。同様に、ハーディング政権の外交も、以下のように、大国間ないしアメリカの権利や価値観を尊重する政権との合意を重視し、ウィルソンが繰り返した海外派兵を否定する一方で、アメリカの権利を侵害する政権に対するウィルソン政権期以来の不承認政策を継承した。それによってハーディング政権は、直接的内政干渉と一線を画する間接的な外交的影響力の行使と、大国を中心とする国際秩序の安定化とを図ろうとした。こうした国際主義は、既存の法と秩序を重視する一九二〇年代の共和党の社会秩序観を反映し、国際法や国際司法、そして国際会議を重視する姿勢に具体化していく。

二　ワシントン条約の成立

ハーディング大統領は外交の専門家ではなかったが、上院議員時代に外交委員を務めるなど、外交に対する関心は高かった。また、ヒューズ国務長官とも良好な関係を維持した。ヒューズは国際関係における国際法の役割を重視し、仲裁や調整、和解を通じた国際関係の安定化を目指した。それだけにヒューズは、第一次世界大戦期より懸案を抱えていたロシアとメキシコに対し、国際的義務の履行を求め、憲法を暴力的に否定した政府を承認しない姿勢を堅持した。ヒューズは、国際法や仲裁を重視する点でタフト政権期の外交を引き継ぎながら、メキシコやロシアの政権に対する不承認の姿勢においてウィルソンの外交を引き継いでおり、トラーニおよびD・ウィルソンは、一九二〇年代に不承認政策が共和党によって組織化、制度化されたと評価している。

上院における革新主義と孤立主義の代表的議員であったボーラーは、政府にソ連の承認を求めていた。対して、国際主義的なフーヴァーは、産業界の意向に応え、一九二一年にアメリカ国内の余剰農産物をロシアに輸出すべく行動したが、私有財産を否定する政府への融資や正式承認に反対していた。ところが、ロシアとの通商をめぐってフーヴァーは、ヒューズと対立した。実利を重視したフーヴァーに対し、ヒューズはあくまで原則を重視した。そのため、ソ連の承認問題は、ハーディング以降の共和党政権の下で解決されなかった[20]。

ハーディング政権以降の一九二〇年代における外交の中心は、後述のように、ラテンアメリカ、とりわけメキシコやニカラグアをはじめとする中米外交であった。その一方でハーディング政権は、ヴェルサイユ条約の批准拒否という事態を受け、国内の財政再建政策に対応した国際的軍縮と、ヨーロッパ諸国の戦争債務問題にも取り組まなければならなかった。

一九二〇年十二月の主要海軍国との軍縮交渉に関する議会決議を受け、ハーディング政権も、そしてイギリス政府も、これをアメリカが国際主義に復帰するための好機として捉えた。ジョン・ヒックスによれば、共和党主流派やアメリカの大企業にとって、国際的軍縮会議の開催は、政府の支出を抑えるという点で、新たな世界機構を創設しようとしたウィルソンの構想に代わる戦後構想として積極的に支持できた。さらに、会議をアメリカで開催することで、アメリカがヨーロッパ帝国主義の陰謀に巻き込まれかねないという、ウィルソンに対して向けられた批判も回避できた[21]。対してイギリスでは、準備期間の不足や、アメリカの国際連盟不参加というかつての経験に照らし、会議の成果に懐疑的な観測も強かった。しかし、イギリスにとって、アメリカが中心となる国際会議の開催は、後述のように、第一次世界大戦後のヨーロッパや中国の再建にアメリカの協力が必要と判断される中、それを実現するための好機として評価された。

とはいえ、イギリスには、日英同盟に対するアメリカの反感をいかに緩和するかという問題があった。しかも、一九一一年に成立した第三次日英同盟は十年間の期限となっており、一九二一年七月が更新期限に当たっていた。同盟は、一年前に廃棄通告を行わない限り、自動的に延長される規定であったが、イアン・ニッシュによれば、イギリス外務省は、アメリカとの関係を重視する立場から、日英同盟の継続に懐疑的であった[22]。そこでイギリス外務省は、日英同盟に代わる日英米三国間の協定を構想すると共に、五月二十日付で日本に対し、前年七月に国際連盟に対して行った日英共同の通告を実質的な廃棄通告とし、また、最終判断を帝国会議の検討を経て行うため、現行同盟を暫定的に三か月間延長するという提案を日本側に伝えた[23]。前年七月の連盟通告とは、日英同盟が現状のままでは連盟規約に抵触するため、更新を行う場合、連盟規約と両立する形式に修正することを通知したものである。しかし、日本は、廃棄通告の解釈と暫定的延長に関するイギリス外務省の主張を受け入れなかった[24]。六月二十日に開催された帝国会議において、オーストラリア首相のウィリアム・ヒューズは日英同盟の継続を支持したが、カナダ首相のアーサー・ミーエンは反対した。とはいえ、最終的にロイド・ジョージ首相は、バーケンヘッド大法官の意見を求め、日英同盟の更新問題について日本の立場を支持し、日英同盟の継続を決定した。この決定は、七月二日に林権助駐英大使に伝えられた[25]。帝国会議における日英同盟に関する検討は、最終決定に対する影響よりも、ドミニオン側に意見表明の機会を与えた点に意義があり、それはまた、第一次世界大戦後のイギリス本国と自治領の関係の変化を反映していた。しかし、ロイド・ジョージは最終決定に際し、外務省の見解や帝国会議の議論をほとんど考慮に入れなかった。

日英同盟の継続決定により、イギリスにとって、改めてアメリカの不信を解消する措置が必要となった。そこでカーゾン外相は、軍縮会議の予備会議を、太平洋極東会議としてロンドンで開催することを提案することとした。それにより、アメリカの警戒を解こうとしたのである。予備会議の提案は、帝国会議でも支持され、七月四日から五日にかけて日本とアメリカに伝えられた[26]。しかし、アメリカのヒューズ国務長官は三日後の八日、イギリス、日本、フランス、イタリアに対し、非公式にワシントンでの軍縮会議を提案した[27]。イギリスの提案した予備会議に関してヒューズは、ジョージ・ハーヴェイ駐英大使に、アメリカ側に日英同盟への警戒から、ロンドンでの会議に対する不信感があることを伝え[28]、これを拒否した。つまり、アメリカにとってロンドンにおける会議は、かつてのパリ講和会議と同様、ヨーロッパ外交と一線を画そうとするアメリカ外交の原則に抵触しかねなかったのである。次いで八月十一日にヒューズは、イギリス、フランス、イタリア、日本、中国の各大公使館に、十一月十一日にワシントンで開催予定の軍縮会議に対する招請状を、それぞれの任国政府に提出するよう訓令した。十月四日にベルギー、オランダ、ポルトガルに対する招請も行われた[29]。これによって、軍縮会議と極東会議が融合した。会議の代表に、アメリカではロッジ、オスカー・アンダーウッド、エリフ・ルート、ヒューズが任命され、国際的軍縮の提案者であったボーラーは外された。イギリスからは、バルフォア、リー海相、ゲディーズ駐米大使、日本からは、加藤友三郎海相、幣原喜重郎駐米大使、徳川家達貴族院議長が選出された。イギリスはアイルランド問題のため、日本では議会への対応のため、首相の参加は見送られた。

ワシントン会議の開催日は、当初、一九二一年十一月十一日に予定されていた。しかし、これは翌十二日に変更された。十一月十一日は第一次世界大戦の休戦協定調印日であり、そのためこの日は、戦没者の慰霊を行い、永続的平和を誓う記念行事に当てられた。これは、アメリカがかつて連合国の一員であったことを確認し、世界平和実現のために責任を負っていることを示しながら、アメリカが中心となって軍縮会議を行うことの画期性を内外に示す象徴的な行事となった。次いで翌日のワシントン会議の開会冒頭、各国代表演説の中でヒューズ国務長官は、建造中の主力艦全てと老齢艦の一部廃棄や、十年以上の主力艦の建造停止、さらに今後、各国が代艦の建造によって保有する主力艦について、アメリカとイギリスは五十万トン、日本は三十万トンのトン数比率によって制限することなどを提案した[30]。ミラーによれば、これはかつて共和党を分裂に導いた、反帝国主義を掲げ、秘密外交を否定する共和党反主流派の批判を封じ込め、アメリカを国際協調へと誘導していこうとする戦略から生み出された外交手法であった。ヒューズの提案は、ボーラーら反主流派に十分な満足を与えたわけでなかったが、大きな前進として評価された[31]。

ヒューズの提案に対して日本側は、対米七割の主力艦比率、戦艦陸奥および安芸の保有、航空母艦の均等保有を主張した[32]。しかし、アメリカは、各国の保有比率を各国の現有総トン数と建造中の完成比率を基準に算定したことを理由として、日本の主張を受け入れなかった[33]。日本の代表団にも、加藤寛治海軍中将のような強硬派が存在した。しかし、全権団、特に加藤友三郎は、軍備拡大の負担と対英米関係の重要性から、対英米六割の受諾を本国に具申し、合意に至った。ただし、日本側は六割受諾の条件として、太平洋における軍事基地の増強凍結を求めた。最終的に英米は、陸奥を完成艦として廃棄艦から除外し、摂津を廃艦にすることと、太平洋防備の現状維持について好意的な反応を示す一方で、陸奥の保有を承認する代償として、アメリカがコロラドとワシントンを保持し、建造中のノースダコタおよびデラウェアを保有することと、イギリスはキングジョージ五世級四艦を廃棄し、三万五千トン級二隻を建造することを日本に認めさせた。これは建設途中艦の廃棄を規定した当初のヒューズ提案を英米側に有利に修正したものであった。これを受け、十二月十五日に海軍比率合意と太平洋における基地の現状維持の方針が公表された[34]。

とはいえ、交渉はその後、難航した。日本側は六割の比率を受け入れる条件として、太平洋の島嶼における軍事基地の現状維持を提案した。しかし、アメリカはハワイの現状維持を拒否しながら、日本に対し、小笠原諸島と奄美大島ないし屋久島南方を通過する北緯三十度以南における日本領全ての現状維持を求めた。日本側は、太平洋における軍事基地の現状凍結について、台湾、ハワイ、シンガポールといった本国外の獲得海外領を対等と見なす一方で、小笠原諸島や奄美大島を日本の内地に属するとした。そのため、日本側は英米の主張を、日本に対する不平等な規定として反対し、小笠原諸島などの現状維持については条約中に明記せず、自主的措置として行うことを提案した[35]。しかし、アメリカ側は、琉球諸島が軍備制限地域に入れられない場合、上院の批准が得られないことを理由に、譲らなかった[36]。そのため、これについても日本全権が本国に受諾を申請し、日本側が全面的に譲歩した[37]。太平洋の基地の現状凍結は、対英米六割の主力艦比率受諾の条件であったが、主力艦比率の合意は既に公表されていた。日本にとって、基地問題によって海軍軍縮条約の合意全体を破壊することは不可能な状況に追い込まれていた。

軍縮会議において際立っていたのは、自国の権利に関する譲歩を一切行わないというアメリカの姿勢であった。軍縮は、主力艦や航空母艦のみならず、潜水艦や毒ガスについても検討された。イギリスは潜水艦を、商船という、非戦闘員に対する攻撃兵器として位置付け、その全廃を主張した[38]。毒ガスは、既にヴェルサイユ条約で使用禁止が規定されていたが、ワシントン会議でも取り上げられた。十一月三十日の毒ガス委員会において日本代表は、その使用のみならず、研究や製造についても禁止すべきとする主張を行った。ところが、アメリカは潜水艦についても毒ガスについても、権利が制限されることに反対した。毒ガスに関する日本の提案は、イタリア以外のイギリス、フランスからも実行不可能として賛同を得られなかった。しかし、そうした中でもアメリカ委員は、毒ガスの使用を積極的に擁護した。後にヒューズは、毒ガスの使用禁止に賛成するが、加藤寛治海軍中将および田中国重陸軍少将は、毒ガスの使用禁止にすら反対したアメリカ委員の態度について、次のように本国に報告している。(39)

米国ノ原案ハ八項ヨリ成リ、第一項ニ「毒瓦斯ハ他ノ兵器ト類似ノモノニテ既ニ世界戦争ノ試験ヲ経、該戦争ニ従事セル各国ハ之ヲ採用セリ」ト掲ケ、先ツ之ニテ毒瓦斯戦ハ承認スヘキモノト定メ、以下ノ各項ハ此主張ヲ根拠トシ、禁止又ハ制限ノ不可能ナルヲ特ニ示セルニ過キス。我委員ハ、米国委員ノ態度横暴ニシテ自己ノ主張ニ盲従ヲ強制セントスルヲ以テ、爾後ノ審議ニ加フルヲ避ケ、他ノ四国委員間ニテ先ノ審議ヲ続行セリ。

二月六日に調印された潜水艦および毒ガスに関する五国条約は、潜水艦は商船に対する拿捕、攻撃に先立ち、臨検および捜査を行わねばならず、商船側もこれに応じる義務を有することや、通商破壊のための潜水艦使用の禁止、毒ガスの戦闘使用の禁止などを規定した。(40) ワシントン条約の成立後、日本陸軍は、欧米諸国が毒ガスの製造や研究の権利を保留していたため、その研究を継続することになる。また、潜水艦についても、日本海軍はそれを対戦闘艦艇用兵器として位置付け、後の大東亜戦争においてもその戦略は一貫していた。そのため、戦争中後期に非戦闘艦に対する攻撃を重視するようになったアメリカに対し、日本の潜水艦隊は、時に航空母艦を撃沈することはあったものの、十分な戦果を挙げられないまま、サイパン島防衛戦で壊滅的損害を被る。

自国の権利について譲歩しないアメリカの姿勢は、四国条約をめぐる交渉においても同様であった。四国条約の起源は、日英同盟に対するアメリカの警戒を緩和するため、イギリスがアメリカを含めた三国間の協商を新たに締結しようとしたことであった。しかし、アメリカの日英同盟参加は考えられなかった。そこでバルフォアは、ワシントン会議開催前日の十一月十一日、ヒューズに対して次のような英米日三国間の協商案を非公式に提示した。(41)

東亜ノ地域ニ於ケル全局ノ平和ヲ維持シ且太平洋諸島及太平洋沿岸領土ニ於ケル締約国ノ現在ノ領土権ヲ防護スルノ目的ヲ以テ締約国ハ左ノ如ク約定ス。

第一条　締約国ハ各自前記権利ヲ尊重シ、且締約国中一国ニ於テ右権利カ他国ノ行動ニ依リ危殆ニ迫レリト認ムルトキハ、之ヲ防護スル最善ノ手段ニ関シ各締約国ト充分ニ且隔意ナク協議スヘシ。

第二条　将来締約国中一国ノ領土権（第一条ニ掲ケタル）カ他ノ一国又ハ数国ノ結合ニ依リ脅威セラルル場合ニハ、二締約国ハ軍事同盟ノ締結ニ依リ自国ヲ防護スルノ自由ヲ有スヘシ。但シ(イ)右同盟ハ性質上純然タル防禦同盟タルヘク、且(ロ)右同盟ハ他ノ締約国ニ之ヲ通告スルコトヲ要ス。

第三条　本約定ハ其ノ関係スル地域ニ於ケル領土権防衛ニ関シ、本約定以前ニ締約セラレタル一切ノ条約ニ代ルヘキモノトス。

これは、バルフォアが十一月二日にリヴァプールを発し、十日にワシントンに到着するまでの間に作成された[42]。特徴は、中国に関する規定を別個の条約として分離する一方で、日英同盟に対するアメリカの参加を求めず、また、第三条によって日英同盟は解消されるが、第二条によって、必要な場合に日英同盟を復活させる権利を日本とイギリスが保留した点にあった。しかし、ヒューズは、バルフォアの提案が日英同盟を完全に解消していない点に難色を示した。バルフォアは十一月二十二日、加藤友三郎に右の案を伝え、これを受けて日本側は、病臥中の幣原がバルフォア案とアメリカの反応を踏まえた独自の試案を作成し、二十五日にこれを、本国の了承を得ない私案として佐分利貞男を通じてイギリス側に提示した。幣原案は、第一条で、太平洋および極東における締約国の領土権が第三国から脅威を受けた場合の意見交換を、第二条で、締約国間の協調関係に影響を与える事件に対する締約国の「共同会商」を規定していた。同日夜、バルフォアはロッジおよびルートと会談し、幣原案を提示した。アメリカ側はこれを了承すると共に、山東半島問題が解決するまでこの問題を公式に取り上げないことを伝え、さらに幣原案について、条約の適用範囲を太平洋の島嶼部のみに限定することと、協定にフランスを参加させることを求めた[43]。

アメリカが島嶼部のみに適用するとした理由は、条約の適用範囲から中国を除外することで、この条約と山東半島問題を切り離し、上院の承認を得やすくするためであった。また、フランスの参加を求めた理由も、それによって日英同盟にアメリカが参加するような形態を回避し、上院の承認を得やすくするためであった。ただし、多数の国の参加を認めると、日英同盟に対する代替協定としての性格が薄れるため、太平洋の島嶼部に領土を保有するオランダは海軍軍縮条約に参加していないことを理由に、また、フランスの参加に応じてイタリアが参加を求めた場合も、イタリアが太平洋に領地を所有しないことを理由に、参加を認めないこととされた。実際、日本側はフランスの参加に消極的な見解をイギリス側に伝える一方で、イタリアは四国条約への参加を希望した。しかし、いずれもアメリカの方針に則った決着が図られた。なお、以上の修正理由について、日本には次のように伝えられた[44]。

一　本協定ハ太平洋ニ於ケル島嶼ニ局限スルコト、其ノ理由ハ左ノ如シ。

(イ)支那ニ関シテハ別ノ約束ヲ結ヒ関係国ヲ之ニ参加セシム。

(ロ)支那ニ関スル複雑ナル諸問題ノ解決ヲ待タスシテ速ニ本件協定ヲ結フコト得策ナリ。

二　本協定ノ当事国ヲ太平洋ニ於テ島嶼ヲ有スル海軍国即チ日英米仏ニ限ルコト、其ノ理由左ノ如シ。

(イ)米国上院及米国人民ノ本件協定ニ対スル反対ヲ予メ防遏ス。

(ロ)本件協定ニ多数ノ国ヲ交ユルヲ欲セストノ日本ノ意向ニ成ルヘク副ヒ利害関係少ナキ諸国ヲ除外ス。

他にもアメリカから、山東半島問題が解決しなければ四国協定問題を取り上げることさえ困難であることも伝えられており、二十五日の英米間の折衝内容はほぼそのまま日本側に伝えられた。

ただし、協定の適用範囲から中国を除外する最大の理由が、山東半島問題に対するアメリカの関与を回避する点にあったことは、明確には伝えられなかった。

この間、日本本国でも、日英同盟復活の権利を保留したバルフォア案について検討され、「米国側ニ於テ異議ナキ限リ、斯ル規定ヲ設クルコトハ我ニ取リテモ有利ナルヘシ」[45]とする見解もあった。しかし、二十五日のバルフォアとロッジおよびルートの会談は、専ら幣原案に基づいて検討を行っており、バルフォア案は取り上げられなかった。つまり、バルフォア案第二条における日英同盟の留保条項は、日英同盟の解消に日本側が難色を示すことを想定して定められた規定であり、幣原案がそれを含んでいなかったため、検討対象からはずされたのである。その意味で、日英同盟完全解消の責任の一端は、日本側、特に幣原にあった。四国条約は、海軍軍縮協定合意発表二日前の十二月十三日に調印され[46]、ワシントン会議における合意の中で交渉期間が最も短く、最初に成立した協定となった。アメリカは、四国条約を海軍軍縮とほぼ同時に成立させることで、その上院通過をより確実にしようとしたのであろう。アメリカにとって日英同盟は、脅威という以上に、帝国主義の象徴となっていた。アメリカ政府は、自らを含めた協定によって日英同盟を解消させようとし、そのためかえって上院に対する過大な配慮が必要となった。それだけ日英同盟に対するアメリカの拒絶感は強く、アメリカ政府はその解消に、海軍軍縮に匹敵するほどの意義を与えていた。

こうした英米の対応に比べると、日本側はそれほど日英同盟に固執していなかった。フランスの参加問題に関連し、全権代表は十二月二日、内田外相に次のような意見を具申していた[47]。

帝国ガ日英同盟ノ継続又ハ三国協商ノ締結ヲ希望スル所以ハ、敢テ之ニ依リテ締約国ヨリ何等戦争ニ対スル援助ヲ期待スル為メニ非ズ、唯一ニ英国若クハ英米ト伍班ニ立チテ協調ヲ保チ、相互ニ徳義的支持ヲ約シ、以テ帝国ノ国際的孤立ヲ避ケントスルニ在リ。而シテ右目的ヲ達スル為メニハ成ルベク本協商ヲ日、英、米ニ局限スルノ望マシキハ勿論ナルモ、既ニ米国ガ特殊ノ理由ニ依リテ仏国ノ加入ヲ希望シ、英国モ亦之ヲ諒トシ居ル今日、我国独リ之ニ反対スルハ策ノ得タルモノニ非ザルノミナラズ、仏国ノ国際上ノ地位及現存日仏協商ノ関係ニ鑑ミル時ハ、仏国ノ加入ハ大体ニ於テ当然ノ帰結トモ言ヒ得ベシ。

アメリカによる日英同盟の解消を成功させた最大の原因は、日本が英米との協調を優先したことであった。こうした日本の姿勢は、列強の権威を背景に、義務や拘束性を伴う同盟関係の形成によって安全保障を補強してきた従来の立場から、イギリスやアメリカとの関係を主体的な協調関係へと再編していこうとする新たな立場への変化を反映していた。ただし、四国条約に戦時の実効的支援を期待せず、国際的孤立の回避と国際協調の気運を求めた日本政府の方針は、他方で四国条約に付随する別個の問題を引き起こした。四国条約は、その適用対象を太平洋における島嶼部に限定していた。そのため、条約の適用地域に締約国の本国領域が含まれるのは、日本のみとなった[48]。そこで日本政府は、本土に対する攻撃の際、日本のみが各国と協議を行うことになる規定を、主権の侵害に当たるものとした。しかもこの問題は、日本の本土部分の定義をめぐり、海軍軍縮条約に付随した軍事基地の現状維持範囲の問題とも重なっていた。英米は、日本の本国領域が含まれることを日本に有利な規定とした[49]。しかし、日本はこれを受け入れなかった。日本は四国条約に実効的な支援を期待していなかった上、何より明治以来の外交方針に基づき、国家の自立、独立を重視したからである。その一方でアメリカ上院にも、日本への攻撃に対して各国の協議を義務付ける規定をアメリカの主権を侵害するものとする批判が存在した[50]。そこで最終的に、四国条約第一条の日本に関する対象地域を台湾、澎湖諸島、委任統治領のみに限定することを明記する、追加協定が定められた[51]。

一方、以上のような日英同盟問題に比べ、中国問題をめぐるアメリカの対日姿勢は、同調的ないし協力的であった。会議開催冒頭の十一月十二日のヒューズの演説自体、軍縮問題を中心とし、「極東問題ニ関シテハ多ク言及スルトコロナク、寧ロ同問題カ第二段ノ問題タルカ如キ感想ヲ与ヘ[52]」る内容であった。中国問題の検討は、十一月十六日の太平洋および極東問題総委員会における中国代表による十項目の一般原則提議から始まった。しかし、アメリカ代表のルートは、中国を構成する範囲に疑義があり、また、会議が中国の憲法に拘束されないことを述べた上で、十一月二十一日の極東問題総委員会に中国の主権尊重に関する決議案を提出した。それは、従来の中国の主権尊重などに関わる様々な協定やワシントン会議における各国代表の演説を踏まえながら、以下のように規定していた[53]。

左記各項ハ本会議参加国（支那ヲ除ク各参加国ノ名ヲ全部記ス）ノ確固タル意図ナリ。

㈠支那ノ主権、独立並ニ領土的及行政的保全ヲ尊重スヘシ。

㈡支那ニ対シ有力且ツ安固ナル政府ノ樹立及維持ノ為メ、最モ安全且ツ障碍無キ機会ヲ与フヘシ。

㈢支那ノ全領土ニ亘リ、各国民ノ商工業上ノ機会均等主義ヲ有効ニ確立シ及維持スル為メ、努力スヘシ。

㈣友好国ノ臣民若クハ市民ノ権利ヲ阻碍スヘキ特殊権利若クハ特権ヲ獲得スルカ為メ、現状ヲ利用セス、又右友好国ノ安寧ヲ害スル行為ヲ許容セサルヘシ。

ルート決議は、表現の修正を経て二月六日に調印された九国条約第一条となった。特徴は、第二項や第四項において、中国に安定政権が存在しないことを前提に、中国の自主的再建に対する期待や、そうした現状利用の禁止、そして各国の既存の権利維持を表明した点にあり、これは、ワシントン会議における中国の国際的地位の低下を象徴する項目となった。ワシントン会議におけるアメリカは、大国間の合意形成を重視しており、これ以降、中国問題に関し、日本寄りの姿勢をさらに具体的に示していく。

ワシントン会議における中国に関する合意には、中国における外国郵便の撤廃をはじめとする多くの項目が存在したが、特に重要であったのは、関税条約の成立と山東半島に関する日中合意であった。関税問題は、十一月二十九日以降、関税問題分科会で検討された。アメリカのアンダーウッド委員長は、「支那側ハ今日ハ関税自主権ノ如キヲ要求スルニ非ラズ、鞏固ナル政府ヲ樹立シ、財政上ノ安定ヲ計ル為ニハ増税ヲ要スルヲ以テ、条約ノ変更ヲ要求セルモノ」[54]との理解を示していた。そのため、検討において中国の関税自主権承認は問題とならず、中国の財政再建と安定政権実現のための関税率改定問題のみが扱われた。

最終的に成立した関税条約は、第二条において、一九〇二年の英清通商条約、通称マッケイ条約と、一九〇三年の米清通商条約および日清追加通商条約で規定された、釐金の廃止とそれに伴う付加税の導入に関連し、それを実施するための特別会議を条約施行後三か月以内に開催すること、第三条において、釐金廃止までの暫行規定として、特別会議で決定される条件の下、一律二・五％の付加税と、さらに釐金廃止を条件とする五％までの付加税を実施することを定めていた。[55]マッケイ条約は、それまで従価五％に固定された中国の関税率について、中国国内の内地通過税である釐金の廃止を条件に、七・五％までの付加税を認めることを定めており、翌年の米清および日清通商条約もこれに準拠していた。対してワシントン関税条約は、英中間の条約上の規定を基礎とする個別の条約秩序を、二・五％の関税増加分について釐金廃止の条件を解除しながら、多国間条約として継承、再編したものであった。マッケイ条約の規定は、地方政府の財源となっていた釐金を廃止し、中央政府の財源となる関税に一元化するもので、それは、通商の拡大と共に、中国における中央行政機構の確立とその財政基盤の強化を実現しようとしたイギリスの経済戦略、外交戦略から生み出されていた。それがワシントン関税条約により、多国間条約として再編、確認されたのである。ただし、フランスの条約批准が遅れたため、関税会議の開催は、一九二五年十月まで遅延することとなる。

次の山東問題に関しては、十二月一日より検討会議が開催された。日本側は日中間の直接交渉を主張しており、これを受けてヒューズとバルフォアの二人は、会議に先立ち、加藤友三郎と中国代表の施肇基中国公使とそれぞれ会見し、山東半島問題を直接交渉で解決するよう求め、必要な場合に調停の用意があることを伝えていた。[56]そのため、一日の会議にも、英米の代表はオブザーバーとして出席したのみであった。施肇基は、英米の委員に議席に着くよう促したが、英米の委員はそれを固辞し、その後の会議で議席に着いた場合でも、発言しなかった。[57]一方、十二月三日の極東問題総委員会でバルフォアは、威海衛租借地を放棄することで山東問題の解決にも寄与しようとするイギリスの方針を表明した。[58]イギリスは自らの権利放棄の意思を示すことで、間接的に日本の譲歩を促そうとした。

撤兵問題の他、山東半島における旧ドイツ租借地の資産処分方法も、日中交渉において問題となった。それらは無条件還付するもの、有償還付するもの、日本政府ないし日本の民間人が保有するもの、日中間の共同管理とするものの四つに分類され、[59]調整が図られた。中でも最大の争点となったのは、鉄道処分問題であった。日本側は十一月二十四日の閣議決定で、山東半島鉄道を日中合弁とする方針を定めた(60)。対して中国側は、鉄道の即時買収ないし国庫証券すなわち中国政府公債による買収を主張した。これを受けて日本側は、鉄道を担保とする日本からの借款によって鉄道を中国側に売却すること、償還期間中の日中共同経営ないし経営における日本人専門家、特に運輸主任および会計主任への日本人の起用を条件とすることを求めた。しかし、中国はこれを拒否し、日中交渉はこの点をめぐり、十二月二十二日に行き詰まった(61)。日本側が、日本からの借款による鉄道売却を主張した理由は、次のようなものであった(62)。

鉄道ノ代価即時払又ハ短期ノ政府借款ヲ承諾スル場合ニハ、或ハ支那側ニ於テ資金ヲ調達スル為メ支那全国ニ檄シテ救国公債ノ如キモノヲ募集スルノ計画ヲナスヤモ測リ難ク、其場合、我方ハ手ヲ拱シテ支那人間ノ排日宣伝ヲ傍観スル事トナルヘク、又若シ資金ヲ外国ニ仰クトセハ、他国ノ資金ヲ以テ日本ノ権利ヲ排斥スルコトトナルベシ。

日本側は、中国が他の債務償却に支障をきたしている中で、山東半島鉄道買収費用の一括支払いを主張していることを疑問視し、背後に日本排斥の意図を感じていた。以上の趣旨は英米にも説明され、理解を得た(63)。鉄道売却費用問題について交渉が行き詰まった後、他の懸案に関する交渉が進められ、一月十八日にヒューズとバルフォアが調停に乗り出した。ヒューズとバルフォアは日中双方の代表と非公式に接触し、二十日、日本側に妥協案として、中国の国庫証券の形で日本から借款を行うことや、鉄道専門家の招聘、鉄道担保などについて日本の主張を容れる案を打診した。その際、バルフォアもヒューズも、日本側に「同情アル態度」を示すと共に、「追テ支那側ニ向テハ相当高圧ヲ加フルノ決心アルコトヲ暗示」した。ヒューズとバルフォアは、日本政府の了承を得たことについて内密のまま、中国側に妥協案を提示することとした。二十二日にヒューズは妥協案を中国側に提示し、受諾を促した。さらに二十五日にハーディングが施肇基中国公使と会見し、山東半島を失う危険を冒すより、この機に山東半島問題を解決するよう、政治的決断を促した。中国駐在の英米の外交官からも顔恵慶外交部長に対して説得が行われ、その結果、一月三十日から三十一日にかけての日中交渉で合意が成立し、日本政府もそれを承認した(64)。これを受け、二月一日にバルフォアより威海衛の還付声明が発せられた(65)。山東条約は、二月四日にワシントンにおいて調印された。鉄道売却問題は第十八条から第二十条で規定され、議事録記載の了解事項として、鉄道売却のために中国政府が発行する国庫証券の償還に、中国以外から調達する資金を充てないことが規定された(66)。

二月三日の極東総委員会において、日本は一九一五年条約の正当性について言及する一方で、中国側はそれに反論した。これに対してヒューズは、一九一五年日中条約に関して次のように述べた(67)。

尚茲ニ指摘スルヲ要スルハ、千九百十五年五月二十五日ノ南満州及東部内蒙古ニ関スル条約第二条第三条及第四条ニヨリ、支那政府ハ日本臣民ニ対シ、南満州ニ於テ商工業上ノ建物ヲ建設スル為、又ハ農業ヲ経営スル為土地ヲ商租シ、南満州ニ於テ居住往来シ、且ツ各国〔種〕ノ営業及製造業ニ従事シ、又東部内蒙古ニ於テ支那国民ト合弁ニ依リ農業其ノ他同種ノ産業ヲ営ムノ権利ヲ許与セルコト之ナリ。言フ迄モナク、合衆国政府ハ、右許与ハ排他的ノ趣旨ヲ以テセルモノニ非スト解シ、過去ニ於テモ為シタルカ如ク、米国市民ノ為、米支間ノ条約中ノ最恵国条款ニ基キ、彼等ニ帰属スヘキ利益ヲ支那政府ニ対シ要求スヘシ。抑モ日支間ニ於ケル条約ノ効力問題ハ、支那トノ条約ニ基ク合衆国ノ条約上ノ権利ノ問題トハ同一ニ非ス。合衆国ハ、其ノ人民カ支那ニ於テ商工業ニ従事シ得ル一般的権利ニ影響アル総テノ問題ニ付、為シタルカ如ク、本件ニ付テモ之等ノ権利ヲ力説シ、且ツ一貫シテ之ヲ主張シ来レリ。凡テノ国民ニ対スル平等主義ヲ主張スルハ、合衆国政府ノ伝統的政策ナリ。而シテ此ノ政策ハ余ノ引用セル千九百十五年五月十三日ノ公文ニ記載セル他ノ政策ト共ニ、合衆国政府ノ一貫シテ維持シ来レル処ナリ。

ヒューズは一九一五年の日中条約の有効性について明確な判断を示さず、したがって、形式上、日本の立場を支持したわけではなかった。しかし、ヒューズは、日中条約で規定された内容を既成事実とする認識の下で、アメリカによる権利の共有を求めた。これは実質的に、日中条約を承認する措置に相当した。

ワシントン会議におけるアメリカは、軍備問題や日英同盟に関して日本に制約を課しながら、中国問題に関し、多国間の合意として中国の主権尊重や政治的経済的再建といった理念を掲げ、また、山東半島における旧ドイツ租借地の返還合意を斡旋しつつ、日本の既得権益に実質的承認を与えた。ワシントン会議に際してのアメリカの対日外交は、アメリカの利害に関わる分野において日本の自制を求め、大国間の合意を実現すると共に、日中交渉において日本の立場を支持するというものであった。それは、セオドア・ローズヴェルト期の外交を部分的に引き継ぐと共に、大企業や大国の果たす役割を重視する戦後共和党流の自由主義的政治経済秩序観を反映していた。その一方で山東問題の合意後、日本の全権は中国代表団との関係について、本国に以下のような報告を送っていた。(68)

華府会議ノ末段頃ヨリ、当地支那全権ハ漸ク日本ノ公正ナル政策及其ノ列国間ニ於ケル勢力ヲ感知スルニ至レルモノノ如ク、本使等ニ対スル態度モ著シク慇懃ヲ加ヘ、殊ニ山東問題解決後ハ会議前ニ比シテ当地支那人ノ対日感情全ク一変シタルノ感アリ。支那全権中、最モ真面目ナル王寵恵ノ如キハ、山東問題ノ解決ヲ以テ従来日支間ニ蟠マリタル悪感情ヲ一掃スヘキ絶好ノ機会ナリト認メ、帰途上海ヨリ北京ニ到ル迄随所ニ啓発運動ヲ試ムル心算ナル旨ヲ本使等ニ語リ、英米人側ニ於テモ日支関係ノ改善ヲ顕著ナル事実トシテ本使等ニ祝福ヲ寄スル者多シ。

大戦中の日中間の相互不信は大きかったが、それを解消することへの期待も日中間に存在しており、ワシントン会議において日中両国に自制を求めた英米の対応は、結果的に日中関係の改善にも資することとなった。

ただし、アメリカにおける国際連盟不参加以来の国際協調をめぐる葛藤は、ワシントン会議で締結された諸条約に関しても生じた。とりわけ問題となったのは、四国条約であった(69)。太平洋における軍事施設の現状維持を定め、日英同盟の廃棄を実現した四国条約は、日英両国が日英同盟に代わる三国協定へのアメリカの参加を求めたことから始まり、しかも交渉は会議外でかつ非公開で行われた。日英米間の交渉においてもアメリカ上院の対応が問題となっていたが、実際に共和党反主流派は、四国条約に秘密協定が付随しているのではないかと疑い、四国条約を国際連盟参加に匹敵する危険な条約として批判した。そのため、上院外交委員会での審議は、過半が四国条約をめぐって行われた。しかし、海軍軍縮条約の成立を受けた国際協調の気運の中で、四国条約は上院の承認を得ることに成功した。その点で四国条約は、アメリカの国際協調に向けた、連盟不参加以来の国内的制約を部分的にでも払拭するきっかけともなった。

とはいえ、ワシントン会議によって成立した国際協調とは、アメリカの伝統的な反帝国主義感情に対し、アメリカとの関係に配慮するヨーロッパ諸国と日本がそれぞれ自らの主張を自制することによって実現した。その意味でワシントン条約は、一九二〇年代におけるアメリカの対外的関心の低下や孤立主義的傾向を重要な背景としており、特に日米関係におけるワシントン条約は、二年後の排日移民法と矛盾するどころか、それに通ずる多くの側面を有していた。こうした、国内的制約を受ける中での国際主義というハーディング政権の外交政策は、ヨーロッパにおける戦争債務とドイツの賠償問題においても同様の傾向を示すこととなる。

三　ヨーロッパ外交、ラテンアメリカ外交、移民法改正

第一次世界大戦中、アメリカは連合国に対して百億ドルに及ぶ資金を貸し付けており、その返済は、ヨーロッパ諸国にとって過大な負担となった。そのためフランスは、アメリカに対する負債をドイツからの賠償支払いに応じて償還するという立場を取った。これに対してイギリスは、後述のように、ドイツに課す賠償額を抑えるため、アメリカに債務の全額放棄ないし部分放棄を求めた。とはいえ、ウィルソン政権およびハーディング政権は、戦争債務問題とドイツの賠償問題を連動させることを拒否した。それどころか、ハーディング政権期の一九二二年二月九日、議会は債務基金法を成立させ、戦争債務の部分放棄を禁止し、四・二五%を最低利子として、二十五年間での債務の全額償還を義務付けた。背後には、政府がヨーロッパ諸国の要求に譲歩するのではないかという懸念や、大統領に対する議会権限の優位を示そうとする思惑などが介在していた。

その上、議会では関税問題が争点となり、産業保護政策への期

待が高まっていた。さらにハーディング政権も財政再建を志向していた。こうした状況から、ハーディング政権はフォードニー＝マッカンバー関税法を承認する一方で、ヨーロッパ諸国が求める債務の減額に応じなかった。そこに、ヨーロッパの財政状況や貿易状況に対する配慮は存在せず、ヨーロッパ諸国は、アメリカの保護貿易政策に直面しながら債務の返済を進めなければならなくなった。これに対してイギリスは、後述のように、一九二三年初めに対米交渉を行い、四十億ドルの債務を六十二年間、当初は三％、後に三・五％の利子で償還する合意を成立させた。これは前年の債務基金法に抵触するため、ハーディングは議会に承認を求め、承認された。しかし、フランス、イタリア、ベルギーは、債務放棄に関する立場を譲らなかった。(70)

対して、三百三十億ドルに達したドイツの賠償問題はさらに困難な問題であった。一九二一年四月、ヴェルサイユ条約に基づく賠償委員会が設置され、ドイツは一九二一年から一九二五年にかけて毎年三億七千五百万ドルを支払い、その後九億ドルを支払うことが決定された。アメリカもイギリスと同様、ドイツに対するフランスの賠償要求を過大と捉え、その軽減が望ましいと判断していた。しかし、その問題と、アメリカに対する連合国の債務問題は、別であった。アメリカが、債務放棄や、連合国の債務問題とドイツの賠償問題との連動を拒否する中、解決方法は、ドイツに過酷な賠償を課す以外になかった。しかし、そうした過大な要求にドイツは応じられず、一九二三年一月、フランスとベルギーはドイツのルール地方を占領した。

さらにヨーロッパの経済再建にとって、債務問題や賠償問題とは別に、アメリカによる新たな融資が必要であった。とはいえ、メルヴィン・レフラーによれば、債務問題をめぐるアメリカの硬直した態度は、アメリカ自身にとっても問題となった。(71) アメリカ政府は、アメリカ金融業界による自主的なヨーロッパへの融資を希望した。しかし、アメリカの金融業界は、債務問題や賠償問題で不安材料を抱え、さらにフランスとドイツが緊張状態にあるヨーロッパへの融資には慎重にならざるを得なかった。金融業界にとって、ヨーロッパへの融資を進めるには、アメリカ政府による一定の保護や保証が必要と考えられた。しかし、アメリカ政府に、そうした要求に応じることはできなかった。

最終的にアメリカ政府は、専門委員会の設置という、政府が直接関与しない形でドイツ賠償問題の解決を図ることを選択した。ヒューズは一九二二年十二月に新政策を発表し、債務と賠償の連動を否定しながら、ドイツの復興がヨーロッパ経済復興の要諦となるという認識を示し、財政の専門家による検討を提案した。その過程でフランスの過大な賠償要求を認めざるを得なかったが、イギリスと協力し、ドイツに千三百二十億金マルクの賠償額を受け入れさせながら長期的にその修正を目指し、当面の民間融資を進める環境整備を図ろうとした。一九二四年、アメリカなどによる八億金マルクの信用供与計画を含んだドーズ・プランが提出、実施された。これにより、ヨーロッパ再建に向けた英米協調がようやく成果を挙げた。とはいえ、その間の一九二三年八月にハーディングは急死し、副大統領のカルヴァン・クーリッジが大統領に昇格していた。クーリッジは対外問題に関心を持たず、ドーズ・プランは、ヨーロッパに対するアメリカ政府および国民の関心が失われる中で、実施されることとなった。

軍縮の実現やアメリカの債権確保と合わせ、ハーディング政権は、国際関係における仲裁や調停を重視する外交を展開した。一九二一年四月十二日、ハーディングは大統領の就任演説において、国際連盟に言及しないまま、旧世界に対する不干渉の方針や、アメリカが国際的に政治上ないし経済上の義務を負わず、また、世界的な超国家機関を認めないとする共和党の立場を明らかにした。と同時にハーディングは、調停、仲裁のための国際機構の設立にも言及した。ヒューズ国務長官は国際司法裁判所への参加に積極的で、連盟との関係に留保しながらそれを進めようとした。そうしたヒューズの姿勢は、上院外交委員会においてロッジやボーラーより、連盟参加への一歩として批判された。[72] しかし、一九二五年以降、ヒューズの後任となったフランク・ケロッグにより、国際司法裁判への参加は継続して目指されていった。

ハーディング政権は、以上のようなワシントン会議やヨーロッパ問題の他に、メキシコをはじめとするラテンアメリカ地域に対する外交を重視した。ウィルソン政権期の一九二〇年五月、アルバート・フォールを委員長とする委員会がメキシコに関する報告書を提出し、カランサ政権下のメキシコがアメリカ市民と投資にとって安全性を欠くため、安定政府が実現し、メキシコが国際的義務を果たすまで、承認を撤回すべきと提言していた。しかし、同月初めにメキシコでは、アルバロ・オブレゴンがメキシコシティを掌握し、カランサは逃亡、殺害されてしまう。その結果、六月にオブレゴンの支持するアドルフォ・デ・ラ・ウエルタが臨時大統領に就任した。ウエルタは、パンチョ・ビヤなどの反乱を鎮圧する一方で、外国債務の履行を保証し、アメリカに対して政権の承認を求めた。その間の九月に大統領選挙が行われ、オブレゴンが勝利した。大統領就任式にはテキサス州知事やニューメキシコ州知事が出席するなど、アメリカにおいて政権承認に向けた気運が高まった。

一九二一年五月、ハーディング政権は通商条約案をオブレゴンに提示した。メキシコの一九一七年憲法には、公共の目的を理由とする私有財産の制限規定があり、アメリカは通商条約案の提示に際し、憲法の遡及適用を行わないことや、一九一〇年以降にアメリカが被った損害に対する補償を求めた。ヒューズは、財産保障と国際義務の履行を重視し、オブレゴン政権の即時承認に反対した。しかし、一九二二年六月にラモント‐ウエルタ協定が成立し、メキシコは五億ドル以上の債務と二億ドル以上の利子を五十四年間で償還することを認めた。一九二三年五月より、アメリカとメキシコ双方の代表が出席するブカレリ会議（メキシコシティの通りの名称に因む）が開催された。八月までの交渉で、一九一〇年十一月二十日から一九二〇年五月三十一日までの、革命による被害に対する補償問題が検討された。補償問題についてメキシコは譲歩しなかったが、他方で両国およびハーグ国際司法裁判所から委員を任命する委員会の設置が決定された。ヒューズは政権承認に否定的であったが、ハーディングは委員会設置の決定を受け、一九二三年八月三十一日にオブレゴン政権を承認した[73]。

ハーディングはメキシコ以外のラテンアメリカ外交をヒューズに委任した。ヒューズは、パナマとコスタ・リカの紛争調停、チリとペルーの紛争調停、コロンビアとペルーの仲裁を試み、ウィルソンが実施していたドミニカやハイチ、ニカラグアへの干渉を停止することとし、一九二五年の国務長官退任までに、ドミニカからのアメリカ軍の撤退とニカラグアからの撤退準備を実現し、ハイチからの撤退計画に着手する成果を挙げた。さらに一九二二年から一九二三年にかけて中央アメリカ会議を、また、一九二三年に汎米会議を開催し、アメリカ大陸諸国間の紛争を解決するための調査委員の設置を目指した。ヒューズは、アメリカとヨーロッパの違いや、ラテンアメリカ諸国が大陸外の国から独立を脅かされてはならないことを強調し、モンロー・ドクトリンと汎米主義を発展的に融合させようとした[74]。

その一方で、フィリピン政策をめぐってハーディング政権は、フィリピン安定政府が実現し次第、独立を与えるとしたウィルソン政権の方針を転換した。そこにも、大国の役割と大国間の合意を重視しながら、ヨーロッパや日本の勢力拡張に警戒するという、共和党の国際秩序観が反映されていた。一九二一年、フィリピン情勢の検討のため、レオナード・ウッドとウィリアム・フォーブスがフィリピンに派遣された。四か月の調査の末、ウッド＝フォーブス委員会は、フィリピンは独立できる状態になく、さらにフィリピンが独立すると、日本が行動を起こすであろうとする報告を提出した。これを受けてハーディングは、ウッドを総督に任命した。ウッドはフィリピンを極東における貿易拠点と位置付け、日本の勢力拡大に対するフィリピン確保を重要課題とした[75]。

中東をめぐっては、政府と経済界はアメリカの石油利権の拡大を目指して協力した。焦点はメソポタミア（一九二一年以降イラク）とペルシア（イラン）であった。一九二〇年の英仏協定は、イギリスのアングロ・ペルシア石油会社が配分の五十％、フランスが二十五％、ロイヤル・ダッチ・シェルが二十五％を占めることを規定していた。しかし、その後、英仏間で問題が発生し、アメリカも英仏の独占を批判した。アメリカではスタンダード石油会社が中心となり、メソポタミア（イラク）で交渉が開始され、国務省もこれに協力した。一九二二年にアングロ・ペルシア石油会社とスタンダード石油会社の合意が成立し、翌一九二三年にイギリスが管理するトルコ石油会社との非公式の合意も成立した。ハーディング政権期の外交は、孤立主義を目指すものでなく、世界経済との関連を意識していた。それだけアメリカの権利意識は強かった。しかし、そこにアメリカの世界的責任に関する意識は、伴っていなかった[76]。

以上のように、一九二〇年代のアメリカは、法と秩序の名の下で既得権利を擁護する保守的な内政と、それに対応する大国間の関係調整を基本とする外交を展開した。特にその外交は、アメリカ全体が国内問題に関心を移し、対外的関心を喪失するか、対外的関与に否定的な感覚を強める中で、新たな国際関係を模索するものとなった。そのためハーディング政権は、ラテンアメリカにおいて、法と秩序、アメリカ人の生命、財産の保護を掲げながら、内政干渉を終結させようとし、ヨーロッパにおいて、各国による対米債務の償還と国際司法裁判所による紛争の解決を実現しようとし、そして東アジアにおいても、軍縮と主権尊重の理念の下で各国を牽制し、アメリカの財政負担の軽減と安全保障に資しようとした。と同時に、フィリピンの確保を重視し、中東においてヨーロッパ諸国の権益への割り込みを図った。アメリカにおける孤立主義の気運は、原則重視の外交姿勢とアメリカの権利意識を高めた。これによってアメリカは、既存の権利保持や新たな権利獲得と、孤立主義の気運とを両立させていた。

とはいえ、一九二三年八月、ハーディングは大統領在任中に死去してしまう。これは、ハーディングの人気が衰えていない中での出来事であったため、国民に衝撃を与えた。ハーディングの死去を受けて大統領に昇格したクーリッジは、ハーディング以上に行政権力の行使に否定的で、対外関係に対する関心も希薄であった。また、財務長官のメロンは、クーリッジ政権の中心として、引き続き連邦債務の減少に取り組んでいく[77]。と同時にクーリッジは、大統領選挙を控えた一九二四年、一九二一年移民法の恒久化を求める議会に対処することとなった。

一九二三年十二月に下院に提出され、翌年四月十二日に可決された新移民法は、一九二一年法の割当制度を恒久化すると共に、割当基準を西欧移民に対する南東欧移民の比率が低下する一八九〇年に設定し、割当比率そのものも三％から二％に減少すること、そして市民権取得資格のない移民の入国禁止を規定していた[78]。一九二四年移民法が排日移民法と呼ばれたのは、ヨーロッパ諸国に対して適用された割当制度を日本に適用せず、日本人に対して、日本政府が一貫して抗議してきた市民権取得資格の有無を基準にその労働目的渡航を全面禁止する規定となっていたからである。これにはいくつかの伏線があった。一九一七年十月、横浜正金銀行ホノルル支店に勤務する日本人が労働目的渡航としてハワイへの上陸を拒否された他、一九二二年に日本郵船や大阪商船の社員が入国を拒否されるといった事案が発生していた。つまり、労働目的渡航と商業渡航の区分およびそれらの扱いについて、日本側とアメリカ側で解釈の相違が生じており、アメリカ側の日本人に対する入国審査基準が総じて厳格化されていた。さらに一九二二年十一月、小沢孝雄の裁判に対する判決で、日本人に市民権取得資格がないことが確定していた[79]。したがって、一九二四年移民法の規定は、日本人の労働目的渡航を禁止する入国審査の運用実態に、市民権取得資格の有無を基準とする法制的根拠を与えるものとなった。ただし、下院における審議においてヒューズ国務長官は、移民法原案の規定が日米通商条約に抵触することを指摘しており、その結果、除外規定が追加されていた。とはいえ、それは通商条約の規定に従い、通商を目的とする入国のみを認めるとしていた。下院の移民委員会が提出した報告は、通商条約の規定と日米紳士協定の扱いについて、次のように記していた[80]。

一九一一年ノ日米条約ハ其名称及目的共ニ通商航海条約ニ外ナラサルカ故ニ、其中ニ移民ニ関スル条項アリトセハ不当ニ挿入セラレタルモノト言フヘク、議会ハ移民事項管理権ヲ有スルヲ以テ、右条項ノ有無ニ関セス、議会ノ有スル当然ノ権限ニ基キ行動スルコトヲ得。［…］右条約締結ノ際、米国議会ニ於テハ該条約ハ米国ノ移民法規ヲ変改スルモノニアラストノ趣旨ヲ明ニシ、又特ニ内田大使ノ付帯声明ヲ必要トシタル事情ニ顧ミルモ、右条約カ決シテ紳士協約ノ精神並ニ運用ニ変更ヲ加フル趣旨ニアラサルコトハ察スルニ難カラス。

本法案ト紳士協約トノ牴触論ニ関シテハ、委員会ハ協約ノ本文ヲ知ルヘキ資料ナキ為不利ノ地位ニアルモ、少ナクトモ此協約ニ依リ米国カ移民事項管理ニ関スル議会ノ専属権ヲ日本政府ニ譲渡シタルモノナルコト丈ケハ明カナリ。此事実ハ、右協約ノ内容カ秘密ニ付セラレ居ルノ事実ト相俟チ、本協約ノ即時廃棄ヲ至当ナラシム。

一九一一年の日米通商航海条約第一条を、商業目的のみの入国、居住権を規定したものと狭義に解釈すると共に、日米紳士協定をアメリカの議会権限に対する侵害として位置付けたわけである。前段の通商航海条約第一条の解釈をめぐり、日本政府はアメリカ側の主張を認めなかった。しかし、日本側は排日条項を阻止するため、ヒューズ国務長官の善処に依頼するよりなく、ヒューズと条約解釈論争を展開することは無益として、それ以上の追及を断念した。後段の紳士協定をめぐるアメリカ議会の権限に関しては、一九一七年移民法の制定に際して既に部分的に問題になっていた。しかし、大戦中、国務省や上院は対日関係に配慮し、問題を曖昧化することで、対処していた。それが一九二四年の段階で、日米紳士協定が秘密協定であることまで問題になったわけである。日本政府は後に、一九二〇年の幣原－モリス協議の議事録に沿って概要の説明を行うこととしたが、アメリカ議会が日本人労働移民の全面禁止を行おうとする強固な意思を持っている状況で、日本政府にそれを撤回させる手段はなかった。(81)

上院における審議では、ハイラム・ジョンソンが日本人移民の排斥を強く主張したものの、下院に比べ、全体として排日規定が強く支持されていたわけではなかった。しかし、上院における審議において、カリフォルニア州選出のサミュエル・ショートリッジやジョンソンが反リンチ法に反対する南部議員と提携し、さらに日米紳士協定は移民に関する決定権を日本政府に委ねており、アメリカの主権を侵害しているとの議論を展開したことが、趨勢を決定した。その上、最終的に外交委員長のロッジが埴原正直駐米大使の書簡中の「重大ナル結果」という表現をアメリカへの威嚇として非難したため、法案は四月十八日に上院を通過した。簑原俊洋は、ロッジが法案通過のために態度を変更した理由に関し、ハイラム・ジョンソンとロッジの間で、ジョンソンがティーポット・ドーム油田疑獄事件に関する政府批判を控える代償として、ロッジは排日移民規定を支持するという取引がなされたのではないか、と推測している。(82)新移民法は、上院の修正を踏まえた両院協議会と議会における再可決、五月二十六日のクーリッジ大統領による署名を経て、成立した。

一九二四年の移民法改正の争点は、日本側とアメリカ側で異なっていた。日本側にとって問題は、日本が一貫して抗議してきた市民権取得資格を基準とする移民禁止措置および移民法と日米通商航海条約との整合性であった。とりわけ市民権取得資格の有無を基準とする外国人への待遇格差は、一九一三年のカリフォルニア州における排日土地法成立以前より、日本政府が最も懸念してきた問題であった。しかし、一九一七年移民法原案への一時挿入と削除を経て、一九二四年についに法制化されたわけである。日本政府が一九二四年移民法を日本に対する差別的措置として反発したのは、こうした経緯による。日本政府は、下院における審議が始まった一月の時点で、埴原大使よりヒューズに対し、次のような日本政府の立場を伝えていた。これは、「重大ナル結果」の表現で知られることとなった、四月十日付のヒューズ国務長官宛の埴原大使の抗議書にもそのまま採用された文章である。(83)

日本政府カ外国移民取締ニ関シテ一国ノ有スル主権ニ付云為セムトスル意思ナキヤ云フ迄モナク、又日本人ヲ歓迎セサル国ニ向テ移民ヲ送ラムト欲スルモノニモ非ス、却テ日本政府ハ本問題発生ノ当初ヨリ合衆国ノ希望セサル種類ノ日本人ノ合衆国入国ヲ有効ニ阻止セムカ為、合衆国政府ト協力シ、苟モ名誉ト両立スヘキ一切ノ手段ヲ講スルニ吝《やぶさか》ナラサル旨ヲ表明シ、充分之カ確証ヲ与ヘタリ。而シテ此ノ事タル、米国政府ノ熟知スル所ナリ。惟フニ本問題ハ、日本ニ取リ便宜ノ問題ニアラスシテ主義ノ問題ナリ。単ニ数百乃至数千ノ日本人カ他国ノ領域ニ入国ヲ許サルルヤ否ヤノ問題ハ、延テ国民感情ノ問題ヲ惹起セサル限リ、何等重要ナルモノニアラス。日本政府ノ重要視スル所ハ、日本カ国民トシテ他国民ヨリ相当ノ尊敬及考慮ヲ受クル資格アリヤ否ヤノ問題ナリ。換言スレハ、日本政府カ米国政府ニ対シテ要求スル所ハ、畢竟、一国民カ普通他国民ノ自尊心ニ対シテ与フル所ノ正当ナル考慮ニシテ、之レ実ニ文明諸国間ニ於ケル友誼的国交ノ基調タルヘキモノナリ。

一九二四年移民法は、市民権資格の有無を基準にしながら、在米外国人の待遇ではなく、入国そのものに制限を設けようとしていた。その意味で同法は、排斥の度合いと通商条約に対する抵触の度合いを増していた。ただし、一九二四年移民法は、一九一三年のカリフォルニア州における排日土地法とは対照的に、アメリカに在住する日本人にとって、その再入国権と家族の渡航権以外の権利を制約していなかった。そのため、一九二四年移民法成立直後に成立した加藤高明内閣の幣原喜重郎外相は、この問題を重視しない方針を取った。とはいえ、右の引用にあるように、日本にとって排日移民法の問題は、決して体面や体裁の問題ではなかった。それは狭義には、カリフォルニア州の市民権取得資格を基準とする在米日本人の権利制限を正当化する一方で、広義には、アメリカ国内における日本人の均等待遇問題から始まり、日本の国家や国民の信用にまで関わる問題となっていた。しかもこの時期の日本は、後述のように、普通選挙を争点とした総選挙が行われ、国民の権利を承認することで、大国に相応しい、新たな国家と国民の関係を形成しようと模索していた。この時期の日本は、民主化を積極的に受け入れ始めていたため、かえってアメリカ特有の自由と民主主義の論理に基づく排日移民法を、国民感情として受け入れられなかった。

こうした日本側の状況に比べると、アメリカ側の事情はより複雑で、それが日本側の理解をより困難にした。排日移民法成立の主たる要因は、(1)ヨーロッパからの移民に対する全体的な制限傾向、(2)カリフォルニア州における日本人排斥運動、(3)日本人の渡航に対するアメリカ行政当局による制限措置の先行的厳格化、(4)大統領に対する議会側の権限拡大志向、(5)共和党内の不統一と選挙の接近であり、これに反リンチ法の制定に反対する南部議員の動向やハイラム・ジョンソンとヒューズの確執といった個人的要素まで絡んでいた。この内、排日条項の成立において決定的であったのは(4)の議会権限の問題であり、この点を理由に、ジョンソンやボーラーら共和党革新派は、排日条項の撤回に強硬に反対した。とはいえ、紳士協定と議会権限の関係については、既に一九一七年の時点で部分的に問題になっていた。それが一九二四年の段階で重大視されたのは、第一次世界大戦後の共和党政権の成立以降、大統領と議会の権力関係が変化しつつある中、移民制限を強化しようとする国内および議会の趨勢を背景に、議会権限の優位という理由付けが、何より反論しがたい、したがって排日移民法を成立させる上で決定的な論拠となり得たからであった。議会権限を持ち出したことは、アメリカ議会における外国人労働移民の受入排除に向けた意思の強さを示すものであり、それはまた、国際連盟参加拒否以来の、そしてワシントン会議においても強く表れた、アメリカ議会における国内優先志向、孤立主義的傾向の結果であった。

移民法改正の実現した一九二四年は、大統領選挙の年でもあった。ハーディングの死後、政権期の汚職事件が発覚していたが、民主党も事件の周辺で関わっており、クーリッジ大統領は汚職事件を大統領選挙の争点から逸らすことに成功した。これにより、一九二四年十一月の大統領選挙においてクーリッジは改めて大統領に当選した[84]。クーリッジは引き続き、社会や経済に対する連邦政府の介入を縮小する緊縮財政と大企業優遇の税制措置を通じて、世界恐慌までのアメリカの繁栄を実現しつつ、対外問題に対する関与についても、消極的な姿勢を維持していく。

クーリッジ政権の外交的関心は、引き続きラテンアメリカ、特にメキシコとニカラグアに向けられた。メキシコに関してクーリッジは、ウィルソン政権期の武力干渉を否定しながら、十五億ドルに及ぶアメリカ人所有の土地や鉱山利権、石油利権、投資を擁護しなければならなかった。その際、問題となったのが、外国資産を侵害する可能性のあるメキシコの一九一七年憲法であった。一九二三年、メキシコシティで開催された既述のブカレリ会議において、アメリカとメキシコの法律専門家代表により、メキシコ憲法第二十七条について、一九一七年以前に開発された土地の接収を行わないことなどの解釈作業が進められ、合意に達した。次いでメキシコへの武器輸出が承認され、翌年にメキシコへの経済封鎖が解除された。メキシコの次期大統領プルタルコ・エリアス・カイェスのワシントン訪問も実現した。

とはいえ、一九二五年以降、外国人資産保護の問題でアメリカとメキシコの関係は不安定化していく。同年六月、ボーラー上院外交委員長らは、メキシコに対し、アメリカ人の生命や財産を保障しなければ、現政権への支持を撤回するとの警告を発することを検討した。対してケロッグ国務長官は、そのような声明を発した場合、カイェス政権の反発を招くことが予想され、メキシコが目下、試行的な時期にあることを理由に、忍耐が必要とした。しかし、メキシコ議会は、石油権利を十五年間に制限し、更新申請を行わなければ権利が喪失されるという法案と、外国人に対して自国政府に資産保護の要請を行わないことを条件に土地所有権を認めるとする法案を可決した。この土地所有権に関する規定は、十九世紀のアルゼンチンの法律家、カルロス・カルボに因んでカルボ条項と称されており、ラテンアメリカ諸国は外国企業との契約にこの規定を挿入していた。これは、契約違反を理由に外国事業の権利を解消し、政府による国有化を可能ともするもので、アメリカ側に容認できない規定であった。さらにその後、後述のようにメキシコのカランサ政権がニカラグアの内乱に介入したことで、アメリカとメキシコの関係は一段と悪化することになる。(85)

◇

第一次世界大戦後のアメリカの共和党主流派は、戦中の経済成長を戦後も継続していくため、ヨーロッパへの投資や輸出の拡大を目指し、イギリスとの協調を支持し、国際連盟への参加にも原則として賛成していた。しかし、連盟規約の規範性を重視するウィルソンの原則主義的な態度と、国際連盟への絶対反対を掲げる共和党反主流派が全面対立する中、共和党主流派は次期大統領選挙に勝利するため、党内統一を優先し、国際連盟への参加を見送った。こうして成立した共和党のハーディング政権は、社会や経済に対する政府の介入に消極的で、大企業優遇の減税と財政再建を進める一方、議会の求めた保護関税や外国移民の入国規制強化を支持した。さらにハーディング政権は、労働争議や黒人による権利保護の要求、あるいは議会が支持した軍人恩給に対して冷淡な姿勢を示しており、連邦政府の積極的行動を抑制すると共に、既存の法と秩序を尊重する伝統的価値観に則った政策を採用した。

ハーディング政権は、国民や議会の孤立主義的気運の中、国際問題への関与に制約を受けながら、上記の国内政策に対応した外交政策の転換を図った。すなわち、ウィルソン政権期の政府主導の干渉的対外政策から、既存の法と秩序を尊重し、国際会議を通じた各国間、特に大国間の合意形成や、国際司法手続きを通じた紛争解決を目指しながら、自らの国際的権利を擁護する外交政策への転換である。そのような外交は、アメリカによるワシントン会議の開催や、対ヨーロッパ外交、ラテンアメリカ外交において発揮された。ワシントン会議においてアメリカは、日英同盟や日中間の懸案に対する関与を拒否し、軍縮問題をはじめとする日米間の問題に関して日本に一方的な譲歩を求めながら、他方で日中間の問題に関しては間接的に日本の立場を支持した。また、ヨーロッパに対しても、アメリカの利益や権利の保護を優先し、ドイツの賠償問題や、イギリス、フランスの戦争債務問題に硬直した態度を示しながら、債務問題におけるイギリスの譲歩に応じて賠償問題に関する国際委員会を設立し、ヨーロッパに対するアメリカの民間融資を間接的に支援するという国際協調の枠組みを作り上げた。そこに一貫していたのは、自国の権利保護を絶対的な前提とし、国際的問題に対する直接的関与を自制しながら、大国との合意形成や大企業間の民間主導の国際的提携により、国際秩序の安定化を図るという姿勢であった。

　一九二四年のいわゆる排日移民法も、以上のような第一次世界大戦後のアメリカの全体的な傾向の中で成立した。すなわち、孤立主義の気運を背景とした移民規制の流れ、アメリカの権利優先、そして大統領の権限に対する議会権限の優位、これら全てが日本との妥協を否定する要因となった。一九二四年の移民法改正は、アメリカの主権と民主主義に基づく措置として実施されたもので、特に議会における孤立主義が全体状況を左右した点は、国際連盟不参加決定以来、ワシントン会議を経て一貫していた。

　一九二〇年代のアメリカ外交は、既存の法と秩序を擁護する一方で、他国の問題に対する介入を抑制し、また、他国との合意形成を目指しながら、自らの権利に関して非妥協的姿勢を堅持した。この時期のアメリカ外交は、全体として国際法の尊重や不承認政策、あるいは後のパリ不戦条約など、普遍的な理念や規範、原則を重視する外交を展開しながら、非アメリカ世界に対する関与や関心の程度を低下させる、二極的な性格を強めた。しかし、その結果、日本やヨーロッパ諸国は、アメリカに利害関係のない領域においても、アメリカの掲げる理念や原則に拘束されながら、アメリカの独善的ないし責任回避的な対応に直面することとなった。

　第一次世界大戦後の日本は、ヨーロッパ列強の権威を前提に日英同盟をはじめとする列強との同盟や協商関係を通じて自国の安全保障を図ってきたそれまでの政策から、対等かつ主体的にイギリスおよびアメリカとの協調関係を構築していく政策へと、外交政策の転換を図っていった。そのため、日本はワシントン会議におけるアメリカの態度に部分的に反発しながらも、合意実現を優先し、また、排日移民法に強く抗議しながらも、結果を受け入れた。とはいえ、こうしたアメリカ外交は、一九三〇年代における国際情勢の激変に対応する形で、フランクリン・ローズヴェルト政権にも引き継がれていく。それによって日本とイギリスは、対米関係においてより深刻な問題に直面することとなる。

第九章　戦後イギリスの政治理念と外交、帝国戦略

十九世紀末から二十世紀初頭にかけてのイギリスは、それまでの内外政策を大きく転換した。すなわち、国内的に社会や経済に対する国家の介入を抑制し、対外的に孤立主義ないし単独主義を原則とする政策から、国内において社会政策を充実させながら、対外的に、世界各地の利害状況に応じた多元的かつ限定的な国家関係を形成し、効率的に自国の安全保障を図る政策への転換である。イギリスはこうした政策転換の延長上に、第一次世界大戦後、アメリカとの協力関係の下で国際連盟を設立した。以下に示すように、第一次世界大戦後のイギリスは、こうした流れをさらに発展させ、大戦によって疲弊したイギリス社会、国家、帝国の安定化を図るべく、一方でイギリス国内と帝国の新たな統合を目指し、他方で世界秩序の再建、安定化に対するイギリスの具体的かつ積極的な関与を増大させていった。

本章は、大戦後のデイヴィッド・ロイド・ジョージ連立内閣期における自由党と統一党（保守党）の関係、外交政策、帝国政策、そして連立崩壊後の保守党による国内政策と外交、帝国政策を検討することにより、第一次世界大戦後のイギリスが打ち出した内外戦略の特徴と、とりわけロイド・ジョージ連立内閣が打ち出した帝国の統合と世界の安定化という理念が、ロイド・ジョージを批判し、最終的に連立政権を崩壊させた保守党によって継承され、一九二〇年代半ばから後半にかけて具体的政策として全面的に展開されていく過程を明らかにする。

一　帝国の世界的責任

ケネス・モーガンによれば、第一次世界大戦後のイギリスの外交、帝国政策を主導したロイド・ジョージ連立内閣は、戦時中の挙国一致に代わる連立政権の意義を、「和解の精神」(the spirit of accommodation)[1]に求めた。戦後のロイド・ジョージは、人民予算や上院改革といった急進的改革を掲げた戦前と対照的に、大戦で疲弊したイギリスの社会、国家、帝国の安定化を最優先課題とし、その外交政策も、同様の課題意識に基づいて展開された。ロイド・ジョージは、アメリカの孤立主義やフランスとドイツの対立といった情勢の中、大国間の関係調整をイギリスの国際的義務として位置付けており[2]、その意味でイギリスの対外、帝国政策は、国内政策と密接に関わり合い、一体化していた。

ただし、戦後のロイド・ジョージ内閣は、自由党内がロイド・ジョージ派とアスキス派に分裂する一方で、議会では統一党が多数を保持していたため、統一党に依存していた。ジョン・ラムズデンによれば、一九一八年、第一次世界大戦が終結に向かいつつある中、統一党が戦後の連立継続を決断した理由は、同年二月に成立した三十歳以上の女性参政権を認めた新選挙法の下での総選挙が年末までに予定されており、労働党に対抗するため、自由党、特にロイド・ジョージとの選挙協力を優先したことにあった(3)。統一党にも連立内閣に対する反発は存在し、それは上院改革問題、アイルランド問題、インドにおけるモンタギュー゠チェルムスフォード改革といった政策上の争点から、自由党首班内閣の閣僚配分問題にまで及んでいた。とはいえ、第一次世界大戦中の統一党は、ボナー・ローを中心とする党執行部の方針で連立を支持しており、さらに終戦直後の一九一八年十二月十四日に行われた総選挙は、連立与党の立場を活かした統一党の圧勝に終わった。

一九二〇年に行われた統一党大会は、連立政権の継続を多数で支持した。しかし、同年から翌年にかけ、ソ連゠ポーランド戦争の勃発による共産主義の脅威の高まりや、国内における戦後不況の始まり、増税への不満などから、統一党内で連立内閣の政策転換を求める気運が高まった。そうした中、一九二一年三月にローが健康上の理由から統一党の党首を辞任し、連立派のオースティン・チェンバレンが後任に選出されたことが、一つの転機となった。チェンバレンは一九一一年にローと代表を競った最後の有力候補であり、他の代表は考えられない状況の中での選出であった。とはいえ、実務能力と党内における調整能力を背景に、政治的計算に基づいて連立を維持してきたローと対照的に、確信的な連立派であったチェンバレンの下で、党内対立の調整は逆に困難となった。しかも一九二一年春以降、アイルランド問題をめぐって連立政権に対する統一党の反発は頂点に達した。そのため、一九二一年十一月、ローがフランスでの静養から帰国したことを受けて開催された党会議は、ローを統一党としての首相候補に定める決定を下した。チェンバレンは解散の可能性を示唆することで、連立解消を求める党内意見を抑えたが、一九二二年に入ると、ロイド・ジョージ自身も総辞職を考慮するようになった。ただし、この時点でローもチェンバレンも後継首班の担当を拒否したため、引き続きロイド・ジョージが統一党執行部の主導権に依存しつつ、政権を担当した(4)。その意味で、ロイド・ジョージの目指した「和解の精神」という理念は、統一党との信頼関係より、統一党側の打算と政治的配慮によって支えられていた。しかし、ロイド・ジョージは、そうした状況を積極的に利用して自らの権力を維持しており、それは、各国との関係調整を通じて自らの影響力を保持しようとする、戦後イギリス外交の手法にも通じていた。

戦後イギリス外交の最大の課題は、ヨーロッパ安全保障の確立や民主化と一体化した経済復興、とりわけ戦前イギリスのヨーロッパにおける最大の投資地域であったドイツの再建であった。対して第一次世界大戦中、本土を戦場とし、多大な人的、物的被害を受けたフランスは、自国の復興とドイツの強大化阻止のため、ドイツに多額の賠償を要求した。しかもフランスは、戦時中の連合国に対する債務をドイツからの賠償支払いに応じて償還するという方針を取った。そのためヨーロッパの経済再建は、ヨーロッパの安全保障および戦争債務問題と連動したのである。[5]

イギリスにとって、ドイツの経済再建には、フランスの過大な賠償要求を緩和する必要があった。また、この点で戦後ヨーロッパへの民間投資を進めようとしたアメリカ政府も、基本的にイギリスに同調していた。そこでイギリスは、フランスに対する英米による安全保障の提供によって、ドイツに対するフランスの報復的態度や賠償要求を緩和しようとした。しかし、アメリカは、イギリスが戦後ヨーロッパの安全保障において重視した国際連盟に参加せず、また、フランスも、イギリスが想定する以上の軍事的保障を求めたため、イギリスの構想は実現しなかった。その上、アメリカは、賠償問題と密接に関連し合っていた債務問題についても、以下のようなイギリスの構想を拒否してしまう。

第一次世界大戦中の連合国間の債務問題は、戦後経済の復興にとって障害となっていた。大戦中、イギリスが連合国に融資した資金は四十億ポンドに及び、さらにイギリス自身、アメリカに十億ポンドの債務を負っていた。しかし、フランスは、ドイツから賠償が得られなければ債務償還が不可能なことや、戦時中に最大の人的被害を出していたことを理由に、債務の減額を要求していた。そこで、イギリスが最初に打ち出した構想は、連合諸国間の債権、債務を相互に放棄するというものであった。これは、イギリスの債権、債務関係に照らし、イギリスが最大の負担を負う構想であり、国内には反対意見も存在した。しかし、それ以上にイギリスは、自ら過大な負担を負ったとしても、大戦中に経済大国としての地位を確立したアメリカの負担と協力を引き出すことを優先した。それは、債務問題の解決にとどまらず、続くヨーロッパの再建にとっても重要と考えられたからである。

とはいえ、アメリカはイギリスの提案を拒否した。その結果、一九二二年八月にバルフォアによって債務問題に関する声明が出された。それはすなわち、イギリス政府はフランスに対し、アメリカへの債務償還に充てる以上の債務の償還を求めないというものであった。つまりイギリスは、自国の対仏債権を実質的に放棄すると共に、さらなるフランス債務の減額をアメリカの裁量に委ね、その対仏対英債権の一部放棄を促そうとしたのである。しかし、アメリカは、これについても拒否した。その後、十月に成立したボナー・ロー内閣の下、翌一九二三年一月にスタンリー・ボールドウィン蔵相とイングランド銀行総裁モンタギュー・ノーマンが訪米し、債務問題についてアメリカと調整した結果、一九八五年まで最初十年間年率三％、その後三・五％で約九億八千万ポンド（四十六億ドル）を支払う合意に達した。ローは反発したが、他の閣僚の説得で最終的にこれを受け入れた。この決定は、イギリスが対米債務の償還協定を先行的に成立させることで、賠償問題を専門委員会に委ねながら、アメリカによるヨーロッパ投資を優先的に促そうとした結果であった。この時期のドイツは、激しい通貨下落、物価高騰と、フランス、ベルギーによるルール地方の占領によって、経済的混乱の頂点にあった。こうした中、一九二二年十二月のチャールズ・ヒューズ国務長官による提議を端緒として、専門委員会の設置が決定され、一九二四年一月よりドーズ委員会がパリにおいて、マルクの安定、ドイツの均衡財政の実現、賠償問題などの検討を開始した。さらに英米の協調でフランスの強硬姿勢が抑えられ、一九二四年四月、ドイツ経済の監督や外国資本の支援によるドイツ中央銀行の再編などを軸とする委員会の報告が提出された。同年末までに賠償委員会によるドーズ・プランが成立し、アメリカの銀行によるドイツへの融資が始められることになった。以上のような、イギリスによる債務の相互放棄提案から対仏債権と対米債務の連動による部分放棄提案、そしてイギリスの対米債務の先行償還へという展開は、イギリスが、戦後ヨーロッパ経済復興を進める上で前提となる債務問題の解決について、自ら応分の負担をしながらアメリカの協力を引き出すため、アメリカに譲歩を重ねていった過程であった。

モーガンは、アメリカが国際社会から後退する中、ロイド・ジョージ政権が世界的調和の実現をイギリスの果たすべき使命として捉え、国内における社会改革理念と一体化した対外宥和政策を進めていたこと、一九二二年十月の政権崩壊は、ロイド・ジョージの政策的失敗のためというより、独自性を追求し始めた保守党の党派的行動の結果であり、それは、ロイド・ジョージの国際主義に対するイギリスの孤立主義的傾向の表れでもあったことを論じている。[6] ただし、ヨーロッパの経済再建にアメリカの協力が不可欠であることは、続くロー内閣においても認識されており、むしろこれ以降、英米協調が進んでいった。

イギリスの国際的責任と影響力の保持という点で、国際連盟は、アメリカの不参加にもかかわらず、重要な存在となった。B・J・C・マカーチャーによれば、イギリスは、国際連盟をヨーロッパの政治的経済的安定を実現する重要な国際機構として位置付け、それを支える中心的な役割を果たすと共に、国際連盟を自らの外交政策遂行のための手段とした。[7] また、G・H・ベネットによれば、イギリスにとって国際連盟は、イギリスが直接影響力を及ぼしにくい地域、たとえば中欧や東欧地域などに影響力を行使する上で、有効であった。イギリスにとって、直接的な利害関係という点で中東欧地域の重要性は高くなかったが、第一次世界大戦後に多くの独立国家を生み出した同地域の政治的経済的安定は、ヨーロッパ全体の安定にも影響し、さらにソ連の脅威に対抗する上でも必要であった。しかし、実際の中東欧諸国は、大戦終結まで同地域を治めたオーストリアやハンガリーをソ連以上に警戒し、中東欧諸国間の紛争も絶えなかった。しかし、新たに独立を達成した諸国に対し、イギリスが政策的に介入することは、内外の理解を得られなかった。そこでイギリスにとって、国際連盟が有益となった。代表的な事例は、ドイツ系住民とポーランド系住民が混在し、ドイツとポーランドの係争地となっていたシュレジエンの帰属問題であった。イギリスは、ドイツの経済復興という観点からドイツへの帰属を望ましいと考えており、最終的に連盟管理下の住民投票を通じてシュレジエンのドイツ帰属を確定した。[8] つまり、イギリスにとって国際連盟は、それを通じて間接的に外交的影響力を行使するための媒体となったのである。

第一次世界大戦後のイギリスにとって、ヨーロッパの経済復興と並んで重要な課題となったのが、帝国政策であった。大戦により、イギリスの帝国領域は、二十万人以上の戦死者を出した。その三分の二以上はインド人が占めたが、カナダも単独で四十万人の兵力を派遣しており、オーストラリアやニュージーランドも中東に部隊を派遣していた。こうした負担は、ドミニオンとインドのナショナリズムを昂揚させる結果となり、イギリス本国も、帝国領域の要求に応えなければならなかった。ロイド・ジョージ内閣は、戦時中の一九一七年初めより帝国戦時内閣と帝国戦時会議をロンドンで開催し、ドミニオンとインドの代表がそれに出席した。これにより、ドミニオンは本国の政策決定に参加する機会を与えられた(9)。

ロイド・ジョージは、大戦に勝利するために帝国の資源を最大限に動員すべく、ドミニオンを政策決定に参与させることで、その協力を引き出そうとした。そのため、ドミニオン代表の出席する帝国戦時内閣と帝国戦時会議は、一九一八年にも開催された。これらはドミニオンにとって、自治権や地位の向上を求める機会となり、一九一八年十一月に第一次世界大戦が終結すると、ドミニオン側はパリ平和会議への個別の代表派遣を求め、認められた。ドミニオンによる講和会議への代表派遣は、実質的にドミニオン諸国を独立国として扱う措置であり、こうしたドミニオンの独立的地位は、国際連盟への個別参加によってさらに進んだ。

デニス・ジャッドやジョン・ダーウィンによれば、第一次世界大戦は、十九世紀以来のイギリス帝国の構造を大きく変化させる契機となった(10)。大戦中に顕在化したドミニオンの独立傾向に対し、一九二〇年十一月にロイド・ジョージ内閣は、翌年六月の帝国会議開催を通知し、帝国諸国間の協力を進めようとした。しかし、平和条約の成立と共に、イギリスとドミニオンの協力関係は急速に後退した。イギリス本国が伝統的な外交権の専有に回帰する一方で、ドミニオンの分離化が進行したからである。

一九二二年九月に発生したトルコにおけるチャナク危機は、ロイド・ジョージとの連立に対する統一党内の反発を激化させたばかりでなく、イギリスとドミニオンの分離傾向を露呈した。ロイド・ジョージ内閣は、ケマル・アタチュルクの革命軍に対するコンスタンティノープル防衛のため、ドミニオン側との事前の協議なく、部隊の派遣を決定し、ドミニオンに協力を要請した。これに対し、オーストラリアとニュージーランドは好意的な反応を示したものの、カナダと南アフリカは協力を拒否した。次いで、一九二二年十二月にアイルランド自由国が発足した。イギリス国王はアイルランドに総督を派遣し、アイルランド議会は国王に忠誠を誓うものの、アイルランドはカナダと同等の地位を認められ、六番目のドミニオンとなった。これにより、アイルランドはイギリスからの独立に向けて、大きく前進した。さらに一九二三年の帝国会議開催の数か月前、カナダはアメリカとオオヒラメ漁業条約を締結し、カナダは独自に、イギリス政府の関与なく対外条約を締結する権利を行使していた。

一方、この間のロイド・ジョージ内閣とその後継内閣も、外交問題をめぐり、ドミニオンとの協議を行わなかった。一九二二年、チャナク事件に続き、イギリスはローザンヌ会議でトルコと講和条約を成立させたが、ドミニオンは会議に招請されなかった。そのため、一九二四年にイギリスは、ドミニオンに条約批准への同意を求めたものの、カナダはこれを拒否した。また、ラムゼイ・マクドナルド内閣も、一九二四年にドミニオンとの協議を経ることなく、ソ連を承認した。さらに第二次ボールドウィン内閣は、一九二五年のロカルノ会議において、ドイツの西部国境とラインラントの非武装化を保障する条約を、イギリス、フランス、ドイツ、イタリア、ベルギー、ポーランド、チェコスロヴァキアの諸国間で成立させた。しかし、ドミニオンはこれにも関与しなかった。こうした、イギリス本国とドミニオンの分離傾向を引き継ぐ形で、後述のように、一九二六年の帝国会議において、ドミニオンをイギリス本国と対等な国家として認めるバルフォア報告が提出されることになる。

しかし、こうした動きの一方で、イギリス帝国全体の結び付きを強化しようとする動きも生じていた。イアン・ドラモンドによれば、一九一七年の帝国戦時内閣において、帝国特恵関税と帝国内移民に関する検討がなされていた。[11] ただし、ロイド・ジョージもローも、関税問題が戦前の自由党と統一党の最大の対立点となっていたため、これを支持しなかった。関税問題が争点となるのは、戦後、連立政権が崩壊した後の一九二三年十二月の総選挙においてとなる。対して移民問題に関し、戦時中はむしろ国内の労働力確保が懸念されていた。とはいえ、植民地省次官のウィリアム・ヒューウィンズが中心となり、戦後の召集解除となった兵士を主な対象とするドミニオンへの移民計画が作成されていた。対してオーストラリアも、イギリスの資金援助による移民に積極的な反応を示したため、一九一七年二月に植民地省は、戦後移民に関する検討委員会を設置した。委員会は、イギリス本国における退役軍人の見通しが不透明なため、移民を支援すべきかどうか留保しながらも、希望者の自由移民を支持する報告を提出した。

その結果、一九一七年の帝国戦時内閣および帝国戦時会議も、海外移民に関する検討を認め、これを受けて植民地省は、七月中旬までに移民法案の作成に着手した。同法案は、中央移民部局を創設し、移民宣伝の監督や仲介業者の認可、移民船の条件規制などに当たらせることを規定していた。法案提出の理由として、イギリス本国とドミニオン間の労働配分の適正化や、人種的一体性の維持、移民における男女比率や退役軍人移民の調整などの必要性が挙げられていた。さらにヒューウィンズは、ドミニオン側との調整の過程で、議会の承認を条件に、移民に対する財政支援を行う必要も認めていた。

ウォルター・ロング植民地相は当初、帝国移民に関心を持っていなかった。しかし、以上の経緯を踏まえ、大戦終結直後の一九一八年十一月に各省混合委員会を設置した。次いで翌年四月に海外移民委員会が設置された。しかし、その間の十二月に行われた総選挙において、ヒューウィンズは落選し、次官を辞任した。ロイド・ジョージは、植民地相にアルフレッド・ミルナーを任命し、次官にレオポルド・エイマリが就任した。一九一九年および一九二〇年を通じ、女性および子供の移民に対する財政支援や退役軍人の農業移民などに関する検討、そしてドミニオンとの調整が継続された。この間、アメリカの移民法改正により、アメリカへの移民は大きく減少した。しかし、イギリス本国の財政事情もあり、ミルナーやエイマリは、ロイド・ジョージをはじめとする閣僚を移民法制定に向けて動かすことはできなかった。

一九二〇年から翌年にかけて海外移民委員会は、女性、子供移民を補助するための財源を大蔵省に要求したが、受け入れられなかった。その間、自由移民計画は実施されたが、希望する退役軍人の輸送支援が不十分で、これも成果を挙げられなかった。その一方で、保健省と労働省が設立した失業委員会は、移民についても検討しており、海外移民委員会も、代表を失業委員会に派遣していた。失業委員会は大規模な移民を検討したわけでなかったが、一九二一年末までの退役軍人の渡航費無料化や、一九二〇年から一九二一年にかけての冬期三か月間のその他の移民の渡航費無料化のため、毎月五万ポンドを海外移民委員会に支出すること、さらに植民地省とドミニオン側との移民支援に関する交渉について、内閣に提言した。一九二〇年十二月六日に内閣は提言を了承し、植民地省は準備に着手した。

ドミニオンに対し、政府による移民支援や、農地および天然資源の開発促進などに関する通告がなされたが、この時点で失業問題に対する言及はなかった。とはいえ、イギリス本国で帝国領域への移民補助に関する気運が高まったのは、失業問題のためであった。一九二〇年末の時点でミルナーは、毎年十万人もの移民を目指していた。ところが、ドミニオン側も、帰還兵士や戦後不況といった問題を抱えていた。さらにイギリス本国においても、移民問題をめぐって植民地省と大蔵省が対立した。

一九二一年の帝国会議において、当初の議題は日英同盟の更新、海軍政策、外交に関する帝国の共通政策などであり、移民問題はそれに含まれていなかった。六月二十八日、帝国移民に関する委員会が開催され、詳細を検討する小委員会の設置が決定された。カナダ首相アーサー・ミーエンは、政府の渡航補助を歓迎したが、他方でカナダの失業問題についても言及していた。帝国会議は移民計画を支持したものの、関心を持っていたのはオーストラリアのみであった。しかも大蔵省は、退役軍人の移民補助について承認したが、一般的な移民補助には反対していた。

しかし、一九二一年から翌年にかけ、政府は一般的な自由移民計画を短期間で承認した。オーストラリア首相のヒューズより、移民補助の依頼がなされた他、十二月末に海外移民委員会は、失業問題に対する長期的対策と適切な人口再配分のため、毎年五十万人、十年間の農民移民が必要なことを内閣に提言した。移民が農民とされたのは、ドミニオン側が都市市民の受け入れに反対すると判断されたからである。エイマリが法案を準備した。法案は、毎年五百万ポンドまでのイギリス政府による補助や、移民に対する融資などを規定していた。法案は一九二二年二月中旬に内閣に提出され、専門委員会で検討されたが、大蔵省は補助金の削減を図り、四月三日に委員会は、初年度に百五十万ポンド、続く十四年間に毎年三百万ポンドの支出を行う提言を行った。法案は、植民地相にイギリスおよびドミニオンの様々な公私団体と移民関連協定を締結する権限を付与する他、移民費用の半分までの支援や、一九三七年に失効することなどの内容を含み、下院をほとんど議論なく通過した。これにより、帝国移民法が成立した。同法案に対して労働党は、評価する立場を取った。

後述のように、帝国領内への移民は、推進者の計画通りには実現しなかった。ドラモンドは、移民計画が帝国の統合と農業開拓への理想主義を背景としながら、現実には失業対策の一環として実現したことを強調している。第一次世界大戦後のアメリカが、移民制限と高率関税の導入によって、人間と商品の自国への流入を制限しようとしたのに対し、イギリスは自由貿易を維持しながら、帝国統合という理念と失業対策という現実の課題が融合する形で、帝国領域への移民補助を開始した。イギリスは、ドミニオンを対等な国家として承認しながら、同時にナショナリズム感情に基づく帝国の一体性を重視し、役割分担的な相互関係を形成しようとした。

第一次世界大戦後のナショナリズムの昂揚は、白人自治領たるドミニオンにとどまらなかった。大戦中に登場した民族自決の理念によって、戦後のイギリスは、アメリカやイギリス帝国領からばかりでなく、国内においても、厳しい帝国主義批判に直面した。ウィリアム・ロジャー・ルイスによれば、ロイド・ジョージはこうした帝国主義批判に対し、イギリス帝国が世界で最も多様な民族を含んでいることから、諸民族間の調和を実現していく経験と責任を有しているという理念、その意味で「調和の精神」に基づく理念を打ち出した[12]。その点で帝国は、民族の自立を促す補助的役割を果たし得るものであり、民族自決の時代にあってむしろ積極的な責任を有する存在として位置付けられた。

民族自決に適応する帝国の新理念は、経済的に自立し得る新国家の創設と、各国における少数民族の権利保護を掲げたパリ講和会議の理念に対応すると共に、インドにおけるモンタギュー‐チェルムスフォード改革、すなわち一九一九年インド統治法の成立をもたらした。それは、両頭政治（dyarchy）と呼ばれる、地方自治の拡大と州および中央行政へのインド人による代表民主制の導入を図るものであり、そのねらいは、インドの民族主義運動をイギリスの統治機構内に組み入れることで、インド支配を安定化させることにあった。しかし、それは単にイギリスのインド支配を強化しようとする、帝国主義的な目的のためばかりに行われたわけではなかった。それどころか、イギリス本国において自由党のエドウィン・モンタギューは、「反イギリス」的インド政策の象徴として、統一党の反発を招いていた。にもかかわらず、モンタギュー‐チェルムスフォード改革の路線は、上述のような民族自決やナショナリズムの時代に適合する、イギリス帝国再編の一環として、政権交代後も引き継がれていった。

モンタギュー‐チェルムスフォード改革は、地方行政におけるインド人への権限委譲という点で、ヒンドゥーとイスラームの関係にも影響を及ぼした。この改革によって、五百万人以上のインド人に選挙権が与えられることとなったが、インド側への権限の委譲は、インド内部における少数派としてのイスラームの権利をいかに保護するか、という問題を顕在化させた。一九〇九年のモーリー‐ミント改革は、ヒンドゥーとイスラームがそれぞれに割り当てられた議席数の下で選挙を行う、宗教別分離制度を導入していた。その後、一九一六年にインド国民会議派と全インド - ムスリム連盟の間で成立したラクナウ協定は、各州の議席配分における、分離選挙制度の下での少数派優遇措置を規定していた。それはすなわち、各州におけるインド人議席の配分に際し、少数派に人口比率以上の優遇比率を適用するというもので、その結果、連合州では人口の十四・三％を占めるイスラームに対して三十％の議席、ビハール・オリッサでは十・九％の人口に対して二十五％、中央州では四・四％の人口に対して十五％、マドラスでは六・七％に対して十五％、ボンベイでは十九・八％に対して三十三・三％の議席がそれぞれ割り当てられた。その一方で、イスラームが多数派を占める州ではイスラーム以外への議席配分が優遇され、パンジャーブでは五十四・八％を占めるイスラームに対して五十％の議席、ベンガルでは五十二・七％の人口に対して四十％の議席が配分された(13)。

イスラームはインド全体で少数派である以上、インドが中央集権的な政治機構を採用した場合、イスラームは国民会議派に主導権を渡さざるを得なくなる。イスラームにとって地方分権は、イスラーム優位州における主導権を維持すると共に、イスラーム少数州におけるイスラームの権利保護を強化するものであった。その結果、一九二〇年代後半以降の独立運動において、ムスリム連盟は、中央集権的な独立インドを目指す国民会議派と次第に対立を深めていく。他方、こうした中でイギリスは、地方分権を進めつつ、同時にインドの三分の一を占めた、イギリスの直接統治下に置かれていない藩王国をも含む連邦制を、インドに導入しようとしていくのである。

以上のような、地方分権的な政策を通じ、現地勢力の協力を得ようとするイギリスの政策は、インド以外の地域においても同様であった。アフリカやその他のイギリスの帝国統治は、インドにおける藩王国に通じるような、間接統治（indirect rule）を特徴としていたが、その理念はナイジェリア総督と香港総督を務めたフレドリック・ルガードの『二重統治論』(*Dual mandate*, 1922) によって理論化されている。ジョン・セルによれば、ルガードは、文明化された国民は後進地域の資源開発と文化保護の義務を負っているという考えの下、そしてフランスやスペインの植民地統治に特徴的な同化政策に対抗する意識の下で、原住部族長の権威や現地の伝統を重んじ、イギリスの統治はそれを補助、監督するのみにとどめるべきであるという理念を掲げた。植民地統治とは、アフリカ人を疑似ヨーロッパ人にするためのものでなく、建物を建築するための補助材のようなものでなければならない。したがって、原住民が自立できるようになれば、それははずされるべきものである。こうした理念に基づき、具体的な統治に当たり、現地の文化的特徴を理解するための、文化人類学的な調査、研究も重視された。それによって、イギリスの間接統治は、その知的権威を示すこともできた。とはいえ、セルによれば、間接統治は一つの哲学、理念に過ぎず、それに即した統治機構が存在したわけではなかった。イギリスの間接統治は、現実には多くの場合、現地の自立を促すより、現地の文化、習俗に順応した権威主義的統治と、現地の政治情勢に対応した分離分割主義的な統治手法に流れがちであった(14)。その結果、イギリスの海外領統治は、概して各植民地行政機関に主導権を委ね、しかも各行政府にあっては、現地の経済、生活様式に深く介入しない傾向を示すことになった。

以上のような民族自決の理念への対応と間接統治という手法が、戦後イギリスの外交政策と融合しながら展開されたのが、中東地域であった。たとえばイラクの場合、イギリスは本来、その保持を重視していなかった。トルコやソ連の脅威が存在する中、イギリスの影響力を確保するための軍隊の駐留は、戦後の厭戦的雰囲気の中にある国民の理解を得られなかったばかりか、軍部においても、早期の撤退が主張されていた。石油資源という問題はあった。しかし、そのために軍事力を駐留させることは、特定企業の利益を保護するために戦争の危険を冒すことであるとして、やはり国民や議会の理解を得られなかった。

図 9 インド帝国の行政区画

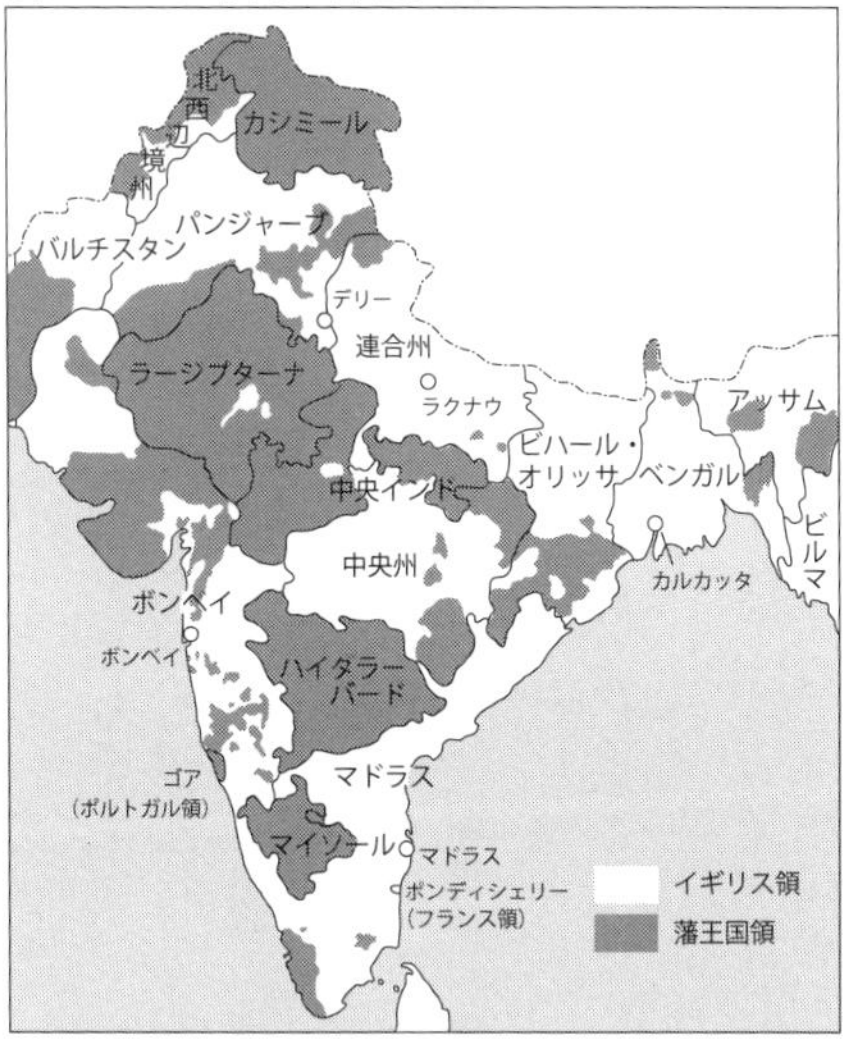

Moore, *The Crisis of Indian Unity*, frontispiece より作成。

さらに、イギリスのイラク統治に対し、アメリカの批判が存在した。また、現地でも、イラクにエジプトの統治方式が導入されることへの懸念が存在した。アラブ人にとって、イギリスによるエジプト統治方式の導入より、かつてのオスマン帝国の下での、自治性の強い、緩やかな統治形態の方が好ましいと考えられていた。こうした中、ロイド・ジョージ内閣にあって、中東を重視したのは、カーゾン外相であった。G・H・ベネットによれば、以上のような状況下でイギリスがイラクにおける影響力を維持できたのは、イギリスが一九二二年一月までにイラクにおけるアメリカ利権を承認し、アングロ‐ペルシア石油会社とスタンダード石油会社の間の民間の英米石油協定の成立に対応する形で、同年七月に国際連盟による委任統治が決定され、ファイサルを中心とした現地側の自治を促進しながら、イギリスが影響力を保持する国際的な枠組みを作り上げることに成功したからであった(15)。イギリスのイラク統治は、間接統治という帝国政策の理念に、アメリカや連盟との協力という補強的措置を付け加える形で成立した。上述のイギリスのヨーロッパ外交の手法は、その帝国政策においても同様に発揮されていた。

以上のようなイギリスにおける間接統治の理念は、フランスやスペインといった併合的な植民地統治に対する対抗理念として形成され、それはヴィルヘルム二世の専制やユンカーの地主支配をドイツの膨張的かつ抑圧的内外政策の原因や象徴として捉えた第一次世界大戦期のイギリスのドイツ観とも通底していた。それはまた、イギリスにとっての日英同盟に対する評価にも影響を与えていた。既述のように、日露戦後、日英同盟は日本を牽制するための同盟に変質していた。しかし、これは日本側の問題という以上に、イギリス側の問題でもあった。というのも、間接統治という手法によって広大な帝国を維持していたイギリスにとって、日露戦後、日本が満州に権益を獲得し、韓国を併合したことは、その過程がどのようなものであれ、イギリス帝国の理念とは対極的な膨張主義として、受け止められたからである。

しかし、そうであればこそイギリスは、日本との同盟ないしそれに準ずる協定関係を維持することで、日本を統制しようとした。帝国主義への批判に間接統治という理念で対応し、また、必要に応じてアメリカや国際連盟との協調を図るなど、複合的な国家関係の調整を通じて展開された戦後イギリスの帝国、外交政策は、東アジア政策においても同様であった。一九二一年一月、日英同盟に関して作成されたイギリス外務省のある覚書は、イギリス東アジア政策の課題について、次のように記していた[16]。

我々の見解では、日本の攻撃的傾向と中国の弱体化には危険がはらまれており、それに対する最良の保護措置は、中国の再建に向けた建設的政策の中に見出せるであろう。[…]戦争によって我々は疲弊し、そのような大きな問題に取り組むことができなくなっている。こうした取り組みを成功させるには、アメリカとの協力が必要不可欠である。

既述のように、ロイド・ジョージ内閣は、この年六月の帝国会議を経て、一旦は日英同盟の継続を決定し、その後、ワシントン会議に際して、有事における日英同盟の復活を規定した英米日の三国協定を構想した。しかし、アメリカはそれに難色を示し、日本側も日英同盟の存続を求めなかったため、新たに四国条約を成立させた。イギリスは、日米を多国間協定の枠組みに参加させることで、軍事的な負担を軽減しながら、その影響力を維持しようとした。

さらにワシントン条約における中国の関税に関する条約は、一九〇二年の英清通商条約（マッケイ条約）が基礎となっていた。イギリスにとってワシントン条約は、上述のようなイギリスの世界的役割を東アジアにおいて果たすための理念的象徴であると共に、イギリス独自の影響力を行使するための媒体として位置付けられた。それは後述のような、北京関税特別会議とその後の展開において、イギリスがアメリカや日本との協力の下、ワシントン条約そのものを弾力的に運用し、中国の政治的、経済的安定の実現のため、主導権を発揮する中で具体化していく。

とはいえ、一九二二年を通じ、ロイド・ジョージ内閣を実質的に支えた統一党では、アイルランド問題、失業問題、農業不況の深刻化、上院改革問題などで、内閣に対する反発が高まっていた[17]。一九二二年十月十九日、カールトン・クラブにおける統一党大会で連立解消が決定され、ロイド・ジョージ内閣は即日、総辞職した。第一次世界大戦後、政策理念を転換させた自由党にとって、一九二〇年代はその存在意義が問われる時代となった。大戦前の自由党は、社会改革派として労働党と協調関係にあったが、労働党を特定階級の代表でしかない、しかも政策に通じない後進政党としか見なさず、それと一体化することはなかった[18]。戦後、ロイド・ジョージはむしろ、統一党との合同を目指すと共に、共産主義に同調的な労働党を排撃の対象とした[19]。しかし、その一方で労働党は、後進政党であればこそ、自由党の自由貿易主義をはじめとする政策を吸収し、統一党（保守党）も、かつての社会改革に対する反対政党から、むしろロイド・ジョージ政権の成果を引き継ぐことで、労働運動に対して社会の調和を説く、ボールドウィン流の新保守主義政党へと転換していった[20]。

一九二四年十一月に成立した第二次ボールドウィン内閣は、ネヴィル・チェンバレンを保健相として社会政策を展開させ、さらにかつての連立派で党内の反主流派となっていたオースティン・チェンバレンを外相に起用し、党内融和を図りつつ、ヨーロッパにおける協調外交を進めた。これにより、ロイド・ジョージ内閣期に形成された戦後イギリスの内外政策は、保守党によって継承されていく。

二　新保守主義の内外政策

一九二二年十月十九日のカールトン・クラブにおける統一党（保守党）大会に先立ち、ボナー・ローは反連立派の要請を受け、政界復帰を決意していた。党大会の結果を受け、ロイド・ジョージ内閣は総辞職し、十月二十三日にロー内閣が成立、ローは二日後に下院を解散した。総選挙において保守党は、六百十五議席中三百四十四議席を占める勝利を収めたが、他方で労働党は、保守党の五百五十万票に対して四百万票を獲得しており、際立った躍進を見せていた。

ボナー・ロー内閣は、ボールドウィンを蔵相に任命し、既述のように、一九二三年一月に戦争債務問題でアメリカとの合意を成立させた。また、ロー内閣は、ネヴィル・チェンバレンを保健相に起用し、三十万戸の住宅建築に着手した。後述のように、ネヴィル・チェンバレンの社会政策は、第二次ボールドウィン内閣において全面的に展開する。ローはかつて、アイルランド問題などで自由党との全面対決を辞さない、強力な指導力を発揮する保守党の政治手法を作り上げた。しかし、首相時代のローは、自らの健康問題もあり、積極的な政策を展開できなかった。それどころか、喉頭癌の悪化により、ローは半年余りで内閣総辞職を余儀なくされた。

五月二十二日に成立した第一次ボールドウィン内閣は、ネヴィル・チェンバレンを蔵相に転任させるなど、若干の閣僚を交代させたが、概ね前内閣の閣僚を引き継いだ。しかし、ボールドウィンは前内閣と対照的に、積極的な施策を目指し、とりわけ失業や農業問題に対処するため、十月二十三日の閣議で保護関税の導入を検討することに決した。とはいえ、ロー前内閣は、保護関税を再選挙を経た上でなければ導入しないことを公約していた。そのため、ボールドウィンの決定は解散の気運を一気に高め、十二月六日に総選挙が行われた。その結果、保守党は八十八議席を失った。他方、自由党も四十二議席にとどまった。しかし、これに対して労働党は、四十七議席を増加させた。保守党は議会で多数を有したものの、ボールドウィンは一か月後、労働党への政権委譲を決意した。ボールドウィンはそれにより、労働党の穏健化を促すと共に、政権が短期間で崩壊することを期待していた[21]。

マクドナルド労働党内閣は一九二四年一月二十二日に成立したが、それからほどない二月十一日、ボールドウィンは次のように演説した[22]。

我々の敵は死にかけた自由党でなく、労働党である。現在活発な労働党に匹敵する活力を持たなければ、我々は勝利できない。

この年十月二十九日、三年連続となる総選挙が執行された。ここで保守党は、(1)産業および農業保護、帝国の統合、防衛および帝国政策の強化、住宅建築、社会政策といった諸政策、(2)安定政権の必要性、(3)労働党はソ連の指令下にあり、社会主義は宗教や家庭を崩壊させるといった反共、反社会主義の主張、を全面に押し出し、前年より優位に選挙戦を進めた。十月二十五日にはジノーヴィエフ書簡が公表され、保守党の優位がさらに固まり、保守党は前回よりも百五十四議席増加の四百十二議席を獲得、労働党は百五十四議席、自由党は四十議席を獲得する結果に終わった。自由党支持者の多くの票が保守党に流れており、自由党の退潮が際立っていた[23]。

十一月七日に成立した第二次ボールドウィン内閣は、社会の調和と道徳主義を掲げると共に、組閣に際し、かつての連立派で、その後、党内の反主流派となっていたオースティン・チェンバレンを副首相格の外相に起用して、党内の融和を図った。ボールドウィンはさらに、蔵相にオースティンの異母弟であるネヴィル・チェンバレンを起用しようとした。しかし、チェンバレンは、内閣の掲げる社会調和実現の中心的施策となる社会保障政策に取り組むため、保健相への就任を求め、ボールドウィンはこれを了承した。蔵相にはウィンストン・チャーチルが就任した。オースティン・チェンバレンに対するカーゾンの反発や、とりわけ二十年間にわたって保守党を離れ、自由貿易主義の立場を取っていたチャーチルに対する保守党内の反発もあったが、ボールドウィンは全体的な党内融和を優先しており、ボールドウィンはチャーチルを入閣させることで、植民地問題に対するチャーチルの介入を抑えることもできた[24]。

ボールドウィンの掲げた、社会調和や、労働党に匹敵する保守党の活力といった理念を中心的に担ったのが、保健相に就任したネヴィル・チェンバレンであった。ロバート・セルフによれば、チェンバレンは就任から二週間以内に、二十五項目の暫定的な政策計画を閣議に提出し、その内、ボールドウィン内閣が総辞職する一九二九年五月までに、二十一項目を実現した。チェンバレンが最初に取り組んだのは、一九二五年の孤児・老齢年金法であった。第一次ボールドウィン内閣が総辞職する直前、社会保障の統一を求める気運に対応して、国民全てを対象とする、一律保険料による病気、失業、老齢、労災、未亡人、孤児支援などの統合保険に関する検討委員会が設立されていた。同委員会はその後、一九二四年七月に報告書を提出したが、それは、諸保障の統合と非自己負担制度を、費用がかさむことを理由に否定していた。そして未亡人、孤児、老齢年金について、政府が主たる負担者となる、保険料納付義務制度を提案していた[25]。

他方、一九二四年三月の時点で、チェンバレンも保険制度について検討を加えており、⑴保険料収入によること、⑵強制加入とすること、⑶失業、病気、老齢、死亡保険の四分野を対象とすること、⑷老齢保険の支給額は退職後の老齢者の生活に十分な金額とすること、を改革の原則とした。チェンバレンは当初、一九二六年の年金改革実現を目指していたが、労働者階級からの支持を獲得し、また、中産階級への所得税減税を実施しようとするチャーチル蔵相の要望で、一九二五年に実現することとなった。

チェンバレンは、国民健康保健の負担義務化を目指しながら、既存の制度との調整を図った。六十五歳から七十歳までの男性とその妻には、一九〇八年の非負担年金制度が適用されるまでの期間、一週間に十シリングの老齢年金を支給し、未亡人については本人に十シリングと十四歳未満の一人目の子供に五シリング、二人目以降の子供一人に三シリングを支給することとした。そして保険料負担者について、二年後より別個の給付金を受け取ることとし、さらに十年毎に負担金を増加させていくことで、年金財源を漸次、自己負担制度に移行していくことを目指した。チェンバレンの年金計画は、国民健康保険と連動していたものの、女性労働者のほとんどや健康保険に加入していない臨時雇用労働者を含んでおらず、全体の統合を実現していたわけではなかった。とはいえ、チェンバレンは制度の効率化を目指すと共に、財政基盤の強化以上の展望を持っていた。チェンバレンは、自己負担によらない、寄付金に基づく社会保障制度は受給者の不名誉となる上、その責任感を減退させると判断していた。チェンバレンはそうした価値観を、父ジョゼフ・チェンバレンから引き継いでいた。

チェンバレンの次の課題は、住宅問題であった。すなわち、建築費用の高さが賃貸料の高騰につながり、労働者の住居不足を引き起こしていた。チェンバレンは、建築費の低廉化による住宅不足解消のため、ウィアが展開していたプレハブ建築による住宅の標準化という手法に注目した。さらにチェンバレンは、一九二六年に住宅建築法を準備し、地方のスラム住宅再建のため、蔵相に対し、準標準化住宅への改善に取り組む家主への地方当局による融資についてその半額を国庫より支出する権限と、将来の地代水準の規制に関する権限とを付与することとした。その他、チェンバレンは、専売薬製造販売規制法や、不適切な個人住宅に対する検査および強制修理命令に関する法律を成立させ、公衆衛生、都市計画、住宅建築の統合的な改革を目指した。

しかし、社会の調和を目指したボールドウィン内閣は、一九二五年から翌年にかけ、労働組合との対立激化という試練に直面した。一九二五年四月二十八日、イギリスは金本位制に復帰した。これは、戦前の旧平価で実施されており、一九二三年の対米債務問題の解決と同様、イギリスの負担によって国際貿易の基盤を安定化させ、国際金融におけるイギリスの影響力を保持しようとするものであった。しかし、ポンド高を招来する旧平価での金本位制復帰は、輸出産業の不振をもたらした。さらに五月、労働組合法の改正問題の他、炭坑業に対する政府補助金の停止や賃金切下げ問題が生じ、政府と組合の対立が激化した。[26]その結果、労働組合会議は、七月三十日に全国的な石炭輸送の停止を計画した。対してボールドウィンは、ネヴィル・チェンバレンとチャーチルの支持を得て、保守党や閣内の反発を抑え、最低賃金の保障と石炭補助金の九か月間の延長を決定し、衝突を回避した。

とはいえ、一九二六年三月、サミュエル王立委員会は補助金の停止などを提言し、再び緊張が高まった。ボールドウィンは保守党内の強硬派を抑えながら融和を呼びかけ、労働組合会議の幹部も対立を回避しようとした。しかし、閣内と労働組合の双方で強硬論が高まった。その結果、五月に労働組合はゼネストに突入した。これに対して政府は、ボールドウィンを中心に労働組合会議幹部の穏健派と接触し、交渉を通じた事態の収拾を図る一方で、強硬派はスト破りに着手するなど、全面対決姿勢を示した。最終的にゼネストは敗北に終わるが、ラムズデンは、こうしたボールドウィン内閣の姿勢を「強い立場からの宥和」（appeasement from strength）と評価し、当初の妥協的な政府の姿勢を謀略的な時間稼ぎと見なす見解を否定している。その後、一九二七年三月に政府は労働争議法案を決定し、ゼネストや同情ストを全面禁止した。チェンバレンは労働党に侮蔑的であったが、ゼネストに対する寛大な措置を主張し、労働組合による労働党への政治献金の制限に対しても反対した。とはいえ、大勢上、ボールドウィンは法案を支持せざるを得ず、一九一三年労働組合法を大幅に修正する改正法が七月に成立した。この他、第二次ボールドウィン内閣の後半期は、インドや中国における争乱を幇助していると見なされたソ連との断交や、アメリカとのジュネーヴ海軍軍縮会議の失敗など、全体として穏健姿勢から強硬姿勢へと変化した。しかし、その一方でボールドウィンやネヴィル・チェンバレンは、一九三〇年代、ドイツに対する宥和政策を展開する中心的な政治家となる。[27]

政権後半期、チェンバレンが取り組んだ最大の改革は、救貧制度の改革と連動した一九二九年地方自治法の制定であった。チェンバレンは一八三四年救貧法修正法を継承し、救貧制度の効率化を進めようとした。一八三四年法は、教区の救済事業をより広範囲の救貧区連合に移管すると共に、連合は地方税納付者による保護委員会を設立し、全体的な統一性を維持するため、中央省庁の監督を受けながら救貧院を経営し、地方の救貧行政に当たることを規定していた。一八三四年法はまた、救貧事業を救貧院の事業に特化させ、貧困労働者に対する賃金補助を、労働者の労働意欲を阻害するものとして廃止していた。[28]

チェンバレンは、中央と地方の財政再建を図りながら、救貧制度を、より適切な行政区域と組織に基づいた、効率的な制度に改編しようとした。チェンバレンは、バーミンガム市長を務めた経験と地方政府に関する知識に基づいて改革を進めようとしており、地方政府と社会施策の関係について、次のように述べていた。[29]

地方政府は、いかなる中央政府よりもはるかに家庭に近く、したがって人々の心に近い。国民にとって地方政府は、親しく、親密で、便利なものである。[…]国民は地方政府を、国民と不健康や不正義との間に立つ守護天使と見なしており、彼らはそれを、[…]貧困の中での保護者、教師に当たるものとしても見なしている。[…]彼らはそれに助言を求めに来る。彼らはその完全さを信じている。

チェンバレンはさらに、中央政府から地方当局への交付金制度を改革し、通常の貧困者に対する救済と、救貧制度に依存せざるを得ない人々に対する救貧法の適用とを厳密に分離することで、長期的な救貧法の廃止を目指した。チェンバレンは、通常の貧困者について、地方当局によって任命され、地方税と国庫によって賄われる新規の支援委員会に委ねることとし、これに応じて従来の救貧区連合、保護者委員、スコットランド教区委員会は廃止された。対して障害者貧民の世話は、カウンティと特別市の議会が当たることとなった。これにより、六百二十五の救貧区連合の権限、業務、資産、機構が専門議会委員会に移管され、救貧業務の質的向上を促すこととした。チェンバレンはこうした改革を通じて、最終的に救貧法の役割を終わらせ、失業対策が二重に、しかも不効率に行われている現状を解消し、健常者貧民に対する対策を一般的な社会政策の中に統合しようとした。

以上のように、チェンバレンは社会改革を、地方分権を推進する中で実現しようとした。チェンバレンの構想において、国家は効率化のための最小限の基準を規定し、地方当局はその基準に従いながら、広範囲の実験的な措置を試みていくこととされた。以上のような改革によっても、貧民に対する救貧法の権威主義的な性格は容易に解消しなかったが、それでも一九二九年地方自治法は、チェンバレンの改革における、国家による基準設定と、権限および業務の地方移管を通じた、社会政策の柔軟かつ統合的な実施という理念を象徴するものとなった。

一方、第二次ボールドウィン内閣の外交を担ったオースティン・チェンバレン外相は、ドイツの賠償問題に一定の解決ができ、仏独関係が安定化の方向に向かいつつある中で、フランスのアリスティード・ブリアン外相およびドイツのグスタフ・シュトレーゼマン外相と共に、一九二五年五月、ロカルノ条約を成立させた。チェンバレン外相は、国際連盟そのものより、大国相互の安全保障を重視する外交を展開しており、その限りでチェンバレンの外交は、当時にあっても、国際連盟を軽視する外交として批判されることはあった。しかし、リチャード・グレイソンによれば、チェンバレンの外交は、国際連盟がヨーロッパの安全保障について十分な責任を発揮できない時期にあって、むしろ大国間の協調が国際連盟の活動の場を広げるという、連盟の長期的発展への展望の下で展開されていた(30)。その意味でチェンバレンの外交も、第一次世界大戦後のイギリスの連盟に対する基本姿勢を受け継いでいた。イギリスの対米外交が、イギリスの一定の負担の下でアメリカを国際協調に誘導し、協力を引き出すことを目指したように、国際連盟についても、それを戦後秩序の安定化を担う機構として大国の立場から支えながら、それを通じて間接的な影響力を行使しようとした。イギリスは、そうした外交を展開することによって、低下したイギリスの経済力や軍事力を補い、戦後ヨーロッパの安定と経済再建に主導権を発揮しようとしたのである。

第二次ボールドウィン内閣は、帝国政策においても、自立傾向を強めるドミニオンに対し、本国との対等の地位を認めることで帝国の統合を実現しようとする、後のウェストミンスター憲章の制定に連なる重要な決定を行った。デニス・ジャッドによれば、一九二六年十月十九日に開催された帝国会議は、バルフォア報告を提出することによって、ドミニオンに対し、主権に対する理論的な制限は存続するものの、実質的な本国との対等の地位を保障した。イギリス本国は一八六五年以降、イギリスの法律に反するドミニオン側の立法を否認する権利を有したが、これは一度も行使されず、イギリスとドミニオンの心理的なつながりを象徴する権限にとどまっていた。

帝国会議において、南アフリカの国民党を率いるJ・B・M・ヘルツォーク首相は、ドミニオンの地位の明確化を要求し、カナダの自由党政権も、ドミニオンの憲法上の権利について明確化を希望した。カナダは特に、総督の機能と任命方法に関する検討を希望していた。一九二六年会議における検討は、帝国間関係委員会を中心として行われた。その委員長について、エイマリ植民地相は首相級の人選が必要と考え、バルフォアの就任をボールドウィンに求めた。委員会は、バルフォアを委員長に、ドミニオンの各首相、インド代表、エイマリ植民地相、オースティン・チェンバレン外相が委員として出席し、十月二十七日に最初の会合が開催された。会議において、国制上のドミニオンの地位について検討することとなったが、ヘルツォークは、ドミニオンを相互に対等な独立国家とし、国際的に個別に承認を受ける権利を有することを求めた。しかし、ヘルツォークは他方で、ドミニオンが国王に対する忠誠を通じ、ブリティッシュ・コモンウェルスの一員として一体であることも認めていた。

そこで委員会は、ヘルツォークの原則について検討した。会議以前にバルフォアも、ドミニオンの対等な地位について発言したことはあった。しかし、後のバルフォア報告で規定されたドミニオンの地位は、全体として南アフリカ側の提案に基づいていた。ただし、カナダのマッケンジー・キングは、「独立」という表現に対し、それがアメリカの独立宣言を連想させることを理由に反対した。そこでバルフォアが対案を作成したが、ヘルツォークはバルフォア案中の「帝国」の語に反対した。しかし、これは国王への忠誠を意味するものとして承認された。バルフォアとエイマリは、ヘルツォークへの過大な譲歩に反対したが、ヘルツォークが国王への忠誠を強調していることに満足し、ドミニオン諸国および本国相互間の「自由な結び付き」という関係についても承認した。

最終的にドミニオンは、「イギリス帝国内の、地位において対等で、内外問題のいかなる側面においても相互に従属せず、国王への共通の忠誠によって一体化しながら、ブリティッシュ・コモンウェルスの一員として自由に結び付いている自治的な共同体」

とされた。また、将来の総督の機能は、イギリスにおける国王の地位に相当するものとすることや、イギリスとドミニオンの連絡は、総督を介さず、直接行われること、ドミニオンの締結する対外条約について、引き続き国王の名で行うことなどが合意された。こうして成立したバルフォア報告は、次のように記していた[31]。

委員会は、イギリス帝国に一つの憲法を制定することによっては何も得られないであろう、という意見を持っている。イギリス帝国の広範囲に分散した部分部分は、非常に異なった性格、非常に異なった歴史を持ち、非常に異なった発展段階にあり、イギリス帝国はそれを全体として考えた場合、類型化を許さず、現時点で存在し、あるいはこれまで試みられてきたいかなる政治組織とも類似していない。

しかし、そこには厳格な憲法上の視点において、今日、全ての重要な問題に関して十分に発展した、何より重要なある要素が存在している。それはすなわち、イギリスとドミニオンからなる、自治共同体の集合である。その立場と相互関係は容易に定義できよう。すなわち、イギリス帝国内の、地位において対等で、内外問題のいかなる側面においても相互に従属せず、国王への共通の忠誠によって一体化しながら、ブリティッシュ・コモンウェルスの一員として自由に結び付いている自治的な共同体、である。

外国人が、この公式のみによってイギリス帝国の真の性格を理解しようとするならば、それが相互の協力を促進するためというより、むしろ相互干渉を不可能にするために創設されたと考えようとする気持ちに駆られるであろう。

しかし、そのような批判は、歴史的な状況を完全に無視している。過去五十年間の海外諸ドミニオンの急速な発展は、変化する状況に対する古い政治的機構の、多くの、複雑な調整を伴ってきた。対等の地位という方向性は正しく、そして不可避である。地理的ないしその他の条件は、連邦という方法の達成を不可能にした。唯一の選択肢は自治という方法であり、この進路に沿って、それが着実に追求されてきた。帝国における全ての自治構成員は、今や自らの運命を決定する主体である。事実、それは常に順調とは限らないとしても、決していかなる強制にも従属しないのである。

イギリスとドミニオンが互いに直面する、その関係に対する否定的な言説は、たとえそれがどれほど正確なものであったとしても、事実の一部を表現するという以上のものではない。イギリス帝国は、実在しないものの上に存在しているわけではない。イギリス帝国は本質的に、たとえ正式なものではないにせよ、積極的な諸理念に依拠している。自由な諸機構はその血液である。自由な協力はその手段である。平和、安全、そして進歩がその目的に含まれている。これら全ての大きな主題について、その様々な側面が現在の会議で検討され、それによってすばらしい成果が得られた。現在、全てのドミニオンは、自らの協力の内容とその範囲について単独で判断する主体であり、常にそのようにあり続けることは間違いないが、それにもかかわらず、我々の見解では、共通の大義はそれによっても全く危険にさらされていないのである。

多様であればこそ、自由意思に基づき対等に統合されるという理念は、一九三一年のウェストミンスター憲章へと引き継がれる。帝国会議は、ドミニオンの分離を認めたが、バルフォアらは帝国の統一に楽観的で、実際、第二次大戦の勃発に際してドミニオン諸国は、アイルランドを除き、参戦することになる。

以上のような、ブリティッシュ・コモンウェルスの形成に向けたドミニオンの自立に同調的であったエイマリ植民地相は、他方で農産物の帝国特恵と帝国内移民による帝国の一体化促進に積極的であった。ドラモンドによれば、一九二二年の帝国移民法の制定後、同年秋にカナダ政府は、児童移民の受け入れに前向きな姿勢を示したが、全般的な移民に積極的であったのは、オーストラリアのみであった。他方、イギリス政府は失業者の移民に積極的になり、特に海外移民委員会は、国家補助による帝国移民政策を検討した結果、一九二二年末までに、毎年の人口増加に匹敵する五十万人から七十万人の若い都市居住者の海外移民を構想した。とはいえ、オーストラリアやカナダにも失業者は存在していた。そのためエイマリは、移民の成否は関税改革の成否に依存すると判断した。すなわち、イギリス本国が帝国に対して農産物の市場を提供することで、本国の人々が帝国領域に移住し、農業に従事することが可能になると考えたのである。(32)

とはいえ、一九二三年末の総選挙において、関税改革を掲げた保守党は敗北した。また、一九二三年十月から十一月にかけて開催された帝国会議において、移民も検討課題とされた。しかし、オーストラリアは積極的であったものの、カナダは慎重で、エイマリや移民委員会にとって十分な成果は得られなかった。実際、一九二三年の海外移民は十九万九千人、その内、帝国領内への移民は十一万三千人であったが、これは移民委員会の目指した移民数に遠く及ばなかった。その上、大蔵省は海外移民に対する財政支援に反対していた。しかし、一九二四年に成立したマクドナルド労働党政権は、移民政策を支持し、カナダと三千人の農家移民について合意に達した。ただし、その後、移民計画自体は拡大したものの、一九三二年の時点で農地にとどまっていたのは、二千人余りでしかなかった。

表9は、二十世紀前半期の非ヨーロッパ地域に対するイギリス人の移動ないし移民統計である。この時期を通じた全体的傾向は、第一に、二十世紀初頭に帝国領域への移民が過半数を占めるようになり、その後も増加していること、第二に、帝国内ではカナダが一九三〇年代前半まで最大の移民受入地域であったが、その比率は低下し続けていたこと、そして第三に、カナダに代わってオーストラレイシアの受入比率が増加しており、特に一九二〇年代の増加が著しいことである。一九二四年末に成立した第二次ボールドウィン内閣は、こうした状況の中でエイマリを植民地相に任命し、帝国移民の促進に取り組んだ。

大蔵省は海外移民に消極的で、内閣ではエイマリとチャーチルが対立したが、ボールドウィン内閣は一九二七年半ば以降、政策を具体化していった。ボールドウィンは産業移転委員会を設立し、エイマリは移民受入を促すべく、ドミニオン諸国を訪問した。一九二八年になると、失業問題解決のための移民への期待が高まり、産業移転委員会は移民の増加を提言した。内閣はその報告を失業委員会に付託し、委員会は小委員会を設置した。一方、エイマリは移民促進のため、大西洋横断の三等運賃を十ポンドに引き下げる構想を立てた。ただし、カナダの法律によれば、下層移民は排除されるか、上陸時に課税される可能性があったため、小委員会はカナダの承認を条件に、カナダへの渡航費を十ポンドに抑える補助金制度案を作成した。七月に小委員会の提案が失業委員会に提出され、内閣はチャーチルの反対にもかかわらず、これを承認した。ただし、土地入植について、ドミニオン側が費用の半分を負担した場合に承認することとされた。次いでカナダとの交渉が行われ、十ポンドの三等運賃に関する実質的な承認を得ることに成功した。

　カナダは多数の工業労働者の受け入れを承認しなかったが、帝国移民法と十ポンド運賃の制度により、カナダへの移民数は一九二八年の三万九千人から一九二九年の五万三千人へと増加した。しかし、カナダ側にも失業者があり、しかも保護は不十分で、移民促進には限界があった。そのため、一九三〇年の移民数は、一万五千人に減少した。

　他方、農業移民受入に最も積極的であったのは、オーストラリアであった。一九二七年後半、エイマリはオーストラリア首相のスタンリー・ブルースおよび移民委員との間で、十年間に四十五万人の移民を送る協定について交渉を行い、オーストラリア側は平均七十五ポンドの支援を行うこととなった。しかしその後、オーストラ

表9 非ヨーロッパ地域へのイギリス人船客数（1900～1912）と移民数（1913～1949）

内訳／年次	全帝国領域				外国
		英領北アメリカ	オーストラレイシア	他の帝国領域	
1900-04	465,924 (43.2%)	189,826 (17.6%)	70,902 (6.6%)	205,196 (19.0%)	611,663 (56.8%)
1905-09	831,293 (54.2%)	515,720 (33.6%)	130,426 (8.5%)	185,147 (12.1%)	703,561 (45.8%)
1910-12	896,260 (67.9%)	527,997 (40.0%)	223,271 (16.9%)	144,992 (11.0%)	423,781 (32.1%)
1913-14	423,802 (70.1%)	269,424 (44.6%)	111,332 (18.4%)	43,046 (7.1%)	180,485 (29.9%)
1915-19	202,888 (68.2%)	113,620 (38.2%)	39,391 (13.2%)	49,877 (16.8%)	94,509 (31.8%)
1920-24	743,060 (69.4%)	383,868 (35.9%)	233,468 (21.8%)	125,724 (11.7%)	327,273 (30.6%)
1925-29	576,146 (77.7%)	261,477 (35.3%)	213,412 (28.8%)	101,257 (13.7%)	165,074 (22.3%)
1930-34	151,367 (72.4%)	46,208 (22.1%)	36,568 (17.5%)	68,591 (32.8%)	57,575 (27.6%)
1935-38	103,860 (82.7%)	10,673 (8.5%)	25,550 (20.3%)	67,622 (53.9%)	216,65 (17.3%)
1946-49	466,362 (79.0%)	130,534 (22.1%)	137,642 (23.3%)	198,186 (33.6%)	123,660 (21.0%)

Constantine, "Migrants and settlers," p. 167.

リア側の景気後退も始まり、援助を受けた移民は、一九二〇年の九千五十九人から一九二六年の三万千二百六十人へと増加したものの、翌一九二七年に三万百二十三人へとやや減少し、一九二八年には二万二千三百九十四人、一九二九年には一万二千九百四十三人へと大幅に減少した。そのため、一九二九年十二月にオーストラリア政府は、移民削減の交渉をイギリスと開始した。

農業移民には、伝統的、感情的な魅力が感じられていた。田園生活への幻想や、都市生活より田舎の生活のほうが健康的という価値観も影響した。また、オーストラリアには黄禍論、カナダにはフランス人、南アフリカにはボーア人が存在し、さらに人口構成における男女比率の問題、すなわちイギリス本国では女性が過剰、ドミニオンでは女性が不足し、しかも全体としてイギリス本国が人口過剰であるのに対し、ドミニオンは人口不足という認識が存在していた。そのため、第一次世界大戦以前は、ドミニオン側がイギリスからの移民受入に積極的で、イギリス本国は、国家補助による移民政策に消極的であった。ところが、第一次世界大戦後、イギリス本国で失業問題が深刻化し、そうした中で帝国の統合を目指すエイマリの活動やオーストラリア側の移民要請が行われたことで、一九二二年の帝国移民法が成立した。ドラモンドは、帝国移民法やその後の移民支援措置を、移民というより、ロマン主義に対する国家支援であったと評価している。

一九二二年から一九三一年までにイギリスは、移民法に基づく三十四万五千四百人の移民の他、全体として八十八万五千人の移民を送出しており、そのために年間三百万ドルの費用を支出した。支援を受けた最大のものは児童移民と農業労働、家内労働移民であった。オーストラリアやニュージーランドは、特定の雇用者や都市に居住する移民に限定的な支援しか与えず、カナダは非農業男性移民に対する支援を行わなかった。総じてドミニオン側は、農業移民を望んでいた。しかし、全てのドミニオンにおいて、新規の農家および農業労働移民は入植地に定着しなかった。一九二九年以前でさえ、補助を受けた移民の多くが転職し、都市に移動した。その意味で、一九二〇年代の帝国移民法の目指した目標は、実現しなかった。とはいえ、帝国移民法は、一九三七年、そして戦後の移民の再増加を背景に一九五二年と一九五七年に更新され、さらにコモンウェルス移民法として一九六二年、一九六七年にも継続され、最終的に一九七二年に至って失効することになる。[33]

◇

第一次世界大戦後のロイド・ジョージ内閣は、統一党との協力を通じて新たな国内統合、帝国の統合を図ると共に、戦後世界の安定実現のため、各国間の協調を進め、それによってイギリスの世界的影響力を保持しようとした。そのため、ロイド・ジョージ内閣は、ヨーロッパの再建を、アメリカと協力しながら自ら一定の負担を負い、独自の主導権の下で進めようとし、また、国際連盟を支えながら連盟を通じて中東欧や中東地域に対する影響力を行使し、さらに帝国領域に対して一定の自治権を認めることで、新たな帝国の統合を進めようとした。しかし、ロイド・ジョージ内閣は、統一党の離反のため、自由党と統一党の合同ばかりか、自らの構想する帝国の統合やヨーロッパ再建の課題に成果を挙げられないまま、退陣した。

ロイド・ジョージ政権の退陣後、統一党（保守党）が政権を担当したが、その後の自由党の退潮は深刻で、他方、労働党の台頭は顕著であった。そうした中、保守党は失業問題に対処すべく、関税問題を争点とする総選挙を行ったが、敗北し、労働党政権が誕生した。しかし、これは短期間で退陣し、再び保守党の政権が成立した。こうして成立した第二次ボールドウィン内閣は、労働党に対抗し得る保守党の活性化とイギリス社会の安定化のため、社会政策を重視し、ネヴィル・チェンバレンを保健相に起用して、地方政府改革と連動した社会保障制度改革を進めた。ネヴィル・チェンバレンは、一方で旧来の救貧制度と社会保障制度の二元的状況を後者に統一する改革に着手しながら、他方で国家が監督的機能を果たしつつ、地方政府が実務を担い、自己責任の財政原則によって支えられる社会保障制度への改革を実行した。これにより、多元的な実情に即し、かつ安定的な財政基盤を持つ社会保障制度を確立しようとしたのである。

こうした内政と対応し、第二次ボールドウィン内閣は、外相にかつて連立派であったオースティン・チェンバレンを起用し、党内の融和を進めると共に、フランスやドイツとロカルノ条約を成立させるなど、ヨーロッパにおける大国間の協調を促進し、ひいては国際連盟を中心とする国際秩序の安定を強化しようとした。

他方、イギリスは帝国領域に対し、ドミニオンの独立的地位を保障する一方で、失業問題に対処するため、本国から帝国領域への移民を進めようとした。そこで打ち出された、多様であればこそ、自由意思に基づき対等に統合されるという帝国の理念は、この時期の国内における地方分権化や国際連盟を中心とする国際協調の流れに即すると共に、一九三一年のウェストミンスター憲章へと引き継がれる、帝国の再編に向けた重要な転機となった。

一九二〇年代の保守党政権は、関税政策の導入を図りながら断念し、また、帝国領内における移民を促進しようとしたが、十分な成果を挙げられなかった。同時期のアメリカが、高率の保護関税を導入し、移民の入国制限を強化したことに比べると、イギリスは、世界規模での人間と物資の移動を活性化することでイギリス本国と世界の発展を促そうとする政策体系を、修正しながら保持していた。特にアメリカが人間と物資の移動を大幅に制限したことによって、イギリスは、帝国にその代替機能を求める傾向を強めていった。この内、関税改革は一九二〇年代に国民的支持を得られず、一九三〇年代にようやく実現する。他方、帝国移民問題は、一九二〇年代に補助政策が実施されたが、十分な成果を挙げられないまま一九三〇年代に後退し、第二次世界大戦後に再び注目を浴びることとなる。

以上のようなイギリスの内外政策は、世界恐慌と対外危機が深刻化する一九三〇年代に、後述のような新たな修正を加えられつつ、引き継がれていく。

第十章　日本における政党内閣と内外政策の転換

大正十三（一九二四）年六月の加藤高明内閣の成立により、昭和七（一九三二）年の五・一五事件まで続く、憲政会ないし民政党と政友会とが交互に政権を担当する政党内閣の時代を迎える。本章は、こうした二大政党内閣の成立過程を第一次世界大戦後の政治理念の変化の中で理解すると共に、一九二〇年代の財政、経済、社会政策の全体的体系を明らかにし、さらにそれらをワシントン会議以降の日本の国際的地位の変化を受けて成立した幣原外交の理念とも関連付けることで、大正末期以降の政党政治と経済、社会政策、外交政策が不可分の関係にあったことを議論する。

そのため以下、第一に、政党内閣の成立過程を、原敬内閣期の政策、政友会と憲政会の性格、原暗殺後の元老西園寺公望の政権選択をめぐる動向、加藤友三郎内閣以降の政治的理念の変化を中心に、検討していく。その際、升味準之輔、松尾尊兊、永井和、伊藤之雄らの先行研究を基礎に、基本史料を再確認しながら発展的な議論を目指し、必要に応じて通説に対する修正も試みる。次いで第二に、一九二〇年代における財政、経済、関税政策や、小作、労働政策、そして産業政策を、各行政官庁の編纂文献の他、森武麿や西成田豊、佐口卓らの個別研究に基づいて概観する。一九二〇年代は、十九世紀から二十世紀初頭にかけての単線的な産業育成政策の時代から、合理的、安定的な経済成長を実現するため、価格変動や失業の緩和、社会政策による国民保護など、行政主導の複合的な政策が展開される時代へと移行する画期となった。それは、経済合理化という視点からなされたため、個別的な権利保護の徹底より、財政、金融、産業、社会政策など、各政策相互の関連性、全体的体系性を優先するものとなっていた。本章は、そうした政策体系を明らかにすると共に、それを政党内閣の成立を促した理念との関連で捉えていく。

その上で最後に、幣原外交をそれ以前の外交との対比において理解し、特にその始動に当たって目指された理念が、一九二〇年代の政党内閣実現に向けた国内政治の変化に対応していたことを議論している。従来、幣原外交は、中国に対する内政不干渉政策や経済関係の安定化を目指したという点で対中協調外交と評価されたり、あるいは緊縮財政や金本位制への復帰と一体化し、ロンドン海軍軍縮条約を成立させていったという点で対英米協調外交と評価されたりしてきた。それだけに、満蒙問題に対する幣原外交の限界が指摘されたり、あるいは中国外交をめぐる英米との摩擦が強調されたりもしてきた。以下においては、幣原外交が国際情勢と内外における政治理念の変化を背景に、憲政会ないし民政党内閣期の協調外交を担ったという以上に積極的な、「国際的自立と内外融和」を目指す一九二〇年代の内外政策の一環として登場したことを議論していく。こうした理解を進めることで、幣原外交を内政との関連でより体系的に捉えていくことが、可能になるはずである。

一　原敬・政友会内閣と加藤高明・憲政会

大正七（一九一八）年九月二十九日に成立した原敬内閣は、日本における最初の本格的政党内閣であったが、藩閥との協力関係によって政権に就いた原敬は、政党間の政権交代や選挙による政権交代を想定していなかった。その点で原は、政党を通じて民意を政治に反映させることに、概して消極的であった。対して憲政会総裁の加藤高明は、大正九年初めの第四十二回議会で普通選挙法の制定を求め、原内閣との対決姿勢を鮮明にする。普通選挙の導入を決意した理由に関連し、加藤は既に大正七年十一月十日の憲政会結党記念会における演説で、「文明政治の極地」たる「善良なるデモクラシイ」が第一次世界大戦を連合国の勝利に導いた要因であることを指摘し、次いで大正八年一月二十日の憲政会党大会における演説で、次のように論じていた(1)。

我国は人心動揺の中心と相距る遠きを以て、表面未だ大に影響を受けざるが如きも、世界思潮の趨勢は早晩滔々として我国に浸潤し来るべく、国民も亦決して長夜の眠を貪るべきにあらず。吾人は我国体の精華と皇室の尊厳を擁護し、ますく其の美を済さむが為め協心戮力、国民の思想を善導し、人心をして健全なる発達を遂げしめんことに努めざる可らず。之を為すの途他なし、国民をして成るべく多くの権利と自由とを享有せしめ、同時に其の義務観念と共同心とを喚起するに在り。為政者たる者、此間に細心の注意を払ひ、両者をして常に均衡を保たしめ、思想善導上、満足なる効果を奏せざる可らず。

加藤によれば、ヨーロッパにおける民主主義の潮流は、社会の分裂をもたらすどころか、大戦を連合国側の勝利に導いた世界的潮流であった。したがって、日本の政治も、元老ないしその周辺の閉じられた権威主義的支配状況から脱し、政府と国民の一致、協力を実現する措置を取っていかなければならなかった。とはいえ、大正十年後半までの加藤は、普通選挙といっても、選挙資格としての独立生計の維持を重視していた(2)。加藤は、欧米列強と日本の対等な関係を実現するため、日本社会が盲目的な支配服従関係から脱すると共に、国民が社会の中で自立し、階層的社会秩序の中で自らの義務を自覚しながら国政に参加していくこと、それにより、国民の主体的な協力を実現していくことが必要と考えていたからである。独立の生計とは、そうした理念に基づき、国民が参政権を得る上で備えるべき資格と考えられた。加藤はそのような前提の上に、普通選挙について「迫られて之に応ぜんよりは寧ろ自ら進んで与ふる」とした。こうした加藤の姿勢を奈良岡聰智は保守的とする。[3] しかし、加藤はむしろ、国民の権利を認めていく過程に、国民の義務感を喚起する啓蒙的意義を認めていた。

これに対して原内閣は、組閣から三か月後に開会した第四十一回議会で衆議院議員選挙法を改正し、有権者となる納税資格を直接国税十円から三円に引き下げることで対応した。原は、普通選挙の即時導入に反対しながら、「将来民主主義の勃興は実に恐るべし、是れは余も官僚も同様に心配する所なるが、只官僚は此潮流を遮断せんと欲し、余等は之を激盛せしめずして相当に疎通して大害を起さゞらん事を欲するの差あり[4]」と考え、改革気運に対し、一定の譲歩を行いながらその激化を防ぐことを目指した。原はこうした納税資格の緩和と共に、大政党に有利な小選挙区制と議員定数の増加を導入し、それによって政友会の勢力拡大と、漸進的改革による政権と社会の安定化とを図ろうとした。

原内閣はまた、第四十一回議会において、産業振興、交通整備、教育改善、国防充実の四大政策を掲げ、歳出総額八億七千四百万円余りの大正八年度予算案を提出した。これは前年度予算に比べ、五千万円余り増額の大型予算であり、原はこれによって、桂園時代以来の、地方開発とそれによる地方党勢の拡張を目指した。第四十一回議会では、道路法、都市計画法、市街地建築物法も成立した。道路法は、国道、府県道、郡道、市道、町村道の道路等級と維持管理について定めた法令、都市計画法は、隣接町村も含めた都市計画区域の設定や土地収用法に基づく都市計画のための土地家屋の買収を規定した法令、市街地建築物法は、市街地を住居、工業、商業の三地域に区分し、それぞれの建築制限を可能にした法令であり、それぞれ産業化に伴う道路問題や都市問題に対処するため、懸案となっていた。総じて原内閣は、「常態への復帰」を目指した一九二〇年代前半のアメリカやイギリスに先行する、安定志向を持っていた。ただし、一九二〇年代のアメリカが政府支出を抑え、大企業優遇の経済政策を採用し、イギリスがやはり均衡財政を重視しながら、社会政策を充実していったのに対し、原内閣は財政規模を拡大し、地方開発と議会における政友会の優位を確保することによって、民主化の時代における国民的要求に応えようとした。

こうした方針の下、原内閣は大正八（一九一九）年十二月二十六日に開会した第四十二回議会に、大正九年度予算案として歳出総額十二億七千六百万余、前年度より二億千二百万余増の巨額予算案を提出した。歳出増加の原因となったのは軍事予算であった。これは、海軍における八・八艦隊の建設、陸軍における現有二十一個師団の充実からなり、田中義一陸相の決断で陸軍が譲歩し、海軍優先の軍拡計画となっていた。さらに特別会計において、それまでに決定されていた鉄道の建設や改良のための継続費、六億二千万円弱に八億円を追加していた。原内閣はその財源を補うため、所得税と酒税の増税を行うこととし、同時に財政、税制調査のため、臨時財政経済調査会の設置を決定した。とはいえ、衆議院は大正九年二月十四日に上程された普通選挙法案をめぐり、二月二十六日に解散されてしまう。そのため、衆議院を通過し、貴族院で審議途中であった予算案、増税法案は、未成立に終わった。[5]

松尾尊兊は、原敬内閣期の大正八年末から大正九年にかけての第四十二回議会を、普通選挙運動が普選期成同盟会を中心とする在野の運動から憲政会の方針転換に伴う議会運動に転換した画期として位置付けている(6)。この時期、労働組合においても関西を中心に普通選挙法の制定を求める運動が広まり、社会主義者の間でも、議会主義を否認する潮流の中で普通選挙要求運動に対する期待が残っていた。対して原内閣は、普通選挙を時期尚早とする立場から衆議院を解散し、総選挙に踏み切った。原は閣議で解散の了承を得るに際し、「漸次に選挙権を拡張する事は何等異議なき処にして、又他年国情こゝに至れば所謂普通選挙も左まで憂ふべきにも非らざれども、階級制度打破と云ふが如き現在の社会組織に向て打撃を試んとする趣旨より納税資格を撤廃すと云ふが如きは実に危険極る次第にて、此の民衆の強要に因り現代組織を破壊する様の勢を作らば実に国家の基礎を危ふするものなれば、寧ろ此際議会を解散して政界の一新を計るの外なきかと思ふ(7)」と説明していた。原は、普通選挙を否定したわけでなかったが、普通選挙を運用できる民度の成熟状況と、「民衆の強要」によって普通選挙が成立するような事態の回避を重視した。その意味で原と加藤にそれほどの違いはなかった。しかし、政権と野党という政治的立場の違いに加え、原における伝統的秩序観に基づく安定志向、積極財政や産業開発による民主化への対応と、対する加藤における反元老、国際的進取という気質、社会政策や制度改革による民主化への対応という違いが存在していた。

第十四回総選挙は、政友会が四百六十四議席中二百八十一議席を獲得する政府与党の圧勝に終わった。憲政会の獲得議席は百九議席にとどまった。これにより、政友会は政権基盤を強化し、普通選挙の導入は見送られた。選挙後、七月一日に開会された第四十三回特別議会において、前議会で未成立に終わった大規模予算が成立した。とはいえ、議会解散直後の三月十五日に株式が暴落し、戦後恐慌が発生していた。大正九年十二月二十七日に開会した第四十四回議会において、原内閣は十五億六千二百万円余の、前年度よりさらに規模を拡大させた予算を提出し、また、百七十八の新規鉄道路線の敷設を目指す鉄道敷設法案を成立させた(8)。ただし、不況下での鉄道敷設には困難が伴い、政友会にも緊縮財政への転換を求める気運が生じた。こうした中、大正十年七月にアメリカより海軍軍縮会議の提案がなされ、原は四大政策の内、最大の財政比重を占める軍拡、特に海軍計画を修正することで財政負担を軽減しようとした。しかし、原首相はワシントン会議開会一週間前の十一月四日に暗殺される。そのため、原による政策転換は実現せず、党内に改革派と非改革派の対立を残した。

原内閣は政党内閣であったが、国民の政治参加の急速な拡大より、地方への鉄道敷設といった全国的な社会基盤整備を進めることで、民主化の気運に対応しようとした。とはいえ、財政上の制約は大きく、また、普通選挙の延期は、この時点ではともかく、次第に困難になりつつあった。さらに既述のような、パリ講和会議における外交的不手際もあった。原内閣は、藩閥政府から権力を引き継ぐことに成功し、堅実で安定志向が強く、同時期のイギリスやアメリカに比べて政局も安定したが、それだけに内外の理念的変化に対する対応より、利益確保とその分配を優先したため、多くの問題をむしろ先送りしていた。

政友会は原を失ったが、十一月十三日に高橋是清内閣が成立し、政権を保持した。一方、加藤高明の率いる憲政会は、加藤が原や山県の排斥に加え、その死後にあっても西園寺が加藤の外交手腕を懸念したため、政権から遠ざけられていた。

加藤高明は、イギリス留学を経て三菱に入社、その後官界に転じ、駐英公使や大使を歴任した親英派外交官であった。加藤は、衆議院議員として藩閥による専制的な政治を克服すべく、政友会と憲政本党の提携を画策したり、あるいは外交官として、藩閥の枠組みを超えた国家の合理的経営と大陸政策とを軸に大国に匹敵する国際的地位を目指した桂太郎と提携したり、野党時代、憲政を支える野党の重要性を意識したりするなど、自立的でかつ進取の気概や改革の信念を持った政治行動を追求し続けた。加藤にとってイギリスは、自由党を典型とする、自立した主体によって責任政治が行われる貴族主義的な政治文化を体現する存在であり、その点で同盟国という以上の、理想的な政治を感じさせる国であった。しかし、加藤にとって、第二次大隈重信内閣の外相時代、中国に対して行ったいわゆる二十一か条要求は、その後の試練をもたらした。それは、元老の介入を排したことと、欧米や中国の反発を買ったことで、元老との対立を招いたからである。

加藤は国際的な自立志向を前面に打ち出し、その外交は、明治期の外交意識を保持していた元老にとって、欧米や中国との対立を引き起こしかねないものとして懸念された。しかし、加藤は外相を辞任した後も、自らの自立志向を、寺内内閣や元老に対する反発ばかりでなく、社会政策の導入や普通選挙への積極姿勢といった、国内的な改革志向において発揮した。

他方、加藤が総裁を務めた立憲同志会‐憲政会は、組織的未成熟、寄り合い所帯的な性格を残しながら、それには利点もあった。母体となった改進党系は、進歩党から憲政本党、立憲国民党、立憲同志会、そして憲政会へと合同を繰り返す中で、政友会に対する二大政党の一翼を担う意識を高めていった。しかも、大隈重信や福沢諭吉を中心に、政官界や新聞界に形成された人脈を基盤としていた改進党は、長期の野党、反対政党としての経歴を積み重ねる中で、次第に理念を中心とした同志的結合としての性格を強め、その過程で河野広中のような自由党からの脱党組や、国権主義者とも連帯した。理念を重視するため、気運の高まりに応じて連帯を実現しながら、かえって内紛の種を残すという傾向は、立憲同志会‐憲政会にも引き継がれた。そのため、憲政会は、組織的優位を誇る政友会に比べ、個人主義的性格の強い、緩やかな連合体としての党の在り方を特徴としていた。季武嘉也が整理するように、[9]こうした憲政会の性格は、大衆組織化を進めながら総裁専制という形を取った政友会と対照的な、代議士中心でかつ党員の推挙に基づく総裁選出という形を取る組織傾向を生み出した。そうした憲政会の状況は、各議員が自己責任に基づいて進取の気概を持ち、かつ、それを共有する支持者にその主張を訴えかけるという政治手法を採用する背景ともなった。それが、憲政会が党として普通選挙の実現を目指していく原動力となった。松尾尊兊によれば、原敬死後の大正十（一九二一）年十二月初め、憲政会は独立生計条件を撤回するが、その理由は、補選などで憲政会の掲げる理念が支持を受けるなど、制限選挙制の下で地盤を固めている政友会に対抗する上で、積極的な理念の提起が有効と考えられたことにあった(10)。

しかし、以上のような立憲同志会‐憲政会の性格と戦略は、選挙を通じて議会の過半数を確保する上で、限界があった。第二次大隈内閣の下での第十二回総選挙の場合、勝利といっても、選挙干渉の力を借りた三派合同の寄せ集め的な勝利であり、憲政会はその与党三派が合同することで成立した。しかし、寺内正毅内閣の下、野党として臨んだ第十三回総選挙や、さらに原敬内閣の下で執行された、政府の権威と組織を相手とする、しかも定員増の小選挙区制に基づく総選挙に対し、政友会への反発を糾合する理念中心の憲政会は、不利な戦いを強いられた。護憲三派内閣を成立させた清浦内閣執行第十五回総選挙の場合も、憲政会は百五十二議席の相対的勝利にとどまった。これは定員増加前の大隈内閣執行第十二回総選挙で立憲同志会が単独で獲得した百五十三議席と同等の水準でしかない。憲政会勝利の決定的要因は、政友会の分裂であって、憲政会独自の勢力拡大には限界があった。

以上のように、加藤高明と憲政会は、大国としての日本の国際的地位の向上を目指し、かつ、それに相応しい国民の自立意識に基づいた新たな国家統合を模索していた。こうした理念は、藩閥を中心とする既存の権威にとって急進的で、内外の秩序を脅かしかねない危険な傾向として懸念された。しかも、そうした理念中心の党の在り方は、議会で過半数を占める政友会に対抗する中で形成されており、その点で、選挙で過半数を確保する組織的裏付けがあったわけではなかった。既存の政治秩序が権威を保持した日本において、イギリスやアメリカのような選挙を通じた政権交代は、制度的にも政治文化的にも、生じにくかった。それだけ日本において、議会を超越する君主ないし元老の存在は大きく、それは日本における政党内閣の成立においても、決定的な役割を果たすこととなる。

二　加藤友三郎内閣と元老西園寺公望

第二次大隈内閣総辞職後、護憲三派内閣が成立するまでの間、憲政会総裁の加藤高明が首相候補として挙げられたのは、大隈内閣総辞職時と、加藤友三郎内閣成立前の二度に過ぎなかった。しかし、加藤友三郎内閣の成立経緯とその政策は、続く山本権兵衛内閣、清浦奎吾内閣を成立させる伏線を生み出すと共に、続く加藤高明内閣に始まる昭和初期の二大政党政治への気運をも高める長期的条件を形成した。その中心となったのは、政友会の再建を目指す西園寺の、誤算に満ちた政権選択であった。

昭和初期の二大政党間の政権交代について升味準之輔は、元老西園寺公望の存在によってそれが実現しながらも、西園寺は政党政治を絶対視していなかったことを指摘している(11)。原敬の暗殺後、内部分裂を深める政友会に対し、西園寺が構想したのは、政友会と政友会外の有力者との協力による政権運営であった。原死後の大正十（一九二一）年十一月十日夜、西園寺は山本達雄、床次竹二郎、元田肇、野田卯太郎、横田千之助ら政友会幹部に対し、次の諸点について意見を求めた[12]。

一、政友会は会以外より首相を迎ふる意は無きや。
一、此際官僚即ち中間内閣に譲つて之と妥協して行く気はないか。
一、党外より来る新首相が政友会に入党せば之を迎へるか。
一、政友会に適当なる首相候補者が居るか、又、其適任者あるとして会内の統一が付くや否や。

結局、西園寺は高橋是清を後継首相に選んだ。凶変による政変を認めないという原則に基づき、政友会内閣は継続された。しかし、西園寺はそれとは別に、原死後の政友会を党外有力者との協力によって政権に参画させ、内部の統一と再建を図ろうとする考えを持っていた。平田東助によれば、高橋内閣の組閣時に西園寺は、原の後継として田健治郎を想定していることを告げたという。平田は田の擁立に前向きで、政友会の横田千之助も田との協力に否定的ではなかった。しかし、この時点で田が政友会との提携に消極的で、平田も具体的な西園寺への働きかけに慎重であった。田が候補となったのは、田が山県閥の最後の有力者で、しかも政友会との関係を有したからであろう。この後、加藤友三郎首相が重態に陥っていた大正十二年八月六日、西園寺は松本剛吉に対し、田と政友会の協力に肯定的な見解を述べ、松本を驚かせた。しかし、それを伝え聞いた平田は、松本に「田のことを余り御殿場に言はぬが宜いと注意」し、西園寺もそれ以上には動かなかった[13]。他方、田以外の首相候補として、薩派が擁立しようとしていた山本権兵衛が存在した。しかし、西園寺は自制を欠いた権力欲や政権欲を好まず、さらに政党や内閣、議会相互の調整を図る手腕を政治指導者に求めていた。そのため薩派の活動は、西園寺の警戒を招いた。その点で平田は、意中の候補を持ちながらも、自制的に行動していた。その上、西園寺と平田は、明治初期のヨーロッパ滞在時以来の交友関係にあった。西園寺としてはおそらく、薩派に対する牽制的な役割も期待しながら、平田との連絡を重視したのであろう。

政友会外の有力者と政友会との共同政権運営によって政友会の再建を図ろうとする配慮は、高橋の首相指名にも反映していたであろうが、高橋内閣は予想以上に早い崩壊を迎えてしまう。さらに、その後継内閣の選択に、西園寺は自らの意向を反映させることができなかった。というのも、元老であると共に内大臣でもあった松方正義が、加藤友三郎を後継に指名したからである。高橋内閣の総辞職に際し、西園寺は病床にあったため、後継内閣の指名は松方の一任とされた。しかし、松方は加藤友三郎を指名すると共に、加藤が大命を拝辞した場合の加藤高明の指名を伝えた。しかも、背後には薩派の策動が介在していた。それは西園寺にとって、懸念の伴う展開であった。西園寺は、高橋内閣総辞職の直前、体調不調を起こす以前より、後継の指名について「今回は松方侯をして口を切らする事に致し度し」と考えると共に、平田東助に松方の相談相手になるよう依頼していた[14]。問題は、西園寺が「背水の陣」と呼んだ薩派の政治手法であった。すなわち、情実的に内部で意思を固め、外部にそれを押し付けるやり方である。西園寺が反対すれば、それを阻止することはできたであろう。しかし、そうした直接行動は、西園寺の性格に合わなかった。それより、松方に一任という形で元老としての自覚を促し、同時に平田に相談相手を依頼すれば、薩派の策動も抑えられるはずであった。しかし、それがうまくいかなかったわけである。

　西園寺にとって予想外であったのは、松方が清浦奎吾枢密院議長と山本権兵衛に相談を依頼したことであった。しかも、平田の関与は排除された。これに対し、山本は分限外という理由で相談への関与を辞退したが、清浦は応じた。清浦は山県閥であったが、西園寺の周辺は、「例の病気」「世間及び新聞記者に対し元老の仲間入りをせし如く見せたるもの[15]」などと観測した。六月六日の『牧野伸顕日記』には、「午後八時松方侯訪問、後継者に付相談。加藤海相を適任とするに付一致す。然し纏らざる時は憲政会へ移つるの外なしと粗々《あらあら》同意見也」とあり、曖昧ではあるが、加藤友三郎のみならず、第二候補として加藤高明の名を挙げたのも松方自身であったようである[16]。しかし、西園寺およびその周辺はそう見なかった。それどころか、「清浦子は憲政の常道に依り憲政会総裁加藤高明子を推さるゝを以て最も適当なりと思ふ旨答へられたる由[17]」とまで推測された。おそらく、清浦が松方に加藤高明を第二候補として推薦したというより、松方の意向を受けて清浦が積極的に行動したため、そのような観測が流れたのであろう。しかし、薩派に西園寺およびその周辺が警戒したほどの影響力が存在したかどうかは疑わしい。「松方邸に壮士も行けば又書面抔送りたるもの[18]」ぐらいはあったとしても、松方や山本、清浦、牧野の間に統一意思があったわけでもなかった。山本権兵衛の再擁立に関しても、準元老化であったり、首相候補であったりと、目標は定まらず、当人の意向も無視されていた。

　永井和は、加藤友三郎内閣の成立経緯を、それまで元老のみで行われていた後継首相選定に重臣が参加し始めた、新たな兆候として注目している。ただし、続く第二次山本内閣の選定において西園寺がその形式を踏襲しなかったため、その方式は一過性で終わった[19]。その一方で、後に西園寺は薩派の策動を統制しながら利用しようとし、再び予想外の結果を招来する。薩派の行動には、情実や惰性的慣習、形式論など様々な思惑、論理が混在したが、いずれも西園寺の政友会再建構想と相容れなかった。永井の研究は、首相選定の手続きや形式、方法に注目し、西園寺という、唯一残された元老の下で昭和期の二大政党政治が実現していく過程を解明したものであるが、当面の問題は、首相選定の手続きより、当面の政権を担当できる政治家をどこに求めるかであった。

　薩派には、気概や情動を重視し、人格的結合と地縁的結合とが一体化した強力な連帯感を重んじる気質があった。そうした気質が、松方正義、山本権兵衛、牧野伸顕らに引き継がれたわけではなかったが、情実的雰囲気の中、様々な邪推を呼ぶ条件が存在した。まず山本は、比較的薩摩気質を強く引き継いでおり、それは山本の決断力や責任感、潔癖さや無私の気質といった方向に表れていた。しかし、山本が薩派の威望を集め、薩派の政権工作を引き起こしたことは、問題であった。しかも山本が、自らの関与不関与にかかわらず、自己の立場を言明しなかったことは、問題を複雑化した。山本は威望を資質とするだけに、人間関係を調整し、あるいは組織的な統制を図っていくという点で、逆に不安を感じさせる側面を持っていた。

それに比べれば、松方は財政専門家として、政治活動からは距離を取っていた。薩摩系は全般に、伊藤博文や山県有朋など長州系に比べ、政治的影響力で劣ったが、結果的に政治の中枢に位置した。松方は山県の死によって最有力元老となり、政局に関わる場合、大隈重信と協力することが多かった。しかも松方が自負する財政政策という点で、両者の主義、原則は常に対極的で、明治十四年政変による立場の変転も経験し、さらに性格的にも対照的な側面の方が多かったはずである。しかし、松方も大隈も、信頼できる配下を持たず、政治的傍流に位置したことから、互いに協力関係を余儀なくされ、しかも政権担当時には政権内部の内紛に悩まされた。松方の人的結び付きは状況依存的で、周辺をまとめ切れなかったため、周囲の誤解を招きやすかったのであろう。松方が山本や清浦に高橋内閣後継の相談を持ちかけ、さらに加藤友三郎や加藤高明を首班候補に擬した時も、それは壮士や薩派の策動に乗せられた結果であるという観測を招いていた。

とはいえ、松方は後継相談に関し、おそらく地縁的つながりのある山本を頼ろうとしたが、現実に松方の相談相手になったのは清浦や牧野であった。平田は山県閥に属していたため、回避されたのであろう。対して清浦については、第二次松方内閣で法相を務めた職歴的縁故から依存したのであろう。とはいえ、情実的な印象を与えないよう、首相経験者という理由、ただし清浦の場合は組閣に失敗した大命降下のみの経験であったため、枢密院議長という役職がそれぞれ強調されたのであろう。また、松方自身の経歴や経験に照らし、政友会内閣の後継に大隈の改進党を引き継ぐ憲政会を想定したことも、慣習的な根拠があった。

清浦は、気質的にも人脈的にも、薩派とは対極的であった。清浦は熊本の出身ながら、法曹知識や立案能力などを活かして山県派に所属したが、それだけに役職志向が強く、同じ山県閥の中でも、献身的で実行力に富む大浦兼武や、道徳主義的で職務に忠実、自制的な平田東助とも対照的であった。清浦はこの時点で、薩派の人脈に沿って行動しているようでありながら、清浦が加藤高明を第二候補に挙げたことは薩派にも予想外で、薩派に混乱を引き起こしているという噂も存在していた[20]。清浦の行動も状況依存的で、牧野伸顕と相互に役割を分担し合うような関係にあった。

牧野は、薩摩の血縁ながら早くからの外国経験により、国際派の若手官僚として期待されていた。しかし、周囲の評価を気にするあまり、政治判断に支障をきたし、外相やパリ講和会議代表時代、状況に左右された場当たり的対応が際立っていた。また、正統的ないし形式的な主張を展開しながら、郷党など情実的な人間関係に引きずられることも多かった。高橋内閣の後継に関する松方の上奏に際し[21]、山本や清浦に助言を求めることまで上奏内容に含めるよう斡旋したことなど、松方への配慮としても、それが悪い方向に発揮された事例であった。永井和が指摘するように、上奏となると、非公式の相談とは性質が変わる。[22]そのため周辺には、牧野が「平田子は貴族院議員、外交調査会委員、宮内省御用掛であるから政局問題には関係せしめざるがよろしと殿下へ申上げ」たという観測まで生まれてしまう。つまり牧野は、松方に調子を合わせ、山本や清浦の性格も西園寺の配慮も理解できず、形式論的思考と薩派の情実に則って行動し、この問題を山本、清浦の準元老化という問題にまで発展させてしまったわけである。まさに「牧野が何をするか分らず」といった状況であった。[23]結果的に松方の無造作な行動は、それに積極的に応じた清浦の存在と、それに形式的な正当性を与えた牧野の存在とによって、問題を薩派の「陰謀」にまで拡大してしまうことになった。

以上のような様々な薩派の思惑に欠けていたのは、政友会に対する配慮であった。しかもこの時点で、政党内閣は「憲政の常道」としての地位を確立していなかったが、政友会と対立する憲政会への政権譲渡が、慣習的に一つの選択肢として意識されるようになっていた。その上、元老の多くが死去した結果、後継首班の選択に政治的策動が介在するなど、明治憲法下の政権交代手続きが不安定化していた。こうした中で首班に指名された加藤友三郎は、政友会が憲政会への政権移行を阻止するため、無条件支持の態度を示したことで、安定的に内閣を発足させた。ただし、それが西園寺の目指す政友会の再建に資するかどうかは、別問題であった。

大正十一（一九二二）年六月十二日に成立した加藤友三郎内閣は、ワシントン条約によって定められた海軍軍縮の実行、シベリア撤兵の実現、その延長としての陸軍軍縮を実行し、国際協調を重視する西園寺の政策志向に応えた。しかも加藤内閣は、そうした国際的義務を遂行する政策的流れの中で、緊縮財政の方針を進め、さらに十月二十日に普通選挙の導入に向けた衆議院議員選挙法調査会を設置した。それによって加藤内閣は、政友会を与党としながら、その政策指針にとらわれず、世論に配慮した独自の姿勢を打ち出した。このように、加藤内閣は諸勢力の策動と相互牽制の中で成立したため、かえって与党政友会とは一線を画し、政権担当者として独自の責任を果たそうとした。ただし、その結果、加藤内閣の下で政友会の再建が実現することはなかった。

政友会の圧勝に終わった大正九年の第十四回総選挙の後、普通選挙運動は沈滞するが、それは、政友会に対する憲政会の劣勢を反映していたばかりではなかった。松尾尊兊によれば、当該期の労働組合はアナルコ - サンディカリズムからさらに共産党の影響を受ける中で反議会主義的な運動傾向を強めており、普通選挙に対する関心を失いつつあった。[24]こうした中、原の暗殺と、続く高橋内閣の総辞職を受けて登場した加藤友三郎内閣は、選挙調査会を設置し、普通選挙の導入に積極的な姿勢を示した。加藤友三郎がそのような姿勢を取ることができたのは、加藤自身が、原敬による大正九年二月の、選挙権の漸次拡大は時代の趨勢であるが、階級制度打破といった主張に基づく普通選挙の導入は認められないとした議会解散の理由説明に、得るところがあったからであろう。と同時に、加藤内閣においては、内閣と政友会の緊張関係が有効に機能した。というのも、加藤内閣は政権としての独自性を示すため、与党政友会に従属するのでなく、政友会の支持を背景に、政友会以上に国民の支持を得られる政策を提示、実行しようとしたからである。それは、国民に対する権利の委譲を通じ、社会の安定を回復しようとした点で、原・政友会より、加藤高明・憲政会の政策に通ずる傾向を示していた。対して政友会は、与党の地位を占めながら首相を輩出したわけでなく、権力的にも政策的にも、限界に直面していた。

他方、伊藤之雄によれば、こうした加藤友三郎内閣に対して憲政会は、緊縮財政や普通選挙について、対立点を見出すことができなかった。そこで憲政会は、山東半島旧ドイツ租借地の返還問題や日中郵便約定問題を中心とする外交問題で政府を批判したが、最終的に加藤内閣の外交方針を受け入れざるを得なかった[25]。加藤高明にとって、加藤友三郎内閣の外交方針は、第一次世界大戦中の加藤高明外相の成果を否定する側面があり、直ちに承認できなかった。しかし、ワシントン条約に則った国際的義務の遂行は、第一次世界大戦後における日本の国際的地位の上昇に対応した、不可避の決定であった。その意味で加藤内閣の外交方針は、加藤高明・憲政会の外交理念とも親和性を持っていた。加藤友三郎内閣期の加藤高明・憲政会の政府批判が戦術的に流れ、政権獲得目的の倒閣運動として評価されるような傾向を強めたのは、日本の国際的自立化の中で国民への権利の委譲を進め、国内の融和、安定化を促進するという加藤友三郎内閣の政策志向が、憲政会の政策志向に共通しており、それに対する対立軸や自らの存在意義を打ち出すことができなかったためであった。

その意味で、加藤友三郎内閣と憲政会の政策的共通性は、短期的に憲政会の政権獲得に不利に作用した。しかも西園寺は、政友会の再建を優先していた。その結果、加藤友三郎の後継は、政策的に通じる憲政会ではなく、引き続き政友会と緊張を保ちながら協力関係を維持できそうな中間内閣が選択された。とはいえ、中間内閣が政友会との緊張関係の中で、憲政会に通ずる政策志向を取り始めたことは、中長期的に、加藤高明内閣成立後の憲政会に対する西園寺の評価の転換を促す基礎を形成していた。

三　「憲政の常道」の規範的機能

大正十二（一九二三）年八月、加藤友三郎首相の死去により内閣が総辞職した時、西園寺は従来にない積極さで後継首相の指名に動いた。しかもそこで指名されたのは、松方や平田が意外に感じた山本権兵衛であった。西園寺が説明したその理由は、「政友会の如き、意義ある政党なれども原逝いて後統一を欠き、[…]憲政会も同様たり、此際挙国一致内閣を組織せしめ、内治外交は固より、来るべき衆議院議員の総選挙を公平に行はしめ、財政行政の整理を断行せしむるは伯を措いて他に人なし[26]」というものであった。政友会と憲政会の内紛という理由はともかく、総選挙の準備という理由は、おそらく異例の積極さを示した西園寺の政治色を薄め、中間内閣の選択を公正な判断として正当化するために強調された側面もあったはずである。というのも、西園寺はむしろ、田健治郎かあるいは他の有力者を首班とする政友会与党内閣を成立させ、長期的に政友会の再建を図ろうとしていたからである。といって、それを直接西園寺の主導の下で実現することは、西園寺の気質に合わず、政友会のためにも好ましくなかった。その上、薩派の動向にも警戒する必要があった。というより、今回は牧野が直接、薩派の意向を受けて西園寺に山本を後継首相に推していた。[27]そのため西園寺は、それらを踏まえた判断をしなければならなかった。

永井和は、西園寺は山本を首相に任命することで、山本の元老化を阻止しようとしたのではないか、という可能性を指摘している。[28]ただし、西園寺が積極的に山本を首班指名したわけでなく、山本を首相に推したのは、薩派の意向を受けた牧野であった。西園寺にとって問題は、山本が薩派の擁立運動の対象となり、しかも山本がそういう周辺の行動を統制し、さらに諸政治勢力間の合意や妥協をまとめ上げていく資質に欠けると目されたことにあった。その意味で山本の元老化は、おそらく西園寺にとって、山本の個人的な評価以前に、元老の地位を政治化してしまう危険があった。しかし、その一方で加藤友三郎内閣が西園寺の予期に反して好成績を挙げたことは、山本を加藤友三郎の後継に選択する上で、有利な材料となったはずである。

牧野が西園寺に山本を推した時、山本に首相就任の意思があることを聞かされた西園寺の反応について牧野は、「西公大に悦ばる」と記した。しかし、西園寺は本来、そのような自薦的行為を好まなかったはずで、西園寺が牧野に対して喜んで見せたのには、おそらく別の理由があった。すなわち西園寺には、加藤友三郎に匹敵し、かつ自らが主導権を発揮して推薦できる当面の候補が払底していたのである。そこでおそらく西園寺は、松方による加藤友三郎指名の経緯を踏まえながら、それを自己の構想に取り入れようとした。つまり、薩派の策動を利用して山本を後継首相とし、元老の権威を積極的に示しながら、山本に加藤内閣の政策を継承させようとしたのであろう。そのため山本は、逆に加藤の後任であることに不快感を示したともいう。[29]と同時に、西園寺が山本を推挙した積極さは、西園寺が希望する政友会と田など党外有力者との協力内閣を実現しようとする直接的な行動を自制し、それを長期的、間接的に実現しようとするために示された。西園寺が指名した山本を、閣内からは田が、衆議院では政友会がそれぞれ支えることで、行財政整理などの政策課題に取り組みつつ、将来的な田‐政友会協力内閣ないしそれに類似する内閣の実現を展望すると共に、政友会が政権参与の中で緊張感を保ち、党内秩序を回復することを期待したのである。

しかし、山本内閣は西園寺の期待に応えられなかった。政友会の内紛が激化する一方で、山本の指導力にも問題があった。政友会の横田千之助ら「非改革派」は、西園寺ら元老によって原の後継に指名された高橋是清を支え、田健治郎との協力にも積極姿勢を示すなど、予想される西園寺の意向に応えようとしてきた。しかし、加藤内閣に続く山本内閣の成立により、高橋総裁の下での政権獲得に悲観的な観測が生まれ、横田らと、高橋総裁の退任を主張する「改革派」との対立が深まった。さらに山本内閣の後藤新平内相が、政友会の絶対多数打破のねらいと憲政会の内紛とを絡めた、憲政会と革新倶楽部の合同計画を進めた。そのため政友会は、反山本内閣色を鮮明にせざるを得なくなった。山本内閣の独自性は、後藤新平の帝都復興計画と普通選挙即行の方針にあった。犬養毅や後藤らが普通選挙に積極的で、しかも治安立法との抱き合わせという条件で平沼騏一郎法相もこれに同意していた(30)。しかし、新党計画は加藤高明に拒絶され、これに代えて政友会に接近する中で、後藤の都市計画は大幅縮小され、普通選挙即行も軌道修正を余儀なくされた。総じて政友会側に、西園寺が期待したような、山本内閣の与党となることで政権担当能力と責任意識、そして党内統制を回復していこうという気運は存在しなかった。また、山本内閣にも、議会運営の不手際が目立った。とりわけ関東大震災の直後に組閣し、非常事態に対処しなければならない内閣であっただけに、こうした不手際は致命的であった。

したがって、虎ノ門事件をきっかけに第二次山本内閣が総辞職した時、西園寺にとって、政友会への政権委譲は依然として考えられなかった。そうした中で西園寺が清浦奎吾を後継首班として選択したことは、加藤友三郎内閣成立以来の首相選定経緯を引き継いだ配慮の下で行われており、西園寺の反憲政会と、薩派に対する過剰反応という、西園寺の対人評価における執念深さを示すものとなった。といって、清浦の政治的力量に期待できなかったため、山本内閣以上に選挙管理内閣という理由付けが強調された。おそらく西園寺は、それで自らをも納得させたのであろう。その後、清浦内閣は、升味準之輔が明らかにしているように、組閣に困難をきたしつつも摂政の意向を受け、かつ政友会改革派の支持を取り付けることで、大正十三（一九二四）年一月七日に発足した。と同時に、政友会改革派は高橋是清の総裁辞任を確実にしたことで、横田らに政友会の分裂を決意させた(31)。政友会に有力者を入れ、あるいは政権そのものより政権参画の機会を与えることで、その再建を図ろうとした西園寺の意向は、逆効果となった。

清浦内閣の下で執行された第十五回総選挙は、護憲三派の勝利と憲政会の第一党の地位獲得という結果に終わった。とはいえ、既述のように憲政会に単独過半数を制する力はなく、相対的多数にとどまった。憲政会の勝利は、西園寺にとって好ましくなかったはずである。しかし、希望がないわけでもなかった。第一に、憲政擁護運動なるものが雑多な思惑の寄せ集めとして展開されたばかりか、清浦内閣を相手に護憲を掲げるなど、誇大宣伝の嫌いがあったにもかかわらず、内紛と分裂を繰り返すだけであった政党が、一致協力する姿勢を示したことである。そして第二に、政党が内紛と分裂に苦しむ過程で、結果的に政権選択を一身に担った元老西園寺公望の権威が高まったことである。こうした中で西園寺は、加藤高明および憲政会に政権を渡す決断をした。松本剛吉は、総選挙後の後継内閣に関する西園寺の意向について、次のように記している(32)。

五月十一日　予は興津に西園寺公を訪ふ。［…］会談二時間余なりしが、此日は未だ憲政会、政友本党何れが第一党たるや判明せざるも、［…］若し憲政会が第一党たるときは、政局及び人心の安定の為め加藤高明子を後継首相に推さるゝこと当然ならんと言ひしに、公は黙して答へられず、余談に托して予の言を遮られたり。

五月十五日　予は六時の汽車にて興津に西公を訪ふ。公曰く、清浦はどうするんだと問はれ、君の言ひし如く憲政会が第一党になつたなあと笑はれ、[…]清浦は仮りに罷めるものとし、後だが、何うかいと言はる。[…]政局安定人心安定を図るには万難を排して第一党たる憲政会総裁加藤高明子に大命の降るのが途なりと思ひますと言ひしに、公は過日も君がそんな事を言うたが、私もさう思ふ、平田は如何と言はれしに依り[…]。

西園寺は加藤高明への首班指名に消極的であった。しかし、五月十一日の会話に照らし、西園寺は総選挙終了の時点で、憲政会が勝利した場合、加藤への大命降下は不可避と暗黙に覚悟していた。清浦内閣の成立直後、西園寺は、「加藤は内政は別として外交が可かぬ(33)」と述べ、それまで加藤高明が掲げてきた、欧米を模範とする国民への権利の付与を通じた社会の安定化という内政方針を受け入れる姿勢を見せていた。その上で西園寺は、総選挙の結果を踏まえ、「政局安定人心安定」という視点から加藤に大命を降下させることで、国民の意思に配慮し、政治秩序の安定化を図ろうとした。西園寺にとって「憲政の常道」は、政党が政権を要求するために掲げる自己正当化の論理としては、意味を持たなかった。しかし、野党として選挙に臨み、第一党の地位を勝ち取った憲政会に政権担当の機会を与えることは、既存の政治秩序に対する国民の支持を再確立し、また、政友会に対する対抗政党としてそれまで惰性的に藩閥の提携候補に挙がっていた憲政会を元老の権威の下で統制し、政党全体に政権担当者としての自覚を促す効果が期待できた。つまり、西園寺にとって「憲政の常道」は、元老の権威の下でそれを運用することで、責任ある政党政治の育成を図る、新たな規範としての意味を持ち始めたのである。しかし、西園寺が「憲政の常道」に則って加藤に政権を委ねることを、自ら公式に認めることはできなかった。それも、加藤の外交手腕に不安が残る状況にあっては特にそうであった。規範が規範として政党に対して拘束的に機能するためには、それを適用する元老とそれを担う政党との間に、一定の緊張関係が必要であった。

村井良太の整理によれば、政党内閣期の西園寺の政権選択の方針について、政党選択の原則性を重視しない岡義武や升味準之輔らの伝統的見解と、一定の規範性や原則性の存在を重視する伊藤之雄や永井和の間で、評価の違いが存在するという(34)。しかし、西園寺は、「憲政の常道」という原則を無条件に支持したわけでなく、あくまでそれを、政党政治の育成を図る規範として、柔軟かつ経験主義的に援用した。それによって西園寺は、政友会の再建による政党政治の復活というそれまでの考え方を、政党間の政権交代による政党政治の育成という考え方に発展させることが可能になった。そうした西園寺の判断は、護憲運動や総選挙の結果を踏まえてなされたという点で、加藤友三郎内閣に始まる中間内閣が、政党政治の時代にあって政党以上に国民に支持される政策を提起すべく、普通選挙導入に取り組んだ思考過程と重なり合っていた。

加藤高明内閣は大正十三年六月十一日に成立した。しかし、政友会には組閣当初より、政友本党との合同および倒閣を策する動きがあり、それを背景とする諸策動によって、普通選挙法案は貴族院および枢密院で予想外の抵抗を受けた。にもかかわらず、普通選挙法が成立したのは、内外の趨勢に照らしてそれが不可避なばかりか、それを承認しない場合、政府に対する国民の信頼が失墜し、社会問題を惹起しかねないという危機意識が、政官界に共有されていたからであった。普通選挙法が、それに対する期待が昂揚した原内閣期でなく、労働組合運動を中心とする社会運動内に議会や政党政治への疑義が生じ始めた時に実現したのは、そのためであった。日本の普通選挙法は、明治二十二（一八八九）年の選挙法の制定より三十六年を経て成立した。その期間は一八三二年の選挙法改革から一九一八年の普通選挙実現まで八十六年を要したイギリスに比べ、半分にも満たなかった。とはいえ、山本内閣下での犬養毅と平沼騏一郎の合意に象徴されるように、一方で民衆の政治的成熟度が不十分と見なされ、他方で社会運動が議会制度や政党政治の枠組みを否定しつつある状況にあって、日本社会の分裂、過激化を阻止、善導するため、諸政治勢力間の合意形成が優先され、政治争点化した民衆の政治参加への要求に応えつつ、他方で治安維持法が制定された[35]。それだけ日本では、伝統的な統治意識が党派を超えて支配的であり、既存の秩序に対する国民の順応、遵法意識を維持することが優先された。

原が政党間の政権交代や選挙による政権交代を想定していなかったように、加藤も為政者としての立場から貴族主義的な気質を保持し、原理主義的に民主主義を支持するより、既存の秩序に国民の意向や理解を反映させることで、民主化の内外趨勢に対応しようとした。同様に元老西園寺公望も、総選挙の結果を踏まえて憲政会総裁の加藤高明を首班に指名し、その後、政党間で政権交代を行わせることで、民主化の時代に対応しようとした。その際、西園寺は、かつての山県有朋や寺内正毅のように党派的人間関係の中に閉じ籠もるのではなく、元老の権威の下で「憲政の常道」という規範を採用し、それによって日本の大国化と内外における民主化の趨勢に対応し得る政党政治の育成を図った。このように、日本における政党内閣は、藩閥政府の遺制たる元老が明治憲法を民主化の時代に即して運用することによって、成立した。それは、日本の議会が欧米の原理とは異なる日本の伝統的価値観の上に導入されたことを引き継ぎ、それを発展させたものであった。

ただし、加藤高明内閣が成立した時点で、西園寺は、加藤の外交に懸念を感じていた。これに対して加藤内閣以後の憲政会‐民政党は、幣原喜重郎を外相に起用し、体系化された内外政策を展開していった。その間、政友会も田中義一を総裁に擁し、対中国外交の刷新を掲げていく。このように、日本の対外政策や欧米における政治動向も、政党内閣の成立に間接的ないし背景的に重要な役割を果たした。加藤高明内閣成立の時点で、西園寺はその外交手腕に懸念を感じていたが、おそらく西園寺自身、この時点で政党内閣時代の外交について、明確な展望を持っていたわけではなかった。そのため、幣原外交が後述のように政党の利害に従属せず、しかも政党内閣を生み出した国内的な理念を独自に反映した外交を展開したことは、新時代の外交を広く印象付け、国際的理念に基づいて成立した政党内閣の基盤を強化する、重要な役割を果たすことにもなった。

四　一九二〇年代の財政、経済、社会政策

一九二〇年代の日本は、第一次世界大戦期に膨張した財政状況を引き継いだ上、大正十二（一九二三）年九月一日に発生した関東大震災によって、深刻な財政状況に苦しんだ。その上、第一次世界大戦後、ヨーロッパ諸国が経済と金融の安定化のため、金本位制への復帰に向けた国際協力を進める中、日本も大国としてそれに関わる一方で、貿易収支の悪化に直面した。こうした状況下で成立した加藤高明内閣は、普通選挙と並ぶ政策課題として行財政整理を掲げており、財政健全化と貿易収支改善のための産業育成に取り組まなければならなかった。

さらに、表10－1に示したように、第一回国勢調査の行われた大正九（一九二〇）年の日本の人口は約五千六百万人で、明治五（一八七二）年から約五十年間で六十％余り増加していた。その後、大正十三年までの五年間の平均人口増加率は十一・九％、大正十四年から昭和四年までは十四・三％に達し、一九二〇年代後半の一年毎の人口増加は実数にして八十七万六千人となった。この数値はその後も上昇し、昭和七年に十五・二％、百万七千人の増加となる。[36] 一方、大正九年の時点で農業従事者は千四百万人余り、就業人口の五十％強を占めていた。ところが、尾高煌之助によれば、一九二〇年代、工業部門の生産性は急激に上昇したのに対し、

表 10-1 日本の有業者人口産業別構成の変化　（千人単位）

内訳＼年次	1872 年	1920 年	1930 年	1940 年
総人口	34,806	55,963	64,450	73,075
農業	14,100 (82.5%)	14,128 (51.8%)	14,131 (47.7%)	14,358 (42.1%)
水産業	395 (2.3%)	558 (2.0%)	568 (1.9%)	581 (1.7%)
鉱業	6 (0.03%)	424 (1.6%)	315 (1.1%)	629 (1.8%)
工業	827 (4.8%)	5,300 (19.4%)	5,876 (19.8%)	8,571 (25.1%)
商業	947 (5.5%)	3,188 (11.7%)	4,906 (16.6%)	5,073 (14.9%)
交通	118 (0.7%)	1,037 (3.8%)	945 (3.2%)	1,407 (4.1%)
公務自由業	502 (2.9%)	1,442 (5.3%)	2,005 (6.8%)	2,487 (7.3%)
家事使用人	172 (1.0%)	655 (2.4%)	802 (2.77%)	710 (2.1%)
その他	7 (0.04%)	527 (1.9%)	71 (0.2%)	227 (0.7%)
計	17,073 (100%)	27,261 (100%)	29,620 (100%)	34,102 (100%)

大蔵省管理局『日本人の海外活動に関する歴史的調査』通巻第 1 冊総論の 2、157～158 頁。

農業部門における生産性の上昇は緩慢で、農業有業者一人当たりの所得は、大正末期頃の時点で鉱工業の四割程度にとどまり、その後も徐々に低下していったという。(37) 一九二〇年代を通じ、米をはじめとする農産物価格は工業製品以上に下落しており、そのため、農工格差の問題は深刻となった。一九二〇年代の日本政府には、財政や貿易、金融の安定化といった対外的課題の他に、こうした国内産業構造の変化に対する施策も求められていた。

原敬内閣期の大正九（一九二〇）年九月二十四日から十月八日にかけ、国際連盟の主催の下、ブリュッセルで国際金融会議が開催された。同会議は、戦後の財政、金融、貿易の安定化のため、日本およびアメリカを含めた三十九か国から経済、金融専門家が出席し、(1)各国は健全財政主義を貫くべきこと、(2)中央銀行は政治的独立を維持すること、(3)信用調節のために金利を引き上げるべきこと、(4)国際通商の自由が保障されるべきこと、(5)金本位制への復帰が望ましいこと、ただし、その場合、旧平価で復帰する必要はないこと、(6)中央発券銀行の存在しない国はそれを設立すべきこと、(7)為替変動を人為的に抑制すべきでないこと、(8)輸入決済のための融資を支援する国際機関を設立すべきこと、(9)国際的決済機関の設立が望ましいことを決議した。

次いで大正十一（一九二二）年四月十日から五月十九日にかけ、ジェノヴァにおいて国際経済会議が開催された。同会議は、ソ連とドイツを含める一方で、アメリカは欠席していた。アメリカが参加しなかったのは、戦争債務問題とヨーロッパ諸国への経済支援問題が連動することを警戒したためである。ジェノヴァ会議においても、各国通貨の安定や、準備金に外貨を含める金為替本位制の下での金本位制復帰が掲げられた。こうした流れを受け、一九一九年六月の時点で金本位制に復帰していたアメリカに続き、一九二四年にスウェーデン、一九二五年にイギリス、オランダが金本位制に復帰した。また、その間に一九二三年九月にドイツ、一九二五年三月にオーストリア、一九二六年十月にベルギーが、それぞれ金兌換に制限を加え、金輸出を実質的に禁止しながらも、金と通貨の交換比率を固定する限定的な金本位制に復帰した。その後、一九二七年十二月にイタリア、一九二八年六月にフランスが金本位制に復帰したことで、主要国中、金本位制に復帰していない国は日本のみとなる。(38) とはいえ、日本がそれに続くには、以下のような、財政健全化と貿易収支の改善、通貨信用の維持といった課題を解決する必要があった。

表10－2に示されているように、大正七年九月から大正十年十一月までの原内閣期の財政は、戦時中の膨張傾向を引き継ぎ拡大したが、戦後の景気後退の影響を受け、その拡大比率は低下していった。加藤友三郎内閣より緊縮財政が進められたが、大正十二年の関東大震災の発生により、大正十三年度の財政は再び拡大した。加藤高明内閣は、宇垣軍縮を中心とする緊縮予算を大正十四年度予算として成立させ、税制改革にも取り組んだ。しかし、大正十五年から田中義一内閣期にかけて歳出は再び拡大し、緊縮財政が本格化するのは、浜口雄幸内閣期においてとなる。加藤高明内閣は金本位制への復帰にも消極的で、この時点の行財政整理と緊縮財政は、産業保護や課税体系の再編を優先する、過渡的な措

表 10-2 大正 8 年度~昭和 7 年度一般会計歳出推移　　（百万円単位）

年　度	大正 6 年 (1917)	大正 7 年 (1918)	大正 8 年 (1919)	大正 9 年 (1920)	大正 10 年 (1921)	大正 11 年 (1922)	大正 12 年 (1923)	大正 13 年 (1924)
一般会計歳出	735.0	1,017.0	1,172.3	1,360.0	1,489.9	1,429.7	1,521.1	1,625.0
前年度比増減率	24.40%	38.40%	15.30%	16%	9.50%	△4%	6.40%	6.80%
年　度	大正 14 年 (1925)	大正 15 年 (1926)	昭和 2 年 (1927)	昭和 3 年 (1928)	昭和 4 年 (1929)	昭和 5 年 (1930)	昭和 6 年 (1931)	昭和 7 年 (1932)
一般会計歳出	1,525.0	1,578.8	1,765.7	1,814.8	1,736.3	1,558.0	1,477.0	1,950.0
前年度比増減率	△6.30%	3.50%	11.80%	2.80%	△4.30%	△10.30%	△5.20%	32%

大蔵省編『明治大正財政史』第 4 巻、大蔵省昭和財政史編集室編『昭和財政史』第 3 巻、江見他『長期経済統計』第 7 巻より。

置にとどまった。

こうした財政拡大を支えた税収は、表10・3に示されているように、第一次世界大戦中の国民所得の増加に対応して増加した所得税収入であり、これは大正七年に酒税収入を上回った。そこで原内閣は大正九年一月、第四十二回議会に所得税と酒税の増税に関する法律案を提出したが、議会解散のために実現しなかった。原内閣は、選挙後の第四十三回特別議会で増税法案の成立を図ったが、同年三月以来、戦後恐慌が発生していた。そのため、所得税の増税率を全体的に軽減し、免税限度額を引き上げるなどの修正を余儀なくされた。その結果、原内閣期の所得税収入は、それまでの急激な増加に歯止めがかかり、緩やかに増加する傾向をたどった。税制改革の特徴は、それまで甲（合名・合資会社）と乙（株式会社その他）の二種に分類課税されていた法人の所得税について、法人の所得を超過所得、留保所得、配当所得、清算所得、外国法人所得の五種に分類し、それぞれに税率を定めたこと、個人の課税最低所得を五百円から八百円に引き上げると共に、税率適用の所得段階を細分化し、八百円以下の所得に対する税率〇・五%から四百万円を超える所得に対する三十六%までの累進課税を二十一段階に分けて設定したことなどであった。また、低所得者に対する家族扶養控除なども導入された。これらの措置により、法人課税の精密化と、社会政策的配慮に基づく、個人所得に対する課税の調整を図ったのである。[39]

こうした原内閣に続き、大幅な税制改革に着手したのが加藤高明内閣であった。加藤内閣は大正十四年度予算の編成にあたり、行政機関の改廃、継続事業の繰り延べ、人員整理などによって歳出の削減を図ったが、続く大正十五年度において国民負担の均衡化を掲げ、さらに義務教育費国庫負担金の増額や対中国借款元利の整理、健康保険法の実施などのために歳出規模をむしろ拡大させた。加藤内閣は、税制整理問題を契機に政友会との連立を解消する一方で、大蔵省内に税制調査会を設置し、大正十四年四月以降、税制改革の調査に着手した。そして大正十五年一月の第五十一回議会に、大規模な税制改革案を提出した。

改正は広範囲に及んだが、その趣旨は、国民による税負担の公正化、合理化という点にあり、税収総額の増減を行わない方針を取った。主要な改正点は、(1)法人の留保所得に対する累進課税を

（百万円単位、括弧内は前年度比増減率）

大正 10(1921) 年	大正 11(1922) 年	大正 12(1923) 年	大正 13(1924) 年
2,065.7 (+3.2%)	2,087.3 (+1.0%)	2,045.3 (△2.0%)	2,127.4 (+4.0%)
785.9 (+12.9%)	896.4 (+14.1%)	787.2 (△12.2%)	887.2 (+12.7%)
74.1 (+0.3%)	74.3 (+0.3%)	73.1 (△1.6%)	72.0 (△1.5%)
9.4%	8.3%	9.3%	8.1%
200.9 (+5.6%)	229.1 (+14.0%)	163.8 (△28.5%)	210.0 (+28.2%)
25.6%	25.6%	20.8%	23.7%
176.1 (+7.4%)	222.6 (+26.4%)	221.5 (△0.5%)	221.6 (0.0%)
22.4%	24.8%	28.1%	25.0%

昭和 4(1929) 年	昭和 5(1930) 年	昭和 6(1931) 年	昭和 7(1932) 年
1,826.4 (△8.9%)	1,597.0 (△12.6%)	1,531.1 (△4.1%)	2,045.3 (+33.6%)
893.5 (△2.4%)	835.0 (△6.5%)	735.5 (△11.9%)	695.8 (△5.4%)
67.5 (△0.4%)	68.0 (+0.7%)	63.9 (△6.0%)	58.3 (△8.8%)
7.6%	8.1%	8.7%	8.4%
199.9 (△3.3%)	200.6 (+0.4%)	144.5 (△28.0%)	136.1 (△5.8%)
22.4%	24.0%	19.6%	19.6%
242.6 (+2.9%)	218.9 (△9.8%)	188.8 (△13.8%)	177.4 (△6.0%)
27.2%	26.2%	25.7%	25.5%

廃止し、留保所得と配当所得の区分を撤廃して普通所得とし、一律五％の課税を行ったこと、⑵地租の課税標準を地価から賃貸価格に改め、大正十六年十二月までに土地賃貸価格の調査を行うと共に、調査期間中、減税と地価二百円未満自作農地の地租免除を行ったこと（府県税としての付加税や特別税はやや増税）、⑶外形標準課税としての営業税を廃止し、営業純益に課税する営業収益税を創設したこと、⑷株式配当および免税利子を除く、公債や社債、銀行利子などに対する二％の資本利子税を創設したこと、そして⑸所得税および相続税の課税最低限度の引き上げ（所得税は八百円から千二百円へ）、⑹酒税の引き上げ、清涼飲料税の創設、⑺通行税、醤油税、売薬税の廃止、⑻関税改定、などであった。この内、地租関連改革措置や営業収益税の創設、資本利子税の創設、所得税改正などは、課税の公平化、合理化を象徴する改革であったが、その一方で資本利子税は二％の低率に抑えられており、法人所得税における累進課税の撤廃と合わせ、大正十五年の税制改革は産業保護政策としての側面を打ち出していた[40]。こうした産業保護政策と酒税増税の結果、昭和期の収税比率において酒税が再び所得税以上の比率を占めることとなる。

大正十五年の税制改革は税収増加を目的としていなかったため、これ以降の税収は、一九二〇年代前半と比較し、それほど伸びなかった。しかも、課税基準が国民の収益を対象とする形に改変された結果、租税収入は景気動向に左右されることとなり、昭和恐慌に際して大幅な収入減を引き起こす。と同時に、国民の収益に即した課税体系の整理は、後述のような小作調停法や労働争議調停法の制定、健康保険法の施行、あるいは失業対策事業の開始や米穀法による主食価格の安定化といった、国民の生活や福利に関わ

表 10-3 大正 6 年~昭和 7 年度歳入および主要租税収入推移

内訳＼年度	大正 6(1917) 年	大正 7(1918) 年	大正 8(1919) 年	大正 9(1920) 年
歳　入	1,085.0 (+33.4%)	1,479.1 (+36.3%)	1,808.6 (+22.3%)	2,000.7 (+10.6%)
租　税	430.6	519.3 (+20.6%)	672.4 (+29.5%)	696.3 (+3.6%)
地　租	73.5	73.5 (0.0%)	73.8 (+0.4%)	73.9 (+0.1%)
(租税中比)	17.1 %	14.2 %	11.0 %	10.6 %
所得税	94.6	122.8 (+29.8%)	193.1 (+57.2%)	190.3 (△1.5%)
(租税中比)	22.0 %	23.6 %	28.7 %	27.3 %
酒税	106.7	120.6 (+13.0%)	137.6 (+14.1%)	163.9 (+19.1%)
(租税中比)	24.8 %	23.2 %	20.5 %	23.5 %

内訳＼年度	大正 14(1925) 年	大正 15(1926) 年	昭和 2(1927) 年	昭和 3(1928) 年
歳　入	2,071.4 (△2.6%)	2,056.4 (△0.7%)	2,062.8 (+0.3%)	2,005.7 (△2.8%)
租　税	894.8 (+0.9%)	887.0 (△0.9%)	898.7 (+1.3%)	915.9 (+1.9%)
地　租	74.6 (+3.6%)	68.7 (△7.9%)	67.6 (△1.6%)	67.8 (+0.3%)
(租税中比)	8.3 %	7.7 %	7.5 %	7.4 %
所得税	235.0 (+11.9%)	209.6 (△10.8%)	215.1 (+2.6%)	206.7 (△3.9%)
(租税中比)	26.3 %	23.6 %	23.9 %	22.6 %
酒　税	212.6 (△4.1%)	216.6 (+1.9%)	242.0 (+11.7%)	235.8 (△2.6%)
(租税中比)	23.8 %	24.4 %	26.9 %	25.7 %

大蔵省編『明治大正財政史』第 4 巻、大蔵省昭和財政史編集室編『昭和財政史』第 5 巻より作成。

る経済政策、社会政策と一体化しており、普通選挙法の制定に象徴される、民主化の時代に対応した行政改革の一環として行われていた。

一九二〇年代を通じての、税制改革に並ぶ経済政策上の重要課題は、戦後ヨーロッパにおける貿易促進、通貨安定化策に対応した、貿易収支の改善と円の信用維持であった。表10・4に示されているように、第一次世界大戦後、日本の貿易収支は逆調に転じ、正貨の流出が始まると共に円為替が下落した。大正八年十一月までの為替相場は百円＝五十ドル八分の三以上を維持していたが、同年十二月に平価の四十九ドル八分の七、大正九年三月に金輸出点を下回る四十七ドル四分の三に下落した。その後、大正十年秋頃より対米ドル相場を四十八ドルに維持する方針が決定され、中断されていた政府保有在外正貨の払い下げが十月より開始された。その結果、大正十年、十一年にかけて相場は、四十八ドル二分の一から四十七ドル二分の一の間で安定した。しかし、大正十一年十月から十二月にかけて銀行の取付騒ぎが発生した上、大正十二年九月に関東大震災が発生した。震災により輸出は激減、輸入は激増したため、同年の入超額は六億円、翌大正十三年の入超額は七億円を超えた。[41]

表10・4および表10・5に示されているように、貿易収支の悪化により、政府および日本銀行の所有正貨は逐次払い下げられ、残高は大正十一年末の十八億三千万円から、

表 10-4 日本の国際収支と正貨残高（大正 5 年~昭和 3 年）　（百万円単位）

年　次	国際経常収支			正貨残高（年末）		
		貿易	貿易外	在内	在外	計
大正 5 (1916)年	657	392	264	228	487	714
大正 6 (1917)年	991	615	375	461	643	1,105
大正 7 (1918)年	847	287	561	453	1,135	1,588
大正 8 (1919)年	325	△115	440	702	1,343	2,045
大正 9 (1920)年	△71	△425	355	1,116	1,062	2,179
大正 10(1921)年	△237	△434	197	1,225	855	2,080
大正 11(1922)年	△183	△333	150	1,215	615	1,830
大正 12(1923)年	△453	△611	158	1,208	444	1,653
大正 13(1924)年	△544	△711	168	1,175	326	1,501
大正 14(1925)年	△202	△343	142	1,155	258	1,413
大正 15(1926)年	△305	△433	128	1,127	230	1,357
昭和 2 (1927)年	△146	△279	133	1,087	186	1,273
昭和 3 (1928)年	△174	△311	138	1,085	114	1,199

『日本銀行百年史』第 3 巻、142, 378 頁。山澤、山本『貿易と国際収支』234 ~ 235 頁。

表 10-5 在外正貨の買上と払下推移（大正 9 年~昭和 4 年）　（百万円単位）

年　次	買上			払下		
	政府	日本銀行	計	政府	日本銀行	計
大正 9 (1920)年	-	-	-	94	15	109
大正 10(1921)年	-	-	-	51	-	51
大正 11(1922)年	-	-	-	151	16	166
大正 12(1923)年	-	-	-	110	179	289
大正 13(1924)年	51	-	51	187	89	276
大正 14(1925)年	-	-	-	10	-	10
大正 15(1926)年	51	-	51	-	-	-
昭和 2 (1927)年	36	-	36	57	-	57
昭和 3 (1928)年	72	-	72	-	-	-
昭和 4 (1929)年	-	-	-	11	20	31

『日本銀行百年史』第 3 巻、144 頁。

十二年末には十六億五千万円余、十三年末には十五億円余へと減少した。しかも、関東大震災の影響を受けた貿易収支の悪化により、正貨払下額は激増した。こうした正貨流出と円為替の下落に対し、政府は外資の輸入と正貨払下の制限によって対応した。山本内閣の井上準之助蔵相は、英米における起債交渉に着手し、大正十三（一九二四）年、清浦内閣の下で交渉が成立、二月に六分利英貨国債二千五百万ポンド（二億四千万円余）、米貨国債一億五千万ドル（三億円余）が発行された。しかし、発行条件は日露戦争に際しての六分利英貨国債より不利となっており、状況は厳しかった。政府はさらに、東洋拓殖会社や満鉄、東京電灯の他、東京、横浜両市や電力諸会社による外資導入を促し、大正十二年から昭和二年までの間に九億一千万円余の外資を輸入した。

　こうした外資調達の一方で、大正

十二年十二月六日、井上蔵相は在外正貨の払下げを中止した。このため、為替相場は急落し、四十五ドルを割り込んだ。そこで清浦内閣の勝田主計蔵相は、大正十三年一月十六日、必需品以外の輸入を抑制する一方で、必需品の輸入に対する正貨の払い下げ制限を緩和する方針を声明した。しかし、三月十八日に再び正貨払い下げを原則として中止することを発表し、為替相場は四十ドル前後で低迷した。こうした中で成立した加藤高明内閣の浜口雄幸蔵相は、為替相場の下落を差し当たり放置せざるを得なかった。

とはいえ、その間に在外正貨の減少は進んだ。そのため、大正十四年九月十六日、政府は内地正貨の海外現送の開始を声明した。これを受け、二十日に第一回分として四百万円がアメリカに現送され、翌年二月末までに二千六百万円の正貨が現送された。これにより、為替相場は上昇した。こうした現送措置について政府は、在外正貨を補充することで、外債の支払いなどに充てると共に、正貨払い下げの余力を増加し、対外為替の調整を行うためと説明した。しかし、市中では、金解禁への準備ではないかと観測された。そのため、浜口蔵相はそれを否定し、現送は中止された[42]。

表 10-6 兌換銀行券限外発行状況　（千円単位）

	限外発行出現日数	限外発行金額	
		最高	最低
大正 11 年上期	10	180,971	1,153
大正 11 年下期	39	406,805	46
大正 12 年上期	86	198,014	4,766
大正 12 年下期	153	526,124	1,856
大正 13 年上期	164	526,124	1,567
大正 13 年下期	147	515,637	4,432
大正 14 年上期	91	483,291	314
大正 14 年下期	138	491,788	208
大正 15 年上期	96	454,785	486
大正 15 年下期	67	423,791	1,074
昭和 2 年上期	146	1,476,827	633
昭和 2 年下期	135	525,694	142
昭和 3 年上期	147	499,653	856
昭和 3 年下期	157	592,081	1,747
昭和 4 年上期	152	557,459	1,814
昭和 4 年下期	159	510,534	344

同前、297 頁。

このように、第一次世界大戦後の日本政府は、大戦中に膨張した国内通貨を維持しながら、戦後の貿易収支の悪化に対応しようとした。そのため、円為替の低落と日本銀行券の兌換限度外発行の増加が避けられなくなった。表10 - 6に示されているように、一九二〇年代を通じて限度外発行が恒常化しており、特に関東大震災の影響を受けた大正十二年下半期から翌年上半期と、金融恐慌の発生した昭和二年の通貨発行量の増加が際立っていた。こうした流通通貨の増大によって、一九二〇年代の日本経済は、相対的な物価高と不況の下で、消費や投資の増加、紡績、鉄道、電力事業の発展が進んだ[43]。

加藤高明内閣および加藤の死去を受けて成立した若槻礼次郎内閣は、こうした、円相場の下落と貿易収支の悪化という問題に取り組まなければならなかった。かつての桂園時代と同様、外債の導入によって貿易赤字を補塡している以上、円相場の下落は債務の償却負担を増加させる。また、円安による輸出促進は、輸出産業の育成という国内政策として有効であっても、外貨の獲得という点で限界があった。たとえ輸出総量が増加しても、円安のために獲得外貨が相殺されてしまうからである。逆に円高となれば、対外債務の償還や貿易決済における外貨支払いの負担は抑えられる。そのため、これ以降の日本政府は、国内金融を安定化させ、国内企業、特に輸出企業の合理化を促進しながら、他方で円高での為替安定を目指していくこととなった。旧平価での金本位制への復帰は、こうした一九二〇年代の日本の対外金融、外債状況に照らすと、一定の合理性があった。加藤高明内閣および第一次若槻内閣期は、関東大震災による景気悪化や失業の増加、金融不安に直面していたため、金本位制への復帰を時期尚早と判断した。しかし、そうであればこそ、将来的な円高政策を念頭に国内産業の合理化を推進するため、以下のような関税改革と社会政策を伴う経済諸政策が、実施されていった。

三和良一によれば、一九二〇年代の関税改革は、原内閣末期の大正十（一九二一）年八月、臨時財政経済調査会に関税率改定に関する諮問がなされたことに始まる。(44) 諮問の理由は、第一次世界大戦による物価や内外産業をめぐる状況の変化によって、課税の均衡や産業保護の点で現行税率が時勢に適合しなくなったと判断されたことであった。臨時財政経済調査会の関税特別委員会が答申案を決定したのは大正十二年七月であったが、直後に発生した関東大震災のため、正式の答申は大正十三年三月となった。それからまもなく成立した加藤高明内閣は、これを踏まえ、六月の第四十九回特別議会において、次期通常議会に関税の一般改正案を提出することを声明した。しかし、これは関税改正が物価に与える影響を考慮して延期され、大正十四年年六月頃より、政府は本格的に関税改正に取り組んだ。そして大正十五年一月、第二次加藤内閣によって関税定率法中改正法律案が提出され、同法案は、加藤死後の三月に一部修正の上、成立した。

大正十五年関税改正の特徴は、歳入増加を目的とせず、内地重要産業の保護と国民生活の安定、そして従価税と従量税の不均衡是正にあった。三和によれば、主たる保護の対象は、毛織物、機械類、薬品類など、第一次世界大戦期に発達し始めた工業部門であった。そのため、農産物や特に生活必需品の関税率は、引き下げられるか、据え置きとされた。政友会は農業保護の視点から政府案を批判したが、政府は、米について後述のような米穀法の運用によって対処することとした。ただし、小麦などの一部農産物については、税率を原案より引き上げた。アメリカによるフォードニー－マッカンバー関税など、世界的な保護貿易の潮流の中、大正十五年の関税改正は、重点的な保護主義の方針を取り、自由貿易や国際協調との両立を図ろうとした。この時期、政府は上述のように在内正貨の海外現送を再開することで為替回復を図ると共に、物価の鎮静化を図っており、そうした中での関税改正は、全体として国際自由貿易主義の原則を維持しながら、重点的に新興産業の保護を行うことで、長期的な日本の貿易収支の改善を目指すものとなっていた。

将来的な円高展望の下で産業育成と輸出振興を図るため、加藤高明内閣は法人課税を軽減する一方で、重点主義的な関税改正を行った。特に法人税を軽減し、間接税を増税したことは、一般国民の負担を増加する措置であったが、それは、以下のような社会政策の推進と一体化していた。加藤高明内閣および若槻内閣は、社会政策を伴う経済政策を実施し、経済に対する行政の介入を限定的ながら拡大することで、日本経済の全体的な合理化を進めようとした。それらの政策は、起源的に原内閣期ないし明治後期にさかのぼるが、加藤内閣はそれまで実施が見送られてきた政策を、情勢の変化に対応する形で引き継ぎ、実行に移した。加藤内閣期の経済、社会政策は、過渡的ないし試行的で、後の修正が必要となったり、改革が不十分に終わったり、あるいは暫定的施策が既成事実化し、財政面などで禍根を残したりすることもあった。それだけに、この時期に実現した経済政策、社会政策は、正負両面において後々に多大な影響を残す、重要な決定となった。奈良岡聰智のように、加藤内閣期の社会政策への取り組みを否定的に捉える見解も存在するが、これは誤りである(45)。

加藤‐若槻内閣は、企業の税負担を軽減すると共に、企業間の合同や組合の結成を促し、業界内の生産調整や経営の準統合を進めようとした。と同時に、雇用者による労働者保護の義務化や小作農民の自立支援を行うことで、全体的な産業保護政策の中、生産活動に従事する国民の生活保障を進めようとした。さらにそれと並行し、雇用情勢や農産物価格の大幅な変動を調整するための政府の対策を強化することで、国民経済の自律的かつ安定的な発展を、政府として補助しようとした。それらは以下に示すように、大正十三年の小作調停法制定、大正十四年の米穀法改正、重要輸出品工業組合法制定、同年末の失業救済事業、大正十五年の自作農維持創設事業、労働争議調停法制定、健康保険法の実施決定、昭和二年の銀行法制定などに順次具体化していった。

第一次世界大戦後、小作争議や労働争議が激増し、対応が迫られていた。そのため、原内閣期より、小作法や労働組合法に関する法案が検討されていた。とはいえ、それらが成立するのは、加藤高明内閣の成立後となる。以下に示すように、争議といっても、小作争議と労働争議に対し、一九二〇年代の日本政府が打ち出した対策には、共通する側面と対照的な側面があった。小作調停法と労働争議調停法の母法となる小作法および労働組合法は共に成立しない一方で、小作調停法は加藤内閣成立初期に成立し、対して労働争議調停法は加藤高明の死後、若槻内閣の成立後に成立した。これは後述のように、農商務省を支持した政友会と内務省を支持した憲政会の間で、労働組合に対する姿勢に違いが存在したためである。

小作問題の検討に当たったのは、大正九年十一月二十七日の委員会規則決定に基づき、農商務省内に設置された小作制度調査委員会であった。同委員会は、小作組合法の制定について検討したが、組合法の内容は関連する権利と義務を規定する小作法に依存すると判断され、小作法の検討が優先されることとなった。大正十年中、審議過程で作成された小作法研究資料は、小作権を永小作権および耕作または牧畜を目的とする賃貸借と定義し、小作権は、登記がなくとも小作地の引き渡しに際し、第三者に対して対抗力を有することや、小作権の期間を七年以上、五十年以下とすることの他、更新に関する規定や、地主の了承を得ない小作権譲渡の原則禁止、小作地転貸の原則禁止、小作権消滅の条件などについて規定していた。とはいえ、小作法はその内容が小作制度の根幹に関わる重大かつ広範囲にわたるものであったため、この時点で具体的決定は見送られた。そして再び小作組合法案について検討されたが、これも成案を得られなかった。しかし、表10 - 7に示されているように、その間も小作争議は増加していた。そのため、委員会は争議に対する仲裁制度の整備を優先して小作調停法を初めて立案、大正十一（一九二二）年九月に法案を決定し、農商務大臣に答申した。農商務省は司法省と協議の上、修正案を大正十二年三月九日、第四十六回議会に提出した。しかし、提出時期が三月となったため、審議未了に終わった[46]。

大正十二年五月、小作制度調査委員会は廃止され、勅令により、官制として小作制度調査会が設置された。調査会は改めて小作調停法案について検討し、前年案を修正の上、農商務大臣に答申を提出した。しかし、大正十三年一月に議会は解散されてしまう。そこで法案は、総選挙後、加藤高明内閣の下で召集された第四十九回議会に提出され、全会一致で衆議院を通過した。成立した小作調停法は、同年十二月一日より、小作争議の少ない青森、岩手、秋田、山形、宮城、福島、長崎、鹿児島、沖縄の九県を除く道府県で施行された。

小作調停法の主な内容は、⑴小作調停は、争議当事者の一方ないし双方が地域を管轄する地方裁判所（双方合意の場合は区裁判所でも可）に申立を行うことによって開始される、⑵裁判所が申立を受理した場合、調停委員会を開くが、事情に応じ、裁判所による調停ないし勧解を行うことができる、⑶調停委員会は、判事の中から地方裁判所長が指定する調停主任一名と、調停主任が選定する二名以上の調停委員によって構成され、地方裁判所長は事前に調停委員を選任する、⑷調停委員会成立後、委員会は期日と場所を定めて当事者を召喚し、その他、利害関係人や小作官、市町村長の意見を質し、小作官と協力して調停に当たり、調停条項を作成する、調停が成立しなかった場合、適当と判断される調停条項を作成して当事者に送付、一か月以内に異議申立がなされなければ調停に同意したものと判断し、これらの調停条項は裁判上の和解と同一効力を持つ、というものであった。同法で規定された小作調停委員は、地方小作官が作成し、地方裁判所長に提出される名簿に基づいて任命されることとなっていた。また、委員は、郡部で二十名ないし三十名、市部で十名ないし二十名を選定し、選任に際し、地主小作双方に属しない中立の者、地主側に信望ある者、小作側に信望ある者、地主小作双方に信望のある者を適切に配分することとされた。小作調停法の施行当初、全国で一万二千三百五十九人の小作調停委員が選任された。その内訳は、地主四千八百五十七人、自作農二千九百三十五人、小作農千七百二十七人などで、農業関係者が大部分を占め、他に郡長、郵便局長、町村長、小学校教員、大学教授、弁護士、医師、神官、僧侶、新聞記者などが委員に含まれていた。

小作調停法は、後述の労働争議調停法と異なり、民事裁判における和解手続きを基礎としていた。表10 - 7に示されているように、争議の増加に対応し、調停が試みられる件数や調停成立の割合は増加し、全体の四分の三前後は調停が成立する状況となる。

表 10-7 小作調停成績

内訳／年次	争議総件数	申立件数	調停件数				小作官法外調停	
			総数	既済件数		未済件数	件数	調停成立件数（割合）
				総数	成立件数（割合）			
大正 13(1924)年	1,532	31	27	25	15(55.6%)	2	-	-
大正 14(1925)年	2,206	1,826	654	624	439(67.1%)	30	371	346(93.3%)
大正 15(1926)年	2,751	2,610	954	892	597(62.6%)	62	285	274(96.1%)
昭和 2 (1927)年	2,052	3,653	1,551	1,430	952(61.4%)	121	257	245(95.3%)
昭和 3 (1928)年	1,866	2,912	1,686	1,552	1,085(64.4%)	134	229	216(94.3%)
昭和 4 (1929)年	2,434	3,657	1,583	1,455	989(62.5%)	128	220	203(92.3%)
昭和 5 (1930)年	2,478	2,838	1,638	1,535	1,109(67.7%)	103	244	236(96.7%)
昭和 6 (1931)年	3,419	3,361	1,703	1,594	1,206(70.8%)	109	232	225(97.0%)
昭和 7 (1932)年	3,414	3,212	2,020	1,961	1,430(70.8%)	59	282	278(98.6%)
昭和 8 (1933)年	4,000	4,888	2,853	2,779	2,182(76.5%)	74	216	212(98.1%)
昭和 9 (1934)年	5,828	5,013	3,323	3,244	2,609(78.5%)	79	268	258(96.3%)
昭和 10(1935)年	6,824	6,777	4,274	4,216	3,351(78.4%)	58	382	382(100%)
昭和 11(1936)年	6,804	7,472	4,249	3,927	3,143(74.0%)	322	273	273(100%)
昭和 12(1937)年	6,170	5,717	3,750	3,531	2,812(75.0%)	219	239	237(99.2%)

『農林行政史』第 1 巻、526 頁。原表では、小作官法外調停成立件数の大正 15 年の数値が 374 とされているが、274 の誤植と判断した。

小作法はこの後も成立しなかったが、法的ないし法外調停が成果を挙げることで、小作調停法は、地域対立の緩和に貢献した。

以上のような小作調停制度と並行し、小作争議の環境要因たる農業問題全般の解決のために着手されたのが、米価安定策と自作農維持創設事業であった。既に関税改正に関して述べたように、米価安定の中心的な役割を期待されたのが、原内閣期に成立した米穀法の運用であった[47]。十九世紀末まで、日本は米の自給自足を実現していたが、明治三十（一八九七）年の不作を契機として、朝鮮および台湾の外米を内地に輸入するようになっていた。それでも、国内の米の生産は国内需要を下回り、大正年間、とりわけ第一次世界大戦期に米価の変動が激化した。そのため、米騒動が発生するなど、米価対策は社会治安にも関わる懸案となった。ところが、第一次世界大戦後、米価は大正九年三月の株式暴落に始まる戦後恐慌の影響を受けて下落した。この年一月に一石五十四円台を記録していた米価は、同年の豊作にも影響され、十二月に二十六円台に暴落した。大正十年においても米価の低落傾向は続いた。そこでこうした状況に対処すべく、この年四月に原内閣が制定したのが、米穀法および米穀需給特別会計法であった。これは、米穀の需要と供給を調節するため、必要に応じて米穀の売買、交換、加工、貯蔵を行い、あるいは米穀の輸入税の増減を行う権限を政府に与えた法律で、これによって米価はやや

（町単位）

計			
自作地	小作地	計	小作地率
173.95	190.39	364.64	52%
175.90	188.63	364.53	57%
195.70	184.00	379.40	48%
179.90	196.82	376.72	52%
137.00	250.00	387.00	64%

回復し始めた。そして五月の食糧局と米穀委員会の設置を経て、七月に一石二十七円台、この年の不作傾向も影響し、十一月までに三十九円台まで米価は上昇した。

　とはいえ、原内閣期の米穀法は需給調整に重点が置かれており、価格の調整および安定化は、法案に明記されていなかった。そのため、加藤友三郎内閣期より、米穀法の法文中に、数量調節のみならず、価格調節についても明記するよう求める提案がなされた。これを受け、加藤高明内閣期の大正十四（一九二五）年二月五日、第五十回議会に、米穀法第一条、第二条中の「米穀ノ需給」を調節するため、との条文を、「米穀ノ数量又ハ市価」を調節するため、と改める法案が提出された。同法案は可決され、四月一日より施行された。米穀法において市価の調節が重視されたのは、米価変動の背景として、需給関係ばかりでなく、投機の影響が懸念されたためであった。原内閣期の米穀法は、政府の米穀売買の目的を需給調整としており、対応に限界があると判断されたのである。

　このように、米穀法の修正自体は簡素であったが、その目的は、当初の米価の変動による社会不安の抑制から、政府のより積極的な市場介入を伴う農業保護政策へと変化していた。それだけに、米穀法の改正後、昭和期に入り米価の下落傾向がさらに強まると、米穀法の運用に価格基準を設ける再改正が新たな課題となった。昭和三（一九二八）年から四年にかけて米価は、三十一円から三十三円と三十円台前半に低落したが、昭和四年に入ると二十円台に下落し、昭和五年十月には金解禁後の不況と豊作の影響を受け、十八円台まで暴落する。そのため、昭和六年に米穀法の第二回改正が行われ、米穀輸出入の常時許可制と、売買に関する最低、最高の政府公示価格設定に関する規定が盛り込まれることとなる。

　以上のような小作調停制度の整備や米穀価格の安定化に続き、大正十五年より自作農維持創設事業が開始された。第一次世界大戦前後の大正三年から九年にかけ、自作農地の農地全体に占める割合は五十四・九％から五十四・一％へと減少したのに対し、小作地は四十五・一％から四十五・九％へと増加、また、総農家戸数に占める自作農の割合は三十一・四％から三十一・三％へと減少したのに対し、小作農は二十七・六％から二十八・一％へと増加していた[48]。全国的な数値上の変化は微細でも、内実は小作問題と連動し、複雑であった。小作争議は近畿地方で多発したが、たとえば京都府における争議の中心地の一つであった府南部の久世郡富野村の場合、明治二十五年から大正十一年の間、自作と小作の関係は表10‐8のような推移を示した。特徴は、(1)全体として小作率が高いこと、(2)田について、全体の耕作面積に変化がない中、明治末年に小作地率が若干低下し、大正期に増加に転じたこと、(3)畑について、明治期の小作地率は低かったが、耕地面積が

表 10-8 富野荘村・自小作地別田畑面積（明治 25 年~大正 11 年）

年次＼内訳	田				畑			
	自作地	小作地	計	小作地率	自作地	小作地	計	小作地率
明治 25(1892) 年	86.25	132.74	218.99	60%	87.70	57.64	145.34	40%
明治 27(1894) 年	85.90	133.09	218.99	60%	90.00	55.53	145.53	38%
明治 44(1911) 年	105.30	114.50	219.80	52%	90.40	69.80	160.20	43%
大正 2 (1913) 年	91.40	125.67	216.17	57%	89.50	71.14	160.64	44%
大正 11(1922) 年	85.00	138.00	218.00	61%	52.00	112.00	164.00	68%

「自明治二十六年乃至二十七年農商務及統計書類」（富野荘村役場文書）城陽市史編さん委員会編『城陽市史』第 2 巻、474 頁。

増加する中で小作地率も増加し、大正後期にそれが顕著となり、田を上回ったことである。

　こうした小作地率の変化には、近畿地方における都市と農村の関係が影響していた。小作地率が劇的に変化した畑作は、都市向けの蔬菜や果樹を栽培しており、これらは明治中後期頃まで概ね米作収入を補う副業として行われていたが、明治末頃までに、近隣都市の発達や労働者の都市集中による需要増加に対応し、現金収入を得る商品作物として急速に発達した。畑作が都市の拡大に応じて発達したため、明治末から大正期にかけて耕地面積も急速に拡大し、その耕作を小作人が担ったわけである。他方、稲作の場合、自作地の減少が顕著で、これは自作農が小作農に転落したというより、自作農が農家を廃業し、近隣の都市部に流出した結果であった。これには、第一次世界大戦期の米価変動の激化や一九二〇年代における米価の低落傾向も影響しており、人口流出は零細農民に限られなかった。そのため、自作地は小作地に出されるか、あるいは売却され、それを購入した地主より改めて小作地に出された。と同時に、自作農が減少する一方で、近畿地方では概ね、小作上層が自小作中農へと成長し、中農標準化という現象も生じた[49]。主にこうした階層が、近畿において多発した小作争議を担っていた。

　都市と農村の関係と小作争議との因果関係は複雑で、様々な要因が関わっていた。たとえば関東のように、超巨大商工業地帯が隣接する地域では、農村部における余剰人口は都市部に大規模に吸収されたため、小作争議は発生しにくかった[50]。また、逆に東北のように、大都市部が近隣に存在しない場合、農村だけで労働人口を抱えざるを得ず、相対的に地主の立場が強まり、やはり争議は抑えられた[51]。これに対して近畿の場合、大阪、京都、神戸といった商工業地域が存在し、かつ、近畿地方は農業経営における最先端地域でもあった。こうした中で、都市部で労働争議が発生すると、同様の気運が農村部にも波及し、また、都市部における労働賃金の上昇が農村からの人口流出を引き起こすと共に、農村内で地位や経済力を上昇させていた小作ないし自小作層の権利意識を高め、小作料減免要求を引き起こしたのである。

　一方、地主から農民に小作地の貸付がなされる場合、小作料は単位面積当たりで設定された一定収穫量を現物で納めた。そのため、豊作の年は小作料の相対的負担は低下するが、逆に凶作の年は増加する。経営の成否は全体として自助努力次第であったが、経営基盤の弱い零細農家は、非常事態に際して深刻な状況に直面しやすかった。その一方で、表10-9で示した富野村の場合、小作料は収穫の半分前後に達したが、農業収入の十％前後に達する地租などの税金は、地主が負担した。また、地主は、慣習や契約次第で、耕地所有者として耕作路の修繕などを行うこともあった他、災害に際しての助成など、村における共益、公共的業務も請け負った。そのため、地主側の負担も軽くはなかった。しかも他方で、都市の発展、産業化の進展に比較し、農業における収益の拡大は緩慢なばかりか、大正期になると米価の価格変動が激しくなった。その上、大正期の近畿地方では、農村から都市部への人口流出が増加する一方で、農村では小作争議が発生し、小作料の減免要求が高まった。そのため、富野村の隣村である寺田村の場合、大正十四（一九二五）年四月に村長から京都府に対し、次のような理由の下で資金の借入が申請される状況になっていた。(52)

本村ハ戸数六百七戸ヨリ成ル純農村ニシテ、二部落ニ分レ、農業殆ト全部ノ隣接町村ノ羨望ヲ買ヒツヽアリシ純農村ナリシガ、十数年以前ヨリ中農者ガ漸次衰退、京阪地方ニ移住シ或ハ小商ヲ初ムル等ニ転業、為メニ現在ニ於テハ、農業三百二十戸（外ニ兼業三十戸）、内自作百五十名、自作兼小作百三十名、純小作百二十名ナリ。耕地ハ田二百八十町歩、畑二百十町歩ノ中、自作農ハ僅々十五名ノ有様ニシテ、尚一町歩以上ノ中農ハ茲数年ノ統計ヲ見ルモ年々減少ノ傾向ヲ示セリ。［…］数十年来戸数ニ於テハ増減ナク、一方農業戸数ニ於テハ著シキ減少ヲ見ルノ不自然、実ニ前途憂慮ニ不堪、茲ニ於テ低利ナル自作奨励資金ヲ借入レ自作農ヲ奨励、農村ノ発達ヲ謀ルト同時ニ、近年連発セル小作問題ノ不祥事ノ絶滅自然解決ニ資セン方針ナリ。

これに先立つ大正十一年十二月、小作制度調査委員会は、自作農地に対する地租免除や、小作人に対する自作農地購入のための融資事業を提案していた。右のような、府県からの融資に基づいて地主から小作人に土地を分譲させ、自作農を創設しようとする寺田村の申請も、このような気運に対応していた。寺田村ではこうした措置を通じ、小作農の自立を促進すると共に、地主と小作の紛争を解消し、農村からの人口流出を抑え、村の再建を図ろうとしたのである。政府においても、大正十二年五月以降の小作制度調査会によるさらなる検討、答申を経て、大正十五年の第五十一回議会に関連予算が計上され、五月に自作農創設維持補助規則が公布された。

自作農創設維持補助規則は、概ね、(1)簡易生命保険積立金などから道府県に年利四・八％で融資を行い、さらに道府県より自作農地の購入ないし維持を行う農民への融資を行うが、その際、国庫から各道府県に一・三％分の利子について補助金を支出することで、各農民への融資利率を年利三・五％とする、(2)地価二百円以下の小規模農地を所有する自作農民への地租を免除する（昭和六年の地租法改正以降は、賃貸価格二百円未満非課税と改正）、

(3)道府県と市町村に自作農審議会を設置し、土地価格その他の事項の評議に当たる、ことなどを定めていた。中でも、小規模農地を持つ自作農に対する免税措置は、地主から小作人への土地売却を促進する効果が期待された。地主が土地を所有し、小作地に出すよりも、当該土地を売却した方が、全体的な税負担が軽減されたからである。その結果、表10 - 10に示されているように、制度施行後、年間一万戸以上の自作農が創設されるという、一定の成果を挙げた。また、昭和恐慌下の昭和六年は、自作農維持のために融資を受ける戸数が十倍以上となり、当該農家の経営基盤強化という点で恐慌対策としての機能も果たし、さらに昭和九年以降、北海道への入植支援事業としての性格も備えることとなった。

表 10-9 富野荘村・平均所得高標準調査（明治 25 ～ 27 年）

		自作地	貸付地
1 反歩収穫米		2 石 7 斗	1 石 4 斗
同上代金		19 円 80 銭	10 円 76 銭 7 厘
控除金	地租	1 円 58 銭 7 厘	1 円 58 銭 7 厘
	地方税	34 銭	34 銭
	町村税	24 銭 2 厘	24 銭 2 厘
	種子代	20 銭	-
	肥料	2 円 51 銭 7 厘	-
	修繕費	41 銭 5 厘	-
	耕作費	2 円 71 銭	-
	雑費	10 銭 1 厘	-
	計	8 円 11 銭 2 厘	2 円 17 銭
所得金		11 円 74 銭 8 厘	8 円 10 銭

「自明治二十八年一月至三十年二月　郡長へ進達書類」（富野荘村役場文書）『城陽市史』第 2 巻、481 頁。

本表での反別小作料（貸付地収入）は 1 石 4 斗であり、自作地の反別収穫高 2 石 7 斗を基準にすると、小作料の比率は約 52％となる。ただし、地価を基準とする地租などの税金は 2 円余と収穫売り上げの 10％余りを占め、それは地主の負担になっていた。

　こうした自作農創設事業の一方で、森武麿によれば、一九二〇年代は農村に協同組合主義が普及した時代であった。特に近畿地方では、明治三十三年の産業組合法によって育成されてきた生産拡大のための農業組合や系統農会、農家小組合が拡大し、信用事業による資金基盤の強化や都市化に対応した農産物の販売斡旋を進めていった。こうした農業組合は、地主と小作の協調促進にも取り組み、地主 - 小作間の契約関係や小作権を、小作法が存在しない中で実質的に承認していった。その結果、小作争議に際しても、地主、小作、自作からそれぞれ代表委員を選出し、小作委員会を構成することで、自主的に争議の解決を図ろうとする試みが行われるようになった[53]。上述のように、小作調停法は裁判の和解手続きに準じた調停方法を規定していた。これに対し、小作委員会による争議調停は、次に述べる労働争議調停法と同様の、当事者主義に基づく解決方法であった。これに小作官が関わることも多く、表10 - 7に示されている小作官の法外調停には、このような事例が多く含まれていたはずである。ただし、こうした協調組合は全国的には例外的で、他の地域では、伝統的な地域秩序や道徳規範に基づき、慈善活動や温情主義によって小作争議を解決する傾向が強かった。それでも、表10 - 7に示されているように、小作調停法に基づく法定調停は増加し、その成立割合も、五十五・六％から七十五％ないし八十％

表 10-10 自作農維持創設融資実績推移（大正 15 年~昭和 11 年）

年　次		貸付金額（千円）	面積（反）			戸数（戸）		
			創設	維持	計	創設	維持	計
大正 15(1926)年		8,560	33,894	623	34,517	10,320	238	10,558
昭和 2 (1927)年		10,100	42,457	646	43,103	11,645	259	11,904
昭和 3 (1928)年		14,480	60,373	931	61,304	15,821	363	16,184
昭和 4 (1929)年		15,000	66,984	598	67,582	16,394	217	16,611
昭和 5 (1930)年		16,200	78,271	1,056	79,327	17,882	348	18,230
昭和 6 (1931)年		15,641	76,752	18,296	95,048	16,355	3,704	20,059
昭和 7 (1932)年		16,609	79,372	28,616	107,988	15,864	7,596	23,460
昭和 8 (1933)年		14,292	78,401	11,082	89,483	15,484	3,199	18,683
昭和 9 (1934)年		14,727	79,873	16,035	95,908	16,468	2,824	19,292
昭和 10(1935)年		14,692	84,417	12,119	96,536	17,039	2,350	19,389
昭和 11(1936)年		14,570	81,268	9,126	90,394	17,175	2,136	19,311
計		54,871	762,062	99,128	861,190	170,447	23,234	193,681
北海道	昭和 9 年	2,400	81,403	-	81,403	1,311	-	1,311
北海道	昭和 10 年	3,000	94,654	-	94,654	1,638	-	1,638
北海道	昭和 11 年	3,000	85,684	-	85,684	1,611	-	1,611
北海道	計	8,400	262,742	-	261,741	4,560	-	4,560
合　計		163,271	1,023,803	99,128	1,122,931	175,007	23,234	198,241

『農林行政史』第 1 巻、540 頁。昭和 7 年度貸付中、1,756,230 円は、事業実施前の簡易生命保険積立金から、直接市町村に対してなされた融資の借換分。

近くに上昇した。

第一次世界大戦後、小作争議と並行して激増した労働争議に関し、小作争議法の成立から二年遅れる形で労働争議調停法が制定された。ただし、小作争議法の母法となる小作法が制定されなかったように、労働争議調停法の母法となる労働組合法の制定も実現しなかった。[54] 労働組合法制定に向けた気運は、国内における労働運動の昂揚や、パリ講和会議における国際労働機関の創設などによって高まり、憲政会は大正九（一九二〇）年の第四十二回議会に労働組合法案を提出していた。しかし、これは議会解散のために成立しなかった。これに先立つ大正八年二月、原敬内閣の床次竹二郎内相は、第四十一回議会予算委員会において、自発的な労働組合を容認する姿勢を示したが、同時に複数の企業を横断する統合的な労働組合に否定的で、企業内の組織である労働委員会や工場委員会の設立を支持する立場を表明していた。その上で床次は、工場内、事業内の労働者のみによる同盟罷業に、治安警察法第十七条の同盟罷業の誘惑煽動禁止規定を適用しないという見解を表明した。これに対して司法省は、治安警察法第十七条の厳格適用を主張し、床次と対立したが、原内閣は床次内相の方針に則り、単独事業所内の労働組合と同盟罷業のみを容認することで、一定の宥和的姿勢を示しつつ、その連帯的な拡大を阻止しようとした。

大正九年二月、原内閣は内閣直属の諮問機関として臨時産業調査会を設置し、労働組合法案を起草、答申させることとした。これに応じ、農商務省と内務省が労働組合法案を調査会に提出した。この内、農商務省の法案は、日本の労働組合が海外の影響を受け、過激化するのを防ぐ観点から、組合の設立に際して行政官庁の認可や法人格の取得を義務付けると共に、組織を道府県区域内に限定し、行政官庁は組合に対し、業務報告や財産の検査、その他処分命令、解散命令を発することができることを規定していた。これに対して内務省案は、労働組合を、組合員の共同利益を保護するために自発的に発達してきた組織と捉え、それに法的保護を加えることで、その穏健化を図ろうとしていた。内務省案は、労働組合の認可制を採用せず、届出制を取り、法人格の取得も義務付けず、組合の活動範囲や組織形態に対する制約も加えなかった。さらに組合員に対する雇用者の差別解雇や、黄犬契約、すなわち組合不参加を条件付ける雇用契約を禁止し、違反者に対する罰則規定も設けていた。両案に対して原首相は、農商務省案に近い立場を表明した。そのため、臨時産業調査会は農商務省案を骨子として立案作業を開始したが、法案は完成されなかった。原内閣もこれ以降、それを積極的に進めることなく、労働組合法案の作成は中断された。

臨時産業調査会の後を受け、労働組合法案の立案、調査に当たったのは、政友会内閣の退陣後、加藤友三郎内閣の下で大正十一年十一月に設置された内務省社会局であった。小作法および小作調停法案の検討、立案に当たったのが一貫して農商務省であったのに対し、労働組合法、労働争議調停法の検討、立案は、原内閣期の農商務省を中心とする作業から、内務省単独の作業へと移行した。その後、農商務省は大正十四年四月一日の行政機構の改革で、農林省と商工省に分離し、農業問題は農林省、そして後述のような中小企業対策は商工省が担当することとなった。

内務省社会局が立案作業を終えたのは、加藤高明内閣期の大正十四年七月で、第二次加藤内閣の成立後、法案は行政調査会に付議された。同案は、大正九年の内務省案を修正したものとなっており、労働組合は届出によって設立され、活動の範囲、組織形態を限定せず、法人格の取得は任意、黄犬契約や差別解雇を禁止した他、行政官庁による監督規定なども含んでいた。その上、同法案は新たに、損害賠償に関する民法第四十四条の規定に準拠することへの規定を欠いており、争議によって発生した損害に対する実質的な民事免責の立場を取っていた。それだけに、内務省案に対する他省の反対は強かった。行政調査会は十一月末に決議書を採択し、政府に提出したが、この決議書は、組合組織の法人化を義務化し、また、黄犬契約や差別解雇の禁止規定は存続したものの、違反者に対する罰則規定を削除していた。さらに行政当局による組合解散命令の規定が強化されるなど、商工省や司法省の主張を組み入れた修正が行われた。若槻内閣は、大正十五年二月九日に労働組合法案と労働争議調停法案、そして治安警察法第十七条および三十条の撤廃を定めた治安警察法中改正法律案を第五十一回議会に提出した。その際、若槻首相は衆議院本会議において、次のような提案理由を表明した。[55]

労働問題解決ノ為ニハ、一面工場法、健康保険法ノ如キ労働者保護ノ立法ヲ致シマスト共ニ、他面労働者ガ自助的手段ニ依ツテ其経済的地位ノ向上ヲ図ルコトヲ認メナケレバナラヌト思フノデアリマス。而シテ労働組合ハ労働者ガ其産業的方面ニ於ケル地位ヲ改善スル目的ヲ以テ組織スルモノデアリマスガ、従来我国ニ於キマシテハ、労働組合ノ組織ニ関シテ何等特殊ノ法制ヲ設ケナイノデアリマス。而シテ之ヲ自然ノ発達ニ放任シテアリマスガ、然ルニ近時組合ノ発達ガ著シク増加致シマシテ［…］、今日労働組合ニ関スル法律ヲ制定シマシテ、以テ法律上労働者ノ団結ヲ公認スルト共ニ、労働組合運動ニ依ルベキ基準ヲ与ヘテ、其運動ヲシテ努メテ秩序的ナラシメルコトガ緊要デアルト認メタノデアリマス。

若槻は、労働組合を明治期以来の産業組合の系譜に位置付けていた。そのため、若槻内閣提出の労働組合法案は、労働組合の目的を、労働条件の維持、改善の他、組合員の共済、修養など共同利益の増進にも置き、労働者による自律的な生活環境の改善を目指すものとなっていた。また、組合は届出によって設立されるが、他方で、組合員を同一または類似の職業ないし産業の労働者のみに限定することで、労働争議が一般的な資本家対労働者の階級対立に拡大するのを防ごうとしていた。ただし、本法の適用に関し、政府は次のような立場を取っていた。[56]

本法ハ、職業別、企業別又ハ産業別組合カ労働組合ノ組織形体トシテ適当ナルモノト認メ、此種ノ組合ヲ公認スルノ趣旨ニシテ、本法ニ依ラサル組合ヲ組織スルコトヲ禁圧スルモノニアラサルヲ以テ、職業別、企業別又ハ産業別ノ組合ト雖モ、本法ニ依リ公認セラルルコトヲ希望セサル組合ハ本法ニ依ラサルモ可ナリ。又所謂合同組合ハ［…］本法ニ依ルコトヲ得スト雖モ、本法ハ其ノ事実上ノ存在ヲ否認セムトスルニアラス。

つまり、法律の規定に基づく労働組合は法人格の取得が義務化され、主務大臣による解散命令の対象ともなったが、これらは法律の規定に基づく組合に限定されていた。したがって、解散命令といっても、それは法人格の剥奪を意味しただけで、政府は、法律外に自主的に存在する組合を容認する方針であった。既に大正十二（一九二三）年七月、政府は国際労働機関総会労働者代表選出権を千名以上の組合員を有する労働組合に付与する決定を行っており、これは労働組合の存在を実質的に公認する措置に相当していた。[57] 第一次若槻内閣はそうした流れを引き継ぎ、多様な労働組合の存在を前提に、法人格を備え、行政当局に届け出た組合の法的権利を保障しながら、それに規律と責任を与え、そのような公的かつ規律ある組合の形成を促すことで、労働組合全体の穏健化、合理化を促進しようとしたのである。

既述のように、大正十五年に実施された税制改革は、法人に対する所得税を軽減するなど、産業保護の方向性を打ち出していた。加藤‐若槻内閣期の産業政策は、法人に対する税制上の優遇措置を施す一方で、各企業内における労働組合を実質的に容認し、しかも正式な労働組合に対する規制と権利保護の両面を強化することによって、全体的な産業保護政策の中で労働者の権利を保護し、国民経済全体の健全な発展を促そうとする体系性を有していた。しかし、この法案も、審議未了のために成立しなかった。その結果、次の労働組合法の議会への提出は、世界恐慌発生後の浜口内閣期まで遅延することとなる。

これに対し、労働争議調停法および治安警察法中改正法律案は三月二十五日に成立し、六月二十三日より施行された。[58] 労働争議調停法案は、(1)公益事業に対し、官吏が職権に基づいて強制調停を行うこと、(2)調停委員会は労使双方の当事者から各三名を選定し、その六名によって選定される中立委員三名の計九名で構成されること、(3)公益事業の争議に対する調停手続き中の、第三者による争議勧誘行為の禁止、を規定していた。この法案は、私益事業の争議に対して任意調停の方針を取っており、労働争議に対する政府の介入を否定していた。西成田豊によれば、司法省は(3)の点を治安警察法第十七条の代替規定になり得ないとする立場から、争議調停法原案と治安警察法改正に反対したが、それは認められなかった。同法は、調停委員の当事者性が強く、労使一体的な労働観に基づくと共に、労働組合に対する政府の実質的容認姿勢とも対応していた。この後も労働組合法案の成立は財界の反対で阻止されるが、大正十二年の段階で労働組合の実質的承認がなされていたため、浜口内閣による労働組合法の正式法制化への取り組みには、昭和恐慌対策という、さらに発展的な別の性格が加わることとなる。

加藤‐若槻内閣期の労働組合法は未成立に終わったものの、政府は自主的に設立された労働組合を放任する原則を採用した。そうした中で成立した労働争議調停法は、治安警察法の改正を伴うことで労働組合の争議権を消極的に承認し、公益部門に関して強制調停制度を採用していた。ただし、民間の争議に関しては雇用主と被用者の当事者を中心とする任意調停を原則とし、争議に対する公的機関の介入を否定していた。その意味で、小作調停法が裁判所の和解手続きと同等の機能を付与されたことに比較し、労働争議調停法は、制度的に脆弱な側面を有していた。この時期、地主と小作の関係は、長期の歴史的背景の下、伝統的な主従的上下関係から法的に対等な契約関係へと移行する複雑な状況に直面し、そのために小作法の制定は見送られる一方で、和解手続きに準じた小作調停法が制定された。これに対し、産業界における労使関係は、歴史的に新しく、労働者の雇用保護という概念も未成熟で、しかも産業界自体が世界的な競争にさらされ、保護を必要としていた。さらに労使関係において雇用者と労働者は法的に対等であっても、業務的代替が利かず、小作争議対策としての自作農創設事業のような対策を実施できなかった。そのため、行政による労働者保護は、緊急措置としての失業対策事業と、健康保険法の実施という形態を取った。

失業対策事業は、労働争議調停法の制定に先立ち、大正十四年末より実施された[59]。第一次世界大戦後の不況によって失業者が発生し、特に民間造船所や軍縮に基づく陸海軍工廠において職工の大量解雇が行われた。これに対し、内務省社会局は関係県当局と共に、解雇職工の転職斡旋や職業紹介に当たった。ところが、大正十二年九月に関東大震災が発生し、さらなる失業者が発生した。震災による新たな失業者は、京浜地方で十万人を超えた。そのため九月二十一日、各省間の次官会議において、被災地の政府直営ないし公共団体による建築土木などの事業を速やかに実施すること、被災地で消滅した官営事業で地方に工場の存在するものは、雇員を解雇せず、地方工場に移動させること、地方に移動する失業者と家族には無賃輸送と旅費の貸付を行うこと、職業紹介事業の充実を計ることなどが決定された。

とはいえ、翌大正十四年に入り、不況が深刻化する中、従来の職業紹介制度のみの対策では限界があった。そこで発足したのが失業者救済事業であった。同年八月十二日、内務、大蔵両大臣の協議を経て、同年冬期より失業者の多い六大都市で失業救済のための公営土木事業を開始することが定められた。両大臣協議事項により、救済事業は地方公共団体が行い、それに伴う労働賃金に対して国庫より二分の一を補助すること、国庫補助の予算は差し当たり百三十万円を限度とし、追加予算により支出することなどが定められた。これにより、東京、大阪、京都、横浜、神戸、名古屋において十一月中旬より土木事業が実施され、総計二万四千人余りの労働者が雇用された。この後、失業救済事業は昭和三年まで同様の計画で実施されたが、昭和四年の失業情勢の悪化を受け、事業費全額国庫負担による新たな臨時冬期事業も開始される。

以上のように、失業対策事業は、長期化した不況と関東大震災という突発的事態とを契機として実施された。失業対策事業が短期事業として実施されたのはイギリスでも同様で、それは、失業対策事業は緊急措置に過ぎず、長期的に労働者の自立が望ましいと考えられていたからであった。その意味で、加藤高明内閣期に着手された労働市場への介入は、限定的であった。それでも、不況が長期化する中で事業は拡大し、一九三〇年代の農村救済対策へと応用されていく。

加藤高明内閣は、労働者保護政策の一環として、健康保険法の実施も決定した[60]。既述のように、日本における健康保険制度は、民間個別会社の福利厚生事業に始まり、明治三十九年に成立した鉄道国有法に伴う救済組合の成立によって、国家による保険制度が始動した。救済組合はその後、大正三年に業務上の傷病を組合保障の対象から除外して政府の負担とする一方、大正五年に業務外の傷病に対する給付を行うようになった。次いで大正七年四月から鉄道員共済組合に名称を変更し、大正九年より退職年金、疾病年金も実施するようになった。国鉄における共済組合は、「大家族主義」を理想とし、業務による傷病を対象とする福利厚生事業として出発しながら、第一次世界大戦後は事業主である政府から業務上の傷病に対する保障が支給されるようになり、組合員の掛け金によって運営される組合は、一般的な健康保険事業を担うようになったわけである。しかも、この間の大正五年に、明治四十四年に制定された工場法が施行されており、事業主に従業員の業務上の傷病に対する保障が義務付けられるようになっていた。

第一次世界大戦後、こうした事業毎の共済制度を一般化する健康保険制度の創設に積極的であったのが、憲政会であった。大正九年二月十九日、第四十三回議会に憲政会は、江木翼の起案に基づく疾病保険法案を提出したが、審議未了に終わった。続く第四十四回議会にも憲政会は同法案を再提出したが、やはり審議未了で成立しなかった。憲政会案は、政府が被用者より保険料を徴収し、被保険者の傷病、障害、分娩、死亡に対して保険給付を行うことを規定していた。この法案は、被保険者資格の年間所得の上限を定めた上で、保険料負担の上限を給与の六％まで、全体保険料を国庫が二十％、雇用主と被用者がそれぞれ四十％ずつ負担することを定めていた。

憲政会の法案は成立しなかったが、これに対して関係省庁内でも、保険制度に関する検討が行われるようになった。大正九年秋、農商務省工務局に労働課が新設され、労働対策の検討に当たり、大正十年八月に労働保険調査委員会が組織された。原敬内閣は憲政会の労働保険案に対抗するため、事務当局に関連法案の起草を指示し、原暗殺後の十二月に健康保険法案要綱が作成された。次いで大正十一年一月、労働保険調査委員会で要綱の審議と修正が行われ、農商務大臣への答申を経て三月十三日に法案が第四十五回議会に提出された。法案は大幅な修正もなく可決、成立した。労働保険調査委員会における審議過程で、事業主と被用者の負担割合について諸説が提起されたが、業務上の傷病は事業主が全負担し、業務外の傷病は事業主が三分の一、被用者が三分の二を負担する一方、業務上の傷病と業務外の傷病の比率を一対三と仮定することで、事業主と被用者の全体的な負担比率を一対一の折半とすることとなった。これにより、工場法などに由来する、業務上の傷病を対象とした企業の厚生事業は、一般的な健康保険制度へと統合された。ただし、保険料負担における折半主義は、統計的根拠が十分でなく、先例を踏襲すると共に、労資協調の象徴として定められた。また、この時点で健康保険法の施行年月日は定められておらず、会計などの必要な準備も整っていなかった。

健康保険法の成立後、十一月一日に内務省社会局第二部保険課が新設され、健康保健関係の事務が農商務省から移管された。次いで大正十二年四月に社会局臨時健康保険部が設置され、健康保険法施行のための準備が進められた。しかし、大正十三年九月の関東大震災のため、健康保険法の施行は延期された。加藤高明内閣期の大正十五年二月十六日に至り、健康保険法中改正法律案と健康保険特別会計法の二法案が衆議院に提出された。これにより、健康保険法は昭和二年より施行されることとなった。また、政府の管掌する十の官業共済組合はそのまま健康保険法の代行機関と認められる一方で、健康保険組合は、それまで存在していた民間の共済組合と別個に組織することとされた。そのため、民間共済組合の多くが、健康保険法の施行により消滅した。事業主側は概ね、従来の共済組合をそのまま健康保険組合に移行させることを求めたが、政府側の審議において、「此健康保険法ニ規定シテアル所ノ健康保険給付ハ、労働者ノ掛金ニ依ツテ、労働者ノ権利トシテ請求スルモノデアルカラ、恩恵的任意的ノモノヲ認ムルト云フコトハ面白クナイ」[61]という意見が出されていた。労働者の権利保護という点で、従来の共済組合との違いが強調されており、そのため、民間共済組合の健康保険組合への移行は採用されなかった。

とはいえ、健康保険法の施行には、医師会に対する保険料支払い規定の整備や財政基盤など、多くの課題が残されていた。また、国民の半数を占める農民を含めた健康保険制度の整備や、失業、老齢年金制度などの課題も残されていた。しかも、健康保険法の制定と施行は、資料不足の中、労働問題に対する緊急的対処が優先され、拙速に進められた。それだけに、健康保険法の施行後、これに続くべき国民健康保険の制定は支那事変勃発後の昭和十三（一九三八）年まで、労働者年金保険の成立は昭和十六年まで遅延した。これらは健康保険法の制定より十年以上遅れており、健康保険法を引き継ぐというより、戦時下の必要に応じて成立した。そのため、健康保険法は、施行時の状況に規定された影響を、後々まで残した。健康保険は、個別企業の先行実施や工場法の施行といった産業部門における労働者保護政策として実施されたため、国民皆保険制度という、より統合的な制度への展望は、その発足時には存在しなかった。それだけ民間経済部門に対する行政の介入は抑制されており、その点で昭和二年の健康保険制度の実施は、労働者保護という当面の課題に応えながらも、長期的に、被用者の健康保険と公務員の共済組合、それ以外の国民健康保険という、健康保険制度の多元化と、各保険相互間の財政状況、国家財政との関係、待遇面などの格差を生み出す遠因ともなった。

上述のように、若槻内閣は労働組合法案の議会上程に際し、労働組合を一般的な産業組合の系譜に位置付け、それに互助組合的な機能を備えさせようとしていた。これに対応し、加藤高明内閣は本来の産業組合についても、積極的な施策を打ち出していた。大正十四年、加藤内閣は輸出組合法および重要輸出品工業組合法を議会に提出した[62]。これは、円安という通貨環境でなく、行政の指導的役割と産業界の組合結成や自主的な生産調整を通じた産業の合理化により、輸出の増進を図ろうとしたことによる。この時点で法案の対象は限定されたが、これらは上述のような、一九二〇年代半ばの日本の経済政策を象徴するものとなった。日露戦争後、重工業や電気業が発達する一方で、日本の輸出品や日常品である絹織物、絹製品や、綿織物、綿製品、マッチ、陶磁器、漆器、玩具、ボタン類といった製品の多くは、中小企業によって生産されていた。明治四十年代、農商務省はそうした日本経済における中小企業の重要性を認識するようになり、明治末期より、中小企業に対する産業組合の普及、促進を通じた競争力の向上を目指してきた。しかし、個別企業の思惑が一致せず、また、同業者間の競争により団結を維持することが困難で、十分な成果を挙げられなかった。それどころか、政府の助成を得て設立され、政府当局が注目していた福島県や福井県の輸出羽二重機業者の産業組合でさえ、大正九年以後の恐慌で不振に陥っていた。こうした中、大正十三年一月に成立した清浦奎吾内閣の下、四月に開催された帝国経済会議において、中小工業改善方策に関する諮問が農商務省に対して行われ、農商務省は輸出品目を中心とする中小工業部門

表 10-11 工業組合の年度別発達状況（年末）

年度	大正 14 年（1925）	昭和元年（1926）	昭和 2 年（1927）	昭和 3 年（1928）	昭和 4 年（1929）	昭和 5 年（1930）	昭和 6 年（1931）
組合数（増加数）	20	22 (2)	51 (29)	69 (18)	82 (13)	111 (29)	152 (41)
連合会数	-	1	6	7	8	9	10

『商工政策史』第 12 巻、62 頁。

の調査に乗り出した。その結果、たとえば織物業界において、生産力の劣る中小企業が過当競争にさらされ、中小織物業者全体の窮乏をもたらしている、といった報告がなされた。

これに対して農商務省は、産業組合による共同購入、共同販売、信用事業の奨励およびその推進のための補助金ないし低利融資の他、共同加工作業のための組合専属工場の設立奨励、小規模業者の法人化と経営拡大のための助成、開業のための資格制限の導入、地方産業に対する低利融資と手形の低利割引を行う金融機関の設置などを必要と判断した。しかし、中小工業者を対象とする協同組合法規は存在しなかった。そのため農商務省は、産業組合法による諸組合制度を推奨するよりなく、そこで、中小工業政策の基本立法たり得る工業組合法の立案を構想するようになった。

しかも、第一次世界大戦後の日本は、貿易収支の改善に対する緊急対策が必要になっていた。そこで農商務省は、輸出組合法案と共に重要輸出品工業組合法案を作成し、大正十四年二月の第五十回議会に提出した。その意味で、重要輸出品工業組合法は、貿易収支の改善と明治末以来の中小企業の経営基盤強化のための組合結成促進政策とを融合的に推進するため、制定された。同法は、対象を重要輸出品に限り、かつ、工業組合の設立を自主的な共同事業として行うことを認めながら、同時にその第八条において、次のように規定していた。

営業上ノ弊害ヲ矯正スル為、特ニ必要ト認ムルトキハ、行政官庁ハ命令ノ定ムル所ニ依リ、工業組合ノ組合員ニ非サル者ニシテ其ノ組合ノ地区内ニ於テ組合員タル資格ヲ有スルモノヲシテ、其ノ組合ノ定ムル取締又ハ制限ニ依ラシムルコトヲ得。

つまり、組合に所属しない同種業者の経営活動を、行政命令によって組合規定に服させることが可能になったのである。ただし、業種も制限され、統制内容も民間組合の決定に準拠していたため、その目的は、特定部門の中小企業に対する相互協力の促進に置かれていた。とはいえ、同法は、昭和六年の重要産業統制法の先駆となる、この種の行政権限を定めた初めての法案であった。そのため政府当局は、議会での審議に際し、輸出振興策としての側面を強調し、同法の最大の特徴である政府の統制権限について、問題が表面化するのを回避しようとした。それだけ例外的な法案であったため、同法が適用される業種も、綿織物、絹織物、毛織物、布帛製品、メリヤスおよび同製品、時計、金属製品、陶磁器、琺瑯鉄器、ガラス製品、セルロイド製品、マッチ、ゴム製品、漆器、真田、玩具、紐釦、ブラシ、帽子、鉛筆、人造真珠、花莚および野草莚の二十二業種に制限された。

輸出組合法案と重要輸出品工業組合法案は、三月六日に可決、成立した。衆貴両院において、法案の統制機能は論議の対象とならず、さしたる論議のないまま成立し、九月一日より施行された。こうした状況を反映し、昭和六年四月の法律改正に至るまで、組合の設立は表10－11に示されているように、全般に低調であった。また、第八条の政府命令も、昭和六年の改正以前は、(1)昭和二年一月十八日、日本洋傘骨製造工業組合による大阪、兵庫を対象とした製品、原料、材料に対する検査、および製造数量、販売価格に対する制限と、(2)昭和三年六月七日、名古屋輸出楽器玩具工業組合による全国を対象とした製品、半製品、原料、材料に対する検査取締、の二例に適用されたに過ぎなかった。その意味で、重要輸出品工業組合法は試行的な措置にとどまっていた。とはいえ、全国工業組合中の四分の一余りの四十三を数えた綿工業組合において、中小企業の生産力増大、粗製品の除去、信用の向上などで、成果を挙げた。

以上のような、小作争議に対する自作農創設事業や、失業対策事業の開始、産業界に対する組合結成の促進といった政策は、一九二〇年代の海外移民政策にも影響を及ぼした。既述のように、十九世紀以来、第一次世界大戦期までの日本の海外移民は、十九世紀におけるハワイから二十世紀初頭のアメリカ西海岸、そしてブラジルへの移民という推移をたどったが、それを媒介したのは、ハワイによる積極的な日本移民の受け入れから、ハワイのアメリカ併合に伴う移民規制、そしてそれに代わるブラジルによる日本人移民の受け入れ開始に至る、海外情勢の変化であった。日本の海外移民は、ヨーロッパに比べて伝統も浅く、その始動に際してハワイやブラジルの行政当局による補助を必要とし、しかも規模は小さかった。そのため、大正後期から昭和初期においても、海外移民は人口問題の解決策として評価されず、政治的には、人口問題への対処法として、工業部門の発展による労働力の吸収拡大に期待する方が主流であった[63]。

とはいえ、第一次世界大戦後、日本政府による移民補助措置が次第に整備されていった。日本政府による移民補助は、ブラジル政府によって行われていた補助措置を実質的に代替する形で開始された。原内閣期の大正十年、内務省社会局が移民奨励に関する事務を担当することとなり、海外興業会社に対する補助金交付が開始された。大正十二年には同社が移民から徴収していた手数料も全廃された。さらに、同年九月に関東大震災が発生したことで、被災者のブラジル移民に対する船賃補助が実施された[64]。これは、百十人を対象に、一人二百円を支給するというもので、海外移民は、深刻な失業者を生み出した関東大震災に対する緊急対策の一部として拡大されたわけである。

原口邦紘によれば、清浦内閣の下で開催された帝国経済会議は、内務省社会局の提出した諮問案に基づき、特にブラジルを対象とした積極的な移民奨励の方針を打ち出した。帝国経済会議はさらに、移民の基本理念として、未開発地に労力と資本を提供することで日本の人口問題の解決を図ると共に、日本と移民受入国の相互利益の増進や、出稼ぎ移民でなく、移民国への帰化を奨励することなどを掲げていた(65)。翌大正十三（一九二四）年、ブラジル移民全員に対する渡航船賃の全額補助も行われるようになり、同時に移民会社の手数料三十五円も政府が負担することになった。さらに同年、ブラジルにおける移民の衛生状態を改善するため、医師をブラジルに派遣する制度が創設され、これは翌年に外務省に移管された。

泉靖一の地域調査によれば、ブラジルのアルヴァレス・マッシャードにおける移民中、一九二五年以前の渡航者の約八十％が農家出身であったのに対し、一九二五年以降は六十六％に低下した。全体として農家出身者の比率は一九二〇年代に低下したが、日本国内における農業従事者が就業人口の約五十％であったことに照らすと、十六％も高率であった。ただし、移民農家において自作農出身者が約五十％を占め、小作農を大幅に上回っていた。児玉正昭による、官約移民時代における広島県のハワイ移民に関する調査によれば、海外移民は、人口密度も農業生産力も高い先進的な農業地域で、しかも一八八四年前後の農業不況により自作農の没落が進んだ地域において、多く送出されたという(66)。海外移民は、必ずしも下層農民や小作人によって構成されていたわけではなかった。さらに若槻泰雄らは、一九二〇年代の移民における農民比率の低下を、都市失業者が農業移民に組み込まれた結果であろうと推定している(67)。大正後半期には企業移民も増加し、また、昭和二（一九二七）年に海外移住組合法が制定され、移住地で土地を購入し、開拓事業を営む自作農移民の組合が、府県単位で組織されるようになった。

移民問題に関する主管官庁は、当初は内務省であったが、昭和四年に拓務省が創設され、移民関係事務が移管された。その結果、移民業務の不統一が生じたが(68)、その一方で、昭和三年に神戸に移民収容所が開設され、ブラジル渡航移民出発前の十日間、無料で教育や訓練、保健上の世話を行うといった支援が開始された。同様の施設は昭和八年に長崎でも開設され、昭和七年以降の農業不況を背景に、ブラジル移民に対する渡航費や支度金の交付も行われた。その結果、大正後半期から昭和初期にかけてブラジル移民が増加し、ブラジル現地でも、移民が契約後も引き続き滞在し、奥地原始林の開拓に従事するようになった。とりわけサン・パウロ州奥地のノロエステ鉄道沿線に多くの日本人が入植し、サン・パウロ州の蔬菜の七十％は日本人によって生産されるまでになったという(69)。

日本政府による移民補助政策は、ブラジル当局の補助政策を実質的に代替する措置として始まった。それは、日本政府がそれまでの自由放任ないし外交的配慮に基づく規制を中心とした政策を転換し、ヨーロッパ型の海外移民を日本においても開始することを意味した。原口によれば、海外移民が外交問題を惹起することを懸念する外務省は、移民送出に消極的で、加藤高明内閣の幣原喜重郎外相は、移民送出の理念を労力と資本の輸出に置いていた。しかし、実際の移民は、その後も労働移民が圧倒的多数を占め、しかも大正末期以降の移民政策を担ったのは内務省であった。移民問題の担当が外務省から内務省に移行したことにより、これ以降、一九二〇年代後半にかけて整備されていく移民政策は、それ以前の移民政策と決定的に異なることとなった。それはすなわち、自立のための移民支援という理念の登場であった。大正十二年の関東大震災被災者への移民補助や翌年のその一般措置化のように、一九二〇年代における政府の移民支援は、国内において自立の機会を得られない人々に、海外での自立の機会を与えることを目的とした。これは、国内において不十分な雇用機会を海外への移民で補うと共に、一九二〇年代における新たな国家理念、すなわち、国民がそれぞれ自立し、権利と義務を自覚することで主体的に国家や社会を構成していくという理念にも、対応していた。

と同時に、移民として海外に渡航する日本人は、外国との軋轢を引き起こすことなく、自立することが想定された。そのため移民は、むしろ移民受入国に帰化していくことが望ましいとされるようになった。その結果、移民補助政策の実施に対応し、加藤高明内閣下の大正十三年の第四十九回議会において、国籍法の改正が行われた。直接の目的は、アメリカで出生し、アメリカ市民権と日本国籍の二重国籍を有することになった在米二世を保護することにあった。在米二世は、日本国籍を有するため、日本の兵役義務を負っており、それを履行した場合、アメリカ市民権を喪失する懸念があった。そのため、第一次世界大戦以前より、在米日本人は日本政府に対し、国籍法の改正を要請しており、大正五年に日本国籍からの離脱を認める最初の法改正が行われた。しかし、この法改正によっても、満十七歳以上の男子は、兵役を終えなければ、日本国籍の放棄が認められないことになっていた。そこで大正十三年の法改正によって、この制限が削除され、さらに出生によって外国籍を所有した場合、日本領事館に登録し、日本国籍を留保する意思を示さない限り、日本国籍を得られないことになった。[70]大正九（一九二〇）年の日米交渉において日本側は、アメリカに対し、二重国籍回避のため、外国人への生地主義に基づく市民権付与を外国人に対する一般的措置として停止することについて、容認する意向を伝えていた。それからすると、日本政府の方針は、短期間に全面転換されたことになる。

他方、条井輝子によれば、アメリカにおける日本人においても、第一次世界大戦期以降のアメリカにおける保守化の中で、日本人としての矜持を持つことによってアメリカにおける多民族社会としてのアメリカで生きていこうとする、多文化共存主義に基づく自立の気運が高まった。アメリカにおける自由主義や民主主義は実質的に白人のみの自由主義や民主主義に過ぎず、他方で在米日本人は、日本政府からの保護や支援を期待できなかった。といって、日本人が白人になることは不可能で、白人の模倣をしていると見られることへの反発や抵抗感もあった。そこで自らの出自に矜持を持ち、むしろ独自の文化的長所を発揮することで、それが白人によっても評価される時代の到来を期待したのである。在米日本人はこうした展望に基づき、特にアメリカで誕生した二世に対する日本語や日本の道徳、文化の教育を、アメリカの公教育方針に基づく市民教育と並行して実施した。[71]

日本の移民政策が国民の自立支援という性格を持つことによっ

て、ようやくそれは、人口問題および職業構造問題に対する補助的な解決策としての性格を持ち得るようになった。一九二〇年代の農工格差の実情に照らし、工業部門に労働人口を吸収させようとする対策は、人口問題や所得格差の問題に対応する上で、長期的に合理性を持ち得た。しかし、それは経済の実態を反映せず、即効性も期待できなかった。明治期以来、一九二〇年代においても、工業部門で吸収できない労働力は、農業部門に家族従業者として吸収されているのが実情であった。[72]工業部門の発展は必要であったが、それは長期的かつ自律的な経済発展の結果を待つよりなかった。対して農業部門の改善は、それ自体、緊急の対策が必要な領域であり、その際、課題となったのが、農家、とりわけ小作農の自立支援であった。そうした政策目標の中で海外移民は、農家の自立を実現するための、補助的な支援策の一つとして位置付けられた。一九二〇年代後半、府県単位で移民組合の創設を促進し、それによって移民事業を進めようとしたのも、それが互助的機能を果たすことで、自立支援策となり得ることが期待されたからであった。

日本の海外移民が単なる出稼ぎとして評価されていた第一次世界大戦以前の日本政府は、海外移民を当事者の自由意思に任せるか、外交関係を優先してむしろ抑制した。そのため日本の移民政策は、人口問題に対する対策として評価されず、幣原外相も、移民政策を人口対策として評価しなかった。しかし、一九二〇年代に日本が大国としての意識を持ち、それに即応した国民の自立と新たな国家統合を目指し始め、さらに東アジア、とりわけ満州における政治的、経済的な責任を自覚することによって、情勢は変化した。経済的に移民の流れは、後進地域から先進地域へと向かうのが合理的で、日本の移民は朝鮮半島や満州に向かわなかった。しかし、日本国民が大国の地位を自覚する一方で、アメリカ大陸やイギリス領への移民に制約が課され、他方で国内の過剰人口に仕事を与え、とりわけ農民の自立を支援しなければならないとすれば、日本において、新たな農地を日本が影響力を行使し得る海外の未開拓地に求める見解が登場してくる素地は、十分にあった。しかも、経済対策、特に失業対策としての海外移民支援は、当該期のイギリスにおいても、帝国の統合という理念と融合しながら実施されていた。

後述のように、一九二〇年代後半、満州の治安に責任を持ち、中国の排日政策に直面した日本陸軍の中から、満州への移民論が登場してくる。彼らは概ね、ヨーロッパの総動員型の戦争に対応できる陸軍の改革を目指しており、そうした中で満州移民を通じた農民の自立を新国家建設の一つの条件として重視した。ただし、それは彼らがアメリカやイギリスのアジア人に対する排他的姿勢と満州における日本の拠点を意識した結果であって、一九二〇年代にそれが日本の大勢となることはなかった。日本政府の移民政策は、ブラジルを主たる対象としていた。しかし、以上のような状況は、その後、満州事変が勃発して満州国が成立した後、満州への農業移民が大規模に進められていく伏線となった。一九二〇年代における自立のための移民支援という理念と、一九三〇年代における満州国の成立が、それまでアメリカ大陸に向けられていた移民の方向を満州へと転回させる、環境整備の役割を果たしたのである。

以上のような農業、労働、産業政策に引き続き、結果的に第一次若槻礼次郎内閣の最後の経済施策となったのが、金融安定化であった。若槻内閣の金融安定化策は、これまで述べてきた小作問題や労働問題、あるいは産業政策と同様、銀行界の自律的な経営基盤強化を促すための様々な規制の導入と、震災手形処理という、緊急の金融不安対策から成り立っていた。

日本の銀行経営における問題点を検討すべく、大正十五（一九二六）年四月に金融制度調査準備委員会、次いで九月に金融制度調査会が発足し、十月十二日に第一回会合が行われた。調査会で問題とされたのは、日本における銀行の重役が他の事業に関係したり、自ら投機を行ったりするため、銀行が、そうした重役の事業資金や投機資金を供給するための金融機関になりがちなこと、情実的な貸出が多く、監査役も有名無実化していること、地方銀行の中には資産家が副業的に経営しているものがあること、現金支払準備が少ないことなどであった。そこで金融制度調査会は、弱小銀行を統合すると共に、日本の金融業を健全化するため、大正十五年十一月十八日付で「普通銀行制度ニ関スル調査報告書」を大蔵大臣に提出した。これを受けて政府は、それまでの銀行条例に変わる銀行法案を起草し、昭和二（一九二七）年二月、第五十二回議会に提出し、同法案は三月十九日に成立した。

ここで成立した銀行法は、⑴銀行を、預金受入、貸付、手形割引、為替取引の業務を行うものと定義し、⑵銀行業に主務大臣の許可を必要とすること、⑶銀行は資本金百万円以上の株式会社とすること、ただし東京市および大阪市に本支店を有する銀行の最低資本金を二百万円とし、人口一万人未満の地に本店を有する既存の銀行の最低資本金を五十万円とすること、⑷銀行法の施行五年後より他業を禁止すること、⑸各銀行は資本総額に達するまで、毎期、利益の十分の一以上を準備金として積み立てること、⑹役員の兼職を制限すること、⑺主務大臣は銀行業務に関する報告を行わせ、また、必要に応じて業務の停止、財産の供託、免許取消などの措置を取ることができること、などを定めていた。銀行法は、それまでの銀行条例の改正を引き継ぎながら、店舗設置に関する許認可の強化や準備金の積み立て義務、他業の禁止など、銀行経営の専門化と体質強化を目指していた。(73)

政府は、こうした銀行の経営基盤強化を促す措置と共に、一九二〇年代半ばの最大の金融不安要因、すなわち関東大震災によって発生した不良債権、いわゆる震災手形の問題にも対処しなければならなかった。しかも他方で、第一次世界大戦時の放漫経営により、戦後になって業績を急速に悪化させた商社や銀行の不良債権問題も存在しており、昭和二年の震災手形処理問題および金融恐慌対策は、政治的な紛糾を引き起こし、若槻内閣の総辞職をもたらすこととなった。

震災手形問題に対し、大蔵省は昭和二年一月十一日に処理方針を決定し、一月二十六日に震災手形損失補償公債法案と震災手形善後処理法案が衆議院に提出された。(74)両案は全体として、⑴日本銀行による震災手形の再割引に伴う損失を一億円を限度に補償するため、国債を発行すること、⑵一億円を超える分について、その額を基準とする公債を発行し、その額を政府より市中銀行に貸し付けること、⑶ただし、市中銀行に対する政府の融資は、当該銀行が手形債務者と最長十年間、年利五％以上の年賦償還貸付契約を締結した場合のみに適用されること、を規定していた。この内、特に⑶項は、政府による融資条件の設定によって、負債整理のための返済計画の成立を促す規定となっていた。議会答弁において片岡直温蔵相は、震災手形の総額を二億七百万円と見積もっており、その結果、両法案によって総計二億七百万円を上限とする公債発行が見込まれ、その内一億円は日本銀行の損失補塡に当てられ、残りの一億七百万円は市中銀行への融資に充てられる予定であることを説明していた。震災手形関連二法案は、三月二十三日に成立したが、その間の審議で多大な紛糾が生じた。

震災手形関連二法案の審議が紛糾した原因は、政友会と憲政会の妥協が破綻したことであった。第五十二回議会が召集されたのは、前年の大正十五年十二月二十四日であったが、翌二十五日に大正天皇が崩御し、昭和に改元された。第五十二回議会は昭和二年一月十八日から再開されたが、政友会は前年に発覚した朴烈怪写真事件や大阪松島遊郭移転問題などを取り上げて政府を攻撃し、内閣不信任案を提出しようとした。これに対して若槻首相は、政友会総裁の田中義一、政友本党総裁の床次竹二郎と党首会談を行い、新帝の皇位継承を理由とする政争の中止を申し入れ、田中、床次は、内閣の早期退陣を含みとして不信任案の提出を見合わせた。ところが、二月二十五日に至り、憲政会と政友本党は憲本連盟の覚書を交換した。そのため、これに反発した政友会は、震災手形関連法案に対する激烈な批判を展開し始めた。

政友会の批判点は、⑴震災手形の整理の名目で一部資本家や政商に対する保護がなされる懸念があること、⑵通貨膨張、物価騰貴を招く危険があること、⑶震災による被害者の内、一部の震災手形関係者のみに国費で援助を与えるのは不公平であることなどであった。審議の過程で、震災手形の振出人および手形所有者の公表が求められ、特に台湾銀行と鈴木商店の関係が問題となった。さらに三月十四日、片岡蔵相が衆議院予算委員会で渡辺銀行の破綻に関する失言をしたため、渡辺銀行は翌日より休業し、取付騒ぎが拡大、金融恐慌の発生となった。三月十八日に芝公園で震災手形法案反対の国民集会が開催されるなど、二法案は政治問題化する中、二十三日に成立した。しかし、金融恐慌の発生を受け、台湾銀行の経営はさらに苦境に陥った。そこで四月十四日、若槻内閣は台湾銀行に対する日本銀行の特別融資とその損失補償に関する緊急勅令案を決定し、枢密院に諮詢手続きを奏請した。しかし、十七日に枢密院は緊急勅令案を否決し、若槻内閣は即日、総辞職した。枢密院での審議において、伊東巳代治は次のように、緊急勅令案と幣原外交とを結び付けて批判した。[75]

現内閣ハ台湾銀行ノ破綻ニ因ル恐慌ヲ口実トシテ巨額ノ負担ヲ国庫ニ強ヒムトス。然レトモ今世間ニ起レル恐慌ハ一台湾銀行ノ為ニ非ス、現ニ之ニ関係ナキ不確実ナル若干ノ銀行破綻ノ為、幾万ノ預金者悲鳴ヲ挙ケツツアリ。関西地方ニ於テハ此ノ形勢一層甚シカラムトス。翻テ我カ対支外交ヲ見ヨ。支那各地居留邦民ノ保護行届カス、為ニ居留民ハ財産ヲ失ヒ、婦人ハ凌辱ニ遭ヒ、僅ニ身ヲ以テ免レ長崎ニ来リシモ旅費ナキ為、汽車ノ無賃乗車ヲ嘆願スル者数百人ナリト言フニ非スヤ。又対支輸出杜絶シ、為ニ関西地方ノ当業者中閉店スル者続出シツツアリト言フニ非スヤ。銀行破綻ノ原因以テ知ルヘキナリ。現内閣ハ一銀行一商店ノ救済ニ急ニシテ支那在留邦民ノ保護ニ付、何等ノ策ヲ施サス、而カモ其ノ惨憺タル状況ノ世間ニ周知セラレムコトヲ恐レ、其ノ報道ノ新聞掲載ヲ差止メ居レリ。之ヲ要スルニ、今日ノ恐慌ハ現内閣ノ内外施政ノ失敗ニ基クモノナリ。然ルニ現内閣ハ一方ニ於テハ一銀行ノ救済ノ為ニ前後合セテ四億七百万円ヲ人民ノ膏血ノ結晶ナル国庫ノ負担ニ帰セシメ、他方ニ於テハ数万ノ支那在留邦民ノ窮状ヲ無視シテ顧ミス。国民ハ之ヲ如何ニ見ルカ。其ノ思想ノ悪化セサラムコトハ望ムヘカラサル所ニ非スヤ。今ニシテ前途ヲ考慮スルハ転《うた》タ竦然《しょうぜん》タルモノアリ。

加藤‐若槻内閣は、自作農創設のための融資補助や米価安定のための公金支出、失業対策事業、移民に対する補助金支出など、経済変動に伴う影響を緩和するための財政支出を拡大しており、不良債権処理のための公金支出も、その重要な一部分を構成していた。さらに、第一次世界大戦後の民主化の気運は、こうした国民経済の安定化と共に、国民生活保護のための諸政策を拡大させた。こうした状況が、海外における邦人保護のため、政府の積極的行動を求める主張まで、政界内に生じさせたのである。

四月二十日、田中義一政友会内閣が成立した。取付騒ぎの拡大に応じ、日本銀行は二十一日だけで六億百八十二万円を貸し出した。その結果、日銀の貸出総額は前日に比べて五十七％増加しており、日銀は片面のみを印刷した二百円券を発行する事態となった。二十二日に田中内閣は、緊急勅令で支払猶予令を発令する方針を定めると共に、高橋是清蔵相より市中銀行に対し、二十二日と二十三日の両日、自主的に休業するよう要請がなされ、各銀行は臨時休業を行った。緊急勅令案は、二十一日間の銀行の支払猶予を規定し、その間の預金払い戻し金額を五百円以下に制限していた。二十四日の日曜日を経て二十五日に市中銀行は営業を再開したが、取付騒ぎは収束し、五月十三日の支払猶予解除後も混乱は生じなかった。この間、五月三日から開会された第五十三回臨時議会において、緊急勅令案が承認されると共に、日銀の損失補償に関する日銀特別融通損失補償法が成立した。これによって、枢密院が否決した若槻内閣による緊急勅令案が実質的に法制化された。五月七日、枢密院の緊急勅令案の否決により「財界空前ノ動乱ヲ惹起セシハ不当ナリト認ム」[76]とする、枢密院弾劾決議案が可決された。これは、金融危機が政局に利用された事例であり、過渡的に実現した政党内閣およびそれを取り囲む政界全体の未熟な側面を露呈していた。

次いで五月二十七日、田中内閣は、北伐に対応する山東出兵について閣議決定を行った。かつて第一次山本権兵衛内閣期、アメリカにおいて排日運動が高揚し、中国で邦人に対する暴行、殺害事件が多発した際、政府、とりわけ牧野伸顕外相は、政府の積極的対応を求める国民の過激なまでの要求に対する対応に苦慮した。それから十年余りを経て日本政府は、アメリカ型の自国民保護のための自主的かつ積極的行動を、部分的に実施するまでになっていた。

五　幣原外交の始動

加藤高明内閣の外相に就任した幣原喜重郎は、駐米大使時代、ワシントン会議に全権代表の一人として出席していた。一九二二（大正十一）年二月四日、会議の第六回総会において幣原は、山東問題の解決を受けて次のような演説を行った[77]。

日本は条理と公正と名誉とに抵触せざる限り、出来得る丈けの譲歩を支那に与へた。日本はそれを残念だとは思はない。日本はその提供した犠牲が国際的友情及好意の大義に照して、無益になるまいといふ考への下に欣んでゐるのである。日本は支那に急速なる和平統一が行はれ、且その広大なる天然資源の経済的開発に対し、緊切なる利益を持つものである。日本が主として原料を求め又製造品に対する市場を求めねばならないのは実に亜細亜である。其の原料も市場も支那に善良安定の政府が樹立され、秩序と幸福と反映とが光被するに非らざれば得られない。日本は支那に数十万の在留民を有ち巨額の資本を投下し、然も日本の国民的生存は支那の国民的生存に依存すること大なる関係上、他の遠隔の地に在る諸国よりも遙かに大なる利害関係を支那に有つことは当然である。

日本が支那に特殊利益を有つといふことは単に明なる現実の事実を陳ぶるに過ぎない。それは支那若くはその他の如何なる国に対しても有害な要求若くは主張を仄かすものではない。日本は又支那に於いて優先的若くは排他的権利を獲得せんとする意図にも動かされてゐない。どうして日本はそんなものを必要とするのか。どうして日本は公正且正直に行はるゝ限り、支那市場に於いて外国の競争を恐れるのか。日本の貿易業者及実業家は地理上の位置に恵まれ、又支那人の実際要求に付ては相当の知識を有つて居る。従て彼等は別に優先的若くは排他的権利を有たずとも、支那に於ける商工業及金融的活動に於いて十分やつて行けるのである。

かつての二十一か条要求交渉で表れた中国への高圧的な外交姿勢に比べ、理解と好意を示す姿勢が際立っている。しかし、そうした違いは、中国に統一が失われ、日本を含む列強が中国の再建に責任を負っているという認識の下で生じていた。右の幣原の演説も、中国に対して優位にある日本の国際的地位を前提に、欧米と対等に競い合っていこうとする姿勢を明確にしており、外相時代の加藤高明の意識を引き継いでいた。条理や公正に則った中国への譲歩という政策が掲げられたのも、こうした大国としての意識に基づいていた。これは、日本において政党内閣を成立させた一九二〇年代の新たな理念、すなわち、国民への権利の委譲を通じた政治秩序の安定化という理念に対応し、それはさらに、幣原外交における中国に対する内政不干渉政策という、張作霖との関係を重視しない普遍的な外交政策を目指す動きにも具体化した。

中国に対する内政不干渉政策は、起源的に、幣原が外務次官を務めた原敬内閣期にさかのぼる[78]。ただし、原内閣の不干渉方針は、大隈内閣時代の反袁世凱政策や寺内内閣時代の段祺瑞支援策の失敗を受けた、事態静観策という意味合いが強かった。時の中国政権に対する干渉的政策が、対抗的なものであれ、協調的なものであれ、しかもその政権が中国民衆の支持を受けているかどうかにかかわらず、中国ナショナリズムの反発を招いたからである。しかし、原の考え方はそれだけ経験主義的、実利主義的であったため、中国に対する内政不干渉政策と、張作霖との非公式の接触の中で対満蒙政策を進めていくことは、矛盾しなかった。

一方、第一次世界大戦後の外務省には、パリ講和会議に出席した日本の全権代表が世界的潮流に対応できなかったことに危機感を強め、制度や人事の改革、刷新を求める動きが高まっていた[79]。有田八郎や重光葵、斎藤博といった、後に幣原外交を支え、あるいは引き継いでいく外交官がその中心であった。また、中国外交についても、波多野勝や西田敏宏が指摘するように、ワシントン会議に随員として参加し、大正十二（一九二三）年五月より亜細亜局長に就任した出淵勝次や、さらにその後任の木村鋭市といった中堅幹部外務官僚により、張作霖との提携を中心とする対中国外交を転換していこうとする動きが生まれていた。それは、清浦内閣の下で策定された「対支政策綱領」にも一定程度反映されていた[80]。このように、東アジアにおける大国としての自覚を持ち、中国外交を転換していこうとする動きは、幣原以外にも、外務省の改革気運と連動しながら広がっていた。

加藤高明内閣の組閣に際し、加藤が外相候補として考慮したのは、石井菊次郎、松井慶四郎、そして幣原喜重郎であったという[81]。石井は、第二次大隈内閣における加藤外相の後任、松井は加藤外相の外務次官で、駐仏大使を経て清浦内閣の外相を務めていた。対して幣原は、第二次大隈内閣、石井外相の下で外務次官に就任し、寺内、原内閣の下で次官を継続した後に駐米大使に転出、ワシントン会議の全権代表を務めた。経歴において石井や松井に遜色はなかったが、石井や松井に比べ、明治二十八年組と呼ばれる東大卒の官僚世代に属していた。加藤内閣の蔵相に就任した浜口雄幸も幣原と同期であった。加藤はそうした世代に権限を委ねることで、伝統的外交課題に新たな意識から取り組み、外交の刷新を図ろうとしたのであろう。その意味で、加藤内閣と幣原外交の関係は、憲政会および加藤が理念とした、相互信頼に基づく自立的な協力関係として成立した。加藤と幣原は岩崎家を介した姻戚関係にあり、加藤は幣原の起用を情実的とする批判を気にしていたようである。しかし、幣原への実務的な期待は高かった。対して幣原も、政党内閣の成立に対応しつつ、外交の独立を掲げ、内閣に対する独自の責任を担っていった。

加藤内閣成立から三か月後、大正十三（一九二四）年九月に勃発した第二次奉直戦争は、幣原による外交刷新の最初の機会となった。幣原外相は事件に対する不干渉方針を定め、十二日に閣議決定となった[82]。しかし、現地側、特に芳沢謙吉公使の判断は異なっていた。芳沢は、張作霖が不利と観測される中、「若シ張ニシテ敗北スルカ如キコトアラムカ、東三省ハ一大紛乱ヲ来スコト火ヲ睹ルヨリ明ナルカ故ニ、内密彼ニ便宜ヲ与ヘ、少トモ現在ノ勢力及地位ヲ失ハシメサルコト、我利益ノ保存及進展上肝要[83]」「表面上不偏不党ヲ標榜スルコト適当ナランモ、此ノ表面上ノ政策ノミヲ金科玉条トナシ、両派争闘ノ帰結ヲ考ヘ之ニ応スル対策ヲ講スルニアラサレハ、悔ヲ後日ニ残スヘシ」「直隷反直両派ニ対シ変通自在ノ立場ヲ維持シテ張呉両者ヲ操縦スルコト最必要[84]」などと要請したのである。しかし、幣原はこれに応じなかった。幣原は、列強間の協力関係に基づき、中国民衆やナショナリズムに対する好意と中国の再建に向けた協力姿勢を提示することで、中国の内政状況に左右されない、日本の国際的評価と中国に対する影響力を確保しようとしたからである。

上述のように、張作霖との関係を重視しない外交への転換は、既に出淵らによって試みられていた。幣原はそうした基礎の上に、外交責任者としてその方針を中国出先に徹底し、さらにそれを、欧米に通用する普遍的外交として確立しようとした。幣原は、十一月二十四日、駐日イギリス大使より「英国政府ハ支那問題ニ関シテハ常ニ日本ト協議協力スル方針ニシテ、日本ノ協力無キ限リ支那ニ対シ何等ノ constructive policy ヲモ行フコト能ハスト思料シ居リ[85]」と伝えられたが、これに関するイギリス政府への回答として、駐英松平恒雄大使に以下の内容が伝えられた[86]。

中国の国内問題に対するいかなる干渉によっても有益な目的を達し得ないということは、一般に認められていると信じられる。長期的な歴史的背景と同国の特殊な環境にあって、中国の国民生活は、彼らの様式に則り、彼ら自身の自由に任せなければならない。非公式にしばしば検討されてきたような、中国行政機構の特定部門を国際管理下に置くような計画は、日本政府の見解では、中国の独立に危険を及ぼし、あるいは国際的紛糾をもたらすことになるであろう。

［…］

日本政府は、だれが中国の統治を担い、どのような政治的機構が目下提案されている国民会議で採択されるか、という問題に、直接の関心を持っていない。主たる関心は、中国が速やかに国内の法と秩序を維持し、国際的義務を履行する強固な政府を備えるかどうか、という点にある。

幣原は、右の方針に基づき、中国の財政再建に向けた列強間協調に基づく経済支援が重要であることを強調した上で、次のように述べた。

いかなる場合にあっても、中国国民に対して現実に即した行政機構を機能させ、同国における平和と統一を回復させる十分な機会を与えるべきである。今まさに北京で臨時政府が発足したことが伝えられており、これを支持する人々は真剣にこれらの課題を達成しようとしている。列強は、彼らの努力を同情と忍耐そして希望をもって注視すべきである。

これに対し、芳沢公使の判断は、旧来の思考様式に則っていた。ワシントン会議ないし第一次世界大戦以前の日本外交は、概ね元老による指導、統制下に置かれており、欧米の国際的優位を前提とした防衛的な性格を強く持っていた。そのため、辛亥革命やロシア革命の勃発など、海外情勢の激変に際しては、それを日本の権益拡張の好機と捉える勢力に不満を引き起こし、時としてそれらの独断的行動やそれに伴う外交上の混乱を招いた。しかも、日本が中国に対し、国際的威信において欧米に及ばない中で影響力を行使するには、軍事的威圧や紐付き援助、顧問の派遣による私的な指導、従属関係の形成といった手段によって日中間の差異化を図り、日本の優越的地位を示す必要があった。その結果、日露戦後から第一次世界大戦までの日本の中国政策、とりわけ辛亥革命以後の日本の中国政策は、革命家や壮士、投機的事業家などの介在を招く、情実的、情動的な性格を強めていった。こうした中で登場した原内閣による内政不干渉政策は、以上のような日本外交の傾向に一定の統制を加えようとしていた。ただし、その方法は実利と人間関係に配慮した調整的なものであったため、多方面の評価を得ながらも、張作霖との関係を重視するなど、対中国外交における情実的性格をむしろ積極的に継承していた。

しかし、その後、ワシントン条約が締結されることで、状況は変化した。坂野潤治は、幣原外交をかつての第二次大隈内閣の加藤外相による対中国外交と対極的に捉えた上で、加藤内閣が外交を転換させたのは、政権をそれも連立内閣として維持する必要があり、かつ当該期の日中関係が比較的良好であったからと論じているが[87]、坂野の議論の根底には、政党政治とは民主主義の一定の反映であり、民主主義への志向は国際協調外交への志向と一体化しているという予断が存在している。しかし、幣原外交が現実に成立する上で決定的であったのは、第一に、幣原外相がかつてパリ講和会議に参加した日本代表団の困惑と対照的に、ワシントン会議への参加を通じて大国としての自覚を形成していったこと、第二に、ワシントン条約が中国の政治的、経済的安定に向けた列強の支援を理念として掲げており、大国としての意識を持った幣原も、それを自らの義務として受け入れていたこと、そして第三に、そうした日本の状況と対照的に、中国がワシントン会議において支援対象国とされたばかりか、一九二二年に奉直戦争、一九二三年に臨城事件を引き起こすなど、国際的信用を落としていたことであった。そうした中で幣原は、日中間の国際的評価の格差を背景に、日中関係の基盤を情実的なものから法理的なものへと転換し、安定化させることを目指した。

第二次奉直戦争に際して幣原は、内政不干渉の原則を中国の現地側に徹底することで、日本に対する欧米諸国の信頼を強化し、同時に中国の政情に左右されない、日本の確固たる地位を確立しようとした。幣原が内政不干渉を掲げたのは、中国を対等の国家と見なしていたからではなかった。政治、経済、軍事、国際的評価、いずれにおいても格差の存在する相手を対等に扱うことは、責任ある政治や外交の論理ではなかった。むしろ内戦と混乱の渦中にある中国に対し、列強が条約上の根拠に基づいて治安を維持し、経済的発展を促すことが、列強の権利であり、義務でもあると考えられた。にもかかわらず、幣原は、中国に対等な国家間に適応されるべき原則を積極的に適応することで、中国政府の法治国家としての自覚を促し、また、中国の自主的な再建努力を評価する中で、日中関係の融和、安定化を実現しようとした。それによって幣原は、日中関係を条約上の権利、義務関係の中で再確立しようとした。その点で幣原外交もまた、国際的合意事項に対する各国の遵守義務を前提に国際秩序の安定化を目指す、近代日本の国際秩序観を継承していた。

したがって、条約に基づく在満権益は、中国側によって尊重されなければならなかった。いわゆる二十一か条要求についても同様であった。さらに幣原は、中国の反秩序的行動に対して差し当たり厳しい態度で臨んだ。一九二五年に五・三〇事件が勃発した際、幣原はイギリスとの協調を重視し、工場における破壊活動分子の存在を問題とした。そのため、中国側の被害者に対する賠償を拒否し、弔慰金という解決法を提起した。中国側はこれを屈辱的に感じ、拒否したため、問題は決裂のまま放置された(88)。

こうした幣原外交の論理は、これまで述べてきた加藤高明・憲政会の理念や、加藤内閣を成立させ、普通選挙法や様々な社会政策を成立させた日本の政治、社会の底流に流れた理念、すなわち、盲目的な支配、服従関係から、法規範の共有と主体的合意に基づく階層的かつ役割分担的な社会秩序への転換を目指した理念とも対応していた。幣原外交は、張作霖個人の消長より中国ナショナリズム全体の動向を評価し、また、日本の国際的地位の向上に対応した責任を果たす中で、将来的な中国における国家的な責任意識の形成を展望しながら、日中関係の安定化を図り、中国市場における英米との経済競争のための環境を整えようとした。その点で幣原外交は、英米と対等の地位を意識し、また、同時代の新たな国内的理念に対応する、国際的義務の負担能力に応じた階層的かつ協調的な東アジア国際秩序の形成を目指していた。

幣原外交は、一九二五年十月から翌年にかけて開催された北京関税特別会議とそれに続く中国国民党による北伐への対応の中で、さらに独自性を発揮する。関税特別会議の開催直前、西園寺公望は幣原外相について、「先づ近頃になき出来の良い外務大臣なりとて、称揚(89)」した。その評価は、大国としての国民的な自立と責任分担という、西園寺自らもその確立に関わった民主化の時代における新たな内外理念に対する評価を、そのまま反映していた。

◇

原敬・政友会内閣は、日本における最初の本格的政党内閣であったが、政党間の政権交代や選挙を通じた選挙交代を想定せず、全国的な社会基盤の整備、拡大によって国民的な政治意識の形成に対処しようとした。他方、加藤高明・憲政会は、国際的自立志向と進取の気質、貴族主義的ないし個人主義的な性格、緩やかな連帯的結合といった特徴を有していたが、それらは第一次世界大戦ないしワシントン条約以前には独善的な突出した行動を生む一方で、合意形成能力を欠いた危険な傾向として、元老から政権より排除される要因となっていた。しかし、そうした加藤・憲政会の特徴は、ワシントン条約後の日本の国際的地位の上昇に対応し、対外的に東アジアにおける大国としての国際的義務を履行し、国内的に権利の委譲によって社会の調和、融和を回復していこうとする責任意識の基礎ともなった。

高橋是清・政友会内閣が総辞職した後、政友会内閣は中断され、加藤友三郎内閣が成立した。西園寺は中間内閣と政友会の協力関係を通じ、政友会に政権担当能力の回復を期待していた。しかし、政友会は内部対立を深め、他方で加藤内閣は、政友会の支持を背景に、国際的義務を履行しながら、普通選挙法の導入を念頭に、国民への権利の委譲を進めることで社会の調和、融和を回復していこうとする独自の施策に取り組んだ。そうした加藤内閣の業績は、憲政会にとって自らの存在意義を示す上で障害となったが、中長期的に憲政会の政治理念に対する政界全体の接近を促した。加藤友三郎の死後、西園寺は、加藤高明の外交指導力への懸念、加藤友三郎内閣への評価と薩派の策動を踏まえ、政友会の再建という自らの構想に基づいて山本内閣、次いで清浦内閣を選択した。しかし、その間も、政友会は分裂を深め、政策的限界に直面する一方で、後継首相をめぐる様々な動きが生じ、後継首班選定手続きが不安定化するなど、西園寺の期待は裏切られ続けた。

とはいえ、その間に後継首相選定者としての元老の権威は高まっていた。そうした中、第十五回総選挙で憲政会が第一党として勝利を収めると、西園寺はそれまでの経緯を排し、加藤高明を後継首班に指名した。西園寺はそれにより、政友会再建というそれまでの意識を、責任ある政党政治の育成という意識に発展させる形で、「憲政の常道」という規範を採用した。それは、西園寺が最後の元老として、加藤高明や加藤友三郎と同様、社会の安定のために積極的に内外の趨勢に応えていこうとした結果であり、それはまた、後継首班選択の不安定性を緩和する効果も持った。このように、日本の政党内閣は、藩閥政府の遺制ともいうべき元老により、大国として相応しく、民主化の内外趨勢に対応した政権選択の方法として、採用された。それは、明治憲法を民主化の時代に即して運用した結果であると共に、欧米世界秩序に通用する政治の在り方を日本の伝統的価値観の上に導入しようとした点で、憲法および議会導入の経験を発展的に継承していた。

加藤高明内閣は普通選挙法を成立させ、国民の権利を拡大することでその義務感と責任意識の形成を促し、民主化の内外趨勢に対応する新たな国家統合を目指した。そうした政策志向は、加藤内閣および続く若槻内閣の財政、金融、産業、社会政策にも反映された。第一次世界大戦後、ヨーロッパ諸国が通貨の安定、貿易促進のため、財政健全化と金本位制への復帰を進める中、日本は貿易収支の悪化と関東大震災に直面し、再び外債の導入に依存せざるを得なくなった。そこで加藤高明内閣は、一定の行財政整理を行い、課税体系を経済収益に対応するものへと改編しながら、法人に対する減税を行い、同時に自由貿易の枠組み内で重点主義的な関税改革を実施した。そして原内閣期に検討されながら、実施や制定が見送られていた健康保険法や小作関連法、労働組合関連法などの社会政策立法を行い、あるいは施行した。加藤‐若槻内閣期の社会政策は試行的で、後々の課題を残したものの、それらは全体的な経済政策体系の一部として実施された。すなわち、外債の償還負担を軽減し、円の国際的信用を高めるための長期的な円高政策への展望の下、企業の税負担を軽減しながら雇用者による被用者の保護義務を強化する一方、組合を通じた企業間の協力や合理化、同じく組合を通じた小作人や労働者の権利保護および互助的な福利活動を促進することで、全体的な産業保護、育成政策の下で民間主導の経済成長と労働者の保護、国民の生活改善を実現する。そして同時に、小作農の自立支援の他、短期的な米価の変動や失業の発生、金融不安の影響を緩和する緊急的対応を行い、社会や経済に対する政府の介入的施策を行うことによって、長短両期にわたる経済と社会の安定化を図ろうとしたのである。

一九二〇年代は、イギリスにおいても社会政策の充実が図られた時期であった。ただし、イギリスの場合、発足時の社会保障は国庫支出に依存したため、二十世紀初頭にその財源をめぐり、産業保護と一体化した関税収入を充てるか、所得再分配に基づく累進課税収入を充てるかの対立が生じた。そうした中でネヴィル・チェンバレンは、一九二〇年代の社会保障改革を、自己負担原理の導入および地方行政改革と一体化させ、自己責任や分権化の理念に則って進めた。対して日本の場合、社会保障は限定的な範囲で発足したが、それは当初より民間ないし事業財源に基づいて運営される一方で、政府による産業保護、米価安定や失業対策、不良債権処理など、積極的な経済対策と一体化していた。こうした一九二〇年代の行政、財政政策は、後述のような、一九三〇年代の不況対策における日本とイギリスの対照的な政策の方向性を生み出す背景ともなる。

加藤高明内閣はさらに、幣原喜重郎を外相に起用し、外交の刷新を図った。すなわち、幣原外交は、ワシントン条約後の日本の国際的地位の上昇に対応した東アジアにおける日本の責任を自覚し、英米と対等の協調関係を確立しながら、中国との関係を法理的な権利義務関係に再編することで安定化し、中国市場における英米との経済競争に臨もうとした。西園寺は加藤の外交を懸念していたが、幣原外交に対する評価によって、加藤内閣、ひいては政党内閣に対する評価も高めた。この後、政党政治の継続は、イギリスや特にアメリカによって進められた自由主義、民主主義の国際原則化の中で、国際協調の姿勢を示す意味を持つことにもなった。昭和初期の政党内閣は、日本の政界が、国際的な民主化の気運とそれに対応する国内の民主化の気運に、元老の権威の下で対応することによって成立しており、それ自体、国際的な性格を持っていた。それだけに、政党内閣の理念に対応する外交の登場は、西園寺が、政党内閣を絶対視していなかったにもかかわらず、「憲政の常道」を尊重していく理由ともなった。

ただし、こうした民主化の気運は、中国における北伐に伴い、日本国民の生命、財産が危険にさらされる事態に直面することで、それらを保護する政府の積極的対応を求める国民的気運をも生み出した。そこで若槻内閣を引き継いだ田中義一内閣は、第一次山東出兵を実施した。一九二〇年代後半の日本外交は、内外の民主化の気運に対応するため、かえって、独自の世界秩序を作り上げた英米との関係、日本の国民世論、そして混迷する中国情勢への対応に、苦慮することとなる。

第十一章　北京関税特別会議と北伐への対応

一九二二年に成立したワシントン条約は、その重要な一部分として、中国の関税に関する条約、通称ワシントン関税条約を含んでいた。それは、中国の財政再建と連動する関税改革実施のための国際会議の開催を定めており、同会議は、一九二五年十月から翌年にかけ、北京関税特別会議として開催された。以下、関税会議の準備と経過、そして会議後に開始された中国国民革命軍による北伐に対する各国の対応を解明し、ワシントン条約後の東アジア国際秩序の動静について検討していく。

北京関税特別会議については、入江昭の先駆的研究に続き、臼井勝美による研究が基礎的文献として存在する。しかし、以下に記すように、中心として扱われる日本の方針に対する理解が不十分で、さらに英米の動向に対する整理もなされていない。その後、近年でも関税会議に言及した小瀬一や、服部龍二、後藤春美、西田敏宏、阿曽沼春菜らの論考が登場したが、いずれも通説的理解に則り、会議における様々な提案や主張の一部分を基に、会議に対する各国の態度を表面的に評価する水準にとどまっている。中には深刻な事実誤認を含む場合もある。(1) そのため、会議における争点を整理し、経過を再構成する基礎的作業が必要となっている。

以上のような問題が生じたのは、一次史料たる外交文書が相当量に及び、要領を汲み取りにくいため、それを通読し、会議における争点を厳密に整理しようとする研究が、臼井以降、登場しなかったこと、そして英米、とりわけ第一次世界大戦後のイギリスの内外政策に関する研究への関心が低かったために、既存の日本外交史研究の枠組みを超えて、第一次世界大戦後の国際的理念の変化に対応する東アジア国際秩序を捉え直そうとする研究が、存在しなかったことによる。上記の入江昭の研究は、第一次世界大戦後の東アジア秩序について、日英米のその時々の利害の対立、各国の国益の対立点や共通点を時系列的に追跡していくという、伝統的な外交史の手法に則った叙述を行っている。基礎的調査の不十分さや事実誤認は別にしても、交渉の接点を追跡するという手法を超える、新たな研究視点の提起が課題として残されており、その点に応える研究も登場しなかった。

以下、既述のような一九二〇年代のイギリス、アメリカ、日本各国の外交、すなわち、多国間にわたる関係形成の中で世界的な責任を果たし、また、間接統治の理念の下で帝国主義批判に応えようとしたイギリス、国内における孤立主義の中で普遍的な国際原則を確立し、自らの権利保護を優先しながら、他国に対して間接的に影響力を行使し、直接的な外交的関与や負担を回避しようとしたアメリカ、国内における政党内閣の始まりを背景に、法規範と権利義務関係の明確化による内外秩序の安定化を目指した日本という、各国の外交を踏まえ、激変する中国情勢に対する各国の対応を位置付けていく。特に一九二七年に発生した南京事件をめぐり、イギリスとアメリカは強硬措置に踏み切る一方で、その翌年にアメリカ、次いでイギリスは中国と関税条約を締結する。本章は、そうした変化の激しいイギリスやアメリカの対応を、同時期のジュネーヴ軍縮会議やアメリカのラテンアメリカ政策、パリ不戦条約をめぐる交渉などにも言及しながら、解明していく。

一　イギリスとワシントン関税条約

ワシントン関税条約の規定に基づき、一九二五年十月に開催された北京関税特別会議の開会直前、新四国借款団のチャールズ・アディスは、借款団会議後の晩餐会において、関税会議の果たすべき役割について次のように述べた。これは、中国の関税改革と連動する、特にイギリスが重視した中国内政改革への期待を表明したものであった[2]。

> ワシントン条約の主要な目的である釐金の廃止と、特別会議の決定すべき主要な課題である釐金廃止までの暫定的な条件規定は、財務問題と切り離せない、極めて重要な政治的および財政的な問題を含んでいる。対応に当たるべき政府、保護や保証を与えることのできる政府が必要である。特別会議が取り組まねばならないのはこの問題である。そしてさらに考慮しなければならないのは、地方歳入への配分問題に関する中央政府との合意は、地方政府によって受け入れられなければ全く満足すべきものになり得ない、ということである。行政機構が創設されねばならない。課題は困難であるが、克服できないものではないと思う。特別会議は本質的に、事態を安定化する影響力を行使すべきである。会議は中国の穏健派と急進派の代表を含んでいる。穏健派が優位に立てるかどうかは、特別会議の機転と知恵に大きくかかっている。

第一次世界大戦後のイギリスは、帝国主義に対する内外の批判に応え、広大な領域の統治を安定化するため、帝国の存在意義について再構築を試み、帝国の下での自治の促進や、現地の自主性を尊重する「間接統治」という理念を掲げた。右の引用も、穏健派への支援という形で同様の理念を反映しており、中国においてこうした政策を進める中心となったのが、ワシントン関税条約の規定であった[3]。

ワシントン関税条約は、一九〇二年にイギリスと清朝との間で締結された通称マッケイ条約を基礎に、中国と列強の間で締結された通商条約の改定条件を規定していた。マッケイ条約は、それまで従価五％に固定された関税率について、中国国内の内地通過税である釐金の廃止を条件に、追加七・五％までの付加税を認めることを定めていた（これにより従来の五%と合わせ、十二・五%の税率となる）。しかもそれは、イギリスと清朝の間の合意にとどまらず、翌一九〇三年にはアメリカと日本も、これに準拠した通商条約を清朝と締結していた。対してワシントン関税条約は、条約調印から三か月以内に、二・五%の付加税施行のための細目条件と、釐金廃止を条件とする五%の付加税施行のための細目条件を決定する国際会議を開催するとしていた。つまりこれは、英中間の条約上の規定を基礎とする個別の条約秩序を、二・五%増加分について釐金廃止の条件を解除しながら、多国間条約として継承、再編するものとなっていた。

釐金は地方政府や軍閥の財源となっていたのに対し、関税収入は中国中央政府の財源となった。しかも、中国政府の海関収入への依存は、一九一一年の清朝の崩壊から袁世凱の時代、その後の北洋政権の時代を通じて続いていた。したがって、ワシントン会議においてマッケイ条約に基づく関税率改定条件を多国間条約として再確認し、ワシントン付加税の規定を定め、それによって長期的な釐金の廃止と関税率の引き上げを目指したことは、列強の協調と支援の下、中国の課税体系を中央政府の下に一元化し、中国の行政的統一を整備していくことを意味していた。

とはいえ、ワシントン会議では新たな問題が生じていた。ワシントン会議において関税条約が締結された直接のきっかけは、会議において中国代表が、関税自主権の承認要求が却下されたことに対する代案として、北京政府の財政逼迫や外債整理の必要を理由に関税率の増加を求めたことであった。ところが、中国の財政強化策としての関税率増加は、中国における統一政権の形成にとって二重の意味を持っていた。すなわち、関税率の増加によって中国政府の収入が増加すれば、統一政権の財政基盤とはなり得るが、現状において、統一政権の実現は期待できなかった。中国で南北間の対立が続く中、北京政府の収入増加は、逆に国内対立を助長する可能性があったからである。問題は、中国中央政府の財政収入を増加させるとしても、それを建設的に運用し、貿易を通じた中国内外の経済発展を保障できる、実効性のある全国的行政機構が存在していないことであった。その点で、中国の現政権が財政逼迫を理由に安易に関税率の増加を要求している状況は、中央政府が統一政権として確立され、釐金の廃止を実現していく見通しを、むしろ否定するものでしかなかった。これは、中国における統一的行政機構の形成に対応して中央政府への関税収入を増加させるという、関税率の増加に中国統一政権形成の動機付けとしての意義を与えたマッケイ条約の規定が、機能しなくなっていたことを意味した。

イギリスのワシントン関税条約に対する姿勢は、こうした状況を背景として形成された。第一次世界大戦中の英米間の債務問題に関する最終調整がなされていた一九二三年一月、イギリス外務省は、ヴィクター・ウェルズリー極東局長をアメリカに派遣し、アメリカ側と関税会議について意見調整を行い、関税増収分を中国の利益となる目的に使用すること、そのため、何らかの保障措置が必要なことについて合意した(4)。また、関税増収分を直ちに債務整理に充てないことについても意見交換がなされた。債務整理が重視されなかったのは、債務の膨大さに照らし、債務償還のための高率関税を避けるためであった。しかし、中国は関税増収を求める理由の一つに外債整理を挙げており、また、日本やフランスは中国への関税増収を外債整理に充てることを求めていた。さらにアメリカも債務整理の原則を堅持しており、英米の出先もこの問題を重視していた。しかし、イギリス本国は債務問題を重視しない方針を取った。一年後の一九二四年二月初め、ラムゼイ・マクドナルド外相よりロナルド・マクリー中国駐在公使に送られた訓令は、この点に関して次のように述べていた(5)。

> 貴下やアメリカ公使が支持する、二・五%の増収は無担保債務のための財源のみに使用されるべきであるという提案は、それがどれだけ中国中央政府の一時的な信用回復をもたらすものであったとしても、それ自体、中国の財政再編に重大な貢献をすることはほとんどあり得ず、それがどれだけ中国の利益になるのか、どれだけワシントン会議で明確にされた意図を実行することになるのか、理解できない。

二・五%増収分を債務償却に充てるとする案は、日本案に採用されるが、英米、特にイギリスはこれを支持しなかった。一九二三年初めに英米間で中国に対する保護措置が想定され、右の引用でも財政再編への言及がなされているように、イギリスは、ワシントン関税条約の規定から想定される中国の自主的な国内改革に期待する以上の、列強による積極的な補助的措置が必要と考えていた。その意味でイギリスにとって、ワシントン関税条約ないしワシントン条約は、その規定を遵守すべきものという以上に、規定を成立させた根本的な目的、すなわち中国の政治的、経済的再建という理念に則って、弾力的に運用すべきものとして捉えられていた。それは、非ヨーロッパ世界の発展支援に関与することで自らの影響力を維持、拡大していこうとしたイギリスの戦略から生み出された判断であった。

さらに、イギリスが中国に対する債務問題を重視しない姿勢を明確にしたのは、それが当時の英米間の第一次世界大戦後の戦費債務をめぐる対立、協調関係とも関係していたからであった。一九二二年から一九二三年にかけて、イギリスはアメリカに対して戦時債務の相互放棄ないし部分放棄を提案した上で、最終的に債務償還協定を成立させた。これは、イギリスが対米債務の償還協定を先行的に成立させることで、賠償問題を金融専門委員会に委ねつつ、アメリカのヨーロッパ投資を促そうとした結果であり、それはまた、イギリスがヨーロッパ再建に向けた責任を負うことで、アメリカを国際協調に誘導しようとした結果であった。対して、これと並行して進められた中国の債務問題に関する英米の意見調整は、債務放棄を目指すものでなく、増税分の使途をめぐってなされていた。そのため、英米間に、ヨーロッパの債務問題ほどの対立は生まれなかった。しかし、アメリカに債務問題への寛大な対応を求めているイギリスが、同種の債務問題で中国に厳しく臨むことは、困難であった。イギリスの場合、その対中債権の多くは関税収入を担保とし、保証されていたため、無担保債務問題に対する利害は比較的希薄であった。しかし、それ以上にイギリスは、アメリカの原則を尊重しながら、それをイギリスの方針に近付け、政策協調を実現するため、自らの政策的正当性を維持しなければならなかった。それは、中国の再建のため、イギリスが主導権を発揮していく上でも、必要であった。イギリスはそうした方針に基づき、中国が口実として取り上げただけの債務問題には取り合わず、列強の指導的立場の下で中国の財政制度改革を推進し、ワシントン条約の弾力的運用とその実効化を図ろうとしたのである。

ここでいう中国の財政制度改革とは、中国の中央政府と地方政府間の財務調整のことであった。既述のように、釐金が地方政府の重要な財源になっている以上、釐金の廃止を進めるため、地方収入に対する補償措置が必要であり、そこでまず、関税特別会議が中国に関税率の増加を認めると同時に、その増収分を受け取るべき中国の中央政府と地方政府の間の配分問題について調整的役割を果たすべきと考えられた。それにより、関税増収分が内戦で浪費されるのを防ぐと共に、中国における中央政府と地方政府の対立を緩和し、中国の政治的経済的安定化を促進するとも考えられた。さらに列強間の協調の下、イギリスが中国の政治経済の再建に主導権を発揮できれば、世界に対するイギリスの国際的威信を再確立することにもつながるはずであった。これに関連し、マクリー中国公使は、支援者としてのイギリスの立場を意識し、中国が特別会議の開催を促すべく一九二四年三月に予備会議の開催を提唱したことについて、次のように本国に報告していた。(6)

私は、中国政府による予備会議の申請を、彼らが破産を認め、その財政的困難を救うべく、列強の介入を事実上要請したものと考える。したがって、もし特別会議において中国財政に関する議論が避けられないとすれば、国家歳入と地方歳入を明確に区別することで、中央政府と地方政府の財務関係を有効に機能する機構へと確立し、それによって、北京政府が適切な予算を組むことも可能になるよう、中国政府に対し、国税徴収の方法について何らかの改革を、それは必ずしも外国の管理下で行われるわけでなく、また、包括的計画を必要とするものではないにせよ、徹底的な改革を実行することを、我々が付加税実施に同意するための条件とするのがよいのではないか、と思われる。

マクリーの見解は、その密接な連携の下で作成された、エリック・タイクマンによる北京関税会議への草案に反映された。一九二四年九月にイギリス本国に提出されたタイクマンの案は、二・五％付加税の実施条件として、関税増収分の一部を釐金の廃止によって失われる地方政府財源に充当することを中心に、増税問題を包括的に検討していた。(7)それは、列強の支援下で中国中央政府と地方政府の合意形成を促し、釐金の廃止を進めようとした点で、イギリスの帝国政策を特徴付ける間接統治の理念と手法を、現地外交官の主導権の下で中国に応用し、ワシントン関税条約の実効化を図ろうとするものであった。これにより、一九二五年十月からの北京関税特別会議に臨むイギリスの方針が定まった。

しかし、同時にマクリーは、釐金廃止のための別の段階的改革案についても構想していた[8]。それは第一段階として、子口半税の規定を中国国内に流通する全商品に拡大し、地方政府による釐金の徴収を、代替的に二・五％付加税の徴収という形で海関業務に委託する。これにより、まず地方単位で釐金を廃止すると共に、第二段階として、実効性のある統一中央政権の成立に応じて七・五％までの関税率増加を実施し、その財政基盤を強化する。そして最終的に、中国国内における流通商品への諸課税について整理統合を実現する、というものであった。これによれば、第一段階における二・五％付加税は、中央財源にでなく、地方財源に直接組み入れられることとなり、その点でタイクマン計画に比べ、統一政権の形成を促す措置というより、子口半税の一般化と地方徴税機構の再編を目指すものとなっていた。とはいえ、二・五％付加税を地方財源に充て、釐金の廃止を促進しようとする点で両案は共通しており、しかもマクリー私案は、タイクマン計画で最大の懸案となる中央政府による地方統制の問題や関税増収分の地方分配比率の問題について決定を保留しつつ、海関行政の主導権下で釐金の廃止を進められる利点を持っていた。その点でマクリー私案は、ワシントン条約の掲げる中国再建という理念を実効化するために独自の影響力を行使しようとしたイギリスの外交姿勢を、タイクマン計画以上に明確にしていた。後述のように、この構想は北京関税特別会議の失敗後、国民政府の新税創設に対して形を変えて応用されることとなる。

二　北京関税特別会議の焦点と成果

以上のようなイギリスの方針に対し、日本側において北京関税会議に対応した幣原外交は、日本の国際的責任を自覚する中、中国における特定軍閥を支援する外交から、中国の再建に協力し、中国の自立意識と国際条約を尊重する責任意識の形成を促そうとする外交への転換を目指していた。こうした理念を背景に北京関税特別会議に臨んだ幣原外交は、各国との協調関係の中で主導権を発揮しようとするイギリスと、中国再建に向けた責任意識を共有していた。しかし、具体的対応をめぐって幣原外交は、イギリスやアメリカと、以下のような相違に直面する。

加藤高明内閣が外務省原案に基づき、「支那関税特別会議ニ関スル一般方針[9]」を閣議決定したのは一九二五（大正十四）年十月十三日であり、その概要は、二十六日の関税会議開会式における日置益全権の演説以降、各国に説明されていった。日置演説は、日本の条約改正史を踏まえて中国自身による政府強化の必要を強調し、「関税自主権問題ニ対シ極メテ友誼的考慮ヲ加フルニ十分ノ用意アルコトヲ声明[10]」したが、その上で会議に提示された日本の提案は、概ね次のようなものであった。要点は、中国に対する将来的な関税自主権の承認を想定した上で、それまでの措置を以下のように三段階に分けたことにあった。

(1)関税条約第三条で規定する、関税会議で決定される暫行規定に基づく二・五％付加税の実施（釐金の廃止は条件に含まれない。ただし、釐金の一部廃止が実施される場合、それに応じて最大七・五％までの付加税を容認する）。

(2)前項の実施から二年ないし五年後より十年ないし十五年間、関税自主権承認までの暫定措置として二・五％以上の付加税を実施する。その際、釐金の廃止および暫行規定を条件とし、税率は、①国定税率と協定税率の併用か、②平均十二・五％の差等税率の適用のいずれかの方式によって定める。

(3)暫行期間終了後、さらなる追加条件を満たした上で関税自主権を承認する。

北京関税特別会議に関する臼井勝美の研究は、会議の経過を丹念にたどった、この主題に関する基礎的研究である。しかし、臼井の研究は、関税会議に臨んだ日本の方針の内、右の(1)項と(2)項の段階的区分と以下のような増収使途について明確な指摘を欠いているため、その根底にある原則を説明できず、それが英米の原則と対立しなければならなかった理由にまで踏み込んだ議論を展開できなかった。臼井が十分に議論できなかった(1)項と(2)項の段階的区分は、関税条約の運営に関する、概ね次のような理念と背景に基づいていた。

北京関税特別会議の目的は、中国政府の財政強化と政情の安定化、中国貿易の発展促進にあり、会議はそれを、関税率増加による中国政府の歳入増加と、その条件としての釐金廃止による中国市場の開放および政情安定化のための増収使途の制限によって実現しようとしていた。日本案の特徴は、こうした会議の目的に照らし、関税増収分の内、二・五％付加税による増収分は、ワシントン条約に基づく列強の好意的措置として施行されることから、列強と中国の従来の懸案である無担保債務の償還を中心に（必要であればモラトリアムも実施）、さらに一般行政費にも充当するが、対して二・五％以上の付加税による増収分は、釐金廃止という中国側の自主的措置に対応して施行されることから、無担保債務の償還に充てず、中国の再建に資する用途に振り分けることとし、それはまた、中国の釐金廃止を促す規定としても位置付けられた点にあった。

日本案は、各国の国際的義務の履行による国際秩序の安定化という幣原外交の理念の下、ワシントン関税条約の原則とその運用方式を、債務償還の条件と関税自主権承認までの期限見通しを付した上で、ほぼそのまま引き継いでいた。しかし、その点で中国の関税自主権を直ちに承認したわけではなかった。関税特別会議冒頭に日置益代表が行った、〝原則〟としての中国の関税自主権を承認する演説は、「華府関税条約ハ関税自主権ノ支那ニ存セサルコトヲ前提トセルモノニシテ、該条約ノ実施ト関税自主権ノ承認トハ同一時期ニ於テ両立シ得ルモノニ非ス」[11]という条約理解の上に、画期的意義を与えられた。つまり、中国側の関税自主権の承認要求に対する好意的措置として、長期的な関税自主権承認への展望を示すこととしたのである。また、十年ないし十五年の暫定期間の後に関税自主権を承認するという提案も、本来はワシントン条約で想定された関税会議の目的外に属することであり、しかも日本の関税自主権獲得の経緯、すなわち一八九四年の改定関税条約が五年後に施行されてより、一九一一年の関税自主権の発動まで十二年間の猶予期間を置いた経緯に照らせば、中国に不利ではないと考えられた(12)。

さらに関税自主権承認までの暫定措置として掲げられた条件中の(2)項①案は、中国側に、たとえ制約はあっても税率国定および交渉を通じた協定税率制定の権限を与えるものであり、その意味で中国に対する限定的な関税率設定権を承認する措置に相当していた。対して(2)②案は、税率制定の権限は関税会議に属し、中国側の裁量の余地は否定される。その点で②案は①案と対照的で、むしろ英米との関税率の調整が今後の焦点となる提案であった。しかし、①案が採用されたとしても、釐金廃止の条件と関税増税率の上限に変わりはなく、また、②案が採用されたとしても、日本側は日置演説の中で、中国の関税自主権に友誼的考慮を払う旨の原則を宣言していた。また、②案は、差等税率を平均十二・五%としており、より柔軟な税率の設定を可能にしていた。したがってそのねらいは、不平等条約の拘束を前提としながら、その中で中国に対し、より対等に近い国家関係への展望を提起することで、中国側の条約秩序に対する順応を促し、また、日本の対中国輸出商品に対する低率関税を実現しようとした点にあった。しかもそれは、幣原ら関税会議に関わった外交官にとって、日本の国益優先という以上に、第一次世界大戦後の民族自決と経済再建の時代にあって、大国が果たすべき責任に合致した政策として位置付けられていた。

対してイギリスは、関税会議冒頭の演説で、「華府条約ニ規定シタル本会ノ主要目的ノ一ハ釐金及其他ノ内地税ノ廃止ニ至ルヘキ方法ヲ案出スルニ在ル処、右ハ必然的ニ中央地方両政府間ノ財政関係ノ調整ニ関係アリ(13)」として、増収分の地方分配を重視することを表明した。したがって、イギリスは、日本案に釐金廃止を促進する措置が欠けていたため、それを「学問的(14)」としてそれほど評価しなかった。イギリスにとってワシントン条約は、それを成立させた精神に則り、中国の状況に応じて弾力的に運用すべきものであった。

一方、十月二十六日の王正廷中国代表の演説は、一九二九年一月一日より中国が国定税率を定め、同時に釐金を廃止することを宣言していた(18)。以上のような日本や中国の動向を踏まえ、十一月三日、第二回関税自主権に関する委員会で、アメリカ代表のジョン・マクマレーは、次のような提案を行った(15)。

(1) 一九二六年二月一日以降の二・五%付加税の実施。
(2) 関税自主権承認までの暫定措置として、協定成立三か月後より、現行五%からマッケイ条約で規定された十二・五%までの税率を施行する。海関行政当局は二・五%付加税分も含めた増収分を、①釐金収入に代わる地方政府への財政補償、②釐金を徴収された商取引に対する補償、③無担保債務の償還、④中国政府の行政支出、に充当する。この期間中に①②の措置を通じて、釐金の廃止を進める。
(3) 一九二九年一月一日以降の関税自主権の承認。ただし、釐金の廃止を確認するため、列強の希望に応じて一九二八年五月一日に会議を開催し、関税自主権の承認はその会議の判断に従う。

アメリカ案は、⑵②項、すなわち関税増徴分を釐金の徴収を受けた取引に対する補償に充当しようとした点に、特徴があった。これは、増収使途の制限により、釐金廃止の促進効果をねらったもので、しかもそこには、アメリカ独自の外交判断や行動様式が介在していた。すなわち、二十世紀初頭のアメリカは、国内における独占企業に対する反発と、それと連動した帝国主義に対する反発から、ヨーロッパ外交との関わりを拒否する風潮を国内に抱えており、そうした中でのアメリカの国際主義は、ウィルソンの十四か条や国際連盟構想、ワシントン会議の冒頭におけるヒューズ提案のように、国際政治の場に理念や規範を提起することで間接的影響力を行使し、直接的な外交的介入を回避しながら、しかも自らの権利を絶対に保持しようとした。右のアメリカの提案も、増収使途の制限を掲げながら、それを実効化する内政干渉的な措置よりも、協定成立による規範的拘束力によって中国に間接的な影響を及ぼそうとしていた。釐金徴収に対する補償規定が設けられたのはそのためで、協定成立による関税率増加から釐金廃止までに重複課税が行われることを想定し、自らが被る実害を回避しようとしたわけである。その点でアメリカの態度は、条約を実効化するための追加措置を必要としたイギリスや、中国の規範意識を育成するため、中国に国際的義務の履行実績を求めた日本の姿勢と対照的であった。日本にとってアメリカ案は、債務問題に関して利害を共有しているようでありながら、中国による条約履行の確証を欠いており、解決を先送りするものでしかなかった。[16]

アメリカ案に対してイギリスは、それがイギリスの構想を基礎としていた点を評価し、「我々の目的は、アメリカ案と日本案とを調和させ、可能な限り我々の案をそれに接ぎ木することである」[17]との判断から、新規の個別的提案は行わなかった。その結果、以後の検討は、本来ならば日米の両案が基本となるはずであった。しかし、そうはならなかった。問題は中国側の対応であった。

十一月六日の第二委員会において顔恵慶は、暫行期間の付加税の実施率を、普通品は五％、奢侈品は二等に分け、A級奢侈品は三十％、B級奢侈品は二十％とすることを提案した。[19]列強も中国の要請に前向きに対処することとし、十一月二十七日、関税自主権に関する小委員会で以下の決定案が採択された。[20]

中国以外の条約調印国はここに、関税自主権を行使する中国の権利を承認し、また、列強各国と中国との間で締結されている既存の条約中に存在する関税上の制約を撤廃することに同意し、一九二九年一月一日より中国国定関税法が施行されることに同意する。

中華民国政府は、国定関税法の施行と同時に（simultaneously）釐金が廃止されることを宣言（declares）し、さらに釐金の廃止は民国十八年一月一日（一九二九年一月一日）までに実効的に行われることを宣言する。

後段の「宣言」(declares) と「同時に」(simultaneously) の関連が曖昧で、中国はこの合意を一九二九年以降の関税自主権の承認と解釈したが、イギリスは釐金の廃止を実質的交換条件として規定した点を重視し、日本は交換条件というより中国の釐金廃止を促すための列強による好意的措置として解釈した。[21] したがって、この合意は、中国に対する関税自主権の承認を意味したわけではなかった。こうした相違が生じたのは、関税会議に参加した列強が中国を対等な国家として承認しておらず、また、中国側の主張に信頼を置いていなかったにもかかわらず、その要求に大国として好意的に対応しなければならないと考えていたからであった。その上でイギリスは、中国の行政機構再建のため、列強の主導権と影響力を発揮しようとし、日本は、中国の自覚を促すため、大国として同情的な態度を示そうとした。しかし、列強のいずれも、一九二九年までの釐金廃止を不可能と判断していた。と同時に、これによって中国が一九二九年に一方的に関税自主権の回復を宣言するであろうことも確実視された。そこで会議は引き続き、一九二九年までの暫定措置にその議題を移した。

関税会議の目的である中国再建の成否は、関税自主権の認否より、中国に対する増税額の規模とその使途という、財務運用の具体的内容にかかっていた。しかし、具体的な増税率と増収使途の問題となると、日米英の原則論と方法論の対立が絡み合い、調整はつかなかった。しかも中国側は、そうした日英米の相違を、合意が実現した場合の受益者として主体的に調整し、実質的な成果を挙げていくどころか、釐金廃止の財源を求めながら、日本の見解を根拠に英米の地方配分問題に関する対応を内政干渉と批判してみたり、英米の方針を理由に、日本案における増税率の低さを非難してみたりと、「権利ヲ極端ニ主張スルモ義務ハ之ヲ顧ミサルノ風」[22] そのままに、列強間の合意形成を阻害し続けた。その上、一九二五年十一月二十二日の郭松齢事件の勃発で、中国政情は混迷の度を深めた。それはイギリスからすれば、釐金廃止を促す地方への財政補償問題を優先しなければならない事態であった。ウェルズリー外務副次官は、十一月二十七日付の覚書の中で、列強による関税増収分の地方配分決定の持つ意義について、次のように要約していた。[23]

一、これは中国の利益のために考案された、極めて堅実な政策であることから、列強のみならず、中国自身からも支持を得られるであろう。

二、それが実施されれば、戦闘を停止しない限り分割さるべき歳入を得られないことが明らかとなるので、現在の内戦を抑制する効果を持ち得るであろう。

三、イギリスは、そうした政策を主導することで、ストライキやボイコットが行われた現在の中国に好影響を与え、中国に対して失われた威信の多くを回復できるであろう。

四、広東政府でさえ、関税収入に対する配分を保証される機会があれば、より妥協的な態度を取ることを前向に検討するかもしれない。

この時点で、関税会議が右のような影響力を行使することは不可能になっていた。しかし、ウェルズリーの関心は、関税会議そのものより、関税会議を含めたより広範な政策体系の中で、中国全体に対するイギリスの威信をいかに回復し、かつ、台頭する広東政府の動向にどう対応していくのか、という問題に向けられていた。その意味で関税会議におけるイギリスの対応は、会議失敗後の政策をも展望していた。

北京関税特別会議は、十一月二十七日の宣言採択の後、それ以上の成果をなかなか挙げられなかった。会議において日本は、二・五％付加税による増収分を無担保債務の償還に充てる方針で一貫していた。臼井勝美をはじめ、それを会議失敗の原因とする見解が一般的であるが、一九二六年以降の状況を変えたのは、日本の譲歩であった。当初、日本が支持したワシントン条約の規定、すなわち普通品二・五％、奢侈品五％の付加税では、年当たりの増収見積もりは約三千五百万元と想定され、中国側の要望する一億二百万元に遠く及ばなかった。中国財政の強化という関税会議の基本理念に照らし、これを八千万ないし九千万元まで増加させるという合意ができた[24]。その一方で、各国は七・五％までの追加税率の施行を増税分使途の明確化を条件に認める立場を取っており、その場合の個別の税率問題は、第二委員会で討議されていた。

こうした協定税率をめぐる検討を進展させたのは、一九二六年一月下旬に佐分利貞男通商局長が帰朝し、政府、各省との調整を経て、二月上旬に差等税率案を携行したことであった。これにより、中国に対する九千万元以上の増収の見通しが得られた。さらに佐分利携行案は、差等税率の施行に際し、日本商品に有利な税率を獲得できるなら、それを一九二七年一月一日以前、すなわち一九二六年中より実施することも認めるとしていた。増加される差等税率は二・五％、五％、七・五％、十％、十五％、二十％、二十五％の七等に分かれ、日本輸出総額の六十八・五％が二・五％、十八・五％が五％の付加税の適用を受ける内容となっていた。その後、三月十日に日英米による三国専門委員案が作成され、修正を経て、三月二十五日に税率表が、「本案カ債務整理、釐金補償其他本会議ニ於テ問題トナルヘキ各種ノ事項ト一併同時ニ採用セラルヘキモノニシテ、右諸種ノ問題ノ決定ト離レ、本案ノミヲ採用セムトノ趣旨ニ非サルコト」を確認した上で、中国側に手交された。これは実質的に、当初の日本案の(2)②項を直ちに実施することに相当し、増税分の使途について課題を残しているものの、これでほぼ英米の提案に沿ったものとなった[25]。そのため幣原は、差等税率案の提起に際し、国内および議会の理解を得るため、増税使途についての明確化が必須の条件であり、また、これによって外債の整理も可能になるとした[26]。

しかし、その間の二月十八日に中国側は、二・五％付加税の即時実施を求める案を提議していた[27]。ねらいは単純で、北京政府が中央政府としての実体を失っている中、早急な資金調達のため、低額であっても、あるいは中国の主権回復を優先してきた従来の姿勢と矛盾しているとしても、即行を期待できる二・五％付加税に注目したのである。アメリカにすれば、それは当初のアメリカ案の一部であり、反対する理由はなかった。しかし、中国側の態度変更の事情に照らし、日本やイギリスにとって、増収使途について無条件のまま、それを承認することはできなかった。そこで増収分を積み立て方式とする案も提起された。しかし、この場合でも、積み立て分を担保とした新たな起債を禁止する措置が必要と考えられた。結局、五月十五日に、二・五％増税分を海関を通じて地方に分配しつつ、無担保債務の整理のための積み立てを行うとした妥協案[28]ができたが、幣原はこれを拒否した。理由は、中国側の当初の主張との矛盾や、一般条約の一部として初めて意味のある二・五％付加税の単独施行が差等税率施行の障害となりかねないこと、中国の中央政府確立の見通しがない中でのイギリスの二・五％増収分の地方分配案は、イギリスによる「対地方的宣伝ノ一手段タルノ感」があること、中国の現状に照らし、形だけの成果を出そうとすることに同意できないことなどであった[29]。理由は様々であったが、要するに日本側が大幅に譲歩し、差等税率の合意にまでたどり着いた時に、もはや中国の代表ともいえない代表による、増税分使途の決定について責任を放棄した身勝手な資金要求に応じる必要を感じなかったのである。

北京関税特別会議において、日英米間に中国の関税率増加の条件をめぐって対立が生じたのは、各国がそれぞれの国益を優先したからではなかった。それ以上に、列強として中国の再建にどのような姿勢で臨むかという理念とそれを具体化した構想において、相違が存在した。第一次世界大戦後、急速に国際的地位を向上させた日本は、大国として相応しい態度で中国に臨み、その法規範意識の形成を促そうとした。その点で日本にとって、列強の政治的影響力を行使することで中国の再建を支援しようとしたイギリスの方針は、中国への内政干渉につながりかねず、受け入れられなかった。それでも幣原は、英米の提案との合意形成を優先した。しかし、これは中国側の問題でそれ以上の成果を挙げられなかった。対して、中国政府が弱体化している中、関税増収分を地方政府に分配し、釐金の廃止を進めていくというイギリスの当初の構想は、現実性を持ち得なかった。しかし、こうしたイギリスの政策を生み出した全体的な外交戦略は、会議の終了後、状況の変化に対応した新たな政策を打ち出していく。

三　北伐の始動に対して

北京関税特別会議は、所期の目的を達成できなかった。しかし、会議はその最中からその後にかけての、日英米それぞれの対中国政策の特徴を発揮する場となり、そこで示された各国の対応は、中国国民党による北伐の開始という事態に対する対応へと引き継がれていく。しかも、一九二六年八月から九月にかけて、日本は満州で、イギリスは広東で、それぞれ北伐とも関わる重大な事態に直面しており、それは地域的な現象にとどまらない、日本とイギリスの対中姿勢の違いを示す事件となった。

まず日本にとって、一九二六年は日中通商条約の期限に当たっていた。北京関税特別会議において日本が差等税率の成立を重視したのは、関税自主権を求める中国に対し、関税会議の合意を日中通商条約の中に採用し、条約改定を円滑に進めるためでもあった。実際、差等税率案は後述のように、一九三〇年に日中関税協定が成立するまでの暫定税率として機能する。しかし、この時点で差等税率案は列強間の試案にとどまっており、他方、中国中央政府は崩壊状態にあった。そこで佐分利通商局長を中心に、通商条約改定に関して次のような方針が定められた。

支那政局ノ現状ヨリミテ、単ニ中央政府トノ間ニ新条約ノ基礎ヲ協定スルモ、地方権力者ヲシテ之ヲ支持セシメ得サルカ如キ場合アルヘク、之カ為、例ハ英国ノ如キハ特別会議ニ於テ決定スヘキ諸条約ニ付、中央政府ノ外、広東政府トノ間ニモ別ニ取極ヲ為スヘシトノ意向ヲ有スルカ如キモ、右ハ支那ノ統一ヲ破ルモノナルヲ以テ、我方トシテハ之ニ依ルヲ得ス、寧ロ中央政府トノ間ニ協定シタル条約ニ対シ地方ノ支持ヲ得ルカ如キ時期ニ至リ、之カ調印ヲ行フコトトスルノ外途ナカルヘシ。(30)

一度相当永続性ノ認ムヘキ政府出現セムカ、率先シテ関税会議ノ非公式再開ヲ提唱スヘク、又通商条約改訂ノ要求ニ接シ居リタリトセハ、之亦非公式交渉ニ依リ、[…]又税率問題ニ付テモ漸進的自主権回復ノ見地ヨリ、曩《さき》ニ公文交換ノ行懸ヲ追ヒ、税率協定ノ商議ヲ開始スルコト然ルヘシト雖モ[…]関税会議ニ依リ差等税率、投資整理、財政確立等過渡的措置ヲ講スルコト、列国ニトリテモ支那側ニ取リテモ必要ナルヲ以テ、寧ロ関税会議ノ再開進行ニ重キヲ置クヘク、通商条約改訂問題ハ之ト平〔並〕行シテ徐々ニ進行セシムルノ態度ニ出ツルコト然ルヘシ。(31)

日本にとって、中国に統一政権が存在しない中、地方政権と条約を締結することは、反対勢力からの批判や条約否認を招く可能性があり、それは中国の条約尊重の意識を促していく上で、障害となりかねなかった。列強が一致して中国の統一を待つべきとされたのはそのためであり、関税会議には、そうした列強の姿勢を示すことで中国の条約遵守の自覚を促すと共に、英米の突出した行動を牽制する役割も期待された。ただし、関税会議再開の見込みが立たなければ、最終的に最恵国条款を付して「単独ニ日支条約改訂ヲ断行」することとされた。しかし、イギリスは関税会議が失敗に終わった後、以前に増して、ワシントン条約の文言上の規定に期待を寄せなくなっていた。しかもイギリスにとって、後述のように、右の日本側の観測にも見られる広東政府の動向が、主要な関心事となっていた。

日本にとって、中国との合意事項は中国国内の政治対立を超越するものでなければならなかった。そうした状況は他方で、日本が満州における張作霖政権との紛糾において、強硬姿勢を打ち出す要因ともなった。幣原外交は第二次奉直戦争の後も、満鉄支線の敷設交渉や、一九二六年に深刻化する奉天政府の財政問題をめぐり、張作霖への対応を迫られた。幣原外相の鉄道問題に関する態度は、洮昂線を中心に、中国側と合意に至った敷設についてその履行を張作霖に要求しながら、鉄道の採算性とソ連との不必要な緊張を引き起こさないという観点から、満鉄側にも敷設計画の慎重な検討を要請するというものであった。(32) 加藤高明内閣および若槻礼次郎内閣は、軍縮の促進、法人所得税の減税、関税改革、小作人や労働者の権利保護など、民間主導の自律的かつ合理的な産業振興を目指す経済政策体系を打ち出していた。幣原外交における、ソ連との摩擦を回避し、満鉄の採算性を求める政策は、こうした経済政策に対応していた。

しかし、張作霖は、以上のような財政、経営の健全化を目指す日本側の方針と対照的に、長城以南の武力制覇に固執し、満州経済を破綻寸前に追い込んでいた。中でも戦費捻出のための紙幣乱発によって、張作霖の発行する紙幣である奉天票は、一九二六年に入って以降、下落し続けた。幣原外相は、張作霖を支援する政策に反対していた。しかし、張作霖の発行する奉天票は、張作霖の地位に依存する私的通貨でありながら、満州に流通する現実の通貨として、張作霖の存在以上の重要性を持ち始めていた。そのため、幣原外交にとって張作霖は、彼を通じた影響力行使の可能性でなく、満州経済の安定という視点から、間接的に重要な意味を持つこととなった。

一九二六年三月二十六日、若槻内閣は張作霖に対する警告案を閣議決定した。西田敏宏によれば、同決定は、張作霖に対し、長城以南への不進出と満州の産業開発、財政整理を求め、警告に応じる場合、専門家の派遣と財政整理借款の供与を行うこととしていた。(33) その意味で幣原の中国外交には、中国における統一政権形成に好意的に対応しようとしながら、地方独自の行動には強硬かつ干渉的に行動する傾向があった。四月上旬、吉田茂奉天総領事から張作霖に対し、関内進出の中止を求める最初の警告がなされた。しかし、効果はなく、五月以降、奉天票の暴落は危機的な状況を迎えた。(34) こうした中、八月に入ると、張作霖政府は次のような対策を打ち出した。(35)

奉天側ハ右暴落ハ主トシテ奸商ノ投機売買等ニ依ルモノト認メ［…］十一日突然商埠地邦人銭荘使用支那人二名ヲ無断引致シ、次テ十二日、付属地邦人銭荘使用支那人三名ヲ付属地内ヨリ引致シタル事実発生シ［…］邦商使用支那人ハ極度ノ恐怖ニ駆ラレ、十三日ハ開場セラレタルモ支那人立会ハサル為、取引モ中止ニ陥リ［…］。

奉票問題ニ関スル支那官憲ノ暴力取締ハ益々過激トナリ、昨十九日既ニ拘留中ノ支那側銭荘経理五名ヲ銃殺ノ刑ニ処シ（其ノ内ニハ現ニ尚拘留中ノ邦商側使用人二名ハ含マレス）［…］支那側銭荘業者ハ異常ノ恐惶ヲ来シ、付属地取引所モ其ノ余波ヲ受ケ、開場セルモ取引殆ント休止ノ状態ナリ。

つまり、刑事罰によって市場価格に対抗しようとしたのである。さらに八月十七日、「銀行銭号ノ現洋金票ノ手持ヲ禁止ス」「人民ニシテ現洋金票建ノ商品ヲ購入スル時ハ東三省官銀号所定ノ相場ニ依ルヘク、若シ違反シタル時ハ厳重処分ス」「各銀行銭号ノ手持現大洋金票ハ総テ東三省官銀号ノ公定相場ニ依リ売出スヘシ」などとする「金融取締条例」が発令された。(36) これは、現金銀通貨との兌換性を有する紙幣を、張作霖の指定する相場で強制的に不換紙幣たる奉天票と交換し、張作霖の下に回収しようとするものであった。これは実質的に、張作霖による資産没収と管理為替制度の導入を通じた経済統制に相当し、これにより、中国人商人は事実上、横浜正金銀行券や朝鮮銀行券など、兌換券を主に使用していた日本商人との商取引ができなくなった。そのため、満州における日本の商業団体は、これを張作霖による排日政策の頂点と見なし、日本政府の厳格な対処を求めた。[37]吉田茂奉天総領事から張作霖に対し、抗議が繰り返された結果、十一月初めに楊宇霆ら奉天政府側は、日本による財政整理調査を伴う財政支援を要請するに至った。[38]張作霖の関内進出と満州における経済統制は両立せず、満州財政に対する日本の介入を招く結果になったわけである。この問題は、翌年の田中義一内閣の成立により中断される。しかし、地方政府に対する正統的財政政策の強要は、既述のような憲政会内閣の国内における財政、経済政策体系の再編に対応し、かつ中国における地域的な対立に左右されない、日本政府の普遍的な立場を示そうとする政策を反映していた。

他方、広東では一九二六年九月十八日、国民政府がイギリスに対し、二・五％の内地税の徴収と、その承認の見返りとして、イギリスに対するボイコットの停止を示唆する提案を行っていた。広東政府は内地税という建前を取ったが、二・五％という税率と、税の徴収を海関施設周辺で行うという露骨な行動に照らし、広東政府がワシントン条約ないし関税会議を意識していたことは明らかであった。これに先立ち、一九一八年以降、広東政府によって海関税そのものの引き渡し要求もなされていた。海関当局はこれを一貫して拒否しており、一九二三年には海軍が派遣される事態を引き起こしていた。しかし、一九二六年の時点で問題を複雑にしたのは、前年の五・三〇事件以来、広東にも反英ボイコットが波及していたことであった。五・三〇事件の後、事態収拾のため、イギリスの外交当局、香港政庁と、広東側のストライキ委員会との間で折衝が行われていたが、香港政庁は、「ボイコットは広東政府の支援を得ているばかりか、広東政府は、イギリスに屈辱を与える条件でそれを終結させることを望んでいる。そのような条件の受け入れは、言うまでもなく、中国におけるイギリスの権益において現在のボイコットよりはるかに好ましくない反応を引き起こすであろう」[39]と観測した。そこでボイコットに対し、海上封鎖や軍艦派遣を求める意見が繰り返し表明されていた。

しかし、それらには問題があった。海関行政の継続を前提とする海関税の引き渡し要求に比べ、ボイコットは民族主義や排外主義、そしてソ連の煽動を背景としており、威嚇によって譲歩を引き出し得る展望がなかったばかりか、威圧的態度の弊害について不安があった。たとえば一月十三日に香港政庁で検討され、達した結論は、ボイコットに対する強硬措置に以下のような危険が伴うことを指摘していた。[40]

(a)海上封鎖を続ける間、そのこと自体で、ボイコット中でも継続している香港と広東間のイギリス貿易を確実に破壊してしまうこと。

(b)海上封鎖によって現在の広東政府を速やかに屈服させることができるか、不明瞭であること。
(c)反英感情が多少なりとも広東に限定されている中、海上封鎖が中国全体の反英感情を助長してしまう可能性が高いこと。
(d)海上封鎖によって直接の目的が達成されたとしても、より永続的に、イギリスの中国貿易、とりわけ香港と広東間の貿易関係に、現在のボイコット以上に有害な反感を残すであろうこと。

結局、広東政府に対し、時間をかけて友好関係を回復していく「忍耐的宥和」が最善とされた。しかし、関税会議におけるイギリスの戦略に照らし、広東政府という一地方政権に対してすら強い態度を示せない状況は、深刻であった。ソ連の煽動に関し、ソ連と国民党の亀裂は期待できた。しかし、イギリスは本来、自らを中心とする列強の協調と支援の下で、中国の統一や政治的安定化、貿易の拡大などを実現しようとしていた。したがって、イギリスの威信が挑戦を受けることは、関税会議の最中に進んだ北洋政権の崩壊より、はるかに重大であった。

広東政府が画策する反英ボイコットに対し、北洋政権を支援して広東政府を打倒するという意見まであった。しかし、これも問題にならなかった。ただし、その反対理由は、それが中国に対する内政干渉に当たり、ワシントン条約以来の中国をめぐるイギリスの理念に反しているという点にあった[41]。広東政府に対する軍艦派遣や海上封鎖より、関税会議でその財政基盤を強化するはずであった北洋政権を支援することが内政干渉とされたのは、辛亥革命以来の列強の方針が南北妥協を基本とする内戦の抑止であり、しかも崩壊しつつある北洋政権を支援して中国ナショナリズムの要求に強圧的に臨むことが中国の趨勢に逆行していると考えられたからであった。さらに、ワシントン条約で規定された中国の主権や行政的統一の尊重という原則は、広東政府が北京政府から分離することに、一義的な対応を要請しているわけではなかった。たとえば一九二六年一月末、広東情勢に関して作成されたある覚書には、次のように記されていた[42]。

中国に関する一般条約の第一条第一項は、現実には自制的な性格を持った規定であり、その目的は、日本の山東占領のような行動を排除することにあった。もし広東が中国との合意によって独立国家であることを主張するなら、私の意見では、締約国が新国家を承認する条文上の問題はなく、さらに、もし中国中央政府の同意がなかったとしても、広東が中国から離脱し、条約はともかく、他国によって承認できるような状況にまで独立国家として確立されるなら、状況は同じであろうと考える。他方、この条項は締約国に、中国の地方における分離的な運動を助長したり、反乱政府を独立国家として尚早の承認を与えたりするような行動を強く禁止していると思われる。そうでなければ、締約国が反乱地方の独立達成を支援することで、条項の効果を出し抜くことも自由となるであろう。
さらに、この条項によって締約国が履行しなければならない義務は、中国の主権、独立、そして領土および行政の統一を尊重することのみである。そして、もしこれらが存在しなければ、それを尊重すること自体不可能であり、したがって、もし中国が互いに独立した多くの断片に分裂したとすれば、締約国は、既にそのように形成されてしまった情勢を承認せざるを得ないであろう。

中国の主権尊重を掲げた九国条約第一条第一項は、締約国に特定の義務を課すというより、中国の情勢に対する受動的な性格を持った規定として位置付けられていた。こうした評価は、ワシントン条約を柔軟に捉えるイギリスの認識に基づいていた。広東政府によって新規の内地税に関する通告がなされたのは、イギリスがこうした認識を持ち始めた中でのことであった。しかも広東政府は、通知に際し、新税の徴収を十月十日より開始すると共に、その時までに反英ボイコットを停止することも示唆していた[43]。通告を受けたジョン・ブレナン広東総領事は、驚きを隠さず、ボイコット停止の約束に対しては、従来の広東政府の姿勢を理由にその信憑性に疑義を呈した。しかし、広東政府がボイコットの停止を示唆したことは、広東政府による譲歩の兆候としても解釈できた。新税導入まで時間が切迫していたこともあり、イギリスは十日余りの現地と本国間の意見交換を経て、対応を決定した。

広東政府の提案は、広東政府からの一方的な通告であった。したがって、問題は、それに何らかの措置を取ることができるかどうかであった。その一方で、新税徴収の黙認を反英ボイコットに対する譲歩とし、中国が今後、ボイコットによって条約廃棄を進めていくことを懸念する見方があった[44]。といって、広東政府が独自の政策として内地税の導入を位置付けている以上、それを阻止する行動は不可能であった。しかし他方で、広東政府は内地税という建前を取っていたが、広東政府がワシントン条約ないし関税会議を意識していることは明らかであった。そのため、権利の放棄に当たる黙認より、ボイコットが停止された状況下で明確な協定を締結すべきとする意見もあった[45]。つまり、今回の件は海関業務の存続に関わりかねない問題であったため[46]、海関の有名無実化より、正規の協定によって海関業務の正当性を広東政府に認めさせようとしたのである。対してイギリス外務省は、各国に対する課税の公平性とボイコットの停止状況を見極めるという形で新税を黙認し、かつ海関が協力的な態度を示すなら事後的に協定を締結し、正式に新税を承認するという対応を構想した。これには、事後交渉であっても、新税徴収の「正常化」を図ることが重要であるという意見が追加された[47]。さらに、新税をワシントン付加税に対応する課税として承認することを広東政府に理解させることが重要との意見もあった[48]。

広東政府の新税導入に対してイギリスは、黙認という形であっても、それをボイコットに対する譲歩でなく、ワシントン条約の延長線上の、中国に対する好意的措置として行うことを示そうとした。その上、海関の統一的行政機構としての実体が損なわれる危険性もあった。そこで逆に、新税をワシントン条約の精神に則って承認し、しかもその業務を海関に委託させることができれば、海関と広東政府の協力関係を構築でき、さらに広東政府以外の地方政権が同様の内地税を徴収し始めた場合でも、同様の措置によって、海関行政の全国的な統一性を維持できるはずであった。こうした見解は、北京関税特別会議前にマクリーが作成した中国内政改革案の核心部分に相当し、かつ、イギリス植民地統治の特徴である間接統治の理念が反映された構想でもあった。要するに、イギリスは広東政府の新税徴収に反対するのでなく、それをワシントン条約の精神に則って容認していく過程の中で、東アジア秩序の安定化を図る大国としての責任を果たし、影響力を保持していこうとしたのである。

こうしたイギリスの判断は、十二月十八日の中国に対する声明、いわゆるクリスマス・メッセージの発表に向けて、イギリスが動き始めていた結果であった。しかし、そこには依然として問題があった。まず、中国側は新税の導入を国内政策として、自主的に実施する建前を取っていた。さらに他の列強、特に日本が、広東政府による新税創設に反対し、列強による共同抗議を主張していた。日本の主張は、中国の地方における条約否認の姿勢が中国全体に及ぼす影響を懸念したもので、列強が一致して反対することを求めていた。イギリスはこれを問題にしなかった。しかし、中国側の姿勢も、他の列強の対応も、新税に関する事後協定という構想の障害となっていた。しかも、この間に国民政府による北伐が進展し、十月十日に武昌が陥落、十一月中旬には武昌への国民政府の移転が確実となっていた。そのため、国民政府の承認問題が意識されるようになった。ところが、国民政府の承認問題をめぐっても、イギリスの外務出先と他の列強の主張は対立していた。香港政庁や外務出先など、中国に駐在するイギリスの政府機関は、国民政府の早期承認を求める立場でほぼ一致していた。しかし、国民政府は全国政権にほど遠く、この時点で他の列強は、国民政府の承認を尚早と判断していた。たとえば日本外務省亜細亜局が十一月二十七日付で作成した「広東政府承認問題ニ関スル件」は、この問題について次のように記していた。[49]

(イ)広東政府ハ僅ニ長江以南ノ数省ノ実力ヲ掌握シタルニ過キス、未タ支那全部ニ亘リ権力ヲ樹立セルモノニ非ルヲ以テ、関係法上同政府ニ対シ支那全国ヲ代表スル政府トシテノ承認ヲ与ヘ得サルハ勿論ナリ。従テ本件広東政府承認ノ問題ハ結局広東政府ヲ南支那ニ於ケル事実上ノ政府トシテ承認スヘキヤ否ヤノ問題ニ帰着スヘシ。

(ロ)然ルニ広東政府要人ハ、一方国際法ヲ尊重スルコトヲ明言シ乍ラ、他方本件承認問題ニ関シテハ、広東政府承認ノ場合、旧来ノ条約上ノ義務ヲ如何ニ承継スヘキヤ否ヤハ承認後始メテ考量スヘキモノニシテ、承認前之ヲ論議スヘキ限リニアラスト述ヘ、国際慣例ヲ全然無視スルノ態度ニ出テツツアリ。又広東政府ハ列国ニシテ同政府ヲ支那全部ノ de jure ノ政府トシテ承認スル場合ノミ之ヲ受諾スヘク、又同政府トシテハ右承認ニ付何等列国ニ要求セントスルモノニ非ル旨ヲ声明シ居ルヲ以テ、此際列国側ニ於テ広東政府ヲ支那ノ一部、例ヘハ南支那政府トシテ承認セムトスルモ、広東政府ニ対シ何等ノ満足ヲ与ヘ得サルヘキハ勿論、却テ其侮蔑ヲ招クニ至ルヘシ。

日本側はイギリスの意図について、「広東側ノ排英運動ヲ緩和セムカ為」、二・五％のワシントン付加税やさらに広東政府自体をも承認しようとしていると観測していた。しかし、オースティン・チェンバレン外相より十二月一日の閣議決定を経て、新任の中国公使マイルズ・ランプソンに伝えられた方針は、日本側の想定しない展望の下に、クリスマス・メッセージの公表を予告していた。それは、関税会議の最中より中国の分裂が進む一方で、「中国に諸国との対等の地位を求める強力なナショナリズムの動き」が昂揚している状況に対し、「この動きに同情と理解によって応えることに失敗すれば、中国に対する列強の真の意図に適うことにはならないであろう」として、次のように述べていた。[50]

イギリス政府は、状況を慎重に再検討した結果、ワシントン条約締約国が取るべき指針について、考え抜かれた見解を提出したいと望んでいる。イギリス政府は、条約締結諸国政府が現状の本質をなす諸事実を説明し、また、中国自身が交渉に堪える権威ある政府を形成した時に直ちに条約改定やその他の際立った問題について交渉に入る用意があることを述べる、そしてそのような政府が確立するまでの間、ワシントン会議の精神に調和すると同時に、現在の状況の変化にも合致するよう発展、適応された建設的政策を追求していこうとする意図をも明らかにする声明を発するよう、提案するであろう。

［…］

宣言は、列強の政策が、中国に事前に強力な中央政府が確立するのを待ったり、あるいはそれを強要したりすることなく、中国との協調関係を維持しようとするものであることを示すはずである。

一九二六年十二月十八日、イギリスはクリスマス・メッセージと呼ばれる新中国政策を北京のワシントン条約締約国公使館に通知した。[51] この中でイギリスは、中国に二・五％付加税の徴収を承認することが、変化した情勢に最も適する方策とした。イギリスの最終判断は、広東政府に対し、内地税に関する事後の協定を求めるわけでなく、また、国民政府に対する正式承認を与えるわけでもなく、一方的に二・五％付加税の実施をワシントン条約の精神に則って承認すべきとするものであった。これはイギリスによる、地域状況に対応する間接統治の原理を応用した中国国民党に対する宥和政策の表明であると共に、現地外交官側の、国民党との協定締結や早期承認といった提案を抑えつつ、他の列強に対し、ワシントン条約の柔軟な運用により、中国の排外主義の緩和を図らねばならないことを伝えようとしたものであった。

既述のように、この決定の直前、イギリスでは帝国会議において、ドミニオン諸国を「イギリス帝国内の、地位において対等で、内外問題のいかなる側面においても相互に従属せず、国王への共通の忠誠によって一体化しながら、ブリティッシュ・コモンウェルスの一員として自由に結びついている自治的な共同体」と定義する、バルフォア報告が提出されていた。同報告は、イギリス帝国の構成原理を、多様であればこそ自由意思に基づいて対等に統合される、理念を中心とした結合に求めていた。激変する中国情勢に対するオースティン・チェンバレンの決定も、ナショナリズムの気運に対し、部分的な自己決定権を付与することで長期的な協力関係を構築しようとする、イギリス帝国の理念と戦略に基づいてなされていた。

その上でイギリスは、アメリカや日本に対し、自らの政策に対する同調を呼びかけた。イギリスによるクリスマス・メッセージの通告は、それが列強の統一行動を短期的に損なったとしても、イギリスが率先してワシントン条約の弾力的運用を図りながら中国の政治的、経済的要求に応え、東アジア秩序の安定化を実現していくことが、長期的な列強間の協調維持につながるという展望の下で行われた。イギリスはそれによって、ワシントン条約の再編をイギリスの主導権の下で図ろうとしたのである。

クリスマス・メッセージは一般に、イギリスがワシントン条約の枠組みから離脱し、中国ナショナリズムに対する単独の宥和政策へと方針を転換した象徴的事件として位置付けられており、これは、ピーター・ケインおよびアンソニー・ホプキンスによるイギリス帝国の再解釈論にも採用されている。ケインおよびホプキンスは、イギリスの政策転換が金融利害を反映したイギリス外務省の主導によって行われ、さらにそれは、イギリスがアメリカから距離を取り始めた中で生じた政策であったともしている(52)。しかし、その一方でリチャード・グレイソンは、チェンバレンの外交について、フランスのブリアン外相やドイツのシュトレーゼマン外相と共にロカルノ条約を成立させ、大国間の関係安定化を通じて国際連盟を補完し、その長期的な育成とヨーロッパ全体の安定化を実現しようとするものであったこと、同様に東アジアについても、中国に対する宥和政策を採用しながら、大国間、特に日本およびアメリカとの協調を重視していたことを論じている(53)。

イギリスの全体的外交、帝国政策には、欧米や日本といった主要国に対しては本国の主導権が発揮され、帝国領域に対しては、間接統治の理念を踏まえ、現地側の主導権が尊重される傾向があった。その点でイギリスの対中国外交は、独立国に対してではあったが、現地主導の帝国統治に準ずる形で展開されており、それが関税会議前の中国内政改革案の策定にもつながっていた。しかし、その後の情勢変化の中、現地で国民党承認論が高まると、チェンバレン外相はそれが対日米関係に関わることから最終決定に介入し、現地側の意向を抑える形でクリスマス・メッセージを公表した。その意味で、この時点のイギリスの単独行動を国際協調に反する行動として捉えるのは、一面的である。イギリスはむしろ、自ら主導権を発揮してワシントン条約の弾力的運用を図り、列強間の協調と中国ナショナリズムへの宥和政策とを両立させようとした。以上のようにイギリスの東アジア政策の展開を捉える方が、ケインおよびホプキンスの全体的議論にとっても、より整合的なはずである。

イギリスにとって宥和政策は、一方的な譲歩の体系ではなかった。宥和政策の目的は、相互の主体的意思に基づく協力関係の構築にあり、そのためイギリスは、中国側の対応次第で柔軟かつ現実的な対応をしなければならなかった。その点でイギリスの宥和政策は、第二次ボールドウィン内閣の国内政策とも密接に関連していた。既述のように、同内閣はこの年五月のゼネストに対し、ボールドウィンやネヴィル・チェンバレンらが中心となり、労働組合会議幹部との接触を通じて事態の収拾を模索しながら、ストライキに対して強硬な姿勢で臨んだ。ジョン・ラムズデンはこうした同内閣の姿勢を、「強い立場からの宥和」(appeasement from strength) と評価している。同様に中国においても、北伐の進展に伴って排外主義が激化し、一九二七年三月に南京事件が勃発すると、イギリスは以下に述べるような判断の下、アメリカと共に南京城の砲撃という強硬措置に踏み切るのである。

こうした、間接統治の理念を踏まえた「強い立場からの宥和」という発想は、日本外交に存在しなかった。同時期の日本は、普通選挙法を成立させ、政府が権威主義的に国民の盲目的服従を要求するのでなく、国民が法規範意識とそれぞれの社会的立場に応じた責任意識を持って社会の一員を構成する、新たな国家と国民の関係を目指し始めていた。こうした大正期の政治的変化を背景に登場した幣原外交は、大国として中国との情実的な関係を清算し、それを法理的合理的な関係へと再編することを目指した。そのため、中国の地方政府による不合理な要求には応じず、中国の統一と合理的な国家意識の形成を促す、理解ある姿勢を示そうとした。さらに幣原外交にとって、張作霖や北京政府との交渉には、こうした政策を余儀なくさせる制約が課せられていた。それは、彼らとの協定が国民政府など反北京政府側から否認され、中国における国際協定の正当性が流動化してしまう危険があったことである。しかも日本には、既述のような日中通商条約の改定問題もあった。そのため幣原は、北京関税会議において列強間で差等税率案が成立したことを重視し、関税会議の再開により、中国国内の対立に左右されることのない、関税改定の正当性を確保しようとした。日中通商条約と関税会議とを連動させ、列強間の協力関係を維持することで、新条約が中国の一地方当局との合意に過ぎなくなるような事態を避けようとしたのである。

幣原は、消滅過程にあり、そのため条約改正の成果を挙げようと焦慮する北京政府に対し、中国における政権交代の可能性や列国との競争関係を意識し、条約上の原則を重視しながら国益の伸張を図るという交渉方式を取った。幣原は、交渉相手の今後の動静が不透明である以上、彼らとの協定を彼らの私的同意の結果としてでなく、国家間の合意として成立させる必要があり、それは、中国における国家意識、法規範意識形成の基礎ともなるはずであった。しかし、関税会議の再開は不可能であった。そのため、通商条約を暫定的に延長する中、一九二七年に入ると、幣原は最恵国待遇を確保するという条件で、北京政府と通商条約改定交渉を開始するよりなくなった。ここで最恵国待遇が問題となったのは、北京政府側が、列強との不平等条約が現存する状況下での無条件最恵国待遇の承認は条約改正の実質を伴わず、さらに今後、他の列強と条約改正を進めていく予定であることを理由に、期限設定などの有条件化を求めたからである。しかし、他の列強の動向が不透明な中での最恵国待遇の有条件化は、日本のみが不利を被る可能性があり、受け入れられなかった。その後、田中義一内閣の成立後、日本は関税条約のみを切り離し、それを無条件最恵国待遇の規定と共に先行成立させようとした。しかし、中国側はこれも拒否した[54]。日中通商条約をめぐる交渉はそのまま合意に至らず、一年余り後の米中関税条約の成立を迎えることとなる。

四　漢口事件と南京事件

クリスマス・メッセージを発表し、中国政策の転換を列国に訴えたイギリスは、直後の一九二七年一月三日に発生した漢口における暴動事件によって、早くも試練に直面した。暴動は五日まで続き、漢口の租界行政は麻痺状態に陥った。その結果、中国による租界の実力接収が現実化したばかりか、事件の影響で海関総税務司フランシス・アグレンの罷免事件が発生し、さらに三月二十四日の南京事件へと事態は発展する。イギリスにとってそれは、中国国民党による北伐開始以来の、最大の危機であった。

漢口事件の発生に対し、ランプソンは六日、北京公使館よりオーウェン・オマリーとタイクマンを漢口に派遣し、状況報告と対策の検討を指示した[54]。オマリーらは十一日に漢口に到着し、翌日、陳友仁国民政府外交部長と会見した。ここで陳は、原状回復を不可能とし、中英の協調のため、租界行政における協力を要請した。その一方で陳は、十八日の会見で、国民政府に租界を実力で接収するような「マキャベリ」的計画が存在しないことや、イギリス人の生命や財産を保障することなどを強調した。対してイギリスは、原状回復の上、漢口租界の行政権を返還するための交渉に入る用意があることを中国側に伝えると共に、上海租界の防衛を強化するため、軍の増派を決定した。部隊増派についてチェンバレン外相は、十三日に松井慶四郎駐英日本大使と会見し、日本側に理解を求めていた。日本側はその後、派兵に同調しない旨を伝えたが、チェンバレンは増派を継続した[56]。他方、漢口における交渉で中国は、原状回復を拒否し続けていた。イギリスは、漢口租界における原状回復期間中の公的業務と警備を中国側が担当することについて認めたが、不当な実力行使の既成事実化を認めないため、原状回復については譲らず、また、陳が抗議した部隊の上海増派についても、必要な自衛措置として撤回しなかった。

一月二十六日、ランプソンはワシントン条約締結各国に租界関連交渉のイギリス草案を提示し[57]、翌二十七日にオマリーから陳に、漢口に関する交渉草案が提示された[58]。内容は、中国の国籍法や近代法廷を承認し、イギリス人が原告となる漢口での混合裁判において中国側の完全な裁判権を認めると共に、イギリス代表の観審権を放棄する用意があること、イギリス法廷に中国の近代民法および商法を適用する用意があること、中国の正当な課税を認める用意があること、漢口租界に旧ドイツおよび旧ロシア租界に準じた特別市制を導入するための交渉に入る用意があること、警察管理権を中国当局に移管することなどであった。つまり、中国人が被告となる漢口租界内の事件に関する司法権や、租界における行政権、警察権を中国に返還する一方で、漢口租界への特別市制の導入を求めたわけである。その後、旧ドイツ租界を先例として、一月二十九日までに土地章程の改定作業がタイクマンを中心に進められ、中国側と実質的な合意に達した。その一方で中国は、一九二七年六月に国籍に関する布告を発した(59)。それまで中国政府は、外国籍の有無を問わず、民族としての中国人全体に対する司法権を主張しており、外国側と司法管轄権をめぐり、紛争を引き起こしていた。この布告は、外国籍を所有する中国人に布告後六か月以内の中国国籍放棄の申請を認めており、期間内に申請のなされない中国人は中国の司法権に服することとされた。

交渉における対立点は、租界行政返還までの暫定期間中における原状回復であったが、それと同時に中国側は、租界のような国家的重要問題について、今後、国民政府とのみ交渉を行うことを求めた。しかし、イギリスは、二十七日に上記草案を陳外相に提示する一方で、翌二十八日、北京公使館においてランプソンから北京政府に対し、ほぼ同文の提案を提示した。北京政府に提示された案は、漢口租界という表現を省略し、一般的な租界における中国人被告事件に対する司法権の委譲や中国の近代法廷および近代法の施行に関する提案という体裁を取っており、上海における一九二七年一月一日の混合裁判の廃止と上海臨時法院の設立に対応するものとなっていた。

上海臨時法院とは、上海共同租界内の中国人に対する中国司法権を中国政府に返還する過程で設立された、暫定裁判所である。既述のように、辛亥革命後、上海共同租界内の会審衙門は市参事会が運営するようになっていた。そこで一九二六年四月末以降、上海領事団と江蘇省政府の間で、会審衙門の返還に関する交渉が進められ、八月三十一日に「上海会審衙門還付に関する臨時協定」が成立した。同協定は、九月二十七日に各国公使および孫伝芳淞滬商埠督弁によって承認された。その結果、一九二七年一月一日に会審衙門が廃止され、上海臨時法院が開設された。上海臨時法院は、次のような概要を備えていた。すなわち、法院長と判事は江蘇省政府によって任命されるが、司法警察は工部局警察が担当し、法院に対して責任を負う。法院の事務は、領事が推薦し、江蘇省政府が任命した書記長に一任される。領事は、共同租界の平和、秩序に関する刑事事件および治外法権外国人の使用人たる中国人が被告となる刑事事件について、訴訟手続きを監視する代理人を指名することができ、同代理人は発言を記録にとどめる権利を有するが、判決に対する効力は持たない。治外法権外国人ないし市参事会が原告ないし被害者となる民事、刑事事件において、領事は判事と同席する官吏を派遣できる。法院は、治外法権に属する事件を除く租界内の民事、刑事事件を管轄するが、十年以上の徒刑ないし死刑に相当する事件については江蘇省政府に報告し、承認を得なければならない。また、法院は、租界外の越界道路など近接地域で生じた事件についても管掌し、法院長は上訴法院長を兼任することなどである。

上海臨時法院は、辛亥革命後、租界内に居住する中国人に対する中国側の司法権が大幅に制約されたことを改善するため、上海領事団と江蘇省政府による会審衙門の返還交渉を経て設立された。

これに対し、漢口租界における中国司法権の回復は、中国側の実力行使をきっかけとして実現したが、イギリスはその過程で、国民政府を交渉による解決へと誘導しながら上海に増兵し、さらに北京政府に対し、全般的な租界内の中国人被告に対する司法管轄権の返還交渉の意図を伝えた。イギリスはそれによって、北京政府との関係に配慮すると共に、漢口租界をめぐる国民党との交渉を、国民党に対するイギリスの一方的な譲歩とすることを避けようとした。ただし、上海臨時法院は、中国人相互の訴訟であっても、租界の治安に関わる事案や、治外法権外国人に雇用される中国人被告について、領事代理の観審権を承認した他、法院の事務が実質的に外国人によって運営されるなど、中国にとって主権の侵害ないし制約と判断されかねない側面を残していた。他方、外国側にとっても、法院が外国人弁護士の出廷を拒否したり、租界規則を故意に無視しようとしたり、排外運動に関わる事件に対して政治的意図に基づく判決を下したりする傾向があることに、不満を高めていくこととなる。(60)上海臨時法院協定は三年間の期限とされ、その間に最終協定に達しない場合、さらに三年間効力を延長するとされた。そのため後述のように、中国は一九二九年六月、日本を除く関係六か国に対し、臨時法院の改編に関する交渉を提議する。

漢口事件に関連し、オースティン・チェンバレン外相は一九二七年一月三十一日、バーミンガムでのある夕食会における演説で、中国におけるイギリスの関心が通商にあること、イギリスに条約改定の用意はあるが、中国に中央政府が存在していないこと、二日前に中国の近代法廷を承認する用意があることを南北両政府に通知したが、その一方でロシアの影響により、反イギリス的宣伝活動が展開されていることなどを述べた上で、「漢口で事件が生じた後、上海におけるイギリス人を有効な保護の下に置かないのは、政府がどのような党派に属しているかにかかわらず、イギリス政府の責任放棄である」と述べた。その上でチェンバレンは、上海防衛のために部隊を派遣したことを明らかにし、聴衆の喝采を浴びていた。(61)演説は翌三十一日のタイムズ紙に掲載され、二月一日に陳外相は、イギリス軍が上海に集中している状況で、イギリスと租界協定を締結することはできないとする意向をオマリーに通知した。交渉に当たったタイクマンは、陳がイギリスとの合意を望んでいたのは確かとし、国民党の急進派が反英感情の昂揚をねらい、合意を阻止していると判断した。

上海へのイギリス軍の派遣によって、漢口および九江租界に関するオマリー‐陳協定の調印は、二月十九日まで遅れた。協定交渉でイギリスは、イギリス人と中国人の納税者によって選出される参事会が、市の行政、課税、財政の監視に当たることを重視した。また、暴動事件による損害補償額を四万ドルとすることも合意した。しかし、調印に際してオマリーは、上海への上陸部隊に関する覚書を提示し、陳は不快感を表明、後に抗議文を提出した。さらに、租界に関する現状の変更は交渉によって行うことを国民政府は受け入れた。また、イギリスは漢口における五つの租界の統合を希望したが、日本とフランスの反対が予想されたため、将来の交渉課題とされた。その一方でイギリスは、四月十一日より北京政府と天津租界の参事会や税制などの改革交渉に着手した[62]。天津租界に関する交渉は、成果を挙げられず、また、漢口協定についても、それを屈辱的な譲歩と見なす見解がイギリス側に存在した。しかし、イギリス外務省のある覚書は、漢口協定後の市政改革に様々な困難が生じたことを、むしろ天津や上海に関する交渉において、中国側に保障措置を求める根拠になるものと評価し、さらにオマリー‐陳協定の締結に至るイギリスの方針を、次のように要約していた[63]。

中国人は、防衛部隊の派遣を十二月覚書の政策を転換したものと信じるであろう。それゆえイギリス政府は、部隊の派遣と同時に、覚書の政策を急いで遂行することに決定した。南北両政府に対する条約改定に関する覚書が直ちにこれに続いたのは、このような理由による。

オマリー‐陳協定の成立に至るイギリスの対応は、漢口の行政権を地方問題として国民政府に返還しながら、納税者による市制監視機構を備えた特別市制を実施させ、同時に上海臨時法院の成立に対応した司法制度改革への協力姿勢を国民政府と北京政府の双方に通知し、さらに上海に部隊を増派することで重点防御の姿勢を明確にするというものであった。国民政府は交渉の過程で、今後の租界に関する交渉を国民政府とのみ行うことを希望したが、一月二十八日の北京政府への通知に示されているように、イギリスは国民政府の要望に応えず、この時点で国民政府側もそれ以上の要求を行えなかった。それどころか、上海への部隊増派を自衛措置とするイギリス側の主張に対し、陳友仁は上海が国民政府の実効支配下に置かれていない事実を認めざるを得なかった。その点で、オマリー‐陳協定はイギリスによる国民政府の承認を意味していなかった。しかし、北京政府にとって協定は、対立する国民政府とイギリスとの合意であり、看過できなかった。協定成立直後の二月二十一日、北京政府の顧維鈞はランプソンに対し、オマリー‐陳協定を承認しない意向を伝えた[64]。さらに、こうした北京政府と国民政府の競合関係の中で、アグレン海関総税務司の罷免事件が発生した。

オマリー‐陳協定が実質的合意に達した直後の一月三十一日、北京政府はアグレン海関総税務司の罷免とA・H・F・エドワーズの後任指名を公表した[65]。アグレンは、前年十二月に漢口で発生した労働争議によって海関業務に支障が生じたため、一月初旬から漢口に出張していた。ところが、出張中の一月十八日、北京政府が二日後の二十日より二・五％の付加税を徴収するという新聞報道がなされ、アグレンも二十八日に南京で、北京政府が二月一日に付加税の徴収を開始する予定との連絡を受け取った。アグレンは急遽、北京に戻ろうとした。しかし、上海に到着した三十一日、北京政府より総税務司解任の通知を受け取ったのである[66]。

アグレンの罷免に対し、北京の列国外交団はこれを不当とし、その撤回を要求することとなった。フランスと日本がそれを強く支持した。二月七日、公使団から顧維鈞に抗議が申し入れられた。それに対して顧は、アグレンが北京政府の政策を履行しなかったことを罷免の理由とした。そこでランプソンは、王寵恵と接触し、北京政府の真意を探った。ランプソンは、北京政府の不満が、アグレンが無許可で漢口に向かったことにあると判断し、妥協を模索した。そこで、アグレンの解任理由をアグレン本人の帰国希望に変更することとし、アグレンもそれを受け入れた(67)。対して北京政府は、海関収入による債務担保その他を保証した。これを受け、列強も最終的にエドワーズの後任就任を了承した(68)。ところが、これに対して国民政府側は、エドワーズの就任を承認しない姿勢を表明した(69)。

北京政府によるアグレン罷免の遠因は、前年十二月のイギリスによるクリスマス・メッセージの公表にあった。イギリスは同声明によって、中国による二・五%付加税の実施を認めるべきとした。しかし、実務を担当するアグレンにとって、問題は単純ではなかった。中国の統一的行政機構としての海関が付加税を徴収するには、列強と中国の中央、地方政府、全ての承認が必要であった。列強の中では特に日本が付加税を承認しておらず、中国側では、北京政府も国民政府も中国全体を実効支配していなかった。こうした状況下で海関が付加税を徴収することは、不可能であった。しかし、他方で前年九月に国民政府によって発表された二・五%の内地税は、広東において、海関の隣接地で国民政府と海関が協力しながら徴収していた(70)。同様に、北京政府が付加税徴収を実施するならば、海関行政との調整が不可欠であった。

とはいえ、アグレンの解任はアグレンの出張中の出来事で、突発的であった。小瀬一によれば、辛亥革命以降、多数の軍閥が対立する中で統一的行政機構としての海関の立場を優先してきたアグレンは、中国側から自立的であったため、かえって党派的と見なされるようになっていた。また、岡本隆司によれば、アグレンの罷免によって、海関収入を担保とする内債価格が暴落した(71)。そのため、北京政府はアグレンを罷免した後、列強に対して債務の担保を改めて保証せざるを得なかった。北京政府によるアグレン罷免は、国民政府とイギリスが漢口租界の返還交渉を進めていた最中にアグレンが漢口に滞在していたために発令された。北京政府は、アグレンが国民政府寄りの方針に海関行政を転換するのではないかと危惧したわけである。アグレンの罷免は、中央政府としての実態を失いつつあった北京政府の、焦燥と短慮によって引き起こされた。国民政府と北京政府にとって、列強から中央政府としての扱いを受けることは、それだけ重要であった。

北京政府がアグレンの罷免を発令した時、日本がその不当性についてイギリスの立場を支持したのは、日本が北京関税特別会議以降、中国における分裂的行動を承認することに反対してきたからであった。そうした日本の姿勢は、イギリスによるクリスマス・メッセージに反対する理由ともなったが、他方でそうした日本の方針は、アグレン罷免問題に関してイギリスの対応を支持するものとなった。アグレンの退任が決定した後の二月十五日、ランプソンはアグレンおよびエドワーズとの打ち合わせにおいて、「日本の希望を叶える時期が来た」として、岸本広吉を事務総長に起用することで合意した。つまりイギリスは、北京政府に対する妥協としてアグレンの退任を受け入れつつ、日本との協調関係を強化しようとしたのである。その意味で、日本とイギリスの立場の違いは、対立を引き起こすばかりでなく、協力的に機能することもあった。ただし、岸本を海関行政における要職に起用したことから、イギリスは同時に、総税務司をイギリス人で専有するため、日本への警戒を強めることにもなった[72]。

三月二十四日、国民革命軍が南京を占領し、英米や日本の領事館を襲撃するという南京事件が勃発した。これに対し、イギリスとアメリカは、南京を砲撃する制裁措置に踏み切った。一月三日以降の漢口事件に際し、イギリスは漢口について譲歩すると共に上海に部隊を集結し、オマリー‐陳協定交渉で国民政府によるイギリス人の生命、財産の保障について確約を得ていた。イギリスによる南京砲撃は、上海を中心とする重点防衛戦略に基づいた、「強い立場からの宥和」政策の一環として実施された。

他方、こうした英米の措置に対して幣原外相は、五・三〇事件と対照的に、英米との共同行動を控え、制裁措置に参加しなかった。幣原は、事件が共産主義勢力や過激派の策動によって引き起こされたことを重視した。そのことは、五・三〇事件においても同様であった。しかし、北京政府との交渉を中心に進めてきた日本にとって、北京関税特別会議の失敗以降、中国における統一を目指す動きに理解を示す機会が失われており、それは中国国民党の動向に対して特に顕著であった。そのため幣原は、中国の統一の気運を評価し、内政不干渉の姿勢を示すため、南京砲撃に参加しなかった。幣原は、南京事件への対応で英米と対立したわけでなく、むしろワシントン会議以来の協調を前提に、中国における英米との対等の経済競争と東アジア安定化への日本独自の責任を意識し、国民政府との新たな関係を模索していたのである。

事件後、イギリスはアメリカ、フランス、日本、イタリアと共に四月十一日付けで国民政府に対する抗議を行った[73]。イギリスはその際、蔣介石が満足のいく回答を寄せない場合の制裁措置について日米と協議しようとした。しかし、日米は共に制裁に否定的であった[74]。とはいえ、国民政府にとって、南京事件は国民政府が中央政権としての承認を得られるかどうかに関わる重大な事件となった。蔣介石は事件後、共産党と決別した。対して列強側も、事件をソ連の影響を受けた急進派の陰謀と判断し、イギリスも、蔣介石に過大な圧力をかけることには慎重であった。国民政府は、領事館の被害について、北京政府軍によるものも含めて補償すること、ただし個人の被害について、英米の砲撃によるものと北京政府軍によるもの以外を補償することとし、また、責任者の処罰その他について調査委員会を設置して対応することとした。対してイギリス側には、蔣介石による共産党排除について、「北方との戦闘中、列強からの支援が得られる保証もない時に、ロシアからの支援を絶つ」ものとして評価する見方があり[75]、南京事件に関する強硬措置について、一定の成果が自覚されていた。

南京事件に対する南京砲撃に関し、イギリスは日本の協力を得られなかったが、アメリカも独自の姿勢を保持していた。アメリカに駐在するイギリスの外交官は、アメリカの新聞報道において、列強との協調は最小限にとどめるべきで、他国と中国政策に関して同一視されることを回避すべきとする論調が強いことを報告していた。[76] カルヴァン・クーリッジ政権下のアメリカは、緊縮財政を進め、経済に対する連邦政府の介入を抑制すると共に、対外問題への関与についても自制的であった。その一方でアメリカは、一九二五年以降、アメリカ人の生命、財産の保護問題をめぐり、メキシコとの関係を緊張させていた。さらに、中国で北伐が展開した一九二七年、アメリカはニカラグアで発生した政情不安と、それに対するメキシコの介入という事態に直面していた。

一九二五年八月、アメリカはハーディング政権期の準備に基づき、ニカラグアより海兵隊を撤退させた。しかし、その三週間後にエミリアーノ・チャモロが政権を奪取して暫定大統領に就任、反米姿勢を鮮明にした。とはいえ、チャモロは財政破綻から退任し、一九二六年十一月十四日にディアス元大統領が大統領に復帰した。アメリカ政府は三日後にディアス政権を承認した。ところが、これに対して自由主義派の支持の下、ホセ・モンカダが反乱を起こし、メキシコがこれを支持して介入、事態は内戦へと発展した。そのため、クーリッジは海兵隊の再派兵を決定し、一九二七年二月までに五万五千の兵と十一隻の巡洋艦、駆逐艦がニカラグアに派遣された。中米諸国においてディアスを承認したのは、エル・サルバドルとホンデュラスのみで、グアテマラは自由主義派とメキシコに同情し、コスタリカはディアスの選出を不当とした。対してチャモロは、イギリス、フランス、スペイン、イタリアを歴訪する中、国際連盟においてメキシコの介入を非難した。

一九二七年一月十日、クーリッジは議会に対する年頭教書において、ニカラグアに対する自らの政策を正当化し、メキシコの介入を、反米政権を擁立するための措置と非難した。フランク・ケロッグ国務長官も、ラテンアメリカにおけるボリシェヴィズムの脅威を強調した。四月二十五日にクーリッジは、アメリカ市民の生命と財産の保護は、海外に存在するものであっても、国家が責任を負うべき領域の一部であるとする声明を発表した。と同時に、クーリッジは、駐メキシコ大使に友人のドワイト・モローを任命し、カイェス大統領との交渉に当たらせた。モローは交渉において、石油問題やメキシコ政府によるカトリック教会閉鎖問題で一定の成果を挙げた。ただし、債務問題の解決はできなかった。一八八五年から一九一三年までに、メキシコの対米債務は四億八千五百万ドルに達しており、一九一四年に債務不履行に陥っていた。この問題は、第二次世界大戦中に債務を一億ドルに減額するという合意が成立するまで、両国の懸案となり続ける。

メキシコとの交渉と並行し、クーリッジは、ヘンリー・スティムソンにニカラグア問題の調整を指示した。スティムソンは一九二七年五月にモンカダと会見し、一九二八年に実施される選挙に対してアメリカが監視を行う方針を伝え、それまでのディアス政権の維持と、武装解除とを要請した。ケロッグは選挙監視のため、フランク・マッコイを派遣した。対してモンカダおよびヨーロッパから帰国したチャモロは、それぞれワシントンへ赴き、大統領就任の際の支持を打診した。アメリカ側は、モンカダの大統領就任を容認したものの、チャモロに承認を与えず、チャモロは立候補を断念せざるを得なかった。その間、マッコイはニューヨークから資金を調達して選挙準備を進め、選挙区を三百五十一区画に分け、非識字率が人口の七十二％に及ぶ状況の中で、一万四千八百三十一人の選挙人登録を実現した。これは一九二四年の選挙人より、選挙人を二十八％増加させる成果であった。

大統領選挙では、モンカダが勝利した。その後も、アメリカに抵抗するアウグスト・サンディーノによる武力抵抗が継続し、一九二七年から一九三一年までの間に、四十二人のアメリカ兵と三千人のニカラグア兵が殺害された。しかし、アメリカは、一九三一年一月までに海兵の兵力を千四百にまで縮小し、二年後に部隊を完全に撤収させた。一九三四年に至り、アメリカで訓練を受けた護衛がサンディーノを裏切り、殺害することになる[77]。

このように、一九二六年から一九二八年にかけ、クーリッジ政権は、ハーディング政権以来のラテンアメリカ地域に対する武力干渉の停止を継承しながら、突発的な内乱の発生に直面し、特にアメリカ人の生命、財産の保護のための短期的な出兵を余儀なくされていた。中国で南京事件が発生したのはその最中のことであり、アメリカはこれに対しても同様に軍艦を派遣し、アメリカ人の生命と財産保護のために武力行使に踏み切った。とはいえ、ニカラグアにおいて、反米的なチャモロ政権に介入しない一方で、メキシコの支持を受けて反乱を起こしたモンカダに対し、アメリカ監視下の選挙を受け入れさせ、選挙を通じてモンカダ政権を成立させて、派遣部隊を撤収した。アメリカが目指したのは、アメリカ流の民主主義の原則に則った地域秩序の安定化であった。その点で兵力の派遣や武力行使は、アメリカ人の生命、財産の保護という原則に基づく、例外的、緊急的な措置であった。

総じて一九二七年は、イギリスとアメリカが共に自国の戦略を優先し、相互の調整が困難になった年であった。六月、ジュネーヴで軍縮会議が開催されたが、B・J・C・マカーチャーによれば、それは、アメリカが国際連盟との関係を回避する慎重な配慮の下で参加準備を進め、しかも議会において十隻の巡洋艦建設を認める歳出法が成立する中で、開催を迎えた[78]。イギリスと日本はジュネーヴ会議を重視し、イギリスはブリッジマン海相と軍縮担当相のセシル、日本は斎藤実と石井菊次郎を代表として派遣した。しかし、アメリカでは、ヒューズが代表候補となったものの、ケロッグは、代表の独自性を制限し、本国の統制下に置くため、要人の派遣を見合わせた。その上、三月以降、アメリカとイギリスの間で進められていた事前の折衝は、巡洋艦問題で対立が深刻化していた。ところが、かつてのワシントン会議において、ヒューズの冒頭提案が会議の成功をもたらしたことから、イギリスもアメリカも、軍縮会議における劇的な展開に期待して、それ以上の事前準備を行わなかった。

ジュネーヴ軍縮会議は六月二十日に開会した。イギリスは、全体で五十万トンの巡洋艦が必要であることをアメリカに非公式に伝えた。イギリスはその理由として、イギリスが海上封鎖の脅威にさらされていることを挙げ、イギリス自身が海上封鎖を行うことに言及しなかった。イギリスは、十五隻の一万トン級と五十五隻の六千トン級、合計七十隻の巡洋艦の保有を主張した。対してアメリカは、イギリスに四十万トンを超える巡洋艦の保有を認めず、イギリスと対等の全体保有量を主張した。その際、アメリカは、二十五隻の一万トン級巡洋艦を新たに建造し、残る約十五万トンを八インチ砲搭載の小型巡洋艦建造に充てようとしていた。しかし、イギリスは、五・五・三の比率を大型巡洋艦のみに適用することを主張し、小型巡洋艦に関しては、大きさと武装の制限は行うが、艦数については自由に建造することを求めた。

こうしたイギリスの主張は、イギリスの安全保障戦略に基づいていた。第一次世界大戦中、イギリスは七・五インチ砲を搭載した六千トンのE級巡洋艦とその発展形態である九千二百五十トンの混合艦を建造したが、大型艦は海上封鎖に不適格であることが判明した。ところが、戦後のアメリカは、そうしたイギリスの大型巡洋艦を超える、八インチ砲を搭載した一万トン級の巡洋艦の建設を進める一方で、ワシントン会議において主力艦の保有比率をイギリスと同等とすることを実現した。

イギリスは、広大な帝国領域と海上輸送路の防衛のため、小型巡洋艦を多数保持しようとした。そのため、大型巡洋艦についてアメリカに対等比率を認めながら、小型巡洋艦に関する保有比率の設定を解除しようとした。これに対してアメリカは、大戦中の艦艇同士の戦闘経験を踏まえ、大型巡洋艦を重視しながら、巡洋艦全体でイギリスと対等の保有量を確保しようとし、さらに戦時における公海の自由をめぐっても、イギリスと対立した。

このようにイギリスとアメリカが対立する中、六月二十日に日本代表は、巡洋艦の建造制限を艦数ではなく、艦型毎のトン数を基準に行うことを提案した。これは、艦型毎の比率を設定する点でアメリカ案に近かったが、艦数について裁量権を認めることでイギリスの主張を組み入れ、妥協を図ろうとしたのである。とはいえ、アメリカは五・五・三の保有比率について非妥協的であり、それを、英米の保有比率を四十万トンとするアメリカ案に適用すると、日本は巡洋艦について二十四万トンしか保有を認められなくなる。会議において日本は、最低三十万トンの保有を求めていたため、アメリカの主張は日本にも受け入れられなかった。ジュネーヴ軍縮会議中の七月、オースティン・チェンバレンは、次のように記していた。[79]

私は巡洋艦問題で困惑しており、この問題は大きな困難を引き起こしているように思われる。私が理解できた限り、我々は、現実的必要という根拠に基づき、正当である。アメリカは、必要は対等でないにもかかわらず、威信のため、等しい艦数を建造しようと脅している。

アメリカは、イギリスの艦隊を基準とする巨大艦隊の保有権を求める一方で、日本に対して劣等比率を強要しようとした。イギリスも日本も、ジュネーヴ軍縮会議におけるアメリカの主張を過大と感じたが、アメリカは譲歩しなかった。この時点で日本は、英米を調停しようとしたが、アメリカの原則の下で不利な保有比率を強いられたため、日本自身がアメリカの妥協にも限界があった。結局、ジュネーヴ会議で合意は実現せず、問題は一九三〇年のロンドン会議に持ち越された。

このように、一九二七年のイギリスとアメリカは、自国の安全保障に関する原則を、相互の協調関係より優先する傾向を見せていた。同様に東アジアにおいても、イギリスは漢口事件と南京事件への対照的な対応において独自の戦略を貫き、南京事件に関する蔣介石への追加制裁をめぐっても、日米の支持を得られなかったが、行動の自由を保留した。[80] ただし、それらは、パリ講和会議やワシントン会議の成果を前提とした、安定的国際秩序の下における行動であって、それが不安定化した一九三〇年代のイギリスは、再び国際協力関係の再構築に向け、積極的に主導権を発揮することとなる。

一九二〇年代のイギリスは、多方面への政治的関与を通じて自らの影響力を保持しようとしたため、中国においては、海関の運営と関税の徴収をめぐる北洋政権と国民政府の対立に巻き込まれた。そうした中、エドワーズはむしろ、海関を通じて中国における内戦を抑制しようとする構想を立て、それを八月三十一日付の覚書にまとめた。エドワーズは、中国に統一政府が存在しない状況下で関税問題に対処するため、次のような対策を提言した。[81]

［…］現在存在している不幸な政治的対立の結果、現在の中国において単独で国定関税を編成することはいかなる政府にとっても不可能となっており、その結果、ある政府が関税を編成した場合、他の政府がそれを否認してしまうことは明らかであろう。そこで私はあえて、現在中国に存在する政府からそれぞれ二、三名の代表を出し、上海において国家的な財政経済の利益のために会合し、そこで完全に非党派的な精神の下に、国定関税の編成を行うことを提案する。

［…］と同時に私はあえて、中国の課税権を原則として受け入れられたものとするため、関税自主権の問題に対して段階的に対処すべきである、と提言する。私の見解では、列強は最初の段階において、海関行政が現存する二・五％の付加税の徴収に当たることを受け入れる。

［…］海関による二・五％の徴収が確立され次第、中国政府は直ちに外交団に対し、国定関税が適切に編成され、公布されるまでの間、一九二六年三月にアメリカ、イギリス、日本によって提示されたような暫定付加税の実施を要請するのが合理的であろうと思う。ただし、その際、現在の海関の課税全般について、変更しないこととする。私の提案は、中国が一つの統一体となるまで、輸入税の増加によって廃止される二・五％付加税を除き、毎の剰余金を、海関が関税徴収について与えられた全ての義務に応え、月徴収港を支配する政府に比例して提供しようとするものである。

エドワーズは、中国において国定税率会議を開催すると共に、海関が二・五％付加税の徴収と、中国政府が関税会議で合意した差等税率の施行を要請した場合のその徴収に当たり、さらに地方政府に対する税の分配をも担当することで、中国の内戦を調停しようとした。この案は、関税会議に先立つ、マクリーによる海関を通じた釐金廃止構想を発展させ、海関を通じて内戦下の中国に国定関税を導入させようとするものとなっていた。その後、エドワーズとイギリス外務省およびオースティン・チェンバレン外相の間で、無担保債務の扱いなどについて照会がなされ、十二月八日にエドワーズは追加説明を行った[82]。チェンバレンは海関を通じて南北の調停を行おうとするエドワーズの提案を評価し、さらにチェンバレン自身、国際連盟を通じた南北調停の可能性も考慮していた[83]。イギリスにとって国際連盟を通じた調停は、一九二〇年代のイギリス外交における重要な手段となっていた。非帝国主義的な政治的影響力の行使という、一九二〇年代のイギリス外交における重要な手段となっていた。

エドワーズは一九二八年二月三日、青島より上海に向けて出航した。上海においてエドワーズは、総税務司として現地の海関行政を掌握できないため、辞任し、フレドリック・メイズに職を譲る意向を固めた。一方、国民政府に近いメイズは、総税務司の任命権を中国側、特に国民政府に帰属させることを認めていた。その後、エドワーズは宋子文国民政府財政部長との会談で、海関行政の現状維持や、南方地域の海関人事に関わる案件は南京の税務司を通じて宋とエドワーズの間で扱うこと、北京政府との関税会議には軍が北京奪取が近いために反対していることについて伝えられた。また、イギリス外務省の意向もあって、エドワーズは辞意を撤回した[84]。久保亨によれば、イギリス外務省内にも、エドワーズに対する不信感は存在した。しかし、エドワーズとメイズの対立は、海関を通じたイギリスの政策的展望と関わっていた。というのも、エドワーズが海関収入による外債償還を重視したのに対し、メイズは中国政府の雇用職員として、海関収入を中国政府に引き渡すことを重視していたからである。エドワーズは、海関行政を通じた南北調停構想のように、中国の内戦を超越する立場を保持しようとした。対してメイズは、国民政府に近い立場を取った。そのためランプソンは、メイズの総税務司就任によって、海関における外国の影響力低下を目指す中国側の動きが活発化しかねないことを懸念した。十月四日、国民政府はエドワーズを総税務司代行に、メイズを副総税務司に任命した。エドワーズは代理にとどまった上、一九二九年初めには辞任に追い込まれてしまう。後任にはメイズが就任した[85]。アグレンの罷免以降、海関の独立的な地位は、中国の政治情勢に左右されかねない状況となり、それは、一九三〇年の中原大戦に際して現実となる。

エドワーズの上海訪問に対し、国民政府は比較的柔軟に対応したが、根幹は譲らなかった。しかも、まもなく国民政府は北伐を再開し、張作霖は六月五日に奉天への撤退途上、関東軍の河本大作によって爆殺されてしまう。そのため、南北調停案はその意義を失った。さらに六月以降、米中間で関税交渉が進められ、七月二十五日に米中関税条約が成立する。関税問題は、本来の国定関税の設定方式、すなわち二か国間の通商条約によって解決される方向に向かっていた。ただし、そのため、日中通商条約の効力問題がこれと連動することとなった。というのも、最恵国待遇の問題が存在したからである。特にその点でイギリスは、一九二八年十二月に成立する英中関税条約において、独自の立場から中国における条約秩序を安定化させる措置を取ることになる。

五　関税条約の成立

北京関税特別会議において、一九二九年より中国に関税自主権を認める形になっていた。しかし、関税会議に臨んだ北洋政権は、一九二八年六月初めの張作霖の爆死によって消滅し、国民政府による中国統一が目前に迫っていた。そうした国民党に対し、一九二六年後半の時点で事実上の政権としての承認を与えようとする動きを最初に見せたのは、中国に駐在するイギリス外交官であった。とはいえ、その時点でイギリス本国がアメリカや日本の反対に配慮したため、実現しなかった。ところがその後、一九二八年七月二十五日に米中関税条約が調印され、アメリカが最初に、国民政府に対する実質的な承認を与えた。

米中関税条約が締結された時点で、日中間の通商条約改定交渉は停滞していた。北洋政権の時代より中国側は、一九二六年十月の条約期限によって条約は失効したとする立場を取っており、外交人員の多くを北洋政権から引き継いだ国民政府も、同様の立場を取った。それだけに、米中関税条約の締結は、後述のように日本ばかりでなく、イギリスにとっても、列強間の協調を乱しかねない措置として受け取られた。中国は「不平等条約」の無効を一方的に宣言するという交渉戦術を取っており、それに対処するため、列強の一致した行動が必要と考えられていた。ところが、アメリカは単独行動に踏み切り、列強との協調から距離を取ったわけである。

米中交渉のきっかけは、一九二七年十二月末に中国がアメリカに対し、関税自主権回復までの間、関税会議で合意に至った差等税率を米中間で先行的に施行することについて、打診したことであった。[86] 打診を受けたマクマレー公使は、一方で中国の打診に好意的に応えようとしながら、他方で他国の公使と会見し、中国の条約廃棄方針に対して各公使間で一致して対応していくことについて意見を交換した。ところが、ケロッグ国務長官は、翌年初め、マクマレーに対してアメリカ政府を拘束するような行動に自制を求め、行動の自由を確保するよう伝えた。[87] ここでケロッグがアメリカに対する拘束を問題にした理由は、アメリカの関税政策の原則であった。ケロッグは、一月十二日にマクマレーに対して次のように説明していた。[88]

公使館電一一三四の第二段落以降に、中国との関税に関する相互取引が予想されることが記されている。そのような提案に関する原則を支持したり、そのような原則を合衆国が受け入れたりするような行動は取るべきでない。差別的な関税は、本政府が長く主張してきた機会均等の概念と矛盾するばかりでなく、特にワシントン会議で採用された関税条約第五条にも違反しているように思われる。一九二七年一月の宣言はこの原則を確認している。[…]その上、本政府の政策は、関税の相互協定に反対している。最近の我々のあらゆる条約や、フランスとの長期間の交渉の中で我々は、我々の関税率が全てに対して統一的に適用されなければならないという主張を声明している。相互協定は我々の関税法によって認められず、我々の関税を、中国との相互的利益の享受という目的のために変更することはできない。それぞれの国が中国と取り引きするような政策を始めれば、合衆国やその他の諸国を、全ての列強と中国との関係にとって破滅的な、特権取引の体制に巻き込むことになるであろう。

ここで記されている一九二七年一月の宣言とは、中国の統一政権による不平等条約改定要求に対し、中国側の適切な措置に対応してそれに応えることを明らかにした英米の共同宣言である。ケロッグは、差等税率案を米中単独で施行することを、この宣言と、何よりアメリカの関税政策における原則に抵触すると考えた。

中国の打診とそれに対するケロッグの原則論的な拒否に対し、マクマレーは、相互協定の提案は関税会議の日本案に基づくもので、アメリカも受け入れを表明していること、協定税率は自動的に他国にも適用され、しかも現行税率の改定は中国との交渉が難航している日本が合意しない限り実施されないため、協定税率に反対する必要はないとした[89]。しかし、ケロッグはそれがアメリカの関税政策に抵触する点を問題視した。アメリカは伝統的に、税率の設定権および関連手続きを連邦議会に完全に帰属させるため、協定税率に消極的か、原則としてそれを否定し、同時に最恵国待遇の規定によってアメリカが不利を被る可能性を排除していた。しかもこうした原則は、アメリカ自身は他国の制約を受けないと共に、アメリカ以外の第三国間相互の政治的取引の結果からもアメリカが不利を被らない政策体系として、アメリカ自由主義の理念を反映していた。既述のように、一九二二年に成立したフォードニー‐マッカンバー関税法は、大統領の税率変更権を認めていたが、それは専門委員会の判断に基づく内外価格差是正のための措置に過ぎなかった。

差等税率を関税会議の結果として各国一律に施行すれば、最恵国待遇に準じた措置となるが、それを米中間のみの協定として成立させた場合、アメリカの関税政策に抵触してしまう。差等税率に関するケロッグの対応は、中国の要望に名目的にでも応えようとしたマクマレーの見解を原則論の立場から否定していた。その意味で、アメリカの単独行動は、列強間の協調を阻害するばかりか、中国に対するアメリカの非妥協的姿勢を生み出す原因ともなっていた。こうしたアメリカの対中政策の傾向は、後述のように、治外法権撤廃交渉にも引き継がれていく。

一九二七年末以来のマクマレーとケロッグの見解の相違は、米中関税条約の具体的交渉開始をめぐっても露呈した。条約締結の一か月余り前の一九二八年六月十五日の時点で、ケロッグはマクマレーに対し、国民党による責任政府設立の可能性、事実上の承認に関する適切な方法、関税条約その他について中国側が交渉に応じるかどうか、見通しを照会したが、ケロッグはその際、次のように述べていた[90]。

[…]現在の国民政府を中国政府として承認する方向の、明確な行動を取る時期は到来していないが、もし内戦が実際に終わりそうであるとすれば、その政府を少なくとも事実上の中国政

府として扱う必要が迫っており、そうなれば、我々は一九二七年一月二十七日の声明で述べられた約束を果たす用意をすべきと思われる。その声明は、中国におけるいかなる政府ないし中国を適正に代表する代表団に対しても、自由主義的で広範かつ公正な性格を持った提案であるため、合衆国に対して向けられた敵意を逸らす上で、大きな影響力があると信じる。合衆国がその声明に基づいて交渉に入る用意があることを示せば、現在の政府を承認していようがいまいが、事態をより安定化させる方向に相当の影響を及ぼすであろうと、私は今、信じている。

その声明を公正に解釈すれば、我々は他の列強と共同であるかにせよ、単独であるかせよ、関税問題で交渉する義務を負うことになる。私はまた、同時に治外法権についても、治外法権的な権利を直ちに放棄するという考えではなく、当面のアメリカ市民とその利益を保護する確実な条件を付した上で段階的に解消する、という考えの下で交渉したいと思う。

ケロッグは、中国を交渉を通じた不平等条約の改定に誘導することで、その穏健化と事態の安定化を図ろうとしていた。その点は、クリスマス・メッセージを公表したイギリスと同様であった。その限りでアメリカは、国民党政府を事実上の政権として扱うが、責任ある中央政府と認めていたわけではなかった。ケロッグはこうした視点から、六月二十三日にマクマレーに対し、治外法権について交渉を急がないよう確認した上で、適切と判断した時期に関税交渉に入る権限を与えた。とはいえ、マクマレーは、中国政府が組織改編中で、外交部の見解も不明であることから、交渉の開始に消極的であった[91]。これに対してケロッグは、近い内に中国との合意が必要であること、それが中国の再建にも資すると考えられることから、交渉に着手するよう求めた。中国の態度が不明瞭な点についてケロッグは、アメリカが中国の責任政府と条約改定交渉を行う用意があるとする公的な通知をワシントンの中国代表に行うことで、国民政府の対応を促す予定であることを伝えた[92]。マクマレーは、国民党の内部が統一していないことや、当方から交渉を急いでいるかのような印象を与えることは戦術的に誤っていること、さらにイギリスや日本との協議が必要なことなどを理由として、ケロッグの方針に反対した[93]。しかし、ケロッグは、国民政府が七月七日に行った関税自主権に関する声明を踏まえ、直ちに交渉を開始するよう指示した。そのため、マクマレーもこれに従った[94]。マクマレーが中国との交渉開始に関する提案を作成し、上海総領事から中国側に提出することについてケロッグの許可を要請したのは、七月十七日であった。その際、マクマレーは、交渉に臨むアメリカの立場と予測される中国側の対応について、次のように報告した[95]。

関税会議とその後の日中交渉で示されたような、最恵国待遇に関する中国側の立場を考えると、次の条件、すなわち、中国が他の列強と条約改定を進めていく際、一般政策として最恵国待遇を認めるという条件の下で関税自主権を承認しようとする提案が、王からきっぱりと拒絶されることも、決してあり得ないことではない。しかし、もし我々が、貴下が一九二七年一月二十七日の声明の中で明確に述べた提案が我々の用意する最大限の譲歩であることを強く決意しているならば、我々は、昨年なされた約束を履行する明確な提案をすることで、戦術的に有利な立場に立つことができるであろう。提案が拒否された場合、その責任は中国側にあることになる。

マクマレーは、日中交渉の経過に照らし、中国側が最恵国待遇の条件を受け入れる可能性は高くないと判断していた。そこでマクマレーは、関税条約の成立でなく、交渉を開始した事実により、アメリカの義務は果たされたとする立場をケロッグに確認した。この時点で、中国側が最恵国待遇の付与を拒否していれば、米中関税条約は成立しなかった。ところが、事態は急転する。アメリカとの交渉に、王正廷外交部長ではなく、宋子文財政部長が当たるという提案が中国側からなされたからである。

七月二十日、マクマレーと宋子文の会見が行われ、その際、宋はマクマレーに対し、自ら全権となり、アメリカ側の主張に即して交渉を進めることを提案した。ただし、宋の日程的事情から、二十五日までに交渉を完了したいという要望もアメリカに伝えられた。マクマレーは宋の提案に驚きながら、それを受け入れた。翌二十一日、アメリカの主張に沿った内容で、協定文の合意ができた。条約文に釐金廃止を明記するかどうかについて、この時点で宋子文は検討中とした。(96) 最終的に、宋子文は王正廷と調整し、釐金廃止を条件化する規定は受け入れられないとする立場を伝えた。対してケロッグは、中国による釐金廃止は部分的にしか実現されず、無視されるであろうという理由で、釐金廃止の条件規定を不要とした。(97) 釐金の廃止は交換公文中に記されることとなり、七月二十五日に米中関税条約が調印された。条約は、第一条で中国の関税自主権を承認すると共に最恵国待遇を規定し、第二条で条約の発効手続きや条約期限などを定めていた。わずか二条からなる簡潔な条約であった。(98)

米中関税条約は、中国側が、最恵国待遇の付与という、アメリカの自由主義貿易政策の根幹に関わる条件を承認したことで、合意に至った。したがって、アメリカは国民政府を正式に承認したわけでも、米中間で不平等条約の改定に向けた相互理解が形成されたわけでもなかった。条約調印から一か月余り後、ワシントンでは中国側よりネルソン・ジョンソン国務次官補に対し、国民党の承認に関わる追加的措置に関する要望が伝えられ、拒否された。(99) 自国の権利や裁量権、自主的判断を優先するアメリカの立場は、中国に対しても強固であった。

アメリカにとって、中国との関税条約交渉は、一九二八年八月二十七日に調印されたケロッグ‐ブリアン条約の交渉と並行して行われていた。戦争を否定し、パリ不戦条約とも称される本条約は、本来、フランスがアメリカに安全保障への積極的な関与を求めたのに対し、アメリカが、債務問題やドイツ賠償問題などに関するフランスの行動に照らし、それを拒否したことが、きっかけであった。しかも、米仏間の協定を不戦条約として成立させるにしても、それが二国間の条約にとどまっている限り、フランスが他国と戦闘状態に入った場合、同盟に準ずる条約として機能するおそれがあった。そのためアメリカは、条約への他国の参加を認め、それを侵略戦争の非合法化という一般的な規範とすることで、ヨーロッパの安全保障問題に対する具体的関与を回避しようとした。さらにアメリカは、不戦条約によっても、アメリカの自衛権やモンロー宣言は維持されるという立場を取った[100]。このように、アメリカが世界的理念に関わる外交を展開した場合でも、自国の権利と行動の自由に対する制約を認めず、国際的原則を確立することで、対外的負担を回避しながら自国の権利が尊重されるような状況を作ろうとしていた。米中関税条約も、アメリカに対する最恵国待遇の原則を確認することによって、アメリカの権利保護と裁量権を保持するものとなっていた。

一九二八年七月の時点で、国民政府はアメリカに最恵国待遇を認めることで、関税条約を成立させた。国民政府が条約成立を急いだのは、アメリカとの条約締結によって、国民政府に対するアメリカの実質的承認を得るためであった。国民政府はまた、それによって、イギリスおよび日本との交渉を有利に運ぼうとしていた。その点でアメリカとの関税条約交渉は、後の治外法権交渉に比べて中国側の姿勢が柔軟で、アメリカとの原則をめぐる対立に発展することなく、成果を挙げた。その上、宋子文が交渉に当たったのは、関税協定の成立が国民政府の財政再建に重要であったからで、宋子文は以後、関税条約に関して王正廷のような硬直的な態度を取らず、後の日本との関税交渉にも当たった。

次いで中国がイギリスに対して新関税条約の締結を提議したのは、九月十二日であった。提案は、中国への関税自主権の承認と、互恵規定、そして可能ならば一九二九年一月一日より新条約を発効させるか、間に合わなければ、条約批准から四か月後に発効させるという内容であった[101]。対して十四日にイギリスは、イギリスが重視する品目、すなわち綿織物、毛織物、鉄鋼および鉄鋼製品、機械について、一定期間の協定税率を設定すること、それに中国側が応える程度に応じて、イギリスも互恵措置として中国側の重視する品目について非課税措置を保証することを決定した。阿曽沼春菜が指摘するように、これは実質的に一九一一年の日英通商条約を先例としたものであった[102]。これを受けてランプソンは、南京総領事に対して以下のような訓令を送った[103]。

> 最も迅速な方法は、王正廷に対し、もし最高税率の一覧（作成に時間が必要であろう）か、一九二六年の北京関税特別会議[…]で設定され、何年もの間共通の土台となっている、イギリスの主要品目に対する「暫行税率」（はるかに迅速な措置として）のいずれかについて合意するなら、問題を直ちに単純化できることを知らせることである。その手段は、条約に付属する別表か、付属交換文書か、相互の合意に拘束力を持たせる何らかの形態であればよい。互恵性を明らかにするため、我々は、イギリスに輸入される中国製品の内、無関税とする適切な品目について交渉する用意がある。ただし、議会法によって歳入充当課税が設定されている品目は、除外される。王正廷はおそらく、我々が現在、中国からイギリスへの輸入品の約八十五%を

無関税としているのに対し、中国がイギリス製品のそれぞれ全てに事実上課税していることを、理解しているであろう。主要なイギリス製品に関する最大税率について合意を目指す我々の目的は、非常に公正なものであり、非課税品目を検討しようとする提案は、軽く無視されるような空虚なものではない。

イギリスが条約草案を完成したのは、一か月後の十月末であった。イギリスの草案は全六条からなり、第一条で中国の関税自主権を承認すること、第二条でイギリス製品に対する中国の最恵国待遇、第三条で中国製品に対するイギリスの最恵国待遇、第四条で多重課税や差別的課税の禁止、第五条で中国に課せられた頓税に対する制約の撤廃、第六条で批准書の交換により発効すること、英文と中国文の条約を作成し、解釈の相違が生じた場合は英文を正本とすることを規定していた(104)。ただし、問題は協定税率についてであった。協定税率の直接のねらいは、イギリスの対中国貿易が中国の関税政策によって不利となる事態を阻止することにあった。しかし、それは日本とも無関係ではなかった。協定税率の最も迅速な案とされた差等税率案は、北京関税会議において日本からの提案に基づいて合意し、中国の関税自主権承認までの暫定税率案として、中国側に提示されていた。しかも中国は、米中関税交渉に際してこの差等税率案を暫定税率として先行実施することを提案し、七月三十一日に海関総税務司（代行）のエドワーズを通じて日本側にも、宋子文財政部長の意向として、近い将来に七種差等税率を実施する予定であることが伝えられていた(105)。さらに中国の協定税率に対し、特定品目への無関税措置を保証するというイギリスの提案は、一九一一年の日本との通商条約交渉が先例となっていた。つまり、かつての日本との原則論をめぐる対立の解消方法が、中国との速やかな交渉妥結のために活かされたのである。こうした日本との関係に関連し、十月二十六日にランプソンに対して伝えられたイギリス本国の訓令は、次のように述べていた(106)。

中国は、もし他の全ての諸国の同意を得る手段を見つけることができれば、初めて関税自主権を平和的にかつ交渉によって獲得できるようになる。[…]もし我々が、国民政府によって与えられた保証や彼らの誠実さに満足していること、そしてそれゆえに関税自主権を与えたことを声明できれば、他の列強も、我々が特別な地位ゆえに負っている責任を適切に果たしたことに信頼し、我々の先例に従おうとするであろう。他方、もし我々がそのような地位を放棄し、アメリカの例に追従して最恵国待遇の陰に避難し、それで満足するならば、中国と日本の間の対立点をはっきりさせるだけであろう。そうなれば、中国自身を含めた全ての関連諸国の利益に反する状況を作り出すこととなり、中国は現実において、関税自主権に接近できないことになるであろう。

この時期、日本は米中関税条約の成立に危機感を強め、イギリスに協調行動を求めていた。日本側は、中国の関税自主権の承認に際し、釐金の廃止と債務の整理を条件付けるよう要望した。この内、釐金については後述のように英中関税協定の付属文書で取り上げられるが、イギリスは債務問題を関税条約と関連付けることについては拒否した。それは、北京関税特別会議以来のイギリスの方針であった。また、債権者会議の開催を求める日本の意向に対しても、それが実現した場合に当事者として参加する権利を保留することを伝えたのみで、(107)日本の協力要請には応じなかった。にもかかわらず、イギリスは独自の方法で、日本を支援する措置をとろうとしていた。

イギリスのねらいは、日本の主張を直接的に支持しないものの、日中通商条約の失効を主張する中国とその有効性を主張する日本との対立を緩和するための暫定措置を施すことで、東アジア国際関係の緊迫化を阻止することにあった。右の引用文中で示唆されているように、イギリスがアメリカのような最恵国待遇の条件を確保するのみで中国と関税条約を成立させた場合、一九二九年から施行される中国の国定税率は、日中通商条約の効力問題と関連し、日中間の対立を惹起しかねなかった。日中通商条約が有効であるならば、最恵国待遇の規定により、国定税率はアメリカやイギリスの商品にも適用されなくなる。しかし、中国は日中通商条約失効の立場を取り、新税率を施行する。対して日本は、日中条約の有効性を根拠としてそれを阻止すべく、実力行使に出る可能性がある。その場合、アメリカとイギリスが中国の新税率を承認するかどうかは、アメリカとイギリスが日中通商条約の有効性を認めるかどうか次第となる。日本が新税率を承認しない限り、アメリカも自国商品に対する新税の徴収を拒否するのは確実で、そうなれば、イギリスも中国の新税を拒否するか、イギリスのみが不利益を被る事態になりかねなかった。

最終的に成立した英中関税条約は、一部修正した七種差等税率案を一年間適用することを付属交換文書において定めた。その結果、中国の国定税率の施行は一九二九年二月から一年間猶予され、北京関税特別会議において列国間の合意として成立した七種差等税率が暫定税率として施行されることとなった。以下に示すように、日本はそれも条約違反と判断したが、それは日本の許容限度でもあった。実質的に日本は、日中関税協定を成立させるため、一年間の交渉期間を与えられる形となった。

一九二八年十二月二十日に成立した英中関税条約は、全四条からなる。(108)第一条で中国の関税自主権を承認すること、第二条で多重課税や差別的課税の禁止、第三条で中国に課せられた頓税に対する制約の撤廃、第四条で調印後速やかに行われるロンドンでの批准書交換の日より発効すること、英文と中国文の条約を作成し、解釈の相違が生じた場合は英文を正本とすることを、それぞれ規定していた。各条文は十月末のイギリス原案をほぼ踏襲していた。ただし、最恵国待遇を規定した原案第二条および第三条は付属交換文書に移され、第四条の規定は第二条に移された。これは、第四条が最恵国待遇に準ずる規定を含む一方で、中国側が、最恵国待遇の規定が不平等条約撤廃の実質を失わせるとして、それに難色を示したためであった。そして別の付属文書において、条約発効の日より少なくとも一年間、一九二六年の関税会議で合意された関税率を最高税率とすること、一九二七年七月二十日の国民政府による釐金廃止に関する声明の確認や、関税の徴収に海関が当たることを明記していた。英中関税条約の成立を受け、国民政府は一九二九年二月一日、新関税率の導入を各国に通告した。

以上のような米英に比べ、日本が国民政府の関税自主権を早期に承認できなかったのは、国民政府が日中通商条約を無効とする立場を堅持していたためであった。中国は、一九二八年七月七日以降、満期の条約を廃棄し、臨時弁法を適用する方針を表明し、日本もこれに含まれるとしていた。その一方で七月三十一日、エドワーズより日本側に、宋子文財政部長の意向として、近い将来に関税会議で決定された差等税率を実施する予定であることが伝えられた。日本側は、差等税率は暫定税率であるが、現行条約の改定に相当し、中国側が条約廃棄の立場を維持している限り、認められないとした。とはいえ、交渉の端緒を開く必要があったため、「仮ニ国民政府カ其態度ヲ改メ、条約廃棄ノ主張ヲ撤回スル場合ニハ、我方トシテハ華府会議以来ノ方針ニ基キ正当ナル手続ニ依ル一定率ノ増税ニハ固ヨリ異議ナキ次第ニ付、本件差等税ノ商議ニ応シ差支ナキ」と判断した。つまり、差等税率の交渉を通じ、通商条約の有効性を認めさせようとしたわけである。ただし、具体的税率について検討の必要があり、また、債務整理などの使途の決定も重要な条件とした[109]。日中間の条約交渉は、中国側の条約失効論をどのように克服するか、という点から始まった。

八月十二日、矢田七太郎上海総領事と王正廷の会談で、矢田は国民政府の条約廃棄の方針に対する日本側の反対姿勢を改めて述べた。これに対し、王は条約満期の立場を堅持しながらも、日本に臨時弁法を適用しないこと、また、治外法権についても段階的撤廃を目指し、即時撤廃を要求しないこと、そして「満州ニ対スル現状（ステータス、クオ）ヲ認ムルコトニ異議無カルヘ」きことを述べた[110]。他方、八月から九月にかけてイギリスより、イギリスが関税条約を先行させると共に、北京関税特別会議で成立した暫行差等税率に基づく協定税率を成立させる条件で、米中条約と同様の条約を締結するための交渉を開始する意向であることが伝えられた[111]。こうした状況から九月二十二日、日本側は当面の対応について、次のような意向を蒋介石に伝えることとした[112]。

> 日本ノ主張ハ、臨時弁法ヲ撤回シ現行日支条約ノ有効ヲ確認スルニ非サレハ条約改訂ノ商議ニ入ルヲ得スト云フニアルモ、日本トシテモ支那側ノ内部関係上全然其ノ主張ヲ撤回スルコトノ困難モ又諒察シ居ラサルニアラサルヲ以テ、若シ支那側ノ真意ニシテ日支条約ノ有効ヲ認メ、日本人ニ臨時弁法ヲ適用スルノ意ナキモノトスレハ、貴下（蒋介石）カ行政院長トシテ政府組織ヲ改メ、穏健ナル政策ヲ実行シ、日支ノ関係ヲ改善セントスル此際、日本ヲシテ条約問題ニ対スル態度ヲ変更セシムルコト左シテ難事ニアラスト思考ス。［…］支那ニ於ケル不平等条約改訂ノ要望ニ対シテハ、飽ク迄同情的考慮ヲ吝ムモノニアラス、故ニ国民政府ニ於テ日支両国ノ友好善隣ノ関係ヲ顧慮シ、新条約完全ニ成立スル迄ハ、其ノ一方的ニ制定セル臨時弁法ノ適用ヲ差控ユルノ決意ヲ表示シ、以テ現行条約ノ条項ニ依リ両国間

ノ関係ヲ律セントスルノ誠意ヲ披瀝スルニ於テハ、此際商議ニ応シ適当ト認ムル改訂ノ交渉ニ入ルモ差支ナシトノ趣旨ヲ明記スルコトトシ、之ニ対シ国民政府ヨリハ貴翰ノ趣諒承セリ仍テ速ニ商議ニ入リ度キニ付交渉委員ヲ任命アリタキ旨回答スルカ如キ、一案ナリト思考ス。

つまり、中国に現行条約の有効性を認めさせることを原則としながら、当面は日本側がそれを書簡中で声明するに止め、具体的な条約改定作業に入ることを優先したのである。これにより、中国の条約無効論に対応するための方針が定まった。

こうした方針決定と並行し、先述の差等税率施行に関する交渉も進められていた。十月二日、日本側は差等税率の承認条件として、北京関税会議決定の差等税率をそのまま採用すること、差等税率に抵代税が包含されると見なすこと、無担保債務整理の方針を確認し、差等税率施行前に債権国代表者と中国政府の間の協議を行うことなどを求めることとした[113]。抵代税（子口半税）が差等税率に包含されるということは、差等税率の施行によって、中国における外国製品は事実上、釐金の徴収を免除されることとなる。十月七日と八日に矢田総領事が宋子文と会見し、これらの要請を伝えたところ、宋は、債務整理会議を差等税率実施の条件としないことを主張したのみで、日本側の要請をほぼ受け入れた[114]。その後、交渉は、中国側が翌年一月一日からの関税自主権回復の主張を改めて強調するなど、決裂寸前になる場面もあった。しかし、十一月十五日に宋は、関税収入二千五百万ドル中より五百万元を債務整理に充当する提案を行った[115]。日本側は債務総額に照らして総額が不十分であることを強調したが、毎年の増額を規定することで妥協しようとした。その一方で中国側は、英中関税条約の成立を控え、差等税率を二月一日より施行することとし、そのための布告を十二月一日に行うとした[116]。そのため日本側は、新税施行前の合意を断念せざるを得なくなった[117]。

その上、宋子文は十一月二十六日に、抵代税を差等税率に含める解釈を撤回し、釐金廃止と共に廃止することを主張した。結局、これについても日本側が譲歩した。日本側は代償として、税率引き下げや釐金廃止期限の明確化を求め、また、差等税率が北京関税特別会議に基づくことを公刊文書に明確化しようとしたが、中国側はこれらを受け入れなかった[118]。日本は中国の最終主張を大幅に受け入れる形で、昭和四（一九二九）年一月二十一日、差等税率の実施と債務返還のための五百万ドルの積み立てに関する交換公文の合意に至った[119]。これにより、通商条約の効力問題は未解決ながら、日本は英中条約によって定められた差等税率の施行を公式に承認した。それは、日本が英中条約の措置によって、関税条約交渉のための一年間の猶予を獲得したということでもあった。

条約の効力問題に関する交換公文は四月十八日に仮調印に至った。中国側書簡は、「条約ノ効力問題ハ［…］極メテ明瞭ニシテ［…］本問題ニ関スル法理上ノ争執ハ貴我ノ諒解ニ依リ敢テ之ヲ論セス。故ニ国民政府ハ至誠ヲ以テ直ニ協議ヲ開始スルコトト致スヘク」と述べており、これにより、日中通商条約の効力問題を実質的に不問とし、条約改定交渉が始められることとなった[120]。これを受け、五月二日に王正廷は中国側の通商条約案を提出した。[121] 対して田中義一内閣は五月二十四日、五月十八日付の「日支通商条約改訂方針案大綱」を芳沢謙吉公使に訓令した。[122] しかし、この後、七月二日に田中内閣は総辞職したため、中国との関税交渉は、続く浜口雄幸内閣の幣原喜重郎外相に引き継がれる。

◇

第一次世界大戦後のイギリスは、相対的な国力の低下と内外の帝国主義批判に対し、アメリカを中心とする列強間の協調を実現しながら国際秩序の安定化に主導権を発揮し、また、帝国に植民地の自立促進という新たな役割を与えることで応えようとした。イギリスにとってワシントン条約は、そうした戦後イギリスの対外戦略を背景に、マッケイ条約以来の中国の政治的安定化、経済再建、通商の促進といった目標を日米との協調の中で実現するための理念的象徴となると共に、大戦後の東アジアにおいてイギリスが影響力を行使するための中心的な媒体として位置付けられていた。そのため、イギリスにとってワシントン条約は、その規定を厳密に順守すべき規範としてでなく、必要に応じて弾力的に運用し、追加的な措置を講じるべき対象として捉えられていた。

一九二五年十月より開催された北京関税特別会議において、中国の関税率増加に対する条件をめぐって日英米間に対立が存在したのは、各国がそれぞれの国益を優先したからではなかった。それ以上に、日英米間に、世界的責任を負った列強として中国の再建にどのような姿勢で臨むかという理念と構想において、相違が存在したのである。上記のようなイギリス外交に対してアメリカは、国内における孤立主義の気運を背景に、アメリカの権利保持を優先しながら国際問題への直接的関与を回避しようとし、普遍的な理念や原則を確立することで、他国に間接的な影響力を行使しようとした。それは中国に対しても同様であった。他方、第一次世界大戦後、急激に国際的地位を上昇させた日本は、大国としての意識を背景に、国内において政党内閣や普通選挙法を実現し、対外的にワシントン条約の規定を順守することで、東アジア国際秩序の責任を担おうとした。そのため中国に対しても、大国としての立場から、その法秩序意識の形成を促そうとした。こうした日本にとって、列強の政治的影響力を積極的に行使しようとするイギリス外交は、中国への内政干渉やその国際管理につながる可能性が懸念され、さらに関税会議の失敗後に広東政府との妥協を進めていくという対応についても、中国の分離傾向を助長し、その統一を阻害するものとして、理解、同調できなかったのである。

関税会議後のイギリスは、国民政府の要求に単独で応じ、その穏健化を図ることで、やはりワシントン条約を弾力的に運用しようとした。対して日本は、中国中央政府の自律的な再建に期待し、国際的義務の履行を求める一方で、張作霖政権の統制や財政再建を進めようとした。北京政府から国民政府へと中央政府の交代期を迎えた中国に対し、イギリスと日本が取った対応は対照的であった。イギリスは、関税会議や南京事件への対応に見られたように、中央政府に対して干渉的、地方政府に宥和的で、しかも漢口事件と南京事件との対応に示されるように、宥和姿勢と強硬姿勢を場合に応じて使い分けた。これに対して日本は、地方政府に対して干渉的、全国政権に対して理解ある姿勢を示そうとし、しかも政策の全体的統一性を維持しようとした。これは、当該期の日英の国内政策、帝国政策の相違を反映した結果であると共に、統一に向かう国民政府との関係が密接であったイギリスと、衰退しつつある張作霖との関係が密接であった日本という状況の違い、あるいは世界戦略の一環として中国を重視したイギリスと、東アジアにおける大国として世界的責任を自覚し始めた日本という立場の違い、さらには、自らの権利や影響力を保持するため、法規範や制度を弾力的に駆使したイギリスと、法規範や制度の拘束性を前提に、それに基づく国際関係の安定化を展望した日本という国際秩序観の相違が、複合的に関連し合った結果であった。

とはいえ、ワシントン条約後の東アジア秩序は、日英協調が基調となって形成された。したがって、中国の政治的混乱に対する個別の対処法において対立が生じたとしても、全体として国際協調の枠組みを維持することで、相互の突出した行動に自制を促そうとする意向が働いた。北京関税特別会議の失敗後、日本は中国政情の推移と関税会議の再開、日中通商条約交渉を一体化して考える一方で、イギリスはワシントン条約の再編強化を目指すべく、現地外交官の国民政府承認要求を抑える形でクリスマス・メッセージを公表した。いずれも、列強間の独自の動きが顕在化しつつあったからこそ、国際協調の枠組みがより重視された。また、北京政府によるアグレンの海関総税務司の罷免や、後任のエドワーズに対する国民政府の否認に対し、日本は一貫してイギリスの立場を支持し、イギリス側もそれを評価した。そしてエドワーズによって、海関行政を通じた中国の内戦に対する調停や、統一政権が存在しない中での中国国定税率施行に関する構想が提起されるまでになった。

こうした日本とイギリスの対応は、一九二〇年代後半における列強の対中国政策の傾向、すなわち、単独主義的な性格を強めながらも、それぞれの責任を果たすことで国際協調を維持していこうとする政策傾向を示していた。ただし、アメリカは、ジュネーヴ軍縮会議やパリ不戦条約をめぐる対応に示されるように、自国の権利保護や裁量権の保持に関して非妥協的で、自国の行動の自由を優先する立場から一九二八年七月に米中関税条約を締結した。とはいえ、続く治外法権撤廃交渉において、アメリカは中国に対して非妥協的な姿勢を示すこととなる。他方、イギリスは、米中関税条約に続いて成立した英中関税条約において、関税会議における差等税率案を一年間の暫定税率として採用することで、中国の国定税率の施行を実質的に一年間延期させた。これは、イギリスの貿易品に対する優遇措置を獲得すると共に、中国による国定税率の施行と日中通商条約の効力問題をめぐり、日中間の対立が先鋭化するのを阻止するためであった。その間に日中間で条約効力問題が克服され、関税条約の締結に向けて交渉が始められる条件が整った。イギリスはさらに、中国との治外法権撤廃交渉においても、列強と中国の調停的な役割を果たしていくこととなる。

第十二章　陸軍改革運動と張作霖爆殺事件

第一次世界大戦後の日本における民主化の気運に、陸軍も無関係ではなかった。第一次世界大戦で展開された国家総動員に対応するため、陸軍においても、国民全体との関係を念頭に置いた軍の改革が必要と認識されたからである。戦後の陸軍は、そうした軍の改革を、政党内閣を成立させた政治的、社会的変化に対応しながら進めようとした。しかし、その過程で、既に動揺していた長州閥を中心とする陸軍内の権力秩序が再編され、また、激変する中国情勢への対応をめぐり、対立が生じた。

以下、一九二〇年代の日本陸軍の内部権力状況と対中国政策に関し、相互に関連し合う三つの主題を取り上げることで、満州事変やその後の陸軍派閥対立の背景を探っていく。すなわち、第一に、国家総動員への対応や陸軍の改革をめぐる、田中義一、宇垣一成ら長州閥と、上原勇作を中心とするいわゆる上原派、そして彼らの後継世代たる永田鉄山や小畑敏四郎ら佐官級中堅将校の相互関係と権力意識、第二に、彼らそれぞれの対中国政策の特徴、第三に、昭和三年六月に張作霖爆殺事件を引き起こした河本大作のねらいと事件に至る経過、である。

国家総動員への対応や陸軍装備の近代化に関し、陸軍内の諸議論を紹介した黒沢文貴の研究や、山梨軍縮や宇垣軍縮をめぐる高橋秀直、小林道彦の研究が存在する。また、張作霖との関係を軸とする陸軍の対中国政策に関し、それを田中外交との関連で明らかにした佐藤元英の研究が存在する。本章はこれらの研究を基礎に、まずは田中や宇垣が目指した陸軍の近代化が、その内容ばかりでなく、田中らがそれを実現するために採用した政治手法とその結果生じた陸軍内の権力状況の変化によって、後継の中堅将校の意識に変化を生じさせたことを明らかにする。その上で、田中外交と、とりわけ従来、理解の不十分であった上原派の対中国外交について再評価を行い、上原派の目指した中国外交が、張作霖との関係を重視しない点などで、田中や宇垣の外交方針より幣原外交に通じる新しい認識を有していたこと、ただし、それが張への武力行使に容認的な点で短期的に外務省と距離を生じさせており、そうした中で中堅将校は上原派の強硬姿勢と田中外交の軍閥操縦という特徴を独自の形で引き継いでいったことを議論する。上原派は、中国に対する武力行使に肯定的であったが、それが張作霖爆殺事件や満州事変に直結したわけではない。従来、中国に対する強硬派として一括されてきた様々な立場を分析し、その特徴を明らかにすることで、相互の影響関係を厳密に解明することが可能になるはずである。

張作霖爆殺は一般に、張の殺害をきっかけに満州全域の占領を図るために起こされた事件として理解されている。それによって同事件は、後の満州事変の原初的な計画としても位置付けられている。とはいえ、河本の長期的な展望や計画に則って現実が推移したわけではない。以下に示されるように、張作霖の爆殺はむしろ非常措置として実施されたものであって、その限りで満州事変に直結する事件ではなかった。本章は、張作霖爆殺事件が決行されるまでの河本の長期的なねらいと、それを実行に移す直前の状況を分析することで、張作霖爆殺事件と満州事変がどのようにつながっていくのかを解明するための、基礎的な検討を行う。

一　陸軍の近代化をめぐる葛藤

大正十（一九二一）年十月二十七日、ドイツのバーデンバーデンで、陸軍の永田鉄山少佐、小畑敏四郎少佐、岡村寧次少佐が、国家総動員という、第一次世界大戦で展開された新たな戦争形態の登場に対応できる陸軍の近代化と、長州閥人事の打破を目指していくことを申し合わせた[1]。この三人はいずれも、昭和期、とりわけ満州事変前後に陸軍の枢要に位置する軍人であり、しかも国家総動員という課題は、陸軍のみで解決できる問題ではなく、陸軍と政治や経済、社会との関係の見直しを迫るものであった。その意味で第一次世界大戦は、昭和期陸軍の政治化の重要な背景となった。その一方で陸軍の近代化は、第一次世界大戦後の陸軍が総体として取り組むべき課題であり、その先鞭はむしろ、長州閥の田中義一や宇垣一成によって付けられた。しかも他方で、永田と小畑は昭和二（一九二七）年頃に決裂し、対立関係に入っていく。このように、満州事変に向けた陸軍の変化は、第一次世界大戦に対する対応や、世代間の意識の違いに加え、様々な要因が重なり合う形で引き起こされていった。

国家総動員の登場が日本陸軍に与えた意識の変化については、纐纈厚や黒沢文貴の研究が存在する。黒沢によれば、第一次世界大戦後の陸軍は、普通選挙法の成立に象徴される民主化の気運に必ずしも反対していなかった。むしろ、第一次世界大戦において厳格で統制が取れていたはずのドイツ軍が敗北し、民主主義国であるイギリスやアメリカが勝利したことは、日本陸軍にとって衝撃であった。そのため、近代戦に堪える軍隊を創設する上で、兵士に盲目的な服従を強要するより、個々の兵士の使命感や自律性に裏付けられた、相互理解に基づく命令、服従関係を形成することが必要と考えられた[2]。こうした新たな軍隊の形成は、戦闘における中隊、小隊、分隊といった小規模戦闘単位の重要性の高まりに対応する上でも必要であった。そしてそのための教育制度の改革が着手され、実現していった。

しかし、近代戦への対応の中心をなす陸軍の機械化をめぐり、見解の相違も存在した。纐纈厚や黒沢文貴によれば、たとえば大戦末期の大正七（一九一八）年二月に真崎甚三郎中佐は、「戦闘ノ為メ緊要闕クヘカラサルモノハ堅確ナル軍人精神ナリ、換言スレハ真ノ攻撃精神」[3]であるという歩兵中心の戦略思想を述べていたが、他方で津野一輔少将は、同年八月、「今日進歩セル各種兵器ノ威力ハ絶対ニ之ヲ承認セサルヘカラサルニ至レリ。若シ此時時世ノ進運ニ鑑ミス、貴重ナル現戦役ノ教訓ヲ顧ミス、徒ラニ精神力ニ信頼シテ火器ノ威力ヲ軽視シ、或ハ其ノ装備ヲ忽ニスルモノアランカ、必スヤ最後ノ死命ヲ制ス」[4]との意見を発表していた。真崎は昭和期に皇道派の中心となり、津野は後に宇垣陸相の下で次官に就任し、宇垣軍縮を進める。一方が攻撃精神の重要性を強調するのに対し、他方は過剰な精神主義への傾倒を戒め、兵器や装備の重要性を指摘したわけである。とはいえ、黒沢によれば、歩兵の攻撃精神を重視する立場も装備を軽視したわけでなく、また、装備の充実を重視する論者も、攻撃精神の必要を認めなかったわけではない。一般に精神の重要性が説かれる場合、それは、士気や行動力、決断力、責任感、忍耐力といった要素と関係している。その意味で精神主義は、現場で作戦の指揮、遂行に当たり、兵士との信頼関係を特に重視する統帥側の論理を述べたものであった。対して装備を重視する主張は、平時において人事や装備を管掌する、軍政側の論理に重なっていた。

纐纈によれば、大正十二（一九二三）年に改訂された『歩兵操典』をめぐり、陸軍内には、従来の肉弾戦法を旧戦法とし、欧米型の新式軍隊の編制と戦法の採用を主張する軍制改革派と、日本の工業能力から多数の兵器製造に限界があり、近代兵器を装備しても補充に困難をきたすため、多兵主義によってこれを補うべきとする現状維持派の対立が存在したという[5]。つまり、精神と物質という問題がいずれかを重視する二項対立的な性格を帯びたのは、陸軍の近代化を進める上で、日本の資源や経済力に限界があったためであった。精神主義の立場は、日本に長期戦の遂行に必要な経済資源が欠けているため、短期間に敵を撃滅する速戦即決主義を掲げ、短期間に兵力を集中させて優勢な敵軍を撃破するという、精兵重視の戦略的立場を取った。彼らが攻撃精神を重視したのも、装備の近代化を軽視したためというより、統帥の実務担当者として、劣勢を補う用兵の重要性を意識したためであった。また、黒沢によれば、彼らにはヨーロッパと東アジアの状況の違いから、ヨーロッパの近代戦を特殊な現象と判断し、中国軍の装備の劣悪さを指摘する場合もあったという。しかし、それも装備に対する偏見からというより、東アジアの軍事情勢と日本の国力の現実を踏まえてなされた議論であり、それはむしろ、第一次世界大戦後の世界的な軍縮気運に対応できる可能性を持っていた。

以上のような、機械化論と攻撃精神ないし短期決戦主義との相違を象徴したのが、永田鉄山と小畑敏四郎であった。永田はドイツにおいてルーデンドルフの国家総動員論に関心を示し、帰国後、『国家総動員に関する意見』[6]の作成に関わり、さらに満州事変後、軍の機械化推進のため、政官界との折衝に当たる中心的な軍人となった。対して小畑は、第一次世界大戦中の東部戦線視察経験から対露戦における機動力の重要性を認識し、ドイツが仏露両軍を撃滅するために作り上げたシュリーフェン計画に注目した[7]。小畑はそうした機動作戦を、満州事変および満州国建国後の対ソ戦略に応用する。すなわち、満州事変後の関東軍は、対ソ戦の勃発に際し、ヴラジヴァストーク方面の東部戦線と北方の主戦線の二方面で優勢なソ連軍を迎え撃つ事態を想定した。そこで小畑は、開戦劈頭、全戦力で東部方面の敵を撃滅し、その後、遅れて侵攻してくる北方主戦線の本隊を、内線作戦、すなわち中心点から放射線形に部隊を運用する作戦形態で迎撃するという作戦を立案する。小畑はこれを実行するため、満州国内の鉄道敷設を進めて機動力を高めると共に、浸透作戦の遂行に当たる中隊以下の現場指揮官の訓練と敢闘精神の涵養に努めることとなる。

満州事変後、永田と小畑はそれぞれ統制派、皇道派の中心となるが、統制派と皇道派の相違に、こうした軍政中心の考え方と作戦ないし統帥中心の考え方という気質の違いも反映したはずである。後に皇道派に対し、反動的な精神主義という偏見が付されたが、小畑は運輸、通信、兵站を専門とし、上述のような鉄道主体の機動戦からなる対ソ戦略を作り上げた。また、腹心の鈴木率道は、陸軍航空兵団創設の中心的役割を果たした。その意味で満州事変後の陸軍の機械化、近代化は、作戦および統帥の観点からむしろ皇道派によって進められた。対して統制派は、経済資源の動員といった陸軍外への働きかけに主たる関心を向けており、統制派が皇道派に代わって陸軍を掌握した後も、皇道派の戦略方針を転換し、あるいはそれ以上の成果を挙げることはなかった。第一次世界大戦後の陸軍近代化をめぐる陸軍内の見解の相違も、こうした軍政と統帥の立場や関心の相違を反映しており、それは満州事変後の派閥対立にも引き継がれていく。

とはいえ、陸軍の近代化という課題は、第一次世界大戦後の陸軍が全体として取り組むべき課題であり、その点で世代間に意識の違いは存在しなかった。大戦勃発の時点で臨時軍事調査委員が設立され、大戦の推移に多大な関心が寄せられていた。終戦後の大正八（一九一九）年、原内閣の田中義一陸相は、航空戦力の開発、充実を重視し、フランスより航空将校を招聘し、軍務局航空課を設置した他、航空学校、陸軍技術本部、陸軍科学研究所などを新設し、陸軍の機械化を推進しようとした。[8]その一方で小磯国昭少佐は、大正六年に『帝国国防資源』をまとめ、長期戦に勝利するための自給自足経済確立について議論を展開していた。小磯は、平時において輸出促進と不足原料の輸入や保存に努めると共に、戦時においては自給自足経済を確立するため、特に中国の資源を確保するという展望を打ち出していた。[9]

第一次世界大戦後の陸軍にとって、日本の経済的後進性に加え、世界的な軍縮傾向は、軍の近代化を進める上で制約となった。特に大正十一（一九二二）年のワシントン会議による海軍軍縮条約の成立や、高橋是清内閣の緊縮財政方針を受け、同内閣の陸相に就任した山梨半造により、いわゆる山梨軍縮が実施された。高橋秀直によれば、第四十四回議会以降の軍縮を求める世論の高まりの中、陸軍も対応をまとめ、陸軍が自ら財政整理を行い、新規充実計画費を捻出することとした。[10]具体的には、連隊を改編して各大隊から一個中隊を削減し、各連隊に一個機関銃隊を配備するといった案が提出され、平時兵力を五万人削減し、機関銃、戦車、高射砲などの軍備充実を大正十二年度より四、五年計画で実施するという内容にまとめられたようである。しかし、第四十五回議会における政府および政党側の軍縮要求は強く、陸軍側はさらなる譲歩を余儀なくされた。最終的に加藤友三郎内閣の下、二百五十余の中隊の整理を中心に、将校二千人余、准士官以下五万七千人余を削減し、大正十二年より十年間、経常費を総計三億一千万円余、臨時費四千万円余を削減することとなった。代償として陸軍は、機関銃を中心とする装備の充実を図った。

しかし、政党側の軍縮要求は強く、他方、陸軍の装備充実計画も不十分であった。こうした中で八月に加藤首相が死去し、九月に第二次山本権兵衛内閣が成立した。田中義一が再度陸相に就任し、田中は改めて陸軍の装備充実に取り組もうとした。そのため田中は、宇垣一成を次官に起用し、十二月に宇垣を委員長とする軍制改革のための制度調査委員会を設置した。しかし、十二月二十九日に山本内閣は総辞職し、田中も辞任を余儀なくされた。そこで田中は、後継の清浦奎吾内閣の陸相に、福田雅太郎を推す上原勇作参謀総長の意向を排し、宇垣を就任させたのである。

田中と上原の対立は、シベリア撤兵問題をめぐり、原敬内閣期に始まっていた。撤兵に反対する参謀本部に対し、田中は原首相と山県有朋の支持を獲得することで対抗し、さらに長期的に、上原参謀総長の更迭や、参謀本部の改革も構想していた。田中は原から陸軍の統制と山県有朋との連絡役を期待され、他方、山県は原への依存を強めていた。そのため、田中陸相は参謀本部との対立に際し、自らの辞職を原と山県に示唆することで、山県の支持を固めようとした。他方、田中は陸相就任当初より、航空戦力の充実を目指していた。ただし、それを航空戦力に関する研究を踏まえて長期的に進めることとし、短期的に海軍予算の先行拡大を容認した。とはいえ、田中は原首相や山県の支持を得ていたため、陸軍拡充予算の延期は陸軍部内の反発を引き起こさなかった。(11)

ところが、大正九年二月以降、田中は心臓に疾患を抱え、大正十年二月二十六日に狭心症の発作を引き起こしてしまう。そのため、療養の末、六月八日に陸相を辞任した。田中は後任に山梨半造次官を推薦すると共に、原首相に対し、陸軍省と参謀本部の間に権限分担に関する合意文書が存在することを明らかにした。(12)これは、第一次山本権兵衛内閣時の軍部大臣現役武官制の廃止に伴い、それまで陸軍省に属した権限の一部を参謀本部に移管したことを指す。田中は参謀本部改革の一環として、その権限の一部を陸軍省に再移管することを考慮していたのであろう。しかし、田中の陸相辞任に続き、同年十一月四日には原首相が暗殺され、さらに翌大正十一年二月一日に山県有朋も死去してしまう。そのため、田中が原や山県の支持を得て参謀本部改革に着手する機会は失われた。田中が第二次山本内閣の陸相を辞するに当たり、宇垣を後継陸相に推したのは、陸相が上原の影響下に置かれるのを阻止し、自らの構想する陸軍の改革を推進するためであった。

田中による宇垣陸相の擁立について、『元帥上原勇作伝』『田中義一伝記』および上原派の筑紫熊七中将が大正十三年一月十四日付で田中に送った「勧告書」から、問題の概要が判明する。『上原伝』によれば、清浦内閣の陸相について清浦が福田を希望し、石光真臣中将を介して上原に確認を求めてきたという。(13)しかし、一月二日に田中義一は、西原亀三を通じて清浦に対し、陸軍三長官の合意した人物が後継陸相に妥当であることを申し入れ、田中は同様の趣旨を人を介して上原にも伝えた。しかも、四日に貴族院の研究会が、福田大将の陸相就任に反対した。『田中伝』はその理由を、福田大将が甘粕事件により社会主義者の反感を買っていたためとしている。[14]その後、清浦は、田中と上原の協議によって三名の候補者を推薦してもらい、その内より清浦が自ら陸相を選定したいという意向を伝えた。その結果、田中より候補として、福田大将、尾野実信大将と宇垣中将が挙げられた。田中より書簡で意見を求められた上原は、陸相選定の経緯について判断を保留し、宇垣が不適当であることのみを返答したという。しかし、清浦は六日に宇垣と面会し、陸相就任を要請した。

清浦内閣が成立した大正十三（一九二四）年一月七日午後、田中は上原を訪問し、首相やその他二、三名の推薦で陸相を決定することは、陸軍に対する政党の影響力を拡大し、あるいは政党への迎合的風潮を陸軍内に生み出しかねないことを述べた。しかしその後、上原を訪れた清浦は、田中が貴族院の研究会を使って組閣を妨害していたことを明かしたという。他方、『田中伝』は、清浦が上原に、福田大将を陸相に不適当とした理由を説明しなかった、とのみ記している。翌八日、今度は上原が田中を訪問し、前日の田中の意見に対し、陸相の選定を前任者の指名によって行うのは、内閣の交代により政策が変更される場合、とりわけ積極、消極の財政方針の変更が行われる場合、組閣が不可能となり、あるいは軍部と議会の対立を惹起しかねないことを述べた。上原は、「特に戦争の形態漸く変じ、一旦緩急に際しては国家の全機能を挙げて遂行せざるべからざる近世戦争に於ては、平素より他の国政と緊密なる調和連絡を保ち之を誘導して軍の要求する国家総動員の企図に合致せしむるに努」めねばならず、しかもそれを「漸次に政党政治に推移せんとする趨勢」の中で実現するため、軍部大臣の武官制を維持しつつ、陸軍内の態勢を万全にすべきと考えた。その点で、陸軍三長官の合意を理由に政府の人事判断に介入するのは、法制的にも不当な干渉になりかねないと判断した。

清浦内閣の陸相をめぐる陸軍内の対立は、山県有朋死後の政軍関係の変化を象徴していた。戸部良一は、昭和期における陸軍の政治化について、藩閥による政治と軍事の統一的掌握から、桂園時代以降の政党の台頭と軍の専門職化による政治と軍事の分離、そして軍による独自の軍事合理性と組織的利益の追求へという変化の中で説明している。[15]しかし、清浦内閣の陸相をめぐる対立は、むしろ政治と軍事が、第一次世界大戦後の山県の死去と政党政治の流れを受けた新たな相互関係を模索する中で、生じたものであった。清浦内閣の成立後、筑紫中将が田中に送付した「勧告書」は、この点に関連し、次のように記していた。[16]

閣下徐に思へ、子爵が陸相撰定の為に執りたる経路に一点の批難を投ずるの余地あるか。［…］山県元帥在世時代に在りては、時の大命拝受者は山本伯を除く外恐らく陸軍の長者として元帥の推選を求め其の陸相を決定した様である。［…］近く第二次山本内閣の陸相選定に就きても、当時の陸相たりし山梨大将の推選に依り閣下に交渉を開ひた訳ではあるまい。山本伯は恐らく自己一存の意見に依り直接閣下に交渉を開き、閣下は其の交渉に基づきて所謂三長官其他の了解を求めて入閣するに至つたのが当時の真相であらうと思ふ。清浦子爵が其陸相選定に方《あた》り陸軍の長老と信する上原元帥の意見を徴したのは、寧ろ従来の慣例を尊重したるものにして何等批難すべき点はないではないか。若し子爵の決定せる福田大将にして陸相たるべしとの交渉を受くるに至らば、爾後の経過は閣下が山本伯の交渉を受けたる以後の経過と同一経路を踏むだであらう。

閣下は当時虎門事件に恐懼し他の閣僚と共に謹慎待責の身分であつた。［…］然るに事茲に出でず、大命拝受者が従来の慣例を尊重して選定したる陸相候補者其人が意中の人にあらざるを知るや、自己の立場を忘れて猛然其の排斥運動を開始し、組閣の中心が縁故深き研究会に属するを幸ひに、一面同会の幹部を動かして大命拝受者を脅威し、一面自ら陣頭に立ちて所謂三長官会議又は軍事参議官会議と称して屢々同志の会合を催ふし、既定候補者の排斥と自己推選の候補者とは陸軍巨頭の一致せる意見なりとし、大命拝受者をして終に閣下の強要に屈従するに至らしめたのである。斯は一面閣下の成功を意味するならんも、其の反面に於ては大命に楯つく批難を免ぬかれぬであらう。

ここから明らかになるのは、山県の死後、長州出身でないにもかかわらず、山県と密接な関係を持っていた清浦や上原が、政界や軍の有力者として、山県が果たしていた役割を慣習的に継承しようとしたのに対し、長州閥直系の田中が多方面への政治的働きかけによってそれを阻止したという対立の経緯である。清浦や上原は地縁として薩摩にも連なっていたため、これは長州閥と薩派との争いとも重なり合っていた。しかし、それ以上にこうした争いが生じた原因は、山県閥をまとめる中心が失われていた状況下で、田中義一が軍内の古参の影響力を排除しながら、部下としてこれまで起用してきた宇垣を要職に就けようとしたことにあった。対して上原は統帥系の軍人で、田中に対抗する行動も情緒的で、職権を持つ田中や宇垣に公私混同という印象を与えた。上原周辺の行動様式も同様で、それが筑紫中将による勧告書の送付まで引き起こしたわけである。

上原派や上原系とも呼ばれる上原を頂点とする人脈的結合は、伝統的価値観に忠実で、分限意識や年功序列意識が強く、旧来の藩閥の支配する陸軍の下でも任務や上下秩序に服することによって、出身地域を超えて山県閥の周辺に位置し、上原の場合は陸軍大臣や参謀総長にまで就任した。彼らのそうした気質は、政党内閣を積極的に歓迎しなかったであろうが、それを時代の趨勢として受け入れる判断力や柔軟性は持ち合わせていた。基本的に政治の世界と自らの世界を別のものと考えていたからである。そこで彼らは、軍部大臣武官制を維持し、政治と軍の領域を区分しながら、首相と陸軍の長老格の間で大臣人事を調整すればよいと考えた。こうした分限意識は、軍人としての任務を重視する点で軍政よりも統帥中心の考え方に通じ、伝統主義的であったことから精神主義にも親和的で、年功序列や情実的人間関係も常識として受け入れていた。これらは、皇道派が上原派の後継世代として、満州事変勃発後に宇垣派や統制派と対立していく伏線ともなる。

対して田中が宇垣を陸相に抜擢した理由は、上原の影響力と参謀本部の権限を制限し、自らの主導権の下で陸軍の機械化を進めるためであった。宇垣の陸相就任後、次官の津野一輔が制度調査委員長に就任した。その後、七月末に第一次調査報告が提出された。これは八月の軍事参議官会議の承認を経て閣議にかけられ、大正十四年度予算案として確定した。高橋秀直によれば、加藤高明内閣で成立した陸軍の整理、近代化計画は、経常費千九百万円余、臨時費千二百万円余の総計三千万円余を整理し、そのほとんどを新規事業や軍備の充実に充てるというものであった。その結果、四個師団の廃止、三万三千余名の整理の代償として戦車隊や航空兵科が新設され、機関銃隊や自動車隊の増設なども実現した。宇垣はこれを、整理費の一部国庫返納と軍備充実の八年間にわたる繰延計画とすることで、内閣に承認させた。

とはいえ、軍事参議官会議では、上原元帥、福田雅太郎、尾野実信、町田経宇の各大将が軍縮案に反対し、議長の奥保鞏元帥、田中義一、山梨半造、大庭二郎の各大将と宇垣の賛成で軍縮案は可決した。その後の軍縮の過程で、政友会総裁になるため自ら予備役編入を申し出た田中以外の、福田、尾野、町田、山梨の各大将は予備役に編入された。山梨が予備役に編入されたのは、宇垣が彼を以前から無能視していたためである。(17) また、宇垣が陸相に就任してほどない三月、宇垣は上原より田中の予備役編入を要請されていたが、これを公私混同として斥け、逆に石光中将ら七名の中将を予備役に編入していた。これは、上原派に対する実質的な粛正人事であった。その一方で宇垣は、清浦内閣から加藤高明内閣、若槻礼次郎内閣にかけての内閣の交代に際し、首相から直接要請を受けて陸相に留任した。(18) さらに田中義一内閣の成立時、宇垣は田中からの留任希望に対し、「余にして此際軍相丈けは治外法権なるが如きの態度採らんか、近く再び軍相資格問題の抬頭すべきは有勝の事〔…〕立憲的態度の俑を示して之が擁護に当るべき」として、辞退した。(19) この理由付けは、陸相の地位を政府の変化に対応させ、また、陸相人事に関する政府の一定の裁量権を認めることで、逆に陸軍職務の独立性について一般的な理解を得ようとするものであり、かつての上原の主張に近似していた。これは、陸軍内における宇垣の地位が、政府側から常に陸相候補として評価されるまでに確立していたからであり、宇垣優位の陸軍内の権力状況が、二大政党政治に対応する形で、宇垣の保守化を促していた。宇垣の後任の白川義則も、田中の青年時代、松山に滞在していた折の隣家の子息であり、田中、山梨の下で人事局長や陸軍次官を務めていた。白川陸相の就任も、宇垣への打診に続く、田中による直接要請の結果であろう。

田中による宇垣大臣の起用から、宇垣による軍縮人事までの経緯に照らし、彼らは陸軍の合理化や近代化を、軍の総意として進めようとしていたわけではなかった。田中は軍の改革と宇垣の起用を通じ、陸軍長老の影響力の低下を図った。そのため田中は、現職大臣としての権限を最大限に行使しており、それはそのまま宇垣にも引き継がれた。これ以降、宇垣は陸士同期の鈴木荘六朝鮮軍司令官、宇垣の後任陸相となる白川義則関東軍司令官らと共に、金谷範三、南次郎、建川美次、二宮治重、小磯国昭らを起用し、宇垣閥と称される人脈を形成していった。[20]宇垣は、それまでの陸軍内の道徳主義的ないし伝統主義的な軍内秩序を、職権を利用して奪取した形となり、それによって短期的に宇垣閥を台頭させた。しかし、それは長期的に、後述のような陸軍内の権力闘争の一つの契機を生み出すことにもなった。昭和期における陸軍の政治化は、政党の台頭に対する軍の防衛措置として生じたわけでなく、陸軍内の権力関係の変化や軍政と統帥の気質の違いといった、陸軍内部の分裂によって生じていくのである。

小林道彦や森靖夫は、以上のような田中や宇垣による陸軍人事の掌握を、一九二〇年代における、参謀本部に対する陸軍省の優位として評価する。[21]しかし、そうした陸軍省の優位なるものは、安定しなかった。何より宇垣を中心とする新たな派閥の形成と職権の掌握が、かつての藩閥の機能を引き継がなかった。それどころか、田中や宇垣による人事の掌握は、伝統的な人脈関係を通じた陸軍の統制をむしろ弛緩させ、職権による統制の可能性と同時に、権力志向に基づく紛争の可能性を高めた。宇垣自身、田中の予備役編入とその後の政界への進出を受け、田中の統制から離脱していた。宇垣は昭和二（一九二七）年十二月一日の日記に田中を評して、「軍部に有為の後進を作り置くなどの真面目の気分は少しも見受くることは出来ざりし。彼が一度陸相の地位を去るや依然権勢に恋々の念止み難きものありて〔…〕彼が再起後に余の努力を待つべく次官に起用し、更に陸相の地位を去るに当りては上原一派の侵入を妨止して糧道を維持すべく余を推挙して自己の軍部に於ける地位を保持すべく図りたのである。要するに彼の余に対する情誼なるものは大体に於て自己本位、自己の便宜の為に余を利用し引援して居りし観あることは夙に認めて居りし所」[22]と記し、田中との情誼的関係の清算に「何となく気分も清々する」とさえ記した。田中による職権を利用した陸軍内の伝統的秩序の破壊が、田中と宇垣の関係の清算にも作用したわけである。

同様の現象は、宇垣の後継世代にも見られた。まず昭和二年頃に永田鉄山と小畑敏四郎の関係が破綻した。[23]小畑が永田を嫌悪したためで、小畑によれば、二葉会の当初の意図は「将来の枢要な地位を占めた場合、全軍の信望を得るために、飽くまで自らの徳器を磨くための『切磋琢磨』を行うことにあったが、これに反して永田は「自己の政治的野心を達成するために、後輩の内これはと思う人物に触手をのばして自己の陣営に入れることをはか」ったという。ここでいう後輩の代表は、鈴木貞一である。鈴木は大正十二年頃より二葉会への接近を図っていたが、小畑は鈴木について「他人の創意を横取りしても、自己の欲望を守る」性格があったとし、彼は二葉会に啓発されて「玉石混淆の一団」を作り出したところ、「策士的人物」たる永田がこれに注目したという。[24]昭和二年から三年にかけ、二葉会の参加者は陸士十五期から十八期までの佐官級、約二十名ほどに達し、昭和三年末には木曜会という会合も持たれるようになった。ただし、木曜会は、高橋正衛が指摘するように、岡村寧次と東条英機が中心となった会合のようである。[25]岡村は仲裁的ないし妥協的な役を多くこなし、対して東条は、生年では小畑の先輩に当たるが、陸軍大学校に二期続けて落第し、小畑より受験指導を受けていた。二葉会をめぐる人間関係の広がりの中で永田に対する小畑の感情が悪化していたことから、岡村と東条が両者の関係に配慮しながら政策研究の会合を継続しようとしたのかもしれない。永田は国家総動員に関わる軍政への志向が強く、対して小畑は、戦術や作戦といった統帥事項への関心が高かった。軍人としての資質や関心が異なっていた上、特に小畑は「徳器を磨く」ことを重視し、伝統的価値観に忠実で軍人としての職務に厳しく、権力欲を嫌悪した。それが永田に対する敵対意識につながったのであろう。

他方、昭和四（一九二九）年五月十九日に結成された一夕会の第一回会合で、参加した永田鉄山、岡村寧次、東条英機、根本博、土橋勇逸、武藤章、清水規矩らは、(1)陸軍人事の刷新、(2)満蒙問題の解決、(3)荒木貞夫、真崎甚三郎、林銑十郎の三将軍をもり立てることを決定した。しかもその際、人事の刷新について、次のような方針が念頭に置かれていたという[26]。

唯人事の刷新らしいことは、会員を重要ポストに逐次就かしめ、自己の領域に於て上司をして、会が意図する所を実現せしむる如く互に協力するということであった。

要するに同憂の士が志を同うして、諸事の正常化に邁進しようとするものであって、非合法の手段に訴えて、革新を自ら断行しようとする横断的結成では絶対になかったのである。況んやクーデターの如き極端に過激な行動は、強く排斥されたのであった。

宇垣閥の次の世代も、自らの影響力を拡大する方法として、人脈を通じて情実的な人間関係を形成するより、地位と権力の獲得を重視していた。右の引用は、軍縮後の若手将校が、選ばれた中核軍人として、ある種の優越感を持っていたことを示している。その意味で、山梨軍縮や宇垣軍縮をもたらした第一次世界大戦後の反軍的な世間的風潮が、軍の反発を招き、軍の政治化を促したという理解は、一面的である[27]。それどころか、逆に小畑が反発したのは、こうした自己中心的かつ権力主義的な価値観に対してであり、その意味で宇垣の後継世代の間でも、軍政系と統帥系の対立が存在し、特に軍政系は権力志向を強めていた。とはいえ、小畑はこの後もしばらく、二葉会ないし一夕会に参加した。理由は、その間に起きた張作霖爆殺事件によって、盟友たる河本大作を救うためにあらゆる手段を講じる必要があったからである。後述のように、一夕会の結成は、河本への処分が問題になっていた時期のことであった。その意味で、一夕会の対処すべき問題は、二葉会の結成時に比べ、具体的かつ深刻になっていた。

第一次世界大戦後、陸軍の軍縮と近代化推進の名目で、田中義一や宇垣一成は陸軍の長老や上原派を排除したが、大正から昭和へと時代が移る中、満州問題が新たな外交課題として発生していた。しかし、以下に述べるように、田中や宇垣は、この問題について後継世代の期待に応えることはできなかった。その結果、かつて田中や宇垣が上原派を排斥したように、今度は田中や宇垣派が後継世代から排斥の対象とされていく。ただし、それは張作霖の爆殺という突発的な事件の発生によって、複雑な経過をたどった。問題が複雑化したのは、張作霖爆殺事件に、上述のような権力志向とは対極的な、自己犠牲による現状打破という特別な契機が介在したからである。以下に述べるように、張作霖支援を中心とする田中義一の対中国外交が軍内において支持を失っていく過程と、そうした中で河本が張作霖の爆殺を決意していく過程は、無関係でないものの、多分に独立した別個の問題であった。昭和初期の陸軍を理解するためには、そうした全体状況と個別状況を区別して分析し、その上で両者の関係を統合していく作業が必要になる。それによって、従来、満州事変ないし陸軍暴発の前史として包括的に扱われてきた張作霖爆殺事件について、陸軍の満蒙政策、軍内の人間関係や組織的な問題点といった多元的な視点から、その動機と経過、それがもたらした影響を検証していくことが可能になる。

二　張作霖への対応をめぐって

中国における北伐の進展により、南京の陥落を間近に控えた昭和二（一九二七）年一月、宇垣一成は外務省の対張作霖政策について、次のように記した。[28]

外務の事大思想と割引政策は伝統的である。［…］第二奉直戦の時にも吾人は対支殊対満蒙政策の大局より張作霖支持の必要を説きたるが、外交当局は寧ろ呉佩孚を東三省に歓迎すべき意図を有して居りた。［…］張郭戦争に際しては、国民軍を背景とし其国民軍の背後には露国を控へある所の郭松齢を東三省に歓迎するの意思を外交当局は表示して居た。其際にも吾人は矢張り対支満蒙策の対局と道義の大本に訴へて張支持の態度を執りた。［…］昨年初秋以来、広東北伐軍の漸次の成功によりて支那の局面に変化を生じ来りたり。今や外交当局は張作霖を主体とする北方派に相当の好意を表すると同時に南方派にも秋波を送りて居る。実は彼等の意中には南方派が支配して居るけれども、外交機関の中心たる北京を北方派が支配して居るから止むを得ず双方に対して不即不離的双股的の態度に出て居るのかも知れぬ。今次の時局は妙に根本精神は兎に角として形に於ては吾人と外務の態度に於て一致の点を見出すことが出来た。

第一次世界大戦後の日本外務省には、張作霖のような特定軍閥との関係を重視する対中国外交を刷新しようとする気運が生まれており、さらに幣原外交の登場によって、張作霖への支援策は外務省の政策として放棄される方向へ大きく進んだ。対して宇垣は、外交面においても田中義一を引き継ぎ、張作霖を支持していた。しかし、大正十四（一九二五）年以降、張作霖の反日傾向が顕著になり、特に奉天票の暴落をきっかけに、関内進出を目指す張作霖とその停止を求める日本政府当局や在満日本人の相互感情が悪化していた。既述のように、張作霖は大正十五年八月に財政難から兌換券の流通を禁止し、奉天政府の指定相場による兌換券と奉天票の交換を命じた。これは実質的に、兌換券を持つ中国人商人の資産没収に相当し、日本人の商業活動も制約された。その結果、日本と奉天政府との関係は、満州における反日気運とも呼応し、劇的に悪化した。こうした経緯に照らせば、田中や宇垣の張作霖支援策は、中国の実情に対する理解という以前に、日本の国民感情に対する理解という点で、欠陥を持っていた。

　昭和二（一九二七）年四月に田中義一内閣が成立した時、北伐の進展やそれに伴う南京事件の発生により、対中国外交の焦点は国民党との関係に移っていた。こうした中で田中内閣は、現地の在留邦人の保護のために山東出兵に踏み切った。と同時に田中は、中国本土における蔣介石の反共政策を評価していた。田中は、長城以南の国民党支配を容認することで、蔣介石に日本と満州の特殊関係を黙認させる一方、満州において張作霖を支持し、「保境安民」と共産党の取り締まりに専念させ、さらに張を通じて満州における日本権益の維持、拡大を図ろうとした。[29] 張作霖を支持する方針は、宇垣ばかりでなく、大正十二年から関東軍司令官を務め、田中内閣で陸軍大臣に就任した白川義則も同様であった。

　とはいえ、上述のような張作霖の排日政策によって、陸軍内にも張作霖に対する態度の変化が生じていた。とりわけ白川の後任として大正十五年七月に関東軍司令官に就任した武藤信義は、昭和二年四月二十五日付の上原勇作宛の書簡で、中国に対する自らの指針を次のように報告していた。[30]

(1)支那国民に真之覚醒を促し、支那民国の政治、社会の改善を助成し、東亜の平和を招致することは日本帝国の使命なり。
(2)支那に於る共産党の撲滅は東亜の平和之為必要なるのみならす、人類の幸福の為緊要なり。此目的を達せん為め日本は支那の反共産派を支持し、又之が為め某程度迄は英国との協調を保つを可とす。
(3)支那の内争に対し共産党排斥以外に干渉して一方を支持する事は深く戒むへき事とす。共産党以外の支那人には一視同仁を以て莅《のぞ》まさるへからす。
(4)支那に於る英米人の横暴は之を制止せさるへからす。之に関しては支那国民に対し十二分の同情を保持す。然れとも同時に支那人特有の慢心を増長せしめさるの用意肝要なり。又支那に於る白人の横暴制せんが為め赤露の勢力を利用する事は之を避けさるへからす。
(5)支那に於る邦人の生命財産并に我利権は確実に擁護せらるゝを要す。暴力を以て之を侵害せんとするものに対しては断乎たる処置を取るべし。
(6)満州に於る帝国の利権の得失は我国家の隆衰に関するものなるを以て、之が確保の為には必要の場合機を失せす武力を用ゆるの覚悟を要す。
(7)対支政策に於て赤露と接近することは何れの点より観察するも結局害ありて益無し。北満に於る赤露の勢力は機会あれは之を駆逐するか覚悟を要す。但し北満に我武力を使用する場合に於ては支那人の敵意を買はさるの用意肝要なり。

書簡中の武力行使の直接の対象は、共産党やその影響を受けた国民党ないしソ連が想定されていた。とはいえ、武藤に先立つ大正十五年三月に関東軍高級参謀として赴任していた河本大作は後に、張作霖の排日政策に照らし、張の排斥を白川司令官に具申したところ、聞き入れられなかったが、後任の武藤司令官は河本の意見に同意したと回想している。(31) 武藤の書簡や、その後、東方会議のために関東軍が作成した「対満蒙政策ニ関スル意見（要旨）」(32)は、権益確保のため、武力行使も辞さないとする方針を掲げた。武藤書簡中の(5)項や(6)項でいう武力行使の対象には、日本の在満権益を侵害した場合の奉天政府も含まれていたはずである。ただし、この文書は張作霖の排斥を明記していたわけでもなかった。ただ後述のように、河本自身、後に関東軍内部でも意見が一致していないことを磯谷廉介に書き送っている。

佐藤元英は以上の史料に基づき、東方会議前の関東軍の方針を、張作霖を排斥し、武力行使による積極内政干渉を行い、満蒙の領有を目指すものであったとしている。(33) しかし、中国に対する武力行使が満蒙の領有を意味するという解釈は、飛躍である。武藤の他にも、斎藤恒関東軍参謀長は「支那救国策」(34)と題する文章で、「嘗テ某曰ク、支那人ハ類人猿ナリト。批評酷ナリト雖正ニ適中スルモノト云フヘシ」「革命以降支那ニ横行スル所謂支那新人ハ之レ悉ク偽支那人ニシテ外国人ナリ。孫文ト云ヒ、陳友仁ト云ヒ、蔣介石ト云ヒ、其血族ヲ検討セハ或ハ支那人ノ一人ト称スヘキモ、此等支那人ハ時ニ支那語ヲモ解セサルモノアリ。従テ支那ノ歴史、人情、風俗、慣習ヲ諒解セサルコト恰モ外国人ニ等シ」「支那人ハ統一ノ力ナク、従テ又政府ハ国民ヲ統一シ得ス」「帝国ハ支那ヲ救援センカ為、先ツ満蒙ノ地ニ自治連省ヲ設定シ、其生民ヲ塗炭ノ苦ヨリ救済シ範ヲ支那本部ニ垂レ、以テ王道ヲ全世界ニ宣布スルノ根基ヲ確立ス」などと述べていた。つまり、中国人に国家建設の能力はなく、満州自治に対する日本の支援が中国全体の福利に適うというのである。佐藤は、斎藤を武藤以上の強硬派とするが、実際の斎藤は「自治連省」と述べるにとどまっており、さらにこの記述自体が、日本人一般や中国政策に関わる軍人の中国認識を正そうとする、啓蒙的な文章に過ぎなかった。斎藤がこうした文章を作成したからといって、それが陸軍やあるいは関東軍の方針になったわけではない。それどころか、昭和三年の張作霖の奉天撤退に対する山海関出兵計画が田中首相の背信行為によって中止になった時、斎藤は憤慨しながらも政府の方針に従った。斎藤は規律を優先したのである。その上、斎藤は張作霖の爆殺にも関知しなかった。

以上の文書において、武藤は「支那国民に真之覚醒を促」すことを「日本帝国の使命」とし、逆に斎藤は、中国における国家建設に疑問を呈する理由として、中国人の民度の低さを挙げていた。国家統一における民衆意識の重要性を認識した点で、武藤と斎藤は、結論は対照的であったが、共通していた。その意味で武藤や斎藤の中国観は、袁世凱を敵視しあるいは段祺瑞との関係を重視した、政権指導者重視のかつての中国認識とは異なっていた。それはむしろ、第一次世界大戦後の日本における、国民の自立的な国家統合という理念を背景とした、新しい中国観であった。そうした価値観の変化は、満州の位置付けに対する評価の変化をもたらした。たとえば先に挙げた関東軍作成の「対満蒙政策ニ関スル意見（要旨）」は、その冒頭で次のように述べていた。

我帝国ノ将来ヲ左右スル人口及資源問題ハ海外発展ニ由リ解決スルヲ以テ第一義ト為サヽルヘカラス。而シテ其ノ発展ノ重点ハ満蒙及西伯利方面ニ撰定セラルルヲ要ス。蓋シ該方面、特ニ満蒙ハ、我帝国多年ノ奮闘努力ニ由リ発展ノ基礎既ニ樹立セラレ、且問題解決ノ要素ヲ具備スルヲ以テナリ。

同様の趣旨、すなわち、日本が満州に勢力を拡大し、人口問題と安全保障問題を解決しなければならないという趣旨は、二葉会や木曜会でも取り上げられていた。たとえば昭和三年三月一日の木曜会の第五回会合では、東条英機中佐の所見を基に、「帝国自存ノ為満蒙ニ完全ナル政治的権力ヲ確立スルヲ要ス」との判決が下されていた。[35] 小林道彦は、これを満蒙領有の意味で解釈しているが、飛躍である。[36] これは、張作霖の反日傾向に対する対抗意識から、奉天政権を従属下に置こうとする意味で用いられており、さらにそこには、一九二〇年代の日本における一定の民主化を背景とした、奉天政権に対する優位意識も介在していた。

一九二〇年代後半に満州が改めて重視されるようになったのは、第一次世界大戦後の日本の新たな国民統合という課題にとって、人口増加という問題が深刻に捉えられたからであった。一九二〇年代の日本は、普通選挙法を成立させると共に、小作争議や労働争議が増加した時代であった。しかも、この時期の日本は慢性不況の状態にあり、そうした中での国民における権利意識の発生は、国民的自覚に基づく国家統合の可能性と、国家分裂の可能性とを共にはらんでいた。

ヨーロッパにおいても十九世紀以降、選挙法の改正問題は特にフランスにおいて政情不安を引き起こす要因となっていた。しかし、これに対して同時期のイギリスは、選挙権を拡充する選挙法の改正や社会政策の実現を、帝国の拡大と一体化して行っていた。政治制度の一定の民主化は、権利意識を持ち始めた国民の要望に応えるものであったが、国民における経済格差の是正に直接の効果はなく、それどころか経済問題を政治争点化する結果をもたらした。そうした中での海外への移民とは、国内での経済的地位の向上に限界を感じた人々に新たな活躍の機会を与えると共に、イギリス本国における治安を安定化する効果があった。二十世紀を迎えると、イギリスの海外移民はアメリカの移民規制に対応し、帝国領内に向かう比率を高め、さらにそれと並行してドミニオンは自立傾向を強めた。一九二〇年代になると、イギリス本国政府による帝国内移民補助政策が開始されると共に、ドミニオンに本国政府との対等の地位が認められるようになった。その意味でイギリスにとって、帝国領への移民と帝国全体の民主化は一体化していた。

これに対して日本でも、一九二〇年代にブラジルへの移民に対する渡航補助など、様々な移民支援措置が開始されていた。これは、アメリカによる日本人労働移民の入国禁止に対応し、アメリカ以外への移民によって自立を目指す人々を支援するために導入された措置であった。とはいえ、ブラジル側も移民の受け入れに次第に消極的になっており、日本外務省は、外交関係上の配慮から、海外移民に対する消極姿勢を継続していた。その意味で日本の移民政策は、イギリスと同様に政府による移民支援措置を導入しながら、移民の対象地域という点で課題に直面していた。一九二〇年代後半から一九三〇年代にかけて、満州移民が改めて注目されるようになったのは、そのためである。

既述のように、大正末年まで、満州は海外移民の対象地域とならず、移民が試みられた場合でも、失敗に終わっていた。とはいえ、一九二〇年代における海外移民の新たな理念、すなわち、政府の支援による自立のための海外移民という理念が登場することで、満州移民に新たな意義が与えられるようになった。そこには、増加する人口に新たな経済的基盤を与え、日本国内の経済格差を是正し、民主化の時代に即した社会の安定効果が期待されると共に、大陸における日本の権益と国防を補強し、さらに後進中国を大国たる日本が指導するという文明的な意義も付与された。このように、昭和初期における満州移民論は、一九二〇年代における民主化と、社会や経済に対する行政措置の拡大を背景として登場しており、その点で、かつて日露戦後に政府が構想していた満州移民論とは異なっていた。後述のように、昭和期における満州移民は、満州国が成立した後、当該問題に消極的な政府に対する民間有志の働きかけによって実現していく。これに先立つ一九二〇年代後半の陸軍も、第一次世界大戦後の民主化の気運に対応することで、本来の任務を超える政治問題に関心を持つようになった。一九二〇年代の中堅将校は、国民と一体化してそれを指導しようとする意識を持ち、しかも国防を担う軍人として、満州問題への関心を高めていった。

しかし、そこには、田中義一や宇垣一成が招来した陸軍の分裂が影を落としていた。既述のように、一夕会が同志の陸軍内における地位の向上と権力の掌握を目指していくように、東条は木曜会で、満州における政治的権力の確立を目標として掲げた。対して上原系は、上下関係を軽視する権力志向を、分限を超えた、したがって道徳的に退廃した現象として捉えた。それは、彼らが田中を批判した理由でもあった。その点で、中国に対する武力行使を掲げ、この時期の強硬派とされてきた武藤信義ら関東軍の首脳は、後に満州事変を引き起こす世代の権力主義的な価値観を共有していたわけではなかった。武藤をはじめとする上原系が中国への武力行使に肯定的であったのは、彼らなりの伝統的価値観からであって、それを後の満州事変につながる満蒙占領計画に結び付けるのは、誤解である。上原派は、実績や年功に基づく権威を中心とした階層的序列秩序になじんでおり、中国側の反日、侮日的態度を、日本の権威に対する分を超えた挑発として受け止めた。そこで彼らは、指導する側と指導される側という相互関係を中国側に自覚させることを、満蒙問題解決の根本と考えた。武力行使とは、そうした、中国に日中間の実力の差を認識させるための手段として考えられたのであって、それは、東条英機のような「政治権力の確立」や、あるいは満蒙の武力占領ないし満蒙領有を意味したわけではなかった。

問題は、中国に日本の権威を示す上で、張作霖が介在したことであった。外務省では、幣原外交発足に先立って張作霖不支持の気運が生じており、その点は陸軍よりも先行していた。ただし、大正末年から昭和初期の日本の政策担当者は、外務省でも陸軍でも、中国の現状に照らし、満州に対する政策は現地の有力者たる張作霖を通じて行うよりないと判断していた。しかし、そうした個人的関係を通じる外交で、中国で高まるナショナリズムに対応することはできなかった。また、中国国民党との関係を考えると、張作霖への過度な肩入れには危険があった。さらに、特定軍閥との個人的関係に依存する外交は、関係を持った軍閥の消長に日本が振り回されてしまうことにつながりかねなかった。その点で、幣原外交の掲げた内政不干渉政策は、特定軍閥を支援する外交が大国の外交として不適当であるという認識から出発していた。それは、日本が中国に対して優越的地位を占めていることを前提としていた。対して武藤信義らも、特定軍閥の消長、それも反日政策を展開する張作霖の消長に日本の満蒙政策が左右される状況に屈辱的なものを感じており、それが彼らの武力行使を肯定する態度として表れていた。外務省と武藤らは、共に張作霖の凋落という現実を見据え、張作霖没落後の状況に対応できる日本の確固たる地位を確立しようとする立場から、当面の交渉相手たる張作霖との関係を限定的に捉えるようになっていた。ただし、両者は、日中間の指導する立場と指導される立場という不均等な関係を、外交交渉によって実現するのか、武力行使の可能性を含めた威圧的な姿勢を誇示することによって実現するのかという、目的実現の方法において異なっていた。

他方、田中義一や宇垣一成、あるいは白川義則といった張作霖との関係を重視する立場は、旧来の陸軍の中国政策を引き継いでいただけに保守的で、結果として方法的に、張作霖との交渉を通じて日中関係を打開するという外務省の立場に近かった。中国政策の遂行に際し、張作霖に対する駆け引きを含んだ非公式の影響力が重要であった以上、張作霖に対する武力行使が当面の満州権益の維持、拡大に資するとは考えられなかった。外務省は、張作霖が長期的に凋落していくことを展望しながら、当面の便宜として張作霖との関係を重視した。田中義一は、張作霖との折衝において満鉄の山本条太郎の手腕に期待し、また、幣原外交との違いを打ち出すために山東出兵に踏み切ったが、他方で東方会議の開催によって、幣原外交を支えた外務省をむしろ自らの構想の下で活用しようとした。それは外務省側に、外交の独立を冒す不条理な行動として受け取られたが(37)、武力行使を念頭に置く関東軍に比べれば、田中と外務省は、張作霖の長期的支援を前提とする交渉か、あるいは暫定措置としての張作霖との交渉かという違いはあっても、張作霖との交渉を通じて満州権益の維持、拡大を図る点で、短期的に共通していた。先に引用した宇垣日記の昭和二年一月の記述は、こうした状況を背景としていた。

田中義一首相兼摂外相の招集により、東方会議が開催されたのは、昭和二年六月二十七日から七月七日にかけてであった。目的は、中国の政情に関する現地側の報告と政策に関する意見を聴取し、政府の政策決定の参考に資すること、そして政府の対中国方針を明らかにし、中央と現地の各責任当局間の意思の統一を図ることにあった。そこで田中が訓示した「対支政策綱領」は、満州に関する六、七、八項において、次のように述べていた。[38]

六、満蒙殊ニ東三省地方ニ関シテハ、国防上並国民的生活ノ関係上重大ナル利害関係ヲ有スルヲ以テ、我邦トシテ特殊ノ考量ヲ要スルノミナラス、同地方ノ平和維持経済発展ニ依リ内外人安住ノ地タラシムルコトハ、接壌ノ隣邦トシテ特ニ責務ヲ感セサルヲ得ス。

〔…〕

七、若夫レ東三省ノ政情安定ニ至テハ、東三省人自身ノ努力ニ待ツヲ以テ最善ノ方策ト思考ス。三省有力者ニシテ満蒙ニ於ケル我特殊地位ヲ尊重シ、真面目ニ同地方ニ於ケル政情安定ノ方途ヲ講スルニ於テハ、帝国政府ハ適宜之ヲ支持スヘシ。

八、万一動乱満蒙ニ波及シ、治安乱レ、同地方ニ於ケル我特殊ノ地位権益ニ対スル侵迫起ルノ虞アルニ於テハ、其ノ何レノ方面ヨリ来ルヲ問ハス、之ヲ防護シ、且内外人安住発展ノ地トシテ保持セラルル様、機ヲ逸セス適当ノ措置ニ出ツルノ覚悟アルヲ要ス。

佐藤元英によれば、田中義一は第七項の三省有力者として張作霖を想定したが、森恪外務政務次官は「張作霖援助ノ意味ニモ非ス、又張ヲ排斥スル意味ニモ非ス、吾人ハ独自ノ立場ヲ持シテ行動スルノ趣旨」と考えていた。また、第八項の「適当ノ措置」とは、斎藤良衛によれば、「陸軍の強硬主張をなだめる一つの『手だて』」「遠まわしに武力行使を拒否するため」の語句であったという。[39] したがって、「対支政策綱領」は、基本方針を述べたものに過ぎず、東方会議を通じても、陸軍と外務省の統一方針は定められなかった。その意味で、佐藤が指摘するように、この時期の日本外交を陸軍の主張する強硬方針で統一されたと捉える見解は誤りである。[40] しかし、佐藤が強調するほど、そうした状況が日本外交の混乱を引き起こしたわけでもなかった。

上述のように、この時期の日本外交の問題は、従来関係を保ってきた張作霖が日本に対して敵対的となり、しかも明らかに凋落傾向にあった中で、今後の張との関係をどのように形成していくかという点にあった。張の反日傾向を是正すればよいのか。あるいは張の没落後を見据え、張の動向に左右されない毅然たる対応をすべきなのか。ただしその場合でも、奉天政府の財政破綻状況を日本から顧問を派遣することで是正していくのがよいのか。あるいは、張作霖の反日、侮日政策に対し、武力を行使するのがよいのか。このように、張作霖への対応をめぐり、長期的な展望と短期的に取るべき措置が交錯していた。長期的な認識として、外務省と武藤関東軍司令官以下の関東軍の認識には重なり合う部分があった。ただし、方法的な立場の違いが決定的な距離を生んでいた。それが研究史上、武藤ら関東軍の首脳が満州における武力行使から占領を目指していたという解釈をも生み出した。しかし、当面の状況に照らし、陸軍の責任当局者においても、後の満州事変を引き起こすような劇的な発想の転換をもたらす動機は存在しなかった。

田中外交は、張作霖を支持する満蒙分離策としての側面が強調されがちであるが、その一方で辛亥革命以来の列強、特にイギリスの伝統的な対中国政策は、南北妥協による内戦の抑制であった。そのためイギリスは、経済的に自由貿易を拡大していくことを重視し、それに抵触しない限りで列強がそれぞれ地域的に責任を負うことに容認的であった。郭松齢による反乱が勃発した時、イギリスには、日本が背後で様々な工作を行っていることに対する、次のような見方も存在していた[41]。

関内で永続的に続く内戦の恐るべき結果に照らせば、日本の直面する困難や、日本が奉天の政権交代の結果に関心を持つことに、多大な同情は感じられる。日本の行動が自衛的で、かつ南満州における巨大な権益を守るばかりでなく、満州が無意味で破壊的な戦争の場や、絶え間ない政治的陰謀の焦点になるのを防ぐものである限り、それらはせいぜい、専らあら探しばかりする批判者からの厳しい反対を受けるぐらいであろう。しかし、そうした目的を越えるものは、それほど容易に容認されない。日本当局の行動で最も疑惑を感じられているのは、満鉄支線として建築中の新路線に関してなのである。

イギリスにとって、満州における日本の特殊的地位は、現実として認めざるを得なかった。問題は、それを前提に、いかに中国全体の政治的安定と自由貿易を促進していくかであった。対して田中外交も、張作霖と蔣介石の全面衝突を回避し、中国の現状に即しながら満州における権益を維持、拡大しようとしており、その限りで列強の伝統的な外交様式を引き継いでいた。田中や宇垣は、陸軍内で職権を行使して上原派と対立したが、国際関係において彼らが権力を行使する余地はなかった。あったとしても、張作霖に対する非公式の、実体の怪しい影響力ぐらいであった。そのため田中らは、既存のヨーロッパ中心の世界秩序に順応しつつ、日本の権益を拡張しようとした。対して武藤らは、満州における日本の勢力拡大を、軍閥操縦のような直接的な政治干渉によってでなく、日本の絶対的権威を確立することによって実現しようとした。一見、内政干渉的であるが、それはむしろ、張作霖を支持する伝統的な外交を内政干渉と判断し、そうした特定軍閥に依存する外交を大国たる日本に不適当と考えた結果であった。こうした大国としての意識は、武力行使に容認的で、田中のような伝統的な外交手法から乖離すると共に、イギリスと対等に張り合おうとする意識も伴っていた。後述のように、昭和三年の張作霖の満州帰還に際し、関東軍の出動が問題となるが、田中義一はそれを否定した。田中に英米への配慮はなかったが、当時の関東軍はそれを英米に配慮した結果と判断した[42]。田中の伝統的外交が、英米の権威に屈した結果であるかのように捉えられたのである。

先述のように、昭和三年三月一日の木曜会の会合で、東条英機は満州における絶対的権力の確立を目標として掲げた。また、後述の土肥原賢二や、満州事変勃発以降の板垣征四郎などは、中国の特定軍閥や政治家を擁立し、操縦しようとする謀略に携わっていった。彼らはいずれも強い権力志向を持ち、中国に対する行動様式は、田中のような伝統的外交手法とも、武藤のような権威主義的な外交姿勢とも異なりながら、それらを部分的かつ自己中心的に引き継いでいた。すなわち、中国に対して過度に高圧的ながら、時代遅れの軍閥を相手に自らの権力を過信し、それらを意のままに操縦しようとしたのである。田中の場合、国家総動員に対応する陸軍の近代化に積極的であったが、外交手法は守旧的であった。要するに、自己の影響力を発揮するため、時流に即して軍備の近代化を掲げたり、あるいは伝統に則って張作霖を支持したりしたのであって、発想は機会主義的かつ自己中心的で、しかも権力に依存した。しかし、そうした田中の行動は、陸軍内の権力志向を強め、さらにそれは中国外交における権力志向の気運も一部に生み出した。そうした中、昭和三年を迎えると、張作霖の凋落は決定的となり、田中外交の合理性そのものが疑われるようになった。

田中内閣期に二葉会や木曜会を構成した、宇垣閥のさらに下の世代は、自らが役職に就くことで権力を掌握し、内部から政策の転換を図ろうとし始めた。しかし、権力の掌握を目指す限り、彼らの中に、張作霖爆殺のような突発的かつ外的な事件によって田中外交を否定しようとする気運は存在しなかった。また、二葉会や木曜会が内部で完全に一致していたわけでもなかった。永田と小畑の個人的対立以外にも、個々人の間に見解の相違や気質の違いが存在していた。田中や宇垣がもたらした陸軍内秩序の動揺は、中堅将校の権力志向を強めると共に、突発的事件を引き起こす素地をも作ったが、以下に示すように、張作霖爆殺事件自体は、決して彼らの一致した判断に基づく行動ではなかった。陸軍内秩序の変化がもたらした影響は、河本個人が張作霖の爆殺をどのように決意していったのかという視点と、河本周辺の人々が事件をどのように受け止め、それにどのように対処していったかという視点から、それぞれ解明すべき問題である。

三　再考・張作霖爆殺事件

国民革命軍による邦人財産に対する掠奪と邦人虐殺事件をきっかけに、日本軍による武力行使に至った済南事件[43]からほぼ一か月後の昭和三（一九二八）年六月四日、奉天駅郊外の京奉線と満鉄線の交差地点で、北京から奉天への帰還途上にあった張作霖が列車ごと爆破された。この事件は、島田俊彦や臼井勝美、稲葉正夫らの古典的研究[44]で、河本大作関東軍高級参謀の独断で引き起こされたことが明らかにされている。にもかかわらず、この事件は一般に、張の爆殺を機に満蒙を武力で占領しようとした関東軍の計画の一部として実施され、この時点でその計画は失敗したが、その後の満州事変の先駆的な役割を果たしたという位置付けが与えられている。しかし、この一般的理解には問題がある。右の理解は、河本が張作霖に対する反発から長期的に構想してきた計画、それも計画というより、具体性の伴わない危機感や信念といったようなものと、張作霖の北京撤退時の状況から河本が張の爆殺を決意した直接の動機、さらに張作霖爆殺事件がその後にもたらした影響や、事件に関する後の河本の回想など、本来個別に分析されねばならない様々な要因を混同した結果に過ぎないからである。

河本が張作霖の爆殺を決意した直接の動機は、張作霖の満州撤退の直前の状況から生じていた。蔣介石による北伐の進展を受け、予想される張作霖の満州撤退に備えるため、斎藤恒関東軍参謀長が「支那時局ニ対スル意見」を陸軍中央に具申したのは、政府が第二次山東出兵を声明した四月二十日のことであった。そこでは、「関内戦乱ノ余波ヲ満州ニ波及セシメサル為」、奉天軍ないし国民革命軍が「関外ニ侵入シ来ルヲ予知セハ、軍ハ機ヲ失セス駐剳師団ノ主力ヲ山海関又ハ錦州付近ニ進メ、両軍ノ何レタルヲ問ハス、武力ヲ以テ其侵入ヲ阻止シ、要スレハ武装解除ヲ行」うことが提言されていた。その後、予想外の済南事件の発生を受け、関東軍は混成第二十八旅団を済南に派遣したが、衝突が一段落し、張作霖の撤退が間近に迫った五月十五日、関東軍は改めて「支那時局ニ対スル意見」に対する指示を、陸軍中央に求めた。[45]

斎藤関東軍参謀長による意見具申の前後、河本は二通の書簡を発送している。一通は、四月十八日消印の磯谷廉介宛書簡、もう一通は四月二十七日付の荒木貞夫参謀本部第一部長と松井石根第二部長に宛てた書簡である。いずれも、河本の張作霖爆殺の意図に関する重要史料である。まず、磯谷宛書簡の主要部は以下の通りである。[46]

満州の現状は支那側益々横暴、実情に直面すると黙過し難きものの多し。而して其原因は日本軍閥が余りに彼等を増長せしめた慊なきにあらず。満蒙問題の解決は理窟では迚も出来ぬ。少し位の恩恵を施す術策も駄目なり。武力の外道なし。唯武力を用ふるとするも名義と轍じるしの選択が肝要なり。爰に於てか少しでも理窟のある時に一大痛棒を喰はせて根本的に彼等の対日観念を変革せしむる要あり。[…]

今度は二十年来の総決算をやる覚悟で臨まねば、満蒙の根本解決は得られない。

張作霖の一人や二人や、野タレ死しても差支ないぢやないか。今度と言ふ今度は是非やるよ。止めてもドーシテモやつて見る。満蒙解決のために命を絶たるゝことは最大の希望でもあり名誉だ。此間奉天で土肥原と秦少将とが自我自賛の小問題で事を挙げやうとしたが小生は不同意で反対した。目下交通断絶して居る。

あの人々は自分独りで人に相談もせず、他人は皆な其法則を遵奉して其命令に服するものなりとの前提で、何一つ小生にも知らせず（軍では参謀長も軍司令官も留守）殊に其問題は例の荒木隊が唯一無二の種だ。そして張学良を以て親日の権化の如く考へて之を前提としたものだ。

小生も動乱はすきだ。又どんな問題でも火をつける事が必要だが、此問題だけは土肥原の笛で踊れない。秦少将と土肥原との夢の様な話に同意し得ない小生は、参謀長も留守だし、軍司令官も旅行途中だから、此間に奉天の鉄道問題を紛糾させて一つクーデターをやる心算で居るのに、秦、土肥原等は鉄道問題を除外し荒木隊の謀反にのみ没頭し且つ決断を軍司令官の帰任後に延ばすこと丶してまことに手緩き次第。ソコデ小生は荒木隊への兵器を引渡中止した。ところが之を無理矢理盗んとしたからビツシリ憲兵を付けて止めてしまつた。当時の一二日間は奉天と小生との暗闘で終つた。もし土肥原なんかのすることを放任して居たら陸軍はもう世間に顔出しならぬこと丶なって居やふ。[…]

其後秦少将来旅して二晩議論して、今は先方も氷解した。一体献身的に仕事する男にあまり自家宣伝や自己の手柄を気にする奴は駄目なり。

経済的抗争は支那人の労力を基礎とせる満州の施設では日本側が敗けをとること必然、往年香港対広東の事例で明かなり。故に此方法では却而こちらが悲鳴をあげることになる。故に此んな拙策ははやくやめて武力的強圧を加へねば駄目なり。こんなことを言つて居る間に南方では火の手があがり山東はガタ〳〵と崩れかゝれり。其中に張作霖の満州引退を見るべきも、今度こそはオイソレと入れぬ様、特に中央部の人々を引止めて欲しい。

張郭戦後の張の暴状は言語を絶す。恩を施して其代償を得んなど丶考へる日本人は念の入つたお人好しなり。其場其場の現銀取引ならでは駄目なり。而して去年も一昨年も大にやるつもりで途中で遁けられてしまった。此年だけは是非物にしたい。僕は唯々満蒙に血の雨を降らすことのみが希望で、之れが根本解決の基調だと信じて居る。就ては今少しく旅順に居たい。夏迄には片づくだらふ。其後はどこへ流されてもまたやめられ〔ママ〕ても実際構はぬ。

大兄に後を譲りたい。一寸外の奴では駄目だ。

小畑によろしく言つて呉れ。今度こそは大機会を捉へたいと思つて居る。

特徴は、張作霖の横暴ばかりでなく、中国の状況に対する日本側の認識不足や対応の拙劣さ、対満政策に関わる日本側当局の利己的な行動を批判している点にある。河本の批判は、秦真次やとりわけ土肥原賢二に向けられており、それだけ関東軍の内部にも大きな亀裂が存在していた。さらに河本の批判は、「恩を施して其の代償を得」ようとする田中外交に向けられていた。後の昭和十二、三年頃に河本の義弟の平野零児が河本より聴取した資料に基づき、戦後発表された河本の間接的な手記「私が張作霖を殺した」や、その後の証言[47]は、張作霖が日本の軍事顧問を介して田中義一や白川義則関東軍司令官らに「付け届け」を送っており、他方で在満日本人の苦境が放置されていたことを厳しく批判している。田中は既に陸軍機密費の私的流用を議会で問題にされたこともあり、公金や職権の乱用は公然の認識となっていた。機密費事件の情報源は町田経宇ともいう[48]。上原系にとって、田中の卑劣さは余程耐え難かったのであろう。河本が問題としたのは、こうした、日本の張作霖支援が日本の国益より特定の私益を優先する利益環流によって維持されていたことであった。

小林道彦によれば、書簡中の鉄道関連の紛糾とは、北京への兵站を断つ奉海線の連絡運輸協定破棄および洮昂線車両流用に関わる問題であったが、[49]「クーデター」の具体的内容は不明である。土肥原らの計画が、張作霖を排除し、張学良を擁立しようとするものであったらしいのに対し、河本は右の書簡で、「武力の外道なし」「少しでも理窟のあるときは一大痛棒を喰わせて、根本的に彼等の対日観念を変革せしむ」「張作霖の一人や二人や、野タレ死しても差支えないぢやないか」などと記していた。河本に中国人を操縦しようとする発想は希薄で、それより、張作霖軍を武力で壊滅させることで奉天政府に対する日本の絶対的な優位を確立しようとしていた。河本は回想で、昭和二年の東方会議で満蒙問題を武力で解決する方針が定められたとし、それに則って行動したとも述べている。しかし、張作霖爆殺に関わった川越守二は、「東方会議の結果、陸軍大臣の張作霖一辺道の態度、外務省の無能力、満鉄幹部の消極的態度等より判断して［…］張作霖の殺害より外に策なく、関東軍が正当な計画の下に、軍司令官、河本大佐及私が責任を負ふて実施するの外策なしと決意するに至った。［…］必ずやると決意したのは、昭和二年十二月始めであった」と記している。[50]武力行使にせよ、張作霖の暗殺にせよ、何らかの破壊的措置を奉天政府に対して取ること、何らかの行動を起こし、逼塞した現状を打破するための一歩を踏み出すことが重要なのであって、右の書簡に見られる過激な表現も、河本の計画性というより、機会を捉えて事を構えようとする決意ないし信念を示したものであろう。

河本による張作霖の暗殺計画を、後の満州事変のように満蒙領有までも展望した謀略であったとする解釈が一般的であるが、磯谷宛書簡にも記されているように、河本はむしろ事後の処分を覚悟していた。田中外交の実態に照らし、現状の厳しさは河本自身が最も自覚していた。河本が後事を磯谷や小畑に託したのは、そのためであった。自己を犠牲に要人を暗殺することで、社会変革の契機となろうとする境地は、権力を掌握して社会を変革していこうとする考え方の対極に位置する。二年余り後に浜口雄幸首相を狙撃する佐郷屋留雄にあっても、決意から実行に至るまでの約半年間は、苦悩し、滝に打たれるなど、自己との闘いの日々であった。[51]右の書簡についても、事を磯谷に伝えたのは、おそらく自らの迷いを絶ち、決意を新たにする意味合いがあったのであろう。小畑敏四郎への伝言も、盟友に対する決別の辞のようなものであって、同様の決意の表れであろう。逆に小畑は、後の大東亜戦争中、憲兵の監視下に置かれたため、妻の千鶴子に対し、自分が東条英機に殺された場合、満州の河本を頼るよう伝えたという。[52]佐郷屋の場合、浜口に個人的遺恨があったわけでなく、年齢も二十歳過ぎと若かったのに対し、河本は壮年で妻子もあり、張作霖に対する憎悪に近い感情を持っていた。したがって、河本と佐郷屋の間にも、世代や直面する問題に対する意識などに相違はあった。しかし、いずれの場合も、それが自らの地位や生命を犠牲に問題の解決を図るものであった以上、そのねらいや論理を、政策合理的な視点から説明するには、限界がある。

既述のように、この書簡が出された時期は、その直後に斎藤恒関東軍参謀長による「支那時局ニ対スル意見」が中央に具申され、満州に帰還する張作霖軍への武装解除と張への下野強要の問題が検討された時期であった。河本にとって、そうした関東軍の方針に反対する理由はなく、それが実施される中で現状打破への機会を見つけようとしたのであろう。磯谷宛書簡中の、陸軍中央部への働きかけに関する依頼はおそらくこれに関連しており、河本はそれからまもない四月二十七日付で、荒木貞夫参謀本部第一部長と松井石根第二部長宛に、次の書簡を送っている。(53)

支那の戦局も最近活気を呈し来候へ共、未た京漢線方面の戦況進捗せざる現況に於ては奉張の没落を予断し難く、該方面の快報を一日千秋の思を以て翹首《ぎょうしゅ》相待居候。

而して奉張の没落は東三省に於ける新政権樹立の動機となり、延ひて満蒙問題の根本的解決を期すへき絶好の機会を与ふる次第にして、是非共其処迄時局を導き度く切望罷在候。

就ては現時局にして順調に進展するものとせば、敢て術策を弄するの要なく、却而自然の推移に委することを妥当とするも、若し南軍の北伐挫折し、山東の攻略を以て一段落となりたる場合は、満蒙問題も再ひ外交的手段に依りて解決するか、将た又極めて不自然にして成功覚束なき謀略を用ふるを要し、而かも其成功は疑しく被存候而已ならず、動乱の沈静せし時機に於て帝国が波瀾を生せしむるは「昼間お化が出る」様な始末で、国際関係から言つても余り香しからずと存候。［…］

目下、満州の情勢は奉天吉林軍の大部出動しありて此等擾乱を生せしむる可能性大なるも、のみならず、南方派の宣伝者並代表者等旅大の地に多数入込みありて、彼等の名義を以て事を起さしむれば、軍部が直接手を下さずとも仕事を為し得べし。唯々之に要する兵器並爆薬等の一部並軍資金の少額（多額のものは他に方法もあるべし）を提供するを要する次第に有之候。

又、将来新政権樹立の際に於ける有利なる空気を作為する為めには言論機関並輿論を指導し、作霖を排して日本の意中の人物を拉し来るに適応する如き空気を醞醸すること緊要にして、之が為めに在満志士間にも相当計画を有するものも有之、此等を指導するに要する多少の経費を必要と存候。

［…］

之を要するに、南方派の北伐挫折せざる期間に満蒙方面に於て内部の崩壊を企図すること極めて切要にして、若し漫然北伐の進展のみを待つことは遂に千載の好機を逸するの虞ありて、平素より満蒙問題の解決を高唱せるものとして坐視するに忍びざるの感有之候。

大勢に逆行するは不可ならんも、大勢を捉えて国運の隆昌を企図するは国士の励むべき事業にして、真に「義を視て為さざるは勇なきなり」との声、日夜天外より吾等の耳朶を衝撃して熄まず（満蒙問題の為めに犠牲者を要するならば罪業深き此身何時にても御用に供し被下度候）。右様の次第につき、此際両閣下の御斡旋に依て満蒙方面にて多少策動するを必要とすとの中央の意思を内示せらるれば、余は当方に於て適当に万事を解決可仕につき、此件特に御依頼申上候。

此んな事を聞くのは野暮、こんな請願するのは融通のきかぬ男と御叱りを被らんも、官規官制に縛らるゝ現在の地位では、一個の爆薬も一発の弾丸も無断では取出し難き実情ニある故、此等の事が実行し易くする為めには直属上司に中央部の暗示が必要となる次第につき、此儀御含置被下度候。

［…］

殊に軍司令官は相当鞏固なる決意を有し居られ候に付、此件亦た御含置願上候。

同じく一身を犠牲にするといっても、磯谷宛の書簡では、政府ないし軍の方針に反して処分を覚悟するという意味合いが強かったのに対し、荒木および松井宛の書簡では、暗に認められた軍の任務の中で身を危険にさらすか、あるいは〝汚れ役〟を果たしたいという意味合いが強くなっている。したがって、この書簡を張作霖爆殺に対する陸軍中央の事前の承認を求めたものとする三谷太一郎の解釈(54)は、成立しない。関東軍が正式に張作霖の下野と奉天軍の武装解除を方針として陸軍中央に提言している以上、この書簡で想定されているのは、奉天軍の武装解除と張作霖に対する下野強要の最中かその後に行われる謀略であって、しかも実際の展開は、後述のようにそれが否定された中で推移する。また、ここで北伐挫折の可能性に言及されているのは、政府による山東出兵の方針が発表されていたためで、おそらく前年と同様の推移をたどる可能性が懸念されたのであろう。つまり、河本にとって山東出兵は、日本の権威を中国に示すという以上に、張作霖を保護する措置になりかねなかった。河本にとって奉天派を崩壊させることは、中国側の「対日観念」の変革ばかりでなく、田中外交を支える張作霖の側近や顧問を通じた対満政策を否定することでもあった。河本の荒木らに対する書簡は、そうした既存の対満政策の変更を陸軍中央に求める意見具申の意味もあったのであろう。

張作霖の下野が実現すれば、その後継政権が問題となる。しかし、そこにはまだ問題があった。河本は、「作霖を排して日本の意中の人物を拉し来るに適応する如き空気を醞醸すること緊要」と記したが、「意中の人物」といっても、想定されるのは張学良か楊宇霆ぐらいで、河本は関東軍内においてさえ、具体的人選を固められないでいた。それどころか河本は、張作霖の後継を張学良にするか楊宇霆にするかでもめる土肥原らに、不信感を持っていた。河本の場合、日本人顧問や側近を通じて中国側に影響力を行使するような馴れ合い関係に関心はなかった。むしろ重要なのは、「適応する如き空気」の醸成であった。それは満州に、日本の権威と実力に服従する政権を、利権的なつながりとは無関係に作ることを意味しており、問題解決の根本は、中国側の「対日観念」を変えることにあった。河本は中央部からの暗示によって作業がやりやすくなると述べたが、その一方で軍司令官の決意を強調し、あるいは南方工作員を煽動することを提言し、他方で事後の処分を覚悟していたから、主張は一貫性を欠いていた。これは、関東軍と中央陸軍を奉天派との対決に持っていくためにあらゆる理由付けを動員したためであろう。右の書簡は、自身の計画に対する承認を中央に求めたというより、関東軍や陸軍中央を自らの望む方向へと誘導しようとした一種の煽動であって、河本としてはその上で独断的かつ突発的な行動を起こすことで、全体状況を激変させようとしたのである。

関東軍が「支那時局ニ対スル意見」に関する中央の指示を求めた五月十五日、政府は「満州地方ノ治安維持ニ関スル措置案」を検討していた。十六日の閣議で決定された「支那南北両軍ニ交付スヘキ覚書」は、「抑モ満州ノ治安維持ハ帝国ノ最モ重視スル所ニシテ、苟モ同地方ノ治安ヲ紊シ若ハ之ヲ紊スノ原因ヲ為スカ如キ事態ノ発生ハ帝国政府ノ極力阻止セムトスル所ナルカ故ニ、戦乱京津地方ニ進展シ、其ノ禍乱満州ニ及ハムトスル場合ニハ、帝国政府トシテハ満州治安維持ノ為適当ニシテ且有効ナル措置ヲ執ラサルヲ得サルコトアルヘシ[55]」と述べていた。これには、発表しない「措置案」が付随しており、「張作霖ニ対シテハ同時若ハ交付直後最近ノ機会ニ非公式ニ引退ヲ勧告スルモ、若シ右勧告ニ応セサル場合ニハ更ニ対策ヲ講スルコト」とする項目も存在していた。しかし、これは決定までに削除された。同覚書は芳沢駐支公使をはじめ、中国各地総領事に打電された。ここでいう、満州の治安維持のための措置とは、以下のようなものであった[56]。

(イ)満州軍カ、南軍京津地方ニ到ラサルニ先チ、形勢非ナリト見テ早キニ及ンテ軍ヲ満州ニ返ヘス場合ニハ、日本トシテ表面上之レヲ拒ムヘキ理由無ク、而シテ満州軍一旦満州ニ引上タル後、南軍之レヲ討タムトスル場合ニハ、日本ハ戦禍満州ニ及フヲ避クルノ見地ヨリ、南軍ノ山海関以北ニ進出スルコトヲ阻止セサルヘカラス。

(ロ)南北両軍京津地方ニ於テ交戦スルカ、若ハ仮令交戦ニ至ラサルモ両軍著シク接近シタル後ニ於テ、北軍不利ノ状況ニ於テ満州ニ退却スル場合ニハ、南北何レノ軍隊タルヲ問ハス、武装ノママニテ満州ニ進入スルコトヲ許ス可キニアラス。

芳沢公使は十七日の張作霖との会談で、矢田七太郎上海総領事は十八日の黄郛南京政府外交部長との会談で、覚書を提出した。張作霖は覚書に反発したが、並行して行われた建川美次公使館付武官と張学良および楊宇霆との会談で、張や楊は、「日本ノ勧告ニ従フハ結構ナルモ、現在奉天軍ノ所有全兵力ヲ以テ東三省ニ帰還スルトセハ財政上到底之ヲ支持スル能ハス」との理由から、混乱して撤退する部隊について、「日本軍ノ為ニ武装ヲ解除セラレ、過剰軍隊ノ整理ヲ日本ノ手ニテ実施シ得ハ結構ナリ」とまで述べていた。他方、黄郛は「事満州ニ関スル限リハ日本ヲ度外セスト ノ方針ハ半年以前ヨリ確定シ居リ且ツ[…]国民政府ハ山海関以外ニ兵ヲ進ムル意図無シ。[…]問題ハ張作霖ノ態度如何ニアリ。若シ日本政府カ国民政府ヲシテ張作霖ヲ相手トシテ和平ヲ為サシメント計ラルルナラハ問題ハ困難ナルヘク、張以外ノ学良楊宇霆ノ連中トナラハ其ノ方法アルヘシ」という反応を示した[57]。京津地方で戦闘が発生する以前であれば、張作霖の満州撤退を許容するが、戦闘発生ないしそれに近い状態になった場合、張作霖軍、国民革命軍共に武装状態での満州進入を認めないとする日本側の意向は、覚書に明記されていなかったものの、趣旨は概ね中国側に伝えられ、内諾を得られた。しかし、十八日に閣議で決定された「支那めていた[58]。

軍隊武装解除ノ主義方針」は、先の決定を修正し、次のように定

一、南北両軍ニ対シテハ厳正公平ヲ表スルハ勿論ナリ。我国ノ満蒙ニ関スル諸問題ヲ解決セサルヘカラス。右ノ顧慮ヨリ已ニ戦争ヲ交ヘタル混乱状態ノモノハ武装ヲ解除ス。然レトモ広地域ニ亘ルモノ全部ヲ実施スルコトハ出来サルヘシ。

二、北方ノ勢力ヲ或ル程度ニ保有スルコトハ必要ナリ。故ニ表面ハ南北両軍ニ対シ絶対ニ厳正公平ナルモ、其実行上ニ付テハ出先軍司令官ノ手加減ト腹芸ヲ要ス。又満州ニハ反張作霖気分相当濃厚ナルモノアリ。従テ是等反張分子ニヨリ騒乱起リ治安ヲ破壊スルコトナシト限ラス、之カ為ニモ奉天派ノ勢力保持ヲ必要トス。夫故ニ北軍カ無難ニ引上クルコトハ望マシキコトナリ。

三、張作霖ノ下野ヲ強制スルノ意図ナシ。併シ又強テ作霖ヲ支援スルノ意図ナシ。要ハ作霖ノ進退ハ自然ニ委シ北方勢力ハ維持セシムルニ在リ。

田中首相は十八日の閣議に先立ち、有田八郎外務省亜細亜局長や阿部信行陸軍省軍務局長からの張作霖の下野を求める進言を拒否し、閣議においても、白川陸相の張作霖に対する下野勧告の要請に反対したという[59]。つまり、この時点で外務省も陸軍首脳も、張作霖支持の方針を放棄していた。蔣介石に対する敗北が決定的になった張作霖への支援は、中国の全体的趨勢に逆行し、蔣介石との関係に悪影響を及ぼす懸念があった。対して田中首相は、山本条太郎満鉄社長と共に張作霖を通じて満州における日本の権益を維持、拡大しようと考えていた。山本と張作霖の間の満蒙五鉄道建設請負協約の細目交渉が開始されたのは五月十五日、田中にとって張作霖は、かつての権威や実力を失っていたものの、そうであればこそ、今後は満州の「保境安民」に専念し、窮地を救った日本の庇護の下で在満日本権益の拡大を容認していくべき存在であった。しかも田中は、前年の昭和二（一九二七）年九月に来日し、十一月五日に会見した蔣介石から、日本の在満権益に対する容認的な感触を得ていた[60]。そのため、田中にとって、山海関に関東軍兵力を派遣し、張作霖軍や国民革命軍を武装解除することは、不要なばかりか、自らの構想に照らして有害でしかなかった。

五月十八日未明に村岡長太郎関東軍司令官は、十六日の閣議決定を受領した。張作霖の下野は認められなかったものの、「閣議決定ノ満州地方ノ治安維持ニ関スル措置案ノ内容略々軍ノ意見具申ト同様ナル以上、錦州出動ヲ実行セントスルハ固ヨリ当然ノコトナリトス。然レトモ今直ニ行動ヲ開始スヘキヤ或ハ又奉勅命令ヲ受領シタル後始メテ実行ニ着手スヘキヤニ就テハ軍ノ大ニ苦慮セルトコロナリシモ、若機ヲ失スルトキハ或ハ北方援助ノ結果トナリ厳正公正ヲ保チ難ク、而モ十八日直ニ錦州出動ノ準備ニ著手スルモ二十一日ニアラサレハ錦州ニ出動シ能ハサル状況ニ在リ」として、直ちに第十四師団および混成第四十旅団に錦州出動準備を命じ、また、満鉄側と部隊の鉄道輸送に関する調整を行った。

しかし、十九日、鈴木荘六参謀総長は別命あるまでの待機を命じた。関東軍は重ねて出動要請を行ったが、鈴木は田中首相と協議した上、二十日正午、関東軍に対し、二十一日に奉勅命令が発せられる予定であり、満鉄付属地外への出動はその後実施すべきことを伝えた。これを受けて関東軍は、二十一日に予定された錦州出動を翌二十二日に延期し、即日奉天に司令部を移転、兵力を集結した。(61) しかしその後、奉勅命令は発せられなかった。それどころか、六月二日、畑英太郎陸軍次官より斎藤関東軍参謀長宛に送られた電報は、次のようなものであった。(62)

現下ノ時局ニ対スル政府ノ観察ヲ確カメタル所次ノ如シ。

一　五月十八日ノ覚書ヲ発セル政府ノ真意ハ、北方側ヲシテ速ニ満州ニ撤退セシメ、南方側ヲシテ山海関以東ノ追撃ヲ行ハシメサルコトニ依リテ満州ヘノ動乱ヲ予防スルニ在リタルヲ以テ、事態右ノ如ク推移スルニ於テハ政府トシテハ力メテ実力ノ行使ヲ避ケ度キハ勿論ナリ。

二　京津方面目下ノ情況ニ依レハ、北軍ハ大ナル戦斗ヲ交ユルコトナク其大部ハ無事撤退ヲ了ルヘク、南軍亦敢テ満州ニ乱入スル迄ノ決心ナキカ如シ。一方、関東軍ヲ遠ク錦州方面ニ出スコトハ兎角ノ物議ヲ醸シ易キ折柄、幸ニシテ如上ノ情勢ヲ以テ比較的平静ニ推移セハ、強テ大部隊ヲ今直チニ動カシテ準備ヲナスニ及ハサルヘシト判断ス。若シ万一右予想ニ反シ一部ノ南軍ノ混入ニ依リ満州ニ直接動乱ノ虞ヲ生スル場合ニハ、其機ニ臨ミテ適宜ノ場所ニ於テ関東軍ヲシテ之カ防止、例ヘハ武装解除等ヲ為サシムレハ足ラン（此ノ如キ場合ニハ関東軍ノ配置ハ敢テ錦州付近ト限定スルコトナシ）。

三　以上ノ見地ヨリ、政府ハ今直チニ軍ニ新任務ニ就クコトヲ要求セス。而シテ軍カ現在ノ姿勢ニ在ル際、万一南北軍ノ状況更ニ急転シテ相当大ナル動乱満州ニ波及スルコトアルヘキ場合ニハ、臨機軍ノ錦州付近ヘノ出動ヲ望ムコトアルヘキモ、其時ノ事情ニ依リ所望ノ地点ニ行クコト間ニ合ハサルコトアルヘシ。併シ夫レハ已ムヲ得サルコトト認メ居レリ。

これによって初めて、五月十六日閣議決定の真意が関東軍に伝えられた。すなわち、政府の意図は、張作霖とその軍隊に満州への早期撤退を促すと共に、国民革命軍の満州進入に警告を発するという点にあったことである。それまで関東軍は、五月十六日の閣議決定を四月二十日以来の独自の情勢判断が中央に受け入れられた結果と判断し、錦州への部隊出動の準備に着手していた。しかも二十日には、二十一日に上奏が行われることまで伝えられ、そのため出動を二十二日に延期していた。しかし、二十一日に奉勅命令は下されなかった。斎藤関東軍参謀長はこの日の日記に、「軍司令官ガドウデモトラレル而モ大ナル変化ノアルト信セラル際ニ其ノ準備ヲ云ヒツケテ、後ニ差止メヲナサシメ、之レカ結果ヨリ生スル満州ノ治安維持カ出来ナイ場合ニ軍司令官ヲ責ムルト云フ事ニナラサルヤ」「政府ハ始メカラ張作霖ヲ随意退却ヲナサシメテ何トカセントノ下心アルヤニ思ハル」(63)と記した。つまり、政府の意図は張作霖を保護することにあり、そのために生じる不測の事態については、関東軍司令部に責任を負わせることで解決しようとしているのではないか、とさえ疑ったのである。関東軍は、張作霖に対する下野要求が否定された十六日の閣議決定に続き、再度、裏切られる形となった。

田中首相の構想は、統一過程にある中国国民政府や、凋落過程にある張作霖の不安定な状態に付け込むことで、満州権益を拡張しようとするものであった。しかし、それは張作霖軍の武装解除を求めた現地側や軍部、あるいはそれほどでなくても、やはり張作霖の下野を必要視した外務省からすれば、近視眼的であった。中国において統一国家形成への動きが昂揚し、さらに反帝国主義という思想的背景がそれに加わることで、日本や欧米列強の威信が動揺していた。しかも、張作霖は自らの権力欲を優先し、日本に既得権益の保護や新規利権を与える素振りを見せながら、実質的に自己の野心のために約束を反故にし、さらに在満日本人に経済的圧迫を加えていた。その上、張作霖は中国国民党に圧倒されており、そうした張作霖を支援することは、中国の趨勢に逆行する内政干渉となるばかりか、今後の中国の中央政権となるべき国民政府との関係に悪影響を及ぼす可能性があった。張作霖の敗北が明らかとなり、かつ国民政府がまだ満州に影響力を持ち得ていない昭和三年の時点では、日本の主導下で満州における政権交代を実現する方が、むしろ中国の趨勢に沿った政策として内政不干渉の原則と両立し、さらに中国に対する威信という点でも、個別権益を維持するための実利においても、利点が多いと考えられたのである。

対して河本にとって、政府が張作霖の下野を認めたとしても、それが奉天政府に対する破壊的な打撃にならなければ、不十分であった。しかし、政府の決定は張の下野すら認めていなかった。河本の「私が張作霖を殺した」によれば、爆殺決行の一つのきっかけは、張作霖軍の武装解除のための出兵に必要な奉勅命令が下されず、村岡長太郎関東軍司令官が張の暗殺を決意したことであったという。河本の張殺害の意思はそれに先行していたが、これに関してはさらに、政友会の小川平吉が宣統帝溥儀の下に派遣した工藤鉄三郎の情報、河本が直接小川に語った情報、『田中義一伝』で要約的に紹介された峯幸松憲兵司令官による事件後の調査報告書、そして戦時中の昭和十七年、森克己の調査に応じて河本が語った証言が、史料として存在する。まず、小川の「満州問題秘録・秘」と題された文書は、次のように記している(64)。

工藤の報告に曰く。

関東軍の参謀河本大佐は慷慨果敢の国士なり。[…]張の北京を退きて帰奉するの報に接し、乃ち之を爆殺して国患を除くと共に、変に伴うて支那軍隊の動揺するに乗じ、機を見て奉天を占領し、意中の人物を擁立して満州の統治を左右せんと企図し、急遽策を按じて親交ある志士（工藤鉄三郎の親友）安達某を招きて犠牲支那人二名を物色せんことを依頼せり。

安達は平素親交ある支那人劉某に旨を告げて之を依頼せり。[…]乃ち之を諾して三人の支那人を獲て、各金五十円の支度料を与へ、日本軍の為に密偵たらんことを求めて其の承諾を得、六月三日夜半満鉄交叉点の日本兵哨所に至り命令を乞はしめたり。期に至りて一人約に背きて至らず。二人約に従つて満鉄の線路上に至り歩哨の為めに殺さる。後に死体を検して南方便衣隊に関する書翰を得たり。蓋し河本の演ずる所にして爆撃の真相を掩はんと欲せしなり。

　河本は又支那側の交渉によりて京奉線通路の守備を支那側に委せたるのみならず、満鉄の守備をも撤して歩哨兵は数十間を隔てたる哨所に退き、やがて黎明の頃張氏乗用列車の交叉点に到るや兼て鉄橋下に装置せる爆弾に電流を通じて一挙列車を粉砕せり。事の起るや支那軍驚愕怖懼萎縮して動かず。河本遂に乗ずるの機を得ざりしなり。

小川はまた、後に以下のような情報を追記している。

其後昭和五年間居中河本大佐は永田大佐と共に予を平塚に訪ひ、具さに当時の事を語れり。其談によれば初め村岡司令官の発意に対し反対せしが、後に至り独自全責任を以て決行せりといふ。而して劉に対しては金円贈与の約をなしたることなしといへり。惟ふに此点は安達氏の取計らひならん乎。昭和六年十月追記

小川は張の殺害を失策と判断したが、真相の公表に反対していた。昭和五年に永田鉄山と河本が小川を訪れたのは、後述のような河本処分問題に関する政友会の協力を求めるためであろう。次に『田中伝』は、峯憲兵司令官の調査およびそれに基づき十月末に田中首相に提出された報告の内容について、事件は河本大佐と腹心によって実行されたこと、実行部隊は独立守備隊の一部と朝鮮軍所属の工兵中隊の一部と浪人であったこと、計画は張作霖の暗殺を第一段階とし、それにより「部下将領は統一を失って個々の地方軍閥となり、南満の治安撹乱を招来する、関東軍は此の機を失せず行動を起して満州の実権を掌握せんと」したが、張の爆殺後、第二段たる治安撹乱による関東軍の出動の計画は失敗したことなどを記していた、としている。[65] ここで記された事件の背後関係について、以下のような森克己に対する河本の証言も、ほぼ一致した内容を伝えている。引用中の鈴木数馬は、ハルビン駐在武官であった竹下義晴の誤りである。一部に河本回想の信憑性を疑う指摘[66]もあるが、「私が張作霖を殺した」も含め、その内容は概ね、事件後の調査に対する証言や小川平吉に対する説明を繰り返したものである。

当時の関東軍司令官は村岡長太郎中将で、武藤大将と同郷人で立派な人物であった。ところで関東軍は付属地内では行動自由であるが、付属地外は外国であるから勅命がなければ出動させることが出来ない。そこで勅命の降下を待ったが、田中大将の意見が軟化し、米英の態度に気がねして事を決しかねた。[…]当時奉天に呉俊陞が留守し三万の兵力を擁しており、その後関西より引上げて来た奉天軍は、六月頃には、六、七万に達した。[…]若し一度日支両軍の間に衝突を見んか、長春・遼陽・安東・営口等、旅順より七百キロの鉄道沿線至るところで済南

> 事件の二の舞を繰返さんとする形勢であった。［…］
> ［…］この緊迫した際のとるべき手段としては、先ず親分たる張作霖を斃して彼等の戦意を挫くより外かに途はなしとの結論に到達した。村岡軍司令官は参謀鈴木数馬を北京に派遣して張作霖の退路を襲撃せんとした。私はこれを聞き込み、北支駐屯の軍司令官は器量人ではない。また北支の参謀にもたいした人物が居なさそうでもない《ママ》。これは自分等が決行すべきであると考えた。
> 　そこで村岡軍司令官の使として北京へ赴こうとする鈴木参謀に対して、私は北京で軽々しくこの計画を言うな。唯張作霖の満州に帰る汽車の時間を此方に知らせよと、その任務をすり代えた。鈴木参謀も同意し、当時建川少将が北京の公使館付武官であったが、建川少将と打合わせ、時間を知らせて来た。つまり村岡軍司令官にも張作霖襲撃の意図があったのであるが、私は軍司令官に関係なく、自分でやろうと決心したのである(67)。

まず問題になるのは、村岡の意図であろう。関東軍が張作霖の下野を否定する内閣の決定を受領したのは五月十八日であったが、関東軍はその後も武装解除のための出兵の準備を進め、二十一日を迎えた。しかし、奉勅命令は下されなかった。五月三十日に村岡は山本満鉄社長と会談し、その内容について斎藤関東軍参謀長に話している。斎藤は同日の日記に、村岡の発言とそれに対する感想として、「日本ノ為メニ生カスト云フナレハ兎モ角、作霖カ可憐ナリトシテ生カス事カ国家ノ為メナラスト云フタトノ事ナルモ、恐ラクアイツテモ甘クヤレハ云フ事ヲ聞クヘク、アレヲ生カシテ置ケハ仕事カ出来ルト云フ考ヘカアル様タ」「要スルニ司令官ノ考ヘハ可ナルモ首相カ不決断ナルコトカ結局虻蜂取ラズトナルナラン(68)」と記した。山本に対する発言だけに、「生カス」が身体的生命を意味するのか政治的生命を意味するのか不明瞭であるが、村岡にとって、田中首相の措置は村岡の職務や立場よりも張作霖に配慮した、屈辱的なものであった。斎藤は六月一日の日記に「吾人ノ最モ考フヘキハ武装解除ナリ。深夜迄考ヘシモ全部解除ノ外名案ナシ。軍司令官ハ少ナクモ一部ハ解除ノ要アルヘシトノ望ナリ(69)」と記しており、政府の姿勢に対する不信が強まるにつれ、関東軍の関心は、現実に深刻視された治安問題に集中せざるを得なくなった。済南事件からわずか一か月であった。しかし、司令官による理由なき軍隊の出動は、陸軍刑法第三十七条の規定で、死刑または無期ないし七年以上の禁固という重罪に相当し(70)、武装解除は不可能であった。村岡の想定する張の殺害は、暗殺の主体として支那駐屯軍が想定されたように、張の満州撤退以前に張を殺害することで、張軍の撤退を阻止する方策として考えられたのであろう。

とはいえ、村岡は張の殺害を実行しなかった。河本自身、それに反対したと述べている。また、政府の方針は張作霖の下野さえも認めていなかった。河本は、こうした状況の中で張の爆殺を決行し、それを機に関東軍を出動させようとしたと述べている。しかし、その意味は、当時の状況の中で解釈しなければならない。この時点で村岡や河本が張の殺害を考えたのは、関東軍が出動態勢を整えたその瞬間に、その実施を田中によって阻止されたためであった。そうした状況に河本の証言や回想を当てはめれば、河本のねらいは、田中によって阻止された関東軍の出動が張の爆殺によって改めて必要となるような事態を作り出すことにあった、ということになる。河本のねらいは村岡とむしろ対照的で、そのため、河本は村岡の案に反対したのであろう。

さらに河本は、同じ回想の中で「荒木五郎元砲兵少尉が、黄慕と名乗って組織して居った奉天軍の模範団張作霖の護親軍を率いて内応しようとした」「我々はヤマトホテルの前に一個旅団を集合して、事件と同時に襲撃せしめようとしたが、これは軍司令官等も知らず、参謀の中に馬鹿な者があって、解散させてしまったので、この計画は水泡に帰した」とも述べている。しかし、荒木は昭和四十年三月、稲葉正夫に対して少なくとも自身の関わる計画の存在について否定したばかりか[71]、先に引用した昭和三年四月の磯谷廉介宛の河本書簡では、河本自身が土肥原と対立し、荒木隊への武器の引き渡しを妨害していたことを記している。一般に満州事変の原初的な計画として位置付けられてきた張爆殺後の武力行使の構想は、それほど計画としての実体を伴っていなかった。斎藤日記からも明らかなように、当時の関東軍は政府の方針にもかかわらず、治安を維持するために張作霖軍の武装解除が必要と考えていた。河本はそうした状況から、治安を悪化させることで軍の出動が可能になると考えたのであろう。その意味で、満蒙の領有という展望は、現実的な計画としてあり得なかった[72]。

しかも河本の証言は、おそらく当時の実際の意図よりも軍の出動に重点を置き過ぎている。というのも、河本は処分を受ける覚悟を決め、さらに村岡司令官も張の殺害を考慮していたにもかかわらず、河本は満州事変を起こした石原莞爾のように、職権を乱用して独断で軍に出撃命令を出すようなことをしなかったからである。その限りで河本は、村岡や斎藤と同様、職権の独断行使に消極的で、張の爆殺も半ば私的な行動として行ったに過ぎなかった。それは、権力を掌握することで社会を変革していこうとする考え方と対極的な、自己を犠牲とする要人暗殺によって社会変革の契機を生み出そうとする考え方に基づいていた。さらにそうした河本の行動様式は、河本が関東軍参謀としての権限よりも、東宮鉄男をはじめとする、共に処罰を覚悟した部下との協同作業を重視したことにも表れた。

河本が張作霖の爆殺を決行するに当たり、協力を求めた部下は、川越守二の手記に依拠した稲葉正夫によれば、張作霖の動静を探るために北京に派遣された竹下義晴中佐、山海関で列車の通過状況を報告する任務を与えられた石野芳男大尉、張作霖の最終搭乗車両を確認すべく新民に派遣された独立守備隊の神田泰之助中尉、武田丈夫中尉、そして爆破の現場指揮に当たった東宮鉄男大尉、爆薬の準備、設置などに当たった工兵第二十大隊付の桐原貞寿中尉、河本の意を察して自ら協力を申し出たという川越大尉であった[73]。列車監視の要員が計画の全貌を伝えられていたかどうかは不明である。責任の波及を防ぐため、真意を伏せていた可能性が高いからである。実際、川越は計画への参加に際し、河本から「現役を去る覚悟はできているか」と問われたという。権力によって組織を動かそうとする発想は河本には希薄で、それよりも河本は、将来を犠牲に現在に全てを懸ける若手将校と共に、賭けに近い一発勝負的な行動を取ろうとしていた。

東宮に関しては、彼が昭和十二（一九三七）年十一月十四日、第二次上海事変の長期化を受けて実施された杭州湾上陸作戦に参加し、戦死した後、有志が出版した日記をはじめとする伝記資料が存在する。ただし、昭和三年五月十七日から六月八日までの記述は、「都合により全文削除」され、当該部分は戦後の調査によっても原本自体の破損が確認されている(74)。しかし、東宮日記の昭和五年三月十八日の条には、次のような記述が存在する(75)。

河本大佐復職運動近く開始せらるゝと聞く。陸軍大臣も復職に腹をきめたるらしく、やゝ安心す。去り乍ら政治家のことなれば如何に変化するやと疑問なり。万一七月退職ともなる場合には吾人も共に軍籍を退かざる可らず。幸ひ連隊長が事情を御存じにして、然も武士の情を解し居らるゝ方なれば、今のうちに陸軍省に連絡し置き、河本大佐が復職し得ざる場合には余を退〔待〕命にせらるゝ如き手筈をとり置くこと、もし其の処置に出でざる場合には止む無く病気引籠りをなし、其のまゝ予備役願を出す決心なり。一昨年の事件に既に死を決す、今日迄現職にあるは過分のことなり。あまつさへ事件の最大責任者は余なり、男子として河本大佐一人を犠牲となすにしのびず。退職の後は河本大佐と同事業（国家的）に入り得ば最も望む処なれど、然らざる場合には何か自分の好きな職業にて国家的事業をなして見たきものなり。

かくすればかくなる事とは知りながらやむに止まれぬ大和魂

この時点で東宮は岡山の歩兵第十連隊中隊長を務めており、連隊長は小畑敏四郎であった。本来なら削除されてもいいはずのこの記述が公刊されたのは、張作霖爆殺を義挙として捉えた小畑らの判断と内容からの感慨からであろう。「かくすれば」以下は吉田松陰の句で、事件より二年近くを経ながら、死を決意する一貫した犠牲精神が特徴的である。昭和四十年三月に佐久間亮三が稲葉正夫に証言したところでは、佐久間は五月二十六、七日頃に河本から奉天軍の配備を執拗に聞かれたという(76)。東宮日記の破損日の範囲に照らしても、張作霖爆殺事件は、綿密な計画に基づいてというより、緊急的決断に基づく非常措置として実行された。しかも河本や東宮に、事件が失敗に終わったという未練や、逆に再起をかけようとする意志は存在しなかった。

また、河本や東宮に、処分を避けようとする意識もなかった。それは、それだけの覚悟ができていたからである。河本は長期的に、張の暗殺により、利権で国益が害される対満外交の現状を打破し、さらに奉天軍を潰滅させることで日本の威信を確立しようとしていた。そうした折に関東軍が、満州に帰還する張作霖に下野を強要し、その軍隊を武装解除するという方針を定めたことで、全体状況は河本の望む方向へ動き始めた。張作霖軍の武装解除が実現すれば、その後の日本と奉天政権との関係に影響を及ぼすことは必至であった。五月十八日ないし二十一日まで、軍中央や政府も関東軍の方針を支持しているかのようであった。しかし、それは田中義一の欺瞞であった。河本にすれば、それまで目指してきた日本の対満政策の刷新が、張作霖への下野強要ないし奉天軍の武装解除という形で実現し、あるいは動乱を引き起こす好機が到来しようとしたその瞬間に、それを阻止されたのである。ところが、その時も河本は、独断で軍の出動を命じることはなく、張作霖の暗殺のみに焦点を絞った。

上述のように、張の爆殺によって改めて関東軍の出動が必要となる事態を作り出そうとする意図はあったであろう。しかし、河本の行動は一点集中的であり、そこにはおそらく、回想などに表れない、打算を超越するもっと強力な、自らを追い込む感情的な動機も存在したはずである。河本にとって張の満州帰還は、自らの構想が崩壊する瞬間であると同時に、それを阻止する最後の機会でもあった。そのため河本にとって、張爆殺の瞬間的なねらいは、従来の決意や目標に照らしても、はるかに限定されざるを得なかった。つまり河本は、奉天派に打撃を与え、日本の対満政策刷新の契機をもたらすより、まずは張作霖が満州に復帰し、田中首相や張の軍事顧問といった特権集団によって日本の国益が蝕まれるような状況の復活を阻止するためだけに、自己と信頼する部下の将来を犠牲にする決意を固めたのである。そして事件を契機に満州の治安が短期的に悪化し、関東軍が出動する事態となれば、それは当初予定された関東軍による張作霖軍の武装解除が、経緯は異なるものの、実行に移されるということであった。しかし、爆殺後の事後措置に関して河本が周到に準備をすることはなかった。張作霖の暗殺自体に集中せざるを得なかったからである。

事件後、帰朝、上京して白川陸相と会見した河本は、事件に対する自身や日本人の関与を否定し、白川を信用させた(77)。この時点ではまだ、日本と奉天政府との全面対決を画策しようとする底意があったのかもしれない。しかしその後、峯憲兵司令官の調査に対し、河本は真相を認めた。覚悟を決め、目的を達した以上、証拠を突き付けられた上でなお虚偽を貫くことに、潔さを認めなかったのであろう。しかし、その際に河本は、張爆殺の目的を関東軍出動による奉天軍との衝突や満州占領に置く証言をした。河本にとってそれだけ、田中による関東軍の出動阻止が耐え難かったのであろう。その後、河本は同種の回想を残したわけであるが、歴史的評価として、それらと現実の経過は区別しなければならない。張作霖爆殺事件は、その後の満州事変の勃発と河本の回想によって、関東軍全体の意向を背景として行われた、満蒙占領計画の一部であったと評価されてきた。しかし、以上に述べてきたように、歴史の因果関係を解明し、その意義を理解していく上で、こうした捉え方は厳密性を欠いている。

張作霖爆殺事件は、満州における日本の権威を確立すべく、それまでの対満政策を刷新しようとする長期的展望の下で、しかし事態が予想外に急転し、長期的展望の実現に向けた希望が絶たれそうになったその瞬間に、最悪の事態を阻止するための非常手段として決行された。当時、関東軍は、治安維持のための出動態勢を整えていた。張の爆殺によって情勢が流動化し、それを機に関東軍の出動が実現することへの期待もあったであろうが、河本がそれを計画として具体化することはなかった。河本は張の殺害のみに集中したのであって、満州に日本の絶対的な影響力を確立しようとする事後の計画のようなものは、かねてよりの信念や願望という以上には存在しなかった。あったとしても、それは後続の判断と実行力に託されるべきものであった。そうした、当面の緊急事態への対処に自己と部下の将来を犠牲にする決意が張作霖爆殺を成功させた原動力であったとすれば、それは事前の計画や、組織、長期的な展望に基づいてなされた満州事変とは、その精神において対照的であった。しかし、満州の権益が張作霖ばかりでなく、日本の特権階層の私利や私情によって侵害されつつある状況を、自己の犠牲において打開しようとする行動が現実に実行されたことの意味は、重大であった。政府どころか軍においてさえ、上層部における危機意識の欠如や人事の偏重、私利や私情のために国益を害する特権の網など、旧体制の堅固な構造を内部からの改革で是正できないとすれば、それを、外的かつ突発的な措置によって変革するという、非常手段ではあるが具体的な方法を提起したという点で、張作霖爆殺事件はその後の陸軍に重要な影響を与えた。

とはいえ、張作霖爆殺事件によっても、二葉会や木曜会といった河本の周辺が河本のような非常手段をそのまま継承したわけではなかった。彼らは陸軍人事の刷新を、組織的活動を通じて行うことを目指していた。彼らはそうした活動の中で、まずは先の東宮日記にも記された河本大作の復職運動を展開することとなる。河本の復職を目指すのであれば、なおさら規律に反する行動は慎まなければならなかった。と同時に、対外問題を契機に現状の打破を目指すという発想は、河本に入れ替わる形で満州に赴任した石原莞爾に継承されていく。張作霖爆殺事件の影響は、そうした彼らの、複雑で、葛藤に満ちた行動の中に、読み取っていかなければならない。

◇

第一次世界大戦後の陸軍は、ヨーロッパにおける国家総動員の登場に対応した改革を目指した。しかし、それは山県死後の陸軍内の流動化した権力状況の中で、陸軍内の分裂を助長する要因ともなった。清浦内閣の陸相人事をめぐり、上原勇作を中心とする上原派は、陸軍の長老として自ら政府との調整に当たろうとした。しかし、田中義一は現職大臣としての地位を活かし、陸軍三長官の合意という建前と自らの主導権の下で、宇垣一成を後継陸相に任命した。実権を掌握した田中および宇垣は、陸軍の軍縮と節約した経費による軍の機械化を進めると共に、上原派の有力将校を予備役に編入した。しかし、そうした田中や宇垣による、職権を活かした陸軍内権力状況の再編は、田中の政界入りによる田中と宇垣の乖離や、若手後継世代の権力志向を引き起こした。と同時に、永田鉄山と小畑敏四郎の離反のように、後継世代の内部にも権力意識をめぐる亀裂を生み出した。

その上、国家総動員への対応や陸軍の近代化をめぐり、一定の機械化を支持しながらも、決断力や実行力といった人的要素を重視する立場と、合理主義の観点から情実を排し、装備など物質的要素を重視する立場との間で、重点の違いが存在していた。そうした比重の違いは、世界的軍縮に対応する国内的な軍縮気運の中、陸軍に必要な資源を無限に調達することが不可能になることで顕在化していた。しかも、人的要素を重視する立場は、伝統主義的で、作戦の指揮、命令といった指揮官の采配を重視する統帥中心の志向を持ち、参謀本部を中心とする上原派に連なる傾向があった。対して軍の合理化、機械化を進める立場は、軍政中心で、しかも彼ら自身、情実的に行動したため、宇垣陸相を中心とする宇垣閥を形成し、上原派や若手世代の反発を招いた。

田中や宇垣は、軍の合理化を進める立場にあったが、それを自らを中心とする権力政治的な発想の中で行っていたため、対中国外交について政策転換を行う必要を認めていなかった。彼らは、列強との協調関係を維持しながら張作霖に対する非公式の影響力を行使することで、満州における権益の維持、拡大を図ろうとした。それは、張作霖の反日化や中国本土における国民党の台頭といった情勢の推移に直面しても、変化しなかった。しかし、他方で第一次世界大戦後の日本には、大国としての自覚や内外の民主化の気運に対応した新たな国家統合を目指す理念が登場していた。そのため、幣原外交のみならず、軍部においても、張作霖を支持する従来の外交を批判的に捉える気運が強くなっていた。そうした中で武藤信義ら統帥中心の上原系は、大国意識に裏付けられた新たな伝統主義的価値観に基づき、日中間の力の格差を武力行使によって明確にすることで、中国側からの挑戦を正面から排除しようとした。武藤らは、信頼する国内の人間関係を尊重するだけに、政治における信義を欠き、民度も後進的な中国の状況に対する非妥協的な姿勢と、満州における責任意識が鮮明で、この点で合理主義になじんだ宇垣閥の後継世代にとっても、武藤の立場は田中外交よりも理解、同調できた。

昭和三年六月の張作霖爆殺事件は、河本大作が以上のような状況の中で、田中義一が職権を行使、乱用することで内外に作り上げた特権の網を、自らの犠牲によって打破することを目指して実行された。一般に同事件は、河本が長期的に目指していた満州占領計画に則って実行されたと理解されてきた。しかし、河本が事件を決行した直接のきっかけは、河本が長期的に構想してきた対中外交の刷新が、関東軍による張作霖への下野強要や奉天軍に対する武装解除、さらに可能ならば武力行使をも行うことによって実現しようとしたその瞬間に、それを阻止されたことであった。河本は、田中の野心を阻止するため、自らと部下の将来を犠牲にする決断を下した。張の爆殺によって、当初計画された関東軍の出動を実現するという期待もなくはなかったが、河本は張作霖の暗殺に全力を集中し、それを成功させたのである。

その意味で張作霖爆殺事件は、緊急的な非常措置として実施されたものであって、直接満州事変につながる計画として実施されたものではなかった。とはいえ、張作霖爆殺事件が陸軍部内の権力状況に及ぼした影響は重大であった。張作霖爆殺の処理をめぐる陸軍部内の混乱、とりわけ宇垣閥の陸軍上層部と永田鉄山や小畑敏四郎らその後継世代との亀裂は、後の満州事変勃発前後の陸軍内の状況に、深刻な影響を及ぼすこととなる。

第十三章　米英日の新政権と世界恐慌下の内外政策

一九二八年十一月に行われたアメリカ大統領選挙において、共和党のハーバート・フーヴァーが勝利し、一九二九年三月にクーリッジを引き継いでフーヴァー政権が発足した。次いで五月、イギリスで総選挙が執行され、翌月に第二次マクドナルド労働党政権が成立した。さらに七月、日本において浜口雄幸内閣が成立した。しかし、それからほどない一九二九年十月、アメリカを発祥地とする世界恐慌が発生し、各国の新政権は対応を迫られた。

以下、アメリカに関し、マルティン・フォーソウルドによるフーヴァー政権研究、イギリスに関し、ロバート・スキデルスキーの労働党研究およびフィリップ・ウィリアムソンの連立政権研究、そしてこの時期の最大の外交的成果となったロンドン海軍軍縮条約に関し、関静雄の研究に依拠しながら、まずは世界恐慌下におけるアメリカ、イギリスにおける内外政策を、特に両国における自由主義の伝統が世界恐慌の下でどのような政治的現象を引き起こしたのか、という観点から概観し、次いで当該期の浜口内閣の内外政策を検討していく。浜口内閣は、金本位制への復帰を断行すると共に社会政策に積極的で、一九二〇年代における政策体系を発展的に継承しようとした。また、同内閣の幣原外交は、これまで難航していた中国との関税協定の締結に成功し、中国の関税自主権問題に最終解決をもたらした。と同時に、浜口内閣は、日本と中国双方における国民意識の昂揚の中で、困難な内外政策の遂行を余儀なくされており、本章はそれについても検討する。

本章はこうした作業を通じ、全体として当該期におけるアメリカ、イギリス、日本の各政権が、一九二〇年代におけるそれぞれ政策体系をどのように引き継ぎ、一九三〇年代へと継承させていくのかを検討していく。

一　フーヴァーの自由主義と内外政策

一九二〇年代のアメリカは、財政健全化を進め、大企業への減税を中心とした優遇策と、自動車産業や家電産業の成長によって、目覚ましい経済発展を実現した。そうした大企業優遇策は、労働者の短期的な賃金上昇や失業率の低下などをもたらしたが、一九二九年十月のニューヨーク株式市場における株価の大暴落をきっかけとする世界恐慌の遠因ともなった。一九二〇年代、石炭や鉄道といった旧来の産業は、新興産業の発達と対照的に、不振を克服できず、とりわけ農業は、世界的な生産過剰のために穀物価格が低迷し、危機的状況にあった。また、労働者の賃金が上昇したといっても、大企業優遇の経済政策の中で所得格差は拡大していた。一九二三年の時点で、五％の富裕者がほぼ二十三％の所得を享受していたのに対し、一九二九年には五％の富裕者が二十七％近くの所得を享受するようになっていた。対して一般国民は、洗濯機や冷蔵庫といった家電を購入するため、分割払いによって負債を増加させており、消費者の負債は一九二二年の三十一億ドルから一九二九年には六十九億ドルまで拡大した。広告業の発展がそうした過大な購買意欲を煽った。しかし、経済成長の度合いに比べ、一般消費がそれほど拡大したわけでもなかった。金融当局は、消費の拡大を刺激し、また、一九二五年に金本位制に復帰したイギリス通貨の信用維持を支援するため、低金利政策を採用していたが、一九二〇年代後半は、むしろヨーロッパからアメリカに資金が環流するようになっていた。しかも、膨張した通貨は資金を要する産業部門に吸収されず、株式投機に流れ込み、株価を急騰させた。金融当局は、投機を抑制するために金利を上げたが、それはかえって破局の到来を早めた[1]。

一九二八年の大統領選挙で勝利したフーヴァーは、以上のような一九二〇年代の経済繁栄から恐慌への転換期に政権を担当し、最終的に自らの構想を実現できないまま、退陣する。フーヴァーは、連邦権限の縮小という、一九二〇年代の共和党政権の政策傾向を引き継いだ。しかし、フーヴァーはそれを自らの独自の理念に基づいて継承しようとした。すなわち、クウェーカー教徒としての個人的信念を反映した、「秩序ある自由」[2]という理念である。それは、権力の集中に否定的な自由主義というばかりでなく、たとえば労使関係において、政府の介入から独立した企業と労働者の自主的協調を期待する、協同主義的ないし組合主義的な展望を持っていた。

フーヴァーは、一九二〇年代に苦況にあった農業部門に対し、一九二九年六月に農業市場取引法を成立させ、これによって農業委員会を設置し、農産物価格維持のため、農業組合の創設促進と組合への融資、そして余剰生産物の購入を行いながら、同時に組合による自主的な生産調整を促した。さらにクーリッジ時代の税制を改めて中下流所得層への減税を進めようとし、環境、資源保護にも取り組んだ。総じてフーヴァーは、個別産業が、部門内における協調や相互調整を通じ、自主的に産業合理化を進めていくことを期待し、それを支援しようとした。その点でフーヴァーは、革新主義の伝統を引き継ぎ、行政の合理的運用という観点から党派を超えた立場を維持しようとした。しかし、かえってそのため、議会対策や政治的行動に不得手な側面を持っていた[3]。

一九二九年十月に始まる世界恐慌に対しても、フーヴァーは以上のような政策体系に基づいて対応した。フーヴァーは世界恐慌に際し、主要産業の経営者と労働組織をホワイトハウスの経済安定会議に招聘して雇用の維持を求め、州知事や市長に失業緩和のための公共事業への協力を要請した。また、組織的労働運動にも理解を示し、労働組織が社会において一定の責任を担うことを期待した[4]。フーヴァーは、一九二〇年代における連邦機能の縮小に対応し、労資協調の理念の下で、不況下の雇用と賃金を維持する経済界の自律的な努力を促した。そのためフーヴァーは、公共事業のための連邦支出には消極的で、それらを州および市政府に委ねた。一九二八年より、ニューヨーク州選出の民主党上院議員ロバート・ワグナーによって、景気変動を緩和するための公共事業計画、政府の統計機能の改善、効率的な公的職業紹介制度の導入を目的とする三法案が提出されていた。法案は一九二八年、一九二九年と続けて成立しなかったが、一九三〇年一月にワグナーにより再度提出され、議会を通過した。しかし、フーヴァーは、職業紹介制度は州政府に移管すべきという考えから、同法に拒否権を発動し、公共事業計画と統計機能充実の法案についても、その施行は遅延された。一九三〇年初めの時点で、公共事業は二十九の州で合計十三億ドルの支出が計画されたのに対し、連邦政府による公共事業は、高速道路の建設や連邦施設の建築、水路の改修など、千九百万ドルの支出にとどまった。大統領も議会も、財政赤字を懸念し、歳出の拡大に消極的であった[5]。

「秩序ある自由」というフーヴァーの理念は、その国際秩序観にも反映された。フーヴァーは平和主義者ではなかったが、クウェーカー教徒として、世界秩序を維持する原動力を、軍事力にではなく、道徳に求めていた。既に一九二八年に連邦議会は、十五隻の大型巡洋艦の他、一隻の航空母艦を建造する巡洋艦法を可決していた。しかし、フーヴァーは、一九三〇年一月に開催されるロンドン軍縮会議を成功させ、軍縮を実現しようとした。そこで一九二七年のジュネーヴ会議失敗の経験を踏まえ、ロンドン軍縮会議への代表には、ヘンリー・スティムソンをはじめとする有力者を選出することとなる[6]。また、前回のジュネーヴ軍縮会議が準備不足のため、英米間の妥協案を作れなかったことから、イギリスとの準備作業を開始した[7]。

フーヴァー政権は海軍軍縮に向けた気運を高めるため、四月二十二日の時点でジュネーヴ国際連盟軍縮準備委員会に対し、同委員会アメリカ代表のヒュー・ギブソン駐ベルギー大使より、次のような四つの要点からなる軍縮案を提出させた。すなわち、(1)補助艦全体の保有量の制限（総括的トン数制限）、(2)割当総トン数内での補助艦の艦種毎の保有量制限（艦種別トン数制限）、(3)艦種間における一定の融通の承認（艦種間融通率設定）、(4)異なる艦種の補助艦を比較する基準の設定（ヤードスティック方式）である。既述のように、ジュネーヴ軍縮会議においては、航続力と攻撃力に優れる大型巡洋艦を重視したアメリカと、多数の小型巡洋艦の保有を目指したイギリスの間で対立が生じていた。そのため、異艦種間の融通によってこれを打開しようとしたわけである。したがって、次の問題は大型巡洋艦と小型巡洋艦の融通比率をどのように設定するかであった。

他方、イギリスにおいても、六月七日に第二次ラムゼイ・マクドナルド労働党政権が誕生したことで、アメリカとの軍縮合意に向けた気運が高まった。マクドナルドは六月十六日に新任のアメリカ大使チャールズ・ドーズと会見し、ヤードスティックの設定を進めていくことで合意し、次いで二十五日、マクドナルドとドーズおよびギブソンの三者会談で、英米日仏伊五か国の軍縮会議をロンドンで開催すること、英米日の参加国で合意が成立しながら、仏伊の反対で全体合意が成立しない場合、三か国のみの会議に移行すること、準備交渉を十分に行うことなどで合意した。これを受け、七月八日にマクドナルドからドーズ大使に私案が提出され、十二日にドーズからフーヴァーの回答が伝えられた。これにより、不戦条約を海軍軍縮交渉の出発点とすること、英米同等比率の相互承認や、同等比率をヤードスティックによって測定すること、ヤードスティックの詳細は英米の海軍専門家によって協議されることなどが合意された。

ところが、七月二十一日、スティムソンはドーズに対し、アメリカにおける主力艦の代替を一九三六年まで延長する意向を明らかにすると同時に、巡洋艦問題について、次のような提案を行った。すなわち、イギリスの現有補助艦は約四十万トン、アメリカの現有補助艦は約三十万トンで、十万トン以上の差が存在する。このような差をヤードスティックで解決することは不可能であり、したがって、補助艦実勢力に関する合意を成立させ、次いでイギリス側から補助艦の必要最小限度を提示し、それによってアメリカ側の削減量を決定する。このように両国の巡洋艦必要量の差を縮小した上で、ヤードスティックの具体的内容を定めていく、というものであった。この提案を受けたマクドナルドは、スティムソンの提案によって保有トン数をめぐる対立が再発することを懸念したが、七月二十九日にイギリスは必要兵力案をアメリカ側に提示した。スティムソンの提案は、イギリスの保有量を基準にアメリカの保有量を自主的に決定しようとするもので、その意味でフーヴァーの「秩序ある自由」という理念は、アメリカの自由ないし権利保護を前提とした国際協調であった。

スティムソンの要請を受けて提示されたイギリスの試案は、(1)大型巡洋艦について、イギリス十五隻、アメリカ十八隻、(2)小型巡洋艦について、イギリスは最小限で四十五隻、(3)均等兵力達成のため、アメリカは小型巡洋艦十隻の新造が可能、というものであった。しかし、スティムソンはこれに反発し、フーヴァーはマクドナルドに対し、イギリス案は軍縮どころか軍拡になるという見解を伝えた。これを受けて八月六日、マクドナルドとドーズの交渉が行われた。アメリカからはギブソン、イギリスからはアレグザンダー海相も参加した。ここでアメリカ側は、アメリカの大型巡洋艦保有量の増加を提案したが、イギリスは、英米関係に関する限り、提案を容認できるとしながら、五か国会議において日本がアメリカの保有数を基準として要求を行うと予想されることを理由に、アメリカの主張を容認しなかった。と同時にマクドナルドは、イギリスの保有する小型巡洋艦の保有数を十隻削減して三十五隻とする譲歩を行った。ただし、大型巡洋艦をめぐり、アメリカが二十三隻を求めたのに対し、イギリスは十八隻のみを認めるとしていた。

八月三十日、マクドナルドは、旧式のホーキンス級四隻は代艦時に廃棄され、六インチ砲六千五百トンの小型巡洋艦を四隻建造することとなっており、しかもこの四隻分も総トン数に含まれていること、ただし、正確な総トン数は三十三万九千トンになることを伝えた。これを受けて九月十一日、アメリカではフーヴァー、スティムソン、チャールズ・アダムズ海軍長官らが出席した会議において、アメリカの保有する大型巡洋艦を二十三隻から二十一隻に削減し、不足分を小型巡洋艦五隻で補うことを決定した。これでイギリス案との差は三隻となり、これについても八インチ砲一万トン三隻の代わりにたとえば六インチ砲四隻とする選択もあり得るとされた。そこでフーヴァーは、マクドナルド首相の訪米を歓迎することをイギリス側に伝えた。九月十二日にアメリカ案の提示を受けたマクドナルドは、これを評価し、九月二十八日にアメリカに向けて出発した。

マクドナルドは十月四日にニューヨークに到着し、翌五日、ワシントンから百六十キロのラピダン河畔の山荘で英米首脳会談が開催された。六日、マクドナルドはイギリス保有巡洋艦隻数を五十隻に維持したまま、総トン数を三十三万九千トンから三十二万五千トンに削減する案を用意していることを伝えた。これに対してフーヴァーは、イギリスの新案により、アメリカが小巡二隻を新造することで大巡を三隻削減することがあり得るとした。これによって軍縮会議成功の展望が開け、七日、イギリスのアーサー・ヘンダーソン外相より日米仏伊各国大使に対し、ロンドン会議への招請状が渡された。マクドナルドは十五日にアメリカを去り、カナダを経由してイギリスに帰国した。

これに先立つ六月二十八日、田中義一内閣は軍備制限に関する閣議決定を行い、補助艦に関する対英米七割程度の戦力を保持する方針を定めた。方針は、大型巡洋艦の比率を重視し、小型巡洋艦、駆逐艦、潜水艦については自主的に保有量を考慮するとしていた。英米間の予備折衝の模様は日本にも通知されていたが、七月二日の浜口雄幸内閣の成立と幣原喜重郎の外相就任を経て、日本の軍縮方針が正式に決定された。八月二十一日、幣原外相は松平恒雄駐英大使に対し、大型巡洋艦の対米七割、補助艦の総括対米七割、小型巡洋艦の原則対米七割、潜水艦の現有八万トン保持、総括的七割との調整は小型巡洋艦と駆逐艦で行うとする、総括七割、大巡七割、潜水艦の自主的保有という三大原則を通知した。

英米の予備交渉の決着とロンドン会議開催直前までの日英米の予備調整を経て、一九三〇年一月二十一日にロンドン海軍軍縮会議が開会した(8)。事前交渉から会議において、最大の焦点となったのは、日本による対米七十%の補助艦保有要求であった。二月六日、アメリカ全権のスティムソン国務長官は、巡洋艦に関する英米合意を公表し、アメリカが大型巡洋艦に関し、二十一隻から十八隻に譲歩したことを公表した。これにより、英米間の大巡問題は決着した。その結果、次の問題は、これに対する日本の大巡保有比率となった。

日本は大巡の対米七十%保有を求めており、保有大巡を十二隻とするか十三隻とするかが問題となった。しかし、十三隻とすると、十二隻のイギリスを上回ることとなり、イギリスには受け入れられなかった。そのため、日本の全権代表の斎藤博より私案として、アメリカの十八隻中、一、二隻を一九三五年以降に起工することで、その間の日本の保有比率を七割とする提案がなされた。これを受け、イギリスのロバート・クレイギーより、日本の補助艦保有を対米総括六十六%とするが、大巡については、アメリカの十八隻中三隻の起工を一九三三年以降、一隻ずつ行う形で延期し、この三隻が竣工する前の一九三五年に次回の会議を開催するという提案がなされた。また、クレーギーは潜水艦保有量について、英米の六万トンに対し、日本の保有量をアメリカ案の四万トンから五万二千八百トンに引き上げていた。この五万二千トンという数字は、日本の現有潜水艦七万八千トンが一九三六年末まで代艦を追加せずに廃艦していった場合の数字が根拠となっていた。さらにアメリカのジョゼフ・コットン国務次官補より、クレーギー案と同様の三隻起工延期案がスティムソンに伝えられた。

こうした折衝を経て二月二十五日、アメリカ全権のデイヴィッド・リードより、⑴大巡について、アメリカ十八隻、日本十二隻とするが、アメリカの三隻は一九三三年以降一隻ずつ起工して一九三五年の次期会議まで竣工させない、⑵小巡について、アメリカは十四万七千トンから十四万三千五百トンに削減、日本は九万二百五十五トンから十万八千トンに増加する、ただし、日本の保有量の内、一万トンは代艦できない老齢艦とする、⑶駆逐艦について、アメリカは二十万トンから十五万トンへ削減、日本は十二万トンから九万トンに削減、⑷潜水艦はアメリカは六万トン、日本は四万トンから五万二千トンに増加する、とした第一次リード案が提示された。しかし、日本側が三原則を堅持した結果、三月八日にアメリカは、日本保有の老齢小型巡洋艦を一万トンから二万トンに増加し、駆逐艦を五千トン増加することで総括的七割を満たすリード修正案を提示した。

とはいえ、日本側は大巡と潜水艦に関する権利を主張し、小巡についても老齢艦で比率を満たすという方法を拒否した。そのため、三月十二日、スティムソンより最終案が日本側に提示された。それは、小巡の老齢艦を艦齢内に変更し、潜水艦の日米均等を容認するというものであった。ただし、その結果、小巡の日本保有量がアメリカを凌駕してしまうことから、小巡を八千トン削減し、駆逐艦を十万五千五百トンとする修正がなされた。日本の若槻礼次郎全権は、海軍側との調整を行い、日米仮妥協案としてこれを本国に送付した。日本政府内には、アメリカとの再度の交渉を求める見解も強かったが、若槻はそれに反対した。(9) そのため浜口内閣は、日米仮合意を承認し、四月一日に回訓が発令された。これを受け、四月二十二日にロンドンにおいて、海軍軍縮条約が調印された。

表13-1は、ロンドン条約締結時の英米日各国の艦種別の現有量と協定保有量である。条約成立の結果、アメリカは駆逐艦を削減する代わりに大巡と小巡の増強が可能になる一方で、日本の対米保有比は現有の七十二・七五%から六十九・七五%へと減少することとなり、しかも日本の対米比率は、事前の方針に反し、小巡、駆逐艦、潜水艦によって維持されていた。既述のように、日本は、総括七割、大巡七割、潜水艦自主的保有の三原則を設定していた。この内、総括七割はほぼ達成され、潜水艦は英米との均等戦力となったが、問題は大巡であった。日本は、ワシントン条約で設定された主力艦比を補うため、現有八十%余から軍縮によって七十%にまで削減する方針で臨んだ。しかし、ロンドン条約の成立によって、日本の大巡保有比率はこれ以降、一九三五年までに

七十二％へと減少し、さらに一九三五年以降、六十％余にまで減少する見通しとなった。このように、ロンドン条約は、前年に成立したパリ不戦条約の理念の下で、アメリカのみに海軍の再編成、効率化に基づく実質的増強の権利を認めるものとなっていた。

フーヴァー政権は、以上のような軍縮会議と並行し、恐慌に対する対応にも当たらなければならなかった。フーヴァーは、世界恐慌の原因を海外、特にヨーロッパ経済の収縮に求めていたため、恐慌対策においても各国との協調を重視した。しかし、連邦議会は一九三〇年六月、高率のフォードニー‐マッカンバー関税法の税率をさらに引き上げるスムート‐ホーリー関税法を成立させた。これにより、農産物の税率は平均三十八・一％から四十八・九％にまで引き上げられた。フーヴァーは農産物保護の必要性を認めていたが、これほどの高率関税を支持していたわけではなかった。また、新関税法の制定に伴い、余剰農産物購入制度も導入された。しかし、フーヴァーは、関税委員会による科学的調査、検討に基づく関税率の修正権を大統領に与えるよう議会に求める一方で、農業経営者の自助努力を重視したため、ウィリアム・ボーラら中西部の革新派より批判されていた。しかも、小麦をはじめとする価格維持政策は、実質的な成果を挙げられなかった[10]。

表 13-1 ロンドン条約による補助艦保有量　（トン単位）

		イギリス	アメリカ	日本	対米比
大巡	現有量	146,800	130,000	108,400	83.38%
	協定保有量	146,800	180,000 (150,000)	108,400	60.22% (72.27%)
	増減	0	50,000	0	
小巡	現有量	217,111	70,500	98,415	139.6%
	協定保有量	192,200	143,500	100,450	70%
	増減	△24,911	73,000	2,035	
駆逐艦	現有量	184,371	290,304	132,495	45.64%
	協定保有量	150,000	150,000	105,500	70.33%
	増減	△34,371	△140,304	△26,995	
潜水艦	現有量	60,284	82,582	77,842	94.26%
	協定保有量	52,700	52,700	52,700	100%
	増減	△7,584	△29,882	△25,142	
計	現有量	608,566	573,386	417,152	72.75%
	協定保有量	541,700	526,200 (496,200)	367,050	69.75% (73.97%)
	増減	△66,866	△47,186	△50,102	

小林「海軍軍縮条約」92～93 頁。括弧内は、アメリカの建艦延期による暫定値。

一九三一年を迎えても、フーヴァー政権は政府の積極施策を抑制していた。しかし、ヨーロッパの経済危機は深刻化し、一九三一年五月にオーストリアのクレジット・アンシュタルトが破綻した。これを受けてフーヴァーは、六月二十日、政府間債務の一年間の支払猶予を公表した。さらに同年中のアメリカにおける失業増加に対応し、一九三一年九月以降、銀行界への融資拡大に着手し、一九三二年にはニューディールへと引き継がれる積極財政へと政策を転換する。

以上のように、フーヴァー政権は、「秩序ある自由」を理想とし、組合主義に基づく民間主導の経済発展を展望すると共に、国際主義の立場を取り、各国との協調を重視した。ただし、そうした姿勢は同時に、世界恐慌対策における消極姿勢や、軍縮会議における自国優先の姿勢を伴っていた。フーヴァー政権は、クーリッジ政権が実現できなかった海軍軍縮条約を成立させたが、その実質的内容は、イギリスと日本の軍備を制限しながら、アメリカのみに大型巡洋艦の新規建造を認めるというものであった。大型巡洋艦は、航続力と攻撃力に優れるため、日本も現有対米八十％余りから七十％までの削減にとどめようとしたが、ロンドン条約によって、アメリカは大巡保有量を最大限に拡大する一方で、日本の保有量は対米六十％余に制限された。その意味でロンドン条約は、アメリカの権利を最大限に確保しながら、実質的に日本を封じ込めるものとなった。また、国際経済政策をめぐっても、フーヴァーは国際協調を目指していたが、連邦議会は保護関税を強化するなど、アメリカは自国の立場を優先し、他国に負担を転嫁する政策を取っていた。

行政権力の発動を抑制し、個人の権利保護を優先するアメリカ自由主義の伝統に則り、フーヴァー政権は、民間ないし州政府主導の経済合理化や不況対策を重視した。そうしたアメリカ自由主義の伝統が、対外的には保護貿易の強化と軍縮におけるアメリカの権利確保という現象をも引き起こしたのである。

二　イギリス労働党政権の自由主義と恐慌対策

一九二九年五月三十日にイギリスで執行された総選挙において、政権党たる保守党は、最多得票を得ながらも百四十議席を失い、二百六十議席の獲得に終わった。対して労働党は、百二十六議席増の二百八十七議席を獲得した。自由党は前回より議席を増加させたものの、十九議席増の五十九議席にとどまった。[11]この結果を受け、六月七日に第二次マクドナルド内閣が成立した。とはいえ、労働党は、第一党であっても過半数に達せず、少数与党として議会に臨まねばならなかった。そのため、労働党は短期的に自由党と協力したものの、それは他方で、以下のような自由党内の対立とまもなく発生する世界恐慌の影響によって、保守党が労働党と自由党を分裂させて連立政権を作り上げるという、二年後の政局に向けた伏線をも作り出すこととなった。

自由党は一九二四年選挙で敗北した後、ロイド・ジョージが中心となって再建を目指していた。ロイド・ジョージは、「我々は失業を克服できる」と題した道路、住宅、電話通信網の整備などの大規模な公共事業を政策綱領として掲げると共に、自ら資金を提供して五百人の候補を次の選挙で擁立しようとした。ロイド・ジョージは、自由党が最低でも百人前後の議員を擁することで、政権奪取は困難でも、保守党と労働党の間に立つ第三勢力として影響力を保持しようとした。対して労働党では、フィリップ・スノウデン、ジェイムズ・トーマス、ヘンダーソンらが自由党との協力に好意的であったが、マクドナルドはロイド・ジョージの権力志向に警戒し、自由党との提携に反対した。また、保守党も自由党をいずれ消滅すべき政党として捉え、自らの資金で多数の候補を擁立するロイド・ジョージの政治手腕に警戒した。保守党では特にボールドウィンが自由党やロイド・ジョージの復活に反発していた。しかも、自由党自身、内部に分裂を抱えていた。一九二四年選挙でアスキスが落選し、一九二六年に自由党党首はアスキスよりロイド・ジョージに引き継がれたが、その後も、ハーバート・サミュエルがアスキス派の中心となり、さらにジョン・サイモンもロイド・ジョージに対する反対派を形成していた。(12)

第二次マクドナルド内閣は、全体として自由党と協力したが、労働党は自由党の掲げる公共事業に賛同していたわけではなかった。失業対策としての公共事業は、第一次世界大戦後に臨時的措置として実施され、一九二〇年代を通じて継続されていた。しかし、労働党は、そのような一時的措置としての雇用創出より、失業保険を中心とする社会保障を重視した。その上、蔵相に就任したフィリップ・スノウデンは、ヨークシャーの労働者階級の家庭に生まれ、厳格な宗教的精神を持ち、一週間を三十シリングで過ごして貧困を凌ぐ節制生活の経験を持った他、一八九一年に脊髄炎で身体に不自由をきたしながら、かえって強靭な自立精神を形成していた。スノウデンは、負債を徳義的に認めず、グラッドストンを理想とし、自由貿易を信奉していた。そのため、多額の債務によって公共事業を行おうとする自由党の雇用創出政策に同調しなかった。一九二九年七月、スノウデンは、幹線道路、橋梁、運河などの公共事業に対する三千七百五十万ポンドの支出を承認したが、自由党の求める公共事業より規模は小さかった。(13)スノウデンは、緊縮財政による経済合理化と価格の低下を通じて景気回復を目指す正統的な経済政策を採用し、さらにマクドナルドは、自由貿易の維持と国際協調を重視する国際主義的な立場を堅持した。そのため労働党は、国際的にも国内的にも、伝統的な自由主義経済政策を維持し続けたのである。

マクドナルドは、一九二四年の第一次内閣と同様、外交を重視した。マクドナルドにとって国際協調は、軍事力の必要を低下させ、世界共同体への展望を開くという意味で、平和主義や社会主義の理念においても、経済合理性においても、重要であった。ただし、労働党の国際協調は、実質的に、アメリカおよび帝国領域との協調という、アングロ・サクソンの連帯を優先する傾向を持っていた。労働党は、アメリカの革新主義を高く評価する一方で、反帝国主義的な論理からフランスを警戒した。ドイツ賠償問題をめぐり、一九二八年九月十六日、ジュネーヴでイギリス、フランス、ベルギー、イタリア、日本、ドイツの六か国が参加する会議が開催され、これに基づき、一九二九年二月以降、パリにおいて、アメリカのオーウェン・ヤングを委員長に上記六か国の専門委員が参加し、ドイツ賠償問題解決のための専門委員会が開催されていた。次いでマクドナルド内閣成立後の一九二九年八月、ヤング委員会によって提出されたヤング案を検討するための国際経済会議がハーグで開催された。同会議においてスノウデンは、ドイツ賠償問題に関するフランスの態度を「奇怪でばかげた」ものなどと非難した。(14)

ヤング案は、その後の世界恐慌の発生を受け、一九三〇年一月に開催された第二回ハーグ会議において承認され、一月二十日にハーグ協定が締結された。(15)Ｂ・Ｋ・Ｃ・マカーチャーによれば、ヤング計画には、五つの骨格となる決定があった。すなわち、ドイツの毎年の支払額をドーズ計画の約二十五億マルクから二十億マルクに減額すること、ベルギー、フランス、イタリアは自国被害に対する賠償を受け取ること、これら三国およびイギリスに対するドイツの支払いは、アメリカが債権の減額に応じないため、アメリカに対する各国の債務支払い額を包含すること、ドイツの支払い期限を五十九年間に延長すること、賠償の受け取りと分配を担当するための国際決済銀行を設立すること、である。[16]イギリスは、第一次世界大戦後の決定に基づき、アメリカに対する支払い額のみをドイツから受け取ることとし、全体の債務負担を軽減しながらアメリカの善処を求めたのである。

マクドナルドは、一九二九年九月十二日に海軍軍縮に関してフーヴァーと会談するため、アメリカ訪問を表明、二十八日に出発し、フーヴァーと共に政治主導で軍縮条約を成立させることとなった。[17]その結果、既述のような英米準備交渉において、マクドナルドは海軍の意向を抑え、自らアメリカ大使と交渉を重ね、英米間の合意を実現した。と同時に、イギリスが軍縮会議に臨んだ手法には、多国間の合意によってイギリスの防衛負担を軽減しようとする一九二〇年代の戦略が引き継がれていた。イギリスとアメリカの対立は、広域の海上作戦に対応するため、多数の小型巡洋艦の保有を目指したイギリスと、航続力と攻撃力に優れる大型巡洋艦の保有を優先したアメリカの立場をどのように調整するかをめぐって生じていた。イギリスはアメリカの大巡保有を十八隻に制限しようとしたが、その際、イギリスはアメリカの大巡保有量が日本の大巡保有量の基準になることを、理由として挙げた。その意味でイギリスは、アメリカとの協調によって日本を抑えると共に、日本との合意を形成するため、アメリカの大型巡洋艦の保有量を制限しようとしたわけである。

他方、こうした労働党の国際主義は、失業対策として輸出産業を支援する方針にも具体化した。失業問題を担当するトーマスは、石炭、鉄鋼の輸出と移民を促進するため、一九二九年八月十六日にカナダを訪問した。トーマスは、ハーグ会議におけるスノウデンのフランス批判を引き合いに出し、愛国心は特定階級の独占物ではないとして、労働階級意識と愛国心を共有する帝国の連帯を訴えた。とはいえ、カナダ側は移民やイギリスからの輸入品の受け入れに難色を示し、成果は挙がらなかった。[18]一方、一九三〇年二月十七日より、一九三一年四月までの関税引き上げ停止に関する国際会議が開催されたが、最終的な調印国は、イギリスの他、ベルギー、デンマーク、フィンランド、ラトヴィア、ノルウェー、スウェーデン、スイスの八か国にとどまった。[19]労働党の自由貿易主義は、帝国内においても、国際的にも、厳しい状況に直面した。さらに一九三〇年十月八日に開催された帝国会議において、カナダのリチャード・ベネット首相は、外国商品に対するカナダの関税を十%増加させる特恵関税の導入を提案した。しかし、イギリス本国の労働党政権は、それがイギリスの貿易にもたらす利益について評価せず、自由貿易主義を堅持した。

労働党政権とカナダの間には、国民ないし帝国臣民としての連帯意識にすれ違いが存在していた。帝国会議では、ウェストミンスター憲章に向けた合意がなされたものの、ドミニオンと本国の相互利益の増進や提携強化に向けた具体策の検討は進まなかった。そのためドミニオン側は、イギリス労働党政権の下で開催されるオタワ会議への期待を低下させた。ただし、翌年八月に計画されたオタワ会議は、オーストラリアとニュージーランドにおける政情不安から、カナダ政府によって一九三二年に延期された。対してイギリス本国の保守党は、一九三〇年十月三十日、労働党政権の打倒と保護関税導入の方針を決定した。[20]

一九二〇年代を通じて顕在化していた失業問題と、世界恐慌という緊急事態に対し、自由党は、国際的自由貿易を維持しつつ、国内的な積極財政によって対処しようとした。他方、保守党は、国内における均衡財政を維持しながら、保護関税を導入することで対処しようとした。つまり、自由党と保守党は、国内経済政策と国際経済政策のいずれの自由主義を維持し、あるいは修正するかをめぐって対立していた。これに対して労働党は、国際的な自由貿易と国内的な均衡財政を共に維持しようとし、最小限の政治的措置としてカナダにイギリス製品の輸入や失業者移民の受け入れを求める帝国重視の政策と、限定的な公共事業の実施を決定していた。政策体系として、労働党が最も伝統に則し、保守的であったが、それだけに、世界恐慌に際して厳しい現実に直面する結果となった。

労働党政権は、ロンドン海軍軍縮条約を成立させ、外交分野で成果を挙げたが、一九二九年十月に発生した世界恐慌によって深刻化した不況に対し、有効な対策を取れなかった。政府は十月二十九日に炭鉱法を提出した。同法は、八時間労働の炭鉱について労働時間を七時間半に制限することや、石炭の生産割当および輸出補助の導入、賃金保護のための委員会や消費者の利益を保護するための調査委員会の設置を規定していた。法案に対して自由党は、生産割当や輸出補助、法案が産業合理化のための合併に関する規定を欠いている点などを批判した。そのため、自由党は採決に際して分裂し、法案は二百八十一対二百七十三の八票差で辛うじて可決された。[21] 政府はまた、十一月十五日に失業保険法案を提起した。自由党はこれを支持したが、労働党内には、保険規模の拡大を求める反対論があった。[22] 労働党はまた、年金制度の充実により、退職後の生活保障と若者の就業機会の拡大を目指そうとした。しかし、支給額の増大を求める労働党内の要求、官僚の非協力的態度、現行制度との整合性、財源などの障害があり、さらに失業対策としての年金制度改革は即効性に欠け、効果は不十分であった。[23] 労働党は、自由党の急進的政策と特に比例代表制の導入を中心とする選挙制度改革の要求に反発していたが、自由党は概ね労働党の社会政策を支持し、特に自由貿易を支持する点で保守党と対立していたため、労働党と自由党は協力関係を維持していた。[24] しかし、トーマスら労働党閣僚の経験不足が目立つ一方で、オズワルド・モーズリーによる大規模公共事業の提案と閣僚辞任といった労働党内の分裂も生じていた。

その上、一九三〇年を通じて失業率は上昇し、十月に二十％近く、実数で二百二十万人に達する一方で、貿易収支の悪化により通貨危機が発生した。そうした中、政府はポンドの信用を維持するため、支出を削減し、均衡財政を維持しなければならなかった。

しかし、それには失業保険の支給を削減しなければならなかった。総じてイギリスの政策体系において失業問題は、健全通貨や均衡財政、産業合理化、自由貿易ないし関税政策などの問題より重要性は低く、しかも通貨政策は非政治的な問題として、専門家による対処を求める気運が強かった。そのため、労働党政権の政策的裁量の余地は制約されていた。ところが、労働組合会議は、失業保険の維持どころか、その拡大を要望した。その結果、労働党は、マクドナルドやスノウデンら入閣した労働党執行部と、一般党員および労働組合会議との対立を引き起こした(25)。

以上のような自由党や労働党に対し、保守党においても、一九二〇年代末にボールドウィンの求心力が低下し、内部対立が生じていた。選挙における敗北の上、インド問題の深刻化で、保守党の重大関心事である帝国の統合が危機に直面していたからである。インド総督アーウィンは、一九二九年半ばまでにインド側代表と円卓会議を開催し、その穏健化を図ると共に、インドの藩王国を保守側陣営としてそれに含め、さらにかつてのモンタギューによる責任政府育成に代わる、自治領としての地位の付与を、イギリスによるインド統治の目標として掲げることを構想していた。こうしたアーウィンの政策を労働党政権も支持し、一九二九年十月三十一日にアーウィン宣言が出された。しかし、これに保守党と自由党は反対した。ボールドウィンは、宣言の延期を求めたが、アーウィンの政策を個人的信頼関係に基づいて支持した。そのため、保守党内でボールドウィンに対する批判が高まった。しかも、一九三〇年四月にインドで施行された塩法は、ガンディーによる不服従運動を引き起こし、五月にガンディーが逮捕される事態となった。その一方で同年六月、一九二七年より自由党のジョン・サイモンが委員長を務めていたインド国制委員会による報告が発表された。これは、全地方のインド自治政府を対象とする中央立法府の創設を提案していた。ただし、サイモン委員会の報告は、インドの自治領化に言及していなかった。保守党の多くはサイモン委員会の報告にも躊躇を感じたが、アーウィンおよび労働党の政策に比べ、評価すべきものと判断した。しかし、アーウィンは、サイモン委員会の報告を、インド側の反発を招き、円卓会議を失敗に導くものと判断した。保守党からオースティン・チェンバレンが中心となり、アーウィンに対し、サイモン委員会の報告を採用するよう説得がなされた。しかし、労働党はアーウィン宣言を支持した。そのため、一九三〇年十一月のロンドンにおける円卓会議が迫るにつれ、インド問題は、労働党と保守党および自由党との全面対立を引き起こしかねない情勢となっていた(26)。

とはいえ、円卓会議において労働党は主導権を発揮せず、イギリス側で対応の中心になったのは、自由党のレディングであった。レディングは、アーウィン宣言に批判的であったが、他方でガンディーによる不服従運動に直面し、インドの穏健派をガンディーから引き離す必要を認識するようになった。そこでレディングは、インドの藩王国を含めた国制改革により、インドにおける保守的勢力を結集した、進歩的改革としての全インド連邦の創設という構想を支持するようになった。対して保守党は円卓会議に参加せず、その結果、一九三一年一月十九日に円卓会議は、一九三一年秋の第二次会議を予定し、完全な地方自治と限定的な中央政府への権限委任に向けて動き出した。さらに三月四日、アーウィンとガンディーの間で、イギリスはガンディーへの特赦と総督に匹敵する交渉当事者としての立場を認める一方で、ガンディーは不服従運動を停止するという合意が成立した。(27)

その間の一九三〇年十一月以降、保守党は労働党政権との対決姿勢を強め、政府の経済政策や帝国政策を批判する一方で、自由党内の反ロイド・ジョージ派に対する働きかけを開始していた。十二月一日、ネヴィル・チェンバレンは自由党のサイモンとの提携を目指して働きかけ、さらにオースティン・チェンバレンよりサイモンに、サイモンが一八八六年のジョゼフ・チェンバレンのように、自由党内の独立勢力を結成していくことへの期待が伝えられた。サイモンが入閣する場合、外相に擬せられた。(28) しかし、一九三一年一月から二月にかけ、保守党内でボールドウィンに対する批判が高まっていた。オースティン、ネヴィル・チェンバレンやサミュエル・ホーアらは、当初、ボールドウィンの失脚がロザミアの主宰する保守党右派系新聞やビーヴァーブルックら右派の勝利につながることを警戒し、ボールドウィンを支持していた。しかし、党内の反発から、一九三一年三月一日にネヴィル・チェンバレンよりボールドウィンに対し、実質的な引退勧告もなされた。しかし、ボールドウィンは反対派への反発を強め、これを受け入れなかった。会見に際し、チェンバレンとボールドウィンの間に誤解も生じたが、二十四日の再会談で和解が成立し、それ以上の党の分裂は回避された。(29) 三月四日のインド問題の一応の解決も、そうした最中のことであった。アーウィンとガンディーの合意が成立したことで、ボールドウィンの地位は強化された。これにより、保守党における執行部は、自由党や労働党に比べて安定化した。

以上のような労働党と保守党の状況に対し、ロイド・ジョージは、失業対策と自由貿易主義によって労働党と提携するか、あるいは選挙に敗北した保守党とチャーチルを介して提携し、選挙制度改革を実現しようとした。一九二九年総選挙の結果に照らし、現行制度において自由党は得票の多くが死票となり、得票に比例した議席を獲得できなかったためである。しかし、マクドナルドはロイド・ジョージに警戒し、自由党との提携に慎重な姿勢を貫く一方で、保守党はインド問題をめぐる党内の対立を克服した上に保護貿易主義を採用したため、自由党にとって保守党との提携は不可能になった。そこでロイド・ジョージは、労働党との提携を優先したが、逆に保守党のネヴィル・チェンバレンは、労働党内閣を打倒するため、サイモンとの提携を目指した。その結果、一九三一年七月までに三党鼎立状況は、実質的に労働党とロイド・ジョージ自由党対保守党とサイモン自由党という二極化の傾向を強めていった。(30)

このように、世界恐慌の発生により、イギリスにおいては自由主義をどのように維持し、あるいは修正するかをめぐり、労働党、保守党、自由党の政策的争点が鮮明になった。と同時に、三党間の対立を克服する流れも生じており、一九三〇年代における保守党優位の政治状況の再確立に向けて、状況は動き出していた。それはすなわち、イギリスが、政府の支出や経済への介入を抑えるという意味での国内経済自由主義と、国際自由貿易を保持するという意味での国際経済自由主義の、いずれを優先するかを決定する流れでもあった。

三　浜口雄幸内閣の経済、社会政策

昭和二（一九二七）年の金融恐慌の発生と田中義一内閣の成立により、日本の金本位制復帰は当面見送られた。しかし、田中内閣期を通じても日本の貿易収支は改善されず、昭和三年から四年にかけ、在外正貨は一億円を割り込んだ。しかも昭和三（一九二八）年にフランスが新平価で金本位制に復帰したことで、主要国中、金本位制に復帰していない国は日本のみとなった。さらに昭和六年一月に四分利英貨国債二億三千万円の償還期限が迫っていた。そのため、外債借換のための新規外債発行が必要となった。しかし、日本の金本位制復帰への目処がつかない中、外債交渉は難航した。その上、日本がヤング案に基づく国際決済銀行に参加し、あるいは国際連盟の財務委員会に出席するには、通貨安定国、すなわち金本位国である必要があった。

既述のように、国際決済銀行とは、ドイツ賠償問題の事務に当たるために設立された国際銀行であった。一九二九年十月以降、設立委員会の下で検討が進められ、一九三〇年一月二十日のハーグ協定と、同日、イギリス、フランス、ベルギー、イタリア、ドイツ、日本の賠償関連六か国とスイスの間で締結された条約に基づき、設立された。同銀行は、通貨としてスイス金フランを採用し、バーゼルに設立されたが、その設立過程で、同銀行への参加を通貨安定国に限るという条件が検討されていた。とはいえ、日本は金本位制に復帰していなかったため、最終的に、賠償関係国ないし金本位制、金為替本位制国であることが基本的な参加条件とされた[31]。このように、当時の国際経済協力関係に参加するには、金本位制に復帰し、通貨の安定を維持していることが要件となっていた。こうした状況から、民政党は昭和四年一月二十一日の党大会において、金解禁の実現を掲げ、田中内閣の三土忠造蔵相も、金本位制復帰を目指さざるを得なくなっていた。

田中内閣は張作霖爆殺事件の処理をめぐって昭和四年七月二日に総辞職し、同日、民政党の浜口雄幸内閣が成立した。浜口首相は、組閣から一週間後の七月九日、「施政方針に関する首相声明」を公表し、⑴政治の公明、⑵国民精神の作興、⑶綱紀の粛正、⑷対中外交の刷新、⑸軍備縮小、⑹財政の緊縮整理、⑺国債総額の逓減、⑻金解禁の断行、⑼社会政策の確立、⑽国際貸借の改善、関税改正、の十大政綱を掲げた。この内、浜口は、金本位制への復帰と外交の刷新を重視し、これによって田中内閣との違いを打ち出していた。

浜口内閣は、金本位制への復帰条件となる円の信用強化のため、井上準之助蔵相の下で財政緊縮に着手した。そこで、既に執行中の昭和四年度予算について、十七億七千万円の一般会計予算より、治水事業、港湾改良、営繕、震災復旧、土地建造物整理など、田中内閣の計画した諸事業を中止するなど、九千百余万円を削減した十六億八千万円を実行予算として編成し、特別会計でも五千七百万円、公債計画全体で五千九百余万円を削減し、一般会計における公債財源も計上しなかった。次いで昭和四年十一月二十日の横浜正金銀行と英米金融団との合計一億円のクレジット契約の調印を受け、翌二十一日、翌年一月十一日よりの金解禁の実施を閣議決定した[32]。浜口首相は、金解禁実施を控え、国民に次のように訴えた[33]。

抑々一国貨幣制度の良否が、国民生活及び国家経済の消長と密接至大の関係を有することは、古今の歴史に徴して明かである。而して世界文明国の殆んど全部が金本位制度を採用せし所以は、多年の経験に依つて其の制度が最も優越して居ることが証明されたからである。［…］

［…］

然るに世界の一等国として誇る我が国が、戦後十年にして未だ此の国家的重大問題を解決する能はざるは、真に遺憾に堪へない所である。

［…］

［…］是に於て挙国一致緊張したる精神を以て消費を節約し貯蓄を増加し、国際貸借の均衡を図り、金解禁に依つて経済組織を常態に復し、其の基礎の上に更始一新の国民的努力を払ふことに依て始めて合理的に景気回復の時期を迎へ得るのである。之を要するに緊縮に依る一時の苦痛は、将来発展の為に忍ばねばならぬ過程である。

今や我国は国民的決意を要する重大なる岐路に立つて居る。従来の惰性に捉はれて偸安の途を採つたならば、我が国運の前途は何うなるであらう。吾人はあらゆる艱難と戦ひ、あらゆる犠牲を意とせず、之が匡救の目的に向つて邁進せんとするものである。吾人と憂を共にせらるゝ天下の大衆諸君!!　幸に吾人の此の決意を諒とし、進んで協力を与へられ、与に共に国運の進展に貢献せられんことを熱望する。

かつて日露戦後に桂太郎内閣が日本の経済と社会の合理化を目指した時、同内閣は、希薄化しつつある身分制的な分限意識を、産業化に伴って生じた社会階層における勤労意識に再編しようとした。これに対して浜口内閣は、国民の大国意識と義務感に訴えることで、国家への協力を喚起しようとした。これは、国民一人一人の伝統的道徳意識に訴えかけており、大正期に進んだ一定の民主化を背景としたものであった。しかもここでは、国民に消費の節約と負担を求めており、これらは、既述のような一九二〇年代のアメリカの大企業優遇、消費拡大志向と対照的で、同時期のイギリス労働党による緊縮財政と社会保障の充実という政策体系に近かった。

浜口内閣は、昭和四年度実行予算の編成に次いで、昭和五年度予算の編成を行った。浜口内閣は、新規事業を計上せず、特別会計のみに起債を認め、その額も発行予定額の半額以下とする緊縮方針の下、十一月九日の閣議で、概算十六億八百万円余を決定した。四年度予算に比較し、一億六千四百万円余の減額であった。

ただし、第五十七回議会は解散されたため、五年度予算は不成立に終わり、前年度予算が執行された。

　昭和五年一月十一日の金解禁の後、一月二十一日のアメリカのナショナル・シティ銀行による千二百万円の金現送を皮切りに、内外諸銀行の正貨現送が相次いだ。その結果、二か月間に一億五千万円の正貨が流出した。これに応じ、表13-2のように、九月までに二十%以上の通貨収縮が引き起こされ、物価も下落、不況が深刻化した。年末に通貨発行は増加するが、それは限外発行によるものであった(34)。しかし、アメリカにおける物価下落はこれを上回っており、日本の物価はなお二十六~二十七%の物価高を維持していた。そのため、昭和五年の貿易は、前年に比べ、輸出で三十一・五%、輸入で三十・二%の減少となり、特にアメリカにおける生糸価格の暴落によって、養蚕業や製糸業は壊滅的な打撃を受けた。こうした信用収縮や貿易の減退が進む中、浜口内閣は

表 13-2 昭和 5 年の日銀券発行高および正貨残高推移　（百万円単位）

	日銀券発行高（月末）	正貨残高（月末）	限外発行（月中最高）
1 月	1,443	1,043	281
2 月	1,294	956	217
3 月	1,287	908	259
4 月	1,263	889	254
5 月	1,186	870	196
6 月	1,291	871	300
7 月	1,181	882	179
8 月	1,165	867	178
9 月	1,124	865	182
10 月	1,183	830	233
11 月	1,191	820	251
12 月	1,436	825	557

大蔵省昭和財政史編集室編『昭和財政史』第 10 巻、240 頁。

昭和五年の実行予算の編成に当たり、不成立に終わった当初予算案の縮小と災害費の追加修正がなされ、十六億六百万円の予算を決定した。とはいえ、これは当初予算より四百万円余の増額となっており、不況の深刻化による歳入不足のため、七月十八日に実行予算をさらに六千万円余縮小する閣議決定を行った(35)。

　続く昭和六年度予算は、ロンドン海軍軍縮条約の成果を踏まえ、海軍による補充計画費の要求総額五億二千五百万円を三億二千五百万円に査定し、十一月十日に三億七千四百万円余とすることで決着した。これにより、一億三千四百万円余を減税に充てることとし、昭和六年度に一千万円、七年度以降二千五百万円の減税を予定した。また、昭和六年一月一日に、日露戦後の明治三十八年十一月に起債された第二回四分利英貨公債二千五百万ポンドの残額、百五十六万ポンドの償還期限を迎えることになっていた。その借換のため、五月十日、五分半利英貨公債および五分半利米貨公債を発行した。この外債借換は、金本位制復帰の成果であると共に、戦前期の日本政府による最後の外債発行となった(36)。

　十一月十一日に閣議決定された昭和六年度の歳出予定額は、十四億四千八百万円余、失業救済事業費などの追加予算を加えると、歳出十四億八千八百万円余となった。海軍費の節約の結果として、地租、営業収益税、織物消費税、砂糖消費税の減税が実施されることになった(37)。この内、地租の減税は、明治十七年に制定された地租条例の廃止と地租法の制定に伴って実施された付随的な措置であった。すなわち、従来の地租条例は、法定地価を基準に課税していたが、その後、法定地価は実情からかけ離れていた。その

ためこれを廃止し、地租法において、賃貸価格に基づく課税を行い、賃貸価格を十年毎に改訂することとした。地租の課税基準を法定地価から賃貸価格に変更するため、大正十五年三月の土地賃貸価格調査法の制定、同年九月から昭和二年九月までの土地賃貸価格の調査、そしてその後の土地賃貸価格調査委員会の設置などが行われていた。浜口内閣はこれらの準備を踏まえ、地租条例の廃止と地租法の制定を行ったのである。税率は当初、従来の地租総額に変動を来さないため、賃貸価格の四・五%と定められたが、軍縮による減税として、昭和六年度は四%、それ以降は三・八%に引き下げることとなった[38]。ただし、予算案の閣議決定直後の十一月十四日、浜口首相は東京駅で佐郷屋留雄によって狙撃され、重傷を負うことになる。

浜口内閣は、以上のような金解禁の実施と緊縮財政予算の編成と並行し、産業合理化と、小作人や労働者の保護のための立法措置を進めようとした。既述のように、加藤高明内閣および若槻礼次郎内閣は、外債によって貿易収支の赤字を補塡している日本経済を再建するため、将来的な円高政策への展望の下、企業に対する税負担を軽減しながら労働組合の結成を承認し、雇用者による被用者の保護と被用者相互の互助活動を促進することで、日本経済の合理化と社会の安定化を進めようとする政策体系を打ち出していた。浜口内閣はそれを引き継ぎ、国民全体に、節制と、社会や国家に対する貢献を求めながら、企業間の協力促進のための施策と、労働組合法、小作法の制定に着手した。

浜口内閣の掲げる経営合理化のための中心的政策となったのが、重要輸出品工業組合法の工業組合法への改正と重要産業統制法の制定であった。浜口内閣は昭和五年一月二十日に内閣諮問機関として臨時産業審議会を設置し、統制を必要とする産業とその統制方法について諮問を行った。審議過程で、同年中の不況の深刻化に対応し、従来の重要輸出品に対して行われていた統制を国内の一般重要工業品にも拡大すること、中小企業への統制を大工業部門にまで拡大することが検討された。その結果、重要輸出品工業組合法について、昭和六年一月二十日に改正法案が決定され、三月一日に第五十九回議会に提出、十八日に工業組合法が成立した[39]。

他方、重要産業統制法も同議会で成立し、四月一日に公布された。平沢照雄によれば、重要産業統制法は、統制委員会の審議を経て重要産業と指定された業種において、中小企業の同業者間に組合を組織させ、同業者の半数以上が協定に加盟する場合、その内容を政府に届け出るものとされ、さらに三分の二以上の加盟者から要請があれば、政府はその協定に対する服従命令を加盟者および非加盟者に強制し得るというものであった。これにより、中小企業は協定外の大企業に共同して対応することが可能になった。また、逆にそれまで協定への参加を許されていなかった企業や、自己に不利として協定に参加していなかった企業は、同業者の半分以上の加盟を得て新たな協定を締結し、さらにその三分の二の合意を得て政府に要請することで、その協定内容を業界全体に強制することも可能となった。とはいえ、重要産業統制法は企業の自主的な産業統制の促進を目指すものであって、政府に協定内容そのものに対する介入権限はなかった。政府は、企業の自主性に基づいた全体の品質管理や過当競争の緩和、生産調整を促すことを目標とし、それによって、中小企業の保護と経営合理化、そして雇用の維持を図ろうとしたのである。(40)

表 13-3 失業救済事業費支出額の推移　（千円単位）

年度	補助事業			起債事業			臨時冬季応急事業		
	当年度	繰越分	合計	当年度	繰越分	合計	当年度	繰越分	合計
大正 14 年	3,495	0	3,495						
大正 15 年	2,785	681	3,466						
昭和 2 年	3,105	5	3,109						
昭和 3 年	2,310	181	2,491						
昭和 4 年	4,548	183	4,731	799	0	799			
昭和 5 年	7,443	2,055	9,498	9,438	2,264	11,702	1,910	0	1,910
昭和 6 年	9,374	7,127	16,501	11,223	4,976	16,199	2,313	1,261	3,574
昭和 7 年	18,711	12,012	30,723	7,659	10,102	17,761	668	882	1,550
昭和 8 年	20,829	13,441	34,270	6,327	6,428	12,755	583	29	612
昭和 9 年	13,726	8,805	22,531	3,643	3,534	7,177	350	10	360
昭和 10 年	7,350	7,871	15,221	2,941	4,004	6,945	200	0	200

加瀬『戦前日本の失業対策』116～117 頁。

こうした、組合主義による民間主導の経営合理化促進は、既述のフーヴァー政権の不況対策と通じ、また、イギリスでも後述のように、企業間の合同が進められていた。浜口内閣は、緊縮財政の下、イギリス型の社会政策に取り組む一方で、欧米で進んだ、企業の連携強化による民間主導の経済再建を基本方針とした。と同時に、失業者増加に対して浜口内閣は、表13-3に示したように、公共事業による雇用創出予算を拡大させた。こうした雇用創出事業も、景気変動の影響を政府の政策によって緩和しようとする加藤高明、若槻礼次郎内閣期の経済政策を引き継いでいた。

一方、浜口内閣が第五十九回議会に提出した労働組合法案は、昭和六年二月二十四日の衆議委員本会議に上程され、委員会に付託された。浜口内閣期の労働組合法案は、第一次若槻内閣期の労働組合法案と比べ、大きな変更を伴っていた。浜口内閣の法案は、組合の届出制を徹底し、届出を行わない組合の代表者に対する処罰規定を含んでいた。また、法人組合について、争議による損害に対する民事責任を認め、さらに新たな政治資金取締規定も定められていた。そのため西成田豊は、浜口内閣の労働組合法案について、規制取締的性格を強めたものとして評価している。(41)

しかし、その一方で同法案は、労働組合の目的について、労働条件の維持、改善のみならず、組合員の共済、修養その他の共同利益の保護、増進について積極的に掲げていた。また、政府は、本法による規制と保護の対象を、届出のなされた組合に限定せず、届出のない組合にまで拡大することを繰り返し答弁していた。しかも同法案は、差別解雇と黄犬契約の禁止規定を維持していた。

研究史上、浜口内閣期の労働組合法案は、組合に対する規制的側面を理由に、井上財政の下での企業合理化促進との関連で捉えられる傾向が強いようである。すなわち、組合を規制することによって、企業の合理化に資しようとしたというわけである。しかし、浜口内閣による労働組合法案は、組合に対する規制の強化というより、組合自身の責任を増加させることで、非合理的、非生産的な労使紛争を抑制すると共に、労働者自身の相互扶助による生活改善を進め、同時に不当解雇による失業増加を抑えることを目的としていた。法律に基づく組合への保護と規制が、届出の有無にかかわらず、全組合に適用されるという規定は、第一次若槻内閣期の労働組合法案との最大の相違点であったが、その行政的な意味は、組合活動を理由ないし口実とする不当な解雇を禁止することにあり、それは、昭和恐慌の下での失業の増加に対処するためであった。組合に対する規制を強化すると共に、組合の共済機能を拡大することで、組合の社会的責任を強化したのも、そのためであった。しかし、同法案は衆議院を通過したものの、貴族院において、財界の利害を代弁する中島久万吉や郷誠之助、内藤久寛、稲畑勝太郎、根津嘉一郎、藤原銀次郎、磯村豊太郎、森平兵衛らの反対により、審議未了、廃案に追い込まれた。昭和恐慌下の財界にとって、労働組合法による保護が既存の全ての組合に適用されることは、容認できなかったのである。

さらに昭和六（一九三一）年二月十五日、小作法案が衆議院に上程された。田中内閣期の小作調査会は、自作農地法案を審議するため、小作法案の審議を中止していたが、浜口内閣の成立後に審議が再開され、昭和四年十二月十八日と十九日の小作調査会において、請負小作、作況調査、永小作権の存続期間に関する報告を提出していた。これを踏まえ、一年余り後の昭和六年二月九日、第五十九回議会に小作法案が提出されたのである。

本案は、小作地の賃貸借は、登記がなくとも、小作地の引き渡し後も物件取得者に対して効力を有すること、小作地賃貸借の譲渡を原則として禁止すること、ただし、兵役や疾病などによる一時的転貸や、産業組合や市町村などの非営利団体がその団体員に転貸する場合は容認すること、小作地の売却に際し、賃貸人はまず賃借人に一定期間内に買収の協議を行い、自作農創設の機会を与えることを義務付けたこと、定期賃貸借の最短期間を五年とし、更新拒絶の通知がなされない場合、賃貸借期間は同一条件で延期されること、不定期賃貸借の解約は随時可能であるが、作物の収穫が終わるまで契約は存続すること、一年分の小作料の一年以上の滞納ないしこれに準ずる小作料の滞納、あるいは賃借人が賃貸人を害する目的で小作料を滞納した場合、一か月以上の支払い催告期間を経て契約解除が可能になること、不可抗力に基づく減収を理由とする小作料の減額または免除の申し出は、収穫着手の日から遅くとも十五日前に行うこととし、収益の検見を行う場合、相手方への通告を要すること、また、検見に関する対立が生じた場合、小作官の定める方法に従うこと、小作条件の改定などに関する小作委員会の判定に不服がある場合、裁判所または小作官の申立で委員会を開催し、判定の取消を行い得ること、永小作の存続期間を二十年以上七十年以下としたことの他、差押や強制執行などに関する規定を含んでいた。全体として同法は、小作権を保護するばかりでなく、解消に際しての自作農創設機会の設定や、解消条件を明確化することで、紛争の抑制を図るものとなっていた。しかし、同法も、三月二十日の衆議院本会議で一部修正の上、可決されたが、貴族院で審議未了となり、成立しなかった。(42)

総じて浜口内閣は、同時期のイギリスやアメリカに比べて強力な指導力を発揮したが、その原動力となったのは、国際的な義務や経済基準に順応していこうとする浜口内閣の目的意識であった。そうした意識は、不況対策において、イギリスやアメリカの政策理念を援用した政策体系を打ち出すことにつながった。しかし、そうした浜口内閣の政策は、全体として対外関係上の配慮に基づく負担を国民に転嫁する傾向を持ち、個別問題で関係当局や当該問題に関心を持つ国民の反発を招いたばかりか、そうした個別問題の紛糾が、関連法案の不成立や浜口狙撃事件といった事態まで引き起こした。浜口内閣の退陣後、その指導力は引き継がれず、全体的な政策体系の下で個別問題に関する障害を克服していこうとする政策気運は、大きく後退する結果となった。

四　第二次幣原外交の展開

浜口内閣は、外交政策の刷新を掲げた点でもイギリスの労働党政権と共通しており、軍縮政策をめぐるイギリスとアメリカのフーヴァー政権の協調が進む中、ロンドン海軍軍縮会議に臨んだ。一九二一年のワシントン会議は、海軍軍縮問題を中国問題や日英同盟などを含めた包括的問題の一部として扱い、しかもこれに臨んだ当該期の日本は、パリ講和会議における失敗と国際連盟への参加を踏まえた明治的価値観からの脱却期に当たっていた。ワシントン会議も全体として日本を封じ込める国際会議となったが、日本政府は、パリ講和会議における失敗を挽回するためにそれらを甘受し、元老を頂点とする階層的影響力の残る中、反対意見の存在が政治問題化することはなかった。対してロンドン会議は、海軍軍縮に特化した専門会議であると共に、英米日各国政府が軍当局を抑えることで合意に至った。全体として、ワシントン条約の枠組みを引き継ぎながら、個別調整をめぐって交渉は難航し、政府の政治的決断が決定的な役割を果たした。その際、日本は政党政治の全盛期を迎えており、政府が元老より全面委任を受けて条約を調印した。それによって浜口内閣は、政党内閣の国内的政治力の向上を実績として示し、また、英米の評価を受ける一方で、個別的な官僚や野党、民間右翼の反発を招いた。

一九二〇年代の日本は、東アジアの大国として、階層的ながら法理化された内外秩序の形成を目指し、大国に相応しい国内政治として政党内閣を成立させ、対外的に軍縮条約を締結し、中国における内乱とナショナリズムの昂揚に対し、内政不干渉と不平等条約の漸進的改定という原則に基づいて対応しようとした。そうした中、ロンドン海軍軍縮条約は、本来、ワシントン条約の延長線上に位置する大国の義務として、国民に積極的に受け入れられるはずであった。しかし実際は、一九二〇年代に進んだ一定の民主化によって、国民の価値観が多様化し、軍縮を歓迎する世論から、政府の軟弱外交を批判する世論まで、多様な反応が生まれた。浜口内閣は、国民の伝統的道徳意識や国家的義務感に訴えることで、金本位制に伴う経済的負担を克服し、産業合理化を進め、予想される景気後退に備えようとした。しかし、そうした国民の国家意識に訴える時代の到来が、国民の中から、後の浜口狙撃事件のような突発的行動を引き起こすことにもなったのである。

その一方で、一九二〇年代の国際秩序の枠組みの中で、個別調整によって政治的問題の解決を図っていく必要は、ロンドン軍縮会議ばかりでなく、中国との外交においても同様であった。ただし、一九二八年末の張学良による易幟によって、奉天政権は国民政府に合流し、国民政府による満州統合が実現した。これを受け、日本政府は一九二九年六月三日に国民政府を正式承認した。浜口内閣が成立したのは、それから一か月後の七月二日であった。そのため幣原外相は、第一次外相時代以来の懸案であった関税問題に加え、満州問題についても新たな事態に直面していた。一九二〇年代後半期は、以下のような日中両国における満州認識の転換期に当たっており、幣原外交をめぐる環境は、変化していた。

歴史的に中国は、万里の長城を北方の境界とし、満州を統治下に置いていなかった。十七世紀にツングース系の満州族が関内を支配し、清朝を創始したが、清朝は満州を聖地とし、漢人の移入を「封禁」、すなわち禁止していた。清朝が満州への漢人の移動を認めるのは、十九世紀後半、特に一八六〇年代以降で、それはロシアの南下政策に対し、黒龍江流域を確保するためであった。しかし、清朝の移民制限にもかかわらず、主として山東半島から遼東半島に至る海路を通じ、満州に向かう人口移動は存在していた。奉天軍閥の張作霖も、そうした移民の末裔であった。(43)

一九一一年の辛亥革命によって清朝が滅亡し、その後、袁世凱による統治を経て、一九二〇年代の中国は、北京の北洋政権を中心としながら、各地で軍閥が乱立する断続的な内戦状態となった。そうした中、張作霖は満州に拠点を置きつつ、関内出兵を繰り返し、一九二〇年代半ばに北京政権を掌握した。ただし、それは北洋政権の内部抗争に乗じて北京を掌握しただけであって、中国全土の支配に遠く及ばなかった。しかも、一九二六年に蒋介石の率いる国民革命軍が北伐を開始し、一九二八年に北京に迫った結果、張作霖は満州に撤退せざるを得なくなった。

一九二〇年代の中国では、国家統一を目指し、欧米諸国との不平等条約の改定を目指すナショナリズムが昂揚した。そうした状況を背景に、満州と関内の関係をめぐる中国側の意識も変化した。満州は、清朝にとって故地であったが、中国本土からは辺境に過ぎず、そのため張作霖は、関内への出兵を繰り返すことで、張作霖なりの中華ナショナリズムを表現していた。そうした張作霖のナショナリズム意識は、必然的に日本との対抗意識を伴っていた。対して日本政府は、満州権益を清朝との条約によって確保し、清朝が滅亡した後も、袁世凱やその後継政権との関係を通じてそれらの維持、拡大を図った。つまり日本は、満州を一貫して関内政権に帰属する地域として扱っていたのである。日本側は、満州の主権が中国中央政府に帰属するという前提の下で、満州の治安と経済状況を重視する立場から、張作霖に対して関内への出兵を自制するよう求めた。しかし、張作霖にとって北京の支配権は、おそらく野心という以上の価値を持っていた。と同時に、張作霖にとって関内出兵には、多大な軍費が必要であった。張作霖政権の財政庁長に就任した王永江は、「保境安民」を掲げ、財政の私物化、横領を排し、借款の整理、東三省銀行の設立と同銀行による大洋票の発行を通じた財政、金融の整理を進めた他、奉天‐海龍間の鉄道敷設を計画して満鉄と交渉を進め、満鉄による洮南‐昂昂渓線、吉林‐敦化線の建設請負を承認する見返りに奉海線の建設を認めさせるなど、奉天政権の近代化を進めようとした。しかし、張作霖の戦費は、王の財政整理でまかない切れないほどに膨脹し、軍事費の削減を主張していた王は、一九二六年三月に辞任した。(44) 張作霖は、戦費を捻出するため、農民や商人からの資産収奪という、暴力的手段に訴えることとなった。

張作霖は満州行政の近代化を目指したが、張作霖が支配の対象とした満州社会は、近代的行政に適していなかった。満州における農村社会は、独自の自警組織を持ち、あるいは馬賊と提携しながら自らの安全を確保する、自治的な存在であった。それは多く、暴力や賄賂、情実的な人間関係によって支配されていた。基本的に奉天政権は、高率小作料に基づく地主支配の上に成立していたが、地方村落が相互に孤立していたため、張作霖政権は流通機構や特に通貨発行権を掌握することで、地方村落を経済的に支配することができた。たとえば満州農業は大豆生産を基幹産業としていたが、張作霖政権は大豆の収穫期に紙幣を乱発して農産物を買い占め、それを輸出することで莫大な利ざやを稼いだ。(45) こうした張作霖の暴力的な統治手法は、一九二六年の「金融取締条例」のような、満州で活動する日本人と商取引のある中国人に対しても施行され、日本と張作霖との関係を劇的に悪化させた。

ところが、これに対して張作霖を継ぐべき張学良は、王永江の「保境安民」の理念を継承し、関内進出より満州の近代化を重視した。そこで張作霖爆殺事件の直前、張作霖に対する下野の強要を検討していた関東軍も、張学良を、張作霖に代わる有力後継候補として評価するようになっていた。他方、反長州閥意識を持った陸軍中堅将校は、張作霖の満州支配を張の私的支配と捉え、満州と中国本土を区別し、満州における日本の政治権力の確立を必要と考えるようになった。このように一九二〇年代後半期は、満州の帰属や支配の正当性をめぐる、日中双方の世代的な意識の転換期に当たっていた。

一九二八年六月の張作霖爆殺事件の後、奉天軍閥は張学良によって継承された。国民党の北京占領に対応し、張学良は一九二九年末に国民政府に合流し、中国は統一された。張学良は、父を日本軍に殺害されたが、日本と全面対決することは短期的に不可能であった。しかも張学良の内政、外交方針は、張作霖と異なっていた。張作霖の全盛時代、張作霖は中国本土を志向し、関内への出兵を繰り返したが、張学良は関内出兵に消極的で、関内への野心を共有していなかった。満州を中国の一部として見なす張学良は、むしろ国民党と停戦し、満州行政の集権化、近代化を進め、それによって、日本に対しても全面衝突を避けながら対抗しようとした。張学良は、満州を拠点としながら中国国民政府に参加し、それによって逆に関内と満州の相互干渉を抑制し、半独立的に中国の一部を構成する、近代的な奉天政権の形成を目指した。

張作霖政権は、独裁的であったが、全体的にはむしろ、張との個人的信頼関係によって結び付いた有力軍人の連合政権であった。それを引き継いだ張学良政権は、張作霖時代の旧来の将領や各省の有力者、新興将領が混在しており、さらに一九二九年一月に設立された東北政務委員会には、張学良、張作相、万福麟、湯玉麟、莫徳恵らの他、中央から派遣された方本仁も含まれていた。中国国民党による満州への勢力浸透も始まっていたわけである。しかし、張学良はそれを、自らを中心とする集権的な政権へと改編するため、行財政改革を進めると共に、一九二九年一月に楊宇霆および常蔭槐を暗殺した。張はそれにより、一部の有力勢力によって利権が独占される状態を打破しようとした。さらに五月二十七日、張学良政権はハルビンのソ連領事館の捜索に踏み切った。これを受け、七月十日に国民政府は東支鉄道回収宣言を発し、翌日に吉林当局は東支鉄道電信局を接収した。その結果、十八日に中ソ国交は断絶、事態は中ソ間の軍事衝突へと発展した。(46)

一九二〇年代末の中国は、国民党と奉天政権が協力と責任転嫁を繰り返しながら、全体として国権回復の気運を高めた。こうした中で張学良政権は、満州行政の近代化と日本との対抗を兼ね、独自の資本による鉄道敷設を行おうとした。しかし、それは世界恐慌の煽りで収支の悪化していた満鉄や関東軍、さらに日本国民の反発を招いた。(47)その意味で、浜口内閣期の幣原外相は、中国ナショナリズムの満州への波及と日本国民における外交的関心の昂揚という両現象に対処しなければならなかった。浜口内閣自身、経済的困難を克服するため、国民に負担を求めており、そうした時代状況がかえって、満蒙権益に対する国民の防衛意識を高めたのである。その上、満州における治安の悪化が、相互の対立感情を激化させた。たとえば満州青年連盟は、昭和初期の排外事件を本国側啓蒙のためにまとめており、そこでは、排日宣伝、商取引における契約不履行、代価の踏み倒し、業務妨害や、昭和四年五月十五日の本渓湖の石炭会社、同年七月十日の大石橋の滑石山鉱区に対する集団襲撃事件の他、次のような事例が紹介されている。(48)

［昭和四年八月六日］午後十時二十分頃四平街守備隊兵四名は双廟子桓勾子間の鉄道巡察中、突然支那人十数名は不法にも誰何せる先頭兵藤田一等卒を射殺し、銃器弾薬等を掠奪逃走せり。

［昭和五年十一月十八日］午後二時五十分頃、万家嶺駅北方七粁付近に於て我巡察兵三名は電線切断中の支那人三名を発見し、之を逮捕せんとせるに草刈鎌にて反抗せしを以て、防衛上已むなく発砲し遂に其一名を射殺せり。爾後数次に亘り支那側の抗議に会す。

張作霖の時代、排日運動の標的は主に日本人と雇用ないし取引関係のある中国人であったが、一九二〇年代末までに、日本人とその資産が直接的な攻撃対象とされるようになった。破損行為の取り締まりに対し、中国側が唐突に殺傷行為に及ぶ事例も多く、そのため、日本側の過剰防衛が常態化し、それが中国側の反感を増大させた。こうした中、凄惨かつ中国官憲が関与、隠蔽した中村大尉事件が発覚し、事態は重大な局面を迎える。

一方、中国との通商条約交渉をめぐり、一九二八年末までに米中関税条約、英中関税条約が成立し、一九二九年より中国は、治外法権の撤廃に関心を移し、後述のように同年四月二十七日付で、イギリス、フランス、アメリカなど六か国に対し、早期の治外法権撤廃を求める覚書を提出していた。しかも中国側は、日中通商条約を無効とする立場から、日本を交渉から排除していた。

こうした中で幣原は、外相就任後、駐華公使に腹心の佐分利貞男を任命した。次いで九月に幣原自身が駐日中国公使に対し、治外法権撤廃を実現するため、中国国内における法秩序を確立し、欧米列強の理解を得ることが必要とする見解を伝えた。これは、かつての日本の経験を踏まえた説得であった。しかし、中国側はそれを受け入れなかった(49)。その直後、有田八郎亜細亜局長は、「日支関係改善ニ就イテノ或種ノ考案ヲ評ス」なる文書を作成し、「日支関係ヲ不満足不安且険悪ナラシメツツアル原因」として、「所謂満州問題ナルモノノ存在スルコト」「支那カ事アル毎ニ排日排貨ノ行為ニ出ツルコト」などを挙げながら、中国側が妥協的態度に出ることは考えられないとして、次のように論じていた(50)。

日支ノ険悪ナル関係ハ極メテ憂慮スヘキモノ有リテ、何等カ之レガ調整ノ方法ヲ案出スルノ要有リト雖トモ、公平ナル第三者若ハ日支関係ノ大局ヲ顧念スル者ノ当然ト信スル調整ノ方法モ何等顧ミラルル事無キトコロニ支那ノ現状有リ。従ツテ我国トシテハ、此際ハ寧ロ重要ナル政治的効果ヲ目的トスルカ如キ政治的協約又ハ取極ノ如キモノノ締結ヲ考ヘス、時ニ応シ機ニ臨ミ、過渡的弁法ヲ以テ事態ノ悪化ヲ緩和シ、以テ状勢鎮静ニ向ヒ、国民党乃至国民政府ノ態度穏健トナルヲ待ツカ、若ハ事態ガ愈々益々悪化シ、国民政府ハ勿論国民党部其ノ他一般民衆モ其ノ重大ヲ自覚スルカ如キ状況ニ立至ルニ及ヒ、例ヘハ我国ヨリ特派全権大使ヲ派シテ大局上ヨリ問題ノ解決ヲ計ルヨリ外ナカルヘシ。

このように有田は、大局的な観点からの事態打開の方法に疑問を呈し、「過渡的弁法」によって事態の鎮静化を図るか、あるいは中国側が事態の重大性を認識するまで待つよりないと考えた。その上、中国との交渉を担うべき佐分利が十一月に不慮の死を遂げ、しかも後任となった小幡酉吉公使の着任を中国側は拒否した。

こうした中国国民党の外交について重光葵上海総領事は、「先ツ一方的ニ出来得ル丈広ク条約上ノ権利ヲ否認シ[…]之ニ対シ相手国ノ強硬ナル態度ニ逢フ時ハ其ノ鋒ヲ避クル為所謂事実問題トシテ現状維持ヲ承認シ、之ヲ基礎トシ交渉ヲ急ク事ヲ要求シツツ、或ハ自己ニ利益ナル場合ニハ自ラ交渉ヲ遅延セシメ[…]然ラサレハ遅延ノ責任ヲ他ニ転嫁シ、自ラ『現状』ニ対シテハ自己ノ有利ニ絶ヘス事実上ノ変更ヲ加ヘント期シツツアル次第(51)」と述べていた。重光は、中国の革命外交について、国権の回復を外交交渉を通じてでなく、宣伝と条約否認の既成事実化によって図ろうとするものと観測していた。既述のように、イギリスの措置によって中国の国定関税の施行に一年間の猶予が設けられたが、それにもかかわらず、日本は中国との交渉の端緒をつかめなかった。

しかし、中国は一九三〇年二月一日より国定税率実施の意向を明らかにしていた。そのため、日本側はこれ以上、交渉を遷延させることができなかった。そこで幣原は、一月十日に重光を代理公使に任命し、交渉に当たらせることとした[52]。次いで重光に関税条約案が通知され、同時に「関税問題ニ付支那側ト交渉開始ノ場合考慮スヘキ主要事項」として「(イ)輸出入税率ニ関スル自主権ノ承認及最恵待遇、(ロ)輸入税率ノ互恵協定、(ハ)陸境関税ノ廃止前ニ於ケル短期間据置措置、及(ニ)出入品ニ対スル内地通過税ノ免除問題」を挙げると共に、「今次ノ交渉ニ於テ前記諸問題ヲ包含スル正式ノ関税条約ヲ締結シ、追テ通商条約成立ノ上ハ之ヲ其ノ一部ト看做スコトトスル」方針が伝えられた。

条約案は全八条からなり、第一条で中国の関税自主権の承認、第二条で協定税率、第三条で内地通過税の免除、第四条で陸境貿易、第五条で最恵国待遇について定めていた[53]。一月十六日に王正廷は、関税条約の先行成立による通商条約の随時改定という方針を了解したが、同時に関税交渉について、米中関税協定交渉と同様、宋子文が交渉の細目を担当することとなった。その際、重光は次のように本国に報告している[54]。

宋子文ハ、我方ニ於テ関税問題ニ付急速妥結ノ意向ヲ有シ今直ニ具体的交渉ニ入ル用意アルニ於テハ本件解決上頗ル結構ナリト考ヘ居ル旨、突キ止メタルヲ以テ、此際直ニ関税問題ニ付、宋トノ間ニ具体的ノ話ヲ進メ、後、適当ノ機会ニ王正廷ニ対シ正式ニ提案スルコトハ、支那側ノ空気及王ノ心理等ヨリ見テ最モ適当ナリト認メラルルニ付［…］（都合好クハ明日位ヨリ）大体ニ於テ堀内携帯ノ条約案文（未定稿）ニ基キ、協定品目ハ右付属税表第一案ヲ基礎トシテ、直ニ宋トノ間ニ具体的ノ交渉ニ入リ得ベキ見込ナリ。

交渉の焦点は、第二条の協定税率品目[55]とその扱いおよび適用期間、第三条の内地通過税と抵代税の扱い、第四条の陸境特恵の扱いであった。日本側は、協定税率期間を五年とし、陸境特恵の三年据置を求めたが、宋子文は協定品目の削減と、協定税率施行期間を三年とすることを提案し、さらに税率協定を秘密協定とすることを求めた。また、宋子文は釐金廃止に関する第三条の規定をそのままないし付属文書に残すことを拒否し、内容を、日本政府の照会に対し、中国政府が十月十日に釐金を廃止する予定であることを宣言をするという趣旨に改めた上で、交換公文とし、しかもそれを非公開とすることを求めた。対して日本側は、税率協定の秘密協定化に反対したが、釐金の廃止規定に関する中国側の要望を受け入れた[56]。この時点で日本側は、陸境特恵の期間を一年とし、交換公文でそれを規定するという妥協案を提示した。しかし、中国側はこれを受け入れなかった[57]。

しかもその後、王正廷より、従来の方針を撤回する、法権に関する条項の挿入を求める要求が伝えられ、さらに中国側の批准手続き上の問題から、条約でなく協定とすることも求められた。[58] しかし、日本側はこうした王正廷の要求について、「今回ノ困難ハ畢竟支那政府部内ノ意見ノ不一致ニ基クモノ」[59]と判断し、また、協定とすることは受け入れ可能であるが、その場合、枢密院による調印前の審議が必要となり、時間を要するため、これを拒否した。[60] しかし、二月六日に中国側の要望を容れ、調印前批准手続を行うこととし、[61] 同時に協定期間についても、協定期間を四年、それが不可なら三年とすること、陸境税廃止予告期間は中国側が譲歩した三か月でなく六か月を求めることとした。[62] しかし、それも重光より現状での協定妥結が具申されたことで、[63] 三月十一日の閣議で、暫定税率を三年、陸境特恵を四か月とすることが決定された。これにより、翌三月十二日、日中関税協定の合意が成立した。[64] 調印は枢密院の審議などを経て、五月六日に南京で行われた。[65]

小池聖一は日中関税協定交渉について、日本外務省がロンドン海軍軍縮会議に忙殺される中、現地の重光代理公使と宋子文財政部長の協調が実現したことにより、妥結に至ったとの評価を下している。[66] 交渉の最終段階で日本側は、中国側の要求を大幅に受け入れる代償として、協定税率を成立させた。ただし、関税協定の成立がこれほど遅延したのは、中国が不平等条約の即時撤廃という建前を掲げ、個別交渉に入ることを拒否し続けたためであった。宋子文は米中関税交渉と日中関税交渉に関与したが、それはいずれも、中国外交部によって関税自主権回復の期限が設定される中、宋子文が実務的観点から協定の早期成立を目指した結果であった。中国側には、原則論を掲げる王正廷と実務を重視する宋子文の間に、競合と役割分担の両面の関係があり、それは、列強に対する中国の全体的な不信感を反映していたのであろう。

対して、中国に対する列強側の姿勢には、最恵国待遇のみを条件として関税自主権を認めたアメリカと、現行条約の失効を主張する中国に対し、条約の有効性と協定税率とを求め続けた日本との間に距離があった。そうした中でイギリスは、北京関税特別会議で暫定税率として合意していた差等税率を、関税自主権承認後一年間施行される協定税率として中国側に認めさせた。それは、イギリスの対中国貿易への保障措置であると共に、新税率の施行によって日中間の対立が顕在化するのを回避するための措置でもあった。そして日中関税協定の成立によって、日中間の協定税率は英米にも一九三三年まで施行されることとなった。このように、中国と列強の関税条約ないし関税協定は、中国と列強が相互に不信感を持ち、かつ、中国と列強のそれぞれの内部に原則を重視する立場と実務を重視する立場が混在する中、全体としてまず米中間で原則を定め、次いで英中間で暫定的措置を施し、最後に日中間で協定税率を決定するという経過をたどって成立した。それは中国にとって、交渉を通じて不平等条約の一部を解消した最初の成果であり、列国にとって、中国に関連するワシントン条約の精神が実効化した最初の事例となった。しかもその過程で中国側は、欧米列強に、治外法権撤廃交渉の開始を通知していた。

とはいえ、後述のように、日本は治外法権撤廃交渉から完全に排除された。また、日中関税協定の交渉に当たった重光は、その経験に基づき、革命外交の背景を国民党の「性質」や中国外交部の独特の性格から理解した。重光は日中関税協定が合意に至った直後の三月十九日、次のように幣原に伝えている。[67]

元来南京政府自身トシテモ、対外関係ニ於テ緩和的態度ニ出ツルコトハ、国民党ノ成立及其ノ性質ニ鑑ミ、特ニ内政上ノ状態ヨリ甚タ困難トスル処ナルカ、殊ニ党部及政府ニ何等実勢力ナキ王正廷ヲ頭トスル外交部ニ於テハ、常ニ輿論ノ潮流ニ副ヒ、最急進的政策ニ出ツル状態ニシテ、外交部ハ如何ニシテ巧妙ニ急進的ナル対外政策ノ実現ヲ期スルカノ技術的機関タルノ現状ニシテ、国家ノ全局ヨリ見テ適当ナル妥協政策ヲ持シテ政府部内ヲ纏ムルノ力ナキ模様ナリ。

要するに、中国外交部は政府部内に影響力を有しておらず、世論に迎合して急進傾向を強めていると判断された。それは王正廷外交部長に顕著で、一九二九年初頭の時点で王は、「現下支那国民ノ排外感情ノ焦点タル田中内閣ニ対スル強硬政策ハ取モ直サス自己ノ地位保持策ナルヲ信シ[68]」ていると観測されていた。つまり、革命外交登場の一因は、中国外交部が自己保身のため、国内の急進的要求に迎合して一方的な要求を展開していることにあると判断された。そこで重光は、「今後ノ交渉ニ於テモ注意ヲ要スルハ、表面外交部ト折衝スルハ当然ノ事ナルモ、特ニ蒋介石ハ勿論、各方面ノ裏面ノ実勢力ニ対シテ連絡交歓シ、外交部ヲ牽制シツツ、交渉ヲ理論的ヨリ幾分ニテモ実際的ニ導キ、我方ノ有利ノ地歩ヲ造ルニ努ムルノ必要アリ[69]」と考えた。つまり、中国政府が内部で分裂していても、関税協定を成立させた中国政府内の健全な要素との交渉を通じ、日中関係の安定化を図ろうとしたのである。

しかし、日中関税協定が合意に至り、調印方法をめぐる交渉がなされていた最中の四月一日、閻錫山が蒋介石政権に対して反乱を起こし、中原大戦が勃発した。幣原はかつて、外相就任直後に勃発した第二次奉直戦争に対し、内政不干渉を掲げて張作霖への支援を停止していた。幣原はその後、若槻内閣の総辞職で外相を離れていた昭和三（一九二八）年十月、慶応義塾大学における演説で、自らの内政不干渉について「支那の政界に於いて相対峙する諸党派中の一方に対し、何等か偏頗なる援助を与へ、他の一方の党派を排斥するが如き態度行動を一切避けると云ふ意味[70]」と説明していた。その後、幣原は二度目の外相として、昭和五年に閻錫山が蒋介石に対抗し、日本との独自の外交関係を求めたことに対して、「南京政府トノ関係上機微ナル考慮ヲ要ス」としながら、閻との折衝を出先当局に認めた[71]。これは、幣原の内政不干渉の原則に基づいた対応であると共に、日中関税協定締結交渉の経験を踏まえた、実体権力を持つ勢力を通じて個別懸案を解決していくという方針に則ったもので、さらに後述のように、中原大戦に対するイギリスなどの対応と歩調を合わせた結果でもあった。次いで同年七月末に長沙事件（いわゆる「共匪」による長沙占領事件）が発生すると、幣原は「国民政府当局ノ不日鎮定ノ成算アリトノ言葉ノミニテハ安心出来ス[72]」との理由に基づく軍艦増派の方針を中国側に通知した。つまり、浜口内閣期の幣原外相は、国民政府の分裂状況に対応し、中国在留日本人の現地保護や懸案の地方処理といった政策の余地も柔軟に残していたわけである。

かつての加藤‐若槻内閣期の幣原外交は、原則を重視し、旗幟が鮮明で内外の評価を得たが、中国側との合意という点で成果を挙げられなかった。対して浜口内閣期の幣原外交は、柔軟で、具体的成果を挙げたが、政争に巻き込まれ、さらに中国側の対応が急進化していたため、中国に対する国民の反発を抑えられなかった。特に昭和五年から六年にかけて中国は、欧米との治外法権撤廃交渉から日本を排除し続け、さらに昭和六年には万宝山事件や中村大尉事件が発生する。日中関係は非常事態を迎え、関東軍の暴発を引き起こすこととなる。

◇

アメリカにおけるフーヴァー政権は、「秩序ある自由」を理想とし、労資協調や産業部門における自主的な生産調整を促進することで、農業の再建を図り、さらに世界恐慌にも対処しようとした。また、そうした民間主導の協調主義は、外交において、政府支出を抑えながら各国との協調を実現する、ロンドン海軍軍縮条約の成立をもたらした。しかし、その一方でアメリカは、高率の保護関税をさらに強化し、軍縮条約においても、アメリカのみが大型巡洋艦の増強を可能とする海軍再編の権利を確保した。総じてアメリカは、行政権限に対する制約が強かったため、フーヴァー政権も、民間ないし州政府主導の経済合理化や不況対策を重視した。そうしたアメリカの分権的かつ個人の権利保護を優先する自由主義の伝統が、対外的には保護貿易の強化と軍縮におけるアメリカの権利確保という現象を引き起こしたのである。

一方、イギリスにおいては、世界恐慌の到来により、国際的な自由貿易主義と国内的な均衡財政主義という伝統的な自由主義経済政策が共に試練にさらされた。世界恐慌に対し、自由党は自由貿易を堅持しながら財政出動を拡大することで対処しようとし、保守党は均衡財政を維持しながら、自由貿易主義を修正し、関税の導入によって対処しようとした。対して世界恐慌の発生直前に政権を担当した労働党は、国際的軍縮の促進、帝国領域に対する移民や輸出の増加を図りながら、自由貿易と均衡財政を維持し、その範囲内で社会保障の拡充を目指し、さらに公共事業の部分的拡大も行った。労働党は、イギリスの伝統的自由主義政策を堅持し、全体として自由党と提携したが、労働党も自由党も党内に対立、分裂を抱えていた。対して保守党は、インド問題で党内に対立を生じたが、それを克服した後、労働党と自由党の党内対立を利用し、政権への復帰を図ろうとした。

この時期のイギリスは、自由主義をどのような形で維持していくかをめぐって政治的分裂を深めていた。それだけ、イギリスにおける自由主義の伝統は多様かつ強固であった。この後、一九三一年の連立政権の形成を経て保守党のネヴィル・チェンバレンの主導権が確立すると、一九二〇年代の新保守主義の政策をさらに発展させた独自の自由主義に基づく内外経済、帝国、外交政策が展開されることとなる。

こうした、自由主義の伝統のために積極的な不況対策を打ち出せなかったアメリカや、逆に政治的分裂を拡大したイギリスに対し、日本は政党内閣の全盛期を迎え、強力な政治力を発揮できる条件に恵まれていた。世界恐慌の発生直前に成立した浜口内閣は、金解禁とロンドン軍縮条約の締結を断行すると共に、緊縮財政下で、イギリス流の社会政策と、アメリカ流の組合主義、欧米で進んだ民間主導の企業連携を併用することで、不況に対処しようとした。その一方で日本の場合、政府の経済介入に対する抑制はアメリカやイギリスに比べて緩やかで、アメリカの大企業優遇の放任的経済政策とは異なり、中小企業保護のために行政措置を拡大し、また、公共事業のための財政支出を拡大した。全体として浜口内閣の政策は、一九二〇年代における一定の民主化を背景に、国家に対する国民の貢献意識に訴え、国民の協力を得ることによって可能になるものであった。しかし、浜口内閣は、労働組合法の強化による雇用維持について財界の支援を得られなかったばかりか、ロンドン条約をめぐって民間急進派の反発を買い、浜口自身が狙撃されるという事態を招いた。一定の民主化によって国民の価値観は多様化しており、さらに国民における国家への貢献意識の形成が、同時に急進的国家主義運動をも生じさせた。この後、満州事変の勃発や五・一五事件を経て、浜口内閣で頂点に達した内閣による強力な政治指導は後退し、非常事態鎮静化のための現状維持的ないし保守的な気運と、非常事態に対処するための権力集中志向という、互いに矛盾した現象が、日本の政界に生じる。一九三〇年代の日本の政治情勢は、そうした状況を背景に、イギリスやアメリカと対照的に混乱の度合いを深めていく。

浜口内閣はまた、イギリスの労働党政権と同様に外交政策を重視した。浜口内閣の外交を担当した幣原外相は、ロンドン条約を成立させると共に、中国との関税協定の締結に成功した。幣原外交は、王正廷の急進的態度に苦慮しつつ、英中関税条約で得られた一年間の実質的交渉期間を不十分ながら活用し、中国に対する大幅な譲歩の上に関税協定を成立させた。しかも日中関税協定は、中国とアメリカおよびイギリスの関税条約の成果を継承、発展させるという複合的な国際的性格を持っていた。すなわち、中国と列強の関税条約ないし協定は、全体としてまず米中間で原則を定め、次いで英中間で暫定的措置を施し、最後に日中間で税率協定を決定するという経過をたどって成立した。列強側と中国との関税交渉は、短期的な競合と長期的な協力関係が融合しており、こうした状況は、続く治外法権撤廃交渉において、異なった結果をもたらすこととなる。

とはいえ、幣原外交は、中国との交渉において具体的成果を挙げながら、満州権益の保持をめぐってやはり国民の批判にさらされた。一九二〇年代、中国における排外主義の昂揚により、満州は中国本土の一部に組み込まれようとする一方で、日本においては、張作霖の暴政や中国本土との関わりによる満州経済の混乱を是正するため、日本の指導下で満州の政治的、経済的安定および発展を図ろうとする気運が生まれ、さらに国民的政治意識の昂揚がそうした気運を一層高めた。こうした満州をめぐる日中間の緊張に対し、幣原外交は、事態の鎮静化を期待する以外の対処法を見つけられなかった。しかし、こうした外交姿勢は、満州事変後の中国政策に形を変えて引き継がれていく。

第十四章　治外法権撤廃交渉

一九二九年から一九三一年にかけて行われた中国と欧米列強との治外法権撤廃交渉は、中国に滞在、居住し、治外法権を認められた条約外国人に対する中国司法権の適用に関し、それをどこまで認め、あるいは制約するかという問題と、中国司法権に対する外国の干渉をどこまで認めるかという問題をめぐって展開した。その妥協点を探る過程で中国側は、外国人への司法権の適用に際し、中国人と条約外国人との一定の差別待遇の継続を受け入れざるを得なかった。これは以下に示すように、国民政府が中国全土を支配下に置いていなかったことや、何より中国の司法観念が欧米の司法観念に適合しなかったためであった。

中国における治外法権問題は、条約外国人に対する司法管轄権の問題のみならず、租界内に居住する中国人に対する司法権、すなわち上海臨時法院の改組問題とも関連し合っていた。既述のように、共同租界に居住する中国人に対する中国司法権の発動は、その司法手続きや警察機構などが租界居留民の自治権や資産運用と関わっていたため、列強と中国の間で多くの紛争を引き起こしていた。しかも列強にとって、租界内の司法や行政に対する中国当局の介入に一定の制約を課すことは、租界の自治を守ると共に、何より司法の独立という、欧米にとっての普遍的な原則を維持するために必要であった。ところが、中国側は、早期の司法権回復を目指すと共に、治外法権撤廃交渉においても関税条約交渉と同様、列強間の分断を図ろうとした。対してこの時期のイギリスは、治外法権交渉と並行して威海衛返還交渉や義和団賠償金の還付交渉を開始し、中国との交渉における主導権を発揮しようとした。その上、中国では一九三〇年に中原大戦が勃発し、政権が分裂すると共に治安が悪化し、さらに海関行政をめぐる再度の危機が発生した。治外法権撤廃交渉は、こうした様々な交渉案件や政治情勢の激変、そして列国の相互関係、列国と中国の関係などが絡み合う中で、展開した。

以下に示すように、一九二〇年代末の治外法権撤廃交渉は、一九三一年六月六日に英中仮合意が成立したことで、一定の成果を挙げる。しかし、この合意をイギリス本国は承認せず、アメリカも英中仮合意に続かなかった。さらに九月十八日に満州事変が勃発したため、交渉自体が打ち切られてしまう。ウィリアム・ロジャー・ルイスは、イギリスと中国の治外法権撤廃交渉に関する一般的解釈として、中国の国民意識を評価するイギリスの模範的姿勢と、中国に西洋世界、特にアングロ・サクソンの法律、財政、政府の伝統を導入しようとした無益な試みという、二つの側面があり得ることを指摘している[1]。ルイスが指摘するように、イギリスは中国による西洋法制の受け入れに悲観的であったが、にもかかわらず、治外法権撤廃交渉は、中国の不平等条約解消要求にワシントン条約の精神に則して応え、ワシントン条約の実効化とそれを通じた東アジア国際秩序の安定化を目指した一九二〇年代イギリス東アジア外交の、最大かつ最後の舞台となった。研究史上、本問題に関する詳細な検討は存在しないため、以下の検討は、当該問題に関する基礎的研究ともなるはずである。

一　交渉開始に向けて

一九二九年一月五日、ワシントンにおいて伍朝枢は、中国の特別代表（まもなく駐米公使に就任）としてスタンリー・ホーンベック国務省極東部長に対し、一九三〇年七月一日付で治外法権を撤廃するという簡潔な条約の締結を提案した。提案は他に、中国の法廷に三年間、中国政府雇用下の外国人顧問を任用すること、ただし外国人顧問は観審のみで、審理に介入する権限を持たないことなどの条件を含んでいた。対してアメリカ側は、アメリカのみが不利を被る提案に応じられないことを伝えた[2]。中国がアメリカに治外法権撤廃の簡潔な条約締結を提案したのは、半年前の関税条約締結の経験を踏まえたものであろう。しかし、中国の戦略は、治外法権問題では成功しなかった。それどころか、中国が期待を寄せたアメリカの単独行動は、以下に示すように、一九三一年六月に英中仮合意が成立した後もそれに追随しないという形で発揮されてしまう。対してイギリスは、関税条約と同様、治外法権問題においても、独自の調停的な役割を果たすこととなる。

中国国民政府は一九二九年四月二十七日付で、イギリス、フランス、アメリカ、オランダ、ノルウェー、ブラジルの各国代表に、早期の治外法権撤廃を求める覚書を提出した。ロシア、ドイツ、オーストリアの治外法権は既に廃止されており、ベルギー、イタリア、ポルトガル、スペイン、デンマークは条件付きで治外法権の撤廃に合意していた。日本について中国は、日中条約が既に失効したとする立場を取り、スウェーデンについても、まもなく条約失効を宣言する予定であった。中国の覚書が上記六か国に伝えられたのは、そのためであった。次いで五月八日、国民政府は上海臨時法院の改組に関する交渉を、同じ六か国に提議した。一九二七年に成立した上海臨時法院に関する協定は、一九二九年十二月三十一日までの期限とされ、関係各国間の合意に基づく修正がなされなければ、効力は三年間延長されることとなっていた。そこで中国側は、年内の改定を目指したわけである。

治外法権と上海臨時法院は、中国の司法権を制約する最大の制度であった。治外法権によって、それを有する外国人被告に対する中国の司法権が停止される一方、上海臨時法院によって、上海共同租界に居住する中国人の裁判に関しては、それが租界の治安に関わる事案の場合、中国人相互の裁判であっても、外国領事の観審が認められるなどの条件が付されていた。中国が治外法権撤廃要求に次いで上海臨時法院の改編提議を行ったのは、そのためであった。ただし、本来、治外法権が撤廃され、中国に居住、滞在する外国人に対して中国法とその司法手続きを適用できれば、上海臨時法院の存在意義も同時に消滅するはずであった。しかし、そうはならなかった。一つには期限上、治外法権の撤廃より上海臨時法院の改組が先行していた。しかし、それ以上に列国側は、治外法権の撤廃条件として特別法廷の設置を求めており、その点で後述のように、むしろ共同租界内の中国裁判所に外国人に対する司法管轄権を帰属させる案が問題となる。さらにそれに関連し、外国人裁判官の任用問題など、治外法権廃問題と上海臨時法院改組問題が連動する可能性のある事案もあった。しかし、列国側はそれらの統一処理を回避した。そのため、欧米と中国は、原理的に異なるとはいえ、多分に重複する交渉を行うこととなった。

四月二十七日の中国からの要請に対し、五月七日、英仏米蘭の公使およびノルウェーから代理が会合し、対策を協議した。この時の協議は私的な意見交換に過ぎなかったが、関連各国が一致して対応することで合意した。中国への回答についてマクマレー米公使は、中国側が最初に自らの提案を提起すべきとする本国側の見解を紹介し、その方針でアメリカ公使がまず回答文案を作成した。二日後、マクマレーの草案は、各国公使からそれぞれ本国に伝えられた。その内容は、中国政府に対し、治外法権の撤廃に先立ち、一九二六年の治外法権委員会の提言を履行するよう求めるというものであった。同委員会は、一月十二日に北京関税特別会議と並行して設立され、同年九月十六日に報告書を提出していた。同報告書は、中国に国内法、司法制度、司法行政の改革を求め、それが実現した後に関連各国が治外法権を解消することを提言していた。[3] 各国はアメリカの素案を踏まえ、必要な修正を加えた上で、中国側に回答を伝えることになった。

さらに各国公使の意見交換において、公使団代表のオランダ公使ウィレム・アウデンダイクより、中国側への要求に関する検討課題が説明された。それは、条約港内の治外法権を維持し、内陸部のみ放棄することを原則として、(1)内地における外国人の民事、刑事事件の中国司法権への委譲、(2)外国人相互の事件を扱う条約港における治外法権の保持、(3)条約港における混合事件に関する司法権を外国人共同判事（co-judge）を持つ中国特別法廷に委譲すること、(4)ハルビン、天津、上海、漢口、広東における同種法廷の設置、(5)中国裁判所、外国の領事裁判所を含む中国全土の外国人に対する中国法令の適用、を掲げていた。対してイギリス公使マイルズ・ランプソンは、刑事事件に関する司法権の委譲に時間が必要であり、また、提案のような地理的区分が適切なのか、中国法典の公布、施行状況に応じて段階的に管轄事件を委譲していくべきなのかを検討する必要性について主張した。

イギリス公使館は、一九二七年初めの時点で、地理的区分による治外法権撤廃について検討していた。イギリスの貿易活動は条約港に集中しており、その状況は今後も継続すると判断されたからである。しかし、地域区分を導入した場合、同じ条約外国人であっても、条約港に所在する場合と内陸地域に所在する場合で権利が差別的になってしまう。条約港の内外を移動する場合や、船舶積み荷の揚陸作業、鉄道や郵政といった業務で中国政府の職員として勤務する場合など、越境活動において紛糾が生じる懸念があった。とはいえ、内陸部に所在する外国人の大部分を構成する宣教師の多くは治外法権の撤廃に賛成しており、それがイギリスの全般的政策に合致しているとも判断された。しかも、イギリス企業は中国内陸での商業活動の多くを中国人代理人に委任しており、そのため、租界外の治外法権を重視しない見解もあった。また、中国内地の開放を代償として獲得しようとする見解がある一方で、それに懐疑的な見解もあった。結局、一九二七年一月の時点でオースティン・チェンバレン外相は、中国による治外法権委員会勧告の履行状況や、中国法令の公布、施行と司法機関の整備状況に応じて、全体として民事、刑事、そして結婚や離婚、相続などの個人の身分や地位に関わる業務の順序で委譲していくことを妥当と判断した。ただし、この場合でも、外国人が中国法廷に服することによって生じる問題は、懸念されていた。

一九二九年五月十三日、四か国公使はアウデンダイク案について再度、検討した。ド・マルテル仏公使は、アウデンダイクの提案を高く評価した上で、司法権委譲に際し、外国人が被告となる場合の民事事件における事前拘留の禁止や、刑事事件における外国人裁判官の出廷といった保障措置を必要とした。外国人共同判事を伴う特別法廷を、現在の上海臨時法院における領事代理による観審制度より有効とする点で、公使間に異存はなかった。ただし、全ては中国側が法廷を機能させるため、外国側の協力を受け入れるかどうかにかかっていると判断された。アメリカ公使も、フランスの提案を、中国に対する段階的な予防措置として評価した。さらにフランスとイギリスの提案で、日本も議論に参加させることとなり、堀義貴代理公使が呼ばれた。会議後、ランプソンは堀代理公使に協力が必要なことを説明し、堀も同意した。

既述のように、五月二日に王正廷は日本側に、中国側通商条約案を提出していた。その後、右のような欧米各国の意見交換を踏まえ、五月二十四日に田中義一外相は芳沢謙吉公使に宛てて、五月十八日付「日支通商条約改訂方針案大綱」(4)を通知した。同大綱は五項目からなり、第一項は治外法権の撤廃条件、第二項は内地開放、第三項は関税、第四項は船舶の権利、第五項は排日排貨の防止措置、を規定していた。第三項の関税に関しては、既述のようにこの後、分離交渉に委ねられ、合意に至る。第一項の治外法権に関しては、「治外法権ハ条約改訂ト共ニ支那全土ニ亘リ且全般的ニ撤廃スヘキモ、必要ニ応シ地域ヲ限リテ撤廃スルモ妨ケサルコト。但シ右撤廃地域ニ於テハ撤廃ニ付左記ノ保障並ニ例外ヲ取付クルコト」とした上で、新式裁判所、監獄、自国民弁護士、保釈権、面会権、再審権、共同および専管居留地や満鉄付属地の扱いに関する保障措置を必要としていた。これらは、欧米の検討項目を踏まえた内容であった。対してこの後、日本が中国のみならず、欧米に対しても強く要請していく項目が、第二項の内地開放問題であった。その主要部分は、次のように記していた。

二、入国、居住、旅行、営業（商業、製造業、産業、生業及職業）並ニ財産ノ取得占有処分等ニ付、日支両国民間ノ経済提

携ヲ促進スル趣旨ニ依リ、相互的ニ広キ範囲ノ自由ヲ保障スルコトトシ

(イ)法（治）外法権ヲ撤廃シタル地域ニ於テハ本邦人ニ対シ内地開放ヲ認メシメ、且土地所有権ノ外、農業、畜産業、林業、漁業等ノ原始産業ニ従事スル権利ヲ認メシムルコト。但シ此等ノ事項ニ付テハ出来得ル限リ相互的ノ規定ト為スコト。

(ロ)許可営業ノ範囲ヲ成ルヘク制限シ、本邦人ニ対シ差別待遇ヲ為サシメサル様適当ノ考慮ヲ払フコト。

(ハ)支那人労働者ノ本邦入国ニ付テハ、経済上社会上ノ実情ニ鑑ミ適当ノ制限ヲ為シ得ルノ自由ヲ留保スルト共ニ、本邦人特ニ鮮人労働者ノ支那入国ノ自由ヲ著シク制限セシメサル様措置ヲ講スルコト。

農業など第一次産業に従事する権利を求めた点で、欧米と異なっていた。在満朝鮮人の権利保護問題や榊原農場問題などに対処すると共に、満州における拓殖事業の可能性も念頭に置かれていたのであろう。ただし、一か月余り後、田中内閣は総辞職してしまう。次いで浜口内閣が成立し、外相に幣原が就任した。既述のように、佐分利貞男が駐華公使に任命されるなど、中国との通商条約交渉に向けた準備が進められたが、佐分利の死や後任の小幡公使に対する中国側の受入拒否問題が生じてしまう。また、治外法権問題についても、中国は日中通商条約失効の立場を堅持し、関連交渉から日本を排除し続けた。このため、日中間の治外法権交渉は進捗しないまま、満州事変を迎えることとなる。

五月中旬の時点でランプソンは、チェンバレン外相に対し、中国の中央、地方政府が文民政権となり、不合理な軍事政権でなくなれば、適切な保障措置を講じた上で治外法権を撤廃しても、イギリスの利益が損なわれることはないであろうとし、また、最近の国民政府に明るい変化の兆しがあるとして、可能な限り漸進的に進むことを提言した。と同時にランプソンは、上海への影響に関して一名ないし二名の専門家に問題を検討させることとし、この点をアメリカに提案することを伝えた[5]。

既述のように、アメリカによって起草された中国への回答案は、一九二六年の治外法権委員会の勧告を援用していたが、イギリス側は、治外法権の必要性に関する説明が不十分と判断した。そこでイギリスは修正案を作成し、五月二十日付で北京の各国代表に伝えた。それは、治外法権制度が、外国人が中国への自由な入国を許されず、小さな地域に制限されて居住し、自活していたことに由来することを指摘し、さらに以下のような歴史的経緯とイギリスの方針を説明していた。すなわち、イギリス政府は、イギリス人に制約を課している制度の不備を改善するため、一九〇二年のマッケイ条約第十二条において治外法権廃止の条件について規定し、さらに一九二六年十二月の声明や一九二七年一月の声明で、そうした方針を遵守してきた。イギリス政府は、西洋法の原則に則った法律の公布のみでは不十分と考えている。イギリス政府は、イギリスにおける中国人のように、イギリス人が中国全土に居住し、貿易に従事し、財産を所有するため、法廷が外部からの干渉から自由であることを必要と考えている。そのため、条約港と治

外法権が必要なのであり、イギリスはそれにどのような修正を加えることが可能なのか、検討を進める用意がある、というものであった。これは日本側にも説明され、意見交換がなされた。

一方、五月二十日にランプソンは、南京において、義和団事変賠償金管理問題について中国側と交渉を開始した。義和団賠償金は、一九〇九年のアメリカによる減額および留学生支援資金への充当決定以来、それを中国と各国の友好のために使用することで、過大な利益を中国に還元しようとする動きが生まれていた(6)。その後、中国の第一次世界大戦参戦に伴い、賠償金の支払いは五年間猶予された。戦後、ドイツ、オーストリアへの支払いは解消されたが、一九二二年十一月三十日に猶予期間が満了となった。それを受け、フランスは賠償金の支払いを金フランで求める一方、その資金を、破綻した中法実業銀行の救済費や、教育、慈善事業費に充てることとし、一九二五年四月十二日に協定の調印に至った。交渉が遷延したため、フランスによるワシントン条約の批准も遅延した。北京関税特別会議の開催が同年まで遅れたのも、このためであった。その間、イギリスも一九二二年十二月以降、賠償金を英中の相互利益のために活用する方針を示し、一九二五年六月三十日に中国賠償金利用法を制定、翌年に同法に基づく諮問委員会を設置した。同委員会は一九二八年末までに、賠償金の管理のために英中董事委員会（Board of Trustee）を設置することや、賠償金を農事、教育、研究、衛生事業および粤漢鉄道（漢口－広東線）の建設に割り当てることなどを提議した。こうした中、一九二九年四月に中国側から解決に向けた要請がなされ、ランプソンはこれを受け入れ、交渉を開始したのである。

さらに六月、イギリスは威海衛租借地の返還交渉を開始した(7)。威海衛租借地についてイギリスは、ワシントン会議においてその返還を声明しており、一九二四年にイギリスへの十年間の海軍基地の貸与などを定めた返還協定の草案が成立していた。しかし、この時点で中国で内戦が勃発したため、成立に至らなかった。その後、北伐を経て、一九二九年にこの問題が再び取り上げられた。とはいえ、一九二九年の交渉において中国側は、イギリスへの基地貸与を認めず、交渉は停頓した。さらに秋以降の政情不安のため、交渉は中断したまま、翌年に持ち越された。

治外法権に関する中国側との交渉に際し、日本や英米は、中国による一方的な廃止宣言を懸念した。その上、この時期の中国は、治安悪化に加えて排外傾向を強め、恣意的な行政措置や司法権の発動を行っていた。一九二七年三月の南京事件の後も、一九二八年四月十六日、アメリカ人のプレスビテリアン宣教師の救護慈善施設長ウォルター・シーモアが済南南方の済寧で、馮玉祥配下の国民革命軍兵士によって射殺されるという事件が発生した(8)。目撃証言によれば、シーモアの家を訪れた国民革命軍兵士がシーモアと口論の末、射殺したとのことで、さらに事件の直後、済南商埠地の日本人家屋への掠奪と日本人殺害に始まる済南事件が発生した。済南事件の発生に際し、アメリカやイギリスは、むしろ日本に同情しながら、自国民の安全確保を優先した(9)。六月五日、ケロッグはシーモア事件に関してマクマレーに、上海総領事を通じて中国側に、犯人の逮捕と処刑を要求するよう訓令した。しかし、中国側は、回答を遷延した末、十一月二十七日に至り、事件は敵軍兵士が路上で乱射したことで発生し、シーモアは玄関から建物内に入ったところで被弾したという回答を通知した。ケロッグはその説明を拒否したが、中国側は犯人逮捕に関する積極的対応を見せなかった。

さらに一九二九年四月以降、国民政府は、『ニューヨーク・タイムズ』や『シカゴ・トリビューン』など、アメリカの新聞各社の記者を「反国民党」的であるとして、その国外退去をアメリカ側に繰り返し要請していた。しかも王正廷外交部長は、六月十七日付でマクマレーに対し、次のように記した文書を渡した。[10]

国際法は全ての国家に、望ましくない外国人を排除したり追放したりする独立の権利を認めている。

かつて中国自身、アメリカから中国人移民の排斥はアメリカの主権に属するという立場を表明されていた。おそらくそうした経験も、王正廷の念頭にあったのであろう。しかし、権力の恣意的運用を否定し、そのため、司法と政治ないし行政を分離する制度的伝統を有してきたイギリスやアメリカにとって、右のような中国政府の主張は、むしろ国家権力による個人の権利侵害を懸念させるものでしかなかった。それはイギリスやアメリカにとって、治外法権の必要性をより強く感じさせるものであった。次いで八月以降、満州において中ソ間の軍事衝突が発生し、ハルビンにおいて多数の民間ロシア人が拘束された。民間人の収容所を訪れたアメリカの副領事は、捕虜数は千百七十人で、七十人の女性と十三人の五歳以下の子供も含まれていること、収容所の衛生状態は劣悪であること、食料は十分であるが、品質が悪く、飲料水は川水を使用し、下痢を引き起こしているばかりか、感染症の危険もあり、医療設備は不十分であることなどを報告した。[11]ロシア人は中国において治外法権を喪失していたため、法律上、中国側の措置に従わねばならなかった。しかし、アメリカは中国側に、こうした外国人に対する非人道的扱いについて抗議した。スティムソン国務長官は、拘束者に女性や子供が含まれていることを特に問題とし、その釈放を勧告した。しかし、伍朝枢駐米公使は、民間人の拘束は犯罪によるものと弁明するばかりであった。十二月、在中公使館よりスティムソン国務長官に、中国の治外法権問題に関する態度は国内政治に影響されており、特に王正廷は中ソ紛争で危機を招いたため、辞職する可能性があり、治外法権問題において投機的行動をしている、とする観測が寄せられた。[12]こうした、中国政府の治安、司法状況と意図的な排外主義への懸念から、イギリスとアメリカは、治外法権の撤廃問題に対し、後述のような対照的な対応を示すこととなる。

治外法権問題に関する北京外交団の回答文が完成したのは、中ソ紛争の最中の一九二九年八月十日で、その後、南京において中国側に伝えられた。[13]日本は、一方的廃棄通告に対する文書での事前警告を提案したが、イギリスはそれに反対し、口頭で諭すように警告すべきことを主張した。八月二十二日に王正廷は、会見したアヴェリング英上海総領事に対し、一九三〇年一月より治外法権の撤廃を進めること、その計画は決定していないが、開港地外の治外法権を無条件に廃止し、開港地の民事事件を中国法廷で審理する予定であることを伝えた。つまり中国側は、刑事事件に関して地理的区分を承認する可能性を、非公式かつ消極的に示唆したわけである。また、王は、上訴審は特別法廷で行われ、中国政府によって雇用される外国人裁判官が、単独でないし中国人裁判官と共に審理に当たり、領事補佐人や代理の出廷は認められないとする見解も表明した。中国に対する回答において、一方的廃棄宣言に対する警告はなされなかった。強い警告はかえって中国側を刺激する可能性があると懸念されたからである。

中国からイギリスに再回答がなされたのは九月六日であった。内容は、治外法権の存在が中国の感情を害し、関連諸国との摩擦の原因となっているため、それを撤廃することが相互の利益に適う、というものであった。同趣旨の回答は、五日にアメリカ、七日にフランス、九日にオランダ、十二日にノルウェーに伝えられた。表現に照らし、中国側は強硬な措置に出ておらず、とすれば、交渉の遷延はむしろ望ましくないと判断された。そこでランプソンは、交渉の素案を中国側に求めることとし、本省の了承を得て十月二日の公使会議に提案、十日に各公使が本国政府の確認を求めることに決した。とはいえ、中国側が一方的に条約廃棄を宣言する懸念は払拭できなかった。そのため、一九三〇年一月一日以前に交渉を開始することが望ましいと判断された。それによって、中国を一方的廃棄宣言でなく、交渉を通じた治外法権の修正に誘導しようとしたのである。

とはいえ、十月三十一日のアヴェリングと王正廷の会見で、王正廷は中国側からの素案提出を拒否した。と同時に王正廷は、列国が完全な治外法権の撤廃を不可能としていることに理解を示し、段階的廃止に向けた提案を歓迎することも明らかにした。イギリス、アメリカ、フランス、オランダの回答が中国側に伝えられたのは十一月一日で、アメリカとフランスの回答は、中国の政治状況に照らし、個人財産の保護に対する懸念を強調していた。これに対してイギリスは、回答と共にアヴェリングより口頭で、中国に政治危機が生じない限り、中国からの提案提出以前に交渉を開始する用意があることを伝えた。

十一月一日の列国側回答に対し、王正廷はイギリスとアメリカにロンドンないしワシントンでの交渉を提案し、フランスとオランダには南京での交渉を提案した。各国公使は、日本の佐分利貞男新任公使も交え、一致した行動を取ることで合意した。しかし、その一方で中国南方で反乱が発生し、国民政府の状況は再び不透明になっていた。その間、ランプソンは交渉方針について検討し、十一月七日に日米公使に、翌八日には日米仏蘭公使に、次のような提案を行った。すなわち、治外法権の撤廃は漸進的かつ発展的な方法で行わなければならないが、内陸部の撤廃を先行させる地理的区分案には問題がある。内陸部は外国人の権利に対する侵害がより懸念される地域であり、内陸部の事件を開港地の中国近代裁判所で審理する場合、開港地内と異なる二種類の司法権が施行されてしまう。また、内陸部における治外法権撤廃は、中国司法、特に刑事司法が外国人を管轄できる状態にないため、原則として認められない。これらに加えてイギリスは、外国の領事裁判に中国法を施行する案も検討したが、これは中国側に受け入れられないばかりか、行政的に困難と判断した。

以上を踏まえてランプソンは、イギリスの新たな考えとして、民事事件、刑事事件、個人の地位や身分に関する司法手続きの順で司法権を委譲していくこと、民事事件に関しては、一定の地理的区分を導入しながら、中国側の関連法令の公布、施行に応じて順次、中国側に司法権を委譲していくこと、刑事事件と個人の地位や身分手続きについては、中国裁判所の経験に応じて委譲すること、保障措置の主要点は司法に対する行政の介入停止にあること、その点で外国人顧問は、中国政府がそれを活用しない限り、効果が期待できず、したがって外国人裁判官の起用が重要であり、これが認められない限り、譲歩は難しいこと、外国人弁護士が認められるべきこと、イギリス人相互の裁判はイギリス裁判所で審理されるが、中国人との混合事件は外国人補助人の補助を受けて中国裁判所で審理されること、異国籍外国人間の仲裁裁判は中国法廷で行い、同法廷で必要な認定と確認を行うこと、そして囚人の待遇や、船舶と工場の保護、家宅捜査、課税に関する問題についても検討が必要なこと、などを提案した。

これに対してアメリカ公使は、内陸部における外国人の法的権利は宣教師であっても疑念があるとして、内陸部の治外法権撤廃を主張した。マクマレーの案は、浙江省と福建省の二省で試験的に治外法権を解消するというもので、イギリスとアメリカは、段階方式と地理区分方式をめぐって対立した。こうした相違が生じたのは、イギリスが中国全体における法的整合性を維持すると共に、中国政府に雇用されるイギリス人の保護を重視し、かつ、国民政府に対する宥和的かつ善導的な措置を行おうとしたのに対し、アメリカは、内陸からの事実上の撤退を考慮していたためである。翌年十月、アメリカ国務省は、治安の悪化した内陸部の宣教師に対し、退避を要請する。(14)イギリスも一定の地理的区分の必要性を認めていたが、それ以上にアメリカは、中国の治安、司法能力や、国民政府の排外主義に対する不信感を強く持ち、租界の司法、行政と中国の司法、行政の分離を維持しようとしていた。

アウデンダイクは、列国間の意思統一という観点からイギリス案に同意したが、実際は地理的区分方式に同調していた。フランス公使は、雲南や山西の鉄道などで中国政府に雇用されるフランス人が存在するため、地理的区分方式に反対した。フランス公使は、中国法を外国法廷に施行する案を提案したが、英米蘭各公使は中国側に受け入れられないとした。佐分利公使は、個人的意見として地理的区分をやや支持すると共に、いずれの地域にあっても、外国人を無条件で中国法廷の司法権下に置くことはできないとして、先行的に施行され、いずれ中国全体へと拡大していく原則を定めるべきとした。また、各公使は、民事事件を委譲する場合でも、それを全て中国裁判所に委ねるのでなく、企業間契約に対する保障措置や仲裁に関する規定が必要という点で一致した。この時点で、地理的区分と事案区分のいずれを採用するかについて意見は一致しなかったが、次の点について合意に至った。

(1)廃止は発展的かつ漸進的に行う。
(2)司法権の委譲は地理的区分の下で行われるとしても、民事、刑事、個人の身分手続きの順で行う。
(3)中国が受け入れるか疑わしいものの、中国側が受け入れるか、あるいはそれに利点を見出す場合、外国法廷に中国法を施行する。
(4)民事事件の委譲も限定的かつ条件的であるべき。
(5)裁判の委譲は、十分な近代法の公布と施行に応じて行われる。近代法は、中国人も希望に応じて参加する混合委員会によって検査される。
(6)船舶および課税に関する問題に特別な考慮がなされるべき。
(7)外国人顧問の価値は疑問。タイの先例に基づく裁判移送についていて試みる価値はあるが、外国人裁判官に比べると重要性は非常に小さい。
(8)司法への介入を阻止する保障措置が望ましい。
(9)外国人弁護士を雇用する権利を確保すべき。
(10)司法権の委譲は、外国人と中国人の間および異国籍外国人間の裁判のみに限られるべき。
(11)治外法権所有外国人相互の裁判は除外されるべき。
(12)外国人相互の仲裁および可能ならば外国人と中国人の仲裁への裁定は、中国法において拘束力を有するべき。
(13)家宅捜査や不法捜査に対する保障措置が望ましい。
(14)軽犯罪裁判を譲渡するのであれば、保障措置が望ましい。

第七項中のタイの先例とは、タイで実施されていた、欧米諸国による裁判移送権のことである。これは、タイの裁判手続きにおいて欧米諸国側が不当と判断する事例が発生した場合、裁判そのものを欧米側の裁判所に移送させる権利であった。さらに後日の意見交換で、第七項の外国人裁判官について、中国側が全法廷における採用に反対した場合でも、上訴裁判所における採用は強く求めることとされた。欧米側が懸念したのは、中国政府による司法権の政治的ないし恣意的な運用であった。外国法廷における中国法の施行や、外国人裁判官の任用、司法に対する介入の禁止、家宅捜索や不法捜査に対する保障措置など、欧米側が重視した条件は、いずれもその点を防止するため、掲げられていた。

とはいえ、その後十一月二十一日、中国の新聞各紙上において、国民政府外交部が一九三〇年一月一日で治外法権を廃止する旨の宣言を発することに決定したとする報道がなされた。ランプソンは、中国側の撤廃強行に備え、イギリス人の権利保護のため、実力行使を含む対策を検討したが、一九三〇年一月一日以前の交渉開始を最善と判断した。また、中国からロンドンでの交渉を提案されていたが、列国間の協調と専門性の観点から、中国で交渉を進めることとした。ただし、アメリカは既に中国の一方的な廃棄宣言を阻止するための予備折衝をワシントンで開始していた。さらに十一月二十五日に施肇基駐英中国公使がイギリス外務省を訪れ、一月一日より治外法権を撤廃し、ハルビン、上海、広東、天津、漢口に外国人顧問を付した近代法廷を設立することを通知した。対応したウェルズリーは、中国側の不誠実さを批判し、交渉による解決を促した。その一方で王正廷は、アヴェリングに対し、年内に交渉が開始されれば、命令を発することはないとも伝えていた。これを受けてランプソンは、南京に向かうことになった。しかし、北京を発つ直前に石友三の部隊による反乱が発生し、南京との鉄道連絡が遮断され、南京から一時、外国人が退避する事態となっていた。

十二月二十日、ロンドンにおいて、施肇基公使に覚書が渡された。この覚書の中でイギリスは、一九三〇年一月一日を、イギリスの治外法権の漸進的廃止手続きが原則として開始される日とすることを受け入れ、中国の政治的条件が整い次第、詳細な交渉に入る用意があることを表明した。二十四日に施肇基は、年内に詳細な合意ができないことを遺憾としながら、イギリスの提案を歓迎した。二十八日、中国政府は一月一日より中国における全ての外国人が中国法に服することを宣言した。次いで三十日、王正廷から電報でランプソンに対し、交渉開始のための南京来訪が求められた。その間に蔣介石は反乱をほぼ終息させた。そこでランプソンは、一月二日に北京を出発し、海上経由で南京に向かった。この間、日米の公使は交代したが、アメリカの後任公使であるネルソン・ジョンソンはまだ赴任しておらず、佐分利公使の死去を受けた日本の小幡酉吉公使は、その就任をめぐって日中間で紛糾を引き起こしていた。対してフランス公使は、中国の権利侵害に反発する本国の訓令を待っていた。そのため、中国との交渉はランプソンが担当することとなった。

以上のように、一九二八年の米英との関税条約の成立を受け、中国は一九二九年を通じ、治外法権を撤廃するため、アメリカとの原則的合意を目指したり、列強間の分断を図ったりしたが、列強側は日本を含めて意見交換を密にして対応した。列強側では、治外法権の段階的解消方法として、開港地と内陸部を区別する地理的方式と、刑事、民事、身分問題の順で漸次司法権を委譲していく方式で意見が分かれた。前者は中国の司法権に対する不信感を強く持ったアメリカが主張し、後者は法理的合理性を重視するイギリスが主張したが、最終的にイギリスの判断により、後者の方針で交渉に臨むこととなった。こうした中、中国が一九三〇年初めに治外法権撤廃宣言を出す方針を打ち出したため、それに先立って交渉を始めることとし、やはりイギリスがその中心となった。これを受けて治外法権撤廃交渉は、南京において英中間で開始されることとなった。その一方で一九二九年十二月以降、上海臨時法院の改革交渉が行われ、上海共同租界に上海特区法院が治外法権撤廃交渉に先立って創設された。しかも、その準備と交渉過程には、治外法権撤廃交渉に関わる重要問題が含まれていた。

二　上海特区法院協定の成立

一九二九年五月八日の中国による上海臨時法院協定の改定要請に対し、六月七日、公使団代表であるオランダ公使アウデンダイクより、列国側の回答が中国側に伝えられた。その後、七月三日に中国側回答、八月二日に公使団側回答、九月六日に中国側回答がそれぞれなされた[15]。その間、列国側、特にイギリスとアメリカは、交渉準備を進めていた。九月六日の中国側回答を受け、九月十日にランプソンはアメリカ、オランダ公使と対応を協議し、タイクマンによる一般方針の検討内容を示した。上海臨時法院に関し、オランダとアメリカの公使は、中国側から提案がなされるべきとする立場を取った。しかし、ランプソンは、一九二六年の臨時法院協定が中国に修正内容の詳細まで提案すべきことを規定しておらず、また、来年一月までの合意が望ましいことを指摘した。イギリスは、具体案を持たない中国側に主導権を委ね、事態を遷延させるより、列国側が主導権を発揮し、合意の成果を挙げるべきと判断した。九月十二日に公使代表は外交団会議を招請し、中国側への回答を検討した[16]。結果、中国に列強非難の口実を与えないため、列強側から交渉に入る用意を示すことで合意した。そこで中国から覚書を提出された六か国、すなわちイギリス、アメリカ、フランス、オランダ、ノルウェー、ブラジルの公使からなる委員会の設置が決定された。

九月十三日に六国公使委員会が開催され、アウデンダイクより、英米仏の専門家で構成される小委員会の設立が提案され、承認された。委員会の後、マクマレーはイギリス公使とオランダ公使に、臨時法院改革に関する具体的提案を行った。それは、法院を純粋な中国裁判所とし、第一審を扱う上海法院と最終審を扱う中央政府の司法権に直属する法院を置くが、法廷は中国人裁判官と中国政府に雇用される外国人裁判官によって構成され、判決や命令、裁判手続きは全会一致で行う、というものであった。また、外国人裁判官は全法廷に最低一名ずつ配置され、各法廷の三分の一を占めることとされた。これは、かつて混合裁判の法廷に立ち会ったことのあるアメリカ公使館のバックネルによる案であり、タイで施行されている方式であったことからタイ方式と呼ばれた。マクマレーは、外国領事に観審権を認めた従来の臨時法院を中国側が不平等条約として批判してきたことを踏まえ、中国の主権尊重と司法の独立とを両立させるため、中国政府によって外国人裁判官が雇用される方式を提案した。マクマレーは、日本とフランスの反対を予想し、他の公使との事前折衝も提案した。しかし、ランプソンは、小委員会による検討を進めるべきとした。

九月十四日にタイクマン、バックネル、レピスの三名で構成される小委員会が開かれ、アメリカから、共同判事を含む新裁判所設置の提案がなされた。これを基礎として議論が進められ、これが後のA案となる。それは、新裁判所の判事の三分の一を協定調印国籍の外国人判事とし、これらの外国人判事は中国政府によって任命され、給与も支払われるが、新裁判所における判決、命令、司法手続きは、外国人判事の同意がない限り効力を有さないこと、新法廷が二年間、順調に機能した場合、その司法権を租界内の全外国人に拡大することなどを検討することなどを含んでいた。これによって、上海臨時法院の改革は先述の治外法権の地理的区分撤廃案と融合し、上海臨時法院を上海共同租界全体の司法権を管轄する中国裁判所として発展的に解消する可能性も想定されたのである。マクマレーが日本やフランスの反対を予想したのは、新法廷が将来の外国人全体に対する司法権の適用を念頭に置いていたためであろう。

ランプソンはイギリス外務省に対し、中国における治外法権問題と上海臨時法院改組に対する解決法を、タイ方式に則ったもの、すなわち、法廷に一定の外国人共同判事を導入し、同法廷に裁判移送権を設定しようとする見解が主流になっていることを報告している。しかし、他方でスティムソン国務長官は、マクマレーに対し、A案を中国側が受け入れる可能性に懐疑的な見解を伝えていた。[17] ところが、イギリス側は、アメリカが拙速に事を進めようとしているかのような印象を受けていた。マクマレーは、自らの案を他の列国に受け入れさせるため、国務省の判断をやや恣意的に伝えていたようである。対してフランスは、対応を英米に委せていた。そこでタイクマンは、独自の案を小委員会に提出した。

九月十六日にランプソンは、オランダ、アメリカ、フランスの各公使と小委員会の作業について非公式に意見を交わした。ランプソンは、タイ方式を現時点で最善としながら、小委員会でのさらなる検討を提案した。たとえば、外国人判事の採用を求めるとしても、その選出方法に問題があった。共同租界ではイギリス人が中心的役割を果たしているが、単純に外国人比率を基準とすると、日本人にも配慮しなければならなくなり、不都合が生じた。国際連盟の任命とする案もあったが、アメリカがそれを拒否した。そこでオランダ公使より、ハーグ国際司法裁判所の指名という案が提起され、有力な案として検討されることとなった。また、フランスがタイ方式を先行的にフランス租界に導入し、それを先例とする案も出されたが、フランス租界裁判は中仏間の交渉問題であり、共同租界とは区別すべきと考えられた。最後に、王正廷の交渉開始希望日である九月二十三日以前の十九日までに合意を作ることが確認された。

九月十七日の会合において、ランプソンはマクマレーの拙速な姿勢を制止した。また、ランプソンは、新法廷に租界内の全外国人に対する司法権を付与することに否定的な見解を述べた。アメリカの構想は、治外法権撤廃に際して地理的区分を採用して租界内と内陸部を区分し、租界内司法権について中国行政の介入を排除する形で、租界内外それぞれの中国人と外国人の司法待遇を属地主義的に均等化しようとするものであった。しかし、この提案は、中国人と外国人の司法待遇を均等化するため、中国側の司法権回復要求を助長しかねなかった。そのため、この問題は慎重に考慮すべきとされた。他の公使もランプソンの意見に同調し、この問題は小委員会の検討対象から除外され、後の検討課題とされた。翌十八日、イギリスが中心となり、中国への回答草案が作成された。内容は、中国の提案を検討するため、二十三日の交渉開始は不可能で、近く改めて通知するというものであった。と同時にランプソンとマクマレーは、中国に提示する案を、交渉の枠組みとなる概要と原則のみにとどめる点で一致した。

小委員会による報告が提出されたのは十月八日であった。報告はA案とB案の二つの試案を含んでいた。A案は、外国人共同判事を含む中国法廷の設立というアメリカ案を修正したもので、上海租界内に第一審裁判所と上訴裁判所を設置し、裁判官の三分の一は、中国政府によって任命され、給与を支給される外国人裁判官とすること、同裁判所は、租界内の中国人ないし中国法に服する国籍人が被告である刑事、民事事件を担当すること、法廷における審理手続きは、二人の中国人判事と一人の外国人判事の全会一致によって進められること、全ての手続き、証言、法的議論は英語で公的に記録されること、判事は任期以前に違法行為以外の理由で解任されないこと、中国政府は外圧を加えないことを保証すること、中国政府によって任命される外国人判事は、ハーグ国際法廷より中国政府に提出される名簿の中から選ばれること、外国人の利益に関する審理に外国人弁護士の出廷を認めること、土地章程を法定内で有効とすることなどを定めていた。(18) ただし、A案は、治外法権保有外国人に対する司法権の拡大適用への展望を削除した点で、アメリカの原案と決定的に異なっていた。

対してB案は、現協定の改定を基本的な内容とするタイクマン案の修正版に相当し、これは、外国人を原告とする混合事件の審理に対する領事代理の出席権を認めていた。アメリカがこの点の放棄を受け入れなかったためである。しかし、イギリスは、租界の法律や治安に直接関わる事件を除き、この権利を中国側への主要な譲歩として放棄することを考慮していた。さらにイギリスは、中国の司法当局と租界行政当局との間で生じる対立を処理するための上級委員会の設置を主張していた。イギリスはこれを上海臨時法院改革の要点と考え、B案に盛り込んだ。

小委員会の報告は、十月十五日にイギリス、オランダ、アメリカ、フランス、日本公使によって検討された。(19) フランス公使は、共同租界に関してA案を支持したが、それをフランス租界に適用することについて、本国の承認を得ていないとした。マクマレーもA案を支持したが、同時に中国側はそれを受け入れないであろうとする本国の観測を伝えた。ランプソンは、新裁判所に外国人に対する司法権を認めるなどの代償を中国側に与えない限り、A案は中国裁判所に対する外国の介入として受け取られるであろうとする意見を述べた。ランプソンはさらに、イギリス本国がAB両案のいずれを採用するか決定していないことを明らかにした上で、今後、中国側との交渉を進めていく上で、B案で示されている譲歩案を最終譲歩案として各公使が本国に具申する用意があるかどうか尋ねた。これに対し、オランダ公使が、A案を支持した上で、必要に応じてB案を受け入れることも表明し、アメリカとフランスの公使もそれに同調した。日本公使は、検討時間の不足から明確な意見を述べず、代わりに上海臨時法院の廃止に反対であるが、その改革に賛成するという本国の訓令を紹介した。イギリスはこれをB案に近いものと受け取ったが、日本は実質的に事態を静観していた。

次いで、中国との交渉方式について検討を始めたところ、アメリカは外国人共同判事の維持とA案に基づく明確な方針を定めることを主張し、B案を交渉担当者にも伝えず、北京公使団のみの案にとどめておくことを求めた。イギリスは、現時点で明確な訓令は作成せず、AB両案を交渉責任者に通知し、中国側とのやり取りの中でAB両案のいずれか、ないしその折衷案を成立させる方針を提案した。しかし、アメリカは譲歩せず、本国の意向を確認した上で後日の検討に委ねることとなった。

数日後、マクマレーは、本国よりA案提出の訓令を受けたことをランプソンに伝えた。対してランプソンは十月二十五日、本省より、ランプソンの交渉方式を認める訓令を受け取った。三十日、日本を含む五か国公使が集まり、中国に対する交渉方法について検討した。ここでランプソンは、王正廷外交部長に提出する予定の、中国政府の希望する時期および場所での交渉に応じる用意があることを伝える回答文案を示した。しかし、こうした曖昧な回答案にマクマレーは反対し、A案の趣旨を明確に伝えるよう求めた。調整は難航し、マクマレーは一時、個別回答を提案するほどであった。しかし、個別回答は列強の足並みの乱れを示し、特に日本が中国側によって交渉より排除されていたため、列強側に支障をきたしかねないと予想された。そのため、マクマレーも態度を緩和させた。最終的にアメリカは、交渉において独自の行動を取る権利を留保したが、フランスやオランダはイギリスの回答案を支持し、ランプソンの回答を発することで合意した。ただし、オランダはA案支持の姿勢を改めて確認している。翌三十一日、公使団代表のオランダ公使より王正廷に回答が通知された。

十一月九日、中国側より、同月十九日から南京で交渉を開始する旨が伝えられた。十一日、公使団は対応を協議し、交渉に当たる代表団として、アメリカからジェイコブス上海領事とバックネル公使館書記官、フランスからケクラン上海総領事とトゥサン領事裁判官、イギリスからガースティン上海総領事とアヴェリング公使館書記官、ヒューレット南京総領事、日本から重光葵上海総領事他、オランダからグルンマン上海総領事が選出された。ノルウェー公使は上海に駐在し、連絡を密にすることとし、ブラジルから代表は派遣されないこととなった。ただし、問題は中国側が日本代表の受け入れを拒否することであった。しかし、上海租界と日本の関係に照らし、日本代表も含めて中国側に通知された。

AB両案について、各国公使間の意見は一致していなかった。十一月二日の時点でも、スティムソンはマクマレーに対し、A案を支持するが、それを中国に提出する責任を負うより、まず概要を伝え、立場を近付けた上で具体的に交渉するよう指示していた[20]。とはいえ、全体として中国の出方に応じて交渉することになったようで、中国との交渉に際し、列強の代表が一致した行動を取る必要が改めて確認された。しかし、十四日に通告された中国側からの回答は、日本代表を受け入れず、また、各国の代表を領事館員でなく、公使館員とするよう求めていた。日本を除外するという中国側の予想された回答に対し、各国公使は原則として日本を含める立場を取り、日本は独自に中国側に抗議した。とはいえ、アメリカは日本を除いて交渉を先行させる方向に傾く一方で、イギリスは日中間の交渉の成り行きに任せるという立場を取った。ただし、十一月二十四日に日本側が、日本の参加問題について日中間で交渉することとし、日中関係が交渉を遷延させることを望まないとして、各国に交渉を先行させるよう伝えた[21]。一方、中国側も、他の代表団の資格問題に関する要求を取り下げ、交渉の開始日を十二月九日とした。直前に華南地域の政治、軍事情勢が悪化したため、交渉の開始は一時懸念されたが、代表団は無事に南京に入り、交渉が開始された[22]。

十二月九日の交渉初日、中国側は上海における独自の新裁判所設置案を提出した。これは七条からなり、第一条で、従来の規定を廃止すること、第二条で、現在の臨時法院の位置に上海特区法院地方法院を設置し、中国法と中国の訴訟手続きに則って上海共同租界内の民事、刑事および警察による違反取締の全事件について司法権を行使すると共に、中国法に則った上訴機関を設けること、第三条で、領事館員による訴訟手続きの監督や法廷における観審を廃止すること、第四条で、共同租界内で発生した刑事事件、警察による違反取締事件について、逮捕から二十四時間以内に、市参事会より上海特区法院地方法院に書類が送付されるべきこと、第五条で、上海特区法院地方法院によって発せられる召喚、令状、命令は、一名の裁判官ないし法廷代行人の署名によって有効となり、司法警察によって執行され、必要な場合は市参事会が権限内で補助を与えること、第六条で、現在の囚人および容疑者を収容する現上海共同租界内の施設は、上海特区法院地方法院により引き継がれること、第七条で、本協定は調印の日より執行されること、を規定していた。外交団側は交渉後の会合において、中国の提案を租界の保全に対する攻撃とし、これに基づく交渉を不可能とした。そこで租界行政の安全のための保障措置として、領事代理の法廷出席か、中国裁判所における外国人裁判官の雇用かのいずれかを求めることになった[23]。

十二月十一日、列国代表団は中国側に、B案の概要に基づき、それを修正した草案を提示した。対して中国側で交渉に当たった徐謨は、中国裁判所が上海共同租界内の外国人も管轄することへの期待を表明した。さらに続く交渉で徐謨は、中国裁判所への外国人判事の起用は、治外法権外国人の裁判を管轄する権限の拡大を伴わない限り、受け入れ不可能であることを述べた。公使館からの指示を求めた[24]。列国側代表はそれに答えられないとして、公使館からの指示を求めた。外国人判事に関する中国側の提議に対する列国側の判断は、交錯していた。ランプソンは、中国側に上海法廷問題のみならず、治外法権問題全般にとって、中国政府が外国人裁判官を雇用することが重要な解決法となることを印象付ける必要を考慮したが、他方で上海裁判所問題を治外法権問題全般に拡大することは、交渉戦術として危険が伴った[25]。非公式に列国公使団の間でも、新式法廷の管轄に治外法権国籍人を含める、A案に準拠した案について検討された。フランス公使はこれに賛成した。しかし、イギリス公使は難色を示し、オランダ公使とアメリカ公使は反対した。特にマクマレーは、中国外交の手口からすると、中国はこの案を拡大解釈し、治外法権を空洞化させようとするのではないか、という懸念を表明した。中国側との応酬を経て、アメリカの態度は逆転していた。当初のアメリカ案は、司法管轄における租界と内陸部の完全分離を前提としており、その点が不分明なまま、租界内の外国人と中国人の均等司法待遇を導入することは、容認できなかったのであろう。結局、この案は棄却された[26]。

その後、交渉は項目毎に詰められ、十二月十四日、外交団より中国側に対し、上海法廷に関する各事項について列国の立場を記した言明書が手渡された。十五項目の、以下の概要を持つ詳細なもので、双方の対立点を併記する形でまとめられていた[27]。

一、中国代表は、土地章程と付則について、中国法の公布によって規定されるまでその適用を認めないとするが、土地章程および付則は中国政府が認めた上海共同租界の憲章であり、その効力を問題にする提案は考慮できない。
二、司法権の適用範囲について、中国は列国の案を広範に過ぎるとし、特に越界道路への適用に反対するが、現状からの縮小は認められない。
三、中国代表は、上海高等法院分院を租界内に設け、上訴院とする用意があるとするが、列国代表団は、地方法院と高等法院に領事代理が審理開始から刑の執行まで立ち会うことと、租界内の行政と司法の摩擦を調整する方法が講じられることを条件とする。
四、中国代表は、中国司法制度の一部として、検察官制度(procuratorial system)の導入を主張するが、当局との紛争の原因となり得るため、認められない。
五、中国政府は、新法や規則の事前通知を拒否するが、列国側は、上海地方分院に適用され得る法、規則が、二か月前に通知されることを重視する。
六、中国代表は、市参事会が原告となる事件以外、法廷手続きに外国人職員が参加することに原則として反対しているが、外国代表は、租界の平和と秩序に関わる事件や、租界外の当局と租界内に居住しあるいは租界内で所在が確認された人物との事件、市参事会が原告となる事件、外国人が条約上の権利に基づいて領事官の代理人を求めることのできる場合について、領事が代理人を派遣する権利を有することを主張する。
七、領事代理は、法廷において裁判官と共に着席し、裁判官から適切な距離内に地位に応じた場所を与えられる。
八、領事代理は、審理の開始から結審、上訴、刑の執行までの全ての手続きを観審し、混合裁判において、裁判官の同意を得て証人尋問を行い、違法事例や司法上の問題について記録する。起こり得る問題を解決するため、裁判長や警察の申立ないし記録による領事代理からの抗議が有効に処理される方法を要求する。
九、中国代表は、市警察と別個の司法警察の導入を提案しているが、列国代表団は同意できない。別組織の導入は紛糾につながるため、市警察が法院長の指示に基づき、責任を持って裁判関連業務に従事する。
十、中国代表は、外国人資産に関わる法廷手続きの全てを、他の当局への照会なく直ちに有効とするが、列国代表団は、現行条約の規定に則り、外国人商業用施設関連裁判における連署手続きの廃止に反対する。
十一、中国代表の求める、租界内監獄への中国人監督長の任命に反対する。
十二、中国代表は、事務員の任命について領事や租界当局への照会を不要とし、中国銀行ないし他の租界内の銀行に余剰経費を積み立て、地方法院に限られない司法関連費用に充当するとしているが、外国代表団は、行政費を安定化させ、外国人訴訟当事者の便宜を図るため、法廷事務員に関する外国側主張を反映する何らかの措置を主張する。

十三、中国代表団は、現在の臨時法院協定は国民政府によって承認されたものでないとし、従来の混合裁判所の諸判決を認めず、執行を拒否しているが、列国代表団は従来の混合裁判所による判決の有効性を主張する。

十四、中国代表は、市当局が原告となる場合を除き、外国人弁護士を認めないとするが、列国代表団は、少なくとも現状維持を主張する。

十五、中国代表は、共同租界とフランス租界における混合法廷の司法権を区別した一九〇二年の規定を新たに協定として確認することを拒否しているが、列国代表は、一九〇二年協定のように、新協定はそれぞれの司法権を区別しなければならないと主張する。

以後の交渉における最大の対立点は、三項および八項の領事代理の観審権や証人尋問権などを認めるかどうかであったが、それに匹敵する原則的な対立も存在した。四項の検察官制度や九項の中国司法警察の導入、十項の外国資産関連事務の手続き問題、十一項の監獄管理責任、十二項の職員管轄問題などは、いずれも中国側が租界行政の一部を管掌し、あるいは新規の制度を導入することで、租界内に居住する中国人に対する規制を強化し、租界内への政治的影響力を拡大する手段となり得るものであった。列国側の回答は、こうした租界に対する政治権力の行使を警戒し、また、治外法権を保有しない外国人に関する裁判や、治外法権を所有する外国人が原告となる混合裁判において、外国人側に不利な裁定が下されるのを予防する措置を必要とした。

とはいえ、十六日に中国代表は、十四日案に対する回答として、領事代理の出廷について拒否した。しかし、同時に中国代表は、譲歩の限度として、領事団より中国法に精通した法律専門家を地方法院に派遣し、判決を観審させることは検討の余地があるとした[28]。中国側はまた、外国人の代理人は市参事会が原告となる刑法犯か、租界の平和秩序に関する刑事事件のみに限るとする立場を堅持し、法廷における観審官は、弁護士より高く、判事席より低い位置に席を設けるとした。さらに混合事件について中国側は、既存の条約上の権利や治外法権の尊重を明示することに難色を示した。本来、上海地方法院は租界内の中国人および治外法権を認められていない外国人を被告とする裁判を扱うため、治外法権との関係を有さなかった。しかし、租界行政は租界居留民の資産によって運営され、土地章程によって保護されていた。そうした中で中国側は、租界における司法関連行政の回収と、治外法権の解消をも目指していたため、臨時法院の改革において治外法権の確認を行うことを拒否したのである。しかし、逆に外国側は、租界の中立性を維持し、租界居住外国人の権利を保護するため、上海特区法院協定の締結と同時に、既存の条約を尊重するという保証を中国側に求めた。結局、中国側は、現状の条約の権利に影響を与えないとする間接的な保証のみを受け入れた[29]。

一月十五日の時点で二十三回の会議が行われていた。しかし、代表団側は、これ以上、中国側との折衝を継続しても、中国側との溝を埋めることは困難と判断し、以後の最終調整はイギリスによる非公式折衝に委ねられた[30]。翌十六日、アメリカ側は代表団に対して以下の要望、すなわち、検察官（procurator）制度の導入は、非公開の聴取を排し、公開法廷での予備的聴取を必要とすること、また、租界当局と中国の司法機関との摩擦を避けるため、(a)司法警察は市の監督下に置かれること、(b)租界の利益に関わる裁判に参事会が代理人を出席させる権利を認めること、(c)参事会への事前の通知なく、租界内で所在の確認された人物を外部当局に引き渡さないこと、(d)租界内囚人の市当局による管理、(e)土地章程などの無条件適用、などの要望を伝えた[31]。しかし、その一方でランプソンはこの日、次のような見解をアメリカ側に伝えた[32]。交渉に当たってきた列国の代表団も、中国側の交渉態度に照らし、全体として〝自由主義〟的な態度を後退させていた。

イギリス政府は、現在の状況が、中国人を彼ら自身の法廷や当局より加えられる抑圧から保護することを正当化している、とは考えない。また、市当局が、不正義があまりにひどく、刑を執行するための職員を良識と自信を持って派遣することができない、というような場合でない限り、干渉すべきではないと感じている。

英中間の合意案ができたのは一月二十二日であった。これについてアメリカの交渉代表は本国に対し、全体として代理人の権限が制約されているため、中国側と紛争が生じる可能性はあるが、それが中国側の譲歩の限界であることや、第九条が予測される紛争を調整するために達成できた唯一の合意であることなどを補足的に説明した[33]。この合意は最終的に各国の承認を得、二月十七日に上海特区法院協定が調印された。協定は、以下の概要を定めた本文と、中国と他の調印国との間で締結された既存の条約上の権利や土地章程および付則に影響を与えないことを確認した王正廷への覚書および一対の交換文書からなっていた[34]。

第一条　上海共同租界内の中国裁判所設立に関連するこれまでの協定類は廃棄される。

第二条　中国政府は上海共同租界内に、地方法院（a district court）と高等法院分院（a branch high court）を設立する。中国の法、規則、手続き等が施行され、上海共同租界の土地章程および付則にしかるべき配慮を払う。

第三条　従来の領事代理ないし領事官員による法廷手続きの監督、中国法廷への出席手続きを廃止する。

第四条　逮捕者は、休日を除く二十四時間以内に法廷に移送される。不可能な場合は釈放される。

第五条　法廷に、中国政府によって任命され、中国刑法百三条および百八十六条の規定による審問や検死などを行う検察官を置く。ただし、市警察および関連団体が、次の条件、すなわち検察官による予備調査が公開で行われ、被告の弁護士が聴取に同席する権利を保持するという条件の下で、訴訟手続きを既に開始したものについては、これを適用しない。

第六条　召喚、令状、命令などの裁判手続きは、本協定で設立される裁判所判事の署名によってのみ有効となり、司法警察および召喚執行人よって執行される。

租界内で所在が確認された人は、弁護士同席で聴取を行う権利の保障された法廷での予備調査を経ない限り、他の近代法廷からの要請を除き、租界外の当局に引き渡されない。

法廷による全ての判決、決定、裁定は、司法手続き上において確定し次第、速やかに執行される。必要な場合、市警察は権限内で補助を与える。

召喚執行人は法院長によって任命され、召喚や民事事件に関わる文書の送付を行う。民事事件の判決を執行するため、司法警察が召喚執行人に同行する。司法警察の職員は、市参事会の推薦に基づき、高等法院分院長によって任命され、法院長によって理由を明示の上、免職される。その業務は、理由を明示した市参事会の要求に基づき、法院長によって終了させせられることがある。彼らは中国司法部の定める制服を着用し、属する法廷の命令や指示に従う。

第七条　民事事件の審理および女性囚人のための建物は、現在の協定の下で定められる法廷に移され、中国当局によって管理、運営される。

全ての囚人は、租界内ないし租界外の監獄で刑期を務める。租界内の監獄は、可能な限り中国の監獄規則に則って運営され、中国司法当局の任命する職員によって監察を受けることがある。

死刑判決を受けた被告は、租界外で刑を執行される。

第八条　必要な資格を持った外国人弁護士は、現協定で設立される法廷で、外国人が当事者となるあらゆる事件での活動を、当該外国人を代理する限りにおいて認められる。市参事会は、参事会が原告となるか、市警察が起訴した訴訟手続きにおいて同様に、必要な資格を持った中国人ないし外国人の弁護士をその代理人とすることができる。

参事会が租界の利益に関わると判断した他の事件や訴訟においても、中国人ないし資格を有する外国人弁護士が代理人となることができ、当該弁護士は、訴訟期間中に意見を法廷に提出し、必要に応じて民法の規定に基づく申立を行うことができる。

第九条　中国政府より二名、他の調印国政府より二名の代表を任命し、本協定をめぐる解釈やその適用の相違を調整する。ただし、その報告は、双方の同意がなければ効力を発しない。

第十条　本協定および付属文書は一九三〇年四月一日より三年間施行する。双方の同意に基づき延長が可能。

十二月十四日に中国側に伝えられた列国側の立場と比較すると、列強側は観審権を放棄するなど、租界内の中国人および治外法権を保有しない外国人に対する司法関連権限を大幅に中国側に委譲する一方で、中国側に外国人弁護士を承認させ、また、第九条で租界行政と司法機関の調整機関を設けた。交渉開始前に、列国側の多数が支持していたA案、すなわち、中国の独立裁判所を認めた上で、中国政府が外国人裁判官を一定比率雇用するという案は、中国側が上海法院問題を治外法権問題全般に拡大させようとしたため、放棄された。交渉に際して中国は、日本を排除するなど、列強の分断を図ったが、これは関税交渉と対照的に、失敗に終わった。列強は日本を含めて意見交換を密にし、イギリスが全体交渉を主導した。交渉は、中国裁判所における司法と行政の分離に不安を残す中、イギリスが中心となり、中国側の主張を大幅に受け入れることで、合意に達した。それだけに、外国人全体を対象とする治外法権撤廃交渉に関し、実質的に多くの問題を先送りしていた。しかも一九三〇年を迎え、中国における排外主義や内乱の再発など、政治情勢は混乱を深めていく。そうした中でイギリスは、中国側との合意の実現を目指し、さらなる主導権を発揮していくこととなる。

三　中国における内乱と欧米行政権、司法権の中立性、政治性

ランプソンは南京政府との治外法権撤廃交渉のため、一九三〇年一月二日に北京を出発した[35]。八日に南京に到着し、翌日より王正廷との交渉に入った。王正廷は、特定地域に特別法廷を設置し、外国人顧問を配置することについて認めた。ただし、外国人裁判官は、イギリスが刑事事件に関する司法権を委譲しない限り、認められないとした。しかし、ランプソンはそれを受け入れず、治外法権の撤廃は漸進的に行い、まずは民事事件の委譲から行うべきと主張した。十日、王正廷はランプソンに、イギリス人が中国の近代法廷の司法権に服すること、広東、漢口、上海、天津、ハルビンの高等法院および地方法院に特別法廷を設置してイギリス人が被告となる刑事、民事事件の審理を行うこと、各特別法廷に外国人法律顧問を設置すること、法律顧問は裁判に出席せず、審理記録の閲覧を通じて書面で見解を述べること、判決は法律顧問の見解にしかるべき考慮を払ってなされるが、法律顧問の見解から独立していることなどを定めた八項目からなる計画書を提出した[36]。これと並行し、上海臨時法院の改革交渉が進められ、ランプソンはこれについても、王正廷および王寵恵司法部長と意見を交わした。さらに十一日、威海衛の返還交渉も開始された。

威海衛返還交渉は、前年に開始されながらも、中国側が基地の全面返還を要求したため、中断していた。しかし、今回の交渉において王正廷は、一九二四年協定草案を二つに分割し、租借地の返還協定と共に、イギリス人の個人資産、居住権の保護と必要な補償を定めた協定の締結を提案した。基地貸与期限について中国側は、一九二四年に協定が成立していた場合、基地の貸与は一九三四年までとなっていたことを理由に、当初は三年、次いで五年とする提案を行ったが、イギリス側はこれを受け入れなかった。そのため、交渉は一時中断され、他の細目についてタイクマンと徐謨の間で交渉が進められることとなった。その一方で、ランプソンと王正廷の間で、義和団賠償金の還付問題に関する交渉も開始された。イギリスは、賠償金を教育事業や鉄道事業に充てるこ

ととし、そのためにロンドンに基金を設置し、購買委員会によって資材を調達することなどを提案していた。

ランプソンは一旦南京を離れた後、一月三日に帰還し、即日、王正廷にイギリス側が治外法権の撤廃のために必要と考える条件、すなわち、司法権の委譲を三段階に分けて行うこと、裁判に対する外部権力の介入を防ぐ保障や不当課税に対する保障が必要なこと、中国政府によって雇用される外国人裁判官が必要なことなどの条件を提示した。[37]と同時に、ランプソンの南京帰還は、ネルソン・ジョンソン米公使が着任し、信任状奉呈のため、南京に到来したところと重なっていた。ジョンソンはランプソンに対し、アメリカが一月二十三日にワシントンで中国側に提示した、治外法権に関する提案内容を通知した。

中国とアメリカの交渉はワシントンで行われていた。一月十三日以降、伍朝枢中国公使とホーンベックの間で治外法権問題に関する意見交換が行われており、二十三日にアメリカ側から中国側に提示された素案は、十二条と十三項の付属条項からなり、簡素ではあったが、以下のような規定を含んでいた。すなわち、第一条で、アメリカ人被告の裁判を管轄する八か所の近代法廷内における特別法廷の設置、第二条で、上訴のための特別法廷を南京に設置すること、第三条で、アメリカ人被告の裁判手続きを観審し、必要な報告書を提出する権利などを有する法律顧問の設置、第三条Aで、アメリカは五年間、外交官および領事官を通じ、アメリカ個人、企業、組織などが被告となる最高法院での審理を除く審理について、裁判を停止し、領事官かアメリカ法廷に移送する権利を持つこと、第六条で、本協定を外国租界などに適用しないこと、第七条で、不動産所有権の保護、第八条で、個人所有の建物、敷地に対する令状のない捜査の禁止、第九条で、仲裁による紛争解決の承認、第十条で、船舶に対する差別待遇や令状のない捜索の禁止、第十一条で最恵国待遇、付属条項で、協定成立時の未決事件の扱い、軽犯罪、保釈、債務による逮捕の禁止、結婚、相続などの個人の地位に関わる事項、弁護士、裁判の公開と傍聴の許可、拘禁および収監施設について、規定していた。[38]アメリカはそれまで、イギリスなどに対し、地理的区分案を主張していたが、本案は租界への不適用に加え、内陸部における保障措置をかなり重視していた。上海特区法院協定をめぐる中国側との交渉において、アメリカは実質的に、中国人と条約外国人の属地的均等待遇方式を放棄していた。今回の素案は、おそらくそうした方針転換に則ったもので、こうした保障措置は、下記の三月十日のイギリス案に、より詳細化されて反映されることになる。

中国側からの回答は二月六日になされ、アメリカ人被告に対する裁判を地方法院で行い、上訴についても各地の高等法院で行うことや、法律顧問の選出基準およびその権限を修正すること、さらに裁判移送権を認めないことなどを伝えていた。[39]他方、以上のようなアメリカの行動に対し、イギリス側は、アメリカ案における保障措置が不十分なことや、民事のみならず刑事司法権も委譲しようとしている点を問題にした。アメリカ側は、自らの措置を提案でなく、検討課題を示したものと説明したが、司法権の段階委譲を主張していたイギリスにとって、アメリカの行動は慎重さ置いたイギリス案を、タイクマンに作成させた。
を欠いていた。そこでランプソンは、アメリカとの調整を念頭に置いたイギリス案を、タイクマンに作成させた。

その一方でランプソンは、二月十日、王正廷に対し、タイクマンによって起草された威海衛返還に関する二つの協定案を提示した。しかし、十年間の基地貸与期間をめぐって合意に至らなかった。さらに返還期日も問題となった。協定上、一九三〇年十月一日が返還期日とされたが、イギリスは、国民政府が山東半島を実効支配していないことを理由に、付属文書で協定施行に対する留保権を求めた。対して王正廷も、威海衛が対立派の支配下に返還されるのを防ぐため、イギリスの主張に合理性を認めた。その文書化は中国側にとって屈辱的であったが、最終的に王正廷は、協定に付属する声明書でイギリス側がそれを明記することを認めた。協定期間は、一九二四年草案を踏襲して十年間とされ、交渉によって更新も可能とすることを中国側は受け入れたが、合理的な理由がない限り中国側は更新を拒否できないとする付属文書の規定は、削除された。ランプソンは、十年後の基地貸与の継続は不透明であるが、現状で調印するのが最善と本国に伝えた。

威海衛返還交渉が大詰めを迎えていた二月十二日、ランプソンは中国側から、上海特区法院協定に調印する用意ができたことを伝える十日付の通知を受け取った。同協定は二月十七日に調印され、また、威海衛返還、義和団賠償金還付問題についてもほぼ合意に至った。とはいえ、治外法権問題をめぐり、英中間にかなりの距離があり、アメリカの単独行動に対する対応も必要であった。そこでランプソンは、北京に帰任することとし、二十三日に北京に到着した。

ランプソンはその後、タイクマンを通じて治外法権関連条約案の起草を進め、三月十日に成案を外務省に送付した。次いで十八日、ジョンソン米大使に対して治外法権問題に関するイギリスの現段階での状況を説明し、草案を示した。ジョンソンは同案について、イギリスのみならず、アメリカ政府の交渉方針の基礎となり得るものと評価し、ランプソンとジョンソンは、英米共同案を作成することで一致した。そのための実務作業は、タイクマンとアメリカのパーキンスの間で進められることとなった。[40]イギリス案は全十六条からなり、各条の概要は以下の通りである。[41]

第一条　司法権の委譲

本協定の批准書交換の日より、中国におけるイギリス人は、以下に示す例外を除き、中国近代法および近代手続き法に基づいた近代法廷に、上訴権を保持して服する。イギリス人は、拘留、収監ないし十ドルを超える罰金刑を適用されない軽犯罪を除き、警察法廷に服さない。軍事法廷にも服さない。被告となったイギリス人は、民事、刑事事件とも、裁判の開始後から終了まで、必要な資格を備えたイギリス人ないし他外国人ないし中国人の弁護士の協力を得る権利を持つ。

第二条　高等法院および地方法院における特別法廷の設置

ハルビン、奉天、天津、青島、上海、南京、漢口、重慶、広東、福州、雲南の地方法院および高等法院に特別法廷を設置し、イギリス人が被告ないし被告人となる民事、刑事事件の審理を行う。特別法廷の裁判長は裁判所長が務め、他の裁判官および検事は、長期の経験を有する法律家の中より選任される。各特別法廷には、ハーグ国際司法裁判所によって選出された法律専門家の名簿より中国政府が任命する法律顧問が所属する。法律顧問は、地方法院および高等法院の業務を観察し、審理記録を閲覧する権利を有し、必要と考える見解を司法部長に提出する。報告の複写はイギリス公使館にも提出される。法律顧問は、司法手続きや逮捕、家宅捜索、押収などに関する申立を受理する権限を有し、中国法に照らした見解を添えて司法部長に提出する。イギリス人が被告ないし被告人となる裁判において、法律顧問は、地方法院、高等法院に裁判官の一人として出廷し、いかなる判決も、法律顧問の同意を得ることによって有効となる。

第三条　課税および中国法廷の業務に関する保護

イギリス人は、立法手続きを経て公布された、中央、地方、市政府による法律、布告、規則に基づく差別待遇のない課税に対してのみ納税の義務を負う。イギリス人に対する市税は、中央政府の承認を受けた市法令に基づいてのみ課せられ、その収入は当該市に関連する目的にのみ支出される。中国法廷はイギリス人とその財産に対し、国際法および慣習に合致した保護を与え、行政やその他、いかなる軍および非司法当局からの干渉に対しても厳格な独立を保持する。

第四条　移送権

不法課税や、中国法廷による非合法な措置がなされた場合、あるいは裁判に対する外部干渉で公正が損なわれるおそれのある場合、イギリス政府は、中国における外交官ないし領事館職員を通じ、当該法廷の裁判官を含む中国側当局に書面で通知することにより、イギリス人が被告ないし被告人となっている審理中の事件を移送できる。移送された裁判は、直ちに正当な権限のあるイギリス当局の下に移され、当該裁判における中国の司法権は停止される。中国当局は、移送裁判の処理に関し、イギリス当局から要請された支援を与える。移送裁判における当事者の権利および責任は、適切に公布、施行され、中国におけるイギリス代表に伝えられた中国法に則って決定される。移送事案を処理するため、中国におけるイギリス法廷の司法権は継続される。

第五条　逮捕、拘留、公判

イギリス人は、近代裁判所によって正式に発せられた命令により、罪状と適用法を明確にした上でなければ、逮捕、拘留、収監されない。逮捕から休日を除く二十四時間以内に、最も近いイギリス領事かイギリスの司法当局に引き渡される。逮捕されたイギリス人は、最も近いイギリス領事との連絡を許され、そのための便宜を与えられる。イギリスの領事館職員または代表は、逮捕されたイギリス人との面会を許される。拘留中ないし収監の判決を受けたイギリス人は、近代監獄ないし適切な施設のみに収容され、イギリス領事館職員または代表が接見できる。一年未満の収監の判決は、一日を一ドルの割合で罰金刑に変更することを申請できる。死刑ないし無期刑で処罰される可能性のある被告を除き、保釈の権利が認められる。債務による収監は認められない。ただし、債務者の行動により、債務者の資産に対する執行措置が阻害されるおそれのある場合は除く。イギリス人の関連する裁判は公開され、傍聴を許される。

第六条　個人の地位に関する事案の留保

中国におけるイギリス人は、結婚や、夫婦間の権利、離婚、離婚裁判、寡婦産権、父権、養子、資格、成人、保護権、管財、禁治産などを含む個人の地位に関する事案や、遺言の有無両事案における相続、配分、財産の清算、家族法全般に関わる問題について、中国司法権に服さない。

第七条　仲裁

中国法廷は、イギリス人相互ないし他の外国人ないし中国人との間で、民事ないし商業上の紛争を仲裁によって解決するためになされた合意を承認し、それが公序良俗に反しない限り、その裁定を執行させる。

第八条　不動産所有権

中国国民政府総統は、中国においてイギリス人が有する不動産所有権を破棄できず、本協定の規定によって変更されないことに同意する。

第九条　セトルメントとコンセッションの保留

本協定は、中国と他の列強の間の合意に基づき中国の司法行政が適用されていない地域に、適用されない。本協定はさらに、現在の上海海関の建物から半径五十[中国]里の地域に適用されない。

第十条　イギリス人とその財産、船舶への不当な捜査、収用、徴用からの保障

イギリス人の公共の建物、個人住宅、工場およびその付属物、物品は、いかなる徴用、捜索、検査にも服さない。商業に関わる帳簿、信書は、法律に基づかない限り、検閲されない。イギリス人は、軍務やそれに代わる負担に服さない。イギリス人の財産は、公共の利益に基づき、近代法廷からの命令という形で、かつ法律で認められた理由でない限り、一時的であっても収用されない。収用に際しては、事前通告と補償がなされねばならない。中国の港や海域、河川にあるイギリス商船は、違法行為や密漁を防ぐための規則に従うが、船長の同意がない限り、徴用や捜索、臨検、軍当局による抑留に従わない。イギリス商船は、令状がない限り、警察の乗船や船上での逮捕を認めない。イギリス商船は、中国軍や補給物資を輸送しない。

第十一条　イギリス商業組織への同様の措置

イギリス法に則って組織され、中国で活動する企業、商社、組合、法人にも、本協定でイギリス人に与えられた権利と同等の権利が認められる。

第十二条　未決事件に関する了解

イギリス人に関する民事司法権が中国法廷に移行した後、イギリス法廷で終了した裁判は再審理されず、判決は中国の司法当局によって執行される。批准書交換の時点で未決の裁

判は、判決が下されるまで同法廷で審理を継続する。

第十三条　居住と貿易の権利

　本協定の批准書交換の日から、イギリス人は中国全土に無条件に居住し、旅行し、通商を行い、資産を所有する権利を認められる。

第十四条　イギリス人に対する差別のない待遇

　本協定の全ての事項において、イギリス人は最恵国民の権利を享受し、課税や司法、その他の事項について、中国や他のいかなる国籍の人々に比して差別的な待遇に服さない。

第十五条　既存の条約の効力に関する規定

　本協定によって修正されるものを除き、締約国間の既存の条約は有効とする。

第十六条　批准と継続期間

　本協定は批准書の交換に基づいて効力を発し、十年間有効とする。

その後、ランプソンとジョンソンの間で修正協議が行われ、本案は三月二十八日に英米の本国に通知された[42]。本案でも、中国に委譲される司法権に民事事件、刑事事件の双方が含まれており、これは一月二十三日のアメリカ案を踏まえたためであろう。さらに本案は、内地を含めた主要都市に特別法廷を設置し、イギリス人が被告となる事件の審理を担当させると共に、特別法廷に実質的な共同判事に相当する法律顧問を設置することや、裁判移送権、租界地域への不適用などを定めていた。これによってイギリスは、暫定的に事案毎の段階的司法権の委譲方式を撤回する一方で、租界および海関周辺について現状を維持とすると共に、中国法に基づく内陸部の司法手続きにおいてイギリスが監督的権限を保持する、今後の交渉のための基礎案を完成させた。ただし、後述のように、後の調整で第一条における刑事司法権の委譲については、素案中より撤回される。

　かつて第一次世界大戦中、日本は中国との二十一か条要求交渉において、満州の内地開放に伴う日中間の紛争を予防するため、中国側警察に対する日本人顧問の自主的採用を求めた。当時、アメリカはこれを中国に対する主権侵害と非難したが、一九三〇年における治外法権撤廃交渉において、英米は条約国籍人に対する警察権力の行使に、罪状法定主義の徹底、すなわち近代裁判所による逮捕事由の承認と被疑者への提示、逮捕後の諸権利の保証などを求めた。さらに二十一か条要求交渉では、土地関連民事訴訟における、治外法権の部分停止に伴う共同判事の設定が最大の問題となったのに対し、中国と英米の治外法権撤廃交渉においては、英米人を被告とする場合の、共同判事を含めた中国側司法権全般に対する制約措置が問題となった。二十一か条要求交渉は、こうした治外法権撤廃交渉の論点を含んでおり、欧米は当時の日本以上に干渉的な方針を定めた。右のイギリス案は、その後、関連各国に通知され、列国間の意見調整と修正を経て、九月十一日付で中国側に提出される条約案となる。

　治外法権問題について、英米の中国現地における試案が成立したことから、本国での検討が始められる状況になった。その一方でランプソンは、威海衛の返還交渉および義和団賠償金問題の解決を間近に控え、南京における再度の交渉に臨むべきか思案していた。しかもこの頃、蔣介石と閻錫山および馮玉祥との対立が激化し、内乱の勃発が必至となっていた。そのため、交渉延期の理由は十分にあった。しかし、ランプソンは、威海衛返還協定と義和団賠償金還付問題解決のため、タイクマンらを伴って四月十一日に北京を出発し、南京に向かった。その際、ランプソンはその理由について、次のように記していた。(43)

通常の国であれば、威海衛の返還や義和団賠償金の還付を定めた国際協定に調印する時期ではないであろう。しかし、一般的な標準は中国に当てはまらない。中国の政治情勢を測ることは非常に困難なため、それに応じて政策の一般方針を変更することは、概して誤りとなる。内戦が終結し、統一が確立されるまでいかなる交渉もその締結を待つというのであれば、我々は永遠に待つことになるかもしれない。

中国の政情不安から、威海衛返還協定の成立が一九二四年と同様、停止されてしまうことも懸念された。しかし、ランプソンは、中国が内戦状態にあることに、別の交渉推進の意義を認めた。これより三年近く前の一九二七年八月、エドワーズ海関総税務司代行は、内戦下の中国に対する国定税率の導入を、海関の主導下で実現させようとする構想を立てたことがあった。エドワーズは海関を、中国各地の現地政権の徴税業務を代行し、しかも各政権を対等に扱う中立、公正な機関とすることで、中国の内戦から超越した存在にしようとしていた。ランプソンの場合も、中国の統一が実質的に存在しない状況下で中国との条約改定を進め、同時に情勢の変化に対応し得る形でイギリスの権利を保持しようとした。治外法権撤廃交渉においてイギリスは、列強、特にアメリカと協調しながら、中国要地に特別法廷を設置し、イギリスをはじめとする列強が司法や行政の一端に関与することによって、統一行政の存在しない中国における限定的な治外法権の撤廃を認めようとしていた。中国が統一の実体を備えていないだけに、欧米、特にイギリスの責任は大きいと判断された。ランプソンが中国との威海衛返還条約の締結に積極的になったのは、何よりこうした、イギリスの戦略と責任意識からであった。

ランプソンは威海衛、鎮江を経て、四月十七日に南京に到着した。ランプソンが到着した時点で、中国側が英語正文を拒否したため、条約正文の扱いが問題となっていた。ランプソンは、合意成立後、直ちに調印する予定であったが、中国側が些細なことで領土返還を先延ばしにしたと指摘した。翌日、中国側より、条約調印後に中国語の翻訳を作成するが、これを先例としないとする条件が提示された。ランプソンはこれを受け入れ、十八日夜に威海衛返還協定が調印された。調印に先立ち、ランプソンは、山東半島が国民政府の統治下に置かれていない間、イギリス政府は威海衛返還の義務を負わないことを記した覚書を渡し、その他の交換文書も同時に成立した。

対して義和団賠償金問題は、一九二九年五月に交渉が開始され、六月に最初の仮合意に至っていた。しかし、粤漢鉄道敷設問題の細目をめぐって交渉は停滞していた。(44) イギリスは、義和団賠償金を粤漢鉄道敷設に充てると共に、建設資材などをイギリスから調達することを条件とした。ただし、その場合、借款団との整合を図る必要があったため、基金をロンドンに置く案を提示した。中国側は、イギリスからの資材調達や基金のロンドン設置という条件に、消極的であった。しかし、交渉は一九三〇年一月に再開され、二月十九日に大筋の合意に至った。そこでランプソンは、四月の南京での交渉で妥結しようとした。しかし、本省からの訓令が間に合わず、この時点での合意は見送られた。

ランプソンは、威海衛返還協定や鎮江返還協定の成立を受け、一九二七年のオマリー‐陳協定で未解決とされていた、漢口および九江の土地所有権の問題を解決し、さらに重要性の低い厦門租界を返還する時期が到来したと判断した。ランプソンは、漢口および九江における租界に関し、個々の借地契約や、中国全土に公布、施行される法律に基づかない限り、土地課税の変更を認めないことなどを条件として、イギリス政府との土地貸借手続きを終了する交換文書案を作成していた。これは鎮江の例に則ったもので、機能的には、コンセッションとしての租界をセトルメントとしての租界に改編することで、個人の権利を守りながら行政権を中国側に返還する措置となっていた。四月二十九日、ランプソンはこの草案を王正廷に渡し、細部を現地当局者によって詰めさせ、用意ができ次第、調印の意向があることを明らかにした。王正廷は検討を約束した。

ランプソンは厦門租界についても、同様の方針で処理しようと考えていたが、厦門領事は半独立的な状態にある中国の現地当局との軋轢を回避するため、現地で交渉を始めたいとした。厦門に関する現地交渉を中国側も了承した。一八五二年の関連文書は北京の外交部の建物にあり、同所が閻錫山の勢力下に置かれたため、国民政府による対応が不可能になっていた。厦門での交渉は直ちに開始された。ただし、治外法権問題に関する交渉は、イギリス本国が検討を進めている状況であったため、何ら進展しなかった。ランプソンは、王正廷に見通しを聞かれた際、外国人裁判官と移送権が重要と指摘したが、王正廷は両方の受け入れは難しいことを答え、ランプソンはそれ以上の意見交換を控えた。交渉開始の時期について、猛暑を避け、九月に南京を訪れる可能性があることを述べたところ、王正廷は特に反対しなかった。

五月一日にランプソンは、南京を訪れたジョンソン米公使と会談した。ここでジョンソンは、アメリカの修正案を提示し、これを基礎として最終案を調整することとなった。(45) この時点で、第一条の刑事事件に対する司法権の委譲に関する規定が撤回された。数日後、ランプソンは同案を上海の重光葵代理公使にも示している。ランプソンは五月九日に上海を出発し、十二日に北京に帰着した。ランプソンは本国に、国民政府の要人が非常に友好的で、かつての敵対的な態度が感じられなくなったこと、こうした変化は、中国の要望に応えようとしてきた過去三年間の努力によって実現したこと、それには国民政府が困難に直面し、支援を必要としていることも影響しており、特に宋子文と会見した際、この時期の威海衛返還協定の調印が国民政府にとって友好的な措置と見なされていると伝えられたことなどを報告している。イギリスの戦略、責任意識とこうしたランプソンの経験が、中原大戦の勃発によって中国の政情が混乱していた九月以降も、イギリスがアメリカの消極姿勢と対照的に、従来の方針を堅持していく要因となった。なお、アメリカの草案が完成したのは六月四日で、一か月後の七月三日、ワシントンのイギリス大使館に通知された。(46)

以上のような英中交渉の最中の四月一日、閻錫山や馮玉祥らは北平に中華民国陸海軍総司令部を設立、閻が総司令に就任し、蔣介石との対決姿勢を明らかにした。これにより、以後十一月まで続く中原大戦が勃発した。さらに七月、華中の長沙が共産党勢力によって制圧されるという事件も発生した。一九三〇年の中国は、こうした戦乱と治安の悪化を引き起こし、これは治外法権撤廃交渉にも後述のような影響を及ぼす。また、国民政府内の対立が戦乱へと発展したことに対し、列国は蔣介石政権を中央政府として扱い続けたが、戦乱に対して中立の姿勢を示した。ただし、この場合の中立とは、地域的な問題を現地の勢力を通じて解決するというものであった。そのため、閻錫山が南京政府に対抗し、天津海関税務司を更迭すると、こうした現地主義は、かえって国民政府との軋轢を引き起す結果となった。

五月一日、閻錫山は天津の交通銀行に対し、旧五%税率分を除く、預金中の海関税収の南送停止命令を発し、次いで六日、天津海関に対して歳入の保全と上海への送金停止を命じ、受け入れられない場合、海関建物を接収することを通知した。(47)天津海関税務司へイリー・ベルは、閻の要求を海関行政に対する介入として拒否したが、これに対して閻錫山は六月十六日にベルを解任し、新たに国民政府軍事顧問を務めたことのあるレノックス・シンプソンを税務司に任命した。(48)対して南京政府は六月十八日、南京のイギリス代表に対し、シンプソンの国外追放と法に則った処罰を要求した。(49)これによって海関とイギリスは、閻錫山と南京政府の板挟みとなった。六月十九日、ランプソンはこうした状況に対し、外務省に次のような意見を送った。(50)

天津海関行政の掌握成功が、他の地方政府に同様の行動を促す強い動機付けとなることは、認めざるを得ない。しかし、海関問題に対して列強が採用している不干渉政策と、海関総税務司があらゆる意味で中国政府の官吏になっているという事実に照らせば、中国の中央政府が実効支配を及ぼしておらず、かつ、それにもかかわらず歳入が自由に中央政府に送られているような港において、このような不測の事態が発生することは避けられないように思われる。海関の準独立的な地位は、エドワーズと共に終わったのである。

既述のように、一九二七年、北洋政権によるアグレン総税務司の解任によって、海関人事が国民政府と北洋政権の対立の焦点となる事態が発生していた。しかし、A・H・F・エドワーズは一九二八年初めに北洋政権と国民政府の関税会議を提案し、国民政府から海関行政の独立性について保証を得ることに成功した。今回の事件は、それに続く海関をめぐる政治的対立であった。

イギリスは、シンプソンの処罰を求める国民政府の要求を拒否した。そのため国民政府は、対抗措置として天津海関の閉鎖と、天津経由の商品への課税を上海など他の地域で行うことを通知した。[51] そのため、二重課税の危険が生じた。上海の列国代表は六月二十二日に対応を協議し、シンプソンの就任を認めないこと、ただし、ベルは他に異動し、メイズを天津海関税務司の代理とすること、税収五％を上海に移送すると共に外国銀行においてこれを凍結することなどを、当面の対策として決定した。[52] しかし、二十四日にイギリス外務省はランプソンに対し、国民政府が自ら実効支配していない地域に対し、二重課税を行うことを原則として認めないとしながら、外国から直接天津に向かう貨物や、上海に寄港しながら積み替えを行わない貨物については、関税徴収を拒否できるであろうが、上海で積み替えを行い、天津に向かう貨物に対する関税徴収については、抗議付きで応じることもやむを得ないとする見通しを伝えた。[53] と同時に各国は、南京政府と閻錫山の双方に対する抗議文の提出を検討した。[54]

イギリスがシンプソンの処罰を求める南京政府の要求を拒否したのは、その処罰自体が南京政府を支持する政治的な行動で、内政干渉に当たるとしたからであった。その上、シンプソンの処罰問題は、治外法権の問題とも関わっていた。つまり、イギリス外務省は、シンプソンの行動が中国法に抵触していたとしても、イギリス政府は治外法権の原則に則ってシンプソンを処罰できないとしたのである。[55] その上でイギリス外務省は、八月十二日、ランプソンに対し、中国に駐留するイギリス人に、中国における戦争や反乱への関与を禁止した枢密院令第七十五条の規定について、次のような立場を取ることを中国政府に伝えるよう訓令した。[56]

南京政府は中国の小部分以外に対する実効支配を停止している。秩序ある政府が完全に消滅した地域がある一方で、独立政府や半独立政府によって統治され、法や秩序が維持されている地域もある。そのような地域では、南京政府でなく地方政府が、イギリス人の生命、財産の保護と、重要な権益の維持について義務を負っている。

第七十五条は、イギリス国民が、中国全土を統治する政府が治外法権がなければ処罰するような行為に携わることを、禁止している。しかし、治外法権が明日にでも消滅したとして、中国政府はシンプソンに対し、現在以上の実際的な行動を取ることはできないであろう。これらの理由から、しかも第七十五条が処罰規定を含む、厳格に解釈されるべき条文であることからも、法廷は、それが現在の異常な状態を想定しているとは考えず、現在、問題になっているような行動に対して適用されるべきではない、との判断を下すであろう。

南京政府は八月二十九日、イギリスの規定に基づくシンプソンの処罰を求め、シンプソンの処罰自体を内政干渉に当たるとしたイギリス側の主張に反論した。[57] 最終的にこの問題は、九月に張学良が中原大戦に介入し、国民政府が勝利したことによって消滅する。しかし、十月一日にシンプソンは、何者かに狙撃され、死亡した。ランプソンは、張学良に直ちに犯人の逮捕、処罰を行うよう求めたが、中国当局の対応は緩慢を極め、最終的に犯人は不明のまま、事件は闇に葬られた(58)。

以上のような天津海関をめぐる混乱は、国民政府が統一政権としての実態を伴っていないことと、何より、個人の生命財産の保護やその他の権利に関わる欧米と中国との認識の違いから生じていた。シンプソンが最終的に、南京政府と何らかの形でつながっていると推測される個人ないし組織によって暗殺されたことなどは、その典型であった。その上、閻錫山による天津海関の接収が問題になっていた七月、長沙は共産勢力によって制圧され、周辺地域では、外国人に対する殺傷、誘拐身代金要求事件や、揚子江上の船舶に対する射撃、砲撃事件が翌年に至るまで多発していた。以上のような治安の悪化や中国の政情について、イギリス外務省の文書は次のように観測していた(59)。

共産主義と匪賊とを区別することはしばしば困難である。かつて単なる匪賊の活動や農民の反乱であったものの多くが、今や共産主義の形態を取っている。人口の非常に大きな部分が悲惨な状況に置かれている事実が、共産主義の宣伝を蔓延させる土壌を提供していることは確かで、その資金がモスクワから支給されていることも確かである。福建、江蘇、広西、河北、河南、安徽の各地方は、共産主義によって汚染されている。

［…］強固な中央政府という概念は、中国の社会体系の精神にとって、完全に異質なものである。中国は、外部からの干渉を最小限に抑え、自らの地域を自ら形成する家族の集合体、村落共同体の集合体として説明されてきた。中国はその長い歴史において強固な中央政府というものを持ったことがない。膨大な数に及ぶ中国の民衆はそのような機構を望ましいと感じておらず、中国の政治思想の指導的人々でさえ、中国国制の改革は上から行うのではなく、下からの底上げによって行うべきと考えていることは、重要である。

外務省が到達した結論は、中国において安定的政府が長期間にわたって続くことや、その期間中でも法や秩序が適切に維持されることはありそうにない、ということである。無秩序が外国人の生命や財産に対する故意に組織化された攻撃を引き起こすことは、明らかに共産主義的な性格を持った騒乱でない限り、予測する必要はない。しかし、非組織的な兵士による単発的な攻撃は常に存在しており、現在の共産主義運動がさらに広がり、ロシアの陰謀によってそれが強化されることは、将来の中国におけるイギリスの利益保護に必要な措置を検討する上で、可能性として検討されるべきものである。

一九三〇年の中国における治安の悪化は、治外法権撤廃交渉にも影響を与えた。ただし、その対応は、イギリスとアメリカで対照的であった。英米合意案が概ね完成したのは七月十七日であった[60]。とはいえ、この時期、国民政府と閻錫山との対立は膠着状態に陥っていた。南京政府は四省ないし五省しか実効支配しておらず、治外法権問題について検討できる状態になかった。七月中、王正廷は各国に交渉開始を希望したが、アメリカは消極的であった。それはこの時期、中国の伍朝枢駐米公使がジュネーヴに出張して不在で、ワシントンでの交渉が不可能であった上、アメリカ側が中国の司法、治安能力に不信感を持っていたためであった。八月二十二日にアメリカはイギリスに対し、十月以前に交渉を始めるべきでないとする見解を正式に伝えた。しかしランプソンは、当初の予定通り、九月に交渉を開始すべきと考えていた。

ランプソンが九月に交渉を開始しようとしたのは、内戦の最中であればこそ、現時点で南京を訪れることで、列国が北方派に与しているわけでないことを示すことができ、また、中国側が一方的な措置に踏み切る可能性がある中で交渉を停滞させるべきでないと判断したからであった。その上、英米案を伝えるだけのことであれば、何ら失うものはなかった。それに義和団賠償金還付の問題もあった。イギリスは、中国が内戦下にあればこそ、大国としての責任を果たすべきと判断した。本国側もランプソンの意見を承認し、八月三十日にランプソンの南京行きを了承する返電を送付した。その後、ジョンソン米公使と条約案提出に関する調整が行われ、九月十一日にランプソンから中国側に条約草案を提出することで合意した。ジョンソンは国務省に対し、イギリスと同時にワシントンの中国公使に類似の案を提出するよう提言した。草案は既に日本に伝えられていたが、改めてフランス、オランダ、日本に通知された。ランプソンはタイクマンらを伴い、九月五日に北京を発ち、海路で南京に向かった。

ランプソンが南京に到着した時、国民政府は中原大戦や共産党の暴動への対応で忙殺されていた。とはいえ、九月十八日に張学良が内戦に介入し、情勢は国民政府側に有利に傾く。ランプソンは、南京に到着した翌日、まず義和団賠償金問題に関する修正案を中国側に提出した。王正廷も微細な修正を求めただけで大筋で合意し、九月二十二日に協定が調印された[61]。また、九月十七日に厦門租界の返還協定が成立した。そしてこの間の九月十一日、ランプソンは予定通り、治外法権交渉案を王正廷に提出した。これに合わせて北京公使館へ、中国側との交渉開始と条約案を関連各国公使に通知するよう指示された。ただし、日本に対し、ランプソンは南京で重光代理公使と会見し、自ら条約案を通知した。重光は、ランプソンの措置に感謝しながらも、現状での交渉開始に否定的な見解を述べた。

ランプソンが提出した草案は、全十七条と付属書からなる。内容は、三月十八日にアメリカに提示された条約草案に基づいており、下記の条文で修正がなされていた他、第二条において、イギリス人被告の事件を審理する特別法院を最高法院に置かないことを規定していた[62]。

第一条（司法権の委譲）

以下に規定する軽微な違反事件以外の刑事事件を除き、中国におけるイギリス人は、本協定の批准書交換の日より、中国の近代裁判所の司法権に服する。その際、イギリス人は、上訴の権利を有し、中国の近代法および手続きに則る。しかし、イギリス人は、拘留や投獄、十ドルを超える罰金に付されない軽微な犯罪を除き、警察裁判の司法権に服さない。また、軍事裁判やその他の近代法廷以外の裁判にも服さない。民事訴訟の開始から結審まで、しかるべき資格を備えたイギリス人かその他の外国人、あるいは中国人の弁護士による補助が認められる。

第三条（課税、法廷業務に関する保障）

イギリス人に対する司法権の委譲に際し、中国政府は以下の諸点を声明する。

(a)イギリス人は、全ての中国人が実際に支払い、適正に制定され、正当に公布された中央、地方、市政府の法律、法令、規則に基づく、差別待遇のない課税に対してのみ、支払いの義務を有する。それら法律、法令、規則の本文および翻訳はまずイギリスの外交代表に通知される。

(b)イギリス人は、正当な立法手続きを経ない不当課税や徴収から保護される。

(c)イギリス人に対する市税は、中央政府の承認を受けた市法令に基づいてのみ課せられ、その収入は当該市に関連する目的のみに支出される。

(d)イギリス人が、商人、商社、組合、会社などの資格で締結した税に関する協定は尊重される。

(e)中国法廷はイギリス人とその財産に対し、国際法および慣習に合致する保護を与える。

(f)イギリス人に対する司法権を行使する中国法廷は、行政やその他、いかなる軍および非司法当局からの干渉からも厳格な独立を保持する。

第五条（逮捕、拘留）

イギリス人は、不法行為や犯罪によるのでなければ、逮捕、拘留、収監されない。その場合、当該行為が罰金十ドルを超えるか、拘留ないし収監によって処罰されるならば、逮捕から二十四時間以内に最も近いイギリス領事かイギリスの司法当局に引き渡される。

第九条（セトルメントとコンセッションの保留）

本協定は、中国と他の列強の間の合意に基づいて中国の司法行政が適用されていない地域に適用されない。本協定はさらに、現在の上海海関の建物から半径五十[中国]里、天津、広東および漢口海関の建物から三十里、塘沽《タンクー》の海関監視所から十里の地域に適用されない。

第十四条（イギリス人に対する差別のない待遇）

本協定の全ての事項において、イギリス人は他国の外国人が享受する中国司法権からの免除を享受し、課税や司法、その他の事項について、中国や他のいかなる国籍の人々に比して差別的な待遇に服さない。

第十六条（イギリス保護下の外国人）

本条約における「イギリス国籍人」との表記は、イギリス保護下の人々も含む。

第十七条（批准と継続期間）
本協定は批准書の交換に基づき効力を発し、十年間有効とする。期限終了の時点で、一方の当事者からの要請に応じ、期限終了に先立つ六か月間に改定交渉を行うことができる。いずれの側からも協定改定要請がなされない場合、期限を五年間延長する。延長期間の終了時、合意に基づく改定要請と交渉の権利を行使することができ、それは五年毎に同様とする。批准より五年後、その間の民事事件を扱う特別法廷の業務、特に司法の自由が軍や非司法当局からの干渉より保障されていたかどうかに基づき、イギリス人に対する中国の司法権を民事事件以外にも拡大するか、検討する。

議定書

一、移行期間中、イギリス人が中国法やその司法手続きに習熟するため、中国政府は直ちに中国におけるイギリス代表に対し、実際に公布、施行されている全ての中国法令を、正当な訳文と共に通知する。イギリス政府は、それら中国の法律、布告、規則が中国法廷に適用可能である限り、その適用に向けた措置を取る。しかし、民事、刑事を問わず、中国の訴訟法はこれに含まれない。

二、条約の批准は、中国政府が近代法概念に則した基本法を全て公布、施行し、本文と正当な翻訳文を中国におけるイギリス政府代表に通知した日より一年後に、中国政府が条約の規定を中国全土で施行する能力を示すことを条件に、行う。

三、条約第二条で言及されている法廷の司法権の地域的管轄は、移動の便宜に即し、批准書交換の前に締結される合意によって決定される。

修正の要点は、第一条において、刑事事件に関する司法権の委譲を撤回したこと、第三条において、課税や司法手続きに関する保障を箇条書きで詳細に説明したこと、第五条の規定が簡略化されたこと、第九条において、天津、広東、漢口海関および塘沽の海関監視所周辺を本条約の不適用地域に追加したこと、第十四条の表現を改め、最恵国待遇の表現を削除する代わりに、他の外国人に適用される中国司法権の免除規定他をイギリス人にも適用することなどを個別具体的に明記したこと、第十七条において、条約更新手続きの規定を詳細化したこと、議定書において、中国法令の通知や、中国の統一実現後に批准を行うことなどを規定したことであった。刑事事件に関する司法権の委譲が撤回されたことで、司法権の段階委譲案が、正式に条文として具体化された。

ランプソンの提出案に対し、王正廷は直ちに検討に入ろうとしたが、ランプソンは時間をかけるよう求めた。その際、ランプソンは、提出案がイギリスの最大限の要求であることを伝え、交渉を通じて修正していく意向を明らかにした。ランプソンはまた、王正廷および王寵恵と交わした意見から、中国側は外国人共同判事に否定的であるという印象を受けている。しかし、ランプソンは、草案提出の意義を大きく捉えた。ランプソンはイギリス本国に対し、今回の措置について次のように報告した。(63)

今までのところ、治外法権問題の合意に近づいているとはいえないかもしれない。しかし、草案の提出それ自体によって、重要な一歩が踏み出された。一年前、中国政府が治外法権を一方的な行為で撤廃する意思を宣伝していたことを思い起こせば、彼らがこの問題について交渉する責任を負ったばかりか、事態が悪化しない限り、イギリスの利害に対する保障を拡大する条件で治外法権のみを修正する条約草案について真剣に検討することを現実に受け入れ、それに関与していると判断されることに、不満はない。ここまで達した以上、中国の現状において急ぐ必要はないが、合理的な条件と適切な保障措置の下で治外法権の修正交渉を進めていく我々の真剣な用意、あるいは希望をも示しながら、これまで採用してきた路線をむしろ着実に継続していくべきであることは、明らかである。

ランプソンは九月二十三日に南京を出発し、上海で数日を過ごしたが、その後、船中でマラリアを発病、威海衛で療養し、十月四日に北京に帰任した。次いで十月二十八日、ワシントンにおいて、ホーンベックより伍朝枢公使に、アメリカ案が提出された。十一月十二日に再度、ホーンベックを訪れた伍朝枢は、アメリカ案がイギリスの提案とかなり一致していることに衝撃を受けたことを伝えた。欧米列強側を分断しようとした中国側の行動は、むしろ欧米側の協力を促す結果となっていた[64]。

一方、一九三〇年の中国における治安の悪化、中国による列強分断の努力、それに対する列強の連携強化という状況は、日本の対応にも影響を与えた。後述のように、この年、間島で朝鮮人による暴動が発生し、それに対する奉天政権による取り締まりも厳しくなり、それに伴う日本側との紛争の結果、日本の領事館警察官が二名、射殺される事件も発生していた。にもかかわらず、一九三〇年末の時点で重光葵公使は、「今日ノ中国ハ昔日『プロトコールパワース』カ威力ヲ発揮セシ時代トハ全然其ノ趣ヲ異ニシ［…］容易ニ圧迫ニ依リ其ノ主張ヲ緩和スルモノニ非サル」という認識の下、列強共同の強硬措置によっても、「却テ予期ニ反スル結果トナリ、愈日本ヲ敵視スルノ現象ヲ見」るおそれがあると判断した。したがって、中国との関係調整を図るため、「対華一般問題ニ付テ寛大ナル態度ヲ示シ、更ニ進テ満州ニ於テモ日華ノ利害ヲ調節スルニ凡ユル努力ヲ払ヒ、隠忍努力ヲ重」ねる必要があるとして、重光は次のように論じた[65]。

関係諸国トハ極メテ打明ケタル且緊密ナル連絡ヲ保持スルコトニ一層努力シ、中国側ヨリ徒ニ夷ヲ以テ夷ヲ征スルノ常套策ニ乗セラルルヲ防キ、且中国ニ対シ不都合ナル主張ノ制御ニ資スルト共ニ理由アル希望ハ寛大ニ之ヲ容レ、漸次実際的態度ニ指導スルノ努力ヲ払フノ必要ヲ力説セン［…］。或ハ寛容ノ態度ハ更ニ其ノ慾望ヲ大ニシ遂ニ止ル所ナシトスルノ所謂強硬論ナルモノアルモ、右ハ世界一般ノ形勢及支那ノ現状ヲ察セス、単ニ目前ノ現象ノミニ捕ハレタル素人論ナリ。［…］日華両国ノ利益ノ調節ニ飽迄努力シ行カハ、中国ニ対シ今後一層経済上、財政上ノ実益関係ヲ進メ行クコトヲ得ヘク、而シテ又満州問題ニ付テハ寧ロ中国側ノ無理ナル要求ヲ緩和スルノ効果ナキニアラサルヘシ。

重光は、中国側との合意の可能性を悲観したが、漸進的な利害調整を進め、中国側態度の緩和を図ろうとした。と同時に重光は、翌一九三一年初めに中国政府の内情を、「常ニ理論ニ立籠リ極端ナル国権擁護及回収ヲ企ツル」胡漢民ら「理想派」と、蔣介石や宋子文ら「現実派」が、「各人各様の働キヲ為シ、自己ノ権勢ノ拡張ニ努ムル」状況と捉え、「本官ハ主トシテ現実派ニ依リテ仕事上ノ便宜ヲ得ルト共ニ、彼等ノ穏健政策ノ助長ニ努メ、他方、理想派トノ好感ヲ繋キ、彼等ヲシテ我方ニ好意ヲ表セシムルニ努力シ居レリ」と幣原に報告している。(66)関税協定成立の経緯を踏まえ、中国側の事情を利用しながら全体状況に対応しようとしたわけである。谷正之亜細亜局長も、一九三一年初めに作成した「対支方針ニ関スル件」なる文書の中で、次のように述べていた。(67)

抑モ我対支外交ノ基調ハ、同国ノ独立ヲ尊重シ、之ト和親提携シテ同国ニ対スル帝国ノ平和的発展ヲ計ルニ在ルヲ以テ、支那ノ現状ニ鑑ミ、其ノ国権回復ニ対スル正当ナル要望又ハ国内建設ノ為ニスル努力ニ対シテハ[…]出来得ル限リ其ノ実現ニ協力シ、以テ同国ニ於ケル穏健分子ヲシテ国家建設ノ前途ニ希望ヲ繋カシムルト同時ニ、自然赤化過激ノ分子ヲシテ乗スルノ機会ヲ尠カラシムルコト肝要ナリ。而シテ支那ニ於ケル政治ノ現状ト日支両国関係ノ複雑ナルニ顧ミ、我在留民ノ保護問題其ノ他諸種ノ侵害行為ノ発生ヲ見ルコト稀ナラサルヘキ処、斯ル場合ニハ事情ノ許ス限リ先ツ交渉ノ手段ヲ尽シテ事態ノ解決ヲ計リ、万止ムヲ得サル場合、適当ノ自衛措置ニ出ツルトスルモ、右ハ厳ニ必要ノ限度ニ止メ、以テ支那側ヲシテ我措置ノ動機ニ付キ無用ノ誤解ヲ抱カシムルコトナキヲ期スルト共ニ、我公正ノ立場ニ対シ列国輿論ノ支持ヲ期待シ得ルノ用意アルヲ要ス。

谷はまた、「我国民ノ経済活動ヲシテ新ナル環境ニ適応セシムルニ十分ノ余裕ヲ有セシメムカ為、凡テ漸進的調整ノ方針ヲ以テ進ムヘキ」としながら、天津と漢口を除く、蘇州、杭州、厦門、福州、沙市、重慶租界の漸次返還を提案した。谷は、国民党内の政治的対立状況に配慮しながら、中国に対する全般的な譲歩の必要を訴えたのである。中国は列強との治外法権関連交渉から日本を排除していたが、幣原外交はイギリスによる対中宥和政策に歩調を合わせ、日本人殺害事件に対しても強硬姿勢を自制し、租界に関する譲歩も行おうとしていた。

一九三〇年を通じ、中国において内戦が再発する中、イギリスはアメリカの意見を組み入れる形で治外法権撤廃関連条約草案を作り、交渉に消極的なアメリカを説得して自ら中国との交渉に臨んだ。イギリスは、中国が内戦状態にあるからこそ、大国としての責任を果たし、中国に司法権の一部を委譲した状況下でも条約国外国人の権利が保障されるよう、外国人顧問による中国司法への関与を制度化しようとした。その間、中国の内戦のため、海関行政が危機にさらされ、しかも閻錫山側に与したイギリス人が何者かによって殺害される事件まで発生した。最終的に南京政府が内戦に勝利し、海関の分裂や、南京政府との対立は回避された。しかし、暗殺事件の真相は闇に葬り去られた。イギリスは、中国における欧米型の行政機構や司法制度の導入に不信感を持っていたが、イギリスの方針は動揺しなかった。そこで九月に至り、治外法権関連条約案を中国側に提示したのである。その間、中国における治安の悪化は満州にも波及していた。これに対して幣原外交は、中国政府が内部で分裂しながらも、関税協定の成立に努めた穏健派を含んでいることに期待し、交渉を通じて中国側の全体的な穏健化を促そうとした。日本は、中国との治外法権交渉から排除されていたが、一九三一年初め、イギリスの方針に応じて中国側への譲歩を進める方向に動き始めていた。

一九三一年に入り、六月六日の英中仮合意の成立に向け、イギリスと中国の最後の交渉が始まる。一九三〇年のイギリスの対中宥和政策は、中国の急進的な条約廃棄を阻止すると共に、幣原外交を通じて日本の強硬姿勢をも抑制した。一九三一年前半期のイギリスは、引き続き、日中関係をも含めた東アジア情勢全体の安定化に向け、主導権を発揮していく。

四　英中仮合意の成立と交渉の中断

一九三〇年九月十一日に中国側に提示されたイギリスの条約草案に対し、中国が対案をイギリスに提示したのは十二月一日、アメリカに対しては十二月七日であった。[68] 中国案は全十二条と付属文書からなり、第一条で、一九三〇年一月一日以降、イギリス人は中国の近代法廷の司法権に服すること、中国近代法廷はイギリス人が被告ないし被告人となる民事、刑事事件を管轄し、イギリス人は上訴権を有すること、ハルビン、瀋陽（奉天）、天津、上海、漢口、重慶、広東、昆明（雲南）の地方法院と高等法院に特別法廷を設置し、イギリス人が被告ないし被告人となる事件を審理すること、第二条で、特別法廷に中国政府によって任命され、雇用される法律顧問を置くこと、法律顧問は裁判官の職務に干渉することなく審理を観審し、必要と考える報告を司法部長に提出すること、法律顧問は、民事、刑事事件に関わる司法行政および家宅捜索、押収、逮捕に関する意見を受理する権限を有すること、第三条で、特別法廷は二年後に廃止され、法律顧問は二年以下の必要な期間、置かれることを定めた他、第四条でイギリス人の納税義務、第五条で現行犯ないし令状のみによる逮捕、第六条で不動産の保護、第七条で、イギリス人の敷地、家屋に対する令状のない捜査の禁止、第八条で軍務からの自由、第九条で仲裁による裁定、第十条で、中国の司法権に服する他国民と比べ、イギリス人が差別的な待遇を受けないこと、第十一条で司法権に関する既存の条約の廃棄、第十二条で、調印より三か月以内に条約の批准を行い、南京で行われる批准書の交換の日より発行することを、それぞれ規定していた。

イギリス案との相違は、イギリス案中の主要な保障規定の四点、すなわち、裁判移送権、外国人法律顧問の主要権限、刑事司法の留保、特定地域の除外について削除し、顧問に期限を設定したこと、そして、イギリス案第十四条における、イギリス人への司法権の適用に関する最恵国待遇の規定が、中国案第十条で中国司法機関の下での差別待遇の禁止という規定に変更され、最恵国待遇が実質的に削除されたことであった。また、課税、家宅捜査、不動産権利などに関する規定も記述が簡略化され、未決事件の扱い、軽犯罪、保釈、個人の身分に関する事項、イギリス人弁護士を雇用する権利、拘留、収監に関する規定などは付属文書でなされていた。十二月十日にランプソンは中国案に対する見解を本省に送り、王正廷外交部長に二月末までの検討時間を求めた。その後、ランプソンは再び南京を訪れ、交渉を再開することとなった[69]。

にもかかわらず、中国は十二月十七日に各国に対し、交渉の遅延に対する中国国民の失望を表明し、二月末までの解決を促した。これは各国から、一九三一年五月に南京で開催が予定されている国民会議前の交渉妥結を目指した国内的理由によるものと判断された。ランプソンは、中国案の提出から時日を経ておらず、中国側の措置が理解しがたいことを伝えた。十二月一日の中国案に対し、英米間において、中国に新規提案を行う場合の相互通知や、日本を含めた協力の必要性が確認された[70]。アメリカは一月中に中国への対案を作成し、イギリスに通知した。その趣旨は、第四条の裁判移送権、第十三条の内地居住権を放棄した他、第二条の法律顧問の選任をハーグ国際裁判所の名簿に基づかず、中国政府が行うことなどを認めていた[71]。その際、アメリカは、中国への提案をアメリカとイギリスが個別にかつ並行して行うことで、新提案を基礎にした交渉へと中国を誘導すべきとする意見を伝えた。対して二月三日にイギリスはアメリカに対し、中国が法律顧問の設置を容認していることから、その権限を拡大するため、外国人共同判事について当面譲歩せず、移送権、刑事事件、共同判事の順で放棄していくべきとし、さらに内地居住の要求は列強側を強い立場に置く規定であり、かつ、日本が重視する規定であるため、その撤回に反対することを伝えた[72]。

ホーンベックは二月七日、伍朝枢公使に対し、イギリスとの意見調整を踏まえた、アメリカの譲歩案について通知した。それは、移送権を撤回する一方で、刑事事件に関する司法権の委譲や、外国人共同判事に言及していなかった。その際、ホーンベックは、司法権の委譲に過渡的措置が必要であることを強調し、中国における内戦や政治的対立、匪賊、共産主義、誘拐、その他の危険が存在することについて指摘した[73]。しかし、二月二十日にアメリカに伝えられた中国の回答は、刑事事件の保留や上海への適用保留を拒否し、混合事件における特別法廷と法律顧問について受け入れの用意はあるが、法律顧問は中国政府の選択によって任命され、裁判権を持たない、としていた[74]。これを受けて二月二十六日にスティムソンは、ジョンソンに宛てて、イギリスに対する中国の反応を待つことや、この方針をイギリス公使に通知し、アメリカからは新たな行動を起こさないことを伝えるよう指示した[75]。

ランプソンは三月一日から南京に滞在し、七日にイギリス本省より交渉に関する訓令を受けた。内容は、移送権の撤回と、アメリカの同意を条件に刑事司法の留保を撤回すること、一定条件の下で外国人共同判事を撤回することを認めていた。ここでいう外国人共同判事撤回の条件とは、特定地域、特に上海共同租界を除外すること、法律顧問の職務について適切な調整がなされること、課税、逮捕、捜査、保釈、個人の身分に関する手続き、仲裁、土地所有権、土地の収用、家宅捜索、船舶の権利、商業機関の権利、無差別待遇その他の問題について必要な保障がなされることであった。ランプソンは交渉に際し、協定成立のための譲歩の意思と、イギリス世論を納得させるためにも、法律顧問の職務、課税の査定、実施方法などについて確固たる保障措置が必要なことを中国側に伝えることとした。

交渉は翌三月八日から開始された。イギリス側はランプソンとタイクマン、中国側は王正廷と徐謨が出席した。事前折衝でランプソンは、四点の主要問題を先に検討するか、合意に達し易い諸点から調整を始めるか打診したところ、王正廷は主要問題の交渉を希望した。イギリスの方針では、移送権の撤回が最初の譲歩として想定されていた。しかし、既にアメリカがその意向を漏らしていたため、譲歩の効果は期待できなかった。そのため、ランプソンは、条件交渉を行いやすい法律顧問の権限について取り上げ、その権限拡張を中国側に促した。しかし、中国側はそれを認めず、交渉は行き詰まった。そこでランプソンは改めて、法律上の保護措置に関する確定作業を進めることを提案した。ランプソンは、それによってイギリス側の安心が確保されれば、刑事司法の問題を含めた全体調整も可能になるのではないか、と提案した。

この提案に対し、王正廷は四問題に関する成果を優先していたため、難色を示した。しかし、最終的に同意し、タイクマンと徐謨の間で主要な四問題以外の法律的保障措置について調整を行うこととなった。その間、日本、フランス、オランダ、ノルウェーの各国も中国との交渉を始めた。ただし、三月十二日に日本から中国側になされた提案は、漸進的な治外法権撤廃交渉を進めるとする全体方針を示したものに過ぎなかった。対して中国側も、日中条約の失効という主張を根拠に、通商条約のみの交渉に応じるという立場を取った。フランスは、英米に合わせた提案を提出したが、オランダとノルウェーは、ベルギーやポルトガル、スペイン、イタリアに準じた、無条件に近い形での治外法権の撤廃に応ずる方針に傾いていた。

タイクマンと徐謨の折衝は、三月十二日に開始された。同時にランプソンは王正廷に対し、外国人法律顧問に特別法廷に出廷する権限を与えるよう求めた。中国側との対立点は、法律顧問に実質的な共同判事の権限を認めるかどうかという点と、顧問の選出をハーグ国際司法裁判所から提出された名簿の中から選出するかどうかという点であった。法律顧問の権限についてランプソンは、アメリカとの調整案に基づき、法律顧問は判決前に自らの所見を提出する権限を有し、必要な場合、司法部長にそれを提出することができるとする案を提起した。顧問選出に関してランプソンは、中国政府が自らの措置として法律顧問の職務を規定し、給与を支払うことを明確化する提案を行った。

交渉は、イギリス側の積極姿勢により、三月十四日に移送権、刑事事件、除外地域の原則に関わる条項を除いた多くの条文について、草案ができた。その間、ランプソンは、イギリス外務省に草案を通知すると共に、交渉を一旦中断して上海に赴き、イギリスの商工会議所その他の委員などに説明を行った。ランプソンは十三日に南京に戻ったが、他方で米中間の交渉は見解の交換にとどまっていた。十一日にワシントンで、十九日に南京で、アメリカ側の意見書が提出された。対して中国側は、刑事事件、外国人共同判事、除外地域について譲歩できないことを強調した。ジョンソンは以上の情報をランプソンに伝えると共に、今後の交渉については米英で情報を共有しながら、ランプソンが主導し、ジョンソンは当面、事態を静観することになった。数日後、フランス公使も南京に到着したが、やはりランプソンが交渉を主導することとなった。

ランプソンは中国との交渉を三月二十五日に再開した。ここでランプソンは、刑事法廷で扱われる軽事件を除き、刑事事件を近代法廷のみに委譲することをタイクマンと徐謨の検討に含めることを提案した。二十六日のタイクマンと徐謨の検討、翌二十七日のランプソンと王正廷の会合で、警察司法の制限、外国人弁護士の出廷と通訳の準備、イギリス人を管轄する特別法廷の設置、特別法廷に設置される外国人法律顧問の職務と権限、課税に対する保障措置、仲裁に関する条項、不動産に関する権利、軍事的要求や供出に対する保障、企業の権利、係争中の裁判の調整、無差別待遇、イギリス保護領の国民に関わる条文と付属文書について、合意に至った。二十七日の時点における未決事項は、刑事事件に対する管轄権、逮捕、収監、公判手続きに関する保障措置、個人の身分に関する手続き、船舶特権、除外地域、居住権、現行条約中の対立条項の廃止、法典の公表と翻訳、正文、期間、批准であった。この中で特に問題となったのは、刑事事件管轄権と除外地域の問題であり、また、個人の地位や身分に関わる手続きと船舶への特権設定についても交渉は進展しなかった。個人の身分手続きについて中国側は、中国法廷にイギリス法を適用する案を提示し、さらに船舶の特権に関し、沿岸貿易権に対して特に反対した。

一方、三月二十七日に王正廷は、重光葵とも会見していた。その際、王外交部長は、治外法権の撤廃と対になる内地開放問題に関し、「不平等関係ノ存在特ニ租借地及租界ノ存スル限リ、其関係国ノ国民ニ対シ内地雑居ノ権利ヲ認ムル能ハス、何トナレハ租借地及租界ハ其地域ニ限リ外国人ヲ居住セシムルノ趣旨ニテ設定セルモノニテ、之等地域ノ存在ト内地開放トハ両立シ得サル関係ニ在ル」と述べていた[76]。つまり王は、内地開放の条件として、初めて正式に関東州租借地などの解消を提案したのである。こうした主張は、治外法権の撤廃を契機に様々な権益を解消しようとする中国側の意思の表れであったが、それは同時に、治外法権撤廃に関する英米の租界除外要求に対する中国側の非妥協姿勢の根拠ともなっており、合意形成の最大の障害となった。

英中交渉は、二十七日の折衝の後、イースターの休暇に入った。その間、ランプソンは、交渉をさらに進めるための譲歩の時期と判断した。そこで北京への帰任を控えた三月三十日、ランプソンは王正廷と会見し、必要な措置を施した上で刑事司法権を中国に委譲した場合、上海、天津、漢口、広東の四地域を除外することについて打診した。対して王正廷は、中央政治委員会が主要四原則について一切譲歩しないことを決定しているばかりか、除外地域について譲歩した場合、他の列国との交渉で中国の立場が不利になることを理由に反対した。ここでいう他の列強には、租借地を租界と同等に扱い、その返還について中国より提議されたばかりの日本も重要な対象として念頭に置かれていたはずである。最終的に王正廷は、上海共同租界の除外のみを政府に提案することで了解を求めたが、ランプソンはこれを拒否した。四月一日午後、ランプソンは海軍部次長に招待され、面会した。次長はランプソンを軍艦での航海に招待し、そこで治外法権交渉に関する話し合いもなされた。ランプソンは、次長と蔣介石の関係を利用し、イギリスが除外地域を除く四つの主要問題の内、三点に関して譲歩しているのに対し、王正廷が強硬であることについて、蔣介石の斡旋を依頼した。その際、ランプソンは、上海と天津についてイギリスに譲歩の余地はないが、漢口と広東について検討の余地があることも述べた。同夜、ランプソンは再び王正廷と会談したが、王正廷は非妥協的で、ランプソンはその姿勢を、中国にとって有利な合意の可能性を自ら放棄するものと批判した。翌四月二日、ランプソンは王寵恵と面会した。王寵恵は王正廷より柔軟な姿勢を示し、沙面の返還が好影響を与えることを示唆し、五月五日までの合意を要望した。同日、ランプソンは南京を出発し、四日に北京に帰任した。

ランプソンの北京帰任中の十日、王正廷は治外法権撤廃の原則と交渉の早期妥結を求める声明を発した。ランプソンは、王正廷が自らの地位や影響に対する計算から法権問題に対処していると判断した。中国における五月五日の国民会議を控え、四月八日にワシントンの伍朝枢公使は、アメリカ国務省に新案を提出した。[77]フランスは、本国の態度が硬直的で、交渉は進展していなかった。日本も他の列強の動向を静観していた。ランプソンの北京滞在中、本国から訓令が届き、十四日にタイクマン、十八日にはランプソンも南京に到着した。直ちに王正廷と交渉に入り、四港の留保を条件に刑事司法を委譲するという方針で交渉に臨んだが、除外地域を中国側は受け入れなかった。[78]ワシントンでも、四月八日中国案に対するアメリカ側の回答が、二十七日に伍朝枢公使に渡された。提出された草案は、上海、天津、漢口、広東の四地域を除外することを条件に刑事司法を委譲することなどを定めた八か条を追加していた。これに対して中国公使は、四地域の除外期間や、特別法廷の設置と顧問任命に応じて刑事司法を段階的に委譲するのか、全ての完成に応じて一律に実施するのかについて質問した他、内地居住の条項を、日本による満州植民地化への道を開くものとして、拒否した。[79]

一方、四月二十二日に再開されたタイクマンと徐謨の交渉で、全十五条の協定案および付属文書が整えられた。ただし、除外地域以外の未決事項も残っていた。その内、居住権について、中国は不平等条約の全廃が実現しない限り認めないとする立場を取っており、イギリスもこの点について、それほど重視していなかった。その上、ドミニオンにおける中国移民の受け入れ制限に照らし、この点に関するイギリスの主張には限界があった。そこでイギリスは、他国の享受する居住、貿易権と同様とするという、最恵国待遇に準ずる趣旨の規定を提案したが、中国側は、租界やその他の権利を保持した状態でそれを受け入れることを拒否した。イギリス側は、条件付きの最恵国待遇を認めず、これも持ち越しとなった。また、イギリスへの中国法典および翻訳文の通知についても、中国側は義務を負うことを拒否した。さらに、個人の地位に関する問題については、遺産問題など、司法、行政、財務に関わる複雑な性格を持っていたため、ランプソンは全般的な合意を不可能と考え、一般方針として中国法廷でイギリス法を施行するものの、特定のものについてイギリスが司法権を保留するという単純な規定のみを定めようとした。細部の調整は、タイクマンらに委ねられた。

この間の四月二十三日、ノルウェーとオランダは、イタリア、スペイン、デンマーク、ポルトガル、ベルギーと中国の間で一九二八年に締結された協定に準ずる形式で治外法権を廃止する協定を締結した。しかし、フランスとの交渉は全く進展していなかった。米中交渉はワシントンで行われていたが、これも進展していなかった。四月二十七日にランプソンは、王正廷と除外地域について意見を交わした。ここで王正廷は、上海租界のみを三年間除外するという案を提示したが、ランプソンは、これを拒否した。その後、イギリス本国から伝えられた案は、交渉を中止して日本やフランスの交渉進展を待つか、あるいは中国が四開港地を除外した協定を受け入れ、協定の調印後に英中の混合委員会を設置し、三年ないし五年間で除外地域の問題を検討するかのいずれかを提案していた。五月一日、ランプソンは王正廷にこの趣旨を伝えたが、王正廷はこれを拒否した。そこでランプソンは、上海と天津について成果を得るため、漢口および広東について譲歩すると共に、沙面の租界返還について提議する案を本省に送った。

ところが、五月五日の国民会議の開会を受け、国民政府は、一九三一年一月より中国内の外国人に対する司法権の行使を定めた十二条からなる布告を発した[80]。内容は、イギリスとの交渉を踏まえ、外国人の裁判を管轄する特別法廷と法律顧問を設置することや、逮捕や仲裁、外国人弁護士、警察司法の制限に関する規定などからなっていた。一九二九年十二月二十八日の宣言以来の一方的な措置であった。その一方で広東派は、蔣介石の独裁を非難する声明を発していた。さらに、これまで治外法権問題に関わってきた王寵恵と胡漢民が更迭された。ランプソンは国民政府の対応を、政府内の分裂と排外主義の高まりのためと判断した。

折しも五月八日、重光葵代理公使がジョンソンと会談した際、重光は、日本側は浜口内閣総辞職による内閣交代のため、中国と交渉を行う時期になく、治外法権問題に関しては、英米の交渉方法に追従したいとする意向を伝えた。重光はまた、王正廷が治外法権の撤廃と同時に行う内地居住権について、関東州租借地や満鉄付属地の返還を前提とすることを初めて提議して来たことを明らかにし、日本側がそれを拒否したことを伝えている[81]。

五月八日にタイクマンと徐謨は交渉を再開し、ランプソンは十三日から十六日まで上海に滞在したが、その間の十五日、保留地域についてイギリス外務省から新たな訓令が届いた。それは、イギリス人の権利に対する十分な保障措置が講ぜられないまま、漢口と広東について譲歩しようとしていることへのイギリス国内の批判を理由に、四開港地全ての除外を求めていた。ランプソンは交渉妥結の見通しが得られないことを指摘し、合意に達しない場合、北京に帰任することを本国に回答した。

五月十八日、南京に帰任したランプソンは、タイクマンと共に王正廷および徐謨と会見した。個人の身分手続きや居住権についてほぼ合意に至った。身分手続きについてアメリカも、タイクマンと徐謨の草案を了承したが、アメリカには、アメリカ人とモンゴル系人種との結婚を禁止している州が存在するため、相互規定は受け入れられないとした。(82) この時点で残る問題は、序文、第十六条の除外地域、第二十一条の条約期間、第二十二条の批准であった。序文に関しては、治外法権制度の「修正」か「廃止」かという表現をめぐって意見が対立した。中国側は「廃止」の表現を主張したが、最終的に、平等と互恵の趣旨を謳い、中国司法の主権に対する制限を撤廃するという表現で合意に至った。条約の有効期間について、イギリス側は十年を主張したが、王正廷は五年とすることを求めた。また、法律顧問について、ランプソンは七年とすることを求め、王正廷は三年を主張した。この問題も除外地域の問題と関わるため、保留のまま、土台となる条文のみが作成された。さらに、批准書の交換についてイギリスは、協定が中国全土で施行可能になり、また、イギリス人が他の外国人と同じ時期に中国の司法権に服するよう、関連諸国と中国との条約が成立した時点で行うとした。ランプソンは、現在でも中国に国民政府が実行支配していない地域が存在すること、また、フランスや日本との交渉が妥結していないことなどを指摘し、こうした状況下では、イギリスが批准を拒否するか、あるいは批准によって国内の強い非難を招く可能性があると述べた。しかし、王正廷はこれに反発した。この点は、王正廷が交渉の最終段階で、イギリス人に対する司法権について、中国の司法権が全ての外国人に適用された後に適用されるという原則を認め、妥結した。

除外地域についてランプソンは、四条項からなる案を用意していた。すなわち、第一項において、司法権の委譲を中国の行政権の及ばない地域（セトルメントとコンセッションの両租界）に適用しないこと、第二項において、上海、天津、漢口、広東を囲む地域に適用されないこと、第三項において、留保地域の問題を研究する混合委員会を設置し、委員会の提言に基づいて何年か以内（三年ないし五年を想定）に交渉を開始すること、第四項において、除外地域でイギリス法廷の司法権を継続することを規定していた。ランプソンは、中国側の受諾はあり得ないと判断していたが、外務省から譲歩の許可は下りていなかった。実際、この点に対し、王正廷や徐謨の反対は強かった。その後、二十一日に至り、上海と天津のみを除外地域とすることを認める外務省からの訓令がランプソンに伝えられた。ランプソンは、王正廷と揚子江の航海を共にし、私的に意見を交換する機会を持った。ここで王正廷は、自らの立場と、中国の世論から四開港地の除外が認められないことを改めて説明した。これに対してランプソンは、広東に関する譲歩の可能性と、上海の越界道路に関する何らかの保証による譲歩の可能性などを示唆した。

五月二十四日、ランプソンと王正廷の交渉が再開された。ここでランプソンは、広東除外の撤回と沙面租界の返還を提案した。これに対して王正廷は、除外地域に期間制限が必要であること、漢口の除外は受け入れられないことを述べた。それまで王正廷は、当初は上海共同租界の除外のみ、後に拡大上海租界地域を三年間のみ除外することを主張していたが、それを拡大上海について五年、天津について三年とする案に譲歩した。ここで初めて中国側は、天津を除外地域とすることを認めた。そこでランプソンは改めて条約の期限を十年とし、特別法廷と外国人顧問の設置に関する第二条および第三条について五年とすることを求めた。

二十五日、ランプソンとタイクマン、そして王正廷は再び揚子江上の航海を共にし、意見を交換した。ランプソンは期限設定を求める王正廷の主張に配慮し、五年間の暫定期間を設け、その期間内に開始される交渉によってこれを定めるとする提案を行った。しかし、王正廷はこれを受け入れず、交渉難航の末、ランプソンは、中国側がイギリス案を受け入れるならば、漢口を除外地域から外すという譲歩案を提示した。しかし、王正廷は、条約に明確な期限がないことを問題とし、期限の設定について譲らなかった。そこでランプソンは、十年の期限を改めて提案したが、王正廷は中国の世論を理由として受け入れず、上海と天津の期間を区別することを求めた。これに対してランプソンは、最終譲歩案として、呉松港を含めた拡大上海地域について最小五年とし、その間に行われる交渉によって最大十年まで延長されること、そして天津について五年間とすることを提案した。

翌二十六日、王正廷は午前の政府部内における調整を経て、午後にランプソン、タイクマンと三人で揚子江への航海に出かけた。そこで王正廷は、自分の努力にもかかわらず、中国政府が上海について五年、天津について三年以上の期間を認められないとしていること、そこで蒋介石自身の判断で、上海と天津の両地域を五年とする提案がなされ、これを中国側の最終譲歩案とすることを伝えた。しかし、ランプソンはこれを拒否し、イギリス側に可能な譲歩は全て行い、自分にできることはないこと、広東と漢口について譲歩したことは誤りであったこと、イギリス主導の下での交渉を打ち切り、他の列強との交渉の推移を待たざるを得ないことを述べた。そこで航海は中止され、帰路に就いた。しかし、別れ際に王正廷は、もう一度イギリスの最終案で政府を説得してみることを約し、タイクマンと徐謨の間で付属交換文書の調整を行うよう提案した。

二十七日午前、タイクマンと徐謨は、付属交換文書について合意に至った。午後、王正廷はランプソンを招き、ランプソンより、タイクマンらの作成による第十六条と付属文書が提示された。第十六条は、上海について五年間除外し、この期間に期限後の処置について交渉を開始するが、期限内に合意に至らない場合、除外期間をさらに五年間延長し、これを最終延長期間とすること、天津について五年間のみの除外とすること、除外地域のイギリス人に通常の課税がなされることを規定していた。付属交換文書では、イギリス側文書は、上海の越界道路、広東租界の返還に関する交渉について明記し、中国側文書は、除外地域においてイギリス法廷が効力を有し続けることなどを規定していた。王正廷は協定案を受け取ると同時に、これまで反対派の中心であった宋子文や、伍朝枢駐米公使に影響されていた蔣介石も条約を認める立場になったこと、ただし、蔣介石は第十六条の内容が広東派に伝わり、政府攻撃の材料に使われることを懸念していることを述べた上で、全ての問題が解決した時点で、第十六条を留保した上で他の条文および付属文書を一種の紳士協定として仮成立させるか、現時点ではいずれも条約として成立させず、事実上の合意としながら持ち越しとするかのいずれかとすることを提案した。ランプソンは検討の時間を求め、最終的に、全ての合意ができた時点で条約案を交換することとし、当面は、英中両政府が草案を受け入れ可能としていることを確認する非公式の文書を交換することとした。

六月一日、ランプソンは批准について、国民政府による中国全土の実行支配と、他のワシントン条約締結国との治外法権撤廃に関する協定締結とを条件とすることを、イギリス側からの交換文書として提出することを王正廷に伝えた。王正廷は批准の時点で配慮することを述べたが、表現に反対意見を述べ、その他の調整も進められた。しかし、直前の五月三十日、イギリス外務省はランプソンに、上海除外の期限設定について疑義を呈する訓令を送付していた。ランプソンは、中国がこれ以上譲歩することはあり得ず、また、上海における治外法権を実力で維持することは何の利益にもならないとする反対意見を本省に伝えた。

六月五日、第二十一条の条約期限について外務省から修正案が到着し、ランプソンより王正廷に提示された。しかし、王正廷はこれを拒否し、最終的に中国側の要請を入れた追加修正が成立した。六月六日、条約草案、付属文書と往復書簡が交換された。往復書簡は、条約案についてランプソンと王正廷の間で合意が成立し、各政府に伝えられたことを記していた。除外地域を規定した第十六条および有効期間を定めた第二十一条について、政府間の最終合意が成立したわけでなかったが、ランプソンはこれによって、中国による一方的な治外法権廃棄の可能性が実質的になくなった点を重視した。後は、中国が外国人に対する司法権を回復すると宣言した一九三二年一月までの中国の政治動向を見据えるだけであった。問題は、中国側が治外法権の撤廃を実行できる、政治的統一と安定を実現できるかどうか、にかかっていた。条約各条の要点は、以下の通りである。(83)

前文　中国におけるイギリス人に対する司法権に関する問題を再調整するための条約を締結する。

第一条

一、本条約で特に規定された以外のイギリス人は、中国の近代裁判所（法院）としかるべく公布された法律、布告、規則に服する。

二、上訴権、その他の司法手続きについて、中国の法令、手続きがイギリス人に適用される。法手続き、司法行政において、イギリス人は中国人より不利な扱いを受けない。

三、次の第四項で規定される場合を除き、イギリス人は、警察法廷や近代中国法廷以外の法廷に服さない。

四、イギリス人は、警察取締法や市規則に違反した場合、近代警察法廷に服する。ただし、いずれの場合も、罰金十五元（ドル）以下の事件に限られ、それが支払われない場合、罰金一元（ドル）に付き一日の割合で、最長十五日までの拘留を認める。

第二条

ハルビン、奉天、天津、青島、上海、漢口、重慶、広東、福州、昆明（雲南）に設置される地方法院および上訴を扱う高等法院に特別法廷を設置し、イギリス人が被告ないし被告人となる全ての事件を審理する。ただし、これは、最高法院に適用されず、また、イギリス人が純粋な中国法廷での審理を希望した場合にも適用されない。

第三条

一、前条の特別法廷に、中国政府によって選択され、任命される中国政府雇用の外国人法律顧問を置く。法律顧問は、高潔な人格と司法行政官として必要な訓練、資格、経験を有する者の中から選ばれる。

二、法律顧問の氏名、給与条件は中国の外交部長からイギリスの外交代表に伝えられる。

三、法律顧問は付属する特別法廷の設置された地域に永住する義務を負わず、法律顧問の任用に際して実際的な行政制度を設ける。

四、法律顧問は司法部長の下で勤務し、イギリス人が被告ないし被告人となる事件の聴取に際し、司法部長代理の下で勤務する。法律顧問は特別法廷の業務を観察する。法律顧問は、審理記録を閲覧し、裁判官に対して書面で所見を提出することができ、裁判官は法律顧問の提出した見解にしかるべき考慮を払う。法律顧問は、必要な場合、司法部長に報告書を提出し、また、イギリスの外交代表に対し、要請に応じて直ちにその複製を提出する。

五、法律顧問は、司法行政、判決の執行、法律適用の方式に関わる意見を直接受理する権限を有し、関連団体の要請に応じ、これらの意見に中国法に則った見解を添えて司法部長に提出する。イギリス人が事件に関係している場合、要請に応じて直ちに、これらの意見の複製はイギリスの外交代表にも提出される。

六、同様に法律顧問は、家宅捜査や押収、徴用、逮捕などに関する意見や申立を受理する権限を有する。イギリス人に関わる家宅捜査や逮捕が行われた場合、地方当局は直ちに最も近い法律顧問にそれを通知する。

七、イギリス人が被告ないし被告人となる全ての裁判において、法律顧問は地方法院および高等法院の審理に出廷し、結審から三日以内に裁判官に対して必要な意見を提出するまで、判決は留保される。裁判官がそれらにしかるべき考慮を払っていない場合、判決の執行は、法律顧問の意見が司法部長によって検討され、公正の観点から適切な措置が行われるまで、停止される。

八、第一条で言及された中国法廷は、第二条で言及された特別法廷が組織され、上述の法律顧問が任命され、本条で規定されるように配置された後に業務を開始する。

第四条

一、刑事ないし民事事件に関連し、中国法廷に出廷したイギリス人は、必要な資格を備えた中国人、イギリス人ないし他国外国人の弁護士と通訳を雇うことができる。当該弁護士は中国政府に登録され、外国人弁護士は法廷において中国人弁護士と同じ権限を有し、中国の法令、規則に従う。

二、審理は中国語で行われるが、法廷は、事件に関わる全ての当事者が裁判経過を理解するために必要な措置を取り、必要な場合、通訳の補助を受ける。

三、訴訟の当事者ないし当事者から権限を付与されたイギリス人は、所定の手数料に基づき、正式な証言や判決文書の複写を得る権利を有する。必要な場合、これら文書の翻訳も適切な手数料に基づいて用意される。

四、イギリス人が、当事者としてであれ、証人としてであれ、召喚された全ての審理とイギリス人が直接関係する審理において、過失や誤解を防ぐため、中国の召喚、命令、その他の中国語法定手続き文書の氏名に、英語表記を追加する。

第五条

一、現行犯でない限り、イギリス人は、近代裁判所によって正式に発せられ、法律上の根拠と違反事由を特に明示した命令に基づくのでなければ、逮捕、拘留、投獄されない。その場合、逮捕から司法上の休日を除く二十四時間以内に、最も近い近代法廷において審理に付される。同時間以内に移送できる、審理可能な近代法廷が存在しない場合、逮捕されたイギリス人は、最小限の遅延で最も近い近代法廷に移送される。

二、逮捕され、あるいは拘禁されたイギリス人に対し、最寄りのイギリス領事館員は接見を許される。

三、拘留中ないし収監の判決を受けたイギリス人は、近代拘留施設ないし近代監獄ないし他の適した建物のみに拘留ないし収監される。

四、イギリス領事館員ないしその代理は、収監の判決を受けたイギリス人に何時でも適切な時期に面会できる。

五、違反事件によって六か月を超えない収監の判決を受けたイギリス人が、判決執行の前に収監に代わる罰金刑の適用を申請した場合、中国法廷はその適用を認める。その場合、罰金の最高額は千元（ドル）を超えない。同様に、中国刑法によって一年を超えない収監の判決を受けたイギリス人は、判決が執行される前に収監に代わる罰金刑を申請した場合、中国法廷はその適用を認める。この場合、科せられる罰金は、三千元（ドル）を超えない。

六、逮捕、拘禁されているイギリス人は、死刑ないし終身刑で処罰され得る事件でなければ、直ちに保釈の申請を行うことができる。ただし、被告が保釈後、逃亡の可能性があると信じるに足る十分な理由がある場合、これを除く。保釈金の金額は、事件に応じて適切に設定される。上訴人に対する保釈の便宜は、最終上訴審での判決が下されるまで与えられる。

七、イギリス人は、債務による収監に服さない。しかし、債務者が強制執行を不可能にする行動を取っていることが示された場合、あるいはそれ以外の措置では強制執行が不可能であることが示された場合、中国法によって規定された方式で拘束されることがある。その場合、本条の第二項および第三項が適用される。

八、法律に基づき非公開の審理が必要な場合を除き、イギリス人の関連する事件の審理は公開され、関心を持つ人々はいかなる人でも傍聴できる。

第六条

一、イギリス人は、全ての中国人によって支払われ、かつ、立法手続きを経て適切に公布された中国の中央、地方、市政府の法律、布告、規則による、差別待遇のない課税を支払う義務を有する。

二、イギリス人は、立法措置に基づかない課税や、不当、差別的な課税評価から保護される。それに反するものは、正当な権限を持った中国近代法廷の手続きを経ない限り、実施されない。

三、イギリス人に対する市税は、中央ないし地方政府によって承認された正当な市法令によらなければ、課せられない。市税収入は一般に、当該市域における特定目的にのみ支出される。

四、課税額評価は、正当に公布された中国の法律、法令、規則により定められた職員以外によってはなされない。評価に異議が生じた場合、当事者は中国法に則った近代法廷による査定を受ける権利を有する。

五、個人、商人、商社、組合、会社の資格を有するイギリス国籍当事者との間に存する課税協定は、維持される。

第七条

一、中国法廷は、イギリス人相互ないしイギリス人と他の外国人あるいは中国人との間で民事事件や通商上の紛争を解決するためになされた仲裁による合意を承認し、必要であれば保証する。当事者によって選ばれた仲裁人はいかなる国籍でも認められる。

二、中国で行われる仲裁は、中国法で規定された手続きに則って行われる。

三、中国法廷は、仲裁の合意内容に含まれるべき事項について、いかなる申立や主張も受理しないが、合意履行のための裁定について、それが公序良俗に反せず、近代司法の一般原則に抵触しなければ、それを執行させることができる。

第八条

一、中国においてイギリス人が所有する不動産に関する権利は有効と認められ、中国政府の権利行使における不可侵の事項として、維持される。

二、中国におけるイギリス人の動産、不動産いずれの財産も、法によって公共の利益と認められる理由があり、事前に適切な補償がなされない限り、収用されたり、徴用されたりしない。

三、補償金額をめぐる紛争は、中国法に則り、イギリス人側の選択による適確な行政機関または適格な近代司法機関のいずれかに委託され、決定される。近代裁判所に委託された場合、イギリス人が被告として関わる場合の審理について規定した、本条約の第二条および第三条が適用される。

第九条

イギリス人の公共の建物、個人住宅、倉庫、商用の建物、工場およびその付属物、物品、財産は尊重され、いかなる占領、探索、捜査にも服さない。商用の業務に関わる帳簿、信書は、立法手続きを経て適切に公布された、差別待遇を行わない法律による特別な措置に基づかない限り、検閲されない。現行犯でない限り、近代法廷によって正式に発せられ、法律上の根拠を明示した令状によらなければ、イギリス人の家屋に強制的に立ち入りできない。

第十条

中国におけるイギリス人は、いかなる軍務や軍務の代わりに課せられる課税その他の負担や軍事上の徴用、その種の奉仕に服さない。イギリス人は、公共の融資や他の形態を取った徴収について、寄付の責任を負ったり、強要させられたりしない。

第十一条

中国の港あるいは水域におけるイギリス商船は、全ての商船に適用され、差別待遇を行わない、適正に制定され、正当に公布された中国の規則に従う。イギリス商船は、いかなる徴用や徴発にも服さず、中国の軍隊やその補給物資の輸送を強要されない。イギリス商船は、特別な非常事態や、当該船の船長ないし他の責任者に必要な通知を行い、了承を得た場合でない限り、中国の武装した軍当局による臨検、捜査、乗船、抑留に服さない。イギリス商船に対する中国警察の乗船は認められず、近代法廷によって正式に発せられ、法律上の根拠を明示した令状によらない限り、船上においていかなる者も逮捕されない。令状がない場合、中国の警察は、非常事態か、船長ないし他の責任者に必要な通知を行って了承を得た場合に限り、乗船できる。イギリス商船に関する扱いは、他国の港や領海に入った船舶が従う国際的慣習に従う。イギリス商船に対する中国海関の現在の権限は、不正行為や密輸を取り締まるための捜査権を含めて維持される。

第十二条

イギリスの法に則って組織され、中国で活動する企業、商社、組合、法人は、それらの登録に関する中国法の規定に従う限り、本条約で規定する、中国法廷おける原告、被告双方の権利を含め、イギリス人が享受する権利を享受する。これらの会社、商社、組合、法人とその支部、代理人、代表は、差別待遇に服さず、国税、地方税、市税に関し、中国、当該地方、当該市のそれぞれで保有する資本に応じた比率で課税されるか、中国、当該地方、当該市のそれぞれで得られる収益に応じて課税される。イギリスにおける中国の企業、商社、組合も、互恵的かつ最恵国の待遇を享受する。

第十三条

本条約が効力を有する前に中国におけるイギリス法廷で結審した裁判の再審理は行わず、同裁判において下された判決や決定は、中国の司法当局によって執行される。本条約が発効した時点で、中国のイギリス法廷において未決となっている裁判は、当該法廷で判決が言い渡されるまで継続され、当該事案に対する司法権をそのまま保持する。中国当局は、イギリス当局より要請された必要な支援を与える。これらの未決事件は、本条約が発効してから六か月以内に処理されることとし、同期間終了後は裁判を停止するか、中国法廷に移管される。本条約発効前にイギリス人によってなされた、イギリス法において責任を生じない行動に対して中国法廷は、それが中国法に照らして責任が生じる場合であっても、いかなる措置を取ることもできない。

第十四条

一、中国におけるイギリス人の結婚、結婚に関わる諸権利、離婚、裁定離婚、寡婦産権、父権、認知、養子、資格、成人、保護者、管財、禁治産などを含む個人の身分に関する事柄、遺言ないし遺言のない相続、財産の分与や清算や家族法全般に関する事柄などについて、イギリス法が中国法廷に適用される。

二、イギリス人のみが関わるこれら個人の地位に関する裁判は、当事者のいずれかの意思により、中国法廷外で処理される。

三、イギリス領事館職員は、死亡したイギリス人の中国における財産を一時的に保管する。領事館職員は、領事館による当該人物死去の通知から九日以内に利害を有する当事者からの文書による異議申立がなされない限り、同様にそれを管理する。異議申し立てがなされた場合、本条第一項および二項が適用される。遺言が存在せず、親族も存在しない場合、死亡者の不動産は中国法に則って処理される。

四、以上の全ての事例において、イギリスにおける中国人に対しても、他国籍人に対して差別待遇とならないよう、国際私法の原則が適用される。

第十五条

イギリス人が現在享受している、中国における旅行、居住、商社設立、支部開設、資産の獲得および処分、商工業への従事の権利は維持される。

第十六条

一、付属地図で示された拡大上海地域のイギリス人は、本条約が施行された日より五年間、中国裁判所の司法権の適用を受けない。この五年間の内に期間終了後の措置について検討を開始する。この五年間に合意が成立しない場合、イギリス人は本条約が施行された日より十年間、中国裁判所の司法権の適用を受けない。

二、付属地図で示された天津地域のイギリス人は、本条約が施行された日より五年間、中国裁判所の司法権の適用を受けない。
三、上記特別地域のイギリス人は、本条約第六条で規定される中国の課税に対し、同地域における中国人と他の外国人によって同様に支払われる限り、支払いの義務を負う。
第十七条
本条約で規定する「イギリス人」には、イギリス政府の保護下にある人々も含まれる。
第十八条
イギリス人は、他国籍の国民が享受する中国司法権からの免除を本条約によって同様に享受し、課税、司法その他において、他のいかなる国民よりも不利な扱いを受けない。イギリスにおける中国人も、同様に相互的かつ最恵国の待遇を受ける。
第十九条
本条約と齟齬する現行条約の規定は廃止される。
第二十条
本条約は、両国が可能な限り速やかに合意するフランス語文を用意するまでの間、中国文と英文で起草される。フランス語文は、中国文と英文の間で相違が生じた場合の正文とする。
第二十一条
一、本条約は発効の日より、十年間拘束力を有する。
二、ただし、本条約中、中国政府によって設置される特別法廷に関する第二条および中国政府によって任命される法律顧問に関する第三条は、中国政府が適当と認める五年以内の間、有効とする。
三、締約国のいずれも、上記の十年間の期間内に本条約の改定を要求できる。要求は、十年の期限終了までの十二か月以内に通知され、改定交渉を行うこととする。この期間内に合意に達しない場合、本条約は無効となる。
四、締約国のいずれもが十年の期限終了前の十二か月以内に条約失効の通知を行わなかった場合、本条約は期限後も、十二か月後の失効通知を行うことができるという条件で継続される。
第二十二条
一、本条約は、締約国それぞれの憲法上の手続きに則って批准される。
二、批准書の交換は南京において行う。
三、本条約は批准後、直ちに発効する。

付属文書において、イギリスは越界道路の調整や広東租界の返還交渉を約する一方、中国側は近代法典をイギリス側に提出すること、交通違反など軽微な事件では法律に則って氏名、住所を確認するのみで逮捕、拘留しないこと、保釈保証人となったイギリス人の責任は法廷によって定められた保釈金額のみに制限されること、医師や公認会計士、建築士、技師などの専門職の資格は、必要な登録などを通じて中国法廷によって承認されることなどが規定された他、非公開の交換文書において、中国側は国際法や国際慣習を尊重すること、中国法廷に採用される外国人顧問の最低一人はイギリス国籍人であること、イギリス人弁護士に中国語の知識や中国司法学校の資格が不要であることなどが確認された。

六月六日の英中全権間の合意が成立した日、ワシントンではホーンベックと伍朝枢中国公使が会談し、ホーンベックは四地域の除外について留保したまま、米中間の専門家による草案起草を進めることを主張した[84]。スティムソンは、米中条約への非公開付属文書の添附を認めず、また、英中条約案中の漢口と広東の扱いは受け入れられないとして、従来の方針を堅持し、数週間の交渉中断を提案した[85]。ところが、六月十二日に伍朝枢は突然、辞任を表明した。と同時に中国側は、治外法権交渉を南京に移すことを提案した[86]。これはおそらく、イギリスとの交渉の成果を踏まえた判断であったが、対してアメリカ側は、ワシントンで専門家による条約作成作業が進められていることを理由に、南京への交渉移管について保留した。六月二十日、王正廷はジョンソンに条約文完成の期日を質したところ、ジョンソンは早くても八月の初めになると回答した。王正廷はさらに、英中交渉の経過を説明し、さらに日本に満州に関する留保を認めさせないためにも、天津に関する留保の撤回を促した[87]。

第十六条の除外地域を除く米中条約の草案が完成したのは、七月十四日であった[88]。第十六条の留保地域を除き、英中条約とほぼ類似した内容となっていた。条約文作成過程で中国側は、第十四条の個人身分問題に関し、互恵規定を挿入するようアメリカに求めたが、アメリカ側は、同問題の権限が連邦でなく、州に属することを再度説明して拒否していた[89]。また、条約の期間に関連し、英中条約で五年後に交渉を開始するとしている点について、アメリカは、中国が交渉を妨害すればそのまま十年を迎え、租界に対する中国の司法権が施行されることを問題視し、九年後の交渉開始を主張した。そのことは、イギリスにも伝えられた[90]。

九月十八日に満州事変が勃発した時、ジョンソンは南京に向かう直前であった。スティムソンは北京待機を命じると共に[91]、十月二十六日にジョンソンに交渉中止の方針を伝えた[92]。翌二十七日にはイギリスに対しても交渉見合わせの方針を通知した。と同時にスティムソンは、アメリカが中国に対し、四地域の保留方針を撤回していないことを伝えた[93]。その後、英米はそれぞれ、一九三二年一月一日より治外法権を撤廃するとした五月四日の中国側布告の実施中止を中国側に要請した[94]。十二月十九日、国務省から中国に、治外法権交渉の中止が正式に要請された[95]。十二月二十九日、中国政府は五月四日布告の一時延期を正式に公表し[96]、治外法権撤廃に関する英中仮合意と米中交渉は、そのまま凍結された[97]。

◇

中国は、一九二八年の米英との関税条約の成立を受け、一九二九年より治外法権撤廃交渉を開始しようとした。そのため、アメリカとの原則的合意を目指し、あるいは列強間の分断を図ったが、列強は日本を含めて連携を強めた。列強側は当初、治外法権撤廃交渉を進める上で、開港地と内陸部を区別し、それぞれにおいて中国人と外国人の均等待遇を実現する地理的区分方式と、民事、刑事、身分問題の順で漸次司法権を委譲していく段階方式で意見が分かれた。前者は中国の司法権に対する不信感を強く持ったアメリカが主張し、租界内の中国人と外国人に対する司法管轄権を属地主義的に統一しようとする構想を伴っていた。対して、後者は法理的合理性を重視したイギリスが主張したもので、租界内外における中国人と外国人の待遇格差を存続するものであったが、最終的にイギリスの判断により、後者の方針で交渉に臨むことに決した。そうした中、中国が一九三〇年初めに治外法権撤廃宣言を出す方針を打ち出したため、それに先立って交渉を始めることとし、やはりイギリスがその主導権を取った。

これと並行し、一九二九年九月以降、上海臨時法院の改組交渉が行われ、一九三〇年二月に上海特区法院協定が成立した。同協定は、上海共同租界内における中国人および治外法権を認められていない外国人を管轄する中国裁判所を設立するものであったが、列強側は、租界内の中国人および治外法権を保有しない外国人に対する司法権を大幅に中国側に委譲し、租界行政と司法機関の調整機関を設けた。交渉開始前に、列強側が構想していた外国人裁判官の雇用については、中国側が外国人全体に対する司法管轄権を条件としたため、放棄された。列強側の要求と中国側の立場は、当初よりかけ離れていたが、最終的にイギリスが、中国人を対象とする司法と行政の完全分離を断念し、中国側の主張を受け入れたことによって、合意が成立した。それだけに、条約外国人を対象とする治外法権撤廃交渉に関し、多くの問題を先送りしていた。

一九三〇年に入り、欧米列強側は治外法権撤廃に関する条約草案の作成を本格化させた。その際、イギリスとアメリカの相互調整の結果、地理的区分方式と、段階的委譲方式のいずれかを採用するのでなく、租界および海関の周辺において治外法権を維持しながら、特定都市に特別法廷を設立し、外国人裁判官の設置や裁判移送権の確保などを求めると共に、第一段階として民事司法権のみの委譲を認めるとする素案が作成された。これは中国側に対する最大限の要求とされ、交渉を通じて順次、譲歩していくことが想定されていた。中国側との交渉は、中国側が列国の分断を図ったため、イギリスとは南京で、アメリカとはワシントンで交渉が行われることとなった。他方、日本は中国側より排除され、フランスなどその他の諸国は、イギリスに交渉の主導権を委ねた。

とはいえ、一九三〇年四月以降、中国で再び内戦が発生した。それに伴い、天津海関では閻錫山によって税務司が更迭され、二重課税の可能性も生じた。これに対してアメリカは、治外法権撤廃交渉を中断しようとした。しかし、イギリスは同時期、威海衛返還交渉や義和団賠償金関連交渉を進めており、中国の統一が失われている状況下で中国との交渉を進め、むしろ中国司法権に対する欧米側からの一定の関与を制度化することで、中国司法の安定化を進めようとした。そうしたイギリスの判断によって、治外法権撤廃についても、特別法廷における法律顧問の設置や裁判移送権、刑事司法権の留保など、最大限の保障措置を備えた草案が作成され、九月十一日に中国側に提示された。

一九三一年に本格化した治外法権撤廃交渉は、裁判移送権、刑事司法権、外国人共同判事、租界地域への適用除外を主たる対立点として行われた。最終的にイギリスは、移送権を放棄し、また、刑事司法権の譲渡を承認する一方で、限定的な共同判事を法律顧問の名称で期限を付して中国側に承認させた。しかし、上海と天津の租界に対する適用除外の期間をめぐり、イギリス本国と中国側の合意は成立しなかった。そのため条約案は、交渉に当たったランプソンと王正廷の間のみの仮合意とされた。しかも、これと並行し、ワシントンで行われていたアメリカとの交渉も、アメリカがイギリス以上の強硬な姿勢を示したために妥結に至らず、交渉は実質的に中断した。そして九月に満州事変が勃発したことで、治外法権撤廃の前提となる中国側の近代法典および司法制度の施行は不可能となり、交渉全体が打ち切りとなった。

治外法権撤廃交渉は、中国による不平等条約改定要求に、ワシントン条約を柔軟に運用しながら応えようとしたイギリスの主導権の下で展開された。交渉において、日本は中国によって交渉から排除されていた。一方、アメリカは条約改定に消極的な姿勢を示していた。にもかかわらず、交渉が英中仮合意にまで到達できたのは、東アジア情勢の全体的安定化のため、列強を一つにまとめると共に、中国を、交渉を通じた条約改定に誘導しようとしたイギリスの政策的判断のためであった。最終的にランプソンの譲歩は、イギリス本国から過大と判断され、条約の調印は実現しなかった。しかし、中国側の最後の譲歩次第で、治外法権の長期的撤廃が実現する状況となっていた。それによって中国は、イギリスや他の列強全体に対する攻勢的政策を抑制せざるを得なくなっており、イギリスの戦略は十分な成果を挙げた。

こうしたイギリスの行動により、欧米列強を分断させようとした中国の戦略は失敗した。また、中国による一方的な条約廃棄宣言という戦略も、イギリス側に危機感を与え、積極的な交渉と譲歩による全体情勢の安定化というイギリスの対応を引き出したが、その結果、最後の合意は中国側の譲歩次第という状況に追い込まれる一方で、アメリカはイギリスの方針に追随しなかった。つまり、列強分断と一方的廃棄宣言という外交戦略は、イギリスの現地当局者による堅実な交渉方針によって封じ込められると共に、アメリカの姿勢をイギリスほどに緩和できなかった。しかも、日本の徹底排除という中国の方針は、中国との交渉に最も積極的であった幣原外交に対する日本国内の信頼を低下させ、満州事変を引き起こす結果に終わった。列強分断の失敗や、中国の治安や行政、司法能力に対する列強側の不信は、中国側も実感していた。しかし、中国は、国内の統一と穏健化を進め、また、条約期限問題について譲歩し、さらにイギリスの宥和政策を利用して日本やアメリカを含めた全体合意を実現する方向へと、方針を転換できなかった。そのため、中国は、一九二〇年代における最大かつ最後の好機を逃したばかりか、満州事変の勃発に直面し、しかも事変に対して欧米諸国の支援を得られない事態を招く結果となる。

第三部　広域経済圏形成の中で

第十五章　満州事変の勃発

昭和三（一九二八）年六月の張作霖爆殺事件は、田中義一による張作霖政権維持を阻止しようとした河本大作の非常措置として引き起こされた。そのため、この事件は三年後の満州事変を決定付けたわけではなかった。以下、張作霖爆殺事件後の河本大作の処分問題から、満州事変勃発後の荒木貞夫陸相就任に至る陸軍内の動向を、宇垣閥による陸軍の統制が弛緩していく過程として捉え、また、それと並行した石原莞爾による満州占領計画の策定や、ロンドン海軍軍縮条約を契機とする要人暗殺事件、政権奪取計画、そして日中関係の悪化などを取り上げながら、満州事変の原因と、事変に際して陸軍上層部が関東軍を抑えられなかった理由とを再検討していく。

一九二〇年代、政党内閣と陸軍は対立していたわけではなかった。陸相は実質的に首相によって任命され、陸軍においてはかつての長州閥が田中義一の政友会系と宇垣一成の民政党系に分かれ、それぞれが政友会、民政党と協力関係を形成したからである。それによって、政党内閣は陸軍を間接的に統制し、旧長州閥は陸軍上層部の要職人事を掌握していた。しかし、そうした旧長州閥は、その情実人事と張作霖との癒着によって、河本大作や永田鉄山、小畑敏四郎ら中堅将校の反発を買い、さらに張作霖爆殺事件後に関東軍に赴任した石原莞爾によって、張作霖殺害を一段と急進化させた奉天政権に対する武力行使と満州占領が構想される。とはいえ、永田や小畑らは表立って陸軍上層部と敵対したわけでなく、また、奉天政権への武力行使や満州占領が陸軍の総意になったわけでもなかった。ところが、その間の浜口首相狙撃事件に始まる政局の流動化と民間右翼の急進化という情勢の中、宇垣派の陸軍上層部は三月事件を画策する一方で、中堅将校はその計画に反対し、他方で青年将校は要人暗殺に向けた暴発への気運を高めていった。

本章は、こうした満州事変勃発前後の錯綜した陸軍の状況を整理することで、上述の問題に答えると共に、それがこの時期の政軍関係や外交に与えた影響についても検討していく。

一　河本大作復職運動

陸軍人事の刷新を目指して結成された二葉会や木曜会が、現実に人事に影響を与えようとして活動した機会は、二度存在した。

最初は昭和四年から五年にかけての河本復職運動、二度目は満州事変の勃発に伴う荒木貞夫の陸相擁立運動であった。その一方で石原莞爾は、人事に関する働きかけという方法とは別に、満州の武力占領という構想を立てた。以下に述べるように、これらには、宇垣閥の後継世代に対する張作霖爆殺事件の影響が、爆殺を実行した河本の精神とはそれぞれ違った形で表れた結果であった。

張作霖爆殺事件の後、陸軍は事件を、「南方便衣隊」、すなわち国民革命軍によるものと公表した。しかし、その後、貴志弥次郎中将や工藤鉄三郎の情報が田中義一首相にもたらされ、さらに峯幸松憲兵司令官の調査報告によって、河本大作関東軍高級参謀の犯行と確認された。張作霖の爆殺によって自己の構想を破壊された田中首相は、西園寺公望の勧めを容れ、事件の真相公表と責任者の軍法会議による処罰という方針を、自身の上奏や牧野伸顕を通じて昭和天皇に伝えた(1)。西園寺公望や昭和天皇は、事件の真相、すなわち関東軍の軍人によって事件が引き起こされたという事実を公表し、責任者を処罰することを支持した。それは、西園寺や昭和天皇が大国としての責任を意識し、中国に対する日本の優越的な国際的地位を自覚していたからでもあった。つまり、昭和天皇や西園寺にとって、日本が引き起こした不祥事は、それを国内的に解決するばかりでなく、国際的にも公正に処理する姿勢を示すことが重要と考えられたのである。それだけ昭和天皇や西園寺には、法治国家意識が強い一方で、日中関係を両国間の駆け引きや競争、権益をめぐるせめぎ合いの関係として捉える発想は、弱かった。

対して陸軍の見解は複雑であった。爆殺事件以前の段階で、白川義則陸相以下、陸軍の首脳は田中首相の意に反し、張作霖に下野を強要する方針に転換していた。中国に対してそれだけ高圧的に出るということは、権益をめぐる日中間のせめぎ合いを厳しく受け止めていたということでもあった。とすれば、日本の不祥事を公表することは、日中関係の現状に照らし、日本にとって不利な材料を提供するだけであった。その上、陸軍の不祥事が明らかになれば、陸軍首脳の責任問題を引き起こす可能性もあった。そのため、田中首相の方針は撤回させなければならなかった。

とはいえ、陸軍内には葛藤があった。河本は当初、事件への関与を否定したが、六月二十二日に東京へ呼ばれた際、出迎えた荒木貞夫参謀本部作戦部長と小畑敏四郎作戦課長、小磯国昭航空本部総務部長に真相を告白した(2)。また、事件の決行に際し、犯人に擬するための中国人を三名用意するなど、偽装工作はなされたが、一名の逃亡を許すなど、杜撰であった。それは、河本らの計画性のなさと、隠蔽に対する関心の低さによるものであろう。事件の隠蔽工作も、責任回避のためというより、部下をかばうと共に、国民政府に責任を転嫁することで事態を紛糾させることに重点が置かれていたようである。事件前の四月二十七日付で河本が荒木らに送った書簡において、既に国民党の名義で事件を起こすことにも言及されていた。同様に東宮も、自らの死か、少なくとも軍籍からの離脱を覚悟していた。ところが、そうした潔さは、真相究明に役立つとしても、陸軍の責任問題を惹起し、組織の論理にとって不都合であった。また、小畑敏四郎など、河本らへの処分を撤回させようとした人々にとっても、河本や東宮が事件の責任を負う覚悟を決めていることは、そのまま放置できなかった。それは倫理的に正当であっても、彼らの公的地位が失われることを意味したからである。河本は事件前の磯谷宛の書簡で、「満州に血の雨を」と記すほどであったから、事件が穏便に片づいてしまうことを歓迎しなかったであろう。しかし、河本にとっても、おそらく東宮の処遇には配慮せざるを得なかった。最終的に河本も東宮も、事態の推移に任せることにしたのであろう。昭和四年八月、東宮は小畑が連隊長を務める岡山の歩兵第十連隊に中隊長として赴任した。小畑はこの時に初めて東宮を知ったと回想しているが(3)、これはおそらく、東宮を軍職に残すための措置であった。しかし、河本の処分に関しては、先に引用した東宮日記のように一部に楽観的な情報もあったが、状況は厳しかった。

張作霖爆殺事件の最終処分をめぐり、田中首相は当初、昭和天皇に対して陸軍の関与を明言し、真相の公表および犯人の厳罰という方針を伝えていた。しかし、後にそれを一転したため、昭和天皇の不信を買い、内閣総辞職に至る。佐藤元英によれば、田中首相が軍規粛正のため、適切な措置を取る決心を白川陸相と岡田啓介海相に伝えたところ、白川と岡田は賛意を示した。そこで田中は昭和三年十一月三日、白川に陸軍内の意見をまとめるよう指示した。しかしその後、陸軍内で、上原勇作、閑院宮載仁親王の両元帥、鈴木荘六参謀総長、武藤信義教育総監らが真相の上奏や事件の公表に反対し、白川も態度を変えてしまう。とはいえ、粟屋憲太郎の史料紹介と永井和の同定作業によって解明されたように、昭和四年三月二十七日に白川陸相は、昭和天皇に対して「奉天ニ於ケル爆破事件ハ其後内密ニ取調ヲ続行セシ結果、矢張関東軍参謀河本大佐ガ単独ノ発意ニテ、其計画ノ下ニ少数ノ人員ヲ使用シテ行ヒシモノ」「就テハ軍ノ規律ヲ正ス為、処分ヲ致度存スルモ、今後此事件ノ扱ヒ上、其内容ヲ外部ニ暴露スルコトニナレバ、国家ニ不利ノ影響ヲ及ボスコト大ナル虞アルヲ以テ、此不利ヲ惹起セヌ様深ク考慮ヲ致シ、充分軍紀ヲ正スコトニ取計度存ス」と上奏していた(4)。そして「外部ニ暴露」しない決着方法として、翌昭和五年五月中旬までに田中と白川の間で、事件の調査報告において陸軍の関与を否定し、責任者を警備上の理由で行政処分に付することで合意に至った。

永井和や伊藤之雄によれば、田中首相に対する昭和天皇の「叱責」の背景は、田中に対する昭和天皇の長期的不信にあったが(5)、直接のきっかけは、昭和天皇に対する田中の上奏、とりわけ責任者の処分と事件真相の公表問題に関する上奏であった。三月二十七日の白川陸相の上奏で既に河本の名が挙げられており、陸軍としては真相を上奏した形になっていた。白川は河本に一度騙されており、上奏内容からも、河本の処分に反対であったとは考えられない。その上、村岡や河本らを行政処分に付すという方針は陸軍からの提案であったことから、これは河本の厳罰を求める田中の要望に対し、真相の公表をしない中で処分を実施するための、陸軍上層部による妥協案として決定された可能性が高い。そして田中もそれを受け入れたわけである。しかし、そのため田中の上奏が前後矛盾することとなり、しかも昭和天皇は、田中より軍の関与を否定する虚偽の調査結果を報告され、その公表を裁可させられる立場に置かれたのである。

昭和天皇は、田中の上奏の前後矛盾と責任の所在を問題にしたが、昭和天皇にすれば、重大な規律違反が生じたのに、嘘で塗り固めて責任を曖昧化しようとしているようにしか見えなかったのであろう。対して真相の上奏に反対した陸軍部内は、〝汚れ役〟は下僚が臨機応変に行うものであって、それらを上奏で取り上げること自体を不当と見なしていた。それは、たとえば荒木に宛てた書簡の中で河本が「此んな事を聞くのは野暮」などと述べていたことにも示されている。しかし、事件の真相は白川によって既に上奏されていた。昭和天皇は行政処分について認めたが、責任の明確化を望んでいた。しかし、田中にそうした責任感は欠如していた。そこで昭和天皇は、田中に対して間接的に事実上の不信任に相当する意思表示をし、政府による虚偽の調査結果は公表されないまま、内閣総辞職に至った(6)。

事件の最終処分は、対外的に陸軍の関与を否定しながら、警備責任を問う形で村岡長太郎関東軍司令官の依願予備役、斎藤恒関東軍参謀長および水町竹三独立守備隊司令官の重謹慎となった。河本は昭和四年五月十四日に停職を前提とする第九師団司令部付となった。二葉会と木曜会が合流して一夕会が結成されたのは五月十九日、河本処分問題も重大な関心事となったはずである。この時点で既に永田と小畑は反目していたが、一夕会に小畑が参加したのは、河本復職運動との関連で、私情を捨てて協力し合うことを優先したためであろう。その後、河本その他への処分に関し、それらが前年の即位大典の施行に伴う懲罰免除を規定した軍令陸第八号および勅令二七二号に抵触していると見なされ、問題になった。しかし、陸軍上層部の対応は変わらなかった。七月十一日、岡村寧次は日記に、「満鉄事件の停職懲罰が勅令軍令違反なりしは明白なるに、昨日来の東京日々新聞に白川前陸相阿部次官の答解は詭弁を弄し、又本日は参謀本部部長会にても次長より『本件は事軍機軍令に関し相当の手続をとりたるものなり』と答ふる態度に一決せりとの事。責任観念地を払ふ。軍隊の堕落も宜なりといふべし(7)」と記した。また、昭和四年九月十一日付の大川周明宛の永田鉄山の書簡は、次のように記していた(8)。

御承知の河本大作兄極力復職に努力致居候も余程六ヶ敷、目下其望誠に少く遺憾に存居候（本人には未通知）。而して本人は終生満蒙と共に終始致度決心にて目下も熱心に満蒙問題思想問題の研究に没頭致居候次第、本月中旬よりは京大へ聴講に参る予定の由に有之候。右様之次第御含の上、同人の将来に関し御心にかけ置被下候はゞ幸甚に有之[…]。

[…]

仰の如く固より断念は過早と存じ候。されば軍内の同志も各方面に於て正奇諸有方法を以て復活に努力罷在候間、此点は御安心被下度、又河本に於ても自ら退くの考へは有たず又有たしめもせず候。但し人事局よりの情報に依れば前途頗る不安、奈良将軍方面よりの情報も力なきものに有之、旁々以て河本の為已む無き場合の為正面を開くべく、一面に於て努力する事も緊要と存じ、御依頼に及び候に外ならず候。

八月に岡村が補任課長に就任しており、人事局の情報とは岡村の情報であろう。運動はその後も河本復職運動として継続されたが、一年後に河本は予備役に編入される。これは一夕会にとって、重大な挫折となった。永田や小畑、岡村らにとって、対外的に陸軍の関与を否定した中での河本の処分は論理的に一貫せず、そうした事態を招いた陸軍上層部の責任は重大であった。その点で、張作霖爆殺事件への処分の軽さがその後の陸軍の暴走を誘発する原因となったという理解は、二重の意味で誤りである。第一に、河本や東宮はもっと重い処分を覚悟し、当初より陸軍から去るつもりであった。そして第二に、永田や小畑らは、河本に対する処分を不当と考えていた。河本復職運動に関わった人々にとって、宇垣閥が中心となる陸軍上層部の決定は、対外的に陸軍の関与を認めないが、対内的に自己の派閥に属さない関東軍の将校を切り捨てるというもので、それは、陸軍上層部の責任回避を優先した政府との妥協の産物に他ならなかった。かといって、河本が当初目指した対中政策の転換が行われたわけでもなかった。つまり、河本の犠牲が無駄に終わったのである。

昭和四年五月十九日に結成された一夕会は、陸軍人事の刷新、満蒙問題の解決、荒木貞夫、真崎甚三郎、林銑十郎を盛り立てて陸軍を再建することを掲げた。非宇垣閥の荒木や真崎を中心として、陸軍の腐敗を正し、対満蒙政策の刷新を行うという目標は、それ以前の木曜会などの検討を踏まえ、河本の犠牲によって掲げられたのであろう。それは、陸軍の情実人事や腐敗によって国益が害されているという河本の認識が広く共有されたことを意味していた。

張作霖爆殺事件後の処分問題をめぐり、従来の研究は主として田中首相と陸軍の対立に関心を寄せていた。しかし、村岡以下の関東軍上層部に対する処分が、陸軍上層部と田中との政治的妥協に基づく決定であったとすれば、永田や小畑らの河本復職運動には当初より限界があった。その上、七月二日に田中内閣は総辞職し、即日成立した浜口雄幸内閣の陸相に、宇垣一成が再び就任した。また、翌昭和五年二月、鈴木荘六参謀長の定年退職に伴う後任問題が発生した時、上原勇作は武藤信義を推したが、(9)宇垣はこれを排し、金谷範三が後任となった。(10)五月に宇垣は中耳炎のため陸相を休職するが、阿部信行がその臨時代行となった。河本への最終処分の上奏をしたのは阿部であり、宇垣閥が陸軍上層部を独占する中で河本の予備役編入が決定されたわけである。岡村日記に依拠した高橋正衛が指摘するように、(11)陸軍中堅層の上層部に対する不満は、この点をめぐってさらに強まった。それが後述のような、満州事変勃発後の荒木貞夫陸相擁立運動へとつながっていく。

とはいえ、河本の処分は昭和天皇の意思であった。小磯国昭陸軍省整備局長は、昭和五年六月二十五日付の河本宛の書簡で、「兄の復職問題に関しては独り小生のみならず各方面之有志暗黙の裡に活躍し、参謀総長及教育総監は勿論宇垣陸相も全然復職に同意し、最近阿部臨時代理迄熱烈なる復職必要論者とな」ったとしながら、「過日聖上に対し奉り御内意相伺候処、外交（対支）及内政（田中内閣没落の因）の両方面に鑑み、復職現役に服さしむるは適当ならさるへしと之御内意有之たる趣」を伝えていた。(12)

七月に河本は予備役編入となるが、小磯が記すほど、陸軍上層部が河本の復職に積極的であったかどうかは疑わしい。後述のように、小磯には相手次第で言動を変えている嫌いがあるからである。とはいえ、少なくとも小磯は、この時点で永田や岡村らに相当の配慮を払っていた。そうした中で、昭和五年八月に小磯は整備局長から軍務局長へ、永田鉄山は歩兵第三連隊長から小磯直属の軍事課長へと異動する。また、時期は不明であるが、張作霖爆殺事件直前の昭和三年三月より支那公使館付武官を務め、昭和四年八月より参謀本部第二部長に就任していた建川美次少将が、一夕会の顧問格となったという。(13) 伊藤隆は、建川が一夕会の顧問格になっていたことに注目し、一夕会が反宇垣で固まっていたわけではなかったようであるとしている。永田や岡村らは、陸軍上層部の無責任体質を批判していたが、差し当たり自らの意見に同調してくれる近い上司ないし先輩と敵対する必要はなく、宇垣閥が要職を占める陸軍であっても、その中で職責を果たし、地位を向上させることで、実権を掌握しようとしていた。そのため、一夕会が直ちに反宇垣的行動を見せるようなことはなかった。逆に小磯や建川らの方が、一方で宇垣の意向を気にしながら、他方で一夕会の意向にも左右され、満蒙問題に関する過激な言辞を弄するようになる。こうした彼らの気質が、翌昭和六年初頭の三月事件へとつながっていく。

二　石原莞爾の関東軍赴任

昭和三（一九二八）年十月、石原莞爾が関東軍参謀（作戦主任）として満州に赴任した。石原の赴任後、河本は石原に満蒙問題の武力解決の必要を強調し、石原もそれに同調したという。石原は河本と共に、奉天軍との衝突を前提とした作戦計画の検討を関東軍幕僚会議に提議した。焦点は、全満州で二十五万を擁する奉天軍に対し、一万余の関東軍の兵力でどのように対処するかにあり、検討の結果、奉天付近の敵を短期間に撃滅し、政権打倒を目指すという戦略が立てられた。その後、一夕会の結成を間近に控えた昭和四年五月一日、板垣征四郎の主催で関東軍情報会議が開かれ、奉天政府との全面武力衝突に備える研究と、対ソ作戦計画研究のための関東軍参謀旅行の実施が決定された。参謀旅行は七月三日から十二日間にわたって行われた。(14) 七月四日、石原は長春で「戦争史大観」(15) を説明し、翌五日、満州里において以下のような認識の下、「関東軍満蒙領有計画」の説明を行った。(16)

満蒙問題ヲ解決シ得ハ支那本部ノ排日亦同時ニ終熄スヘシ。

満蒙問題ノ積極的解決ハ、単ニ日本ノ為メニ必要ナルノミナラス、多数支那民衆ノ為メニモ最モ喜フヘキコトナリ。即チ正義ノ為メ日本カ進テ断行スヘキモノナリ。

満蒙問題ノ解決ハ、日本カ同地方ヲ領有スルコトニヨリテ始メテ完全達成セラル。

対支外交即チ対米外交ナリ。即チ前記目的ヲ達成スル為メニハ対米戦争ノ覚悟ヲ要ス。

つまり、赴任から半年余りで満蒙領有という結論に達し、さらにアメリカとの対立も予期したのである。石原はそうした構想に基づき、佐久間亮三大尉に「占領地統治に関する研究」[17]の作成を依嘱した[18]。

既述のように、張作霖の暗殺を決意した河本の本来のねらいは、逼塞した対中国外交の現状を打破すると共に、中国に対する日本の絶対的優位を確立することにあった。それからすると、石原の掲げた目標には飛躍があった。ただし、永井和によれば、張作霖爆殺後、張学良が田中首相の意向に反して国民党に合流したことで、田中義一も一時的に態度を硬化させていた。田中はおそらく昭和天皇の意向もあって、昭和四年一月末までに態度を軟化させたが、他方で幣原外相の許にも、張学良政権に対する一、二個師団の派遣といった強硬策の情報がもたらされていた[19]。そうした中で石原が満蒙の領有を構想したのは、おそらく、奉天政権に武力を行使した場合の、満州全域の武力制圧から占領に至るその後の展開を予想した結果であろう。石原は、論理を徹底する理論家として純軍事的な論理を優先し、そのためかえって、中国の政治家を傀儡として操縦することへの関心は希薄であった。その点で石原の発想は、河本の発想と類似していた。ただし、石原は対米関係を意識し、計画的であった点で河本と異なっていた。それなりの危機感は共通していたが、一点集中的な行動を取るほどの切迫感はなく、河本に比べ、石原にはまだ余裕があった。この時点の石原は、計画の立案を進める程度に事態を楽観しており、この時点の計画が後の満州事変を決定付けたわけではなかった。

この時点で石原が、満州の領有を対中外交および対米外交上の課題として一体化して捉えていた理由は、石原の超国家主義、とりわけ石原の日蓮主義と、参謀旅行に際しての「戦争史大観」の説明で示されたような石原の戦争観にあった。橋川文三は超国家主義について、「たんに国家主義の極端形態というばかりでなく、むしろなんらかの形で、現実の国家を超越した価値を追求するという形態が含まれている」[20]とした上で、石原莞爾を北一輝と並ぶ超国家主義の代表として位置付けている。大正九年、ドイツに赴任していた石原は、同年二月八日の日記に「真理アリテノ国家ニシテ、国家アリテノ真理ニアラズ」[21]と書き記していた。このような、国家の上位に形而上的な価値を置く思想は、明治国家の形成期に当たる十九世紀的なものでなく、国家が行政機構として確立する一方で、その機能が国民の期待から乖離し始める中で生まれてきたものであろう。とはいえ、北と石原は、法華経を拠り所とする点で共通しながら、その行動は対照的であった。『国体論及び純正社会主義』の発禁後、辛亥革命に参加した北は、帰国後、怪文書の配布や労使紛争への介入などで在野の右翼として隠然たる影響力を持ち、時に権力と対決し、あるいは懐柔するといった活動を展開した。対して石原は、将校として兵士を指揮する、その意味で権力を行使する立場にあった。先に引用した東宮鉄男の日記が、国家の外にあって「国家的」な事業に携わる意欲を記していたのに比べても、石原には、国家をいかに真理に即して動かすか、という権力志向の素地があった。

石原は大正九（一九二〇）年に田中智学の創始した国柱会に入会した。それは、石原が一般兵士に国体観念をいかに教えるかについて、思い悩んだ結果であったという[22]。その点で石原も、第一次世界大戦後の日本陸軍の課題意識を共有していた。国柱会は大正三年に立正安国会を再編する形で創設された。田中智学はそれまで日蓮主義を標榜し、日露戦争に際して「世界統一の天業」を掲げ、応召兵士に対する啓蒙活動を展開していた。兵士一人一人に世界的使命への自覚を求める田中の理念や活動が、石原の問題意識に応えたのであろう。田中は「折伏主義」なども掲げたため、たとえば大谷栄一は、田中のいう「世界統一の天業」を、「国体神話」に感化され、戦争協力を進めた「宗教的ナショナリズム」として評価している[23]。しかし、これは予断に基づく評価である。国柱会が拠り所とした法華経は、真理や正義の実践による永遠の生命の獲得を主題とした。法華経は、釈迦は久遠の昔に悟りに達していたが、衆生救済のための方便として、この世に生まれ、悟りを開き、涅槃に入ったと説き、これを久遠実成と称している。すなわち、人間の姿は永遠の真理を現世で表現するための便宜的な仮のものに過ぎないという趣旨である。それは、形而上的な倫理によって現世を律しようとする理念に基づいており、石原の「真理アリテノ国家」という考えも、この一類型であった。

同様に、田中の掲げる「世界統一」も、形而上的価値によって世界を律しようとする理想が表れたもので、具体的には、日露戦争に際しての日本の行動を世界から評価される普遍的なものにしようという意味で用いられている。田中は世界統一を掲げたが、それは武力による世界制覇を意味していなかった。田中が目指したのは、兵士に対し、東アジアの一国家として、世界的意義を持つ戦争に従事しているという自覚を持たせ、かつ、戦争に勝利することで世界に通ずる日本としての国際的な評価と敬意を獲得することであった。石原も、大正九年九月十日付の妻に宛てた書簡の中で、「真ニ法華経的夫婦ガ国ノ単位トナルノデナケレバ、私共ノ熱望止マナイ法華経的国家ガ成立シナイノデス[24]」と書き記していた。この時点の石原は、人格主義的な法華経の精神に則り、個人の自覚から家庭の変革、そして社会の変革から国家の変革、世界の変革へという、個人から世界への精神改革の広がりの中で国家の改革を捉えていた。

大正期の石原は、倉田百三『出家とその弟子』や有島武郎『惜しみなく愛は奪ふ』を読んで感銘を受けるロマン主義的傾向を持っていた[25]。しかし、そうした石原の気質は、同時に、変革すべき世界に対する厳しい批判姿勢としても表れた。たとえば英米や中国について、石原は次のように記している。

支那ガ政治ニ不適当トナリシハ明ニシテ、外来民族ノナキ今日、此国民ノ幸福ヲマスノ道ハ先、清廉ナル外国人ニヨリ統治セラルルヲ要ス。国際管理？　否、我大和民族ガ断ジテ此重任ニ当ラザルベカラズ。而モ国家トシテ又、此元気ナシ。元気ノミニアラズ。真ニ国体開顕ヲ完了セラルルニアラズンバ、神聖ナル此皇国モ其資格ナキ也[26]。

我等天業民族ハ更ニ理性的ナ永久的ナホントウノ圧迫、大圧迫ヲ受ケテ居マス。[…]米国デ受ケテ居ル同胞ノ待遇ハ如何デスカ。同盟国タル英国ノ領土濠州ハアノ広イ国土ニ五百万シカ人口ガ居ナイニ拘ハラズ、同胞ハアノ楽天地ニ移住ヲ禁ゼラレテ居マス。此非人道的行動コソ吾人ハ決シテ許スベキモノデハアリマセヌ[27]。

不潔極マル支那人ガ比較的健康ナノハ、自然ノ間ニ彼等ノ衣食住ガ、土地ノ要求ニ適スル様ニナッテ居ルカラダト思ヒマス。日本人トシテハ毎度イヒマス通リ、将来支那人ヲ精神的ニ指導スル大抱負ヲ持ッテ居ナケレバナラナイノダカラ、其大事ナ方面ハ厳トシテ日本人ノ大精神ヲ持ッテ居ナケレバナリマセヌ。支那人ガバクチヲヤルカラ彼等ト交ルニハバクチヲヤラナケレバナラナイトカ、支那人ガ虚栄ノ民ダカラ此方モ虚栄的ニシナケレバ信用ガツナゲナイトカ、支那人ハ妾ヲ沢山持タナケレバエラクナイト思ウナラ、此方モ二三人ハ持タナケレバナラナイトカ、濫リニ彼等ノ悪習ヲマネル如キハ言語道断デス[28]。

日米戦争来ル迄ニハ必ズ我国民ノ大部ヲ帰正セシメ終ルヲ要ス。コレ蓋シ暴米否、暴白人共ニ対シ必勝ヲ期シ得ル唯一無二ノ道ナレバナリ[29]。

石原は、英米は物資や技術が豊富なために、中国はそれらが不足するために、精神的に堕落していると考えた。そこから石原が作り上げた世界観は、日本が物質を超越した精神主義を体現し、豊かさで劣る東洋を指導、代表して物質主義を代表するアメリカとの最終戦争に勝利することによって、世界平和が実現するというものであった。そこで石原は、日本の精神的変革がまず必要と考えた。ところが、それが昭和期に入ると変化する。たとえば昭和二年に石原は、以下のように記していた[30]。

[…]元来日本ノ有セル枝葉ノ文明ハ頗ル貧弱ニシテ、日本人スラ動《やや》モスレハ日本固有ノ文明ナシト称スルモノ多キモ、根本文明即チ凡ユル文明ヲ生ミ、之ヲ保有保育シ且ツ之ヲ熔解シ化合スル国家ノ最モ合理的ナルモノハ世界中唯日本アルノミ。此文明即チ日本国体ヲ以テ世界ノアラユル文明ヲ綜合シ、彼等ニ其憧憬セル絶対平和ヲ与フルハ、我大日本ノ天業ナリ。

[…]思想ハ思想ヲ以テ争フヘシトカ又ハ正義ヲ行フニ武力ヲ用フヘカラス等ト称スルハ人生ノ実情ヲ解セサル空論ノミ。正義ヲノヘ世界ヲ救フ為ニハ、邪悪ナル思想ニ対シ思想、金力、武力イヤシクモ吾等カ有スル凡テヲ尽シ、全精力ヲ傾注シテ戦ハサルヘカラス。

石原はこれを昭和六年四月に印刷、配布しているが、石原においてこの時までに、人格中心の社会変革から、あらゆる手段を動員しての思想戦へ、という意識の変化が生じていた。石原においても、こうした変化をもたらした最初の契機は、ドイツ駐在中から昭和初期の陸大教官時代にかけて形成された、軍事理論であった。石原の軍事理論は、ハンス・デルブリュックの理論を基礎に、七年戦争、ナポレオン戦争、第一次世界大戦の戦史研究を通じて形成された。[31]後に『最終戦争論』および『戦争史大観』[32]として完成する理論は、大きく二つの部分からなる。すなわち、第一に、戦闘単位が連隊から大隊、中隊、小隊、そして個人へと縮小する一方で、戦闘形態は線から面、そして三次元の立体へと発展するというもの。そして第二に、戦争には持久戦争と決戦戦争の二つの型があり、長期歴史的に持久戦争と決戦戦争は交互に現れるが、短期的に、持久戦争の中にも決戦戦争の要因があり、また、決戦戦争の中にも持久戦争の要因があって、両者は戦争の発展に応じて螺旋を描くかのように次第に一体化し、世界最終戦争に至る、というものである。ここでいう持久戦争とは、フリードリヒ大王による七年戦争のように、個々の会戦の勝利によっても戦局が決せず、戦争が長期に及ぶような戦争形態を指し、対して決戦戦争とは、ワーテルローの戦いで決着のついたナポレオン戦争のように、一つの会戦が戦争の全局の帰趨を決するような戦争形態を指す。とはいえ、七年戦争の場合、フリードリヒ大王にとって、オーストリアの外交革命により国際的孤立を強いられた中での開戦であり、機会を捉えて短期決戦を目指すというのが当初の意図であった。他方、ナポレオン戦争は、最終決着は一つの会戦によってつけられたが、全体的な戦局はむしろ、各国の経済力や外交が重要な役割を果たすなど、持久戦的に展開していた。

石原の軍事理論の内、後者の持久戦争と決戦戦争に関する理論は、満州事変を長期戦略の中に位置付ける意味を持った。石原は後に、「謀略ニヨリ機会ヲ作製シ軍部主動トナリ国家ヲ強引スルコト」[33]「戦争ヲ以テ戦争ヲ養フ主義ニヨリ」[34]などと記した。石原にとって満州事変は、フリードリヒ大王型の短期決戦を通じて持久戦争を戦い抜く戦略の一環として捉えられており、対して最終戦争に当たる日米決戦は、ナポレオン戦争型の、持久戦争を経過した上で行われる決戦戦争として捉えられていた。

情愛や決意、信念といった非合理的要素の強い宗教性やロマン主義と、論理で構成される軍事理論が石原において密接に結び付くのは、石原の思考様式の特徴に由来する。石原の軍事理論は、戦史研究に基づいて形成された体系的理論であったが、それは、長期的な歴史展開を類型的に整理することで作り上げられた宿命論的な推論でもあった。そのため石原は、持久戦争と決戦戦争の交互作用という理論を立てながら、なぜ持久戦争と決戦戦争が交互に登場するのか、という背景や原因の解析に関心を示さなかった。石原によれば、フリードリヒ大王は外交的な孤立を打開すべく、機会主義的な短期決戦を目指したが、個々の戦闘の勝利が国際情勢を変えたわけではなかった。したがって、フリードリヒ大王に短期決戦を決意させた環境は、むしろ持久戦争を余儀なくさせたわけである。対してナポレオン戦争は、各国の経済力や外交力といった戦力以外の諸要因が重要であったため、かえってそれらが特定の決戦の場に集中され、全局を決戦戦争にしたということになる。とはいえ、石原の『最終戦争論』や『戦争史大観』に、以上のような持久戦争と決戦戦争の相互関係は含意としてしか示されておらず、明記されているわけではない。石原はむしろ、戦争の類型化から得られた最終戦争なるものが何時の時点で到来するのかに関心を集中し、後にはそれを日蓮の予言に基づいて算出しようとさえした。

後の昭和十二年に支那事変が勃発すると、参謀本部第一部長の地位にあった石原は、不拡大派の立場を取った。かつての中国に対する攻勢的な態度から一転したわけである。しかし、こうした変化の激しい姿勢は、既にそれ以前から存在していた。石原の軍事理論の内、満州事変を理論付けたのは短期決戦を重視する統帥中心の部分であったが、昭和十年八月に参謀本部作戦課長として陸軍中央の要職に就いた石原は、日満統制経済に関心を移した。石原は体系的理論の構築に独特の感性を示したが、石原の持ち味はむしろその時々の情勢判断と対応の機敏さにあり、その限りで行動や関心の起伏は激しく、場当たり的であった。石原の軍事理論に対する関心も、大正期のドイツ駐在時代から満州事変以前の昭和初期と、陸軍中央から失脚して以降の時期が中心であった。さらに、上述の石原の中国観やアメリカ観、満州への移民論なども、石原の独自の観察というより、時流の観察に依拠していた。

西山茂は石原の宗教観について、世界的終末とその後の千年王国の到来に、軍人としての職分において応えようとしたものであったと述べている(35)。西山のように教学的視点から分析した場合、石原の思想は一貫していたが、そうした忠実さは行動面で、その場その時の状況に左右される機会主義的な傾向を生みだした。石原の思考様式も、分析的というより、当座の関心を体系化するところに重点があった。昭和三年十月に満州に赴任し、河本と共に満州における武力行使を検討した時、石原は純粋に統帥の論理を徹底することで満蒙の武力占領という展望を導き出し、そこから満蒙領有という結論を下した。石原は従来より、中国の腐敗とアメリカの物質主義に対する日本精神の普遍的意義を意識していたため、満蒙領有によって日中問題は解決し、アメリカとの対決が次の課題となるという展望を導き出した。その間に必要であったのは、半年程度であった。しかし、それからが問題であった。

一般に満州事変は、石原の満州赴任後、上述のような昭和四年七月の関東軍参謀旅行に際し、石原が満蒙領有論を提起したことで計画が具体化し、その延長線上に昭和六年九月の事変勃発を迎えたと理解されている。しかし、それは、事態の推移を単純化している。昭和四年七月に石原が命じた、佐久間大尉による「満州占領地行政」の草稿が完成したのは昭和五年九月で、十二月に印刷も完成し、三宅光治関東軍参謀長の承認を得た(36)。しかし、この間の関東軍の動向や情勢認識に関する資料は、ほとんど存在しない。石原関連の史料が再び利用できるようになるのは昭和六年に入ってからで、それは「謀略ニヨリ機会ヲ作製シ軍部主動トナリ国家ヲ強引スルコト」といった、事態の緊急性を訴える内容になっていた。状況は、かつての河本のように、切迫したものとして意識されていた。

昭和四年七月の参謀旅行は三日から始まったが、その前日の二日、浜口内閣が成立し、宇垣一成が陸相に復帰した。他方、満州では旅行中の十日に張学良が東支鉄道を接収し、十七日にソ連は断交を通告した。八月以降、ソ連軍は国境地帯で示威行動を活発化させ、十一月十七日に満州里に対する砲爆撃を開始した(37)。ソ連による武力行使は、石原らにとっても、重大な関心事となったはずである。しかし、中ソ紛争は国際的関心を呼んでおり、この時点で石原は、満州統治案その他の準備を進めつつ、事態の推移を静観するよりなかったのであろう。

石原は満蒙領有の必要を訴える際、独自の戦争史大観と対米戦争に備える必要を強調した。それは、石原にとって密接不可分の理論であったが、それが石原以外に理解、同調される可能性は低かった。板垣征四郎の場合、彼が石原と共に満州事変を引き起こしたのは、事変後の彼の行動に照らし、満州における武力行使論に便乗した名利心からであって、石原の理論や理念に共感したからではなかった。また、陸軍内に満蒙問題解決のための武力行使への気運が高まっても、それが満蒙領有支持に直結したわけではなかった。さらにそれに共感する場合でも、それをどう実現するか、という問題があった。

昭和五年十一月中旬から一か月間、永田鉄山軍事課長が朝鮮、満州、華北を視察し、奉天で石原や板垣と満蒙問題の解決方法について協議した。それまで陸軍内では、満蒙問題を解決するための案として、奉天政権を親日政策へと転換させる案、親日政権を樹立してこれと交渉する案、兵力に訴える案の三案が検討されていたが、結論は出ていなかった。永田は三案共に不同意であった。石原が、不同意の理由について質問すると、永田は真意を隠して実行に資するためとの趣旨を述べたという(38)。昭和五年末の時点でも、満蒙問題解決の方法について、陸軍内の見解は統一されていなかった。その意味で、石原が満蒙領有を構想した昭和四年七月の時点で、満州事変の勃発が決定的になったわけではなかった。

それどころか、昭和五年の政界は、ロンドン海軍軍縮会議をめぐって紛糾していた。軍縮の対象は海軍であったが、宇垣陸相下の陸軍は、陸軍への問題の波及を防ぎつつ、民政党との関係を優先していた。こうした中で浜口狙撃事件が発生し、昭和六年に内閣の退陣が必至になると、それに触発された宇垣閥内の権力への野心が三月事件を引き起こす。後述のように、陸軍上層部は日本の対外危機の解決より自らの権力欲を優先しており、これは、永田や小畑らの宇垣閥への不信をさらに高める原因となる。

一方、昭和五年七月三十一日から八月一日にかけ、満州と朝鮮の国境地帯の間島で共産党の指導する暴動が発生した。九月に吉林省当局は、共産党暴動の容疑者として十五名の朝鮮人を逮捕し、五日に銃殺した。さらに十月六日、朝鮮人に対する中国人の暴行事件に端を発し、龍井市内を巡回中の日本警官が中国軍部隊より射撃を受け、二名が即死、一名が重傷を負うという事件が発生した。李盛煥によれば、幣原外相は、中国との貿易関係や満鉄競争線問題を重視し、間島問題に強圧的に臨むことに自制的であった(39)。また、中国側も謝罪と賠償を行う意思を表明したため、この事件は大事に至らず、解決した(40)。しかし、この間、在満朝鮮人をめぐる日中関係は紛糾しており、この年、日本側は七百九人、中国側は九百八十人の朝鮮人共産党員を検挙していた[41]。

既述のように、明治四十二（一九〇九）年の間島協約は、間島居住朝鮮人の土地所有権を認めると共に、その司法管轄権を清朝に帰属させていた。しかし、大正四（一九一五）年の日中条約の成立後、日本は在満朝鮮人にも治外法権が適用されるという立場を取った。中国側はこれを認めなかったが、他方で中国側は、在満朝鮮人の帰化を進めることで紛争を避けようとし、さらに一九二〇年代、朝鮮人が日本の勢力拡大の尖兵になっているとの予断から、朝鮮人による土地取得を制限するようになった。こうした状況に対して在満朝鮮人は、中国に帰化した朝鮮人の名義で土地を共同購入して対応したが、その間、間島地方は日本の朝鮮統治に抵抗する破壊活動の拠点ともなった。そのため、大正九年には朝鮮軍による間島出兵という事態まで引き起こしていた。そこで日本側は、間島の領事館警察を増強する一方で、中国側にも破壊活動分子や共産党勢力の取り締まりを求めた。しかし、そのために中国側官憲と日本側領事館警察との摩擦が増加し、昭和五年十月の警官射殺事件まで惹起したわけである[42]。その上、中国側による朝鮮人の取り締まりは、在満朝鮮人全体に対する弾圧措置に発展しかねず、そうした事態は、日本の朝鮮統治に悪影響を及ぼしかねなかった。昭和五年から六年にかけて発生した満州における非常事態において、朝鮮人問題は重大な役割を果たしており、万宝山事件で頂点に達する。しかも、その直後に中村大尉事件が発覚する。ところが、こうした現地情勢の緊迫化に対し、宇垣閥の陸軍首脳は、表面的に強硬論を表明しながら、実質的に民政党との協力関係を優先していた。昭和五年から六年にかけ、宇垣閥に対する中堅幹部将校の不信感が強まる中で生じた満州情勢の緊迫が、関東軍の独断による満州事変勃発の決定的な要因となる。

三　要人暗殺と政権奪取計画の周辺

昭和五（一九三〇）年四月に調印されたロンドン海軍軍縮条約は、統帥権干犯問題を引き起こし、政友会の政府批判と枢密院における批准手続きの紛糾を招いた。しかし、政官界の大勢はロンドン条約を支持した。それだけに、条約に反発する勢力の、政府とアメリカに対する不信は強まった。ロンドン条約をめぐる政治的紛糾は、兵力決定権が政府に属するのか、統帥事項に属するのかをめぐって生じた。しかし、反対派がロンドン条約を批判した理由は、ロンドン条約によってアメリカに対する七十％の補助艦保有比率を認められず、特に大型巡洋艦の日米保有比率格差が一九三六年以降、拡大していくことになった点にあった。しかも関静雄が指摘するように、こうした、アメリカに対する兵力比率の問題は、中国問題とも関係していた。たとえば加藤寛治軍令部長は、次のように述べていた[43]。

之からの支那問題は、所謂幣原外交で米国と提携してやって貰うことを冀う次第であるけれども、米のエコノミック・ペネトレーションの慾望は日本を邪魔にして中々妥協を許すまい。斯くして利権の争奪が政治問題となり、そこに暗闘が起り、米国人のダイハードが言う如く支那問題は海軍の力で強行すべしと云う勢は到底消滅すべくもないと思う。故に幣原外交を平和的にやるにしても、将又《はたまた》最後の突っ張りをやるにしても、我々は彼の畏怖すべき何物かを持っていなければ足下を見透かされて米国一流の高圧手段を防止することは出来ぬと思う。

加藤のアメリカ不信は、一九二〇年代のアメリカ外交から生み出されていた。すなわち、一九二〇年代のアメリカは、パリ講和会議において国際連盟を創設し、中国問題で日本を批判しながらその後連盟に参加せず、さらにフランスに対する安全保障条約を拒否して不戦条約を締結し、中国の関税をめぐる一方的行動に各国が苦慮する中で米中関税条約を成立させていた。アメリカは、国際社会に対して反帝国主義を掲げ、他国の権利を制限しながら、自らの権利について譲らなかった。既述のように、加藤自身、ワシントン会議における毒ガス問題で、アメリカの独善的な権利主張の一端に接してもいた。加藤はそうしたアメリカの姿勢に、日本の兵力を制限することで日本を軍事力で封じ込めつつ、自国の権利を拡大していこうとするアメリカの戦略を感じ取っていた。

ロンドン海軍軍縮条約の成立により、日本とアメリカの補助艦保有格差が漸次拡大していくこととなった。これが、日本において昭和十年の危機が喧伝されるようになった理由であった。小林龍夫は、日本の軍部が、ロンドン条約によって英米との建艦競争を中断することに反対しながら、昭和十年の危機を煽動していくことを矛盾した態度として批判している[44]。しかし、これは、ロンドン条約がアメリカの実質的な軍拡を容認しており、日本側がそれに危機感を覚えていたことを無視した議論である。日本の条約反対派は、アメリカが日本に対して戦争に訴えることはないとしても、軍事力を背景に、中国における日本の行動を制約するのではないかと懸念した。それが、ロンドン条約に対する反発として表れたのである。

とはいえ、陸軍にせよ海軍にせよ、陸軍省と海軍省という軍政部門が条約支持の立場を取り、反対派を抑えた。伊藤隆によれば、陸軍では宇垣一成陸相が政府に協力的で、統帥権干犯問題に関わることを回避した[45]。対して海軍においては、東郷平八郎元帥や加藤寛治の態度が一貫しなかった上、財部彪海相の指導力が不十分で、混乱と主要人事の更迭の末に条約承認が確定した。ロンドン海軍軍縮条約をめぐっては、浜口内閣の関係方面に対する事前調整の欠如により、不要な混乱を招いたが、それ以上の政局には発展しなかった。最終的に、浜口内閣に決定的な打撃を与え得たのは、佐郷屋留雄による浜口狙撃事件でしかなかった。

橋川文三は、昭和期の要人暗殺の端緒を朝日平吾に求め、大正十（一九二一）年九月二十八日の朝日による安田善次郎暗殺と、士族としての身分意識に由来した明治期の要人暗殺の違いとして、朝日における感傷性と急進的な被害者意識の存在を指摘している。その上で橋川は、昭和期の要人暗殺に、自我意識や人生論的煩悶が政治化していく過程が介在していたと論じている[46]。佐郷屋留雄も大正十年から二年ほど、兄に連れられて武者小路実篤の新しき村に滞在しており、[47]石原莞爾に通ずるロマン主義を共有していたようである。

朝日は安田殺害に際し、「死ノ叫声」と題する斬奸状をしたためた。朝日はその中で、次のように記していた[48]。

吾人ハ人間デアルト共ニ真正ノ日本人タルヲ望ム。真正ノ日本人ハ陛下ノ赤子タリ、分身タルノ栄誉ト幸福トヲ保有シ得ル権利アリ。併モ之ナクシテ名ノミ赤子ナリト煽テラレ干城ナリト欺カル、即チ生キ乍ラノ亡者ナリ、寧ロ死スルヲ望マザルヲ得ズ。

後の青年将校も、国民としての責任感と純粋な生き方を追求する感性に基づいて、社会を指導すべき立場にある権力者の無能、無責任、偽善を排斥しようとした。一九二〇年代、日本においても一定の民主化が進むことで、かつての身分意識は社会的機能を低下させていた。その結果、政官財界の指導者が国民に負担を課すためには、指導者自らが率先して負担を負い、自らの利益より国家や国民の利益を優先する姿勢を示すことで、国民の主体的な貢献意識を喚起していく必要が生じていた。そうでなければ、国民は政治家の私利私欲のために一方的に負担を背負わされているかのような印象を与えたからである。しかし、国民が政治家に批判的であったとしても、一般国民に、権力者に対して対等の立場から意見を表明する手段や機会が与えられていたわけではなかった。そこで朝日や佐郷屋、青年将校らは、政治権力の腐敗を排除し、あるいは政治責任を明確化するため、自らの人生を犠牲とする、最終手段としての実力行使を肯定した。その点で彼らの心情は、張作霖爆殺事件を引き起こした河本大作と通ずる部分があった。また、純粋な生き方を追求する姿勢が批判対象に対する攻撃的感情を伴った点で、石原莞爾とも部分的に通じていた。

後に井上日召の指示を受け、井上準之助を殺害する小沼正は、浜口狙撃事件を知って、友人たちと共に「いよいよ時節到来か」「佐郷屋君におくれをとるな」と気負い立ったという。小沼はロンドン軍縮会議に関連し、金解禁に伴う国民の苦境を記した上で、次のように回想している[49]。

［…］この会議は、日本の補助艦艇制限を目的として、イギリスとアメリカが仕組んだ謀略のための会議であった。先のワシントン条約でも、イギリスとアメリカは、日本の主力艦の制限に成功していた。ところが日本海軍は、弱体化した主力艦を補うために涙ぐましいまでの努力と訓練の結果、世界に冠たる優秀補助艦艇をつくりだしていた。これを見て再び日本海軍の脅威を感じたイギリス、アメリカは、今度は日本補助艦艇の制限削除をもくろんで軍縮会議を打ち出した。［…］

［…］

ロンドン会議がはじまると、日本の社会はあげて海軍の主張に同調し、政界も言論界もこれを強く支持した。容易ならざる事態にあるとみたアメリカは、駐日大使キャッスルに二百万ドルもの大金をばらまかせて、日本の上層部の買収工作を行ったといわれた。この結果、日本の政財界、言論界は一夜にして条約賛成派へと転向していったのである。「世界平和のために軍縮は大賛成」「不況下の減税のためにも大歓迎」などと主張し、海軍は支配階級から完全に孤立させられてしまった。

ロンドン軍縮会議をきっかけに、浜口内閣への反発が国民の一部に生まれた理由は、政府が国内で国民に負担を課しながら、対外的に日本の主張を貫徹できず、国益より私利私欲を優先しているという観測がなされたことにあった。一九二〇年代の民主化は、国民的な大国意識を形成する一方で、政界の腐敗に対する反発を強める結果をもたらした。アメリカによる日本の政界への買収工作という、根拠のない憶測が一部に広がったのも、それだけ政財界に対する不信感が強かったためであった。

従来、佐郷屋による浜口狙撃事件に始まる昭和初期の政治的暗殺事件や、より一般的な天皇中心の国民統合を目指す思想を、国家主義、全体主義、軍国主義、ファシズムなどの概念によって捉えようとする見方が支配的であった。しかし、要人暗殺は日本に特殊な現象であったわけでなく、アメリカにおいても、一九三二年の大統領選挙において民主党候補のフランクリン・ローズヴェルトが狙撃されている[50]。要人暗殺自体、民主主義社会でも起こり得る現象であって、むしろ民主化に伴う国民意識の多様化には、要人暗殺を触発、助長する側面もあった。他方、イギリスにおいても、第二次マクドナルド内閣は労働党政権として、自由主義経済政策を堅持しながら労働者階級における愛国心を掲げ、国内における社会保障の維持と対外的な帝国の統合を進めることで、世界恐慌に対処しようとした。民主化に伴う国民的な政治意識の形成は、一般的な世界的現象として、国民が伝統的価値観を主体的に受容するという現象を伴っていた。権力者と一般国民の区別を捨象し、国民における愛国心や尊皇意識の形成、そしてそれが急進化することで発生した要人暗殺事件を「ファシズム」と一括する見解は、丸山真男に典型的な、偏見に過ぎない[51]。

後の青年将校運動の先駆的な位置を占めた海軍の藤井斉は、昭和三年三月、海軍内の弊風打破、道義による世界統一、白人の横暴打破や有色人種の解放などを掲げて王師会を結成した。藤井は大正十一年に海軍兵学校に入校し、在学中より大川周明や満川亀太郎、西田税などと接触していた。王師会は、海軍兵学校を中心に北一輝の「日本改造法案」やパンフレットを配布するなどの啓蒙活動を行っていた[52]。しかし、昭和四年十一月、飛行学生として霞ヶ浦に着任した藤井は、翌年一月に権藤成卿、井上日召と出会う。藤井は同年一月二十二日付の書簡で、次のように記していた[53]。

大衆自覚なくんば維新あらむも失敗に帰す。而して改造の端緒は、大衆の経済的貧窮の原因を知ること、人間らしき生活をなし得ざる――自尊心を蹂躙せられ、才能あるも学校に入られず、出世は出来ず、黄金大名の奴隷たる境涯より自由ならむとする気運を爆発せしむるにあり。このために既成指導階級の不正義暴露及倒壊運動の必要あり。

藤井も朝日平吾のように、国民の自主、自立を目指す立場から、思想を急進化させていた。藤井は浜口狙撃事件後の十二月、大村航空隊付となり、九州に転任した。しかし、藤井は翌年になると、宮城奪取計画まで夢見たりするようになった。これは一つに、浜口内閣総辞職の見通しが強まる中、宇垣一成陸相が首相になるという観測や、大川周明が宇垣の担ぎ出しを図っていることが伝わり、宇垣を「ケレンスキーたらしめんとの計、識者の一致する処」と判断したことによる。とはいえ、藤井は昭和六年二月十二日の日記に、次のように記していた。[54]

生活の不安は大衆殆んど総てのこと、男女の調和を得ざるも生活と特権階級制度の為なり。而して才能あるも延す能はず、地位に就く能はず、悶々として生命力強きものは遂に英雄的感情に駆られて左傾す。吾人の革命精神は即ち之と異る所以は私を棄てゝ他を救はんとすることにあり。生活、婦人、権勢、此の三大根本慾望を抑止し、捨て、天下の民衆に之を満足せしめ、而して道義を向上せしめんとするにあり。犠牲の二字、之日本革命の戦士が最も重んずべきものにあらずや。共産主義者等と異る点はこゝに存すにあらずや。又彼等は時、処、位を知らず、物を具体的に見る明を欠く。唯物史観を説きながら余りにも観念的、公式的なり。彼等は遂に旧勢変遷の潮騒に終るべし。吾人の精神運動が彼等を克服し併合せむ。之日本革命の一部なり。

「時、処、位」に言及されているように、藤井にとって、国民が所与の環境の中で最善を尽くし、政治や社会の指導者は国民の能力に応じた機会を与え、人材配置を行うというのが、理想的な国家、社会の在り方であった。それが実現しないのは、責任者や指導者の無能と私利私欲に基づく現状固定化のためであり、それを矯正する上で必要なのは、利己心と対極的な犠牲精神の存在を示し、日本全体の精神的転換を図ることであった。[55]

他方、こうした藤井の犠牲精神に比べると、昭和六年初めに大川が中心となって画策し、藤井も若干の期待を寄せた三月事件は、以下のように過大な幻想に過ぎなかったばかりか、指導的立場にある軍人が、腐敗した政府に代わって自ら権力を奪取しようとする偽善に満ちたもので、結果的に井上日召や、権力を有さない青年将校らをさらなる急進的な単独行動へと促した。その意味で、青年将校運動と三月事件を、ファシズム運動の同一線上に捉える見解は、予断と偏見に基づいた非分析的な理解である。

昭和六年の三月事件に関しては、「〇〇少佐の手記　所謂十月事件ニ関スル手記」と題する怪文書が存在している。これは、昭和九年十一月の士官学校事件の後、陸軍を停職扱いとなった村中孝次と磯部浅一によって配布された「粛軍ニ関スル意見書」に付録として付された文書であり、事件の概要を記した史料という以上に、三月事件に関する青年将校側の情報や認識を明らかにする史料となっている。著者である田中清少佐自身、「軍部今回の挙は純然たる一の『クーデター』」としており、事件の概要について次のように記していた。[56]

一月九日宇垣大将は政界に乗り出し内閣を組織すべき決心を固めたり。

一月十三日宇垣大将は杉山次官、二宮次長、小磯軍務局長、建川部長、山脇（作戦）課長（但し当日は代理鈴木真一〔貞〕中佐）、橋本中佐、根本中佐と共に国内改造の為め方法手段を協議す（確実なる情報）。

昭和六年一月初旬参謀次長二宮中将は橋本中佐に対して左の要旨のことを示す曰く、

愈々宇垣大将が乗り出すにつき変革の為に必要なる計画を作製して出すべきこと。

橋本中佐は此の言を信じ、直に坂田中佐及吾を陸軍省調査班の支室に伴ひ、次長の言に従ひ愈々活動するため計画を作るべきことを求む。［…］

橋本中佐は直接次長に就き其真意を確む。之に依りて得たる情報左の如し。

1、宇垣大将乗り出しに賛成しある軍部の主脳者、参謀次長、建川少将、小磯軍務局長、永田軍事課長、岡村補任課長、重藤支那課長、山脇第二課長、

陸軍次官は其態度明かならず、

2、宇垣大将の乗り出に就き要すれば兵力を使用するを辞せず、

3、軍隊方面にも十分なる諒解あり、

4、建設すべき未来社会政綱政策等は上級者に於て作為すべきを以て政権奪取の方法を立案すべきこと、等。吾人等は其計画を作ることゝなれり。

この文書は、青年将校側の情報に基づいて作成されたものであって、三月事件の客観的全体像を示す史料ではない。にもかかわらず、司法省刑事局「右翼思想犯罪事件の綜合的研究」にも援用され、三月事件の全体像として誤解されている。[57] 後に青年将校は、三月事件を右の引用のように、陸軍首脳による政権奪取計画として理解した。しかし、岡村寧次が首謀者に含められ、あるいは真崎甚三郎と目される「某中将」が議場で現内閣への不信任を表明するという計画など、事実誤認や脚色が少なくない上、ここで記されている事件の全体像も、その実態は青年将校側の過大評価に過ぎなかった。

三月事件については、関寛治をはじめ、[58] 研究史的に計画の実在を有力視する見方が支配的であるが、断定を避けるのが通例である。事件に不明瞭さが残る主な理由は、事件を主導した主要当事者の間で、回想や証言が食い違っていることにある。三月事件の推進者には大きく三つの集団があった。第一に、小磯国昭陸軍省軍務局長および建川美次参謀本部第二部長という陸軍の部局長、第二に、橋本欣五郎参謀本部ロシア班長、重藤千秋参謀本部支那課長ら、桜会に結集した中堅将校、第三に、大川周明とその周辺である。さらにこれらの周辺に、宇垣一成陸相、永田鉄山や岡村寧次、青年将校、さらには無産政党や徳川義親といった人々まで関わり、問題を複雑にしている。

三月事件のきっかけは、昭和五年十一月十四日の浜口雄幸首相の狙撃事件とその後の政局の推移であった。浜口の負傷後、幣原

外相が臨時首相となった。しかし、十二月以降、内閣の退陣が予測されるようになり、宇垣一成も首班候補と目された。宇垣も首相就任に意欲を持っていた。その上、政友会が議会において、ロンドン海軍軍縮問題の批准に関し、幣原が昭和六年二月三日に行った発言を失言とし、議会の混乱と一週間の停会を引き起こした。三月事件の計画は、議会を群衆で包囲する中、建川らの工作で宇垣内閣を擁立するというもので、それは以上のような内閣交代の気運と議会の混乱を背景に、おそらく昭和六年一月から二月半ばぐらいのおよそ一か月程度の間に構想され、三月中旬までに中止に至った。計画は長期的な構想に基づいていたわけでなく、むしろ機会主義的、場当たり的なものに過ぎなかった。そのため、事件の当事者の間にも同床異夢的な齟齬があり、それが回想の矛盾を引き起こしているわけである。

事件の主要当事者の中で、事件につながる背景的な動きを最も早く見せていたのは、橋本欣五郎である。橋本は、昭和五年六月に帰国するまでトルコ駐在武官を務め、七月に参謀本部ロシア班長に就任した。橋本の回想によれば、帰国後直ちに建川第二部長に対し、国家改造の必要を論じたという[59]。橋本は、ケマル・パシャへの傾倒に表れた英雄主義や、ソ連研究に基づく統制経済や全体主義に対する関心から、自由主義排撃の立場を鮮明にした。しかし、この時点で橋本の意見は容れられなかった。そこで橋本は、九月下旬（十五日とも）に桜会を結成した。その一方で、大川もおそらく浜口狙撃事件以降、軍部に働きかけて事件を起こそうとする構想を持ち始め、昭和六年一月には、門下の中島信一を通じて水面下で動き始めていたようである[60]。中島は拓殖大学在学中に大川の教えを受け、卒業後に入隊、上海駐在武官を務め、昭和三年に除隊した。しかし、その後も重藤千秋と密接に関係を保ちながら、東亜経済調査局で大川の秘書となっていた[61]。

橋本によれば、三月事件の最初の構想は橋本自身によるもので、幣原発言問題で議会が紛糾した直後、彫刻家の朝倉文夫との会話の中で、宇垣に議会を欠席させ、その間に東京を騒乱状態に陥れ、宇垣への大命降下を図るという構想を語ったところ、賞賛され、そこで直ちに建川に自説を述べ、支持を得たという。建川は翌朝、杉山元、二宮治重、小磯国昭に橋本の構想を勧め、さらに鈴木貞一、根本博、重藤千秋らも交えて協議したところ、当初小磯や鈴木は批判的であったものの、結局全員が橋本の構想を支持するに至ったという。その後、杉山らは宇垣に面会したが、橋本が聞かされた宇垣の反応は、「東京が騒乱状態に入らば出馬すること敢へて辞せず」であった。そこで橋本は、東京を騒乱状態に陥れるための計画を大川周明に一任したという[62]。ただし、以下に記すように、建川は橋本からの働きかけ以前に宇垣首班について考慮していた可能性が高く、その点で宇垣擁立に関する限り、橋本の影響を過大評価できない。

大川が東京を騒乱に陥れるための手段としたのは、右翼や無産政党による議会の包囲であった。二月五日、中島信一は重藤に呼ばれて参謀本部を訪れ、大川との連絡を依頼された。そこで翌六日に重藤と橋本が、七日には重藤と建川が東亜経済調査局に大川を訪ねて会談した。この場で陸軍側から、陸軍は直接無産政党を利用できず、大川が無産政党への働きかけを行い、それとの合作でなら、無産政党を利用したいという趣旨が伝えられた。しかし、大川は即答しなかったという。(63) 陸軍の支援を期待していたのに、それが得られなかったためであろう。大川はその後、右翼方面や無産政党に働きかけたが、資金不足のため、陸軍の計画中止後に徳川義親への無心に及ぶ。以上の動きからすると、三月事件は、橋本や大川が政党内閣を打倒しようとしてそれぞれ独自に構想し、始まったようである。しかし、これに宇垣擁立という構想が加わるのは、建川および小磯らの動きが合流してからのことで、建川らの動きは、後述の大川証言によれば、橋本の回想より先行する一月中のことであったらしい。

建川は、自分と小磯が事件の中心で、「小磯は国内問題、僕は満州問題を話し合った」「国内を何んとかせねばならぬと小磯が力を入れ」、それが三月事件につながったと述べている。建川によれば、宇垣は軍隊の使用に反対していたが、建川と小磯は宇垣内閣の樹立で意見が一致した後、二宮治重参謀次長と杉山元陸軍次官を説得し、四人で宇垣を説得したという。その結果、紀元節の二月十一日、宇垣は「遂にわれわれの切なる勧説を容れて承諾した」。これを受けて大川を小磯より宇垣に紹介させ、さらに小磯が計画者となって準備を進めたという。これと同時に建川は、擬砲弾を用意して橋本に引き渡したと証言している。(64)

とはいえ、建川が共に中心的役割を果したとする小磯は、建川と対立する証言をしている。小磯によれば、昭和六年二月二十日頃に大川から面会の希望があり、折しも来訪した岡村寧次と共に会見した。大川は、時局に対する宇垣の憤慨や倒閣の方法を語り、爆弾の融通を依頼したという。小磯は承諾しなかったが、大川は宇垣との会見について仲介を求め、その後、宇垣の希望で大川の計画書を取り次いだ。小磯は、大川の計画が杜撰であったため、永田鉄山に修正を命じ、その後、永田に計画への反対を明言しながらも、永田が不本意に作成した書類を受け取った。(65)

ところが、大川周明の検察聴取書によれば、昭和六年一月頃、宇垣が田中義一にならって政党に入るという噂が流れ、大川は小磯か建川より、宇垣の政党入りは好ましくないとして、宇垣の意向を確かめてほしいという依頼を受けたという。そこで大川は、二月十一日に宇垣を訪問した。対して宇垣は、政党入りしないこと、政治改革が必要であり、国家のために命を投げ出す用意があることを伝えた。その後、小磯も同様の意向を確認したとのことで、そこで大川は、建川や小磯らと一緒に計画を遂行することになったという。(66) ただし、大川の証言は取り調べに対するものなので、責任転嫁の嫌いがないわけでもない。

建川、小磯、大川の証言は三者三様であるが、建川と大川の証言によれば、宇垣の意向をさぐるため、大川が小磯の紹介を受けて宇垣と面会したことは確かなようである。特に建川の証言を重視すれば、それは建川らが宇垣の意向を打診した後らしく、これは小磯の回想でも、それをごまかしながら記したように読めなくはない。上述のように、大川や橋本は、浜口狙撃事件後の政局の流動化の中で、政党内閣ないし議会政治を打倒しようとし、宇垣の擁立を考慮するようになった。対して建川や小磯は、宇垣が政界入りし、首相になる意向があることについて、確信に近い判断を下していた。ところが、建川らにとって、二つの問題があった。第一に、宇垣内閣は政党の腐敗打破や満蒙問題の解決という点で望ましかったものの、それが宇垣の政党入りにより民政党内閣として実現することは、好ましくなかった。宇垣内閣を実現するならば、非政党内閣として実現する必要があった。しかし、第二に、建川らは宇垣によって陸軍内の要職に起用されたが、建川らと宇垣の関係は人事と職務上の関係にとどまり、信頼関係の裏付けを伴っていなかった。そのため、建川らは宇垣の意向を推測するよりなかった。(67)そうした折に、橋本や大川より、政党内閣打倒に向けた協力を求められたのである。そこで建川らは、宇垣の政界入りの意思は固いという認識の下で、宇垣の政党入りを阻止しつつ、中間内閣への意思を固めさせようとしたのであろう。建川らが宇垣を説得したというのは、おそらく宇垣の意向を探り、あるいは自らの望む方向に宇垣を誘導するためであった。といって、宇垣の発言は常に曖昧であったため、大川を通じて真意を確認し、あるいは決断を促そうとしたのであろう。

建川らの宇垣内閣への期待は、陸軍予算の増加や満蒙問題に対する強硬措置を政府に実行させることを主とし、さらに建川らの地位の安定や向上を図るという野心的な側面もあった。したがって、政権奪取といっても、建川らによる独裁政権や、宇垣傀儡政権を目指したわけではなかった。建川らにすれば、自分たちの活動は政局の流動化に便乗した間接的な倒閣運動に過ぎず、多少の職権乱用程度の認識でそれを合理化できたのであろう。しかも、橋本らが倒閣運動に熱心であったため、それを利用して民政党内閣を阻止できる可能性もあった。建川が橋本の策動に便乗して擬砲弾まで工面したのは、建川自身が認める情勢判断の甘さに加え、以上のような考慮があったためであろう。

対して小磯は、宇垣内閣実現のための計画書を永田に作成させながら、回想では、自分が計画に一貫して反対し、大川に対して岡村と共に計画中止の説得に当たったと記している。小磯の回想には、小磯が建川と共に宇垣の意向を打診しようとしたことや、大川との関係について、相当の省略ないし修正が入っている可能性が高い。建川や大川の回想に照らし、小磯は大川と宇垣の仲介をしたのであろうが、小磯はそれを宇垣の責任に転嫁した。さらに永田自筆の計画書は、宇垣内閣実現のための奏請手続きを記したものであった。(68)後の昭和十二年一月、宇垣が首班指名を受けながら組閣を断念した時、「小磯の軽挙が招来したる三月事件」(69)として、小磯を日記の中で非難している。おそらく永田の計画書についても、小磯がそれを宇垣に提示し、宇垣の真意を探るか、決断を促すための材料として用意された可能性がある。また、後の昭和十年七月、真崎甚三郎の教育総監罷免のための三長官会議において、真崎より永田計画書が提示される。その後、林銑十郎陸相の事情聴取に対して永田は、「軍隊出動ノ場合ノ研究」を命ぜられ、「治安維持出兵ノ為メノ注意書ヲ発行」したり、「国家改造ニ関スル作業ヲ呈出」したりしたことはあるが、これは「軍事課トシテ研究セルモノ」で、「何レモ非合法ノモノハナシ」と弁明している。(70)永田にしても、非合法手段に反対しながら、非常事態に際しての宇垣内閣の成立自体は容認していたようである。永田は小磯の指示で計画案を作成したが、小磯に意見するわけでなく、むしろ事態の推移の中で好機をつかもうとしたのであろう。これは、永田の機会主義的謀略気質の表れでもあった。

　大川によれば、三月上旬頃、小磯の自宅に永田、岡村、大川が集まったが、永田と岡村が計画に反対したため、秘密裡に小磯と大川で計画を進めることになった。しかし、三月中旬頃に宇垣が「陣頭に立つことを断念したから」として、大川に中止が申し入れられたという(71)。小磯、永田、岡村、大川の会談について、岡村日記の二月二十一日の条に、「午後八時小磯少将邸を訪ひ永田、大川ら四人時局を討議す」と記されている。この時点で計画は表面上、中止に決まった。二十四日の岡村日記には、「正午中島来訪、大川が陸軍に対し大いに怒りおりて本夜予らとの会見も見合せる由申出あり」「大川の性格としてもさもあるべし。参本の軽挙過激派のためなり致し方なし」と記されている(72)。小磯にすれば、事を荒立てないためなのかもしれないが、とにかく小磯は、相手次第で言動を頻繁に変えていた。当然、その回想も、事後の自己正当化を多く含んでいるはずである。この後、三月六日に大川は、宇垣に蹶起を促す檄文調の書簡を送った。最終的に小磯は、河本大作を仲介に立て、「陸軍側宇垣大将の寝返りにより総崩れ」という理由で大川を説得するよう依頼した(73)。

　これより先、二月十三日に大川は清水行之助を通じて徳川義親に資金提供を求め、三月三日と十三日に資金が渡されていた。徳川義親は、徳川家の顧問であった八代六郎大将より清水と大川の紹介を受け、清水に黒龍会との紛争を調停してもらったことがあったという。しかし、河本は徳川義親を説得した上で共に大川と会見し、大川は計画の中止を決断した。ところが、清水の手に渡った擬砲弾三百発は、直ちに返却されなかった。擬砲弾は、建川の紹介状で歩兵学校から持ち出されたが、清水は将来のため、それを新橋の東都運送会社の倉庫に隠匿した。清水が小磯を陸軍省に訪れ、返却に至るのは、昭和七年一月であったという(74)。

　宇垣の真意について、建川や小磯が一貫して確信を持っていたとは考えられない。後に「粛軍ニ関スル意見書」と共に村中孝次と磯部浅一によって配布された「○○少佐の手記」の三月事件に関する項目は、「一月九日宇垣大将は政界に乗り出し内閣を組織すべき決心を固めたり」と記しているが、これは桜会の田中清少佐に入った情報であって、橋本欣五郎あたりの誇大宣伝であった可能性が高い。他方、宇垣は、戦後の矢部貞治からの聞き取りに対し、次のように答えている(75)。

> 三月六日付で大川から手紙を貰つた。［…］私は返事もやらなかつた。そのうち、三月九日か十日に二度目のデモがあつた。今度は充分やるという触れ込みだつたが、人数が若干増加し、亀井貫一郎が負傷したくらいのことであつた。その報告を聞いて、「泰山鳴動だネ」と言つたことだつた。
>
> 　ところが更に三回目をやるというから、私は小磯と杉山に、「つまらん」と言つた。然るに今度は軍隊を貸してくれというから、言語同断［道］だと拒絶した。これが彼に「宇垣変心説」にな

つたのだ。そして私の変心で事が敗れたと信じた連中が、後に私の組閣を妨害した。しかし私としては初めから変心も何もないのだ。ただやめさせたのは私であつた。

大川の手紙は三月六日付で貰つたが、三月事件は既にその前からやつていたことで、私に何の関係も無い。[…]局長連中は大川に、「おやじは大丈夫だ」位のことは言つたかも知れぬし、大川も宇垣の名を利用したのであろう。そこから「変心説」が出たわけであろうが、それを悪用したのは皇道派だ。この変心説で私の暗殺計画まであつた。

二月二十一日の時点で、小磯は永田や岡村に調子を合わせ、態度を一変させて計画に反対し、大川を激怒させていた。大川の回想によれば、その後も小磯と極秘で計画を進めることになっていたというが、それが宇垣の回想に記されている程度の宇垣煽動であったとすれば、小磯の言動は、永田や岡村と大川の双方に対する背信行為であった。小磯の行動は、辻褄合わせを繰り返し、自分に責任が波及しないように予防線を張りながら他人を動かそうとするものであって、実際に擬砲弾を工面した建川の方が首尾一貫し、自らの言に責任を持つ行動を取っていた。これに対して小磯は、過度に煽動的な、しかも陸軍が関与しない中で政変が発生する楽観的な見通しを述べた上で、宇垣の蹶起を促していた可能性が高い。それは、政権奪取計画というより、宇垣内閣の成立に備えた宇垣への阿諛追従であった。しかも小磯は、宇垣を動かすことに失敗して以降、大川らに対して宇垣の「変心」「寝返り」を強調し、その暴発を抑えようとした。それが戦後の回想に見られる自己正当化につながるわけである。

宇垣が三月事件に関し、厳正な処分を下さなかったのは、事件の露見から自らの責任問題が生じることを恐れた部分もあったろうが、おそらく小磯の的はずれな言動と保身のための予防線によって、宇垣の中で三月事件に関する危機感が薄く、計画を小磯と大川の茶番程度に過ぎないものと認識し、さらに建川や桜会による擬砲弾の不正流用ついて認識しないまま、四月十四日の浜口内閣総辞職を迎えたためであろう。一方、岡村は二月二十八日の時点で、「大川はなお陸軍を誤解しあるが如し」と記し、さらに三月二十日の日記に次のように記した。(76)

朝中島来訪、大川は愈々非合法的改革運動を中止する悲壮の決心をなせし由告ぐ。

予は最初より軍最高首脳が同意せざるべきを判断し戒しめたるに聴かず遂に今日に至る。大川は今更に及び永田に申訳なかるべし。いい加減に大川を煽動したる陸相、小磯、建川、重藤らと正直に不成功を告げて戒しめたる河本、永田、予といずれが誠意ありやと反問してやれり。

大川来信要旨「昨日の敵は今日の友、昨日の友は今日の敵。やはり君は純心の友」

岡村が計画に反対したのは、非合法であることに加え、陸軍首脳に対する不信感からであった。他方、「○○少佐の手記」は、事件後の桜会の反応について、次のように記している。[77]

三月事件不成功に終るや、橋本砲兵中佐は鋭意桜会を拡大強化し、其の行動を活潑尖鋭化せしめ、同会幹部級の言動激越となれり。之と同時に同会幹部中の一部の者の豪遊に対し激しき非難の起るあり、即ち桜会幹部中の或る若干の者は名を研究同会指導の方策樹立の為と称し、屢々豪遊を継続し、之を知る者は彼等が桜会を好餌とし三月事件に当り機密費を私しつゝあり等々と非難す。吾が某幹部級者に就き糺したる結果、此の非難は恐らく三月事件に関しての重藤大佐、大川博士等の遊興を指すならんと。果して何れが真なるや。

事件の中止後、三月二十日に大川は徳川の設けた築地での慰労会に出席し、旅行に出かけた。他方、二十三日頃に中島は、本郷湯島の待合に、重藤、橋本、長勇らを招待した。三月事件が計画された二月から三月にかけ、清水行之助は徳川義親より二十万円を受け取ったが、清水は九月までにその内の八、九万円を大川に渡した。さらに事件処理のため、橋本中佐に五千円が渡され、抜刀隊員約三十名の遊興費として五万円が消費されたという。[78] 前年十一月の浜口狙撃事件に際し、佐郷屋留雄は半年間の苦悩と決死の覚悟を経たのに対し、三月事件はクーデタ未遂事件という以前に、陸軍内の相互不信や権力への阿諛追従、軽率、虚栄、規律紊乱や腐敗から生じた一過性の虚業に過ぎなかった。三月事件に関しては、建川と特に小磯の言動が常軌を逸している。小磯の言動は、一つに宇垣内閣成立の可能性と、張作霖爆殺事件後の陸軍上層部に対する中堅将校の不信感の高まりの中で、自らも野心を拡大させながら、一方で下僚の意見をうかがいつつ、かといって宇垣に正面から意見できない状況から生じていた。対して建川は、満州に対する強硬論にも流され、職務上の自制心を失い、安易な政変計画に同調するようになったのであろう。その意味で三月事件は、政党に対する軍部の批判というより、政党政治の腐敗と並行した、陸軍上層部の規律弛緩によって生じたものであった。

ロンドン海軍軍縮条約をきっかけに、昭和五年から翌年にかけて民間と軍内で急進的活動が展開された背景は、アメリカの強硬姿勢を日本に対する封じ込め政策と捉え、しかもそれに対して日本政府が大幅な譲歩を余儀なくされた理由を、日本政府の交渉力、責任感、危機意識の欠如と、政財界の腐敗に求める観測がなされたためであった。折しも、世界恐慌の影響で日本の経済不況も深刻化しており、そうした中での日本政府の対外的譲歩は、政府が国民に対して過大な負担を課しながら、対外的な責任を十分に果たしていない結果として受け取られた。ただし、そうした政府の姿勢を正そうとした時、急進運動の内部で方法論に違いが生じた。民間の急進派や青年将校は、要人暗殺による政財界の浄化を肯定したが、これに対して宇垣陸相の取り巻きに当たる陸軍上層部は、予想される内閣交代に向けて自らに好都合な政治状況が生まれるよう、しかし自らに責任が波及しないよう画策した。とはいえ、そのような、自らが先頭に立たず、他人を動かそうとする画策が成果を挙げるわけもなく、三月事件が中止になった後、小磯は各方面に責任をなすりつけ、後々の禍根を残した。

満州情勢が緊迫化したのは、陸軍上層部がこのような状態にある中でのことであった。したがって、このような陸軍上層部に満州事変を収拾できる能力などなく、その後の過程で青年将校や民間の急進派をさらなる絶望的行動へと促すことになる。

四　満州事変の勃発と十月事件、荒木陸相擁立運動

一九二〇年代後半の満州における排外主義の昂揚や治安の悪化に関連し、満州青年連盟は後に回顧して、当時の国民的な「無知」「無関心」と合わせ、政府の姿勢を次のように批判している。(79)

在満同胞はかゝる窮状を辿りつゝある時、六年三月幣原外相の貴族院に於ける答弁として伝へらるゝ処によれば『在満同胞は徒らに支那人に優越観を以て臨み、且つ政府に対し依頼心を有する事が、満蒙不振の原因である』との事である。

此の外相の言は、在満同胞を侮辱する暴言であるとなし、さなきだに、窮地に追ひつめられたる同胞を激昂せしむるに充分であつた。

つまり、政府の姿勢は、ロンドン海軍軍縮条約への批判と同様、外国に対する「妥協と事勿れ主義に終始するのみ」で、国民に負担を転嫁するものと受け止められたのである。こうした現地情勢の中、昭和六年五月、石原は「満蒙問題私見」と題した文章で、次のように記していた。(80)

我国ノ現状ハ、戦争ニ当リ挙国一致ヲ望ミ難キヲ憂慮セシムルニ十分ナリ。為ニ先ツ国内ノ改造ヲ第一トスルハ一見極メテ合理的ナルカ如キモ、所謂内部改造亦挙国一致之ヲ行フコト至難ニシテ、政治的安定ハ相当年月ヲ要スル恐尠カラス。

［…］

［…］若シ政治的安定ヲ確信シ得ヘク且改造ニ関スル具体的計画確立シ、而モ一九三六年ヲ解決目標トセサルニ於テハ、内部改造ヲ先ニスル、必スシモ不可ト称スヘカラサルモ、我国情ハ寧ロ速ニ国家ヲ駆リテ対外発展ニ突進セシメ、途中状況ニヨリ国内ノ改造ヲ断行スルヲ適当トス。

国家カ満蒙問題ノ真価ヲ正当ニ判断シ、其解決カ正義ニシテ我国ノ業務ナルコトヲ信シ、且戦争計画確定スルニ於テハ、其動機ハ問フ所ニアラス。期日定メ彼ノ日韓合併ノ要領ニヨリ満蒙併合ヲ中外ニ宣言スルヲ以テ足レリトス。

然レ共、国家ノ状況之レヲ望ミ難キ場合ニモ、若シ軍部ニシテ団結シ戦争計画ノ大綱ヲ樹テ得ルニ於テハ、謀略ニヨリ機会ヲ作製シ軍部主導トナリ国家ヲ強引スルコト必スシモ困難ニアラス。

石原は本来、個人、家庭の完成から社会、国家の完成、そして

世界の完成へという展望を持ち、右のような、外部からの作為を通じて急激な国家改造を目指す理念を持っていなかった。それが、中国への失望とアメリカへの反発、そして張作霖爆殺事件後の関東軍に赴任することで、右のような行動原理を持つようになった。既述のように、河本による張作霖爆殺は、自らを犠牲とする外的措置によって田中外交を阻止し、対中国外交の刷新を行おうとするものであった。対中国外交の刷新は、陸軍上層部の保身と河本復職運動のために実現しなかった。しかし、河本の行動は、現状打破のため、外部から劇的措置を施すという発想を石原に与えた。理念重視の石原にも、そうした発想はおそらく受け入れやすく、さらに関東軍参謀としての立場から当面の問題に関心を集中させた結果、石原は引用のような結論に達したのであろう。

昭和六年六月、関東軍は参謀本部に武力行使について意見を具申し、南次郎陸相は十一日、陸軍省と参謀本部による検討会議を設立した。委員は、永田鉄山、岡村寧次、参謀本部の山脇正隆編制動員課長、渡久雄欧米課長、重藤千秋支那課長の五名であった。同会議は十九日に「満州問題解決方策大綱」原案を作成し、張学良政権の排日緩和は外務当局の交渉を主とすること、排日が熾烈になれば軍事行動が必要なこと、内閣や外務省と連絡の上、国民や列国に満州における排日の実情を周知させ、軍事行動が必要となった場合の理解を得られるよう努めること、軍事行動のための計画を参謀本部で立案すること、内外の理解は来年春までに得られるようにすることなどが定められた[81]。

昭和六年七月、中国人地主と朝鮮人農民の大規模な衝突事件たる万宝山事件が発生、次いで七月下旬、中村震太郎大尉の殺害事件が発覚した。中村大尉は護照二枚を携行し、予備騎兵曹長井杉延太郎およびロシア人、モンゴル人各一名と共に、六月上旬に東支鉄道博克図駅付近を出発、洮南に向けて移動していたところ、六月二十七日に洮索地方蘇鄂公爺府（民安鎮）で食事中に拘引され、所持品を略奪された上で銃殺、死体を焼却、遺棄されていた。中村大尉が護照を二枚所持していたのは、奉天で受けた護照は洮南西部地方を旅行停止区域としており、ハルビンで別途護照を受けたためであった。中村大尉は護照を受ける際、身分を軍人とせず、官吏としていた[82]。しかし、犯人は中村大尉をほぼ即決で殺害した上、証拠隠滅を図っていた。実態はむしろ、現場官憲の独断による反日惨殺事件であったばかりか、中国側では、省、張学良政権、国民政府の対応が不統一で、そこには、情報不足や危機感の欠如、さらには中村大尉を諜報員や麻薬密売人とする責任転嫁など、不手際が著しかった。石原は、歩兵一個小隊の現地派遣を含む実力調査を決意したが、これは陸軍中央に認められなかった。石原は、八月十二日付の永田鉄山軍事課長に宛てた書簡の中で、「今回ノ中村事件ニ就キ、軍ノ意見中央部ノ採用スル所トナラサリシハ誠ニ残念」としながら、次のように記している[83]。

軍カ「軍部ノ威信ヲ中外ニ顕揚シテ国民ノ期待ニ答ヘ満蒙問題解決ノ端緒タラシムル為絶好ノ機会ナリ」トノ意見ハ稍誤解セラレタルモノノ如シ。前述セル今日ノ満蒙問題ナルモノハ外交交渉ノ無力ヨリ生シ来リタルモノニシテ、理解アル国民ハ軍部ノ力ニヨリ解決スル外ナシトノ意見ニ一致セントシツツアル今日、陸軍大臣カ満蒙問題ニ対スル軍部ノ重任ヲ訓示セラレタル最モ時機ニ適セルモノト拝察ス。［…］軍部カ国民ノ信望ヲ深クスルコトカ軍部主動トナリ満蒙問題ヲ解決スル第一歩ト信ス。

　石原は、少なくともこの直前までは陸軍全体の行動を期待していた。しかし、永田は表面上、それに否定的であった。八月十七日には新聞報道が解禁された。即日発行された十八日付『東京朝日新聞』夕刊は、中村大尉は「軍事探偵の疑ひ」で銃殺され、「死体の耳を割き鼻をそぎ手足を切断」と報じた。済南事件以来の凄惨かつ凌辱的な事件であり、世論の反発は一気に高まった。八月二十四日、陸軍省は外務省に対し、「本件ヲ以テ満蒙問題ノ根本的解決ノ楔〔契〕機タラシムルコトハ元ヨリ適当ナラスト雖モ、対支渉外事項ノ処理ニ当リテハ事ノ大小ニ論ナク可能的範囲ニ於テ歩一歩帝国外交権威ノ伸張ニ努ムヘキハ政府当局ノ責任ナリトス。殊ニ満蒙方面ノ形成今日ノ如ク逼迫シアルニ於テ益々然リトス」「支那側カ殺害事実ヲ否認シ来ルカ又ハ否認セサルモ我方ノ要求ヲ迅速ニ応諾セサル場合、直ニ歩兵一大隊ヲ基幹トスル部隊ヲ洮南ニ派遣シ洮索鉄道ノ占領ヲ断行ス」とした処理案を通知した[84]。中国側が極端な責任回避を試みた場合の強硬措置を想定したが、対応はあくまで政府の責任としていた。強硬措置の提言は、関東軍に配慮すると共に、政府の積極的対応を求めるためであろう。

　しかし、石原はおそらく、こうした陸軍中央の対応に直面して独断行動を決意した。つまり、「軍部主導トナリ国家ヲ強引」から、関東軍の独断行動により、軍部、そして政府を強引していく決意である。橋本欣五郎も、当時の軍上層部の態度について、「公式の情勢判断に於て満州を処理せざるべからざる結論に達したるも、軍高級者連は例の如く机上の文案と心得、恰も何等処置する処なき事例の如し[85]」と記している。ただし、河本が、処分を覚悟する少数の同志のみにより、権力を離れた非常措置として張作霖爆殺を決行したのに対し、石原は、独断とはいえ、権力を行使する組織的行動によって満州事変を引き起こした。その点で河本と石原は対照的であった。また、石原には河本よりも行動における大義の存在を重視するようなところがあった。それは石原が信仰を持ち、河本のような直情より理論を重視したからであろうが、それがかえって、石原に謀略をきっかけとする武力行使を決意させる要因となった。おそらく石原にとって、中国に対する独断的な武力行使を決意した以上、準備を整えながら新たな重大事件の発生を待つ方が、不合理かつ非人道的であった。さらに、計画の漏洩による建川美次の満州派遣が、緊急決断の最終的契機となった[86]。満州事変は、石原の謀略的、計画的行動という側面が強調されがちであるが、その実態は多分に、軍の総意としての行動を断念する緊急措置として引き起こされた。そのため、満蒙領有という石原の本来の目的は放棄され、満州国の建国という、陸軍中央との妥協によって事態の収拾が図られることとなる。

　他方、永田の場合、表面的に陸軍の方針を支持したが、後述のように、永田には上司を動かしたり、現地の独走を追認したりといった、自らは背後にあって、他人を操作することで事態を動かそうとする気質があった。結局、陸軍上層部は石原ら関東軍の幹部の決意を十分に認識できないまま、右の書簡から約一か月後の昭和六（一九三一）年九月十八日、柳条湖事件の勃発を迎えた。

満州事変に対し、陸軍中央は石原らを更迭しなかった。しかし、政府の不拡大方針にも従っていた。南次郎陸相や金谷範三参謀総長は、政府の意向を受けて関東軍に自制を促す一方で、陸軍部内の突き上げを受けて政府に強硬論を述べていた(87)。その行動は場当たり的で、しかも石原ないし関東軍は、陸軍中央に対する反発から満州事変を決行していたため、南や金谷が自制を求めたからといって、それで関東軍や陸軍内を抑えられるわけがなかった。その上、満州事変の勃発に刺激を受け、陸軍内に再度のクーデタ計画が持ち上がった。ただし、首謀者の橋本欣五郎や長勇が待合いで放言を繰り返した上、橋本自身が参謀本部第二課長の今村均大佐に決意を語っていたことなどから、最終的に陸軍上層部は橋本らを拘束し、事件は未発に終わった(88)。

とはいえ、十月事件は、実動隊たる民間人や青年将校の軍の幹部将校に対する不信感と、独断行動への決意を決定的とした。井上日召は、十月事件に関連して小沼正に、「要するにだ。初めの流れは清く澄んでいても、流れが下にくるにつれて、水は濁ってくる。それと同じようなものだ。しょせん、物があるから影があるのであって、こういう集団的な行き方は、革命の本道ではない」と述べ、小沼はその言葉を反芻する中で、「一人一殺」の意を汲み取った。小沼はまた、革命に参画した軍人の昇進予定ができていたという話を聞いて「怒り心頭に発し」、同志と「こりゃ革命の精神に反する。これでは、暴力による政権の略奪にすぎん。なんのことはない、政権をとって変わろうとする野心そのものじゃないか。こんな考えは、断じて許してはおけん」という会話を交わした末、「野心家の大物二、三人をたたき切ることを相談し、覚悟をきめ」た(89)。また、陸軍の青年将校であった菅波三郎も、橋本の「挙兵の指令的態度」に不信感を持ち、さらに勅語の偽装計画に関する情報に接したため、大岸頼好に対して「最早や幕僚善導を断念す、危機刻々迫る、最後的決意を以て準備を急ぐを要す」と連絡し、末松太平には煽動に乗らないよう注意した(90)。

須崎慎一によれば、青年将校の中でも、中橋基明や村中孝次は部隊の動員に疑問を抱かなかったという。部隊の動員は職権の乱用に当たるが、その場合でも、青年将校はそれによって政権を奪取しようとしたわけではない。菅波はむしろ、橋本の部隊動員計画に接することで、「幕僚ファッショの首魁橋本欣五郎中佐愈々クーデター決行の指令を発せば之に和するが如くして、歩一、歩三の蹶起部隊を直ちに参謀本部に集中」し、「橋本以下妄動幕僚を捕捉」することまで考えた。一方、末松太平も、十月事件が成功した場合に二階級昇進を約束するという参謀本部側の発言なるものを人づてに聞いて、次のように語った(91)。

おれは革新イコール死だとおもっている。たとえ斬り込みの際死なずとも、君側の奸臣とはいえ、陛下の重臣を斃した以上は、お許しのないかぎり自決を覚悟していなければならない。失敗もとより死、成功もまた死だとおもっている。生きて二階級昇進などして功臣となろうとはおもっていない。連夜紅灯の下、女を侍らして杯を傾けて語る革新と、兵隊と一緒に、汗と埃にまみれて考える革新とのちがいだよ。

青年将校は幹部将校とは異なり、士官学校を卒業したのみで、隊付勤務を本務とした。そのため、政治権力を有さない一方で、一般兵士の苦境に直接接した。彼らはそうした中、一軍人かつ一国民として、政治や社会の浄化に貢献するため、自らの生命と引き換えに社会の悪弊を除くという方法を想定した。しかも、満州事変の勃発がそうした彼らの自己犠牲への気運を一層高めた。そのため、彼らの情熱を鎮静化し、暴発を阻止できるかどうかは、政界側の自律的な規律回復ができるかどうかにかかっていた。

他方、小山俊樹によれば、政党側には連立政権を組むことで関東軍を抑えようとする構想もあった。しかし、それは実現せず、若槻内閣の総辞職となった(92)。こうした中、陸軍の幹部将校には張作霖爆殺事件処理以来の上層部に対する不信感が噴出し、それが荒木貞夫の陸相擁立運動という形に結実した。運動の中心は、永田や小畑といった一夕会の同志であり、たとえば永田は、政友会の小川平吉を訪れ、次のような口上書を渡した(93)。

陸相候補に付至急申上げます。
目下の陸軍は部内の統率中々容易でなく、人格徳操の人にして部内殊に若手の信望ある人でなければ必ず破綻を生じ、延て内閣に累が及びます。部内長老と若手との間には大なる考の相違があります。長老は或は阿部中将を推すかも知れず、唯一同中将を押さずとも少くも候補の一人には出ることと思ひますが、同中将では今の陸軍は納まりません。[…]満蒙問題、部内革新運動等の横はりある今日、同氏は絶対に適任ではありませぬ。此点御含置を願ひます。荒木中将、林中将（銑十郎）辺りならば衆望の点は大丈夫に候。此辺の消息は森恪氏も承知しある筈です（元来政友会で荒木将軍を推しありしに、最近阿部熱高まりしは宇垣大将運動の結果なりとて部内憤慨致居候)。

永田が小川を選んだのは、張作霖爆殺の処理問題に対し、真相公表に反対する立場で陸軍に協力的であったからであろう。永田の意向を受けて小川は、直ちに犬養毅宛に同趣旨の書簡を送った。また、小畑について東宮鉄男大尉は、十二月二十七日の日記に、「今回部内人事の大更迭を行ひ昭和維新の大業の途に就きし裏面は、小畑大佐殿の活躍苦心大にして、今日に至りやうやく安心せられしといふ。それ迄は夜もほとんど不眠実戦以上なりしと(94)」と記していた。小畑の活躍とは、永田の書簡でいう森恪との接触を指すのであろう。つまり、永田や小畑は、陸相人事に影響を及ぼすため、軍外の勢力、とりわけ政友会という政党に働きかけたのである。鈴木貞一の回想によれば、陸相人事は慣例的に陸軍三長官の推薦によって決定されていたが、中堅、若手将校が荒木を要望し、荒木も森恪と交流していた。そこで犬養から陸軍に、二人か三人の陸相候補者を出してもらい、その中から総理が選びたいという提案を行うように工作が進められ、その結果、陸軍側から、荒木、阿部信行、林銑十郎が提示され、犬養は荒木を選んだ。当時、森恪の影響力は非常に大きく、犬養も森に従わざるを得なかったという。[95]鈴木の回想は、陸軍三長官による陸相人事の決定を慣習としているが、これは正確ではない。既述のように、清浦内閣の組閣に際し、田中義一は宇垣陸相を実現するためにそのような口実を使ったが、その後の陸相人事は、首相が本人から了承を得る形式で決定されていた。つまり、田中や宇垣は、自分に有利なよう、建前と実態を使い分けていたのである。

その点で永田らの工作は、従来の慣習に即した運動であった。とはいえ、永田らは、陸軍の長老として政党側と折衝する立場にはなかった。その意味で永田らの運動は、陸軍人事に対する政党の介入を要請するものであって、陸軍人事の独立性をも脅かしかねなかった。しかし、この場合は河本を復職させられなかった前年の経験が存在した上、河本の予備役編入を決定した阿部信行が陸相の最有力候補となっていた。その点で荒木陸相擁立運動は、張作霖爆殺事件の処理問題や三月事件を経て高まっていた、宇垣閥に対する反発が決定的な原動力となっていた。その上で永田は、自らの意に添う人事を実現するため、陸軍の組織を超えた幅広い勢力との提携関係を構築すべく積極的に行動した。

さらにこの時点では、陸軍三長官の合意自体が困難であった。若槻内閣総辞職時の陸軍三長官は、南次郎陸相、金谷範三参謀総長、武藤信義教育総監で、この内、武藤は上原系に属し、荒木を支持する立場にあった。その意味で、三長官の間で荒木が候補に上がる可能性はあった。しかし、それ以上は期待できなかった。陸相人事は、田中義一や宇垣一成の先例が示すように、首相の判断が優先されたが、それには、状況に応じて現陸相の意向も反映されたからである。しかし、満州事変が勃発して以降の南の無定見ぶりは際立っていた。若槻内閣に関東軍の暴走阻止を言明しながら、陸軍内を抑えられず、その後、閣議で態度を一変して強硬論を度々吐いた。しかし、政府側に陸軍の意向を徹底できたわけでもなかった。そのため、若槻内閣の総辞職に際し、南も陸軍内の信望の低下を実感せざるを得なかったはずである。南が三長官合意として阿部の陸相就任を犬養内閣に強要しようとすれば、逆に部内の反発や三長官の意見不一致を露呈する事態にもなりかねなかった。南には、自らの体面を保つ措置が必要であった。

陸軍内における永田らの権限には限界があった。しかし、政友会が永田らの意向に応えてくれたことは、外部から南を追い込む圧力として効果的であった。そうした中で、おそらく政友会から提案された、陸軍から複数の候補を出し、首相が適任者を選択するという手続きが有効に機能した。それは、清浦内閣成立時の清浦の発案に始まり、田中義一が宇垣一成を陸相に就任させるために利用した手法であったが、今回、それは南にとって、自身の希望を強要することで生じる中堅、若手の反発と、かといって彼らに屈することに伴う権威の失墜や屈辱感を共に緩和することを可能にする手段となった。南にとって、犬養が荒木を選択することは容易に予想できたであろうが、それでも政友会に決定を委ねることで、自らが被る当面の損傷を緩和することができた。

宇垣閥と民政党、陸軍中堅層と政友会という、満州事変勃発期の協力関係は、部分的な理念の共有と、権力政治上の利害関係によって成立していた。それまで政党と軍は対立していたわけでなく、政党側は旧長州閥を通じて陸軍を抑える一方、旧長州閥側は、田中義一と政友会、宇垣一成と民政党の関係を通じて二大政党内閣に対応し、陸相以下の要職を自派で固めていた。こうした中で満州事変が勃発すると、陸軍内の反宇垣派中堅将校は、政友会と接触し、旧長州閥と政党との関係に割り込もうとしたのである。

大正末から昭和初期にかけての政党政治が、権力闘争による政党の権威失墜の過程であったとすれば、軍の政治化は、政党に対する反発というより、陸軍が政党と同様の権力闘争を内面化し、機会主義的に政党と提携、協力関係を形成することで始まった。満州事変の後、永田鉄山は軍の近代化を進めるため、やはり軍外の政官界との接触を重視し、彼らの協力の下で国家総動員の実現を目指すことになる。対して皇道派は、それを腐敗した政界と永田の癒着、結託と捉えて批判する。しかも、そうした皇道派と統制派の対立は、陸軍と政官界との関係や、統制経済政策の導入、そして政界の腐敗浄化のために暴発しかねない青年将校への対応などをめぐって、さらに複雑化する。

◇

張作霖爆殺事件は、田中義一による張作霖復活を阻止するため、河本が自らの公的地位を犠牲に非常措置として決行した事件であった。しかし、事件の最終処分は、陸軍の関与を公的に認めない一方で、河本を行政処分として陸軍より追放するというものであった。これは、陸軍上層部と田中義一の妥協に基づく決定であり、その結果、田中は昭和天皇の信任を失ったが、陸軍上層部は責任を回避することに成功した。他方、事件に対する陸軍の関与を否定することで河本を陸軍にとどめようとした小畑敏四郎や永田鉄山らは、その目的を果たせなかったばかりか、事件の背景となった中国政策を転換することもできなかった。また、一夕会が結成されたのは、河本の処分が問題になっている最中のことであった。ただし、彼らは自らの昇進によって軍内の改革を進めようとしており、陸軍上層部と表立って対立したわけではなかった。

一方、張作霖爆殺事件の後、石原莞爾が関東軍に赴任し、河本と共に奉天政権への武力行使について検討した。石原は河本が関東軍を去った後も検討を継続し、満蒙占領を構想するに至った。石原は本来、個人の人格完成から家族、社会、国家、世界の完成を目指していくロマン主義者であったが、理想主義的であるだけに社会を善悪で捉える二元的思考の傾向があり、また、当面の関心事に打ち込みやすかった。それを背景に石原は、大正末期から昭和初期にかけて、アメリカにおける人種問題に対する反発や、中国の政治的混乱や民度に対する失望、そして独自の軍事理論に対する取り組みなどから、アメリカとの最終的な対立を前提とする満州の武力制圧という構想を作り上げた。

アメリカとの長期的対立という展望は、ロンドン海軍軍縮条約をめぐり、海軍や民間右翼においても生じていた。ロンドン条約は実質的にアメリカのみに海軍増強を容認しており、日本に対する封じ込め政策として受け止められたからである。とはいえ、政党内閣の全盛期にあって、政府は英米との合意形成を優先し、政党内閣と協力関係にあった陸海軍上層部、特に陸海軍省の首脳も、政府の方針を支持した。同様に、一九二〇年代末から三〇年代初めにかけて中国で発生した日本人の殺害事件に対し、政党内閣や宇垣閥の陸軍上層部は、中国に対する強硬方針に容易に転じなかった。それどころか、ロンドン条約への反発を原因として浜口首相の狙撃事件が発生した後、陸軍上層部は政局の流動化と宇垣内閣成立の可能性に色めき立ち、政権奪取をもくろむ大川周明に過大な期待を持たせる一方で、宇垣の真意を測りかねて右往左往し、陸軍中堅層のさらなる不信を招いた。

昭和六年に日中関係が悪化する中、陸軍上層部が以上のような失態をさらし続けたことが、満州事変の勃発を抑えられなかった決定的要因であった。満州事変は陸軍上層部に対する現地の反発を契機としたため、陸軍上層部に、暴走する関東軍を抑えることは不可能であった。さらに事変勃発後に計画された十月事件も、陸軍上層部の関与こそなかったものの、幹部将校の独善的な野心のため、青年将校や民間右翼の反発を招き、彼らをさらに急進化させた。他方、満州事変の収拾に失敗した若槻内閣の総辞職に際し、永田鉄山や小畑敏四郎は、後任内閣の陸相人事をめぐって旧長州閥の陸軍上層部と対立した。永田らは荒木の陸相就任を目指し、政友会の力を借りてそれを実現した。

このように、昭和五年から六年にかけての陸軍内の政権奪取計画や満州事変は、政党内閣と陸軍の対立によって引き起こされたわけではなかった。浜口内閣が、一九二〇年代の日本における一定の民主化を背景に、国民の主体的な協力と負担によって昭和恐慌に対処しようとする中、国民の内に、同内閣の対外的な妥協姿勢を批判する見解が生じた。また、民主化の気運は陸軍において、中堅幕僚の長州閥情実人事への批判および組織的権力志向と、隊付青年将校における組織を離れた一国民としての行動意識という、二つの対極的な気運を高めた。そうした中、ロンドン条約をめぐる軍内の反発は、陸海軍上層部によって抑えられた。しかし、民間右翼の個人的実力行使によって内閣総辞職が迫ると、陸軍上層部は政局の流動化に対応し、逆に政変工作に関与した。陸軍上層部は権威や権力に迎合的で、しかも自らに責任が波及しないよう予防線を張りながら、機会主義的に権力掌握を目指す独善的な行動に終始した。こうした陸軍上層部の無責任な行動は、政党内閣、中堅将校、青年将校それぞれに対する背信行為となり、特に権力志向を高めた中堅将校と、組織を離れた非常措置を肯定した青年将校との間の後の深刻な対立を生み出す、禍根を残した。

満州事変は、陸軍の暴走というより、日中関係の緊迫化と国内における一定の民主化を背景に、政府や軍の指導者が組織内の信頼を失い、さらに国民全体の統合に失敗したことで勃発、拡大した。中でも、陸軍上層部の無責任ぶりは際立っていたが、政府はそうした陸軍上層部との人間関係を通じてしか、軍に対する影響力を行使できなかった。その点で満州事変は、日露戦後以来の日本による満州権益保持の帰結ではなく、一九二〇年代における内外情勢の変化と、それに対応できなかった陸軍内外の情実的な権力状況によって、引き起こされたのである。

第十六章　満州事変期の政治、経済再編と対外関係

満州事変の勃発した一九三一年から翌年にかけて、日本では不況に対応するために積極財政への転換が行われる中、五・一五事件の発生により政党内閣が中断した。一方、イギリスでは保守党中心の連立政権が成立し、金本位制からの離脱は避けられなかったが、ポンドの下落を比較的軽度に抑えつつ、スターリング圏と帝国特恵を成立させた。他方、アメリカでは、フーヴァー政権が積極財政への転換を図りながらも、大統領選挙において民主党のフランクリン・ローズヴェルトに敗北し、政権交代を迎える。このようにこの時期は、各国が一九二〇年代の政治、経済政策を転換する時期に当たっており、各国はそうした国内政治、経済の再編を背景として、満州事変に対処した。本章は、日本における陸軍の状況、政党内閣終焉の原因や経済政策の転換、イギリスにおける連立政権、スターリング圏、帝国特恵の性質と満州事変に対する対応、そしてアメリカにおける不況対策やラテンアメリカ外交と満州事変に対する対応を、それぞれ検討していく。

以下の記述においては、イギリスに関し、フィリップ・ウィリアムソンの連立政権研究とイアン・ドラモンドの帝国経済政策研究、アメリカに関しては、マーティン・フォーソウルドのフーヴァー政権研究とアーミン・ラパポートのスティムソン・ドクトリンに関する研究に大きく依拠している。こうした英米、本章では特にイギリス側の研究を理解することで、一九三〇年代における各国の経済的ないし政治的勢力圏の形成が、それぞれ対照的な経済政策や理念、原理に基づいて進められていったことを、後述の日本とアメリカに関する議論とも合わせて明らかにしていく。さらに本章では、そうした議論を踏まえた上で、満州事変によって日本が国際連盟を脱退するに至る経緯を、特に日本とイギリスの対外政策の相違点から解明する。

一　日本における陸軍と政界、経済政策の変化

昭和六（一九三一）年十二月十三日、犬養毅内閣が成立し、荒木貞夫が陸相に就任した。その後、真崎甚三郎が参謀次長に就任し、満州事変への対処と陸軍の軍規回復に取り組んだ。(1) それらは後述のように成果を収めるが、その一方で荒木陸相の就任直後より、陸軍を新たに分裂させせかねない問題が発生していた。それはすなわち、三月事件に関する永田鉄山直筆の計画書が、軍務局長

の引き継ぎに伴い、荒木の手に渡ったことである。(2)

　昭和七年一月十四日、真崎参謀次長の発案で岡村寧次と小畑敏四郎が「鼎坐清軍等につき密談」したが、岡村はこの日の日記に、「永田、小畑と予とは同志親友にして所謂他よりは同期三羽烏といはるる関係なりしが、永田の方は兎も角、小畑の対永田感情近来稍々不良、[…]予の立場も漸く困難とならん」と記した。(3) おそらく、この時までに小畑も永田自筆の三月事件計画書に接し、永田に対する感情が露骨に悪化していたのであろう。これにより、小畑参謀本部作戦課長と永田軍事課長の対立が決定的となり、後の荒木、真崎、小畑ら皇道派と、永田を中心とする統制派の対立へと発展していく。ただし、この時点で計画書の存在は、真崎に通知されなかった。(4) おそらく皇道派の中でも機密事項として扱われ、その存在を知っていたのは、荒木陸相、柳川平助陸軍次官、山岡重厚軍務局長、そして小畑ぐらいであろう。そうした中、一月二十八日に第一次上海事変が勃発した。岡村は戦闘の拡大を抑えるため、上海派遣軍の編制に伴い、上海戦線に派遣されることとなった。これにより、永田と小畑を取り持つ仲介者がいなくなった。しかし、満州事変が国際連盟で問題になっている時期でもあり、岡村は上海事変の終結後、関東軍参謀副長として、満州事変の終結に向けて中心的な役割を果たすことになる。

　このように、犬養内閣成立後、陸軍内に不安定要因は存在したが、陸軍と政府の関係は比較的安定化した。三月一日に満州国の建国が宣言され、政府は不承認の方針を取った。荒木ら陸軍首脳は、満州国承認を求めたが、職を賭してまで政府に反発することはなかった。宇垣派を追放したばかりの上に上海事変への対応に追われ、さらに三月事件や十月事件に続く陸軍内の不穏な動きを抑え、関東軍への統制回復を優先したのであろう。しかし、他方で政府は、与党である政友会の硬化と要人暗殺事件という、国民との関係に関わる急進的現象に直面していた。それは政府にとって、政権の正当性や政治家個人の生命に危険をもたらしかねなかったばかりか、分裂含みの陸軍と政界上層たる元老周辺の関係に後述のような影響を及ぼし、ひいては政友会政権のみならず、政党内閣全体の危機をも招くことになる。

　第一次上海事変勃発直前の一月二十一日、犬養内閣は少数与党の状況を解消するため、衆議院を解散した。総選挙に際し、森恪幹事長は次のような演説をレコードに記録し、各選挙区に送った。(5)

我が立憲政友会の外交方針は積極的であります。民政党幣原外交は世界協調国際正義の美名の下に列国に引きずられ、支那になめられ、徹底的に軟弱退嬰ぶりを発揮したのであります。満州事変勃発以来、列国の干渉に対しては自ら求めて被告の位置に立ち、弁明を以て能事となし、帝国の威信を傷け、遂には米国の意嚮を恐れて軍の行為を牽制し、錦州攻略をやらなかつた為に、帝国の対満政策は一時窮地に陥りました。我が犬養内閣は躊躇なく軍を進めて、錦州を攻略し、対満政策の癌たる張学良の軍を関内に撤退せしめました。その結果満州問題は始めて解決の曙光を見るに至つたのであります。これ丈の行動に対し現に何れの外国も幣原君の恐れた様な抗議もせず、我が行動の正当なりし事を認識して居ります。幣原外交は正当なる条約の下に結ばれたる帝国生命線満蒙の権益をすら維持する事あたはず、国際連盟や米国に干渉されて、遂に退却致したのであります。

二月二十日に投票が行われ、政友会は三百議席以上を確保する大勝を収めた。また、直後の満州国承認問題に関する陸軍の対応とも合わせ、こうした状況は、本来なら政府にとって、事態の安定化に資するはずであった。しかし、そうはならなかった。政友会の急進化に加え、選挙中に井上準之助が暗殺され、さらなる非常事態が発生していたからである。二月五日に藤井斉は上海郊外の上空で偵察飛行中に戦死したが、小沼正が井上を射殺したのは、その四日後の九日となった。小沼は決行の直前、井上日召の妻が学生に提供していた下宿の一室で、藤井の写真の前に線香を立て、法華経方便品（真理に至る手段について説いた章）などを読経し、戦地に赴いた藤井と亡父に思いを馳せ、また、母への不孝の謝罪をして決行の誓願を立てていた(6)。次いで満州国建国直後の三月五日、団琢磨が暗殺された。満州事変の勃発と同志の出征が、連鎖的に自己犠牲的要人暗殺への気運を高めていた。

井上、団の暗殺と続いた血盟団事件は、浜口狙撃事件を引き継ぐ要人暗殺事件であったが、これに五・一五事件が続き、首相暗殺と内閣総辞職という事態に発展した。政友会は、議会で圧倒的多数を占めたが、満州事変に関して強硬路線を国民に訴えていただけに、五・一五事件後、以下の経緯で政権から離脱すると、満州国承認決議によってさらなる強硬路線を進むこととなる。

要人暗殺事件の続発は、何より、政党内閣を成立させることで民主化の気運に対応してきた元老の周辺に、重大な変化を引き起こした。升味準之助によれば、昭和五年十月に木戸幸一が内府秘書官長に就任して以来、西園寺周辺の木戸と近衛文麿、原田熊雄の間で連携が進んでおり、木戸らは、満州事変の勃発や十月事件の発覚を受け、陸軍内の動向を探ろうとした(7)。昭和七年二月十九日、木戸と近衛は小畑敏四郎および鈴木貞一陸軍省軍務局員と会食し、「十月事件以後の軍部の動静等に就き隔意なき説明を聴き、意見を交換」した。さらに二十七日には原田が鈴木と、三月一日には木戸と近衛が鈴木と会見し、三月九日には木戸、近衛が永田鉄山と会見した。こうした会見の中で、鈴木から、「今後の軍部は寧ろ国軍の建直に専心努力」するが、「軍部としても政界の浄化革新を希望し、之に就ては相当の注文もあり、［…］之が目的達成の為めには、試験済ならざる新人物を起用し、超然内閣を組織せしむるも一策なるべし」といった意向が伝えられていた。

次いで四月四日、原田、木戸、近衛らが朝食を共にしながら、平沼騏一郎擁立の動きや、政変の場合、斎藤実による挙国一致内閣を予想する意見交換がなされた。こうした、原田、木戸、近衛らを中心とする朝食時の会合は、朝飯会と俗称されるようになる。四月四日の意見交換の内容は鈴木貞一にも伝えられた。その際、鈴木は、「軍では、なにも平沼でなければいかんの、斎藤でなければどうのと、そんなことは毛頭言はない。ただ情実因縁付の既成政党の連中では、総理になつても、もう大抵年をとつてゐて、［…］軍のみならず、一般に面白くない感じを与へる」との意見を述べ、近衛の出馬を打診した。四月七日、原田が西園寺に近衛の首班指名について打診すると、西園寺は、近衛は貴族院議長から内大臣とするのがよいのではないかという反応であった[8]。つまり、西園寺の意向はともかく、その周辺において、陸軍の意向を参照する形で、政党内閣の存続に対する否定的な見解が定着しつつあったわけである。

その後、五月十五日に海軍青年将校と陸軍士官候補生によって犬養毅が首相官邸で殺害され、懸念された政変が現実となった。ただし、五・一五事件に陸軍青年将校の参加はなかった。事件発生前、青年将校の不穏な状況に危機感を覚えた小畑敏四郎は、山口一太郎陸軍大尉に西田税と協力して青年将校の暴発を抑えるよう依頼し、西田は陸軍青年将校に事件への参加を思いとどまらせていた。とはいえ、陸軍士官学校の士官候補生に対し、説得役の村中孝次が学校当局側から接触を妨害されたため、説得に失敗したという。さらに五・一五事件で西田税が狙撃されると、山口は小畑の意向を受け、激昂する陸軍青年将校の暴発を北一輝と共に抑えた[9]。後に皇道派は統制派より、青年将校の独断行動を煽動していたかのように攻撃されたが、小畑はむしろ、国のために自らの生命を犠牲にしようとする青年将校を陸軍大学校に入学させ、純情な後進に軍務を通じてその能力を発揮させる機会を与えると共に、それを陸軍の再建にもつなげようとしていた。小畑は連隊長時代、各部隊長、特に中隊長に、全体的な戦略状況を見据えながら自ら危険を冒して味方の優位を導く判断力、実戦指揮能力、敢闘精神を求め、下級将校に対しても戦略を理解することの重要性を説いていた。大蔵栄一は、青年将校が小畑に対し、尊敬というより思慕に近い感情をいだいていたと回想している。男爵位を持ち、陸軍内でも俊才の誉れの高かった小畑が、隊付の青年将校と多く接触し、「小ビン」などと慕われたのは、こうした小畑の考えや行動による[10]。

五・一五事件の後、後継首相の選定が問題となった。暗殺による政権を認めないという論理から、政友会政権の継続が順当であったが、満州事変と五・一五事件が勃発した非常事態の最中において、犬養亡き後の政友会内閣には、満州国の不承認をはじめとする国際協調に不安が残った。対して、前年十二月に閣内不一致で総辞職し、二月の総選挙で大敗していた民政党への政権交代はあり得なかった。

事件の翌十六日、木戸は「此際議会に基礎を有する政党の奮起を促し、之を基礎とする挙国一致内閣の成立を策すること」「内閣の首班には斎藤子爵の如き立場の公平なる人格者を選ぶこと」などとした意見をまとめ、牧野内大臣の同意を得た。さらに木戸は近衛より、小畑からの陸軍に関する情報を聞き、翌十七日に木戸、近衛、原田の三人が永田と面会してその意見を確認した。木戸は日記に、小畑と永田の意見について、それぞれ次のように記した[11]。ただし、木戸や近衛らは、この時点で小畑と永田の関係が断絶していたことを知らなかったはずである。

五月十六日

今回の事件は矢張十月事件[十]に関連を有す。［…］本事件発生後の少壮将校の態度を見るに、元来当初に於ては同一精神を有したるものなれば、今回事件には頗る同情し居り、此結果の徒労に終らざらんこと〔を〕希望し、［…］此機会に宿望を達せむと努力せる状態なり。故に此際再び政党内閣の樹立を見るが如きことにては、遂に荒木陸相と雖も部内を統制するは困難なりと思はる。少壮方面にては後継内閣の首班に平沼にても既に不満なる有様なりとのことなりしが、本夕、小畑よりの電話によれば、其後小畑等が彼等に平沼の人物を説明したる結果、漸く平沼にてもよしとの意向になりたりとのことなり。

五月十七日

午後六時、再び原田邸に於て原田、近衛と共に永田鉄山少将に面会し、時局に関する意見を聴く。同氏は自分は陸軍の中にては最も軟論を有するものなりと前提して話されたるが、［…］要するに、現在の政党による政治は絶対に排斥するところにして、若し政党による単独内閣の組織せられむとするが如き場合には、陸軍大臣に就任するものは恐らく無かるべく、結局、組閣難に陥るべしと語り、政党員にして入閣するものは党籍を離脱することは困難なりやと質問せし位にて、相当政党を嫌へることは明なり。

　小畑と永田の対応は対照的であった。小畑にすれば、軍職を捨てて暴発しようとする青年将校を抑えるには、彼らを陸軍内にとどめ、軍上層部に対する信頼を回復しなければならなかった。小畑が平沼を首相候補に挙げたのは、政界浄化に向けた軍上層部の努力を伝えて青年将校の自制を促し、五・一五事件のような事件の続発を阻止するためであった。対して永田は、自らを穏健派と詐称し、木戸らに政党内閣に対する陸相の候補難を伝え、政党内閣を阻止しようとする意思表示を行った。といって、後継首相が陸相候補に直接就任を打診した場合、永田に陸相就任予定者の判断を阻止できる権限なり、政治力なりがあったわけではない。しかも永田は、小畑のように青年将校の自制を促す努力をしていたわけでもなかった。つまり、陸相の候補難という永田の発言は、自身の野心を実現するための虚勢、虚言に過ぎなかった。永田には、自己を中心として陸軍を統制、指導していこうとする権力志向が強く、そこで永田は一年後、一方で自らの意に添わない荒木陸相を更迭しようとし、他方で青年将校を弾圧し始め、さらに後には、かつて自ら荷担して権威を失墜させた南次郎を擁して皇道派に対抗しようとする。その点で、軍内における人間的な信頼回復を目指していた小畑とは、同じ政党内閣反対で行動していても、その目的や手段は異なっていた。

　五月十九日に西園寺は上京したが、その際、昭和天皇より鈴木貫太郎侍従長を通じて、後継首班に関する希望を伝えられた。小山俊樹によれば、それは政友会の鈴木喜三郎総裁を否定する内容を含んでいた。希望が発せられた経緯は不明であるが、趣旨は鈴木総裁に否定的な牧野らの見解に通ずるものであった。二十日、二十一日に西園寺は牧野や若槻、近衛らの意見を聴取し、二十二日に斎藤実を後継首班として昭和天皇に奏上、二十六日に斎藤内閣が成立した(12)。西園寺は、五・一五事件前に元老拝辞を考慮したこともあり、宮中の総意に反してまで、政党内閣を維持しようとはしなかった。政党間で政権交代を行うという内閣の選択方法自体、元老の専権を抑え、決定に対する国民的理解を得られるよう、時代の要請に対応した結果であった。それが五・一五事件後の非常事態においては、政党政治に批判的な世論や宮中の見解を反映する形で情勢に対応し、政党内閣を中断させたのである。

そうした自制的な西園寺に対し、木戸や近衛らは政党に対する明確な不信感を持っていた。その点は牧野も同様であった。さらに五・一五事件では、牧野自身も暗殺の対象となっていた。要人暗殺による政変の場合、本来はその政治的影響を局限化しつつ、同時に不祥事の再発を予防するのが原則であった。しかし、今回は暗殺事件が続発しており、対応次第で元老やその周辺にまで危害が及びかねなかった。その点は、かつての原敬暗殺や最近の浜口雄幸狙撃などと決定的に異なっていた。政党内閣では陸相は得られないとする永田の干渉的発言に、木戸らが反発しなかったのは、おそらく彼らが永田の情報を、事態の混乱を回避するための有益な情報として評価する一方で、彼ら自身が政党内閣に対する不信に同調し、さらに政党内閣が継続した場合の青年将校によるさらなる暴発を懸念したためであった。つまり、木戸や牧野らは、自らの政党不信に基づき、政治的腐敗の全責任を政党内閣に負わせることで、事態の鎮静化を図り、自らの安全を確保しようとした。その意味で政党内閣の中断は、政府と軍の対立によってでなく、軍の一部と政界上層の実質的な癒着、馴れ合い関係によって決定された。それは、昭和初期の二大政党内閣が、元老制度の下、明治憲法を民主化の気運に応じて運用した結果、成立したことの逆説的な帰結であると共に、この後の政治的混乱を引き起こす、政界における規律弛緩の端緒でもあった。

とはいえ、政党内閣の否定が憲政の否定として批判される可能性もあった。そのため、後継首班は「議会に基礎を有する政党[…]を基礎とする挙国一致内閣」とされた。しかし、青年将校は政党内閣のみを批判していたわけではなかった。政党内閣は直接的な不信の対象となっていたが、政党内閣が中断されれば政界全体に対する不信が払拭されるようなものでもなかった。政党内閣は要人暗殺を鎮静化するために中断されたが、それによって政界が正常化したわけでもない以上、そうした判断は、要人暗殺事件の背景や原因を除去するものとはなり得なかった。しかも木戸や近衛には、永田や小畑との接触を通じて陸軍内部の情報を得、陸軍との良好な関係を維持しようとしているところがあった。そうした状況は、かつて政友会の支援を得て陸相人事を動かした永田にとっても、歓迎すべき状況であった。そのため永田は、朝飯会人脈との関係が密接になるにつれ、要人暗殺を決行しかねないと考えられた青年将校に対する取り締まりを強化する。あるいは青年将校を弾圧することで、永田は政界に対し、自らの穏健性を印象付けようとする。この点でも、五・一五事件に対する木戸らの対応は、後の二・二六事件につながる禍根を残した。

犬養内閣の成立以降の陸軍は、皇道派と統制派に分裂する兆候を見せる一方で、それぞれが民間右翼ないし青年将校による要人暗殺事件の発生と続発の可能性に対し、異なった対応をしながら、後継内閣を決定する重臣の判断に影響を与えた。一方、重臣側は、五・一五事件を経て斎藤内閣が成立する過程で、自らの安全を確保する観点から陸軍側の情報に依存し、政党内閣を中断させた。その結果、この後の重臣および政府は、陸軍内の対立が激化するにつれ、青年将校の取り締まりを約する統制派側への依存を強めていく。他方、政党内閣の中断が、陸軍からの情報に基づき、牧野や木戸らによる保身と政党への責任転嫁のために決定された以上、政党側にも、斎藤内閣の下で挙国一致を実現する理由など存在しなかった。斎藤首相は六月四日に満州国の承認を示唆する発言を行ったが、その後、六月十四日に衆議院は全会一致で満州国の承認を要求する決議を行った。これによって政友会は、犬養内閣による満州国不承認の方針を撤回すると共に、政府に対し、国際連盟との実質的な全面対決を要求した。そのため、政府は国際連盟やリットン調査団（国際連盟支那調査委員会）への対応に苦慮することとなる。昭和七年の日本は、満州事変の積極遂行という点で様々な立場を包摂し、全体的意思を統一したが、そこには、権力志向や保身のための策動、責任転嫁などが介在しており、短期的に部内の混乱を緩和する一方で、対外的にも国内的にも、より大きな紛争の原因を生み出していた。

満州事変の勃発から、犬養内閣の成立、五・一五事件を経て斎藤内閣の成立に至った政治情勢の変化は、日本の財政、金融政策の転換も引き起こした。世界恐慌の下、日本経済の不況を深刻化させていた金本位制は、昭和六年十二月の金輸出再禁止によって停止された。しかし、昭和七年に入っても、三月に明治銀行が破綻し、また、中京方面で銀行経営の危機が生じた他、農村恐慌は深刻であった。政府はそうした情勢下で満州事変に関する支出を行わなければならなかった。そこで以下のような積極財政、通貨膨張政策が採用されたが、それらもまた、当面の緊急事態への対処として成果を挙げながらも、後に禍根を残した。

犬養内閣は、組閣の時期に照らし、次年度予算を新規に編成する余裕を持たなかった。そのため、前内閣の編成した予算案を議会に提出したが、議会の解散により予算は不成立に終わった。そこで前年度の緊縮予算が執行され、追加予算を編成することとなった。昭和七年度の実行予算は、三月の第六十一回議会で承認された満州事件費五千九百余万円を加え、歳出は十四億六千万円余となったが、五・一五事件のため、内閣は総辞職した。

次いで斎藤実内閣が成立し、蔵相には高橋是清が留任した。斎藤内閣は、六月の第六十二回議会に前内閣の作成した追加予算案を提出した。これにより、三億百万円余の追加歳出が決定された。同議会終了後、政府は時局匡救予算の編成に着手し、緊急措置として土木事業計画が策定された。農村の負債整理および農業金融の融通は、預金部資金を運用することとなった。さらに斎藤内閣は、後述のような、公金支出による米価および生糸の価格維持や、農村や中小企業の負債整理融資に対する損失補塡などにも着手していく。時局匡救予算は第六十三回議会に提出され、可決された。その結果、昭和七年度の一般会計予算総額は二十億円を超え、表16-1に示したように、歳出決算額は前年度に比べ、三十二％も増加した。そのため、歳入不足は六億八千四百万円に及んだ。とはいえ、高橋蔵相は、景気に対する増税の悪影響を懸念し、単年度毎の均衡財政を断念し、複数年度で均衡を実現する方針を採用した。そこで当面の支出を公債によって補うこととし、昭和十年度予算から増税を行う見通しを立てた。時局匡救事業は、この後、昭和八年度まで拡張されるが、九年度以降削減されていく。これに対して軍事費は、普通土木費の削減額以上の増加を続けた。藤崎憲二が指摘するように、その意味で斎藤内閣期の財政出動は、実質的にその後の軍拡を準備する措置となり、しかも財政出動の規模とその内に占める軍事費の割合は、共に拡大し続けた(13)。

表 16-1 一般会計歳出中、軍事費および土木費推移

（千円単位、括弧内は歳出合計に占める割合）

年度	軍事費	土木費		歳出合計
		普通	災害	
昭和 6 年	454,616(30.8%)	80,212(5.4%)	9,271	1,476,875
昭和 7 年	686,383(35.2%)	185,940(9.5%)	11,703	1,950,140
昭和 8 年	872,620(38.7%)	203,689(9.0%)	18,489	2,254,662
昭和 9 年	941,881(43.5%)	139,834(6.5%)	42,136	2,163,003
昭和 10 年	1,032,936(46.8%)	90,686(4.1%)	62,973	2,206,477
昭和 11 年	1,078,169(47.2%)	87,800(3.8%)	47,695	2,282,175

大蔵省昭和財政史編集室編『昭和財政史』第 3 巻、資料Ⅱ、8～9 頁。

高橋蔵相は、拡大する歳出負担を公債によって支出しようとした。しかし、昭和六年十二月の金本位制停止の後、円の対ドル相場は二週間ばかりで四十九・四四ドルから三十四・五〇ドルへと下落し、昭和七年七月には二十ドルを割込んだ。金本位制からの離脱によって、日露戦争以来の、財政における外債依存は不可能となり、これ以降の国債発行は、内債のみに依存せざるを得なくなった(14)。しかし、金融不安の継続する民間金融市場に、多額の国債を吸収する能力はなかった。そこで高橋蔵相が採用したのは、円の暴落をさらに加速させかねない低金利政策と、日銀公債引受発行という、発券銀行による公債引受を通じた大規模な通貨膨張政策であった。

昭和七年上半期の金融逼迫に対応し、日本銀行は三月十二日に公定歩合を〇・二%引き下げ、六月に再度〇・二%引き下げた。さらに八月十八日、大蔵省の指示に基づき、三度目の利下げが実施された。その間の七月、急激な円安に伴う資本の海外流出を予防するため、資本逃避防止法が制定された。と同時に、こうした金融緩和政策と並行し、巨額の国債を処理するために導入されたのが、国債の日銀引受発行であった。ただし、それを実施するには、法制的および経理上の制約があった。すなわち、日銀の正貨準備は昭和六年末の時点で四億六千九百万円、昭和七年に入って四億三千万円台にまで減少していた。その一方で、日銀券の発行高は十億円から十一億円に達し、正貨準備に保証準備発行限度の一億二千万円を加えても五億五千万円に過ぎず、その差額の五億円前後は制限外発行となっていた。日銀の限外発行には五%の限外発行税が課せられており、日銀引受公債の発行のため、日銀の負担を軽減する措置が必要となった。そこで七月一日に兌換銀行券条例の改正法が施行された。これにより、日銀の保証準備発行限度は一億二千万円から十億円へと拡張され、限外発行税率も五％から三％に引き下げられ、さらに限外発行の継続期間が十五日未満の場合、限外発行税は賦課されないこととなった。これを受け、日銀による国債引受が昭和七年十月より開始され、昭和七年度初めから十一年度末までの発行高三十八億八千八百万円の内、三十三億三千九百万円、八十五・九％が日銀引受発行となった。[15]

昭和七年より大規模に開始された国債発行は、満州事件公債、歳入補填公債、米穀債務が中心であった。満州事変関連公債は、昭和七年一月から三月にかけての緊急勅令による公債発行六千三百万円余に始まり、満州事変後の駐留費として継続された。各年度の公債発行額は、表16-2のように、昭和八年、九年と減少したものの、華北分離工作の展開された十年以降、再び増加に転じる。一方、一般的な歳入補填公債は表16-3のような発行推移をたどった。昭和十年以降の満州事件公債は、同時期に減少し始める歳入補填公債を代替する形で増加しており、既述のような、不況対策歳出を軍事歳出で代替していく傾向が、ここでも顕著であった。さらに斎藤内閣は、農業恐慌対策として、米穀需給特別会計負担金のための米穀債務の発行を拡大した。その結果、昭和六年の時点で債務残高は二億六千三百万円余であったが、七年には三億二千六百万円余、八年には五億五千四百万円余に膨らんだ。これに対応し、昭和八年三月、従来の米穀法が廃止され、米穀統制法が制定された。[16]これは、それまでの米穀法が、政府による米穀の売買を、最高または最低の基準にかかわらず、市価で行うとしていたのを改め、事前に公表された政府の公定価格に基づき、買入ないし売渡の申し込みに無制限に応ずることとしていた。これにより、米価調節の操作を、自動的、簡便かつ有効に行おうとしたのである。ただし、公定価格は米価安定化の基準とされ、一般取引には適用されなかった。また、公定価格は、当該年度産の内地米で、農林大臣の告示する銘柄および等級に応じて設定されることになっていた。[17]

公債を通じた米価調整と同様の政策は、アメリカ向け輸出に依存し、世界恐慌後に価格

表 16-2 満州事件公債発行状況（百万円単位、以下切捨）

年度	発行額	発行公債名
昭和 6 年	85	五分利公債（含借入金）
昭和 7 年	310	五分利公債、四分利国庫債券
昭和 8 年	184	四分利国庫債券
昭和 9 年	164	同上
昭和 10 年	172	同上
昭和 11 年	183	三分半利国庫債券
昭和 12 年	251	同上
昭和 13 年	107	同上
昭和 14 年	369	同上
昭和 15 年	25	同上
計	1,872	

『昭和財政史』第 6 巻、177 頁。

表 16-3 歳入補填公債発行状況

（千円単位、以下切捨）

年度	発行額
昭和 7 年	338,375
昭和 8 年	535,065
昭和 9 年	570,103
昭和 10 年	499,618
昭和 11 年	423,074
計	2,837,202

同前、186 頁。

の大暴落を引き起こしていた生糸についても実施された。浜口内閣期の昭和五年三月、前年四月より施行されていた糸価安定融資補償法が発動され、生糸産業に融資された資金について、担保生糸一荷口当たり千九百円を限度として補償を行うこととなった。ただし、この時点では時期や数量に制限があり、価格維持効果は一時的でしかなかった。昭和五年六月の時点で糸価は原価千三百八十八円を大きく割り込む七百五十円、十月には五百四十円となっていたが、さらに昭和七年五月に四百十五円、六月に入ると三百九十円にまで暴落した。そこで斎藤内閣は、第六十二回議会において、糸価安定融資担保生糸買収法および糸価安定融資損失善後処理法を成立させた。これは、生糸の製造者または加工者に対してなされた銀行融資の担保となっている生糸および帝国蚕糸会社から生糸共同保管事業への融資担保となっている生糸を政府が一括して買い上げること、生糸の買入価格を一荷口四千五百二十二円二十五銭、総額を四千四百七十四万円以内とし、公債によって資金を調達すること、買上生糸は新規の用途を開拓し、市価に影響を及ぼさない方法で五年以内に処分することなどを定めていた。これは、生糸の価格維持および生糸産業に融資を行っている銀行救済のためになされた措置であり、その実施のために昭和七年度以降、総額九千二百万円余の公債が発行された(18)。

以上のような、金本位制からの離脱と通貨膨張、円相場の暴落の結果、一九二〇年代における財政上の課題であった外債償還は、深刻な問題となった。そのため、昭和七年の資本逃避防止法、昭和八年四月の外国為替管理法などによって、外国への送金を許可制にする一方で、外貨債証券の元利支払送金に優先的に為替を割り当てた。さらに昭和七年三月より、政府は日銀に対し、金地金を時価で購入させると共に、その金を従来の規定通り金一匁五円の割合で日本銀行券の準備金とさせた。これは、産金業者を救済すると共に、月平均七百万円程度の政府の海外支払と日本銀行の準備正貨に充てるためであった。金の買上価格は昭和七年三月の時点で一匁七円二十五銭とされ、それ以降、二十八回の改定を経て、昭和九年四月に金一匁につき十一円六銭と決定された。この時点で、市価と法価の差額は一匁あたり六円六銭に達していたが、その間の昭和九年三月、日本銀行金買入法が第六十五回議会に提出、可決されていた。これにより、市価での金購入により発生した日銀の差額損失分を政府の債務とし、借入金証書を日銀に発行した。その結果、昭和七年と八年に購入された金は、一万五千貫余、一億二千六百万円に達した(19)。要するに、下落した円の通貨価値を財政出動による損失補填で補いながら金を購入し、海外現送に充てたのであり、短期的な外貨準備のため、将来のさらなる通貨下落を引き起こしかねない通貨膨張を行ったのである。

こうした損失補填のための通貨膨張政策は、農業部門や中小企業への融資拡大にも応用された。まず、農村への融資のため、大蔵省預金部による融資の他、新たに道府県による農村負債整理事業への融資制度が創設された。当時、農家の負債総額は五十億円に達していた。こうした深刻な状況に対処するため、昭和七年八月の第六十三回議会に、農林省の作成による農村負債整理組合法案が提出された。ただし、五十億もの負債を整理するための政府

表 16-4 農村負債整理資金融通実績

		昭和 9 年 7 月末	10 年 7 月末	11 年 7 月末	12 年 7 月末
負債整理組合		1,744	2,964	4,327	5,850
組合設立町村数		-	1,119	1,583	2,021
負債整理委員会数		495	1,036	1,609	2,339
損失補償契約済融通予定額	町村数	364	774	1,075	1,432
	金額	8,546,072	22,922,469	33,695,028	45,342,172
資金供給額	町村数	-	272	639	986
	組合数	-	722	1,737	2,665
	金額	-	6,248,286	15,712,394	24,754,304

農林大臣官房総務課編『農林行政史』第 2 巻、206 頁。

補償や負債整理中央金庫の設置をめぐって衆議院と貴族院の意見が一致せず、この時点で法案は不成立に終わった。同法案は、昭和八年の第六十四回議会に再度提出され、成立した。これは、負債者が「隣保共助」の精神に基づいて農村負債整理組合を組織すること、同組合は組合員の負債償還計画および経済更生計画を立案し、返済条件の緩和に関する債権者との斡旋を行い、資金を組合員に融資すること、組合による調停が不調に終わった場合、市町村負債整理委員会において斡旋を行い、これも不調に終わった場合、金銭債務臨時調停法に基づき、調停を裁判所に申し立てることができること、負債整理組合は無限責任ないし補償責任を負うこと、損失が発生した場合、市町村は負債整理組合に対して資金を融資し、道府県はその内の三十％を補償すること、そしてその損失補償の半額までを政府が再補償し、その限度を三千万円とすることなどを定めていた。その後、負債整理組合の結成と市町村による融資は、表16‐4のように、急速に拡大した。[20]

次いで中小企業融資の拡大は、大蔵省預金部資金の低利貸付、損失補償制度の実施、特殊金融機関としての商工組合中央金庫の創設によって実施された。[21]昭和七年から九年までの間に、預金部より六千万円が融資された他、高利債の借換資金なども提供された。また、昭和六年以降、東京市、大阪府、愛知県などで実施されていた補償制度を拡大し、昭和七年八月に商工省は、道府県または六大都市に対し、指定金融機関が中小企業に融資したことで生じた損失を一定限度内で補償する「道府県（又ハ六大都市）ノ中小商工業資金融通損失補償制度要綱」を通達した。商工省はこれによって、金融機関による企業融資の円滑化を図ろうとしたのである。さらに中小商工業金融を担当する専門金融機関としての商工組合中央金庫の創設を進め、これは昭和十一（一九三六）年十二月に実現する。

このように、犬養内閣から斎藤内閣にかけての財政、金融政策は、財政均衡を多年度において実現するという展望の下、内債の発行により、軍事費および失業対策費の支出、米価や糸価の維持、外貨準備としての金購入、負債整理や企業融資のための損失補償などを行うというものであった。これは、民政党政権の緊縮財政を放棄するものであったが、その一方で、失業対策事業や米価維持政策などは、従来より、緊縮財政の下で雇用変動や物価変動を緩和するための臨時措置として実施されていた。つまり、犬養内閣および斎藤内閣は、軍事費の増大を公債によって補う中、公債発行を不況対策としての臨時措置の支出にも適用し、さらに負債整理や為替変動に伴う損失への政府補償を拡大することで、一九二〇年代における非常的措置を大々的に展開したのである。同様に、犬養内閣や斎藤内閣は、民政党内閣期のような労働組合法案や小作法案の制定に向けた動きは全く見せなかったが、既述の表10-7に示されているように、この時期、小作争議の激増に対する小作調停法の適用は拡大していた。その意味で、犬養、斎藤内閣期の経済、社会政策は、一九二〇年代の臨時措置を積極財政に基づいて恒常化、拡大するものとなった。ただし、そうした臨時措置を援用して世界恐慌に対応しようとしたため、それに要する費用は莫大な額に達した。こうした拡大的財政、金融政策は、後述のようなイギリスにおける均衡財政を基調とした不況対策と対照的で、それは一九三〇年代を通じた、日本とイギリスの帝国政策および外交政策の相違を生む決定的な背景ともなる。

以上のように、斎藤内閣は、経済不況への対策と満州事変に対する対応に迫られ、財政膨張を招き、後述のような禍根を残した。また、五・一五事件の後、国論は満州国の承認に向けて進み、国際連盟との関係において紛糾を引き起こす。しかし、その一方で斎藤内閣の成立後、関東軍に対する陸軍の統制は、以下のように、ようやく回復していった。

衆議院による満州国承認要求決議後の六月下旬、真崎参謀次長は満州を視察することとした。真崎は六月十七日に昭和天皇に拝謁し、「関東軍ノ作戦方針ハ中央ノ意図ヲ十分ニ解セザルモノガア」るため、「実情ヲ視察シマシテ適切ナル指導ヲ与ヘ得ル様ニ致シ度イト考ヘテ」いることを奏上した。(22) 真崎は現地視察によって、関東軍に対する軍中央の統制を回復しようとしていた。ところが、満州で真崎は、「中間幕僚ガ上ヲロボット」とし、「邦人官吏モ有為ナル者一人モナシ[…]満州国人ヲ侮蔑ス。満州官吏ニ悉ク蹂躙セラル」といった情報に接し、満州特務機関長の小林省三郎海軍少将の意見として、「関東軍ノ幹部全部取換フルコト。九月デハ遅シ。最首肯シ得ベキ第一案武藤、第二殿下ナラン。此問題ハ動キツヽアリ」と日記に記した。(23) 関東軍の統制回復のため、武藤信義を関東軍司令官に再任する人事が動きつつあった。これは、関東軍を統制できない本庄繁司令官と独断行動を繰り返す石原や板垣らを共に更迭する布石であり、それは八月の人事異動で実現した。その結果、石原はジュネーヴ軍縮会議随行員に任命され、満州を去った。対して板垣は、大佐から少将に昇進したものの、関東軍司令部付として満州国執政顧問および奉天特務機関長の職に任じられ、やはり関東軍の指揮からはずされた。

九月十五日、武藤関東軍司令官は満州国と日満議定書を調印し、満州国を承認した。半月後の十月一日、リットン調査団による報告書が国際連盟に提出された。これにより、満州事変をめぐる争点は再び国際連盟へと移る。

二　イギリスにおける政治、経済、帝国の再編

満州事変が勃発した一九三一年九月前後のイギリスは、政治的経済的危機の最中にあり、満州事変はイギリスの危機の頂点とその克服過程の時期に重なった。一九三一年三月、ドイツとオーストリアの関税同盟が公表されたが、フランスの反発により、五月にオーストリアのクレジット・アンシュタルト銀行が破綻した。六月十六日、イングランド銀行のモンタギュー・ノーマンは四百五十万ポンドの緊急融資を声明し、六月二十日にアメリカのフーヴァー大統領は、一年間のモラトリアムを宣言した。イギリスはフーヴァーの措置を歓迎すると共に、戦争債務の放棄に再び期待を寄せた。しかし、七月にドイツのダルムシュタッター・ナツィオナール銀行が支払い停止に陥り、ドイツ政府は全銀行の一時休業を命令した。そして経済的混乱はイギリスにも波及した。七月十五日にポンド為替が急落し、金の国外流出が加速、さらに三十一日に公表されたメイ委員会の報告書によって混乱が拡大した。(24)メイ報告書は、イギリス財政における大幅な歳入不足を指摘していた。一九二〇年代を通じ、イギリスの国際貸借は、長期金融において貸出が多かったのに対し、短期金融において借入が多かった。(25)そのため一九二八年以降、とりわけ一九二九年十月の世界恐慌の発生以降、各国が短期資金を引き上げたことで、イギリスから大量の金が流出していた。しかもイギリスはドイツに多額の融資をしていた。そうした中で政府の財政危機が認識されたため、ポンド売りの投機が加速したのである。

メイ報告の公表とそれに伴うポンド下落に対し、スノウデン蔵相は失業保険支出の切り下げを中心とする財政緊縮を徹底することで対応しようとした。しかし、労働党内や労働組合会議側に反発が生じた。八月下旬になるとマクドナルドは、危機に対処するため、自由党、保守党との連立政権を考慮するようになった。最終的に閣内分裂と国王の調停によって、八月二十四日に第二次マクドナルド内閣は総辞職し、翌日、マクドナルドを首班とする連立政権が成立した。(26)

連立政権が成立する以前、労働党は自由党の協力を得て経済対策を行っていた。しかし、自由党ではロイド・ジョージとサイモンが対立し、保守党のネヴィル・チェンバレンがサイモン派との提携を模索していた。そのため、一九三一年七月までに三党の鼎立状況は、労働党とロイド・ジョージ自由党対保守党とサイモン自由党の二極化の傾向を強めていた。(27)こうした中で成立した連立内閣は、自由党にとって政権参加の好機と捉えられた。しかし、この時点でロイド・ジョージは健康を害しており、主導権を発揮できなかった。自由党からサミュエルとレディングが入閣し、サイモン派は影響力を後退させたが、他方でロイド・ジョージも将来を見越して連立政権から距離を取っていた。(28)

労働党からはマクドナルドとスノウデン、トーマスの三人の前閣僚が留任し、ヘンダーソンは党務に専念することになった。ヘンダーソンはそれまで、閣僚として福祉予算の縮小に反対していたが、労働党の指導者として、マクドナルドの意向を尊重し、連

立内閣と協力しようとした。しかし、労働組合会議は、不況下の厳しい労働状況や労働党の実質的政権離脱に加え、ソ連による五か年計画に触発されて急進化し、労働党の政権能力に疑問を感じていたマクドナルドとの距離を広げた。[29]保守党からは、ボールドウィンとネヴィル・チェンバレンが入閣した。チェンバレンは、国民の反発を招く福祉予算の縮小を労働党首班の内閣に実施させることで、労働党の負担の下で財政緊縮を行おうと構想していた。チェンバレンは自由党に対しても、当初、連立政権として協調していたが、まもなく自由党内の分裂を利用し、ロイド・ジョージの影響力排除を画策するようになった。[30]

連立内閣は本来、経済危機に対処するために成立した。ところが、連立政権成立後の関心は、総選挙の時期に移った。経済界は、貿易収支の改善と通貨維持のため、関税の導入を支持するようになっており、さらに通貨の信用維持のための政府の対策を期待していた。しかし、政府は、経済問題を経済界の対処に委ね、総選挙に関心を集中させた。マクドナルドは総選挙の延期を希望したが、チェンバレンは早期の総選挙を主張した。結局、連立内閣は成立したものの、有効な経済政策を打ち出せなかった。そして九月十八日金曜に至り、イングランド銀行は、独自の措置として二十一日月曜以降の金の支払い停止を決定し、これは、二十一日の関連法案の議会通過を経て実行された。それまで、通貨の信用維持を優先してきた政府、経済界にとって、イギリスが金本位制からの離脱を余儀なくされたことは、深刻であった。しかし、それはイギリスの財政破綻によるものでなく、均衡財政の原則が維持される中で決定された。その結果、金本位制からの離脱によっても、それが国内経済に及ぼす影響は限定され、さらにポンド為替の下落によって、貿易収支が改善し始めた。[31]

イギリスの金本位制離脱は、帝国領域および世界に対するイギリスの経済的影響力を再編するきっかけともなった。イギリスによる金本位制離脱直後、まずポルトガルが、自国通貨とスターリングとの連結を決定した。次いで北欧諸国が通貨管理を試み、失敗した後にスターリングとの連結に踏み切った。これらの諸国はイギリスとの金融関係が密接で、スターリングの下落による資産の減却を回避し、相場の安定を実現するため、自国通貨とスターリングの連結を決定した。[32]一方、こうしたヨーロッパ諸国に対し、イギリス帝国の対応は多様であった。まずカナダは、スターリングとの通貨連結について賛否両論が存在したが、最終的に連結を行わなかった。下落したスターリングとの連結による対米債務の増加を懸念したからである。[33]対してオーストラリアは、イギリスとの貿易に依存していた上、自国ポンドがイギリス・ポンド以上に暴落するのを回避するため、スターリングとの通貨連結を求め、ニュージーランドに至っては、国内支出の増加と貿易収支の悪化によりイギリスに融資を求め、為替管理などを受ける中で、スターリングとの連結を決定した。[34]

他方、南アフリカは、金産出国であったため、金本位制から離脱したイギリス本国と一線を画そうとした。南アフリカにとって金本位制は、融資における信用維持に関わるばかりでなく、独立的地位の象徴ともなっていた。その一方でスマッツは、農工業保護の観点からスターリングとの通貨連結を支持していた。その点で南アフリカも、世界恐慌下で貿易不振に直面し、しかも貿易においてイギリスへの輸出に依存していたため、後に金本位制から離脱し、スターリングとの連結を形成した。[35] 最後にインドの場合、イギリスの金本位制離脱以前より、政情不安と貿易不振によってルピーが暴落していた。そうした状況に対し、イギリス本国はインド側に金現送を求めたが、インド政庁はこれを拒否していた。その上、イギリス本国は、国民会議派の動向にも配慮しなければならなかった。すなわち、イギリスが金現送を強く求めた場合、国民会議派が債務不履行に踏み切る可能性が懸念されたのである。そのためイギリス本国は、インド政庁にそれ以上の要請をできなかった。とはいえ、イギリスが金本位制から離脱した結果、ポンドは下落し、金の価格が高騰した。インドは、数百年にわたり、世界の金を吸収し続けてきた金の退蔵国であり、ポンドの下落によってインドの金が市中に放出され、貿易決済に充てられるようになった。そのため、インド経済は安定を取り戻すことに成功した。[36]

金本位制離脱以前のイギリスの経済危機は、金に対するポンドの過大評価によってポンド売りが加速し、金の海外流出が引き起こされたことで生じていた。したがって、イギリスの金本位制離脱によってポンドは下落したが、イギリスと貿易上の密接な関係にあった諸国はイギリスとの為替安定を希望し、スターリングとの連結を決定した。そのため、スターリングの下落も一定水準で抑えられた。一九三二年三月、このようにして形成されたスターリング圏について、経済諮問会議のある委員会は、金本位制を離脱した諸国が自国通貨をスターリングと連結し、それによってスターリング圏内の貿易が安定化すると共に、国際貿易におけるスターリングの有用性が高まり、スターリングが金本位制に対応する基準となることを望ましいとした。とはいえ、帝国もスターリング圏も、国際的中央銀行を望んでおらず、国際社会における集権的管理はあり得なかった。そのため、イングランド銀行は従来通り、独自にスターリングの価値を管理する一方で、他の諸国はスターリングとの固定相場を維持するよう努めていくことが展望された。同委員会は、イギリスが帝国内外の諸国に対し、スターリングとの密接かつ明確な結合が彼ら自身の利益に適うことを確信させることによって、イギリスを中心とするスターリング諸国の統合が可能になると判断した。[37] つまりスターリング圏とは、イギリスが国際金融における基幹的役割を果たすと共に、イギリスと利益を共有する諸国ないし帝国領域が、独自の判断と各々の利害に則して参加することによって、形成されるものであった。したがって、スターリング圏はイギリス帝国のみに限られず、また、カナダのように、ドミニオンでありながら、それに参加しないこともあった。その意味でスターリング圏は、各国の多様な利害と形態を包摂する自由主義的な性格を保持していた。こうしたイギリス帝国の多元的な試みは、一九三二年のオタワ会議へと引き継がれていく。

連立政権の成立後、一九三一年十月二十七日に執行された総選挙の結果、労働党は二百六十七議席中の二百十五議席を失う大敗を喫した。[38]自由党は、サイモン派が独自の綱領と四十人の候補を擁立する一方で、サミュエルとロイド・ジョージの対立や資金不足によって、さらなる後退を余儀なくされた。選挙は連立政権と労働党の対立となったが、連立政権内でも保守党と自由党サイモン派が提携し、保守党とサミュエル派自由党が競合していた。選挙において、保守党が四百七十議席を獲得する大勝を収めたが、それは連立政権としての勝利であったため、保守党は選挙後もマクドナルドを首班として支持し、連立政権を継続した。マクドナルドとボールドウィンは、自由党にサイモンの入閣を求める一方で、サイモンはサミュエル以上の待遇を求めた。そこでサイモンは外相として入閣した。さらに保守党において、インドに関する強硬派で自由貿易派のチャーチルと、同様にインド強硬派で保護関税派のエイマリが共に地位を低下させ、逆に統一党の系譜を引くネヴィル・チェンバレンの主導権が確立した。[39]連立政権とはいえ、自由党主流派と労働党の後退による実質的な保守党政権が成立したことで、政策上の関心は関税政策、とりわけ帝国特恵の導入へと移った。ただし、その具体的内容は、ネヴィル・チェンバレンの主導下、特有の自由主義的構想に則って決定された。

一九二〇年代後半、保守党は産業保護や失業対策のため、関税の導入を支持するようになっていた。とはいえ、保守党執行部は、エイマリらの主張を支持したわけではなかった。ジョゼフ・チェンバレンの関税主義を引き継いだオースティン・チェンバレンやネヴィル・チェンバレンでさえ、食料価格の高騰を警戒する選挙民の意向に配慮しながら、漸進的な関税政策を構想する中で、エイマリの主張を援用したに過ぎなかった。他方、世界恐慌下の一九三〇年中、産業界や金融界も貿易不振とポンド危機のため、関税の導入による貿易収支の均衡と通貨の信用維持を支持するようになっていた。ただし、経済界は、世界恐慌の原因を国際的な異常事態に求め、ポンドが過大評価されているとは判断していなかった。また、銀行界が取り得る対策にも限界があり、焦点は産業合理化の促進に置かれていた。[40]こうした状況を背景に、一九三二年二月の輸入関税法[41]や八月のオタワ会議を経て成立した帝国特恵は、保護関税という以上に、ネヴィル・チェンバレンの構想に基づく産業合理化や市場調節を目指すものとなった。

満州事変の最中の一九三二年七月二十一日から八月二十日まで開催されたオタワ会議によって、帝国特恵が成立した。それは、伝統的な自由貿易主義を修正し、帝国全体を統合する保護関税を採用したが、それは、保護主義への全面転換を意味していなかった。帝国特恵に関し、イアン・ドラモンドによる詳細な研究が存在する。[42]オタワ会議は、一九三〇年十月に開催された帝国会議におけるカナダの提案に基づいて開催された。ところが、カナダは帝国会議を準備する展望や経験を欠き、しかもイギリスと各ドミニオンの利害が対立した上、各国の国内や対外関係上の利害も錯綜していた。オタワ協定は、参加国の全体的合意としてではなく、イギリスと各ドミニオン間の個別協定の積み重ねとして成立した。そのため、オタワ会議によって採用された帝国特恵には、多様な個別利害を包容する、その意味で自由主義的経済政策の原則が採用された。つまりイギリスは、各ドミニオンと多様な協定を締結しながら、保護主義への全面転換を図るより、金本位制離脱後の新たな自由主義国際経済の枠組みを構築しようとしたのである。

オタワ会議は帝国特恵関税を採用したが、そのこと自体、イギリス本国にとって、財政出動を伴わない景気、失業、産業対策という性格を持っていた。財政出動による失業対策を主張した自由党に対し、保守党は関税政策の導入によって、公共事業を行わず、均衡財政を堅持しようとした。財政出動の増加は、物価上昇や貿易収支の悪化、増税などを引き起こす懸念があった(43)。さらにオタワ会議においてイギリスは、スターリングに対する各ドミニオンの通貨切り下げについて、ドミニオン側の自主性を尊重しながら、会議においてそれを取り上げず、基本的に消極的であった。逆に各ドミニオンの通貨とスターリングの安定化については、各ドミニオンの判断を尊重しながらも、積極的であった。つまりイギリスは、金本位制からの離脱によるポンドの下落という状況にあって、均衡財政とスターリングの安定を基礎とした、伝統的な財政、経済政策を維持しようとしていた。

イギリス本国はこうした帝国内の通貨安定を前提として、各ドミニオンに対し、ドミニオン側の国内品に準ずる価格になる範囲内で本国製品に関税を課すという準国内品待遇を求める一方、各ドミニオンから本国への輸出品に対し、特恵関税と割当制度を併用することを提案した。帝国特恵は、本国がドミニオンの製品に対して課す関税率を外国製品に対する関税率より低率に抑えることを意味したが、対して割当制度とは、貿易品目毎に本国が製品の輸入総量について規制を行い、外国製品よりもドミニオン側に多くの割当率を配分することとし、この場合、関税を原則として徴収しないという制度である。ただしその際、特定製品に対して低率の関税を課す代わりに割当量を増加させるという中間的措置が存在した。こうした中間措置を施すことで、帝国特恵と割当制度を併用することも可能となり、さらにそれは、外国との交渉における取引手段ともなった。

イギリス本国が帝国特恵関税と割当制度の併用を提案したのは、イギリス帝国全体の生産、貿易構造に由来した。イギリス本国がドミニオンから輸入する製品は、農畜産物や鉱物資源が中心であったが、ドミニオン側の小麦などの生産量は、イギリス本国の消費量を凌駕していた。つまり、各ドミニオンはイギリス本国への輸出増加を目指したが、それには限界があったのである。その上、帝国特恵によってイギリス本国に対するドミニオン側の輸出が増加したとしても、それによって外国側の制裁的対抗措置を引き起こした場合、イギリス本国にとっても、各ドミニオンにとっても、不利益となる可能性があった。しかもイギリス本国の農畜産業界にとって、ドミニオンの製品も外国製品も、共に競合対象である点に変わりはなく、イギリス本国にとって、国内産業の保護という課題もあった。さらにイギリス本国にとって、消費価格の高騰を抑えながら、産業部門の収入を増加させるという矛盾した問題にも対処しなければならなかった。こうした中で割当制度は、ドミニオンや外国側にとって、イギリス本国に対する一定の輸出量を確保すると共に、高率関税の賦課を回避できるという利点があった。また、イギリス本国にとってそれは、大量の商品流入による価格暴落を阻止しながら、制限的であっても自由競争を維持することで、価格高騰を抑制するものと想定された。

割当制度の構想には二つの前提が存在していた。それは第一に、イギリス本国が工業製品を輸出するのに対し、ドミニオン側は農畜産物や鉱物資源を輸出するというイギリス帝国内の貿易構造であり、第二に、農畜産物の価格維持を総生産量の規制に求める構想であった。特に割当制度を重視したネヴィル・チェンバレン蔵相は、世界的な生産過剰という状況の下、関税政策を通じた農畜産物価格の維持と生産者の所得増加の限界を認識し、一九三三年に予定された世界経済会議を通じて世界的な生産量の調整に取り組むことを念頭に置きつつ、農畜産物生産量の自主規制を各ドミニオン側に求めた。その意味で帝国特恵制度の導入は、農畜産物対策が中心を占める特定産業対策という側面が強い一方で、決して孤立主義的な帝国内の貿易促進のみを目指していたわけではなかった。

対して、より純粋な関税政策となるドミニオン向け本国輸出品に関し、本国側は各ドミニオンに、上述のような準国内品待遇措置を求めた。これは、オーストラリアをはじめとする各ドミニオンが、一九二〇年代より、イギリス本国と対照的に独自の保護関税政策を採用していたことによる。イギリス本国は各ドミニオンに対し、本国製品への国内品待遇を求めることで、各ドミニオンの関税賦課権を尊重した上で、各ドミニオン内における商品の自由競争を維持しようとしたわけである。その意味で国内品待遇の要求は、イギリス本国の輸入品に対する割当制度の適用という、限定的な市場競争の維持政策と対応していた。

オタワ協定で成立した帝国特恵により、イギリスとドミニオンの双方が帝国領域内における輸出入を増加させた。ただし、その際、イギリス本国の輸入量は、ドミニオン側の輸入量を上回っていた。貿易収支の点でオタワ協定は、イギリス本国が各ドミニオンの輸出を吸収するという効果をもたらした。それは、イギリス本国が全体として、制限的ながら自由貿易主義を志向していたためである。その意味で帝国特恵は、世界恐慌という貿易収縮傾向の中、イギリス本国が各ドミニオンに対し、限定的な自由貿易市場を保証するという機能を果たしたのである。一九三二年八月二十日、オタワ会議は終結に際し、次のような議決を行った。[44]

この会議は、ブリティッシュ・コモンウェルスの諸国が相互に、相互の貿易を相互の優遇関税という手段で増加させるための協定に達したことによって、これらの協定を書き記し、次のような確信を記録にとどめた。それはすなわち、帝国の様々な諸国の相互障壁をこれらの協定によって引き下げ、あるいは撤廃することで、各国間の貿易の流れが促進されるであろうこと、これら諸国民の購買力が持続的に増加することで、世界貿易も刺激され、増加するであろうこと、そしてさらにこの会議が、これらの協定の締結を前向きの一歩として、すなわち、それが将来の同一方向におけるさらなる進化へとつながり、保護関税を、帝国の諸資源や諸産業を健全な経済路線の上で確実に発展させるべく利用するための一歩として捉えていること、である。

オタワ会議におけるイギリス本国と各ドミニオンは、全体としてそれぞれの自国産業の保護を優先していた。右の声明は実質的に、外国側の反発や対抗措置を緩和するためになされたものであろう。しかし、その一方でイギリス本国は、帝国を限定的な自由主義国際経済圏として活用し、その上で世界経済会議や個別各国との通商交渉を通じて生産調整に基づく自由貿易を維持しようとしていた。総じてイギリスは、スターリングの安定と個別の通貨連結を通じ、貿易の安定化と、自由主義国際経済の修正的維持を図ろうとしていた。

とはいえ、オタワ協定によって成立した帝国特恵は、実質的に、帝国外との貿易を帝国内の貿易によって代替する機能を果たした。世界貿易が収縮する状況において、帝国特恵が第三国に貿易の拡大を促すには限界があった。ただし、イギリスおよび帝国全体の帝国外からの輸入は、オタワ会議以降むしろ増加しており、帝国外の貿易を促進するという主張は誤っていなかった。それだけイギリス本国は、帝国領域以外の各国との貿易交渉も重視していた。ただし、そうしたイギリス本国の姿勢は、帝国特恵を最も強く求めていたオーストラリアからは背信的行為として受け止められた。そのため、オタワ協定の成立後、ドミニオン、特にオーストラリアは、特恵の強化や割当の増加、外国品の排除を改めて要求する一方で、イギリス本国はオタワ協定の規定に不満を感じ、その修正を目指していくこととなる。

このように帝国特恵は、自由主義を維持しようとするイギリス本国と保護主義を求めるドミニオン側の多様な思惑が交錯する中で成立していた。しかし、スターリング圏や帝国特恵をめぐるイギリスの意図は、アメリカや日本に理解されなかった。アメリカや日本はイギリスの政策を、排他的勢力圏を形成するものと捉えており、それぞれ後述のような独自の対応を示していくこととなる。その意味でイギリスを中心とするスターリング圏や帝国特恵の成立は、イギリス特有の現象であると共に、一九三〇年代の国際秩序に本来の意図とは異なる影響を及ぼすものとなった。

世界恐慌下におけるイギリスの国際経済政策、外交、帝国政策は、経済や社会に対する政府の介入を限定しつつ、世界の多様性を前提に、イギリスが基幹的機能を果たしながら個別交渉を積み上げ、各地域の特殊性を包摂していくことを目指していた。その意味でイギリスは、排他的な帝国の運営を目指していなかった。しかし、それだけにイギリスは、個別の地域情勢に介入する意思も持たず、そうした政策体系は、満州事変に対するイギリスの対応にも反映された。満州事変の勃発後、中国は国際連盟に提訴したが、イギリス外務省の中国通であったジョン・プラットは、一九三一年十月二十四日に連盟理事会が日本に対する撤兵勧告案を決議したことに関連し、次のように記していた。[45]

ある国が他国の領内に鉄道を保有し、守備隊を置くという協定は、連盟規約の原則と両立しない。［…］連盟の原則を厳格かつ学問的に適用することが、このような事態を扱う最上の手段であるかどうかについては、疑問の余地がある。

［…］中国は、その政府が役立たずで無能であるにもかかわらず、大きな外交的勝利を勝ち取った。日本は孤立し、貶められた。しかし、日本が撤兵しないのは確実であろうし、したがって交渉が始まることはあり得ず、そのため、決議は紛争の解決に近づき得るようなものを何ももたらさなかった。

［…］中国に対し、連盟が警察として行動し、中国のために日本を満州から追い出すであろう、という幻想をしばらくの間でも抱かせておくのは、不公正であろう。

イギリスは日本と連盟の対立を、中国代表が主張したような、日本による一方的な連盟規約の無視ないし違反の問題とは捉えていなかった。しかし、イギリスにとって国際連盟は、イギリスの安全保障戦略の根幹に関わる存在であった。すなわち、イギリスは、大国間の協調と合意の下で国家主権の尊重を国際規範として確立し、それによってイギリスの安全保障を補っていた。国際連盟は、そうした国際規範の象徴的存在であると共に、民族自決の時代にあって、イギリスが直接的影響力を行使しにくい地域に間接的影響力を行使する媒体ともなっていた。その意味でイギリスにとって満州事変は、日本との協調を維持しながら、国家主権の尊重という、イギリス外交の中心的理念の擁護をも要請する困難な事案となった。

しかも、日本の軍事行動が一九二〇年代以降の中国ナショナリズムの昂揚を迎えた中で発動されたことは、イギリスの対応をさらに複雑にした。ウェルズリー外務副次官は、「軍事力は極東においてすら、現代では時代遅れである。それは一時的な沈黙を強制できるが、恒久的な解決を引き出すことはできない[46]」という見解を記し、中国の行政能力に懐疑的であったプラットも、今後のイギリスと中国ナショナリズムとの関わり方について、次のように記していた[47]。

中国においてナショナリズムの精神が発達し、それと並行してヨーロッパにおいて国際関係を律する道徳観念の新たな規律が発達したことで、砲艦政策は次第に効果がないばかりでなく、危険なものになった。［…］ランプソンが指摘したように、命令に代わるのは対話である。対話とは、中国における対等、互恵主義に基づく関係の再調整、一八四二年および一八五八年の敗戦後に中国側に強要された不平等条約に代えて、相互の自由意思に基づく新条約について交渉することを意味している。

上海における日本の攻撃は、イギリスが対処しなければならない、一連の新たな状況を生み出した。それは中国を統合したのか、それとも中枢となる政府機関を完全に破壊してしまったのか、あるいは外国特権の縮小を求める中国の要求を非妥協的にしてしまったのか、それともその反対なのかは依然としてはっきりしない。にもかかわらず、イギリス政府は、中国に対する将来の政策は対話の政策なのか、命令の政策なのかを決定しなければならない。

イギリスにとって、一九二〇年代の中国における国民的な統一の気運と現実の政治的混乱および排外主義にどう対処するかは、重要な課題であった。同時期のイギリスは、自由意思に基づいて統合される帝国を理想とし、また、国際関係の中心に自らを置く世界戦略を展開していた。そこでイギリスは、治外法権撤廃交渉においても列強の中心として、混乱した中国に現実的な合意の可能性を提起することで、両国関係の再構築に向けた中国側からの動きを促し、成果を挙げた。しかし、満州事変の勃発によって、中国ナショナリズムが急進化する一方、中国の政情は混乱の度合いを深めた。イギリスにとって、日中対立の中で中国の全体状況に対応する政策を打ち出すことは、より困難になっていた。

全体として日本もイギリスも、国際連盟が満州事変を扱うことに疑念を感じており、満州事変に際しての日本側の主張が孤立していたわけではなかった。しかし、イギリスの帝国政策、外交政策は、個別地域の特殊性を前提に、それらを包摂する体系を志向していた。したがってイギリスは、国際連盟が満州問題に対して画一的な対応をすることに懸念を示したが、それは、中国の実情に即した事態収拾方法を模索しようとした結果であって、決して日本のように、地域的な大国意識を背景に、第三国に対して中国の特殊性を訴え、その介入を排除しようとするものではなかった。こうした日英の相違は、東アジアにおける大国としての意識を持った日本と、世界戦略の中で東アジアにおける政策を決定していたイギリスという、両国の置かれた立場や状況、そして国家観や世界戦略の相違から生じていた。この後、満州国が成立し、その承認問題が連盟の審議に取り上げられていく中、日英両国の政策は次第に対立を深めていく。と同時に、日本とイギリスは、国際連盟において支配的であった論理とは異なる独自の論理によって、問題の最終解決を模索することとなる。

三　スティムソン・ドクトリンの周辺

「秩序ある自由」の理念を掲げ、アメリカ連邦政府の積極的施策を自制していたフーヴァー政権は、一九三一年に入っても、四千五百万ドルの灌漑法案を実現した他は、支出を抑え続けた。とはいえ、満州事変勃発直前の一九三一年六月までに、工場労働者の二十八%、全労働者の十五%が失業する一方で、連邦債務は一九三〇年六月からの一年間に七億二千万ドルも増加した。他方、一九三一年九月にフーヴァーは、資金難の銀行界に対し、五億ドルの信用基金を創設し、資金難の銀行への融資に当たらせることを提案した。しかし、それは実現しなかった。そこで十一月、第一次世界大戦中の戦時金融公社を原型とする復興金融公社を創設するための法案を準備し、同法案は翌年一月に議会を通過した。[48]

フーヴァーは、復興金融公社と連邦準備銀行を中心とする金融政策により、不況に対応しようとした。しかし、一九三二年春に失業率が二十三%に迫ったことで、フーヴァーは七月二十一日に非常救済建設法を成立させ、十億ドルの公共事業を行うこととし、さらに州による救済事業のため、三億ドルの融資を行うこととした。と同時にフーヴァーは、連邦債務を抑えるため、増税に踏み切った。フーヴァーが連邦政府による公共事業支出を拡大したことは、一九二〇年代の政策を転換するものであり、一九三〇年代のニューディール政策に引き継がれていく側面を持っていた。とはいえ、そうしたフーヴァーによる連邦支出は、州政府や市政府による公共事業の不振を受けて、連邦政府が融資を行い、代替的に公共事業を行っていくという形で実現していた。こうした政策転換はおそらく、「秩序ある自由」というフーヴァーの理念や政策体系の中で、行政の果たすべき役割を拡大した結果としてなされたものであろう。その点で、フーヴァー政権末期の財政政策は、多元的な利害が交錯する中で連邦支出を増大させ、さらに国際協調による不況対策よりも国内的な経済政策を優先したローズヴェルト政権の財政政策と、理念において相違があった。

一九三一年から翌年にかけてのアメリカは、不況対策のために連邦政府が積極的役割を果たしていく転換期に当たっていた。そうした中で勃発した満州事変に対してアメリカは、一方で不承認政策という普遍的理念を掲げ、必要に応じて国際連盟との協調を実現しながら、他方で日本との直接的な対立を回避し、さらに将来のフィリピン独立を承認する法案を成立させるなど、東アジアから後退する傾向を示した。フーヴァー政権は一九三〇年九月、直接的利害の大きなラテンアメリカ諸国に対しても、国際義務の履行や選挙の実施といったウィルソン大統領以来の政権承認のための原則を修正し、さらにニカラグアとハイチからの撤兵計画に着手した。撤兵の実現は一九三四年まで遅れるものの、一九三一年春、ニュー・オーリアンズ・バナナ会社などがニカラグアにおけるアメリカ人への軍事保護を求めた際、フーヴァーやスティムソン国務長官はこれに応じなかった。スティムソンはまた、チャコをめぐるパラグアイとボリビアの紛争に対し、パン・アメリカン・ユニオンを通じ、ボリビアによるパラグアイ領の占領に対する不承認宣言を出した。両国の武力紛争は一九三五年まで継続したが、スティムソンは、メキシコの協力を得て紛争の調停を試みた[49]。スティムソンによる不承認政策は、一九二〇年代の共和党政権、特にヒューズやケロッグ国務長官による国際司法手続きの推進を踏まえ、ウィルソン政権期の個別政権に対する不承認政策を、紛争解決手段としての武力行使に対する不承認政策へと発展させるものとなった。

このように、スティムソンの不承認政策は、平和主義的で、普遍性を高めていたが、それは、個別地域の政情や状況に対する不干渉の原則を伴っており、それは、「秩序ある自由」というフーヴァー政権期の理念を国際理念に発展させるものとなった。と同時に、アメリカが武力不行使という理念を積極的に提起していく中に、不況に対するアメリカ連邦政府の役割増加に対応した、国際問題に対するアメリカのより積極的な行動意識が表れていた。そこでアメリカは、満州事変の勃発に対しても、国際連盟との部分的協力を実現し、満州事変に対する不承認政策を打ち出す一方で、事変に対するアメリカの直接的関与を自制し続けた。

満州事変の勃発時、フーヴァーは国内問題に忙殺されていた。

そのため、スティムソンがフーヴァーと密接に連絡を取りつつ、対応に当たった。満州事変の勃発当初、アメリカは幣原外相の不拡大方針に信頼を寄せていた。アメリカにとって当時の日本政府は、普通選挙を実施して民主化を進め、海軍軍縮を受け入れ、平和的な中国政策を遂行してきたからである。一方、国際連盟に対し、アメリカは当初、審議への参加を求められたが、拒否した。アメリカ世論への配慮や、連盟がアメリカを利用して日本に強硬な姿勢で臨むことを懸念したためである。とはいえ、十月八日の錦州爆撃に際し、スティムソンは幣原外相への信頼を保ちながらも、日本への不信感を強めた。国務省では、ウィリアム・キャッスル次官やスタンリー・ホーンベックが日本の反発に警戒しながら、連盟を支持すべきという点で一致するようになった(50)。

スティムソンは、暴力行為に対する世論の抑制効果に期待していた。アメリカの一般世論も、中国からの挑発を理由とする日本の武力行使を容認していなかった。しかも、アメリカにおける中国人は、洗濯屋の労働者、本国の洪水や飢餓で苦しむ低賃金の苦力といった印象で捉えられており、また、アメリカにおける中国に対する印象は、宣教師を通じて作り上げられることが多かった。しかし、アメリカの反応には限界があった。アメリカのキリスト教徒は、宣教師からの情報に基づき、日曜ミサで数ペニーを施すぐらいの同情を中国に対して持っていたが、それ以上のものでもなかった。アメリカにとって、満州事変は他人事であり、中国に対する同情が日本との対決を意識させることはなく、ほとんどのアメリカ人は、外国との戦争に巻き込まれることをより警戒していた。全体としてアメリカは、武力行使に対する嫌悪感を強めていただけに、アメリカ自身が武力紛争の当事者として巻き込まれることへの抵抗感をそれ以上に強く感じていた。

そのため、スティムソンが国際連盟に期待したのは、武力行使以外の手段によって日本を自制させることであった。十月十六日、アメリカのジュネーヴ領事プレンティス・ギルバートが連盟の理事会に出席した。十七日、理事会はギルバート出席の下、不戦条約の参加国たる日中両国に対し、不戦条約の義務を喚起する決議を採択した。国際連盟へのアメリカの出席は、連盟設立から十年を経て実現した。そのため、かつて連盟へのアメリカ参加を主張した人々はその意義を評価する一方で、ハイラム・ジョンソンやボーラーらは、フーヴァーとスティムソンを専制的と非難した。そこでスティムソンは、アメリカが警察として行動しているかのような印象を日本に与えないため、主導権を連盟側に委ねようとした。十一月五日、スティムソンは、アメリカと連盟が相互に独立して行動していることを確認する声明を発した(51)。

しかし、日本のチチハル出兵後、十一月下旬にスティムソンは、日本の行動を止めるための積極的な措置が必要と判断するようになった。日本に対する経済制裁の可能性も世上で問題になった。しかし、農業、工業、輸出入業者、金融業などが制裁に反対した。ホーンベックも、制裁はアメリカに対する日本の敵意を招くのみとして反対した。スティムソンも動揺の末、制裁を否定した。スティムソンが最終的に選択したのは、不承認という対応であった。スティムソンは十一月半ばからそれを検討し、十二月二日に声明文を作成、ホーンベック、キャッスルらに草案を提示した。しかし、ホーンベックらは、連盟の調査委員に関する決定がなされる以前の行動に反対し、調査委員が否決された場合に声明を出すよう助言した。十二月十日、国際連盟が調査団の派遣を決定すると、スティムソンはこれを支持し、声明を一旦中止した。しかし、その後、錦州占領が現実化する中で、不承認声明の必要が再認識された。そして翌年一月初めの錦州占領を受け、スティムソンは二日から三日にかけて不承認声明の原稿を作成し、七日に日本と中国に通告した。通告内容は、中国におけるアメリカの権利を侵害し、あるいは中国の主権や独立を侵害する状況や条約、協定、そして、門戸開放やパリ条約に抵触する手段によって成立した状況、条約、協定を承認しないというもので、直接には、満州におけるアメリカの権利保護を求める内容になっていた。(52)しかし、それは同時に、パリ不戦条約に言及するなど、一般的権利保護の観点からアメリカの権利保護を求めており、それだけ普遍性を備えた通告となった。当時既に、第一次世界大戦中の二十一か条要求と満州事変とを対比させて捉える観測が存在していた。(53)ただし、アメリカに満州事変への介入意思はなく、その点でもスティムソンの不承認政策は、かつての二十一か条要求に対するブライアンの第二次通告と共通していた。

一九三二年一月末に第一次上海事変が勃発したことで、日本に対するアメリカの反発はさらに強まった。しかし、国務省には、アメリカの権利が侵害されない限り、行動を尚早とする判断があった。スティムソンも、日本への抗議にはイギリスとの協調が必要と判断した。そこで二月十二日、日本に対する抗議をイギリスのサイモン外相に提案したが、イギリスは強い抗議に消極的で、非難の対象に満州を含めることにも反対した。その後、三月十一日に国際連盟総会は満州国の不承認を決議し、スティムソンの不承認宣言に追従した。決議に至る過程で、イギリス、フランスといった大国と、チェコスロヴァキアやベルギーなどの小国が対立しており、その結果、制裁が否定されると共に不承認決議がなされていた。一方、二月一日に開催されたジュネーヴ軍縮会議においてフランスは、相互条約か国際的警察機構による安全保障が与えられない限り、軍縮に応じられないとする立場を取り、アメリカはこれを拒否していた。ジュネーヴ会議においても満州事変は関心を呼んでおり、国際連盟が日本を阻止できなければ、軍縮会議は失敗に終わるという観測もあった。しかし、フーヴァーやスティムソンにとって、連盟との協調によっても、日本に対する制裁の発動は不可能であった。スティムソンはむしろ、日本に国際世論の反発を印象付け、制裁の可能性について不安を感じさせることで、日本を牽制しようとした。(54)

アメリカでは、満州事変や上海事変に対し、日本に対する制裁を求める世論と、極東からの撤退を呼びかける世論とが交錯していた。アメリカ国民の多くは、中国におけるアメリカ人とその財産の保護でさえ、戦争に価するとは考えず、軍艦や部隊の撤退を希望していた。民主党の優勢な下院は軍事予算を削減し、さらにフィリピンからのアメリカの撤退も懸案となっていた。フィリピン問題をめぐり、国務省、陸海軍、商務省は、フィリピンからの撤退は東アジアからのアメリカの後退という印象を日本に与えると主張し、スティムソンもそれを、日本の攻撃性を助長しかねない措置として批判した。しかし、フィリピン独立を支持する主張には、フィリピン産農産物をアメリカから排除しようとする、スムート‐ホーリー関税に連なる動きが関わっていた。

四月に下院は、三百六対四十七の圧倒的多数でフィリピン独立に関する法案を可決し、上院も続いた。フーヴァーは拒否権を発動したが、翌年一月に下院は法案を二百七十四対九十四で再可決、上院も六十六対二十六で法案を可決し、拒否権発動は無効化された。同法によれば、フィリピンにまず二年間の憲法制定期間が与えられ、起草された憲法がアメリカ大統領によって承認された場合、フィリピンの有権者による国民投票を行い、過半数で支持されれば、十年間のコモンウェルスの地位を経て、独立を認めることとしていた。ただし、国民投票に際し、憲法の否決は独立の否決と判断されることになっており、憲法の是非以上に踏み込む憲法の内容については、判断できないことになっていた。また、コモンウェルスの地位にある期間、特定品目を除くアメリカ向けフィリピン製品に関税が課される一方で、フィリピンは、アメリカからの輸入品に課税できなかった。その上、フィリピンの独立に際し、アメリカの海軍基地を維持する法律の制定など、様々な条件が付されていた。スティムソンは、極東の混乱状況に照らし、フィリピン確保の必要があることや、その放棄が同地域におけるアメリカの影響力の後退につながることを主張した。しかし、スティムソンの主張は、議会に受け入れられなかった。(55)とはいえ、フィリピン独立法案自体、無条件のフィリピン独立を認めていたわけでなく、アメリカの認める憲法をフィリピン側の選挙を通じて受け入れさせるものとなっていた。その点でアメリカのフィリピン政策は、ラテンアメリカ政策と同様、アメリカの理想とする民主主義をフィリピンに適用することで、地域の安定化を図りながら、アメリカの間接的影響力を維持し、しかもアメリカの負担軽減を目指すものとなっていた。本法は、フィリピン側が大統領の承認を求めたため、この時点でフィリピン側に受けいれられなかったが、一九三四年にフランクリン・ローズヴェルト政権下で、微修正の上、成立する。

スティムソンは、日本との対立を回避しながら、不承認の意思表示によってその行動を牽制するため、駐日大使のウィリアム・フォーブスをジョゼフ・グルーに代えた。グルーは、五・一五事件後の六月六日に東京に到着した。しかし、グルーにとって、日本の国内情勢は予想外に平穏であった。そうした中でグルーは、六月十四日の国会による満州国承認要求決議やリットン調査団の訪日を迎えた。

リットン委員会には、アメリカよりフランク・マッコイが参加していた。マッコイは、一九二八年にクーリッジによってニカラグアの大統領選挙監視の任務を与えられ、翌年にボリビアとパラグアイの紛争の調査委員長を務めていた。リットン委員会においてマッコイは、満州国を認められないとするリットンと日本寄りの態度を取るフランスのアンリ・クローデルを調停する役割を果たした。さらにアメリカ本国も、リットン報告書の提出前に九国条約調印国による会議の開催を求める中国に対し、報告書を待つよう抑え、連盟を支持する調停的な役割を果たした。

アメリカにおけるリットン報告書に対する評価は高かった。また、グルーは日本の穏健派に期待し、強硬姿勢は日本の反発を招くだけと予測した。スティムソンも、それまでの失敗を踏まえてこれに同意し、平和を徐々に実現するのが最善と判断するようになった。アメリカは当初より、世論や理念の抑制効果に期待するなど、満州事変に自制的に対応していた。そのため、リットン報告書が発表され、国際連盟における審議が再開されたことにより、満州事変に対するアメリカの対応は、実質的に終わった。しかも、一九三二年十一月に大統領選挙が行われ、フーヴァーは民主党のフランクリン・ローズヴェルトに大敗した。ただし、スティムソンは、不承認政策が共和党の一時的政策でなく、民主党にも継承されるよう働きかけた。その結果、不承認政策はローズヴェルト政権へと継承されていく。[56]

四　満州国承認問題とリットン報告書

満州国樹立を目前に控えた一九三二年二月二十五日、イギリス外務省のある覚書は、次のように記していた。[57]

満州の独立が日本の占領中に（満州の中国人当局によって）宣言されたという事実は、それだけで友好国が条約上の義務や保証を侵害したとして非難するに足る、十分な根拠とはいえない。わずか一年かそのあたり前まで、多年にわたる満州における行政の実態は、中国の中央政府に対して名目的な忠誠を誓うばかりで、事実上、独立していたのである。

一九三二年三月一日に満州国の建国が宣言され、九月十五日に日本が満州国の承認に踏み切ったことは、その後、日本が国際連盟を脱退するに至る最大の要因となった。しかし、実際の満州国承認をめぐる国際情勢は、右のようなイギリス側の意向と、そうしたイギリスなどの各国の意向を間接的に反映しながら独自に事態の収拾策を模索したリットン委員会の活動によって、複雑に展開した。

満州国成立前後、日本と連盟は主として三月十一日の臨時総会決議に至る過程で対立していたが、それが劇的な関係悪化に直結したわけではなかった。この時点で日本は、満州国の承認に踏み切っていなかった。また、三月十八日の連盟総会極東問題委員会においても、「スペイン代表は、委員会が新たに満州に樹立された政府に対する疑念を表明することを提議したが、この問題はリットン委員会によって扱われねばならず、同委員会の報告が提出されるまで何もなされるべきでないとの理由で、イギリスを含む他の何人かの委員によって反対され」ていた。[58]他方、リットン委員会は、四月三十日に「中間報告」を作成し、ジュネーヴにこれを送付したが、内容はその時点までに把握できた事実の報告にとどまり、委員会としての見解は最終報告で表明するとしていた。そこで、五月十日の理事会および翌日の総会は、満州問題に関する審議の延期を決定した[59]。

満州国の成立に伴う最初の外交的摩擦は、承認問題というより、個別的な問題をめぐって生じていた。五月から六月にかけ、満州国が海関の接収を開始し、日本と英米との関係を緊張させた。その際、サイモン外相は、「リットン委員会が報告を提出するまで九国条約に基づく抗議を控えるのが最も賢明」としながら、同時に「報告は抗議を正当化する材料を含んでいるかもしれず、その場合、連盟の行動をアメリカ合衆国と調整する上でも好ましい機会を提供することになるであろう」と判断していた[60]。つまりイギリスは、九国条約との関連で、しかもアメリカとの協力の下で日本に抗議すべき状況を想定するようになっていた。さらにサイモンは、「満州国は明らかに欺瞞[61]」としたリットンからの私信を受け、リットン委員会は何らかの形で満州国を批判するであろうと予想していた。満州国が成立して数か月間、国際連盟ではリットン報告を待つ姿勢が支配的であったが、他方で対立の気運も高まっていた。

こうした中、日本では六月三日に斎藤実首相が満州国の承認の可能性に言及した議会演説を行い、十四日に衆議院が全会一致で満州国の承認を求める決議を行った。これに対し、中国の在外公使は、日本による満州国樹立を九国条約や連盟の諸決議に違反する行為として非難し、日本がリットン委員会による調査の最中に満州国の承認に踏み切ろうとしていることに警告を発するよう、各国に働きかけた。さらに六月二十四日、極東問題委員会で中国代表が同趣旨の政府からの正式要請を回覧し、何人かの委員から、「この件に関して日本代表に特別に書面で照会するよう求め」る見解が表明された[62]。そのため、満州国の承認をめぐり、連盟と日本の関係が緊迫化した。これを受け、六月末から七月にかけて長岡春一駐仏大使や沢田節蔵連盟代表部事務局長らは、リットン報告の提出以前に満州国を承認しないよう、本省側に求めた[63]。

こうした事態に対し、イギリスは、イギリス外務省と日本外務省は、対照的に対応した。まずイギリスは、極東問題委員会において対日警告の発動を求める主張に対し、「そのような行動が取られれば、かえって日本政府は承認を決行しかねない」としてこれを拒否しながら、独自にフランシス・リンドリー駐日大使に日本政府と接触するよう訓令した。その際、ロバート・ヴァンシタート外務次官は、密かにリットン委員会からエリック・ドラモンド国際連盟事務総長を通じ、日本の満州国承認を自制させる措置が取れないか依頼を受けたことを明かした上で、九国条約は満州の独立宣言を禁止していないが、締約国による支援行為を禁止していることを外相に伝え、日本の満州国承認を思いとどまらせるよう、リンドリーに指示した[64]。

訓令を受けたリンドリーは、六月二十三、二十五日に有田八郎外務次官を訪れた。ここで有田は、斎藤首相の演説に触れ、それが直ちに満州国の承認に踏み切るという趣旨ではないことを強調し、日本政府は少なくともリットン委員会が離日するまでは承認しない意向であることを明らかにした[65]。とはいえ、有田の言明は弥縫的で、しかもこの程度の発言でさえ、世上に漏洩し、新聞紙上で批判された。リットン委員会が二度目の訪日を果たしたのはそれからまもなくのことで、その後、七月十二日に行われた内田康哉外相とリットンとの会談において、内田は満州国の承認を唯一の解決策とする、非妥協的な態度を示したのである。

リットン委員会に対する内田外相の強硬姿勢は、日本とリットン委員会の全面対立を意味した。しかし、十四日にリンドリーは、リットンとの二度目の会見を終えた内田の様子について、「彼は、非常に疲れた人間という印象を私に与えた。彼が非常に丁重な態度で、懸案の諸点については、非公式に外務次官と話し合ってほしい、その内、時間的余裕がないため十分に検討できない重要問題については、一週間後に彼自身が公式に話し合いたい、と求めた時、私は驚かなかった[66]」という報告を送っていた。つまり、内田はリットンに強硬な態度を示す一方で、リンドリーには憔悴した様子を見せていたわけである。

内田がそのような態度を示した理由は、おそらくこの時期の内外情勢にあった。外務省では国会決議後の六月十八日、「満州国承認ノ件[67]」と題する幹部の検討会が開かれ、満州国の承認は時間の問題と判断されていた。次いで内田とリットンの会談が行われる七月十二日、閣議において、「国際連盟支那調査委員ヨリ満州国承認問題ヲ提起シ来ル場合ニハ、帝国ハ出来得ル限リ速カニ承認ノ意向ナルモ、其ノ時期ハ之ヲ明言シ難シトノ趣旨ヲ以テ応酬[68]」する方針が決定されていた。他方、連盟における対日空気の悪化は、六月十四日の国会決議以降、中国側の働きかけによって急激にもたらされ、しかもそれは、リットン委員会による満州視察が終わってしばらくのことでもあった。そこで六月から七月にかけて外務省は、リットン委員会がどのような提言をするか、事前に検討作業を進めた。それを踏まえて七月七日、谷正之亜細亜局長は連盟代表部に、リットン委員会が提言する案はいずれも日本側に受け入れられないであろうとする見通しを伝えていた[69]。内田外相が非妥協的態度でリットン委員会に接しながら、リンドリーに憔悴した印象を与えたのは、リットン委員会に日本側の譲れない一線を印象付けようとしながら、既に事態が日本側に不利に傾いていたことに対する自覚と焦燥があったからであろう。

リットン委員会に対する内田の対応が、満州国承認問題に対する同委員会の判断が今後の情勢を左右するという判断からなされたとすれば、内田にとってそうした強硬姿勢は、連盟との決定的対立を回避するためのおそらく唯一の方策であった。内田の強硬姿勢には、リットン委員会との外交的駆け引きという側面が強くあったはずである。しかし、こうした日本側の対応は、リットン委員会への効果とは別に、九国条約に関するイギリス側の態度を硬化させた。サイモンは七月十九日、「日本政府は明らかに、九国条約を存在しないものとして扱おうとしており、もしそのような路線に基づく行動がなされるのであれば、強く抗議することが正当であろう[70]」との判断をリンドリーに伝えた。イギリスにとって九国条約は、中国の国家主権尊重の原則を定め、イギリスの東アジア安全保障や自由貿易を補強する条約となっていた。

イギリスの外交、帝国政策、安全保障にとって、国家主権の尊重という原則は、重要かつ二元的な意味を持っていた。イギリスは、大国間に国家主権尊重の原則を確立することで、自国と帝国領域の周辺に位置する小国を実質的な緩衝地帯とし、自国の防衛負担を軽減していた。イギリスにとって、小国の国家主権は尊重されねばならなかったが、そのためにイギリスが負担を負うことはできなかった。イギリスにとって国家主権の尊重とは、イギリスの負担を軽減するための大国間の合意であって、したがって、そうした国家主権の尊重という原則をそのまま維持できなくなった一九三〇年代、イギリスはむしろ、小国の主権を部分的に制約することで大国間の合意を再構築し、全体としての小国の国家主権とイギリスの安全保障を維持しようとする方針に転換する。満州事変をめぐる日本と国際連盟の対立に対するイギリスの対応は、そうした転換の端緒となった。

日本が満州国承認に踏み切った九月は、リットン委員会による報告書の提出を間近に控えた時期でもあった。満州国承認に対するイギリス世論の反発は強かったが[71]、日本がリットン報告をその提出前から拒絶していたわけでもなかった。むしろこの時期は、リットン報告書の提出を待つ模様眺めの雰囲気も強かった[72]。九月十二日、リンドリーは本省に対し、もし日本に対して抗議を行うならば、できる限り多くの条約締約国の抗議を伴わねばならないが、抗議をしても日本を苛立たせるだけで、効果は期待できない、と提言した。これに対し、C・W・オード極東局長は、次のような見解を記した[73]。

連盟かあるいは九国条約の締約国によって非難が表明されねばならないという限り、我々は日本への反対姿勢を主導すべきでなく、日本の受け入れられない強い非難や要求というより、むしろ穏やかでかつ威厳のある遺憾の意を表明するような形に、我々の影響力を行使すべきである。

これに対してウェルズリーは、「まずなすべきことはリットン報告を待つことである」としながら、オードの見解を支持した。サイモン外相も、これにほぼ同意見であった。この時点でイギリスは、今後の連盟と日本の対立を予想し、何らかの形で日本が非難されるような展開を想定しながら、事態を静観していた。

一九三二年十月二日に公表されたリットン報告書は、満州に中国の主権下で広範な権限を持つ自治政府を設置するという構想を打ち出した。そのねらいは、一方で満州国を否認しながら、同時に原状復帰についても否定することで、日中間の和解を模索することにあった[74]。報告書はまた、中国の排日貨運動を禁止するなど、日本側の主張にも配慮していた。そのためイギリスは、和解への期待を再び高めた。プラットはリットン報告書に対し、「報告書全体としての一般効果は、日本が[…]用いた手段は擁護できないが、表面下の実態を見れば、正当性は日本の側にある、という印象を作ることにある」との感想を記し、イギリスは中国の再建と日中間の交渉促進に協力し、交渉の間は満州国を承認しないという決定を表明すべきであるとの見解を示した[75]。イギリス側は、満州国をめぐって問題が生じることを予想していたが、その一方でオードは、次のようにも記していた[76]。

最も見込みのある線は、満州国に中国の宗主権を受け入れさせ、日本はそれに黙認を与えることに認められるかもしれない。しかし、これはジュネーヴにおける会議での発見に任せなければならない。

オード自身、満州国が中国の「宗主権」(suzerainty) を受け入れる可能性に悲観的であったが、それでも、満州国を承認した日本の面目を保ちながら、連盟側の主張と折り合いを付ける可能性を考慮していた。十一月末にウェルズリーも、日中間の紛争において日本側を全面的に支持すべきという、オーストラリアやニュージーランドの意向に対し、我々の真のねらいは、連盟の威信を傷付けず、双方に敵対しない解決策を見つけることであると回答していた[77]。ただし、オードが国際連盟側の措置に解決を委ねたように、イギリスが引き続き日本と連盟の間で調停的役割を果たすことについて、大勢は慎重になっていた。

他方、リットン報告書が公表されるまで、日本と連盟は、満州国の承認をめぐって対立していた。これに関してリットン報告書は、満州国の主権を否定しながら、同時に「刻下満州ニ於テ醸成セラレツツアル一切ノ健全ナル力ハ[…]総テ之ヲ利用シ、以テ常ニ支那及日本間ノ永続的了解ヲ確保セントスル目的ノ下ニ、本報告書中ノ諸提議ガ今尚日ニ進展シツツアル事態ニ如何ニ拡張シ且適用セラルベキカヲ決定ス[78]」べきことを提言した。ところが、これに対して内田外相は、「満州国承認ヲ以テ現在国際義務ニ牴触ストナシ、之ニ依ル日支関係ノ調節不可能ナルカ如ク解スルハ、調査団ニ於テ未タ事態ノ真相ヲ把握シ得サルト同時ニ、支那人ノ国民性ヲ解スルニ至ラサルカ為ニシテ、右ハ承認ヲ以テ満州問題解決ノ関鍵トスル我方ノ立場ト根本的ニ相容レサルモノ[79]」と批判した。つまり、リットン報告は、満州国を承認しないが、事態収拾のため、それを活用する形で日本側の妥協を求めようとしたのに対し、日本側は、「支那人ノ国民性」に照らし、むしろ満州国という現実を中国側に強要することを問題解決の唯一の方策としたのである。

こうした両者の対立は、それまでの中国国民政府側との直接経験の相違を反映していた。リットン報告の提案は、六月十八日に北平で行われた汪兆銘行政院長ら国民政府首脳との会談で実現した一定の合意を背景としていたが[80]、これに対して日本外務省では、既に述べたように六月から七月にかけ、リットン報告書について事前の検討作業を進めていた。その中心的な作業に当たった斎藤良衛は、満州における中国の主権を認めるか、満州の国際共同管理を認めるか、という問題に関し、そのいずれを受け入れても、日本は今後の満州における統治形態について、連盟の関与の下で中国側と交渉に入る義務を負うことになると判断した。その上で斎藤は、そうした義務を理由に、リットン委員会の提案は受け入れられないと結論付けた。ここで示された中国側との交渉の見通しは、次のようなものであった[81]。

日本ノ満蒙権益ニ対スル支那側ノ主張カ単ニ条約協約等ノ法理的解釈上ノ見解ノ相違ナリトセハ、妥協ノ方途絶対ニナシトセ日フ可カラサルモ、支那ノ執拗極マリナキ排日観念カ茲ニ至ラシメタルモノナルヲ見レハ、日支直接交渉ハ到底円満ナル解決ヲ齎ラスコト能ハスト断定セサルヲ得ス。果シテ然リトセハ、交渉ハ徒ラニ遷延シ、交渉ノ遷延ハ支那政府ノ排日排貨ノ煽動トナリ、第三国ニ対スル干渉ノ要望トナリ、日支関係ハ之レカ為メ益々紛糾シ、極東ノ平和ハ脅威セラルヘク、一方、我国ハ到底妥結ノ望ナキ交渉ヲ便々トシテ待ツコト能ハス。

一歩ヲ譲リテ支那政府カ我主張ヲ容認スト仮定スルモ、支那ハ其ノ約諾ヲ忠実ニ履行スルモノニアラス。一旦有効ニ成立シタル約束モ、支那ノ内政上ノ事情又ハ対外懸引等ノ為メ、一片ノ反故トナリタルモノ、過去ニ於テ其例極メテ多ク、支那ノ所謂中央政府ノ無力、国内ノ無秩序不統一、革命外交方針ノ持続等ニ鑑ミレハ、将来支那ニ条約無視ノ態度ヲ改メシメ得ヘシトノ予想ヲ絶タサルヲ得ス。又仮令支那政府ニ誠意アリトスルモ、実行ノ実力ナシ。

さらに斎藤は、満州国を解消できない理由として、「現ニ満州国政府若クハ民間ニ居残レル官民ノ有力者ノ多数ハ従来親日家トシテ我国ノ活動ニ呼応シ来リタル人々ニシテ［…］若シ満州国ニシテ解消シ、満蒙カ支那ノ統治ノ下ニ立ツヘシトセハ、彼等ハ地位ト財産ハ勿論生命ヲスラ一切之ヲ喪失シ、親日家ハ一掃セラレ、我満蒙経営ハ将来ニ於テ事変前ヨリモ更ラニ幾段ノ困難ヲ見サルヲ得ス」といった事情や、「満蒙共同管理案」の受け入れが「我国ノ国防カ国際連盟又ハ管理国ノ意向ニ左右セラ」れ、あるいは「支那ヲ管理国ノ一国トセサル可カラサル結果、支那ハ第三国ヲ利用又ハ牽制シテ排日的管理ヲ誘致セシムル虞アルコト等」を挙げた。後述のように、満州国は既存の在満統治機構を吸収することで発足していた。そのため、満州国の解消は、従来の日中関係の基礎となっていたそれらの解消につながりかねず、また、それまでの中国政権との外交経験や日本の国防という観点からも、受諾できないと判断されたのである。

以上の斎藤の主張は、中国の政治的混乱状況に対する、当時の日本の全般的な不信感を反映していた。日本外務省が、関東軍の暴走やそれに追随する世論の激昂を抑えられない中、満州国という既成事実を積極的に受け入れていったのも、こうした中国に対する不信感が根拠となっていた。こうした日本側の不信感に対し、リットン委員会も、無理解ではなかった。しかし、リットン委員会は、中国の混乱状況に対し、日本側の主張と対照的な事態収拾案を打ち出した。それが、連盟主導下での中国支援構想であった。リットン報告第九章「解決ノ原則及条件」は、その最終項目に当たる第十項「支那ノ改造ニ関スル国際協力」において、満州自治政府樹立構想を補完する目的の下で、次のように述べていた。(82)

支那ニ於ケル現時ノ政治的不安定ハ、日本トノ友好関係ニ対スル障碍ニシテ、且（極東ニ於ケル平和ノ維持ハ国際的関心事項タルヲ以テ）世界ノ他ノ部分ノ憂慮ナルト共ニ、右ニ列挙シタル条件ハ支那ニ於テ鞏固ナル一中央政府ナクシテハ実行スルコト能ハザル所ナルヲ以テ、満足ナル解決ニ対スル窮極ノ要件ハ［…］支那ノ内部的改造ニ対スル一時的ノ国際協力ナリトス。

この提案は、「日本が不満を感じている中国の混乱状況は、その大部分が日本自身が作り出しているものであ」り、したがって「日本が、中国を繁栄させ、中国との友好関係を築くことが自国の利益にも適うことを理解」することによって、国際連盟による中国支援が可能になるという展望に基づいていた(83)。これに先立つ三月二十三日、リットンは中国視察途中、上海で行われた重光葵駐華公使との会見において、中国は条約を守らず、その無政府状態によって日本の諸権益が侵害されているという日本側の主張を引き合いに出しながら、「若シ支那ノ斯クノ如キ状態ヲ立直シ、統一繁栄シ且条約ヲ守リ責任ヲ負フ支那ヲ現出セハ、日本ノ希望ハ達セラルルナルヘク、右目的ノ為ニ国際連盟カ支那ヲ助力スル事ハ、日本ノ希望ニモ副フ次第ナリト認メラル」と述べていた(84)。しかし、こうしたリットンの構想は、日本側にとって、中国の現実を無視した構想に過ぎなかった。リットンの発言に対し、重光は次のように応えていた。

本使ハ、右ハ理論ノ問題トシテハ正ニ其通ナリ、然レトモ之カ実現方法ニ至リテハ困難ヲ感セサルヲ得ス。今日迄ニ連盟カ支那ノ援助方法トシテ行ヒタルハ、技術的方面ニ於ケル顧問ヲ支那政府ニ供給シタル事ナリ。然ルニ支那側ハ今日迄之等ノ顧問ヲ如何ニ利用シタリヤ、又、斯ル助力ハ果シテ如何ナル成績ヲ上ケ居レリヤ。連盟ヨリノ顧問ノ外、米国等ヨリモ多クノ顧問送ラレ［…］タルカ、支那政局ノ不安定責任アル政府ノ存在セサルコト等ノ為、何レモ何等成績ヲ挙ケ居ラス、此等ノ機関ハ凡テ単ニ支那ノ或種ノ対外宣伝ニ使用セラレ来レルニ過キス。惟フニ支那ノ如キ根強キ民族ヲ擁シ、長キ歴史及習慣ヲ有スル国家カ崩壊（「ディスインテグレイション」）ノ過程ニ在ルニ当リテハ、単ニ支那政府ノ統制ノ下ニ在ル外国人顧問ノ力位ニテハ何トモ為シ得サルハ当然ノコトナリ。

つまり、重光にとって、政治的混乱の渦中にある中国に国際的支援を与えることは、中国の政治的安定に資するどころか、逆に中国の混乱に引き込まれ、中国の抗日宣伝に感化され、利用されかねない措置であった。かつて中国との関税協定や治外法権問題で宥和的な姿勢をとっていた重光は、満州事変の勃発を受けて強硬姿勢に転じ、斎藤良衛と同様、中国の無秩序、無責任、反日姿勢を問題とした。重光には機会主義的に態度を変化させる嫌いがあり、この後、重光は批判の対象に欧米側も含めていくことになる。さらに、十一月二十一日に連盟に提出されたリットン報告に対する日本側意見書も、その末尾において同趣旨の厳しい批判を展開していた(85)。

リットン報告書が打ち出した、満州の実質的な国際管理とそれと連動した対中国支援構想は、一九二〇年代の、特に北京関税特別会議が失敗に終わるまでのイギリスの中国政策を多分に継承していた。そうした、列強による中国の再建支援という構想に対し、当時の幣原外交も同調していたわけではなかった。その後、イギリス自身、北京特別会議の失敗と国民革命軍による北伐を経て中国が再統一された後、中国における排外主義と国民政府による急進的な治外法権撤廃要求に直面する中、中国の司法制度を信頼せず、外国人顧問を通じた間接的な影響力の行使と、租界への適用除外という、二元的司法制度を中国側に求めるようになっていた。イギリスが満州事変の収拾をめぐり、国際連盟を通じた間接的影響力の行使を断念した一因は、中国の現実に照らし、連盟の対応に限界を認めざるを得なかったためであった。

リットン報告によってイギリスは、日本と連盟の対立回避への期待を高めた。しかし、連盟の主導下で中国に強力な中央政府を現出させせようとする構想に対し、イギリス外務省では、悲観的な見解が支配的であった。十月二十六日付のある覚書は、先に引用したリットン報告第九章第十項を特に取り上げ、連盟参加国が中国国民政府に大規模な財政援助を与えることの「深刻な影響」について警告を発していた[86]。また、北平駐在のエドワード・イングラムは、七月中旬の時点で、次のように論じていた[87]。

あらゆる中国における困難の根元は、安定した政府を形成する能力が全くないことである。中国の民衆は依然として民主主義に適した状況からほど遠く、公共心のある統治階層のようなものを作り出すことに明らかに失敗した。その結果、中国は、共和制が成立して二十年を経た後も、依然として、利己的で私的な抗争ばかりに関心を寄せ、国の統治に関心を持たない地方軍閥の食い物になっている。中国の政治的な復興には、中国民衆の政治的な心性の変化が前提となるが、三千年もの間ほとんど変化なく存続してきた根本的心性を瞬時に変革することは期待できない。［…］変化は疑いなく来るであろうが、非常に緩慢に、しかも内側からしか来ないと私は信じる。外からの援助は、規範や模範を示すことで緩やかに、かつ適切にそれを促すことに寄与できるが、そうした変化を外から強制することは、ほとんど不可能である。

イングラムは、連盟が中国を人と資金で援助すべきであるという一部の提案にも触れ、「世界のいかなる専門家にとっても、中国が内戦の食い物になっている限り、それを秩序付けることはできない。［…］現在の状況下で連盟が中国の再建計画に公的な融資を行うというのは、一般の投資者に対する信義を考慮すれば、確実に排除されねばならない」と主張した。

十一月四日にプラットは、リットン報告の方針は一九一三年に列強が袁世凱に強力な中央政府の形成を期待して大規模な援助を与えた誤りを繰り返すことになる、との見解を示した。ウェルズリーも、「連盟が中国を立て直し、経営できるという考えは全くの幻想であり、現実の状況に対する完全な無知を露呈している」と記していた[88]。イギリス外務省は、中国の政治的安定は中国側の内発的かつ漸進的な変革によってしか実現できないと判断し、連盟その他の外的な支援によって中国の安定化を図ろうとするリットン報告の構想は、非現実的と評価された。この場合、イギリスの間接統治の理念が、報告に否定的な評価をもたらした。

一九三二年六月以降の日本と連盟の対立は、満州国の樹立そのものより、満州国の承認問題をめぐって激化した。イギリスは、満州国を建国の当初から実質的に容認する一方で、連盟においては、リットン委員会が活動中であるという理由によって各国の批判を抑制していた。しかし、イギリスのそうした論理は、逆に日本がリットン委員会の活動中に満州国を承認しようとしたことに連盟側が反発する根拠ともなった。また、イギリスにとっても、日本が満州国を承認することは、九国条約に対する挑戦という点で、国家主権の尊重という国際的原則の形成を通じて大国を牽制し、防衛負担を軽減してきた独自の外交戦略を阻害するものとなった。しかし、日本の強硬姿勢はリットン報告書の提出に備えたものであり、他方、リットン委員会は満州国の主権と原状復帰の双方を否定すると共に、列強による中国再建支援という構想を提起した。そのため、日本は単純に連盟と対立したわけでなく、また、イギリスも、中国の再建について、満州国承認問題と対照的に日本側に近い判断を下していた。

とはいえ、一九三二年末から三三年初頭にかけて日本とイギリスは、連盟において対立する。十一月下旬に再開された連盟の審議は、専ら満州国の承認問題に収斂し、日本と連盟の全面対立を引き起こしてしまったからである。そうした中、連盟との対決姿勢で一貫していた日本と、和解を模索していたイギリスは、それぞれ対照的に従来の姿勢を修正していくことになる。

五　日本の国際連盟脱退とイギリス外交

国際連盟において日本の全権代表を務めた松岡洋右は、連盟脱退から一か月余り後の五月一日に行った講演の中で、そのような結果に至った理由として、一九三三年以降「英国その他が俄かに態度を硬化さ」せたことを挙げている。松岡はさらに、そうしたイギリスの転換をもたらした要因として、中国の反発、委員会へのアメリカ招請に対する日本の反対、後述のようなイギリスの妥協要請を日本が拒否したこと、連盟を重視し、武力行使に反発した各国、特に小国の動向を挙げている。松岡の講演は、臼井勝美やとりわけ井上寿一に援用される一方で、クリストファー・ソーンも、イギリスの態度硬化について詳細に紹介している(89)。とはいえ、既述のように、リットン報告公表後のイギリスは、和解の可能性に期待を寄せていた。にもかかわらず、その後、態度を「硬化」させたわけである。その理由は、以下のようなイギリス独自の国際連盟と東アジア外交に対する戦略にあり、その点で松岡は、イギリスの動向を完全に読み誤っていた。

国際連盟における理事会の再開は十一月二十一日、臨時総会の開催は十二月六日であった。審議再開の時点で日本もイギリスも、日本の連盟脱退を予想していなかった。十二月三日にプラットは、満州国の承認問題について総会の意思表示が求められた場合、困難が生じるとしながら、「連盟の参加国が永久に満州国を承認してはならない、といった含意を有する言葉に我々が抵抗すべきであることは、極めて明瞭」と記していた。[90]他方で日本側も、十日に内田外相は連盟代表部に、「総会ハ比較的有利ニ経過シ［…］最後ニ我方ノ立場ヲ極メテ適切ニ表明シテ一段落トナリタルハ御同慶ニ存スル所」と伝える余裕を見せていた。[91]その後、十二日から十九人委員会が開かれたが、決議案の作成に当たる起草委員会を任命した十三日の審議においても、「イギリス代表は、事実に対する審判や責任の固定化は、現時点で適切でなく、和解への試みと全く両立しない、という見解を表明」していた。[92]

ところが、その後十五日までに起草委員会が作成した「決議案」と「理由書」（一般には不公表）は、「第一決議案」第四項でリットン報告書の第九章および第十章を採用した上、「理由書」最終項目の第九項において、「十九人委員会ハ、現紛争ニ特有ノ特殊ナル状況ニ於テ、一九三一年九月前ノ状態ヘノ単ナル復帰ハ永続スベキ解決ヲ確保スル為充分ナラズ、且満州ニ於ケル現制度ノ維持及承認モ亦解決方法ト認メラレ得ザルモノナリト思考ス」と述べていた。[93]つまり、満州国を明確に否認したのである。

和解案の内示を受けた日本側は、「第一決議案」第四項の大幅な修正と「理由書」第九項の削除を要求した。その上、日本側は、米ソの招請問題に関する項目の削除も主張した。[94]こうした日本側の反発の結果、十七日にイギリスの連盟代表は、「事務総長は、理由書の最終項に関して調整する方策が見つかれば、日本側を妥当な基準にまで譲歩させることができるであろうと信じているが、この点に関する譲歩はなく、和解が開始される見込みはない」という報告を、さらに十九日に極秘情報として、和解が失敗すれば、第十五条第四項の勧告手続きに移行する予定であり、三週間以内に総長はその準備を始めるであろうとの報告を、サイモンに伝えた。[95]二十日に再開された十九人委員会は、日本側との折り合いを付けられず、翌年一月十六日まで審議を延期した。

とはいえ、既述のように、十二月十三日までのイギリス代表は、和解を探るべきことを主張し、満州国承認問題についても慎重に取り扱うよう働きかけていた。にもかかわらず、「決議案」と「理由書」にそれが盛り込まれてしまったわけである。十九人委員会フランス代表は、この間の事情を次のように本国に報告している。[96]

小国は満州国に対する明確な非難を決議案の中で表明したがっていたようである。彼らは、時期が適切でないという理由や、そうした考えは、確かに非公式ではあるが、依然として理由書の中に希望通りに表現されているからという理由で、不本意ながらそれを断念した。議論を方向付けたのは、小国に当然の満足を与えながら交渉の可能性に配慮する、こうした妥協の意味においてなのである。

つまり、十二月十五日案における満州国不承認の文言は、小国側との妥協の結果として、「決議案」と「理由書」にそれぞれ表現を変えた形で盛り込まれたのである。その後の日本側の修正要求に対しても、「何人かの委員は、中国の領土が軍事占領下に置かれている間に和解が開始される事実に対する釣り合いとして、何らかの形でそのような段落が必要と考えてい」た。[97]したがって、十二月十五日案に対する修正要求、とりわけ「理由書」第九項の削除要求は、イギリスやフランスにとって、主張の是非とは別に、彼らの努力を損なう要求となった。その結果、二十三日にプラットは、今後の情勢について、「十九人委員会に代表として参加している諸国[…]が、日本に対する譲歩の限界にまで達しながらそっけない拒絶にあったという事実は、彼らの態度が連盟の根本的な原則に関するほんのわずかの譲歩すら行うものでないことを明示するという決定を促すことになるであろう」と見通した上で、「我々が果たさねばならないのは、連盟の諸原則に対する、強い、忠実な、底意のない支持者としての役割である」と記した。しかし、プラットは同時に次のようにも論じていた[98]。

> もし、これが一月十六日以降の我々の政策であるとすれば、今からその日までの間、どのような措置が、もしあるとすれば、取られるべきかという問題が直ちに生じる。最も賢明な路線は、日本政府に我々の見解を最も率直な態度で説明し、一月十六日以降にあり得べき我々の行動方針と、そうした行動を不可避にしている理由について、通知することであろうと思われる。

予想される日本側の反発を事前に緩和しておこうとするプラットの提言は、サイモンの消極的な意見もあって、実行されなかった。しかし、それらは全体として、イギリスが国際連盟と日本の対立を容認し、日本の連盟脱退を想定し始めた結果であった。一九三三年初頭になると、外務省極東局は、日本にあらゆる譲歩をなすべきであるが、連盟の原則は固守しなければならないと提言し、同時に「連盟は[…]ヨーロッパ諸国に限定された組織になる方がよい」という新たな展望を示していた。それまでイギリスは、中国問題に対する連盟の関与を評価しておらず、日本との合意を目指してきた。しかし、国際連盟の権威が損なわれかねない事態となったことで、イギリスは方針を転換した。イギリスにとって国際連盟は、国家主権の尊重という国際原則を擁護し、イギリスの外交的影響力を間接的に行使するための媒体となっていた。そこでイギリスは、満州事変に対して原則を重視する姿勢を明確にすることで、予想される日本の連盟脱退を積極的に利用して国際連盟の権威を高め、ヨーロッパにおける国際連盟の影響力を保持しようとした。アレグザンダー・カドガンもこれに関連し、より悲観的な視点から次のように記していた[99]。

> 日本の喪失は、連盟にとって大きな打撃となるであろう。日本は常任理事国の一つであるばかりでなく、唯一の非ヨーロッパ圏の大国である。それは、五大国の一つを失うばかりでなく、明白かつ自動的に連盟の「普遍性」が限定されてしまうことを意味するであろう。しかし、連盟が自尊心や自らの拠って立つ原則を抑えるより、日本を行かせる方がはるかによいであろう。[…]連盟の「地域化」が将来の必要な改革ではない、と確信することは、あまりできない。

一月十六日に十九人委員会が再開された時、日本側は強硬姿勢を崩さず、二十一日に委員会は、勧告案の作成を開始した。二月一日にイギリスの連盟代表アンソニー・イーデンも、「満州国の承認に対する我々の態度が、連盟や中国、アメリカ合衆国にとって、我々の政策を判断する試金石となるであろう」として、「必要ならば無条件無制限の満州国不承認の宣言を出すよう、我々が主導することさえ、正しい路線であると信じる」との見解を、サイモンに伝えた(100)。イギリスの方針は、審議の推移に対応し、和解を放棄するばかりか、イギリスが満州国の不承認を主導しかねないところにまで転換していた。

以上のようなイギリス側の変化について井上寿一は、熱河情勢の緊迫化が、イギリスの斡旋に期待することで連盟脱退を回避しようとしていた日本外務省の構想を挫折させた、とする説を提起している。その際、井上が注目するのは、一月二十六日にサイモンが松岡洋右らに提案したという妥協案なるものである。井上によれば、その妥協案とは、十九人委員会の動きと並行しながら、連盟規約第十五条第三項を根拠とする和協委員会において、主に日中間の直接交渉によって解決を図るという案であった。しかし、日本外務省にとって、イギリスの提案を受け入れた上で熱河作戦が実施された場合、規約第十六条によって規定される「新たな戦争」と見なされ、制裁発動を招く危険があった。日本外務省はそのような懸念に基づいてイギリスの斡旋を辞退し、ジュネーヴにおける交渉も挫折したという。

しかし、この説明は、史料の曲解に基づく虚構である。井上が注目する一月二十六日のサイモン案とは、正確には、十二月十五日案の「議長宣言案」（「理由書」を改称）第九項を、その採択時に日本側が留保宣言を出すことで、条項文としては無修正で受諾するよう求めるものであった。先述の松岡講演におけるイギリスの妥協要請とはこれを指すが、これは井上の要約するような斡旋案どころか、イギリスが「議長宣言案」第九項について、これ以上、十九人委員会との調整を行う意思のないことを通告したものなのである(101)。井上によれば、熱河作戦が決定された後、日本側は規約第十五条第三項に基づく和解手続き（すなわち十二月十五日案をめぐる交渉）を継続できなくなったはずであるが、以下に述べるようにそれは事実に反する上、実在しないイギリスの提案を日本側が拒否する論理などあり得ない。さらに既述のように、イギリスの方針転換は、十二月十五日和解案、とりわけ満州国承認問題をめぐる十九人委員会と日本の対立に起因していたのであって、熱河問題はイギリスの方針転換を促進し、あるいはイギリスの態度変化に伴って重視されるようになったに過ぎなかった。

日本の連盟脱退を不可避にした原因は、熱河問題でなく、満州国承認問題をめぐる連盟との対立であった。ただし、日本と連盟の交渉は、その最終段階においてやや複雑な経過をたどった。イギリスが一九三三年初頭の時点で日本の連盟脱退を不可避と判断していたのに対し、日本の連盟代表部が連盟脱退を回避すべく、大幅な譲歩に踏み切ったからである。二月に入って日本の連盟代表部が作成した最終譲歩案、「二月四日新案」の「第一決議案」第四項と「議長宣言案」第九項は、次のように記していた(102)。

〔第一決議案〕

四、調査委員会報告書第九章ニ表明セラレタル諸原則及結論ヲ「其ノ後進展シ来レル各個ノ事件ニ調和シツツ」（調査委員会報告書第一三二頁）基礎トシテ紛争ヲ解決スルノ目的ヲ以テ和協ヲ確保スル為、両当事国ト協力シテ努力スルコトハ十九人委員会ノ任務ナルベキコトヲ決定ス。

〔議長宣言案〕

九、［…］十九人委員会ハ、満州ニ於テ樹立セラレタル現制度ヲ日本カ承認シタルコト及他ノ連盟国ハ同様ノ措置ニ出テ居ラザルコトヲ承知セリ。尚調査委員会報告書ガ第九章（総会ハ本決議第四項ニ於テ同章ノ諸原則及結論ヲ紛争解決ノ交渉ノ基礎トシテ採用セリ）中ニ、一九三一年九月前ノ状態ヘノ単ナル復帰ハ永続的解決ヲ確保スルニ充分ナラザルベク、又満州ニ於ケル現制度ノ維持及承認モ解決方法ト看做サルルヲ得ザルベク、将又将来ニ於ケル満足スベキ制度ハ現在ノモノニ格段ナル変更ヲ加フルコトナクシテ発展セシメラルベキ旨（第一三〇頁）述ベ居ルコトハ、之ヲ注目スベシ。

　内田外相はこの提案について、「（議長宣言第九項）［…］ハ依然トシテ満州国ノ不承認ノ趣旨ヲ相当明瞭ニ記載シ居リ、我方トシテ満足シ難キモ［…］（決議第四項）ニ en les harmonisant avec les événements qui se sont déroulés ノ辞句ヲ挿入シアルニ依リ（右辞句ノ挿入ハ我方ノ最モ重キヲ置ク点ナリ念ノ為メ）、枉ケテ之ヲ黙過スヘシ」[103]と訓令していた。つまり、提案の要点は、「其ノ後進展シ来レル各個ノ事件ニ調和シツツ」という挿入句にあった。しかも日本の最終譲歩案は、リットン報告書を引き合いに出しながら主張を展開しており、日本の立場を維持しながら、連盟側との妥協の可能性を追求するものとなっていた。

　さらに議長宣言案については、「原案第九項ノ緩和ト言フヨリモ全然意義ノ異レル代案」[104]であり、「右ノ結果、満州国不承認ノ点ハ単ニ『リ』報告カ之ヲ記載スルコトヲ議長カ宣言スルニ留マルコトトナル次第」[105]とすることを目的としていた。しかし、それは、中国や連盟側との〝合意〟事項を意味する和解案について、「帝国ノ満州国承認ヲ正面ヨリ誹議スルモノハ到底容認シ難」いという理由からなされたのであって、したがって、本省は二月二日の時点でも、「［連盟規約第十五条］第四項ノ場合ニハ、我方ハ飽迄反対ノ建前ニテ押通シタルコトトナリ、其ノ結果、我国民並ニ支那側及満州国等ニ与フル政治的影響ニ差異アリ。従テ第四項ニ依ル報告及勧告カ第三項ノ場合ト同様ナルカ、又ハ多少不利ナル点アリトスルモ、当然ニ脱退ヲ敢行セサルヘカラサルコトトハナラサル」と訓令していた[106]。つまり、日本側は、最大限の譲歩でも合意できず、連盟規約第十五条第四項による勧告の提示に至ったとしても、それを、連盟脱退を決意しなければならない事態とは判断していなかったのである。

　ところが、二月十五日に連盟代表部は、勧告案の内示を目前に、「報告案ハ［…］結局、我方ニ於テ受諾シ得サルモノタルヘキハ想像ニ難カラス。［…］愈総会ニ於テ右報告案採択セラレントスル場合、我方トシテ単ニ代表部引揚ノ如キ姑息ノ手段ハ此ノ際断シテ執ルヘキニ非スト確信ス」と述べ、勧告案に接した翌日、「従来我方ノ採リ来レル態度ニモ顧ミ、事茲ニ至リタル以上、何等遅疑スル処無ク断然脱退ノ処置ヲ執ルニ非スンハ、徒ニ外間ノ嘲笑ヲ招クニ過キスト確信ス」とまで主張した(107)。これを受けて本省側も、「報告書案カ総会ニ依リ採択セラルル場合ニハ、［…］反対ノ投票ヲ為シタル上、直チニ代表ノ引揚ヲナスモノト御承知置アリ度」「尤モ右引揚カ総会ノ閉会ニ伴フ当然ノ引揚ト同一視セラルルニ於テハ其ノ政治的効果面白カラサルニ付、前記反対投票ニ当リテハ単純ナル引揚ニ非ルコトヲ示ス趣旨ノ適当ノ声明ヲナスコトト致度考ナリ(108)」と訓令した。

このように、連盟代表部は本省に対し、勧告案に対する反対表明と同時に連盟脱退の意図を明らかにする、示威的行動の必要性を強調していた。そして本省も、その必要を承認したわけである。その理由は、日本側最終譲歩案に対する、いわゆる「ドラモンド書簡」にあった。

二月九日に日本側に提示された「ドラモンド書簡」は、日本側に満州国承認の実質的な撤回を求めており、さらに連盟側が熱河情勢についても問題にし始めたため、日本側はこれを、「我方ニ和協失敗ノ責任ヲ転嫁セントスル底意有ルモノ(109)」と判断した。つまり、これによって勧告案の採決は、満州問題解決をめぐる日本と連盟の見解の相違という次元を超え、連盟が日本に対する一方的な非難に踏み切ったものと判断されたのである。連盟代表部が勧告案に対する反対表明と同時に連盟脱退の意志表示をすべきと主張したのも、彼らにとって以上のような、交渉の最終段階で、しかも日本側の譲歩案に対し、リットン報告より踏み込んだ形で原則の確認を求めた連盟側の対応に、反発の意を示す必要が感じられたためであった。

日本側は当初、おそらく連盟内の世論を読み違え、十二月十五日案に最大限の修正要求をしたが、これに対してイギリス側は、十二月二十日に十九人委員会が一時延期になった時点で、その後の日本と連盟との対立を予想し、その際、連盟を支持するという方針を決定していた。そして一九三三年二月初旬に日本が大幅な譲歩に踏み切った時には、連盟側よりそれが譲歩として受け取られないまでに事態は悪化していた。しかし、日本の最終譲歩案が十九人委員会に受け入れられない中でも、日本政府は連盟脱退を決意していたわけではなかった。ところが、十九人委員会は、一月二十一日の勧告案作成開始以降、日本を明確に非難しようとする方向に動いていた。そうした中、イギリスも、それが日本の連盟脱退につながるであろうことを見越した上で、それに同調したのである。とはいえ、イギリスがこうした情勢の推移を積極的に主導し、歓迎していたわけではなかった。二月八日、イーデンから勧告案の内容について報告を受けたイギリス外務省では、オード、ウェルズリー、ヴァンシタートのいずれもが、これを受け入れるべきものとしながら、これはイギリスの観点から、満足すべきものではないとも記していた(110)。

以上のような一九三二年十二月以降の推移は、それ以前の日英両国の外交方針に照らし、失敗であった。その結果、日本は、イギリスの急激な態度の変化について様々な憶測をしつつ、孤立感や挫折感を深めながら連盟脱退を決意した。他方、イギリスは、連盟が満州国否認の方向に動くのを横目に、そうした動きとは対照的な判断を下していた。日本側が連盟脱退を回避すべく最後の努力を重ねていた二月四日、サイモンはイーデンに対し、連盟による満州国不承認を支持しながら、同時に次のような見解を伝えていた。[三]

不承認に関し、我々は既に［一九三二年］三月の決議に参加しており、それを裏切るつもりはない。外交上の承認が各主権国家の行政行動によることは確かであるが、いずれにしても我々の見解では、満州国は承認に必要な条件を満たしていないため、我々にそれを承認するつもりはない。しかし、我々は今後、他の列強が承認したり、中国からの完全な独立が満州における民衆の真の希望であることが明らかになるなど、状況が変化すれば、永久に我々を拘束したり、将来のイギリス政府の自由を制限したりすることはできない。

連盟総会における勧告案の採決に際し、日本は反対の意思と共に連盟脱退の意図を明確にすることで、以後の日中間の懸案に対する連盟の関与を拒否した。対してイギリスは、連盟の満州国不承認決議を支持しながら、自らは満州国を実質的に容認し、将来の関係調整の余地を残す方針を定めていた。イギリスは、ヨーロッパに影響力を行使するため、国際連盟の権威を維持すると共に、自らの国益を守るべく、国際連盟と異なる東アジアに対する独自の地域的関わりを意識していた。イギリスは、そうした対応を通じ、日本に対する強い姿勢と宥和姿勢とを示そうとしていた。

◇

日本における政党内閣は、明治期の遺制たる元老が、民主化の時代に対応した憲政の在り方を目指したことによって、成立した。とはいえ、その後の政界汚職事件や深刻な経済不況の発生、満州事変の勃発、要人暗殺事件の続発という事態の中、元老を引き継ぐべき牧野や木戸ら重臣は、軍の一部からの情報提供に依存し、身の安全を図るために政官財界に対する国民的不信を政党に転嫁し、事態を収拾しようとした。五・一五事件の後、政党内閣が中断された最大の理由はその点にあった。その意味で政党内閣の中断は、政府と軍の対立によってでなく、軍の一部と政界上層の実質的な癒着、馴れ合い関係によって生じた。それは、政党内閣が、元老制度の下、明治憲法を民主化の気運に応じて運用した結果、成立したことの逆説的な帰結であると共に、この後の政界における無責任化や混乱の端緒となった。

一方、陸軍では昭和七年を通じ、人事異動を通じた関東軍の統制と、小畑の説得による青年将校の暴発制止に成功していたが、他方で永田は重臣の政党不信に便乗し、陸軍側の政党内閣反対の意向と軍内の不穏な情勢を木戸らに伝えることで、政治的な人脈と自らの影響力を拡大しようとした。永田の三月事件計画書が皇道派に渡る一方で、重臣の保身と永田の野心が結合したことは、翌年以降の陸軍派閥対立の激化から二・二六事件の勃発へと至る、決定的な要因となる。総じて満州事変期の日本は、事変の積極遂行によって国内の対立を一時的に緩和したが、そこには権力志向や保身などが介在しており、後の紛争の原因を生み出していた。

その間、犬養内閣から斎藤内閣にかけて、政府は満州事変と不況に対応するため、財政支出を拡大した。それは、公債発行に基づく軍事費、土木費の拡大、そして政府の損失補償に基づく、米価や糸価の維持、金購入、債務整理や企業融資支援などからなっていた。こうした政策は、それまでの緊縮財政を転換するものであったが、失業対策事業の拡大や価格維持政策などは臨時的政策として一九二〇年代より導入されており、その意味で満州事変後の経済政策は、非常対策の恒常化という性格を持っていた。後述のように、こうした通貨膨張は、満州への投資拡大を引き起こし、それと並行して永田らの周辺で日満広域統制経済圏構想を形成させる。その意味で満州事変期の経済政策は、非常措置を恒常化することで拡大志向を生み出していくという、その後の政治、経済政策意識に多大な影響を及ぼした。こうした非常措置の恒常化という趨勢によって、政党内閣の復活も困難となった。

他方、同時期のイギリスは、労働党、保守党、自由党の連立政権を成立させたが、その後、総選挙を経ることで、労働党左派と自由党のロイド・ジョージ派、保守党右派が勢力を後退させ、ネヴィル・チェンバレンの主導権が確立した。また、イギリスは金本位制から離脱すると共にスターリング圏を形成し、さらにオタワ会議を経て帝国特恵を成立させた。とはいえ、スターリング圏は、イギリスと密接な経済関係を有する諸国が自国通貨とスターリングとの為替安定化のために主体的に形成したもので、他方、帝国特恵は、政府の経済介入や財政支出を抑えると共に、生産調整を促す諸合意に基づいた広域自由貿易圏を形成するために導入された。経済政策における自由主義の原則を国内的にも国際的にも維持しようとした労働党と、国際自由貿易を維持しながら積極財政を展開しようとした自由党が、共に党内に分裂を抱えたばかりか、一九三一年の総選挙において敗れたことは、世界恐慌に際してイギリスが、財政出動による政府権力の拡大を採用せず、ポンドの信用に基づく国際経済上のイギリス独自の地位と、イギリス本国および帝国を包摂する広域圏内における自由貿易を優先的に保持しようとしたことを意味した。このように、世界恐慌に際してのイギリスの帝国、対外経済政策は、イギリスを中心とする勢力圏内におけるポンドの信用と自由貿易を維持しようとするものであり、その点で円通貨の下落、膨張に基づく後述のような日本の帝国経済政策、すなわち膨張通貨を満州に投資することで日本と満州の経済的結び付きを強化し、さらにはそうした日満広域経済圏に統制経済を導入しようとする構想まで生じさせる政策と対照的であった。また、この後、イギリスがネヴィル・チェンバレンの下で体系的な財政、外交、軍事政策を展開していくのに対し、日本の場合は、財政支出の拡大や経済統制、合理化志向の中で、逆に政治的な分裂を深めていく。

こうした日本とイギリスに対し、アメリカのフーヴァー政権は、「秩序ある自由」という理念の範囲内で連邦財政支出を拡大させた。また、外交においても、不承認政策をより普遍的な理念に発展させつつ、ラテンアメリカやフィリピンに民主化を促し、それによってアメリカの外交的、軍事的負担を軽減しようとした。連邦政府は、フィリピンに対する独立承認に反対したが、議会の趨勢を止めることはできなかった。したがって、満州事変に対してもアメリカは、不承認政策を掲げる一方で、理念の提起を通じた間接的影響力を日本に行使するのみにとどまり、それ以上の行動をとろうとしなかった。こうしたアメリカ外交は、続くフランクリン・ローズヴェルト政権にも、修正されながら継承されていく。

最後に、満州事変と国際連盟の関係に関し、日本とイギリスは、共に中国の特殊性を根拠に、連盟の介入に否定的であった。とはいえ、日本が東アジアにおける大国意識と、特に一九二〇年代における中国の条約否認や交渉拒否などの姿勢に直面した経験に基づいてそのような主張をしたのに対し、イギリスは、独自の安全保障戦略に基づいて行動した。すなわち、イギリスは大国間に国家主権の尊重という原則を確立し、同時に個別地域の特殊性を包容しながら利害関係を共有することで、国際秩序の安定化と自らの世界的影響力の維持を図ろうとしていた。その点でイギリスは、連盟の非現実的な対応を支持するより、日本との合意形成を優先した。しかし、同時にイギリスは、独自の安全保障政策から国家主権の尊重という国際原則を重視し、九国条約や国際連盟を擁護する立場を堅持した。

日本と国際連盟は、満州国承認問題をめぐって決裂した。ただし、それは交渉の最終段階で、連盟側が日本の両論併記的妥協案を拒絶し、日本に対して満州国承認の撤回を求めるという、両者の対立点を先鋭化させることによってもたらされた。日本と連盟の決裂は、それまでの日本と連盟の対立の帰結であったが、それは同時に、日本の連盟脱退という事態を回避しようとした日英の本来の意図と、連盟の主導下で中国を再建し、日中間の和解を実現しようとしたリットン報告の構想を、共に挫折させた。

こうした結果は、日本が連盟を示威的に脱退し、満州事変後の日本が中国問題への連盟の関与を露骨に排除する要因となった。しかし、イギリスにとって、国際連盟が満州国不承認の立場を明確にしたことは、日本の連盟脱退によって中国に対する連盟の関与が後退すると共に、連盟をヨーロッパの国際機関として存続させ、しかもイギリスに満州国の存在を前提とする独自の東アジア外交を展開させる余地を与えるものであった。こうした東アジアにおける政策転換は、かつて北京関税特別会議の失敗と北伐の進展を受けて出されたクリスマス・メッセージに続き、しかもそれを再転換するものであった。イギリスはそれにより、日本との新たな合意形成を目指していくが、それはまた、小国の主権を部分的に制限しながら大国間の合意を再構築することによって全体的な国際秩序を維持していこうとする、一九三〇年代イギリス外交の端緒ともなった。

第十七章　満州事変後の対中国政策

満州国の承認問題をめぐり、国際連盟からの脱退を決意した日本は、昭和八（一九三三）年三月より熱河作戦を発動し、五月三十一日に中国と塘沽《タンクー》停戦協定を締結した。これにより、満州事変は終結した。

本章は、満州事変後の日本の中国政策に関連し、事変後の日本の全体的な国際秩序観を踏まえながら、外務省と陸軍の方針やその長期的展望、そして出先と中央の関係を踏まえた外務省と陸軍の関係を検討していく。と同時に、この後の日本陸軍は、内部で派閥対立を激化させながら、昭和十年に華北分離工作という新たな暴走行為に及ぶ。本章では、満州事変末期の熱河作戦期間中における板垣征四郎や片倉衷の行動に始まり、昭和九年初めの荒木陸相の辞任に至るまでの永田鉄山を中心とする統制派の動向を検討し、そうした後の展開の背景についても解明していく。

本章ではさらに、満州事変後の日本の経済、通商政策を検討することで、永田や片倉らの掲げた日満ブロック経済構想が登場してくる背景と、日本の対外経済関係に照らしたその性格について明らかにする。日満ブロック経済構想は、統制経済構想と結び付き、華北をも勢力範囲内に包摂しようとすることで、永田の独断的行動の原動力となった。そうした、統制派の広域統制経済圏構想を日本の全体的な経済構造の中で位置付けることは、華北分離工作を生み出した経済的背景の再検討にもつながるはずである。

一　満州事変の終結

昭和八年三月の熱河作戦発動後、四月十一日に関東軍による関内作戦、すなわち長城以南への出兵が実施された[1]。その間、陸軍中央は対応に追われる一方で、四月中旬から五月初めにかけ、数度にわたる省部会議を開催した。国際連盟脱退の決定からまもない時期であり、会議の議題は中国問題のみならず、包括的な国際情勢判断と今後の国防方針に及んだ。真崎甚三郎参謀次長の日記によれば、四月十七日の会議でソ連の極東戦力に関する資料が提示され、検討されたようである。しかし、真崎日記にそれ以上の情報は示されていない。他方、橘川学『嵐と闘ふ哲将荒木』などで紹介された荒木貞夫陸相の回想によれば、省部会議において、永田鉄山第二部長と小畑敏四郎第三部長が対立したという[2]。永田と小畑の対立は以前より存在したが、高橋正衛や秦郁彦以来の研究史において、省部会議における対立は、後の五相会議後の荒木陸相の権威失墜とも合わせ、皇道派と統制派の陸軍派閥対立の起原とされている。(3)

荒木によれば、省部会議はソ連を最も危険な仮想敵国とする一方で、米英に対して日本の対中国政策の真意を理解させ、また、在華権益に配慮し、貿易調整を行うなどの施策によって関係改善を目指す方針で一致した。ところが、対中国政策に関して永田が、「日本の国力と軍事力は到底ソ連に抗しえない。満州事変の成果を拡大して、まず中国を謀略をも併用して屈服させ、後顧の憂いを除いた後に、国力を高めてソ連に当たるべきである」と主張したのに対し、小畑は「ソ連一国を目標とする自衛すら今日のところ困難が予想されるのに、更に支那をも敵とする事は現在の我国力を以てしては極力避けるべき」と反論したという。

省部会議の対立について北岡伸一は、対立の核心は対ソ戦の実行可能性、特に八年度計画を九年度に継続することの妥当性に関わっていたのではないかと推測し、(4)井上寿一は、小畑ら皇道派が早期対ソ開戦論を主張し、永田が長期的な総力戦体制確立の視点からそれを抑えることに成功したと述べている。(5)しかし、小畑の対ソ戦略は、第一次世界大戦時の東部戦線視察経験およびドイツ軍の対露戦略の基礎となったシュリーフェン計画を応用し、満州国内における鉄道、通信および兵站網の整備によって、満州に侵攻してくるソ連軍に対する、機動力を活かした個別戦闘正面における兵力優位の確保を目指したものであった。そのため小畑は、昭和七年四月に参謀本部第三部長に就任して以降、鈴木率道作戦課長と共に満州国内における作戦鉄道の敷設を進めていった。(6)

川田稔によれば、前年の昭和七年五月二十九日に、陸軍から斎藤実首相に『施策要綱』なる文書が提示されていた。(7)同文書は、ソ連が日本の満州政策に脅威を感じており、国力回復後に反攻に転じるという展望を示した上で、それ以前にソ連に一撃を加え、将来的な禍根を断つべきと提言していた。ソ連に対する危機感を共有しなければ、好戦的な先制攻撃論という印象を与えるが、皇道派の主張は、ソ連という、世界転覆を謀る革命勢力には最大限の警戒が必要であり、宥和的態度はむしろ将来の危機を増大させるという認識からなされていた。これは、日ソ戦が不可避となった場合に戦局を有利に運ぶため、先制攻撃を想定するか、おそらくより現実的には、ソ連軍の増強に伴って国境紛争が生じた場合、ソ連軍に打撃を与えることで、その全面侵攻を阻止する抑止力を確立しようとしたものであろう。皇道派、特に小畑は、対ソ戦の現実性を想定した上で、同年八月末までに、満州事変による情勢の変化を受けた対ソ作戦計画の改定を進めた。日ソ開戦の場合、ソ連軍主力は大興安嶺方面から東支鉄道によって満州に侵入し、同時に沿海州の東方面と北方からの支作戦が行われると判断された。そこでこれに対応するため、開戦劈頭、沿海州方面のソ連軍を各個撃破するという戦略が立てられた。これは鈴木率道大佐の立案で、小畑はそうした戦略策定と並行し、対ソ戦略、戦術に関する「赤本」の策定や、極東ソ連領の兵用地誌の作成を進めた。(8)こうした、東方、北方、西方の三正面の戦線を想定した上で、開戦当初、東正面に全力を集中し、その後、北方の主正面に当たるという対ソ戦略は、永田が軍務局長に就任した昭和九年以降にも引き継がれていく。

永田と小畑の対立は、満州事変以前にさかのぼる。主な理由は、国家を支える個人と組織の関係に関する両者の価値観や性格、行動の相違にあった。既述のように、小畑は、永田が自らの研鑽よりも中堅将校の組織化を優先したことに批判的であった。小畑は、克己的精神や人格の鍛錬、人間関係における信頼関係の形成によって社会や国家、組織の改革を進めようとしたのに対し、永田は自己を中心とする権力関係の構築を目指していた。河本大作復職運動や荒木陸相実現運動において、永田と小畑は一時的に目的を共有し、実質的に協力した。しかし、一九二〇年代末から一九三〇年代にかけて、小畑はおそらく、永田の権力志向に功利主義や名利欲、上司や部下を操ることで日本を動かそうとする謀略気質を感じ、それを小畑への背信として、あるいは陸軍ないし日本にとって危険な要素として、判断したのであろう。

昭和七年以降、永田に対する小畑の感情は劇的に悪化した。決定的であったのはおそらく、荒木が陸相就任後、入手した三月事件に関する永田直筆の計画書を、小畑に示したことであった。荒木が対処法と文書の保管を相談できる人間は、小畑か柳川平助ぐらいで、荒木は盟友の真崎に対しても、昭和十年の真崎の教育総監罷免直前まで、同計画書を示さなかった。三月事件計画書に対する荒木らの反応は不明である。荒木としても、計画書が宇垣内閣に関わるものであっただけに、深刻に受け止めたであろうが、十月事件に関わった橋本欣五郎や長勇らに下された処分や、あるいは永田自身がその後の荒木陸相実現に尽力していたことなどから、問題を不問としたのであろう。しかし、小畑は違った。小畑は荒木に対し、三月事件関係者の処分を強く要請しており[9]、おそらくその中心として永田が想定されていたのであろう。

荒木の回想は、省部会議における小畑と永田の対立について、漠然と満州事変後としているが、真崎の日記で確認できる省部会議は、四月下旬から五月上旬のことである。関内作戦で揺れた熱河作戦後半期であり、また、荒木の回想内容にも照らし、小畑と永田の論争が対中国政策をめぐってなされたことは確かである。ただし、荒木の回想は、荒木が入手していたはずの永田直筆の三月事件計画書に言及せず、また、対中国政策をめぐる永田と小畑の政策対立を図式的に強調することで、両者の対立がそこから発生したかのような記述となっている。そのため、荒木の回想には単純化がある。とはいえ、小畑が永田を中国問題、特に関内出兵問題をめぐって攻撃したのには、それなりの理由があった。その背景は、板垣征四郎と片倉衷の動きにあった。

板垣は、昭和七年八月の人事異動で満州事変の第一線から更迭された後、満州国執政顧問および奉天特務機関長として、奉天より久留米の片倉衷宛に、「残軀を構へて徒らに虚名に累せられ、浪々の生活を送る。慚愧に耐へず」[10]との書簡を送っていた。そうした板垣にとって、熱河問題の発生は再起をかける好機であった。昭和七年末より関東軍は熱河問題に対する検討を開始しており、昭和八（一九三三）年一月二日に山海関事件が発生した。これに対し、四日に真崎は、関内出兵の必要が生じた場合の上奏文の起案を小畑に指示すると共に、謀略の経緯を永田に確認し、事態不拡大の中央の意図を徹底するため、梅津美治郎少将を天津に派遣した。(11) とはいえ、関東軍は熱河作戦の方針を固めた。ただし、一月二十九日に武藤信義関東軍司令官は、次のような訓示を行った。(12)

熱河省ハ満州国領域ニシテ軍ノ自由ニ行動シ得ベキ疆域ナルモ、長城ヲ隔ツル河北省ハ中華民国ノ領域ニシテ、大命アルニアラザレバ、軍トシテハ作戦行動ヲ許サレザルノ地域タルヲワキマエ、局地ノ情況モシクハ戦術的利害等ニ眩惑シ、大局ヲ誤リ国策ニ反スルガ如キ行動ヲ戒ムベク、遺憾ナキヲ期スベシ[…]。右ニ関シ　大元帥陛下御軫念遊バサルルヲ拝聞シ、恐懼重ネテ訓示ス。

昭和天皇の意向で、長城以南への出兵は厳禁された。しかし、板垣は逆にこれを利用した。二月六日、板垣は真崎参謀次長を訪問し、「満州国ト北支那トハ判然区別スルヲ要ス。延長説ハ日本人一部ニアルモ適当ナラズ」「河北ト他二省トノ統一ハ如何。現状ハ反張気運相当ニアリ。河北ニ政変起スハ疑ナシ」として、華北への武力行使に代わる謀略を訴えた。(13) こうした働きかけの結果、板垣は参謀本部付として、北平に親日政権を樹立すべく、天津に赴くこととなった。(14)

井上寿一は、板垣が真崎に、「満州国ト北支那トハ判然区別スルヲ要ス」と発言していたことを、特務機関すら国際関係の悪化を招く華北分離に消極的であったことを示す史料としている。(15) しかし、これは、次のような板垣の政変計画とその後の行動を無視した解釈である。板垣は熱河作戦に合わせ、池谷栄助の偽名を用い、北平において張敬堯に政変を起こさせようと画策した。しかし、この計画は、張が五月七日に暗殺され、失敗に終わる。そこで板垣は、工作の対象を拡大したばかりか、十一日には真崎への前言を翻し、「華北人心ニ不安ヲ与フルコトハ彼等ヲシテ愈々国民党ヨリ離反セシメ、中央軍ノ華北放棄並反蔣各派活気ノ誘因トナルヘク、従ツテ平津ニ帝国軍カ殺到スルノ気勢ヲ示スコトハ特ニ此処数日間ニ於ケル緊要ナル宣伝工作タルヘキ[…]尚成シ得レハ不日北平及天津ノ上空ニ飛行機（成ル可ク編隊）ヲ飛翔セシメラルルヲ得ハ其ノ効果顕著ナルヘク」として、関内における軍事的示威行動を具申した。さらにその後、停戦への動きが本格化すると板垣は逆に危機感を強め、二十一日には「当方トシテハ[…]万難ヲ排シテ反蔣気分ヲ醞醸セシメ、今ヤ正ニ勃発ノ期ニ達シタル次第ナルカ、何応欽ノ停戦申込ニ依リ或ハ運動カ一時日和見ノ態度ニ陥ルニ非サルヤヲ懸念シ、之カ防遏ニ腐心スルト共ニ極力発動ヲ強要シツツアリ[…]当方苦衷ノ存スル所ヲ諒承セラレ依然強硬ナル態度ヲ保持シテ特ニ中央軍ニ重圧ヲ加ヘラレン事ヲ切望ス」などと関東軍に要望し、事態の拡大を策し続けたのである。(16)

一方、この間の四月五日、永田鉄山は、上海から東京に一時帰朝した須磨弥吉郎に対し、板垣の策動に関連して「反蔣政権樹立方の調査を為さしむる了解を与へ（五六万円内外を限度とす）積極的に何事も為さしめざる筈」と弁解しながら、「極めて明確に蔣介石は敵と看做すと陳べ」、さらに須磨の反論的な質問に答えて、「国民党打倒を標榜せむとするにあらずして日本の根本的要求に適せざる主義及党派は之を除くの外なし」と断言していた。(17)つまり、永田は、華北から国民党勢力を排除しようとする板垣の策動を事後承認を装って支持しており、それが停戦協定直前まで継続したのであろう。しかし、事態の紛糾を策し続ける板垣に対し、陸軍中央は、おそらく真崎の判断により、その提案を却下した。その結果、五月二十六日に「北支施策ハ爾今是ヲ中止スヘキ旨、中央部ヨリ関係方面ニ指示セラ」れ、関東軍も「爾後北支ニハ親日ヲ標榜スヘキ新政権ノ樹立セラルヘキヲ期待」するのみで、三十一日に塘沽停戦協定を締結した。それは板垣にとって、自らの再起をかけた策動の失敗を意味した。

他方、片倉は、昭和七年八月に関東軍参謀より久留米の第十二師団参謀に転任した後、鹿子木員信九州帝国大学教授と交流し、昭和八年四月三日付で「現下ノ時局ニ於テ軍部ノ執ルヘキ方策ニ関スル管見」なる文書をまとめた。片倉はそれを「筑水の片言」と題し、本庄繁、南次郎、荒木貞夫、建川美次、林銑十郎、永田鉄山、小畑敏四郎、石原莞爾他、要路二十数名宛てに送付した。(18)鹿子木は下中弥三郎らと昭和七年五月に新日本国民同盟を結成し、綱領として「吾等は合法的国民運動により、金権支配を廃絶し、以て天皇政治の徹底を期す」「吾等は資本主義機構を打破し、国家統制経済の実現により、国民生活の確保を期す」などの目標を掲げていた。鹿子木はまた、熱河作戦発動中の昭和八年四月下旬から五月下旬まで天津や北平に滞在し、その見聞を踏まえた講演の中で、混乱する中国について、国際連盟や日英米三国による管理でなく、地政学的、文化的、そして「すめらみくに」という国体上の理由から、日本独力の「支那の統制管理」を実施すべきこと、そして国民党と提携せず、華北に親日満の政権を立て、「自治国」を創設すべきことを主張していた。(19)片倉の文書はおそらく鹿子木からの啓発や助力を得て作成されたもので、それは、政治、経済、外交、国家制度から左翼運動の取り締まり、軍制、戦略戦術など、多岐にわたる包括的な国家改革案となっていた。同文書は、「強力ナル内閣ヲ出現セシ」め、あるいは「政変ニ際シ対応善処シ、若クハ国策遂行ニ処シ得ル為極秘裡ニ準備ス」べき方策として、以下のような条項を掲げていた。

㈠強力政策遂行ノ支持

［…］

同国［満州国］ヲ独立国トシテ承認セル以上、之レカ面目ヲ尊重シ其発展ヲ策スルハ緊要ニシテ、之ニ依リテ自ラ我利益ヲ受クルヲ主義トシ、我要求程度ハ国防上ノ見地ヨリ最小明確トシ、事変前後ヲ通シ主張セラレタル統制経済等ノ実現ニ際シテモ、日満両者悠久ノ策ニ立脚シ、彼此ノ矛盾ヲ調和克服スルノ概ナカルヘカラス。過般満州国経済建設ニ関スル声明書或ハ建国後ノ産業開発ノ状態ハ、動モスレハ単ニ日本資本家ノ利益独占壟断日本経済界ノ眼前ノ急務ヲ救フニ没念シ、満州就中其農村ノ救済若クハ我国内労農、中産以下ニ対スル社会政策上見ルヘキモノナキハ果シテ如何。又統制経済ヲ実現センニハ勢ヒ我国現経済機構ヲ以テシテハ可成ノ困難ヲ伴ヒ、最小限尠クモ所謂国家資本主義的統制経済ニ迄改革セラレサルヘカラス[…]。

(二)政変ニ対応シ若クハ国策遂行ニ処シ得ル為ノ準備

軍部ハ堂々タル所信ヲ以テ、現下国家内外ノ難局ヲ打破スル為ニハ「国民結束鞏固タルト共ニ国防ノ（広義）充実ヲ図リ諸般ノ統制指導上強力ナル政策遂行機関ノ厳存絶対ニ必要」ナル所以ヲ強調シ、輿論ヲシテ自ラ之ニ嚮《むか》ハシムル如ク善処スルコト必要ニシテ、之レカ為軍部自ラ結束ヲ鞏クシ、統制組織ノ観念ト高邁ナル国運展開ノ理拠ノ上ニ立脚シテ対策ヲ講セサルヘカラス。而シテ苟クモ軍カ現下国家非常重大ナル使命ヲ自覚スル以上、[…]建軍ノ本義ヲ全カラシムル為、其実行方策ハ常ニ政策ト統帥トヲ判然明確ニ分離スル如ク指導シ、下級軍隊ハ特異ノ事態発生セサル限リ専心統帥ニ向ヒ邁進セシムルヲ以テ主眼トセサルヘカラス[…]。

さらに、政変に際しての実行手段として、「強力内閣及把持スル政策ノ要綱ハ努メテ明示スルノ方策ヲ執リ、一方、党醜党状ヲ暴露」「陸軍大臣ハ別ニ憲兵司令官ヲシテ各地憲兵隊長ニ訓令セシメ、反軍防衛取締ノ名ニ於テ右ニ拮抗スル党人財閥其他勢力ノ策動ヲ監視シ、機ヲ失セス摘発」などの方策を掲げていた。これは、軍を中心とする「強力内閣」を実現し、統制経済を実行すると共に、部下に絶対服従のみを求める、後に青年将校から「幕僚ファッショ」と呼ばれる構想であり、その根底にあるのは、自らを権力の中心に置き、国家や社会を管理しようとする思想であった。こうした片倉の権力志向は、これを軍内要路に送付し、自らの中央復帰を目指したところにも表れていた。

「現下ノ時局ニ於テ軍部ノ執ルヘキ方策ニ関スル管見」の中で、対中国政策に関連するのは、国防に関する項目であった。それは、「持久消耗戦争指導ヲ遂行シ得ルヲ眼目トシ、数方面同時武力行使ヲ標準トシテ計画準備ス」べき課題として、以下のような諸点を挙げていた。

(イ)北満国境ニ於テ放胆ナル内線作戦ヲ遂行シ得ル為ノ武力ト之ヲ容易ナラシムル交通其他施設準備

(ロ)北方作戦ニ於テ敵空中根拠地若クハ要塞（海軍根拠地）占領ヲ企図スル作戦力

(ハ)北方各地資源地獲得ノ為ノ武力

(ニ)支那本土ニ対スル膺懲作戦並資源地方占領ノ為ノ武力

(ホ)南方作戦海軍支撐《しとう》点形成若クハ敵ノ海軍根拠地奪取ノ為ノ武力

(ヘ)満州国内治安確保ノ為ノ武力

(ト)国内防衛ノ武力

熱河作戦が発動され、板垣による北平政変工作がなされている時期であったため、「京津ニ対シテ実力発動ヲ以テ第一義トシ、此機会ニ親日政権ヲ樹立ス」と述べているが、同時に「満州国国境確保ニ依リテ同国治安紊乱防止ノ見込」があれば、京津施策を中止すべきことも提言していた。要するに、その主たる関心は満州国の防衛と華北資源にあった。片倉の文書は、日満統制経済実施の視点から華北資源に対する関心を示した最初期の文書であり、こうした構想が、後述のような、皇道派に対する統制派の反発、イギリスの帝国特恵やスターリング圏への表層的理解と対抗心に基づいた「日満支ブロック」構想の形成、関東軍の日中関係安定化交渉の成果に対する破壊的活動、そしてそれら全体に共通する統制派の不規則行動の予兆となった。統制派は、自己を中心に国家や社会を管理しようとする思想を持ち、上司を操り、部下の主体性を否定する独善的行動を取った。それは、永田における荒木排斥運動や南次郎との提携、そして青年将校への弾圧、統制派に連なる人々の独断行動などに具体化していくが、差し当たりこの文章は、永田が同年八月に片倉を参謀本部第二部第四班に転任させるきっかけとなったはずである。以上のような昭和八年三月以降の板垣と片倉の動きは、前年に一線から更迭された満州事変の推進者たちによる政策中枢への復帰工作として行われ、成果を挙げたのである。

とはいえ、省部会議で小畑が攻撃したのは、片倉や板垣でなく、永田であった。小畑と永田の対立は、直接には、失敗が明らかになったにもかかわらず、というより、失敗を糊塗するために事態の拡大を画策し続けた板垣への対応をめぐって生じていた。ただし、永田の関心は、国家総動員の実現にあった。その意味で、中国に対する謀略といっても、そのねらいは板垣のような名利猟官でなく、むしろ片倉が提言したような、華北に対する日本の影響力、とりわけ経済資源に関する権益の拡大にあった。永田の場合、そうした長期的展望に加え、板垣に再起の場を与えようとする情実的な判断と、上司や同僚、部下を駆使して自らの構想を実現しようとする永田の気質が板垣への弁護論となったのであろう。対して小畑にとって、熱河作戦は満州国の国境を安定化し、中国に対して満州国の存在が否定できない現実となったことを示す上で必要であったが、それ以上に中国の内政を攪乱する道義を欠いた行動は不要であった。それらは日本や満州国の国際的信用を損なうばかりか、何より昭和天皇の意向に反していた。当時の状況から小畑は、満州国に対する統制経済志向と華北に対する勢力拡大志向が一体化していたことを確信したはずである。その上で小畑は、その首謀者を永田と判断したのであろう。

荒木の回想によれば、省部会議の二回目の会合に永田は欠席し、荒木と小畑の路線で陸軍の方針は決定されたという。しかし、それに具体的内容は伴っていなかった。しかも八月の定期人事異動で永田と小畑は共に中央を離れ、旅団長に転出した。六月に大将に昇進し、参謀次長を離任することとなった真崎も、永田と小畑の関係を懸念しており、陸軍では政策的な判断以上に、部内の融和が優先された[20]。その一方で七月二十九日、斎藤実首相は原田熊雄に対し、「参謀本部――或は寧ろ陸軍全体の中にロシアを討たなければならんと前から言つてゐる連中と、寧ろロシアとも親しんで事を構へない方がいゝといふ派と二つあつて、参謀本部では前者は小畑少将が代表であり、後者の代表は永田少将である。結局永田少将の議論が大体において勝を制して、今日では大勢がそれに傾いて来た[21]」と語っていた。これはおそらく、小畑や皇道派に対する中傷をそのまま受け取ったものであろう。こうした情報重なることで、皇道派の言動を単純化して捉える政界や重臣側の認識不足が重なることで、皇道派は政界から孤立していくこととなる。

一方、板垣には欧州出張という処分が下された。板垣は、欧米、南洋、インド横断視察など、世界各地をめぐることになる。(22) これは、板垣を中国の第一線から遠ざけると共に、実質的に板垣の責任を曖昧化する措置であった。また、塘沽停戦協定自体、北平政務整理委員会の成立に対応し、作戦終結を決定した関東軍の方針を受け入れる形で成立した。陸軍中央の意思が統一されていなかったため、現地側の判断が優先されたのである。こうした現地主導の中国政策は、その後も引き継がれ、確立していく。

二　外務省の中国政策

日本の国際連盟脱退に伴い、連盟事務局次長を辞任した杉村陽太郎は、同年中に出版した『国際外交録』の中で、次のように記している。(23)

日本の極東に於ける使命は後進民族を指導啓発してアジア文明の光を以て世界の文化と人類の進歩とに貢献することである。故に濫にアジアの平和を紊しアジア人を蔑視し奴隷視するものは日本の敵である。極東の長者として日本は時に断固たる処置に出でねばならぬことさへある。日本が強大なる陸海軍を有するは実に之がためである。単なる国防のためではない。

「アジアに帰れ」と説く論者は太平洋に、印度洋に、大西洋に日本の商船が檣頭高く日の丸の旗を翻して馳駆し、ヨーロッパにアメリカにアフリカに我商権が活躍し、国際連盟に国際会議に我全権が列国尊信の的となりつゝある現実の事実を識らぬからであらう。

日本の強味は国民に「飽く迄活きんとする力」「働かんとする気力」即ちヴァイタリティーの旺盛且豊富なことである。外に伸びんとする力に於て大和民族は世界何れの他の民族にも劣らぬ。従つて退守はその天性と自然とに反し、国策としては大禁物である。六千五百万の活動を物質的には狭き東亜市場に限局し、精神的にはアジア文明の檻の中に籠居させやうとするのは之に窒息を迫ると同一である。

統制と言ひ協調と称し、何れも合理化を意味し、或者は之に依り日満経済「ブロック」の人為的作成を夢想し、他の者は「光栄ある経済的孤立」なるブルジョア的地位を日満経済の連結に依り獲得せんと冀望するが如きも、それは彼等の方策が合理化の範囲程度を越えざる間は可なるも、一度不合理化とならんか忽ち失敗に終るものと覚悟せねばならぬ。

日満経済の統制可なり、合理化更に可なり。然かしながら日本の国民経済そのものが果して合理化し、統制せられたりや否や、財閥や私党の輩に国利民福を蹂躙せられ居るが如きことなきや、日満経済の統制とは、日満両国民の利益増進を基調として行はるべく、断じて一部金権者流の利益の餌となるべきものではない。

杉村の要点は、日本は「アジア・モンロー主義」なる観念を過信して内向的になるのでなく、世界的な商業活動を積極的に展開すると共に、国内の経済合理化を進め、そうした成果の上にアジアを中心とする後進諸国の発展を支援し、満州に対して日本国内の合理化の成果を踏まえた相互利益、共存共栄の関係を形成しなければならないという点にあった。特に満州に関して杉村は、日本の国際連盟脱退通告直後、連盟幹部の一人が語ったという次のような発言を紹介している[24]。

米国が不戦条約にモンロー主義を保留し、英国もまたその重大権益の保護のため殆ど無制限の範囲にまで拡大し得る留保を付したのに対し、各国が別段異議を唱へぬのは、過去に於ける英米の優越的地位に顧み、実際上は已むを得ぬところと認め敢て之を争はぬのであるけれども、日本が三国干渉の当時より二十一ケ条時代を経て、今回断然満州に対する独占的地位を世界に向つて宣明したのはその変化が如何にも急激であると、日本の国際的地位が未だ英米のそれに匹敵せざるため各国としては直にこれに同感を表し得ぬところがあるのである。然かしながら日本にしても、その努力を継続し、立派に満州国擁護の効果を挙げ、偉大なる活力を世界に示すに至る時は世界は英米に対すると同じく日本の強大なる地位を認め、再びその声明に対し抗議せぬに至るであらう。

杉村に、権力政治的発想に基づき、あるいは中国との情緒的一体感や超国家的なアジア主義に基づき、中国内政に干渉しようとする発想はなかった。杉村はむしろ、大国意識に裏付けられた幣原外交以来の、序列的かつ役割分担的な国際秩序観に基づき、特に東アジアにおける大国としての国際的責任を果たすことで、連盟脱退で損なわれた日本の国際的信用を回復していこうとする展望を提起していた。さらに日本の国民性に言及されているように、こうした外交の成否は、日本国民の自覚と努力次第であるともされた。一九二〇年代後半のアメリカ外交が、ラテンアメリカ地域に選挙を導入し、民主化を進めることで地域の安定化を図ろうとしたように、杉村の場合も、国民の努力と自覚、責任意識という、日本独自の民主化の趨勢に則した外交を提言していた。ただし、問題は、こうした外交を実現するため、満州国を否認する中国国民政府とどのような関係を形成するか、であった。

熱河作戦末期の昭和八年五月、国民政府は、黄郛を通じて事態の収拾を模索した。これに対して有吉明駐華公使は、黄郛が「支那軍ヲ統制シテ停戦ヲ確保シ、北方事態ノ安定ヲ計ルト共ニ、国民党ノ改善乃至排日諸団体ノ活動取締等ニ依リ日支関係改善ノ端緒ヲ作ルカ為努力スルモノト考ヘ」、さらに「右黄郛ノ抱負ニ付テハ蔣、汪等国民政府首脳者カ[…]充分ノ了解ヲ与ヘタルモノト思考」していた[25]。しかし、その一方で黄郛に対し、「停戦協定ト引掛ケニ排日ノ弾圧満州国承認等ヲ要求セリトノ事実カ世上ニ伝ヘラルルカ如キコトアラハ[…]南京部内ニ於ケル対日転換策反対論者ノ勢力ヲ強メ、両国関係ノ改善ノ気運ヲ逆転セシムヘキ危険鮮カラス」とも判断した[26]。つまり有吉は、北支政権（北平政務整理委員会）が蒋介石ら南京政府首脳の支持の下で成立しながらも、南京政府部内の全面的な支持を得ているわけでなく、その対日妥協政策には限界があると判断していたのである。こうした状況から有吉は、黄郛と内密に接触して「排日弾圧等ニ関シ充分ノ努力ヲ為サシムルコトハ極メテ必要」としながら、「右実行ニ関シ取急キ派手ニ交渉スルカ如キハ却テ事態ヲ紛糾セシムルノミニテ効果無カルヘク、此ノ点ニ付テハ関東軍岡村参謀副長ヨリ本部ニ電報セル意見ハ本使ニ於テモ至極尤モト存シ居ル次第」とした上で、次のような日中関係の改善策を提言していた[27]。

我方トシテ右改善実現ノ為、一面前記黄郛側ヲ指導シテ排日ノ弾圧ヲ実現セシムルコトニ依リ、北方延ヒテハ一般ノ空気緩和ヲ計ルト共ニ、他面南京政府部内抗日論者ノ懐柔、輿論ノ指導及反蒋運動ノ防遏等困難且機微ナル関係ニ善処シ居ル蒋汪等ノ努力（蒋汪等ハ是等事情ノ為、今俄ニ親日方針ヲ標榜シ難ク、表面ハ依然抗日方針ヲ維持シ、実際ニ於テ抗日緩和ノ方途ニ出テ居ルモノト認メラル）ヲ効果アラシムル為、我方ヨリ支那側輿論ヲ殊更ニ刺戟セサル様注意スルト共ニ、南京側ト絶ヘス接触シ、之ヲ内面的ニ鞭撻指導スルノ要アリト存セラル。[…]我方トシテハ右ノ如キ事情ヲ考量ニ入レ、少クトモ前記蒋汪等ノ努力ノ結果ニ付大体ノ見据付ク迄[…]ハ北方及南京側ニ対シ絶ヘス内面的ノ鞭撻指導ヲ怠ラサルト共ニ、表面ニ於テハ我方方針ノ確乎不動ナルコトヲ徹底セシムル意味合ニテ、今暫ク静観的態度ヲ執ルコト適当ト認メラル。

塘沽停戦協定は、関東軍と北平政務整理委員会の間の地方協定として成立し、外務省はその交渉に関与しなかった。その一方で満州事変後の外務省は、日中関係の緊張緩和を実現するため、中国の体面に配慮しながら日本の優位を示すという、二律背反的な外交を展開しなければならなかった。その意味で外務省が停戦協定に関わることは、停戦協定の公式性を高め、中国側がそれを受け入れる上で、障害となる可能性があった。満州事変後の外務省は、そうした矛盾に対処するため、現地外交官の主導の下で表面的に静観的態度を取りつつ、水面下で中国側と接触し、「一般ノ空気緩和」を図ろうとした。しかもこうした手法の中に、満州事変期に損なわれた関東軍と外務省の関係を再構築する、後述のような契機も存在していた。

塘沽停戦協定の締結から一週間余り後の六月八日、有吉公使と汪兆銘行政院長との会談が行われた。ここで汪は、「暗ニ満州国問題ハ此ノ際『セット、アサイド』スルモ差支ナキカ如キ意向ヲ仄カシ」[28]、以後、両者の間で日中間の関係調整が図られていく。とはいえ、日本側は、そうした中国側の対日妥協路線を直ちに評価する姿勢を示さなかった。会談に際して汪は、「対日感情転換方ニ付努力シ来レルコト、将来日支両国共存ノ主義ニ依ルヘキヲ切望スルコト等ヲ述」べたが、有吉の報告を受けた外務省は、むしろ「有吉公使ヲシテ汪兆銘ニ面会ノ上[…]汪等カ日支ノ共存ヲ唱フル丈ケニテハ両国関係ノ打開上何等ノ実効ナク、要ハ実行ニアル次第ニテ、少ク共排日運動ノ取締、関税問題等差当リノ具体的案件ニ付誠意ヲ示ス肝要ナルヲ徹底セシムルコト事誼ニ適スルモノト云フベシ」との判断を下した(29)。

満州事変後の外務省は、中国に対して静観的かつ高圧的に臨み、一定の距離を取った。外務省は、南京国民政府が蔣介石と汪兆銘の主導下で対日妥協に傾いたことを認識していたが、中国における政治的、経済的な混乱状況や排日傾向に照らし、中国側との妥協の可能性を楽観しなかった。こうした、中国に対する悲観的観測は満州事変以前からのもので、その点で満州事変後の外務省の対中国政策は、事変前の政策体系を引き継いでいた。

幣原外交、特に第二次幣原外交以来の外務省は、緊迫化する日中関係に対し、積極的な対策を打ち出せず、事態を静観しようとする姿勢を強めていた。排外傾向を強める中国に対し、何らかの干渉的態度を示せば、その内容にかかわらず、両国関係を紛糾させかねなかったからである。そうした流れの上に、満州事変後の外務省は、日本側からの公然たる政治介入を控え、実務担当者間で個別問題を解決しながら、全体的な中国側の態度を緩和していこうとした。酒井哲哉と井上寿一は、満州事変後の外務省に「アジア主義」的な「日中提携」ないし「親日派との提携」を目指す路線が存在したと論じている(30)。しかし、これらは「日支提携」という当時の理念的言辞を援用したもので、その実態を捉えていない。たとえば須磨弥吉郎は、一九三三年終わり頃に作成した「対支静観主義放棄論」の中で、「日支共存共栄の大局的見地から、その崩潰を防止し進んでその再建復興に寄与し得べき建設的方策を用意して臨」むことを訴えながら、それが直面する「困難なる問題」として「国民党自身既に腐敗分裂の極に達し昔日の団結勢威なく、政府部内内訌は絶えず、加之《しかのみならず》未曾有の強敵共産軍に対する累次の討伐は悉く失敗に帰し財政は極度の窮乏を現出し[…]而も懲性もなく表面は兎も角、裏面では、排日抗日を断念し得ない徒輩多く、種々反日策動を続くる」といった状況を挙げている(31)。つまり、須磨は、内政の混乱する中国に「建設的方策」を提示しても、効果は期待できないと判断したのである。これはそのまま、欧米諸国の対中支援に反対する根拠ともなった。

満州事変後の対中政策における高圧姿勢は、一見逆説的ながら、中国の〝親日派〟に対して示されていた。昭和八年六月九日の有吉と汪兆銘の会談における有吉の態度のように、日本側は、中国側からの関係安定化の打診に対して中国側政策の実効性を問題とし、親日派に譲歩ないし好意的措置を提示することはなかった。

ではなぜ、親日派に対してこのような態度が取られたのか。たとえば須磨の場合、中国の混乱状況を憂慮し、中国に対する建設的方策を提言しながら、同時に「日支の関係は、兄弟の間柄で従来の支那側のへこたれるを傍観するといつた態度も、もともと支那を愛すればこそで、その覚醒を俟たんとする大慈大悲の態度に外ならず、決して支那を悪しとしてその滅亡を俟つといつた気持からでは全然ない」とも論じていた。つまり、外務省の非友好的な態度は、日中関係の調整には中国政情の安定が必要であり、しかもそれは、中国側の自助努力によって成し遂げられねばならず、それが実現しない限り、日本側からの施策による日中関係の安定化には限界があるという観測からなされていた。〝親日派〟に対し、政策の実効性を求め続けたのも、彼らが中国の安定化をもたらし得る勢力として、それなりに期待されたからであった。

しかも、こうした〝親日派〟に対する高圧的な態度は、中国の世論や〝欧米派〟に配慮した結果でもあった。外務省は中国の混乱状況に照らし、中国との関係改善を目指すものであっても、中国に対する干渉的態度が両国関係を紛糾させかねないことを懸念していた。しかし同時に、いわゆる「排日関税」の問題や、排日、侮日行為の禁圧、満州国との通車、通郵問題などについて、中国側にその解決を要求する必要もあった。ところが、こうした要求を中国側に公然と要求すれば、中国の世論や欧米派を刺激しかねなかった。そのことは、塘沽停戦協定締結交渉に際して既に意識されていた。

有吉ら中国駐在の外交官たちは、いわゆる親日派との提携を目指していたわけでも、あるいは、中国ナショナリズムに無理解であったわけでもなかった。満州事変後の外務省は、中国側の内部対立ばかりでなく、何より中国ナショナリズムに対する配慮から、公的に「毅然タル態度」を保ちながら、他方で欧米派を排撃しあるいは親日派を支援するような政治的措置を自制した。特に有吉ら、中国当局との折衝に当たった外交官は、中国ナショナリズムに配慮し、しかし日本の威信を保ち、なおかつ日中間の懸案解決を図るため、親日派と内々に接触しながら高圧的に要求事項を提起し、その成果を静観するという方策を取ったのである。他方、中国と満州国との通車、通郵問題に関して有吉らは、汪兆銘らに解決に向けた決断を促す以外、特に際立った動きを見せなかった。直接の理由は、通車、通郵問題が関東軍の主管に属していたからであったが、有吉としても、中国における日本の公式の代表として、中国世論を過度に刺激しかねない満州国問題に関わるのを自制した。以上のような有吉の外交手法は、公的な静観主義と表面下の外交折衝が均衡を保ちつつ、補完的に対中外交の全体像を構成しているという意味で、当時より「水鳥外交」と称されていた。(32)このように、満州事変後の対中外交は、日本の公的態度が重要かつ微妙な意味を持っていることを自覚しながら行われており、それだけ、有吉ら現地当局側の外交手腕が重要となった。

近年の研究傾向は、満州事変後の外務省における主導権を重光葵次官に認める傾向が強い。たとえば臼井勝美は、宋子文の評価をめぐって有吉と重光の間に見解の対立が存在し、そうした中で東亜の指導者としての自覚を背景に、欧米諸国に対して排他的な態度を取った重光が日本外交において主導的な役割を果たしていたとしている。(33)満州事変後の重光は、時として欧米に対する排他的な態度を示すことがあった。そうした重光の態度は、以下に述べる天羽声明の要因となったが、その一方で重光がそうした排他的な政策を遂行すべく、具体的な行動に着手した形跡はない。(34)重光のやや突飛な言説の背景には、中国に重光より先任で大使格の有吉明公使が赴任し、国内では伝統的な積み上げ方式の政策決定が一般的であった中、外務次官として従来以上に主導権を発揮しようとする思いがあったのであろう。欧米の中国経済支援問題をめぐる重光の言動に有吉と対立する側面はあったが、後の昭和十年五月の駐華公使館の大使館昇格に際し、重光はむしろ有吉と共に、外務省内の見解が必ずしも一致しない中、その実現に向けて主導的な役割を果たすことになる。

九月に広田弘毅が外相に就任し、和協外交を掲げた。しかし、十月に開かれた五相会議は、「現下ノ日支関係ヲ観察スルニ[…]廬山会議ニオイテ両国関係ノ打開方針ヲ決議セルヤノ情報モアリ、一般ニ好転ノ徴候ナキニ非ザルモ、具体的ニハ格別コレヲ証スルニ足ルノ現象ヲ認メザル実情ナリ」とした上で、「一般的ニハ彼ヲシテ反日政策ヲ放棄シ排日運動ヲ根絶セシムルタメ、常ニ厳粛ナル態度ヲモツテコレニ臨ミ[…]苟モワレニオイテ両国関係ノ改善ヲ焦ルガゴトキ印象ヲ与フルハコレヲ避クルヲ要ス」との決定を下した[35]。この決定も、中国の対日妥協路線について楽観を排し、中国に対する一方的かつ高圧的な態度を打ち出していた。その後、同決定は、政府の正式方針として、外務出先に通知された。これは実質的に、現地主導の既定の外交方針を追認したものであった。

昭和九（一九三四）年二月、外務省は、中国に対する政治工作と経済施策とを比較しながら「日支提携」の可能性について検討し、「日支経済提携ニ関スル件」という文書をまとめた。ここでいう政治工作とは、「例ヘハ親日政権ノ確立、欧米派打倒、国民党過激分子ノ排除、排日言論（主トシテ新聞）ノ禁遏其ノ他諸般ノ内政工作ヲ邦人ノ有力ナル支那関係者ヲ中心トシテ行フコト」といったもので、このような政策は国際問題を生じかねず、また、中国の反発を買い、あるいは中国の混乱を招くおそれがあるとされた。これに対し、「事一度経済問題トナレハ[…]利害ノ一致スル所必ス提携ノ機会ヲ生スヘク[…]更ニ漸ヲ逐ヒテ日支合作事業増加スルニ於テハ日支人経済関係ハ彼我錯雑結合スルヲ以テ容易ニ相互乖離スルコトナカルヘク[…]所謂日支提携ハ必然的ニ又自然的ニ造成セラルヘキ」とされた[36]。つまり、中国に対する政治的な干渉を否定し、民間における相互依存的かつ役割分担的な経済関係の形成に期待を寄せたのである。ただし、その実態は、民間における相互依存的な経済関係が日中関係に及ぼす長期的波及効果を期待したに過ぎず、中国に対する経済支援を想定したものではなかった。その意味で本文書は、中国に対する政治工作のみならず、政府主導の経済的支援策についても否定していた。

とはいえ、この時期、国際連盟による中国への行政的、経済的支援が国際的問題となっていた。これは満州事変以前より計画されていたものであったが、外務省は、「支那ノ状況カ極メテ異常ノモノニシテ、従テ普通ノ国際法規及慣例ヲ以テ律シ得ヘカラサル」[37]ことを理由に、それらに反対した。国内に様々な対立、混乱をかかえる中国に援助を与えることは、その目的に資するどころか、資金や権利の争奪など、中国の混乱と対立を助長し、さらに日本に対する対抗意識を強める可能性も懸念された。天羽英二外務省情報部長により、国際的対中支援に対する反対声明がなされたのは、そうした中でのことであった。

昭和九年四月十七日の天羽声明は、以上のような日本外務省の認識を表明したものであった。島田俊彦が指摘するように、声明の内容は、重光外務次官の指示の下で作成された広田外相発有吉駐華公使宛第一〇九号電の内容、ほぼそのままであった。とはいえ、それを声明という形で公表することは、中国に対する干渉姿勢を明示することであり、外務省の政策体系から大きく逸脱していた。しかも、天羽声明は有吉宛第一〇九号電と類似していても、その核心部分には次のような相違が存在していた。[38]

〔第一〇九号電〕

満州上海事件後ノ情勢ニ顧ミ、若シ此ノ際、列強カ支那ニ対シテ共同動作ヲ執ルコトアラハ、右ハ其ノ形カ財政的、技術的其ノ他如何ナル名目ヲ以テスルニ拘ラス、必ス政治的意味ヲ包含スルコトトナルヘク、其ノ結果ハ直接支那国際管理ノ端ヲ啓キ又ハ分割若ハ勢力範囲設定ノ緒トナルコトナシトスルモ、支那ノ覚醒及保全ノ為メ不幸ナル結果ヲ招クノ虞アリ、帝国ハ主義トシテ之ニ反対ヲ表セサルヲ得ス。

〔天羽声明〕

列国側にあつても、満州事変・上海事件により形成せられた状勢を顧慮して、支那に対して共同動作を執らんとするが如きありとせば、たとへその名目は財政的援助といひ、技術的援助であるにせよ、つまりこれは支那においては、政治的意味を帯ぶることは必然にして、その形勢が助長せらるゝときは、遂に支那における勢力範囲の設定、国際管理または分割の端緒を開くので、ただ〳〵支那に対して、大不幸を来すのみならす、東亜の保全、惹いては日本のためにも重大なる結果を及ぼすべきおそれあり。従つて日本としては、主義としてこれに反対せざるを得ぬ。

相違は、欧米の対中援助が中国の「国際管理」や「分割若ハ勢力範囲設定」の端緒となるかどうかについて、評価が逆転している点にある。声明文は欧米諸国の対中援助を悪意に解釈しており、それだけ対抗意識を明確にしていた。十七日の記者会見の場で天羽は、「欧米財界の対支進出にたいし、外務省は無為無策ではないか」と詰め寄られた結果、第一〇九号電をその場で修正しつつ読み上げたという。[39] 声明が欧米に対する排他的印象を強めたのも、そのような発表経緯のためであろう。対して第一〇九号電は、列強の対中支援が「支那ノ覚醒」を妨げる点を重視しており、重点はむしろ、欧米諸国の対中支援が中国の〝以夷制夷〟的な姿勢を助長してしまうことへの懸念に置かれていた。

天羽声明に関しては、天羽の「善良」で「軽率」な人柄と新聞記者の巧妙で執拗な誘導とが災いし、天羽は関係方面への了承を得ることなく、「広田外相の議会演説の趣旨を敷衍して一つの要項をつくり[…]即席に文章をつづりながら発表した」ともいう。実際は、広田演説を敷衍したどころか、有吉公使宛第一〇九号電をほぼそのまま読み上げたのであるが、この点に関して井上寿一は、通説を修正しようとする仮説を提起している。井上によれば、天羽声明は、華北情勢が鎮静化し、国際連盟をはじめとする各国の対中国支援が不調に終わりつつある中、親日派を支持し、欧米派の拡大につながる動きに反対するという意思を改めて確認したものに過ぎなかった。したがって、天羽声明は国際連盟その他各国の対中支援に対抗するものでなく、国民政府内の欧米派を対象として発せられたため、対中国関係改善政策と矛盾していなかった。井上によれば、「念を押す意味で反対の意思表示をしたところで、何ら問題はない、と天羽をはじめとする日本の外交当局者は考えたにちがいない」というのである[40]。つまり、天羽声明は天羽の独断でなく、それどころか、外務省の大勢が中国の政治、経済問題に対する干渉姿勢を表明することも意に介さず、さらに関係各国の理解も得られると判断していたことになる。通説に対して井上は、天羽声明を、外務省の対中政策に関する独自の解釈、すなわち国民党親日派との提携路線という論理の中で、説明しようとしている。しかし、この説は誤りである。

既述のように、天羽声明は第一〇九号電に依拠していながら、両者は同一ではなかった。問題は、第一〇九号電の趣旨はおそらく有吉を通じ、汪兆銘ないしその周辺の〝親日派〟に伝えられるはずであったのに対し、天羽声明は国際連盟や欧米諸国の活動を念頭に置いて発せられた点である。つまり、欧米列強の対中財政支援に反対するという第一〇九号電の趣旨は、本来は中国国民党の〝親日派〟に対して内々に伝えられるべきものであって、〝欧米派〟や中国世論、さらに欧米側を刺激するような通告形態など、想定してはいなかった。

幣原外交以来、中国に対する干渉的な態度が日中関係を紛糾させかねないという認識は外務省において一貫しており、天羽声明の二か月前に作成された、上述の「日支経済提携ニ関スル件」も、「欧米派打倒」や「国民党過激分子ノ排除」といった「政治工作」を否定していた。満州事変の最中から、有吉ら現地外交官を中心に「一般空気」の緩和を通じて日中間の緊張緩和を図ろうとする提言がなされたのも、中国政策を遂行する上で、中国の国民世論に配慮する必要があったからである。外務省において、中国国民党内の「現実派」や〝親日派〟なるものに一定の期待は寄せられたが、それはそうした勢力に対する支援を伴っていなかった。それどころか、満州事変後の外務省は、〝親日派〟に高圧的に接し、その後、彼らの主導権を静観することで、各種懸案を解決しようとしていた。中国に対して高圧的な内容の第一〇九号電が作成され、それを有吉を通じて汪兆銘らに伝えようとしたのは、以上のような外務省の政策体系に基づいていた。しかし、それを記者会見で宣言するとなると、問題は別である。

天羽声明は新聞紙上で発表された直後より、外務省内に多大な困惑を引き起こしていた。井上はこの事実を無視するが、重光外務次官の指示で有吉宛第一〇九号電を作成した守島伍郎東亜局第一課長は、第一〇九号電の考え方に一応の賛意を示しながら、それを「軽々に表面に出して振り廻すべきではな」かったと回想している[41]。理由は、「九国条約等の関係上、英米を刺戟するおそれがある」からであった。つまり、国際連盟や欧米諸国による中国への経済支援に対する反発はあったとしても、そうした反発を表明することが必要ないし得策とは考えられなかった。天羽声明の内容は、当時の外務省の一般感覚に照らしても、英米や中国の反発を招きかねなかった。天羽声明の直接対象は、国際連盟や欧米諸国の対中経済援助であったため、天羽が談話を公表した時点で、問題は対中国政策上の問題から対欧米政策上の問題へと変質していた。守島が「英米を刺戟する」するという理由を挙げたのはそのためで、天羽声明が国民党の、それも反日的と判断された〝欧米派〟を対象としていたという解釈は、成立しない。

ところで、天羽声明のねらいに関する井上の解釈は、既に当時のイギリス側に見られた推測であった。四月二十六日にプラットは、次のように論じていた(42)。

> 我々の許に届いた、一部秘密の情報源からのものを含むさらなる情報は、日本の対中国政策に関する声明について、その真相を明らかにするものである。四月前半、華中の南昌においてある会議が開かれ、満州の隣接地域たる華北の政権を担当する黄郛や、蔣介石をはじめとする南京政権の主要な政治家が参加していた。ここで蔣介石は、揚子江に沿った上海から漢口に至る、中国の中央地帯における政権基盤を一層強固にする必要があることを主張した。ところが、その目的を達成するために不可欠な物資と財政の支援は、アメリカやイギリスその他ヨーロッパ諸国からでなく、唯一日本からしか期待できない。したがって、唯一政府にとって遂行可能な政策は、日本との完全な協力しかないというのである。
>
> こうした見解に応じ、黄郛は北平において日本軍の代表と懸案事項、すなわち通車、通郵や海関設置問題の完全かつ「公式」の解決について交渉に入る全権を与えられた。四月十七日、黄郛は上海で日本の公使と会見した。その後、日本公使は東京に帰朝したが、黄郛はその帰任を待って北平に向かうことになっている。
>
> […]
>
> 親日派が勝利する一方で、国際連盟の技術支援とアメリカ資金を基にした経済再建計画は挫折しようとしている。そのことを日本外務省が掌握していた可能性はかなり高そうである。したがって、外務省の報道官は、中国における大規模な企画は日本の支持がない限り、いかなるものであっても成功の望みがないことを、その教訓を徹底するため、新聞に対し意気揚々と高らかに宣言したのである。[…]
>
> それにしても日本人は、心理というものに杜撰な理解しか持っていない。声明が中国の世論に与える効果を考えれば、それはかえって、日本に依存しようとする蔣介石の政策を一層困難にしてしまうばかりであろう。

ここで指摘されるほど、日本外務省が中国の世論を軽視していたわけではなかった。しかし、イギリスは、天羽声明を拙劣な行為と評価しながら、日本外務省や関東軍が国民党内の親日派と接触し、成果を挙げていることを認識していた。他方、日本外務省にとって、国際連盟や欧米列強による中国経済支援は、中国の現状を理解しない誤った政策であったにもかかわらず、それに対する反対姿勢を公然と示すことは、憚られた。それを明言すれば、日本に対する誤解を助長するばかりであったからである。天羽がそうした本音の一端を漏らす一方で、外務省全体がそれに困惑した事実は、満州事変後における外務省の国際的孤立感や中国と欧米との関係に対する焦燥感を反映していたのであろう。

有吉や重光あるいは他の外交官の間に多少の見解の相違や対立が存在し、あるいは天羽声明のような不祥事があったとしても、満州事変後の外務省は、全体として一九二〇年代の幣原外交を引き継ぎ、東アジア秩序の安定に責任を負う大国としての意識を持ちながら、中国への内政干渉を否定し、中国と一定の距離を取りつつ、中国との役割分担的な経済関係を形成しようとしていた。ただし、外務省は、その前提として中国政情の自律的な安定が必要であり、日本側からの施策によって日中関係を安定化させることに悲観的であった。そこで外務省は、国民党内の親日派との交渉を、中国ナショナリズムを刺激せず、しかも中国国民政府に間接的に影響力を行使するための手段として利用した。

このように、満州事変後の日本外交に、排他的なアジア主義なる要素は希薄であった。欧米諸国や国際連盟による中国への経済支援に対する反対姿勢についても、その理由は、それが中国の政治的経済的実態にそぐわない大量の資金を人為的に南京政府に注ぎ込むものであったからで、それは成果を期待できないばかりか、日本に対する中国の対抗意識を増長させ、さらに中国の対外負債を増大させて将来に禍根を残すおそれがあった。そのため外務省は、欧米諸国の中国経済支援を、日中間の民間主導の相互依存関係の形成を阻害するものと判断した。ただし、そうした日本の姿勢は、アメリカに排他的中国支配への意図を連想させたばかりか、一九二〇年代以来のイギリスの調停外交の余地を大きく制約するものとなった。以上のような日本の外交姿勢は、この時点で英米との決定的な対立を引き起こしたわけではないが、一九三四年以降のアメリカの銀購入政策を原因とする中国経済の混乱に対し、積極的支援を行おうとしたイギリスとの間で軋轢を引き起こすこととなる。

三　関東軍の中国政策

塘沽停戦協定から一か月を経た七月三日から五日にかけ、関東軍と北平政務整理委員会との間で大連会議が開催された。陸軍中央が具体的な対中政策を定められないでいた中、大連会議は、関東軍による停戦協定善後処理交渉の端緒となった。そしてこれ以降の陸軍の対中国政策は、現地の主導によって形成、遂行されていく。塘沽停戦協定は、延慶、昌平、順義、通県（通州）、香河、宝坻、林亭口、寧河、蘆台を結ぶ線より北方ないし西方への中国軍の進入を禁止し、満州国国境である長城線との間に非武装地帯を設定した。大連会議の議題は、この非武装地帯（戦区）からの撤兵問題と、それに伴う李際春軍の扱いであり、「大連会議議事録」[43]によれば、「李際春軍中優良ナル四千人ヲ選抜シテ保安警察隊ニ改編シ」、豊潤県、灤県の鉄道沿線を除く地域に駐屯、訓練させることになった。李際春その他の不良軍隊は、関東軍自身が持てあましており、会議の方針は、関東軍の面目を損なうことなく、雑軍を整理、切り捨てようとするものであった。そのため、これらの雑軍は後に、戦区内における阿片の密売など、風紀、治安の悪化をもたらす原因ともなる。(44) しかし、この時点で、より重要な国境線問題、通商問題、通車問題、通郵問題、反満抗日運動の禁圧問題などは、取り上げられなかった。その意味で関東軍も、明確な方針の下に大連会議に臨んでいたわけではなかった。

関東軍の対中国方針は、関東軍第三課により、大連会議後に作成された「『停戦ニ関スル協定』ニ伴フ善後処理要綱(45)」の中で、以下のように定められた。

一、対北支政権協定ハ、北支政権ヲシテ実質的ニ親満親日ノ有利且必要ナルコトヲ認識セシメ、進テ日満支親善ノ一階梯タラシムルヲ本旨ト為ス。

二、本協定ハ、已ムヲ得サレハ当初関東軍之ニ当ルト雖、漸次満州国対北支政権協定ニ転移セシムルコトニ努ムルモノトス。

三、本協定其ノ他ノ取極メヲ為スニ当リテハ、有ユル機会ヲ利用シ、名実共ニ満州国ヲ承認スルニ至ラシムルコトニ努メ、苟モ満州国ヲシテ自ラ一地方政権ニ甘ンスルカ如キ態度ヲ取ラシメサルヲ要ス。

特徴は、北支政権、すなわち北平政務整理委員会の対日満認識の漸進的変化を促すことを当面の目標として掲げ、満州国の正式承認を直ちに求めることなく、南京政府との関係についても特に言及していない点にある。本要綱は、八月末までに原田熊吉関東軍第三課長が帰朝し、陸軍省との打ち合わせを経て、九月十一日付で「北支停戦協定ニ伴フ善後処理交渉案(46)」として了承された。しかも、それに先立ち、柳川平助陸軍次官は本要綱に関連し、「本交渉ノ主眼ハ実質的ニ満州国ト北支那間ノ通商交通通信等ヲ恢復シ、成シ得レハ之ニ関連スル諸問題ヲ解決スルニアリテ、之ニヨリ北支政権及一般民衆ヲシテ親満親日ノ有利且必要ナルヲ認識セシメ、進ンテ日、満、支親善ノ一階梯タラシムルヲ本旨トス」「本交渉ニ当リ、支那側ヲシテ名実共ニ満州国ヲ承認セシムルコト希望スル処ナルモ、斯クテハ交渉ノ成立至難ナルヲ思ハシムルモノアルニ依リ、此ノ際ハ寧ロ支那側ヲシテ実質的ニ満州国ノ存立ノ事実ヲ認容セシムル如ク指導ス」との見解を通知していた(47)。陸軍中央は、関東軍の方針、特に満州国の正式承認を求めない漸進的な交渉方針について、了承、確認したわけである。

このように、陸軍の対中方針は、関東軍が華北情勢に対応する形で方針を策定し、それを陸軍中央が承認することで決定に至った。上記訓令に際し、柳川次官は、「満州国政府ト北支政権トノ間ニ協定スルコト素ヨリ之ヲ希望スル処ナルモ、已ムヲ得サレハ満州国ノ地方官庁又ハ会社等ト支那側間ノ地方的又ハ業務的取極メ等トシテ成立セシムルコト一案ナルヘシ」と述べている。ここでいう「地方的」取り決めという考え方は、塘沽停戦協定を受け入れた国民政府の国内向け口実であり、日本側はそれを踏襲することで、中国側の要望や実情に対応しながら、華北情勢の安定化を図ろうとした。こうした方針を打ち出し、あるいは遂行していく上で中心となったのが、岡村寧次関東軍参謀副長をはじめとする現地支那通であった。このような現地主導の方針策定の経過とその内容は、中国世論を過度に刺激しないよう配慮し、中国側の情勢に柔軟に対応しながら満州国の安定化と漸進的な日中間の緊張緩和を実現しようとする、場当たり的であるが、理念や原則よりも現実や経験を重視する判断に基づいていた。

柳川はまた、外務側との緊密な連絡についても指示しており、九月二十六日に菱刈隆関東軍司令官兼駐満大使は、広田外相に、柳川電を踏襲した関東軍の方針を伝えている。[48]

図 17 塘沽停戦協定関連地図

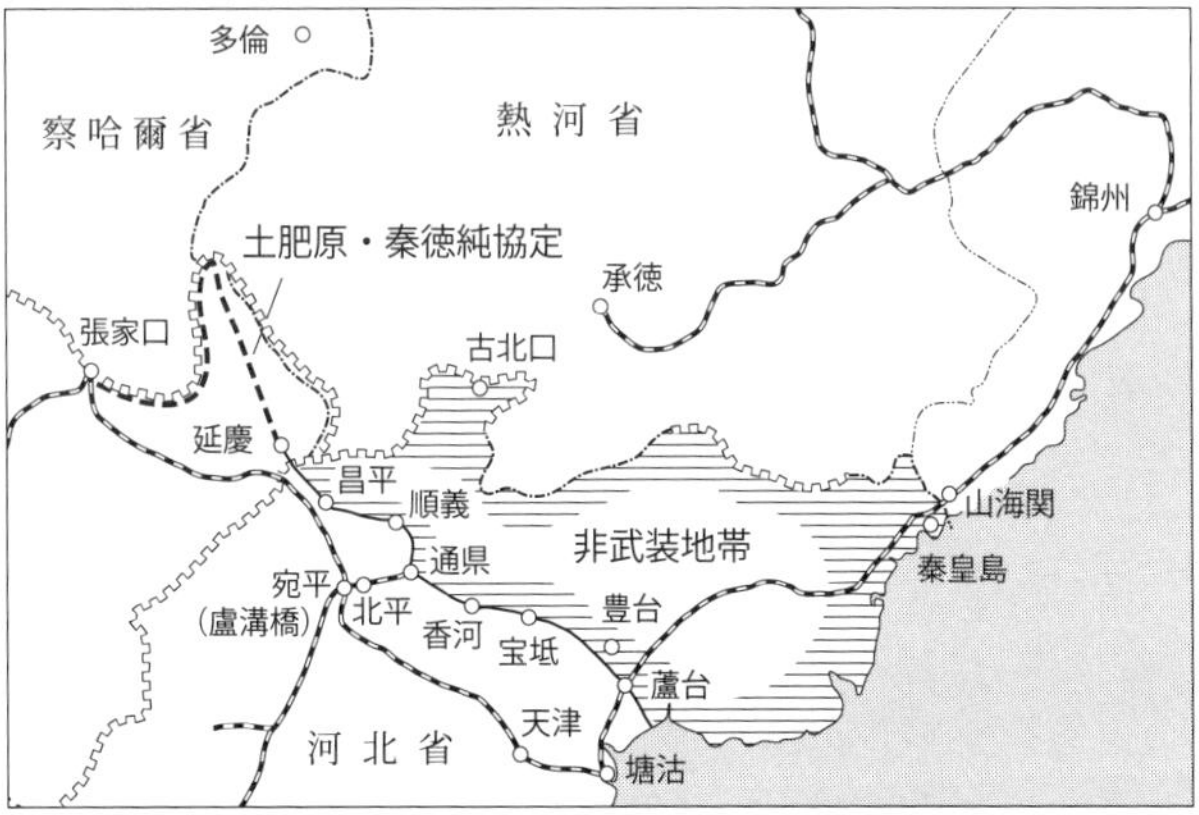

日本国際政治学会編『太平洋戦争への道』第 3 巻巻末地図より作成。

現存する史料を見る限り、この時期の関東軍と外務省との関係は、規定方針の事後的な通知を越えるものではなかった。にもかかわらず、外務出先は日中両国間の直接的な懸案を、関東軍は満州国と中国との間の「地方的」な懸案をそれぞれ分担しており、外務出先と関東軍は、一方が他方の領分に必要以上の介入を控えることで間接的に協力関係を実現していた。少なくとも関東軍自身が日中間の漸進的な緊張緩和を模索する限り、関東軍が対中政策において決定的な優位を占めたわけではなかった。中国政府内の抗日派や一般世論を刺激することなく具体的な懸案解決を進める上で、中国の〝親日派〟との非公式の折衝が必要となった。そのため、現地の有吉や岡村らの交渉手腕や人脈などの総合的な中国経験、全体状況を見据えた柔軟かつ慎重な行動が重要になったのである。

ところで、関東軍は七月十六日に、「西部内蒙古に於ては蘇支両国勢力の波及を排撃する自治政権の樹立を促進し、又、外蒙古に在りては逐次蘇連の羈絆を脱して親日満の趨向に転ぜしむる如く指導す」る方針を定めていた。[49]七月十五日から二週間にわたり、内蒙古のシリンゴール盟など四旗の王族、代表者によって第一回百霊廟会議が開かれ、一か月余り後に国民政府に対する請願文（自治草案）を可決、徳王の名で国民政府に通電していた。[50]内蒙工作の主要担当者は松室孝良大佐で、当面の任務は、内蒙における兵要地誌や政情などの調査、諜報活動に必要な人脈の形成などであったと推測される。「蘇支両国勢力の波及を排撃する自治政権の樹立」といっても、関東軍は蒙古側の動きを過大に評価せず、その基調は漸進主義であった。ところが、その後十月に松室大佐が作成した「蒙古国建設に関する意見」[51]は、「蒙古国建設の必要」を掲げて次のように述べていた。

蒙古国の建設は帝国の対蘇及対支軍事行動並に政策実施を容易にす。満州国の西疆に蒙古国の存在することは、満州国の人心を一層安定せしめ、其政治に幾多の利便を与ふることは自明の理なるのみならず、外蒙を通じて蘇国を牽制するの役割を担任し蘇国の東方政策を断念せしむると共に、支那の北辺に一大脅威を与へて支那をして日本と提携するの止むを得ざるに到らしめ、茲に東洋平和の基礎を益々確立するの利あり。

松室が多倫《ドロン》に滞在した時期に重なる十月九日から二十四日にかけて、内蒙では自治会議が開かれ、「内蒙自治政府組織法」を可決、内蒙自治政府が成立していた。松室の見解はこうした現地情勢に流されたもので、その基調にあるのは、アジア主義的ないしロマン主義的な心情であった。松室は対ソ戦略上の利点も強調したが、そうした論理は戦略上の必要性から導き出されたというより、「蒙古国建設」の正当性を訴えるための理由付けないし希望的観測に過ぎなかった。そのため、関東軍が昭和九年一月二十四日付で作成した「対察施策」(52)、は「察哈爾《チャハル》省に対しては[…]北支及外蒙に対する諸施策の根拠地たらしむる如く準備指導す」としながら、「速効を獲るに焦慮するの余り国際の情勢を無視して露骨なる工作に走り、内外の視聴を惹くが如き急進的施策の実施は厳に戒むるを要す」「蒙古独立の気運を醸成するが如きは厳に戒めざるべからず」などと記していた。「蒙古軍の建設」について前向きに述べているものの、関東軍にとって内蒙工作は、塘沽停戦協定善後処理交渉との関連で、表面化しないよう、漸進的に進められるべきものに過ぎなかった。

九月十一日に「北支停戦協定ニ伴フ善後処理交渉案」が了承された後、関東軍と北平政務整理委員会の間で行われた最初の交渉は、十一月七日から九日にかけて開催された北平会議であった。会議は中国側の提案で開催され、日本側から岡村寧次関東軍参謀副長、喜多誠一関東軍参謀部第二課長、菊池門也支那駐屯軍参謀長、支那駐屯軍付の根本博中佐、柴山兼四郎北平公使館付武官補佐官の他、公使館の花輪義敬、中山詳一両書記官が出席した。北平会議の議題は、長城線の警備権、通商、航空権、通車問題などであった。中国側は、日中間の取り決めに「満州国」の字句を用いないことや、長城線を中国側で管理することなどを求めたが、長城線の警備については、北平政務整理委員会がその治安維持機能を充実させた後、長城線自体を含まない長城線南方および西方の地域を接収することで決着した(53)。通車、通郵問題について交渉が具体化するのは昭和九年以降のことで、この時点で成果は得られなかった。しかし、北平会議は先の大連会議以上に、関東軍の対中政策が明確に表れた会議であった。長城線の管理権の問題は、中国側の防衛力を制約し、逆に関東軍の関内出兵を容易にした点で、関東軍の軍事的優位を確立した。その上で満州国の承認を特に求めず、個別協定を通じた実質的な満州と華北の経済交流を回復することで、同地域の安定化を図ろうとしたのである。

満州事変後の対中国外交は、陸軍と外務省、出先と中央を対立的に捉えては、理解できない。この時期、外務省と陸軍の間に十分な政策調整がなされたわけではないが、外務省が既述のような形で日中関係の安定化を目指していたとすれば、陸軍側で対中政策を主導した関東軍にも、同様の傾向が存在していた。陸軍中央では、小畑と永田の対立から皇道派と統制派の対立が顕在化しており、対中国外交は、関東軍、とりわけ岡村寧次参謀副長らと外務出先が、それぞれ中国側の実情に配慮した柔軟な姿勢を取ることで間接的に協力しながら、進められていた。そこで重視されたのは、満州国の承認を求めないものの、中国に対する軍事的優位を確立し、関東軍の威信を徹底することで満州国の安定を図り、通車、通郵協定の締結などを通じて満州国と華北との経済関係を緊密化し、事態の鎮静化、安定化を図っていくことであった。

このように、満州事変後の対中政策は、現地側の判断と主導権に依存しながら経験主義的に形成、遂行されていた。他方、北平会議開催直前の昭和八年十月、日本政府内では総合的な財政、国防、外交の調整を図るべく五相会議が開催されていた。以後、陸軍中央の派閥対立が激化していく一方で、陸軍統制派や満鉄経済調査会などに、満州国の建設という政治的、経済的課題との関連で、対中政策に新たな意義付けを与える動きが生じる。そうした動きには、以上のような関東軍や外務省の対中国政策の論理とは異なる、対外的なブロック経済と国内的な統制経済への志向、欧米列強、特にイギリスに対する対抗心などが、介在していた。

四　広域統制経済圏構想の政治的帰結

昭和八（一九三三）年八月の人事異動で、永田鉄山参謀本部第二部長と小畑敏四郎同第三部長はそれぞれ歩兵第一旅団長と近衛歩兵第一旅団長へ転出した。しかし、第二部では、第四班の武藤章班長の下に片倉衷を転任させるなど、おそらく永田の意向を反映した人事異動が実現していた。これにより、陸軍内の統制派と皇道派ないし青年将校の対立は、政策や価値観の相違に加え、個々人の資質や情実的な要因までも絡んで、激化していく。また、昭和八年後半は、永田を中心に日満統制経済構想と、その実現に向けた陸軍内の動きが具体化し始める時期でもあった。ただし、なおしばらくの間、荒木陸相の下で小畑が影響力を保持しており、そうした中で五相会議に向けた陸軍の方針が定められた。

昭和八年十月、満州事変後における国防、外交、財政などの総合的な政策調整を図るため、首相、蔵相、外相、陸相、海相からなる五相会議が開催された。佐々木隆によれば、一連の会議で荒木陸相はソ連に対する強硬論を展開したが、広田弘毅外相と高橋是清蔵相がこれを抑え、さらに農村不況対策の費用捻出の必要から、陸軍は海軍に予算の一部を譲渡した[54]。こうした荒木による陸軍予算増額の失敗が、荒木の陸軍内における権威失墜に直結したとされる。しかし、永田と小畑は五相会議以前より対立しており、また、この時期に統制派と青年将校の対立も顕在化し始めた。したがって、五相会議ばかりが陸軍派閥対立の原因となったわけではなかった。

統制派は皇道派を精神主義と非難した。しかし、小畑ら皇道派は空理空論や観念論を信奉していたわけでなく、特に小畑が青年将校と接触したのは、青年将校の自己犠牲精神や自己責任倫理を評価したからであった。永田と小畑の交流対象も対照的で、永田が政治や経済に強い関心を持つ中堅幕僚、さらに陸軍外の政官界との接触を重視したのに対し、小畑は、日本の軍備の近代化と満州における輸送、通信網の整備を進めた上でなお存在する日ソ間の軍事的格差を現場で補う、中隊長をはじめとする部隊指揮官との接触および彼らの意識改革を重視した。さらに小畑は、青年将校の国家革新への熱意に理解を示しながら、五・一五事件勃発後に間接的に北一輝を通じて青年将校の暴発を抑えたように、要人暗殺や武力による政権奪取に反対し、むしろ彼らを陸軍大学校に入学させて戦略に関する教育を与え、かつ陸大出身将校の意識を変えていこうとしていた。

一方、五相会議における重要議題であった対外策についても、陸軍案には皇道派の価値観が反映されていた。五相会議のために荒木が準備した「帝国国策」[55]は、「帝国の安全並に対満国策遂行を目標として列国との間に多辺的親善関係の確立を図ると共に、万一の危機に際し努めて戦争の範囲を局限する如く施策す」として、「対支策」については次のように定めていた。

対日政策の実質的転向を助長強化し、以て日支経済関係の調整を期し、帝国の危機に際しても努めて広く親日地域を設定せしむることを以て対支政策の基調たらしむ。之が為特に支那の分立的傾向に即応し、親日分子の養成及之が組織化を促進するを要す。

さらに「国策理由書（皇国内外情勢判断）」[56]という文書は、中国の「以夷制夷」的性質を踏まえて、次のように記していた。

帝国ニシテ能ク列国ノ反抗策動ヲ克服シテ著々満蒙ノ経略ニ其効ヲ収ムルト共ニ重大国際問題ニ其主張ヲ貫徹シ来ランカ、支那本土又皇国ニ畏服臣従スヘキヤ勿論ナリ。実ニ満蒙問題ヲ誘原トスル対支問題ノ永遠的ナル解決ハ対支那本土策ヨリハ寧ロ対列国関係ノ調整如何ニ存ス［…］徒ラニ支那本土政権ノ操縦ニ焦燥シ又ハ之ニ力ヲ加フルカ如キハ、其効ヲ収ムルコト能ハサルノミナラス、事大思想的支那民族ヲシテ却テ皇国ヲ軽侮セシムルノ原因タルノ実害アリ。

「帝国国策」中の「危機に際して［…］基調たらしむ」の箇所は、九月二十二日の時点で、「対第三国戦に於て少くとも開戦初期一定期間中立を保持せしめ、万已むを得ざる場合に於ても北支方面に一緩衝地域を設定せしむることを以て対支政策の基調たらしむ」とされていた。対ソ戦に際して華北を一定の軍事的制圧下に置くという方針は、満州事変勃発当初にも確認された既定の方針であったが、それが華北の親日派の養成、組織化を目指すという記述へと変更された。これは、既述のような関東軍や外務省など現地の方針に基づき、中国の〝親日派〟との接触を維持し、また、欧米列強との関係を安定化させながら、中国側に対し、東アジアにおける日本の政治的、経済的、軍事的優位や、日本が満州国の育成を通じて東アジアの安定に寄与しているという現実を受け入れさせようとしたためである。こうした方策は、中国に対する直接的な実力行使より合理的、効率的で、しかも世界に対する満州事変の意義を示し得る方法と判断された。その意味で満州国の承認問題も、交渉懸案として中国側に要求すべき問題というより、中国が東アジアにおける日本の優越的地位を認めることによって付随的に解決されるものであった。

真崎は「帝国国策」に関連し、昭和七年八月の閣議で決定された対外策を根本的に改める情勢の変化はないとした(57)。一方、五相会議の陸軍草案について荒木は、「稍もすると対外的には強硬に過ぎ挑戦的な臭みがあり、更に国内策に於ても国家社会主義的な所もあつた(58)」と判断していた。さらに鈴木貞一によると、昭和九年二月に林銑十郎陸相は近衛文麿貴族院議長に対し、「五相会議ノ時ニハ軍ノ首脳者ノ間ニ意見ヲ一致シテ強硬ニ進マントシテ会議ヲ開キタルカ、其時永田ノ意見六分勝チナリシニ、荒木ハ小畑ヲ抑圧スル能ハス、遂ニ五相会ギニハ小〔少〕数意見ヲ出シタルナリ(59)」と語っていた。林の発言は、「軍内部ニ於ケル宇垣、荒木両派ノ対立ノ如何ニ深刻ナルヤニ驚キ入リタリ」という前置きの下で述べられた、林の局外中立を装う保身的発言であった。しかし、以上によれば、五相会議において皇道派は従来の方針を継続しようとしたが、陸軍内にはそれを修正しようとする動きが広がっていたことになる。その修正内容とは、陸軍予算の増加および後述のような軍が主導する「国家社会主義的」な日満統制経済構想であろう。「帝国国策」や「国策理由書」は、陸軍内の合意より、小畑ないし皇道派の主張を優先する形で統制経済に関する文言を削除して作成され、五相会議に提出されたようである。

五相会議の時点で統制派は皇道派に抑えられた。そのため、統制派は皇道派を、時代に逆行する観念的な精神主義として批判した。この点で、第二部長を更迭された後の永田は、昭和八年九月十日付の矢崎堪十宛の書簡の中で、その政策課題意識と関連付けながら、以下のように述べていた(60)。

対蘇準備は不断に之を為しあるを要すべく、而して此準備のもっとも根底的なるものは対満、対支国策の遂行を最要事と致すと存じ候。流言蜚語横行、非常時に於ける当然の現象なるべく、識者は之を黙殺して社会の神経衰弱を癒す如くするを肝要と存じ候。

「流言蜚語」「神経衰弱」という表現は、権力の集中ではなく、精神主義によって危機に対処しようとする皇道派や青年将校のような姿勢に対する永田の偏見によるものであろう。川田稔によれば、永田が関与したと推定される五月二十四日付のある文書は、急進的青年将校の横断的結束や外部勢力との連携を非難し、陸軍統制と政府当局指導のための研究機関の創設を提言していた(61)。永田が「社会の神経衰弱」なるものを批判したのは、自らの合理主義に対する自信があったからであろう。右の引用文中の、対ソ準備に関わる「対満、対支国策の遂行」も、こうした合理主義への過信と関わっており、それについて、永田の死後、昭和十三年に編纂された永田の伝記は、昭和七年頃に永田が参謀本部内で明らかにしていた考え方を、次のように要約している。[62]

日本がある国家と戦争を行うには、国力を遺憾なく発揮することが第一要件であって、このためには政治、経済各般にわたる不合理なる現在の国内事態を改善し、真に挙国一致の実を収める様にせねばならぬ。満州国はいまだ混沌としてその人心の安定を見ず、天与の資源は未開発の状態であって、なんら戦争の用に立ち得ない。[…]日本は速に皇道日本の実証を国内改善によって世界に示し、満州国をして王道楽土の実を挙げしめ、世界に皇道日本の真理想を具体的に諒承せしむる必要がある。[…]現下日本の急務は寧ろ国内の改善、軍備の充実、満州国の開発、情勢の調整である。

永田も、日本の国内改革と満州国の育成という実績に基づいて、世界からの信頼を回復する必要を認識していた。しかし、永田の場合、部下に「満州の経済建設は計画的に進み、国家経済の理論的建設によって日本の跛行経済を矯正せねばならぬ」と述べており、永田にとって、日本および満州国の合理的経営の中心的施策となるのは、統制経済の実施であった。その上、川田稔によれば、永田は第一次世界大戦後、日本における国家総動員実現のため、中国の資源に着目すると共に、自給自足を理想とする構想を立てていた。[63] 永田と皇道派の対立や永田の対ソ準備が、対満政策のみならず、対中国政策とも関わっていく理由は、この点にあった。

永田が第二部長であった頃、統制経済を通じた国内改革および満州開発を進めるために注目した一人が片倉衷であった。昭和八年八月に片倉が参謀本部第二部第四班員に転任した時、磯谷廉介部長や武藤章第四班長は、片倉が国家革新に関心を持っていたことから、拳銃を撃つまねをしながら「君、これはやらんだろうな」と、冗談交じりに危惧の念を表したという。[64] 片倉の転任は、おそらく四月の「築水の片言」の配布がきっかけとなり、永田の転出と入れ替わりであったが、その意向によるものであろう。片倉はその後、同趣旨の文章作成に関わっていくが、片倉が最初に私案として作成したのは、昭和八年十月の「皇国革新大綱」[65]であった。同文書は、「天皇政治ノ徹底ヲ期スル為、現制帝国憲法ノ範囲ニ於テ之ヲ最大広範囲ニ援用シ、逼迫スル内外皇国ノ危機ニ善処シ、国力ヲ拡充」することを目的として、内閣組織や各省機構、枢密院から議会に及ぶ改革案を提起していた。同文章はさらに、「産業及経済」の「革新原理」として、次のように記していた。

日満社会ノ特質ヲ把握調整シタル日満「ブロック」ヲ基礎トシテ「アジアブロック」ニ邁進シ、尠クモ日満支ノ「ブロック」結成ヲ企図ス。

差当リ日満両国ノ完全ナル経済的融合ヲ基礎トシテ、厳密ナル国家統制的規律ノ下ニ進展セシム。対支協働ハ未開資源ノ合理的開発援助ト資金及技術ノ援助トヲ主トス。

従来の日満統制経済という概念を「日満経済ブロック」ないし「日満支経済ブロック」という概念に発展させた点に特徴がある。

既述のように、イギリスにおける帝国特恵やスターリング圏は、世界的な生産過剰に対応するために導入されたが、そこには、イギリス独自の自由主義の原則が貫かれていた。これに対して日本におけるブロック経済構想は、統制経済という、国家設計思想や権力志向から生み出されていた。後述のように、この時期の日本の財政、金融政策は、国際自由貿易を前提に展開されており、その点で片倉の統制経済や日満ないし日満支ブロック論は、独善的、観念的な権力志向の表れに過ぎなかった。

しかも、こうした動きの一方で、五相会議直前の九月、酒井隆参謀本部支那課長によって「支那占領地統治綱領案」が作成されていた。綱領案は現存せず、また作成時点の参謀本部第二部長は磯谷廉介であったが、永井和が指摘するように、「綱領案」作成を指示したのはおそらく前任の永田鉄山であった。有事に際し、華北を一定の軍事的制圧下に置くという方針は、陸軍の一般的な戦略方針であったが、「支那占領地統治綱領案」の修正案から判断されるその特徴は、華北の経済資源に対する関心の強さであった。「支那占領地統治綱領案」はその後、支那駐屯軍に伝えられ、翌年三月に「北支那占領地統治計画」が作成される。森靖夫は、永田が「支那占領地統治綱領案」を作成させたとする推定を否定するが、これは恣意的な謬論である[66]。

昭和八（一九三三）年十月から十一月という時期は、片倉のみならず、「日満支経済ブロック」という用語が史料に登場し始める画期となった。たとえば永田と政官界の交流の場となった朝飯会の大蔵公蔵は、「暫ク隠忍シテ一意満州国ヲ完成セシムルト一方自国財政鞏固ト民力涵養ヲ努ムル」ための「日満支経済ブロック」の建設を提言した「外交国策樹立ニ関スル進言」[67]なる文書を作成し、各方面に配布していた。さらに十一月七日、関東軍特務部は、「日満経済統制方策要綱」なる文書を作成した[68]。同要綱は翌年三月に閣議決定に至るが[69]、その際、特務部原案中、「日満両国は特に其の外国に依存する資源の開発保育に力を致すと共に相互に他方の確実且良好なる市場たらしむるに努め、且同種生産物の対第三国輸出に就ては両国当業者間に極力無用の競争を避けしむ」とあった条項に若干の修正を加えた上で、「尚日満両国の東洋に於ける隣接地域特に支那に対する貿易の振興を図りて此等相互間の経済的結合に資せしむ」との語句が追加された。こうした修正は「参謀本部（第二部）ノ意見ヲ酌量シテ陸軍省原案ヲ作成セルニ基クモノ」で、しかも当初、陸軍側は「自由主義経済機構上ノ弊害ヲ是正」し、「『日満経済ブロック』ノ用語ヲ以テ日満両国ノ経済関係ヲ表明」しようとしていた。しかし、反自由主義的な表現は商工省の反対で、また、ブロック経済についても「他省就中農林省ヨリ強硬ナル反対アリタル為」、これを「『特ニ一組織体トシテ合理的ニ融合スルヲ目標トシ』ト記入スルコト、ナ」ったという[70]。関東軍の中でも、小磯国昭参謀長は、永田と同様、一九二〇年代に国防資源としての中国資源に注目しており、中国を含めた統制経済圏構想に同調的であった可能性が高い。ただし、小磯は日和見的で、岡村参謀副長の進める対中交渉には関与しなかった。一方、「日満経済統制方策要綱」の修正経緯に関する史料は片倉が残したもので、片倉が以上の経緯に関わっていたことは確実である。「支那占領地統治綱領案」の作成に関しても、片倉が華北資源に関する計画策定に関与していた可能性が高い。

片倉などの日満ブロック経済構想において、「日満ブロック」という表現と「日満支（北支）ブロック」という表現に、重要な違いはなかった。両者の使い分けは便宜的で、単に「日満ブロック」という場合でも、原料供給地や製品市場に、中国、特に華北地域を想定するのが一般的であった。この時期、華北経済工作に関し、最も積極的な構想を提示したのは、満鉄経済調査会であった。満鉄経済調査会は、昭和七年一月に設立され、中国との経済関係に関する調査立案を進めることとなり、昭和八年十一月に「北支経済工作調査機関設置計画」[71]なる文書を完成させた。同文書は、「日、満、支の経済協調に立脚し、主として北支に於ける経済工作の進展を図るが為、北支及揚子江流域における資源、鉱山、工業、交通、一般経済及利権に関する調査を行ふと共に情報及資料の蒐集を為す」「在支参本部特務機関及領事官と協調し其の目的を達成するものとす」などと記していた。

中村隆英が紹介したように、調査対象資源は、各地の炭鉱、鉱業や、華北の綿花、麻、羊毛、麦粉、煙草、木材、麻薬などであったが[72]、その一方で「北支経済工作」は、表現上、日満と中国の経済協調を掲げていた。昭和七（一九三二）年以降、中国では、国際的銀安傾向のために遅れていた世界恐慌の影響が現れ始めていた。満州における経済統制を軸に日中間の協調を実現しようとする構想は、世界恐慌下での合理的経済運営の可能性に対する過度な期待から生み出されていた。満鉄調査部の態度は、塘沽停戦協定善後処理交渉の理念をある程度反映していたが、外務省や関東軍が自由主義的な日中間の経済交流によってそれを実現しようとしたのに対し、満鉄調査部の場合は、統制経済という主観的な合理主義に、権力を介在させることでそれを実現しようとしていた。それは、中国との関係に関する経験的裏付けを欠いた専門知識人の、「合理主義」に対する過信に基づいていた。

昭和八年十月から十一月にかけ、「日満支経済ブロック」という概念が多方面に現れたのは、概ね永田を中心とする、日満に華北を含めた広域統制経済圏を構想する様々な意見交換の成果であろう。永田は、皇道派の情実人事に対抗する〝適材適所〟の理念の下、具体的な政策立案を片倉衷や酒井隆、あるいは満鉄などに任せ、自らは軍外の各方面との政策調整を主な仕事とした。したがって、統制経済といっても、片倉は軍内の統制から国内の統制という権力志向を強く持ち、また、酒井は支那通として華北統治計画との関連で、満鉄調査部は関東軍の塘沽停戦協定善後処理交渉との関わりで、それを具体化した。つまり、各々はそれぞれの関心に合わせ、あるいは自分に好都合な活動の場を提供するものとして、日満広域統制経済圏を構想した。したがって、日満に統制経済を実施するという漠然たる全体構想は存在したが、その具体的な方法や理念について、合意が形成されたわけではなかった。後の華北分離工作に際し、各機関がむしろ、無秩序、無統制、場当たり的に行動したのは、そのためであった。

五相会議においても、満州国の「経済統制」と日満の「経済的調節」、そして「帝国ノ指導ノ下ニ日満支三国ノ提携共助ヲ実現

表 17-1 日本の対政治的ブロック別貿易分布　（百万円単位）

		昭和 4(1929)年	昭和 7(1932)年	昭和 8(1933)年	昭和 9(1934)年
輸出	イギリス帝国	438.7(20.4%)	369.8(26.2%)	461.1(24.8%)	627.0(28.9%)
	アメリカおよび属領	950.9(44.3%)	483.0(34.3%)	529.7(28.5%)	449.5(20.7%)
	オランダおよび属領	94.0(4.4%)	112.7(8.0%)	169.8(9.1%)	176.3(8.1%)
	フランスおよび属領	47.2(2.2%)	23.9(1.7%)	42.4(2.3%)	75.8(3.5%)
	計	1,530.8(71.3%)	989.4(70.2%)	1,203.0(64.7%)	1,328.6(61.2%)
	満州国および関東州	124.5(5.8%)	146.5(10.4%)	303.1(16.3%)	403.0(18.6%)
	中華民国	346.7(16.1%)	129.5 (9.2%)	108.3(5.8%)	117.1(5.4%)
	その他	146.6 (6.8%)	144.6(10.3%)	246.6(13.3%)	323.2(14.9%)
	総　計	2,148.6(100%)	1,410.0(100%)	1,861.0(100.%)	2,171.9(100%)
輸入	イギリス帝国	686.9(31.0%)	403.5(28.2%)	592.1(30.9%)	722.5(31.7%)
	アメリカおよび属領	672.2(30.3%)	520.2(36.3%)	635.1(33.1%)	788.4(34.5%)
	オランダおよび属領	82.8(3.7%)	44.3(3.1%)	59.4(3.1%)	67.1(2.9%)
	フランスおよび属領	35.8(1.6%)	26.8(1.9%)	31.7(1.7%)	30.2(1.3%)
	計	1,477.7(66.6%)	994.8(69.5%)	1,318.3(68.8%)	1,608.2(70.4%)
	満州国および関東州	166.3(7.5%)	128.3(9.0%)	168.1(8.8%)	191.4(8.4%)
	中華民国	210.0(9.5%)	77.2(5.4%)	113.4(5.9%)	119.6(5.2%)
	その他	362.2(16.3%)	231.2(16.2%)	318.4(16.6%)	363.3(15.9%)
	総　計	2,216.2(100%)	1,431.5(100%)	1,918.2(100%)	2,282.5(100%)

三菱経済研究所編『日本の産業と貿易の発展』559 頁。

シ、コレニヨリ東洋ノ恒久的平和ヲ確保シ、惹テ世界平和ノ増進ニ貢献スルヲ要ス」とする決定がなされた。北岡伸一はこれを、「日満ブロック」論をさらに進め、「日満支ブロック」論を打ち出したものとして評価している。[73] しかし、「日満支三国ノ提携共助」は自由主義経済の下でも可能であり、経済ブロック構想と不可分ではなかった。しかも、日本経済に一定の統制を導入するという考えが、直ちに統制経済や「経済ブロック」構想を意味したわけでもなかった。昭和六年の重要産業統制法は、中小企業保護を目的とした協同主義的な生産調整、品質管理を促進するための法律であって、産業統制といっても、その実態は、資本主義経済における過当競争を抑制し、共同経営的合理化を促進するための、政府による部分的な産業規制に過ぎなかった。その一方でこの時期、「統制」という用語は、私益追求に対する政府による一定の抑制や、権力による経済の管理という意味も備えるようになっていた。しかも統制経済を主張した主体は、往々にして経済に介入する政府機能の拡大の中に、自らの活動の場を見出し、それを合理化していた。

満鉄調査部の「北支経済工作」構想は、主に満州における産業資源の実態や、満州の輸出入市場を想定する中で形成されており、「在支参本部特務機関及領事官と協調」する必要を想定するなど、中国への政治的経済的不干渉を原則とした外務省や当時の関東軍の考え方とは、異質であった。彼らは華北資源の調査を必要と考えたが、彼らが中国との交渉や満州における資源開発に当たっていたわけでもなかった。したがって満鉄内にも、「此の際支那側の事情を十分に見究めずして対支関係を急速に解決せむとする凡ての計画は頗る危険である」とする批判があった。北京事務所の高久肇の場合、日中関係が膠着状態にある中、「日本側のみが徒に経済提携を唱へても夫れには支那の共鳴や協調を得ることは至難である。況や日満支経済ブロックの形成などの到底思ひ及ばぬ処であつて、斯かる企は唯無用なる労費と国際間の疑惑を招き、日支関係を悪化させるものでしかない」と論じた[74]。日満に華北を加えた「ブロック経済」なるものは、中国の実情に通じた側からすると、目的意識の先行した観念論に過ぎなかった。「日満支提携」と「日満支ブロック」は必ずしも一致せず、五相会議の決定は、統制経済を前提としない、自由主義経済に基づく日中関係改善方針であった。

昭和八年秋頃に「日満支ブロック経済」構想が登場したことは、「アジア・モンロー主義」という概念と共に、この時期の日本外交の政策傾向を説明する際に援用されてきた。しかし、この時期まで対中政策を現場で遂行してきた外務省や関東軍に、排他的なアジア主義への信念は希薄か、少なくとも主流ではなかった。さらに当時の斎藤実内閣の高橋是清蔵相による財政政策も、低為替、通貨膨張による輸出促進を通じた景気回復を目指しており、以下のように、統制経済と一体化した排他的「ブロック経済」を目指すようなものではなかった[75]。

昭和六（一九三一）年十二月の金輸出再禁止の後、円の対ドル相場は二週間ばかりで四十九・四四ドルから三十四・五〇ドルへと暴落した。昭和七年七月には二十ドルを割込み、資本逃避防止法が制定されるなど、外資を排除するどころか、長短期資本の国外流失を懸念しなければならない状況となった。昭和八年春以降は三十ドル台で安定的に推移するが、昭和八年五月に外為管理法が施行され、対外貿易の「徹底的な国家管理」を視野に入れた法整備もなされた。ただし、この機能は昭和十二年に至るまで発動されなかった。むしろ「外国貿易の如きに至っては最後まで出来得るだけ自由主義に立脚しなければならない。[…]今日の時期は尚ほ貿易管理等に出づるの必要が無い[76]」という見解が大蔵省より表明されるなど、実質は低為替水準を放置する形で自由貿易を維持しようとしていた。

既述のように、高橋財政はこうした低為替政策と並行して、日

（百万円単位）

昭和 8(1933)年	昭和 9(1934)年
87.8(19.0%)	109.2(17.4%)
6.6(1.4%)	8.7(1.4%)
57.9(12.6%)	73.1(11.7%)
282.0(61.2%)	370.9(59.2%)
26.7(5.8%)	64.5(10.3%)
461.1(100%)	627.0(100%)
24.8%	28.9%
82.6(14.0%)	70.0(9.7%)
46.9(7.9%)	54.1(7.5%)
207.0(35.0%)	209.4(29.0%)
251.4(42.5%)	364.1(50.4%)
4.3(0.7%)	24.9(3.4%)
592.1(100%)	722.5(100%)
30.9%	31.7%

銀の商業手形割引歩合や金利の引き下げ、昭和七年七月の日銀保証準備発行限度の拡大や日銀公債引受発行などを行った。長幸男、伊藤正直、山本有造らによれば、こうした低為替、低金利、通貨膨張政策は、インドなどへの綿製品の輸出を拡大する一方で、昭和六年から十一年までの間に、国内の遊休生産力の活用と日銀による公債売却操作を通じた余剰通貨の回収によって、物価を安定させつつ経済を拡大させることに成功した。さらに当該期、綿工業に加え、鉄鋼業をはじめとする重化学工業も発達し、朝鮮や特に満州に対する重化学工業製品の輸出が伸張した。山本有造によれば、昭和七年から昭和十一年までの五年間に対満投資の総額は十一億六千万円余りに達した[77]。日本国内の通貨膨張を背景に、満州国側の工業製品輸入に必要な決済円を対満投資で補塡し、国内の重化学工業発達のための市場を提供するという経済構造が成立したわけである。

ただし、この時期の重化学工業の発達は、アメリカからの原料輸入を必須の要件とし、以下のような対外収支の入超、外貨不足の恒常化を招来した。表17-1は、この時期の日本と、アジアなど海外に属領を持つ欧米諸国との貿易推移である。昭和七年から九年にかけて、イギリス帝国領域に対する日本の輸出は世界恐慌以前の昭和四年に比べても大幅に増加し、オランダやフランスに対してもやや増加したが、アメリカおよび中国に対しては激減した。その結果、日本の輸出は表面的に、米中への輸出減少分をイギリス帝国と満州に振り向ける形となっていた。

昭和四年と九年を比較した場合、対イギリス帝国向け輸出は一

表17-2 日本の対イギリス帝国貿易推移

		昭和4(1929)年	昭和5(1930)年	昭和6(1931)年	昭和7(1932)年
輸出	イギリス本国	63.2(14.4%)	60.7(17.9%)	51.8(19.5%)	60.5(16.4%)
	カナダ	27.1(6.2%)	17.9(5.3%)	13.1(4.9%)	8.6(2.3%)
	大洋州	48.2(11.0%)	28.7(8.5%)	20.4(7.7%)	39.9(10.8%)
	アジア	287.1(65.4%)	218.1(64.2%)	161.1(60.6%)	244.4(66.1%)
	アフリカ	13.2(3.0%)	14.2(4.2%)	19.3(7.3%)	16.4(4.4%)
	総計	438.7(100%)	339.5(100%)	265.7(100%)	369.8(100%)
	対輸出総額比	20.4%	23.1%	23.2%	26.2%
輸入	イギリス本国	153.0(22.3%)	92.6(20.6%)	63.3(16.9%)	78.8(19.5%)
	カナダ	68.7(10.0%)	46.2(10.3%)	35.7(9.6%)	39.5(9.8%)
	大洋州	133.4(19.4%)	94.7(21.1%)	114.8(30.7%)	135.7(33.6%)
	アジア	330.4(48.1%)	214.4(47.7%)	158.6(42.4%)	146.8(36.4%)
	アフリカ	1.4(0.2%)	1.6(0.4%)	1.3(0.3%)	2.6(0.6%)
	総計	686.9(100%)	449.5(100%)	373.8(100%)	403.5(100%)
	対輸入総額比	31.0%	29.1%	30.3%	28.2%

三菱経済研究所編『日本の産業と貿易の発展』560頁。

億八千八百万円余りの増加であったのに対し、満州向け輸出は二億七千八百万円余りの増加に達した。アメリカ向け輸出の減少を補う対満州輸出の役割は、それだけ大きかった。ただし、アメリカに対する輸出の中心が生糸であったのに対し、イギリス帝国領域や満州に対する輸出の中心は綿製品であった。そのため、両者は単純な代替関係にならなかった。また、表17－2に示されているように、イギリス帝国に対する輸出はその過半がアジア、特にインド向け輸出であり、逆にカナダへの輸出は激減していた。他方、輸入においては、アメリカからは逆に増加し、中国からは減少したものの、その他の地域は概ね微減か、横ばい状態であった。このように、世界恐慌後の日本貿易において最大の変化を示したのは対米貿易であり、それを対イギリス帝国貿易と対満州貿易で部分的に補っていた。とはいえ、日本の輸出は全体として欧米勢力圏に依存しており、世界恐慌によって輸出額は十％減少したが、それでも昭和九年の時点で六十％余を占めていた。

表17－3に示されているように、この時期、満州国は日本に対して入超状態であったが、日本以外の第三国に対する貿易収支は黒字となっていた。その意味で、日本の満州貿易は、限定的な多角的貿易決済の機能を果たしていた。ただし、山本有造によれば、昭和十年以降の満州の産業化政策によって、満州国の第三国貿易収支も悪化する。また、対インド貿易についても、昭和九年の日英交渉によって制約が加えられる。そのため、対米貿易収支の悪化を吸収する多角的貿易決済機構は、成立しなかった。

表17－4は、昭和三年から十年までの対米貿易の推移である。対米貿易は、輸出入共に世界恐慌発生後の昭和五年に前年より大幅に下落し、さらに日本が金本位制より離脱した昭和七年になると、貿易収支は大幅な赤字に転落した。アメリカの不況と円相場の急落が、こうした対米貿易収支の逆転を引き起こしていた。

表17－5は、昭和四年から九年までのアメリカへの主要輸出品の輸出推移である。昭和四年の時点で総輸出額の八十％余を占めた生糸は、昭和九年までに大幅に減少し、対米輸出減少の最大の要因となった。ただし、その減少比率には、輸出金額と輸出数量の間にかなりの差があり、金額では七十％近くの減少となったが、数量では二十五％近くの減少にとどまった。しかも、表17－5は円建の統計であるため、円暴落による為替損益は反映していない。つまり、世界恐慌下における輸出額の減少は、主として生糸価格の暴落によって引き起こされており、さらに円為替の暴落によってアメリカ市場における日本産生糸の競争力が飛躍的に向上したため、輸出数量の下落は輸出額の下落より低く抑えられた。こうした円為替下落の効果は全体に表れており、陶磁器、缶壜詰食料品、玩具、植物性脂肪油など、昭和六、七年に輸出が減少しながら、その後、昭和八年から九年にかけて輸出高を増加させた商品も少なくなかった。

他方、表17－6は表17－5と同時期のアメリカからの輸入推移である。綿花、重油、屑鉄など、原材料の輸入が激増しており、これらが円為替下落との相乗効果で、日本の貿易赤字を拡大させた。これらは、綿製品など、一九三〇年代の日本の主要な輸出品となる製品の原料であり、それらの製品がインドや満州へと輸出

表 17-3 満州国・関東州国際収支　（百万円単位）

		受取				支払				差引			
		総額	日本	中国	第三国	総額	日本	中国	第三国	総額	日本	中国	第三国
昭和	貿易	448	210	72	167	516	340	80	96	△67	△130	△8	71
8	貿易外	489	458	20	11	360	317	37	6	129	142	△17	4
(1933)	総額	938	668	92	178	876	657	117	103	62	11	△25	75
昭和	貿易	448	219	66	164	594	409	58	127	△145	△190	8	37
9	貿易外	450	421	19	9	209	165	37	7	241	256	△18	2
(1934)	総額	898	640	85	173	803	574	95	134	95	66	△10	39
昭和	貿易	421	217	65	138	604	457	32	115	△183	△239	33	23
10	貿易外	623	595	22	6	343	222	46	75	280	372	△24	△69
(1935)	総額	1,044	812	87	145	947	679	76	190	97	133	10	△46
昭和	貿易	603	286	129	188	692	535	48	110	△89	△249	81	79
11	貿易外	759	716	34	9	592	491	49	52	167	225	△15	△43
(1936)	総額	1,361	1,002	162	197	1,283	1,026	96	161	78	△24	66	36
昭和	貿易	645	322	114	210	887	666	39	182	△242	△345	74	28
12	貿易外	787	748	30	9	514	420	52	42	273	329	△22	△33
(1937)	総額	1,432	1,070	144	219	1,401	1,086	91	224	31	△16	52	△5

山本『「満洲国」経済史研究』140 頁。

表 17-4 対米貿易額推移　（千円単位）

	昭和 3 (1928)	昭和 4 (1929)	昭和 5 (1930)	昭和 6 (1931)	昭和 7 (1932)	昭和 8 (1933)	昭和 9 (1934)	昭和 10 (1935)
輸出	826,141	914,084	506,220	425,330	445,147	492,237	398,928	535,515
対輸出総額比	41.9%	42.5%	34.4%	37.1%	31.6%	26.5%	18.4%	21.4%
輸入	625,536	654,058	442,882	342,289	509,873	620,788	769,359	809,645
対輸入総額比	28.5%	29.5%	28.7%	27.7%	35.6%	32.4%	33.7%	32.7%
貿易収支	200,605	260,026	63,338	83,041	△64,726	△128,551	△370,431	△274,130

内閣統計局編『日本帝国統計年鑑』各年度版、三菱経済研究所編『日本の産業と貿易の発展』665 頁。

されたのである。とはいえ、全体として日本の貿易収支は入超状態であった。その意味で一九三〇年代前半の通商政策は、当面の貿易収支を悪化させながら国内の産業育成を図る、国債依存の積極財政に対応する生産支援偏重の政策となっていた。

以上のように、高橋財政の下での通商政策は、欧米経済圏との貿易に依存しながら、国内における流通通貨の拡大と低為替政策との相乗効果で、新たな輸出産業の育成を図るものであった。世界恐慌の発生から昭和九年末までに、対米輸出額が半分以下に激減する一方で、逆に対満州輸出額が対米輸出額に迫るまでに拡大した。しかもイギリス帝国は、帝国特恵やスターリング圏を成立させていた。そのため、日本の一部に「日満ブロック」への過大な期待が生まれたが、それは日本の貿易構造の全体からすると、対欧米貿易の縮小を部分的に補う、補助的な存在に過ぎなかった。

ただし、イギリスの場合、政府の財政支出を抑えつつ、ポンドの信用を共有する場としてスターリング圏を形成し、また、ドミニオンの多様な利害を包摂する自由主義経済圏として帝国特恵を導入したのに対し、日本の場合は、財政出動の拡大と円相場暴落、そして輸入の拡大によって全体的な貿易収支の悪化を引き起こしながら、同時に輸出量を拡大し、また、国内通貨の膨張を背景に満州への投資を増加させ、それらによって国内産業の活性化を図った。つまり、イギリスが政府の権限拡大を抑えると共に、限定された世界の中で自由主義経済を維持しようとしたのに対し、日本は、国際自由貿易の環境内で日本と満州の経済的結び付きを発展的に強化しようとした。そのため、イギリスや後述のアメリカの場合、主観的ないし局所的に国際的自由貿易を維持、拡大しようとする意識を持ったのに対し、日本では全体として「ブロック経済」という意識が形成され、さらにそれを、統制経済を施行する閉鎖的空間として捉える見方まで一部に登場した。昭和八年秋に陸軍内で統制経済構想や「日満ブロック」構想が登場したのは、その典型であった。しかもその影響は、日本の政治や経済全体に対してよりも、まずは陸軍内の派閥対立の激化という形で表れ、また、後の華北分離工作に向けた重要な動きを生み出した。それは、ブロック経済構想が、日本の全体的な経済環境よりも局所的な日本と満州および華北との関係のみに囚われ、さらに統制思想に基づき、社会や国家を管理しようとする権力志向を助長したからである。

後の華北分離工作に関連し、その経済的要因を重視する解釈は、一九七七年の小林英夫の研究に始まり、一九八三年の中村隆英の研究によって本格化した。ただし、中村の研究は、関東軍や支那駐屯軍、満鉄の華北経済資源に対する関心や調査計画を紹介するという、分離工作の当事者の動向をたどるものであったのに対し、その後、山本有造や江口圭一は、それらの動きを、資源問題や、アメリカ依存の経済状況からの脱却を目指す経済構造的要因から生じたものと解釈している[78]。しかし、当時の日本の経済

（千円単位）

昭和 8(1933)年	昭和 9(1934)年
355,806(72.3%)	239,568(60.1%)
43,742	42,591
5,558(1.1%)	5,258(1.3%)
10,180(2.1%)	14,314(3.6%)
17,834(3.6%)	11,182(2.8%)
26.7	16.1
5,083(1.0%)	4,629(1.2%)
6,976(1.4%)	9,604(2.4%)
5,909(1.2%)	8,891(2.2%)
23.8	38.3
492,237(100%)	398,928(100%)

（千円単位）

昭和 8 年	昭和 9 年
381,655(61.5%)	400,919(52.1%)
7,435	6,487
23,737(3.8%)	20,967(2.7%)
22,238(3.6%)	35,520(4.6%)
13,287(2.1%)	31,553(4.1%)
39,783(6.4%)	54,475(7.1%)
16,673(2.7%)	45,564(5.9%)
620,788(100%)	769,359(100%)

表 17-5 アメリカへの主要輸出品

	昭和 4(1929)年	昭和 5(1930)年	昭和 6(1931)年	昭和 7(1932)年
生糸	755,378(82.6%)	398,713(78.8%)	342,479(80.5%)	360,149(80.9%)
数量（千斤）	55,590	44,867	53,666	51,300
絹織物	14,699(1.6%)	6,465(1.3%)	4,520(1.1%)	3,807(0.9%)
陶磁器	14,500(1.6%)	10,820(2.1%)	6,634(1.6%)	6,441(1.4%)
缶壜詰食料品	11,585(1.3%)	9,516(1.9%)	7,808(1.8%)	8,049(1.8%)
数量（100 万斤）	14.4	12.6	11.9	14.4
茶	8,124(0.9%)	6,365(1.3%)	5,273(1.2%)	4,751(1.1%)
玩具	4,632(0.5%)	3,470(0.7%)	2,922(0.7%)	4,987(1.1%)
植物性脂肪油	3,357(0.4%)	2,437(0.5%)	2,591(0.6%)	2,501(0.6%)
数量（100 万斤）	11.3	10.2	14.2	13.7
総計（含その他）	914,084(100%)	506,220(100%)	425,330(100%)	445,147(100%)

三菱経済研究所編『日本の産業と貿易の発展』666 頁。

表 17-6 アメリカからの主要輸入品

	昭和 4 年	昭和 5 年	昭和 6 年	昭和 7 年
実棉、繰棉	276,357(42.3%)	176,800(39.9%)	153,700(44.9%)	320,752(62.9%)
数量（千担）	4,485	3,883	5,321	9,102
木材	67,393(10.3%)	32,615(7.4%)	26,174(7.6%)	20,223(4.0%)
機械類	41,803(6.4%)	25,904(5.8%)	16,209(4.7%)	17,749(3.5%)
自動車および部品	31,044(4.7%)	19,866(4.5%)	15,816(4.6%)	13,836(2.7%)
原油、重油	26,091(4.0%)	25,369(5.7%)	24,972(7.3%)	32,146(6.3%)
屑鉄、故鉄	8,282(1.3%)	9,276(2.1%)	824(0.2%)	4,673(0.9%)
総計（含その他）	654,058(100%)	442,882(100%)	342,289(100%)	509,873(100%)

同前、668 頁。

構造は、華北分離工作を必然化するものではなかった。円相場の暴落と膨張通貨の満州投資は日満広域経済圏を生み出したが、それは、局所的な統制経済思想と結び付くことで初めて、華北を含めた経済ブロックを構築しようとする閉鎖的な構想を生み出した。こうした、社会主義的な経済思想や理念、構想が、華北分離工作を発動させた決定的要因であった。しかも、当該期のイギリスは、自由主義の理念に基づき、多様性を包摂することによって逆に全体としての安定性を保ち、後述のようなネヴィル・チェンバレンによる強力な政策遂行までも可能にした。対して日本の場合は、権力の集中による合理化を目指す動きが、かえって諸権力間の対立と分裂を引き起こした。当該期の日本の経済、貿易構造は、対外的自由貿易に依存していたが、それにもかかわらず、満州事変後の日本は、陸軍統制派とその周辺に、広域統制経済圏構想と華北への勢力拡大を目指す動きを生じさせた。しかし、日本の貿易構造に照らすと、そうした動きより、当該期の外務省や関東軍が進めた日中関係の漸進的安定化交渉の方が、非常措置的ではあるが、経験主義的かつ柔軟で、自らの勢力圏外との自由主義的経済交流を展望していた点で、全体的な日本の貿易、経済構造に適合していた。そのため、統制派の行動は、謀略を多用する独断的行動とならざるを得なかったのである。

さらに統制派は、権力志向を高めることで、陸軍派閥対立を激化させた。すなわち、青年将校の弾圧を開始すると共に、自らの意に添わない荒木陸相の更迭を図ったのである。発端は、五相会議の後、二度にわたって開催された、中堅幕僚と青年将校の連合同期生会なる会合であった。この会合については、昭和九（一九三四）年十一月の士官学校事件の後、陸軍を休職扱いとなった村中孝次および磯部浅一によって配布された「粛軍に関する意見書」が、概要を紹介している[79]。一回目の会合は、昭和八年十一月六日、東京九段上の富士見荘で行われ、二回目は同月十六日、偕行社において行われた。六日の会合には、幕僚側から影佐禎昭中佐、池田純久少佐、馬奈木敬信少佐、辻政信大尉、青年将校側から常岡滝雄大尉、柴有時大尉、山口一太郎大尉、村中孝次大尉などが出席した。名目は「軍事予算問題を機会とした首脳部推進と少壮青年将校の大同団結促進」のためとされたが、実際は「反西田、西田攻撃によつて青年将校を圧迫し其の空気の上に乗つて大同団結を企図」したものであったという。十六日の会合には、幕僚側から牟田口廉也中佐、清水規矩中佐、土橋勇逸中佐、武藤章中佐、田中清少佐、池田少佐、片倉少佐らが出席し、青年将校側から村中、柴の他、磯部浅一一等主計、大蔵栄一大尉などが出席した。しかし、会合で青年将校は「陸軍省の方針なりとして徹底的に弾圧され」、「此会合以来特に目立つて弾圧が激しくなつた」という。

この会合については戦後、二つの対立する回想が出版された。池田純久は『日本の曲がり角』の中で、三月事件、十月事件、五・一五事件を経たことで、軍首脳部が、軍を中心とした国家革新を行うならば軍全体の組織を動員すべきであって、青年将校の政治運動は軍人勅諭に反するばかりでなく、軍の統制を乱すおそれがあるという点で一致し、そのため青年将校に自制を求めるべく、会合を開催したと記している[80]。会合において幕僚側は、「軍内の横断的団結は、軍を破壊分裂する危険があるので避けるべき」「国家革新は、軍の責任において、みずから組織を動員して実行する。だから青年将校は政治策動から手をひいて軍中央部を信頼し軍務に精励すること」「青年将校たちが荒木大将をかつぎ革新の頭首として仰ぐことは、軍内に派閥をつくり、結成するようなもの」「荒木大将はみずから国家革新の頭首となることを是認しているのか」などと述べたのに対し、青年将校側は「軍の組織を動員して革新に乗りだそうとするのは理想論であって、実際的ではない」「われわれ青年将校らが挺身して革新の烽火を挙げる。軍中央部は、われわれの屍を越えて革新に進んでもらいたい」「荒木大将は、われわれの気持ちを最もよく理解している。その示教をうけるのはさしつかえないではないか」などと応えた。最後に村中大尉が、軍中央部は青年将校運動を弾圧するつもりなのか質したのに対し、影佐中佐が、軍の方針に従わなければ断固として取り締まる意向を明言し、会合は物別れに終わったという。

しかし、大蔵栄一は『二・二六事件への挽歌』の中で、池田の回想を否定している。大蔵は、十六日の会合のみに出席したが、その際、幕僚は「のっけからわれわれの言い分を聞こうとする態度ではな」く、二、三十分ほどで青年将校側が席を立ったという。また、荒木に関する話題は出ず、「内容は主として、横断的結束はいけない、という趣旨のものであった」[81]。大蔵にとって、当時、青年将校に対して北一輝や西田税ら外部の「職業革命家」との接触を批判しておきながら、回想で、荒木を担ぐことの不可を説いていたとし、他の箇所では荒木の青年将校に対する「甘やかし」的態度を批判する池田の記述は「矛盾と自家撞着の繰り返し」でしかなかった。そのため大蔵は、「皇道派がどうであったとか統制派がこうであったとかいうことは[…]あまり意味のあることではないが、誤りは是正しなければならぬ。歴史の真実は、決して位階勲等によって決定付けられるものではない」と記した。昭和八年末の時点で大蔵は「中央部幕僚連中こそかえって横断的」という印象を持ったが、事態は大蔵の認識を超えていた。統制派による青年将校弾圧は、荒木陸相の更迭運動や統制派による政官界への働きかけと関わっていたからである。

佐々木隆は、五相会議の失敗で陸軍内における荒木の権威が失墜したと論じている。しかし、統制派の荒木批判は五相会議以前に始まっており、その理由は、荒木が統制経済に否定的で、しかも反権力的で組織の規律に服さない青年将校に好意的であったことにあった。青年将校問題と荒木更迭運動の関連について、真崎甚三郎は昭和九年一月四日、清浦奎吾に次のように語っていた[82]。

> 荒木ヲ失脚セシムレバ青年将校ノ気勢ヲ殺グカノ如ク考ヘアル者アレドモ之ハ全ク誤認ナリ。荒木アツテノ青年将校ニアラズ。又荒木ノ従来主張シ来リシコトハ陸軍ノ意見ナリ。荒木陸相ハ必ズ心ニ期スル所アルヲ信ズルモ之ニ強ク期待スルコトハ従来ノ経験ヨリシテ疑ヲ存ス。

真崎にあっても、五相会議後は荒木の力量に疑問を感じていたようであるが、荒木に絶望したわけでもなかった。問題は、荒木を更迭しようとする動きに、荒木本人の問題とは別の、真崎も理解できない要因が絡んでいた点であった。五相会議は、荒木に対する非難材料を提供したという意味で、陸軍派閥対立の一つのきっかけとなり得た。しかし、陸軍内で青年将校が北一輝や西田税らとの接触を理由に弾圧される一方、軍外において、荒木が青年将校を煽っており、荒木を更迭することで青年将校も抑えることができるかのような観測が広められていたとすれば、荒木の権威失墜が、五相会議での失敗によるものであったということはあり得ない。荒木への批判はその時々で変化しており、それらは荒木を失脚させるための理由付けでしかなかった。

片倉衷の回想によれば、昭和八年九月頃に陸軍省の秘書官であった若松二郎大尉が片倉を訪れ、非常事態発生に際しての対策に関する研究を要望したという。片倉はその後、参謀本部勤務の服部卓四郎、辻政信らと研究のための人選を行い、真田穣一郎大尉、川越重定大尉、坂間訓一大尉、中山源夫大尉、永井八津次大尉、島村矩康大尉、久門有文大尉、西浦進大尉、服部大尉、辻大尉、荒尾興功大尉、堀場一雄大尉、加藤道雄大尉らが参加することとなった。研究会は十一月七日から始まり、その席上、片倉は次のように挨拶した(83)。

> 国家の現状に鑑み、軍部就中陸軍自らの使命を省みるに、時局に処して軍自体の刷新、整備を必要とするばかりでなく、現下の事態は内外の諸方策を好むと好まざるに拘らず、軍部中核となり、指導是正するの要が多い。従来、この種問題に対し、先輩僚友達の志を抱き参与する者はすくなくないが、その成敗の跡を観ずれば、徒らに血気に駆られ、大言壮語するか、気壮なるも、対応の具体策がなく、或いは部外一部者の指導原理、または一部人士の影響を受けて、動機は純でも、行動不純となり、或いは名誉心に駆られ、焦慮し、排他的となり、挺身、革新に当るも、その効果を伴なわない感があった。そこで今日、同憂の士、相謀り、忌憚のない意見を吐露し、蘊蓄を傾け、非常時国軍運営の準綱を定め、以って非常事変に際会しても、対応の施策に違算なからしめるとともに、その職務を通じ上司補佐の一助をなさんとするものである。

こうして昭和九（一九三四）年一月四日に「政治的非常事変勃発ニ処スル対策要綱」が完成した(84)。片倉によれば、本要綱は、「テロを是認し決起するという気運が醸成しているので、不幸にして、そのような行動が起きたなら、対策を誤らずにそれを契機として、機を逸せずに鎮圧するとともに、軍部・陸軍大臣（国務大臣）を中核として、国家改造問題を展開する」ために作成された。しかも類似の構想案は、永田鉄山、東条英機、池田純久、武藤章らの研究会にもあったという。後に、池田純久の起草した「陸軍当面ノ非常時政策(85)」なる文書が皇道派に渡り、「永田ノ悪思想ノ証拠」とされるが、「中央の幕僚は青年将校を煽って行動を起させて、カウンタークーデターを狙った等といわれるが、全く根本的に認識が違っている」という片倉の弁明は、虚偽を述べていたわけでもなかった。片倉は、自らを中心に組織を動かそうとする権力志向を持っていたため、公職にあって在野精神を保ち、一身を国家や社会正義に捧げようとする青年将校の精神が理解できず、その反権力気質を憎悪したのである。そのため片倉は、青年将校の〝覚悟〟を要人暗殺の〝計画〟として受け止め、陸軍組織の掌握を目指す自らにとっての障害と判断した。しかも、非常時対処要綱は国家革新のための国家機構改革案であり、それを実現するには、それを政府に受け入れさせる必要があった。そこで片倉らは、青年将校に対する弾圧を徹底すると共にその暴発に備え、さらに施策遂行に積極的な陸相の登場を求めた。特に永田鉄山にとって、政官財界を敵視し、皇道派に連なる青年将校を弾圧することは、自らへの政府や重臣の信頼を確立し、皇道派を失墜させる上で、最も有力な手段となった。昭和八年十一月の中堅幕僚と青年将校の会見は、そうした構想の一環であった(86)。

「政治的非常時勃発ニ処スル対策要綱」で規定された「帝国ノ国策」とは、以下のような外交、経済機構改革案を含め、国防、政治機構、社会政策、教育といった項目、および別冊として非常時の警備方針、戒厳令布告のための関連法令から構成されていた。

外交

一、方針

一、満州国既成事実ノ承認並之ヲ条件トスル帝国ノ安全保障ノ確保ヲ列国ニ認容セシメ、又帝国ノ経済発展ヲ支持シツツ、対米蘇英支、特ニ対蘇関係ヲ調整ス。

二、要領

二、満州国建国ノ成果ヲ世界ニ認識セシメ、此既成事実ヲ否認スル一切ノ条約、国際会議ニ不同意ノ態度ヲ表明ス。仍テ米国カ海軍軍縮会議ノ際極東問題ヲ併議セントスルノ企図ニ対シテハ、右主張ニ反セサル場合ニ於テノミ参加ヲ応諾シ、極東ノ現状ニ即スル如ク九国条約其他ノ条約ヲ改訂ス。

三、軍縮ニ関シテハ、満州国不承認ノ態度ノ存続スル限リ、既成条約ハ帝国ノ安全ヲ保障スルニ不十分ナリトノ主張ヲ明カニシ、国防ノ脅威ヲ蒙ラサル新協定ノ成立ヲ策ス。右主張ヲ貫徹シ得サル場合ハ、既成条約ヲ廃止シ、軍縮会議ヲ脱退ス。

［…］

五、蘇国ニ対シテハ、満州国ヲ介シテ速ニ東支鉄道売却問題ヲ解決セシメ、又帝国ヨリ機ヲ看テ赤化防止並蘇国ノ極東軍備制限ヲ条件トスル不侵略条約ヲ提携ス。又別ニ秘ニ其内部崩壊ヲ策ス。

六、米国ニ対シテハ、経済的依存其他ノ関係ヲ利用シ「スチムソン」外交政策ノ転換ヲ施策ス。

七、英国ニ対シテハ、経済戦ニヨリ之ヲ疲弊セシム。

八、支那ニ対シテハ、分権的勢力ヲ支援シテ中央政府ノ勢力削減ニ勉メ、此間対支経済進出ヲ図ル。

九、欧州大陸諸国ニ対シテハ、英蘇ヲ欧州ニ牽制シ、米国ト欧州諸国トヲ離間スル如ク施策ス。

経済機構

一、方針

一、経済改新ハ国際経済戦ニ於ケル我国ノ優位ヲ益々向上スルコトヲ主眼トシ、併セテ国民全般ノ慶福ヲ増進スルコトヲ期ス。

二、全項ノ諸施設ハ先ツ戦争的危機ニ備フル為国家総動員施設ノ大綱ヨリ逐次具現スル如ク着意ス。

二、要領

［…］

四、重要産業ヲ統制シ其ノ振興ヲ策ス。
其ノ具体的方策左ノ如シ。

イ、速ニ金融ヲ強度ニ統制ス。
○大銀行ヲ国営トス。

ロ、速ニ国営又ハ公営ニ移管スヘキ範囲ハ財政的基礎ヲ為スヘキ所謂専売事業トス（電力、水道、瓦斯、人造肥、製塩、製糖、鉱業）。
ハ、速ニ国家ノ監督制ヲ確立シテ漸進的ニ国営又ハ公営ニ移管スヘキ範囲ハ作戦準備ト為ルヘキ重要産業トス（海運、機械工業、化学工業、製薬等々）。
ニ、速ニ国家ノ監督制ヲ確立シテ統制ヲ加フヘキ範囲ハ民力涵養ニ依リ間接的ニ国富ヲ増進スヘキ重要産業トス（農業、牧畜、漁業）。
ホ、中央機関
農林、商工、鉄道、逓信、拓務ノ四省ヲ廃シ経済関係事項ハ内務、産業、交通ノ三省ニ分ツコト［…］。
中央計画機関ハ内閣直属ノ経済統制局之ニ当リ、実行中央機関ハ内務、産業、交通ノ三省ヲ主体トス（従テ日満（亜細亜）経済ブロックノ画策等ハ当然経済統制局ノ常務タリ）。

特徴は、対外的にヨーロッパ諸国やソ連を敵と見なしながら、ソ連との不可侵条約の締結やアメリカの外交転換を希望し、それを背景に中国への進出を掲げる、独善的な情勢判断に基づいた勢力拡張構想、そして国内的に、中央権力を強化し、国家や経済の社会主義的な管理を目指す権力志向である。青年将校への弾圧と荒木陸相の更迭を目指す軍内の気運は、こうした集権的国家観を持った中堅幕僚における権力志向を背景としていた。その意味で、大蔵ら青年将校が、昭和八年十一月以降、弾圧が厳しくなったというのも、状況を正確に認識した結果であった。

他方、昭和九（一九三四）年一月に荒木は陸相を辞任した。理由は健康問題であった。しかし、一月十九日の真崎日記には、林銑十郎教育総監との会談に関する、以下のような記述がある。[87]

大将曰ク、大臣ニ辞意アリ、依テ過日相談セシ通ニ申セシモ、大臣ハ政策ノ相違ニヨリテノ理由ニテ辞スルノ途ヲ採ラズ病気ノ故ヲ以テ辞スルノ決意ナリ、前後処置如何《善》ト。之ニ対シ予ハ他ノ事例令ハ大臣ニ辞職理由ノ再考ノ如キコトニ対シ友人トシテ意見ヲ述ブルハ毫モ意トセザルモ苟モ後任問題ニ触ルルコトハ何等職権ナキ予ノ大ニ苦痛トスル所ナリ、之ニハ一言モ触ルル能ハズト答ヘ、兎ニ角食事後ノコトトセント、次官、局長等四人ニテ夕食ヲナシ、此ノ間ニ熟考シ、林大将ノ督促ニ関シ予ハ予ノ信頼スル三長官ノ決議ニハ反対セザル旨ヲ答ヘテ直ニ帰宅セリ。個人ヲ主トスレバ斯ル状態ノ下ニ入閣スルハ愚ノ極ナレドモ、荒木ノ将来ハ予ノ辞シタル場合ノ将来ヲ考フルトキハ個人ノ主張ノミヲ固持シ難キ事情アリ、成敗利鈍ヲ度外視シ斯ク決心セシモノナリ。

荒木にも、政策不一致を理由に辞職する選択肢はあった。しかし、その後入閣する後任陸相は、論理的に荒木の政策を否定した内閣に協力する形となる。となれば、荒木の体面は失われ、陸軍内の人間関係の悪化は避けられなかった。しかし、そうした事態を回避する組織的論理を優先するなら、現役の後継陸相候補を不在として、陸軍と内閣の全面対決を招来するよりなかった。軍部大臣現役武官制が廃止された後でも、現役陸相の単独辞職は政治的に重大な意味を持たざるを得ず、それは陸軍内で信用を落としつつあった荒木にとって、危険な賭けであった。それに比べれば、病気を理由とする辞職は、荒木にとって、自身の信用に対する被害を最小限に抑え、かつ盟友の真崎を後任に推す余地も残した判断であった。とはいえ、かつての荒木陸相実現運動が、当時の南次郎陸相に陸軍内外の意向として複数候補を政友会に提示させ、犬養毅首相によって荒木を選択させるという経緯をたどったのに対し、この時期には、陸相が中堅幕僚の意向に配慮して自らの進退まで決定するようになっていた。中堅幕僚が直接的に影響力を行使したわけではなかったが、陸相は少なくとも陸軍内の雰囲気に配慮しなければ、陸軍内の自身の信望に深刻な影響を与えかねない状況になっていた。

◇

満州事変と国際連盟からの脱退を経て、日本は東アジアの大国として、東アジアの安定、発展に対する過剰なまでの責任意識を自覚するようになった。とりわけ満州国に関し、その承認が国際的批判を受けたため、その育成に成果を挙げることで、国際的信頼を回復しようとしたのである。と同時に、そうした中で中国とどのような関係を持つかが、当面の重要課題となった。

満州事変の終結過程で、関東軍は北平に政変を発生させようとする策動を行った。しかし、それは、昭和七年に関東軍高級参謀から更迭された板垣征四郎が、再起を図り、国際情勢の悪化を背景に陸軍中央を説得した結果であって、板垣の謀略が蔣介石の秘密機関によって阻止された後、関東軍および陸軍中央は、板垣の意向を抑えて中国と停戦協定を締結した。その過程で、板垣を支持する永田鉄山と謀略の中止を主張する小畑敏四郎が対立したことから、それは、陸軍派閥対立が政策的対立として表面化する端緒ともなった。

満州事変の終結後、外務省や関東軍は、日中関係の全体的な緊張緩和を目指し、満州国の承認問題より、満州と華北の経済交流の促進を優先しながら、同時に中国側の対日交渉窓口に対して非公式ながら強硬な要求を提示することで、中国側の対日関係の改善に向けた自発的な動きを促そうとした。しかも、外務省は日中間の外交的懸案を、関東軍は満州国と華北との地方的懸案を担当することで、間接的に両者は協力しながら、個別問題が全体的停滞を引き起こさないようにしつつ、各々の懸案を解決していった。総じて満州事変後の対中国政策は、個別問題の解決を積み上げ、さらに日中間の経済交流を進めていくことで、日中関係の当面の緊張緩和と長期的な安定化を実現しようとしており、そうした政策を遂行する中心となったのが、現場ないし出先の人脈、経験、努力であった。皇道派の陸軍中央もそうした関東軍の方針を支持しており、塘沽停戦協定善後処置交渉は、昭和八年から九年にかけて成果を挙げていく。

とはいえ、こうした日中交渉の一方で、板垣の猟官活動と同様、片倉衷も陸軍が中心となる統制経済構想を文書としてまとめ上げ、陸軍内の要路各方面に配布していた。永田鉄山はおそらくそれを評価し、片倉を陸軍中央に異動させると共に、日満広域統制経済圏構想と一体化した華北占領地統治計画の立案も進めた。永田はさらに、陸軍が中心となる統制経済構想を実行するため、政官界との交流を進める一方で、政官界の信頼を得るため、陸軍内の不穏分子たる青年将校の弾圧に着手し、さらに統制経済に消極的な荒木陸相の追い落としを図った。こうした永田およびその周辺の行動は、昭和九年以降、皇道派と統制派の対立激化と、関東軍の対中国政策の転換を引き起こす。

一方、満州事変後の経済、金融政策は、事変期に引き続き、円安と通貨膨張に基づいて貿易赤字と財政赤字を拡大しながら、輸出総量の拡大を目指しており、こうした経済政策は、帝国政策にも重要な影響を及ぼした。すなわち、円の膨張によって満州への投資額が飛躍的に拡大し、日満ブロック構想に対する経済的裏付けが与えられたのである。この時期のイギリスは、ポンドの信用に基づくスターリング圏と、ドミニオン諸国の多様な利害を組み入れた自由貿易圏としての帝国特恵を成立させていた。そのためイギリスは、自らを中心とする経済圏を世界恐慌の中で自由貿易を維持する場として位置付けたのに対し、日本の場合は、円相場の暴落によって欧米およびその属領に対する輸出を拡大しながら、円通貨の膨張によって満州への投資も増加させ、対欧米貿易に依存する日満広域経済圏を形成した。こうした経済構造は、対外的に自由貿易に依存していたが、日満間の局所的経済関係において閉鎖性を高めており、その合理的経営手段としての統制経済に対する関心を、陸軍統制派の周辺で高める要因となった。

満州事変の勃発および満州国の成立という情勢の変化と、円通貨の暴落、膨張という経済、金融政策は、全体として日満経済の再生、発展による世界的信用の回復という展望を生み出した。世界との対立ではなく、信用回復が目指されたのは、日本経済が欧米およびその属領との貿易に依存していたためである。こうした状況の中で外務省や関東軍は、中国に対し、当面の緊張緩和と経済交流の促進による長期的な両国関係の安定化を目指していく政策体系を打ち出した。したがって、満州事変後の日本の置かれた経済状況は、華北地域の日満広域経済圏への編入を必然化するようなものではなかった。ただし、その一方で国内通貨の膨張を背景とする日満経済の密接化が、さらなる膨張志向を助長する、権力志向の肥大化をも同時に引き起こしていた。

満州事変後の日本は、民主化の時代を経た中での国家的危機に対し、国家や社会の中心を強化することで国民の統合、団結を図り、経済的軍事的危機に対処しようとした。ただし、その中心を強化する方法をめぐり、国民個々の内面的貢献意識に訴えるのか、政府権力の拡大によってそれを実現するのか、という対立が存在した。国民の主体的貢献意識による国家統合を目指す立場は、社会における規律や秩序を重んじたが、政治的、経済的に自由主義的であったため、国家権力を強化し、統制経済を実現しようとする立場から不合理な精神主義として批判された。そうした国家権力の拡大を目指す統制派の動きが、昭和九年以降、陸軍内の派閥対立を激化させ、さらに華北分離工作という、張作霖爆殺事件や満州事変とは異なる現地の独断行動に向けた動きを引き起こしていくのである。

第十八章　帝国領域としての満州国

満州事変後の日本は、満州国発展の実績を挙げることで、失われた国際的信用を回復しようとした。その点で日本にとって、満州国にどのように国制を導入し、また、日本が満州国にどのように影響力を行使するのかは、重要な課題となった。

満州国に関する文献は膨大な量に及ぶが、中でも引揚者援護団体により、満州国の建設、発展に尽くした日本人当事者の努力と名誉を顕彰する立場から編纂された満洲国史編纂委員会編『満洲国史』(1)が、包括的文献となっている。対してより専門的な研究は、一次史料の発掘、紹介や、個別主題の実態解明において、成果を挙げている。とはいえ、その一方で専門的研究は、詳細な事実解明と対照的に、議論や結論に単調化の傾向がある。以下、『満州国史』や、専門研究によって解明された諸事実や諸事象に依拠しながら、日本の実質的保護国となった満州国に対する日本の統制の実態と、一般日本国民に対する満州国の開放問題について再検討する。さらにそうした作業を基礎として、日本の帝国領域の一部としての満州国の特徴を整理し、一九三〇年代におけるイギリスやアメリカの勢力圏との比較も行う。

一　国制と日本による統制

満州事変の勃発当初、関東軍は各地への出兵、事態拡大を優先し、占領地の統治に関しては、関東軍の権威の下、満州各省の独立と連省自治という形で、逃亡した中国側官吏を日本人で補いつつ、旧張学良政権の統治機構を掌握した。吉林省では、柳条湖事件勃発時、張作相省主席は天津に滞在中であった。そこで関東軍は、吉林省の実権を握っていた満州旗人で、宗社党の巨頭であった熙洽に働きかけ、臨時政府を組織させ、九月二十八日に独立宣言が発せられた。同様に、奉天省では袁金鎧による自治維持会、次いでこれを改組した遼寧省地方維持委員会が組織され、金井章次が顧問に就任し、張学良政権との断絶を声明した。ハルビンの東省特別区でも、長官であった張景恵に働きかけ、一九三二年一月に独立宣言が発せられた。(2)さらに溥儀の来満を経て満州国が建国されたことにより、中央政府の変革が実施された。

一九三二年三月一日に建国宣言を発した満州国は、国号を「満州国」、年号を「大同」に、国旗を「新五色旗」とすることを公示した。次いで九日に「政府組織法」を公布し、溥儀が執政に就任、十日に長春を首都として名称を新京に改めた。これらの国制の整備により、執政は全国民に対して責任を負うこと、執政の下に立法院、国務院、法院を置き、それぞれが立法、行政、司法を担当すること、さらに執政の下に、日本の枢密院に対応する参議府や、法的監査および会計検査を担当する監察院を置くことも定められた。これにより、それまでの連省自治を改め、三権分立の原則と中央集権的統治機構が導入された。ただし、立法院に関連し、満州国への議会制度の導入は尚早と判断された。一九三二年六月に趙欣伯立法院長が日本に派遣され、憲法制度調査に当たった。しかし、趙は満州国における帝政実施後の一九三四年十月に院長を退任した。その後も、満州国の崩壊までに関連法は整備されず、立法院が機能することはなかった。他方、行政を担当する国務院は国務総理と各部総長で構成されたが、国政全般において執政を補佐するのは国務総理のみで、各部総長は国務総理の指揮、監督を受けることとされた(3)。

古屋哲夫はこの制度を、日本人による統制の便宜を図るためのものと推定しているが、その実態に対する理解は不十分である(4)。満州国の国政に対する当初の日本の統制は、総務庁を通じて行われた。図18－1は満州国の組織概要図、表18－1は満州国建国当初の各院、各局部長人事である。満州国の各院、各局部長は満系人事で占められたが、その国務院各部を総務庁が統括し、人事や会計を監督した。国務院の各部とは、民政部、外交部、軍政部、財政部、実業部、交通部、司法部からなる。総務庁はこれらを統括することにより、満州国統治の中枢を担うこととされた。その一方で、軍政部を除く各部にも総務司が置かれ、総務を通じた統制が下位機構にも導入されていた。つまり、満州国に対する日本の統制は、個別部局に監察組織を付し、全体を国務総理の下に集権化しながらそれにも監察組織を付すというもので、類型的に、軍隊各部隊に政治将校を配置することで軍全体を掌握しようとした、ソ連など全体主義国における軍隊の独占管理方法に近かった。しかし、満州国に独裁的な権力の中心が存在したわけでなく、しかも、総務庁によって統括されるべき各部にも日系官吏が就任した結果、総務庁を中心とする管理方式に重大な欠陥が生じた。すなわち、集権的全体機構と監察機関の設置は、本来ならば、要所に配置された日本人に権力を集中しながら満州国官吏を間接的に統括する、合理的統治機構となるはずであった。ところが、各部局に多数の日本人が就任したため、結果的に日本人が実質的責任を負う各部局に日本人による監察機関が付されたのである。要するに、満州国に対する日系官吏の配置に重複が生じており、これは統治の合理化どころか、施政の初期において、各部局と総務庁の摩擦、軋轢を引き起こす原因となった。

総務庁をめぐる対立で最初に顕在化したのは、総務庁と資政局の対立であった(5)。資政局とは元々、満州事変後に于冲漢を部長として発足しながら、満州国建国直後に解散した自治指導部を引き継いだもので、建国精神を広めると共に、王道政治の下、「無私利他」の精神で民衆の指導に当たる県自治指導員、後の県参事官を統括する組織として構想された。その中心となったのが笠木良明であり、笠木は国務院に対置する資政院の設置を目指していた。しかし、政府組織法の立案に当たっていた松木侠らはこれに反対した。松木は、地方の指導、監督を民政部に帰属させるべきと考えており、最終的に資政院に代わる組織として、国務総理直轄の資政局が設置された。資政局の下には総務処、弘法処の他、研究所と訓練所が置かれ、弘法処が建国精神の宣伝、民心の善導、自治思想の普及などに当たることとなった。とはいえ、資政局長の人選をめぐり、鄭孝胥国務総理が清朝の旧臣、万縄栻を推したのに対し、笠木は于冲漢を推した。ところが、于冲漢は監察院長に就任し、資政局長との兼任は認められなかったため、笠木は于冲漢の子、于静遠を推した。最終的に資政局長は空席となり、笠木は研究所長、訓練所長を兼任したまま、実質的な局長として振る

図 18-1 建国当初の満洲国政府組織

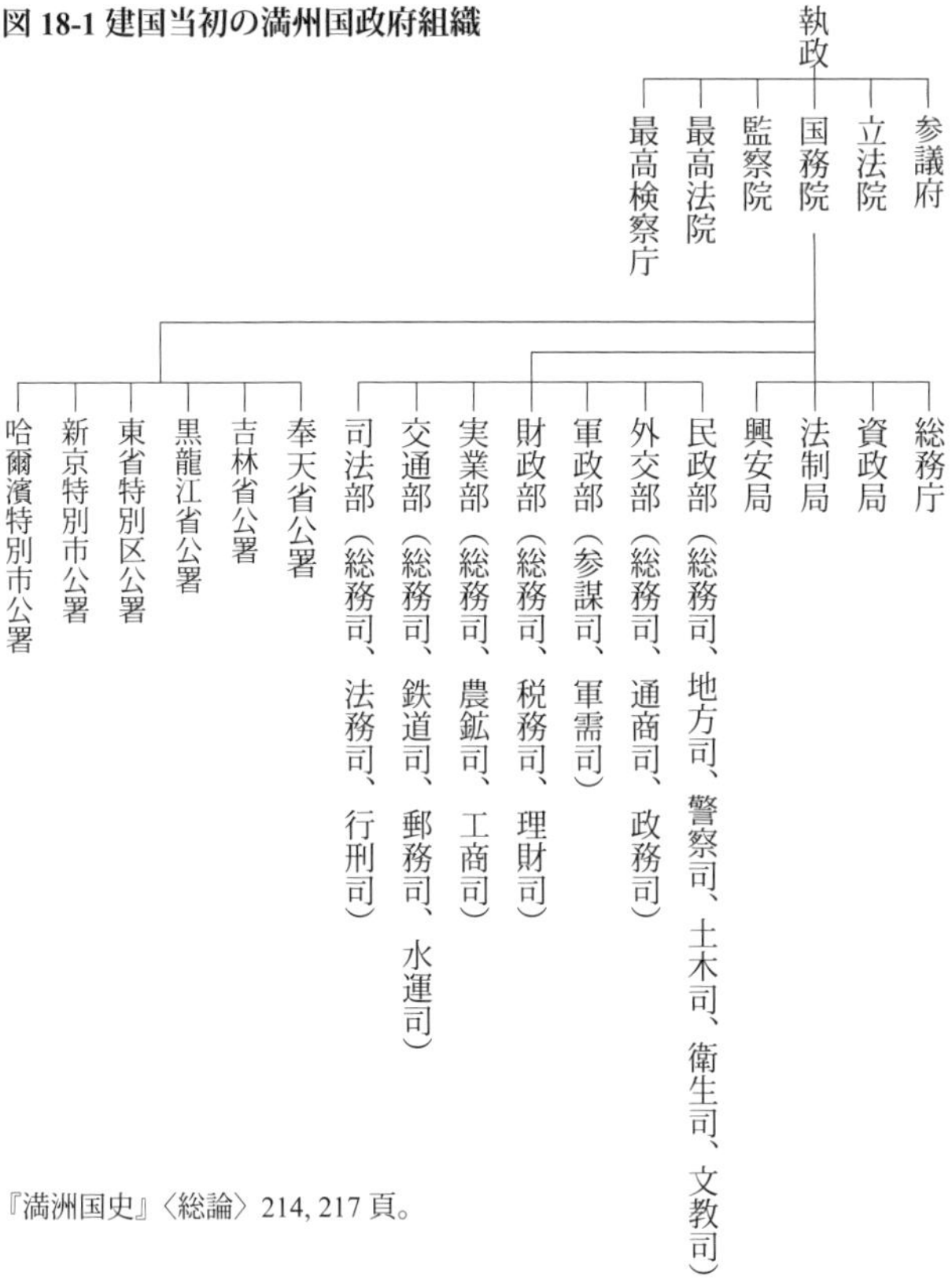

『満洲国史』〈総論〉214, 217 頁。

表 18-1 満州国建国時の政府主要人事

国務総理	鄭孝胥	参議府副議長	湯玉麟
民政部総長	臧式毅	参　議	袁金鎧、羅振玉、張海鵬、貴福
外交部総長	謝介石		
軍政部総長	馬占山	最高法院長	林棨
財政部総長	熙洽	最高検察庁長	李槃
実業部総長	張燕卿	奉天省長	臧式毅
交通部総長	丁鑑修	吉林省長	熙洽
司法部総長	馮涵清	黒龍江省長	馬占山
立法院長	趙欣伯	東省特別区長官	張景恵
監察院長	于冲漢	興安局総長	斉默特色木丕勒《チムトシムベロ》
参議府議長	張景恵	侍従武官長	張海鵬

同前、212～213 頁。

舞った。

とはいえ、資政局は、その設立の経緯から過度に理想主義的かつ専権的で、中央集権的な法制を目指す法制局や民政部と対立したばかりか、笠木が訓練所第二期生の採用を駒井徳三総務長官に連絡しないまま行ったことで、総務庁とも対立した。その結果、建国より四か月後の一九三二年七月五日付で、資政局は廃止された。その後、訓練生を受け入れた訓練所は大同学院に再編され、駒井が学院長を兼任した。ところが、その駒井と対立する他の動きも存在した。星野直樹の回想によれば、関東軍は駒井排斥運動に憂慮し、板垣征四郎大佐の下で片倉衷大尉がこれに対処することとなった。片倉は反駒井派と目された若手官吏十数名に、関東軍による人事推薦を取り消し、解職することを通知した上で、総務庁に次長を創設し、財政部総務司長であった阪谷希一を就任させ、さらに主計、人事の両処長も更迭したという[6]。とはいえ、その後、駒井徳三は鄭孝胥国務総理との関係が悪化したため、一九三二年九月三十日に総務長官を辞任し、参議に転じた。後任には遠藤柳作が就任し、これと同時に総務長官の名称は総務庁長に改称された[7]。

満州国の中央集権的な政治機構と人事との不調和は、満州国の建国理念である五族協和にも影響を及ぼした。笠木良明が建国理念の宣揚を掲げて資政局を設置しながら、廃止に追い込まれたのはその一例であったが、他にも満州青年連盟の幹部であった山口重次、小沢開作らは、資政局や県自治指導員、民政局といった官途に就かず、在野の民衆運動として五族協和や封建的旧弊の打破、民衆政治の理念を実現するため、石原莞爾の賛同を得て協和党を結成していた。協和党はその後、国家権力の保護下で党部組織の育成を図ろうとする関東軍の決定を背景に、鄭孝胥や駒井徳三の支持を得たが、その一方で同種の任務を担う資政局と対立した。しかし、七月に資政局が廃止されたことで、同月、協和党は協和会に名称を改め、準政府機関として再編、発足した。協和会の名誉総裁に溥儀、会長に鄭孝胥、名誉顧問に本庄繁関東軍司令官、名誉理事に板垣高級参謀が就任し、満州国政府より資金援助もなされた。ところが、直後の八月、関東軍の人事異動で、関東軍司令官および参謀のほとんどが転出してしまう。しかも、新任の武藤信義司令官以下の新司令部、とりわけ小磯国昭参謀長は協和会に理解を示さず、そのため政府管理下に置かれた協和会運動は、かえって停滞した[8]。満州国建国過程において五族協和の理念が十分に活かされなかったのは、理念が虚構であったからというより、建国当初の組織的不備や当事者間の相互理解の齟齬によるところが大きかった。

一九三二年九月十五日、武藤信義関東軍司令官兼駐満大使と鄭孝胥国務総理の間で日満議定書および付属協定が調印され、日本政府は満州国を承認すると共に、関東軍は満州国の国防などに関する全権を委任された。これにより、満州国を実質的な保護国とする条約上の根拠が明確になり、満州国に対する日本の統制はさらに進むこととなった。満州国に対する日系官吏の赴任状況に関し、山室信一の研究が存在する[9]。山室は、日系官吏の採用状況を検討することによって、満州国が関東軍の独占的統制下にあったとする所説、特に武藤信義の赴任と同時に実施された関東軍司令官による駐満大使および関東庁長官の兼任や後の対満事務局の創設によって軍の統制が強化されたとする所説を批判している。山室によれば、満州国の建国を進めていく上で、関東軍の人脈による人材収集には限界があり、そのため関東軍は、日本内地の各省庁から派遣される官吏に依存せざるを得なかった。表18-2は、山室の集計による、一九三四ないし三五年頃の満州国中央機関における官吏の国籍別統計である。これは中国側の統計であるため、正確さを欠くものと推測され、また、満州人と中国人を区別していないが、日系官吏の赴任傾向は十分に示しているであろう。同表では、法院および検察という司法部門において、日系官吏の比重が最も高い。これは、満州国における治外法権撤廃の準備のためであろう。次いで総務庁を含む国務院の日系官吏比率が高く、国務院各部の日系比率も総じて高くなっている。

表 18-2 満州国官僚の機関別総数と日系占有率　（人，% 単位）

	員数	籍別				日系占有率
		中	蒙	日	露	
尚書府	7	6		1		14.3
宮内府	108	96		12		11.1
参議府	18	9		9		50
立法院	22	18		4		18.1
国務院	492	90		402		81.7
民政部	1,148	610		500	38	43.6
外交部	144	76		68		47.2
軍政部	222	124	11	87		39.2
財政部	1,406	773		633		45
実業部	344	158		186		54.1
交通部	583	344		239		41
司法部	132	66		66		50
文教部	100	60		40		40
蒙政部	72	7	30	35		48.6
最高法院	35	3		30		91.4
最高検察庁	33	3		40		90.9
監察院	73	31		42		57.5
合計	4,939	2,474	41	2,386	38	48.3

山室「『満洲国』統治の制度と政策」114 頁。

こうした日系官吏の採用および人事配置、満州国統治実態の変容と密接に関連しながら、満州国建国当初の最大の政策課題として実施されたのが、満州国の財政、金融制度の再編であった(10)。満州国の建国当初、財政基盤が存在しなかったため、財政部税務司長の源田松三を中心として塩税と関税収入を確保する方針が定められ、三月に塩務機関、六月以降に海関の接収を行うと共に、従来の内国税を応急的に統一、継承した。これと並行し、従来不統一であった満州における幣制の統一も進められた。六月十一日に貨幣法、満州中央銀行法、同組織弁法が公布され、同十五日に東三省官銀号、吉林永衡官銀銭号、黒龍江省官銀号および辺業銀行の資産と負債を継承して、満州中央銀行が設立された。これにより、銀本位制の下で新規の満州中央銀行券（国幣）を発行し、一九三四年六月末までに旧紙幣の九十三・一％を回収することに成功した。さらに一九三四年以降、アメリカの銀購入政策によって国際的に銀価格が高騰し、中国と同様、満州国においても経済的混乱が発生した。これに対して満州国では、銀価高騰に対応する国幣の為替上昇率を緩和することで、銀価高騰の影響を抑制しながら徐々に銀本位制からの離脱を進め、中国が幣制改革を断行した一九三五年十一月四日、満州国でも国幣と円との等価固定為替を実施した。これによって、イギリスのスターリング圏と表面的に類似する、日満経済ブロック圏の基礎が確立した(11)。

こうした満州国における税制、金融改革に対応し、日本の大蔵省は高橋是清蔵相の決断によって、財政部総務司に予定された星野直樹をはじめ、満州国に派遣する官吏の人選が行われた。その結果、総務庁主計処長に松田令輔、財政部理財司長に田中恭、財政部の文書、会計、国税、関税の各科長に古海忠之、山梨武夫、田村敏雄、永井哲夫、監察院審計部長に寺崎英雄などを充てる人事が決定され、一九三二年七月中旬までに大蔵省を退任し、満州国に赴任した(12)。これらの大蔵官僚は、通貨の安定と満州国の税制改革、財政均衡の実現に取り組んだ。この内、税制改革について関東軍特務部は、満鉄経済調査会の意見を基に、営業税や地租を地方に委譲し、新たに国税として累進所得税を創設する案を立て、満州国政府に提示した。しかし、星野財政部総務司長は、治外法権が存置する中での急激な税制改革、特に所得税重視の税制改革は、満州国内における税負担の不公平を助長し、経済的混乱を引き起こす懸念があるとして反対した。星野によれば、満州においては低所得層に重税が課せられる一方で、徴税機構は健全に機能していた。ところが、治外法権の一部として捉えられた課税免除権が存続する中での所得税の導入は、税負担の不公正を改善するどころか、かえってそれを助長しかねないと判断されたのである。そこで星野は板垣高級参謀を説得し、所得税の導入を阻止した(13)。このように、満州国における日系官吏の増加は、関東軍による専権的な満州国統制を修正する結果も引き起こしていた。

既述のように、満州国に対する日本の統制は、制度上、総務庁を中心とする監察機構によって行われるはずであった。しかし、駒井総務長官の辞任経緯が示すように、総務庁は必ずしも機構全体や、鄭孝胥をはじめ、満州国側要人を統括できていなかった。しかも、満系の各部総長、次長の下に日系官吏の司長、科長就任が進んでおり、総務庁による監察以上に、日本人が実務を直接担当した。図18-2は、大同二（一九三三）年の時点における財政部の機構と人事である。このように、日系官吏は総務庁のみならず、国務院各部機構内に多数就任し、彼らは実質的な政策の立案を担い、上位機関の了承を得てそれらを実行に移していった。満州国は、監察機構を通じた日本の間接的統制下に置かれる中央集権機構を制度的外観として有していたが、その実態は次第に、満州国官吏となり、実務を担った日系官吏による政策立案が中央集権化していく、稟議制の体系へと変化していった。そうした政策立案過程の変容によって、建国当初の総務庁と他部局ないし非日系官吏との摩擦は、次第に解消されていったのであろう。

こうした満州国に対する日本の統制の変容に対し、陸軍中央の対応は、順応的であった。昭和七（一九三二）年九月、日満議定書の締結に伴い、武藤信義関東軍司令官は駐満大使と関東長官を兼任したが、その結果、武藤は陸軍中央と外務省と拓務省の管轄を受ける一方で、満州における関東軍と領事館、関東州行政および満鉄は、それぞれ従来通り、独自の業務を継続した。しかし、昭和九年一月に林銑十郎が陸相に就任し、永田鉄山が軍務局長に起用されたことで、永田は在満機構の改革に取り組んだ。浜口裕子によれば、昭和八年四月以降、関東軍を更迭されていた片倉衷や、板垣征四郎、影佐禎昭ら参謀本部第二部を中心とする有志によって満蒙問題研究会が結成され、対満州政策に関する様々な検討が行われた。同研究会は、「満州国ヲ以テ実質上ノ属領ト見做シ又ハ外交関係ニヨッテ調節セラルル独立国トシテ取扱フカ如キハ共ニ対満観念ノ真諦ニ触レサルモノ」「先ツ内地対満機関ノ一元化ヲ目途トシ官制ノ改革其他ニ邁進スル」という提案をまとめた[14]。これは、満州国を属領として扱う拓務省と独立国として扱う外務省の対満政策への介入を、日本国内の機構改革を通じて排除しようとする構想であった。

これを実現するため、永田はまず、満鉄の改組を行おうとした。それは、満鉄における鉄道部門とその他の部門を切り離し、満鉄を鉄道経営のみに専念させ、鉱業などを切り離そうとする構想であった。しかし、これは満鉄側の反対で実現しなかった。次いで、満州における警察機構、すなわち関東軍に属する憲兵、外務省における領事館警察、関東庁管轄下の普通警察の三系統の警察機構を関東憲兵司令官の下に合同しようとしたが、十月十二日、関東庁全職員が菱刈隆関東軍司令官に辞表を提出するという事態になった。その結果、岡田啓介首相は、林陸相、広田弘毅外相と協議の上、関東軍司令官が引き続き駐満全権大使を兼任し、外務大臣の命令、監督を受けると共に、事務機構として参事官を置くこと、関東長官を廃止し、関東州に勅任の州知事と行政事務総長としての関東局総長を置くこと、さらに内閣直属の機構として対満事務局を新設し、陸相が総裁を兼任すると共に、関係各省の局長からなる参与会議を付設し、拓務省所管の移民関係を除く、各省の対満行政事務の統一を図ることなどを決定した。これにより、十二月二十六日に対満事務局官制が公布され、林陸相が総裁を兼任した。また、同時期に南次郎が関東軍司令官に就任し、新制度

図 18-2 満州国財政部の組織と人事 大同 2 (1933) 年

- 総長 熙洽
- 次長 洪維国
- （前任 孫其昌）
  - 総務司　司長 星野直樹
    - 秘書科 科長 胡宗瀛
    - 人事科 科長 藤井唐三
    - 書科 科長 伊藤博
    - 会計科 科長 山梨武夫
    - 調査科 科長 徐尚志
  - 税務司　司長 源田松三
    - 国税科 科長 田村敏雄
    - 関税科 科長 永井哲夫
    - 塩務科 科長 山梨武夫（兼任）
    - 経理科 科長 楊培
  - 理財司　司長 田中恭
    - 理財科 科長 欠
    - 銀行科 科長 松崎健吉
    - 特殊金融科 科長 趙頡第
    - 国有財産科 科長 上加世田成法

『満州国現勢』〈建国―大同 2 年版〉49 頁。

の下で統制派系の人事も確立した[15]。

こうした陸軍と外務省および関東庁との対立は、満州国と日本の国家関係をどのような形態にするか、そしてその中で陸軍の影響力をどのように拡大するか、をめぐって生じていた。昭和七年九月の満州国承認の時点で、満州国政に対する日本の影響力は、監察機関を通じた間接的統制に基づいて行使されることとなっていた。その上で関東軍司令官が駐満大使を兼任し、外交的代表となることによって、関東軍は満州国に対し、内外両面から間接的に影響力を行使できるはずであった。ところが、その後、満州国に対する日本の人事的な影響が拡大した。そのため、陸軍、特に満州経済の統制、掌握に関心を持っていた統制派は、満州国に対する自らの影響力を保持するため、日本の官僚機構全体に対処する制度的枠組みを必要とした。浜口裕子が指摘するように、昭和九年の満鉄改組問題や対満事務局設置をめぐる陸軍のねらいは、対満政策の決定に対する拓務省の排除と外務省の関与制限にあり[16]、それだけ統制派には、満州国を純粋な属領として扱わない一方で、それを独立国として扱うことへの配慮も希薄であった。

満州国を属領としても、独立国としても扱わない方針は、日満の「特殊関係」と位置付けられたが、その実態は、対等な国家関係でも、命令服従関係でもない、日本から満州国への人員提供と、稟議制に基づく実務の指導、補助関係であった。対満事務局と参与会議の創設は、こうした満州国に対する日系官吏の影響実態に対応し、関係省庁を通じて陸軍側の要望を実現するための、おそらく唯一の合理的手段となった。満州国に対する日系官吏の増加を背景とする対満事務局の創設は、陸軍中央による満州国への影響力の行使を可能にする一方で、それは関連省庁を通じた間接的影響力に制約されたのである。

二　内地開放、治外法権撤廃、開拓移民

対満事務局の設置後、次の課題となったのは、満州国における治外法権の撤廃であった[17]。満州国は建国に伴い、中華民国の法律を継続する一方で、昭和七（一九三二）年九月の日満議定書において、従来の日本国および日本人の一切の権利尊重を確認した。一方、日本は議定書の締結によって満州国を正式に承認した。そこで日本は、主権国家としての満州国の体裁を整えるためにも、満州国における治外法権を解消しようとした。昭和八年三月、満州国で治外法権撤廃準備委員会が結成され、日本政府もこれに概ね同調した。ただし、翌年になると、帝政の施行や満鉄改組問題、対満事務局の設置問題などが生じたため、治外法権撤廃に向けた準備は中断された。しかし、同年末に対満事務局の設置が決まり、制度改革が決着したため、治外法権撤廃が本格的に検討されることとなった。陸軍では永田軍務局長と片倉衷満州班長、外務省では桑島主計東亜局長、柳井恒夫第三課長らがこの問題を担当し、昭和十（一九三五）年二月、外務省内に満州国治外法権撤廃に関する委員会が設置され、同月十三日に第一回会合が開催された。委員会はその後、対満事務局に移管される一方で、満州においても、関東軍、大使館、関東局、満州国関係者の参加する委員

会が結成された。さらに満州国政府側でも、遠藤柳作総務庁長を委員長とする準備委員会が設立され、司法、民政、財政の三部門で準備が進められた。

昭和十年八月九日、岡田内閣は、治外法権の撤廃に関する大綱を決定した(18)。内容は、満州国の制度および施設の実情に対応しながら、在留邦人の生活に急激な変化を与えず、その発展を確保し、また、満州国に対する日本の国策遂行を円滑にするという観点から治外法権を漸進的に撤廃する、さらに、満鉄の日本保有は継続するが、付属する行政権については、実情を考慮しながら漸進的に撤廃する、というものであった。この決定を受け、同年十一月十一日の課税処理要綱をはじめ、専売、金融、行政警察、通信行政などに関する処理要綱を閣議で決定し、これに応じて満州国側も、撤廃の第一段階として、課税、産業法規の適用、第二段階として、警察、司法権および満鉄付属地行政権の返還という順序で処理することを決定した。

表 18-3 満州国の産業関連制定法規

関連名目	法令、件数
工業所有権	商標法、特許発明法、意匠法等、13 件
度量衡	度量衡法等、4 件
計量	計量法等、3 件
鉱業	鉱業法等、13 件
市場	中央卸市場法、家畜交易市場法等、4 件
畜産	賽馬法等、2 件
貨幣、金融	貨幣法、銀行法、金融合作社法、為替管理法等 15 件
専売	石油専売法、阿片法等、7 件
林業	林場権整理法
土地商租	商租権整理法、土地審定法等、3 件
貿易	貿易緊急統制法等、3 件
保税	保税法

『満洲国史』〈総論〉482～483 頁。

第一段階の撤廃に関する条約は、昭和十一（一九三六）年六月に締結されるが、それに至る準備作業の中心となったのは、産業および課税関連法規であった。この内、産業関連法規については、『満州国史』は、満州国の建国以来制定され、公布準備の進められたものについて、表18 - 3のように十二項目に分けて整理している。対して税制に関しては、一九三四年、日本人に対する営業税の賦課を円滑に行うための営業税諮問委員会を各税捐局所在地に設置し、また、同年五月二日、国税徴収法、租税犯処罰法を公布した。これにより、滞納者に対して督促状を発送し、それでも納税に応じない場合、延滞金の徴収と財産差押処分を行うことや、脱税に対する捜査、拘置などの処分を行うことなどが定められた。ただし、日本人に対する処分は、日本人が満州国の裁判権に服するまで、日本側官憲が処理することとされた。

治外法権は本来、被告主義に基づく司法管轄権を意味しており、産業関連法規の制定は、治外法権と別個のものであった。それが治外法権撤廃の第一段階として準備されたのは、いくつかの歴史的事情が存在したためである。第一に、この時点で治外法権は、課税問題が示すように、狭義の司法管轄権の問題を超えた、外国人に対する超法規的待遇として認識されていた。原理的に治外法権は、外国人に対する超法規的待遇を意味したわけでなく、外国人が裁判において被告となった場合にのみ機能した。そのため、治外法権設定国籍人であっても、本来は滞在国の法律を遵守すべきものと想定されていた。しかし、中国の場合、たとえば課税をめぐり、地方政権や軍閥による恣意的課税のために、外交問題が生じていた。それは実質的に、公権力による個人資産の収奪に相当したため、一八五八年の清仏条約の規定以上に、公権力に対する個人の権利保護という欧米の法体系に抵触したのである。一九二〇年代後半の欧米諸国と中国の治外法権撤廃交渉においても、不当課税問題は、欧米人の権利保護という点から懸案となっており、一九三一年六月に成立した英中仮合意第六条は、イギリス人が正当な法令に基づかない課税に服さないこと、その点で近代法廷の保護を受けること、そして納税者の利益に反する課税を阻止するための、徴収された市税の使途制限などを定めていた。このように、欧米にとって課税問題は、近代法廷を媒介とする個人の権利保護という点で治外法権と関係した。しかし、満州国における課税問題は、個人の権利保護より、満州国の統治権回復手続きとしての側面をより重視する形で、処理されたわけである。

第二に、治外法権の設定は、十九世紀における発足の最初期を除き、外国人居留地域の制限と一体化していた。そのため、治外法権の撤廃は、内地開放と交換条件となることが一般的となり、それは日本における治外法権の撤廃においても同様であった。一九一五年の二十一か条要求に基づく日中条約は、治外法権下での制限的な内地開放を規定しており、異例に属したが、その後一九二〇年代後半の欧米諸国と中国の治外法権撤廃交渉においても、日本は内地開放を治外法権撤廃の重要な条件とした。当該交渉において中国は日本との交渉を拒否したが、欧米各国は日本に対して交渉に関する情報を通知し、意見交換を行っていた。欧米諸国は、中国の内地開放より、租界における治外法権撤廃の延期や中国裁判所における外国人顧問の採用を重視したが、日本は一貫して内地開放を求める意向を欧米側に通知していた。満州国の建国後、日本が速やかに治外法権撤廃に取り組んだのは、満州国の独立国としての地位を対外的に示し、満州国に近代法制を導入すると共に、満州における日本人の経済、産業活動を促進するためであった。産業、金融関連法制の整備が治外法権撤廃準備として優先的に実施されたのも、そのためである。特に永田鉄山や片倉衷が治外法権撤廃に積極的であったのは、そうした産業政策上の理由からであろう。

そして第三に、日本と満州国の関係は、満州国が既存の法令、条約を引き継ぐことを表明したことに基づいており、日本と満州国の間に通商条約は存在しなかった。外国人に対する権利は本来、通商条約によって規定され、治外法権はそうした権利の一つに過ぎなかった。ところが、日本と満州国の間に通商条約が存在しなかったため、満州国における日本人の権利義務規定に関する条約を締結する必要があった。その意味で、昭和十一（一九三六）年六月に調印された日満条約は実質的な通商条約に相当しており、これを治外法権の第一次撤廃とする、当時の理解を援用した[19]『満州国史』や副島昭一の記述は、厳密には正確さを欠いている。

昭和十一年六月十日、新京外交部で締結され、七月一日より施行された「満州国ニ於ケル日本国臣民ノ居住及満州国ノ課税等ニ関スル日本国満州国間条約」は、その第一条と第二条において次のように規定していた[20]。

第一条　日本国臣民ハ満州国ノ領域内ニ於テ自由ニ居住往来シ、農業、商工業其ノ他公私各種ノ業務及職務ニ従事スルコトヲ得ベク、且土地ニ関スル一切ノ権利ヲ享有スベシ。

日本国臣民ハ満州国ノ領域内ニオイテ一切ノ権利ノ享有及利益ノ享受ニ関シ、満州国臣民ニ比シ不利益ナル待遇ヲ受クルコトナカルベシ。

第二条　日本国臣民ハ満州国ノ領域内ニオイテ本条約付属協定ノ定ムル所ニ従ヒ、同国ノ課税、産業等ニ関スル行政法令ニ服スベシ。

南満州鉄道付属地ニ在リテハ、日本国政府ハ、前項ノ満州国法令ガ本条約付属協定ノ定ムル所ニ従ヒ、属地的ニ施行セラルルコトヲ承認ス。

本条ノ適用ニ関シ、日本国臣民ハ如何ナル場合ニオイテモ、満州国臣民ニ比シ不利益ナル待遇ヲ受クルコトナカルベシ。

この時点で満州国を承認している国は日本のみであり、日本に対する最恵国待遇付与の規定は存在しない。その代わり、両条の最終項は日本国臣民と満州国臣民の均等待遇を規定しており、これは治外法権の撤廃と原理的に関係のない、自国民待遇の片務的付与条項となっている。そのため、当時の日本や中国における外国人の就労や土地取得に対する制限の実態に照らしても、この規定が存在する限り、満州国が第三国に当該規定に関する最恵国待遇を認めることは、極めて困難になったはずである。その意味で本条約は、満州国が日本の実質的保護国であることを前提に、日本人に対する満州国の完全開放を実現する条約となった。昭和七年の日満議定書に続く本条約の締結によって、満州国の保護国化がさらに確定した。

本条約の成立を受けて、司法、警察に関わる治外法権撤廃条約の準備が進められた。特に司法制度に関し、建国当時の満州国には、司法官の養成機関も試験制度も存在しなかった。そこで一九三四年九月より司法部法学校が開設され、満州系司法官の再訓練や、日本への留学などを行った。さらに一九三七年一月に公布された刑法をはじめ、法院組織法、監獄法、民法、民事訴訟法、会社法、治安警察法、刑事訴訟法などが整備され、同年十一月五日、新京において植田謙吉特命全権大使と張景恵国務総理大臣との間で治外法権撤廃および満鉄付属地行政権の返還に関する条約が調印された。

ただし、条約成立後、十一月二十五日に満州国司法部は、「渉外事件の管轄に関する件」を公布した。これは、外国人関係の訴訟事件を渉外事件とし、特定の法院に渉外庭および日系の渉外審判官を置き、また、外国人関係の検察事務に関して日系検察官を置いて処理することとした。満州国側からすると、外国人判事を任用することになったのであり、これは、早期の治外法権撤廃に伴う保障措置として導入されたものであった。既述のように、これより軽度の措置は、欧米と中国との治外法権撤廃交渉でも検討されており、それほど特殊な措置ではなかった。さらに満州国は日本政府に対し、満州国内で日本人が設置する神社や学校に対する日本政府の行政権と日本人の兵役義務に関する行政執行を認めた。一般に在外宗教活動や教育活動に対する本国政府の監督は、領事館など外交機関によって行われるが、満州国は日本の実質的保護国となった上、日本人に対して全面開放され、しかも外交機関の権限は制約されていた。とはいえ、満州国内の神社や教育機関も、満州国の法令を遵守しなければならなかった。その意味で神社、教育に関する日本の行政権は、治外法権の留保事項というより、実質的保護国という特殊状況下で導入された、上記のような通商条約中の片務的規定の一部と解釈する方が、適切であろう。最後に、本条約によっても関東州租借地の返還は実現しておらず、これは満州国の崩壊まで実現しなかった[21]。

一九三六年六月の日満条約は、日本人に対する満州国の全面開放を規定しており、これによって満州国に対する移民実施の環境も整備された。満州への移民は、日露戦後より構想され、実施されたが、いずれも成功しなかった。しかし、一九二〇年代、日本政府により主にブラジル向け海外移民を対象とした補助が実施される一方で、満州に対する権益意識を持った陸軍の中堅将校の中に、満州移民を積極的に目指す議論が生まれていた。そうした中で満州事変が勃発し、満州国が成立したことで、満州への移民を国家的事業として行おうとする動きが急速に具体化した。

大東亜戦争終戦の時点で百五十五万人、軍人、軍属を含めると二百万人に達した満州在留日本人の内、開拓団として渡満した農業移民は三十二万余、途中退団を除くと実質二十七万人を占めた[22]。満蒙開拓団に関する文献は、満州国に関する文献の中でも特に多く、政策的経過や移民の実態などは、詳細に明らかにされている[23]。満州事変後、満州移民の実現に積極的に動いたのは、加藤完治および加藤と連携した那須皓東京帝国大学農学部教授と橋本伝左衛門京都帝国大学農学部教授であった。加藤らは、満州移民を推進するため、拓務省や関東軍に働きかけた。浅田喬二によれば、加藤の働きかけにより、拓務省は満州移民を政策方針として採用し、また、関東軍統治部は、那須、橋本の主張を踏まえ、昭和七年二月に「移民方策案」「日本人移民案要綱」を作成した。関東軍統治部はさらに、「移民方策案」中の屯田兵に関する項目を発展させて、「屯田兵制移民案要綱」を作成した[24]。

浅田によれば、「移民方策案」と「日本人移民案要綱」は、十五年間に十万戸の普通移民を満州に送ることを提言していた。浅田はこれを、治安面に関する認識が不十分であったためと評価するが、これは十五年間という長期的計画であることから、一九二〇年代における海外移民支援政策を踏まえ、当該期の農村恐慌に長期的視点から対処しようとする意識に基づいたものであろう。他方、昭和七年一月、加藤完治は、石黒忠篤農林次官を介して拓務省に働きかけた。当時、拓務省では、満州への移民を不可能とする見解が大勢であったが、移民事業を主管する生駒高常管理局長という賛同者を得た。加藤はそうした働きかけと並行し、石黒および宗光彦と共に、昭和七年における六千人の移民送出と五十年後の満蒙居住日本人を五百万人とすることを目指す「満蒙植民事業計画書」を作成した。本計画書は、農業移民として在郷軍人を主体とする武装移民を想定していた。浅田は、関東軍の当初計画が普通移民を想定したのに対し、加藤らの計画が武装移民を想定していたことの違いを強調するが、関東軍の計画も武装移民に言及しており、また、加藤の五十年計画が武装移民のみを想定していたわけでもなかった。両者は共に、治安の安定より、移民を武装移民とすることで早急に実施しようとするところに重点を置いていたのであろう。これを受けて拓務省は、加藤らの事業計画案を基礎として、満州移民案を作成することになった。

　拓務省は満州農業移民案を作成し、第六十一回臨時議会に提出すべく閣議に諮ったが、高橋是清蔵相の反対で了承を得られなかった。反対理由は、従来の満州移民失敗の経緯、特に日本人の労働生産費が在満農民の労働生産費より高価で、市場において競争できないという点にあった。拓務省は検討を継続し、五・一五事件後の第六十二回臨時議会に向けて新たな移民案を作成し、大蔵省と折衝した。大蔵省はやはり満州移民に否定的であったが、移住地および産業調査に関する経費として十万円余が認められた。これを受けて拓務省は、八月からの第六十三回臨時議会における満州農業移民案の通過を目指すこととし、加藤完治を関東軍に派遣した。加藤は渡満して板垣征四郎や石原莞爾らと協議し、農業移民用地として吉林省の土地一万町歩の提供を受ける確約を得た。次いで七月十四日、加藤は奉天において、石原莞爾の仲介で東宮鉄男と会見した。東宮は自ら満州植民に当たろうとする熱烈な移民論者で、小畑敏四郎もおそらく東宮を通じて武装移民に積極的になり、「屯田制度ヲ満州ニ布ク、二年ノ義務制ヲ以テ屯田隊組織ヲ固ル、毎年二千乃至三千」「満州屯田警備制、在郷軍人一万乃至二万ヲ移殖ス」[25]といった構想を立てていた。

　拓務省は、関東軍の了承を背景に、昭和七年秋に五百戸、翌年春に五百戸を在郷軍人より入植させるという新たな農業移民案を作成し、八月十六日の閣議に提出した。同案は八月三十日に議会を通過し、第一次試験移民が実施されることとなった。第一次移民は九月一日に募集通知を行い、十日に移民候補が岩手県六原、大高根、茨城県友部の訓練所に入所した。その後、移民は十月三日に東京を出発、十四日に佳木斯《チャムス》に到着し、弥栄《いやさか》村の建設を開始した[26]。

　拓務省は引き続き、第二次移民五百戸の計画に当たると共に、昭和八年五月に「満州移民実行ニ関スル件」という長期計画案を作成した。浅田によれば、同案は自作農の送出を目指すと共に、十五年間に十一万戸を送出するという関東軍の移民計画案を踏襲し、さらに関東軍による計画案に基づき、土地保有機関としての満州農地開拓会社および移民助成機関としての満州拓殖会社の二社の設立を提言していた。ただし、同案は原案通りに政府の了承を得られず、短期計画のみの案に修正された。しかし、移民募集の範囲は、東北、北陸、関東からほぼ全国へと拡大され、応募資格も在郷軍人に限られず、集団開拓としての性格を維持しながら、複数の入植地に対する移民も想定していた。試験移民の範囲内で、移民の拡大が試みられるようになったのである。

試験移民は昭和七（一九三二）年から十年まで四次にわたって実施された。その後、第五次移民も試験移民と同様、集団開拓団として入植した後、昭和十三年以降、満州移民は集合開拓団（自由移民）として本格化する。満州への移民が大規模化する転機となったのは、昭和十一年五月、二・二六事件後に関東軍で作成された満州農業移民百万戸移住計画案であった。これは同年八月、広田弘毅内閣により二十か年百万戸送出計画として採用された。

日本の満州移民について、これを満州に対する土地収奪や支配の確立、反日運動の抑制といった視点で捉えることが定式化されており、明治以来の一般的な海外移民研究に比べ、研究視点は教条的、画一的である[27]。当初より日本人の満州移民に積極的であった関東軍や、試験移民から本格的移民への転換期に当たる昭和十年に移民を積極的に推進しようとした永田鉄山ら陸軍中央の統制派は、満州に対する日本人の移民を国防や治安の観点から望ましいとした[28]。他方、加藤完治は貧農救済という日本国内の社会政策的側面を重視しており、満州事変勃発後、満州への移民促進という点で加藤と関東軍の思惑が一致し、試験移民の実施が実現した。しかし、それが各自の目的に適合していたかどうかは、別問題である。アメリカやブラジルに対する一般的海外移民においてさえ、事業の成功には、一定の資産や経験、人脈などが必要であった。ところが、それらを欠く貧農を、それも人件費のさらに低廉な満州に送出するというのは、貧農救済策としても、満州治安の安定化策としても、合理性を欠いていた。

満州の統治安定化という点で、満州国は一九三三年十二月に保甲制を導入しており[29]、そうした統治機構の導入、整備の方が、日本人の入植より合理的で、成果も挙がった。しかも関東軍は、満州国において日本人と満州国民の融和促進、国民全体の資質向上などを目指した協和会の活動に対し、その発足当初は別として、特に小磯国昭が関東軍参謀長であった時期、理解を示さなかった。関東軍や陸軍統制派は、国防や治安に資することを理由に移民促進を主張したが、それを裏付ける全体的な政策体系は存在しなかった。試験移民として実施された武装移民は、自衛のために武装していたのであって、武装移民に対し、行政を代行する広域的な治安維持機能が期待されたり、付与されたりしたわけではなかった。したがって、満州国の治安が回復されていくと、武装移民は普通移民へと速やかに移行した。要するに、関東軍や統制派が国防や治安を重視したのは、満州国民に対する不信感からであって、そこで彼らは、協和会のような民衆運動に対しても冷淡に対処したのである。彼らは国民運動なるものに信頼を置かず、権力中心の社会管理的な考え方に基づき、政策を決定していた。

他方、加藤完治は東宮鉄男と意気投合したが、両者の移民促進のための方法は、個人の善意や犠牲心、国家に対する貢献意識などに依存していた。加藤はそのことに疑念を持たず、そのためかえって、自らの移民論が貧農救済策として合理性を欠いているこ

図 18-3 満州開拓団入植図

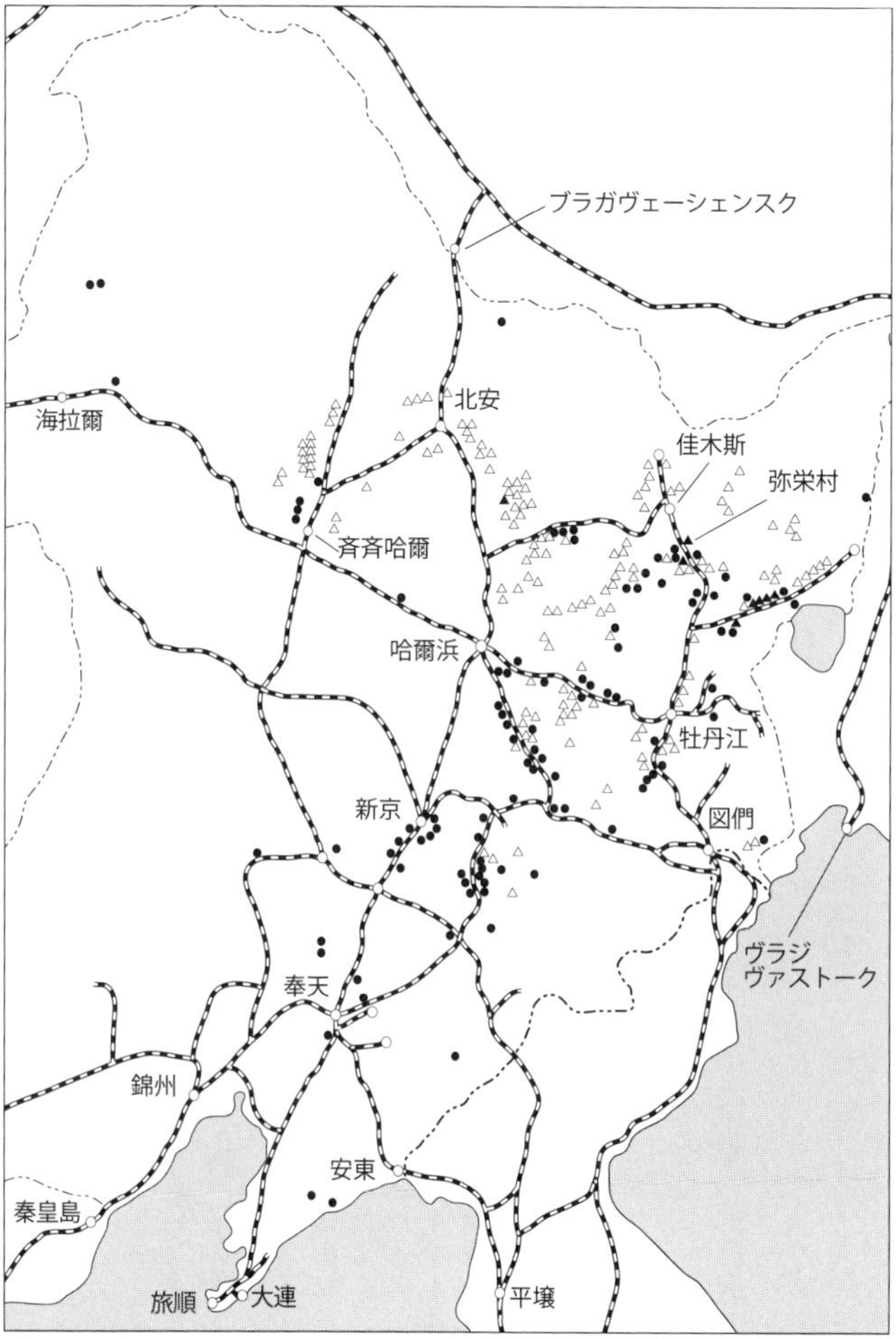

▲第 1～5 次開拓団（昭和 7～10 年）　△第 6～9 次開拓団（昭和 13～15 年）
●集合開拓団（自由移民）
『満州開拓年鑑』〈康徳 8（昭和 16）年版〉（岡部編・解説『満州移民関係資料集成』第 32 巻）付図より作成。

とを認識できなかった。同様に、加藤や東宮が進めた武装移民は、移民の量的拡大にも適さなかった。満州国建国当初の試験移民は、目的や手段に関する意識の異なる関東軍と加藤完治らが、実験的移民を実行するという、それだけのために予算を勝ち取り、実現させた。したがって、それが一九三〇年代後半の移民へと発展するには、治安の回復や法制面の整備といった環境条件の改善以上の、理念や方法における根本的な修正が必要であった。

後の昭和十二年以降の満州移民において、それを成功させる大きな要因となったのは、分村移民という新たな移民形態の登場であった。[30]これは、農村更生運動の一環として行われたもので、ある村の一定戸数が政府の補助を受けて満州に移民するというものであった。これにより、移民家族は土地や家屋などの資産を整理することで移民資金を捻出すると共に、村に残存する家族は農地を拡大してその経済力を強化し、さらに満州に新たに形成される分村と本村との関係を通じて様々な移民支援を行うことが可能になった。これは、政府の補助や、昭和十一年に成立した、満州国における居住、就業に関する日本人への自国民待遇の付与を背景に、移民を相互支援や互助組織に基づいて行うというもので、特に地縁的なつながりが重要な役割を果たすという点で海外移民の伝統を部分的に引き継いでおり、さらに農村更生という点でも、一九二〇年代における自立支援としての移民政策という理念を、共同体の再建という形に修正しながら、発展的に継承していた。図18‐3に示されているように、昭和十三年以降、新京の北東方面、特に肥沃なハルビン（哈爾浜）以北の満州国北部地域に多くの開拓団が入植することとなる。

また、満州移民は海外移民と同様、地域的偏差が激しかった。表18‐4に示したように、最大の移民送出県は長野県で、熊本県や福島県は明治以来の海外移民送出県であったが、全体として明治以来の海外移民の送出県が満州移民の送出県になったわけではなかった。蘭《あららぎ》信三によれば、こうした地域偏差の違いは、移民募集など、地方行政当局の姿勢に違いが存在したためであった(31)。満州移民は、関東軍や陸軍省、拓務省が積極的に推進したため、国家事業として理解されているが、日本政府が国民に満州への移民を強要できたわけではない。また、国家補助にも限界があった。満州移民は国策事業として実施されたが、それを具体化するには、地方行政の協力、移民自身の意欲や、地域的相互支援が必要であった。その意味で満州移民は、満州支配の強化といった単純な政策目的から演繹的に実施できるようなものではなかった。

表 18-4 満州移民送出数上位県　（上位 10 県）

道府県名	累計人数
長野	37,859
山形	17,177
熊本	12,680
福島	12,673
新潟	12,641
宮城	12,419
岐阜	12,090
広島	11,172
東京	11,111
高知	10,082

蘭『「満州移民」の歴史社会学』59, 92 頁。

さらに満州移民に関し、現地の農業経営、特に日本人による地主経営をめぐり、非合理的な偏見が存在している。世界恐慌下の農村恐慌の時代、加藤完治は満州移民を貧農救済の解決策として位置付けていた。そのため、満州移民はその当初より、自作農として自立することが想定されていた。これも、一九二〇年代以来の自立支援としての移民政策という理念を反映していた。とはいえ、現実に貧農を満州に移民させたところで、それで彼らが自立できるわけもなかった。その意味で満州移民による自作農の創設という理念は、目的意識の先行した、非現実的な観念論に過ぎなかった。しかも他方で、満州には満州の農業労働事情が存在した。たとえば昭和十年頃、海外拓殖委員会に提出された「北満ニ於ケル満人中流農家ノ営農例」と題する史料は、満州における農民の実情について、次のように記していた(32)。

> 現在満州ニ於ケル多クノ労働者タル赤手空拳ニシテ独身ノ徒ハ所謂農業苦力トシテ他家ニ傭ハレ、多年労働ノ結果、多少ノ貯蓄ヲ得、然ル後、北満ニ於ケル人煙稀ナル未墾ノ地ニ至リ、小作経営ノ傍ラ他人ノ払下ゲタル土地ヲ開墾シテソノ報酬トシテ新開墾地ノ一部ヲ取得スルカ若クハ払下ゲタル未墾地ヲ自ラ開墾シテ之ヲ既墾地トスル以外ニ方法ナキガ為メ、二十五町歩ノ自作農トナルニハ殆ド一生ノ年月ヲ要ス。

満州の農業経営は、小作人ないし農業労働者に依存していた。そのため、こうした状況下で、しかも大規模かつ効率的な農業経営を行うには、日本のような家族経営を基礎とする小規模自作経営は不向きで、小作人ないし農業労働者を雇用する集団的経営を採用する方が合理的であった。日本の内地でも、二十町歩を超える農地所有者は、中規模地主に相当した。満州移民に関する研究は、移民実施当初の、錯綜し、実情から乖離した理念に注目しながら、その背景や実態、変容を合理的に捉えようとせず、たとえば満州国における低価格での土地接収などに注目し、その収奪性を強調したり、自作農の理念と地主経営という現実の矛盾を指摘したりするなど、画一的である。とはいえ、土地接収価格が低価に過ぎたことは『満州国史』も認めているが[33]、その後、改善がなされなかったわけではない。しかも、地主が中国人から日本人に交代したことで小作契約が解除されたとすれば、その方が社会不安を助長したはずである。

さらに土地経営者の交代は、小作人や農業労働者にとって、実質的な待遇改善となった。日本本国における小作料は収穫の四十%から五十%程度であったのに対し、小林英夫によれば、満州における一般的な小作料は水田、畑作共にほぼ四十%、しかも日本人が満州人や中国人に貸した小作料は、水田で約十%、畑作で約二十%と低率になっていた[34]。満州において日本人相互間でなされた小作料は、水田で二十九・七%、畑作で三十六・六%となっており、満州人や中国人に対する小作料はこれより低かった。低価格の土地接収は、間接的に小作料の引き下げにつながったことになる。その上、日本の地主経営は、地域に対する共益的負担も負った。さらに日本人移民は、自ら耕作することを前提として移民しており、小作人や農業労働者との契約を結んだ場合でも、彼らに対する支配者として移民したわけではなかった。こうした点に関連し、北海道の小作人の次男に生まれ、加藤完治の日本国民学校に学び、昭和十年に哈達河《ハタホ》開拓団先遣隊の一員として渡満した笛田道雄は、中村雪子の取材に対し、次のように応えている[35]。

農業も立派な企業として認められている以上、その経営利潤を追及して然るべき筈だし、労働力を適当な金銭に置きかえる行為は何等逸脱した行為ではない。二十町歩の耕地の管理が(夫と妻とそれに付随している足手まといの子供達と……)こうした構成でできるものであるかどうか。考えてみたら一目瞭然だろう。優秀な傭人を駆使して経営することが罪悪かのように思うようではその者の感覚を疑いたくなる。たとえ金銭で契約が結ばれていた苦力でも情と意とに変りなく、この人々の心を捉えて動かすことがどれだけ大変なものであるかを知る必要がある。[…]開拓地の生活でも優れた人間管理を行い得る者は優れた経営者として生産を上げ得る者であった。[…]

[…]

開拓地では経営主自らが大勢の雇人の先頭に立って働いたし、又指揮をした。ふところ手をしてその後方からの掛け声だけでは苦力たちの誰も本気になって動きはしない。

既述のように、国家事業としての海外農業移民は、一九二〇年代のイギリスが先駆的に実施していたが、十分な成果を挙げられなかった。これに対し、日本の満州移民が自らの失敗の歴史を克服し、開拓地への定着に成功した要因は、複合的であった[36]。すなわち、イギリスの海外移民をはじめとする世界的潮流、一九二〇年代の日本における自立支援としての海外移民補助政策の開始、国民による国家的義務の自覚、そして満州国の成立に伴う軍部の要請やそれによって開始された国家事業としての移民支援、有志による実験移民の成功、さらに満州国における日本国民の居住条件の自由化などが、環境要因として存在した。そうした背景の下、一九三〇年代後半の日本の満州移民は、移民を送出する地域や社会的結合体による、相互扶助に基づく農業再建、自立化の試みとして本格化した。その上で移民家族は、入植過程において、満州移民実施当初の、実態から乖離した観念的理想主義を修正し、現地の慣習や社会状況に順応しながら合理的経営を導入することによって、事業を定着させていったのである。

◇

満州国は、統治機構として中央集権制を採用し、各院、各部局長に満系有力政治家ないし官僚を起用しながら、日系官吏が掌握する総務庁によって全体を監察、統括しつつ、各部局長の下に日系官吏が実務を掌握する総務処や日系の処科長を置いた。満州国の建国当初、関東軍はこうした制度を通じ、独立国としての満州国を、監察機構を通じて間接的に統括しようとした。しかし、その一方で、満州国の実務部局に多数の日系官吏が就任したことで、総務庁と実務担当者の間に軋轢が発生した。そこで満州国は最終的に、中央集権的な制度的外観の下、実務を担当する日系官吏による稟議制的体系を備えることで、統治機構としての安定性を実現した。さらに日本本国においても、満州国を外国として扱う部局たる外務省と、国内の延長として扱う部局たる拓務省の両省の権限を縮小する対満事務局が設置されると共に、各省庁間の連絡機構が創設され、これにより、満州国における日系官吏の稟議制に対応する本国側の政策調整が可能になった。これは実質的に、関東軍による独占的かつ間接的な満州国統制から、日本の文官機構全体による満州国の実務支援への移行を意味していた。

対満事務局の設置後、満州国における日本の治外法権撤廃に向けた準備が進められ、昭和十一年六月に、満州国における日本人の居住、就労および土地取得を自由化する日満条約が締結された。これは、日本人に満州国における自国民待遇を与えるもので、昭和七年の日満議定書に続き、満州国の保護国としての地位をさらに確定させる条約となった。そして翌年、満州国における近代法の制定、司法制度改革の成果を踏まえ、治外法権の撤廃が行われた。これには、日本人に対する裁判を、満州国法が適用され、日本人が判事となる特別法廷において行うことや、神社、教育行政に関する日本の行政権を存置することなどの条件が付随していた。それは部分的に、中国における欧米諸国の治外法権撤廃交渉における条件に通じていた。と同時に、満州国における治外法権撤廃は、それが満州国民と日本人の均等待遇の実現と一体化したこと念をも反映していた。

日本は、満州国における中央集権的制度の導入と日本国民と満州国民の均等待遇の実現を優先する一方で、立法院、すなわち議会の導入に消極的であった。つまり、日本の満州国統治は、満州国内に居住する日本人と満州国民に対する均質的行政の施行を重視していた。対してイギリスは、独立を求めるインドに対し、インド国民の地方参政権を拡大すると共に藩王国を含めた連邦制の導入を目指す一方で、ドミニオンに対してその独立的地位を認めながら、帝国特恵を導入した。他方、アメリカはフィリピンに対し、十年間の片務的関税制度の採用と試行期間後の憲法に対する国民投票を条件に将来の独立を承認する一方で、ラテンアメリカ諸国に対しても、選挙を通じた各国の民主化を促進することで、地域全体の安定を図り、アメリカによる直接的な外交的、軍事的干渉を抑制しようとした。つまり、イギリスもアメリカも、民主化の促進を、自国を中心とする政治的経済的勢力圏安定化のための中心的手段として位置付けていたのである。しかもイギリスは、そのような段階的民主化を通じ、多様な地域を多様なまま統合していくことを理想とし、また、それを効率的な統治手段として位置付けていた。対してアメリカの場合も、理念の共有を重視し、政治的、行政的干渉を抑制したことで、かえって政治や行政の均質化に対する志向を弱めていた。このように、日本とイギリスないしアメリカにおける、自国を中心とする広域勢力圏の政治的、経済的安定を実現するための方法的展望は、対照的であった。

こうした、集権化と均質的行政を効率化と捉える日本の行政優位の国家観、社会観と、民主化と分権化を理想とする英米の国家観、社会観の違いは、以下に示すように、一九三〇年代における それぞれの不況対策とそれを背景とする外交政策にも強く表れた。総じてイギリスやアメリカは、分権化を効率的と見なすか、あるいは集権化に多大な制約が課せられていたため、全体を統括する政治的主導権が強力に発揮される結果となった。他方、日本の場合、中央集権による効率化を目指した結果、かえって各部局間の対立が発生し、特に対中国外交において現地の独断行動まで引き起こされ、昭和十年から十一年にかけて多大な政治的混乱を内外に生じさせた。こうした、中央集権を目指した結果、混乱を引き起こすという状況は、建国当初の満州国統治においても同様であった。と同時に、そうした政治的混乱の中、満州移民やあるいは支那事変の遂行といった過大な負担が一般国民によって担われ、様々な国策の遂行を可能にした。その意味で、満州国の発展を含めた一九三〇年代の日本の諸政策は、政府の指導力不足や形式的中央集権制度の弊害を上回る、国民的努力と犠牲の上に成立していたのである。

第十九章　イギリス自由主義とアメリカ自由主義の相克

第一次世界大戦後、ドイツの賠償問題や連合国間の戦争債務問題は、イギリスの積極的判断、すなわち、自ら一定の負担を負いながら、アメリカの協力姿勢を引き出そうとした判断によって、一応の解決に達した。しかし、世界恐慌の発生後、ドイツによる賠償支払いや、アメリカに対するイギリスやフランスの戦争債務の償還は、困難になった。一九三〇年代初め、ヨーロッパではそれらを含めた金融不安に対処するため、ローザンヌ会議、次いでロンドン世界経済会議が開催された。しかし、これらはアメリカの非協力的態度のため、十分な成果を挙げられなかった。その背後には、アメリカにおけるニューディール政策の開始に伴う制約や、フランクリン・ローズヴェルト大統領の判断が大きく影響した。そのため、国際的な合意を作り上げ、経済危機に対処しようとしたネヴィル・チェンバレンの構想は挫折する。こうした状況は、一九三〇年代を通じてのイギリスとアメリカの対照的な外交、通商政策を生み出す重要な背景となった。

以下、イギリスに関し、ロバート・セルフのネヴィル・チェンバレン伝、スコット・ニュートンの経済史および外交史研究、ピーター・ベルの再軍備計画に関する研究、アン・トロッターおよびステファン・エンディコットの極東政策研究、R・A・C・パーカーの宥和政策研究に依拠しながら、また、アメリカに関し、フランクリン・ローズヴェルト政権を多元主義という観点から捉えたジョージ・マクジムシーの包括的研究、ロバート・ダレックの外交史研究、マイケル・バトラーの通商政策史研究、ドロシー・ボーグの極東政策研究に依拠しながら、ヨーロッパにおける国際経済会議の失敗に始まり、アメリカのニューディール政策とその影響を受けた外交政策、イギリスの経済、再軍備、外交政策、そしてイギリスのスターリング圏や帝国特恵に対するアメリカの対応を概観していく。次いでそれらを踏まえ、一九三〇年代半ばに問題化する日本を含めた海軍軍縮問題や中国における幣制改革問題に対するイギリスとアメリカの対応を検討し、最後に一九三〇年代半ばにおけるイギリスの宥和政策とアメリカにおける孤立主義をそれぞれ対比的に検討する。こうした検討を通じ、外交政策を各国の国内情勢や歴史的に形成された政治的価値観、行動様式などに基づいて理解していこうとするこれまでの記述を総括する意味合いも込めて、一九三〇年代の日本をめぐる国際情勢と、日本と異質なイギリスおよびアメリカ外交の諸相を捉えていく。

一　国際金融、経済政策をめぐる相互不信

一九三一年八月に成立したイギリスの連立内閣は、一九二九年選挙の敗北やインド問題で動揺した保守党執行部を再建したネヴィル・チェンバレンの主導下で、十月に総選挙を実施した。これによりネヴィル・チェンバレンは、労働党左派を壊滅させると共に労働党執行部を擁立し、他方で自由党の反ロイド・ジョージ派と提携し、自由党のロイド・ジョージと保守党の右派を排斥しながら連立政権を継続した。その結果、一九三〇年代のイギリスの財政、帝国、外交政策は、ネヴィル・チェンバレンの主導権がさらに強化される中で、展開していくこととなった。

ネヴィル・チェンバレンは、実業方面で活動した後、バーミンガム市長を経て一九一八年にほぼ五十歳で下院議員となった。父のジョゼフ・チェンバレンや異母兄のオースティン・チェンバレンに比べ、国政への参加は遅れたが、一九二四年から一九二九年まで保健相として、保守党内で革新的な政策を進めており、一九三一年の総選挙後、連立政権内で決定的な地位を占めた。チェンバレンは感情を表面に表さず、内気で社交的でもなかったが、直観よりも努力や分析を重視し、問題に対して常に解答を提起しようとする気質を持っていた。趣味として、文学や音楽、特にシェイクスピアとベートーヴェンを好んだ。モーツァルトを除くオペラには熱意を持たなかったが、芸術の好みは古典志向で、モダニズムを嫌悪した。また、鳥類への関心、狩猟や鮭鱒釣り、蘭の栽培など、博物学的な趣味も持っていた。ただし、その志向は総じて個人主義的であった(1)。

チェンバレンは政治を目的化せず、行政に対する関心を優先していた。そのため、政治的駆け引き以上に、政策課題に対する分析、対策の提起、そして他者を説得する能力を生かして、政府内における地位を確立していた。その点でチェンバレンの政治手法は、アメリカにおけるフランクリン・ローズヴェルトの政治手法、すなわち、ブレイン・トラストを駆使する一方で、多元的な利害を政策の中に組み込んでいく手法とは対照的であった。さらにチェンバレンは、イギリスにおいてニューディールに通ずる積極財政を掲げたデイヴィッド・ロイド・ジョージや、あるいはアメリカのニューディール政策において権利保護が進められていく労働組合を敵と見なし、侮蔑していた。チェンバレンは、既述のような関税の導入や帝国特恵の成立に尽力した後、それと並行ないしそれを引き継ぐ形で、アメリカとの債務問題や経済問題に関する交渉を進めていくが、そこでアメリカとの深刻な政治手法や価値観の違いに直面することとなる。

一九三二年六月二十日のフーヴァーによるモラトリアム宣言を受けて、イギリスとフランスは、一九三二年を通じても支払い猶予の継続を期待していた。そうした中、一九三二年六月十六日にローザンヌでドイツの賠償問題をめぐる国際会議が開催された。チェンバレンは第一次世界大戦後と同様、債務と賠償の相互放棄を目指したが、フランスは七十億マルク、後に四十億マルクの賠償を要求した他、賠償を放棄する代償として、市場で売買可能な

ドイツ鉄道長期公債などを要求した。対してドイツは、二十億マルクの支払いを主張した。そこでチェンバレンは、ドイツに三十億マルクの支払いを受け入れさせる一方で、フランスの説得に当たり、七月八日に合意に達した。チェンバレンは、フランスとドイツの対立を調停することで問題解決を図ろうとしたが、債務問題の最終解決はアメリカの態度次第であった。そのため会議は、会議の合意に対する各国の批准をアメリカとの合意が成立するまで延期する措置を取って終了した。ローザンヌ会議は、チェンバレンがバーミンガム市長以来、培ってきた交渉力を、国際会議の場で発揮する機会となった。ロバート・セルフはこれを、六年後のミュンヘン会談に向けた第一歩であったと評価している。

ローザンヌ会議の成果は、アメリカに戦争債務問題の再検討を促すきっかけとなることが期待されていた。イギリスでは、十二月十五日に予定されたアメリカに対する二千七百万ポンドの支払いは、増税なくして不可能と試算されていた。しかし、増税は困難であった。そこでイギリスは、他国から受け取る金額を債務支払いに充て、それ以外のイギリス債権を放棄するという一九二二年のバルフォア宣言を援用しながら、債務放棄を避けるための手段として一時的に支払いを中止するという提案をアメリカに行った。しかし、スティムソン国務長官の態度は強硬で、モラトリアムの継続すら困難であった。しかも、イギリスによる債務不履行は、ドイツやオーストリア、アルゼンチンといった他の債務国の動向や、何よりイギリスの国際的信用や経済分野における主導権に悪影響を及ぼす危険があった。そのため、アメリカへの債務の支払い停止を主張する閣僚も存在する中、チェンバレンは支払いに応じる方向に傾いた。とりわけ、十一月末のイングランド銀行総裁モンタギュー・ノーマンとの会談をきっかけに、チェンバレンは、最終的な債務不履行は避けられないとしても、最善の解決を模索できる間はそれを回避すべきと判断した。さらに、アメリカの強硬な態度に照らし、乞食のような態度で自らの品位を落とすべきでないとして、十二月十日に九千五百万ドルの金建ての支払いに応じることとした。ただし、支払いに際してチェンバレンは、これが通常の支払いの再開に当たらないことをアメリカ側に通知し、将来の最終解決に向けた暫定的な措置とした(2)。

この間、アメリカでは一九三二年十一月の大統領選挙で、民主党のフランクリン・ローズヴェルトがフーヴァーに大勝していた。ローズヴェルトは選挙戦でフーヴァーの積極財政を批判したが、その時点で独自の政策を打ち出していたわけではなかった。ただし、フーヴァーがヨーロッパの戦争債務問題と景気問題の関連を重視したのに対し、ローズヴェルトのブレイン・トラストとなるコロンビア大学教授のレイモンド・モーリーは、戦争債務と景気問題を結び付けることに反対していた。ローズヴェルトも、国際的な経済対策を重視せず、経済不況を国内問題として捉える立場を取った(3)。そこで大統領就任後のローズヴェルトは、債務問題や通貨問題の国際的解決を求めるイギリスに対し、一貫して国内優先の対応を示し、その要望に応えなかった。しかも両国の対立には、利害対立ばかりでなく、国内政治状況や、ローズヴェルトとチェンバレンの政治手法や価値観の相違といった問題も絡み合っていた。

前任のフーヴァーは、律儀、真摯を尊び、宣伝を嫌い、クウェーカー教徒としての信仰心から、政治家というより中立的な行政官僚として行動したが、これに対してローズヴェルトは、芸術的関心を持たず、分析を好まず、ポーカーを趣味にするなど駆け引きや好機に際しての賭博的な決断を重視する、純粋な政治家としての気質が強かった。ローズヴェルトは、協調的な人間関係を志向したが、かえってそのためにブレイン・トラストや側近に多くを委ね、方針の決定と遂行に際しても、説得や合意を重視し、直接的行動を回避する一方で、自分が問題の中心にないと感じると、それに対する興味を失ってしまうところがあった。さらにブレイン・トラストの人員も交代した上、ローズヴェルトの目的意識は一貫していても、それを実現する方法は変化し、さらに決断時期に関する自信は秘密主義をもたらした(4)。こうしたローズヴェルトの気質によって、その政権初期の施政は総花的で、多方面の利害を組み込んだものの、そのため全体的統一性を欠き、景気政策においても労働政策においても、効果を分散させた。そこで一九三四年以降のローズヴェルト政権は、結果的に産業界に有利に機能した労資協調を修正し、労働者の権利保護を積極的に進め、革新的姿勢を強める方向へと変化していく。

世界恐慌当初、ローズヴェルトは楽観的で、景気はほどなく回復すると観測していた。しかし、その後の状況の悪化を受け、ローズヴェルトは大統領選挙期間中の七月二日の演説で、ニューディールを提唱した。そして大統領就任までにモーリーなどのブレイン・トラストを集めた。ローズヴェルトは政策の決定に際し、助言者や関係者に合意の形成を求め、一方的な意見ではなく妥協を採用し、政治的理念としても、フーヴァーの「秩序ある自由」に対し、連邦政府がより積極的に国民諸階層間の協力を促進していくことによって、不況に対処しようとした。ローズヴェルトは九月にサンフランシスコで行った演説において、フロンティアが個人に機会を提供し、また、産業生産が需要を満たせない状況において全体はうまく機能したが、フロンティアが消滅し、企業の巨大な富が機会を制限するようになったことで、政府が投機などを規制し、個人の自由を保護することによって全体の均衡、調和を実現する必要が生じたと述べていた。ローズヴェルトのブレイン・トラストも、アメリカ経済が大企業の覇権に向かっていると捉え、富の再分配を実現するために政府権力を行使しようとした。こうした立場からローズヴェルトは、共和党の革新派をも取り込むため、かつてセオドア・ローズヴェルトの革新党に参加したハロルド・イッケスを内務長官に起用した(5)。

一九三三年三月五日の大統領就任後、ローズヴェルトは銀行休業を宣言し、十二日の炉辺談話で国民に事態の鎮静化を訴えるなど、金融混乱に対処した。次いで、農業調整法、証券市場規制、テネシー渓谷の公共事業、産業復興法、そして通貨膨張と価格高騰による所得増加政策などの恐慌対策を打ち出した。これらは連邦政府の権限行使の拡大を引き起こしていくが、アメリカ連邦制度の枠組みにおいて、中央集権的な施策を実施するには、理念的にも実際的にも限界があり、それがニューディール政策に付随する様々な現象をもたらすことになった。

ローズヴェルト政権は、農業対策を最重要課題に位置付けていた。世界恐慌下、農業団体の多くが政府に農産物価格の固定化と余剰生産物の海外輸出を要望していた。そこで様々な農業団体との検討を踏まえ、ヘンリー・A・ウォレスの主導下で、農業調整法の素案が作成された。その当初案は、農務長官に、生産調整に関する農家との契約締結や、農産物価格に関する農家と加工業者の契約調整に関する権限を与えるというもので、そのねらいは、農村部と都市部の購買力を調整することにあった。とはいえ、農業政策をめぐり、農業調整局長官に任命されたジョージ・ピークとウォレスが対立した。ウォレスが生産制限による農産物価格の上昇を目指したのに対し、ピークは外国との合意を通じた貿易の拡大と関税による農業保護を主張していたからである。しかもピークは、国内の高価格と輸出補助による対外的な低価格という二重価格体系を主張していた。そのためピークは、低関税による互恵通商体系の構築を目指したコーデル・ハル国務長官とも対立する。ところが、農産物価格が下落する中、ローズヴェルトは、地方の農業生活に理想主義的な思い入れを持ち、農業生活は自立を保証するものと考え、都会の失業解決の手段として都会の人々を地方に再配置することを構想していた[6]。

ウォレスの目指した生産調整に関し、綿花農家はその九十八%が契約に同意し、生産調整が進められた。他方、一九三三年秋より、とうもろこしと豚肉に関する契約が進められ、補助金の支給により、とうもろこし作付面積の二十%から三十%、豚肉生産の二十五%の削減を目指したが、契約の作成に当たった農業調整局の現地役人は、地主と小作人との関係を調整する必要に直面した。そのため、契約は、とうもろこし農家の二十五%、豚肉生産者の六十%ないし七十%にとどまった。また、小麦についても、高価格を享受した冬小麦と価格暴落に直面した春小麦の間の生産調整に支障をきたした。さらに南部では、年収が五十ドルに満たない小作人の待遇問題に対処する必要もあった。しかし、ピークの後任のチェスター・デイヴィスは、農産物価格の上昇によって地主小作人関係の問題が解消されると判断し、地方農業地域における貧困問題に十分に取り組まなかった。そのため、一九三三年から一九三四年にかけて、地方農家の十五%が救済対象になったに過ぎなかった。総じて農業政策は、農家の収入増加、融資、生産調整に限定的に成果を挙げたものの、市場調整や地方社会の改革に成果を挙げられなかった。ニューディール政策は農産物価格の上昇を優先したため、農業の生産効率、利益率の向上や、経費引下げの他、消費者の保護や地方における所得再分配などについても、成果を挙げられなかった[7]。

ローズヴェルトは、農業調整法への署名と同じ日、連邦緊急救済法に署名し、ハリー・ホプキンスが連邦緊急救済局の長官に任命された。これにより、州政府への融資が進められることとなった。さらにテネシー渓谷開発公社の設立は、単なる公共事業という以上に、水力の計画的利用、電力供給による地方開発など、幅広い事業を含んでいた点で、多元主義的なローズヴェルトの構想を典型的に反映していた[8]。

産業復興計画に関してローズヴェルトは、当初、連邦政府が中心となる政策に消極的で、州による賃金と労働時間の規制を支持していた。しかし、産業界への政府支援を主張するジェイムズ・ウォーバーグや、大規模な産業計画により農業政策を補完しようとするヒュー・ジョンソン、レクスフォード・タグウェル、ウォレス、さらに大規模な公共事業を求めるロバート・ワグナーやラフォレットなど、様々な立場が交錯していた。その一方で上院は、ヒューゴー・ブラックの提案による週三十時間の労働時間制限法案を可決した。ローズヴェルトはこれを、憲法に抵触し、労働者の購買力を低下させるものと判断し、フランシス・パーキンス労働長官に修正案の作成を指示した。これを受けてパーキンスは、賃金保障と労働時間規制のための産業委員会の設置案を提案する。さらにワグナーが中心となり、雇用と賃金を維持するため、連邦政府に特定産業における最低価格の設定権を与えること、産業界に生産、価格、競争を規制する規約作成を認めること、政府機関がその規約を監視すると共に、賃金と労働時間を規制し、労働者の組織結成と団体交渉権を保証することなどを定めた法案がまとめられ、公共事業計画もこれに含められることとなった。

労働組合と団体交渉権については、法案中の第七条a項で規定された。産業界はこれに反発したが、最終法案は、産業界に価格と生産統制の機会を、労働者に賃金と雇用を与えることを目標とした。法案の最終段階で公共事業が問題になり、大規模な事業に対する政府内の反対意見は強かった。しかし、ローズヴェルトとモーリーはこれを承認した。と同時にローズヴェルトは、それらの実行のため、ガソリン、砂糖、株式配当利益に対する新規課税を導入する一方で、酒税を復活させ、全国産業復興法と禁酒法廃止とを結び付けた。(9)

こうして成立した全国産業復興法は、利害団体の異なる期待を包摂した妥協的な性格を帯びていた。同法の産業部門に関する規定は、対立する諸階層間の和解、協調の促進を目指し、労働者は組合結成と団体交渉権を、資本家は価格と生産調整に関する権限を獲得した。全国産業復興法は、公正な競争、適正価格、生活賃金の保障などと共に、自主的な協力や価格上昇による景気回復を目指していた。復興法の執行機関である復興局の長官には、ヒュー・ジョンソンが就任した。とはいえ、協調による経済再生という点で、復興局の試みは失敗した。しかも、復興局は専門家によって運営され、集権的性格を強めていったため、産業界は、その専制的、国家主義的傾向を批判した。さらに一九三五年一月、連邦最高裁は、復興局の石油産業規約を違憲とする判決を下した。産業界にとって復興局は、価格上昇以上に賃金を増加させながら労働時間を制限するという、不可能を要求していた。他方、労働者側も政府の対応に満足せず、サンフランシスコの船渠でゼネストが発生するなど、労使紛争が激化したばかりか、ストライキを決行した労働者に対する実力行使も続いた。(10)

こうした中でワグナーは、新規の労働関係法案を準備し始めた。それは、全国労働関係局を創設し、被用者による組合の結成と、団体交渉権の保護に当たる権限を与えるというものであった。ただし、全国労働関係局に争議調停の権限は与えられなかった。五月二十四日、ローズヴェルトはワグナー法を支持する方針に転じたが、直後の二十七日、最高裁は全国産業復興法に違憲判決を下した。そこでローズヴェルトは、ワグナー法案の成立を最優先課題として位置付け、七月に全国労働関係法が成立した。初期のニューディールは、連邦政府による個別産業への支援措置を通じ、労使関係を協調的かつ生産的方向に誘導することを目指していた。これに対してワグナー法は、被用者の争議権を認めており、平和的な労使紛争の解決を進めるという目標からは後退していた。こうした展開は、ニューディール初期の多元主義、協調主義的な理念が十分に機能しなかった結果であった(11)。

以上のように、初期のローズヴェルト政権は、フーヴァー期に開始された連邦支出による公共事業を拡大的に継承し、また、連邦政府が、農業や工業などの各産業部門内における生産者と加工業者、産業界と労働者などの自主的な合意形成を促し、政府が必要に応じて補助金を支出することで、生産調整を実現し、国民生活を保障しようとした。さらに政府が公共事業を行う場合、それは地域開発や農業地帯の電化促進といった総合的政策として行われており、かえって地域的広がりや景気対策としての効果に限界があった。また、多方面の利害を組み入れるニューディール政策は、産業界と労働界の調整に成功せず、連邦行政の果たす役割が拡大する一方で、各産業界や社会階層の利害代表による働きかけが活発になった。その結果、ロビイストの活動を助長するなど、アメリカ連邦政府が多用な利害によって左右される傾向を強め、「ブローカー国家」とも評価される連邦政府の状況をもたらした。

その一方で、多元的な政策が国民諸階層間の協調、融和の実現に十分な成果を挙げられなかったため、一九三五年以降のニューディール政策は、労働、福祉政策に重点を置く、革新的、理想主義的な傾向を強めていくこととなった。

以上のような、多元的な利害を包容したために全体的な不統一や遠心的傾向を強め、そうした状況に理想主義的傾向を強めることで対応していくニューディール政策は、以下のように、アメリカの金融政策およびそれと連動した経済外交、さらにラテンアメリカ外交の他、イタリア‐エチオピア戦争やスペイン内戦といった対外危機に対する対応にも反映されていった。

大統領就任後、ローズヴェルトは国内の銀行取り付け騒ぎに対処したが、その一方で世界恐慌に対する国際協調と、ヨーロッパにおけるローザンヌ会議を受けた賠償、債務問題にも対応する必要があった。そこでローズヴェルトは、イギリスやフランス、ドイツ、イタリア、日本、中国、アルゼンチン、ブラジル、チリ、メキシコ、カナダの各国に、アメリカへの代表派遣を求めた。しかし、他方でローズヴェルトは、四月十九日に金の輸出を停止すると共に、農業調整法に通貨発行権を付与するトーマス修正を受け入れ、本格的な通貨膨張政策に踏み切っていた。当時、商品価格は一九二六年の五十九・六％にまで下落しており、ローズヴェルト政権は国内の負債問題を、破産でなく、物価上昇に伴う資産増加によって解消しようとし、さらに通貨膨張によって農家や労働者にアメリカ製品を購入するための資金を与え、製品価格の上昇を望む産業界の要望にも応えようとした。民主党は伝統的に通貨膨張に同調的であったが、ローズヴェルト政権の通貨膨張政策は、国際的なドル為替の低下および高関税政策の継続と一体化していた。すなわち、ドルの引き下げによって海外市場を回復しながら、投機による金の海外流出をも抑えようとしたのである。[12]

民主党の伝統的な政策体系において、通貨膨張政策はむしろ低関税政策と一体化しており、ローズヴェルトは大統領選挙に際して、共和党のスムート‐ホーリー関税を、産業を競争から守る関税として批判していた。しかし、政権発足後、ローズヴェルトは一転して、関税の引き下げに消極的な立場を取った。国内の物価高騰政策が輸入製品との競争上の不利を招来しかねなかったためである。農業調整法も、大統領に特定商品に対する課税権を付与しており、ローズヴェルトは綿製品への課税を決定した。ところが、これに対してイギリスは、金本位制からの離脱後、国際的な資金不足を解決し、貿易を安定化するため、金を大量に保有するアメリカとフランスによる国際市場への金の放出を必要と考えていた。しかし、アメリカは逆に金の保有を増加させ、ドル安によって貿易黒字を拡大し、さらに高関税政策を維持した。[13]こうしたアメリカの金融、通商政策の結果、国際通貨の安定問題は、第一次世界大戦の債務問題に並ぶ懸案となった。イギリスをはじめとするヨーロッパ諸国は、債務問題でアメリカの譲歩を得られず、不信を強めている時に、アメリカの高関税政策の下でのドル安という、新たな問題に直面したのである。

一九三三年一月末、チェンバレンは閣議において、債務問題に関するアメリカの説得に時間が必要との認識を示しながら、長期的にイギリスに有利な解決が得られる可能性になお期待していた。そこでイギリスをはじめ各国は、六月十五日の債務償還の支払い期日の延期を希望した。しかし、ローズヴェルトはこれを受け入れなかった。四月十二日以降、ローズヴェルトは訪米したラムゼイ・マクドナルド首相およびフランスのエドゥアール・エリオ首相との会談で、イギリスの債務に関し、利子を放棄すると共に過去の利子支払い分を元本償却に充当することで、負債総額を四十二億ドルから十二億ドルに削減し、これを十五年で償還するという構想を提案した。しかし、モラトリアムについては拒否した。会談は、世界経済会議を六月にロンドンで開催することを合意したのみで終わり、しかもアメリカは、世界経済会議で債務問題が取り上げられることを拒否した。その結果、ヨーロッパ諸国は通貨問題を会議における重要問題として位置付けることとなった。債務問題にせよ、通貨問題にせよ、ヨーロッパ側にとって、アメリカの協力が何らかの形で必要であった。

五月中旬、イギリスは六月十五日の債務支払いの停止ないし延期を求めたが、ローズヴェルトは債務を他の問題と切り離すよう求め、従来の主張を繰り返した。ただし、イギリスに全額支払い能力がなかったため、暫定的な支払いのみを行う方向で調整され、アメリカは一千万ドルの支払いを求めた。対してチェンバレンもアメリカの姿勢に態度を硬化させ、六月九日の閣議は、支払いに応じると際限がなくなるおそれがあるため、部分支払いでなく、形式的な支払いのみを行うこととし、一億オンスの銀をアメリカに支払うことを決定した。これは実質的に五百万ドルの価値に相当し、しかもこれは、ローザンヌ会議におけるイギリスの受け取り分に相当していた。支払いに際し、これを不履行と見なさないアメリカ側の保証も求めることとした。しかし、アメリカは銀建ての支払いを受け入れたものの、一千万ドルについては譲歩しなかった。そのため、チェンバレンはこれについても受け入れざるを得なかった(14)。

ローズヴェルトは、世界経済会議における債務問題の検討を拒否する一方で、一九三三年六月の償還について少額のみの支払いを受け入れることにより、債務の存在をイギリス側に確認させようとした。アメリカは、ヨーロッパ諸国への債権の放棄を認めず、債務の減額規模についてもヨーロッパ側の要望を容れなかった。さらにロンドン経済会議に対し、アメリカは代表に国際会議の未経験者や、自由貿易主義者のハル国務長官と、銀貨無制限鋳造と保護貿易を掲げるキー・ピットマンという、互いに意見の異なる人物を選出した。ハルは、互恵通商改革に関する立法を期待しながらロンドンに出発したが、ローズヴェルトに、ロンドン会議前に通商改革立法を成立させる意思はなかった。ローズヴェルトはロンドン会議に、景気回復への期待を持たせる一般的かつ当たり障りのない議決を期待していたに過ぎなかった。こうした、包括的かつ弥縫的で、問題の先送りを将来への期待によって糊塗する姿勢は、軍縮、債務、関税に関する五月末から六月初めのローズヴェルトの政策に一貫していた(15)。そのため、通貨問題をめぐってアメリカとヨーロッパ諸国の間で合意が実現する余地は、当初より制約されていた。

ロンドン経済会議は六月十二日に開会した。為替安定問題に関し、経済会議では当初、一ポンド＝四ドルで為替を安定させる合意が成立した。しかし、六月十二日にドル為替は一ポンド＝四・一八ドルまで下落していたため、ローズヴェルトは合意を拒否した。ローズヴェルトは、アメリカの関心が物価上昇にあることを徹底するため、モーリーをロンドンに派遣することとした。モーリーは六月二十一日に出発し、ロンドンで新たな仮合意を成立させた。しかし、ローズヴェルトはこれも拒否し、七月三日、為替安定を目指すのは「国際銀行の旧態然たる執着」であり、アメリカにとって国内経済の安定が優先されるとする声明を出した。これにより、会議は実質的に失敗に追い込まれた。その上、アメリカ代表団において、国際的合意と自由貿易を重視するハル国務長官と、保護貿易主義のモーリーが対立した(16)。そのためローズヴェルトは、ハルとモーリーとの選択を迫られた。

ローズヴェルト政権の国務長官に就任したハルは、ウィルソン政権時の関税改革に伴う所得税導入の中心的議員であった。マイケル・バトラーによれば、ハルは関税を、アメリカ北東部の産業利益を擁護し、南部および西部の農業利益を損なうものと考え、南部農村部の民主党議員として、反関税の立場を取っていた。ハルは、関税が農業保護に利するという主張に対しても、低関税が非農産物の価格を低下させることで農家の利益になり、また、アメリカの農産物輸出を増加させると反論した。第一次世界大戦前までのハルは、関税を国内問題と捉えていたが、一九一六年以降、自由貿易と平和の密接な関係を評価するようになっていった。すなわち、経済的障害から戦争が生じるのに対し、貿易は経済的繁栄を生み出し、武力対立を抑えるというのである。さらにハルは、植民地に対する特恵や、大国による軍事力、経済力を用いた植民地の利用を、アメリカの世界的な通商機会を失わせるものと考えた[17]。

こうしたハルの貿易中心の外交構想に対し、ローズヴェルトの経済に関する知識は限定され、ブレイン・トラストに依存していた。中でも、経済政策におけるモーリーの影響は大きく、しかもモーリーは、ハルと対極的な国家主義的経済政策を追求し、自由貿易に消極的であった。また、ブレイン・トラストは戦争債務問題に関しても強硬で、そこには、アメリカ国内の国際主義者に対する対抗意識も介在していた。大統領選挙中、ローズヴェルトは高関税を支持する方向に傾いており、政権誕生までにブレイン・トラストの影響を強く受けるようになっていた[18]。

ハルは、世界経済会議で貿易障壁の撤廃を訴えたが、経済会議を通じ、ローズヴェルトは通商改革に消極的であった。そのため、ハルは一時、国務長官としての職責を継続する意欲を失った。しかし、ローズヴェルトにとって、南部の有力議員であるハルの辞任は打撃となるため、それを押しとどめた。他方、モーリーは六月二十七日にロンドンに到着した後、ハルを批判しながら、独自の協定について各国と交渉に当たった。ところが、ローズヴェルトは、モーリーの協定も認めず、七月三日にロンドン会議を批判する声明を発していた。金本位国やイギリスはアメリカに反発したが、対して自由貿易と国際協調を望むハルは、独自の立場から各国とアメリカの関係悪化を緩和するよう努め、その点でハルはローズヴェルトにモーリー以上に評価された。バトラーは、アメリカ外交におけるロンドン経済会議について、ニューディール政策によってロンドン会議は失敗に終わったが、その一方でハルが外交における主導権を回復し、さらにハル自身が、個別の相互協定と最恵国待遇によって徐々に自由貿易を拡大していく路線に転換していったことを指摘している。ローズヴェルトの政策はモーリーに近かったが、ローズヴェルトは個別の政策内容以上に、ハルの権威や人気、南部民主党の政治基盤、旧ウィルソニアンに対する配慮などから、ハルとの関係を優先し、モーリーは実質的に失脚した。さらロバート・ダレックによれば、ローズヴェルトはハルの努力を通じ、各国に国際協力への希望をつなぎ止めさせようともしていた[19]。つまり、ローズヴェルトは、自らはドル安の下での保護貿易を支持していながら、国内政治上の理由と、他国との関係悪化を防ぐ目的から、保護主義者のモーリーよりも自由貿易主義者のハルを重用し、各国に将来的な期待を持たせることで、当面のドル安、保護貿易政策と、各国との関係改善を両立させようとしたのである。

しかし、こうした国内事情で国際会議を失敗に追い込み、将来への期待のみを抱かせようとするアメリカ外交に、イギリス側、とりわけネヴィル・チェンバレンは反発した。その上、一九三三年十月十九日、アメリカは金を国内および世界価格以上の価格で購入することを決定し、これに応じて農家融資のための復興金融公社に対し、アメリカ国内の新産出金の購入命令が出された。

とはいえ、一九三四年一月までに、金購入政策は物価上昇効果を得られなかった。そこで一九三四年一月十五日、ローズヴェルトは議会に、ドルを以前の五十％から六十％の価値で安定させる権限を要請した。その結果、一月三十一日にドルと金の相場について、一九三三年以前の五九・〇六％、金一オンス当たり三十五ドルという交換比率が設定された[20]。アメリカの金政策は、世界経済会議を失敗に終わらせた後に安定化するという、ヨーロッパ諸国にとって不条理な経過をたどったが、さらにそれと入れ替わる形で、今度は中国に深刻な影響を引き起こす銀購入政策が発動されることとなる。

アメリカとヨーロッパ諸国の戦争債務問題をめぐり、イギリスは自国の債務総額を八十億ドルから四億六千万ドルに削減することを求めた。しかし、ローズヴェルトはこれを非難した。一九三三年末、イギリスでは債務支払いへの反発はさらに強まった。しかし、チェンバレンは依然として、合意に基づく最終的放棄を目指して形式的支払いを行うこととし、閣僚を説得してローズヴェルトの了承も得た。その結果、一九三三年十二月十五日、イギリスとイタリアは形式的な支払いに応じ、イギリスから七百五十万ドルが支払われた。フランスは支払いを履行しなかった。対してアメリカでは、ハイラム・ジョンソン上院議員が債務不履行国に対する制裁法案を提出し、ローズヴェルトもこれを支持した。法案は一九三四年一月十一日に上院を通過し、アメリカ政府による債務不履行国発行公債の購入や当該国への融資が禁止されることとなった。ただし、ローズヴェルトは、外国政府に対してアメリカの個人融資に対する支払いをも求めることについては拒否し、その結果、ジョンソン法案の適用は、アメリカ政府に対する債務不履行のみに限定された。法案は四月四日に下院を通過、四月十三日に大統領による署名がなされた。同法案について、ロバート・ラフォレットJr.やジョージ・ノリスなど革新派が支持しており、ローズヴェルトはジョンソン法の成立によって、これらの議員との関係を強化した[21]。これは、ローズヴェルトが経済会議に関し、政策的に近いモーリーよりも政治的影響力のあるハルを選択したのと同様、政策的一貫性よりも特定政治家との関係を優先しながら、同時に対外的にわずかな譲歩を示し、将来への期待をつなごうとする政治手法が発揮された結果であった。

しかし、ジョンソン法の成立により、債務不履行回避のための形式支払いが不可能になった。そのため、イギリスは全ての支払いを放棄した。その後、チェンバレンは、一九三五年のベルギーの通貨切り下げや翌年のフランスの通貨切り下げに対し、実際的な立場から通貨安定のため、アメリカと協調する姿勢を示した。しかし、債務問題は、アメリカの独善的、自己中心的な外交および通商政策に対するイギリスの不信を決定的にし、チェンバレンの蔵相、首相時代を通じてのアメリカに対する態度、政策に反映していく。

以上のように、世界恐慌の下で迎えた一九三〇年代初め、イギリスはネヴィル・チェンバレンによる主導権の確立を背景に、国際的な賠償問題や債務問題、為替、金融の安定化について、欧米各国間の合意を作り上げることで、不況に対処しようとした。しかし、これに対してフランクリン・ローズヴェルト政権下のアメリカは、国内的に、多様な利害を組み込み、総花的なだけに統一性を欠き、内部対立まで含んだ経済対策を打ち出す一方で、対外的には、戦争債務問題でも、通貨安定問題でも、イギリスの目指した国際的合意の実現を阻害した。ローズヴェルトは、労資協調の実現や物価上昇、公共事業の拡大といった国内措置によって不況を克服しようとした。しかし、農業保護をめぐる生産調整促進と保護主義による内外二重価格政策の対立、労使問題をめぐる労働者の権利保護と産業界との対立、そして通商、国際金融政策における保護主義およびドル安を主張するブレイン・トラストと自由貿易を主張するハルとの対立に直面した。その上さらに、金融問題をめぐり、通貨安定を求める諸外国の要望にも対処しなければならなかった。

こうした中でローズヴェルトは、政権の安定とヨーロッパ諸国との関係を維持するため、実際に採用する政策よりも政治的人間関係を優先し、労使協調の実現に成果を挙げられない中で革新的政策傾向を強め、さらにヨーロッパ諸国の要望を全て拒否した上で将来の交渉に対する期待をヨーロッパ側に持たせようとした。対してネヴィル・チェンバレンは、戦争債務問題に関してその最終解決に期待し、何よりポンドの信用を維持するために暫定的支払いを繰り返した。しかし、アメリカは国内的な政治的配慮を優先し、債務不履行国に対する制裁措置を決定した。そのため、イギリスにとって、暫定措置が不可能となり、債務支払いの停止を余儀なくされた。これによって債務問題は、決裂という形で最終解決に至った。総じてアメリカが、政策課題に対する当面の総花的、場当たり的対応と、問題解決の先送り傾向を強めていたのに対し、イギリスは、長期的な視点から、当面の個別課題に対処しようとする傾向を示していた。この後も、アメリカとイギリスは、同様に対照的な内外政策を採用し、それは日本に対する外交にも反映していく。

二　経済圏の形成と安全保障政策

不況に対処するためのヨーロッパとアメリカの国際的協力が失敗に終わり、さらにドイツにナチス政権が登場したことで、イギリスはネヴィル・チェンバレンの主導権の下、以下のように体系化された不況対策、再軍備計画、外交政策を展開していく。他方、アメリカは、国内において国際問題への関与を回避しようとする孤立主義の気運が高まる中、ラテンアメリカに対する不干渉政策を進める一方で、保護関税政策の中に自由貿易協定を組み入れ、アメリカを中心とする自由貿易圏の広がりを形成しようとする構想を具体化し始める。その間、フランクリン・ローズヴェルトは、政権内部の対立や議会の動向といった様々な制約の中、将来的な大統領の権限拡大や国際政治への関与を見越し、時として政策方針と矛盾する、人材を使い捨てにするかのような人事判断までも行いながら政権を維持した。この時期のアメリカは、その理念からも、国内的制約からも、他国の立場や論理を理解する状況になく、それがイギリスや日本に対する一方的かつ批判的な見方を固定化することにもなった。

ネヴィル・チェンバレンは、一九三一年十一月より一九三七年五月に首相に就任するまで、蔵相を務めた。チェンバレンの蔵相時代は、イギリスが不況を克服した時期に当たり、その財政政策は、イギリスの外交、防衛政策の方向を定めた。チェンバレンの景気対策は関税と低利資金の供給を中心とし、一九三一年から一九三四年まで公共支出はむしろ削減された。チェンバレンの財政政策は均衡財政を貫いた点で、他のヨーロッパ諸国に比べて正統的で、大蔵官僚からグラッドストン以来の優秀な蔵相として評価された。チェンバレンにとって、公的支出の増加によって国内市場を拡大させようとする景気対策は、通貨下落や貿易収支の悪化、財政危機や増税を招く危険があり、均衡財政は、何よりスターリング圏の中心たるロンドンの金融的地位を維持するために必要であった。その点で一九三二年に導入された帝国特恵も、オーストラリアやインド、カナダといった債務国にイギリス本国への輸出を保証することで、それら諸国のロンドンにおける継続的な起債を可能にするものとなっていた。[22] チェンバレンは均衡財政の下、政府による経済への介入を最小限、すなわち、個別企業に対する市場経済や自由経済の過度な圧力を緩和することのみに限定しながら、民間主導の産業合理化を促そうとした。その点でチェンバレンは、アメリカのニューディール政策や、あるいは失業対策として積極支出を主張し、一九三五年にイギリス版ニューディールを提唱するロイド・ジョージを、全く評価しなかった。

スコット・ニュートンによれば、イギリス産業の合理化に向けた動きは一九二〇年代に始まり、世界恐慌下のマクドナルド労働党政権期に本格化していた。一九三〇年、イングランド銀行が四分の一を出資して産業開発銀行公社を設立した他、繊維業は、ランカシャー綿会社の設立によって綿スピンドルの競争を制限し、造船業は、全国造船業者保険の設立によって余剰造船所の買取と利用促進に成果を挙げていた。さらに一九三〇年に炭鉱法が制定され、産業の統合と大規模化を促進し、また、一九三二年に鉄鋼産業の再編が課題となり、産業界の合理化を条件に輸入関税を適用することとした。こうした対策により、一九三四年の生産は一九二九年の水準に回復し、その後も成長を維持した。

一九二〇年代のイギリスでは、アメリカのジェネラルモーターズやドイツのI・G・ファルベンを先例として、産業の統合、専門的生産、販売代理店の統合、科学的研究の推進に対する関心が高まっていた。それまでのイギリス産業が個人主義的で、過度な競争にさらされていることへの反省がなされた。とはいえ、企業の再編は、企業の自主的な判断と行動によって実現されねばならなかった。一九二六年に帝国化学産業が設立され、炭鉱、火薬、電気産業の統合が試みられた。さらに一九二八年、ブリティッシュ・トムソン‐ヒューストンやファーガソン・ペイリン、エディソン・スワン、メトロポリタン・ヴィッカースの統合によって、連合電気産業が創設され、一九二九年にはケーブル・無線会社が設立されるなどの動きが相次いだ。

世界恐慌の発生により、合理化や市場統制の動きは、カルテルの形成を促し、一九三〇年後半までに、比較的新規の産業ばかりでなく、繊維や農業といった競争の激しい分野においても独占化の傾向が強まった。しかも、こうしたカルテル化の流れは、国内の現象にとどまらなかった。失業や物価低落を背景に、企業間の合意形成は国際貿易にも拡大し、一九三〇年代のイギリスの諸企業は、外国の生産者と生産や販売、価格設定などに関する合意を形成した。合意分野は、電球や蓄音機、テレコミュニケーション装置、ラジオ、爆薬、鉄鋼、チューブ、レールなど、多岐に渡った。政府も、こうした産業の自主統制を支持した。[23]

一九三二年の輸入関税法の導入に際しても、チェンバレンはそれを、鉄鋼や綿産業の再編を促進するための措置として位置付けた。独立の輸入関税助言委員会が創設され、委員会には、衰退産業に対して自主再建を勧告する権限が付与された。チェンバレンの政策体系において、景気回復や失業の克服は民間部門の自律的発展によってなされねばならず、それに対して政府は、経済に介入するのでなく、放任的な自由経済の弊害を修正し、企業の合理化を進める補助的な役割、その意味で自由放任と国家管理の中間的な機能を果たすものと位置付けられていた。政府の個別企業に対する支援は、合理化に限界が存在する場合の個別対応的なものに限られた。こうした限定的な保護の下、一九三〇年代のイギリスにおいて景気回復の原動力となったのは、住宅建築であった。それは住宅費用の低廉化によって実現し、コンクリートや鉄鋼、ガラス、家具、家庭内商品などの需要も喚起した。しかし、景気回復は地域偏差が激しく、旧来の産業部門で豊かさの中の貧困と呼ばれる現象を引き起こし、サウスウェールズやスコットランド、北部イングランドにおいて、失業者と貧困が問題となった。[24]

そのため、チェンバレン自身、自らの財政政策が失業の減少に十分な効果を発揮していないことを認めざるを得なかった。しかし、チェンバレンは、失業問題に対し、アメリカや日本のような大規模な財政支出を行わず、小規模な個別対応の積み重ねによって対処しようとした。一九三四年十一月十四日、下院に特別地域法案が提出され、これにより、調査員が失業地域に派遣され、対策の検討に当たることとなった。とはいえ、失業対策に充てられる予算総額は二百万ポンドで、実施された政策も一時的な緩和策にとどまった。アメリカで大規模な財政出動がなされている中、チェンバレンの対応は不十分と批判されたが、それでも当初案は百万ポンドに過ぎなかった。チェンバレンは、長期の地域失業に対する国家の介入より、不況地域の社会問題を緩和する福祉行政を重視し、財政出動は、産業の再編が実現するまでの暫定措置とされた。そうした中で一九三六年に綿紡績法が制定され、委員会の下での余剰生産物の購入、廃棄といった生産調整にも取り組むことになった。[25]

セルフは、一九三〇年代のネヴィル・チェンバレンよる対独宥和政策を、以上のような緊縮財政と社会政策を中心とする経済政策と一体化した対外政策として位置付けている。また、ニュートンは、チェンバレンによる対独宥和政策の背景として、やはり一九三〇年代のイギリスの財政、金融政策を重視している。すなわち、一九三〇年代のイギリスは、国家による限定的な経済介入によって自由経済における過当競争を抑制し、修正自由主義経済の中で、スターリングを基軸とする国際貿易の発展を目指していた。対してナチス・ドイツは、為替管理や中東欧諸国とのバーター協定に基づく自給自足的な貿易決済体系を構築しようとしており、一九三三年以降、イギリスの銀行界や製造業界は、ドイツ市場を失う危険に直面した。その上、金融業界にとって、一九二〇年代のドイツへの融資に対する債務放棄も懸念された。こうした状況下で、ドイツの攻撃的な外交政策に再軍備や同盟外交によって対抗していく措置には、むしろイギリスの経済的信用を損なう危険があった[26]。

こうした中でネヴィル・チェンバレンは、政治的にドイツの正当なヴェルサイユ条約改定要求に応じ、経済的に硬貨（hard currency）と原料をドイツに保証することで、自由主義経済への復帰を促そうとした。一九三二年二月二日、ジュネーヴ軍縮会議においてドイツは、対等軍備の権利を主張し、九月にフランツ・フォン・パーペン政権は会議から脱退した。十二月、クルト・フォン・シュライヒャー政権は、対等の権利承認を条件として会議に復帰した。しかし、翌年のナチス政権の成立を経て、一九三四年一月にドイツは、三十万の陸軍とフランスの半分規模の航空兵力を要求した。イギリスは合意実現のため、フランスの説得に当たった。しかし、フランスはドイツの再軍備について検討すら拒否し、イギリスに軍事的保障を求めた。ところが、イギリスはそれに応じなかった。チェンバレンは、包括的、普遍的、集団的な安全保障の枠組みを支持したが、それは、イギリスを戦争に巻き込まない、限定的な措置にとどめられなければならなかった。

そこでイギリスは、フランスとイタリアとの協商や、あるいはソ連、ドイツ、ポーランド、チェコスロヴァキア、バルト海諸国が東方ロカルノを成立させ、締約国が他の締約国から攻撃を受けた場合、その他の締約国が相互援助を与えるという安全保障の枠組みを作ることで、フランスの懸念を払拭しようとした。対してフランスのルイ・バルトゥー外相は、イギリスの積極的な支援を求めた。しかし、イギリスのサイモン外相は、フランスにドイツの再軍備を承認するよう求める一方で、フランスがドイツにソ連からの攻撃に対する保障を与え、ソ連がドイツにフランスからの攻撃に対する保障を与えるという提案を行った。イギリスは多国間協商の構想を追求したが、フランスはこれを拒否し、ドイツも東方ロカルノを拒否したため、構想は実現しなかった[27]。

他方、ドイツとの金融的結び付きについては、イングランド銀行総裁モンタギュー・ノーマンが積極的であった。既に一九二〇年代を通じ、イギリスはドイツに多額の短期融資を行っていた。そのため、一九三一年にドイツから大規模な資本流出が発生すると、イギリスの金融界は、ドイツの債務不履行を懸念せざるを得なくなった。そこで一九三一年九月、英独間で債務に関する据え置き協定が成立した。これにより、一億ポンドの内の六千二百万ポンドを対象として信用を凍結し、利子の支払いのみを継続することとし、同協定はその後、毎年更新されていった。さらに一九三四年に英独間で債務支払い協定が成立し、ドイツはイギリスとの貿易で得たスターリングの五十五％をイギリスからの輸入の決済に充て、十％を債務償還のために積み立てていくことが合意された。ニュートンによれば、一九三二年の帝国特恵はドミニオンにスターリングを与え、債務償還を支援するものであったが、英独支払い協定もまた、それと同様の政策体系に基づいていた。これによってイギリスは、ドイツの対外貿易の一部を国際自由貿易圏内にとどめつつ、ドイツの対外債務の支払いを促進し、同時にそれをイギリスの景気回復にもつなげようとしたのである。(28)

しかし、こうしたドイツとの経済関係強化の一方で、チェンバレンは、ドイツの脅威に備えるための再軍備にも着手しなければならなかった。満州事変後のイギリスの再軍備計画については、エンディコット、トロッター、そして特にベルによる研究が詳しい。満州事変の勃発により、一九三二年三月二十三日の閣議は、十年間は戦争は勃発しないとする、イギリスの軍縮政策の根拠となっていた原則を撤回した。さらに一年後の一九三三年三月、ドイツでヒトラー政権が成立したため、イギリスは最悪の場合、二正面作戦を強いられる可能性に警戒しなければならなくなった。そこで帝国防衛委員会は、一九三三年十一月九日、防衛必需委員会の設置を決定した。同委員会は、イギリスの防衛上の欠陥を補う計画を閣議に提出することを目的とし、陸海空三軍の長官の他、外務、大蔵両次官を含んでいた。(29)

防衛計画の再検討に際し、ネヴィル・チェンバレンは、日英同盟の解消を失敗とする認識を示した。対してサイモン外相は、日本との関係は悪化しているわけではないが、日本は極東で領土や資源などを望んでおり、それを外交によって修正することは困難とする見方を示した。防衛必需委員会は、十一月十四日に第一回検討を行い、一九三四年二月二十八日に報告書を提出した。委員会開催に先立つ前年十月十四日、ドイツは国際連盟を脱退していたが、他方で東アジア情勢は、五月末の塘沽停戦協定の成立以降、安定していた。しかし、日本の友好的態度が今後も継続する保証はなく、中国問題や海軍問題で譲歩する見通しもなかった。こうした中、防衛必需委員会においてロバート・ヴァンシタート外務次官は、日本はイギリスが他地域での紛争に巻き込まれない限り、イギリスを攻撃することはないのに対し、ドイツに対してイギリスは影響力を行使できないとして、ドイツの脅威を強調した。しかし、海軍のチャトフィールドは、ドイツは長期的な脅威であるのに対し、日本は差し迫った脅威であり、しかも日本との友好関係を維持するため、強い立場を確保する必要があると主張した。さらにハンキーは、帝国防衛という観点から、ドイツが優先的な脅威であるとしても緊急性は低く、日本に対する警戒が優先すること、また、ドイツに対しては同盟国が存在するのに対し、日本に対してはそれが存在しないことを指摘した。

とはいえ、一九三三年末から三四年初めにかけ、オーストリア情勢が緊迫化する一方で、フランスでは政変が続いていた。他方、駐日大使館からは、広田弘毅外相や荒木貞夫陸相のイギリスに対する好意的な姿勢が報告されており、日英関係は改善の兆しを見せていた。そこでウォレン・フィッシャー大蔵次官は防衛必需委員会において、アメリカとの関係を優先して日本との関係を悪化させるのではなく、アメリカの制約から解放されることで、海軍問題でも日本の好意的態度が期待できるのではないか、という見解を述べた。アメリカとの関係より日本との関係を重視するフィッシャーの意見は、他の委員の支持を得られなかった。しかし、アメリカの政策が不安定で、それがイギリスに不利益をもたらしていることについて、意見は一致した。対して外務省は、日本の動向について、日本が中国とソ連に忙殺されている間、イギリスを攻撃することはないとし、また、満州における日本の活動を妨害せず、その商業的拡張は容認すべきであるが、貿易交渉においては強い態度を堅持すべきとする立場を示した。

軍備の充実に関し、フィッシャーやヴァンシタートは、空軍および大陸派遣軍の増強を提案した。これに対して陸軍のアーチボルド・モントゴメリー＝マシングバードは、陸軍予算の削減を警戒し、空軍ではベルギーなど低地地方に対するドイツの侵攻を抑止できないとして、空軍増強に反対した。海軍のチャトフィールドも、日本に対抗する必要から空軍の増強に反対した。帝国防衛を重視するハンキーも、空軍より海軍を重視した。最終的な防衛必需委員会の報告は、ドイツの脅威を強調しながらも、検討の基礎となった軍部の見解を反映し、極東の危険も重視していた。と同時に、委員会における検討を反映し、日本との関係改善の可能性と、日本が他地域の紛争、とりわけドイツの行動に便乗して行動を起こす危険性とを指摘していた[30]。

以上の報告を受け、一九三四年三月から四月にかけて閣議で検討が行われた。三月十四日の閣議でネヴィル・チェンバレンは、軍縮会議の失敗、ドイツとフランスの関係悪化、フランスにおける政情不安などを踏まえ、日本との関係改善の必要を強調し、日英不可侵条約を提案した。チェンバレンは、フィッシャーほどではないにせよ、アメリカとの協調を重視せず、日本との条約締結により本国の防衛に専念できる利点を強調した。日本との関係改善の必要について、異論は存在しなかった。ただし、三月十九日にサイモンが閣議に提出した外務省の覚書は、対日関係改善の利点と同時に、アメリカや中国との関係を犠牲にすることへの反対意見を述べており、また、日本に対して通商問題などで強い姿勢を示し、シンガポールを強化しながら、状況に応じて柔軟に対応する必要を指摘していた。しかも、四月十八日の天羽声明により、外務省は日本との関係改善にさらに否定的となった。その上、海軍軍縮をめぐり、日本の強硬姿勢が予想されていた。ただし、その点に関して閣議では、アメリカがイギリスと同等の海軍兵力を求めていることに対する不満も表明された。

日本との関係をめぐり、イギリスに二正面作戦を遂行する能力がないため、本国防衛を優先すべきとするフィッシャーと、日本の脅威を強調するチャトフィールド、アメリカとの協力関係が日本に対する抑止効果を持ち得るとするヴァンシタートらの意見が対立していた。これに対してチェンバレンは、日本との関係改善の必要を主張し、日本は中国の排他的支配を目指しているという反論に対しても、満州国の承認や勢力圏の分割に容認的な態度を示し、日本の権益との調和は可能という判断を示した。チェンバレンの判断の基礎になったのは、ドイツの脅威であったが、その一方でチェンバレンは、フランスとの関係や大陸派遣軍の強化を重視するヴァンシタートの主張を支持したわけでもなかった。五月十五日に検討された、低地諸国の領土保障宣言をめぐり、チェンバレンはハリファックスやサイモンらと共にそれを支持したが、軍事的関与は空軍による間接的支援で十分とした。チェンバレンにとって大陸派遣軍は、財政的に困難なばかりか、世論の支持も得られなかった。そこでチェンバレンは、防衛必需委員会の報告以上に、空軍を重視した[31]。

六月二十五日、チェンバレンの提案を基に、防衛必需委員会の軍備計画について検討が行われた。チェンバレンの提案は、世論への配慮と財政上の制約から、五年間の防衛不足分に対する支出総額を七千六百八十万ポンドから五千三十万ポンドに、その内、新規の海軍建設費を二千五十万ポンドから九百万ポンドに、陸軍拡充費を四千万ポンドから千九百十万ポンドに、軍事総支出総額計画を九千七百三十万ポンドから五千九百三十万ポンドに削減する一方で、空軍費を千五百三十万ポンドから千八百二十万ポンドに拡張するというものであった。陸海軍はこれに反発した。また、ハンキーは、日本の脅威を軽視する姿勢やドミニオンに対する配慮不足を批判した。しかし、マクドナルド首相をはじめ、閣議の大勢は、世論と財政状況の点からチェンバレンを支持した。対日関係の改善に関して批判も出されたが、チェンバレンは、日本がイギリスを攻撃するとは考えられず、あり得るとすれば中国に対する侵攻であるが、これは防衛必需委員会の報告を全て認めても阻止できないと反論した。また、極東問題で本国の防衛が危機に陥るわけでもなかった。その点に異論はなかった。

最終決定は七月二十四日に行われたが、海軍側の要求が改めて問題となった。しかし、チェンバレンは部分的に海軍の主張を容れながらも、その主張をほとんど認めなかった。委員会の報告と閣議での検討を経て、最終的に海軍予算の犠牲の上に、今後五年間の大陸派遣軍を含む陸軍拡充費を二千万ポンドに、同じく空軍の拡充費も二千万ポンドにすることが決定された[32]。

以上のように、一九三〇年代前半のイギリスは、国内における均衡財政を優先し、その制約の中で軍備計画を進めるため、空軍の増強に重点を置いた。イギリスの場合、国内における修正自由主義経済の下で、民間主導の産業合理化と景気回復を進めようとし、政府の経済介入は限定的ないし個別対応的なものとなった。そのため、政府の再軍備計画は、空軍の増強に特化した効率重視の内容となる一方で、外交政策は、交渉を通じたその時々の個別的な緊張緩和の可能性を最大限に追求するものとなった。満州事変後の対日関係改善に向けたイギリスの動きはこうした政策の表れであり、それはさらに、一九三五年以降のドイツに対する本格的な宥和政策へと継承されていく。

一九三〇年代のイギリスとアメリカの外交は、共に国内における当該期の国内秩序を守るために展開された。ただし、イギリスが均衡財政や民間主導の経済回復という原則を維持しようとしたのに対し、アメリカは、多元的な利害関係や世論を連邦政府の下に統合し、ニューディールの継続に向けた支持を獲得していくことを目標としており、その外交政策体系も、以下のように対照的であった。

政権発足直後の対外経済、金融政策に表れたローズヴェルトの外交方針、すなわち、アメリカの独自性を保ち、国際的拘束や負担を回避する一方で、世論に配慮し、将来への期待によって自らの国際主義的立場を示そうとした方針は、アメリカの安全保障や国際紛争に対する対応にも反映された。フーヴァー政権の末期、スティムソンは満州事変に対する不承認政策の継続をローズヴェルトに求め、ローズヴェルトもスティムソン・ドクトリンを支持した。ブレイン・トラストのモーリーやタグウェルは、ローズヴェルトに対し、フーヴァーの国際主義や満州事変への対応が戦争につながりかねないこと、日本を孤立させるためにヨーロッパ政策に重点を置いた結果、多くの犠牲が生じたことなどを指摘した。しかし、ローズヴェルトは中国への同情を表明した。国際的な平和主義者として、日本を非難する必要を認識したためであった。また、一九三二年二月に開始されたジュネーヴ軍縮会議に関しても、ローズヴェルトはドイツの主張を軍縮条約の障害と見なし、マクドナルドが提案した軍備保有制限の提案を支持した。とはいえ、一九三三年十月十四日にドイツは、ジュネーヴ軍縮会議と国際連盟からの脱退を表明した。ローズヴェルトは、軍縮の失敗を認めざるを得なかったが、表面的に軍縮への期待を表明し続けた。ローズヴェルトはそれにより、自らの平和主義的立場を内外に示し、議会に対する自らの立場を強化しようとした[33]。

その一方で、ローズヴェルトの対外紛争に関する各国との協力は、武器禁輸法案の動向に制約されていた。武器禁輸法案は一九三二年三月に議会に上程され、四月に下院を通過していた。同法は、禁輸適用の時期と対象国選定の権限を大統領に付与していた。しかし、上院外交委員会はこれを修正し、禁輸を紛争当事者に対して公平に適用することとした。この修正は、国際紛争における「侵略者」の認定権を大統領に認めておらず、ローズヴェルトは不満であった。しかし、それを受け入れざるを得なかった。続く一九三四年の更新に際してローズヴェルトは、ピットマンを通じて公平適用の規定を阻止しようとした。二月に外交委員会は、法案を上院に上程し、全会一致で可決した。ローズヴェルトは、大統領を拘束する公平適用の規定を下院で否決するよう働きかけた。しかし、ドイツの軍縮会議や国際連盟からの脱退という事態を受け、ローズヴェルトは働きかけを断念せざるを得なかった。さらに上院では、ジェラルド・ナイ議員を委員長とする特別委員会により、第一次世界大戦への参戦と軍需産業との関係について、調査が開始された。ナイ委員会は一九三五年初め、大戦参加で最大の利益を享受したのは兵器産業であったとする報告書を提出する[34]。このように、ヨーロッパとの関わりを拒否する気運は、軍事に対する忌避感と一体化して、高まっていた。

対外的関与を回避するアメリカの傾向は、ラテンアメリカ政策にも反映された。中でもキューバ政策は、多分に曲折を繰り返しながらも、ラテンアメリカに対する独自の不干渉方針を象徴する事例となった。一九三三年八月四日、キューバでゼネストが発生し、ローズヴェルト政権はサムナー・ウェルズの主張に基づき、選挙の実施によって内戦と干渉を防ごうとした。ウェルズは、一九二五年の大統領選挙で成立していたヘラルド・マチャド・イ・モラレス政権を、全ての政治勢力を代表する政府に交代させるべきと判断し、マチャド大統領に警告を発した。ローズヴェルトは軍事介入に消極的であったが、ウェルズを支持した。その後、カルロス・マヌエル・デ・セスペデスへの政権交代は実現したが、九月五日に軍の反乱が勃発し、セスペデス政権は崩壊、十一日にラモン・グラウ・サン・マルティンを大統領とする臨時政権が成立した。ウェルズはグラウ政権に対して不承認の立場を取った。ローズヴェルトとハルは、軍艦派遣に同意したが、大使館員に危害が加えられない限り、部隊の派遣は承認しないこととした。さらにローズヴェルトはこうした対応について、アルゼンチン、ブラジル、チリ、メキシコの大使と会見し、反応を打診した。ローズヴェルトは、ラテンアメリカ政策について、各国の意向に配慮した初めての大統領となった。

九月十二日、ローズヴェルトとハルは、キューバ国民の意思を代表し、法と秩序を維持する政府を歓迎する趣旨の声明を発し、ウェルズはグラウへの圧力を強化しようとした。他方、アルゼンチン、チリ、メキシコはグラウ政権を承認し、グラウもウェルズの召喚をアメリカに要求した。十一月十九日、ウェルズはローズヴェルトと会見し、ローズヴェルトはウェルズを支持した。その一方でローズヴェルトは、キューバとの新規の通商規約と一九〇三年条約修正のための交渉を行う意図を声明した。これは、ラテンアメリカ諸国の批判を緩和するためであったが、短期的にグラウの敵対勢力を支援する声明と解釈され、逆効果となった。(35)

キューバに対する対応が複雑化したことで、ローズヴェルトはラテンアメリカに対する新たな政策に着手できなかった。そのため、一九三三年十二月にモンテビデオで開催が予定された第七回汎米会議に対する方針決定も、十月末まで遅延した。しかも、ラテンアメリカ諸国間に、キューバ問題の他、ボリビアとパラグアイのチャコ国境紛争、コロンビアとペルーのレティシア国境紛争、ウルグアイにおける革命の危機といった懸案があり、ラテンアメリカ諸国側には、会議の不成功を懸念し、延期を考慮する見解もあった。さらにハルも十月三十日、メキシコとの債務問題を理由に、ローズヴェルトに会議の延期を提言した。しかし、ローズヴェルトは、多数のラテンアメリカ諸国が賛成しない限り延期に賛成せず、対立問題を回避する簡素な会議を開催することで、アメリカの経済的安定と善隣外交の発展につながる効果を期待した。ここでもローズヴェルトは、何らかの形で将来への期待をつなぐことを優先した。

モンテビデオ会議においてハルは、「ヤンキー帝国主義」に対する批判に直面した。対してハルは、ロンドン世界経済会議を踏まえ、高関税政策の中でも個別相互協定と最恵国待遇の規定によって自由貿易を段階的に拡大していく通商政策を、まずラテンアメリカに適用しようとした。ローズヴェルトも、汎米会議において通商問題を主要議題とすることを容認した。会議においてハルは、アルゼンチンにアメリカの通商提案に関する支持を求め、相互貿易協定によって通商障壁を撤廃していこうとする提案を行った。これに対し、カルロス・サーベドラ・ラマス外相は、アメリカが地域不戦条約に関与することを求めた。地域不戦条約とは、前年十月にリオデジャネイロで、ラテンアメリカ諸国中五か国が調印したもので、ラテンアメリカの締約国間で戦争が発生した場合、他の締約国は特別委員会を設置すると共に、紛争当事国に対して外交的、経済的圧力を加え、停戦を促すというものであった[36]。

キューバではその後、四か月以上のアメリカによる不承認の末、一九三四年一月にグラウ政権がフルヘンシオ・バティスタの反乱によって倒れ、カルロス・メンディエタの保守政権に交代した。メンディエタによる権力掌握後、アメリカは五日間で承認を与え、二月にはキューバの砂糖に対する関税引き下げや、キューバ‐アメリカ間の貿易促進のための通商交渉を開始した。そして五月、プラット修正条項を廃止する条約が調印された[37]。こうした、不承認政策と民主主義の理念の提起を併用しながら、キューバに対する直接的干渉に自制的であったことは、ラテンアメリカにおけるローズヴェルトの権威を高めた。そうした成果を踏まえ、ローズヴェルトは一九三四年六月にカリブへの周回に出発し、七月にかけてハイチ、プエルトリコ、ヴァージン諸島、コロンビア、パナマ、ハワイを巡行することになる。

ところで、このようにアメリカがラテンアメリカへの独自の不干渉政策を具体化していた四月、日本外務省は天羽声明を発し、さらに五月十六日に斎藤博駐米大使はハルに対し、太平洋における門戸開放や侵略的意図の否定と合わせ、アメリカが太平洋東部地域、日本が太平洋西部地域の主要な安定勢力として、地域秩序の維持のために適切な措置を取ることに関する共同声明を提案していた。しかし、ローズヴェルトやハルは、満州事変をめぐる日本との対立を回避する一方で、日本の行動を容認することにつながりかねない日本との合意に応じなかった。斎藤の提案に対し、ハルは次のような感想を記していた[38]。

合衆国の政府も国民も、我が国と地理的に隣接する地域に法や秩序をもたらす統治を確立することを、正義であるとか、義務であるとか、あるいは政府の意図であるとは考えていない。我々は、そのような権利を主張したり、現在も将来もそのような目的を構想しようと望んだりしていない。日本が地理的に隣接する地域にそのような権利を主張したり、そのような意図を実行したりするよう奨励することは、私には不可能である。今日の諸国民の傾向は、そのような観念や行動からむしろ遠ざかっているように我々には思われる。

ローズヴェルト政権は、ラテンアメリカにおける独自の不干渉政策を追求し、自由主義的ないし民主主義的な政治理念の共有によって友好関係を促進し、アメリカの影響力を拡大しようとしていた。しかし、そのようなアメリカの政策体系は、日本側に理解されなかった。また、アメリカにとっても日本の主張は、帝国主義的な地域分割を目指すものとして、容認できなかった。

さらにアメリカは、以上のようなラテンアメリカに対する不干渉政策に、経済的な裏付けを与えようとした。その中心となったのが、ハル国務長官の進める互恵通商政策であった。それは、南北アメリカ大陸における自由主義の共有を、政治の分野から経済の分野へと拡張するものであった。

一九三三年を通じ、ローズヴェルトは互恵的通商改革に消極的であった。しかし、汎米会議やキューバ問題の解決と並行して、一九三四年二月二十八日にハル、ローズヴェルト、通商関連官僚、有力下院議員の間で、通商法案について合意が成立した。三月二日、議会に、大統領に外国との相互協定に基づき、一九三〇年のスムート - ホーリー関税法の税率を五十％増減させる権限を与える法案が上程された。同法案は、大統領が上院に個々の批准を求めることなく、下院の設定した条件内で外国と交渉することを可能にしており、その点で行政の裁量権を大幅に拡大するものであった。法案に対し、共和党からは憲法破壊といった非難もなされた。しかし、ハルはこれによって貿易が活性化し、アメリカ経済の回復につながることを期待した。同法案は、下院での可決を経て、六月六日に上院でも可決された。これにより、第一次世界大戦によって中断した民主党の自由貿易主義への転換が限定的ながら始動した。しかし、その一方でハルは、モーリーとの対立に続き、農業調整局長官ピークとの対立に直面する。ピークは内外二重価格体系を支持し、ドイツとのバーター的通商条約交渉を進めていたため、ハルの自由貿易主義と対立したのである。[39]

一九三四年八月末のブラジルとの通商交渉を端緒に、一九三四から一九三五年にかけてラテンアメリカ各国との貿易協定交渉が進められた。ハルは通商条約の最初の交渉国として、アメリカで生産されない単品をアメリカに輸出し、貿易上の競合関係の希薄な地域を選択した。そこには、南北アメリカ大陸におけるアメリカ合衆国の経済的影響力を拡大しようとするねらいもあった。一九三五年中、ブラジル、コロンビア、ハイチ、ホンジュラスとの通商協定が締結され、他のラテンアメリカ諸国とも交渉が開始された。さらにパナマと、一九〇三年の協定に基づくアメリカの特権を修正する条約について、交渉が開始された。一九三六年三月二日に条約が成立し、パナマは運河の防衛、運用の責任をアメリカと分担し、収益を享受することとなった。[40]

ローズヴェルトの善隣外交は、アメリカ大陸諸国間の貿易を促進し、外部の脅威に対する協力関係を促進することで、アメリカにおける平和主義者の支持をも得ようとしていた。ただし、ローズヴェルトは、ハルの多国間的な自由貿易の促進より、各国とのバーター貿易というピークの通商構想に同調的であった。しかもローズヴェルトは、ハルに対し、その構想に同意しながら、日本の綿製品に対する対策を必要とし、さらにピークとの調整を指示した。対してハルは、ピークの進めるドイツとの綿に関するバーター貿易に対する反対意見を伝え、ローズヴェルトの承認を得た。その結果、ピークは一九三五年七月までに辞意を固めた。ローズヴェルトはピークを慰留したが、ピークは反発を隠さず、十一月の休戦記念日に、国際主義に傾斜するローズヴェルトの姿勢を批判した。これにローズヴェルトも反論し、ピークは辞職した。

ハルはこれを国際主義の勝利と解釈したが、ローズヴェルトはピークに対し、自由放任主義や無条件の最恵国待遇による全般的な関税引き下げに対する否定的見解を伝え、さらにモーリーに対し、関連する品目の九十九％は双務的条約、すなわち、二国間の規定によって進められているとの認識を示していた。[41] つまり、互恵通商法に基づく貿易政策体系には二元性があり、アメリカはその運用によって輸入以上に輸出を拡大させた。互恵通商法が二元性を有したのは、協定税率方式の性質による。すなわち、協定税率は品目毎に税率を設定するが、品目の細分化が可能な上、国毎に主要貿易品目は異なっていた。そのため、最恵国待遇による税率の均等適用といっても、実質的に、協定締結国間の貿易に限定的に優遇措置を機能させることが可能であった。しかも、協定税率方式はドイツや特例的に日本やイギリスでも採用されており、ハルの互恵通商法は、アメリカ史の文脈において、関税に関する行政権限の拡張という画期的意味を持ったが、関税政策の体系としては特異ではなかった。その意味でハルの互恵通商法は、普遍的な自由貿易政策というより、実質的にアメリカと緊密な政治、経済関係を持つ地域の特定商品に関して保護関税を緩和するという、アメリカを中心とする自由貿易圏を設定する効果を持った。そのため、日本に対してハルの互恵通商政策は保護関税の緩和効果を持たず、むしろ協定締結国間の貿易と対比すれば、間接的に日本の不利を招来する効果を持っていた。[42]

ハルはアメリカ主導の自由貿易圏を、ラテンアメリカからヨーロッパ、とりわけイギリスとその影響圏へと拡大しようとした。ブラジルとの交渉開始に続き、ハルはベルギーの代表をワシントンに受け入れ、ヨーロッパ諸国との交渉に着手した。一九三五年二月二日にアメリカとブラジル間の協定が調印され、二月二十七日にはベルギーとの協定が調印された。次いでハルは、ロンドンとの合意を目指した。ハルは自らの自由貿易構想において、特恵関税を採用するイギリス帝国の開放を特に重視した。ハルはその最初の措置として、カナダとの貿易協定に着手した。[43]

ハルにとって、イギリスの保護貿易が最近になって導入され、しかもその税率がスムート‐ホーリー関税より低率であることは、問題ではなかった。ハルにとって重要であったのは、イギリスが排他的経済領域を形成していることであった。イギリスの帝国特恵については、イギリス本国よりカナダの方が積極的であったが、アメリカは、イギリス本国がスターリング圏や閉鎖的貿易圏の形成を目指していると判断していた。そこで一九三四年、アメリカ国務省は、イギリス帝国委員会を創設し、イギリスの帝国ブロックにどのように対処すべきかを検討した。

委員会は長短両期の戦略を決定した。すなわち、長期的にオタワ協定を破壊するか、その根本的な改定を求めるとしても、短期的にオタワ協定の枠組み内で、カナダとの協定実現を目指すこととした。カナダでは、アメリカの金本位制離脱によって産金業が恩恵を被った他、禁酒法の廃止によって酒造業者の収益が増加したり、アメリカの物価高騰策によってカナダ産品の競争力が向上したりするなど、ニューディールによる付随的恩恵を享受していた。カナダのベネット首相も、一九三三年までに保護主義を転換し、ロンドン経済会議においてもハルと協力関係を保ち、さらに一九三五年の選挙を控え、アメリカとの貿易増進を目指すようになった。そこで一九三四年十一月十四日、カナダよりアメリカに、通商協定交渉が提案された。折しも、ピークとハルが対立した時期であったが、十二月にハルはカナダに交渉への同意を伝え、一月二十一日にアメリカとカナダの双方が交渉開始を公表した。

カナダとアメリカの交渉は一九三五年夏に進展した。カナダではこれと並行し、総選挙が執行された。カナダの自由党と保守党は、アメリカとの貿易協定の是非を争わず、いずれがアメリカとの交渉に適するかを競い合った。十月の選挙において、伝統的に自由貿易を掲げてきたマッケンジー・キングの率いる自由党が勝利した。キングは十一月七日にワシントンに向けて出発し、十五日に通商条約が調印された。これによりカナダは、七百六十七の品目ないし項目のアメリカ輸出品に対し、帝国特恵適用外税率中の最低税率の適用という、変則的最恵国待遇を与えた他、アメリカの農機具、自動車、電化製品、ガソリン、機械、肉に関する輸入制限を緩和した。対してアメリカは、木材、日用品、牛、魚、ウィスキー、ジャガイモの輸入税率を引き下げた。この内、木材、農作物、魚などは、アメリカがカナダからの輸入に大きく依存している品目であり、他国への最恵国待遇の適用によっても、カナダが最大の利益を享受するものとなっていた。カナダおよびブラジルとアメリカの通商協定は、一九三六年一月一日より発効した。

ハルの最終目的は、イギリス帝国を自らの貿易体系に取り込むことにあり、カナダはその第一歩であった。ハルは、イギリスが第三国と締結した貿易、通貨協定に関心を払い、一九三六年四月十一日にロバード・ビンガム駐米イギリス大使に通商の拡大を求める覚書を提出した。アメリカの提案に対し、イギリスのアンソニー・イーデン外相は、五月末まで公式の回答を遅らせた。しかもその内容は、アメリカの見解を共有し、可能な限り共通の政策を追求したいとしながら、イギリスの個々の貿易協定を正当化していた。ハルは、二国間の貿易管理協定を国際貿易を停滞させるものと判断し、特にイギリスとアルゼンチンの交渉に対する懸念を伝えた。対してイギリスは、外国の関税措置の多くがアメリカの保護主義に由来していることを指摘し、反論した。

さらにイギリスは、戦争の脅威が高まる中、帝国の統合が必要であることについて、理解を求めた。しかし、ハルはこれを認めなかった。イギリスは、アメリカがドミニオン諸国と個別に交渉し、オタワ協定の利益を解消することに対する代償を求めた。他方、一九三七年三月、アメリカにおいて一九三四年通商法は、下院で二百八十五対百一、上院で五十八対二十四の大差で更新された。また、イギリス側でも、オタワ会議による帝国特恵を改定する帝国会議の開催を控える中、一九三七年三月にワシントンを訪問したマッケンジー・キングは、通商問題に関してハルの立場に同調し、帝国会議で貿易自由化を主張することを約していた。こうした中でハルは、引き続きイギリスとの通商協定を目指した。その結果、アメリカとイギリスの貿易協定は、翌年末、ミュンヘン協定の後に実現する。とはいえ、英米合意は、ヨーロッパの政治状況に影響を与えるには時期が遅く、しかもハルは通商問題に関心を集中させ過ぎており、外交問題、特に他国が直面する安全保障問題やヨーロッパにおける戦争の脅威に対する理解が不十分であった。[44]

また、ハルは、貿易の拡大が戦争を抑止するという理念を持っていたが、それは日本には適用されなかった。ジョゼフ・グルー駐日大使は、日本の膨張傾向の原因を過剰人口や天然資源の不足、産業化と生活水準の向上、産業化に成功しながら世界に市場を得られないでいることなどに求め、そこで日本に市場を提供することで、戦争の可能性を抑制しようと考えた。その点でグルーは、ハルの理念を部分的に共有していた。しかし、一九三五年二月十九日、斎藤博駐米大使がハルに対し、中南米諸国への日本の輸出が減少していることを指摘する覚書を提出した時、ハルはこれを自身の政策に対する批判として受け止め、反発した。さらに一九三六年の大統領選挙が近づくにつれ、ハルは、日本からの輸入増加がアメリカ経済に及ぼす影響について、懸念するようになった。斎藤大使は、アメリカが日本に輸出制限を求めているのではないかと推測し、確認を求めた。対してハルは、それを肯定しなかったものの、日本の輸出に批判的な態度を示した。バトラーによれば、ハルの態度は自らの主張と矛盾しており、ハルは国内政治上の配慮から、日本に対して自らの平和政策を否定していた(45)。

以上のように、一九三〇年代前半、イギリスは財政支出を臨時的措置にとどめ、社会政策を優先することで緊縮財政を維持し、スターリング圏の中心的地位を保持すると共に、関税を主とする政府の限定的な保護政策の下で民間主導の経済合理化を進めようとした。そのためイギリスは、軍備計画において空軍を中心とする予算配分の合理化によって財政負担を軽減しようとし、さらに外交政策においても、イギリスが過度な負担を追わない形でドイツを多国間合意の中に引き入れ、また、ドイツとの支払い協定の締結や民間企業における国際カルテルの結成を通じた経済的結び付きを強化することで、ドイツを自由主義的国際経済体系の中にとどめ、ヨーロッパにおける緊張緩和を図ろうとした。そのためイギリスの対日政策も、交渉による短期的な合意の形成を通じ、長期的な緊張緩和を図ろうとするものとなった。

これに対してアメリカは、アメリカが対外的な紛争に巻き込まれる危険を回避するため、ラテンアメリカに対する軍事干渉を停止しながら、主権尊重と民主化の原則を共有することによる新たな南北アメリカの一体化を目指した。と同時にアメリカは、ラテンアメリカを中心とする互恵通商関係を展開することで、アメリカの理念を共有する地域で自由貿易を進めようとし、それをヨーロッパにも拡大していこうとした。とはいえ、関税政策としての互恵通商法は、議会中心の柔軟性を欠いた高率関税政策を、行政主導の協定税率によって部分的に修正するものであって、アメリカ史において画期的意味を持ったものの、世界的にドイツや日本、部分的にイギリスも採用してきた、標準的な関税政策に過ぎなかった。そのため、アメリカ、とりわけハル国務長官は、アメリカの政策を自由主義的経済政策と自認したものの、その実態は従来の保護貿易体系の中にアメリカ中心の自由貿易圏を設定したに過ぎず、協定税率で十分な恩恵を受けない第三国にとって、アメリカ保護貿易主義の制約は絶大であった。

イギリスもアメリカも、自らの政治的、経済的な影響力の及ぶ範囲内で、自由主義の原則を維持、拡大しようとした。イギリスの場合、国際経済が収縮しつつある中、スターリングの国際的地位の保持と関税の導入によって広域経済圏における自由主義を維持しようとしたため、スターリング圏の形成や帝国特恵といった勢力範囲を連想させる現象を引き起こした。しかし、イギリスにとってそうした現象は、利害関係各国の自主的判断によるものであった。対してアメリカは、従来のラテンアメリカに対する不干渉政策を促進しながら、モンロー・ドクトリンによって形成されてきた南北アメリカの政治的、経済的結び付きの上に、互恵通商による自由貿易を導入しようとした。客観的にいずれも勢力圏を設定する現象であったが、特にアメリカの場合、自らの勢力圏に関する自覚を持たないまま、イギリスや日本の勢力圏に対する対抗意識を一方的に強めていた。

三　海軍軍縮と中国幣制改革をめぐって

一九三〇年代のイギリスは、一九二〇年代までの外交方針を引き継ぎ、多国間協定ないし個別各国との合意を通じて自国に対する脅威を緩和しようとした。対してアメリカは、通貨政策や通商政策などで、国際的な合意形成より独自の政策遂行を優先した。その一方でアメリカは、国内において路線対立をかかえ、さらにヨーロッパ国際情勢への関与に否定的な議会や世論を背景に、ラテンアメリカ諸国に対して独自の内政不介入の原則を確立しながら、貿易関係を緊密化していった。こうした、国際経済、金融関係の中心に自らを置き、個別調整の積み上げを図っていくイギリスと、国際的原則の形成を通じて自国権利の維持と拡大を図ろうとしたアメリカの姿勢は、満州事変後の東アジアに対する政策、とりわけ海軍軍縮問題とアメリカの銀購入政策に起因する中国の経済危機に対しても、対照的な対応を生み出した。

一九三〇年のロンドン海軍条約の暫定合意を再検討するための次回の海軍軍縮会議は一九三五年に予定されており、イギリスもアメリカも、日本が対米七割の補助艦保有比率を要求するものと予測した。そこで会議に先立ち、イギリスは海軍増強の負担を回避するため、日本との不可侵条約の締結を構想した。対してローズヴェルトは、軍拡に対する議会や世論の反発を警戒しながら、海軍増強を、景気回復の手段を兼ねた日本への対抗措置として支持していた。そこで、一九三三年六月に二億三千八百万ドルの基金を設立し、三十二隻、十二万トンの海軍増強の準備を開始した。これが実現すれば、既存の五隻一万七千トンと合わせ、一九一六年以来の最大の計画となるはずであった。一九三四年初めにはヴィンソン＝トラメル法が成立し、ワシントン条約およびロンドン条約の最大限度までの建艦、老齢艦の代替が承認された。(46)こうした中、一九三四年二月にイギリスより、次回の海軍軍縮会議で日本を抑えるための協力について打診があった。これに対してローズヴェルトは、三つの提案、すなわち第一に、各国の保有トン数を、現在の比率を維持したままそれぞれ二十％削減し、十年間継続するという案、第二に、日本がこれを拒否した場合、ワシントン条約を五年間更新するという案、第三に、日本がこれも拒否した場合、日本の保有量に応じて英米の保有量を増減し、日本に対する英米の保有比率を維持するという案を提案した。(47)ローズヴェルトは、日本の対応次第で軍縮会議が失敗に終わる事態を予想し、逆にそうした中で軍縮会議を主導することにより、国内の批判者を抑え、軍拡競争の責任を日本に負わせようとした。

一九三四年六月に開始された予備交渉において、イギリスはドイツの脅威に照らし、アジアにおける危険を回避するため、ローズヴェルトの提案を支持するよりも巡洋艦の増強を優先し、さらに日本の要求を部分的に認めようとした。しかし、ローズヴェルトは、日本との妥協に反対した。(48) ローズヴェルトはアメリカ代表団のノーマン・デイヴィスに、イギリスがアメリカとの取引より日本との取引を優先するなら、アメリカの安全保障のため、カナダやオーストラリア、ニュージーランド、南アフリカの世論に訴えざるを得なくなるという見解を明らかにした。(49) ローズヴェルトは当初より、イギリスとの協力を重視していた。しかし、それはワシントン条約やロンドン条約以上の戦力比率を日本に与えないことを前提としていた。

一九三四年十二月、日本はワシントン条約の不継続を公表した。対してローズヴェルトとハルは、ワシントン条約失効までの二年間に新たな合意を成立させることを求める声明を発した。他方、イギリスは、船舶の隻数やトン数でなく、特定艦船の規模や装備を質的に制限しようとする提案を行い、アメリカもこれを受け入れた。アメリカはこれによって、英米間の協力を促進し、軍縮条約が継続しているという印象を一般に与えようとした。一九三五年十二月九日から翌年三月末まで海軍会議が開始されたが、一月に日本は脱退し、二月にイギリスは新たな海軍計画を発表した。(50) 軍縮条約は、アメリカ、イギリス、フランスの三か国で、軍艦の質的制限を中心とし、日本の軍拡に対応して各国が軍艦保有量を増加させる比例方式を採用して成立した。総じてイギリスは、日本とアメリカを調停しようとしたが、アメリカは、イギリスや特に日本に対して譲歩しようとする意思を持たなかった。アメリカはワシントン条約およびロンドン条約の比率に固執することで、アメリカの既得権利を保持すると共に、アメリカの権利を認める諸国とのみ合意を形成し、それによって日本を実質的に封じ込めながら、アメリカの正当性を誇示した。

このように、海軍軍縮問題は、イギリスが日本を含めた妥協を模索したのに対し、アメリカは日本に対する絶対的優位を確保する方針について譲らず、日本の立場を全否定する結果に終わった。同様の結果は、海軍軍縮問題と並行して生じていた中国幣制改革問題においても、繰り返された。

既述のように、アメリカは、ドル安と金購入政策の末、一九三四年初めにドルと金の交換比率を固定化し、さらにハルの互恵通商政策の開始により、保護関税と協定税率の併用による自国中心の自由貿易範囲の拡大を目指し始めた。これに応じ、一九三四年六月にローズヴェルトは、銀購入法に署名した。同法は、銀が通貨準備の四分の一を占めるか、銀の国際価格が一オンスあたり一・二九ドルに達するまで連邦政府が銀を購入すること、財務長官は購入した銀に相当する銀兌換券を発行すること、大統領は国内の銀を一オンス当たり五十セントを超えない価格で国有化できることなどを規定していた。(51) これは、アメリカ産銀業の利害に応えると共に、金購入政策を引き継ぐ通貨膨張政策として実施されており、金購入政策がイギリスやフランスの反発を買ったのに対し、銀購入政策はメキシコや中国の経済に深刻な影響を与え、さらにイギリスおよび日本との新たな問題を引き起こした。

一九三五年十一月に実施された中国の幣制改革に関し、エンディコット、トロッターの研究および野沢豊を中心とする共同研究の成果が詳しい[52]。アメリカにおける銀購入法の成立後、中国では銀の対外流出によって物価が下落し、深刻なデフレ不況が発生した。中国国民政府は銀の輸出を規制しようとしたが、逆に密輸を助長した。一九三四年十二月、ローズヴェルト、ヘンリー・モーゲンソー財務長官、国務省は、対策を検討したが、銀産業関連上院議員の反対で計画は撤回された。モーゲンソーは、中国の幣制改革を支援するための融資を提案したが、国務省は、それによって日本を刺激し、極東においてアメリカが制御不能な責任を負うことになる可能性があるとして反対し、銀政策を修正するか、中国金融危機への国際的対応を提言した。対してモーゲンソーは、国務省の対日宥和姿勢に批判的であった。ところが、ローズヴェルトは、銀ブロックとの対立を回避しようとしながら、そのことを認めようとせず、モーゲンソーに対して次のように銀政策の利点を指摘するほどであった[53]。

中国は、私がこれまで「寺院の両替屋」と呼んできた人々のメッカであり続けてきた。中国はまだ、絶対的な管理下に置かれている。彼らを排除するには、多くの年月と、おそらく数回の革命が必要であろう。［…］私は、「両替屋」が誤っており、そして中国における危機を進めるのが、——中国国民に一層、日本やヨーロッパに全く依存せず、自立するのを促すため——経済的に不健全な状況に妥協し、その妥協によって不健全な状況が一世代続くような結果になるより、良いと信じている。

一九三五年二月、日本が中国に対し、アメリカの銀政策に対抗するための支援を提案したとの情報も入った。他方、イギリスは中国の支援要請を受け、それに直接には応じなかったものの、中国の経済状況に独自に対応する必要を認め、日本、アメリカ、フランスに対して中国への経済支援について打診した。国務省は国際支援に容認的であったが、日中間の対立が障害となった。そして何よりローズヴェルトが、銀政策の修正にも、中国への融資にも応じなかった。日本との対立を避ける必要があり、また、国際的対応は銀政策への批判を招く可能性があったからである。

三月二十八日、イギリスのフィッシャー大蔵次官は、中国に経済専門官を派遣し、中国支援の検討に入ることを公表した。次いで六月九日にフレドリック・リース＝ロスの派遣が発表され、各国に同様の措置が要請された。しかし、アメリカはこれに応じなかった。国務省はイギリスとの協力を進めようとしたが、モーゲンソーは反対した。中国支援に対する日本の非協力的態度と、支援計画がアメリカ銀政策の変更を求める可能性があるという判断からであった。リース＝ロスは、カナダ経由で中国に向かうことになったが、アメリカとの政策調整はできなかった。

イギリスではリース＝ロスの出発までの間、中国の状況に関する情報が集められ、大蔵省およびイングランド銀行の検討を基礎とする中国再建構想が具体化された。すなわち、中国を銀本位制から離脱させ、紙幣発行権を中央銀行に集中すると共に、元とスターリングを連結させることが望ましいこと、そのためのイギリスの対中借款に、イギリス人による海関行政の継続や中央銀行へのイギリス人顧問の採用、未償還債務問題の解決、均衡予算の実現などを条件とすること、さらに四国借款団が借款の障害になるため、当面の措置として、満州国に対して日英共同で一千万ポンドの借款を与え、それを領土喪失の代償として満州国から中国に提供する案が考えられること、などであった[54]。

エンディコットやトロッターによれば、リース＝ロスの派遣決定やその構想に関し、イギリス外務省が介入する余地はほとんどなかった[55]。総じてイギリスの場合、アメリカや日本など、大国との外交関係においては政府の主導権が発揮されたのに対し、中小国との関係においては、概ね現地の外交官に主導権が委ねられた。満州事変直前の中国との治外法権撤廃交渉のように、現地の特殊性を踏まえた判断を下さなければならない懸案について、中国駐在公使の役割は決定的であったが、今回の幣制改革問題は、中国の問題にとどまらず、アメリカや日本との関係にも関わり、しかも金融や財政といった、イギリスにとって最も重要な国際経済分野に関わっていた。そのため、ネヴィル・チェンバレンを中心とする大蔵省側の主導権が強く発揮されたのである。木畑洋一はリース＝ロスの構想について、中国をスターリング・ブロックに包摂し、中国経済におけるイギリスの影響力を拡大しようとするものであったと評価している。しかし、既述のように、イギリスにとってスターリング圏は、それに参加する諸国の主体的な判断と相互利益の精神によって成立していた。スターリングと元の連結構想は、中国へのポンド借款を準備金とする紙幣発行を想定したもので、一九二〇年代の金為替本位制、すなわち、金以外にポンドなどの主要外国為替を通貨発行準備に充てることを認めた国際金融制度を、イギリスの金本位制離脱という状況に応じて導入しようとするものであった。その意味で、リース＝ロスやイギリスの大蔵省、イングランド銀行の判断は、何より一九三〇年代の正統的経済、金融、財政政策に依拠していた。

リース＝ロスは、八月十日にイギリスを出発し、カナダを経由して、九月六日に日本に到着した。しかし、小林英夫や波多野澄雄が指摘するように、日本側は満州国を経由する日英共同融資案に反対した[56]。リース＝ロスは、九月十日の広田弘毅外相との会談で、「満州国ノ独立ハ支那ノ財政収入ヲ激減セシメタリ。此際、満州国ヲシテ支那ノ債務ヲ継承セシムル代リ、支那ヲシテ同国ヲ正式ニ承認セシムルカ如キ解決法ニ日本側ニ於テ賛成セラルレハ甚タ妙ナルヘシ。満州問題未解決ノ間ハ日支間ニ腫物カ残サルル訳ニテ、支那ノ財政再建ニモ政治安定ニモ支障ヲ来ス次第ナレハ、承認問題ヲ第一着ニ解決スルコト賢明ナルヘシ」と提案した。これは、中国外債の分担継承を通じた満州国分離の正式合意化案であったが、広田外相は、「蔣介石以下ノ要人ハ何レモ結局満州国承認ノ外無シト考ヘ居ルモ、唯今之ヲ敢行シ得サル次第ト存ス。

而シテ承認ノ利益ハ寧ロ支那側ニ在リ。貴下ニ於テモ渡支ノ上親シク各方面ト接触セラレ御研究相成ルコト然ルヘシ[57]」と応えた。

これに続き、リース＝ロスは重光葵外務次官との会談で、元とポンドの連結と共に、「支那カ満州国ヲ承認スルニ対シ、満州国ハ独立前支那ノ負担セシ内外債（外債ノミナラス）整理ノ為ノ適当ノ割合、例ヘハ年額約百万磅《ポンド》ヲ支那ニ支払ヒ、右中央銀行運用ノ資金ニ加フルコトト致度」と提案したが、重光は、「満州国問題ノ如キモ日支直接交渉ニ依リ初メテ円満解決ヲ挙ケ得ヘク、之ニ反シ若シ第三者カ再ヒ介入スルニ於テハ、支那ハ旧套ニ帰リ、之ヲ利用シ時局逆転スルノ虞アリ。一方満州国ノ承認ノ如キハ支那ノ為メニ利益ナルモ、満州国トシテハ之カ為別ニ特ニ獲ル所ナカルヘシ」と応えた。さらにリース＝ロスより、「英国ハ日本ト共同セントスルモノナルカ、財政援助ニ必要ナル国際的『コントロール』ニ対シ日本ハ反対ナリヤ」との質問がなされ、重光は「元来国際管理ハ其ノ政治的ノモノニ対シテハ（而シテ政治的意味ヲ含マサルモノアリヤ疑ハシ）支那自身ニ於テ反対スヘシ。日本トシテモ斯種国際管理ヲ更ニ支那ニ設定スルハ主義トシテ賛成スル能ハス」と応え、リース＝ロスは「日本側ノ所説ニハ失望セリ」と応えた[58]。

酒井哲哉や井上寿一は、こうした日本側の対応を日本の逸機と評価する[59]。しかし、イギリス側でも、外務省はリース＝ロスの構想に否定的であった。しかも、この時期の日本は、中国の再建は中国の自律的な政治安定化によってなされねばならず、中国に対する第三国からの援助、とりわけ資金提供は、日本に対する中国の対抗意識を助長するばかりで、効果はないと判断していた。特に重光のリース＝ロスに対する回答は、そうした立場を繰り返したものであった。結局、リース＝ロスは、日本の対応に失望したまま、中国へ向かった。

一九三五年十一月一日、中国では、後述のような華北分離工作が展開される中、対日妥協的と見なされた汪兆銘外交部長が狙撃された。これをきっかけに、中国の三大中央銀行に対する預金引き出しや兌換請求が殺到した。そのため十一月三日、南京政府は幣制緊急令を公布し、銀本位制から離脱して実質的な管理為替制度に移行した。布告は、(1)十一月四日より中央、中国、交通の三銀行の紙幣を法幣とし、租税納付や公私取引を法幣のみによって行うこと、(2)前記三銀行以外の銀行で発行されている紙幣は、十一月三日までの発行を限度とし、漸次、法幣によって回収していくこと、(3)法幣準備金の保管、発行、回収、兌換は、発行準備管理委員会を設置して処理すること、(4)銀行、銭荘、商店、個人で所有する銀貨、地銀は、含有純銀量に応じて法幣と交換しなければならないこと、(5)従来、銀幣単位で締結された契約は、法幣によって決済されねばならないこと、(6)法幣の安定のため、中央、中国、交通の三銀行は無制限に外国為替を売買しなければならないことを定めていた。

十一月三日の幣制改革は緊急措置として実施された。とはいえ、平野和由や久保亨によれば、既に一九三二年十月に銀行兌換券発行税法が施行され、民間銀行の兌換券発行が抑制されていた。また、一九三四年三月から四月にかけて実施された廃両改元により、多元的な中国通貨の統一が進められ、しかも南京政府はその発行機関である中国造幣廠、中央銀行を掌握し、貨幣発行に関する権限を強化していた。そのため、銀両の流通による利鞘収入に依存していた銭荘の金融力が低下する一方で、銀行資本の力が上昇していた。さらに、イギリスが国王布告によって幣制改革に協力的な姿勢を示したため、法幣による銀の回収に大きな混乱は生じなかった[60]。とはいえ、それが成功するには金融上の条件があった。

南京政府による幣制改革の断行に対し、日本側は否定的な観測をした。特に華北分離工作を進める南次郎関東軍司令官は、幣制改革に強硬に反発した。南の反発は、無知と情勢判断の誤り、自己正当化や虚勢に基づいていたが、日本側が全体として幣制改革に悲観的であったのは、アメリカによる銀購入政策が継続していたためであった。たとえば大蔵省の湯本武比古国庫課長は、外務省側に次のような意見を述べていた[61]。

支那ニ於テハ銀ハ通貨トイフヨリモ寧ロ資産蓄積ノ手段ト見ルヘキモノナル処、之ヲ紙幣ト平価ニテ引上クルコトハ即チ其ノ差額丈ノ財産ノ没収ニ等シク[…]。

また、十一月四日の外務省における協議では、中国側の銀に対する平衡税の引き上げについて、次のような評価がなされていた[62]。

支那側ハ平衡税ヲ六、四分ノ三%ヨリ五七、四分ノ一%ニ引上ケタル結果、銀輸出ニハ銀塊六七、四分一%、銀貨六五%ヲ課税セラルルコトトナリ、銀ノ合法的輸出ハ全ク望ミナキニ至レリ（銀現送ニ依ルヨリモ為替ヲ買フ方カ有利トナル）。蓋シ支那側ハ今回ノ断然タル措置ニ依リ外銀側ノ「モーラルサポート」ハ最早期待スヘカラサルモノトノ見極メヲ付ケ、右禁止的課税ヲナスニ至レルモノナルヘシ。

斯クテ銀密輸出ニ対スル衝動ハ益々強メラルル結果トナリ、銀国有令ニ依リ誘発セラルヘキ銀私蔵ト相俟ツテ、密輸ハ以前ニ倍シテ旺盛ヲ極ムルコトト予期セラレ、延ヒテハ密輸ニ従事シ居ルモノノ大部分カ本邦人ナル関係ヨリ、右本邦関係者ト支那側官憲トノ間ニ面白カラサル事端ヲ発生スル惧濃厚トナルヘシト察セラル。

すなわち、銀価格が高騰している中で銀と法幣の交換を強制する南京政府の決定は、南京政府による実質的な国民および外国人の資産収奪になりかねなかったのである。同様の措置は、既に一九二六年に張作霖が行ったことがあり、それは、乱発する奉天票を法定比率で兌換券と交換することを義務付けるというものであった。対して今回の場合も、発行される法幣の価値が銀と同等以上の価値で安定しない限り、銀は密輸か退蔵される方が、市場原理に適っていた。そのため、幣制改革に対して協力的であったイギリスにおいても、イギリス系銀行から中国側に引き渡された銀の量は限られていた。

緊急措置として実施された中国の幣制改革を成功させる上で決定的であったのは、アメリカによる緊急措置的な対応であった。

アメリカは、日本やイギリスに対抗しようとする思惑と、国際的紛争から距離を置こうとする思惑が交錯した判断の下に、銀購入政策を修正した。幣制改革実施直前の十月末、中国側はモーゲンソーに対し、一億オンスの銀の購入を求める提案を行っていた。モーゲンソーは、アメリカによる融資が不可能な中、中国に経済支援を行う手段として、これに応じることとした。と同時にモーゲンソーは、元とドルの連結を求めた。イギリスのスターリング圏が東アジアに形成されるのを阻止するためであった(63)。

その一方で、イギリスの香港政庁もアメリカに対し、一億オンスの銀の売却を提案していた。モーゲンソーにとって、現在の国際価格で銀を大量に購入することは不可能であり、ローズヴェルトに銀価格の引き下げを提案した。しかし、ローズヴェルトはこれを拒否した。ローズヴェルトはむしろ、中国からの購入を二千万オンスに限定すること、そして、元とドルの連結も求めないことを提案した。国務省は、ドルと元の連結によって、アメリカが中国の幣制改革に伴う混乱に巻き込まれることを警戒しており、ローズヴェルトもそれに同調したのである。

十一月十三日、アメリカと中国の銀の購入に関する協定が成立した。ローズヴェルトは最終的に五千万オンスの銀の購入を認め、一オンス六十五セントの価格が設定された。ただし、米中協定に基づく基金はニューヨークに置かれ、資金は中国通貨の安定化のためにのみ用いられることが条件付けられ、基金の利用状況と中国の通貨状況に関する報告が、上海のアメリカ財務省代表になされることとなった。

成立した中国との合意について、ピットマンらは反対しなかった。中国との交渉期間中、ピットマンらにも情報は提供されており、十二月に入ると銀ブロック全体も、国内の銀価格が維持されている限り、国際価格の下落を容認する方向に転換した。さらにモーゲンソーの説得でローズヴェルトも国際的銀価格の引き下げを容認し、十二月九日、財務省はロンドンにおける銀購入を停止した。これは、中国銀の密輸者や投機筋に利益を出させないための措置でもあった。その結果、銀価格は十二月から一月にかけ、一オンス〇・六五ドルから〇・四五ドルに急落した。表19に示したように、これによって国際的な銀価格は、アメリカによる銀購入政策発動前の水準に回復した。その結果、十二月末までに日本側も、幣制改革の成功を見通せるようになった。こうした中、一九三六年初めに中国は、さらなる銀の購入をアメリカに求めた。国務省は日本との対立を懸念し、消極的であったが、ローズヴェルトは当該問題を財務省に委ね、五月中旬に合意が成立した。中国は二億オンスの銀の売却を提案していたが、モーゲンソーは一億七千五百万オンスの銀を十五か月間で購入することとし、第二次合意が成立した。この後、一九四一年までに約五・二億オンスの銀が中国からアメリカに売却され、中国はその資金をニューヨークに預託し、法幣安定化の資金に充当した(64)。

かつて、アメリカによるドル安、金購入政策が、ロンドン世界経済会議を失敗に終わらせた後に停止されたように、アメリカの銀購入政策は、中国経済の混乱を引き起こし、国際的支援計画を失敗に終わらせた後に停止された。イギリスは、中国の経済混乱を抑えるためにリース＝ロスを派遣したが、そのため、アメリカと日本は中国におけるイギリスの影響力拡大を懸念した。しかもアメリカは、国内的理由と日本の反発に対する警戒から、イギリスに協力せず、イギリスのみが日本の反発を受ける結果となった。全体として中国の幣制改革は、それに先立つ準備措置の上に導入されたが、銀購入政策の導入と停止という、アメリカの国内事情に基づく自己中心的な政策により、中国経済の混乱を招くと共に、対処を余儀なくされた日本とイギリス、日本と中国の相互不信を拡大させるという、付随的な現象を引き起こしたのである。

表 19 ニューヨークにおける銀価格（1933～1936）

（セント／オンス）

年	月	最高値	最低値	年	月	最高値	最低値
1933	1	26.25	*24.5	1935	1	55	53.875
	2	27.25	25.375		2	56.5	53.5
	3	30	26.5		3	61.25	56.875
	4	37.25	27		4	*81	61.25
	5	36.25	32.125		5	77	71.25
	6	36.75	34.75		6	74	69.5
	7	40.375	35.5		7	69.75	67.75
	8	37	35		8	67.75	65.375
	9	40.5	36.625		9	65.375	65.375
	10	40	36.125		10	65.375	65.375
	11	*45	40		11	35.375	65.375
	12	44.625	42.5		12	65.375	*49.75
1934	1	45	43.25	1936	1	*49.75	*44.75
	2	46.75	43.375		2	44.75	44.75
	3	46.75	45.125		3	44.75	44.75
	4	46.75	42.5		4	44.75	44.75
	5	45.125	*41.75		5	44.75	44.75
	6	46.25	44.5		6	44.75	44.75
	7	46.75	45.75		7	44.75	44.75
	8	49.75	46.375		8	44.75	44.75
	9	50	49.25		9	44.75	44.75
	10	55.625	50		10	44.75	44.75
	11	*55.75	53		11	47.5	44.75
	12	55	53.25		12	46.5	44.875

注 * は当該年の最高・最低値。
斎藤「アメリカ銀政策の展開と中国」147 頁。

四　宥和政策と孤立主義

一九三四年七月、オーストリアのナチス勢力は権力の奪取を図り、イタリアの支援を受ける反社会主義的なドルフスを殺害した。チェンバレンはナチスを「ごろつき」と形容し、ドイツへの不信を強めた[65]。しかし、フランスでは、左右両派の対立が激化し、政情不安が続いていた。一九三四年十月にバルトゥー外相が暗殺され、翌月にガストン・ドゥメルグ内閣が総辞職した。その後、ピエール＝エティエンヌ・フランダン内閣が成立し、ピエール・ラヴァルが外相に就任した。

それまでバルトゥーは、イタリアとの協力により、オーストリアの独立を維持しようとしていた。対してイギリスは、ドイツの再軍備要求に部分的に応えながら、ドイツを多国間協定の中に取り込むことで、ヨーロッパの安全保障を再構築しようとしていた。そこでイギリスは、フランダンとラヴァルをイギリスに招き、ドイツの再軍備を承認する代わりに、ドイツ、フランス、イギリス、ベルギーの内、一か国が他国を航空攻撃した場合の航空支援に関する協定を提案した。ただし、イギリスは、陸軍の関与に否定的であった。一九三五年二月三日、イギリス外務省は提案を公表した。と同時に、サイモン外相はヒトラーとの交渉を目指し、三月二十五、二十六日にベルリンで会談を行うこととなった。しかし、ドイツは直前の三月十日に空軍の創設を、十六日には徴兵制の復活と平時五十万の陸軍創設を宣言した。次いでイギリスに対し、同時にドイツとイギリスの三十五%に相当する海軍の保有を求め、イギリスとイギリスの紛争は考えられないとするヒトラーの見解が通知された。

チェンバレンは、ドイツへの不信を強めながらも、希望を捨てなかった。三月十八日のイギリスの閣議は、サイモン外相の提案で、ヒトラーに地域集団安全保障への参加を打診することに決した。ヒトラーとの交渉は、フランスに通知せずにドイツに提案されたため、フランスから抗議を受けた。しかし、これに対してサイモンは、逆に一九三四年四月以降のドイツ再軍備交渉に関するフランスの態度が問題を複雑にしてきたことを指摘した。そこでラヴァルはイギリスに、ドイツとの交渉に先立ってパリを訪問し、イタリアとも協議すべきことを提案した。これに対し、ムッソリーニにより、北イタリアでのイギリス、フランス、イタリア三国の会談が提案された。

とはいえ、ベルリンにおけるヒトラーとサイモンの会談は不調に終わった。ドイツ側は、集団安全保障を拒否する一方で、再軍備について譲歩せず、旧ドイツ海外領の返還まで要求した。会談の後、サイモンに同行したイーデンは、モスクワ、ワルシャワ、プラハへの訪問に出発し、サイモンと新たにマクドナルド、ヴァンシタートは北イタリアのストレーザに向かい、四月十一日から十四日にかけて、ストレーザ会議が開催された。ここで、ヨーロッパの平和を脅かす一方的な条約否認に対する反対と、そのためのイギリス、フランス、イタリア三か国間の協力が宣言された。同会議においてイギリスも、オーストリアの独立維持を支持した。さらにストレーザ会議後の五月二日、フランスはソ連と相互援助条約を調印し、チェコ‐ソ連相互援助条約がこれに続いた。[66]

しかし、イギリスは、ドイツに対抗するための集団安全保障に賛同しなかった。イギリスにとって、多国間の協定はドイツに対抗するための連合でなく、ドイツを含めた国際協調の枠組みでなければならなかった。イギリスにとって、ドイツに対抗する多国間協定は、ヨーロッパを二極化し、イギリスを東ヨーロッパの紛争に巻き込みかねなかった。これに対してドイツは、多国間協定について拒否しながら、海軍協定に応じる姿勢を示した。ドイツ側ではヨアヒム・フォン・リッベントロップがこれに積極的であった。そこでイギリスは、ドイツを海軍軍縮会議への準備交渉に引き入れ、アメリカ、フランス、イタリア、日本を含めた合意とすることも構想した。この点に関連し、ロバート・クレイギーは三月二十九日に次のように記していた。[67]

この問題におけるドイツ政府の態度は日本政府の態度と非常に似ており、もし日本の困難を克服できるなら、私はドイツ問題の解決を諦めたりしない。逆に、ドイツが計画協定を基礎とする交渉に合意すれば、同様の交渉の基礎に対する日本の同意を確保する上で、我々の立場をかなり強化するであろう。

イギリスは、一方の地域対立の緩和が他地域の対立緩和にもつながる波及効果を期待し、日本やドイツとの合意を実現しようとした。そこで一九三五年六月四日、ロンドンにおいて英独交渉が開始され、十八日に英独海軍協定が成立した。サイモンは協定に航空機に関する合意を含めることも考慮したが、ボールドウィンがフランスの反発を懸念し、反対したため、見送られた。イギリスはあくまで、協定による軍備競争の阻止を優先していた[68]。

その間、六月七日にボールドウィン内閣が成立し、外相にサミュエル・ホーアが就任した。ホーアはチェンバレンの盟友であると共に、一九三〇年代のインド改革に当たり、自由主義的な印象が持たれていた。さらにボールドウィン内閣は、イーデンを連盟担当相に任命し、集団安全保障に対する内外の期待の高まりに対応し、国際連盟を重視する姿勢を打ち出した[69]。ところが、ボールドウィン内閣は、イタリアのエチオピア侵攻によって、国際連盟ないしフランス、イタリアとの協力関係に基づく集団安全保障政策の困難に直面した。

イタリアのエチオピア侵攻は一九三五年十月三日に開始された。イタリアのエチオピア占領によっても、北アフリカのイギリス権益に直接の影響はなかった。しかし、イギリスの世論は政府の連盟支援を求める一方で、ムッソリーニが戦争に訴えてでも自らの主張を貫徹する可能性が懸念された。海軍には、アフリカのために地中海の安全を危険にさらすことへの反対意見が存在した。そのためイギリスは、フランスの支持が得られない限り、イタリアに対抗する措置を取らないこととした。つまり、フランスが協力すればイタリアは屈服する可能性があり、実際はフランスの協力を得られない可能性が高いが、その場合、非難を受けるのはフランスになるであろうと予想したのである。しかも、制裁が実行不可能な場合、それを宣言するのはイギリスではなく、連盟であるべきと判断された。

しかし、一般に国際連盟の中心はイギリスと考えられており、さらに一九三五年九月十一日、ホーアは、連盟規約の集団的維持、特に挑発を受けない攻撃に対する集団的行動を支持すると発言した。ホーアの趣旨は、イギリスがフランスとの協力においてのみ行動することや、ドイツの条約違反に対しても、ドイツ軍が国境を越えず、ラインラントの非武装地帯に進駐しない限り、特別な措置を講じないというものであったが、イギリスが連盟を支持しているとの印象を広めた。しかも、イギリスがイタリアへの対応に中心的に当たるべきと考えていたフランスは、回避的な姿勢で一貫していた。ラヴァルの方針は、イタリアを戦争に導かず、また、フランスへの非難を招かない限りで制裁を行うというものであった。そのため、フランスの制裁拒否を期待したイギリスの思惑は外れ、イタリアによる十月の攻撃開始後、逆にイギリスがイタリアへの制裁を科す主導的な立場に置かれてしまう。また、連盟の委員会も、制裁への反対どころか、武器や物資、融資の禁止を提言しており、次いでイタリアからの輸入禁止およびイタリアへのゴムや金属鉱の輸出禁止が議決された。これらは十一月十八日に発動された。

その間、十一月十四日にイギリスでは総選挙が執行されていた。失業と住宅建築が争点となったが、同時にボールドウィンは、連盟との協力に関する新外交政策への支持を訴え、勝利した。しかし、選挙後も、情勢の変化はなかった。イギリスは、ラヴァルとの協力の下、改めてムッソリーニに受け入れ可能な解決を探ることとし、ホーアとヴァンシタートをフランスに派遣した。ホーアとラヴァルの会談は、十二月七、八日に行われた。国際連盟やイギリス内の強硬派は、石油制裁への決断を期待したが、ホーアは、石油制裁の発動がマルタや東部地中海のイギリス領に対するイタリアの攻撃を誘発しかねないことを懸念した。対してラヴァルは、ムッソリーニに受け入れ可能な調停を行うことを前提に、イギリスに軍事支援の保障を求めた。その結果、ホーア゠ラヴァル案が作成された。これは、イタリア占領下にあるエチオピアの三分の二をイタリアに譲渡し、残る三分の一についても、イタリアの独占的経済支配を容認し、連盟が形式的に関与しながらも、イタリアの実質的な行政権を容認するものとなっていた。

ところが、直後の十二月十日、フランスの新聞にホーア゠ラヴァル案が漏洩してしまう。その結果、ホーアは辞任した。ボールドウィンは十二月二日、イーデンを後任外相に任命することで評価の回復を目指し、イーデンも一九三六年二月二十四日、議会において連盟による集団安全保障を支持する演説を行い、二十六日の閣議で連盟による石油制裁を提案した。ただし、アメリカの協力が条件とされた。とはいえ、フランスはイタリアへの強硬措置に消極的で、それ以上にラインラント非武装地帯維持のための支援を要請した。しかし、イギリスにそれに応える意図はなかった。そのため、一九三六年三月七日にドイツ軍がラインラントに進駐すると、フランスがイタリアに対する石油制裁を支持する可能性は消滅した。それから数週間後、エチオピアの組織的抵抗も終結した。(70)

エチオピアに対するイタリアの行動に対し、国際連盟や世論の期待はイギリスに向けられていた。しかし、イギリスは、フランスと共同で、イタリアの敵対行動を引き起こさない範囲内で制裁を発動し、自らに対する批判を緩和しながら、イタリアに受け入れ可能な解決を模索した。ところが、そうしたイギリスの試みは、世論の支持を得られず、失敗に終わった。これに対し、エチオピア問題に対するアメリカの対応は、ダレックによれば、国内における孤立主義の気運が高まる中、戦争抑止に向けた積極的な行動を目指すローズヴェルトと、それを制約しようとする議会との間の中立法制定をめぐる駆け引きと重なりつつ、展開した。

一九三五年四月六日、第一次世界大戦へのアメリカの参戦より十八回目の記念日に、ワシントンでは五万人の退役兵士によって平和を求める行進が行われ、四月十二日には各地で、十七万五千人の大学生による戦争反対を掲げた一時間のストライキが行われた。こうした反戦気運の高まりの中、議会では、交戦国に対するアメリカ人による資金や武器の提供を禁じ、戦争地域への旅行や、交戦国の船舶への乗船を禁止する法案の準備が進められた。対してローズヴェルトは、大統領が武器輸出禁止の発動時期と対象決定の裁量権を持つことで、海外の武力紛争に対する牽制効果を法案に持たせようとした。しかし、問題は上院外交委員会であった。上院外交委員会は、武器禁輸の公平適用、すなわち紛争当事者全てに禁輸を自動的に適用することによって、大統領の裁量権を制限し、紛争への関与を阻止しようとしていた。

ローズヴェルトは、武器禁輸問題が上院外交委員会で取り上げられるのを回避しようとした。しかし、四月一日、外交委員会は当該問題の審議に当たることを決定した。そのため、ローズヴェルトは中立法に関する新たな行動を断念せざるを得なくなった。イタリア‐エチオピア紛争が発生したのは、その最中のことであった。七月二十六日、ローズヴェルトは政府部内において、経済制裁適用の裁量権と交換に中立法を支持する方針を明らかにした。しかし、八月初旬の上院の小委員会は、大統領の裁量権を否定し、戦争に対して自動的に発動される公平適用の規定を含む法案を外交委員会に提議した。ただし、この時点で外交委員会の内部でも、見解は一致していなかった。

ところが、八月下旬に至り、イタリア‐エチオピア問題が悪化したため、ハルはローズヴェルトに対し、一九三六年一月に議会が再開されるまでの一時的な措置として、イタリア‐エチオピア紛争のみに適用される武器禁輸法を議会に要請するよう提案した。ローズヴェルトはその際、禁輸発動の時期と対象を大統領が決定することで、イタリアに制裁を科し、ドイツと日本に警告を発するという構想を立てていた。しかし、ローズヴェルトは、議会に、海外の問題に対するそのような積極的行動を支持する雰囲気がないことも、理解していた。

一九三五年八月三十一日に成立した中立法は、ピットマンの妥協案に基づいていた。同法は、全ての交戦国に対する武器、弾薬、「戦争の道具」の禁輸を義務付ける一方で、大統領に「戦争の道具」の具体的内容と禁輸発動の時期を決定する権限を認めていた。同法はまた、アメリカ船による戦争地域への弾薬輸送を禁止し、アメリカからの武器輸送を規制する軍需品管理委員会の設置を定めていた。ローズヴェルトは当初、ピットマンの案に反対していたが、武器禁輸の強制義務を六か月間に制限するという条件で支持することとし、さらに法案を受け入れることで、大統領の権限拡大に対する懸念も払拭しようとした。ニューディール政策によって憲法が破壊されているという批判が存在したためである。

一九三〇年代半ばまでに、アメリカでは第一次世界大戦への参加を誤りであったとする認識が一般化しており、大統領権限の制限は、そうした過ちを回避するための方法として位置付けられていた。こうした中、一九三五年十月三日にイタリアのエチオピア侵攻が始まった。ローズヴェルトはエチオピアへの同情を表明し、中立法の発動によるイタリアへの武器禁輸について検討した。ハル国務長官らは、連盟の対応が判明するまで事態を静観すべきと判断したが、ローズヴェルトは中立法の発動に積極的で、さらにハルに対し、アメリカ人の交戦国船舶への乗船に警告を発するよう指示した。中立法の意図は全ての交戦国への支援を阻止することにあり、アメリカ人によるイタリア船の利用は、イタリアへの経済的支援となるばかりか、アメリカにおけるイタリアの宣伝に貢献するとも考えられたからであった。十月十日までに連盟の理事会や総会は、制裁に向けて動き始めた。ローズヴェルトは、イタリアに対する影響力を拡大するため、中立法における「戦争の道具」の認定権を利用し、国際連盟が制裁に商業品を加えた場合、それを禁輸品目に追加するよう国務省に指示した。

その一方でローズヴェルトは、連盟との協力に政治的な危険が伴うことも理解していた。しかも、翌年に大統領選挙を控える中、連盟との協力は不可能であった。とはいえ、紛争から距離を取り過ぎることは、黒人票を失う可能性があった。そのため、ローズヴェルトは、戦略資源を禁輸品目から除外する一方で、イタリアへの重要資源の輸出が増加する中、国民に対して中立法の精神に照らし、イタリアへの資源輸出を自制するよう、声明を発することとした。ホーア-ラヴァル案に対する国際的批判から、ホーアが辞任する中、ローズヴェルトも世論に無関心でいられず、エチオピアへの同情を改めて表明した。とはいえ、一九三五年中立法に基づく経済制裁は、一九三六年二月に失効することとなっていた。そのため、ローズヴェルトは新たな法案を成立させる必要があり、それを機に、かねてより懸案の裁量権の獲得を目指した。

ローズヴェルトは、大統領の権限拡大により国家の安全保障を確保し、外国における戦争の長期化を阻止できると考えていた。そこで国務省により、中立法が起案された。法案は、ピットマンとサミュエル・マクレイノルズにより、一月三日に下院に提出された。同法案は、武器禁輸や交戦国に対する融資の禁止、戦争目的に使用される物資の禁輸に関する公平適用を規定しながらも、一般資源に関して、戦時の輸出増加を抑えるためにそれを平時の水準に制限する権限を大統領に付与し、また、短期融資や交戦国との貿易を業者自身が責任を負うという条件で許可する権限も認めていた。同法案は、中立法の強制度を高めながら、大統領の権限も強化していた。そのため、孤立主義者は大統領の権限拡大を批判し、これに対する対抗法案が準備された。それは、交戦国に対する武器、戦争物資の輸出や融資を禁止する一方で、それらの適用の時期と方法に関する裁量を大統領に認めていなかった。ただし、今回の法案は、交戦国がアメリカ国内で現金によって物資を購入し、自国船でそれを輸送することのみを認めるとする「現金-輸送」(cash-and-carry)の規定を含んでいた。結局、ローズヴェルトはピットマンとマクレイノルズの助言に基づき、現行法を十四か月間延長することを決定し、一九三六年二月十八日に上院は、一九三五年法を微修正のみで承認した。と同時にローズヴェルトは、二月十二日、イタリアに対するアメリカの輸出が増加しているという国際連盟の指摘に言及した上で、戦争から利益を得ていると見なされる通商は望ましくないとする声明を発した。[71]

エチオピア紛争をめぐり、イギリスとフランスはイタリアを非難する世論に制約されたが、アメリカは対照的に、ヨーロッパの紛争に巻き込まれることを警戒する世論によって制約された。そのため、イギリスとフランスは、イタリアに対する妥協案を用意しながら、それを現実化できず、エチオピアの屈服を待つ結果となった。対してアメリカも、この時点で中立法における大統領権限の拡大を実現できなかった。そこでローズヴェルトは、世論に訴えることで、中立法で実現できなかったイタリアへの経済制裁を実現しようとした。それは、世界経済会議や海軍軍縮会議などの失敗にもかかわらず、将来への期待をつなぐことで、アメリカの権利保持と、アメリカの平和主義的、国際主義的姿勢の誇示とを両立させてきたローズヴェルト外交が、国際紛争に対して応用される機会となった。

一九三六年三月七日のドイツ軍のラインラント進駐により、ヨーロッパ国際情勢における関心は再びドイツに戻った。とはいえ、イギリスにとってドイツ軍のラインラント進駐は、直接的な脅威とならなかった。しかも、フランスの対抗措置はイギリスとの協力を前提としたが、イギリスはドイツとの合意に支障をきたすような強硬措置を認めなかった。さらにイギリス政府には、国内の世論に対し、ドイツとの紛争回避の姿勢を示す必要もあった。三月十九日、ベルギー、フランス、イギリス、イタリアの間で、ドイツに国際法の尊重やラインラントへの追加進駐を行わないこと、航空基地の建設禁止などを求める合意が成立した。しかし、フランスが求めた相互援助に対し、イギリスは消極的であった。イギリスは単に、ドイツとの和解が失敗した後、フランスとベルギーが合同で決定する措置について、イタリアと共に支援を与えるという姿勢しか示さなかった。ドイツは、ラインラントに関する権利の制限を拒否したが、対してイギリスとフランスは、両軍当局の間で兵站に関する相互調整を行ったのみであった。

その一方で、三月末にリッベントロップが駐英大使に就任し、英独関係の改善に向けた新たな可能性が生じていた。イギリスにとって、ドイツとの交渉の失敗を認めれば、ラインラントに関するフランスの強硬措置に同調しなければならなくなる可能性があった。そのため、時間を稼ぐ必要があった。(72)

ヒトラーは一九三六年三月七日の提案で、ラインラント進駐と共に、国際連盟再加入の可能性を示唆しながら、海外領に関する均等の権利を要求していた。そこでイーデンは、ボールドウィンに旧ドイツ海外領の返還の可能性について検討する委員会を提案し、三月九日にプリマス委員会が設立された。とはいえ、返還には法律的、徳義的に問題があった上、ドイツ経済の改善に対する効果も期待できなかった。しかし、旧領問題をめぐり、ドイツ側では、モンタギュー・ノーマンと密接な関係を維持していたヒャルマー・シャハトが積極的で、シャハトの影響力低下が明らかになる一九三八年に入るまで、海外領返還問題は検討され続けることになる。(73)

エチオピア紛争やドイツの再軍備問題をめぐり、イギリスとフランスは、方針の相違から十分な協力を実現できなかった。しかし、一九三六年七月に勃発したスペイン内戦に対しては、協調に成功した。イギリスやフランスにとって、スペイン政府を支援した場合、ドイツやイタリアが反乱軍を支援し、ヨーロッパ規模のイデオロギー戦争に発展する可能性があった。イギリスもフランスも、スペイン内戦が大国間の対立に発展するより、ヨーロッパの勢力均衡に影響を及ぼさないフランコの勝利を受け入れる方が合理的であった。その上、長年、国内における左右両派の対立に苦しんできたフランス政府にとって、スペイン内戦への介入は、国内の右翼による暴発を招く可能性すら懸念された。そのため、イーデンは、不干渉政策を国際的な一般的合意とすることで、フランス政府に対する内戦への介入圧力を緩和した。一九三六年後半、イギリスはフランコの短期勝利を予想し、その場合でもイギリスの利益は損なわれないと判断していた。しかし、内戦は予想外に長期化した。労働党、自由党はスペイン内戦を民主主義対ファシズム、自由対独裁の戦いと見なして政府を批判する一方、ドイツやイタリア、そしてソ連がそれぞれの立場から介入した。しかし、ボールドウィン内閣は不干渉政策を堅持した。(74)

対してアメリカでは、スペイン内戦の勃発により、ローズヴェルトの平和維持に向けた積極的行動はさらに困難になった。そこでローズヴェルトは、イギリスと同様、スペインをファシストの支配から解放するより、不干渉政策により、内戦がヨーロッパ全体の戦争に発展するのを阻止しようとした。そこでローズヴェルトは、アメリカを戦争から切り離すことを重視し、戦争に反対する国民の新たな努力を求める演説を行った。ハルも同様に、スペイン政府からの支援要請に対し、モンテビデオ会議におけるアメリカの不干渉政策とフランスの不干渉政策を援用してこれを拒否した。

一九三六年の大統領選挙後、ローズヴェルトは十一月十八日にラテンアメリカ諸国を歴訪した。ローズヴェルトは、リオデジャネイロ、ブエノスアイレス、モンテビデオなどで歓迎を受けた。この年の汎米会議では、アルゼンチンのラマス外相が国際連盟の強化を進めようとしており、ボリビア、チリ、ウルグアイもアルゼンチンに同調していた。そのため、戦争の危機が生じた時の相互調整に関するハルの提案は認められず、不干渉の原則のみが支持された。にもかかわらず、ローズヴェルトは、南北アメリカの善隣外交がヨーロッパに対して何らかの道義的反響を引き起こすことを、期待していた。

スペイン内戦の勃発により、内戦に対する中立法の適用が問題となった。一九三七年一月六日、スペインへの禁輸法案が成立した。しかし、他方で二月には、四百五十人のアメリカ人がエイブラハム・リンカン大隊を編制し、スペイン内戦に参加した。その結果、百二十人が戦死、百七十五人が負傷する事態となる。ローズヴェルトは、イギリスやフランスと同様、戦争拡大の危険を冒すより、フランコの勝利を容認していた。しかし、同時に大統領権限の拡大を目指すため、ドイツやイタリア、日本に対する批判的態度を明確にし、そうした自らの姿勢を世論に訴えかけた。戦争を忌避する全体的な世論傾向の中、議会は連邦政府の行動を制約したが、その一方で国民の一部には、自由と民主主義を守るため、政府から独立して行動しようとする気運も生じていた。

一九三五年中立法は、一九三七年五月一日に失効する予定であった。そのため、ピットマンとマクレイノルズによって新法案が準備された。新法案は、ローズヴェルトが求めた裁量権については不十分であったが、戦時における資源貿易の平時水準化に代えて、「現金・輸送」規定を採用した。アメリカはこの中立法の下で、七月七日の盧溝橋事件を迎える。(75)

◇

一九三〇年代、イギリスは政府内におけるネヴィル・チェンバレンの主導権確立を背景に、国際的な賠償問題や債務問題、為替、金融の安定化について欧米各国と合意を形成することで、不況に対処しようとした。しかし、これに対してフランクリン・ローズヴェルト政権下のアメリカは、国内において、多様な利害を組み込み、総花的なだけに統一性を欠き、内部対立も含んだ経済対策を打ち出す一方で、対外的には、戦争債務問題でも通貨安定問題でも、イギリスの目指した国際的合意を阻害し続けた。こうした中でローズヴェルトは、政権の安定とヨーロッパ諸国との関係を維持するため、実際に採用する政策よりも政治的人間関係を優先し、また、労使協調の実現に成果を挙げられない中で革新的政策傾向を強め、さらにヨーロッパ諸国の要望を拒否しながら、将来の交渉に対する期待をヨーロッパ側に持たせようとした。こうした自国本位で、合意形成能力を欠いたアメリカに対し、ネヴィル・チェンバレンは、国際金融の安定化と、その障害となった戦争債務問題の最終解決のため、アメリカの譲歩を引き出すべく、暫定合意に基づき自国の債務を限定的に履行し続けた。しかし、最終的にローズヴェルトが革新主義派との関係を優先し、暫定措置を不可能とする措置を取ったため、債務問題はイギリスによる債務放棄という結末を迎えた。

一九三〇年代前半、チェンバレンは均衡財政を貫徹し、スターリングの信用を維持することでスターリング圏の地位を保持し、また、限定された経済への介入政策の中で社会政策の充実を進め、民間主導の経済合理化を促進しようとした。さらに軍事政策においてもこれに対応し、空軍を中心とする軍備の重点的合理化を進め、さらに外交政策においては、イギリスが過度な負担を追わない形でドイツを多国間合意の中に引き入れ、また、ドイツとの政府間および民間の経済的結び付きを強化することによって、ドイツを自由主義的国際経済体系の中にとどめようとした。これに対してアメリカは、自国が対外的な紛争に巻き込まれるのを阻止するため、ラテンアメリカに対する軍事干渉を停止し、民主主義の理念を共有することによる新たな南北アメリカの一体化を目指した。と同時にアメリカは、ラテンアメリカ諸国との互恵通商関係を形成することで、アメリカの理念を共有する地域に自由貿易圏を導入し、それをヨーロッパにも拡大していこうとした。

全体としてイギリスもアメリカも、自らの政治的、経済的影響力の及ぶ範囲で、自由主義の原則を維持、拡大しようとしていた。ただし、イギリスの場合、国際経済が収縮しつつある中で、自由主義経済に修正を加えながらそれを維持しようとしたため、帝国特恵やスターリング圏といった勢力範囲を形成したのに対し、アメリカの場合は、ラテンアメリカに対する不干渉政策を促進し、モンロー・ドクトリンによって形成されてきた南北アメリカの政治的、経済的結び付きの上に、互恵通商によって高率関税を部分的に緩和する自由貿易を導入しようとした。いずれも客観的に勢力圏を設定するものであったが、特にアメリカの場合、勢力圏設定に関する自覚を伴わず、イギリスや日本の勢力圏に対し、対抗意識を持つことになった。

こうしたイギリスとアメリカの対照的な経済、外交政策は、日本や中国に対する政策にも反映された。海軍軍縮問題をめぐり、日本を含めた妥協の可能性を探ろうとしたイギリスに対し、アメリカは、日本に対する絶対的優位を確保し、日本の封じ込めを図ると共に、自らの平和主義的立場を世論に訴えた。また、中国における幣制改革問題をめぐり、まずアメリカが、中国が銀本位制からの離脱への準備を進めている中、国内的理由から銀購入政策を実施し、中国経済に混乱を引き起こした。それに対処するため、イギリスは自らを中心とし、日本を含めた多国間の協力に基づいて中国を支援しようとしたが、アメリカ、日本、中国の対応は、消極的であった。折しも、日本が後述のような華北分離工作を展開していたため、幣制改革が緊急措置として実施されると、アメリカはようやく国際的な銀購入政策を停止し、米中銀協定を成立させることで、幣制改革の成功に貢献した。ただし、そうした、他国からすれば一貫しないアメリカの政策のため、事態の推移の中で、対応を余儀なくされた日本とイギリス、日本と中国の相互不信が強まる付随的現象が生じた。

その間、ヨーロッパではドイツとイタリアをめぐり、情勢は緊迫化していた。イギリスはドイツを含めた多国間の国際合意を目指し、ドイツに対抗するための支援を求めるフランスの要求を拒否し続けた。イギリスは、イタリアのエチオピア侵攻に対しても対決姿勢を回避し、また、ドイツの再軍備宣言に対しても、最終的にイギリスとドイツの二国間協定によってそれを承認した。このように、一九三〇年代におけるイギリスの宥和政策は、一九二〇年代以来の、大国間の合意形成を通じた国際紛争の抑制と緊張緩和を目指す外交を引き継いでおり、特にネヴィル・チェンバレンの政治手法は、それを国内政策と結び付けて体系化していた。これに対してフランクリン・ローズヴェルトは、イタリア－エチオピア紛争に対しても、スペイン内戦に対しても、反自由主義、反民主主義陣営に対する批判姿勢を明確にし、また、それに対抗するための大統領権限の拡大を目指しながら、当面は議会や孤立主義的世論の制約の下で、国民が自主的措置として反自由主義、反民主主義的陣営との通商を自制するよう訴えた。アメリカには、イギリスのような積極的外交を展開する余地はなく、理念を提起することで国民の自主的行動を促しており、その意味でアメリカの外交は、国内の議会や世論対策の延長線上において実施された。そうした国内的対応が世界的影響を持つほど、国際社会におけるアメリカの地位は高まっていた。

イギリスとアメリカの外交は、いずれも多様な価値観を包容する自由主義を守るために展開され、他国の反発を解消するより、それぞれ独自の立場を優先しながら、主導権を発揮していた。その点でイギリスとアメリカの外交は、以下のようの日本外交、すなわち、世界や東アジアにおける自らの地位を過剰に意識し、そのためかえって分裂を深めた外交と対照的であった。こうしたイギリスとアメリカの外交は、支那事変の勃発から大東亜戦争に至るまでの東アジア政策にも継承されていくが、特に理念を重視すると共に、実務的な相互調整に消極的であったアメリカ外交は、日本との破局を回避する上で、大きな限界を持っていた。

第二十章　陸軍派閥対立と華北分離工作

満州事変後の日本は、満州国の建設を優先し、また、東アジアの安定に日本が寄与することで、大国たる日本を中心とした、各国の国力に相応する役割分担的な東アジア秩序を形成しようとした。そのため、外務省も関東軍も、日中間の経済的、軍事的格差を前提に、満州国の承認を中国側に求めず、満州と華北の経済交流を回復することで、当面の事態鎮静化を図ろうとした。しかし、そのような外交は、昭和十年までに日中関係改善の成果を挙げる一方で、陸軍全体には受け入れられず、昭和十年後半期に支那駐屯軍や関東軍による華北分離工作を引き起こす。

以下、支那事変勃発の最大の要因となった華北分離工作の展開について、陸軍派閥対立との関係、関東軍による方針転換の背景、陸軍内の蔣介石対策や「華北自治」をめぐる様々な構想の存在、そして暴走する関東軍と陸軍中央との関係を取り上げ、検討する。本章では特に、統制派の陰謀体質と政官界との癒着、そして現地陸軍の暴走に対し、陸軍中央がどのように対応したのかという、華北分離工作の主体とそれを抑えようとした双方の行動を追跡しながら、昭和九年から十年にかけての陸軍の内部状況と対中国政策の推移を明らかにしていく。

一　皇道派の凋落

昭和九（一九三四）年一月に辞任した荒木貞夫陸相の後任は、林銑十郎に決定した。閑院宮参謀総長は南次郎と親しく、真崎甚三郎の陸相起用に反対したため、真崎の陸相就任は実現しなかった。林は陸相就任後、軍務局長に永田鉄山を起用し、この人事によって、皇道派と統制派の対立は決定的局面を迎える。ただし、真崎は、一月二十二日に永田と会見した際、「予ハ将来同少将ヲ中心トスル時期ノ至ルベキヲ述べ、中央ノ結束ニアラユル努力ヲナスベキコトヲ依頼」し、また、二月十五日には「午后四時荒木大将来訪、予ハ今回ノ人事移動計画ヲ説明セリ。永田ノ軍務局長案ニハ予想ノ如ク大分不同意ノ風見ヘシモ余リニ狭量悲観的ニ見ユ。此ガ新大臣ノ眼目ナリ。新大臣モ一石ヲモ投ゼズシテハ収マラザルベク、之ヲ二人ニテ無理ニ圧迫セバ林ハ離反スルニ至ルベシ」と日記に記した(1)。荒木が永田の軍務局長就任に消極的であったのは、五相会議前後からの永田の政策態度の他、永田直筆の三月事件計画書が念頭にあったからであろう。

しかし、真崎は三月事件計画書の存在を知らなかった上、永田の能力に期待するところがあった。対して林は、永田を腹心に起用するため、事実上、柳川平助次官、秦真次憲兵司令官、松浦淳六郎人事局長他の留任と、山岡重厚の整備局長への横滑り的異動を受け入れる形になった。当時の裏事情を知る朝日新聞記者の高宮太平による『軍国太平記』は、皇道派の圧力を思わせる書きぶりをしているが、真崎が永田の軍務局長起用に反対していたと記すなど、偏見に基づく事実誤認が含まれている。(2) 林陸相は全体として皇道派の人事を据え置いたが、これは、荒木や真崎に配慮した迎合的措置であろう。対して小畑敏四郎は陸大幹事となった。以後、小畑は派閥対立の表面から後退し、近衛文麿との人脈を活かして朝飯会に関する内部情報を得る立場に回る。昭和六年頃、近衛が森恪に「軍人では誰れがいゝか」と尋ね、小畑を紹介されたという。(3) 小畑と近衛の関係はそれ以来であった。皇道派優位の中での小畑の異動と永田の軍務局長就任により、以後の対立は、柳川対永田から、さらに真崎対永田へと移っていく。それは、林による保身的人事配置の結果でもあった。

真崎は永田の軍務局長就任を支持したが、同時に永田と柳川らの関係について懸念していた。真崎は昭和九年一月三十一日の日記に、「永田少将来訪、時局打開ノ為ニハ大臣ニ於テ参考トシテ国策ヲ閣議ニ提出シ、一方脱線的ノ行動ヲナス者ハ厳重ニ取締ル要アリ、又陸軍省内ニ国策研究ノ機関ヲ設クルノ要アリト力説セリ。同少将ノ口吻ヨリスレバ柳川、秦、鈴木ノ排斥ニ干与シアラザルヤヲ感ゼシムル節アリタリ」と記していた。(4) 真崎は、青年将校を取り締まり、また、陸軍省の幕僚を中心に大臣を動かし、国策を遂行していこうとする永田の傾向を感じ取っていた。しかし、真崎は青年将校の精神を評価しながらも、西田税の面会希望を断るなど、青年将校運動との関わりに慎重になっており、(5) 青年将校の扱いをめぐって対立する永田と柳川らの関係を融和しようとしていた。しかも真崎は、そうした陸軍内の対立を、小畑の狭量に由来する、永田と小畑の個人的な対立から生じたものと判断していた。(6) そのため真崎は、永田の軍務局長起用に反対せず、永田に部内の融和に努めるよう再三求めたのである。

とはいえ、柳川に中堅幕僚の権力志向は容認できなかった上、おそらく柳川は、永田の三月事件計画書を保管していた本人であった。対して統制派にとって柳川は、陸軍次官という陸軍省の中枢を占めていただけに、その弊害が特に意識されたのであろう。永田は、青年将校が属する隊付将校全般について「先達軍隊内務改正に際しても隊付将校の意見は多く守株墨守的、ミリメートル式[…]にして抜本的改正には却て害なりし如く」「兵器技術の進歩に驚き精神的方面を閑却するとの懸念は杞憂なるべし、寧ろ近世物質威力の進歩の程度が理解出来ず、青龍等式頭脳、まだ残つて居ること、及び過度に日本人の国民性を自負する錯誤に陥つて居る者の多いことが危険なり」(7) との見解を持っていた。永田は政官界との接触を重視しており、池田純久や片倉衷の国家改造案を評価するばかりでなく、陸軍要職を占める責務から、それら諸案の統合と、軍外への説得や働きかけを通じてその実現を図ることを目指した。

永田は軍の近代化に対する隊付将校の姿勢を批判したが、隊付将校に軍制改革に反対する権限があったわけではなかった。しかし、永田が隊付将校に過ぎない青年将校の動向を懸念したのは、青年将校に対する永田の偏見と、何より永田が、青年将校の敵視する政官界との交流を重視していたからであった。永田にとって青年将校への弾圧は、政官界の信頼を得る上で、必要かつ有力な手段となった。さらに皇道派が青年将校に同情的であったことは、永田にとって、皇道派を失墜させる材料となり得た。永田は統制経済の実現を理想としたが、皇道派はそれを否定していた。その上、永田は林銑十郎陸相を通じ、政府に新たな国策策定を働きかけようとしており、そこで皇道派の対応がやはり問題となった。

永田の軍務局長就任後の三月十九日、『東京朝日新聞』は「大国策審議機関、陸軍で設置決定、内外の具体策を確立」という見出しで、「陸軍では林陸相の意図に基き、議会終了後直に国策審議の一大調査機関を設置し、その調査の決定を待つて政府へ要望を提出することになつた。林陸相は大体前任者の方針を踏襲して来たが、内政会議に関する主張は概ね抽象的概念論にして何等具体案を示してゐなかつたので、林陸相は、現下内外の時局の認識においては前陸相のそれと背馳するものではないが、陸軍を代表して発言する以上、具体案を持たず漫然論議することは徒に事態を紛糾せしむるものとし、確固不動の案を提げて徐ろに政府にその研究並に実行を促さんとするものゝ如くである。名称は恐らく軍制調査会といふが如きものとし、永田軍務局長をして実質上の主さい者たらしめ、調査項目は単に内政問題のみならず対外問題についても凡ゆる機関を動員して結論を把握せんとするものである」との報道を行った。報道は林の発言に基づいたもので、荒木陸相に対する批判的な調子からしても、柳川らは関知しなかったはずである。一月三十一日の真崎日記の記述が示すように、永田は国策審議機関の設置によって、国家総動員のための国策遂行を考えていた。しかし、皇道派、とりわけ柳川次官はそれに否定的であった。

結局、陸軍内における国策審議機関設置構想は具体的に進展しなかった。しかし、この後の永田は、軍務局長として、軍外諸機関との協力によって、国策審議のための機関を設置しようとしていく。その際、永田が協力ないし利用対象の一人としたのが、松井春生であった。御厨貴によれば、昭和二（一九二七）年五月の内閣資源局設置の中心となった松井は、昭和七年六月に東京帝国大学で経済統制に関する講演を行い、昭和九年四月に『経済参謀本部』という著書を刊行する。この後、松井は、七月の岡田啓介内閣の成立および十月の吉田茂書記官長の就任を背景に、後藤文夫内相や永田鉄山の協力を得て、昭和十年五月に内閣審議会とその下部機関たる内閣調査局の設置に成功する。[8] これは永田にとって、既述のような対満事務局に通ずる、国家の合理的運用のための軍外諸機関との政策調整の場となるはずであった。

とはいえ、永田にとって、皇道派の存在が障害となった。昭和九年四月十一日、林陸相は実弟の白上佑吉が東京市の疑獄事件に関連して有罪判決を受けたことを理由に、辞意を表明した。林の辞意に対し、政府をはじめ、政友、民政両党からも慰留があり、最後は閑院宮参謀総長の意向で、林は辞意を撤回した。とはいえ、高宮太平によれば、林の辞任騒動について、林が「周囲からの掣肘のため」「すっかり嫌気がさした」からとする見方と、「柳川以下にどのくらゐの信用出来るものかを観測しようとした芝居」とする見方があり、柳川次官に至っては林に対し、「洵に恐入つた大臣の御心境」などと心にもないお世辞を述べ、辞職を慫慂したという。柳川はまた、満州事変勃発時の林朝鮮軍司令官による独断出兵の真相について、林は容易に決心できず、神田正種高級参謀に促されて越境命令を下したものの、その後、処分を恐れてふるえていた、などの話を吹聴していた。(9)「土蜘蛛」という、『日本書紀』の神武東征記や能、歌舞伎などの演目に由来し、後の「真崎日記」に登場したことで有名になった林を指す隠語も、元来は柳川の命名であって、柳川は真崎に対し、林の言動には裏表があり、信頼できないことを再三伝えていた。(10)

林の辞意に関連し、南次郎は宇垣一成朝鮮総督に宛てて、「林之辞意固し。殿下も御同意せらるへし」「所謂中堅組将校は大転向をなして、真崎、荒木の進出を絶対に阻止することに昨夜某処にて議決せりとの報告に接す」と書き送っていた。(11)林の真意は南にも不明であったが、中堅将校が皇道派と対立していることが、南にも伝わったわけである。南と永田が提携するのはこれからまもなくのことであろう。

林の辞任騒動は、永田と柳川の対立が、永田と真崎の対立にまで発展するきっかけとなった。真崎は、伊藤隆が指摘しているように、林の辞任に反対していた。(12)しかし、林が閑院宮参謀総長の説得で辞意を撤回すれば、皇族に責任を転嫁するおそれが生じ、他方で政府も林の留任を要望していた。そこで真崎は林に、一度決意したなら、周囲の状況に流されて安易に辞意を撤回しないよう求め、また、林が辞意を貫くのであれば、後任は荒木しかないとして、林自身が荒木を説得するようにも伝えた。ところが、たまたま高宮が取材のため真崎宅を訪れた時、女中の手違いで応接間に入れてしまい、真崎は、林に対して辞意を撤回しない場合の荒木説得を求めた電話の内容を聞かれてしまう。真崎は「一生ノ大失敗」(13)と日記に記したが、高宮はこれを皇道派による林失脚と荒木復活のための陰謀と判断した。高宮が『軍国太平記』に「詳述するには余りに醜怪」と記したのは、一つにはこのことを指していたのであろう。(14)高宮は永田に近く、彼からも情報は永田に伝わったかもしれないが、何より林自身が永田に対し、真崎が後任に荒木を推していたことを伝えたのであろう。高宮によれば、永田も林に翻意を求めたというが、永田にとって荒木陸相の復活は、自身の国策具体化計画に対する妨害か、皇道派の情実的人事を優先する措置でしかなかった。

一方、永田に対する真崎の不信が決定的になるのは、帝人事件によって斎藤実内閣の命運が尽き、後継内閣をめぐる動きが活発化したことと関係していた。真崎は平沼騏一郎や加藤寛治などに期待を寄せたが、他方で宇垣擁立運動の活発化が伝えられていた。宇垣擁立運動の中心は朝飯会と判断され、永田もそれに関わっていた。その上、この時期、秦真次憲兵司令官と東条英機が、対立陣営に対する誹謗中傷の泥仕合を演じていた。秦が、真崎に対する攻撃や宇垣擁立運動の活発化を真崎に報告すれば、東条は秦の収賄疑惑を問題にするという具合であった。真崎に対する攻撃も、真崎にとって、宇垣擁立運動の一環と判断された。五月五日に真崎が林と会談した際、「大臣ハ先ヅ口ヲ切リテ国防ヲ中心トスル国策問題ヲ提ゲテ政府ニ迫ルベク研究中ニシテ本月中ニ具体策ヲ得ルナラン、而テ内閣更ルトモ大臣代ハルトモ陸軍トシテハ一定ノ方針ヲ以テ進ミタキ考ナリ、次ハ一九三五年六年ヲ目標トシテ人事ノ陣営ヲ整ヘタシトテ暗々裡ニ次官、秦等ノ転出ヲホノメカス様」な状態であった。そこで二日後に真崎は、永田に注意を促すこととした。五月七日の真崎の日記には、次のように記されている。(15)

十一時ニ両三日前ニ約束セシ通リ永田少将来訪セリ。予ハ直ニ東条等予等ニ反抗シツヽアル風説ヲ耳ニシアリシモ容易ニ之ヲ信ゼザリシガ、四月五、六日頃甲府ニ赴キシ時ヨリ少ク之ヲ真面目ニ考フルニ至リ慎重考慮ノ結果終ニ君ニ相談スルニ至レリト述ブルヤ、永田ハ大体之ヲ是認セリ。依テ永田ニ向ヒ大局ニ着眼シテ個人ノ些細ナル感情満足ニ捉ハレテ自滅スルコトナキ様熟考ヲ促シ置ケリ。本日得タル感想ニヨレバ彼等ハ人事ガ若干人ノ独裁政治ナルヤニ感ジアルガ如ク、三月、十月事件関係者モ元ニ復シ度キ如ク察セラレ、且ツ彼レガ諸策動ノ根源ナル如ク判断セラル。

永田は東条を駆使し、東条を弁護することで、自ら直接明言することなく、真崎への反抗の意志を示した。また、真崎にとって、三月事件とは宇垣内閣実現計画であって、その関係者の復権を図るということは、宇垣内閣計画の復活につながりかねなかった。斎藤内閣の後継として成立した岡田啓介内閣もこうした流れと無関係でなく、これによって真崎と、永田および林との対立が決定的になった。真崎は七月九日、岡田内閣の成立に関し、満井佐吉に次のように語っていた。(16)

今回ノ内閣ハ陰謀ノ結果ニシテ、其ノ背后ニ元老重臣アリ。其ノ意ノ存スル所ハ問ハズシテ明ナリ。ソロ〳〵軍ノ圧迫、特ニ強硬派ト称セラル者ノ圧迫ニ取リカヽルベク、之ニハ非常ニ周密ナル網ガ張ラレアリ。斯クテ次回ニハ宇垣ノ現出確実ナリ。世ハイヨ〳〵最後ニ近キツヽアリ。林ハ自覚シテカ意識シテカハ知ラザルモ、白上ニアヤツラレ、結果ニ於テハ彼等ノ術中ニ陥リツヽアリ。斯ル状況ナル故、若シ万一青年将校ニ軽挙ノコトアランカ、悉クシラミツブシニツブサルベク、元老重臣ノ存スル限リ決シテ何事モ出来ザルベク、只ニ彼等自身ヲ亡スノミナラズ、直ニ予ノ失脚ヲ来ス等彼等ノ術中ニ陥ルニ至ルベシ。予ハ片脚ヲ既ニ棺桶ニ投ジアリ。別ニ意トセザルモ吾人ノ思想ハ弾圧セラルルニ至ルベシ。深ク青年将校ノ指導ニ注意ヲ要ス。

真崎の許に散発的に入る情報から判断される岡田内閣成立経緯は、真崎にとって不条理極まりなかった。東条が政友会と連絡する一方で、民政党系の宇垣擁立運動が活発化していた。対して永田は朝飯会の周辺と接触しており、その朝飯会は宇垣擁立の拠点となっていた。そうした状況の中で登場したのが岡田内閣であった。他方、陸軍内で青年将校に対する圧迫が強まり、真崎を誹謗する怪情報が流されていた。林は永田の言いなりであった。

真崎にすれば、岡田啓介はロンドン海軍軍縮条約をめぐる妥協的な態度からも、現下の国難に対処できる人材ではなかった。しかし、他の首相候補として名前が挙がり、真崎自身も支持していた加藤寛治や平沼騏一郎、あるいは一般に親軍的と見なされていた政友会などと比べると、岡田内閣の反陸軍、とりわけ反皇道派という性格は、明瞭であった。それは、重臣が五・一五事件の原因となった政治的腐敗を正すどころか、逆に自らに対する批判勢力を封じ込めることで、現下の危機を糊塗しようとしていることを意味した。永田や東条は、陸軍内で地位を固め、国政に影響を与えるべく林を籠絡し、首相候補の周辺と接触していたが、真崎からすれば、それは陸軍の強硬派を抑圧しようとする重臣のねらいにはまりかねない愚行であった。宇垣内閣が成立していれば、その方が意図は明快であったが、いかにも実行力のなさそうな岡田を起用したところに、重臣の「陰謀」があった。宇垣が直ちに組閣すれば、反対派が反発するのは確実であった。そこで当面は挙国一致内閣を名目に、政友会に政権を渡さないことで民政党に内閣を支持させ、同時に政友会から二、三名を大臣に引き抜いて挙国一致の体裁を整えておく。実態は民政寄りの宇垣を担ぐための中継ぎ内閣で、しかも永田らがこれに呼応して林を担ぎ上げ、過激な青年将校の取り締まりを名目に真崎ら皇道派を追い込んでいくという筋書きが、真崎には想像されたのであろう。岡田内閣に対する真崎の懸念は、内閣成立経緯の真理の一面を衝いていた。七月四日、岡田を後継首相に奏上することを決定した重臣会議において、次のような会話がなされていたからである。(17)

西園寺公より更に斎藤子に［…］発言を促されたるので、斎藤子は、自分が政局を担当して来た間に行ったことは必しも間違って居ったとは思ひません、今日の情勢より見るに、財界其他の方面について見ても従来の方針を余り変へない様にすることが肝要かと思ふ、その見地よりして、若し岡田啓介海軍大将にして勇気があるならば同氏が最も適任と思はれる［…］と云はる。

西園寺公は清浦伯に意見を求めらる。清浦伯は、結構ならん、宇垣氏等も適任ならんと思はるゝが、陸軍よりも海軍の反対が強いと聞いて居る、近衛公等も問題なるが、海外に居られては問題とならざるべし云々。

斎藤子発言し、宇垣氏は自分も結構と思ふが、林陸相の話によれば、陸軍の少壮将校の方面がやかましくて抑ゆるに困ると云ふ状況で、海軍は左程とも思はず云々。

［…］

西園寺公は大体皆さんの御意見も判りたるが、若槻さん、どうでせう、岡田氏を奏薦することはと尋ねられたるに、若槻氏は、自分の平素の主義方針よりすれば多数党の総裁鈴木氏と云ふことにもなるが、それが或事情の為に無理なりとすれば、岡田氏にて結構なりと、明確に述ぶ。

鈴木喜三郎が除外された「或事情」とは、昭和天皇の否定的評価を指す可能性もあるが、それを含めて後継首相は、議会や政党をまとめるわけでも、日本の危機に積極的に対処するわけでもなく、現状維持のために選択された。真崎が警戒したように、宇垣は有力候補であったが、宇垣が見送られた理由も、事なかれ主義であった。升味準之輔によれば、この後、岡田内閣は政友会からの入閣問題と若槻民政党総裁の内閣支持発言で紛糾を引き起こす[18]。それは、岡田内閣が現状維持を優先し、政治力や行政手腕を欠いた結果であって、こうした傾向は、五・一五事件後の政界の気運を引き継いでいた。しかし、それは日本の思想的、倫理的再建を目指す皇道派にとっては許し難く、こうした経緯が、昭和十年に岡田内閣が天皇機関説問題をめぐり、皇道派や政友会から攻撃を受ける背景となる。とはいえ、永田にすれば、林に問題があったとしても、それを支えるのが陸軍内の公職にあるものの義務であった。というより、永田にとって、林の無定見はむしろ好都合であった。したがって、そうした林を攻撃するのは、皇道派の利己主義であると共に、永田に対する敵対行動となった。

満州事変後に陸軍内の対立が激化する背景は、日本の危機に際して、国民全体に自己犠牲の精神を喚起すべく、軍が先頭となって身を処すべきなのか、あるいは軍の組織統制を通じた合理化から、日本全体の合理化を進めていくのかの、思想ないし価値観の対立にあった。満州事変勃発前後、国家革新と軍内の宇垣閥ないし長州閥の打破という目標のため、内部の軋轢を含みながら漠然と並存ないし提携していた運動が、満州事変後に国家革新を具体化する中、とりわけ世界恐慌の発生や満州事変の勃発、そして満州国の成立を背景とする集権志向および広域統制経済圏構想の登場によって、潜在的対立点が顕在化した。とはいえ、真崎が当初、永田に期待を寄せていたように、問題は単純ではなかった。事態を複雑にしたのは、思想的にも経歴的にも対極であった分、直接の接触をほとんど持たなかった永田と青年将校との間に、一方で永田影響下の権力意識の強い中堅将校、他方で宇垣一成や南次郎を敵視する荒木や真崎といった皇道派の上級将校、さらに党派活動において戦闘的な柳川平助や秦真次、東条英機といった将校が介在したことであった。

中でも最大の対立は、権力志向が強く、組織的な行動を重視する統制派系中堅幕僚が、公職にあって在野精神を保ち、一身を国家や社会正義に捧げようとする青年将校の精神を理解できなかったばかりか、それを自分たちの国家改造計画に対する障害と感じたところから生じていた。永田の青年将校に対する認識も、当初より北一輝をはじめとする外部勢力の手先という認識を越えておらず、そこで永田は、青年将校を弾圧することで、政界の信頼を強化しようとした。その上、林陸相をめぐる評価も、陸相という陸軍の最高責任者に関わるものであっただけに、深刻な対立要因となった。裏表の激しい林陸相の言動は、真崎にとって嫌悪の対象となったが、そうした真崎の言動自体、永田にとって、皇道派の情実的人事を優先し、永田の行動を妨害する行為でしかなかった。総じて陸軍の派閥対立は、陸相および隊付将校という、陸軍の最上層と下層に組織的な機能を期待するか、人格的な倫理意識を期待するかという対立や、統制派の自己中心的な権力志向とそれに対する皇道派の反発、さらに統制派と皇道派双方の情実的人間関係などが絡み合い、深刻化した。

昭和九年八月の陸軍定期人事異動は、柳川陸軍次官と秦憲兵司令官の第一師団長、第二師団長への転出を中心とする、皇道派一掃人事の端緒となった。皇道派の一掃を実現したのは、無責任な陸軍上層部と権力意識を高めた中堅幕僚層との協力関係であった。上層部が自ら責任を負わず、権力志向を高めた中堅幕僚との馴れ合いによって問題を解決しようとしたのは、陸軍に限られたわけでなく、既述のように、五・一五事件の処理をめぐる重臣の対応においても同様であった。しかも陸軍では、昭和九年十一月に士官学校事件が発生し、青年将校に対する統制派の弾圧が実行に移された。その間、陸軍の権力は皇道派から統制派へと移行し、そうした状況は陸軍の中国政策にも影響を及ぼす。ただし、陸軍における対中国政策は関東軍が担っていたため、陸軍中央の混乱が中国政策に与えた影響は、やや複雑であった。

二　変化への兆候

昭和九（一九三四）年一月、磯谷廉介参謀本部第二部長は、「支那の対日政策私観」なる一文を『外交時報』誌上に公表している。ここで磯谷は、「支那の対外政策は［…］遺憾ながら徹頭徹尾其の常套政策たる以夷制夷（遠交近攻）策を利用する長期経済抵抗に終止して居る」とした上で、次のように述べていた。[19]

抑々一国の対外政策たるや、其根底深遠なるものがあり、紊りに四囲の刻々の情勢に依り変動すべきものではない。唯時々の形勢に応じ、其形相に多少の変化があるに過ぎないのが通例である。而して支那の如く国内の情勢変動常なきものは、之に伴ひ外交の形態も変化するものであるが、根本政策の転換の如きは、達識果敢の為政者が乗り出さゞる限り、そう簡単に行はるべきものでない。殊に対内的自己勢力維持に対外的政策を利用することを常套事とする支那古来の実情を顧みるとき、更に此感を深からしめるものがある。然るに単に外面に現はれた空気に眩惑せられ［…］、現状を無視して対日転向と早合点し、其の成行に一喜一憂するが如きは最も警しむべきことである。

他方、支那駐屯軍付から帰朝し、兵器本廠付（新聞班長）の任にあった根本博中佐は、五月に「最近の日支関係」なる文章を、磯谷と同様『外交時報』誌上に公表した。ここで根本は、「支那の近情は、一昨年乃至昨年春頃迄の情勢と今日とを比較して見ると大変な相違である」として、塘沽停戦協定から南昌会議に至る中国側の動向、とりわけ中国内部における汪兆銘、黄郛一派と宋子文、孫科一派の対立状況に注目し、今後取るべき日本の対応について次のように述べていた。[20]

支那の情勢［…］に対して［…］支那が転向しかけたとか、しないとか、たゞ表面の気象観測だけを下して居るとか、極く上つらの政治工作だけをやつて居るやうでは、足りないのではないかと思ふ。一体此の政治工作と云ふものは半分は感情である。幾らやつて見ても、感情に変化を来すと忽ち水泡に帰して了ふ性質を持つて居る。それ故に政治工作の方面は、之を後廻しにしたらどうか。支那が本心からやつて居るのか、或は一時の方便でやつて居るのか、本当のことはまだ分らないが、最近排日の空気が薄らいで来た為めに日本商品は堂々と昼日中と雖も売り捌いて、商売が出来る状態になつて来たのであるから、此の機会に早く日支両国の実業家達が手を取合つて経済関係を深めて行く方の努力が、一番必要ぢやないかと考へるのである。どうも何時も日本が支那に対してやつて居ることは政治工作に傾いて、経済上の接近と云ふことが最も遅れて居るやうに考へる。寧ろ極端に申すならば支那に対しては政治工作は不必要である。

磯谷と根本は共に、塘沽停戦協定以後の日中間の空気の緩和を、中国国内の政治的対立と結び付けて理解した。しかし、磯谷は、表面的な空気の緩和は「却て将来に於ける徹底的抗日政策の準備であり、嵐の前の静けさであるとも見られる」と主張し、逆に根本は、そうした空気の緩和を利用して両国間の「経済関係を深め」、「政治工作」を控えるべきと提言した。磯谷は日中間の緊張緩和を優先する外務省とそれに追従する一般的傾向を批判し、根本は、外務省に近い認識の下で日中関係調整を進める現地陸軍当局の見解を代弁していた。磯谷に中国の国民感情に対する配慮は希薄であったが、そうした見解は、日中間の政治的関係が不透明な段階で友好的な雰囲気が先行しても、政治的緊張が生じればそうした雰囲気は何の意味も持たず、現段階での楽観は潜在的危険をはらむ日中関係への国民の認識を根本的に誤らせかねないという、現実主義的な観点から展開されていた。

磯谷と根本の見解は表面的に対照的であったが、共に一九二〇年代のイギリスのような、「強い立場からの宥和」といった政策体系や、自国の利害や影響力を保持するため、多国間にわたる国際的規範を構築しようとする姿勢を欠いていた。また、自国の権利保護を優先し、国際的理念を掲げながら対外的な関与を抑制しようとしたアメリカ外交とも対極的であった。磯谷や根本に限らず、満州事変後の日本外交は、中国に日本の権威を示し、同時に日中間の経済交流を進めようとするなど、日本が指導的地位を占める階層的、役割分担的、かつ緊密な日中関係を構築しようとした。外務省出先や関東軍の進めた対中外交は、状況対応的という意味で比較的「強い立場からの宥和」の政策体系に類似していた。しかし、イギリスの宥和政策は、対象国の権利要求を容認する中で自国の権利を保持し、あるいは国家主権の尊重という原則を前提に、それを修正する中で外交的影響力を行使しようとする政策体系であった。その点で日本外務省出先や関東軍の中国政策は異なっており、日本の中国政策は、イギリスにおける間接統治の理念や、アメリカにおける孤立主義の気運と異質な、融合志向の強い政策体系を有していた。それは、満州国における「五族協和」

の理念に対応する一方で、日中関係において、中国の反省を強く求める日本側の姿勢をも生み出していた。

昭和九年を通じても、陸軍の中国政策は関東軍が主導した。しかも関東軍は「日満支経済ブロック」という広域統制経済圏構想に依拠せず、従来の「北支停戦協定ニ伴フ善後処理交渉案」の方針を堅持していた。同様に支那駐屯軍も、前年九月の参謀本部第二部による「支那占領地統治綱領案」の作成を受け、昭和九年三月に「北支那占領地統治計画」を作成したが、その間の昭和八年十一月の北平会議に菊池門也参謀長や根本博中佐が参加するなど、関東軍が進める塘沽停戦協定善後処理交渉に協力していた。対ソ戦時の華北占領計画は有事の作戦計画であり、当面の南京政府との緊張緩和や関係安定化と矛盾したわけではなかった。

通車協定をめぐる、昭和九年春先以降の日中交渉の焦点は、黄郛の南下とそれに伴う蔣介石、汪兆銘との政策調整の行方であった。この時期の関東軍は、停戦協定善後処理交渉を進める方策として、黄郛や蔣介石の主導権に依存する静観的な態度を堅持していた。そのため、黄郛と蔣介石、汪兆銘間の政策調整が重要な意味を持ったのである。黄郛は四月三日に北平を発ち、蔣介石らと会談した。次いで十一日から三日間の南昌会議を経て、黄郛は満州国不承認の範囲内での裁量権の拡大と、通車、通郵問題などについて交渉する権限を認められた[21]。これに先立ち、菱刈隆関東軍司令官は、柴山兼四郎駐北平武官補佐官に対し、黄郛に「北支政権ノ権限拡大強化及国民党部ヲ北支ヨリ駆逐スルコトニ付、蔣介石ヨリ充分ノ保障ヲ取付クル様激励方電報[22]」していた。

南昌会議の直後に有吉明と会見した黄郛は、政務委員会の改組計画を否定したが、約一か月後の五月十四、十五日の両日、山海関において、関東軍司令部付の後宮淳少将、柴山兼四郎武官、宇佐美寛爾満州国鉄路総局長、殷同の間で通車具体案が決定された。その後、合意案は南京の中央政治会議に付議され、反対は強かったが、五月三十日に蔣介石の決断で採決に至った[23]。北平会議から通車協定の合意に至るまでの間、柴山は北平政務整理委員会の権限強化を求めていた。しかし、通車協定は、政務整理委員会の権限強化という間接的な方法ではなく、蔣介石が直接主導権を発揮し、南京政府内の反対勢力を封じ込める形で実現した。

古屋哲夫や芳井研一は、以上の経緯を、関東軍が北平政務整理委員会の準傀儡政権化を図りながらそれに失敗した過程として理解し、後の通郵問題解決の経緯と合わせ、関東軍が政務整理委員会を見放していく背景になったと論じている[24]。しかし、通車協定の成立は、前年九月十一日の「北支停戦協定ニ伴フ善後処理交渉案」の方針に則った成果であった。しかも柴山は、黄郛らが「一面ニハ対内問題ノ為受ケタル南京政府ヨリノ掣肘、若ハ東北軍一派ノ妨害」を受けているという認識の下で、北支政権の強化を提唱したに過ぎなかった。柴山は菱刈関東軍司令官から指示を受けた後、「北支ニ於テ現政権ニ代ルニ独立政権ヲ以テセントスルカ如キハ［…］帝国カ相当ノ兵力ヲ以テ之ヲ援助セサル限リ到底不可能ナリ。而シテ今日、帝国カ北支ニ兵ヲ用フルカ如キハ極度ニ疲弊セル北支経済ヲ更ニ深刻ナラシメ、漸ク其ノ曙光ヲ見ントシツツアル我経済発展ヲ根底ヨリ破壊スルモノニシテ、帝国ノ北支ニ庶幾スル根本方針ニ副ハサルモノト云ハサル可カラス」(25)と論じていた。柴山にとって北支政権の傀儡化など、不要なばかりか、有害でしかなかった。

　ところで、以上のような関東軍や外務省出先の交渉と並行し、昭和九年春以降、陸海外の関係課長の間で、中国政策に関する意見交換が行われていた(26)。きっかけは、「日支ノ関係ハ一向ニ良クナラストテ焦慮スル気分現レ初メタ」ことであった。前年十月の五相会議は、大臣級の政策調整の機会となったが、対中国政策に関し、先行する現地の動き以上に意味を持つ、具体的な方針を策定したわけではなかった。そうした中での意見交換は、満州事変後の中国政策に関する、実質的に初めての政策調整の機会となった。折衝に当たったのは、外務省から守島伍郎東亜局第一課長、陸軍から酒井隆参謀本部支那課長、山下奉文軍事課長（実際には鈴木貞一が多く出席）、海軍からは軍務局第一課長と軍令部情報部の課長であった。

　昭和九年六月の時点で作成された外務省原案は、「対支政策ニ関スル件」と題されており、守島案を基礎とした甲号が作成され、七月二十七日まで検討された結果、乙号が作成された。甲号は冒頭で、「支那ヲシテ帝国ヲ盟主トスル日満支三国ノ提携共助ニ依リ東亜ニ於ケル平和ヲ確保」することを掲げていた。「帝国ヲ盟主トスル」は乙号で「帝国ヲ中心トスル」に修正されるが、いずれも、現実の国力格差に即応した役割分担的な国際秩序を理想として掲げていた。その上で甲号は、「国民政府ノ指導原理ハ帝国ノ対支政策ト根本ニ於テ相容レサルモノアル」という認識の下、「我方ヨリ進ンテ和親ヲ求メス且支那側ニ於テ我方ノ権益ヲ侵害スル場合ニハ我方独自ノ立場ニ基キ必要ノ措置ヲ執ルヘシトノ厳蕭〔肅〕公正ナル態度ヲ以テ之ニ臨」み、「支那ノ遠交近攻心裡、即チ同国カ外国ノ力ヲ藉《か》リテ我方ヲ抑制セムコトヲ僥倖セムトスル心裡及右心裡ニ基ク各般ノ行動幷ニ之ニ策応スル外国側ノ対支援助ヲ極力排撃スル」と記していた。これに対し乙号は、以上の施策を「此ノ際我方トシテハ進ンテ南京政権ノ倒壊ヲ計ル為一般情勢ニ逆行スルカ如キ特殊ノ施策ヲ避ケ」るために行うことを明示した他、特別な修正はなされなかった。これは実質的に、従来の現地主導の対中外交を踏襲したものであった。

　折衝で問題となったのは「対北支那政権方策」なる項目についてであった。当該項目の甲号は次の通りで、傍線部は乙号で削除された句、〔 〕は乙号で追加された句を指す。他にもA（北支政権〔…〕置替ヘシ）とB（党部〔…〕封セシ）の箇所は、乙号でわずかな修正の上、後述の最終合意のように入れ換えられている。

我方トシテハ北支地方ニ対シ南京政権ノ政令ノ及ハサルカ如キ情勢〔トナラムコト〕ヲ希望スルモ、此ノ際急速ニ右ノ如キ情勢ヲ招来スルコトハ〔…〕困難ナルニ付、差当リ北支地方ニ於テハ南京政権ノ糸ヲ引キツツ而モ同〔現状ヲ維持シツツ南京〕政権ノ政令カ北支ニ付テハ同地方ノ現実ノ事態ニ応シテ緩和〔去勢〕セラルル情勢ヲ次第ニ濃厚ナラシムヘキコトヲ目標トシ、漸ヲ追フテ之カ実現ヲ期スルコト。従テ我方トシテハ少クトモ当分ノ間ハ黄郛政権ヲ存続セシムル方針ヲ腹中ニ蔵シツツ、〔北支政権ニ対シテモ〕大体前記南京政権〔側〕ニ対スル方針ヲ準用シ〔且該政権カ有力ナルモノニシテ誠意ヲ示スニ於テハ give and take ノ趣意ヲ相当加味シ〕テ之ニ臨ミ〔以テ〕懸案ノ解決及我方権益ノ維持伸張ニ努ムルト共ニ[A]、北支政権下ノ官職等ニシテ旧東北系等排日派ノ人物ニ依リ占メラレ居ルモノヲ親日的ノ人物ニ置替ヘシメ、且[B]党部ノ活動ヲ尠クトモ事実上封セシムル様仕向ケ以テ北支地方ノ官民カ同地方ニ於テハ排日ハ行ハヌモノナリトノ先入的ノ観念ヲ持ツニ至ル様ノ空気ヲ醸成シ行キ、結局〔…〕北支政権ノ主班カ何人ナルモ北支ニ於ケル日満支ノ特殊ノ関係ヲ無視スルコト不可能ナルカ如キ状況ヲ招来スルニ努ムルコト。

甲号は、「北支地方ニ対シ南京政権ノ政令ノ及ハサルカ如キ情勢」を「南京政権ノ糸ヲ引キツツ」漸進的に実現しようという論理を述べており、これは、既述のような有吉ら現地外交官の方針、すなわち、華北における国民党の抗日政策を日本からの露骨な圧力によってでなく、南京政府内の親日派との非公式の折衝を通じ、中国側の自発的行動として抑制させようとする方針を踏まえていた。しかし、これは乙号において、「現状ヲ維持シツツ」という表現に修正され、「黄郛政権」の維持を明言した甲号の表現も削除、「該政権カ有力ナルモノニシテ誠意ヲ示スニ於テハ give and take ノ趣意ヲ相当加味シテ之ニ臨」むとされた。「give and take」の表現は異例で、外務省側の苦心があったのであろう。総じて乙号は、甲号を引き継ぎながら、南京政権との非公式な接触を維持しながら黄郛政権を支持していくという甲号の方針を、「現状ヲ維持シツツ」というやや曖昧な表現によって代替させていた。

甲号にせよ乙号にせよ、「対支政策ニ関スル件」に一貫していたのは、現地主導の対中関係調整交渉を中央の側においても追認していこうとする姿勢であった。とはいえ、この時点で合意は成立しなかった。守島によれば、「酒井は会議では余り発言しなかったが、軍務局に対して強硬な主張をしたらしい。海軍は外務省に同情的であったが、さればとて陸軍とケンカをしてまで、外務省を助けることはしなかった」という。[27] そのため、乙号は、「其ノ後ニ至リ陸軍側ニ異見出テタル趣ニテ本件打合ハ其儘トナ」り、正式合意は十二月まで遅れてしまう。こうした経緯に照らせば、「対支政策ニ関スル件」の折衝を通じても、陸海外三省の間で十分な意思疎通ができたわけではなかった。この時点で「対支政策ニ関スル件」が合意に至らなかったのは、永田鉄山軍務局長や磯谷廉介第二部長の判断であろう。支那駐屯軍参謀長への赴任直前の酒井隆は、外務省との政策調整に関心を持っていなかったようである。とはいえ、本件は十二月に乙案を修正の上、正式合意に至る。したがって、永田や磯谷が外務省との政策調整を度外視していたわけでもなかった。特に永田の場合、内心で華北資源掌握に向けた好機を探りながら、外務省に欺瞞的に好印象を与えようとする配慮が働いたのであろう。十二月七日の最終合意において、「対北支政権方策」は次のように決定された。

我方トシテハ北支地方ニ対シ南京政権ノ政令ノ及ハサルカ如キ

情勢トナラムコトヲ希望スルモ、此ノ際急速ニ右ノ如キ情勢ヲ招来スルコトハ我方ニ於テ巨大ナル実力ヲ用フルノ決意ナキ限リ困難ナルニ付、差当リ北支地方ニ於テハ南京政権ノ政令カ北支ニ付テハ同地方ノ現実ノ事態ニ応シテ去勢セラルル情勢ヲ次第ニ濃厚ナラシムヘキコトヲ目標トシ、漸ヲ追フテ之カ実現ヲ期スルコト。従テ我方トシテハ北支政権ニ対シテモ、大体前記南京側ニ対スル方針ヲ準用シ、且該政権カ有力ナルモノニシテ誠意ヲ示スニ於テハ我方亦好意ヲ以テ之ニ臨ミ、以テ懸案ノ解決及我方権益ノ維持伸張ニ努ムルト共ニ、尠クトモ党部ノ活動ヲ事実上封セシメ、且北支政権下ノ官職等ヲシテ我政策遂行上ニ便ナル人物ニ置キ替ヘシムル様仕向ケ、以テ北支地方ノ官民カ同地方ニ於テハ排日ハ行ハヌモノナリトノ先入的ノ観念ヲ持ツニ至ル様ノ空気ヲ醸成シ行キ、結局我方権益ノ伸張ト排日ニ昵マサル一般空気ノ醸成トニ依リ、北支政権ノ主班カ何人ナルモ北支ニ於ケル日満支ノ特殊ノ関係ヲ無視スルコト不可能ナルカ如キ状況ヲ招来スルニ努ムルコト。

最終合意は、急進的な現状変革や「政局ニ対スル施策」を否定した甲号の趣旨を継承していた。陸軍側の担当者は、酒井隆から後任の喜多誠一参謀本部支那課長へと交代していた。喜多はそれまで、関東軍参謀部第二課長として岡村を補佐する立場にあり、この時点でそれまでの政策を否定ないし変更する動機を持たなかった。南京政権に対する方針に修正はほとんどなく、「対北支政権方策」の修正も、それまでの対中政策の枠組み内にとどまり、かつ乙号に比べて表現はむしろ洗練されたものとなった。

とはいえ、おそらく陸軍側にとって、現状維持を掲げる外務省の主張は、中国における情勢変化にどのように対応し、また、中国における権益をどのように拡大するかという重要な問題を回避していた。しかも、「対支政策ニ関スル件」の検討は、不透明感の残る日中関係を打開する方策を探るために開始された。にもかかわらず、「対支政策ニ関スル件」の合意によって新たな政策が打ち出されたわけでなく、その実態は、有吉や岡村といった現地側によって作り上げられた暫定的な実績を、中央側が追認しただけに過ぎなかった。

「対支政策ニ関スル件」をめぐる外務省と陸軍の折衝は、展望の見えない日中関係に対する焦燥感を契機として始まり、それを解消できずに終わった。そうした焦燥感の原因は、蔣介石の動向にあった。昭和九年四月の時点で、小磯国昭関東軍参謀長は、「将来対支問題ハ国民党ヲ倒サザレバ解決シ難キコト」を語り、「対支政策ニ関スル件」の合意後、橋本虎之助陸軍次官は軍事参議会の場で、「此ノ案ノ骨子ハ対蔣介石問題ニ関シ意見ノ一致セザルモノアリシヲ之ヲ援助セザルコトニ一致シタルニアリ」と述べていた(28)。満州国をめぐり、蔣介石政権との妥協があり得ない一方で、一九三四（昭和九）年を通じ、国民政府内における蔣介石の権力基盤は強化されていた。剿共戦の進展、西南派の凋落、ドイツ軍事顧問団の招聘など、その成果は顕著であった。中国情勢に関連し、たとえば蔣介石が一九三四年二月に掲げた「新生活運動」について、次のような一般的評論が発表されたりもしていた(29)。

支那の混沌たる国内情勢の中から、突如唱道された『新生活運動』は、支那のファッシズムの波に乗る新社会運動として、忽ち全国を風靡し、最近頓みに世人の注目を惹くに至つた。

新生活運動とは、支那の独裁を目指す蔣介石によつて提唱され、去る二月二十九日、南昌の行営で挙行された拡大記念週において、初めて発表されたものである。［…］要約するに、国家建設、民族復興を目標としたもので、第一に国民道徳を高揚し、第二に国民の知的生活を向上せしむるにあり、その基本工作として、日常生活の基礎たる衣、食、住、行を、整斉、潔斎、簡単、質樸の四原則によつて規律し、礼儀、廉恥の精神道徳を振興せんとするにある。而してこれによつて、建国興民の革命運動とし、国民生活の徹底的軍事化を目論んだものである。

［…］

［…］蔣介石の独裁企画は、藍衣社の活躍によつて立証されるが、この新生活運動の綱領と、藍衣社のそれとを、つぶさに検討してみると、甚だ相通ずるものを発見するのである。支那の一部論者が、藍衣社を以て陰性のファッショとし、新生活運動を以て陽性のファッショと評してゐるのも、この間の消息を明かにしてゐるものと謂へる。

中国国民政府の軍事力に対応しなければならなかった陸軍にとって、蔣介石による独裁権力の強化は、重大な関心事となったはずである。しかも南京政府との合意が不可能な以上、本来はそうした事態に対応する政策を打ち出さなければならなかった。そこで磯谷は、中国側の表面的態度に惑わされず、中国に対して強い態度で臨むことを主張した。「対支政策ニ関スル件」には、「西南派及韓復榘、閻錫山等カ南京政権ト対立シ又ハ不即不離ノ態度ヲ執リ居ル状態ヲ維持セシムルコトハ南京政権ノ対日態度ヲ牽制スル上ニ於テ望マシキ」といった認識も示されていた。しかし、これは中国の現状に対する便乗策の域を出なかった。磯谷は、南京政府の〝親日派〟に期待しなかったのと同様に、反蔣介石派にも期待していなかった。陸軍側が蔣介石を支援しないとしたのは、蔣介石の実力や脅威を認識した上で、それに対する対抗策を必要と判断した結果であった。

とはいえ、蔣介石に対する日本の軍事的優位は健在で、日中間に危機的事態が発生していたわけでもなかった。にもかかわらず、日本側に焦燥感があったのは、蔣介石に対する警戒感ばかりでなく、日中関係を不断の合意形成や個別対応の積み重ねによって維持していくことへの不安があったからである。総じて昭和九年の日本は、前年の国際連盟脱退などから、孤立感を深めていた。しかも国内的な不況や政情不安への対策のため、現状維持や安定化への志向、不安定要因に対する何らかの永続的解決を求める傾向を強めていた。満州事変後の関東軍や中国駐在の外務出先は、個別問題の逐次解決によって日中関係を律しようとする政策を採用していた。とはいえ、そうした政策の当事者以外は、場当たり的政策の積み重ねによる一時的な事態の安定に将来の不安を解消できず、より永続的な安定状況を求めた。しかし、それがかえって、日中関係の長期的安定化を模索する「対支政策ニ関スル件」の検討や、短絡的な強硬姿勢への気運を生み出した。それは、いずれ行き詰まることが予想されるが、それにどう対処すべきかも判明しないため、とにかく現状を変革しようとする、その意味で現状に耐えるよりも何らかの行動を起こそうとする気運であった。蔣介石に対する強硬姿勢は、そうした気運の表れであった。こうした現状への倦怠感は、後述のような板垣征四郎や酒井隆の独断行動を助長する、陸軍全体の背景となる。

とはいえ、昭和九年を通じても、日本の対中政策は外務出先や関東軍を中心とする出先陸軍によって遂行されており、外務と陸海軍の中央当局による「対支政策ニ関スル件」の検討によっても、そうした状況に変化はなかった。通車協定の実施直前の六月十三日、殷同が柴山兼四郎武官に伴われて新京を訪れ、岡村関東軍参謀副長および喜多誠一関東軍第二課長と会見した。ここで殷同は「戦区内ニハ天津軍モ在ルコト故ニ、関東軍所属部隊ハ速ニ長城以北ニ引揚ケラレタシ。実ノ所、北平申合事項ノ内容ハ公表セラレ居ラサル為、関東軍ノ関内駐兵ハ協定違反ナリ等種々難癖ヲ付ケラレ、黄郛ハ其ノ立場上困難ナル地位ニアルニ付、黄郛トシテハ此ノ苦境ヨリ脱シ、且戦区内ヲ正常化スル為、是等ノ問題ヲ日支間ノ正式外交交渉ニ移シ度希望ナリ」と述べた。しかし、これに対して岡村は、「速ニ北平申合事項ヲ実施シ、日支間ノ空気ヲ緩和スルコト必要ナリ。又、関東軍ノ関内駐兵ハ右申合ニ基キ長城南側部落ノ一部ヲ利用シアル程度ニ過キスシテ、時々発生スル小紛議ノ為、戦時気分濃厚ナリト称スルモ、其ノ原因ハ寧ロ支那側ニアリテ、保安隊ノ改善ニ依リ排日、侮日ノ空気ヲ除去スルト共ニ、河北省政府当局、就中于学忠周囲ノ刷新等ニ依リ、親日的空気ヲ醸成スルコト必要ナリ」と応え、あくまで中国側の緊張緩和のための措置を求めた。会談の模様について菱刈隆関東軍司令官兼駐満大使は、広田弘毅外相に次のように報告している[30]。

正式外交交渉ニ関スル殷同申出ノ真意ハ、北平申合セ事項実施ニ関シ、黄郛ハ日本側ト国内反対派トノ板挟ミノ苦境ニアリ、仮令通車通郵等ノ問題ヲ解決スルモ、将来右申合セニ規定シアル長城警備権、関東軍ノ長城南側駐兵権、航空連絡ノ問題等ノ為、彼等ハ愈難局ニ立ツヘキヲ以テ、此ノ際名ヲ戦区ノ正常化ニ藉リテ以テ解決ヲ遷延シ、又ハ之ヲ表面化シテ責任ヲ転嫁スルト共ニ、アハヨクハ政治協定ニ依リ停戦協定ヲ解消シ、其ノ拘束ヨリ脱セント企図スルモノニアルヤニ思ハルル処［…］軽々ニ先方ノ申出ニ応諾スヘキニアラスト考察シ居レリ。

岡村が殷同に非妥協的な姿勢で臨んだのは、むしろ北平政務整理委員会の政権基盤が脆弱で、南京政府内に反対派が存在していたからであった。岡村は北平政務整理委員会に期待しなかったわけでなく、そのねらいは外務省と同様、中国側の対日交渉の窓口となった政務整理委員会に強硬姿勢を示すことで、中国側の反発を招くことなく、その自主的な対日妥協を促すことにあった。したがって、岡村と殷同の会見は、実質的に政務整理委員会を通じて通郵問題の交渉に着手するための準備作業であった。

　通郵問題の交渉の端緒は、一九三四年七月二十三、二十四日に開催された第二次大連会議であった。ここで黄郛は、岡村少将、喜多大佐、柴山中佐らと会合し、非武装地帯の治安問題、馬蘭峪東陵および多倫《ドロン》地区の接収ないし整理問題、長城線への関東軍の撤退問題、通郵問題などについて話し合った。その後、中国側は八月中旬の廬山会議で黄郛の通郵問題解決方針を受け入れたようで、九月十九日の中央政治会議は、高宗武交通部郵政司幇弁以下を交渉委員に任命した。次いで二十八日から北平において、日本側から藤原保明満州国交通部郵政司長の他、儀我誠也山海関特務機関長、柴山武官らが列席し、中国側から高宗武の他、政務委員会の殷同、李択一らが列席する中、通郵問題に関する交渉が開始された。その後、十一月二十四日未明の合意を経て十二月十四日の細目協定の調印に至るまでの交渉は、通車問題以上に紛糾した。(31)とはいえ、通郵問題をめぐる交渉には、満州国と南京政府双方の当局が参加していた。関東軍は通郵問題に関しても、「北支停戦協定ニ伴フ善後処理交渉案」の方針に則り、国民政府に満州国の存在を実質的に受け入れさせることを目指して交渉に臨んでいた。しかも交渉に際して関東軍は、北平政務整理委員会を自らの影響下に置こうとはせず、満州国政府発行切手の有効性を承認させるという問題の性質からも、南京政府当局との合意を重視した。通郵交渉の妥結は、古屋哲夫や芳井研一が推測するような、それに至る困難から、関東軍が北平政務整理委員会を見限って華北分離工作へと乗り出していくきっかけになったわけでなく、むしろ関東軍が満州事変後に進めてきた対中関係調整交渉の最大の成果となる出来事であった。

　したがって、華北分離工作に向けた動きは、中国側との交渉とは別の動機から生じた。その端緒となったのは、昭和九年八月に板垣征四郎が海外出張より関東軍に復帰し、満州国軍政部最高顧問に、酒井隆が支那駐屯軍参謀長に就任したことであった。ただし、板垣の関東軍赴任が直ちに板垣による対中国政策の掌握につながったわけではなかった。また、酒井の支那駐屯軍赴任についても、参謀本部支那課長は人事異動に際し、中国駐在へと転任する場合が少なくなかったようである。しかも、この時点で岡村寧次は、本省側で皇道派に近いと目されたため、内地への異動が見送られ、関東軍参謀副長に留任した。(32)この点で、昭和九年八月の人事異動に、現地に板垣や酒井を送り込むことで対中国政策を転換させようとする陸軍の総意が存在したわけではなかった。それどころか、板垣が関東軍に赴任した後も、関東軍の対中国政策の中心は、通郵交渉を中心とする停戦協定善後措置交渉に置かれていた。板垣が満州国軍政部顧問という職務に不満を持ち、再度の猟官活動を開始するのは、そのためであった。

　昭和九年八月の人事異動は、対中国政策との関連は希薄で、柳川平助陸軍次官の第一師団長、秦真次憲兵司令官の第二師団長、山下奉文軍事課長の兵器本廠付への転出という、陸軍中央から皇道派を一掃することに、主眼があった。皇道派は、満州事変後の関東軍の対中政策を一貫して支持しており、その意味で皇道派の一掃人事は、陸軍の中国政策にも影響を及ぼすことになる。総じて統制派は、野心や権力志向が強く、統制派の台頭によって陸軍全体の統制はかえって失われ、個別の独断行動を助長する結果となった。

統制派の台頭によって引き起こされた最初の不祥事は、昭和九（一九三四）年十一月の士官学校事件であった。これは、辻政信が佐藤勝郎という士官候補生を青年将校に接触させて捏造した、架空のクーデタ計画事件であった。佐藤は国家革新への同調者を装って村中孝次らに接近、要人暗殺計画を煽動し、決意を確かめようとした。対して村中が佐藤を「なだめるために思いつくまま行動計画を話した」[33]ところで、辻から片倉衷に情報が伝えられ、さらに永田軍務局長から憲兵隊警務課長に連絡され、村中、磯辺浅一、片岡太郎中尉の三名がクーデタ計画の首謀者として検挙された。この結果、村中らは軍法会議の取調を受け、不起訴処分となったものの、昭和十年四月二日に停職処分となった[34]。

大蔵栄一は戦後、高橋正衛が、なぜこの三人が標的にされたのか、との疑問を呈したことに触発され、士官学校事件の虚構性を指摘している[35]。すなわち、当時、陸軍大演習が行われていたため、在京の青年将校は村中と磯部に限られていた。そこで佐藤はこの二人としか接触のしようがなく、また、この二人を検挙することで、他の青年将校も検挙できるはずという思い込みが辻や片倉にあったのであろう、というのである。とはいえ、村中と磯部を検挙したところで、クーデタ計画など存在しない。当然、村中と磯辺はこれに強く反発し、「粛軍ニ関スル意見書」と題する怪文書を印刷、配布した。しかもこれには、三月事件や十月事件を暴露する、田中清少佐の手記を若干脚色した「〇〇少佐の手記」なる文書が添付されていた。その結果、翌年八月二日付で村中と磯辺は陸軍を免官となり、その十日後の十二日、相沢三郎中佐によって永田鉄山が軍務局長室で斬殺される事態に発展する。

板垣が満州国軍政部最高顧問に就任したのは、このように、統制派と皇道派、統制派の中堅将校と青年将校の対立が激化している最中のことであった。欧州出張に続き、満州国軍の育成という、およそ閑職としか思えなかったはずの地位に置かれた板垣は、それからまもない八月二十七日付で、「満州国ノ対支施策統制ニ関スル意見」なる文書を作成し、陸軍省に送付した[36]。これは、芳井研一が紹介した史料で、同文書は、「日本帝国ノ対支政策ノ基調」を「欧米列強ヲシテ東洋ニ関スル容喙権ヲ抛棄セシムルニ在リ」とし、しかも「当事国タル支那ハ却テ遠交近攻ノ策ヲ伝統トシ」ているため、「斯クテ百年河清ヲ待タンヨリモ我日本ハ端的ニ支那ニ於ケル斯クノ如キ政権ノ存在ヲ否定スルノ実策ヲ講スルヲ以テ対支政策ノ基調ト為サヽル可カラス」としていた。さらに板垣は同文書において、「支那ノ現状ヨリ考察シ戦時ニ於ケル最小限ノ要求ヲ想定スルコト左ノ如シ」として、以下の項目を挙げていた。

イ、河北地域ノ領有又ハ之ニ対スル絶対指導権
ロ、南部及西南部地域ノ好意的中立
　但シ台湾対岸地方ニ対スル我利用権
ハ、現中央政権ノ独立力ヲ弱メ之カ反抗ヲ禁止スルカ或ハ少クモ沿海地方ニ於ケル支那及我対手国ノ軍事施設ヲ防遏ス

これに続けて板垣は、「前項ノ如キ態勢ヲ逐次戦争勃発迄ニ現前スルコトヲ得ハ、開戦後ニ於テ払フヘキ犠牲ヲヨリ少カラシメ得ヘキハ言ヲ俟タス」、「現状ヨリ考察スルニ、現支那政権ニ対スル施策トシテ有効ナル手段ハ極テ少ク、只満州問題ニ関スル限リ、日本ノ決意カ絶対的ニシテ必要ニ応シ日本ハ武力使用ヲ断行スルモノナル事ノミニシテ[…]蒋介石ハ日本ノ武力行使ヲ恐レ[…]事ノ満州問題ニ関係スルニ於テハ北支ノ安危ハ真ニ風前ノ灯ニモ似タルモノアルヲ感シ在ルヘキハ当然ナリト云ハサルヘカラス。対ソ我ノ乗スヘキハ実ニ此一点ニ存ス」と述べている。つまり、対ソ戦に備えるため、蔣介石が日本の軍事力に屈している間に、華北を日本の勢力下に置くための謀略に着手すべきことを示唆したわけである。

提言送付の効果は絶大であった。それは、遅くともこの頃までに、永田鉄山がかつて対立していた南次郎に接近し[37]、南を担ぎ上げようとしていたことと関連していた。永田が南に接近したのは、南が反皇道派で、有力首相候補であった宇垣一成と緊密な関係を保ち、しかもかつての経験から御しやすい人物と判断されたためであろう。南次郎は、昭和九年十二月に関東軍司令官に就任するが、それを控えた十一月、林陸相に対し、「満州人事ハ積極方法ニヨレ、板垣ヲ副長、石原ヲ高級参謀ニ欲ス」との要望を伝えた。さらに関東軍司令官として渡満する直前の十二月六日、南は永田に対し、「関東軍ノ重要使命タル満州国ノ強固タル建設及対露作戦準備ヲ促進強化センガ為ニハ、速ニ北支及内蒙ヲ信頼シ得ヘキ程度ニ我ガ勢力下ニ置クコト絶対必要ナリ」と述べていた[38]。これは、上述の板垣の提言を援用したもので、南が板垣の提言に影響を受けていたことは確実である。これによって、板垣の参謀副長人事が実現することとなった。

南関東軍司令官の人事が決定された後、板垣の他、石原莞爾や片倉衷、岩畔豪雄らは、満鉄改組や治外法権の撤廃、日満経済会議の設置などを提言する満州政策に関する意見を策定した。これは板垣から南に提出され、南より林陸相にも提出された[39]。他方、南の関東軍司令官、板垣の関東軍参謀副長就任に伴い、岡村や柴山らは帰朝した。こうした事態は、満州事変勃発後に失脚した南と、満州事変の最中と終結後に繰り返し更迭された板垣が提携したことを意味した。森靖夫は南の関東軍司令官就任について、関東軍に陸軍省の政策を実施させるための人事であったと評価する。しかし、それは永田や南に関する森の理解、すなわち彼らが華北分離工作に否定的であったという理解を前提とする限り、誤っている[40]。南と板垣は皇道派の全盛期に地位を失墜させており、二人は皇道派の凋落に便乗してそれまでの関東軍の中国政策を転換し、自らの政治的影響力や評価の回復を果たそうとしたのである。

他方、酒井隆支那駐屯軍参謀長は、十月二十三日付で石本憲治満鉄総務部長宛に、華北の経済、資源調査に関する依頼書簡を送付していた[41]。中村隆英によれば、昭和八年十一月、満鉄経済調査会によって「北支経済工作調査機関設置計画」が作成され、同調査会による満州資源調査が一段落した昭和九年半ば以降、とりわけ同年三月と六月の十河信二の中国旅行以降、満鉄による華北経済調査が開始された[42]。七月に十河は経済調査会委員長を退任し、後の興中公司設立に向けた具体的な動きに乗り出す。これに対して酒井書簡は、十月のこの時点で「北支の諸調査に就ては予て御配慮を辱し、目下当地貴社駐在員より密接なる御協力を得居るのみならず、這次現地調査に就ては夫々専門の調査員を御派遣協力せしめられ、誠に感佩の至難有御礼申上候」と述べており、昭和九年後半に満鉄による華北経済調査が始動していたことを明らかにしている。その上で酒井書簡は、「当軍の企望せる調査研究の方針及要項」として別紙を添付し、「方針」「要領」「要綱」の他、詳細な「主要調査事項」を掲げていた。この内、第三項の「要綱」までは、次のように記していた。

第一、方針

帝国の対支経済的発展を助長し併せて戦時我国国防不足資源の充足を容易ならしむる為、北支に於ける帝国の経済的勢力の扶植増進並日満支経済ブロック結成の促進に必要なる準備を整ふるを以て主眼とす。

第二、要領

北支に於ける産業、経済、金融、交通等の各部門に対する基礎的調査に基き前項の目的達成の為具体的法案を攻究するものとす。而して非武装地帯は日、支両国に依り特殊地域なる関係上地域に対する施策は比較的実行容易なるに鑑み、先づ同地域に関する事項の調査より着手するものとす。

第三、要項

前記方針に基づく調査要項を概ね左の四項とす。

一、帝国の対支経済的発展の障害となるべき各種事項を攻究し、之の排除の為適当なる方策の研究。
二、日満北支経済ブロック結成の為、北支に施すべき産業、金融、交通政策及之が実施方策の攻究。
三、北支に於ける帝国の既存勢力の確保並将来扶植すべき対象及其の方策の攻究。
四、戦時不足資源充足の為所要の北支資源の培養、開発、改良、増産の方策考究。

本文書は、戦時国防資源に対する関心や「日満北支経済ブロック」の結成、さらに「帝国の対支経済的発展の障害となるべき各種事項」の排除を明確に打ち出していた。酒井は既に「支那占領地統治綱領案」作成に関わっており、満鉄に対する依頼は、それに関連する広域統制経済圏構想を具体化しようとするものであった。

既述のように、満州事変後の対中国政策は、外務出先や関東軍によって進められていた。対して、広域統制経済圏構想に則った酒井の行動や、ソ連の脅威を利用して再び謀略発動の機会を作り出そうとした板垣の行動は、陸軍中央で権力を掌握しようとした統制派の政策内容と謀略気質の両面で対応し、彼らの野心や権力志向から生み出されていた。その点で、状況対応型のそれまでの対中国政策と調和する余地はなかった。

昭和九（一九三四）年八月の人事異動は、統制派が陸軍内の権力を掌握する中で実施された。しかも統制派は、関東軍の中国政策を支持すると共に何より統制経済に否定的であった皇道派に、批判的であった。この時点で、統制派の意向が陸軍の総意となったわけではなかった。しかし、統制派が皇道派に代わって陸軍を掌握しつつある中、板垣や酒井は、蔣介石の独裁化やソ連の軍備増強、統制派の広域統制経済圏構想を好機とし、従来の対中政策を転換させることで、自らの存在意義を示そうとした。岡村や柴山が留任し、中国側との交渉を継続していたため、昭和九年八月の人事異動とその背景にあった陸軍派閥対立の動向が、陸軍の対中政策を直ちに転換させたわけではなかった。しかし、板垣や酒井の現地赴任と画策は、同年末の岡村らの帰朝と合わせ、翌年における華北分離工作の発動に向けた、重大な予兆となった。

三　対中国政策の転換

塘沽停戦協定善後処理交渉が進められていた昭和九年十一月十二日、青島で武官会議が開催され、十六日には上海でも武官会議が開催された。これについて、有吉明が影佐禎昭や鈴木美通に確認したところ、「各地武官ハ各地ノ実情ニ関スル情報ヲ交換シ、認識ヲ新ニシテ中央規定ノ対支方針（即チ蔣介石及国民党ノ排日方針ノ匡正ニ努メ其ノ匡正無キ限リ之ト協調セス圧力ヲ加ヘル）ノ実行ニ当ル為会同シ、之カ実行ノ具体策ニ付テモ意見ヲ交換シタルカ[…]差当リ北方ニ於テハ黄郛ニ対シ停戦協定付帯事項ノ急速実行ヲ迫リテ之ニ圧力ヲ加ヘ、南方ニ於テハ急転セル西南側ノ親日態度ヲ促進シ（其ノ方法ハ主トシテ日支間ノ経済合作ナル由）、之ニ依リ間接ニ蔣介石ノ態度ヲ改メシムル事」を決したとのことであった。[43]しかしその後、若杉要参事官が上海武官会議について得た情報は、「鈴木、影佐ノ説明ヨリモ一層積極的ノモノナリシ模様ニテ、現ニ同会議ノ申合セヲトシテ『国民政府ヲ打倒シ親日区域ヲ拡大スルノ国策ヲ遂行スルコト』ヲ関係方面ヘ通報セル趣ナルカ、其ノ具体手段トシテ西南援助及反蔣運動ヲ鼓吹セントスルモノト察セラル」というものであった。[44]また、有吉や若杉の電報によれば、上記会議に参加した武官の間に、「柴山ノ意見ヲ聞ク必要ナシトノ説多ク、同人ノ参加ヲ忌避シ」あるいは「某々機関関係者ト黄郛反対ノ支那要人等ト結託シテ北支独立運動ニ従事シ居ルモノア[…]ルヤノ聞込」さえ存在していた。

青島武官会議や上海武官会議が開催された頃、陸海外三省間で「対支政策ニ関スル件」の審議が再開され、十二月七日に最終合意が成立していた。既述のように、合意は従来の関東軍や外務出先による対中交渉をそのまま承認したが、陸海外三省間で対中政策が検討されたのは、陸軍と外務省の双方に、現状への焦燥や倦怠が生まれていたからであった。青島や上海における武官会議もそうした焦燥感を共有しており、蔣介石に対する強硬姿勢を具体化しようとしたのである。

青島武官会議や上海武官会議において、板垣や酒井の主張が影響を与えたことは確かであろう。その一方で後の華北分離工作は、陸軍の統一意思に基づいて発動されたわけではなかった。この時点で陸軍内でより重視されたのは、国民政府に対する直接的な強硬姿勢の表明であった。陸軍支那通にとって蔣介石政権は、表面的に対日関係の安定化を進めながら、その実態は、政府部内を軍事力と秘密諜報機関で掌握する独裁政権に過ぎなかった。しかも、裏面で一般民衆の抗日、侮日意識を煽りながら、民衆の塗炭の苦しみに無関心であった。秘密結社を中心とした破壊活動を駆使するなど、対満政策はその典型であり、その上、世界革命に向けて策動するソ連との関係強化すら模索しているのではないか、と目された。戸部良一によれば、磯谷は汪兆銘らいわゆる親日派を対日「緩衝機関」と評価し、しかも彼らは「秘密機関ノ厳重ナル監視」下に置かれていると判断していた。磯谷をはじめとする陸軍支那通は、国民党の排日政策や蒋介石の独裁化、自らの権力維持のために排日政策を採用している状況などを批判した[45]。彼らの蒋介石政権に対する敵対的態度は、蒋介石の個々の具体的政策に対する反発というより、その内外政策の全体的傾向や権力の在り方に対する不信感に根ざしていた。しかも、満州国の存在自体が日満と中国との関係を不安定化させていたため、蒋介石政権との安易な妥協など、あり得なかった。

こうした蒋介石の独裁化とそれに伴う国民政府の政権基盤の強化は、満州事変後の対中政策の枠組みを変更する重大な要因となった。先述のような、昭和九年初頭の磯谷と根本の見解は、塘沽停戦協定以後の日中間の緊張緩和を、蒋介石の主導権を認めつつも、基本的に中国国内の対立や不安定な状況と結び付けて理解しており、根本はそうした緊張緩和を評価したが、磯谷は慎重な態度を示していた。しかし、蒋介石政権の独裁権力の強化は、こうした対中政策の前提であった国民政府の多元的権力状況が失われつつあることを意味した。しかも、そうした蒋介石の権力強化は、対日妥協政策の積極化という形で表れていた。こうした蒋介石の行動に対応することは、満州事変後の対中政策の根幹をなした「我ヨリ進ンテ和親ヲ求メス」という静観主義を部分的に修正する側面を持っていた。昭和十（一九三五）年初頭以降、中国側が主導し、有吉明ら現地外交官がこれに積極的に応える中で、日中親善の気運が高まっていく。日本側では有吉らが主導し、広田外相もこれを支持した日中親善化の動きは、上海武官会議などの現地陸軍の動きと対立しようとしたわけでなく、それまでの緩和を通じて日中間の長期的安定化を目指すという、「一般空気」の方針を発展させる中で生じていた。しかし、そうした動きは、蒋介石政権を積極的に認知していく側面を有していた。その点で陸軍側にとって、外務省の動きは蒋介石政権の表面的な動きに惑わされた軽薄な行動として捉えられたばかりでなく、陸軍に対抗する動きとしても理解されたのである。

昭和十年一月四日、一連の現地武官会議のおそらく総括的な意味を持った大連武官会議が開催された。同会議については、「関東軍説明事項[46]」と題する史料が残されている。同史料は、「対支情勢判断」の項目において、次のように記していた。

㈠、軍ハ北支ニ於テハ支那駐屯軍及北平武官等ト協力シ、南京政権ノ政令カ去勢セラルル情勢ヲ逐次濃厚ナラシムル如ク諸般ノ施策ヲ講シ、我カ軍部ノ要求ヲ忠実ニ実行セントスル誠意アル政権ニ非レハ存立スル能ハサラシム。之カ為、我正当ナル権利ノ主張、即チ凡有未解決問題、不法行為等ニ対スル要求若クハ追及ハ飽ク迄執拗ニ之ヲ反覆シ、現北支政権ノ倒壊ヲ招来スルモ意トセス。

尚北支ニ対スル日満経済発展ノ足場タラシメ得ヘキ利権ノ獲得ニ一層ノ努力ヲ傾注セントス。

㈡、軍ハ北支ノ独立運動ニ多大ノ関心ヲ有ス。之カ為可能性確実ナル勢力ニ対シテハ所要ノ支援ヲ与フ。

㈢、広西派ニ物質的援助ヲ与ヘ、以テ反蔣勢力トシテノ強化ニ資ス。

会議に先立つ一月三日、南次郎関東軍司令官は板垣に対し、「厳ニ南京政府打倒ノ文句ヲ警(47)」めていた。そのため、上海武官会議に見られた国民政府の打倒という文句は表面に出ず、華北における国民政府勢力の「去勢」の他、「北支ノ独立運動」や西南派に対する支援といった政策が打ち出されるのみにとどまった。おそらく華北の経済資源や対ソ後背地の安定化という、個別具体的な実益を重視していた南にとって、華北を掌握できさえすれば、その他諸地域における国民政府の動静など、第三国の反発を考慮すれば、それほど重要でなかったのかもしれない。この点でも、国民政府打倒と北支自治運動は、必ずしも一致していなかった。

大連会議は、後の華北分離工作を含めた陸軍全体の強硬姿勢を象徴するものとなった。その結果、「停戦協定関連事項」においても、「軍ハ支那側ニ対シ停戦協定ノ確実ナル実行ヲ強要ス。又、善後処理申合事項ニ関シテモ同様ナルモ、部分的若クハ暫行的解決ヲ以テ満足スルコトナク、常ニ完全ナル要求権ヲ保留シ［…］全面的ニ支那側ヲ圧迫指導スルノ企図ヲ有ス」として、特に航空問題に関する交渉を重視した。その後二月に関東軍は、「華北航空公司設立に関する華北政権との交渉要領および協定案」を作成し、さらに進展しない交渉を横目に、四月十七日から錦州線（錦州‐承徳‐北平‐天津‐山海関）の、六月六日からは承徳線（承徳‐多倫‐張家口‐北平）の通空を開始した。その根拠は、塘沽停戦協定第二項で規定された中国軍撤退確認のための視察権であり、軍事的性質を持つ要求事項を一方的に強行したのである(48)。

また、「戦区ニ於ケル諸問題」の項目においては、「戦区ニ関シテハ関東軍ニ重大ナル責任アリ。但シ之ヲ清掃シテ微塵ヲモ止メサラシムルノ必要ハナキモノト信ス。即チ関東軍トシテハ停戦協定ノ根本ニ触レサル限リ、満州国外ノ治安ニ自ラ進ミテ努力ヲ傾注セントスルノ意志ナシ」と述べ、文面上、積極的な施策を打ち出していたわけではなかった。とはいえ、関東軍は五月十七日に孫匪（孫永勤軍）の討伐を決定し、同月二十日から二十四日まで長城線を越えて作戦行動を実施した(49)。通空問題と同様、通車、通郵交渉の根底をなした「一般空気」の緩和を目指す施策方針とは対照的な措置であり、大連会議における停戦協定の位置付けは、岡村寧次参謀副長時代のものから変質していた。こうした変化は、蔣介石政権に強い姿勢で臨もうとする気運を反映しており、後の酒井や板垣の独断行動を準備するものとなった。しかし、陸軍中央では岡村が参謀本部第二部長に就任しており、そうした蔣介石政権への強硬姿勢が、直ちに酒井や板垣の独断行動を承認するものとはならなかった。

一方、昭和十（一九三五）年一月二十一、二十二日の二日にわたり、須磨弥吉郎南京総領事は、汪兆銘外交部長と会談した。ここで須磨は、排日排日貨の根絶、「不逞鮮人」の取り締まり、第三国からの顧問や教官の招聘、武器購入の中止などを求め、日本と関連する分野において協力することを提案した。これに対して汪兆銘は、満州国を日中親善の障害としながら、須磨の要求に応える意向を示した。(50)これと並行し、一月二十二日に広田外相は、議会において日中親善演説を行った。さらにその後、蔣介石は、一月二十九日に鈴木美通陸軍武官と、翌日には有吉明と会談を行った。二月に入ると、蔣介石による日中親善声明がなされた他、王寵恵国際司法裁判所判事が来日し、二月二十六日、広田外相に対して、⑴平和的方法による日中関係の処理、⑵日中間の対等の交流、不平等条約の撤廃などによる国際法上の平等の位置に立つこと、⑶友情に基づく日中交流、すなわち中国は排日を取り締まり、日本は地方政権を支援せず、華北で衛生上有害な業務に携わる朝鮮人を取り締まること、という三原則を提起した。(51)中国側ではこれと並行し、二月二十日に排日、排日貨言論の掲載禁止命令が出され、また、二十八日には排日世論の指導に当たってきた邵元冲中央党部宣伝部長が更迭されるなど、主に中国側の動きによって日中親善に向けた気運が高まった。こうした動きは、五月十八日の日中大使交換の実現によって頂点を迎えた。(52)

外務省の変化は、陸軍における対中国政策の変化と逆行していた。しかし、国民政府における蔣介石の存在を重視する点で、並行的な現象であった。三月三十日に関東軍において作成された「関東軍対支政策」(53)は、「支那中央政府ノ親日的施策ニ付テハ依然静観主義ヲ執リ、殊更ニ我ヨリ之ヲ促進スルガ如キ態度ヲ執ラズ、又、一切ノ援助ヲ行ハズ、支那ガ真ニ覚醒セルモノナリヤ排日ノ禁止ガ幾何程度ニ具現シツツアリヤ等ヲ監視スルヲ要ス」として、日中友好の気運を意識しながら、それに懐疑的な見解を示していた。しかも、関東軍がそうした見解を示す「理由ノ要旨」とは、次のようなものであった。

支那政府ノ今次対日態度ノ変更ハ、支那経済界ノ衰微、特ニ浙江財閥ノ窮乏ソノ極ニ達シタルニ基クコト明ニシテ、将来英米等ノ徹底的援助ヲ受ケ得ルカ或ハ西南派ヲ屈服セシムルヲ得タル場合ニ至リテモ、尚旧態度ニ復帰スルコトナキヤハ、支那民族性、国民党ノ歴史ニ徴シ、甚ダ疑ナキ能ワズ。殊ニ民国成立以来、深刻ニ普及セラレタル排日教育ノ効果ガ一朝一夕ニ消去セラルベシトハ思ハレズ、我方ヨリ軽率ニ好意ヲ示サバ支那人ハ忽チ増長シ来ルコト明ニシテ、我方ノ冷静ナル態度コソ却テ支那人ヲシテ焦慮セシメ、我ニ随伴シ来ラシム途ナリト信ズ。従テ現在ハ、支那中央ニ対シ実質的援助ハ固ヨリ、濫ニ声援ヲモ与ヘザルヲ緊要ナリトシ、内地新聞通信社等ノ態度ハ根本的ニ是正スルヲ要スルモノナリ。

同文書はまた、「北支ニ対シテハ実質的経済力ノ進出ニ依リ、日満ト不可分ノ関係ヲ逐次増強スル」ため、「停戦協定及付属取極事項等ニヨリ我已得権ヲ公正ニ主張シ以テ北支那政権ヲ絶対服従ニ導ク」という施策を提示するなど、大連会議における「関東軍説明事項」を引き継いでいた。さらに同文書には、「将来民衆ヲ対象トシテ経済的関係ヲ密接不可分ナラシムル為メ、綿鉄鉱等ニ対シ産業ノ開発及ビ取引ヲ急速ニ促進ス」という一節があった。華北経済工作に関する言及は、大連会議の際にも見られたが、その直後の一月二十六日、満鉄において、対中国投資機関としての興中公司の設立方針が定められていた。二月三日に設立が正式に決定され、三月十四日に設立承認方の申請が提出された。その間の二月二十六日、経済調査会の機構が改革され、第六部を新設して新たに中国の調査に当たることになった。(54)「関東軍対支政策」に見られる華北経済工作への関心は、おそらくこうした動きに対応したもので、満鉄と関東軍、さらに中国駐在武官が相互に連携し、華北経済工作を本格化させようとしていた。しかも、ここでいう「将来民衆ヲ対象トシテ経済的関係ヲ密接不可分ナラシム」という構想は、「北支那政権ヲ絶対服従ニ導ク」という政治方針と一体化していた。その点で上記構想は、民間主導の経済関係の緊密化がもたらす政治的波及効果に期待を寄せた外務省の構想とは異質の、蔣介石政権に対する不信感や対決姿勢から生み出された構想であった。

他方、内蒙工作について、「関東軍説明事項」は次のように述べていた。

内蒙ニ対シテハ従来主トシテ文化経済的扶植発展ヲ策シ、同地方蒙民ヲシテ日満依存ニ導キタルカ、満州国ノ発達ニ伴ヒ略々其緒ニ就キ、将来有事ニ際シテハ若干ノ援助ト圧力トヲ加フルコトニ依リ我欲スル如ク指導シ得ルノ確信ヲ得タルモ、今後益々既往施策ノ拡充ヲ図ルト共ニ首脳者ノ実力培養ヲ直接目的トスル政治工作特ニ一般民心ノ把握ニ努メンコトヲ期ス。

之カ為、通遼蒙古軍官学校ニ於ケル察哈爾《チャハル》人材ノ養成、塩政策等ノ外首脳者ニ対スル物質的援助、対蒙貿易ノ促進殊ニ対蒙交通、通信機関ノ整備等ニ努力ス。而シテ之カ実施ニ方リテハ、機ニ応シ喇嘛《ラマ》教ヲ利用シテ精神的ニ人心ヲ把握スルニ努メ、又徒ラニ物質的恩恵ヲ施シ彼等ヲシテ之レニ狎レシメサルコトニ着意ス。

概ね、昭和八年から九年にかけての内蒙施策方針に準拠しており、しかも対中国政策に対し、従属的な位置付けしか与えられていなかった。内蒙工作は、早くから松室らによって積極的な対中政策と関連付けられていたが、その内実は、蔣介石に対する敵対姿勢をより明確にしながら、今後の展開に依存するものにとどまっていた。また、「宋哲元軍ニ対スル態度」についても、「軍ハ満州国境外ニシテ停戦協定線ノ延長部分間ニ在ル宋軍ノ配置ハ黙認スルモ、明カニ満州国内ニ在リ若クハ国境線上ニ在ルモノニ対シテハ常ニ之カ撤退ヲ要求ス」として、その後の土肥原・秦徳純協定を見越した、積極的かつ具体的な展望を示していたわけではなかった。

二月に盤井文雄少佐が内蒙工作に関連して板垣関東軍参謀副長

に提出した意見書は、「在百零廟内蒙自治委員会と南京政府との関係は表面小康を保ちあり、昨秋蒋介石の西北視察等により愈々円滑に結合せられあるが如きも、両者の間、溝渠漸やく深まりつつあるは見逃すべからざる事実なり」という認識の下、「有事の際（此処にては南京政府と蒙古側葛藤の表面化を指す）に於ける日満両国の対蒙積極的武力並に経済的援助の方針を確立」すべきことを提言していた(55)。しかし、この提言は、内蒙工作に関する具体的方針を確定しておらず、しかも「現下の国際関係及国内の財政の関係上今直ちに積極的包容的なる十二分の援助は恐らく期待し得べからざる処」であり、また「是の故を以て思はせ振り的小出し的なる小援助を行ふとせば、其は単に南京政府方面の神経を刺激昂奮せしめ、親日満派を窮地に陥らしむるに過ぎざるのみならず、蒙古側の一部を『ブローカー』的悪風に染ましめ且つ有識者階級をして日満の対蒙援助の真精神に疑念を生ぜしむる恐あるに過」ぎないため、「寧ろ小出し的援助を中止し、之を控置して有事の際の徹底的援助に資する為、保留集積し置くを可とす」としていた。盤井の見解が内蒙工作従事者の代表的見解であったかどうかは不明であるが、少なくとも盤井の場合、内外の状況とりわけ内蒙の状況が南京政府に対抗するには脆弱であることを理由として、拙速な内蒙工作に慎重であった。

大連会議やあるいは盤井の見解に見られる内蒙工作についての認識は、後述のような、華北分離工作発動後の内蒙工作の認識とは異なっていた。大連会議における関東軍の方針は、従来の方針を転換して華北に対する政治的、経済的関心を明確化し、当面の具体的措置として、停戦協定を活用しつつ示威的な施策を発動していくというものであった。この時点で内蒙工作に関して積極的な方針が打ち出されたわけでなく、内蒙工作に携わる現場の論理は、南京政府との対抗という文脈においてむしろ慎重であった。全体として内蒙工作の論理は、関東軍が対中関係調整交渉に従事している時は積極的な様相を見せ、他方、関東軍が中国との政治的対抗関係を鮮明にしようとした時には慎重な傾向を見せていた。内蒙工作の論理は、内蒙側の状況に規定されていた。したがって、現地側の論理から、華北分離工作に積極的な構想が登場してきたわけではなかった。しかし、この後、華北分離工作が発動されて以降、国民政府に対する対抗措置や広域統制経済圏構想との関連、あるいは十分な成果を挙げられなかった華北分離工作を補う意図などから、内蒙工作にも新たな意義が与えられていく。

板垣ら一部特定の少数を除けば、満州国の存在を中国側に受け入れさせる上で、謀略工作が必要であるとは認識されていなかった。対ソ戦に際しての華北占領は陸軍の基本戦略であったが、平時、それも中国側が表面的であるにせよ、屈服している状況下にあっては、日中間の国力格差を背景に、満州国を保持する日本側の断固たる意思を表明し、その育成に全力を傾けるのが、最も合理的と判断された。とはいえ、昭和九年を通じ、蒋介石の実力や脅威が再認識されると、陸軍の内部において、日本の優位を誇示する何らかの措置が必要と考えられるようになった。そうした状況は、華北の経済資源に対する関心から広域統制経済圏の実現を目指す構想にとって、好機となった。そうした構想の中心となった永田鉄山は、日中関係改善について「鳴物入りの日支親善など風牛馬視しあれば可、事は進むべき所に進むべし、逆士の各個行動など一々歯牙にかくる要もなかるべし」[56]と考えており、華北への利権拡張に有利と目された現地の行動を積極的に容認した。と同時に永田は、昭和十年初め頃、前年末に紛糾していた対満機構の改革問題に関して、次のように述べていた[57]。

対満機構の改革は、従来の満鉄改組や警務統一の不成功並に世潮の自由主義傾向の還元、反軍熱の高潮等の趨向に鑑み実施せるものなり、而して改革の眼目は、拓務の作用を満州より跡断たしむること、並に残りの二位を軍中心の一本とするにあり。どうやら形は出来申候。然し随分骨が折れた。骨の折れたことは反軍、自由主義傾向の高潮を意味する以外何ものにもあらず。之からは万事困難になることゝ覚悟しあり。

こうした、軍を中心とする統制志向は、本来は出先の独断行動を抑止する行動につながらなければならなかった。しかし、そうはならなかった。対満機構問題に関して岡田首相は、「元来、荒木、真崎、柳川の一派は、初めから満州併合論であつて、やはりどこまでもその意志を徹底させたいといふのであり、もう一つは倒閣の材料に大変いゝと思つてゐるのである。これは彼等の陰謀で、かくまでに永田を突張らしたものらしい。で、永田もちやうど板挟みで、非常に困つてゐるらしい」[58]と語っていた。既述のように、対満事務局の設置は、満州国との交渉から拓務省と外務省を排除するために行われた。岡田が「満州併合論」なるものに言及しているのは、そのためである。したがって、竹山護夫や酒井哲哉が指摘するように、岡田は、永田と皇道派の立場を完全に取り違えていた[59]。しかし、これは、岡田の発言で示唆されているように、永田が政府に強硬論を提起する際、自らを穏健派と詐称しながら、皇道派に責任を転嫁する情報操作を行っていたためであろう。こうした永田の権力志向と欺瞞的政治手法は、陸軍派閥対立と絡み合いながら、対中国政策の統制を失わせる結果となる。

四　華北分離工作の展開

昭和十（一九三五）年二月十八日、貴族院における菊池武夫の質問により、天皇機関説問題が発生した。伊藤隆が指摘するように、真崎は当初よりこの問題に関心を示し、四月六日の師団長会議における訓辞でもこれに言及した[60]。天皇機関説問題は、在郷軍人や政友会も巻き込んで政治問題と化し、岡田内閣による国体明徴声明に至る。しかし、これは統制派にとって、皇道派にとどめを刺す好機となった。

酒井哲哉は、岡田内閣が昭和十年に、国内における天皇機関説問題と対外的な華北分離工作という内外の危機に直面する中、天皇機関説問題を抑えるために統制派と提携したため、華北分離工作を抑えられなかったという見解を提起している[61]。酒井によれば、統制派は国内問題で穏健であったが、中国政策で強硬な立場を取り、対して皇道派は、国内問題で強硬ながら、中国政策で穏健であったという。とはいえ、酒井の理解は簡明なだけに、単純化がある。酒井は、皇道派による天皇機関説排撃を、岡田内閣を打倒し、権力を奪取するための政治闘争として理解したが、真崎は基本的に、従来の岡田内閣への不信と平沼騏一郎の煽動に基づき、岡田内閣の不義、不忠を確信し、行動を決意した。皇道派は皇道派なりの正義感から戦闘意識を高め、政府を批判した。そのため、皇道派の行動は多分に情緒的で、多方面、特に重臣の反発と自らの孤立を招いた点で、計算されたものではなかった。後述のように、政治活動という点で統制派の方がはるかに巧妙であり、統制派が国内問題で穏健であったために政府や重臣から評価されたわけではなかった。

統制派と皇道派の国内政策と対外政策の違いは、権力を自らに集中し、社会や経済を統制するのか、個々の内面的な規律や道徳、貢献意識によって全体的統合を実現するのかの違いから生じていた。皇道派は伝統や精神的価値を重視したため、その中国政策は、日本と中国のそれぞれの自立と、相互の実力に応じた協力関係を想定するものとなったが、これに対して統制派の中国政策は、国内における統制経済の施行に対応する華北経済資源の掌握、支配を目指すものとなった。ところが、そうした統制派の中国政策は、中国の現場に体系的対応を求めたわけでなく、以下のように、むしろ個々の独断的行動を助長したに過ぎなかった。

昭和十年五月二日深夜から三日未明にかけて、天津の親日（反蔣、反国民党）系新聞社社長であった胡恩溥と白逾桓が相次いで暗殺された。その後、同月のおそらく二十五日午前、新京滞在中であった林銑十郎陸相を訪問すべく、天津を発しようとしていた梅津美治郎支那駐屯軍司令官に対し、酒井隆参謀長は「軍司令官の留守中、中国に対し好意的な軽い意味の警告を発します」と申し出たという。了承を得た酒井は、梅津出発の後、杉山元参謀次長宛に「天津日本租界ニ於ケル白楡〔逾〕桓、胡恩溥暗殺事件ニ関シテハ捜査ノ結果、蔣介石系統ノ策動シアルコト愈々明瞭トナリタルト、孫永勤匪問題ノ件モ支那官辺ノ使嗾《しそう》ニ原因セルコトヲ確認シタルヲ以テ、儀我、高橋両武官共篤ト協議ノ上、軍ハ此一件ヲ左ノ如ク処理スルニ決セリ」[62]として、二十九日に中国側に口頭で通告することになる要求内容を報告した。当時の「列車時刻表」などを活用した松崎昭一によれば、梅津の天津出発は二十五日午前であった公算が強く、酒井は杉山宛の電報内容について梅津の了承を得ることなく、しかもそれが支那駐屯軍の決定であるかのように独断で参謀本部に通知した可能性が高い[63]。

胡恩溥と白逾桓の暗殺自体、酒井の陰謀ではないかとする説も存在するが、直接の首謀者であった李爐己は、満州事変の最中の一九三二年一月三日、福州において水戸訓導夫妻殺害事件を引き起こした後、当時天津青幇界の一大頭目であった袁文会の配下に属し、「天津特務機関のテロ班の首脳」たる役割を果たしていた。清水実「秘密結社『青幇』工作に踊る」に依拠した島田俊彦や秦郁彦の所説によれば、藍衣社も天津日本租界への潜入が困難な中、袁文会と接触し、暗殺事件などを画策する一方で、関東軍の指揮下にあった天津特務機関と支那駐屯軍との関係は、円滑さを欠いていた[64]。また、胡恩溥と白逾桓が暗殺された後、支那駐屯軍は麾下の憲兵隊によって李爐己他犯人一党を逮捕し、かえってその処置に困ったともいう。こうした事情からすると、暗殺事件が酒井の謀略であった可能性は低そうである。おそらく酒井は、同事件を利用して、華北分離工作を実行に移したのであろう。

五月二十九日に酒井隆は、何応欽軍事委員分会委員長ら中国側に対し、国民党部や中央軍、藍衣社、憲兵第三団などの河北省からの撤退、于学忠河北省主席の罷免などを求め、翌五月三十日、天津軍は装甲車、軽砲、機関銃を伴って省主席官邸前に展開し、示威行動を行った。これと並行して酒井は、五月十四日に関東軍側と華北経済工作に関する打ち合わせを行っており、さらに梅津の出発前日の二十四日には、関東軍参謀長宛に経済調査員の派遣を要請していた[65]。酒井の行動は、華北から国民党を排除するばかりでなく、華北経済工作を推進するために実施された。これに対して中国側は、各紙報道を規制する一方で、蔣介石、汪兆銘、黄郛、何応欽らが折衝し、三十一日に蔣作賓駐日大使より広田外相に、陸軍側条件の緩和について斡旋が依頼された。

一方、五月三十日に重光葵外務次官は木戸幸一に対し、「駐屯軍の酒井参謀長が上京せる際、軍中央部の悪口を云ひ、論功行賞の不公平を鳴し居りたりとの噂もあり、［…］此際積極的に出たるは陸相の不在中に機会を捉へたりとも見得るなり。又、此の支那対策は板垣等の考へが中心となり居るものにて、従来満州に関する限り軍が中心となり居りしところ、対支策についても外務中心を軍中心となさむとの考へにて、之を実現するに満鉄と天津駐屯軍を使用せむとなし居り、今回の天津軍の行動は即ち此表はれなり」と伝え、また、満鉄に関し「十河の計画せるものにて、支那は経済的に侵入するを可とすとの方針の下に」行動していると伝えていた[66]。さらに木戸は、橋本虎之助陸軍次官よりも情報を入手し、「陸相は任地にあらず、梅津司令官は新京にあり、恰も留守を狙ひ事を起したる疑ありて面白からざる感情を禁ずる能はざる、幹部にては事を醸す意思なく現地限りにて治まるべしとの意向」を確認し、それを牧野伸顕内大臣に伝え、牧野を「稍々安心」させている[67]。陸軍中央は、酒井の独断行動を歓迎したわけでなく、外務省側もそのように認識し、経済利権獲得への動きに関する情報も得ていた。

他方、酒井が中国側に要求を提示した二十九日、梅津は新京において林陸相と会談したが、その後、梅津は天津への帰途に着き、林は永田鉄山らと北満視察に向かった。松崎昭一や酒井哲哉によれば、梅津と林の会談の焦点は、八月の人事異動であった。統制派と皇道派が対立する中、梅津は秦真次第二師団長の後任に内定していた[68]。ただし、これは、この時予定された皇道派一掃人事の一環でしかなかった。南次郎関東軍司令官は林に対し、その渡満に先立つ五月六日付で、次のような検討課題を伝える書簡を送っていた[69]。

一、在満軍隊交代制ト恒置制及其部隊

二、海軍部ヲ現制トスルヤ軍ノ隷下トスルヤ（在満ノ事）

三、対蘇対支政策ハ軍部ト外務ト根本的ニ合致シ居ルヤ少クモ覚書程度ニ成シ得ルヤ否ヤ

四、陸海両軍之結合、陸軍内の統制、現況及将来之見込
右ハ何トモ既ニ御服案決定ノ事ト存居リ候モ、御会合之時、小生モ亦所見申述度、予メ御含置願上候。

同日付で南は、宇垣に対しても、「林陸相も月末には当地に来るへく種々打合せ可致、特に軍内事情は十分に打合せの上、同人を激励可致候。大勢は閣下の出馬を自然とするに至るへく此点亦十分に注意可致候」と書き送っていた[70]。さらに南は、林との会談後の六月一日付で、宇垣に対して次のように書き送っていた[71]。

林の軍統制に更に身を堵〔賭〕して大決心を以て断乎八月に実行すへきを勧告し林も断乎実行を誓ひ候。之の事は小生出発前に忠告し置きたる事を今回実行することと致したる次第、之れか行はるれは閣下の進出は更に容易なるべし。閣下より林に「陸軍統制には身の安全を度外すへきこと、○○一派を国軍の為めに処断すへし」の意を述へること肝要なり。

酒井哲哉が指摘するように、南と林の会談における最大の関心は、真崎教育総監の更迭であり[72]、それは、宇垣一成内閣実現に向けた準備作業でもあった。また、これに関連し、政府や重臣が統制派、特に永田に欺かれたのも、宇垣内閣と陸軍統制派の下で陸軍の統制が回復されるという幻想を抱いたからであった。

梅津は六月一日に天津に帰着するが、松崎昭一によれば、それは最短の行程でなく、梅津は途中で一日を空費した上、天津帰任後も中国側との折衝に関与しなかった。梅津は事態の推移を静観し、慎重に行動していた。一方、林と永田は、六月三日に奉天に帰着した後、陸軍次官に宛てて、「交渉ノ内容及方法ニ付テハ多少意見アルモ、既ニ矢ハ弦ヲ離レタルモノナレハ中央ニ於テモ之ヲ支持スヘク、又関東軍トシテハ飽迄天津軍ヲ支持シ、其ノ要望事項ノ達成ニ協力スルヲ適当トシ、之カ為今直ニ兵力ヲ行使スルカ如キコトハ予期セサルモ、執拗ニ要求ヲ反覆スルヲ要ストノ方針ニ決シアル趣ニテ、大臣ハ之ヲ諒承セラレタリ」[73]との電報を送った。秦郁彦がこの電報について、事後承認を装った共謀の可能性を指摘しているように[74]、永田はそれまでの政治手法を駆使し、自らは背後にありながら出先の独断行動を追認することで、華北への新たな利権獲得を目指していた。

これに対して陸軍中央は、事態の収拾を図るため、「北支交渉問題処理要綱」を作成し、六月六日に外務、海軍側に提示した[75]。松崎昭一によれば、その中心となったのは、次のような冒頭の「方針」であった。

北支交渉問題処理に方りては、北支停戦協定並天津還付に関する日清交換公文に基き、専ら支那駐屯軍並関東軍をして北支政権を対象として地方的に交渉を促進せしめ、成るべく迅速なる解決を期す。

本交渉の機会を利用し、政府は全支に亘る排日の禁絶に力む。

原案の提示を受け、外務側は修正要求を出した。その主要点は

以下の通りである。

一、軍側原案方針第一項は「……北支停戦協定並天津還付に関する日清交換公文に基き専ら支那駐屯軍並関東軍をして……解決を期す」とある処[…]軍の使用人に対する処罰権及所謂弾圧治罪権[…]が軍指揮官の権限事項なること明かなるも、斯かる権限の行使が日支間の取極に依り認められたる関係上、支那側の右取極違反に関する交渉は専ら外務省側に於てなすべきものにして、前記「日清交換公文に基き」云々は此の点に付誤解を生ずる虞あることを考慮し之を削除す[…]。

二、軍側原案方針第二項「本交渉の機会を利用し政府は全支に亘る排日の禁絶に力む」を「本交渉の機会を利用し外務当局に於て全支に亘る排日の禁絶に努めむことを外務省側に対し希望す」と修正せり。

上記趣旨に則り、「方針」は「北支交渉問題処理に方りては北支停戦協定に基き、専ら関東軍及其の友軍たる支那駐屯軍をして」と改められた。松崎昭一によれば、これは交渉の根拠が塘沽停戦協定違反とされた結果、中国との交渉に当たる機関を支那駐屯軍から関東軍へと修正したためであった。この修正は、交渉の主管者を関東軍と位置付けることによって、今回の問題を「地方的」に解決するという方針を明確にしており、これは、満州事変後の中国との交渉において、外務省が全体問題を、関東軍が「地方的」問題を担当してきたことを踏襲し、今後の外務省の積極的対応を示すことで、従来の方針を改めて確認しようとするものであった。しかし、華北分離工作は現地における人事構成の変化を背景に発動されており、したがってこの修正は、松崎が強調する程、重大でもなかった。華北分離工作に向けた酒井や板垣らの意志に照らし、「北支交渉問題処理要綱」の修正がもたらした効果は、形式的に過ぎなかった。島田俊彦によれば、陸軍側は六日の時点で「北支交渉問題処理要綱」の原案を出先に訓令しており、出先でも磯谷廉介大使館付武官、山海関、北平各駐在武官らが参集し、外務省の承認しない陸軍原案に基づいて関東軍の七日付出動準備を検討していた[76]。といって、岡村寧次参謀本部第二部長らが、出先の暴走を軽視していたわけでもなかった。

岡村らが「地方的解決」という論理にこだわったのは、彼らにとって今回の事件が、出先の暴走という、軍内の統制の問題のみに単純化できなかったからである。問題は錯綜しており、出先の行動は単なる暴走というより、日中の友好的雰囲気を一時的に後退させてでも、蔣介石政権に対して明確な警告を発しておくべきとする陸軍の全体的意思を拙速に代弁する行為として捉えられた。そこで岡村は、満州事変後の対中交渉の経験を踏まえ、当面の事態収拾を図るため、問題を〝地方化〟することによって、逆に現地の強硬姿勢をある程度容認することにした。その点で、「北支交渉問題処理要綱」を、出先の統制という観点からその限界を強調する松崎や、逆にその成果を評価する井上寿一、また、「地方的解決」という論理に〝なし崩し的〟な膨張主義の意図のみを読み取る古屋哲夫の見解は、いずれも一面的である[77]。

六月七日に関東軍は、歩兵一大隊と騎兵旅団を山海関に、川岸部隊の多数を古北口に、飛行隊二中隊を錦州に集結させた。これに対して参謀本部は、関東軍の兵力配備を承認したものの、九日に、兵力の使用は理由明瞭で自衛上やむを得ない場合に限る旨を訓令した。さらに十一日、天津出張中であった喜多誠一支那課長に対し、交渉に際して武力行使に至らないよう注意を求めた[78]。中国側に具体的要求が提示されていた以上、参謀本部は、要求内容の是非よりも、いかにして日本側の立場を損なわず、しかも問題を紛糾させず、平穏に事態の収拾を図るかに苦慮した。六月十四日、中国側が日本側要求を自主的に実行する旨を通知してきたことによって、梅津‐何応欽協定が成立した。事態は一応、陸軍中央の希望する形で収拾したわけである。しかし、それは中国側の譲歩によって実現したのであって、陸軍の中央と出先の関係について問題を先送りする、一時的な事態の収拾にとどまった。

梅津‐何応欽協定の成立は、陸軍と外務省にそれぞれ影響を及ぼした。関東軍は、華北自治工作、華北経済工作、内蒙工作などを積極化する一方で、外務省と陸軍中央は、広田三原則の策定を開始した。梅津‐何応欽協定によって、中央と出先は以下のように、総じて対立的傾向を強める結果となった。

関東軍は、梅津‐何応欽協定の成立を間近に控えた十一日、北平に滞在していた土肥原賢二奉天特務機関長に対し、天津軍や北平駐在武官と協議の上、宋哲元軍の黄河以南への撤退を要求するよう求めた。その後、第二次熱西事件発生などで関東軍の態度が硬化する場面もあったが、十四日までに海軍側が参謀本部に接触して得た情報によると、「陸軍中央としては宋哲元軍の察哈爾省外撤退は希望し居るも、此の際、黄河以南に撤退を要求する如きは同意出来ず、寧ろ軍事分会をして容易に実行せしむるため、黄河以北平漢線沿線等の比較的収入豊なる地に移駐せしむる様指導するを得策とす[79]」と判断していた。十七日、南関東軍司令官は、酒井隆や松井源之助張家口特務機関長から現地事情を聴取した上で、「宋哲元軍ノ南方撤退ハサラニ平津地方ノ混乱ヲ来タスオソレアリ。カタガタ本件ハ北支問題ト別個ニ宋ヲ交渉相手トシテ地方的ニ取扱イ、現ニ満州国内ニ侵入シオルモノ、及ビ多倫ニオル前衛部隊ヲ整理シ、同軍ヲ張家口方面ニ後退セシムルホカ、宋哲元ノ謝罪、張北事件直接責任者ノ罷免、今後ノ排日禁止ナドニトドムルコト」という原則を定め、翌十八日に「宋哲元ニ対スル交渉要領」を決定した。

土肥原少将が秦徳純と交渉を始めたのは、六月二十三日夜であった。四日後の二十七日午前、秦徳純は日本側要求を受け入れ、土肥原‐秦徳純協定が成立した[80]。これを受けて宋哲元は、長城以北から撤退し、河北省へと移駐した。後述のように、こうした事態は関東軍の内蒙工作の方針を転換させるが、以上の経過に関連して島田俊彦は、宋哲元は反蔣工作の対象として、于学忠撤退後の河北省に移駐させられたのであろうと推測する。しかし、実際の経過はより複雑であった。土肥原‐秦徳純協定の締結過程において、関東軍は当初、宋哲元の黄河以南への移駐を要望していたが、参謀本部側の見解でそれは修正された。つまり、関東軍は華北からの国民党ないし中国側勢力の完全排除を目指したが、参謀本部がそれを制止したわけである。この点に関連し、海軍の藤原喜代間は次のような情報を得ていた(81)。

今後北支に中央系勢力の再出現問題に関しては、参謀本部としては「中央軍（第二師、第二十五師に限らず）当〔党〕部其の他排日機関の再出現は許さざるも、内政に関し中央系機関の出現は何等拒否せんとするものに非ず、要は日満支の関係を調整し行き得るものならば、何人か政権を握るも厭ふところにあらず」。

右の見解は、塘沽停戦協定善後処理交渉を進めてきた岡村第二部長や喜多支那課長らの意向を反映したものであろう。板垣や酒井らの見解を実質的に否定しており、そのため関東軍は方針を改め、華北にとどまった宋哲元を自治工作の対象へと切り替えたのである。その点で岡村らは、出先の華北分離工作への意志について、見込み違いをしていた。実際、六月末には白堅武による豊台兵変が発生し、七月には華北経済工作が始まり、内蒙方針もそれまでの自制的方針が転換されていく。

梅津‐何応欽協定に関する交渉が進められていた最中より、白堅武は板垣、酒井、大迫通貞中佐らと接触を持っていた。白は劉桂堂や石友三らと東亜連盟自治軍を組織しており、六月九日から十三日にかけて新京で板垣と接触し、挙兵計画について概ね合意を得たようである。そこで白は、梅津‐何協定成立の翌十五日午後、酒井隆を訪問し、東亜連盟自治軍の挙兵計画を説明した。しかし、酒井は「談時機尚早」という反応であった。ところが、白は「為救国主体、須急起直下」と決意し、二十七日に装甲列車を奪取、豊台兵変を起こした。しかし、万福麟および商震の部隊に撃退され、「寡不敵衆、鉄甲車隊武装官兵遂逃避燕郊鎮非戦区」という結果に終わった(82)。

豊台兵変は成果なく収束したが、他方で華北経済工作や内蒙工作は積極化した。まず経済工作に関連し、支那駐屯軍は七月に関東軍を経由して満鉄に対し、満鉄経済調査会から幹事一名を天津に常駐させ、調査要員を天津に派遣することを依頼していた。これにより、八月に満鉄より天津に甲嘱託班、丙嘱託班が派遣され、十月に本格的な調査のため、百十五名からなる乙嘱託班が派遣された。乙嘱託班は、鉱業、工業、鉄道、港湾、経済の五部門に分かれ、国防上緊急開発を要する資源の調査や利権獲得のための具体案作成などを行うこととなっていた(83)。次いで内蒙工作に関し、七月二十五日に関東軍は、「対内蒙施策要領(84)」を作成した。同要領は、「軍は対蘇作戦並之が準備の為、必要とする平時諸工作を有利ならしめ、且満州国の国防及統治を安全容易ならしむる目的を以て、先づ内蒙に於ける親日満区域の拡大強化を図り、北支工作進展に伴ひ、内蒙をして中央より自立するに至らしむ」との方針を掲げていた。つまり、北支工作の推進に応じて内蒙工作を積極的に進めていくこととしたのである。これにより、「内蒙自立の時期は、状況有利なる場合に在りては河北省自立の時期に之を選定するも、原則的には河北、山東、山西自立の時期前後に於て之を実施するものとす」とされた。梅津‐何応欽協定と土肥原‐秦徳純協定をきっかけに、関東軍は華北自治工作への傾斜を強め、さらに経済工作や内蒙工作をこれに連動させて積極的に推進する意思を明確にしたのである。

これに対し、外務省と陸軍中央の対応は、目的意識において相互に通ずる側面を有しながら、異なっていた。外務省は、酒井らの行動を蔣介石政権に対する警告的措置として理解しており、その点は、陸軍の一般傾向に対する理解としては誤っていなかった。そこで外務省は、「北支交渉問題処理要綱」をめぐる折衝に際し、陸軍原案中の弾圧治罪権に関する文言を削除することで、事件の「地方的解決」の方針を明確化しようとした。と同時に外務省は、「本交渉の機会を利用し外務当局に於て全支に亘る排日の禁絶に力め」ることを陸軍側に明言した。つまり外務省は、今回の事件に介入しないが、今後、日中間の諸懸案の解決に向けて積極的に行動することを約したわけである。その結果、梅津‐何応欽協定成立後の六月十八日、外務省では「満州国承認方国民政府ニ要望ノ件」なる文書が作成され、次のような方針が定められた。[85]

今後ハ満州国承認ヲ要望スル建前ニテ対支外交工作ヲ適宜運用スルコト、対支関係ニ於テモ又前記我国軍部等ノ不満ヲ或程度去勢シ、日支親善工作ノ円満遂行ヲ期スル上ニ於テモ有利ト認メラル。

但シ本件要望申入ハ支那側ニ於テ到底之ニ応セサルヘシトノ見据ノ下ニ行ハムトスル次第ナルモ、万一支那側ニ於テ之に応スルカ如キコトヲモ予想シ置カサルヘカラス。

六月二十七日に外務省で開催された「対支政策討議会」の席上、守島伍郎は、「対満政策及対支政策ハ同時ニ対軍部政策」と発言した。[86]国内問題を重視する観点から、中国側に受け入れられない満州国承認問題を積極的に取り上げていこうとする発想は、有吉外交を転換するものであった。ただし、そうした論理は、国内事情から、「日支親善工作ノ円満遂行」のためにやむを得ない措置と判断された。満州国承認問題が中国側に受け入れられないことを自覚し、それを形式的に交渉で取り上げようとしただけであった点で、「一般空気」の緩和を通じて間接的長期的に日中関係を安定化させていこうとする有吉の論理を辛うじて維持している側面もあった。ただし、そうした側面は、蔣介石政権に警告を発し、あるいは華北に緩衝地帯を設置することを求める陸軍側の蔣介石不信を、十分に汲み取っていないことにつながっていた。それでも以上の観点から、七月二日までに外務省東亜局は、「対支政策に関する件」の試案を作成し、「此の際対支政策に付再検討を行ひ、其の結果に基き、一定の方針を確立して政府各機関及出先各官憲の指針とし、因て以て支那側に対する我方の足揃を整調統制」するため、陸軍側と折衝を行った。外務省は、蔣介石政権との妥協の可能性に悲観的であったが、今後の事態の安定化を図るため、陸軍側との意思疎通を重視した。その際、外務省側の原案は、対支政策の指針として以下の三点を挙げていた。[87]

㈠支那側に於て、排日言動の徹底的取締を行ふと共に、日支両国は東亜平和の確保に関する其の特殊の責任に基き、相互独立尊重及提携共助の原則に依る和親協力関係の設定増進に努め（経済的文化的方面より着手す）、且更に進むで満支関係の進展を計ること。

㈡右満支関係の進展は、支那側に於て満州国に対し正式承認を与ふると共に、之と雁行し、相互独立尊重及提携共助の原則に依り日満支三国の新関係を規律すべき必要なる取極をなすことを以て結局の目標とするも、差当り支那側は少く共接満地域たる北支及察哈爾地方に於て満州国存在の事実を否認することなく、反満政策を罷むると共に進んで満州国との間に事実上経済的及文化的の融通提携を行ふこと。

㈢外蒙等より来る赤化脅威が日満支三国共通の脅威たるに顧み、察哈爾其の他外蒙の接壌方面に於て少く共日支間に特に右脅威排除の見地に基く合作を行ふこと。

「相互独立尊重及提携共助の原則」への言及は、二月下旬に来日した王寵恵が広田に提示した、日中国交に関する三原則に対応していた。その点で外務省は、中国側との合意の可能性を意識してはいた。しかし、問題は、中国側との交渉の場で満州国の承認に言及し、あるいは防共問題について積極的に取り上げていこうとする点にあった。これらは従前の日中交渉で取り上げられておらず、これらについて中国側と交渉することは、日中間の懸案事項を増やすものでしかなかった。その点で広田三原則の策定は、陸軍側の合意を取り付け、出先の統制を回復できるかという点に、その存在意義がかかっていた。

陸海軍側との第一回協議会が開かれたのは、七月三十一日であった。しかし、この間、陸軍内では皇道派と統制派の対立に決着がついていた。七月十二日と十五日の陸軍三長官会議を経て、真崎甚三郎が教育総監を罷免されたからである。真崎が初めて永田自筆の三月事件計画書に接したのは罷免直前の八日で、真崎は日記に、「柳川二時半ニ来訪、三月事件前后永田ガ起案シタル恐ロシキ陰謀計画ヲ証拠物件トシテ予ニ示シニ来ル。予ノ決意ヲ堅クセリ」[88]と記した。こうした真崎教育総監の罷免と華北分離工作に関し、表面的に無関係ながら、互いに関連し合う複数の史料が存在する。まず昭和十年一月十一日、永田鉄山は、中国現地の陸軍の動向を懸念する木戸幸一に対し、次のように語っていた。[89]

一、十一月事件。具体的計画迄未だ進捗せるにあらず。目下軍法会議に付議中にて、厳正なる態度にて臨みつつあり。

〔…〕

一、大連会議（青島、上海等）。随次出先にて会合情報の交換をなさしめつつあるものにして、大して問題にはあらず。国策にあらざる北支攻略等を目ろめるものにはあらず。只、人の配置は花谷、影佐、板垣等強き連中なれば、中央も背負投を喰はざる様充分注視しつつあり云々。

一方、同年七月十五日、真崎の教育総監罷免を決定する三長官会議に臨む林陸相に対し、岡田首相は電話で、次のように伝えて

いた。(90)

この際、陸軍大臣として一つ思ひきつてやつてもらひたい。内閣の生命とか、或は内閣が幾つ倒れても、そんなことは問題ぢやあない。寧ろこの際、八月の異動において、一つできるだけ軍の思ひきつた覚醒をやつてもらひたい。即ちその禍根である真崎を動かすことを主たる目的にして、どうしてもやつてもらひたい。

木戸に対する永田の発言について井上寿一と森靖夫は、華北分離工作を否定したものと解釈している。(91)しかし、かつて板垣が熱河作戦に際して弄した詭弁と同様、永田は華北攻略と華北謀略とを区別しており、永田が「北支攻略」を否定したからといって、華北分離工作までも否定していたわけではなかった。にもかかわらず、永田は木戸の歓心を買うため、十一月事件、すなわち士官学校事件を取り上げ、青年将校の暴発阻止について成果を示しながら、故意に誤解を招く表現をしたのである。永田の政治手法は、虚言や虚勢を多用し、統制重視の姿勢を軍外に示しながら、自ら謀略に直接関与しないばかりか、必要に応じて消極姿勢までも擬装しながら現場にそれを期待し、現地の暴発を追認、支援するというものであった。それは永田にとって、政官界の信頼を得ながら自らの構想を実現するために生み出された手段であった。永田が木戸に対し、花谷正や板垣ら現地の「強き連中」に言及したのは、華北分離工作に備えて張られた予防線であった節もある。

他方、この時までに重臣側は、真崎について、青年将校の独断行動から対満事務局の設置をめぐる紛糾、そして天皇機関説問題にまで至る、ありとあらゆる諸悪の根元として認識していた。この頃、「真崎を軍事参議官に代へたら、何が起るか判らん。五・一五事件以上のことが起るだらう」という観測まで流れており、既述のような対満事務局の設置に関する岡田の誤解と合わせ、これらは統制派、特に永田と林による情報操作の成果であった。永田自身、原田熊雄に対し、「陸軍大臣は、他から圧迫されてぐらついてゐやしないかと、それが心配だ。なんとか陸軍大臣を鞭撻してもらひたい」と働きかけており、その意味で統制派は、天皇機関説問題を好機として利用し、皇道派よりも政治的にはるかに巧妙に振る舞っていた。(92)特に永田の場合、これまで敵対勢力に対し、周囲を籠絡することで対抗するという行動を繰り返してきた。それは、かつての南次郎陸相の排斥や、五・一五事件後の政党内閣の阻止、対満事務局の設置に関わる外務省と拓務省の排除などにおいて成功し、皇道派に対しても同様に発揮された。その結果、酒井哲哉が指摘するように、岡田首相らは統制派と提携し、皇道派を排除したのである。

こうした永田とその周辺の無統制な行動、そして彼らに欺かれ、彼らによる陸軍権力の掌握に、自らの保身のために協力した政官界の誤断が、昭和十年後半から翌年にかけ、華北分離工作と二・二六事件という異常事態を連鎖的に続発させた、決定的要因であった。真崎の罷免後、八月二日付で村中孝次と磯部浅一が陸軍を免官となり、十二日に永田は、相沢三郎中佐によって陸軍省軍務局長室で斬殺された。連隊長として相沢の上官を務めていた樋口季一郎によれば、「元来相沢は真崎崇拝にして真崎が第八師団長の時、青森歩五にあり、其の後真崎が第一師団に来りし時又相沢を歩一に転せしめ、昨年同人が耳病にて東京慶応病院入院中は常に真崎が親敷見舞に行き居りし間柄」であった。[93]永田による過剰な政治権力の行使が、再度、政治権力を超越する自己犠牲的要人暗殺を引き起こす事態となった。外務省側で陸軍との折衝に当たっていた守島伍郎も、永田を信頼し、永田の殺害に衝撃を受けた一人であった。[94]しかし、永田は殺害される前日の十一日付で、磯谷廉介駐華大使館付武官に対して次のように書き送っていた。[95]

御来示の如く、在支各機関の行動ややもすれば環境に支配され、対人的施策に惰するの恐あるは御同感にて、出来るだけ中正の見地より統制致し度存居り候。

支那の某々個人対手のやり方は過去の歴史に徴し尤も危険にて、我は飽く迄我の自主的国策要請を堅持し、之を以て何人に対しても何地に於ても一途に対手に迫るを切要と存じ居候。

対北支政策に就ても関東軍と北支那軍とに若干の相異あり、先般不取敢中央の考に統一致したる次第に候が、支那全般に対しては閣下関係方面に於て時局の進展に応じ、対支研究中に有之、御在京中決定したる分は尚その儘存続しあり、又大体存続すべく、此段は更に一層根本的に更の明確ならしめ、且つ時局の変化に適応せしむるを目的とし研究致し居る次第に候。

有吉は今や外務部門にて信認せず、更迭は時の問題と存じ、成べく急がしむべく努力致すべく候。

磯谷は岡村寧次を信頼しておらず、[96]「環境に支配され」るとは、外務省やこれまでの陸軍出先の対中外交を評価したものであろう。また、関東軍と支那駐屯軍の「若干の相異」とは、支那駐屯軍の華北分離工作が華北からの国民党の排除を目指すものであったのに対し、関東軍の工作は華北に独立政権を樹立しようとする、その意味で「対人的施策」を重視していたことを指すのであろう。さらにここには、有吉明大使に対する言及もある。永田はおそらく、外務省に陸軍出先の統制を約束し、虚言によって信頼を得ながら、有吉の更迭を働きかけていたのであろう。

五　華北自治工作と陸軍中央の対応

対中国政策をめぐり、昭和十（一九三六）年七月三十一日より開始された陸軍と外務省の調整において、陸軍側で折衝を担当したのは、橋本群陸軍省軍事課長および喜多誠一参謀本部支那課長であった。ここで陸軍側は外務省に対し、「先づ対支方策の根本観念に付、意見の交換をなし、以て意見の疎通を図ること」を提案した。また、陸軍側が七月二十日付で作成した対案は、「昨年十二月三省協定の対支政策は、主として実行の方策を示せるものなる処、今次の研究により、之に代るべき具体的方策の決定を見る迄、依然存続せらるるものと解す」と述べる一方で、日中関係の原則について「叙上の諸点が着々実行に移され、我方に於て支那が真に日満と親善提携するの態度を確認し得る迄は、日支間に相互独立尊重、提携共助の原則による和親協力関係の設定に関する一般的取極めを行はざるものとす」としていた。「対支方策の根本観念」に関する意見交換は、外務省にとっても望ましく、折衝の結果、「外務陸海三省間に特に意見の懸隔ある点を見ず、殊に支那の統一若は分立の援助又は阻止の点に付、討議を重ねたる結果、完全に意見の一致を見た」という。(97) 外務省の主張は、蔣介石による中国統一に対する不干渉であり、この点について陸軍側の同意が得られたとすれば、大きな成果となるはずであった。

ただし、問題は、広田三原則の策定が具体的方策として、昭和九年十二月七日「対支政策ニ関スル件」を引き継ぐとしていた点であった。岡村寧次参謀本部第二部長や喜多は、満州事変後の塘沽停戦協定善後処理交渉を担当し、日中間の原則的対立を前提に、華北の地方当局やあるいは直接国民政府と水面下で接触し、「一般空気」の緩和を通じて国民党の排日政策を封じ込め、国民政府との共存を図ろうとしてきた。外務省に対し、陸軍中央側が「相互独立尊重、提携共助の原則」の設定に消極的であったのも、華北分離工作を支持したからでなく、前年十二月七日の「対支政策ニ関スル件」が日中間の一般原則の策定に否定的で、個別懸案の解決を積み上げていくことで日中関係の安定化を図ろうとしていたからであった。ところが、外務省側は、広田三原則の策定で以上の論理を一般方針化し、それによる現地への統制強化を陸軍中央に求めた。その点で、「対支政策ニ関スル件」から乖離したのはむしろ外務省側であって、そのため外務省の立場は、岡村らの意向と齟齬をきたすことになった。

しかも陸軍側では、蔣介石の独裁化に対する警戒から、蔣介石政権に対する示威的な警告を求める気運が高まっていた。梅津‐何応欽協定締結に向けた酒井の行動は、陸軍の総意ではなかったが、蔣介石に対する警告として陸軍内で支持されていた。こうした状況下で、岡村らが外務省の求める一般原則を受け入れることは、難しかった。とはいえ、華北分離工作が現地の独断によって引き起こされていた以上、梅津‐何応欽協定の締結後も、前年十二月七日「対支政策ニ関スル件」に準拠しようとした陸軍中央側の対応は、外務省側の危機感に照らし、緩慢であった。しかし、陸軍中央には陸軍中央なりの判断があった。

広田三原則の策定開始後の八月四日、欒州事件が発生した。これを機に酒井隆は、陶尚銘の逮捕、監禁に踏み切った。その根拠はやはり弾圧治罪権であり、酒井が「北支交渉問題処理要綱」を意に介していなかったのは明らかであった。(98) 陶尚銘監禁の翌六日、陸軍省軍務局軍事課は、関東軍や天津軍他に宛てて「対北支政策ニ関スル件」なる文書を発出した。同文書の作成は欒州事件に先立ってなされたはずで、梅津の後任、多田駿支那駐屯軍司令官の赴任に合わせて発せられたものであろう。本文書は、「北支那ニ於ケル一切ノ反満抗日的策動ヲ解消シテ日満両国トノ間ニ経済的文化的融通提携ヲ実現シ且日満両国ノ国防上ニ不安ナカラシムル地域タラシムルヲ以テ当面ノ方針トナス」とした上で、以下のような「要領」を掲げていた。(99)

一、河北省ニ於テハ北支那停戦協定及今次河北事件申合セノ精神ヲ堅持シテ逐次反満抗日的諸勢力ノ排除ヲ徹底シ、河北当局ヲシテ厳ニ親日満政策ヲ実行セシメ、該地方ヲシテ対日満関係ニ於テ特ニ和親提携ノ地帯タルノ実ヲ挙クルニ努ム。

二、赤化ノ脅威ニ対シ共同之ニ当ル為、察哈爾省及其他ノ外蒙接壌地方ニ於テハ主トシテ日満両国ノ国防上ノ見地ニ基ク諸般ノ要望ヲ認メ合作セシム。

三、叙上ノ施策ニ伴ヒ、山東、山西、綏遠ノ各地方政権ヲシテ一層積極的ニ帝国トノ実質的親善関係ヲ増進セシム。

四、前記各地方ト日満トノ関係ヲ緊密ナラシムル為、主トシテ経済的関係ノ促進就中通商ノ増進各種産業及交通ノ開発等ニ意ヲ用ヒ、特ニ対象ヲ実業界其他一般民間ニ求メ国民相互ノ経済提携ヲ促進ス。

五、北支五省ニ対スル叙上趣旨ノ進展ニ伴ヒ、彼等政権ヲシテ対日満関係ニ於テ同一歩調ヲ取ラシムルト共ニ、対南京政権ノ関係ニ於テモ努メテ共同ノ歩調ヲ採ラシメ、相互ノ結合ヲ図リ、叙上ノ趣旨ニ反スル南京政権ノ政令ニヨツテ左右セラレス自治的色彩濃厚ナル親日満地帯タラシムルコトヲ期ス。

特徴は、「北支五省」の「自治的色彩濃厚ナル親日満地帯」化を目標として掲げた点であった。これは、永田が殺害される直前の政策方針であり、華北分離工作を追認する内容となっていた。したがって、右方針の第四項のみに注目し、これを外務省の方針と同等のものと評価する井上寿一の解釈[100]は、誤りである。ただし、欒州事件に対して陸軍中央は、弾圧治罪権を振り回すのを控えるよう酒井に求めてもいた。その上、永田殺害後の八月二十八日、本訓令と先の関東軍による「対内蒙施策要領」に関連し、後任の今井清軍務局長より関東軍に、次の訓令が発せられた[101]。

一、対北支、対内蒙政策に就て

日満両国共同防衛並満州国開発助成の見地より将又対蘇諜報上北支及蒙古に対する貴軍の関心と熱意とは大に諒とする所なるも、左の点に関しては特に深甚なる考慮を煩し度し。

㈠ 対北支一般政策に関する中央の方針は過般関係方面に電報せる通りにして、之が具現に関しては夫々其立場に於て公明適正に律せらるべく、天津軍の立場も充分尊重する要あるものと認む。又大乗的見地に立ち外務側をも充分活動せしむる如く留意を望む。

㈡ 対内蒙施策に関しては依然従来の方針を堅持し、独立政権の樹立の如きは寧ろ之を急ぐの要なかるべく、現下の情勢に於ては主として文化経済工作に重点を指向し、其目的を達成すること可なりと認めあり。

二、北支経済開発に就て

北支経済開発の一般要領に就ては目下省部間に於ても研究中にして、不日意見を開示し得べし。

特に一言したきは北支に於ては天津軍と雖も主導的に経済開発に乗出すは之を避け、興中公司の運営其他各機関の協力に依り目的を達成すること得策なるべし。

ここでいう「過般関係方面に電報」された「対北支一般政策」とは、「対北支政策ニ関スル件」であろうから、本文書はそれを踏まえる形になっていた。ところが、この通知は、華北工作についても、内蒙工作についても、北支経済工作についても、関東軍の自制を求め、支那駐屯軍や外務省に配慮するよう求めており、現地統制の意向を明らかにしていた。さらに問題は、「対北支政策ニ関スル件」における「自治的色彩濃厚ナル親日満地帯」の具体的内容であった。この点は、九月二十四日の多田声明とも関連する。

梅津 - 何応欽協定を成立させた論理と、「北支五省」の「自治的色彩濃厚ナル親日満地帯」化を目指す「対北支政策ニ関スル件」の論理関係には、多分に曖昧な部分があった。梅津 - 何応欽協定のきっかけは酒井隆の独断であり、陸軍中央は現地を抑えるために「北支交渉問題処理要項」を作成し、現地側にその遵守を求めた。その点で、「対北支政策ニ関スル件」は、現地の行動を追認する中央側の政策転換ともなりかねなかった。しかし、「対北支政策ニ関スル件」は、外務省側との「広田三原則」をめぐる折衝と並行して現地に訓令されており、さらに八月二十八日の訓令は、「対北支政策ニ関スル件」に依拠しながら、現地の自制を求めていた。陸軍中央がこのように二転三転するかのような訓令を発したのは、陸軍中央側の、必ずしも表面化していない方針の不一致のためであった。永田は華北分離工作に対し、事後承認を装って支持する方針で行動しており、陸軍省は概ね華北分離工作に同調的、参謀本部は否定的であった。ただし、永田は自ら謀略を進めようとしたわけでなく、また、喜多参謀本部支那課長と共に外務省側との折衝に当たっていた橋本群軍事課長は、華北分離工作に必ずしも積極的ではなかったのではないかと推測される。「対北支政策ニ関スル件」のねらいが曖昧になったのはこうした状況のためで、永田は既成事実的な華北自治の拡大を展望したのに対し、永田の死後、後任となった今井軍務局長は、それに依拠しながら現地側の自制を求める訓令を送ることもできたわけである。

「対北支政策ニ関スル件」は、広田三原則の策定と矛盾する側面と同時に、両立する可能性も持っていた。既述のように、広田三原則は中国側との交渉を念頭に、陸海外の間で策定されたが、その際、陸軍側の要望で、具体的かつ全般的な対中政策は昭和九年十二月八日「対支政策ニ関スル件」に引き続き準拠する、という申し合わせがなされていた。同文書の特徴は、南京政権との対立を意識した「対北支那政権方策」にあった。ところが、「北支那政権」に相当する北平政務整理委員会は、昭和十年初頭に実質的に機能を停止させていた。しかも梅津 - 何応欽協定の締結によって、華北情勢は昭和九年末と異なっていた。にもかかわらず、昭和九年十二月八日「対支政策ニ関スル件」の方針を継続しようとすれば、満州国と国民政府との間で緩衝的な役割を果たす何らかの存在が必要であった。

「対北支政策ニ関スル件」の「自治的色彩濃厚ナル親日満地帯」とは、基本的に「自治的色彩濃厚」にとどまるものであって、独立政権の性急な実現を目指すものではなかった。これは概ね、宋哲元を中心に、河北省の商震、山西省の閻錫山、山東省の韓復榘など、各地方における有力軍閥を意識していた。そのため、「対北支政策ニ関スル件」は、華北分離工作を追認する論理と同時に、既存の軍閥割拠状態に着目しながら、彼らに南京政府と満州国との緩衝地帯的役割を果たさせるという、現状維持的な論理をも包含し得た。華北工作を支那駐屯軍の専管事項とすることで、関東軍による治安攪乱的諸工作を抑制する。ただしその際、満州国と南京政府との間に、梅津‐何応欽協定締結後の情勢をなるべく変更しない形で、何らかの緩衝勢力を想定する。広田三原則策定に際して陸軍中央は、満州国と南京政府との間に現状維持的な緩衝地帯を設定することで、日本と国民政府との緊張を緩和し、また、現地の統制を回復しようとした。そして、こうした華北の治安回復を現地において担うことになったのが、新任の多田駿支那駐屯軍司令官であった。

九月二十四日に多田が発したとされる多田声明は、翌日の『東京朝日新聞』朝刊の報道によれば、「日満支共存の素地をなす北支のいはゆる明朗化は北支民衆の力により徐々に達成さるべきものであるが、これを阻害する国民党部及び蔣介石政権の北支よりの除外には威力の行使もまた已むを得ないであらう、この根本主張に基く我軍の対北支態度は、（一）北支より反満抗日分子の徹底的一掃、（二）北支経済圏の独立（北支民衆の救済は北支財政を南京政府の隷属下より分離せしめるの外はない）、（三）北支五省の軍事的協力による赤化防止の三点にして、これらのためには北支政治機構の改正確立を必要とするが、さしづめ北支五省連合自治体結成への指導を要する」というものであった。しかし、これは声明という程のものでなく、記者団に対する単なる談話に過ぎなかった。

満州国の建国直後から満州国軍最高顧問として満州国軍の育成に当たり、昭和九年八月から支那駐屯軍司令官に任命されるまでの一年間、内地にあって野戦重砲第四旅団長として隊付勤務にあった多田が、天津赴任後の二か月足らずで、北支五省の自治実現に向けた何らかの手応えなり、展望なり、野心なりを持ち得たわけではなかった。それどころか、九月に多田は「対支基礎的観念」[102]なる文書を作成し、「彼の所謂『ひつたくり』主義的利権獲得運動の如き、或は麻酔薬製造密売の如き、或は半公然と行ふ密輸出入者乃至鉄道の不正乗車等の如き、実に帝国の名誉に一大汚点を印するものなり。就中帝国威力の背景を逆用して、白昼公々然と支那官憲を無視して悪事を敢行するが如きは実に言語道断と謂はざるべからず」と述べるなど、中国に対する日本の姿勢が公明正大であるべきことを強調していた。

大東亜戦争敗戦後、戦犯指名を予期し、法廷での弁明のために手記を記した多田は、その中で多田声明について、梅津‐何応欽協定後の「日本人稍々得意ノ境遇ニ入リシガ為、又々弱イ者イヂメノ日人尠カラザルヲ見テ、天津軍ノ任務タル鉄道及居留民ノ保護ヲ達成センガ為ニハ、兵力発動ノ原因トナルベキ事故発生セシメザルヲ要ス、之ガ為ニハ先ヅ居留民ヤ其他ノ日人ノ自粛自省ヲ第一要件トスルト考ヘ、日本人啓蒙ノ目的ヲ以テ『対支基礎的観念』ナルパンフレットヲ作成シテ在留日人ヲ戒メタリ。当時

『多田声明』ト呼バレタルモノ之ナリ」と述べている。[103]「対支基礎的観念」は、『東京朝日新聞』の簡潔な報道内容と異なっており、中でも以下の文章は、多田がどのような認識に基づいて北支五省自治を支持したのかを示している。

　支那の旧式軍閥は従来人民を搾取し私腹を肥し私闘を事とし、外民衆の福祉に関しては全然無関心にして支那社会の有害無益の存在なることは一般の定論なり。故に時代の進歩と共に逐次退化の一路を辿り、今日に於ては之等の大部は蒋介石の新軍閥に圧倒せられて分散し僅かに余喘を保つに過ぎず。殊に目下北支に在る軍閥は中央の圧迫と監視とを受け中央の鼻息を窺ひ辛うじて其の地位を保持し、只管民衆の搾取と不義の発財を成し得る期間の延長を計るの外何等の気力と勢力の認むべきものなく、往時の敢然として中央に反抗して独立し風を望んで一世に雄飛せむとするが如き気力は極く一部を除くの外到底発見するを得ず。世人或は其の大同団結に依りて威力を発揮し得べしと期待するものあるも、利害関係を異にする彼等が小異を捨てゝ大同に就くが如き雅量と勇気との持合わせは殆ど皆無に等しく、若し多少ありとするも皆他力本願の輩なるを以て大事を期待することは先づ絶望と謂ふべきなり。是れ過去の歴史に照すも明らかにして末期に近づきたる今日の軍閥に於ては殊に然りとす。敢へて今日の軍閥が帝国の威力の前に慴伏《しょうふく》して阿諛便佞を事として帝国に迎合すべき言葉を弄するも、之れ全く地位保持の手段に外ならず、何等主義信念と熱意なきことに留意せざるべからず。

　次に軍閥の貪婪《どんらん》性と其の無節操を利用して利権を提供せしめ我経済発展に資せむとし、或は資金と兵器とを与へて之を利用せむとする案は往時採用せられたる方式なるが、帝国の公明なる主義に反するを以て適当と認め難きのみならず、北支に於ては支那駐屯軍が事実上の支配権を獲得しある今日之を利用する必要殆どなかるべし。

　要するに現在存在する軍閥は利用価値なきのみならず其の害更に大なるものあるを以て、支那民衆と共同して之を消滅する如く指導すべきものなり。然れども過渡時代に於て現存する軍閥を一挙消滅することは不可能なるべきを以て、先づ帝国の指導原理に追従せしめて暫く其の存在を許すことは已むを得ざることなるべし。此の際特に注意すべきは更に其の勢力を拡大して之を利用せむとし、或は新軍閥の発生を助長するが如き過を再犯さゞること之なり。

多田は、華北軍閥の積極的な利用可能性について、期待していなかった。と同時に多田は、「蒋介石及其の一党が支那に於て首班たる間は、其の勢力の及ぶ範囲に於ては如何に日本が公正なる態度を以て之に臨むとも衷心より親日に転換し来たるものに非ず」と考え、「故に我帝国は彼等の擬態に幻惑せらるゝことなく自主的立場に在りて、速に日本の対支政策を容易に実施し得る地帯より始めて日支共存共栄の楽土を現出し、逐次之を拡張し遂に支那自力に依りて真に彼等の転向を余儀なくせしむるか、或は彼等の存在を許さゞるに至らしむるを以て得策とすべし」「実に北支をして日本人及支那民衆の為明朗にして安住の平和郷たらしめ、日支の製品及物資が何等の不安なく相互自由に流通依存せらるべき市場と化し日支共存共栄の楽土を現出するに於ては、北方満州国に対しては其の健全なる発展を促進助成し、南方支那に対しては日支依存の幸福なる所以を如実に現示し、以て帝国を中心とする日満支三国提携共助に依り東亜に於ける平和を確保せむとする国策遂行の先駆たるを得べし」と述べている。要するに、多田にとって華北の軍閥は、国民政府との緩衝地帯たる華北の治安を先駆的に回復し、日中友好の模範地域とするための過渡的措置を施す対象として、評価されたに過ぎなかった。また、多田には、広域統制経済圏構想もなかった。にもかかわらず、多田声明と称される記者団に対する談話において、国民政府に対する威圧的態度や華北自治に関する干渉的態度が強調されたわけである。

多田の見解の内、誤解を招きやすい部分が報道され、中国側の警戒を招いたことは、多田や陸軍中央部にとっては、誤算であったはずである。とはいえ、無用な反発は好ましくなかったとしても、国民政府に警告を与えておくことは必要であった。多田声明に対し、「支那側ハ意外ノ動揺ヲ来シ居ル様子」[104]との観測がなされる一方で、安井三吉によれば、何応欽は多田声明について、本来は穏やかな原稿を東京の軍部が改めてそれを公表し、多田の本意と異なるものになったとの理解を示していたという。[105]華北分離工作が展開されている中での軍司令官の発言は、危機を助長する方向に作用しがちであったが、にもかかわらず、多田は、拙速で治安攪乱的な華北自治工作の推進に反対していた。

多田声明から十日後の十月四日、陸海外の三省間で、「対支政策ニ関スル件」（広田三原則）の合意が成立した。多田ばかりでなく、陸軍中央も、これを契機に現地の統制を強化しようとした。そのため、岡村第二部長自身が渡満し、大連で、中央決定の対中国政策を現地側に徹底することとなった。

十月十二日に若杉要駐北参事官より広田外相に宛てられた報告は、「聞ク所ニ依レハ七日関東軍板垣副参謀長秘密裡ニ天津ニ飛来シ、多田司令官及当地高橋武官等ト会合ノ上、何等カ協議セル趣ナルカ、右ハ特ニ軍側ニ於テ［…］厳秘ニ付シ居ル為不明ナルモ、岡村第二部長ノ携行スヘキ中央決定ノ対支政策ニ関スル大連会議ニ対シ、予メ出先ノ態度ヲ打合セタルモノト察セラル。然ルニ出先軍憲カ北支五省連合自治ヲ目標トスルニ一致シ居ルコト［…］明カナルヲ以テ、中央ノ方針カ如何ナル程度迄出先軍憲ニ徹底シ得ルヤハ今後ノ事実ニ徴スルノ外無キ」[106]旨を述べていた。他方、若杉報告と同じ十月十二日、土肥原賢二奉天特務機関長は、専田盛寿らと共に張家口を経由し、北平に入っていた。[107]七日に行われたという板垣と多田の会談の模様は不明であるが、おそらく板垣は、南関東軍司令官の了承を引き合いに出しながら、土肥原による華北自治工作の推進を通告してその承認を求める一方で、岡村に対する口裏合わせを提案したのであろう。十三日、岡村の来満に合わせ、多田や板垣の他、磯谷大使館付武官も出席して、大連会議が開かれた。岡村は日記に「対支策の新策定の事情を説明し更に意見を交換し、会同の目的を達成せり」と記したが、実際には、華北における自治運動を無視するものではないかとの異論が出たともいう。[108]土肥原の華北派遣は、岡村の渡満に先手を打つ形で実施された可能性が高い。

広田三原則の現地説明を行ったのは、陸軍ばかりではなかった。守島伍郎外務省亜細亜局第一課長は、海軍の本多大佐と上海まで同行して有吉大使らと意見を交わした後、南京へ向かった。他方、岡村少将は大連会議後に南下し、十八日に南京で守島と会談している。ここで岡村は、広田三原則に対する現地側の反応が「三項カ全部支那側ノ同意スル所トナリタリトテ日支問題ハ解決セラルヘキモノニ非ス、例之北支五省殊ニ河北、山西両省ニ対スル満州国ノ密接ナル関係等ヨリ自然形成セラルヘキ事態ニ付テハ三項中ニ明定ナキカ故ニ、之等ノ点ハ関係当局ニ於テ充分含ミノ上工作スルヲ必要トス」というものであったことを述べた上で、次のような陸軍の基本四項なるものを伝えていた。[109]

㈠支那ハ統一セラルヘキモノニ非サルコト。
㈡蔣介石等、人ヲ対象トスルコトハ彼等ヲシテ之ニ乗セシムル処アリ、却テ不利ナル結果トナルコト。
㈢但シ西南ハ従来通リ援助スルコト。
㈣武器、弾薬、教官等供給ノ契約出来サル間ハ大イニ押スコト。

守島によれば、会見した際、岡村は「ウカヌ顔をして居[110]」たという。右の四項目に照らしても、板垣らの意向と広田三原則との両立は不可能であった。しかし、二十二日に有吉と会見した岡村は、「有吉は二十日といひ本日といひ、予の顔さへ見れば軍部の行動を疑ふことのみ、消極円満一点張り主義には驚く外なし」と記していた。[111]簡潔な記述のため、岡村の真意は不明である。おそらく岡村にとって、板垣らの治安攪乱的自治工作は支持できなかったが、かといって「軍部の行動を疑」うばかりで、板垣らの策動を抑えられるはずもなかった。有吉は、相手が岡村であったからこそ、陸軍に対する不満を率直に述べたのかもしれない。しかし、岡村に「消極一点張り主義」を説いたところで、事態収拾に益するところは何もないから、岡村としても反発せざるを得なかったのであろう。岡村と有吉に相互批判が必要な理由はなかった。岡村と有吉の対立は、立場は異なるにせよ、見解を対立させる程でもなかった従前の穏健派が、当面の緊急事態に対する対処方をめぐって生じた対立であった。おそらく岡村にとって、事態は静観によって収拾できる段階を越えていた。

十月二十日、香河県で武宜亭を指導者とする約千人の農民が県城に押しかけ、保衛団と衝突した後、県城を占拠して自治宣言を発表した。事件の背後に、大迫機関の策動が噂されていた。[112]しかも関東軍の自治工作はそれにとどまらず、次いで土肥原賢二による北支五省自治運動が展開された。ところが、土肥原の補佐官を務めた専田盛寿によれば、土肥原の派遣に先立ち、多田支那駐屯軍司令官は宋哲元や閻錫山、韓復榘、商震と個別に接触し、「問題の新政権は、近く樹立できる情勢になつた。わざわざ土肥原機関長がやつてきて促進工作をするまでの要はない」と関東軍に通報していた。しかし、多田の工作は「いささか見当はずれ」であり、そこで土肥原が改めて華北自治工作を推進することになったという。[113] 他方、内蒙工作に携わっていた松井忠雄は、特に香河農民運動に関連して、「多田天津軍司令官は、自治運動そのものには必ずしも同意でなく、事前相談をうけなかった天津軍司令部と土肥原少将との間には冷い風が吹いていた」と述べている。[114] 専田の回想に照らし、多田が「事前相談をうけなかった」というのは誤りで、正確には多田の同意を得ずにということであろう。いずれも多田と土肥原の軋轢について指摘しており、既述のような多田の方針に照らし、多田が土肥原の謀略を支持することはあり得なかった。その意味で、「北支五省自治」といっても、陸軍内ないし陸軍出先に統一した見解なり、方針なりが存在したわけではなかった。南京政府との緩衝地帯設置といっても、華北の治安攪乱によって軍閥の独立政権化を図る工作と、当面の軍閥割拠状況を利用して華北における南京政府の抗日策動を抑制し、日本の権威を背景に同地域の治安や秩序を回復しようとする工作とでは、その目的や方向性は対照的であった。

土肥原による華北工作の主導権獲得と、反蒋介石系暗殺団の一員による汪兆銘狙撃事件に伴い、十一月三日に緊急発令された中国幣制改革という二つの事態が、満州事変以来となる、昭和十年十一月から十二月にかけての危機的状況を招来した。十一月七日に宋哲元と程克天津市長は、表面上、幣制改革に対抗すべく、現銀の省外移出禁止を発令したが、翌八日、宋は何応欽に対して苦境を訴え、中央側の早急な対応を求めた。一方、九日に上海では、中山秀雄上海海軍特別陸戦隊一等水兵の射殺事件が発生した。[115] 十日に陸軍中央は、外務省とも協議の上、「北支ノ自治ハ国際国内的ニ重大ナル影響ヲ齎ラスモノニシテ、政府、輿論一体トナリテ統制アル国策ノ運営ニ依リテ之ヲ指導スルヲ要シ、猥リニ自治宣言ノ発出ヲ促進スル等燥急ナル措置ヲ戒シメ慎重事ヲ処理スルト共ニ、自治ノ程度ニ関シテハ当初ヨリ鉄道ノ管理、海関ノ全面的独立等ノ如キ過大ノ希望ヲ抱カス、漸ヲ追フテ自治ノ完成ヲ期シ、事態拡大防止ニ努ムヘキ[116]」旨を訓令した。しかし、十二日に関東軍は、独立混成第一旅団に対し、独立歩兵第一連隊、戦車第三大隊の軽戦車一中隊、野戦重砲兵第九連隊の一大隊、独立工兵第一中隊を十三日までに山海関付近に集結させ、華北出動に備えるよう指示した。[117] 同時にこの日、南関東軍司令官は、参謀次長に宛てて以下のような電報を送った。[118]

> 今次南京政府ガ突如断行セシ銀ノ国有オヨビ幣制ノ改革ハ、一部為政者ノ利益ノタメ、支那一般民衆ノ利福ヲ蹂躙スルモノニシテ、ソノ影響スル所、日満両帝国ト密接ナル関係ヲ有スル北支地方ヲ経済的ニ枯渇セシメ、更ニ進ンデ満州国ノ経済的基礎ヲ脅威スルモノナルコトハ、既往ノ各種ノ情況ニヨリテ明ラカナル所ナリ。殊ニソノ背後ニ英国ノ強力ナル支援アルニ於テハ、支那ニ於ケル英国ノ支配的勢力ヲ強化シ、多年ノ国是タル東洋永遠ノ平和確立ノ基礎ヲ危ウクスルモノト云ワザルベカラズ。
>
> […]北支実力者ハ駐屯軍ノ裏面的指導ニヨリ、曲リナリニモ

銀ノ流出ヲ阻止シツツアルモ、事実ハ我ガ駐屯軍ノ強要ニヨリ、ヤムヲ得ズ実行シツツアルモノニシテ、進ンデ南京政権ト経済的ニ断交セシムルニハ、更ニ一段ノ強力ナル支援ヲ与ウルニアラザレバ、コレヲ具現セシムルコト能ワザル実情ニアリ。故ニ本職ハコノ際、一部兵力ヲ満支国境ニ集結シ、北支実力者ヲ支援シ、右政策ノ徹底的実行ヲ容易ナラシメントス。

支那駐屯軍が謀略の中心であるかのような体裁を取っているのは、陸軍中央が関東軍でなく、支那駐屯軍を華北工作の遂行主体として想定し、既述のような形でその旨を通達していたからである。しかし、そうした理由付けは、進捗しない自治工作に関東軍が介入するための口実ともされたわけである。状況は、かつての熱河作戦末期に類似していた。こうした南の詭弁に対し、陸軍中央は十三日、「兵力移動ニ関スル件了承セリ」として、関東軍の兵力集中を承認すると共に、「我国策ハ目下ノ処、武力ニ訴ヘ北支工作ヲ敢行スヘキ程度ニ迄ハ進ミアラサルコト御承知ノ通リナリ。故ニ軍行動ノ根基ハ北支ノ現勢、特ニ幣制断行ニ伴ヒ、北支ノ情勢動揺シ、延テ累ヲ満州ノ治安ニ及ホスヘキヲ予想シ之ニ対処スルモノナル等、飽ク迄純統帥事項ヲ理由トセサルヘカラス」[119]との指示を与えた。十八日に陸海外三省間の協議が行われ、十九日に有吉大使より蔣介石に対し、「南京政府ハ速ニ北支政権ノ自治ヲ承認スルヲ必要トスルコト」「北支紛糾ノ場合中央軍ニシテ武力行使ヲ企図シ山東及河北ニ兵力ヲ進入セシムルコトハ帝国政府トシテ断ジテ黙過シ得サルコト」を申し入れることを決定した。これを受け、杉山元参謀次長より関東軍や支那駐屯軍に、有吉の申し入れ内容が伝えられる一方で、自治は漸進的に行い、事態の紛糾を回避するとした十日の訓令内容を再度確認する訓令が送付された[120]。

しかし、土肥原の画策により、二十五日に殷汝耕が通県で自治宣言を発し、戦区内に冀東防共自治委員会を設立した[121]（十二月二十五日に冀東防共自治政府へと改組）。陸軍中央は同日と翌日、自治運動と南京政府との関係などに関する方針を、現地側に伝えた。まず二十五日、陸軍中央は、「有吉大使ノ南京政府ニ対スル申入レハ［…］北支問題ニ対スル警告及勧告（交渉ニアラス）ノ範囲ヲ出ツルモノニアラス、蔣介石ハ曩ニ広田外務大臣ヨリ提議セル三大原則ノ承認ヲ回答シ来リ、之ヲ逆用シテ之ト交換条件ニ北支自治宣言ヲ取消サシメントスル魂胆アリト認メラルルヲ以テ、既ニ外務大臣ヨリ有吉大使宛所要ノ訓令ヲ発セル次第［…］、当方ハ北支自治問題ト三大原則ノ実行トハ別個ノ問題トシテ取扱フヘキモノニシテ、三大原則ト交換ニ北支自治ヲ取消サシムルカ如キ筋合ニアラス、又、北支自治問題ヲ南京政府ト交渉シ之ヲ解決スヘキモノニアラス、寧ロ此際出先機関ノ適切ナル指導ニ依リ自治運動ヲ促進スルコトハ兼ネテ南京政府ノ北支ニ対スル認識ヲ深カラシメ、其対日態度ヲ是正スルノ一助トモナルヘシト考察シアル次第ナリ」[122]と訓令し、翌二十六日に以下の要領を伝えた[123]。

一、北支自治政権樹立運動ヲ推進シ、所期ノ目的達成ヲ期シ、北支時局紛糾セル場合ニハ必要ニ臨ミ派兵ヲ奏請ス。

二、北支自治政権樹立ハ先ツ在北支実力者ヲ中心トシ、逐次民衆中心ノ政治機構ノ確立ニ至ルモノトス。而シテ究局ノ目的ハ、北支五省ヲシテ、南京政府ノ宗主権ハ之ヲ認ムルモ、政治、外交、財政ハ之ヲ南京政府ヨリ離脱セシムルニ在リト雖モ、之カ工作ノ過程ニ於テハ適切ニ現地ノ実勢ニ即応シ、功ヲ急カス漸ヲ追フテ以テ前記目的達成ニ迄到達スルモノトス。

〔…〕

五、現地ニ於ケル北支処理ノ主宰者ハ実質的ニモ支那駐屯軍トス。軍ハ密ニ中央ト連絡シ、常ニ情勢ノ推移ヲ明ニシ、適時軍ノ企図ヲ請訓若ハ通報シ、以テ中央並出先ノ対策ヲシテ錯誤ナカラシムルヲ要ス。

冀東防共自治委員会成立直後に陸軍中央から発せられた連日の訓令は、早くから公刊、紹介されていたにもかかわらず、言及されることの少ない史料である。その理由は、日中関係が全面的対立の様相を呈し始めた折の陸軍中央と出先の立場の違いに、厳密な解釈がなされなかったためである。島田俊彦と芳井研一は、十三日の武力不行使に関する中央の訓令に関し、中央と出先の立場の違いを指摘している。ただし、島田俊彦は、陸軍中央は兵力行使の名目を重視したに過ぎず、関東軍の武力行使には反対していなかったとし、冀東防共自治委員会の成立に伴う二十五、二十六日の訓令に言及していない。これに対して芳井研一は、二十五、二十六日の訓令によって初めて関東軍の構想は陸軍全体の意思になったとし、陸軍中央が事態の推移や既成事実の積み重ねに応じて変化していったことを強調している。[124] しかし、以下に示すように、これらは陸軍中央の対応を正確に捉えたものではない。

陸軍中央と関東軍の対立点は、島田俊彦が指摘するように、武力行使の是非にあったわけではなかった。十三日の時点で陸軍中央は関東軍の武力行使を戒めていたが、岡村が帰国してまもない十八日、「十一時より北支工作に関し部長会報、午後三時より再び議し、万一の場合の覚悟を決議[125]」しており、その結果、必要に応じた派兵に言及する二十六日の訓令となったのである。とはいえ、十三日と十八日の間に、芳井研一が指摘するような、関東軍を支持する陸軍中央の方針転換が存在したわけではなかった。十二日に関東軍は、支那駐屯軍の「裏面的指導」が難航していることを理由に、独自の軍事的圧力の必要性について意見具申した。にもかかわらず、二十六日の訓令は、「現地ニ於ケル北支処理ノ主宰者ハ実質的ニモ支那駐屯軍トス」と指示していた。これは実質的に、関東軍、とりわけ土肥原ら華北工作の推進者の意向を否定していた。

二十五、二十六日の陸軍中央の訓令、すなわち華北自治に関する南京政府との妥協を排し、派兵の可能性にも言及しながら、他方で土肥原工作を否定するかのような訓令は、梅津・何応欽協定をめぐる交渉やあるいはそれ以前から陸軍中央に一貫していた論理体系に基づいていた。すなわち、華北における治安の回復、維持にとって日本軍の威信が重要であった以上、関東軍の兵力集中を認め、必要に応じた派兵の可能性を想定することは、事態収拾のために必要な、やむを得ない措置と判断された。しかし、二十六日の訓令は、可能ならば回避することが望ましい最悪の事態に備えたものであって、陸軍中央も本来は、多田と同様、支那駐屯軍の威圧によって国民党の反日活動を抑制し、華北の治安悪化を防止しようとしていた。その点で、十二日の陸軍中央の訓令と二十五、二十六日の訓令の間に、変化はなかった。

陸軍中央が現地の既成事実に追従したとすれば、それはむしろ、土肥原工作が実質的に挫折し、冀察政務委員会が成立したことを、陸軍中央が安堵の気持ちを込めて受け入れたことであった。冀東防共自治委員会の成立に危機感を強めた南京政府は、翌二十六日に殷汝耕に対する逮捕令を出すと同時に、軍事委員会北平分会を撤廃し、何応欽を行政院駐平弁事長官に、宋哲元を冀察綏靖主任に任命することを発表した(126)。日本側出先の圧力で宋哲元が冀察綏靖主任を辞退すると、三十日に国民政府は、情勢が許せば何応欽を行政院駐平弁事官に就任させるが、不可能なら冀察政務委員会を設置し、宋哲元を委員長とする方針を定め、さらに唐有壬外交部次長から須磨弥吉郎南京総領事に対し、「先ツ河北省ニ対シ実質上自治ト異ラサル施政ヲ実現スヘク、結局大体西南ニ於ケル政治分会様ノモノヲ設クル(127)」ことを骨子とした六項目の華北自治弁法案を内示させた。これに合わせて南京政府は、何応欽や陳儀、熊式輝らを北上させ、宋哲元ら現地側当局と折衝させることとした。こうした南京政府の対応を受けて、有吉大使は十二月二日、以下のような切実な思いを込めた意見を本国に送っている(128)。

一、[…]宋哲元ノ人物手腕及従来ノ遣口等ニ鑑ミ、之ヲシテ実行ノ局ニ当ラシムルモ充分ノ成績ヲ挙ケ難キヤニ存セラルルノミナラス、我方ニ於テ之ヲ固執スル場合ニハ南京側トノ話合ハ決裂ノ外ナク、恐ラク実力ニ訴ヘテ之カ実現ヲ計ラサルヘカラサルノ破目ニ立至ルヘク、此ノ場合、両国関係ノ全面的悪化ヲ招来スヘキ[…]ナル外、南京側カ既ニ此ノ程度迄譲歩シ居ルニ拘ラス、右ノ如キ事態ヲ惹起スルコトアラハ、我方トシテハ機微ナル国際関係上極メテ不利ナル立場ニ陥ルコトヲ覚悟セサルヘカラス。之ニ反シ、我方ニ於テ南京側提案ヲ容レ、蔣介石ヲシテ北支ニ於テ我方ノ要望ニ副フカ如キ政治ヲ行ハシムルコトトセハ、之ヲ契機トシ、彼ヲシテ両国関係ノ全面的改善ニ乗出サシメ得ルコトモ可能ナルヘク、三原則ニ依ル我方策実現ノ前途相当有望ナルモノアリト思考ス。

二、加之《しかのみならず》南京側カ今回思切ツテ（一語脱）ヲ譲歩シ、而モ何応欽、陳儀、張群、熊式輝、殷同、唐有壬等ノ日本ヲ了解スル要路者カ一致奮起シ、此ノ案ニ依リ時局収拾ニ乗出シタルハ、彼等トシテハ恐ラク之ヲ以テ最後ノ奉公ナリトノ決心ヲ固メタル結果ナルヘク[…]我方ニ於テ従来ノ行懸ニ拘泥シ、之ヲ忌避スルコトアラハ、彼等全部ノ立場ヲ失ハシメ、政府部内ニ於ケル彼等ノ勢力ヲ失墜セシメ、黄郛、袁良等ト同様消極的立場ニ陥ラシムヘク、之カ為将来両国関係ノ収拾ニ乗出ス者ナキニ至ル危険アルヘシ。

特徴は、華北における蔣介石の主導権を認め、蔣介石との間で日中関係の調整を図る必要とその可能性について提起した点にある。その際、いわゆる親日派の影響力も重視された。とはいえ、この時点でも有吉の見解は本国側に採用されなかった。

十二月三日、陸軍中央は外務省側との協議を経て、関東軍、支那駐屯軍の他、済南、上海、南京武官宛に、「何応欽等南京要人ヲシテ北支時局ヲ処理セシムルコトハ極力之ヲ排撃スルヲ要シ、日本官憲ハ此等要人トノ会見ヲ避クルハ勿論、現北支軍政権ヲシテ右同様ノ態度ヲ採ラシム」[129]と訓令した。しかし、何応欽は三日に北平に到着し、宋哲元、秦徳純らと会見した。その後、五日、北平上空に日本軍機が威嚇飛行し、さらに宋哲元は郊外の西山に引き籠もり、何応欽との面会を回避してしまう。[130]しかしこの間、有吉は雨宮巽武官より、「工作ハ到底成功ノ見込ナク、北支軍側ニテハ其ノ面子ヲ保ツ様如何ニ収拾スヘキヤニ困リ居」るとの情報に接し、支那駐屯軍や関東軍の「内部ニモ意見ノ相違アルニアラスヤト推セラルル節アリ」との感触を得ていた。[131]結局、陳儀や殷同が多田支那駐屯軍司令官や土肥原と個別に折衝し、同時に何応欽が宋哲元の腹心である秦徳純や蕭振瀛と協議した結果、六日に至り、冀察政務整理委員会を設置することで概ね合意が成立した。九日、北平では「一二・九運動」[132]と称される学生の抗議活動が行われたが、同日、陸軍中央より発せられた訓令は、「各出先機関ノ協力ニ依リ宋哲元ヲ中心トスル自治政権ノ樹立ト之ニ対スル南京政府ノ承認トヲ見ントシ」ていることを「同慶ノ至リナリ」とし、次のように述べていた。[133]

尚北支ニ新設セラルル委員会ハ之ヲ行政院外ニ置クヤ或ハ行政院ノ隷属下ニ置クヘキヤニ関シテハ、前者ヲ希望スルコト固ヨリナルモ、徒ニ難キヲ要望シテ折角軌道ニ乗リ来レル現勢ヲ破綻ニ導カサルヲ要シ、漸ヲ追ウテ所期ノ目的ヲ完成スルコトニ着意シ、現地ノ実情ニ即応スル如ク適宜処置セラルルヲ可トス。

「北支自治問題ヲ南京政府ト交渉シ之ヲ解決スヘキモノニアラス」とした十一月二十六日の訓令から一転し、陸軍中央は、南京政府が譲歩を重ねながら主導して成立させた冀察政務委員会を、事態収拾という観点から評価した。陸軍中央が事態収拾への見通しを得たことで、十二月十八日に発足した冀察政務委員会に対する評価は、それぞれの立場で全く異なるものとなった。土肥原少将は奉天に引上げた後、「謀略は千に一つ当ればいい。天津を去るとき俺を見送るものは一人もなかった」[134]と述懐したという。対して岡村寧次は、十日の時点で「北支の冀察政務委員会成立す。一段落して一安心せり」[135]と日記に記していた。他方、磯谷廉介は二十日に、「北支自治運動の結果は相当我々の期待するところから外れた。斯くの如き状態では北支の安定どころか、更に第二第三の北支運動が続発するものと危惧される。[…]日支関係の根本的打開策は三民主義そのものの排撃であり全支に亘る国民党治の排除にある。以上の見地から北支那に無党的政権を確立することは日支両国関係是正の第一歩を踏出すものと確信する」[136]との声明を発した。戸部良一によれば、北支自治に関する磯谷の見解は、華北における緩衝地帯の設置というより、華北や西南といった地方で抗日の放棄を実現し、その実績で南京政府の政策の転換、すなわち「根本是正」を促そうとするものであった。(137)磯谷の発想は、一部多田の見解とも通ずるが、磯谷は逆に土肥原工作を全面的に支持する方向に動いたわけである。土肥原は謀略への思い入れが強すぎたのに対し、磯谷の場合は、軍閥を操縦することにも、あるいは華北の治安を暫定的に回復することにも重点を置かず、南京政府に警告を発し、威嚇することを優先していた。岡村は事態の収拾を歓迎したが、磯谷にとって冀察政務委員会は、蔣介石の主導の下、日本側の工作に対抗する形で実現したものであったため、反発せざるを得なかったのである。

以上のような、陸軍中央と支那駐屯軍、関東軍、そして外務省の関係は、昭和十一年以降へと引き継がれていく。昭和十一（一九三六）年一月、当時天津にあった久保田久晴海軍大佐は、酒井の後任となった永見俊徳支那駐屯軍参謀長を訪問し、永見が多田司令官の承認を得て中央に提示したという「北支時局指導要領」なる文書を閲覧している。その概要は、久保田によれば、以下のようなものであった。(138)

要するに中央の意志を体し、自重静観と共に冀東冀察両政権に対し合理的の指導を与へ、所謂自治の本体を自然に自覚せしむると共に、人民福利増進の産業経済開発に導くに在り。軍閥□慾に終らしめず、人民の福利に重点を置く、又部外策謀家の不軌なる行動を厳重に排撃し、且つ自治精神の五省へ拡大化等に対しては急ぐことなく自然の動向推移に俟ち、無理をなさず、経済産業工作は各種専門家を網羅する顧問網の慎重なる調査に俟つ等、極めて合理的穏健妥当と思惟せらるるものなり。

さらに久保田は、「右の次第なるを以て従来の如く兎角に其立場立場により個々勝手なる工作に出づるの弊は漸次改善され行くものと認む。尚土肥原、茂川（元の大迫機関）両機関も天津軍司令官統制下に一元的に動くこととなり、司令官に於て之を区署《処》することとなるに至るべき旨、永見参謀長は漏し居れり」と述べている。土肥原工作の挫折とそれに対応した多田軍司令官や永見参謀長の意向によって、華北の治安攪乱を目的とした謀略は収拾し、現地では現状維持の気運が高まった。これを受けて陸軍中央や外務省も、一月十三日に「北支処理要綱」を策定して、現状を追認しながら事態の鎮静化を目指し、八月十一日には、華北の「支那領土権ヲ否認シ、又ハ南京政権ヨリ離脱セル独立国家ヲ育成シ、或ハ満州国ノ延長ヲ具現スルヲ以テ帝国ノ目的タルガ如ク解セラルル行動ハ厳ニ之ヲ避クルヲ要ス」とした「第二次北支処理要綱」を決定した。(139)しかし、その一方で昭和十一年二月、有吉明は駐華大使を辞任した。これにより、現地主導型の対中交渉は、広田三原則策定以来の流れの上に終焉を迎えた。梅津‐何応欽協定の締結から華北自治工作の展開を経た日本外交は、板垣や土肥原らの華北工作と有吉外交という対極的な現地主導型の外交様式を共に撤回し、中央主導の傾向を強める形で新たな対中関係を模索することになる。

しかし、二・二六事件の勃発後、陸軍は北一輝を事件の首謀者として処刑し、それまでの陰謀まみれの派閥対立、特に青年将校

表 20 昭和 10 年末～11 年の中国における日本人殺傷事件

年月日	事件名	場所	概　要
昭和 10 年 11 月 9 日	中山水兵射殺事件	上海	中山秀雄上海特別陸戦隊一等水兵射殺
昭和 11 年 1 月 21 日	領事館巡査射殺事件	仙頭	角田仙頭領事館巡査射殺
昭和 11 年 7 月 10 日	萱生射殺事件	上海	萱生鉱作が狙撃され、後に死亡
昭和 11 年 8 月 20 日	湘南旅館爆弾事件	長沙	邦人経営の湘南旅館に爆弾投擲、邦人 1 名軽傷
昭和 11 年 8 月 21 日	森川加害事件	北平	森川太郎（朝鮮人）が第 29 軍兵士に殴打され、重傷
昭和 11 年 8 月 24 日	成都事件	成都	大阪毎日新聞記者渡辺洸三郎、深川経二満鉄上海事務所員が暴徒により惨殺、他 2 名負傷
昭和 11 年 9 月 3 日	北海事件	北海	中野順三（雑貨商）殺害
昭和 11 年 9 月 17 日	讙志洋行爆弾事件	仙頭	邦人経営飲食店讙志洋行に爆弾投擲（不発）
昭和 11 年 9 月 19 日	漢口事件	漢口	吉岡総領事館巡査射殺
昭和 11 年 9 月 23 日	田港水兵射殺事件	上海	田港朝光・出雲搭乗一等水兵射殺、他 2 名重傷
昭和 11 年 9 月 27 日	湘潭日清汽船会社放火事件	長沙	湘潭日清汽船会社事務所および倉庫に放火（大事に至らず）
昭和 11 年 11 月 11 日	笠置丸船員射殺事件	上海	高瀬安次郎（笠置丸船員）射殺

『外務省執務報告』〈東亜局〉第 1 巻、48, 63, 66～67, 543～555, 613～618 頁。

に対する卑劣な弾圧が二・二六事件を引き起こしたという現実を直視しようとしなかった。北の処刑は、大逆事件以来の冤罪、捏造事件であり、これは、青年将校に対する統制派陸軍上層部の偏見の強さと、事件が陸軍外勢力の計画、煽動によって引き起こされたものでなければならないという、陸軍上層部の責任回避の論理によるものであった。しかも事件後、陸相に寺内寿一が就任し、陸軍内で旧長州閥が復活した。とはいえ、旧長州閥に陸軍をまとめる指導力はなかった。昭和十年秋以降、日中関係は表20に示したように、日本人を対象とした殺傷事件が多発する危機的状態となる。殺傷の対象は日本人にとどまらず、一九三五年十一月一日の汪兆銘外交部長の狙撃事件に続き、汪の下で外交部次長を務めていた唐有壬も、次長退任直後の同年十二月二十五日に射殺された。しかもその一方で、関東軍による独断行動は鎮静化しなかった。特に昭和十一年十一月の綏遠事件は、それまでむしろ、国民政府に対抗する力を有しないと判断されていた蒙古軍を利用した策動であり、それだけ、手段を選ばず、事態を紛糾させようとする意図が露骨になっていた。

昭和十一年中の日中戦争は回避されたが、翌年七月の盧溝橋事件や八月の大山大尉事件を経て、支那事変が勃発する。その間、昭和十年に華北分離工作を実行し、日中関係を劇的に悪化させながら、蔣介石に謀略を阻止された板垣征四郎は、昭和十一年三月に関東軍参謀長に昇進した。板垣は、有吉の後任大使として三月に満州を訪れた有田八郎に対し、次のように語っていた。[140]

軍ハ支那ノ現状ヨリ観察シ、帝国ノ国策タル満州国ノ健全ナル発達ト東洋平和確立ノタメニハ、其対支政策ノ根本観念ヲ是正シテ茲ニ国策トシテ新タナル政策ヲ樹立スヘキ秋ニ到達セルモノト判断シ、曩ニ別冊「対支政策根本観念ノ是正」ナル意見ヲ草シ之ヲ中央ニ具申セリ。其要点ハ、支那大陸ヲ人文及地文上ノ見地ニ基キ相分立セシメ、其分立セル個々ノ地域ト帝国ト直接相結ヒ、帝国ノ国力ニ依リ相分立セル勢力ノ相剋ヲ阻止シ、各地域内ニ於ケル平和ノ維持ト民衆ノ経済的繁栄ヲ図リ、以テ支那ニ於ケル排日ノ根絶ト日満支提携ノ実ヲ挙ケントスルニ在リ。軍ハ、支那ヲシテ常ニ我友邦タラシムルニハ、此政策ヲ遂行スルノ外、他ニ手段ナキモノト確信ス。又、本政策ハ、現ニ帝国カ行ヒツツアル北支及対蒙工作ヲ更ニ積極的ニ進展セシメンカ、概ネ前述ノ成果ヲ収メ得ヘク、尠クモ南京政権ヲシテ我ニ反噬《はんぜい》セシムルコトヲ不可能ナラシムルヲ得ルニ於テ更ニ然リトス。

板垣に一貫した展望や定見などなく、この発言は、自らの失敗や無能を糊塗し、再起を図るための虚勢に過ぎなかった。しかし、その一方で板垣には、相手の地位に応じて儀礼を尽くす、人間関係上の配慮を示すところがあった(141)。おそらく、自らの限界に対する一定の自覚があり、劣等感と処世上の方便からそのように振舞ったのであろう。板垣が度重なる失敗の責任も問われず、機械的ないし年功序列的に昇進していったのも、板垣の如才なさが陸軍内の事なかれ主義に調和した結果であった。しかし、そうした状況は、陸軍の重大な組織的、人事的欠陥を露呈していた。

二・二六事件後に成立した広田弘毅内閣は、高橋是清蔵相の多年度均衡財政の方針を放棄し、野放図な財政膨張を進める一方で、中国で多発する日本人の殺傷事件や綏遠事件の勃発への対応に苦慮し、日中関係改善の糸口を見出せないまま総辞職に至る。次いで昭和十二（一九三七）年初め、宇垣一成が首班指名を受けたが、宇垣は軍への統制強化を懸念する陸軍側の反対で組閣に失敗した。これに代わって首班指名を受けたのが、かつて陸軍派閥対立を助長した林銑十郎であり、陸相に旧宇垣閥の杉山元が就任した。さらに林内閣に次いで近衛文麿内閣が成立した。二・二六事件後、政界においても軍内においても、視野の短期化、狭隘化が進む一方で、血統や門閥の重要性が高まっており、能力の有無が問われないどころか、むしろ責任ある地位に暗黙かつ実質的に無能者が歓迎され、それにより失政の責任はさらに問われなくなった。国民の従順な国策への協力、貢献を背景に、政治家や軍人の無責任ぶりは改善されず、とりわけ支那事変が勃発して以降、そうした傾向は深刻化した。

昭和十二年末から翌年初めにかけ、ドイツが日中間の和平仲介に乗り出し、事変収拾の好機が到来した。二年前、支那駐屯軍司令官として華北自治工作に批判的であった多田駿は、第十一師団長を経て昭和十二年八月より参謀次長に就任しており、事変の早期収拾のため、ドイツの仲介を活かそうとした。しかし、広田弘毅外相を含めた政府側は、近視眼的、短絡的判断に基づき、国民政府との交渉を一方的に打ち切ってしまう(142)。その間、陸相は事変を収拾させるために積極的に行動したわけでなく、さらにその後は、事変遂行のための担当部局の作戦立案を追認するだけの存在となった。こうした陸相の無責任化は、昭和十三年六月の板垣征四郎陸相の登場で頂点に達する。一九三〇年代に深刻化した日本の政界や軍部における自閉的な権力志向と馴れ合い気質の代償は、極めて大きかった。

◇

昭和九（一九三四）年から十年にかけて陸軍統制派は、日本、満州、華北を包摂する広域統制経済圏構想に基づき、それに消極的な皇道派の追い落としを画策した。そのため統制派は、政府や重臣の陸軍統制への要望に付け込み、皇道派と青年将校を過激派とする情報操作を行い、また、捏造事件によって青年将校に対する弾圧を強化した。一方、皇道派の全盛期、関東軍は対中関係を安定化するため、個別の懸案解決や満州と華北の経済交流の促進によって事態の鎮静化を図っていた。しかし、そうした方針の下で活動の場を失った板垣征四郎は、ソ連の軍事的脅威や統制派の広域統制経済圏構想を念頭に置いた華北謀略を構想し、陸軍各方面に働きかけた。これに積極的に呼応したのが南次郎であった。南は宇垣派として、皇道派時代にその権威を失墜させており、中堅将校と皇道派の対立を利用して自らの復活を果たそうとした。そこで南は永田鉄山に接近し、永田もまた、南が有力首相候補の宇垣一成と緊密であったことから南に接近した。昭和九年末、南は関東軍司令官に就任したが、その際、南は板垣を関東軍参謀副長に起用した。これによって関東軍の対中国政策は全面的に転換されると共に、永田も関東軍の独断行動に期待した。満州事変後、皇道派時代の陸軍は、関東軍を中心とする現地の主導の下で中国との交渉を進める方針を取っていたが、そうした現地主導の政策形成、遂行形態が、逆に人事異動に伴って、現地主導の無統制な謀略を可能にする条件を提供した。

昭和十年に展開された華北分離工作は、陸軍全体において、前年より顕著になっていた蔣介石の権力強化や独裁化に対応し、その抗日政策を停止させるための、華北からの国民党の排除を兼ねた威圧的な警告として捉えられ、支持された。これに対し、参謀本部第二部長に就任していた岡村寧次は、事態の拡大を抑えるため、中国側に表面的に強硬姿勢を示す一方で、本国の方針を現地に通知しながら、事件を地方問題として処理しようとした。これに対応して外務省は、満州国の承認問題や排日の停止といった懸案について、今後の中国との交渉で積極的に取り上げていく方針に転じた。つまり、現実に発生した事件を地方問題としてその影響を極小化しながら、政府として強硬姿勢を示すことで、現地の暴走を抑え、現地から中央に主導権を回復しようとしたのである。外務省は、そうした観点から陸軍との調整に臨んだ。しかし、陸軍側の対応は、内部で分裂を抱えるだけに、必ずしも同調的ではなかった。岡村らはむしろ、新任の多田駿支那駐屯軍司令官の主導権の下で、将来的に消滅することが予想される華北軍閥を、満州国と中国国民政府の間の暫定的緩衝勢力として利用し、当面の事態鎮静化を図ろうとしたからである。その点で岡村は、単純に中央による現地統制を強化しようとしたわけでなく、現地の人事交代を活かして緊急事態に対処しようとしていた。

その間、政府は、五・一五事件以来の要人暗殺事件の再発阻止を優先し、現状維持的、事なかれ主義的傾向を強めていた。そうした中で天皇機関説問題が発生し、皇道派が過剰に反応すると、政府は統制派の欺瞞に籠絡され、皇道派に対する弾圧を支持した。政府の対応は、国内の様々な対立を緩和、調整し、あるいは多方面の支持を得られる施策を打ち出すことで国内の統一を回復しようとするものでなく、表面的な協力者に依存して自らの保身と政治の安定を図ろうとするものに過ぎなかった。そうした他人任せの、事なかれ主義的、癒着、馴れ合い的な政治姿勢が、同時期の華北分離工作の暴発と直後の二・二六事件の発生とを引き起こす政府側の要因となった。

昭和十年の華北分離工作に対して陸軍中央は、最悪の事態に備え、華北出兵の可能性も含めた強硬方針を決定する一方で、板垣や土肥原の謀略が蔣介石の対抗措置に敗北し、しかも蔣介石が妥協的措置を講ずると、直ちに方針を転換し、蔣介石の妥協策に便乗して事態収拾を図った。上述のような多田支那駐屯軍司令官の任命は、華北分離工作の発動を阻止できなかったが、岡村も多田も、板垣や土肥原の謀略より蔣介石の妥協案を支持して事態を収拾しており、こうした対応は、昭和十一年以降の陸軍中央における対中国政策の基礎となった。

とはいえ、その一方で陸軍内の無責任な惰性的人事は存続し、陸軍首脳において旧長州閥が復活したばかりか、板垣も責任を問われず、関東軍参謀長に昇進した。それだけ、結果責任より人事をめぐる軋轢の回避が優先されており、こうした門閥偏重と事なかれ主義の傾向は、政界においても顕著であった。こうした政府や陸軍の惰性的かつ無責任な人事配置が、昭和十一年の日中関係の悪化をもたらし、さらに支那事変の勃発に対しても、早期収拾のための決断を下せないまま、その長期化を招く要因となった。

終章　二十世紀前半の英米世界秩序と日本

一　政治と外交

二十世紀前半にイギリスとアメリカが形成した世界秩序は、両国の国内政治とそれに基づく外交政策を背景として成立したが、その基礎となったのは、イギリスおよびアメリカにおける自由主義の伝統と、民主主義の気運に基づく十九世紀後半以降の国内的変化であった。そして当該期の日本も、独自の国内政治を背景とした対外政策を形成し、英米世界秩序とその背景を構成した英米の自由主義、民主主義に対する対応を余儀なくされた。

日露戦争後の日本の国内政治は、桂太郎と政友会の協力、競合によって展開した。政友会が、藩閥政府に参画し、政権の一部を構成することで、議会政党として勢力を拡大しようとしたのに対し、桂は政友会を利用することで、議会運営を安定化し、元老を越える政治力を獲得しようとした。桂はそれを背景に、積極的な大陸経営と国内経済の合理化を進め、さらに条約改正により、欧米との対等な国家関係を確立しようとした。特に第二次桂太郎内閣は、財政再建と産業化推進とを両立させるため、租税体系を産業構造の変化に対応させると共に、公営事業を独立採算化して自立的経営を促すなど、国家の合理化、効率化を進めようとした。また、桂内閣は、国民に対する基礎教育と実業教育を充実させ、さらに国民道徳の涵養と労働者の待遇改善を進めようとした。それによって桂内閣は、産業化に伴う新たな社会階層の形成に対応した、国民それぞれの分業的な責任意識を定着させようとした。桂内閣における国家の合理化、効率化という理念は、国民が産業化の中で専門や分業の一端を担い、あるいは村落共同体の一員として自立しながら各自の責任を果たしていくことで形成される、新たな国民統合を展望していた。

とはいえ、この時期の経済政策は、外債を増大させることで国内流通通貨を膨張させており、それによって国内の経済成長を促進しながらも、金融の対外的信用を低下させかねない事態を引き起こしたばかりか、当面の経済力を超えた開発志向を各方面に産み出した。しかも、元老を中心とする長州閥は、政友会の勢力拡大に反発する一方で、国内の政治対立を緩和する調整機能を低下させた。さらに明治末から大正期にかけ、中国の混乱に伴う欧米列強の勢力拡張に対する懸念が高まると、藩閥の権威の下で対外問題に自制的に対応していた第二次西園寺内閣への反発が生じた。それは、欧米列強との対等な地位を目指す、特に陸軍内の反長州閥や後継世代において顕著であり、その結果、中国における独断的行動まで発生した。その一方で、藩閥政府末期の寺内正毅内閣は、自らの限られた党派的影響力によって日本の国力を越えた中国への融資を行おうとした。さらにシベリア出兵に際しても、陸軍や外務省といった実務担当部局が国際情勢の激変に積極的に対応しようとしたのに対し、藩閥を継承しつつあった政友会とその周辺の官僚は自制的で、しかも元老や寺内などの長州閥は、当初の自制的な姿勢から、次第に出兵を容認するようになった。

このように、明治末から大正前半期の日本は、藩閥政治の影響力が次第に低下する中、日本の国際的地位の向上を目指す動きと連動する形で、様々な政治的、経済的、そして外交政策上の混乱を、藩閥と非藩閥の双方に引き起こした。ただし、総じて明治末期から大正期にかけての日本の政治状況は、全体秩序の維持を優先する価値観に基づき、藩閥の権威の下で統制が維持されていたため、同時期のイギリスやアメリカに比べ、安定していた。また、外交分野においても、日英同盟を重視し、それを日露協商で補うことで大陸権益や自らの安全保障を確立し、さらに欧米各国や清朝との条約ないし協定締結を進めることで、欧米列強中心の世界秩序に順応しながら自らの国際的地位を堅実に向上させようとしていた。そうした合間に発生した外交的混乱は、自制的な日本外交に対する反発として、上記のように日本のさらなる国際的地位の上昇を目指す立場によって引き起こされたが、同時にその多くは、所期の成果を挙げられないまま収束した。

他方、二十世紀初頭のイギリスでは、社会や経済に対する国家の介入に消極的な十九世紀的自由主義の価値観が変容し、軍事費を中心に財政膨張が進む中、労働者の生活や待遇を改善するための社会政策の導入とその財源をめぐり、統一党（保守党）内に分裂が生じ、あるいは統一党と自由党が激しく対立した。しかし、その一方で統一党政権によって、外交、軍事上の負担を軽減するために日英同盟、次いでフランスとの協商が締結され、さらに日露戦後、政権を奪取した自由党政権の下、エドワード・グレイ外相によってロシアとの協商が締結された。しかもグレイ外相は、同盟、協商関係の中でイギリスが過大な義務を負うことなく、多様な地域の実情に応じた多様な合意、それも各地域の主権尊重を中核とする多元的な合意を各国と作り上げ、それによって、イギリスの安全保障を補う緩衝的地域を各地に設定した。イギリスにおける自由主義の伝統は、二十世紀初頭における独自の外交、すなわち、中小国の主権尊重という大国間の合意を成立させ、各国各地域の自立、独立を制限的ながらも尊重し、さらにイギリスが各国間の対立を調整することで国際秩序の安定化を図っていく、独自の外交を成立させた。

グレイ外交は、第一次世界大戦の勃発を防げなかった。しかし、国家主権の尊重という国際原則を多国間の合意を通じて作り上げていったその手法は、国際連盟創設の理念や、一九二〇年代のイギリス外交に継承されていった。その間、イギリスの政治情勢は、一九一〇年の二度の総選挙における自由党の勝利、大戦中の連立政権を経た後の保守党による政権奪回、一九二二年から一九二四年にかけての三年連続の総選挙による短期間の政権交代など、総じて安定を欠いていた。しかし、そうした中でもイギリス外交は、統一党から自由党、そして保守党へと発展的に継承され、同時期の日本や特にアメリカに比べ、安定、一貫していた。

これに対し、二十世紀初頭のアメリカでは、国内における独占企業の台頭、経済的影響の拡大と、対外的なヨーロッパ帝国主義に対する反発から、アメリカの自由や民主主義を守るための政治や行政の役割に対する期待が高まっていた。そうした政府に対する期待は、国家や社会、経済の合理化、効率化を目指す革新主義の気運をもたらしたが、その一方で、それをどのように具体化するかをめぐり、様々な分裂や対立が生じた。連邦政府の権限拡大は、州の権限や連邦議会の権限と競合し、個人の権利保護を優先するアメリカの自由主義や民主主義に抵触する可能性があった。また、外交政策をめぐっても、ヨーロッパの帝国主義に反発し、対外的関与そのものを拒否する国内的気運と、海外における通商機会を自らの権利として拡張しようとする動きとの対立が生じた。

こうした中、セオドア・ローズヴェルトは、革新的政策を掲げながら議会の制約を回避するため、非公式の政治力を駆使して国内の諸問題に対処し、国内の対立や共和党の分裂を阻止すると共に、外交においても同様の政治手法を発揮し、アメリカの国際的威信を高めた。ローズヴェルトの外交は、アメリカの主権に関する事案について非妥協的であったが、政治的調整を主としていたため、同時期のイギリス外交と親和的で、日本との関係も比較的安定した。ところが、政権を引き継いだウィリアム・タフトは、革新的政策を行政、立法、司法各機関のそれぞれの措置によって遂行しようとしたため、かえって議会内、特に共和党内の利害や理念の対立を顕在化させ、さらに政府と議会の対立を深刻化させた。また、外交政策においてもタフト政権は、国務省主導の下、海外におけるアメリカの通商機会や権利を拡大しようとしながら、議会から多大な制約を受けた。そのためタフト政権は、共和党の分裂を引き起こし、外交面でも成果を挙げられず、さらに政権を民主党に渡す結果となった。続く民主党のウッドロー・ウィルソン大統領は、規範と公共意識を共有する人々の自主性を重んじたため、連邦政府による社会や経済への介入に否定的で、ローズヴェルトのように非公式の政治力を行使して政治的合意や妥協を作り上げるようなこともしなかった。ウィルソンはむしろ、担当閣僚や専門官僚が作成し、世論が支持した革新的政策を採用する決断によって、社会や経済に対する介入姿勢を強めていった。しかも、国内で労使紛争が激化し、対外的にメキシコで内戦が発生し、さらに第一次世界大戦が勃発するという情勢の中、ウィルソンは、社会における過剰な実力行使的な権力行使を抑制するため、連邦政府としてより積極的に行動するようになっていった。

以上のように、明治期の日本は、君主制に基づく身分制的な階層秩序を維持しながら社会問題や経済問題に対処し、欧米優位の国際秩序に順応しようとした。対してイギリスは、社会や経済に対する国家権力の介入を抑制する自由主義の伝統に基づき、政府の権限拡大をめぐって国内的対立を深めながら、国際的には、大国間の同盟関係や協商関係の中で小国の主権尊重という原則を確立し、世界的秩序の安定化を図った。他方、アメリカは、個人や企業、地域など、相互に競合する諸権利や諸利害を保護するための権限や政策をめぐって議会と大統領が対立する一方で、対外政策をめぐっても、海外に対する権利主張と反帝国主義感情、国際的責任を負うことへの忌避感などが交錯し、議会と大統領が対立した。そうした中でアメリカは、セオドア・ローズヴェルト期の、大統領の非公式な政治力の行使による全体統合の実現から、タフト期の政治的混乱を経て、理念や普遍的原則を掲げることでアメリカの統合を回復していくウィルソン期へと移行した。

総じて日本は、イギリスやアメリカ流の自由主義の伝統を持たず、個人や地域の自立、権利保護より、全体的な内外秩序への国民的順応を優先した。他方、イギリスとアメリカは、個人や地域の自立、権利尊重という伝統を基礎としながら、イギリスが世界的な影響力や利害の広がりを背景に、個別各国との合意形成を重視したのに対し、アメリカは、自らの権利や裁量の余地を保持し、何より国内的制約のため、イギリスや日本との双務的な合意の形成に消極的であった。そのため、日本とイギリスの外交は、個別問題をめぐって概ね調和的であったが、アメリカへの対応をめぐり、日本とイギリスは共に苦慮した。ただし、イギリスの場合は、アメリカとの間でも個別調整に概ね成功していた。すなわち、アメリカとの関係に影響を及ぼす日英同盟上の義務を解除する一方で、カナダとアメリカとの自由貿易協定についてはこれを支持した。また、主権国家の尊重という原則を重視する点でも、イギリスとアメリカの外交政策は調和しており、それは、両国が協力して国際連盟を創設する原動力となった。ところが、これに対して日本の場合は、日露戦後より対米関係に恒常的に不安を抱え続けており、韓国併合についてアメリカの反発はなかったが、他方でカリフォルニア州における日本人排斥や満州における権利要求にさらされ、ウィルソン政権期には、外交的不信感を再三にわたって表明された。

さらにアメリカにおける外交政策の全般的変化も、日米関係に影響を及ぼした。第一次世界大戦の勃発前後より、アメリカは自国民の権利保護のため、メキシコへの出兵を繰り返していた。それを通じてアメリカは、軍事独裁政権に容認的な従来の不干渉政策を転換し、紛争地域の自発的な民主化を支援することで、逆に自らと帝国主義的な介入とを区別しようとするようになった。そうしたアメリカの変化は、自国の利益でなく、普遍的な権利の保護を掲げて第一次世界大戦にアメリカが参戦する背景となる一方で、シベリア出兵においては、ロシアの民主化支援にとって障害と捉えられた日本を排除しようとする要因となった。アメリカは、対外的な軍事行動を拡大する中で自らと帝国主義とを区別するため、日本に対する批判姿勢を強めた。しかし、日本側は、こうしたアメリカの論理や価値観を理解しないまま、アメリカの対日不信を払拭しようとし続け、成果を挙げられなかった。

イギリスやアメリカは、国家権力に対し、個人の権利保護を優先する自由主義の伝統を保持してきた。しかし、十九世紀後半から二十世紀初頭にかけ、民主主義の進展や産業化による経済格差の発生、そしてそれらに伴う社会政策の必要性、あるいは国際的競争の激化とそれに対応する軍備増強の必要などに直面し、イギリスやアメリカは、社会や経済に対する国家の調整機能をむしろ拡大することで、自由主義の伝統を維持しようとした。二十世紀前半の英米世界秩序とは、こうしたイギリスとアメリカによる、抑制さるべきでありながら拡大する国家権力を通じ、そのさらなる拡大を抑えるためになされた、世界各地にわたる大国を中心とした利害調整と、それを包摂する個人の権利保護や民族自決、国家主権の尊重といった超国家的な国際原則の設定、そしてそれらによって保護される、欧米優位の階層的な諸国、諸国民の様々な権利体系の、累積的な総体であった。明治期から大正期にかけての日本は、そうした全体秩序への順応を目指したが、新興国として欧米と対等の国家権利を回復しようとした時代の日本外交は、イギリス帝国やアメリカへの移民問題で様々な限界に直面したものの、国家関係の調整においては順調に成果を挙げた。しかし、日本が大国化し、その国家権力が抑制さるべき存在になり始めると、英米世界秩序との不調和が顕在化するようになった。

第一次世界大戦後のイギリスは、ロイド・ジョージ内閣の下で、相対的な国力の低下と内外にわたる帝国主義批判に対し、アメリカを中心とする列強間の協調を実現しながら、国際秩序の安定化に主導権を発揮し、また、帝国の統治を植民地の自立促進に活かし、さらにドミニオンの自立傾向を承認することで応えようとした。中でも国際連盟は、経済的に自立可能な主権国家の創設と少数民族の保護という理念の下に設立されており、イギリス帝国の再編理念とも連動していた。こうした政策は、保守党にも引き継がれた。一九二〇年代の保守党政権は、国内において地方行政の合理化と一体化した社会政策に取り組み、帝国においてイギリス本国とドミニオンの対等の地位を承認すると共に、インドにおける漸進的な地方自治の拡大を承認し、他の帝国統治においても間接統治の理念を発達させた。そして外交においても、戦争債務問題の解決やロカルノ条約の締結などを通じて大国間の協調を進め、また、それによって国際連盟の活動領域を広める一方で、小国に対して国際連盟を通じて影響力を行使しようとした。こうした、内外の分権化と相互調整を基本とする保守党の政策体系は、一九三〇年代の帝国、外交政策へと発展的に継承されていった。

世界恐慌の発生直前、イギリスでは労働党政権が成立した。労働党政権は、財政均衡と自由貿易という内外両面における自由主義経済政策を維持しながら、アメリカとの協調による軍縮や、帝国の統合強化による輸出拡大および移民の促進を図った。しかし、労働党政権は、失業問題の解決にも、金本位制の維持にも成功しなかった。これに対し、自由党は自由貿易の維持と積極的財政支出による雇用創出を、保守党は均衡財政の維持と関税の導入による国内産業の再編を目指した。このように、世界恐慌発生後のイギリスでは、経済政策における自由主義の原則をどのように維持し、修正するかをめぐって国内的対立が発生した。最終的に、金融危機をきっかけとして労働党政権は崩壊し、三党の連立政権が成立する。とはいえ、労働党と自由党は党内に分裂をかかえており、そこで保守党が労働党と自由党の分裂を利用して主導権を確立し、一九三〇年代の財政、社会政策、再軍備計画、外交政策の再編に当たることとなった。

一九三〇年代のイギリスは、戦争債務や国際的な金融、経済対策などでアメリカとの合意形成に失敗する中、日本とドイツの脅威に対処しなければならなかった。そこでイギリスは、スターリング圏や帝国特恵を成立させながら、財政出動や軍事費を抑えて均衡財政を維持し、民間主導の景気回復を目指した。内外経済政策における自由主義の原則を維持しようとした労働党と、国際自由貿易を維持しながら積極財政を展開しようとした自由党が、共に党内に分裂を抱えたばかりか、一九三一年の総選挙において敗れ、保守党が勝利したことは、世界恐慌に際してのイギリスが、財政出動による政府権力の拡大を回避し、ポンドの価値を維持することによって、自らの国際経済上の地位と、イギリス本国および帝国を包摂する広域圏内における自由貿易とを優先的に保持しようとしたことを意味した。と同時にイギリスは、ドイツとの国際的な経済協定を成立させると共に、ドイツを含めた多国間の政治的合意を目指すことで、自国の安全保障を再構築しようとした。その過程でイギリスは、自らが過大な負担を負わないよう、イタリアとエチオピアの紛争に対する対応をめぐってフランスや国際連盟と方針の不一致を引き起こしたりもした。しかし、イギリスの政治、経済、外交政策は、ネヴィル・チェンバレンの下、内外の自由主義経済秩序の維持と社会政策の充実のため、体系的に統合されながら展開された。

他方、第一次世界大戦後のアメリカは、国内において連邦政府の支出や大統領の積極的行動を抑え、大企業中心の経済発展を実現した。そして対外的に、アメリカの主権を制約しかねない超国家的機構たる国際連盟への参加を見送る一方で、ワシントン会議において大国間の合意を通じて軍縮を実現しながら、イギリスと同等の海軍力保有の権利を確保した。また、戦争債務問題や関税政策などでも、自国の権利を優先しながら、民間主導のヨーロッパへの投資を促そうとし、さらにラテンアメリカ地域に対する外交においても、ウィルソン政権期の理念を発展的に継承し、民主化の促進や国際司法手続きの推進により、武力干渉を自制しようとした。一九二〇年代のアメリカは、自らの権利を優先すると共に、それを一般化した国家主権尊重の原則や民主主義の国際的共有を促進することで、アメリカの外交的負担を軽減しつつ、しかも他国に対する間接的影響力を行使し、同時に国際秩序の全体的安定化を図ろうとした。こうした外交政策は、「秩序ある自由」を理想としたフーヴァー政権を経て、一九三〇年代のフランクリン・ローズヴェルトの政策へと引き継がれる。

フランクリン・ローズヴェルトは、国益を最大限に追求し、また、国内の多元的利害に配慮して分裂的ないし拡散的な経済政策を展開したため、他国との合意形成に否定的で、しかも孤立主義的な国内の気運と、アメリカの協力を必要とする外国側への配慮から、帝国主義批判を展開しながら同時に将来的な各国との協調実現の可能性を世界に印象付けようとした。このように、理想や原則を重視する外交姿勢を明示しながら、自らの権利を優先した点で、一九三〇年代のアメリカ外交は従来の外交的特徴を引き継いでいた。そしてイタリアによるエチオピア進攻に対し、ローズヴェルトは議会への対応とは別個に、侵略国や非民主主義勢力の利益につながらない国民の自主的な行動を、国民世論に呼びかけた。そうしたローズヴェルトの行動は、スペイン内戦に対するアメリカ政府としての不干渉政策と、一部国民による義勇兵としての内戦参加という現象を引き起こすことにもなった。

以上のイギリスやアメリカに対し、第一次世界大戦以降の日本では、大戦末期に原敬・政友会内閣が成立し、その後、一時的な政党内閣の中断を経て、一九二四年以降、政党間で政権交代を行う政党内閣の時代を迎えた。原内閣は、最初の本格的政党内閣であったが、政党間の政権交代や選挙を通じた政権交代を想定していなかった。しかし、世界的な民主化の趨勢と、日本が国際連盟の常任理事国に就任し、あるいはワシントン会議に海軍大国として参加するなど、その国際的地位を上昇させたことに対応し、日本では元老の下、大国に相応しく、国民の理解を得られる政権選択の方式として、政党間の政権交代が行われるようになった。日本の議会は、天皇の権威の下、その立法権を国民の代表によって代行する機関として出発したが、同様に一九二〇年代の政党内閣も、藩閥政府の遺制たる元老の権威の下で、その統治行為を政党が代行するという、日本独自の民主化への対応として実現した。それを可能にしたのは、君主の下で安定性を保持した政治秩序と、明治憲法を内外の民主化の趨勢に合わせて柔軟に運用しようとした元老の判断、そしてイギリス議会政治の国際的権威とそれに準ずる議会政治の発展を求めた国民および政治家の気運であった。

さらに一九二四年に成立した加藤高明内閣は、普通選挙法を成立させ、国民の権利を拡大することでその責任意識の形成を促し、民主化の世界的趨勢に対応できる新たな国民統合を目指した。そうした政策志向は、財政、金融、産業、社会政策にも反映された。第一次世界大戦後、ヨーロッパ諸国が通貨の安定、貿易促進のため、健全財政と金本位制への復帰を進める中、日本は貿易収支の悪化と関東大震災に直面し、外債への依存を再び強めざるを得なかった。そこで一定の行財政整理を行い、円の国際的信用を高める長期的な円高政策への展望の下で、企業の税負担を軽減すると共に、同種企業間の協力を促し、また、小作農の自立支援、労働組合の承認などによる農民、労働者の権利保護を進め、さらに彼ら自身による互助的な福利活動を促すことで、企業の競争力強化と国民の生活保障、そしてそれらに裏付けられた民間主導の経済、国力の発展を実現しようとした。さらに同時に、短期的な米価の変動や失業の発生、金融不安に対する緊急的対応を行い、社会や経済に対する政府の介入を拡大することで、長短両期にわたる経済と社会の不安定要因を緩和し、経済成長の全体的安定化を図ろうとした。これらの政策は、明治期における単線的な産業育成政策から、合理的かつ安定的な経済成長を実現するための複合的な行政措置への移行という、政策史上の画期をも意味した。

こうした一九二〇年代の政治情勢や政策体系は、当該期の日本外交、すなわち、大国意識に基づき、欧米諸国との経済的競争を意識しながら、後進中国に対してその国家的権利を認め、漸進的に条約改定を進めることでその国際的な法規範意識を構築し、日中関係の安定化を図ろうとした幣原外交と連動する一方で、浜口雄幸・民政党内閣の恐慌対策にも引き継がれた。ただし、浜口内閣は、民主化の時代に対応した、国民個々の国家に対する貢献を訴えたものの、国民における多様な政治意識の昂揚を背景とした浜口狙撃事件を引き起こし、内閣は総辞職に追い込まれる。さらにその後の満州事変と五・一五事件の勃発により、政党内閣も中断してしまう。これは主として、後継首相選択の権限を持った重臣が、自らが暗殺の対象になることを恐れ、政党内閣の継続を自制したためであった。それは、日本の政党内閣が、元老制度の下、明治憲法を民主化の気運に応じて運用した結果、成立したことの逆説的な帰結であった。

近代日本の国民は、総じて既存の権威に順応的で、それだけイギリスやアメリカに比べ、行政に対する制約は緩やかであった。そうした日本の状況は、十九世紀末から一九二〇年代にかけて様々な国内対立や政治的混乱に直面したイギリスやアメリカと対照的に、日本の政治を相対的に安定化させ、短期間で憲政の定着から政党内閣の成立までも実現した。しかし、そうした集権的な日本の状況は、一九二〇年代における民主化の進展や国民意識の多様化と、一九二〇年代末から一九三〇年代初めの経済および外交の危機に直面する中、政府や政治家の保身傾向や消極姿勢、そして一部軍人の独善的権力志向を助長する結果となった。イギリスやアメリカの場合、恒常的な政治対立の中で常に中心となる政治家の主導権が要請されており、それが危機の時代への対応に活かされた。これに対し、日本の場合は、行政優位の安定的政治状況が、危機に際して逆に政府の現状維持と保身傾向を強め、全体として政府の責任意識を低下させた。満州事変および五・一五事件の後、日本の政界は主導権を回復することなく、事なかれ主義的な行動に終始し、国内政治と対外政策の混乱を招いてしまう。

二　移民、通商政策と経済圏の形成

二十世紀前半、人間と商品の国際移動を規定する移民政策と関税政策をめぐり、イギリス、アメリカ、日本は、それぞれの内外政策の体系に対応する対照的な政策を展開し、それはまた、一九三〇年代に形成された各国における勢力圏の性格も規定した。

まずイギリスは、十九世紀以来、多くの海外移民を長期的に送出し、自治領（ドミニオン）を形成すると共に、アメリカの移民制限に伴ってドミニオンへの移出傾向を強めた。しかし、イギリス本国が国内における民主化の気運を背景に、ドミニオンの自治権を承認し、その権利を拡大していった帝国全体の民主化の過程で、ドミニオン諸国はアジア人移民を規制するようになった。次いで一九二〇年代になると、イギリス本国は、ドミニオンに本国との対等の地位を認めると共に、国内の失業問題と、アメリカの移民制限強化に対応するため、ドミニオンに対する一層の移民促進を図った。しかし、イギリス本国とドミニオン、移民、それぞれの意向が一致せず、所期の成果を挙げられなかった。

他方、関税政策をめぐり、イギリス本国は一九三〇年代に入るまで、自由貿易主義を堅持した。その間、二十世紀初頭と第一次世界大戦後の一時期、保守党（統一党）は、産業保護、社会政策の財源確保、そして帝国の統合のために保護関税ないし帝国特恵を導入しようとしたが、いずれも国民的支持を得られなかった。それどころか、第一次世界大戦の直前期、自由党政権は、カナダとアメリカの自由貿易協定を支持した。カナダが地理的に近接するアメリカとの貿易関係を強化すれば、イギリス本国の経済的、軍事的負担が軽減されると判断されたからである。ただし、その時点で逆にカナダ側が、総選挙の結果を反映し、アメリカとの自由貿易協定を回避した。その後、一九二〇年代末の世界恐慌の発生と保守党優位の連立政権の成立を受け、一九三二年のオタワ会議で帝国特恵が導入された。しかし、これはイギリス本国にとって、保護関税というより、生産調整による農産物価格の維持や国内産業の合理化促進と一体化した、ドミニオンに対する自由貿易市場の保障機構として機能した。しかもイギリスは、イギリス帝国構成諸国のみならず、第三国とも貿易交渉を進めることで、自由貿易圏の拡大を図る余地を残していた。同様に、一九三一年のイギリスの金本位制離脱によって形成されたスターリング圏も、イギリス通貨の信用に基づく、イギリス中心の自由貿易圏として成立した。その際、イギリス本国は、イギリスと利益を共有する各国の自主的な参加を期待しており、それだけ、イギリスにおける自由貿易主義の伝統は強固であった。

イギリスの移民と関税政策は、ドミニオンや緊密な関係国を媒介とする、イギリス中心の世界的な人的、物的交流の促進を目指すものとなっていた。すなわち、イギリスは海外に多数の移民を送り、また、国際自由貿易の安定化に資する基軸通貨と資金を国際市場に提供することによって、自治領としてのドミニオンを形成すると共に、ドミニオンを越えた広がりを持つ自由貿易世界を維持しようとした。そうした中、アメリカで移民制限や高関税政策が導入されると、イギリスは、帝国に人間と商品の自由な国際移動を保障する機能を代替させ、また、イギリスと利害を共有する各国、各地域の自主的判断を尊重することで、イギリス自身は過大な負担を負うことなく、自由主義国際経済を維持する基軸的役割を果たし続けようとした。ただし、そうした、帝国を媒介とし、各国や各地域の自主性を尊重する方針が、ドミニオンにおけるアジア移民の排斥運動を容認し、また、世界恐慌に対して帝国特恵やスターリング圏といった勢力圏を形成することにもなった。イギリスは、独自の自由貿易世界を維持するため、帝国を中心とする制限世界を形成したが、それはアメリカや日本に対して、排他的勢力圏の拡大という印象を与える結果となった。

一方、アメリカは十九世紀末より、高関税政策を採用すると共に、多数の移民を、制限を強化しながら受け入れていた。しかも移民制限は、アジア移民に対してより厳しかった。また、共和党主流派の採用した高率関税は、大企業に対する保護措置であると共に、資産価値を保持する点で富裕者に有利な金本位制と一体化していた。その点でアメリカの通貨政策と関税政策は、イギリスの低関税、自由貿易政策がスターリングの国際的信用を維持する金本位制と一体化していたのと対照的であった。とはいえ、イギリスにおいて保護貿易を求める動きが存在したように、アメリカにおいても、保護関税の撤廃を求める動きが存在した。それは特に、十九世紀末以来の独占企業の成長をアメリカ自由主義に対する脅威と捉える、革新主義によって主張されていた。また、民主党も、通貨膨張および富裕者に対する課税と一体化した関税の引き下げを主張していた。とはいえ、民主党の通貨膨張政策は国民的支持を得られず、他方で革新主義の内部でも、利害の対立、とりわけ農業保護をめぐる対立が存在した。第一次世界大戦の直前、共和党の分裂によってウィルソン民主党政権が誕生し、所得税の導入と関税の引き下げが一時的に実現した。しかし、まもなく第一次世界大戦が勃発し、さらに戦後の国際連盟の参加問題をめぐって共和党は統一を回復し、政権を奪還した。そのため、一九二〇年代のアメリカは再び保護貿易主義に回帰した。しかも、第一次世界大戦後、アメリカの移民制限は飛躍的に強化され、その過程で日本の反発を招いた。

二十世紀初頭のアメリカは、個人の権利を保障し、権力の集中や権力による支配を否定する伝統的な自由主義の価値観に基づき、ヨーロッパ帝国主義に反発しながら、自らの世界的活動に対する権利を主張した。そのため、移民政策においても、関税政策においても、対外的通商活動においても、アメリカの権利保護が優先された。しかもそれは、大統領を制約する議会の動向や州の主権によって強まると同時に、混迷した。満州に対する門戸開放要求は、日本に対する強い原則となる一方で、アメリカ側に統一意思や経済的裏付けはなかった。また、カリフォルニア州における日本人の土地関連権利の制限は、州の権限に基づく独自の措置として導入されており、連邦政府ないし大統領にとって、州側の自制を促す以外に、それを阻止する方法はなかった。イギリスが、ドミニオンの独立的地位を承認していく過程でドミニオンにおけるアジア人排斥を抑制できなくなったように、アメリカにおいては、州の独自性を保障する国制がアジア移民排斥の抑制を困難にした。ドミニオンに本国との対等な地位を承認していったイギリス、州の独立的権限を尊重し、州の集合体である連邦議会に対して連邦政府の権限が制約されていたアメリカの、それぞれの自由主義的ないし民主主義的な伝統が、こうした事態を招いたのである。

世界恐慌の発生後、フランクリン・ローズヴェルト民主党政権が成立したことで、保護関税政策に対する修正の機会が再び到来した。しかし、ローズヴェルト政権は世界恐慌対策のため、産業保護政策を必要とした。そこでローズヴェルトやそのブレイン・トラストは、通貨膨張政策を採用しながら高関税政策を維持した。しかもローズヴェルト政権は、様々な国内政策を実施するため、経済政策に関わる国際合意を拒否し続けた。しかし、その一方でローズヴェルトは、国務長官に、かつてウィルソン政権時の関税引き下げに重要な役割を果たしたコーデル・ハルを起用したことで、次第に保護貿易主義の修正を図っていった。ただし、それは既存の保護関税を前提として、個別の貿易協定と、最恵国待遇を通じたその一般適用によって、アメリカを中心とする限定的な自由貿易網を形成していくものとなった。全体として二十世紀前半のアメリカの関税政策は、自国の産業保護を基調とし、一時的な政権交代による低関税政策を導入しながら、一九三〇年代半ばにそれを融合する関税政策を成立させた。同時期のイギリスが、帝国特恵を成立させる中で自由貿易主義圏を維持しようとしたのに対し、アメリカは、自らの既存の保護貿易政策を個別各国との交渉を通じて修正することにより、かつてのヨーロッパ諸国や日本に対する門戸開放要求、あるいは海外における自国の権利主張に対応するような、自国中心の自由主義的貿易世界を形成しようとした。このように、一九三〇年代のアメリカの関税政策もまた、伝統的な外交政策の論理に対応していた。

他方、日本における海外移民は、明治期に、ハワイやブラジルなど、海外側の補助措置とそれに対応した日本側の個別地域の実験的措置として始まり、拡大した。しかし、その拡大は主として先行移民との縁故や地縁関係などを基礎としていたため、送出元の地域偏差が大きかった。しかもアメリカへの移民をめぐって外交問題が生じたため、日本政府の対応は自制的ないし抑制的であった。そうした日本政府が積極的に対応したのは、在外日本人の権利保護についてであった。ただし、それは、アメリカが海外における自国民に関して主張したような一般原則としての権利要求とは含意の異なる、最恵国待遇ないし通商条約の規定や精神、それに準ずる国際慣習に基づいた、日本国民に対する差別待遇の撤廃をアメリカ側に求めるというもので、日本政府はそれを、独立対等の国家の名誉に関わるものとしても重視した。その際、日本政府は、在留外国人の権利内容を各国の決定に従属させながら、その適用の不平等性を問題とした。そのため、日本の海外移民はヨーロッパと異なり、勢力圏形成の基礎とはならない一方で、白人との格差意識を触発した。そうした状況が、白人優位の欧米世界秩序に対する日本の国民的反発を引き起こす一方で、一九二〇年代まで、日本側が欧米およびその自治領におけるアジア人排斥を、欧米諸国による排他的勢力圏形成の問題と捉えず、人種差別の問題として捉える背景ともなった。

このように、明治期から大正期にかけての日本の海外移民に関する外交とは、外国法制に対する日本国民の遵守義務を前提に、条約上の規定に基づく均等待遇を各国に求めるというものであった。その点で日本の移民政策は、遵法意識を前提とする双務主義の原則に基づいており、それは既述のような、全体秩序に対する国民の順応を前提とする近代日本の法秩序観から派生していた。

一方、日本の関税政策は、産業育成のための保護政策を基調としながら、アメリカほどの高率関税を導入することなく、自由貿易の範囲内で重点的保護政策を採用した。さらに明治期には、関税自主権の回復という、国家主権に関わる原則が重視された。一九一一年の通商条約改定は、双務主義に基づく関税協定の締結を関税自主権の回復と位置付けた。その意味で明治期の関税政策は、移民政策と同様の側面を持っていた。また、ここで成立した双務主義を対等条約とする原則は、一九二八年の英中関税条約にも応用されており、一定の国際的規範としての機能も果たした。次いで一九二五年の関税改革は、重点的保護政策としての性格をさらに明確にしており、自由貿易との調和を意識していた。その点で、一九二〇年代の日本の関税政策も、欧米世界秩序への順応を原則としていた。ただし、一九三〇年代になると、円相場が暴落するため、保護政策としての関税の意義は実質的に失われた。

日本の移民政策に変化が生じるのは一九二〇年代半ばのことであった。きっかけはブラジルによる移民補助が廃止され、日本政府が実質的にそれを代替したことや、関東大震災による失業の増加などであった。しかし、そうした変化に加え、一九二〇年代に導入された移民補助制度は、一九二〇年代における政治的理念の変化や社会政策の導入などに対応する、国内の人口問題や農工格差、失業問題に対処するための補助的な措置としての意義を備えていった。しかもそれは、海外における移民の経済的自立と、民主化の時代に適合した新たな国家統合という理念に基づいて生み出されていた。さらにこうした自立支援としての移民政策の登場は、それまで失敗に終わっていた満州への農業移民を一九三〇年代に可能にする、長期的条件を形成することにもなった。

満州事変勃発後、日本は金本位制から離脱し、財政出動を拡大すると共に、円通貨を大幅に下落させた。満州事変勃発後の日本は、一九二〇年代における、経済的変動を緩和するための失業対策や価格維持政策、損失補塡に関する臨時支出を大規模化することで、恐慌に対処した。その結果、財政赤字は飛躍的に増大した。その上で日本政府は、貿易赤字を拡大しながら、アメリカやイギリス帝国領域への輸出総量を拡大し、また、国内通貨の膨張を背景に満州への投資と輸出を増加させ、それらによって国内産業の活性化を図った。さらに円通貨の暴落および満州国の通貨改革の実現によって、日本と満州の金融は世界金融から切り離された。既述のように、イギリスは、自由主義経済政策を維持するために広域経済圏を形成したのに対し、日本は、欧米との自由貿易を維持する中で日本と満州の経済的結び付きを強化した。そのため、イギリスは、局所的に国際的自由貿易を維持、拡大しようとする意識を持ったのに対し、日本では一部において、イギリスの経済圏に対する反発が生じ、また、日満広域経済圏の成立によってそれを合理的に運営するための統制経済への関心を高めた。

日本とイギリスがこのように対照的な経済圏を形成した背景は、一九二〇年代の日本とイギリスの経済、社会、帝国政策の相違にあった。イギリスは、社会政策を地方行政改革と一体化しながら行い、また、ドミニオンに本国と対等な地位を認め、インドにおける参政権を拡大するなど、分権化を進める政策体系を採用していた。対して日本は、財政再建や企業の合理化推進、国民の権利保護を進めると共に、失業や金融不安などの経済変動を緩和する中央政府の財政支出を拡大させ、さらに満州経済の混乱に対する部分的介入をも行おうとした。こうした中で世界恐慌が発生すると、イギリスは均衡財政を堅持し、帝国やイギリスとの利害共有国の主体性を尊重しながら、自由主義経済を維持しようとした。対して日本は、財政出動を拡大することで非常事態に対処し、さらに満州国の建国に対応して日満経済の一体化を進めていった。

一九三二年の満州国の建国は、前年の満州事変の勃発という突発的事件に付随した現象であったため、一九二〇年代までの日本の海外における勢力範囲の形成とは断絶していた。とはいえ、満州国に対する近代法制の導入と、満州国内の日本人に満州国民と同等の待遇を付与した一九三六年の日満条約は、満州における治安維持と、統一的な法制や経済金融制度の導入を優先した結果であり、それは、イギリスやアメリカのような、自由主義的伝統を背景とした分権的な自国民の権利保護とは異なる、統一規範や社会秩序を重視する国家意識や法秩序観に基づいた措置であった。さらに円通貨の暴落、膨張とそれを背景とした満州への投資拡大は、イギリスと対照的な日満広域経済圏を形成した。その上、満州移民も実施された。これは、イギリスの海外移民のような世界的潮流、一九二〇年代の日本における自立支援としての移民補助の開始、満州国の成立に伴う軍部の要請やそれによって開始された国家事業としての移民支援、有志による実験的移民の実施などを媒介に、移民を送出する地域や社会的結合体の相互扶助に基づく農業再建および自立化の試みとして実現した。現実の移民は、当初の理念より現地の実情に合わせた変化を余儀なくされたが、それを支えたのは、国家的義務を自覚した国民による、既存の権威や大勢に順応する法秩序意識であった。

イギリスとアメリカの外交、関税、移民政策は、対照的であったが、それぞれの自由主義の伝統に基づいて展開された。既述のように、二十世紀前半の英米世界秩序とは、抑制さるべき国家権力を通じた、世界的な利害調整と超国家的原則の設定、そしてそれらに基づいて保護される個別権利の、累積的な総体であった。しかも、英米の自由主義の理念において国家は、自国民を統治する存在というより、自国民の権利や活動を保護する存在として位置付けられていた。そうした中でイギリスは、中心たる本国から帝国、そして第三国へ広がっていく、多様かつ相互に自立し、利害を共有する各地域を包摂した勢力圏と、その周辺に広がる緩衝的諸国家を形成し、その域内における自由な人的、物的交流の促進を目指した。一方、アメリカは、自国の産業保護と、海外における自国民、自国企業の活動の権利の確保を通じ、ヨーロッパ帝国主義世界の中での自らの活動の自由を確保しようとした。こうしたイギリスやアメリカの勢力圏は、イギリスとアメリカに共通する自由主義の伝統を、帝国と連邦制という異なった政治原理の下で、それを超国家的に発展させたものであり、それぞれ、二十世紀前半の英米世界秩序を融合的に形成する原型となった。ただし、英米勢力圏内における国家権力は、自国民の権利保護を優先したため、自国民に対して以上に、他国民、とりわけアジア諸国民の権利に対して制約的に機能した。それが人種差別や治外法権などの現象を引き起こす結果となった。さらに一九二九年の世界恐慌に直面し、イギリスとアメリカ主導の世界秩序は、イギリスとアメリカそれぞれの経済的勢力圏の形成を顕在化させた。

これに対して日本の関税、移民政策は、英米世界秩序に順応し、外交的摩擦を抑制しながら、商品の輸出と移民の送出を進めようとするものであった。また、日本はイギリスやアメリカの自由主義の伝統や国家観を共有していなかった。日本はむしろ、国家を統治機構として捉える近代国家観を形成する一方で、十九世紀より欧米列強から移民や関税自主権に関する制限を受け、その後、関税自主権は回復したものの移民規制は強化され、さらに一九三〇年代になると、イギリスやアメリカによる経済圏の形成に直面した。イギリスやアメリカにとって、それらは民主主義、自由主義の原理から派生した現象であったが、日本側はそれを人種差別ないし排他的勢力圏の形成として理解した。しかもそうした感覚は、一九二〇年代に進んだ日本独自の民主化によって強まった。

一九三〇年代に形成された、イギリス、アメリカ、日本の広域経済圏は、いずれも、大規模な貿易収縮を引き起こした世界的不況に対処するため、一国の領域を越えた広域圏内における経済交流を活性化し、その上で、経済圏外との貿易の拡大を目指すというものであった。いずれも、自由貿易を否定したわけでなく、むしろそれを修正しながら、それぞれの立場から維持しようとしており、現実の国際貿易の拡大にも一定の成果を挙げた。したがって、一九三〇年代の広域経済圏形成、とりわけ英米における広域自由貿易圏の形成は、第二次世界大戦後の資本主義諸国による国際自由貿易秩序の先駆的現象であって、それを排他的勢力圏とした当時の認識や、そうした当時の認識を無批判に引き継ぎ、一九三〇年代における広域経済圏の形成を、その後の帝国主義戦争の原因としてきた日本の一般的解釈は、誤りである。一九三〇年代における広域経済圏の形成は、その経済的影響によってではなく、相互の理解不足や誤解、偏見と、そこに部分的に介在した社会主義的な権力集中や統制経済を目指す日本国内の動きと連動することによって、その後の世界的対立を招く原因となった。

日本は、欧米諸国の法制度、経済政策、勢力圏の形成といった経験を、国家の統治機能と統一規範に対する国民的順応を優先する政治社会秩序の上に採用し、欧米優位の世界の中で対等の地位と経済活動の機会を得ようとした。日本における議会の導入、政党内閣の成立、金本位制の採用、海外移民、満州への勢力拡大など、それらはいずれも、一定の権威や共同体意識の下に、国民の均質的かつ従順な遵法精神を前提として実現した。議会制度や政党内閣、金本位制など、欧米の価値観や政策と調和する現象は、イギリスやアメリカから評価されたが、その実態は、英米に通ずる自由主義の伝統と異なる原理の上に成立していた。権威に順応的な近代日本の気質は、国家的安定を実現し、君主制の下で憲法や議会、政党内閣を短期間で導入させる基盤となる一方で、英米の世界秩序を、それに付随する人種主義や排他的勢力圏の形成といった点から批判する根拠ともなり、さらに国内政治における権力の濫用や馴れ合い、腐敗を助長しかねない欠点を持っていた。

総じて日本においても英米においても、相互の価値観の相違を自覚した上で、相互理解や調整を図ろうとする意識は希薄であった。英米と日本の自由主義や民主主義の相違は、相互の交流に関わる通商部門やそれを基礎とした勢力圏の形成原理においても、顕著に表れた。日本は全体として、イギリスやアメリカの世界秩序に順応しようとしたが、その順応は制度的外観にとどまり、実態は日本独自の価値観を基礎としていた。そうした価値観に基づく日本は、英米世界秩序とその下で形成された英米の勢力圏の原理について、理解できなかった。同様に日本の行動は、イギリスやアメリカに対して少なからず膨張主義的、抑圧的、軍国主義的という印象を与え、一九三〇年代における日本の広域勢力圏の形成についても、英米側の理解は得られなかった。

三　中国をめぐる権益と政策

英米と日本の間の相互認識の齟齬は、中国に対する政策をめぐっても生じた。十九世紀にヨーロッパ諸国が中国に形成した租界は、権力に対する個人の生命、財産の保護を優先する自由主義的価値観と、それを根拠に成立した自治権に基づき、既成事実的に権限と地域を拡大した。その上、十九世紀後半から末にかけてイギリスは、中国の政情不安や、ロシアやドイツの勢力拡大に対応して国家的介入を強め、海関行政の間接的掌握や租借地の獲得も実現した。そして一九〇二年に清朝とマッケイ条約を締結し、関税率増加条件の設定を通じて清朝の財政、行政改革を間接的に促すことで、日英同盟と合わせて中国における他のヨーロッパ諸国の勢力拡大を牽制し、東アジアにおける自由主義国際秩序を維持しようとした。これに対してアメリカは、中国に租借地を所有しなかったものの、ヨーロッパ諸国の経済的権益に対応する、最恵国待遇的な経済活動の権利を一貫して主張した。

一方、日本は中国においても、欧米諸国との同等の待遇や権利を得ようとした。その点でアメリカに部分的に通じていたが、アメリカがそれを自由主義的な権利意識に基づいて行ったのに対し、日本は、欧米諸国との対等関係を形成しようとする国家意識に基づいてそれを行った。昭和初期までの日本は、そうした意識に基づいて中国との交渉および条約上の合意にこだわり、満州における権利の確保、拡大を図った。第一次世界大戦勃発以前の権益形成期、日本は日露戦争の勝利を踏まえ、清朝に部分的に譲歩しながら懸案を解決した。辛亥革命後、日本では、好機を利用して権益を拡大しようとする動きも生じたが、全体として欧米列強の国際的権威と元老の国内的権威によって、突出した行動は抑えられた。ただし、中国における日本の権利拡大は、アメリカからは排他的な勢力拡大への動きとして警戒された。そうしたアメリカの評価は、二十一か条要求における警察権問題やパリ講和会議における山東半島問題をめぐって顕在化し、満州事変以降の日本に対するアメリカの批判的姿勢の根拠ともなった。日本側は、そうしたアメリカに対し、条約上の規定や中国情勢を説明し、あるいはアメリカの権利に対する配慮を示すことで、自国への理解を回復できると考えていた。しかし、そうした期待そのものが、アメリカに対する理解不足に基づくもので、成果を挙げられなかった。

第一次世界大戦後、国際連盟の創設と並行し、東アジアにおいても、欧米列強の権益や影響力を中国の政治的、経済的安定化のために再編、活用しようとする気運が高まり、それを背景として、ワシントン会議や北京関税会議が開催された。こうした状況の中で日本は、大国としての国際的地位の上昇を背景に、中国の再建というワシントン条約の理念を共有し、不平等条約を漸進的に改定する中で中国の国際的権利と義務を確定し、日中関係を安定化しようとした。その過程で、張作霖への影響力を通じて権益の拡張を目指す外交を撤回しようともした。この点は、田中外交の登場により完全に実現はしなかったが、幣原外交の登場は、第一次世界大戦以前の、防御的な新興国の外交姿勢から、国際的責任を自覚する大国の外交への転換を象徴した。しかも幣原外交は、国内的な政党内閣の成立やその背景となった政治的理念の変化に対応しており、欧米側の評価も得た。ただし、そうした幣原外交も、ワシントン条約を、各国を拘束すべき規範として捉えており、同条約を自らの影響力行使のための手段としたイギリスや、自らの権利保持を優先し、他国の行動を牽制しながら自らの負担を回避しようとしたアメリカとの相互理解は、形成できなかった。また、幣原外交は、満州経済の混乱をめぐって局地的に干渉姿勢を強めており、その点で、東アジアにおける大国として満州国の育成や東アジア新秩序の建設に向けた責任感を高めていく一九三〇年代の日本外交を先取りする側面も有していた。

他方、多様な地域を多様なまま包摂し、多国間関係の中で利害の共有や相互調整を進めることで自らの影響力を保持しようとしたイギリス外交は、第一次世界大戦後の中国においても、日本と調和的であった。ただし、国際規範の拘束性を重視する日本に対し、イギリスは、ワシントン条約を柔軟に運用し、あるいは同条約の規定を実効化するための追加措置を施すことで、自らの主導権の下で東アジアの安定化を図ろうとした。そうしたイギリス外交は、短期的に、北京関税特別会議において内政干渉的な傾向を強め、あるいはクリスマス・メッセージなど、単独行動を取ることにもなったが、それらは列強と中国の対立を緩和するためであった。そしてイギリスは、一九二〇年代後半の中国との関税条約や治外法権撤廃交渉においても、利害の錯綜する中国と欧米諸国や日本との対立を緩和し、あるいは合意を実現するため、引き続き中心的な役割を果たした。特に治外法権撤廃交渉においてイギリスは、中国で内戦が再発する中、交渉をむしろ積極的に進めることで、中国政府の排外主義を抑制すると共に、司法と行政の区分が不十分な中国法制下において外国人の権利を保護するため、特別裁判所の設置や、上海、天津租界における一定期間の治外法権存置などを中国側に受け入れさせた。治外法権撤廃交渉は、この時点で完全合意に至らなかったものの、それに至る過程で実現された、中国政府の排外主義に対する抑制効果は、顕著であった。全体として、欧米と日本の中国外交は異なる原理の上に展開されたが、こうしたイギリス外交の機能や成果を踏まえれば、日露戦争後の日本による満州権益の獲得や、一九二〇年代後半の中国側の国権回復運動が満州事変を必然化したという理解は、成立しない。その直接的原因は、あくまで当該期に続発した中国における日本人殺傷事件と、それに対する中国政府の対応であった。

とはいえ、満州事変勃発後の日本は、イギリスの調停的外交を、自らの対外関係安定化のために活かせなかった。日本外務省は、事変に伴う既成事実の集積と中国外交への不信から、満州国をめぐる中国との合意に否定的となる一方で、国際連盟の審議は、満州国承認問題をめぐって決裂した。他方、イギリスにとって、国家主権尊重という原則や国際連盟の権威は、イギリスの安全保障や国際的影響力全般に関わるため、擁護しなければならなかった。そこでイギリスは、最終的に日本を国際連盟から脱退させることで、国際連盟の権威を守りつつ、同時に日本との関係調整の可能性を残した。それはイギリスにとって、小国の国家主権を部分的に制約しながら大国間の合意を再構築しようとする、一九三〇年代における宥和政策の端緒ともなった。

一方、満州事変後の日本の中国外交は、武力を背景とする強圧的性格を強めたが、その全体的な展望は、一九二〇年代の国際秩序観の上に形成されていた。すなわち、大国としての日本の国際的地位を背景に、日本と中国が、政治的、経済的に役割を分担し合う協力関係を目指すというもので、中国に満州国の承認を求めず、日本が東アジアの安定のための責任を果たすと共に、中国がそうした現実を認めることによって、東アジアの地域的安定が回復していくことを期待していた。そのため、外交当局は、関東軍の自制的協調を得ながら、中国国民政府内の〝親日派〟に強硬な態度で接し、中国側の自発的な協調路線を促そうとした。しかも、こうした対中国外交は、欧米列強との自由貿易や友好関係を前提とし、同時に、日満広域経済圏と中国、特に華北地域との自由主義的な経済交流を進めることで、日中関係の緊張緩和を図ろうとしていた。しかし、そうした階層的な日中関係への展望は、英米や中国の理解を得られなかった。また、一九二〇年代以来の中国への不干渉方針は国際的に拡大され、東アジアにおけるイギリスの調停外交に否定的に作用した。さらに陸軍内には、華北への支配拡大とそれによる自らの地位向上を目指す気運が生じた。その中心となった陸軍統制派は、華北を含めた日満広域統制経済圏を構想し、イギリスに対する対抗意識を持った。その一方で陸軍統制派は、アメリカやソ連との関係改善を独善的に期待すると共に、事なかれ主義的な政府首脳を欺瞞し、協力関係を形成することで、一九三〇年代半ばの政治的、外交的混乱を引き起こした。

その上、日本に対して妥協的なイギリスの姿勢は、特に海軍軍縮条約問題をめぐり、アメリカから評価されなかった。そのため、イギリスは十分な主導権を発揮できず、日本は一九三六年一月に海軍軍縮会議から脱退した。さらにアメリカの銀政策によって生じた中国経済の混乱に対し、イギリスはやはりアメリカの協力を得られなかった。そこでイギリスは、中国への経済支援に関し、日本側の協力を要請したが、日本側は、中国側の自助努力を前提とする消極的な対中国外交の方針に基づき、イギリスの要請に応じなかった。それどころか日本側では、陸軍出先が陸軍内の権力闘争に便乗し、統制派と連携することで華北分離工作を行った。さらにその最中に中国の幣制改革が実施されると、関東軍は、中国国民政府やイギリスとの対立姿勢を明確にした。陸軍統制派にとってイギリスの調停的外交は、かつてのような、日本の国力や国際的評価の限界を補うものとしては評価されず、むしろ日本の勢力圏形成を阻害し、イギリスの影響力を拡大するための手段として、警戒されたのである。

日本政府は、陸軍の一部青年将校による暴発的実力行使を抑えるため、統制派による陸軍内権力の掌握を支持した。しかし、それは陸軍統制派への幻想に基づくものでしかなかった。陸軍統制派は、独自の広域統制経済圏を構想する中、イギリスの経済圏に対する対抗意識を強めると共に、日本に対して最も非妥協的なアメリカとの関係改善を想定しながら、華北経済支配に向けた独断行動を行った。そうした統制派の独善的な情勢判断や行動と、そのような統制派と馴れ合い関係を形成した日本政府の事なかれ主義的、場当たり的な対応が、その後の日本とイギリス、そしてアメリカとの対立を先鋭化させていく、日本側の要因となった。

四　日本陸軍をめぐる政治と中国外交

日本陸軍は、第一次世界大戦前後と一九三〇年代の日本外交に大きな影響を与えた。明治期から昭和初期にかけての日本陸軍は長州閥の影響下にあり、それによって概ね陸軍の統制が保たれていた。とはいえ、陸軍内の反長州閥や長州閥の後継世代は、欧米諸国の世界秩序に漸進的に順応していこうとする政府に必ずしも同調せず、中国における反政府活動や特定軍閥とのつながりを通じ、権益拡大のために積極的に行動しようとした。第一次世界大戦前後の満州をめぐる日本外交の混乱は、こうした陸軍内の、日本の国際的地位の向上を目指す気運と藩閥権威の動揺という状況によって引き起こされた。

しかし、第一次世界大戦後、長州閥の影響が低下する一方で、民主化の気運が高まる中、陸軍の状況も変化した。かつて反長州閥の立場にあった上原派は、長州閥の後退に伴い、その権威を陸軍内の最古参として継承し、しかも自らと政党側との役割分担的な関係を想定することで、政党内閣の時代に対応しようとした。他方、長州閥の後継世代たる田中義一は、原内閣以来の政友会との関係と、現職大臣および腹心の陸軍次官の職権を最大限に行使することで、集権的な陸軍の近代化と古参将校の排除を図ろうとした。しかも田中は政友会に、宇垣一成は民政党に連なることで、長州閥は二派に分かれてそれぞれ政党側との提携関係を構築し、二大政党内閣の時代に対応した。一九二〇年代を通じて日本の中国政策が安定したのは、こうした、勢力を復活させた旧長州閥と政党の協力関係による。

とはいえ、旧長州閥が政党と提携し、中国政策に関して既存の欧米秩序に順応しようとする一方で、陸軍内において職権を行使して情実的な人事配置を行ったことは、陸軍上層部に対する部内の反発を生じさせた。しかも、中国において排外主義が昂揚し、張作霖の下、日本人の経済活動に対する実質的制約も強化されていた。こうした中、反長州閥や中堅将校において、張作霖政権への武力行使を容認する強硬論が浮上した。そうした強硬論は、日中両国における民度の格差や東アジアにおける日本の責任を意識し、張作霖に対する非公式な影響力の行使より、日本の普遍的立場や権威の確立を重視した。その点でこうした強硬論は、一九二〇年代の日本における大国意識の形成や民主化の気運を背景とした幣原外交の登場に対応する、陸軍側の新たな気運であった。その一方で中堅将校には、長州閥への反発と同時に、田中義一や宇垣一成らの職権志向に対応し、陸軍内での地位を向上させることで権力を掌握しようとする気運も生じていた。そうした中堅将校は、満州に対する権力の確立を目指し、軍閥操縦的な外交手法にも同調的であった。

一九二〇年代半ば以降、関内出兵で満州経済を混乱させ、排日的な政策まで行った張作霖政権と日本との対立が深刻化した。しかし、田中義一は張作霖との関係を優先し続けた。そのため、田中への反発から、一九二八年に張作霖爆殺事件という突発事件を招いた。ところが、この事件の処理において、陸軍上層部は責任回避に終始し、公式に陸軍の関与が否定される一方で、首謀者の河本大作を含む関東軍首脳部のみが処分され、しかも陸軍の中国政策は修正されなかった。一方、張作霖との対立以外にも、中国側は、パリ講和会議で展開された一九一五年条約の否認論に続く、日中通商条約の失効論を展開し、また、満州における朝鮮人の権利制約を強化して紛争を引き起こした。これは、張作霖の死後、中国を統一した国民政府にも引き継がれ、さらに張学良が継承した奉天政権の下で、日本人殺傷事件が続発する事態となった。

張作霖爆殺事件後に関東軍に赴任した石原莞爾は、河本大作と共に奉天政権に対する武力行使を検討し、満州の武力占領を構想した。石原の場合、日中関係や日米関係に対する一般的な認識と、独自の軍事理論に基づき、奉天政権に対する武力行使の論理的帰結として満蒙領有という結論に達した。しかし、石原は、そうした満州の武力行使を、国策か、少なくとも陸軍の総意として行うことを構想していた。ところが、昭和五年から六年にかけ、満州において紛争が多発し、特に中村大尉事件が発生した状況においても、陸軍上層部は政府との関係を優先し、奉天政権への実力行使に消極的であった。石原が謀略による独断行動を決意したのは、そのためであった。満州事変について、石原を中心とする関東軍の計画性と独断性が一般に強調されるが、満州事変は、中村大尉事件をはじめとする満州における非常事態とそれに対する政府や陸軍上層部の無為無策に対する、多分に緊急的な措置として決行された。そのため、満州事変の決行によって、石原の長期構想はむしろ放棄を余儀なくされ、満州国の建国という、陸軍中央との妥協によって、事態の収拾が図られた。

一九二〇年代後半、中国側の利権回収運動や、満鉄を中心とする日本の在満経済活動に対する様々な圧迫は存在したが、中国側の自弁事業は草創期にあり、日本に対抗し得るものではなかった。また、世界恐慌の影響で、日中間の競合する事業は短期的に対立を激化させたが、こうした経済的緊張状態がそのまま満州事変勃発の原因となったわけでもなかった。むしろ一九二〇年代、日本において一定の民主化が進んだ結果、国民の価値観が多様化し、政治意識や対外問題への関心が高まり、さらに大国意識に基づく東アジアへの責任感が形成される一方で、中国においてナショナリズムや排外主義が昂揚した結果、満州問題は日本と中国における最大の対立点となった。さらに、日本における民主化の気運は、国民の保護に対する政府の責任を拡大した。そのため、国内において社会政策が実施される一方で、中国において生命、財産の危機に直面する邦人を保護するための措置が積極的に求められるようになった。そうした中、政党内閣は欧米、特にイギリスの対中宥和政策に対応して中国への強硬姿勢を抑え、譲歩の傾向を強めていた。しかも、これに対して陸軍は、軍内において情実的に派閥人事を展開しながら、政党との関係を優先し、中国における排外主義に対しても表面的な強硬論のみにとどまり、自制的であった。陸軍上層部は民主化の時代における国民保護の期待に応えられなかったばかりか、権力欲から、三月事件のような政変に便乗した無責任な政治行動まで取った。そうした陸軍上層部の状況が、突発的な独断行動としての満州事変を引き起こす要因となった。

満州事変は、旧長州閥たる宇垣閥が占有する陸軍上層部に対する批判から生じたため、陸軍上層部に関東軍を統制することはできなかった。それどころか、事変勃発後の内閣の交代に際し、宇垣閥は陸軍中堅将校の批判を受けて影響力を後退させ、さらに永田鉄山を中心とする中堅将校は、旧長州閥と政党の関係に対する割り込みを図った。最終的に政友会の協力の下、反宇垣派の荒木貞夫が陸相に就任した。これにより、陸軍は皇道派の時代を迎え、昭和七年半ばまでに関東軍を統制下に置くことにも成功した。また、その間に五・一五事件が勃発したが、皇道派の陸軍上層部は、陸軍青年将校の関与を抑えることに成功した。ところが、その後の陸軍は、むしろ従来以上に部内の統制を失っていった。

満州事変後の日本は、満州国の統治安定化を優先し、中国に満州国の承認を求めず、個別の懸案解決と経済交流の再開を通じて事態の鎮静化を図ろうとした。そうした政策の中心となったのが、有吉明公使を中心とする外務省の出先と岡村寧次参謀副長を中心とする関東軍であった。満州事変後、中国のナショナリズムに対する配慮から、外務出先と関東軍は役割を分担し、それぞれ中国の〝親日派〟に非公式に強い態度で接し、中国側の自発的な対日妥協を促そうとした。そうした現地主導の中国政策を、皇道派の陸軍中央も承認した。また、満州事変後の外務省、陸軍が目指した中国との漸進的な関係安定化交渉は、自らの勢力圏外との自由主義的経済交流の回復を目指していた点で、当該期の日本の貿易、経済構造とも適合していた。しかし、その一方で陸軍の内部では、満州事変後の陸軍の政治的影響力の拡大を背景に、権力志向を強めた統制派の中堅将校が台頭した。統制派は、日本と満州という勢力圏に華北を加えた広域圏への統制経済の導入を構想し、それに消極的な皇道派を排斥しようとした。そこで統制派は、政府や重臣に皇道派の信頼を失墜させる働きかけを行うと共に、政官界の信頼を得るため、青年将校に実力行使計画の嫌疑をかけて弾圧した。さらに統制派は、満州事変の過程で勢力を後退させた宇垣閥に接近し、また、板垣征四郎など、皇道派の時代に謀略の機会を失った軍人もこれに協力した。これに対し、政官界は、統制派が陸軍の統制を回復してくれるものと誤認し、事なかれ主義に基づく他人任せの馴れ合い関係を統制派と形成し、陸軍内の混乱と対中国政策の分裂を助長した。

昭和十年の華北分離工作は、陸軍の総意として行われたわけではなかった。それは陸軍統制派が、満州事変後の蔣介石による権力基盤の強化やソ連の軍備増強に対する陸軍全体の警戒を利用し、広域統制経済圏構想や無統制な野心に基づいて、欺瞞的政治手法を駆使して断行したものであった。特に永田鉄山は、国家総動員に必要な統制経済の導入と華北資源の掌握を目指し、それに否定的な皇道派を、政官界との協力関係を形成することによって失脚させた。永田はその過程で、政官界から警戒されながら皇道派に連なっていた青年将校を架空事件で弾圧すると共に、他方で自らは直接関与することなく、出先に華北分離工作を暴発させてそれを追認した。昭和十年から翌年にかけて、華北分離工作と二・二六事件という異常事態が連鎖的に続発したのは、このような永田とそれに追従ないし迎合した永田周辺の無統制な行動、そして彼らによる陸軍内権力の掌握に協力した政官界の失策が累積した結果であった。その意味で、華北分離工作と二・二六事件は、因果関係によってつながる、相互に連動した事件であった。こうして実施された華北分離工作に対し、岡村寧次参謀本部第二部長をはじめとする陸軍中央は、最悪の事態に備えた武力行使の可能性を想定する一方で、現地の謀略が蔣介石に敗北し、また、蔣介石が妥協的態度に出たことを利用して、事態を収拾した。とはいえ、華北への謀略の中心となった永田鉄山は、皇道派や青年将校に対する政治的勝利の代償として暗殺されたものの、板垣らは責任を問われず、さらに二・二六事件を経た後、むしろ宇垣一成に連なる旧長州閥が復活した。そうした、血統や門閥や通じて軍内の統制を図ろうとした陸軍や政界側に、支那事変を収拾し、破局を回避する実行力は存在しなかった。

以上のように、明治以来の日本陸軍は、閉鎖的であったために藩閥の人脈的影響を強く残したばかりか、それによって政府との関係を形成していた。その点で政府と陸軍は決して原理的に対立していたわけではなかった。日本陸軍が藩閥の人脈を残し続けたことは、政府にとって、長州閥系の人脈を通じて陸軍を統括することを可能にし、さらに第一次世界大戦後、首相が陸軍大臣を直接任命する機会が増えると、陸軍の長州閥系人脈は、政府との協力関係を積極的に形成することで勢力を保持し、それによって陸軍は政党内閣の時代に適応した。藩閥政府も政党内閣も、外交政策は総じて自制的であったが、以上の状況を背景に、陸軍上層部も政府に同調し、積極的行動を自制した。しかし、日露戦後以降、日本の国際的地位の上昇に対応し、より積極的な対外政策を求める勢力が陸軍内に登場するようになっていた。そうした勢力は、政府の自制的外交政策に同調する陸軍上層部、とりわけ長州閥に反発し、辛亥革命後の中国情勢の混乱に乗じた満蒙独立運動への支援など、独断的な行動を取った。さらに第一次世界大戦期には、満蒙独立運動に加え、シベリア出兵も実現した。しかし、これらの施策は、外務省など政府の一部も関与する一方で、陸軍上層部が常に積極的に推進していたものではなかった。そのため、これらは最終的に陸軍上層部ないし政府の統制下に置かれ、いずれも成果を挙げられないまま、収束していった。

こうした状況に変化が生じたのは、昭和初期以降、中国情勢が劇的に変化し、しかも内外の民主化の気運によって、陸軍上層部に対する中堅層幹部の人事的、政策的不信感が決定的になったことによる。ただし、中堅将校の多くは、組織内での昇進によって権力を掌握しようとしていたため、満州事変が勃発するまでは総じて自制的に行動していた。むしろ、一九二〇年代後半に実施された中国に対する実力行使は、張作霖爆殺事件にせよ、山東出兵にせよ、あるいは満州事変や第一次上海事変にせよ、いずれも中国における邦人の生命、財産保護がその直接的なきっかけとなった。しかもそれらは、現地の独走か政府の正式決定かによって行われており、陸軍が組織全体として独断的に行動した事例は存在しなかった。陸軍上層は政府との関係を優先しており、そうした状況が政府と陸軍統制派の関係に引き継がれていく。ただし、満州事変の勃発には、満州を掌握しようとする権力志向が介在し、陸軍中堅層は事態拡大に協力していた。こうした権力志向とそれに基づく独断行動は、続く華北分離工作にも継承された。とりわけ華北分離工作を推進した陸軍統制派は、政官界との欺瞞的な協力関係に基づく国家権力への間接的影響力の獲得と、日満華北を包摂する広域統制経済圏の形成を目指しており、中国に対する謀略や武力行使に積極的ないし容認的であった。

昭和初期の中国に対する武力行使や謀略行動には、大きく二つの動機が存在した。すなわち、邦人保護と、勢力圏の拡大である。この内、邦人保護のための出兵は、アメリカが中米地域において大々的に行っており、民主化の時代の政府機能の拡大に対応した現象であった。他方、勢力圏拡大のための行動は、国家権力を掌握し、経済を管理し、情報を統制しようとする集権的な広域統制経済圏構想に基づき、自国勢力圏の周辺地域に対し、直接的ないし間接的な支配を実現するため、実施された。

昭和期の日本の中国に対する政治的、軍事的行動は、この二つの側面が絡み合いながら展開した。支那事変に至る昭和期の日本と中国の武力衝突は、そのほとんどが中国に駐在する日本人の殺害事件を原因としていた。対して、華北分離工作の最中、謀略を進めた一部の現地陸軍は、関東軍による出兵まで行おうとしたが、独断的謀略に反対する参謀本部や政府は、最終的にそれに応じなかった。こうした中、一九三五年秋から一九三六年を通じ、中国で邦人殺害事件が多発すると、日本政府は、日中間の政治的緊張が極度に高まっていたため、その時点の出兵を自制し、結果的に支那事変の勃発は一九三七年七月まで持ち越された。つまり、一九三〇年代の日本には、華北を勢力下に置こうとする構想が存在し、それに基づく数々の独断行動も引き起こされたが、日本政府および陸軍中央は、それに同調する武力行使や戦争を容認しなかった。日本政府はむしろ、民主化の時代に高まった邦人保護のための政府の責任を果たす一環として、情勢に応じて出兵を余儀なくされ、全面戦争を招いた。そうした展開の中で、支那事変勃発後の現地軍は、機会に便乗して華北に親日政権を樹立するなど、従来の構想を実現するために行動した。また、支那事変に対する政治家や国民の熱狂的反応も存在した。こうした状況が、支那事変の早期収拾を挫折させる決定的な要因となった。

以上のように、近代日本の政府と陸軍とを対立的に捉えるのは、誤りである。また、一九三〇年代の日本外交についても、一九二〇年代における様々な内外情勢、政策の変化を基礎として、理解しなければならない。すなわち、日本の国際的地位の上昇や内外における民主化の気運、それに対応する日本の国民意識や、政治、行政機能、経済政策の変化、そして陸軍内の人脈的影響や世代的な意識の変化、権力志向といった複合的な現象の上に、中国情勢への対応として陸軍の一部による独断行動や広域統制経済圏構想が生み出され、支那事変の原因が形成されていったのである。

五　政治指導の格差と理念の相克

日露戦後から一九二〇年代初頭までの期間、イギリスやアメリカは、自由主義の伝統と、行政機能の拡大や財政膨張などとの矛盾をめぐり、内政を不安定化させた。そのため、アメリカは対外政策の混乱まで招いたが、イギリスは総じて外交政策の一貫性を保持した。対して当該期の日本は、元老の権威の下、英米に比べて内政を安定させていたが、欧米列強との対等の地位を目指す気運や、元老の権威の動揺に応じて時に内外政策の混乱を引き起こした。次いで一九二〇年代半ばから後半にかけ、各国の内政、外交は安定化した。しかし、その後の世界恐慌と各国政治状況の再編を経て、一九三〇年代は逆にイギリスやアメリカが政治状況を比較的安定化させたのに対し、日本の政治は混迷を深めた。

明治以来の日本は、欧米列強との対等の地位を目指し、独自の政治状況や国民資質の上に、欧米の政治制度や経済制度を導入してきた。こうした中、一九三〇年代にイギリスが広域経済勢力圏を形成すると、日本もまた、広域経済圏の形成を目指した。ただし、その際、イギリスは、政府の財政支出を抑え、ポンドの信用を共有する場としてスターリング圏を形成し、また、ドミニオンの多様な意向を包含する自由貿易の場として帝国特恵を導入したが、対して日本の場合は、財政出動の拡大と円相場の暴落によって、国際自由貿易世界に依存する日満広域経済圏を形成した。その結果、日本は「ブロック経済」への意識を強め、さらにそうした限定地域の経済を合理的に運営するため、一部に統制経済に対する関心を高めた。そして統制経済を実現するため、陸軍統制派は、自らの下に権力を集中しようとする権力志向を強めた。

ところが、日本は、一九三〇年代を通じて内部分裂が深刻化し、支那事変の勃発に際してもそれを収拾できなかった。逆にイギリスにおいては、自由主義の伝統の下に多元的な国内状況を統合する強力な政治指導がネヴィル・チェンバレンによって確立され、同様にアメリカにおいても、フランクリン・ローズヴェルトにより、多くの利害対立や思想対立を含む国内状況の統合が実現していった。ただし、イギリスの場合は、均衡財政方針の下、再軍備計画の優先順位の決定や民間主導の景気回復、ドイツに対する宥和政策など、政府の権力拡大を抑える自由主義の伝統に基づいた、政策調整と合意形成を重視する政策体系を採用したのに対し、アメリカの場合は、国内に様々な利害や理念の対立が存在する中、大統領が将来に向けた積極的展望を国民に訴えかけることで、全体的統合を実現していった。

このように、国家、国民の統合といっても、様々な方法があり得た。本来、民主主義が国家や国民の統合にも適合し得ることは、第一次世界大戦の経験から、日本も学んでいたはずであった。ところが、一九三〇年代の日本政治は、一部に権力の集中を目指す動きを生じさせて逆に国内対立を深刻化し、華北分離工作や二・二六事件の勃発といった事態を招いた。さらにその後も、日本において政治的主導権は回復されず、かえって血統や門閥を重視する政府が構成され、馴れ合い政治の傾向を強めていった。財政についても、イギリスでは均衡財政を維持するため、再軍備や外交方針に対する統制が貫徹され、体系的な政策が遂行されたのに対し、日本の場合は、無統制な財政膨張や、昭和十三（一九三八）年に成立した国家総動員法および電力管理法に象徴される国家権力の拡大を背景に、支那事変の拡大や継続が可能になり、事変を短期で収拾する政治的努力が成果を挙げることはなかった。支那事変の勃発後、日本では陸相自体が確固たる展望や方針を持たず、担当部局による事変遂行のための作戦立案や物動計画を承認するだけの存在となり、全体的な対外政策は、国内的な国家権力の拡大を背景に、勢力拡大志向を一方的に強めていった。

明治以来の、既存の権威や全体秩序に順応的な近代日本の国民的資質は、欧米の制度を独自の文化的基礎の上に安定的かつ短期間に導入させる基盤となった。昭和期の日本はそれを基礎に、国家意識を共有する国民が、天皇を中心とし、それぞれの役割や責任を果たすことによって、新たな国民統合を実現しようとした。

そこで本来、目指されたのは、権力によってでなく、個々の国民に内面化された倫理、道徳、責任感によって統合される社会と国家の姿であった。一九三〇年代の日本は、そうした理念の下、国家的義務感を意識した国民の努力と負担によって、多大な犠牲を伴う国策を遂行していった。しかし、その一方で当該期の日本政治は、独善的な権力志向や、分裂と馴れ合いの交錯する無責任、無統制の傾向を強めていた。昭和期の日本は、全体秩序に順応的な国民資質のため、かえって権力乱用や腐敗に対し、抑制の弱い国家となっていた。

昭和十二（一九三七）年七月に勃発した支那事変は、同年末から翌年初めにかけての和平交渉の失敗の後、長期化した。日本軍は、一九三八年十月に武漢、広東を攻略したが、蔣介石は重慶に移転して抗戦姿勢を崩さず、日本軍の軍事行動も限界に達した。蔣介石の抵抗に直面し、日本陸軍は直接的な軍事行動だけでなく、蔣介石を支援していると判断されたイギリスやソ連を牽制するため、ドイツと提携しようとした。しかし、一九三九年八月にドイツはソ連と不可侵条約を締結し、さらに九月に第二次世界大戦が勃発した。そのため、日本政府は大戦に対する中立と支那事変の単独解決の方針を定め、ドイツへの接近を中断した。しかし、支那事変を収拾するための汪兆銘工作は、所期の成果を挙げられなかった。そうした中、一九四〇年六月にドイツがフランスを降伏させると、陸軍内に再びドイツへの接近を求める気運が高まり、支那事変やヨーロッパ戦争へのアメリカの介入を牽制するための日独伊三国同盟が九月に締結された。しかも同時期、日本は北部仏印への進駐も行った。支那事変の長期化に伴う国内的な国家権力の拡大を背景に、当該期の日本は、外交においても勢力拡大志向を強めていた。三国同盟を成立させた松岡洋右外相は、同盟にソ連との連携を加えてアメリカへの牽制効果を高めようと構想し、一九四一年四月に日ソ中立条約を成立させた。しかし、前年末にドイツはソ連との開戦を決意しており、一九四一年六月に独ソ戦が勃発したため、四国協商の構想は実現しなかった。

一九四〇年末の日米双方の民間人の接触を端緒として、一九四一年四月、駐米日本大使館より日本政府に日米了解案が伝えられた。これは、支那事変に対するアメリカの調停に関する内容を含んでおり、支那事変の解決に苦慮し、ヨーロッパ情勢を利用して和平のきっかけを得ようとしていた日本政府は、これを歓迎した。しかし、日米了解案は、日中戦争に対するアメリカの調停を規定していたが、これはアメリカによる提案でなく、アメリカが検討課題として受け入れたものに過ぎなかった[1]。日本政府はアメリカによる支那事変の調停に期待したが、六月にアメリカから提示されたアメリカ案、すなわち実質的なアメリカの最初の提案は、アメリカが日中戦争の調停に当たる場合、その和平条件は事前にアメリカの承認を得たものでなければならないことを規定していた。日本陸軍は、これをアメリカによる支那事変への介入として、反発した。しかし、日本政府はアメリカとの交渉に対する期待を持ち続けた。そのため、これ以降、日米交渉は中国との和平条件、特に撤兵条件をめぐってなされることとなった。

とはいえ、一九四一年七月下旬に日本が南部仏印に軍を進駐させたことに対し、アメリカは厳しい対日経済制裁を発動した。これにより、日米交渉の性格は一変した。日本側は蔣介石に対する外部からの支援を遮断し、オランダ領インドネシアとの石油交渉を有利に進め、さらに英米の察知を防ぐための電撃的な進駐を予定していた。しかし、日本の外交電報は、英米に解読されていた。イギリスは当初、アメリカに日本の進駐を阻止するための限定的な制裁発動を提案したが、アメリカはイギリスとの共同行動を望まなかった。イギリスが、日本による南部仏印進駐後のアメリカによる経済制裁発動について通告を受けたのは、進駐の直前になってであった。[2] アメリカにとって、日本の挑戦的な行為を事前に察知できた状況で、それが実施された後にそれを放置することなどできなかった。しかもアメリカは、イギリスとの共同行動に踏み切るわけではないが、独自の立場からイギリスを支援し、イギリスと距離を取りながら、自らの優位と裁量権を保持しようとした。アメリカは、日本との戦争を想定していなかったが、日本やイギリスに強い意思を表示するため、日本に対して厳しい制裁を発動する結果となった。

　アメリカによる対日経済制裁発動後、日本では、陸軍、特に参謀本部がアメリカとの交渉に否定的になった。[3] それまでの日本は、支那事変に対するアメリカの調停を期待していたため、政府内にも陸軍内にも、日米交渉に対する反対は存在しなかった。しかし、それが対日経済制裁発動後に一変し、アメリカの真意は支那事変の長期化にあるのではないかとさえ推測された。その結果、九月六日の御前会議において、十月下旬までに日米交渉の見通しが付かなければ、対英米戦について判断を下すという決定がなされた。しかし、日米交渉は進展せず、十月十八日に近衛文麿内閣は総辞職し、即日、東条英機内閣が成立した。

　東条内閣は、日米交渉をまとめるために陸軍を抑える必要があるという理由から選択され、組閣に際し、昭和天皇から東条に対し、九月六日の御前会議決定に拘束されずに日米交渉をまとめるよう内意が伝えられた。東条内閣の外相に東郷茂徳が就任し、アメリカとの最終交渉に臨んだ。東郷は、中国からの撤兵期限を設定する甲案と、南部仏印からの日本軍の撤兵とアメリカによる対日経済制裁の緩和を規定する乙案の二案を作成した。問題は、アメリカに不信感を持つ陸軍に対し、交渉の成果への展望を示せるかどうかであった。しかし、アメリカは、日本の外交電報を解読しており、甲案を相手にしなかった。また、乙案に対しては暫定協定案を用意しながらも、中国やイギリスの反対からこれを撤回し、ハル・ノートを提示した。乙案は、アメリカの対日経済制裁発動後に日米関係が急速に悪化したことに対応し、七月以前の状況への回帰につながる事態の緩和を目指した緊急避難的な提案であった。しかし、これに対するハル・ノートは、長期の交渉期間を要する新規提案を含んでおり、東郷はこれを、交渉失敗の責任を日本側に転嫁するための提案として受け取った。その結果、日米交渉成立への展望は失われ、十二月一日の御前会議において対英米戦が決定され、八日の開戦を迎えた。

　本来、日米交渉は、支那事変を終結させる手がかりを求めて開始された。しかし、交渉の過程でアメリカは、日本に経済制裁を発動し、さらにドイツとも大西洋上で紛争を引き起こしていた。そうした中で日本側は、アメリカの強硬姿勢に対する不信感を強め、他方、アメリカ側も、最終段階で日本との交渉合意を放棄し、日米開戦が避けられなくなった。全体として日米交渉は、互譲による合意形成を目指す外交交渉としての実態を伴っていなかった。しかも、それまで支那事変を解決できなかった日本政府が、アメリカとの交渉を通じてその解決を図ろうとすること自体、当時の日本の政治力と、さらに明治以降の日米関係の実態に照らし、無謀であった。

明治以降、大東亜戦争に至るまで、中国問題に限らず、移民や関税政策などの通商政策をめぐっても、あるいは海軍軍縮をめぐっても、日米間に相互理解が成立したことはなかった。実際に成立した日米間の合意とは、そのほとんどが日本側の譲歩の結果に過ぎなかった。日米戦争の原因をめぐり、たとえば移民問題や、日本の経済的逼塞状況、あるいは軍備問題、さらに支那事変の勃発など、様々な遠因を挙げることが可能である。しかし、そうした要因のいずれもが、日米間の戦争を必然化するものではなかった。個別問題をめぐって日本は、ほとんどの場合で譲歩し、アメリカとの対立や決裂を回避してきたからである。

二十世紀前半、日米間の破局が避けられなかった潜在的な要因は、そうした個別問題でなく、むしろ、満州事変や支那事変といった危機的状況を迎える以前においてさえ、日本が自らの立場や価値観について、アメリカから対等の理解や評価を得られなかった点にあった。十九世紀半ば以降、日本は欧米列強の制度や文化を導入しながら、それぞれの文化や伝統の違いを踏まえた対等な国家関係を形成しようとした。しかし、欧米列強、特にアメリカに、そうした文化の多元性を前提とする相互理解への関心はなかった。近代日本は世界を、欧米列強とアジア、アフリカという、支配と従属の権力関係における主客の対比で区分し、日本を両世界に帰属させる意識を持った。しかし、アメリカは、そうした区分を共有しなかった。アメリカにとって世界とは、自由および民主主義を体現するアメリカと、それを取り囲む抑圧的なヨーロッパ帝国主義およびそれに支配される未開なアジア、アフリカという、権力を抑制するか、権力が支配するかの二つの隔絶した世界であった。しかもアメリカは、自らの理念に基づいて他国と自国を区分したばかりか、アメリカ国内においても、アメリカの自由や民主主義に適合しないと判断された対象に対する隔離主義を生じさせた。こうした状況を背景に、アメリカが、自国以外の帝国主義諸国ないし未開地域と関わる場合、自らの正義について譲ることはできなかった。それについて譲歩することは、アメリカの理念や存在意義を揺るがしかねなかった。議会や国民がそれを許さなかった。でなければ、自国を世界から切り離し、自らの理想世界を堅持していく方が、アメリカにとって望ましかった。

明治以来の日本は、そうしたアメリカとの外交交渉に際し、双務的な合意を目指し続けた。しかし、アメリカは一貫して自らの権利と裁量を保持する一方で、外交的義務を回避し、また、日本との相互理解に関心を持たなかった。日米間に互譲と相互理解に基づく合意が成立しなかったのは、そのためであった。そうした中、日本にとってイギリスとの関係は、満州をはじめ、中国における権益を保持する上のみならず、アメリカとの関係を安定化させる上でも、有効であった。それは、第一次世界大戦以前の同盟外交や、ワシントン会議、そして一九二〇年代における中国との関税交渉や治外法権撤廃交渉において発揮されていた。しかし、一九三〇年代になると、日本は、陸軍統制派の独断行動と政府の場当たり的対応によって、イギリスの調停的外交を日本の勢力圏形成のための障害と捉え、イギリスに対する対抗姿勢を強めていった。そのためイギリス側も、東アジア国際関係における調停的行動を自制せざるを得なくなった。しかし、その一方で日本側は、統制派を含め、日本に対して最も非妥協的であったアメリカとの関係改善を期待し続けた。

しかし、そのような期待を裏付ける状況は、アメリカ側に存在しなかった。それどころか、支那事変の勃発からほどない一九三七年十月、アメリカのフランクリン・ローズヴェルト大統領は、日本やドイツを感染症にたとえ、隔離する必要を国内世論に訴えた。ローズヴェルトは、アメリカにおいて伝統的な、国際紛争への関与に対する忌避感に、おそらく人種隔離的な論理を加えた世論への訴えかけによって、連邦政府による直接的な権限行使とは異なる、国民主導の実質的な日本に対する封じ込めを図った。こうした、理念を提示することで国際問題への関与に対する議会や国民の支持を獲得していくローズヴェルトの手法は、セオドア・ローズヴェルトからウッドロー・ウィルソンに至る革新主義の時代の、議会による多大な制約の下、大統領が政治指導力を発揮したり、理念を提起したりすることによって国民の支持を獲得し、全体を動かしていく政治手法を継承していた。そうした政治手法は、革新主義の気運を引き継いだ孤立主義を背景としていたが、当時の日本はそれを、世界に対するアメリカの不干渉、いわば〝住み分け〟的な姿勢としか理解できず、アメリカとの利害調整や関係改善の可能性に過大な期待を寄せ続けた。さらに、支那事変遂行に伴う勢力拡張政策への欲求が、アメリカの動向に対する希望的観測を助長した。

他方、この間のイギリスは、一九三八年九月のミュンヘン会談において、チェコスロヴァキアのズデーテン地方のドイツへの割譲問題をめぐり、問題の当事者たるチェコスロヴァキアとその同盟国たるソ連、そしてアメリカを排除した上で、ドイツの希望を部分的にかなえる国際合意をイギリス、フランス、さらにドイツの友好国たるイタリアを含めて成立させ、ドイツを実質的に封じ込めた。にもかかわらず、一九三九年九月にドイツはポーランドに侵攻し、イギリスは宣戦布告を余儀なくされた。しかし、イギリスは直ちに全面戦争に移行しなかった。経済や社会に対する政府の統制権限を拡大する措置は導入されたが、それらの発動や、財政支出の拡大、戦時経済に伴う労働力の移動は抑えられ、戦後を念頭に、国際通貨としてのスターリングの維持を図り、また、ヒトラーを排除した講和の可能性をドイツの軍部や実業界と探るなど、開戦前の宥和政策を継承する内外政策が展開された(4)。その後、チェンバレンの健康悪化とノルウェーの降伏により、一九四〇年五月にチャーチル政権が成立、直後のフランスの降伏を受けて、イギリスはドイツとの全面戦争に転じた。そして一九四〇年から翌年にかけ、一九三〇年代前半の軍備計画を活かしてドイツとの航空戦に勝利し、アメリカからの支援を拡大させる中で日本との開戦を迎えた。しかし、イギリスはそうした中でも、アメリカにヨーロッパ戦線優先の方針を確認させながら、当面の戦場を北アフリカに設定することで、自らの主導権の下で戦争を遂行し、また、北アフリカでの作戦の成功を通じてエジプトや地中海における自国勢力の保持を図ろうとする、独自の戦略を展開した[5]。

　このように、第二次世界大戦に対するイギリスとアメリカの対応は、それ以前のそれぞれの外交方針を引き継ぎ、対照的であった。すなわち、イギリスの戦略が、地域毎の利害に応じた重点主義的性格や、多国間の関係調整を基本とする特徴を持ったのに対し、アメリカの戦略には、国内に対して戦争参加の意義を訴える、理念重視の傾向が強かった。とりわけ日本に対するアメリカの戦争姿勢には、アメリカ流の民主主義になじまない文化を自らの世界から排除しようとする、隔離主義的な論理が介在した。その一方で、一九二〇年代から三〇年代にかけてのアメリカは、ラテンアメリカ地域の民主化を促進することで、自国と同地域との関係を安定化させようとする試みを行っていた。そうしたアメリカの経験が、東アジアにおいてイギリスの影響力が低下する中、第二次世界大戦ないし大東亜戦争を、民主主義、自由主義対ファシズム、軍国主義、全体主義といった、二元的な理念上の対立図式で捉えていく背景となった。こうした戦争の捉え方は、戦争に対する中立的立場と参戦国としての立場を両立させようとした第一次世界大戦期のアメリカの姿勢を、自らを正義とする立場をより強固にする方向で発展させたものであった。しかし、そのためアメリカは、かつての「勝利なき平和」という理念とは対照的に、日本に非妥協に臨んで戦争を決定付けたばかりか、戦争末期には民間人の大量殺戮を伴う無条件降伏を日本に強要し、さらに日本の国制変革や民主化を実現しようとするまでに干渉姿勢を強めた。二十世紀前半のアメリカは、独自の民主主義の伝統と論理に基づいて日本との合意や相互理解を拒否し続け、最終的に、互譲による妥協より、日本の価値観を全否定する選択を行った。

　こうしたアメリカの理念に対して日本は、大東亜戦争を植民地解放戦争として位置付けることで、対抗しようとした。それまで英米にとって日本は、自国領内に同化を拒否する移民を送り出しながら、中国において排他的な拠点を作ろうとする存在として、警戒されていた。対して日本にとって英米は、その領内でアジア人の権利を制限しながら、アジアにおいて白人優位の支配秩序を確立した勢力として、反発の対象となっていた。不平等条約をめぐる対立はその一つの表れであり、それらは全体として、国家間の人的物的交流が飛躍的に拡大する近代国際秩序の形成過程で生じた、国家観や社会秩序観をめぐる対立であった。日本にとって人種問題は、特にアメリカとの関係で懸案となり、日本政府は外交上の配慮から、常に自制を強いられた。しかも日本にとって、アメリカやイギリスにおける人種主義が、その自由主義や民主主義から派生していたことは、理解できなかった。そのため日本側は、欧米の自由主義や民主主義を、白人優位の独善的な二重基準に基づくものとして捉えた。そうした中、一九三〇年代に日本は欧米勢力圏との貿易に依存する広域経済圏を形成し、しかも次第に英米勢力圏との通商に制約を課せられていった。その結果、日本は、英米世界秩序内における経済的待遇格差を、英米領内における人種的差別待遇の発展形態として捉えるようになった。アメリカによる経済制裁の発動を受け、アメリカと開戦した後、日本がアメリカやイギリス、オランダとの戦争を植民地解放戦争として位置付けたのは、こうした経緯のためであった。大東亜戦争に関する日本の見方は、日本の主観的な経験と世界秩序解釈に基づいており、その点でアメリカの認識、すなわち、民主主義と自由主義の理念の下、自らを外部の帝国主義的世界に対して超越的に位置付ける世界解釈との相互理解は、不可能であった。

その上、大東亜戦争に至る日本外交は、支那事変の単独解決とヨーロッパ情勢の激変による好機の利用という二つの方針の間を二転三転した末、場当たり的に対米交渉に臨み、破局に至っていた。そのため、大東亜戦争を植民地解放戦争とする見方は、無責任な政府当局が招いた破局を正当化するための便宜的な手段ともなった。にもかかわらず、日本にとって植民地解放という理念は、アジアという広域圏内における階層的かつ役割分担的な政治秩序の形成を目指す、日本独自の民主主義を基礎としていた。しかも、アメリカが独自の民主主義に基づいて第二次世界大戦を位置付けたように、大東亜戦争遂行の負担を負わされた日本国民の中に、それを植民地解放戦争として理解し、それに殉じた人々が現れた。それが日本独自の民主主義の成果であった。

一九三〇年代の日本外交が停滞し、破局に至ったのは、世界的野心のためでも、軍国主義のためでも、ファシズムのためでもなく、日本独自の民主化に伴い、国民的責任意識が形成される中、政治家や指導的軍人が、自閉的な権力志向や事なかれ主義、全体的な馴れ合い、そして問題解決や決断の先送りなどにより、英米の政治指導力に比べて劣悪な政治指導力しか発揮できず、アメリカとの対立を先鋭化させる、機会主義的な勢力拡張を自制できなかったためであった。支那事変や特に大東亜戦争は、一九三〇年代前半に陸軍統制派が構想した資源の合理的運用によってでなく、国民の多大な努力と善意、犠牲の上に遂行された。その兆候は、満州事変から二・二六事件の発生に至る過程の中に表れていた。

大東亜戦争の終結後、日本はアメリカの占領下で新憲法を受け入れ、アメリカ主導の諸改革や新たな民主化を進めていった。ただし、その基盤となったのは、全体秩序や権威に順応的な近代日本の国民的資質であった。それにより、戦後の諸改革は総じて安定的に進められ、経済復興にも成功した。しかし、それによって日本とアメリカの相互理解が実現したわけではなかった。戦前から戦後にかけての日本の経験を、戦勝国ないし敗戦国の立場を超越した視点から相対的に捉え、多様な価値観を多様なまま理解していく作業は、本書に続く時代を理解するための課題として残されている。そうした作業は、多様な歴史的経験を踏まえながら、しかもより現代に通ずる、諸国間、諸文化間の対等な相互理解を進めていくための基礎となるはずである。

著者略歴

宮田　昌明（みやた　まさあき）

1971年　石川県生まれ
1994年　京都大学文学部史学科卒業
1999年　京都大学大学院文学研究科博士後期課程研究指導認定退学
2013年　京都大学博士（文学）
現在　一燈園資料館「香倉院」（一般財団法人懺悔奉仕光泉林付属）勤務

主要著書・論文

『西田天香――この心この身このくらし――』（ミネルヴァ書房、2008年）
『没後百周年記念トルストイ展　目録・解説』（一燈園資料館「香倉院」、2010年）
「日本政党史の軌跡と展望――中央と地方、役割の変化、国際情勢の影響――」、「戦後世界秩序、東アジア情勢と日本――米ソ対立下の中国の動向をめぐって――」上下、「日本史の中の天皇」上下、『国体文化』1061, 1066, 1067, 1073, 1074号（日本国体学会、2012年10月, 2013年3, 4, 10, 11月）

共編・編纂協力

松田清・白幡洋三郎編『国際日本文化研究センター所蔵　日本関係欧文図書目録』全3巻（国際日本文化研究センター、1998年）
天華香洞録刊行委員会編（編集責任・大橋良介）西田天香『天華香洞録』全6巻・別巻1（財団法人懺悔奉仕光泉林、2004年）
フレデリック・クレインス（共編著）「17世紀オランダに普及した日本情報――デ・フリース『東西インド奇事詳解』における日本関係記述――」、『日本研究』第33集（国際日本文化研究センター、2006年10月）
倉富勇三郎日記研究会（代表・永井和）編『倉富勇三郎日記』第1, 2巻（以下続刊予定）（国書刊行会、2010, 2012年）

英米《えいべい》世界秩序《せかいちつじょ》と東《ひがし》アジアにおける日本《にほん》

――中国《ちゅうごく》をめぐる協調《きょうちょう》と相克《そうこく》　一九〇六～一九三六――

平成二十六年九月三日　第一刷
令和　二年九月三日　第二刷

※定価はカバー等に表示してあります。

著　者　宮田　昌明
発行者　中藤　正道
発行所　株式会社錦正社
〒一六二―〇〇四一
東京都新宿区早稲田鶴巻町五四四‐六
電　話　〇三（五二六一）二八九一
FAX　〇三（五二六一）二八九二
URL　https://kinseisha.jp/

組版　宮田　昌明
印刷　株式会社平河工業社
製本　株式会社ブロケード

ISBN978-4-7646-0339-4

人名索引

*を付した数字は、注記中の頁を示す。注記中からの収録は、原則として補足説明文中からのみとした。

当該人物名を冠した法律や条約、協定、事件名、あるいは内閣名ないし政権名についても所収した。

あ

い

か

き・く

け・こ

さ

し

す・せ・そ

た

ち・つ

て・と

な 行

は

ひ

ま

み・む

め・も

や 行

ら・り

研究者・著者名索引

か 行

さ 行

た 行

な 行

は　行

ま　行

や・ら・わ　行

文献一覧

本書中で言及した文献を掲げた。注記中の典拠表記は略表記とし、書誌の詳細は以下による。史料の引用に際し、漢字を常用漢字に改め、句読点を施した。また、誤字を修正した場合がある。

邦文（一部漢文を含む）

全体を【未公刊史料】、【公刊資料】1〈公文書および研究者による編纂史料、新聞資料〉、2〈私文書――日記、書簡、個人文書〉、3〈同時代の批評および回想〉、4〈伝記および記録的著作〉、【官公庁、団体編纂文献】、【研究書、論文】に分類し、それぞれ著者の五十音順によって配列した。

【未公刊史料】

外務省外交史料館所蔵

「支那関税特別会議報告書（未定稿）」（官 58）

「帝国ノ対外政策関係一件　五相会議」(A.1.0.0.6-3)

「帝国ノ対支外交政策関係一件」(A.1.1.0.10) 第 4 巻

「満州事変・華北問題」(A.1.1.0.21-27) 第 2, 3, 7, 8 巻

「満州国承認問題一件・帝国ノ部」(A.6.2.0.3-3) 第 2 巻

国立公文書館所蔵

「満受大日記（密）」〈昭和十年十一冊ノ内其一〉（返・赤・3A/14/1-2）

「満受大日記（密）〈昭和十年十一冊ノ内其九〉（返・赤・4-1）

国立国会図書館憲政資料室所蔵

大蔵公蔵「外交国策樹立ニ関スル進言」（「斎藤実文書」186-9）

東京大学法学部附属近代日本法政史料センター所蔵

荒木貞夫、松井石根宛河本大作書簡（昭和 3 年 4 月 27 日）「荒木貞夫関係文書」6-81

防衛省防衛研究所図書館所蔵

「陸満密綴」第 17 号〈自昭和九年九月十三日至同年十月十一日〉（陸軍省・陸満密大日記・S9 ~ 11）収録

「林銑十郎大将史料」（中央・戦争指導その他・60）

陸軍省軍務課「満州国関係重要事項記録　自昭和七年三月至昭和十二年三月」、防衛庁防衛研究所戦史部蔵、片倉史料、17 ~ 19（複写史料）（中央・戦争指導・重要国作文書／ 205 ~ 207）

【公刊資料】1〈公文書および研究者による編纂史料、新聞資料〉

外務省編『日本外交年表並主要文書』上下巻〈明治百年史叢書〉第 1, 2 巻（原書房、1965, 1966 年）

外務省編『日本外交文書』

『通商条約関係日本外交文書』第 1 巻第 1 冊（1953 年）／同第 1 巻第 2 冊（1954 年）／第 38 巻第 1 冊（1958 年）／第 40 巻第 1, 3 冊（1959, 1961 年）／第 41 巻第 1 冊（1960 年）／第 42 巻第 1 冊（1961 年）／第 43 巻第 1 冊（1962 年）／第 44 巻第 1 冊（1962 年）／〈清国事変（辛亥革命）〉（1961 年）／大正 2 年第 2, 3 冊（1964, 1965 年）／大正 3 年第 1, 3 冊（1965, 1966 年）／大正 4 年第 3 冊（1968 年）／大正 6 年第 3 冊（1968 年）／大正 7 年第 1 冊, 第 2 冊下巻（1968, 1969 年）／大正 8 年第 3 冊上巻（1971 年）／大正 10 年第 3 冊下巻（1975 年）／大正期第 22 冊〈巴里講和会議経過概要〉（1971 年）／大正期第 24 冊〈対米移民問題経過概要〉（1972 年）／大正 13 年第 2 冊（1981 年）／大正 14 年

第 2 冊上下巻（1983, 1984 年）／大正 15 年第 2 冊上下巻（1985, 1987 年）／『日本外交文書』〈ワシントン会議〉上下巻（1977, 1978 年）／昭和期Ⅰ第 1 部第 1 ~ 5 巻（1989, 1990, 1993, 1994, 1995 年）／〈満州事変〉第 1 巻第 3 冊（1978 年）／〈満州事変〉第 2 巻第 1, 2 冊（1979, 1980 年）／〈満州事変〉第 3 巻 , 別巻（1981 年）／昭和期Ⅱ第 1 部第 2 巻（1998 年）／昭和期Ⅱ第 1 部第 3 巻（2000 年）／昭和期Ⅱ第 1 部第 4 巻上下（2006 年）／昭和期Ⅱ第 1 部第 5 巻上下（2008 年）
『現代史資料』（みすず書房）
第 4 巻、今井清一、高橋正衛編〈国家主義運動〉1（1963 年）
第 5 巻、高橋正衛編〈国家主義運動〉2（1964 年）
第 7 巻、小林龍夫、島田俊彦編〈満州事変〉（1964 年）
第 8 巻、島田俊彦、稲葉正夫編〈日中戦争〉1（1964 年）
第 23 巻、高橋正衛編〈国家主義運動〉3（1974 年）
『外務省執務報告』〈東亜局〉臼井勝美解説、第 1 巻〈昭和 11 年〉1（クレス出版、1993 年）
『枢密院会議議事録』国立公文書館所蔵（複製版）第 43 巻〈昭和 2 年〉（東京大学出版会、1992 年）
内閣統計局編纂『日本帝国統計年鑑』各年度版（復刻版、東京リプリント出版社）

◇

岡部牧夫編・解説『満州移民関係資料集成』（不二出版）
第 1 巻〈第 1 編　移民政策関係会議録類①②③〉（1990 年）
第 32 巻〈第 6 編　満州開拓年鑑②（康徳 8 年・昭和 16 年版、満州国通信社〉（1992 年）
鈴木武雄監修『西原借款資料研究』（東京大学出版会、1972 年）
山田昭次編『満州移民』〈近代民衆の記録〉6（新人物往来社、1978 年）
山本四郎編『第二次大隈内閣関係史料』〈京都女子大学研究叢刊〉4（京都女子大学、1979 年）
林茂編『二・二六事件秘録』別巻（小学館、1972 年）
原秀男、沢地久枝、匂坂哲郎編『検察秘録五・一五事件』第 3 巻〈匂坂資料〉3（角川書店、1990 年）
――――編『検察秘録二・二六事件』第 2 巻〈匂坂資料〉6（角川書店、1989 年）

◇

［中村大尉事件関連記事］『東京朝日新聞』昭和 6 年 8 月 18 日付夕刊（17 日発行）
「大国策審議機関、陸軍で設置決定、内外の具体策を確立」『東京朝日新聞』昭和 9 年 3 月 19 日朝刊
「『北支自治体の結成、指導の必要あり』多田軍司令官声明」『東京朝日新聞』昭和 10 年 9 月 25 日朝刊

【公刊資料】2〈私文書――日記、書簡、個人文書〉

『石原莞爾資料――国防論策篇』角田順編、増補版〈明治百年史叢書〉第 18 巻（原書房、1984 年）
『石原莞爾選集』玉井礼一郎編（たまいらぼ）
1〈漢口から妻へ（書簡）〉（1985 年）、2〈ベルリンから妻へ（書簡と日記）〉（1985 年）、3〈最終戦争論／戦争史大観〉（1986 年）
上原勇作関係文書研究会編『上原勇作関係文書』（東京大学出版会、1976 年）
『宇垣一成日記』角田順校訂（みすず書房）Ⅰ（1968 年）Ⅱ（1970 年）
宇垣一成文書研究会編『宇垣一成関係文書』（芙蓉書房出版、1995 年）
大川周明関係文書刊行会『大川周明関係文書』（芙蓉書房出版、1998 年）
『小川平吉関係文書』岡義武他編、第 1 , 2 巻（みすず書房、1973 年）
木戸日記研究会（代表岡義武）編『木戸幸一日記』上巻（東京大学出版会、1966 年）
『鈴木貞一氏談話速記録』上下、木戸日記研究会〈日本近代史料叢書 B-4〉（日本近代史料研究会、1971, 1974 年）
［河本大作］「裁かれる昭和――日本陸軍亡国秘録」（第 1 回「満蒙に血の雨を――河本大作『張作霖爆殺予告書簡』を初公開！」）『現代』第 26 巻 10 号（講談社、1992 年 9 月号）
「鈴木貞一日記――昭和九年」伊藤隆、佐々木隆編、史学会編『史学雑誌』第 87 編第 4 号、1978 年 4 月

『寺内正毅関係文書――首相以前』山本四郎編〈京都女子大学研究叢刊〉9（京都女子大学、1984年）
［中島信一］「五・一五事件・大川周明裁判・中島信一検事聴取書」広瀬順晧校訂・解説『中央公論』1991年7月号
『白堅武日記』中国社会学院近代史研究所編、第2冊（江蘇戸籍出版社、1992年）
『原敬日記』原奎一郎編、第2, 3, 4, 5巻（福村出版、1965年）
原田熊雄（述）『西園寺公と政局』（岩波書店）第2巻（1950年）、第3, 4巻（1951年）、別巻（1956年）
『牧野伸顕日記』伊藤隆、広瀬順晧編（中央公論社、1990年）
『真崎甚三郎日記』伊藤隆他編、1〈昭和七・八・九年一月～昭和十年二月〉、2〈昭和十年三月～昭和十一年三月〉〈近代日本史料選書〉1-1, 2（山川出版社、1981年）
［松本剛吉］『大正デモクラシー期の政治――松本剛吉政治日誌』岡義武、林茂校訂（岩波書店、1959年）
［山県有朋］『大正初期山県有朋談話筆記・政変思出草』伊藤隆編〈近代日本史料選書〉2（山川出版社、1981年）

【公刊資料】3〈同時代の批評および回想〉

池田純久『日本の曲り角――軍閥の悲劇と最後の御前会議』（千城出版、1968年）
磯谷廉介「支那の対日政策私観」『外交時報』第698号（外交時報社、1934年1月1日）
井上友一『救済制度要義』復刻版〈戦前期社会事業基本文献集〉19（日本図書センター、1995年、原版、博文館、1909年）
大蔵栄一『二・二六事件への挽歌――最後の青年将校』（読売新聞社、1971年）
小沼正『一殺多生――血盟団事件・暗殺者の手記』（読売新聞社、1974年）
影山正治、荒木貞夫（対談）「二・二六事件の回想」→影山『影山正治全集』第15巻（初出『不二』1966年2月号）
影山正治『影山正治全集』第15巻（影山正治全集刊行会、1991年）
片倉衷『片倉参謀の証言　叛乱と鎮圧』（芙蓉書房、1981年）
北輝次郎『北一輝著作集』第2巻（みすず書房、1959年）
小磯国昭『葛山鴻爪』（丸ノ内出版、1968年、原版、小磯国昭自叙伝刊行会、1963年）
［河本清子］「インタビュー河本清子さん」『This is 読売』（読売新聞社、1997年11月号）
河本大作「私が張作霖を殺した」『文藝春秋』（文藝春秋社、1954年12月号）
「河本大作供述調書」『This is 読売』（読売新聞社、1997年11月号）
佐郷屋留雄、小沼正、古賀清志、影山正治、綿引正三、林逸郎「昭和維新の諸事件」→影山『影山正治全集』第15巻（初出『不二』1958年8月号）
清水実「秘密結社『青幇』工作に踊る」『特集人物往来』（人物往来社、1956年6月号）
末松太平『私の昭和史』（みすず書房、1963年）
杉村陽太郎『国際外交録』（中央公論社、1933年）
専田盛寿「親日華北政権樹立の夢崩る！――土肥原工作の失敗」『別冊知性』5〈秘められた昭和史〉（河出書房、1956年12月号）
高久肇「北支那経済工作調査機関設置計画に就て」昭和8年12月→南満州鉄道株式会社調査部『支那経済開発方策並調査資料』
竹内夏積編『松岡全権大演説集 』（大日本雄弁会講談社、1933年）
多田駿（高橋久志解説）「多田駿手記」（昭和21年1月5日作成）軍事史学会『軍事史学』第24巻第2号、1988年9月
津野一輔「欧州戦ニ関スル所感ノ一節」『偕行社記事』第529号、1918年8月
徳川義親『最後の殿様――徳川義親自伝』（講談社、1973年）
中野雅夫『橋本大佐の手記』（みすず書房、1963年）
根本博「最近の日支関係」『外交時報』第706号（外交時報社、1934年5月1日）

浜口雄幸「合理的景気回復の基調」『民政』第3巻第9号、1929年9月、復刻版（文献資料刊行会編『民政』第10巻、柏書房、1986年）
平野零児「戦争放火者の側近」『特集文藝春秋』〈私はそこにいた〉（文藝春秋社、1956年12月）
星野直樹『見果てぬ夢――満州国外史』（ダイヤモンド社、1963年）
真崎甚三郎「歩兵戦闘教練ニ就テ」『偕行社記事』第523号、1918年2月
松井忠雄『内蒙三国志』〈原書房・100冊選書〉8（原書房、1966年）
松本重治『上海時代』上〈中公新書〉374（中央公論社、1974年）
三池亥佐夫「藍衣運動より新生活運動へ」『外交時報』第707号（外交時報社、昭和9年5月15日）
山口一太郎「五・一五事件」→『現代史資料』第4巻（付録「現代史資料月報」所収）
吉野作造『吉野作造選集』第8巻（岩波書店、1996年）

【公刊資料】4〈伝記および記録的著作〉

会田勉『川島浪速翁』復刻版〈伝記叢書〉257（大空社、1997年、原版、文粋閣、1936年）
荒木貞夫（編者代表）『元帥上原勇作伝』下巻（元帥上原勇作伝記刊行会、1937年）
板垣征四郎刊行会編『秘録板垣征四郎』（芙蓉書房、1972年）
伊藤正徳編『加藤高明』上下巻、復刻版〈明治百年史叢書〉第141, 142巻（原書房、1970年、原版、加藤高明伯伝記編纂委員会、1929年）
井上馨侯伝記編纂会編『世外井上公伝』復刻版、第5巻〈明治百年史叢書〉第59巻（原書房、1968年、原版1933年）
近江匡男編『井上明府遺稿』復刻版〈伝記叢書〉14（大空社、1987年、原版1920年）
橘川学『嵐と闘ふ哲将荒木』（荒木貞夫将軍伝記編纂刊行会、1955年）
河野恒吉『国史の最黒点』前編（時事通信社、1963年）
坂井景南『英傑加藤寛治――景南回想記』（ノーベル書房、1979年）
相良俊輔『赤い夕陽の満州野が原に――鬼才河本大作の生涯』（光人社、1978年）
幣原平和財団編『幣原喜重郎』（幣原平和財団、1955年）
菅原裕『相沢中佐事件の真相』（経済往来社、1971年）
須山幸雄『作戦の鬼　小畑敏四郎』（芙蓉書房、1983年）
高倉徹一編『田中義一伝記』下巻、復刻版〈明治百年史叢書〉第300巻（原書房、1981年、原版1958年）
高宮太平『軍国太平記』（酣燈社、1951年）
永田鉄山刊行会編『秘録永田鉄山』（芙蓉書房、1972年）
故永田中将伝記編纂委員編『鉄山永田中将』（川流堂小林又七本店、1938年）
東宮大佐記念事業委員会編『東宮鉄男伝』復刻版〈伝記叢書〉245（大空社、1997年、原版、新京特別市大同大街協和会中央本部・東宮大佐記念事業委員会発行、1940年）
徳富猪一郎編『公爵桂太郎伝』坤巻（故桂公爵記念事業会、1917年）
中村雪子『麻山事件――満洲の野に婦女子四百余名自決す』（草思社、1983年）
平塚篤編『伊藤博文秘録』復刻版〈明治百年史叢書〉第310巻（原書房、1982年、原版1929年）
平沼騏一郎回顧録編纂委員会編『平沼騏一郎回顧録』（平沼騏一郎回顧録編纂委員会、1955年）
舩木繁『支那派遣軍総司令官岡村寧次大将』（河出書房新社、1984年）
守島康彦編『昭和の動乱と守島伍郎の生涯』（葦書房、1985年）
矢部貞治編『近衛文麿』上（弘文堂、1952年）
山浦貫一編『森恪』復刻版〈明治百年史叢書〉第294巻（原書房、1982年、原版1940年）

【官公庁、団体編纂文献】

大蔵省編『明治大正財政史』（財政経済学会）
第1巻〈総目録・総説・財政機関〉（1940年）／第3巻〈歳計・上〉（1938年）／第4巻〈歳計（中）〉

（1937 年）／第 11 巻〈国債・上〉（1936 年）／第 12 巻〈国債・下〉（1937 年）
大蔵省管理局『日本人の海外活動に関する歴史的調査』（出版年不明）
大蔵省昭和財政史編集室編『昭和財政史』（東洋経済新報社）
第 1 巻〈総説〉（1965 年）／第 3 巻〈歳計〉（1955 年）／第 5 巻〈租税〉（1957 年）／第 6 巻〈国債〉（1954 年）／第 9 巻〈通貨・物価〉（1951 年）／第 10 巻〈金融（上）〉（1955 年）
外務省監修・日本学術振興会編纂『通商条約と通商政策の変遷』〈条約改正関係日本外交文書別冊〉（世界経済調査会、1951 年）
外務省編『小村外交史』復刻版〈明治百年史叢書〉第 7 巻（原書房、1966 年）
外務省百年史編纂委員会編『外務省の百年』上巻（原書房、1969 年）
外務省領事移住部『わが国民の海外発展——移住百年の歩み』本編（1971 年〔まえがき〕）
関東州庁土木課編『関東州愛川村——邦人満洲移民の魁』（大連、満州文化協会、1935 年）
宮内庁編『明治天皇紀』第 12 巻（吉川弘文館、1975 年）
参謀本部編『昭和三年支那事変出兵史』（第 2 刷、巌南堂、1971 年）
城陽市史編さん委員会編『城陽市史』第 2 巻（城陽市役所、1979 年）
通商産業省編『商工政策史』（商工政策史刊行会）第 9 巻〈産業合理化〉（1961 年）／第 12 巻〈中小企業〉（1963 年）
長野県編『長野県史』通史編第 9 巻〈近代〉3（長野県史刊行会、1990 年）
日本銀行百年始編纂委員会編『日本銀行百年史』第 2, 3 巻（日本銀行、1983 年）
農林大臣官房総務課編『農林行政史』（農林協会）第 1 巻（1958 年）、第 2 巻（1959 年）、第 3 巻（1958 年）、第 4 巻（1959 年）
ハワイ日本人移民史刊行委員会編『ハワイ日本人移民史』（布哇日系人連合協会、1964 年）
防衛庁防衛研修所戦史室『戦史叢書』（朝雲新聞社）
第 8 巻〈大本営陸軍部〉1（1967 年）／第 27 巻〈関東軍〉1（1969 年）
————————「一夕会と双葉会由来」『戦史叢書』第 8 巻付録
満洲国史編纂委員会編『満洲国史』〈総論〉〈各論〉（第 2 版、謙光社、1973 年、原版、満蒙同胞援護会、1970 年）
満州国通信社『満州国現勢』〈建国—大同二年版〉復刻版（クレス出版、2000 年、原版 1933 年）
満洲青年連盟史刊行委員会編『満洲青年連盟史』復刻版〈明治百年史叢書〉第 51 巻（原書房、1968 年、原書 1933 年）
満鉄経済調査会『満洲工業開発方策の総括』（『立案調査書類』第 6 編第 1 巻）昭和 10 年 9 月、東京大学社会科学研究所所蔵「岡野文庫」(1408/C2/47)
南満洲本鉄道株式会社調査部『支那経済開発方策並調査資料』〈支那立案調査書類〉第 2 編第 1 巻其 2（1937 年 12 月）
労働省編『労働行政史』第 1 巻（労働法令協会、1961 年）

【研究書、論文】

赤木妙子『海外移民ネットワークの研究——ペルー移住者の意識と生活』（芙蓉書房出版、2000 年）
浅田喬二「満州農業移民政策の立案過程」→満州移民史研究会編『日本帝国主義下の満州移民』
麻田貞雄『両大戦間の日米関係——海軍と政策決定過程』（東京大学出版会、1993 年）
浅野和生「イギリスの同情と批判」→中村編『満州事変の衝撃』
阿曽沼春菜「日本の関税自主権回復問題にみる『もうひとつの』日英関係——小村条約改正交渉とイギリス 一九一〇～一一年」1-3、京都大学法学会『法学論叢』第 163 巻第 2, 4, 6 号、2008 年 5, 7, 9 月
————「中国の関税自主権回復問題と二十世紀イギリス外交——一二月メモランダムをめぐる政治課程 一九二五～一九二八年」1-3、京都大学法学会編『法学論叢』第 165 巻第 5, 6 号、第 166 巻第 2 号、2009 年 8, 9, 11 月

我妻栄編『日本政治裁判史録』明治・後（第一法規出版、1969 年）
蘭信三『「満州移民」の歴史社会学』（行路社、1994 年）
蘭信三編『日本帝国をめぐる人口移動の国際社会学』（不二出版、2008 年）
有賀貞「排日問題と日米関係――『埴原書簡』を中心に」→入江他編『戦間期の日本外交』
粟屋憲太郎『東京裁判論』（大月書店、1989 年）
飯島渉「『裁釐加税』問題と清末中国財政――1902 年中英マッケイ条約交渉の歴史的位置」史学会編『史学雑誌』第 102 巻第 11 号、1993 年 11 月
石井寛治他編『日本経済史』第 2 巻〈産業革命期〉（東京大学出版会、2000 年）
石川一三夫「日露戦後経営と鉄道国有――第二二回帝国議会～第二四回帝国議会」→内田他編『日本議会史録』第 1 巻
泉靖一「ブラジルの日系コロニヤ」→泉編『移民』
泉靖一編著『移民――ブラジル移民の実態調査』（古今書院、1957 年）
伊藤隆『昭和初期政治史研究――ロンドン海軍軍縮問題をめぐる諸政治集団の対抗と提携』（東京大学出版会、1969 年）
――「『満州建国』裏面史の解明に光」『This is 読売』（読売新聞社、1997 年 11 月号）
伊藤正直『日本の対外金融と金融政策　1914 ～ 1936』（名古屋大学出版会、1989 年）
伊藤之雄『大正デモクラシーと政党政治』（山川出版社、1987 年）
――『立憲国家と日露戦争――外交と内政　1898 ～ 1905』（木鐸社、2000 年）
――『昭和天皇と立憲君主制の崩壊――睦仁・嘉仁から裕仁へ』（名古屋大学出版会、2005 年）
伊藤之雄、川田稔編著『環太平洋の国際秩序の模索と日本――第一次世界大戦後から五五年体制成立』（山川出版社、1999 年）
――『20 世紀日本と東アジアの形成――1867 ～ 2006』〈MINERVA 人文・社会科学叢書〉120（ミネルヴァ書房、2007 年）
絲屋寿雄『大逆事件』増補改訂版（三一書房、1970 年）
稲葉正夫「張作霖爆殺事件」→参謀本部編『昭和三年支那事変出兵史』付録
――「中国・板垣将軍・日本――同志と共に大陸への初志を貫く」→板垣征四郎刊行会編『秘録板垣征四郎』
井上寿一『危機のなかの協調外交――日中戦争に至る対外政策の形成と展開』（山川出版社、1994 年）
井上光貞他編『日本歴史大系』普及版（山川出版社）第 15 巻〈明治憲法体制の展開・下〉（1996 年）、第 16 巻〈第一次世界大戦と政党内閣〉（1997 年）
井上勇一『東アジア鉄道国際関係史――日英同盟の成立および変質過程の研究』（慶応通信、1989 年）
井星英「張作霖爆殺事件の真相」1 ~ 5、藝林会編『藝林』第 31 巻第 1 ~ 4 号、第 32 巻第 1 号（1982 年 3, 6, 9, 12 月 , 1983 年 3 月）
今井良一「満州農業移民における地主化とその論理――第三次試験移民団『瑞穂村』と第八次『第八浪』分村開拓団との比較から」→蘭編『日本帝国をめぐる人口移動の国際社会学』
入江昭『極東新秩序の模索』〈近代日本外交史叢書〉8（原書房、1968 年）
入江昭、有賀貞編『戦間期の日本外交』（東京大学出版会、1984 年）
岩間徹編『ロシア史（新版）』〈世界各国史〉4（山川出版社、1979 年）
植田捷雄『在支列国権益概説』（巌松堂書店、1939 年）
――『支那に於ける租界の研究』（巌松堂書店、1941 年）
――『支那租借地論』（日光書院、1943 年）
臼井勝美「張作霖爆死の真相」『別冊知性』5〈秘められた昭和史〉（河出書房、1956 年 12 月号）
――『日本と中国――大正時代』〈近代日本外交史叢書〉7（原書房、1972 年）
――『満洲国と国際連盟』（吉川弘文館、1995 年）
――『日中外交史研究――昭和前期』（吉川弘文館、1998 年）

――――『日中戦争――和平か戦線拡大か』新版〈中公新書〉1532（中央公論新社、2000 年）
臼杵英一「国際法上の不承認と共通利益――主にイギリス外務省文書にあらわれた『満州国』承認及びスティムソン主義に関する国家実行」→大谷編『共通利益概念と国際法』
内田健三、金原左門、古屋哲夫編『日本議会史録』第 1, 2 巻（第一法規出版、1991 年）
宇野重昭「中国の動向」→日本国際政治学会編『太平洋戦争への道』第 2 巻
海野芳郎『国際連盟と日本』〈近代日本外交史叢書〉6（原書房、1972 年）
江口圭一『十五年戦争小史』新版（青木書店、1991 年）
――――『日本帝国主義史研究』（青木書店、1998 年）
ＮＨＫ取材班編『満州事変・世界の孤児へ』〈日本の選択〉8〈角川文庫〉9739（角川書店、1995 年）
江見康一、塩野谷祐一『長期経済統計』第 7 巻〈財政支出〉（東洋経済新報社、1966 年）
大江志乃夫『張作霖爆殺――昭和天皇の統帥』〈中公新書〉942（中央公論社、1989 年）
――――『天皇の軍隊』〈昭和の歴史〉第 3 巻（小学館、1982 年、文庫版、1988 年）
大島美津子「緊縮財政と韓国併合――第二五回帝国議会～第二七回帝国議会」→内田他編『日本議会史録』第 1 巻
大谷栄一『近代日本の日蓮主義運動』（法蔵館、2001 年）
大谷良雄編『共通利益概念と国際法』（国際書院、1993 年）
大沼保昭「遙かなる人種平等の理想――国際連盟規約への人種平等条項提案と日本の国際法観」→大沼編『国際法、国際連合と日本』
大沼保昭編『国際法、国際連合と日本――高野雄一先生古稀記念論文集』（弘文堂、1987 年）
岡部牧夫『満州国』〈講談社学術文庫〉1851（講談社、2007 年、初出は三省堂、1978 年）
岡元彩子『アメリカを生き抜いた日本人――屈辱と栄光の百年』〈日経新書〉323（日本経済新聞社、1980 年）
岡本幸治編『近代日本のアジア観』〈MINERVA 日本史ライブラリー〉5（ミネルヴァ書房 、1998 年）
岡本隆司『近代中国と海関』（名古屋大学出版会、1999 年）
奥脇賢三『検証「新しき村」――武者小路実篤の理想主義』（農山漁村文化協会、1998 年）
尾高煌之助「二重構造」→中村、尾高編『日本経済史』第 6 巻
小田部雄次『徳川義親の十五年戦争』（青木書店、1988 年）
小野田摂子「駐華ドイツ大使トラウトマンによる和平工作の中国側史料としての『極密徳国調停案』: 解説と全訳」→三宅編著『ベルリン・ウィーン・東京』
ガードナー, ロイド（河合秀和訳）「極東国際政治と英米関係」→細谷他編『ワシントン体制と日米関係』
鹿島平和研究所編『日本外交史』別巻 4〈地図〉（鹿島研究所出版会、1974 年）
加瀬和俊『戦前日本の失業対策――救済型公共土木事業の史的分析』（日本経済評論社、1998 年）
金澤史男「行財政整理・普選・治安維持法――第四九回帝国議会～第五二回帝国議会」→内田他編『日本議会史録』第 2 巻
金子文夫『近代日本における対満州投資の研究』（近藤出版社、1991 年）
刈田徹『昭和初期政治・外交史研究――十月事件と政局』（人間の科学社、1978 年）
河合秀和「北伐へのイギリスの対応――『クリスマス・メッセージ』を中心として」→細谷他編『ワシントン体制と日米関係』
川田稔『原敬 転換期の構想――国際社会と日本』（未来社、1995 年）
―――『浜口雄幸と永田鉄山』〈講談社選書メチエ〉436（講談社、2009 年）
君塚直隆『イギリス二大政党制への道――後継首相の決定と「長老政治家」』（有斐閣、1998 年）
北岡伸一『日本陸軍と大陸政策　1906-1918 年』（東京大学出版会、1978 年）
――――「陸軍派閥対立（一九三一～三五）の再検討――対外・国防政策を中心として」→近代日本研究会『年報・近代日本研究』第 1 巻
――――「二十一ヵ条再考――日米外交の相互作用」→近代日本研究会編『年報・近代日本研究』第 7 巻

――――『政党から軍部へ　1924 ～ 1941』〈日本の近代〉5（中央公論新社、1999 年）
木畑洋一「一九三〇年代イギリスの東アジア政策をめぐって」→近代日本研究会編『年報・近代日本研究』第 1 巻
――――「リース＝ロス使節団と英中関係」→野沢編『中国の幣制改革と国際関係』
木畑洋一他編『日英交流史　1600-2000』第 1 巻（東京大学出版会、2000 年）
木村和男、バックナー, フィリップ、ヒルマー, ノーマン『カナダの歴史――大英帝国の忠実な長女　1713-1982』〈人間科学叢書〉26（刀水書房、1997 年）
木村和男編『カナダ史』〈新版 世界各国史〉23（山川出版社、1999 年）
木村靖二編『ドイツ史』〈新版 世界各国史〉13（山川出版社、2001 年）
近代日本研究会編『年報・近代日本研究』（山川出版社）第 1 巻〈昭和期の軍部〉（1979 年）、第 7 巻〈日本外交の危機認識〉（1985 年）、第 8 巻〈官僚制の形成と展開〉（1986 年）
金原左門「『改造』の時代への開幕と議会」→内田他編『日本議会史録』第 2 巻
久保亨「幣制改革以降の中国経済」→野沢編『中国の幣制改革と国際関係』
―――『戦間期中国〈自立への模索〉――関税通貨政策と経済発展』（東京大学出版会、1999 年）
粂井輝子『外国人をめぐる社会史――近代アメリカと日本人移民』（雄山閣出版、1995 年）
クラーク, ピーター（西沢保他訳）『イギリス現代史　1900-2000』（名古屋大学出版会、2004 年）
栗原健「第一次・第二次満蒙独立運動と小池外務省政務局長の辞職」→栗原編著『対満蒙政策史の一面』
栗原健編著『対満蒙政策史の一面――日露戦後より大正期にいたる』〈明治百年史叢書〉第 10 巻（原書房、1966 年）
黒沢文貴『大戦間期の日本陸軍』（みすず書房、2000 年）
ケイン, P・J、ホプキンス, A・G（木畑洋一他訳）『ジェントルマン資本主義の帝国』Ⅱ〈危機と解体 1914-1990〉（名古屋大学出版会、1997 年）
小池聖一『満州事変と対中国政策』（吉川弘文館、2003 年）
纐纈厚『総力戦体制研究――日本陸軍の国家総動員構想』（三一書房、1981 年）
小瀬一「南京国民政府成立期の中国海関――アグレン時代の海関運営をめぐって」龍谷大学経済学会編『経済学論集』、第 34 巻第 2 号、1994 年 8 月
―――「中国海関と北京特別関税会議」東洋史研究会編『東洋史研究』第 56 巻第 2 号、1997 年 9 月
小谷賢「イギリスの外交戦略とインテリジェンス――南部仏印進駐問題とイギリスの対応を例に」国際安全保障学会編『国際安全保障』第 31 巻第 3 号、2003 年 12 月
児玉正昭『日本移民史研究序説』（渓水社、1992 年）
後藤春美「一九二〇年代中国における日英『協調』」→木畑他編『日英交流史』第 1 巻
小林一博『「支那通」一軍人の光と影――磯谷廉介中将伝』（柏書房、2000 年）
小林龍夫「海軍軍縮条約」→日本国際政治学会編『太平洋戦争への道』第 1 巻
小林英夫『「大東亜共栄圏」の形成と崩壊』（御茶の水書房、1975 年）
――――「満州農業移民の営農実態」→満州移民史研究会編『日本帝国主義下の満州移民』
――――「華北占領政策の展開過程――乙嘱託班の結成と活動を中心に」駒沢大学経済学会編『駒沢大学経済学論集』第 9 巻第 3 号、1977 年 12 月
――――「幣制改革をめぐる日本と中国」→野沢編『中国の幣制改革と国際関係』
小林道彦『日本の大陸政策　1895―1914――桂太郎と後藤新平』（南窓社、1996 年）
――――「大陸政策と人口問題――一九一八～三一年」→伊藤他編『環太平洋の国際秩序の模索と日本』
――――「浜口雄幸内閣期の政党と陸軍」北九州市立大学法学会編『北九州市立大学法政論集』第 30 巻第 3, 4 合併号、2003 年 1 月
――――「第二次若槻礼次郎内閣期の政党と陸軍」同上、第 31 巻第 2, 3 号、2004 年 1 月
――――「日本陸軍と中原大戦――1929-31 年」同上、第 32 巻第 1 号、2004 年 6 月
――――「田中政友会と山東出兵――1927-1928」(1)(2) 同上、第 32 巻第 2, 3 合併号 , 第 33 巻第 1 号、

2004 年 12 月 , 2005 年 6 月
――――「井上準之助と軍制改革問題」同上、第 34 巻第 3, 4 合併号、2007 年 3 月
――――「政党政治と満州事変――ワシントン体制の挫折」→伊藤他編『20 世紀日本と東アジアの形成――1867 ～ 2006』
――――「三月事件再考――宇垣一成と永田鉄山」日本歴史学会編『日本歴史』第 713 号、2007 年 10 月
――――「政軍関係と満州事変」(1)『北九州市立大学法政論集』第 36 巻第 1, 2 合併号、2008 年 10 月
――――『政党内閣の崩壊と満州事変――1918 ～ 1932』〈MINERVA 人文・社会科学叢書〉157（ミネルヴァ書房、2010 年）
小山俊樹『憲政常道と政党政治――近代日本二大政党制の構想と挫折』（思文閣出版、2012 年）
斎藤叫「アメリカ銀政策の展開と中国」→野沢編『中国の幣制改革と国際関係』
酒井哲哉『大正デモクラシー体制の崩壊――内政と外交』（東京大学出版会、1992 年）
佐口卓『日本社会保険制度史』（勁草書房、1977 年）
佐久間真澄（柴田しず恵編）『記録 満州国の消滅と在留邦人』（のんぶる舎、1997 年）
櫻井良樹『大正政治史の出発――立憲同志会の成立とその周辺』（山川出版社、1997 年）
――――『辛亥革命と日本政治の変動』（岩波書店、2009 年）
佐々木隆「荒木陸相と五相会議」史学会編『史学雑誌』第 88 編第 3 号、1979 年 3 月
佐藤元英『昭和初期対中国政策の研究――田中内閣の対満蒙政策』〈明治百年史叢書〉第 402 巻（原書房、1992 年）
篠原一、三谷太一郎編『近代日本の政治指導――政治家研究Ⅱ』（東京大学出版会、1965 年）
柴宜弘編『バルカン史』〈新版 世界各国史〉18（山川出版社、1998 年）
渋谷由里『馬賊で見る「満洲」――張作霖のあゆんだ道』〈講談社メチエ〉317（講談社、2004 年）
島田俊彦「満州事変の展開」→日本国際政治学会編『太平洋戦争への道』第 2 巻
――――「華北工作と国交調整」→日本国際政治学会編『太平洋戦争への道』第 3 巻
――――「張作霖爆殺事件」軍事史学会編『軍事史学』第 1 巻第 2 号、1965 年
島田洋一「対華二十一カ条要求――加藤高明の外交指導」、政治経済史学会編『政治経済史学』第 259, 260 号、1987 年 11, 12 月
――――「対華二十一ヵ条問題」「講和会議とヴェルサイユ条約」→井上他編『日本歴史大系』普及版、第 16 巻
庄司俊作『近代日本農村社会の展開――国家と農村』（ミネルヴァ書房、1991 年）
季武嘉也「政党政治を支えたもの」→季武編『大正社会と改造の潮流』
季武嘉也編『大正社会と改造の潮流』〈日本の時代史〉24（吉川弘文館、2004 年）
須崎慎一『日本ファシズムとその時代――天皇制・軍部・戦争・民衆』（大月書店、1998 年）
――――『二・二六事件――青年将校の意識と心理』（吉川弘文館、2003 年）
関静雄『ロンドン海軍条約成立史――昭和動乱の序曲』〈MINERVA 日本史ライブラリー〉19（ミネルヴァ書房、2007 年）
関静雄編『近代日本外交思想史入門――原典で学ぶ 17 の思想』（ミネルヴァ書房、1999 年）
――――『「大正」再考――希望と不安の時代』〈MINERVA 日本史ライブラリー〉18（ミネルヴァ書房、2007 年）
関寛治「満州事変前史」→日本国際政治学会編『太平洋戦争への道』第 1 巻
―――「大陸外交の危機と三月事件――宇垣一成とその背景」→篠原他編『近代日本の政治指導』
一九二〇年代史研究会編『一九二〇年代の日本資本主義』（東京大学出版会、1983 年）
副島昭一「『満州国統治』と治外法権撤廃」→山本編『「満洲国」の研究』
ソーン，クリストファー（市川洋一訳）『満州事変とは何だったのか』上下（草思社、1994 年）
高木博志『近代天皇制の文化史的研究』（校倉書房、1997 年）
高橋秀直「陸軍軍縮の財政と政治――政党政治体制確立期の政 - 軍関係」→近代日本研究会編『年報・

近代日本研究』第8巻
――――「原敬内閣下の議会――第四一回帝国議会〜第四四回帝国議会」→内田他編『日本議会史禄』第2巻
高橋正衛『昭和の軍閥』〈中公新書〉194（中央公論社、1969年）
高橋泰隆「日本ファシズムと満州分村移民の展開――長野県読書村の分析を中心に」→満州移民史研究会編『日本帝国主義下の満州移民』、高橋『昭和戦前期の農村と満州移民』
――――『昭和戦前期の農村と満州移民』（吉川弘文館、1997年）
高原秀介『ウィルソン外交と日本――理想と現実の間　1913-1921』（創文社、2006年）
高光佳絵『アメリカと戦間期の東アジア――アジア・太平洋国際秩序形成と「グローバリゼーション」』（青弓社、2008年）
高村直助「日露戦時・戦後の財政と金融」「日露戦後の産業と貿易」→井上他編『日本歴史大系』第15巻
瀧澤一郎「昭和史の定説を覆す『ソ連謀略説』大検証・張作霖を『殺った』ロシア工作員たち」『正論』（産経新聞社、2006年5月号）
滝田賢治「ルーズヴェルト政権と米中銀協定」→野沢編『中国の幣制改革と国際関係』
竹山護夫『竹山護夫著作集』第4巻〈昭和陸軍の将校運動と政治抗争〉（名著刊行会、2008年）
多田井喜生『朝鮮銀行――ある円通貨圏の興亡』〈PHP新書〉193（PHP研究所、2002年）
千葉正史『近代交通体系と清帝国の変貌――電信・鉄道ネットワークの形成と中国国家統合の変容』（日本経済評論社、2006年）
長幸男『昭和恐慌――日本ファシズム前夜』〈同時代ライブラリー〉188（岩波書店、1994年）
照沼康孝「鈴木荘六参謀総長後任を繞って――宇垣一成と上原勇作」日本歴史学会編『日本歴史』第421号（吉川弘文館、1983年6月号）
戸部良一『ピース・フィーラー――支那事変和平工作の群像』（論創社、1991年）
――――「陸軍『支那通』と中国国民党――国民政府否認論の源流」『防衛大学校紀要』社会科学分冊、第68輯、1994年3月
――――『逆説の軍隊』〈日本の近代〉9（中央公論社、1998年）
――――『日本陸軍と中国――「支那通」にみる夢と蹉跌』〈講談社選書メチエ〉173（講談社、1999年）
永井和『青年君主昭和天皇と元老西園寺』（京都大学学術出版会、2003年）
――『日中戦争から世界戦争へ』（思文閣出版、2007年）
中村勝範編『満州事変の衝撃』（勁草書房、1996年）
中村隆英『戦時日本の華北経済支配』〈近代日本研究双書〉（山川出版社、1983年）
――――「戦後恐慌」→井上他編『日本歴史大系』第16巻
中村隆英、尾高煌之助編『日本経済史』第6巻〈二重構造〉（岩波書店、1989年）
奈良岡聰智『加藤高明と政党政治――二大政党制への道』（山川出版社、2006年）
西田敏宏「東アジアの国際秩序と幣原外交――1924〜1927年」1-2、京都大学法学会編『法学論叢』147巻2号,149巻1号、2000年5月,2001年4月
――――「第一次幣原外交における満蒙政策の展開」日本史研究会編『日本史研究』514号、2005年6月
仁科悟郎「成立史から観た石原莞爾の戦争史観」→『石原莞爾選集』3
西成田豊『近代日本労資関係史の研究』（東京大学出版会、1988年）
西山茂「日本の近・現代における国体論的日蓮主義の展開――石原莞爾と国柱会」→『石原莞爾選集』1
日本国際政治学会太平洋戦争原因研究部編『太平洋戦争への道――開戦外交史』新装版（朝日新聞社、1987年、初版1963年）第1巻〈満州事変前夜〉、第2巻〈満州事変〉、第3巻〈日中戦争・上〉
バークマン，トーマス（渡辺知訳）「一九二四年移民法――アメリカ進歩主義の限界」→三輪編『日米危機の起源と排日移民法』
橋川文三『橋川文三著作集』第5巻（筑摩書房、1985年）
野沢豊編『中国の幣制改革と国際関係』（東京大学出版会、1981年）

秦郁彦『日中戦争史』増補改訂版（河出書房新社、1972 年）
——『軍ファシズム運動史』新装版（原書房、1980 年、初版 1962 年）
——『盧溝橋事件の研究』（東京大学出版会、1996 年）
波多野勝「対独開戦と日本外交——加藤外相と海陸軍」慶応義塾大学法学研究会編『法学研究』61 巻 8 号（1988 年 8 月）
——『近代東アジアの政治変動と日本の外交』（慶応通信、1995 年）
——「憲政会の外交から幣原外交へ——憲政会の外交方針と第二次奉直戦争」慶応義塾大学法学研究会編『法学研究』第 73 巻第 1 号、2000 年 1 月
——『満蒙独立運動』〈PHP 新書〉144（PHP 研究所、2001 年）
白榮勛『東アジア政治・外交史研究——「間島協約」と裁判管轄権』〈大阪経済法科大学アジア研究書研究叢書〉12（大阪経済法科大学出版部、2005 年）
波多野澄雄「幣制改革への動きと日本の対中政策」→野沢編『中国の幣制改革と国際関係』
——『幕僚たちの真珠湾』〈朝日選書〉437（朝日新聞社、1991 年）
八田恵子「都市近郊の小作争議と小作地返還——一九二〇年代前半の神奈川県、横浜周辺を中心に」→横浜近代史研究会他編『横浜の近代』
服部龍二『東アジア国際環境の変動と日本外交　1918-1931』（有斐閣、2001 年）
浜口裕子「満鉄改組問題をめぐる政治的攻防——1930 年代半ばを中心として」、慶應義塾大学法学研究会編『法学研究』73 巻第 1 号、2000 年 1 月
原朗「一九三〇年代の満州経済統制政策」→満州史研究会編『日本帝国主義下の満州』
原口邦紘「一九二四年の移民問題——排日移民法下の帝国経済会議」→三輪編『日米危機の起源と排日移民法』
坂野潤治『大正政変——1900 年体制の崩壊』〈歴史と日本人〉5（ミネルヴァ書房、1982 年）
——「第一次西園寺内閣の内政と外交」「第二次桂内閣の内政と外交」「大正政変」→井上他編『日本歴史大系』第 15 巻
——『近代日本の外交と政治』（研文出版、1985 年）
平井友義「ソ連の動向」→日本国際政治学会編『太平洋戦争への道』第 2 巻
平沢照雄『大恐慌期日本の経済統制』（日本経済評論社、2001 年）
平野和由「中国の金融構造と幣制改革」→野沢編『中国の幣制改革と国際関係』
平野正『北京一二・九学生運動——救国運動から民族統一戦線へ』〈研文選書〉40（研文出版、1988 年）
古屋哲夫「護憲運動とシーメンス事件——第二八回帝国議会～第三一回帝国議会」→内田他編『日本議会史録』第 2 巻
——「日中戦争にいたる対中国政策の展開とその構造」→古屋編『日中戦争史研究』
——「『満洲国』の創出」→山本編『「満洲国」の研究』
古屋哲夫編『日中戦争史研究』〈京都大學人文科學研究所研究報告〉（吉川弘文館、1984 年）
プロホロフ, ドミトリー「『張作霖爆殺はソ連の謀略』と断言するこれだけの根拠」『正論』（産経新聞社、2006 年 4 月号）
細谷千博『シベリア出兵の史的研究』〈叢書名著の復興〉17（新泉社、1976 年、初版・有斐閣、1955 年）
——『ロシア革命と日本』〈近代日本外交史叢書〉4（原書房、1972 年）
細谷千博、斎藤真編『ワシントン体制と日米関係』（東京大学出版会、1978 年）
堀真清「三月事件」→堀編『宇垣一成とその時代』
堀真清編『宇垣一成とその時代——大正・昭和前期の軍部・政党・官僚』（新評社、1999 年）
堀川武夫『極東国際政治史序説——二十一箇条要求の研究』（有斐閣、1958 年）
升味準之輔『日本政党史論』（東京大学出版会）第 4 巻（1968 年）、第 5 巻（1979 年）、第 6 巻（1980 年）
松尾尊兊『普通選挙制度成立史の研究』（岩波書店、1989 年）
松崎昭一「再考『梅津・何応欽協定』」軍事史学会編『軍事史学』第 33 巻第 2, 3 合併号、1997 年 12 月

松下芳男『日本軍閥興亡史』新装版、下巻（芙蓉書房出版、2001 年、初版 1984 年）
松田武「ウィルソン政権とウォール・ストリート――対華六国借款団脱退問題を中心として」上下、日本西洋史学会編『西洋史学』112, 113 号、1978, 1979 年
丸山真男『丸山真男集』（岩波書店）第 3 巻〈1946―1948〉（1995 年）、第 9 巻〈1961―1968〉（1996 年）
満州移民史研究会編『日本帝国主義下の満州移民』（龍溪書舎、1976 年）
満州史研究会編『日本帝国主義下の満州――「満州国」成立前後の経済研究』（御茶の水書房、1972 年）
右田紀久恵「解説」→井上友一『救済制度要義』復刻版、近江編『井上明府遺稿』復刻版
御厨貴『政策の総合と権力――日本政治の戦前と戦後』（東京大学出版会、1996 年）
三谷太一郎『日本政党政治の形成――原敬の政治指導の展開』増補（東京大学出版会、1995 年）
――――『近代日本の戦争と政治』（岩波書店、1997 年）
三菱経済研究所編『日本の産業と貿易の発展』（三菱経済研究所、1935 年）
簑原俊洋『排日移民法と日米関係――「埴原書簡」の真相とその「重大なる結果」』（岩波書店、2002 年）
三宅正樹『日独伊三国同盟の研究』（南窓社、1975 年）
三宅正樹編著『ベルリン・ウィーン・東京――20 世紀前半の中欧と東アジア』（論創社、1999 年）
宮田昌明「トラウトマン工作再考」軍事史学会編『軍事史学』第 33 巻第 2, 3 合併号（1998 年 12 月）
――――「外務省の『対支政策』1929-1934」→岡本編『近代日本のアジア観』〔本書第 13, 16, 17 章の一部〕
――――「東郷重徳『時代の一面』」→関編『近代日本外交思想史入門』
――――「満州事変と日英関係」史学研究会編『史林』82 巻 3 号、1999 年 5 月〔本書第 16 章の一部〕
――――「加藤高明内閣成立の底流と幣原外交――国際的自立と内外融和への挑戦」国際日本文化センター『日本研究』第 32 集、2006 年 3 月〔本書第 10 章の一部〕
――――「北京関税特別会議とワシントン条約後の東アジア秩序の変容――イギリスの外交・帝国政策と日本」史学研究会編『史林』第 89 巻 2 号、2006 年 3 月〔本書第 11 章の一部〕
――――「再考・済南事件」軍事史学会編『軍事史学』第 42 巻第 2 号、2006 年 9 月
――――「英米関係と東アジアにおける日本の役割意識　1921 ～ 1927」→関編『「大正」再考』〔本書序章、8 ～ 11 章の一部〕
――――（書評）「高原秀介著『ウィルソン外交と日本――理想と現実の間　1913―1921』」関西アメリカ史研究会編『アメリカ史評論』第 24 号、2006 年 12 月〔本書第 6 章の一部〕
宮地正人『日露戦後政治史の研究――帝国主義形成期の都市と農村』（東京大学出版会、1973 年）
宮本盛太郎『宗教的人間の政治思想　軌跡編――安部磯雄と鹿子木員信の場合』（木鐸社、1984 年）
三輪公忠編著『日米危機の起源と排日移民法』（論創社、1997 年）
三和良一『戦間期日本の経済政策史的研究』（東京大学出版会、2003 年）
村井良太『政党内閣制の成立　一九一八～二七年』（有斐閣、2005 年）
村岡健次、木畑洋一編『イギリス史』第 3 巻〈世界歴史大系〉（山川出版社、1991 年）
村上勝彦「貿易の拡大と資本の輸出入」→石井他編『日本経済史』第 2 巻
森克己『森克己著作選集』第 6 巻〈満洲事変の裏面史〉（国書刊行会、1976 年）
森武麿「農業構造」→一九二〇年代史研究会編『一九二〇年代の日本資本主義』
森靖夫『日本陸軍と日中戦争への道――軍事統制システムをめぐる攻防』〈MINERVA 日本史ライブラリー〉22（ミネルヴァ書房、2010 年）
――『永田鉄山――平和維持は軍人の最大責務なり』〈ミネルヴァ日本評伝選〉（ミネルヴァ書房、2011 年）
森田朋子『開国と治外法権――領事裁判制度の運用とマリア・ルス号事件』（吉川弘文館、2005 年）
森山茂徳『近代日韓関係史研究――朝鮮植民地化と国際関係』（東京大学出版会、1987 年）
安井三吉『盧溝橋事件』〈研文選書〉55（研文出版、1993 年）
柳沢遊「奉天における『奉天票暴落』問題と『不当課税』問題の展開過程――張作霖爆殺事件の歴

史的前提」東京大学経済学研究会編『東京大学経済学研究』24、1981 年 12 月
山澤逸平、山本有造『貿易と国際収支』〈長期経済統計〉14（東洋経済新報社、1979 年）
山室信一「『満洲国』統治の制度と政策」→山本編『「満洲国」の研究』
山本四郎『大正政変の基礎的研究』（御茶の水書房、1970 年）
――――『山本内閣の基礎的研究』〈京都女子大学研究叢刊〉7（京都女子大学、1982 年）
――――『評伝原敬』下（東京創元社、1997 年）
山本真鳥編『オセアニア史』〈新版 世界各国史〉27（山川出版社、2000 年）
山本有造『日本植民地経済史研究』（名古屋大学出版会、1992 年）
――――『「満洲国」経済史研究』（名古屋大学出版会、2003 年）
山本有造編『「満洲国」の研究』（京都大学人文科学研究所、1993 年）
由井常彦『中小企業政策の史的研究』（東洋経済新報社、1964 年）
由井正臣「二箇師団増設問題と軍部」駒沢史学会編『駒沢史学』第 17 号、1970 年 5 月
横浜近代史研究会、横浜開港資料館編『横浜の近代――都市の形成と展開』（日本経済評論社、1997 年）
芳井研一「華北分離工作の背景」新潟大学人文学部『人文科学研究』第 71 輯、1987 年
李盛煥『近代東アジアの政治力学――間島をめぐる日中朝関係の史的展開』（錦正社、1991 年）
若槻泰雄『排日の歴史――アメリカにおける日本人移民』〈中公新書〉274（中央公論社、1972 年）
――――「アメリカ移民多出地区の要因分析」『玉川大学農学部研究報告』第 19 号、1979 年 12 月
若槻泰雄、鈴木譲二『海外移住政策史論』（福村出版、1975 年）
和田春樹「解説――研究史『シベリア出兵』」→細谷『シベリア出兵の史的研究』復刻版
渡邊行男『宇垣一成――政軍関係の確執』〈中公新書〉1133（中央公論社、1993 年）

欧文

【公刊資料】

British documents on foreign affairs: reports and papers from the Foreign Office confidential print, Kenneth Bourne and D. Cameron Watt (general editors), University Publications of America. [*BDFA* と略記]
Part I, series E, vol, 10 (1989), vol. 13 (1994); II-E, vol. 1 (1991), 5 (1991), 26 (1994), 28 (1994), 30-35 (1994), 36-38 (1995), 39 (1996).
Documents on British Foreign Policy, 1919-1939. London: Her Majesty's Stationery Office. [*DBFP* と略記]
1st series, vol. XIV (1966), 2nd series vol. VIII (1960), IX(1965), X (1969), XI (1970), XX (1984).
Ministére des affaires étrangéres. *Documents diplomatiques français, 1932-1939.* 1re série, Tome II. Paris, Imprimerie nationale, 1966.
(Papers relating to) The Foreign Relations of the United States. Washington: United States Government Printing Office; Reprint ed., Millwood, New York: Kraus Reprint. [*FRUS* と略記]
1903 (1904), 1921 vol. 1 (1936), 1922 vol. 1 (1938), 1925 vol. 1 (1940), 1928 vol. 2 (1943), 1929 vol. 2 (1943), 1930 vol. 2 (1945), 1931 vol. 3 (1946), 1934, vol. 3 (1950), 1935, vol. 3 (1953).
League of Nations. *Official Journal*, special supplement, no. 102. Geneva, 1932.
Toynbee, Arnold J. *Survey of international affairs, 1926*. London: H. Milford, 1928.
MacMurray, John V. A. (comp. and ed.) *Treaties and agreements with and concerning China, 1894-1919.* New York: Oxford University Press, 1921.

【研究書、論文】

Armstrong, David. "China's place in the new Pacific order" in: Goldstein and Maurer (ed.), *The Washington Conference*.
Beers, Burton F. *Vain endeavor: Robert Lansing's attempts to end the American-Japanese rivalry.* Durham,

North Carolina: Duke University Press, 1962.

Bell, Peter. *Chamberlain, Germany and Japan, 1933-4.* Basingstoke, Hampshire: Macmillan Press, 1996.

Bennett, G. H. *British foreign policy during the Curzon period, 1919-24.* New York: St. Martin's Press; London: Macmillan, 1995.

Borg, Dorothy. *The United States and the Far Eastern crisis of 1933-1938: From the Manchurian incident through the initial stage of the undeclared Sino-Japanese war.* Cambridge, Massachusetts: Harvard University Press, 1964.

Brennan, John A. *Silver and the first New Deal.* Reno: University of Nevada Press, 1969.

Butler, Michael A., *Cautious visionary: Cordell Hull and trade reform, 1933-1937.* Kent, Ohio: The Kent State University Press, 1998.

Cell, John W. "Colonial rule" in: Louis (editor-in-chief), *The Oxford history of the British Empire*, vol. IV.

Chan, K. C. "The abrogation of British extraterritoriality in China 1942-43 : a study of Anglo-American-Chinese relations" *Modern Asian Studies*, vol. 11, part 2. Cambridge University Press, April 1977.

Clements, Kendrick A. *The presidency of Woodrow Wilson.* Lawrence, Kansas: The University Press of Kansas, 1992.

Coletta, Paolo E. *The presidency of William Howard Taft.* Lawrence, Kansas: The University Press of Kansas, 1973.

Collin, Richard H. *Theodore Roosevelt, culture, diplomacy, and expansion: A new view of American imperialism* Baton Rouge; London: Louisiana State Unversity Press, 1985.

Constantine, Stephen, "Migrants and settlers" in: Louis (editor-in-chief), *The Oxford history of the British Empire*, vol. IV.

———. "Empire migration and social reform 1880-1950" in: Pooley and Whyte (ed.), *Migrants, emigrants and immigrants.*

Dallek, Robert. *Franklin D. Roosevelt and American foreign policy, 1932-1945.* Oxford: Oxford University Press, 1979; paperback: 1981.

Daniels, Roger. *The politics of prejudice: The anti-Japanese movement in California and the struggle for Japanese exclusion.* 2nd ed. Berkeley, California: University of California Press, 1977. (1st ed., 1962.)

Darwin, John. "A Third British Empire? : The Dominion idea in Imperial politics" in: Wm. Roger Louis (editor-in-chief), *The Oxford history of the British Empire*, vol. IV.

Dockrill, M. L. "British policy during the Agadir Crisis of 1911" in: Hinsley (ed.), *British foreign policy under Sir Edward Grey.*

Drummond, Ian M. *Imperial economic policy, 1917-1939 : Studies in expansion and protection.* London: George Allen & Unwin, 1974.

———. *The floating pound and the Sterling Area, 1931-1939.* Cambridge: Cambridge University Press, 1981.

Edwards, E. W. "Great Britain and China, 1905-1911" in: Hinsley (ed.), *British foreign policy under Sir Edward Grey.*

———. "China and Japan, 1911-1914" in: Hinsley (ed.), op. cit.

Egerton, George W. *Great Britain and the creation of the League of Nations: Strategy, politics, and internatinal organization, 1914-1919.* London: Scolar Press, 1979.

Ekstein, Michael G. "Great Britain and the Triple Entente on the eve of the Sarajevo Crisis" in: Hinsley (ed.), *British foreign policy under Sir Edward Grey.*

——— and Steiner, Zara. "The Sarajevo Crisis" in: Hinsley (ed.), op. cit.

Endicott, Stephen Lyon. *Diplomacy and enterprise: British China policy 1933-1937* ([Vancouver] : University of British Columbia Press, 1975.

Esthus, Raymond A. *Theodore Roosevelt and Japan.* Seattle: University of Washington Press, 1966.

Fausold, Martin L. *The presidency of Herbert C. Hoover.* Lawrence, Kansas: The University Press of Kansas, 1985.

Ferrell, Robert H. *The presidency of Calvin Coolidge.* Lawrence, Kansas: The University Press of Kansas, 1998.

Fic, Victor M. *The Collapse of American policy in Russia and Siberia, 1918 : Wilson's decision not to intervene (March-Octover, 1918).* New York: Columbia University Press, 1995.

Foglesong, David S. *America's secret war against Bolschevism : U.S. intervention in the Russian civil war, 1917-1920.* Chapel Hill; London: The University of North Carolina Press, 1995.

Goldstein, Erik. *Winnin the peace: British diplomatic strategy, peace planning, and the Paris Peace Conference, 1916-1920.* Oxford: Clarendon Press, 1991.

——— and Maurer, John. (ed.) *The Washington Conference, 1921-22 : Naval rivalry, East Asian stability and the road to Pearl Harbor.* London; Portland, Oregon: Frank Cass, 1994.

Gould, Lewis L. *The presidency of Theodore Roosevelt.* Lawrence, Kansas: The University Press of Kansas, 1991.

Grayson, Richard S. *Austen Chamberlain and the commitment to Europe : British foreign policy, 1924-29.* London; Portland, Oregon: Frank Cass, 1997.

Haley, P. Edward. *Revolution and intervention : The diplomacy of Taft and Wilson with Mexico, 1910-1917.* Cambridge, Massachusetts: The MIT Press, 1970.

Hamilton, K. A. "Great Britain and France, 1905-1911" in: Hinsley (ed.), *British foreign policy under Sir Edward Grey.*

———. "Great Britain and France, 1911-1914" in: Hinsley (ed.), op. cit.

Hicks, John D. *Republican ascendancy, 1921-1933.* New York: Harper & Row, 1960.

Hinsley, F. H. (ed.) *British foreign policy under Sir Edward Grey.* Cambridge: Cambridge University Press, 1977.

Hogan, Michael J. *Informal entente : The private structure of cooperation in Anglo-American economic diplomacy, 1918-1928.* Columbia; London: University of Missouri Press, 1977.

Huttenback, Robert A. *Racism and Empire : White settlers and colored immigrants in the British Self-Governing Colonies, 1830-1910.* Ithaca; London: Cornell University Press , 1976.

Johnson, Robert David. *The peace progressives and American foreign relations.* Cambridge, Massachusetts: Harvard University Press, 1995.

Judd, Denis. *Balfour and the British Empire : A study in Imperial evolution, 1874-1932.* London: Macmillan, 1968.

Kaplan, Edward S. and Ryley, Thomas W. *Prelude to trade wars : American tariff policy, 1890-1922.* Westport, Connecticut: Greenwood Press, 1994.

Kneeshaw, Stephen J. *In pursuit of peace : The American reaction to the Kellogg-Briand Pact, 1928-1929.* New York; London: Garland, 1991.

Leffler, Melvyn P. *The elusive quest : America's pursuit of European stability and French security, 1919-1933.* Chapel Hill: The University of North Carolina Press, 1979.

Louis, William Roger. *British strategy in the Far East, 1919-1939.* Oxford: Clarendon Press, 1971.

——— (editor-in-chief). *The Oxford history of the British Empire*, vol. IV, *The Twentieth Century.* Oxford: Oxford University Press, 1999.

McJimsey, George. *The presidency of Franklin Delano Roosevelt.* Lawrence, Kansas: The University Press of Kansas, 2000.

McKercher, B. J. C. *The second Baldwin Government and the United States, 1924-1929 : Attitudes and diplomacy.* Cambridge: Cambridge University Press, 1984.

———. *Transition of power : Britain's loss of global pre-eminence to the United States, 1930-1945.* Cambridge: Cambridge University Press. 1999.

Miller, Karen A. J. *Populist nationalism : Republican insurgency and American foreign policy making, 1918-1925.* Westport, Connecticut: Greenwood Press , 1999.

Moore, R. J. *The crisis of Indian unity, 1917-1940.* Oxford: Clarendon Press, 1974.

Morgan, Kenneth O. *Consensus and disunity : The Lloyd George Coalition government, 1918-1922.* Oxford: Clarendon Press; New York: Oxford University Press, 1979.

Murray, Bruce K. *The People's Budget 1909/10 : Lloyd George and Liberal politics.* Oxford: Clarendon Press; New York: Oxford University Press, 1980.

Newton, Scott, *Profits of Peace : The political economy of Anglo-German appeasement.* Oxford: Clarendon Press, 1996.

Nish, Ian H., *The Anglo-Japanese Alliance : The diplomacy of two island empires, 1894-1907.* 2nd ed. London: Athlone Press, 1985. (1st. ed., 1966.)

———. *Alliance in decline : A study in Anglo-Japanese relations, 1908-23.* London: Athlone Press , 1972.

———. *Japan's struggle with internationalism : Japan, China, and the League of Nations, 1931-3.* London : K. Paul International, 1993.

Orde, Anne. *British policy and European reconstruction after the First World War.* Cambridge: Cambridge University Press, 1990.

Parker, R. A. C. *Chamberlain and appeasement : British policy and the coming of the Second World War.* Basingstoke, Hampshire: Macmillan, 1993.

Pooley, Colin G. and Whyte, Ian D. (ed.) *Migrants, emigrants and immigrants : A social history of migration.* London; New York: Routledge, 1991.

Ramsden, John. *The age of Balfour and Baldwin, 1902-1940.* London; New York: Longman, 1978.

Rappaport, Armin. *Henry L. Stimson and Japan, 1931-33.* Chicago: The University of Chicago Press, 1963.

Searle, G. R. *The Liberal Party : Triumph and disintegration, 1886-1929.* 2nd ed. Basingstoke, Hampshire: Palgrave, 2001.

Self, Robert. *Neville Chamberlain : A biography.* Aldershot: Achgate, 2006.

Shannon, Richard. *The age of Salisbury, 1881-1902 : Unionism and Empire.* London: Longman, 1996.

Skidelsky, Robert. *Politicians and the slump : The Labour Government of 1929-1931.* Harmondsworth, Middlesex: Penguin Books, 1970. (First published by Macmillan 1970.)

Sweet, D. W. "The Bosnian crisis" in: Hinsley (ed.), *British foreign policy under Sir Edward Grey.*

———. "Great Britain and Germany, 1905-1911" in: Hinsley (ed.), op. cit.

Tilchin, William N. *Theodore Roosevelt and the British Empire : A study in presidential statecraft.* Basingstoke: Macmillan, 1997.

Trani, Eugene P. and Wilson, David L. *The presidency of Warren G. Harding.* Lawrence, Kansas: The University of Kansas, 1977.

Trotter, Ann. *Britain and East Asia, 1933-1937.* London; New York: Cambridge University Press, 1975.

Walworth, Arthur. *Wilson and his peacemakers : American diplomacy at the Paris Peace Conference, 1919.* New York: W. W. Norton, 1986.

White, John Albert. *Transition to global rivalry : Alliance diplomacy and the Quadruple Entente, 1895-1907.* Cambridge: Cambridge University Press, 1995.

Williams, Beryl. "Great Britain and Russia, 1905 to the 1907 Convention" in: Hinsley (ed.), B*ritish foreign policy under Sir Edward Grey.*

Williamson, Philip. *National crisis and National Government : British politics, the economy and Empire, 1926-1932.* Cambridge; New York: Cambridge University Press, 1992.

注　記

はじめに

(1)「体制」という言葉で特定歴史状況の性格を説明しようとするのは、その一例である。対して欧米の歴史研究は、事実経過を叙述する中でその全体的な性格や特徴を解析し、独自の議論や結論を提起している。そこに造語や特殊概念は必ずしも必要ではない。特有の概念を提起し、その定義と適用の可否について議論を展開するような研究は、同じ概念を共有しない欧米の研究との適合性を欠き、発展的な国際関係史や比較史への援用には適さない。
(2) 服部『東アジア国際環境の変動と日本外交』。井上『危機のなかの協調外交』。
(3) 三宅『日独伊三国同盟の研究』。
(4) 木畑「一九三〇年代イギリスの東アジア政策をめぐって」。
(5) 君塚『イギリス二大政党制への道』。
(6) たとえば永井『青年君主昭和天皇と元老西園寺』192, 239 ~ 240 頁。
(7) 高原『ウィルソン外交と日本』。高原秀介はウィルソン主義について、「自由主義的民主主義的国際主義」という概念および自らを正義とする信念、そして内外の政治体制の変革を目指す使命感によって説明する。しかし、高原は、自由主義、民主主義、国際主義について具体的に説明せず、また、本書第 3 章で詳説するような、ウィルソン政権の行動面における保守的ないし消極的な側面についても看過している。
(8) 奈良岡『加藤高明と政党政治』。

序章　自由主義の理念と制約される世界

(1) Treaty between Great Britain and China, respecting commercial relations, etc. (Sept. 5, 1902), MacMurray (comp. and ed.), *Treaties and agreements with and concerning China, 1894-1919*, vol. 1, pp. 342-356.
(2) Nish, *The Anglo-Japanese alliance*, pp. 179-184. Shannon, *The age of Salisbury*, pp. 542-545.
(3) Shannon, *The age of Salisbury*, chap. 1.
(4) Ibid., pp. 13, 50, 66.
(5) Ibid., chaps. 3, 4.
(6) Ibid., pp. 144-161 and chap. 7.
(7) Ibid., chap. 8.
(8) Ibid., chap. 12.
(9) Ibid., p. 353.
(10) Ibid., chap. 10.
(11) Ibid., chaps. 13, 16.
(12) Ibid., pp. 291-306.
(13) Ibid., chap. 17.
(14) Constantine, "Empire migration and social reform 1880-1950."
(15) イギリスの海外移民の動向については、クラーク『イギリス現代史』15 ~ 18 頁。
(16) 木村他『カナダの歴史』60 ~ 111 頁。木村編『カナダ史』133 ~ 189 頁。
(17) Huttenback, *Racism and Empire*, pp. 120-138.
(18) Ibid., pp. 59-67.
(19) Ibid., pp. 75-93.
(20) Ibid., pp. 255-257.
(21) Ibid., pp. 105-114.
(22) Ibid., p. 100.
(23) Ibid., pp. 155-162.
(24) Ibid., pp. 162-163.
(25) Ibid., pp. 52-55.
(26) Ibid., pp. 139-154, 195-201.
(27) Ibid., pp. 199-207, 222-239.
(28) Ibid., p. 166.
(29) Ibid., pp. 168-188.
(30) Collin, *Theodore Roosevelt, culture, diplomacy, and expansion*, chaps. 4, 5. Gould, *The Presidency of Theodore Roosevelt*, p. 6.
(31) Collin, *Theodore Roosevelt, culture, diplomacy, and*

expansion, pp. 139-151.

(32) Ibid., p. 5.

(33) Gould, *The Presidency of Theodore Roosevelt*, pp. 11-14.

(34) Ibid., pp. 24-29, 39.

(35) Ibid., pp. 47-53, 134, 212-218.

(36) Collin, *Theodore Roosevelt, culture, diplomacy, and expansion*, p. 166. Tilchin, *Theodore Roosevelt and the British empire*, p. 7.

(37) Tilchin, *Theodore Roosevelt and the British empire*, pp. 19-20, 24.

(38) Gould, *The Presidency of Theodore Roosevelt*, pp. 81-86. Tilchin, *Theodore Roosevelt and the British empire*, pp. 36-48.

(39) Gould, *The Presidency of Theodore Roosevelt*, p. 149.

(40) Ibid., pp. 75-80.

(41) Ibid., pp. 91-99.

(42) Esthus, *Theodore Roosevelt and Japan*, chaps 1-3, esp. pp. 7, 10, 37-39, 55, 63, 76.

(43) 外務省編『小村外交史』662 ~ 669 頁。小林『日本の大陸政策』114 ~ 119 頁。

(44) Gould, *The Presidency of Theodore Roosevelt*, p. 246.

(45) Esthus, *Theodore Roosevelt and Japan*, pp. 105-106.

(46) 児玉『日本移民史研究序説』8 ~ 11, 25 ~ 26, 41 ~ 52 頁。

(47) 大蔵省管理局『日本人の海外活動に関する歴史的調査』通巻第 1 冊総論の 1、176 ~ 177, 189 ~ 190 頁。外務省領事移住部『わが国民の海外発展』本編、127 ~ 133 頁。

(48) 大蔵省管理局『日本人の海外活動に関する歴史的調査』通巻第 1 冊総論の 1、174, 177 頁。外務省領事移住部『わが国民の海外発展』本編、60 ~ 61, 133 ~ 135 頁。

(49) Daniels, *The politics of prejudice*.

(50) Gould, *The Presidency of Theodore Roosevelt*, pp. 22-24, 119-121, 237-238.

(51) 簑原『排日移民法と日米関係』第 1, 2 章。

(52) Daniels, *The politics of prejudice*, chap. 3.

(53) 外務省編『日本外交文書』大正期第 24 冊〈対米移民問題経過概要〉285 ~ 334 頁。

(54) 同上、306 頁。

(55) 同上、325 ~ 326 頁。

(56) 若槻『排日の歴史』81 ~ 82 頁。

(57) 麻田『両大戦間の日米関係』第 6 章。有賀「排日問題と日米関係」。簑原『排日移民法と日米関係』26, 117 頁。日本の方針、すなわち均等待遇の確保や片務規定の回避といった方針は、解釈次第で「体面」の問題と捉えることも可能であろう。しかし、それは、本文に記す (1) から (3) の日本政府の方針を踏まえた上でのことであり、麻田貞雄のように、日本人移民の数が僅少であることを理由に日本政府が「体面」のみを重視していたとするのは、非歴史学的な議論である。簑原俊洋に至っては、たとえば日本政府がイギリス自治領による移民に対する言語試験の実施を容認したことについて、「人種差別をもって、人種差別に抵抗するという事実に、日本の指導者は果たしてアイロニーを感じなかったのであろうか」（117 頁）とまで記している。しかし、日本政府にイギリス帝国への内政干渉ができたわけでなく、簑原の記述は、無理解に基づいている。後述のように、移民問題をめぐる日米交渉は、主としてアメリカ市民権取得資格の有無を基準とした差別待遇の是非をめぐって行われ、特に 1924 年移民法をめぐって日本政府は、それを名誉や主義の問題として捉えた。しかし、これは法理を尽くした日本側の要望を無視し、日本人を排斥しようとしたアメリカ側の対応に対して示された姿勢であって、それに先立つ当初からの日本の対応を「体面」に基づくものとしたり、まして日本政府が差別主義的であったかのように解釈したりするのは、法解釈の厳密性や人間の矜持を軽視する研究姿勢である。

(58) 条井『外国人をめぐる社会史』175 ~ 176 頁。

(59) 簑原『排日移民法と日米関係』22 頁。簑原の研究は、Daniels, *Politics of prejudice* の議論に大きく依拠している。ダニエルズの研究について簑原は、排日運動を革新主義運動の文脈で捉えており、日米関係の視点が抜け落ちていると指摘している（6 頁）。しかし、簑原の特に第 1 章および第 2 章は、ダニエルズの議論の枠組みに日本側の資料や動向を挿入した、という水準にとどまっている。とりわけ、在米日本人に対する外国人としての均等待遇の確保を重視した日本政府の方針を理解していない点で、簑原のいう日米関係の視点なるものは実体を伴っていない。その上、簑原は、ダニエルズの革新主義に関する議論を援用しなかったことにより、アメリカ側の人種主義の論理、すなわち、人種差別に基づく暴力事件などを人種の隔離によって鎮静化させることが合理的かつ人種的偏見に囚われない措置であり、しかも民主主義にも適うとした論理を捉え切れていない。アメリカの人種主義は、革新主義のみに限られないが、人種主

義を民主主義や合理主義の観点で正当化するのは、革新主義に典型的であろう。簑原の研究には、アメリカ側の史料発掘に基づく成果もあるが、先行研究の扱いや、埴原正直駐米大使の再評価に議論を収斂させ、議論の広がりを自ら閉ざしたかのような論文の枠組みに、問題がある。

(60) 植田『支那に於ける租界の研究』61 ~ 80, 552 ~ 555 頁。

(61) 植田『在支列国権益概説』85 ~ 86 頁。

(62) 森田『開国と治外法権』第 I 部。同書は、加藤祐三の所説に則り、日本と中国の不平等条約の違いを、交渉によって成立した条約か、敗戦によって成立した条約かの違いに求めた上で、日本における領事裁判の運用実態を明らかにした研究である。とはいえ、加藤の視点は、治外法権が個人主義的な権利保護の体系であったことに対する無理解から設定されており、しかも治外法権の実態は、情勢の変化に応じた既成事実の集積という側面が強いため、条約成立当初の状況がその後の情勢の変化以上に重要であったということはあり得ない。特に中国においては、辛亥革命後に租界司法権が最大限に拡張されるのである。森田の研究は、治外法権の運用を個別事例に沿って分析しているが、それらを並列的に取り上げるだけでは、治外法権の運用を歴史的な変化に沿って捉えていくことはできない。

(63) 植田『支那に於ける租界の研究』302 ~ 334 頁。

(64) 同上、79 ~ 102 頁。

(65) 植田『在支列国権益概説』153 ~ 154 頁。

(66) 植田『支那に於ける租界の研究』104 ~ 128 頁。

(67) 同上、172 ~ 189 頁。

(68) 森田『開国と治外法権』第 II 部。

(69) 岡本『近代中国と海関』。

(70) 飯島「『裁釐加税』問題と清末中国財政」。

(71) 日清追加通商航海条約（明治 36 年 10 月 8 日調印）『日本外交年表並主要文書』上巻、214 ~ 216 頁。Treaty between the United States and China for the extention of the commercial relations (Signed at Shanghai, Oct. 8, 1903), *FRUS*, 1903, pp. 91-119. Memorandum showing the steps taken by China to carry out the provisions of the Commercial Treaty of September 5, 1902 (Dec. 31, 1906), *BDFA*, I-E, vol. 13, doc. 72, pp. 423-457, esp. p. 442.

(72) 植田『支那租借地論』第 1 編第 2 章。

(73) 同上、第 2 編第 1 章。

(74) 植田『支那に於ける租界の研究』128 ~ 141, 302, 313 ~ 326, 338 ~ 347 頁。

(75) 植田『支那租借地論』第 2 編第 5 章第 1, 2 節。

(76) 同上、第 2 編第 3 章。

(77)「満州ニ関スル日清条約」（明治 38 年 12 月 22 日調印）『日本外交文書』第 38 巻第 1 冊 143 文書付記（155 ~ 162 頁）。

(78) 植田『支那租借地論』第 1 編第 2 章第 6 節。

(79) 小林『日本の大陸政策』164 ~ 165 頁。

(80) Esthus, *Theodore Roosevelt and Japan*, pp. 118-119.

(81) 小林『日本の大陸政策』119 ~ 123 頁。

(82) 平塚編『伊藤博文秘録』復刻版、391 ~ 409 頁。

(83) 4 月 8 日閣議決定『日本外交文書』第 38 巻第 1 冊 250 文書（519 ~ 520 頁）。

(84) 小村外相→在英林公使（明治 38 年 4 月 16 日）『日本外交文書』第 38 巻第 1 冊、11 文書（8 ~ 10 頁）。

(85) 森山『近代日韓関係史研究』。

(86) Esthus, *Theodore Roosevelt and Japan*, chap. 6., esp. pp. 105-108.

第一部　対等の地位を目指して
第一章　桂園時代の国家的展望

(1)『原敬日記』第 2 巻、明治 37 年 12 月 8 日の条、117 ~ 119 頁。

(2) 同上、明治 38 年 8 月 14 日の条、143 ~ 144 頁。

(3) 山本『評伝原敬』下、76 ~ 81 頁。伊藤『立憲国家と日露戦争』263 ~ 267 頁。

(4)『原敬日記』第 2 巻、明治 38 年 11 月 7 日の条、154 ~ 155 頁。

(5) 大蔵省編『明治大正財政史』第 12 巻、183 ~ 189 頁。

(6) 山本『大正政変の基礎的研究』29 頁、坂野『大正政変』序章。

(7) 高村「日露戦時・戦後の財政と金融」「日露戦後の産業と貿易」103, 127 ~ 130 頁。村上「貿易の拡大と資本の輸出入」42 ~ 45 頁。日本銀行百年史編纂委員会編『日本銀行百年史』第 2 巻、249 ~ 252 頁。

(8)『日本銀行百年史』第 2 巻、191 ~ 193 頁。

(9)『明治大正財政史』第 3 巻、244 ~ 272 頁。石川「日露戦後経営と鉄道国有」354 ~ 355 頁。

(10)『明治大正財政史』第 11 巻、873 ~ 884 頁。

(11) 山本『評伝原敬』下、91 ~ 100 頁。

(12)『明治大正財政史』第 12 巻、240 ~ 246 頁。
(13) 同上、第 3 巻、302 ~ 336 頁。高村「日露戦時・戦後の財政と金融」94 ~ 97 頁。
(14) 小林『日本の大陸政策』131 ~ 134 頁。
(15) 同上、135 ~ 138, 143 ~ 144 頁。
(16) 伊藤『立憲国家と日露戦争』259 ~ 260 頁。
(17) 山本『大正政変の基礎的研究』15 ~ 16 頁。
(18)『日本銀行百年史』第 2 巻、219 ~ 234 頁。
(19) 石川「日露戦後経営と鉄道国有」386 頁。
(20) 三谷『増補・日本政党政治の形成』第 1 部第 1 章。
(21) 同上、150 頁。
(22) 同上、145 頁。
(23) 升味『日本政党史論』第 4 巻、243 頁。
(24)『原敬日記』第 2 巻、明治 40 年 2 月 21 日の条、227 頁。
(25) 山本『評伝原敬』下、168 ~ 169 頁。
(26)『原敬日記』第 2 巻、明治 40 年 11 月 12 日の条、269 頁。
(27) 同上、明治 41 年 1 月 22 日の条、284 ~ 285 頁。
(28) 同上、明治 41 年 1 月 23 日の条、285 ~ 286 頁。
(29) 同上、明治 41 年 6 月 27 日の条、309 頁。
(30) 山本『評伝原敬』下、189 ~ 191 頁。
(31) 徳富編『公爵桂太郎伝』坤巻、341 ~ 356 頁。『明治天皇紀』第 12 巻、85 ~ 86 頁。
(32)『明治大正財政史』第 11 巻、557 ~ 564 頁。大島「緊縮財政と韓国併合」408 ~ 409 頁。
(33)『明治大正財政史』第 11 巻、885 ~ 910 頁、第 12 巻、270 ~ 275, 286 ~ 290 頁。
(34)『明治大正財政史』第 11 巻、557 ~ 564 頁。
(35) 大島「緊縮財政と韓国併合」405 ~ 413, 424 ~ 429 頁。
(36) 坂野『大正政変』54 ~ 65 頁。同「第二次桂内閣の内政と外交」42 ~ 43 頁。山本『評伝原敬』下、194 頁。
(37) 以下の記述は、佐口『日本社会保険制度史』第 1, 2 章による。高村「日露戦後の産業と貿易」149 頁。
(38) 宮地『日露戦後政治史の研究』第 1 章。
(39) 坂野「第二次桂内閣の内政と外交」40 ~ 41 頁。
(40)『斯民』第 14 編第 7 号（1919 年）、高木『近代天皇制の文化史的研究』321 頁より。
(41) 井上『列国の形勢と民政』16 頁、近江編『井上明府遺稿』(復刻版）所収、右田「解説」7 頁より。
(42) 井上『救済制度要義』復刻版、236 頁。
(43) 高木『近代天皇制の文化史的研究』第 11 章。
(44) 井上『救済制度要義』44 ~ 45 頁。
(45) 庄司『近代日本農村社会の展開』第 1 章。
(46) 右田「解説」(井上『救済制度要義』復刻版、近江編『井上明府遺稿』復刻版)。
(47) 労働省編『労働行政史』第 1 巻、15 ~ 63 頁。大島「緊縮財政と韓国併合」443 ~ 447 頁。
(48) 佐口『日本社会保険制度史』124 ~ 129 頁。
(49) 我妻編『日本政治裁判史録』明治・後、556 ~ 557 頁。
(50) 平沼騏一郎回顧録編纂委員会編『平沼騏一郎回顧録』60 頁。
(51) 絲屋『大逆事件』196 ~ 201 頁。
(52) 伊藤『昭和初期政治史研究』48 ~ 86, 353 ~ 369 頁。
(53) 北岡『日本陸軍と大陸政策』62 ~ 63 頁。
(54) 山本『大正政変の基礎的研究』77 頁。
(55) 古屋「護憲運動とシーメンス事件」4 ~ 9 頁。
(56) 坂野『大正政変』第 1, 2 章。
(57) 櫻井『大正政治史の出発』143 ~ 146 頁。
(58) 山本『大正政変の基礎的研究』28 頁。山本『評伝原敬』下、203 ~ 205 頁。
(59) 櫻井『大正政治史の出発』83 ~ 86 頁。
(60) 高村「日露戦後の産業と貿易」137 ~ 147 頁。
(61)『日本銀行百年史』第 2 巻、205 ~ 209 頁。
(62) 同上、278 ~ 280 頁。
(63) 井上馨侯伝記編纂会編『世外井上公伝』第 5 巻、366 ~ 367 頁。

第二章　同盟外交と通商条約改定交渉

(1) Murray, *The People's Budget*, pp. 30-34, 51-55.
(2) Ibid., p. 20.
(3) White, *Transition to global rivalry*, pp. 17, 25-29.
(4) Ibid., pp. 18-24, 33-42.
(5) Ibid., pp. 160-172.
(6) Ibid., pp. 177-182.
(7) Ibid., pp. 187-203; Hamilton, "Great Britain and France, 1905-1911."
(8) White, *Transition to global rivalry*, pp. 209, 249, 274-295.
(9) Williams, "Great Britain and Russia, 1905 to the 1907 Convention."
(10) Murray, *The People's Budget*, chaps. 5-6.
(11) Ibid., pp. 190-223, 248-252.

⑿ Sweet, "The Bosnian crisis."
⒀ Sweet, "Great Britain and Germany, 1905-1911."
⒁ Dockrill, "British policy during the Agadir Crisis of 1911."
⒂ Hamilton, "Great Britain and France, 1911-1914."
⒃ Ekstein, "Great Britain and the Triple Entente on the eve of the Sarajevo Crisis."
⒄ Minute by Hardinge, 13 June, 1910, cited in: Nish, *Alliance in decline*, p. 51.
⒅ 木村他『カナダの歴史』157 ~ 161 頁。
⒆ 同上、84, 127, 138, 145 ~ 146 頁。
⒇ Edwards,"Great Britain and China, 1905-1911." 植田『在支列国権益概説』第 10 章。
(21) Edwards, "China and Japan, 1911-1914."
(22) 植田『支那に於ける租界の研究』201 ~ 215 頁。
(23) 同上、147 ~ 172 頁。
(24) Hamilton, "Great Britain and France, 1911-1914," pp. 335-336.
(25) Ekstein and Steiner, "The Sarajevo Crisis," p. 409.
(26) 坂野「第一次西園寺内閣の内政と外交」27 頁。
(27) 在仏栗野大使発林外相宛「日仏協約締結顛末報告ノ件」（明治 40 年 9 月 5 日）『日本外交文書』第 40 巻第 1 冊 96 文書（88 ~ 96 頁）。
(28) 在露本野公使→林外相（明治 40 年 1 月 19 日）同上、97 文書（97 ~ 98 頁）。
(29) 本野公使→林外相（明治 40 年 2 月 6 日）同上、99 文書（98 ~ 100 頁）。
(30) 本野公使→林外相（明治 40 年 2 月 21 日）同上、105 文書（103 ~ 107 頁）。
(31) 元老会議決定（明治 40 年 3 月 3 日）同上、108 文書（108 ~ 109 頁）。
(32) 林外相→本野公使（明治 40 年 3 月 5 日）同上、109 文書（109 ~ 112 頁）。
(33) 本野公使→林外相（明治 40 年 4 月 6 日）同上、124 文書（121 頁）。
(34) 栗野大使→林外相(明治 40 年 3 月 27, 28 日)同上、38, 39 文書（48 ~ 49 頁）。
(35) 閣議決定「日仏協商ノ件」(明治 40 年 6 月) 同上、84 文書付記（81 ~ 82 頁）。
(36) 栗野大使→林外相（明治 40 年 6 月 10 日）同上、88 文書（84 頁）。
(37) 本野公使→林外相（明治 40 年 4 月 3 日）同上、123 文書（120 ~ 121 頁）。
(38) 本野公使→林外相（明治 40 年 4 月 6 日）同上、124 文書（121 頁）。
(39) 林外相→伊藤韓国統監（明治 40 年 4 月 12 日）同上、127 文書（122 ~ 124 頁）。
(40) 伊藤韓国統監→林外相（明治 40 年 4 月 13 日）同上、128 文書（124 頁）。
(41) 閣議決定（明治 40 年 4 月 16 日）同上、129 文書（124 ~ 126 頁）。
(42) 本野公使→林外相（明治 40 年 4 月 22 日）同上、134 文書（130 ~ 131 頁）。
(43) 本野公使→林外相（明治 40 年 4 月 19 日）同上、132 文書（128 ~ 129 頁）。
(44) 林外相→伊藤韓国統監（明治 40 年 6 月 14 日）同上、159 文書（154 ~ 155 頁）。
(45) 伊藤韓国統監→林外相（明治 40 年 6 月 19 日）同上、162 文書（157 頁）。
(46) 本野公使→林外相（明治 40 年 7 月 4 日）同上、166 文書（160 ~ 161 頁）。
(47) 珍田外務次官→在韓林外相(明治 40 年 7 月 23 日)同上、175 文書（169 頁）。
(48) 本野公使→林外相（明治 40 年 7 月 30 日）同上、182 文書（173 ~ 175 頁）。
(49) 在英小村大使→林外相（明治 40 年 8 月 14 日）、栗野大使→林外相（8 月 14 日）同上、188, 189 文書（178 ~ 179 頁）。
(50) 坂野「第一次西園寺内閣の内政と外交」28 ~ 29 頁。
(51) 井上『東アジア鉄道国際関係史』195 ~ 206 頁。
(52) 同上、158 ~ 164 頁。
(53) 同上、220 ~ 226 頁。
(54) 明治 41 年 9 月 25 日閣議決定『日本外交文書』第 41 巻第 1 冊、15 文書付記（75 ~ 78 頁）。
(55) 外務省編『小村外交史』874 頁。
(56) 小村外相→在米高平大使（明治 41 年 9 月 29 日）『日本外交文書』第 41 巻第 1 冊 15 文書（75 頁）。
(57) 小村外相→高平大使(明治 41 年 10 月 25 日)同上、16 文書（79 ~ 81 頁）。
(58) 高平大使→小村外相(明治 41 年 10 月 25 日)同上、17 文書（81 ~ 82 頁）。
(59) 高平大使→小村外相(明治 41 年 10 月 26 日)同上、18 文書（82 頁）。
(60) 小村外相→高平大使（明治 41 年 10 月 29 日, 11 月 9 日）同上、20, 22 文書（83 ~ 85 頁）。
(61) 高平大使→小村外相(明治 41 年 11 月 11 日)同上、25 文書（86 頁）。
(62) 小村外相→高平大使(明治 41 年 11 月 12 日)同上、27 文書（87 頁）。
(63) 小村外相→高平大使(明治 41 年 11 月 26 日)同上、44 文書（100 頁）。
(64) 高平大使→小村外相(明治 41 年 12 月 2 日)同上、65 文書（113 ~ 118 頁）。
(65) 井上『東アジア鉄道国際関係史』165 ~ 166 頁。

(66) 明治42年9月4日「関島ニ関スル日清協約」「満州五案件ニ関スル日清協約」『日本外交文書』第42巻第1冊、312文書付記（354～357頁）。間島協約については、李『近代東アジアの政治力学』第2章、白『東アジア政治･外交史研究』第1章。
(67) 明治42年7月6日閣議決定「韓国併合ニ関スル件」『日本外交文書』第42巻第1冊144文書（179～180頁）。
(68) 森山『近代日韓関係史研究』207～225頁。
(69) 同上、243～244頁。
(70) 外務省編『小村外交史』859頁。
(71) 明治42年8月17日閣議決定『日本外交文書』第42巻第1冊1文書（1～5頁）、『通商条約関係日本外交文書』第1巻第1冊183文書（441～445頁）。
(72) 桂首相宛小村外相「新通商航海条約及特別相互関税条約草案ニ関シ請議ノ件」（明治43年1月29日）『通商条約関係日本外交文書』第1巻第1冊187文書（449～457頁）。
(73) 在日米国大使より小村外相宛書簡（訳文・1909年12月18日）『日本外交文書』第42巻第1冊749文書（722～723頁）。
(74) 井上『東アジア鉄道国際関係史』236～251頁。
(75) 在露落合代理大使→小村外相（明治42年12月18日）、小村外相→落合代理大使（明治42年12月20日）、小村外相→在英加藤大使（明治42年12月21日）『日本外交文書』第42巻第1冊750, 752, 754文書（724～727頁）。小村外相→在米内田大使（明治43年1月21日）『日本外交文書』第43巻第1冊、260文書（418～419頁）。
(76) 明治43年1月18日閣議決定、小村外相→内田大使（明治43年1月21日）、小村外相→在清伊集院公使（明治43年2月7日）『日本外交文書』第43巻第1冊、249, 260, 315文書（409～410, 418～419, 460頁）。
(77) 落合代理大使→小村外相（明治43年1月20, 21日）同上、7, 259文書（106, 418頁）。
(78)「韓国併合ノ方針ニ関シ在英大使等へ通報ノ件」同上、546文書付属参考文書（659～660頁）。
(79) 廟議決定「第二回日露協約ノ件」（明治43年3月）同上、8文書付属書（106～110頁）。
(80) 小村外相→本野大使（明治43年3月19日）、在露本野大使→小村外相（明治43年4月11日）同上、8, 9文書（106-112頁）。
(81) 小村外相→本野大使（明治43年5月17日）同上、22文書（120頁）。本野大使→小村外相（明治43年5月26日）同上、23文書（120～123頁）。
(82) 加藤大使→小村外相（明治43年5月30日）同上、27文書（126～127頁）。
(83) 加藤大使→小村外相（明治43年6月28日）、栗野大使→小村外相（明治43年6月29日）同上、60, 61文書（148頁）。
(84) 本野大使→小村外相（明治43年7月4日）、「日露協定和訳文」同上、67文書（150～155頁）。
(85) 加藤大使→小村外相（明治43年8月4日）同上、561文書（669～671頁）。
(86) 森山『近代日韓関係史研究』247～249頁。
(87) 井上『東アジア鉄道国際関係史』第9章、特に276頁。
(88) 坂野「第二次桂内閣の内政と外交」55～56頁。
(89) 外務省編『小村外交史』879～880頁。
(90) 同上、882～884頁。
(91)「日米通商航海条約締結顚末」（明治44年4月外務省調）『日本外交文書』第44巻第1冊、15文書付記5（25～28頁）。
(92)「日英通商条約改正交渉記録」『日本外交文書』第43巻第1冊、3文書付記付属（10～97頁）。阿曽沼「日本の関税自主権回復問題にみる『もうひとつの』日英関係」は、陸奥宗光外相期以降の日英通商条約交渉に関するイギリス側の概論であり、日本の関税率増加へのイギリス側の反発や、統一党の関税改革要求が強まることへの自由党政権の警戒などを紹介している。
(93)「日英通商条約改正交渉記録」28～29頁。
(94) 同上、31～32頁。
(95) 同上、33頁。
(96) 同上、37頁。小村外相→加藤大使（明治43年11月27日）『通商条約関係日本外交文書』第1巻第1冊、273文書（809頁）。
(97)「日英通商条約改正交渉記録」38頁。
(98) 同上、41頁。
(99) 同上、44頁。
(100) 同上、49頁。
(101) 同上、53頁。
(102) 内田大使→小村外相（明治43年6月16日）『通商条約関係日本外交文書』第1巻第2冊、33文書（81～89頁）。
(103) 小村外相→内田大使（明治43年8月29日）、内田大使→小村外相（明治43年10月20日）同上、36, 40文書（96～106, 108～109頁）。
(104) 内田外相→小村外相（明治44年1月23日）同上、68, 69文書（146～150頁）。
(105) 外務省監修『通商条約と通商政策の変遷』50～51頁。外務省編『小村外交史』899～902頁。

(106)『日本外交文書』〈対米移民問題経過概要〉395 ~ 415 頁。

(107)「日米通商航海条約」(明治 44 年 2 月 21 日調印)『日本外交文書』第 44 巻第 1 冊 15 文書付記 3 (18 ~ 22 頁)。

(108) 外務省監修『通商条約と通商政策の変遷』59 ~ 61 頁。

(109) 小村外相より桂首相宛閣議案（明治 44 年 5 月 16 日)『日本外交文書』第 44 巻第 1 冊 21 文書(104 ~ 111 頁)。外務省監修『通商条約と通商政策の変遷』82 ~ 92 頁。

(110)「日独通商航海条約」「日独特別相互関税条約及税表」「日独新条約ノ要領及付属別表」『日本外交文書』第 44 巻第 1 冊 25, 27 文書(112 ~ 132 頁)。

(111) 栗野慎一郎在仏大使「日仏通商航海条約談判ノ顚末概略報告ノ件」(明治 44 年 8 月 26 日) 同上、33 文書（172 ~ 186 頁)。

(112) 外務省監修『通商条約と通商政策の変遷』104 頁。

(113) 栗野大使「日仏通商航海条約談判ノ顚末概略報告ノ件」173 頁。

第三章　革新主義時代のアメリカ

(1) Gould, *The Presidency of Theodore Roosevelt*, pp. 189-194.

(2) Ibid., pp. 252-253.

(3) Esthus, *Theodore Roosevelt and Japan*, chap. 13. 西園寺首相、タフト陸軍長官会談要録（明治 40 年 10 月 1 日)、林外相→在米青木大使（明治 40 年 10 月 3 日)『日本外交文書』第 40 巻第 3 冊 2032, 2034 文書（555 ~ 556, 558 ~ 559 頁)。なお、エサスによれば、タフトは来日に際し、在米日本人にアメリカ市民権取得資格を付与する条約提案の権限を与えられていたが、日本側は市民権取得資格に関し、消極的な反応を示したという。ただし、市民権取得資格に関するやり取りは、日本側の会談記録では確認できない。

(4) Memorandum by Edward Grey (Foreign Office, April 2, 1908), *BDFA*, I-E, vol, 10, doc. 32, pp. 190-191.

(5) バークマン「一九二四年移民法」162 頁。

(6) Daniels, *Politics of prejudice*, pp. 47-49. 簑原『排日移民法と日米関係』30 ~ 33 頁。

(7) Coletta, *The Presidency of William Howard Taft*, chap. 1.

(8) Ibid., pp. 56-74.

(9) Kaplan and Ryley, *Prelude to trade wars*, pp. 5-12.

(10) Coletta, *The Presidency of William Howard Taft*, chap. 4.

(11) Ibid., chap. 8.

(12) Ibid., pp. 37-38, 71, 219.

(13) Johnson, *The peace progressives and American foreign relations*. Miller, *Populist nationalism*.

(14) Coletta, *The Presidency of William Howard Taft*, chap. 10.

(15) Ibid., pp. 188-191.

(16) Haley, *Revolution and intervention*, pp. 15, 25-27.

(17) Esthus, *Theodore Roosevelt and Japan*, chap. 14.

(18) Ibid., pp. 304-305.

(19) Coletta, *The Presidency of William Howard Taft*, pp. 195-196.

(20) 在紐育山崎総領事代理→小村外相（明治 43 年 1 月 19 日)『日本外交文書』第 43 巻第 1 冊 253 文書（414 頁)。

(21) 在米内田大使→小村外相（明治 43 年 5 月 3 日) 同上、293 文書（445 ~ 446 頁)。

(22) Daniels, *The politics of prejudice*, pp. 49-54.

(23) Coletta, *The Presidency of William Howard Taft*, chap. 7.

(24) Ibid., pp. 170-173.

(25) Ibid., chap. 12. *Clements, The Presidency of Woodrow Wilson*, p. 29.

(26) Ibid., pp. 27-28.

(27) Ibid., pp. 4-10.

(28) Ibid., p. 74.

(29) Ibid., chap. 5.

(30) Haley, *Revolution and intervention*, pp. 61-62, 83-85. Clements, *The Presidency of Woodrow Wilson*, pp. 96-97.

(31) Haley, *Revolution and intervention*, pp. 84-88.

(32) 松田「ウィルソン政権とウォール・ストリート」。

(33) Clements, *The Presidency of Woodrow Wilson*, p. 107.

(34) Haley, *Revolution and intervention*, pp. 94-100.

(35) Daniels, *The politics of prejudice*, pp. 56-64. 簑原『排日移民法と日米関係』38 ~ 49 頁。

(36) Clements, *The Presidency of Woodrow Wilson*, p. 45.

(37) Letter, Hiram Johnson to Chester H. Rowell, March 17, 1913, cited in: Daniels, *Politics of prejudice*, p. 59.

(38) Daniels, *The politics of prejudice*, p. 61 およびおそらくこれに依拠した簑原『排日移民法と日米関係』44 頁は、ブライアンが珍田大使から「写真花嫁」に対する旅券発行停止の提案を受け取っていたことから、これがハイラム・ジョンソンとの取引材料になる可能性があったと指摘している。しかし、ウィルソンは、相手に理念や目標の共有を求めるのみで、自ら妥協を作り上げることをしなかった以上、意味のない仮定であろう。その上、簑原は、ダニエルズの研究における革新主義の人種的視点に関する議論を捨象しているため、ジョンソンが民主党に対する悪意からだけで排日土地法案を支持したかのように記述をしている。これは一面的であろう。

(39) Letter, Hiram Johnson to Theodore Roosevelt, June 21, 1913, cited in: Daniels, *The politics of prejudice*, pp. 112-117.

(40) Daniels, *Politics of prejudice*, p. 49.

(41) Clements, *The Presidency of Woodrow Wilson*, pp. 35-39.

(42) Ibid., pp. 40-43.

(43) Ibid., pp. 47-51.

(44) Ibid., pp. 79.

(45) Haley, *Revolution and intervention*, pp. 106-107.

(46) Ibid., pp. 127-139. Clements, *The Presidency of Woodrow Wilson*, pp. 97-99.

第四章　辛亥革命、大正政変とその後の内外情勢の緊迫化

(1) 山本『大正政変の基礎的研究』244 ~ 246 頁。坂野『大正政変』9 ~ 13 頁。小林『日本の大陸政策』264 ~ 274 頁。櫻井『大正政治史の出発』第 5 章。

(2) 小林『日本の大陸政策』239 ~ 254 頁。

(3) 同上、250 頁。

(4) 参謀本部第一課「昭和五年倫敦会議関係統帥権ニ関スル書類綴」(防衛庁防衛研究所図書館所蔵)、小林『日本の大陸政策』251 ~ 252 頁より。

(5) 閣議決定「対清政策ニ関スル件」(明治 44 年 10 月 24 日)『日本外交文書』〈清国事変〉105 文書 (50 ~ 51 頁)。

(6) 小林『日本の大陸政策』264 ~ 269 頁。櫻井『辛亥革命と日本政治の変動』第 2 章。

(7) 山本『大正政変の基礎的研究』51 ~ 52 頁。北岡『日本陸軍と大陸政策』127 ~ 128 頁。小林『日本の大陸政策』268 頁。

(8) 山本『大正政変の基礎的研究』51 ~ 61 頁。

(9) 古賀廉造宛宇都宮太郎書簡(明治44年5月27日)『上原勇作関係文書』51 ~ 53 頁。

(10) 上原宛宇都宮書簡(明治 44 年 10 月 19 日) 同上、55 ~ 57 頁。櫻井『辛亥革命と日本政治の変動』94 ~ 100 頁。

(11) 北岡『日本陸軍と大陸政策』190 ~ 229 頁。

(12) 波多野『近代東アジアの政治変動と日本の外交』第 2 部第 1 章、同『満蒙独立運動』58 ~ 59 頁。

(13) 会田『川島浪速翁』第 2, 3 章。栗原「第一次・第二次満蒙独立運動と小池外務省政務局長の辞職」。波多野『満蒙独立運動』71 ~ 99 頁。櫻井『辛亥革命と日本政治の変動』100 ~ 104 頁 (宇都宮の構想に関する引用部は同書による)。

(14) 山本『大正政変の基礎的研究』97 ~ 101 頁。

(15) 同上、109 ~ 110 頁 (「桂太郎文書」より)。

(16) 山本『大正政変の基礎的研究』141 ~ 145 頁。

(17)『原敬日記』第 3 巻、10 月 15 日の条、257 頁。

(18) 山本『大正政変の基礎的研究』65 頁。

(19) 山本編『寺内正毅関係文書』583 ~ 586 頁。本史料の作成時期について、山本四郎は 9 月頃、北岡伸一は 10 月下旬、坂野潤治は 11 月中旬頃と推定している。

(20) 北岡『日本陸軍と大陸政策』128 頁。坂野「大正政変」85 頁。北岡は、同史料についてより正確には、陸軍が増師問題をめぐる政府との対立を、政党政治と官僚政治の体制的正統性をめぐる対立として捉えるに至った、と記している。この記述によれば、陸軍は自らを官僚政治の代表と自覚し、政友会との対決に臨んだということになるが、おそらく北岡は厳密な解釈としてそのような表現をしたのではないであろう。

(21) 山本『大正政変の基礎的研究』118 ~ 120, 145 頁。

(22)『原敬日記』第 3 巻、大正元年 11 月 16 日の条、262 頁。

(23) 由井「二箇師団増設問題と軍部」。

(24)『原敬日記』第 3 巻、大正元年 10 月 20 日の条、257 頁。山本『大正政変の基礎的研究』146 頁。

(25) 山本『大正政変の基礎的研究』166 ~ 170 頁。

(26) 桂太郎宛山県有朋書簡 (大正元年 11 月 28 日) 同上、187 頁 (「桂太郎文書」より)。

(27) 伊藤編『大正初期山県有朋談話筆記・政変思出草』33 頁。

(28) 坂野「大正政変」89 頁。山本『大正政変の基礎

的研究』196～197頁。

(29) 上原宛宇都宮書簡（大正元年11月28日）『上原勇作関係文書』63頁。

(30) 上原宛宇都宮書簡（大正元年11月29日）同上、64～65頁。

(31)『原敬日記』第3巻、大正元年11月30日の条、269頁。

(32) 坂野「大正政変」88頁。

(33) 桂太郎宛田中義一書簡（大正元年12月17日）山本『大正政変の基礎的研究』190～191, 296～297頁（「桂太郎文書」より）。小林『日本の大陸政策』285頁。櫻井良樹は、桂が西園寺内閣と上原の妥協を阻止したとすることに疑義を呈している。その理由は、田中が手紙を貰いに行ったのであり、桂から手紙を送ったのではないことや、桂は事態を傍観し、後の調整の余地を残そうとしていたはずという推測である。櫻井は倒閣の主犯を田中とし、その点を特に強調するが、田中は上原を動かせなかったために桂を訪れたのであろうから、桂が田中の行動に便乗して倒閣を策したことは否定できない。櫻井には、桂への独自の思い入れからか、策略を弄する桂という理解に否定的な嫌いがある（櫻井『辛亥革命と日本政治の変動』251, 261～262頁）。

(34) 山本『大正政変の基礎的研究』194～197頁。

(35) 上原宛宇都宮書簡（差出日不明）『上原勇作関係文書』65頁。

(36) 小林『日本の大陸政策』282～283頁。

(37) 山本『大正政変の基礎的研究』294～295頁。小林『日本の大陸政策』286～287頁。北岡『日本陸軍と大陸政策』133～137頁。

(38) 戸部『逆説の軍隊』165頁。

(39) 同上、78～83, 161～176頁。戸部良一は、北岡『日本陸軍と大陸政策』155頁の所説を援用しながら、田中でさえ軍と藩閥の一体化を否定しつつあり、そうした傾向は非長州系の軍人にはさらに強かったことを指摘している。しかし、これは概説書という性格も多分に影響した単純化であろう。後述のように、上原派は統帥系を中心に、軍事職の専門性と人脈上の信義関係を尊重することで、人脈結合体としての長州閥の性格を部分的に継承していくが、対して田中は、職権を有する自らの地位を正当化するため、専門職としての陸軍の性格を利用した。田中が時の政権との政治的な人脈を形成することに積極的で、しばしば政策態度を豹変させたのも、そのためである。田中は、専門職としての意識から長州閥としての意識を低下させたというより、長州閥の機能低下に対応し、専門職としての陸軍の地位を必要に応じて利用するようになったと理解すべきであろう。

(40) 山本『山本内閣の基礎的研究』39～49頁。

(41) 牧野外相→在米珍田大使（大正2年3月6日）、珍田大使→牧野外相（大正2年3月6日）『日本外交文書』大正2年第3冊、15, 16文書（15～16頁）。

(42)『日本外交文書』〈対米移民問題経過概要〉482～484頁。

(43) 牧野外相→珍田大使（大正2年4月18日）、珍田大使→牧野外相（大正2年4月20日）『日本外交文書』大正2年第3冊、92, 105文書（81, 91～93頁）。

(44)「加州問題ニ関スル日米交渉顚末」（大正3年1月）『日本外交文書』大正3年第1冊、1文書付記2（19～20頁）。

(45) 牧野外相→珍田大使（大正2年5月8日）、珍田大使→牧野外相（大正2年5月9, 10日）『日本外交文書』大正2年第3冊、228, 237, 238文書（182～187, 191～197頁）。

(46)『日本外交文書』〈対米移民問題経過概要〉438～450頁。

(47) 同上、451～465, 485～494頁。

(48) 山本『山本内閣の基礎的研究』181～207頁。

(49) 角田編『宇垣一成日記』I、87～95頁。

(50) 牧野伸顕外相宛楠瀬幸彦陸相送達、陸密第172号（大正2年8月26日）「支那軍人ノ我陸軍将校ニ対スル不法監禁ノ件通牒」『日本外交文書』大正2年第2冊、412文書（448～451頁）。

(51) 牧野外相宛楠瀬陸相送達、陸密第181号（大正2年8月30日）「漢口ニ於ケル日本将校陵辱事件ニ関スル件照会」同上、414文書（452～455頁）。

(52) 牧野外相→在支山座公使（大正2年9月3日）同上、417文書（458～459頁）。

(53) 山座公使→牧野外相（大正2年9月4日）同上、419文書（459～460頁）。

(54) 山本『山本内閣の基礎的研究』320～346頁。

(55) 在上海有吉総領事→牧野外相（大正2年9月2日）、在南京船津領事→牧野外相（大正2年9月6日）『日本外交文書』大正2年第2冊、416, 424文書（457～458, 464～476頁）。

(56) 船津領事→牧野外相（大正2年9月5日）同上、421文書（460～461頁）。

(57) 北一輝『支那革命外史』、北『北一輝著作集』第2巻、134頁。

(58) 牧野外相→在外大公使総領事館（大正2年9月

7 日）『日本外交文書』大正 2 年第 2 冊、428 文書（479 ~ 480 頁）。
(59)『原敬日記』第 3 巻、大正 2 年 10 月 2 日の条、341 頁。
(60) 牧野外相→山座公使（大正 2 年 9 月 6, 9 日）『日本外交文書』大正 2 年第 2 冊、422 文書（461 ~ 462 頁）。
(61) 牧野外相→山座公使（大正 2 年 9 月 9 日）同上、429 文書（480 ~ 481 頁）。
(62) 山座公使→牧野外相（大正 2 年 9 月 10 日）同上、432 文書（484 ~ 485 頁）。
(63) 山座公使→牧野外相（大正 2 年 9 月 13 日）同上、442 文書（493 ~ 494 頁）。
(64)『日本外交文書』〈対米移民問題経過概要〉453 頁。
(65) 牧野外相→山座公使（大正 2 年 9 月 17 日）『日本外交文書』大正 2 年第 2 冊、454 文書（504 ~ 505 頁）。
(66) 在英井上大使→牧野外相（大正 2 年 9 月 13 日）同上、443 文書（494 ~ 495 頁）。
(67) 山座公使→牧野外相（大正 2 年 9 月 19 日）同上、459 文書（509 ~ 511 頁）。
(68) 伊藤編『加藤高明』上巻、691 ~ 692, 714 ~ 718 頁、下巻、132 ~ 147 頁。
(69) 牧野外相→山座公使（大正 2 年 9 月 20 日）『日本外交文書』大正 2 年第 2 冊、460 文書（511 ~ 512 頁）。
(70) 山座公使→牧野外相（大正 2 年 8 月 20 日 , 9 月 22, 30 日 , 10 月 1, 5, 6 日）、牧野外相→山座公使（大正 2 年 10 月 3 日）同上、588, 608, 614, 615, 618 ~ 620 文書（681 ~ 686, 697 ~ 698, 701 ~ 709 頁）。
(71) 外務省領事移住部『わが国民の海外発展』本編、157 ~ 159 頁。
(72) 若槻他『海外移住政策史論』136 ~ 137 頁。
(73) 高橋『昭和戦前期の農村と満州移民』第 1 章。
(74) 関東州庁土木課編『関東州愛川村』。
(75) 児玉『日本移民史研究序説』149 ~ 152, 174 ~ 176, 223 ~ 234 頁。
(76) 若槻他『海外移住政策史論』110, 203 頁。
(77) 加瀬『戦前日本の失業対策』95 ~ 97 頁。
(78) 若槻「アメリカ移民他出地区の要因分析」。粂井『外国人をめぐる社会史』41 頁。
(79) 児玉『日本移民史研究序説』543 頁。
(80) ハワイ日本人移民史刊行委員会編『ハワイ日本人移民史』561 ~ 567 頁には、1903 年から 1961 年の間にハワイで設立された 138 の県市町村人会が紹介されている。赤木『海外移民ネットワークの研究』は、東北で例外的に多数の海外移民を創出した福島県のペルーに対する移民を対象に、移民個人の個別具体的な事情を丹念に調査し、地縁関係が移民の送出やペルーにおける商業、文化活動において果たしていた役割を明らかにした労作である。
(81) 岡元『アメリカを生き抜いた日本人』40 ~ 41, 86 ~ 87 頁。
(82) 粂井『外国人をめぐる社会史』117, 133 頁。
(83) 岡元『アメリカを生き抜いた日本人』85 ~ 86 頁。

第五章　第一次世界大戦期の日本の中国外交

(1) 伊藤編『加藤高明』上巻、733 ~ 737 頁。
(2) 伊藤編『加藤高明』下巻、148 頁。
(3) 閣議決定（大正 3 年 6 月 9 日）、加藤外相→在米珍田大使（大正 3 年 6 月 9, 10 日）、珍田大使→加藤外相（大正 3 年 6 月 11 日）、『日本外交文書』大正 3 年第 1 冊、44 ~ 47 文書（53 ~ 62 頁）。
(4) 井上馨侯伝記編纂会編『世外井上公伝』第 5 巻、366 ~ 367 頁。
(5) 加藤外相・英大使会談『日本外交文書』大正 3 年第 3 冊、101 文書（102 頁）。
(6) 伊藤編『加藤高明』下巻、78 ~ 79 頁。
(7) 同上、73 ~ 74, 153 ~ 154 頁。
(8) 伊藤編『大正初期山県有朋談話筆記・政変思出草』60 頁。
(9) 伊藤編『加藤高明』下巻、82 ~ 84 頁。
(10) 加藤外相・英大使会談『日本外交文書』大正 3 年第 3 冊、108 文書（107 ~ 110 頁）。
(11) 在英井上大使→加藤外相（大正 3 年 8 月 9 日）同上、110 文書（111 ~ 112 頁）。
(12) Conyngham Green to E. Grey (Tokyo, Aug. 8, 1914); John Jordan to E. Grey (Peking, Aug. 9, 1914), *BDFA*, II-E, vol. 1, docs. 15, 21, pp. 5-6, 8.
(13) 井上大使→加藤外相（大正 3 年 8 月 10 日）『日本外交文書』大正 3 年第 3 冊、114 文書（116 ~ 117 頁）。
(14) 加藤外相→井上大使（大正 3 年 8 月 11 日）同上、120 文書（120 ~ 121 頁）。
(15) 井上大使→加藤外相（大正 3 年 8 月 12, 13 日）、加藤外相→井上大使（8 月 13 日）、対独宣戦布告詔書（8 月 23 日）同上、127, 133, 140, 240 文書（126 ~ 127, 130, 135, 217 ~ 218 頁）。

⒃ 井上馨宛望月小太郎書簡（大正 3 年 8 月 19 日）、山本編『第二次大隈内閣関係史料』90 頁。『世外井上公伝』第 5 巻、375 頁。
⒄ 上原勇作宛宇都宮太郎書簡（大正 3 年 8 月 6 日）『上原勇作関係文書』74 頁。
⒅ 在支日置公使→加藤外相（大正 3 年 8 月 26 日）『日本外交文書』大正 3 年第 3 冊、562 文書（543 ~ 546 頁）。
⒆ 加藤外相→日置公使（大正 3 年 8 月 29 日）同上、564 文書（553 頁）。
⒇ 波多野「対独開戦と日本外交」、同『近代東アジアの政治変動と日本の外交』201 ~ 208 頁。
(21) 北岡『日本陸軍と大陸政策』167 ~ 170 頁。
(22) 伊藤編『加藤高明』下巻、206 ~ 209 頁。北岡「二十一ヵ条再考」。
(23) 加藤外相→日置公使（大正 3 年 12 月 3 日）『日本外交文書』大正 3 年第 3 冊、568 文書（561 ~ 568 頁）。
(24) 島田「対華二十一ヵ条要求」、同「対華二十一ヵ条問題」。
(25) 加藤外相・英大使会談（大正 4 年 2 月 22 日）『日本外交文書』大正 4 年第 3 冊上巻、534 文書（587 ~ 590 頁）。
(26) 加藤外相→日置公使（大正 4 年 1 月 11 日）同上、134 文書（111 頁）。
(27) 奈良岡『加藤高明と政党政治』137 ~ 138 頁。
(28) 島田「対華二十一ヵ条要求」。北岡の議論の中心は日米関係にあるが、自らの独自性を強調する日本の動向については、第 5 号が加藤の国内的譲歩の結果であり、中国との交渉において後に譲歩するための過大な要求であったという推測や、中国側が 4 月 15 日の第 23 回会議において東蒙古問題と第 5 号問題を交換条件とする提案を行いながら、17 日に態度を硬化させたことで、日本側に重大な誤算が生じたとする指摘など、これらは伊藤『加藤高明』下巻（168 ~ 169, 209 頁）が既に記述している。ところが、その解釈が外交史料に照らして誤っているのである。
(29) 堀川『極東国際政治史序説』は、この問題の背景と経過をめぐる包括的研究であるが、たとえば第 5 号について、伊藤正徳に依拠しながら対内的譲歩の結果であったする一方で（96 頁）、日中交渉の最大の問題であった土地関連混合裁判における司法管轄権について検討していない。
(30) 加藤外相→日置公使（大正 4 年 1 月 25 日）『日本外交文書』大正 4 年第 3 冊上巻、149 文書（121 頁）。
(31) 日置公使→加藤外相（大正 4 年 2 月 9 日）、加藤外相・中国公使会談（大正 4 年 2 月 12 日）同上、175, 179 文書（145 ~ 146, 149 ~ 150 頁）。
(32) 榊原農場とは、榊原政雄が奉天北陵の約 4,500 万坪の土地を薄豊農場公司より商租した後、その内の 120 町歩の耕作権を保留することなどを条件に、諸権利を中国側に返還して開いた農場。榊原は、朝鮮人を雇用して同地で水田を耕作し、大正 8 年に改めて商租権が設定されたが、条件をめぐる紛糾が続いた。その上、昭和 4 年に中国側が農地内に鉄道を敷設するなどしたため、榊原は外交当局を通じて抗議を行った末、実力で鉄道を破壊するに至った（『満洲青年連盟史』240 ~ 241, 430 頁）。『日本外交文書』昭和期 I 第 1 部第 4 巻、7「雑件」1「治外法権」所収の各文書を参照、特に 792 文書（978 頁）以下。
(33) 加藤外相・英大使会談（大正 4 年 4 月 15 日）『日本外交文書』大正 4 年第 3 冊上巻、604 文書（681 ~ 683 頁）。
(34)「米国政府ヘノ説明綱領案」同上、670 文書付記（744 ~ 747 頁）。
(35) 吉野作造『日支交渉論』（1915 年）、『吉野作造選集』第 8 巻、154 ~ 155 頁。
(36) 小山『憲政常道と政党政治』第 3 章。
(37) 在米珍田大使→加藤外相（大正 4 年 3 月 28 日）『日本外交文書』大正 4 年第 3 冊上巻、588 文書（668 ~ 669 頁）。
(38) 加藤外相→日置公使（大正 4 年 4 月 17、19 日）、加藤外相→日置公使（大正 4 年 4 月 18 日）同上、330 ~ 335 文書（331 ~ 336 頁）。
(39) 李『近代東アジアの政治力学』127 ~ 128 頁、白『東アジア政治・外交史研究』149 頁。
(40) 李『近代東アジアの政治力学』129 ~ 130 頁、白『東アジア政治・外交史研究』150 頁。
(41)『世外井上公伝』第 5 巻、369 頁。
(42) 栗原「第一次・第二次満蒙独立運動と小池外務省政務局長の辞職」。北岡『日本陸軍と大陸政策』181 ~ 189 頁。波多野『満蒙独立運動』第 3, 4 章。
(43) 波多野『満蒙独立運動』124 ~ 126 頁。
(44) 北岡『日本陸軍と大陸政策』187 頁。
(45) 波多野『満蒙独立運動』134 頁。
(46) 閣議決定「中国目下の時局に対し帝国の執るべき政策」（大正 5 年 3 月 7 日）『日本外交年表並主要文書』上巻、418 ~ 419 頁。
(47) 波多野『満蒙独立運動』132 ~ 134, 148 ~ 165 頁。
(48) 栗原「第一次・第二次満蒙独立運動と小池外務省政務局長の辞職」148 ~ 151 頁。波多野『満蒙独立運動』p.165 ~ 171 頁。

(49) 会田『川島浪速翁』214 ~ 231 頁。栗原「第一次・第二次満蒙独立運動と小池外務省政務局長の辞職」148 ~ 152 頁。波多野『満蒙独立運動』174 ~ 177 頁。
(50) 栗原「第一次・第二次満蒙独立運動と小池外務省政務局長の辞職」152 頁。波多野『満蒙独立運動』180 ~ 181 頁。
(51) 多田井『朝鮮銀行』96 ~ 97 頁。
(52) 会田『川島浪速翁』232 ~ 259 頁。栗原「第一次・第二次満蒙独立運動と小池外務省政務局長の辞職」152 ~ 156 頁。波多野『満蒙独立運動』186 ~ 193, 203 ~ 213 頁。
(53) 北岡『日本陸軍と大陸政策』189 頁。
(54) 金原「『改造』の時代への開幕と議会」148 頁。
(55) 鈴木監修『西原借款資料研究』10 頁。
(56) 大正 6 年 1 月 9 日閣議決定、鈴木監修『西原借款資料研究』119 頁。
(57) 北岡『日本陸軍と大陸政策』202 ~ 203 頁。
(58) 鈴木監修『西原借款資料研究』10 ~ 11 頁。
(59) 北岡『日本陸軍と大陸政策』235 ~ 260 頁。
(60) 鈴木監修『西原借款資料研究』5 ~ 6 頁。
(61) 同上、20 ~ 27 頁。多田井『朝鮮銀行』96 ~ 104 頁。
(62) 杉大蔵省秘書官→在北京西原亀三（大正 7 年 6 月 13 日）『日本外交文書』大正 7 年第 2 冊下巻、802 文書（839 頁）。多田井『朝鮮銀行』103 ~ 104 頁。
(63) 北岡『日本陸軍と大陸政策』257 ~ 259 頁。

第六章　第一次世界大戦期のアメリカと日本

(1) Clements, *The Presidency of Woodrow Wilson*, pp. 59-60, 66.
(2) Ibid., pp. 115-121.
(3) Ibid., pp. 123-125. Egerton, *Great Britain and the creation of the League of Nations*, pp. 25-26.
(4) Clements, *The Presidency of Woodrow Wilson*, pp. 124-127.
(5) 高原『ウィルソン外交と日本』46 ~ 52 頁。
(6) 在米珍田大使→加藤外相（大正 3 年 3 月 16 日）および 3 月 13 日アメリカ政府公文写『日本外交文書』大正 4 年第 3 冊上巻、561 文書（619 ~ 638 頁、特に 630 頁）。
(7) 高原『ウィルソン外交と日本』51 ~ 60 頁。高原は 5 月 11 日のブライアン覚書について、一種の「不承認宣言」の域を出るものでなく、いたずらに日米間の摩擦を高めたに過ぎず、その効果も疑わしかったとする。しかし、島田洋一が指摘するように、5 月 11 日のブライアン覚書は、日本に対する不信表明であって、日中条約に対する不承認宣言ではなかった。また、日本側が中国に対する最後通牒の発出に当たり、第 5 号未決事項を撤回したことや、加藤外相が 5 月 11 日覚書に関するアメリカの真意を懸念したように、日本側がアメリカの動向によって一定程度牽制されていたことは確かであろう。
(8)「五月十三日米国代理大使来省会談要領」および付属書『日本外交文書』大正 4 年第 3 冊、708 文書（792 ~ 793 頁）。
(9) 加藤外相→珍田大使（大正 4 年 5 月 13 日）、珍田大使→加藤外相（5 月 13 日）同上、709, 712 文書（793 ~ 795 頁）。
(10) 島田「対華二十一カ条問題」55 ~ 56 頁。
(11) Clements, *The Presidency of Woodrow Wilson*, pp. 127-132.
(12) Haley, *Revolution and intervention*, chap. 8.
(13) Ibid., pp. 187-190.
(14) Clements, *The Presidency of Woodrow Wilson*, pp. 100-101. Haley, *Revolution and intervention*, pp. 215-217.
(15) Haley, *Revolution and intervention*, chap. 10.
(16) Clements, *The Presidency of Woodrow Wilson*, pp. 100-103.
(17) Ibid., pp. 132-134.
(18) Ibid., pp. 135-140.
(19) Ibid., pp. 143-145.
(20) Ibid., pp. 66-70.
(21) Ibid., pp. 87-91.
(22) Ibid., pp. 81-86.
(23) Ibid., p. 164.
(24) 在米佐藤大使→本野外相（大正 6 年 5 月 15 日）『日本外交文書』大正 6 年第 3 冊、727 文書（707 ~ 708 頁）。
(25) 高原『ウィルソン外交と日本』70 ~ 71 頁。
(26) 大正 6 年 5 月 22 日閣議決定、本野外相→佐藤大使（大正 6 年 5 月 22 日）、佐藤大使→本野外相（5 月 24 日）『日本外交文書』大正 6 年第 3 冊、730 ~ 732 文書（716 ~ 719 頁）。
(27) 外務省調書「遣米石井特派大使ノ行程及米国政府トノ交渉経過概要」（大正 6 年 9 月 15 日）同上、786 文書（766 ~ 768 頁）。

(28) 佐藤大使→本野外相（大正 6 年 9 月 23 日）同上、793 文書（775 ~ 777 頁）。

(29) Beers, *Vain endeavor*, chaps. 4, 6, 12.

(30) 本野外相→在英珍田大使（大正 6 年 10 月 10 日）『日本外交文書』大正 6 年第 3 冊 815 文書（793 ~ 794 頁）。

(31) 本野外相→佐藤大使（大正 6 年 10 月 12 日）、佐藤大使→本野外相（大正 6 年 10 月 13 日）同上、817, 820 文書（797 ~ 800 頁）。

(32) 高原『ウィルソン外交と日本』96 ~ 98 頁は、ランシングの提案が規定を一般化するものであったことに着目し、そのねらいを、アメリカが譲歩したかのように振る舞いながら日本を封じ込めることにあったと評価している。しかし、これは誤りである。ランシングの修正案は、第 1 文の修正に伴う全体的整合性の問題から生じており、一般化することが日本に対する封じ込めに当たるという主張についても、当の本野外相自身がこれを否定している。日本側は、制約の一般化より、アメリカによる対日不信の表現を問題視したためである。高原は、石井 - ランシング協定をアメリカによる譲歩として位置付ける先行研究を批判するため、そのような議論をしたのであろうが、その一方で高原には、「現在の状況」に関する日本側の過敏な反応についての認識が欠けている。条文作成の手続き上の問題に対する認識や『日本外交文書』の理解が不十分なためであろう。

(33) 佐藤大使→本野外相（大正 6 年 10 月 13 日）、本野外相→佐藤大使（10 月 15 日）『日本外交文書』大正 6 年第 3 冊、819, 821 文書（797 ~ 798, 800 ~ 801 頁）。

(34) 佐藤大使→本野外相（大正 6 年 10 月 23 日）同上、826 文書（804 頁）。

(35) 本野外相→佐藤大使（大正 6 年 10 月 26 日）および同日別電、同上、827 文書（805 ~ 807）。

(36) Clements, *The Presidency of Woodrow Wilson*, pp. 152-156.

(37) Fic, *The Collapse of American policy in Russia and Siberia*, pp. 24-25.

(38) Foglesong, *America's secret war against Bolschevism*.

(39) 細谷『シベリア出兵の史的研究』復刻版、25 ~ 30 頁。

(40) Foglesong, *America's secret war against Bolschevism*, pp. 80-89.

(41) Ibid., pp. 143-144. 細谷『シベリア出兵の史的研究』復刻版、45 頁。

(42) Foglesong, *America's secret war against Bolschevism*, pp. 97-104.

(43) Ibid., pp. 145.

(44) Ibid., pp. 114-123.

(45) Ibid., p. 80. 細谷『シベリア出兵の史的研究』復刻版、691 ~ 693 頁。細谷千博は、日本に対する連合国からの派兵要請自体に反対しないとした 3 月 1 日のウィルソンの覚書を、対日回答案としている。しかし、これは内容に照らしても誤りで、正確には連合国への対応を記した覚書である。細谷は、3 月 1 日の覚書と 7 日の対日回答を同一基準で比較し、アメリカ政府に日本の派兵容認から反対への方針転換が存在したとするが、この議論も誤りである。なお、細谷『ロシア革命と日本』35 ~ 36 頁の記述は、3 月 1 日のウィルソンの覚書が英仏伊大使に内示され、日本に伝えられなかったことを記しているので、細谷は実質的に記述を修正したことになる。ただし、日本に提示されなかった理由に疑問を感じる記述をしているので、細谷には 3 月 1 日覚書に関する思い込みが強かったようである。

(46) 細谷『シベリア出兵の史的研究』復刻版、55 頁。「二月五日本野大臣ト米国大使ト会談要領」、3 月 7 日付日本外務省宛在日アメリカ大使館覚書『日本外交文書』大正 7 年第 1 冊、451 文書および 487 文書付属書（643 ~ 644, 692 ~ 693 頁）。

(47) 和田「解説——研究史『シベリア出兵』」。

(48)『原敬日記』第 4 巻、1918 年 3 月 9 日の条、370 ~ 371 頁。細谷『シベリア出兵の史的研究』復刻版、95 ~ 100 頁。

(49)「西比利亜出兵ノ急務」、『日本外交文書』大正 7 年第 1 冊、514 文書付記 1（744 ~ 751 頁）。

(50) 細谷『シベリア出兵の史的研究』復刻版、127 頁。

(51) Foglesong, *America's secret war against Bolschevism*, pp. 146-154.

(52) Ibid., pp. 155-159. Fic, *The Collapse of American policy in Russia and Siberia*, pp. 124-126, 141-143. 細谷『シベリア出兵の史的研究』復刻版、181 頁。

(53) Foglesong, *America's secret war against Bolschevism*, pp. 160-162. Fic, *The Collapse of American policy in Russia and Siberia*, pp. 139-140, 191.

(54)『原敬日記』第 4 巻、1918 年 6 月 22 日の条、408 頁。

(55) 細谷『シベリア出兵の史的研究』復刻版、209 ~ 230 頁。

(56) 高倉編『田中義一伝記』復刻版、下巻、218 頁。

(57) 同上、178 ~ 189 頁。

(58) Foglesong, *America's secret war against Bolsche-*

vism, pp. 167-177.

(59) Ibid., pp. 189-216. Fic, *The Collapse of American policy in Russia and Siberia*, pp. 316, 326-332.

(60) Fic, *The Collapse of American policy in Russia and Siberia*, pp. 370-371.

(61) Ibid., p. 381.

(62) Foglesong, *America's secret war against Bolshevism*, pp. 218.

(63) Ibid., pp. 225-230.

(64) Ibid., pp. 179-187.

第七章　国際連盟の創設

(1) Egerton, *Great Britain and the creation of the League of Nations*, pp. 7, 25-33.

(2) Goldstein, *Winning the peace*, pp. 9-11, 118. 後のパリ講和会議において、南アフリカのスマッツが国際連盟の組織について行った提案は、イギリス本国とドミニオンの関係に大きく依拠していた（Ibid., p. 217.）。

(3) Egerton, *Great Britain and the creation of the League of Nations*, pp. 37-39.

(4) Ibid., pp. 45-46.

(5) Ibid., pp. 52-62.

(6) Ibid., pp. 65-80.

(7) Ibid., pp. 94-100.

(8) Ibid., pp. 84-88, 101-109.

(9) 外務省百年史編纂委員会編『外務省の百年』上巻、697 ~ 704 頁（細谷千博、海野芳郎執筆）。

(10) 同上、705 ~ 711 頁。

(11)「山東問題ニ関スル日支間ノ条約及交換公文一斑」、外務省編纂『日本外交文書』〈巴里講和会議経過概要〉757 ~ 758 頁。

(12) Walworth, *Wilson and his peacemakers*, pp. 13-19, 43-44.

(13) Egerton, *Great Britain and the creation of the League of Nations*, pp. 114-117. Walworth, *Wilson and his peacemakers*, pp. 106-128.

(14) Walworth, *Wilson and his peacemakers*, chap. 18.

(15) Ibid., chap. 4.

(16) Ibid., chap. 25.

(17)『日本外交文書』〈巴里講和会議経過概要〉108 頁。

(18) Egerton, *Great Britain and the creation of the League of Nations*, pp. 129-140. Walworth, *Wilson and his peacemakers*, pp. 115-124.

(19) Egerton, *Great Britain and the creation of the League of Nations*, pp. 156-158. Walworth, *Wilson and his peacemakers,* pp. 147-153, 211.

(20) Egerton, *Great Britain and the creation of the League of Nations*, pp. 163-169. Walworth, *Wilson and his peacemakers*, pp. 305-309, 315.

(21)『日本外交文書』〈巴里講和会議経過概要〉44 ~ 59 頁。『日本外交文書』大正 8 年第 3 冊上巻、88, 94 文書（113 ~ 114, 119 ~ 121 頁）。Walworth, *Wilson and his peacemakers*, chap. 19.

(22)『日本外交文書』〈巴里講和会議経過概要〉576 ~ 578, 717 ~ 718 頁。

(23) 同上、108 頁。

(24) 同上、199 ~ 208 頁、『日本外交文書』大正 8 年第 3 冊上巻、363, 364 文書（443 ~ 451 頁）。

(25) 島田「講和会議とヴェルサイユ条約」150 頁。

(26)『日本外交文書』〈巴里講和会議経過概要〉457 頁。

(27) 大沼「遥かなる人種平等の理想」。大沼保昭以外にも、たとえば島田「講和会議とヴェルサイユ条約」151 頁は、人種平等案が成立すれば、逆に日本が中国や朝鮮との関係において義務を負うことになったから、やはり成立が望ましかった、とする問題提起を行っている。しかし当時、朝鮮は日本領であったため、国内在留外国人の待遇をめぐる本問題において、中国人と朝鮮人を同列に論じることはできない。しかも、日本の法体系は、朝鮮や台湾などの外地と内地とを区別する属地主義の原則を取っており、そのため、日本人であっても外地に居住する場合、選挙権が停止されるなど、制約を受けた。法律の施行に地域的差異が存在することを全て人種主義に還元することは不可能である。なお、大沼は甲案と乙案の文面から、日本政府はアメリカにおける排日の歴史と提案の実現可能性を検討し、移民受け入れの差別禁止について実現可能性がないことから、せめて入国した移民の差別待遇禁止を実現しようとしたのであろうかと推測し、「この点を明らかにする史料は存しない」と指摘している。大沼には、1906 年以降の日本の移民政策、すなわち、日本政府がアメリカへの移民を自主規制することで、アメリカ側に在米日本人の権利制限について自制を求めてきたことへの基礎的な認識が欠けているようである。日本政府にとって、アメリカに対する移民問題

は日本側の自主規制によって事実上解決されたはずで、残る課題は、在米日本人の権利、待遇保護の問題のみであった。高原『ウィルソン外交と日本』261 頁も、日本の提案目的は、「講和条約」(連盟規約も講和条約の一部を構成したので、この表現は誤りではないが、厳密な表現でもない) に人種平等案を盛り込むよう要求することで、短期的に移民問題を解決し、長期的に白人との人種戦争を回避することにあったと述べており、同様の認識不足を示している。在留外国人の待遇問題と移民受入問題の区別が曖昧な上、在米日本人の待遇問題を法理的に理解せず、人種戦争に飛躍して結び付けているからである。それに比べると大沼は、日米通商航海条約が農業用の土地所有権に関する内国民待遇や最恵国待遇の規定を欠いていることを指摘しており、連盟規約における人種問題がアメリカの国内法と日米通商航海条約との整合性の問題に関わっていたことを認識しているようである。ところが、大沼はその後、条約や法律上の規定についてそれ以上の議論を展開せず、後段の所論において、日本国内の世論や日本のアジア蔑視の問題を取り上げている。国際法学者が法律ないし条約上の議論について中途半端な指摘しかできず、感情論に近い評論に重点を置いていることは、専門性に照らしても問題である。

(28) Walworth, *Wilson and his peacemakers*, pp. 119, 311.

(29) Ibid., pp. 31-38, 320.

(30)『日本外交文書』〈巴里講和会議経過概要〉551 ~ 555 頁。

(31) Walworth, *Wilson and his peacemakers*, p. 508.

(32) Ibid., p. 373.

(33) Ibid., pp. 171, 520.

(34) 中国代表によるドイツへの要求条項『日本外交文書』〈巴里講和会議経過概要〉335 ~ 338 頁、『日本外交文書』大正 8 年第 3 冊上巻、189 文書 (193 ~ 196 頁)。

(35)『日本外交文書』〈巴里講和会議経過概要〉724 ~ 736 頁。『日本外交文書』大正 8 年第 3 冊上巻、220 文書 (248 ~ 250 頁)。

(36)『日本外交文書』〈巴里講和会議経過概要〉720 頁。『日本外交文書』大正 8 年第 3 冊上巻、214 文書 (242 頁)。

(37)『日本外交文書』〈巴里講和会議経過概要〉737 ~ 740 頁。『日本外交文書』大正 8 年第 3 冊上巻、223 文書 (263 ~ 267 頁)。

(38)『日本外交文書』〈巴里講和会議経過概要〉743 頁。『日本外交文書』大正 8 年第 3 冊上巻、222 文書 (261 ~ 263 頁)。

(39)『日本外交文書』〈巴里講和会議経過概要〉744 ~ 758, 892 ~ 894 頁。『日本外交文書』大正 8 年第 3 冊上巻、226, 228 文書 (269 ~ 278, 281 ~ 285 頁)。

(40) 服部『東アジア国際環境の変動と日本外交』34 ~ 43 頁。服部龍二は、パリ会議において日本は、中国やアメリカとの対立をイギリスとの協調によって克服したと論じているが、イギリスは事態を収拾するために日本側主張の理解に努め、仲介に当たったが、日本と協調していたわけでも、日本の主張を積極的に支持したわけでもない。服部の主張は、事実誤認である。

(41) Lansing's letter to Tasker Bliss, April 29, 1919, cited in: Beers, *Vain endeavor*, p. 159.

(42) 植田『在支列国権益概説』262 ~ 263 頁。

第二部　国際的自立と内外融和への模索
第八章　ワシントン会議から排日移民法の成立へ

(1) Trani and Wilson, *The Presidency of Warren G. Harding*, pp. 11-18.

(2) Miller, *Populist nationalism*, chaps. 1-3.

(3) Ibid., p. 70.

(4) Trani and Wilson, *The Presidency of Warren G. Harding*, pp. 22-28.

(5) Ibid., pp. 34-49.

(6) Ibid., p. 54.

(7) Ibid., pp. 150-151.

(8) Trani and Wilson, *The Presidency of Warren G. Harding*, pp. 2-3.

(9)『日本外交文書』〈対米移民問題経過概要〉599 ~ 621 頁。

(10) 同上、623 ~ 671 頁 (引用部は 665 頁)。

(11) Trani and Wilson, *The Presidency of Warren G. Harding*, pp. 60-61. Ferrell, *The presidency of Calvin Coolidge*, p. 113.

(12) Trani and Wilson, *The Presidency of Warren G. Harding*, pp. 73-74. Kaplan and Ryley, *Prelude to trade wars*, chap. 5.

(13) Trani and Wilson, *The Presidency of Warren G. Harding*, pp. 62-72.
(14) Ibid., pp. 78-79.
(15) Ibid., p. 86.
(16) Ibid ., pp. 97-101.
(17) Ibid, pp. 4-5, 16-17, 103-105.
(18) Hogan, *Informal entente*, chaps. 1-4.
(19) Ferrell, *The presidency of Calvin Coolidge*, p. 73.
(20) Trani and Wilson, *The Presidency of Warren G. Harding*, pp. 109-125.
(21) Hicks, *Republican ascendancy*, pp. 33-37.
(22) Nish, *Alliance in decline*, chap. 18.
(23) 駐日イギリス大使より内田外相宛文書『日本外交文書』大正 10 年第 3 冊下巻、864 文書（1043 ~ 1046 頁）。
(24) 大正 10 年 5 月 27 日閣議決定および付属文書、同上、869 文書（1050 ~ 1055 頁）。
(25) Nish, *Alliance in decline*, pp. 336-338. 在英林大使→内田外相（大正 10 年 7 月 2 日）同上、908 文書（1109 ~ 1110 頁）。
(26) 林大使→内田外相（大正 10 年 7 月 6 日）『日本外交文書』〈ワシントン会議〉上巻、事項 1・2 文書（4 ~ 5 頁）。Nish, *Alliance in decline*, pp. 339-340.
(27) C. E. Hughes to Harding (Washington, July 9, 1921), *FRUS*, 1921, vol. 1, pp. 21-22. 在米幣原大使→内田外相（大正 10 年 7 月 11 日）『日本外交文書』〈ワシントン会議〉上巻、事項 1・7 文書（8 ~ 9 頁）。
(28) The Secretary of State (Hughes) to the Ambassador in Great Britain (Harvey) (Washington, July 13, 1921), *FRUS*, 1921, vol. 1, pp. 28-29.
(29) Hughes to Wheeler (Washington, Aug. 11, 1921), Hughes to Ruddock in China (Washington, Aug. 11, 1921), Hughes to Phillips in Netherlands (Washington, Oct. 4, 1921), *FRUS*, 1921, vol. 1, pp. 56- 58, 76-77. 在日アメリカ大使より内田外相宛ワシントン会議招請状（大正 10 年 8 月 13 日）『日本外交文書』〈ワシントン会議〉上巻、事項 1・105 文書（115 ~ 117 頁）。Trani and Wilson, *The Presidency of Warren G. Harding*, pp. 152-153.
(30) ワシントン会議全権→内田外相（大正 10 年 11 月 14 日）『日本外交文書』〈ワシントン会議〉上巻、事項 2・2 文書（234 ~ 254, 特に 243 ~ 245 頁）。
(31) Miller, *Populist nationalism*., chaps. 6-7.
(32) ワシントン会議全権→内田外相（大正 10 年 11 月 19 日）『日本外交文書』〈ワシントン会議〉上巻、事項 2・18 文書（268 ~ 269 頁）。
(33) ワシントン会議全権→内田外相（大正 10 年 11 月 23 日）同上、事項 2・27, 28 文書（275 ~ 278 頁）。
(34) ワシントン会議全権→内田外相（大正 10 年 12 月 14 ~ 15, 19 日）、在米加藤海相→海軍次官（12 月 16 日）同上、事項 2・62, 64 ~ 67, 70 文書（314 ~ 332 頁）。
(35) 大正 11 年 1 月 7 日閣議決定、内田外相→ワシントン会議全権（大正 11 年 1 月 9 日）、ワシントン会議全権→内田外相（1 月 11, 12 ~ 13 日）同上、事項 2・126, 127, 129, 132 文書（405 ~ 418 頁）。
(36) ワシントン会議全権→内田外相（大正 11 年 1 月 26 日）同上、事項 2・158 文書（451 ~ 452 頁）。
(37)「海軍軍備制限ニ関スル条約」（大正 11 年 2 月 6 日調印）同上、事項 2・172 文書（461 ~ 482 頁, 特に 465 ~ 466 頁）。軍事基地の現状維持は同条約第 19 条で規定された。
(38) ワシントン会議全権→内田外相（大正 10 年 12 月 27 日）同上、事項 2・175 文書（486 ~ 487 頁）。
(39) 在米加藤海軍中将、田中陸軍少将→山梨陸相（大正 10 年 12 月 10, 14 日, 大正 11 年 1 月 11 日）同上、事項 2・190 ~ 192 文書（510 ~ 515 頁）。
(40)「潜水艦及毒瓦斯ニ関スル五国条約」（大正 11 年 2 月 6 日調印）同上、事項 2・193 文書（515 ~ 518 頁）。
(41) Nish, *Alliance in decline*, pp. 368-377. ワシントン会議全権→内田外相（大正 10 年 11 月 24, 26 日）『日本外交文書』〈ワシントン会議〉上巻、事項 3・1 文書（547 ~ 550 頁）。
(42) Balfour to Lloyd George (Washington, Nov. 11, 1921), *BDFA*, II-E, vol. 5, doc. 65, pp. 51-54.
(43) ワシントン会議全権→内田外相（大正 10 年 11 月 29 日）『日本外交文書』〈ワシントン会議〉上巻、事項 3・1 文書（552 ~ 555 頁）。Balfour to Lloyd George (Washington, Nov. 29, 1921), *BDFA*, II-E, vol. 5, doc. 108, pp. 88-91. 宮田「英米関係と東アジアにおける日本の役割意識」は、バルフォアと幣原がアメリカの日英同盟参加を目指していたと記しているが、これは誤りである。なお、ガードナー「極東国際政治と英米関係」46 頁は、会議前の 1921 年 5 月から 6 月にかけ、イギリスがアメリカに日英同盟への参加を打診していたことを紹介している。
(44) ワシントン会議全権→内田外相（大正 10 年 12 月 1 日）『日本外交文書』〈ワシントン会議〉上巻、事項 3・9 文書（564 ~ 566 頁）。
(45) 堀内干城欧米局第二課長「英国案ノ考察」（大正 10 年 11 月 28 日）同上、事項 3・5 文書付記 1

（555 ~ 557 頁）。
(46)「太平洋方面ニ於ケル島嶼タル属地及島嶼タル領地ニ関スル四国条約」（大正 10 年 12 月 14 日）同上、事項 3・32 文書付記（608 ~ 616 頁）。
(47) ワシントン会議全権→内田外相（大正 10 年 12 月 2 日）同上、事項 3・11 文書（569 ~ 571 頁）。
(48) 内田外相→ワシントン会議全権（大正 10 年 12 月 17 日）同上、事項 3・34 文書、616 ~ 618 頁。
(49) Momorandum of a conversation held at Hughes's private house, Washington, on Thursday, Dec. 8, 1921, *BDFA*, E-II, vol. 5, doc. 129.
(50) ワシントン会議全権→内田外相（大正 10 年 12 月 25, 28 日）『日本外交文書』〈ワシントン会議〉上巻、事項 3・53, 56 文書（635 ~ 637, 640 ~ 641 頁）。
(51)「太平洋方面ニ於ケル島嶼タル属地及島嶼タル領地ニ関スル四国条約追加協定」（大正 11 年 2 月 6 日）同上、事項 3・93 文書付記（678 ~ 680 頁）。
(52) ワシントン会議全権→内田外相（大正 10 年 11 月 22 日）『日本外交文書』〈ワシントン会議〉下巻、事項 4・5 文書（7 ~ 8 頁）。
(53) ワシントン会議全権→内田外相（大正 10 年 11 月 19, 20 日）同上、事項 4・2, 9, 10 文書（1 ~ 5, 10 ~ 16 頁、引用部は 15 ~ 16 頁）。
(54) ワシントン会議全権→内田外相（大正 10 年 12 月 1 日）同上、事項 4・96 文書（247 ~ 250 頁）。
(55)「中国ノ関税ニ関スル条約」（大正 11 年 2 月 6 日）同上、事項 4・141 文書（304 ~ 317 頁）。
(56) Balfour to Curzon (Washington, Nov. 25, 1921), *BDFA*, II-E, vol. 26, doc. 88, p. 89.
(57) ワシントン会議全権→内田外相（大正 10 年 11 月 27 日, 12 月 7 日）『日本外交文書』〈ワシントン会議〉下巻、事項 6・6, 19 文書（439 ~ 440, 455 頁）。
(58) ワシントン会議全権→内田外相（大正 10 年 12 月 8 日）同上、事項 4・35 文書（70 ~ 73 頁）。Balfour to Curzon (Washington, Dec. 4, 1921), *BDFA*, II-E, vol. 26, doc. 114, p. 106.
(59) ワシントン会議全権→内田外相（大正 10 年 12 月 11 日）『日本外交文書』〈ワシントン会議〉下巻、事項 6・24 文書（462 ~ 463 頁）。
(60) 大正 10 年 11 月 24 日閣議決定、同上、事項 6・4 文書（425 ~ 437 頁、特に 426 頁）。
(61) ワシントン会議全権→内田外相（大正 10 年 12 月 6, 22 日）同上、事項 6・16, 56 文書（450 ~ 454, 502 ~ 503 頁）。
(62) 内田外相→ワシントン会議全権（大正 10 年 12 月 24 日）同上、事項 6・58 文書（505 ~ 508 頁）。
(63) ワシントン会議全権→内田外相（大正 10 年 12 月 30 日）同上、事項 6・67 文書（516 ~ 519 頁）。
(64) ワシントン会議全権→内田外相（大正 11 年 1 月 29 日）、内田外相→ワシントン会議全権（大正 11 年 1 月 31 日）同上、事項 6・123, 132 文書（583 ~ 586, 591 ~ 592 頁、引用部は 584 頁）。Balfour to Curzon (Washington, Feb. 4, 1922), *BDFA*, II-E, vol. 26, doc. 362, pp. 356-361. Hughes to Schurman (Minister in China), (Washington, Jan. 25, 1922), Schurman to Hughes (Peking, Jan. 26, 1922), *FRUS*, 1922, vol. 1, pp. 945-946.
(65) ワシントン会議全権→内田外相（大正 11 年 2 月 2 日）『日本外交文書』〈ワシントン会議〉下巻、事項 6・147 文書（606 頁）。
(66)「山東懸案解決ニ関スル条約」「山東懸案解決ニ関スル条約ノ締結ニ付日本国及ビ中国委員ガ一致シタ議事録記載ノ了解事項」（大正 11 年 2 月 4 日）同上、事項 6・150, 151 文書（609 ~ 632 頁）。
(67)「二十一カ条問題ニ関スル中国全権ノ陳述」「二十一カ条問題ニ関スルヒューズの陳述」同上、事項 4・83 文書別電 2, 3（217 ~ 229 頁、引用部は 228 頁）。
(68) ワシントン会議全権→内田外相宛（大正 11 年 2 月 12 日）同上、事項 6・157 文書（634 頁）。
(69) Miller, *Populist nationalism*, chaps. 6-7.
(70) Trani and Wilson, *The Presidency of Warren G. Harding*, pp. 160-163.
(71) Leffler, *The elusive quest*, chaps. 1-3.
(72) Trani and Wilson, *The Presidency of Warren G. Harding*, ibid., pp. 142-147.
(73) Ibid., pp. 127-132.
(74) Ibid., pp. 132-137.
(75) Ibid., pp. 158-159.
(76) Ibid., pp. 167-169. Bennett, *British foreign policy during the Curzon period*, pp. 114-116.
(77) Ferrell, *The presidency of Calvin Coolidge*, pp. 25-26.
(78) 簑原『排日移民法と日米関係』第 3, 4 章。
(79)『日本外交文書』〈対米移民問題経過概要〉583 ~ 588, 700 ~ 703 頁
(80) 同上、778 ~ 779 頁。
(81) 同上、781, 810 ~ 813 頁。
(82) 簑原『排日移民法と日米関係』183 ~ 187 頁。
(83)『日本外交文書』〈対米移民問題経過概要〉749 ~ 753, 783 ~ 791 頁（引用部は 788 ~ 789 頁）。
(84) Trani and Wilson, *The Presidency of Warren G. Harding*, pp. 177-178, 185-186.
(85) Ferrell, *The presidency of Calvin Coolidge*, pp. 123-126.

第九章　戦後イギリスの政治理念と外交、帝国戦略

(1) Morgan, *Consensus and disunity*, p. 179.「和解の精神」という言葉は、ロイド・ジョージの盟友ハーバート・ルイスの言葉である。
(2) Ibid., p. 327.
(3) Ramsden, *The age of Balfour and Boldwin*, p. 138.
(4) Ibid., pp. 140-160.
(5) Hogan, *Informal entente*, pp.51-55. Orde, *British policy and European reconstruction after the First World War*, pp.227-253. McKercher, *Transition of power*, pp. 15-18.
(6) Morgan, *Consensus and disunity*, p. 373.
(7) McKercher, *Transition of power*, pp. 14-15, 19-20.
(8) Bennett, *British foreign policy during the Curzon period*, chap. 3.
(9) Judd, *Balfour and the British Empire*, pp. 319-326.
(10) Darwin, "A Third British Empire ?"
(11) Drummond, *Imperial economic policy*, pp. 25-26 and chap. 2.
(12) Louis, *British strategy in the Far East*, pp. 58-60.
(13) Moore, *The crisis of Indian Unity*, pp. 2, 19-20.
(14) Cell, "Colonial rule."
(15) Bennett, *British foreign policy during the Curzon period*, chap. 6.
(16) Report of the Anglo-Japanese Alliance Committee (Foreign Office, Jan. 21, 1921), *DBFP*, 1- XIV, p. 32. Armstrong, "China's place in the new Pacific order."
(17) Ramsden, *The age of Balfour and Baldwin*, pp. 161-163.
(18) Searle, *The Liberal Party*, chaps. 6, 9.
(19) Morgan, *Consensus and disunity*, chaps. 7, 9.
(20) Ramsden, *The age of Balfour and Baldwin*, chaps. 9, 12.
(21) Ibid., pp. 166-183.
(22) Ibid., pp. 187. Self, *Neville Chamberlain*, p. 106.
(23) Ramsden, *The age of Balfour and Baldwin*, pp. 201-206.
(24) Ibid., pp. 208-213, 265-268.
(25) 以下のチェンバレンの政策については、Self, *Neville Chamberlain*, chap. 6. による。
(26) Ramsden, *The age of Balfour and Baldwin*, pp. 271, 277.
(27) Ibid., pp. 272-286. Self, *Neville Chamberlain*, pp. 114-115.
(28) 村岡他編『イギリス史』82 ~ 84 頁。
(29) Self, *Neville Chamberlain*, p.129.
(30) Grayson, *Austen Chamberlain and the commitment to Europe*, pp. 76-86.
(31) Judd, *Balfour and the British Empire*, pp. 327-336.
(32) Drummond, *Imperial economic policy*, chap. 3.
(33) Constantine, "Migrants and settlers," p. 175.

第十章　日本における政党内閣と内外政策の転換

(1) 伊藤編『加藤高明』下巻、297 ~ 299, 303 頁。
(2) 松尾『普通選挙制度成立史の研究』210 ~ 212 頁。
(3) 伊藤編『加藤高明』下巻、335 頁。奈良岡『加藤高明と政党政治』217 ~ 218 頁。奈良岡の研究は、加藤高明の政治構想や政策の検討を掲げているが、奈良岡聰智には社会思想的関心や政策史的視点が欠けている上、分析の蓄積の上に体系的な理解を提示しようとする姿勢がない。概ね進歩的か保守的か漸進的かといった基準の下で、断片的な事実と評価が記述されていくのみである。ここで断片的というのは、たとえば 174 頁において、1916 年 4 月から 5 月にかけて憲政会地方支部の存在しない 22 の府県の内、新たに高知、静岡、埼玉、京都に支部が発足したことを根拠に、地方政治状況に対する分析を行わないまま、加藤の主導権によって地方支部が発足したかのように記述していることや、あるいは 266 ~ 267 頁で、第 15 回総選挙において愛媛など一部の地域で憲政会と政友本党と選挙協力が存在したことを理由に、加藤が政友本党との提携可能性を確保することで政友会の離反を牽制すると共に、護憲三派の決裂に備えて布石を打っており、この動きが翌年の憲本提携の模索へつながっていったなどと、根拠の薄い記述をしていることを指す。揚げ足取り的であるが、体系的分析を欠く本書の性格上、逐条的にその問題点を指摘していくより他に、本書は評価のしようがない。また、外交に関しても、専ら加

藤が21か条要求の弁明に終始していたことばかりを繰り返し記述しており、奈良岡の事実誤認は別にしても、外交面における加藤の独自性や政策体系が明らかにされていない。その上、加藤高明内閣期の記述に至っては、政務次官問題ばかりに注目し、後述のような経済、社会政策について取り上げていない。特にこの点は致命的であろう。奈良岡本人には不本意であろうが、奈良岡の研究から受ける加藤高明の印象は、具体的国家像や政策的展望を持たない、イギリス流の二大政党政治原理主義者というものである。

(4)『原敬日記』第4巻、大正6年10月22日の条、328頁。
(5) 高橋「原敬内閣下の議会」212～220頁。
(6) 松尾『普通選挙制度成立史の研究』151～190頁。
(7)『原敬日記』第5巻、大正9年2月20日の条、217頁。
(8) 高橋「原敬内閣下の議会」228～232, 239～243頁。
(9) 季武「政党政治を支えたもの」181頁。
(10) 松尾『普通選挙制度成立史の研究』209～215頁。
(11) 升味『日本政党史論』第5巻、10～13頁。
(12) 岡他編『松本剛吉政治日誌』大正10年11月11日の条、127～128頁。伊藤編『大正初期山県有朋談話筆記・政変思出草』149頁。
(13)『松本剛吉政治日誌』大正10年11月11日, 大正11年1月10日, 4月22日, 6月11日, 大正12年8月6, 15日の条、127～128, 134, 151～152, 181～183, 244～247頁。
(14) 同上、大正11年6月4日の条、172～173頁。
(15) 同上、大正11年6月7, 12日の条、176, 185頁。
(16) 伊藤他編『牧野伸顕日記』大正11年6月6日の条、52～53頁。
(17)『松本剛吉政治日誌』大正11年6月12日の条、185頁。『大正初期山県有朋談話筆記・政変思出草』151頁。
(18)『松本剛吉政治日誌』大正11年6月10日の条、181頁。
(19) 永井『青年君主昭和天皇と元老西園寺』180～193頁。
(20)『大正初期山県有朋談話筆記・政変思出草』152～153頁。
(21)『牧野伸顕日記』大正11年6月6日の条、52～53頁。
(22) 永井『青年君主昭和天皇と元老西園寺』181頁。
(23)『松本剛吉政治日誌』大正11年6月10日の条、181頁。
(24) 松尾『普通選挙制度成立史の研究』185頁以下。
(25) 伊藤『大正デモクラシーと政党政治』129～132頁。
(26)『松本剛吉政治日誌』大正12年8月31日の条、255頁。
(27)『牧野伸顕日記』大正12年8月12, 14, 17日の条、82～83頁。
(28) 永井『青年君主昭和天皇と元老西園寺』188頁。
(29) 升味『日本政党史論』第5巻、52～53頁。
(30) 松尾『普通選挙制度成立史の研究』268～269頁。
(31) 升味『日本政党史論』第5巻、60～78頁。
(32)『松本剛吉政治日誌』大正13年5月11, 15日の条、299, 301頁。
(33) 同上、大正13年1月19日の条、295頁。
(34) 村井『政党内閣制の成立』416頁。
(35) 松尾『普通選挙制度成立史の研究』266～270, 330～332頁。
(36) 大蔵省管理局『日本人の海外活動に関する歴史的調査』通巻第1冊総論の2、154～155頁。
(37) 尾高「二重構造」146～151頁。
(38) 日本銀行百年史編纂委員会編『日本銀行百年史』第3巻、126～134頁。
(39) 大蔵省編『明治大正財政史』第1巻、403～405頁。大蔵省昭和財政史編集室編『昭和財政史』第5巻、7～17頁。
(40)『明治大正財政史』第1巻457～489頁。『昭和財政史』第3巻、5～6頁、第5巻、52～96頁。
(41)『昭和財政史』第10巻、5～9頁。『日本銀行百年史』第3巻、141～142頁。
(42)『昭和財政史』第10巻、9～15頁。『日本銀行百年史』第3巻、144～145頁。
(43) 中村「戦後恐慌」175～200頁。
(44)『昭和財政史』第5巻、96～102頁。三和『戦間期日本の経済政策史的研究』第5章。なお、三和は、関税改革と共に、政府は外貨の払い下げを一時再開したと記しているが、これは、在内正貨の海外現送の誤りであろう。
(45) 奈良岡『加藤高明と政党政治』251頁注154および382頁。奈良岡は、加藤 - 若槻内閣期の社会政策について、緊縮財政路線の貫徹や、国際競争力低下を恐れる財界の意向、既存の農村秩序を優先したために不徹底であったとし、特に労働組合法や小作法が不成立に終わったことを問題にしている。しかし、加藤 - 若槻内閣は緊縮財政路線を貫徹したわけでも、国際競争力の低下を恐れる財界の意向を優先したわけでもなかった。また、その社会政策は、試行的、過渡的であったが、財界の意向に左右されて不徹底になったわけでもない。奈良岡の記述は、財政

金融政策、産業政策、社会政策全体を体系的に捉えていこうとする視点を欠き、先行研究への無理解に基づいている。

(46) 小作法、小作調停法に関する記述は、農林大臣官房総務課編『農林行政史』第 1 巻、505 ~ 526, 545 ~ 552 頁による。

(47) 以下の米穀法に関する記述は、『農林行政史』第 4 巻、157 ~ 177 頁による。

(48) 以下の自作農創設維持に関する記述は、『農林行政史』第 1 巻、527 ~ 544 頁による。

(49) 森「農業構造」230 ~ 231 頁。

(50) 八田「都市近郊の小作争議と小作地返還」は、横浜周辺の小作争議が低調であった背景に関する優れた事例研究である。

(51) 同様に、伝統的な地主制の強い地域では、産業組合の発展も弱かった（森「農業構造」235 頁）。

(52)『城陽市史』第 2 巻、861 頁。

(53) 森「農業構造」235 ~ 239, 246 ~ 250 頁。

(54) 以下の労働組合法をめぐる記述は、西成田『近代日本労資関係史の研究』239 ~ 289 頁、労働省編『労働行政史』第 1 巻、412 ~ 429 頁による。

(55)『労働行政史』第 1 巻、429 頁。西成田『近代日本労資関係史の研究』280 頁。

(56) 西成田『近代日本労資関係史の研究』283 頁。

(57)『労働行政史』第 1 巻、400 頁。

(58) 以下の労働争議調停法については、西成田『近代日本労資関係史の研究』225 ~ 235 頁、『労働行政史』第 1 巻、458 ~ 468 頁による。

(59) 失業対策事業については、『労働行政史』第 1 巻、563 ~ 571 頁による。

(60) 以下の記述は、佐口『日本社会保険制度史』第 3, 4 章による。

(61) 佐口『日本社会保険制度史』159 ~ 160 頁。

(62) 通商産業省編『商工政策史』第 12 巻、16 ~ 19, 43 ~ 73 頁。由井『中小企業政策の史的研究』120 ~ 132 頁。

(63) 小林「大陸政策と人口問題」。

(64) 若槻、鈴木『海外移住政策史論』629, 705 ~ 706 頁。大蔵省管理局『日本人の海外活動に関する歴史的調査』通巻第 1 冊総論の 2、180 ~ 181 頁。

(65) 原口「一九二四年の移民問題」。

(66) 児玉『日本移民史研究序説』60 ~ 74 頁。

(67) 若槻他『海外移住政策史論』204 頁。泉「ブラジルの日系コロニヤ」29 ~ 31 頁。

(68) 原口「一九二四年の移民問題」33 頁。

(69) 大蔵省管理局『日本人の海外活動に関する歴史的調査』通巻第 1 冊総論の 2、180 ~ 181 頁。外務省領事移住部『わが国民の海外発展』本編、63 ~ 65 頁。

(70) 条井『外国人をめぐる社会史』201 ~ 202 頁。原口「一九二四年の移民問題」26 頁。

(71) 条井『外国人をめぐる社会史』197 ~ 200 頁。岡本『アメリカを生き抜いた日本人』98 ~ 102 頁。

(72) 尾高「二重構造」151 ~ 158 頁。

(73)『日本銀行百年史』第 3 巻、264 ~ 284 頁。

(74) 以下の記述は、『日本銀行百年史』第 3 巻、169 ~ 194, 233 ~ 235 頁、『昭和財政史』第 10 巻、17 ~ 70 頁、金澤「行財政整理・普選・治安維持法」399 ~ 406 頁による。

(75) 国立公文書館所蔵『枢密院会議議事録』(複製版) 第 43 巻、102 ~ 103 頁。

(76)『日本銀行百年史』第 3 巻、194 頁。

(77) 幣原平和財団編『幣原喜重郎』254 頁。

(78) 川田『原敬』130 ~ 139 頁。

(79) 外務省百年史編纂会編『外務省の百年』上巻、734 ~ 757 頁。

(80) 波多野「憲政会の外交から幣原外交へ」。西田「第一次幣原外交における満蒙政策の展開」。

(81) 村井『政党内閣制の成立』206 ~ 207 頁。

(82) 大正 13 年 9 月 12 日閣議決定『日本外交文書』大正 13 年第 2 冊、274 文書（345 ~ 346 頁）。

(83) 在支中芳沢公使→幣原外相(大正 13 年 8 月 30 日) 同上、264 文書（340 頁）。

(84) 芳沢公使→幣原外相(大正 13 年 10 月 4 日)同上、315 文書（383 ~ 385 頁）。

(85) 幣原外相→芳沢公使(大正 13 年 11 月 24 日)同上、452 文書（485 ~ 486 頁）。

(86) 幣原外相→在英林大使（大正 13 年 12 月 2 日）同上、464 文書（496 ~ 498 頁）。

(87) 坂野『近代日本の外交と政治』第 2 部 4。

(88) 幣原外相→芳沢公使（大正 14 年 12 月 8 日）、在上海矢田総領事→幣原外相（大正 14 年 12 月 31 日）『日本外交文書』大正 14 年第 2 冊上巻、386, 408 文書（356 ~ 357, 374 ~ 375 頁）。

(89)『松本剛吉政治日誌』大正 14 年 10 月 14 日の条、447 頁。

第十一章　北京関税特別会議と北伐への対応

(1) 入江『極東新秩序の模索』第2章、臼井『日本と中国』235～254頁、小瀬「中国海関と北京特別関税会議」、後藤「一九二〇年代中国における日英『協調』」、服部『東アジア国際環境の変動と日本外交』163～167頁、西田「東アジアの国際秩序と幣原外交」、阿曽沼「中国の関税自主権回復問題と二十世紀イギリス外交」。この内、小瀬の議論は海関との関連で関税会議に言及した特論的なもの。一方、服部の研究は誤りが多く、参照には注意が必要である。この点は下記の注(16)を参照。阿曽沼の論文は、本章の基になった宮田「北京関税特別会議とワシントン条約後の東アジア秩序の変容」発表後に発表されたもの。阿曽沼は、イギリスのドミニオンの自立を認める帝国政策の流れの中で、北京関税特別会議とその後の中国に対するイギリスの宥和政策を取り上げ、それを、自らの権益を守るため、列強との協調を否定したものとして評価している。阿曽沼論文は、未公刊史料により通説を補強した概論であるが、先行研究の論点を踏まえた上で独自の主張を展開しているわけでなく、また、上記の宮田論文についても、その論旨を無視することで、これを実質的に否定している。なお、阿曽沼の依拠した新史料とは、主に、1926年12月のイギリスの新中国政策に関する声明に至るイギリス外務省内の議論に関するもので、それは、阿曽沼論文の副題にも反映されている。阿曽沼は、その後の情勢分析を通じても、イギリスの中国政策は列強との協調に否定的であったことを強調している。さらに、それがイギリス外務省のトップダウン方式によって決定、遂行されたとする主張とも合わせ、阿曽沼の全体解釈は、狭い範囲の史料を検討した結果に過ぎない。特にイギリスと他の列強との関係については、本章および第14章で詳論する。

(2) Speech by Charles Addis at a Banquet given to the Council of the Consotium for China by Mr. T. W. Lamont at the Metropolitan Club, New York, on Oct. 19, 1925, *BDFA*, II-E, vol. 30, doc.2, pp. 1-4.

(3)「中国ノ関税ニ関スル条約」(大正11年2月6日)『日本外交文書』〈ワシントン会議〉下巻、141文書（304～317頁,特に315頁）。

(4) MacDonald to R. Macleay (Foreign Office, Aug. 22, 1924), *BDFA*, II-E, vol. 28, doc. 221, p. 267. 入江『極東新秩序の模索』36頁。

(5) MacDonald to Macleay (Foreign Office, Feb. 5, 1924), *BDFA*, II-E, vol. 28, doc. 103, pp. 134-135.

(6) Macleay to MacDonald (Peking, Apr. 18, 1924), ibid., doc. 154, pp. 202-204.

(7) Preliminary notes for a scheme for financial reconstruction, fiscal reorganisation and abolition of internal taxation in China (Sept. 26, 1924), ibid., doc. 266, pp. 334-344.

(8) Macleay to MacDonald (Peking, Jun. 2, 1924), ibid., doc. 181, pp. 222-224.

(9)「関税特別会議ニ対スル一般方針ニ関スル件」（大正14年10月10日)、「関税特別会議ニ対スル一般方針ニ関シ閣議決定ノ件」（大正14年10月13日)『日本外交文書』大正14年第2冊下巻、1224, 1227文書（1072～1081, 1083頁）。

(10) 北京関税特別会議代表→幣原外相「関税会議開会式ニ於ケル日置代表ノ演説要旨並ビニ其ノ全文送付ノ件」（大正14年10月28日）同上、1248文書（1107頁）。

(11) 幣原外相→芳沢公使(大正14年9月10日)同上、1201文書（1049頁）。

(12) 北京関税特別会議代表→幣原外相（大正14年11月3日）同上、1255文書（1119頁）。

(13) 北京関税特別会議代表→幣原外相（大正14年10月26日）同上、1241文書（1096～1097頁）。

(14) Running memorandum on the China Tariff Conference, part I. (Foreign Office, Nov. 5, 1925) *BDFA*, II-E, vol. 30, doc. 5, pp. 5-7.

(15)「第一回総会ニ於ケル王正廷ノ演説」（大正14年10月26日）『日本外交文書』大正14年第2冊下巻、1240文書付記（1095～1096頁）。

(16) Running memorandum on the China Tariff Conference, part I. (Foreign Office, Nov. 5, 1925) *BDFA*, II-E, vol. 30, doc. 5, pp. 5-7. MacMurray to Kellogg (Peking, Nov. 4, 1925), *FRUS*, 1925, vol. 1, pp. 875-879.「十一月三日第一委員会第二回会議ニ於ケル米国全権ノ提案」『日本外交文書』大正14年第2冊下巻、1258文書付記（1123～1124頁）。なお、服部『東アジア国際環境の変動と日本外交』163～167頁の記述は、特にアメリカの方針に関して誤りが多い。服部はアメリカ案を、中

国に12.5％までの関税率を認め、同時に釐金を廃止するというものであったとしている。しかし、実際のアメリカは、釐金の即時廃止どころか、釐金と子口半税の重複徴収に対する補償規定を求めていた。アメリカ案によれば、釐金徴収が続く限り、関税増収額は補償によって相殺される。そのため、中国政府が増収を実効化するには釐金を廃止しなければならない。アメリカ案はそうした間接効果を期待したものであって、アメリカ案中の12.5%への税率増加は、釐金廃止を条件としていなかった。というより、協定成立の3か月後に釐金を廃止するなど、不可能であった。服部はさらに、「会議の経緯で特筆すべきは、チェンバレン外交の対米接近と幣原外交の孤立化であろう」とした上で、「会議開催から一カ月を経て、チェンバレンは釐金廃止に合意することでケロッグの立場に接近していった」と記している。しかし、これは上記の誤謬に基づき、あり得ないばかりか、服部自身、釐金の廃止がワシントン関税条約で規定された関税会議開催の主要目的の一つであったことも記している。つまり、服部は関税会議が釐金廃止を目的として開催されたことを記しながら、会議で釐金廃止の合意を形成しようとしていたと記述をしているのである。服部は、全体状況や個別事実、特に各国の釐金廃止構想を理解しないまま、「幣原外交の孤立化」を示そうとする先入観から、場当たり的な記述を重ねたのであろう。

なお、阿曽沼「中国の関税自主権回復問題と二十世紀イギリス外交」(2), 55頁は、アメリカは会議において、最恵国待遇の保証と交換に中国の関税自主権を承認する意向を固めていたとしている。それが事実なら、北京関税特別会議のアメリカ提案との整合性について、疑念を感じるべきところである。阿曽沼が依拠したのは、ガードナー「極東国際政治と英米関係」であるが、ガードナーは、関税会議の詳細にさほどの関心と理解を有しているわけではない。ガードナーが依拠した史料 Kellogg to MacMurray (Washington, Oct. 5, 1925) *FRUS*, 1925, vol. 1, pp. 854-856において対応するのは、ケロッグが中国との新関税条約の内容に関する私案として、(a)中国の関税設定権に対する制限を原則として廃止すること、(b)アメリカに対する最恵国待遇、(c)特定期間、アメリカ商品に配慮した一般関税を採用すること、(d)同期間終了後、上記一般関税の継続、改定ないし中国の関税自主権の完全回復の問題について決定すること、を挙げている箇所である。原文では、最恵国待遇を備えた関税条約の内容とされている。つまり、それは中国の関税自主権承認までの諸条件を満たした上で認められるものであって、その内容は、関税会議の条件を前提とした、実質的な追加条件に相当する。しかも本条約案においても、関税自主権は原則として承認するものに過ぎず、その実施に際しては追加合意が必要なことを挙げている。阿曽沼がこれらの点を看過したのは、関税会議の経過を理解せず、しかも公刊された基本資料を軽視したためであろう。

(17) 債務償還に関する日米両国案には、日本案が2.5％増収分より行うとしたのに対し、アメリカ案が増収分全体より行うとした点で、相違があった。日本側は、2.5％分を中国の財政強化のための措置とし、債務償還はそれより行うが、それ以上の増収を釐金廃止に対応するものとした。これに対してアメリカは、中国に対する働きかけを行うこと自体に消極的で、2.5％分はワシントン関税条約で定められた措置であるため、その実施をほぼ無条件で承認する一方で、それ以上の増収分について使途制限を加えるとした。アメリカ案は、2.5%増収分からも債務償還を行うとしていたが、それはむしろ、中国側に債務支払い義務があることを確認させるための規定という側面が強い。釐金に対する補償規定と合わせ、アメリカ案は、自国および自国民の権利保護に関わる原則確立を優先しており、釐金廃止に向けた政治的措置は二義的となっている。

(18) Running memorandum on the China Tariff Conference, part I. (Foreign Office, Nov. 5, 1925), *BDFA*, II-E, vol. 30, doc. 5, pp. 5-7.

(19) 北京関税特別会議代表→幣原外相（大正14年11月6日）同上、1262文書（1129～1130頁）。

(20)「関税自主権ニ関スル小委員会決定案」同上、1279文書付記（1149頁）。

(21) 北京関税特別会議代表→幣原外相（大正14年11月20日）同上、1278文書（1146～1147頁）。

(22) マクマレー駐華米公使に対する幣原外相の発言（6月30日）、幣原外相→芳沢公使（大正14年7月3日）同上、1156文書（997頁）。

(23) Memorandum by Wellesley (Nov. 27, 1925), *BDFA*, II-E, vol. 30, doc. 19, pp. 23-26.

(24) 北京関税特別会議代表→幣原外相（大正15年1月9日）『日本外交文書』大正15年第2冊下巻、688文書（720～721頁）。

(25) 外務省外交資料館所蔵「支那関税特別会議報告書（未定稿）」（官 58）17 ~ 23, 131 ~ 189 頁。臼井『日本と中国』247 ~ 249 頁。なお、入江『極東新秩序の模索』78 頁は、日本はワシントン付加税以外を受け入れなかったとしているが、これは誤りである。入江はその後も、アメリカが日本に有利な差等税率案を提案したが日本はこれを受け入れなかったとか、日本は「独善的に」中国と単独で関税協定を締結しようとしたといった、事実無根の記述をしている。

(26) 幣原外相→北京関税特別会議代表（大正 15 年 2 月 13 日）『日本外交文書』大正 15 年第 2 冊下巻、701 文書（735 ~ 736 頁）。

(27) 北京関税特別会議代表→幣原外相（大正 15 年 2 月 25 日, 4 月 21 日）同上、705, 722 文書（738 ~ 739, 1149 頁）。

(28)「五月十五日全権会議決定ノ付加税実施協定案」同上、736 文書付記（778 ~ 781 頁）。臼井『日本と中国』251 頁。

(29) 幣原外相→北京関税特別会議代表（大正 15 年 5 月 19, 27 日）同上、740, 742 文書（784 ~ 786, 788 頁）。

(30)「日支通商条約改正問題ニ関スル打合」（大正 15 年 8 月 23 日）『日本外交文書』大正 15 年第 2 冊上巻、399 文書（369 頁）。

(31) 亜細亜局私見「日支通商条約改訂問題ニ関スル件」（大正 15 年 9 月 7 日）同上、402 文書付記（379 ~ 380 頁）。

(32) 外務省亜細亜局調「満蒙鉄道問題ニ関スル件」（大正 15 年 7 月）『日本外交文書』大正 15 年第 2 冊下巻、1034 文書（1246 ~ 1278 頁）。

(33) 西田「第一次幣原外交における満蒙政策の展開」。

(34) 奉天票下落問題と張作霖の排日政策、それに対する日本政府や在満日本商人の対応などについては、柳沢「奉天における『奉天票暴落』問題と『不当課税』問題の展開過程」を参照。

(35) 在奉天吉田総領事→幣原外相（大正 15 年 8 月 14, 20 日）『日本外交文書』大正 15 年第 2 冊上巻、625, 630 文書（636 ~ 637, 640 頁）。

(36) 吉田総領事→幣原外相（大正 15 年 8 月 21 日）同上、633 文書（643 ~ 645 頁）。

(37) 庵谷満州商議連合会長→幣原外相（大正 15 年 10 月 24 日）同上、671 文書（694 ~ 695 頁）。

(38) 吉田総領事→幣原外相（大正 15 年 11 月 5 日）同上、679 文書（700 ~ 701 頁）。

(39) J. Jamieson to Macleay (Canton, Dec. 24, 1925), *BDFA*, II-E, vol. 30, doc. 85, p. 129.

(40) C. Clementi to Amery (Hong Kong, Jan. 14, 1926), ibid., doc. 137, pp. 209-211.

(41) Memorandum by F. Ashton-Gwatkin (Foreign Office, Feb. 3, 1926), ibid., doc. 86, pp. 129-142.

(42) Note by H. W. Malkin (Jan. 28, 1926), ibid., doc. 72, pp. 117-118.

(43) J. F. Brenan, Acting Consul-General, Canton, to Sir Austen Chamberlain (Canton, Sept. 18, 1926), Brenan to Macleay (Canton, Sept. 27, 1926), *BDFA*, II-E, vol. 31, docs. 79, 169, pp. 114, 195-198.

(44) Governor of Hong Kong to the Secretary of State for the Colonies (Sept. 22, 1926), ibid., doc. 88, pp. 122-123.

(45) Macleay to A. Chamberlain (Peking, Sept. 23, 1926), ibid., doc. 91, pp. 125-126.

(46) Brenan to Chamberlain (Canton, Oct. 8, 1926), ibid., doc. 112, p. 138.

(47) W. Tyrrell to Macleay (Foreign Office, Sept. 25 & 29, 1926), ibid., docs. 97 & 101, pp. 128, 130-131 .

(48) Macleay to Chamberlain (Peking, Sept. 27), ibid., doc. 99, pp. 129-130.

(49)「広東政府承認問題ニ関スル件」（大正 15 年 11 月 27 日亜細亜局調）『日本外交文書』大正 15 年第 2 冊下巻、994 文書付属書（1158 ~ 1159 頁）。

(50) Chamberlain to Consul-General S. Barton (Shanghai) (F.O., Dec. 2, 1926), *BDFA*, II-E, vol. 31, doc. 282, pp. 293-297.

(51) British memorandum on China communicated by H. M. Chargé d'Affaires at Peking on the 18th December, 1926, to the Representatives of the Washington Treaty Powers, Toynbee, *Survey of international affairs*, 1926, pp. 488-494.

(52) ケイン他『ジェントルマン資本主義の帝国』Ⅱ、170 ~ 172 頁。河合「北伐へのイギリスの対応」は、本問題のイギリスに関する通説的研究である。

(53) Grayson, *Austen Chamberlain and the commitment to Europe*, chaps. 4, 7, esp. pp. 174-187.

(54) 芳沢公使→幣原外相（昭和 2 年 3 月 11, 16 日）、田中外相→芳沢公使（5 月 11 日）、芳沢公使→田中外相（5 月 14 日）『日本外交文書』昭和期Ⅰ第 1 部第 1 巻、627, 628, 634, 635 文書（797 ~ 801, 810 ~ 813 頁）。

(55) 以下の交渉の概要は、Confidential report on the Hankow and Kiukiang Concession negotiations, January, February and March 1927, *BDFA*, II-E, vol. 32, doc. 269, pp. 314-338 による。

(56) Chamberlain to J. Tilley (Tokyo), (Foreign Office,

Jan. 13 & 24, 1927), ibid., docs. 8 & 14, pp. 37-38, 43-44.

(57) M. Lampson to Washington Colleagues (Peking, Jan. 26, 1927), ibid., docs. 106-110, pp. 152-154.

(58) Text of proposals for the waiver of treaty rights communicated by O'Malley to Eugene Chen at Hankow on January 27, 1927, and by Lampson to Wellington Koo at Peking on January 28, 1927, ibid., doc. 19, pp. 49-50.

(59) Brenan to Lampson (Canton, July 4, 1927); Notification by the Ministry for Foreign Affairs regarding the procedure by which Chinese may divest themselves of Chinese Nationality, June 1927, *BDFA*, II-E, vol. 33, docs. 98-100, pp. 123-125.

(60) 植田『支那に於ける租界の研究』451 ~ 457 頁。

(61) Extract from the "Times" of January 31, 1929, *BDFA*, II-E, vol. 32, doc. 24, pp. 54-57.

(62) Memorandum compiled from notes taken and observations made by Vice-Consul George at the first three meetings of the British Delegation with the Full Chinese Delegation in the Tien-tsin Concession negotiations, held on April 11th, April 12th, and April 14th, 1927; Lampson to Chamberlain (Peking, April 23, 1927), *BDFA*, II-E, vol. 33, docs. 7 & 13, pp. 4-6, 14-16.

(63) Memorandum respecting the Hankow Agreement (Foreign Office, Nov. 1, 1927), ibid., doc. 189, pp. 271-273.

(64) Minutes of interview at the Wai-chao Pu (Feb., 21, 1927, at 4 p.m.), *BDFA*, II-E, vol. 32, doc. 208, pp. 255-257.

(65) Lampson to Chamberlain (Peking, Feb. 4, 1927), ibid., doc. 165, pp. 222-225.

(66) Note by F. Aglen (Peking, Feb. 11, 1927), ibid., doc. 210, pp. 258-259.

(67) Lampson to Chamberlain (Peking, Feb. 15, 1927), ibid., doc. 181, pp. 235-238.

(68) Lampson to Chamberlain (Peking, Feb. 15, 1927), ibid., doc. 188, pp. 241-242.

(69) Edwardes to Fox (Peking, April 5, 1927), ibid., doc. 322, pp. 426-427.

(70) Brenan to Lampson (Canton, July 15, 1927), *BDFA*, II-E, vol. 33, doc. 113, pp. 142-143.

(71) 小瀬「南京国民政府成立期の中国海関」、岡本『近代中国と海関』432 ~ 436 頁。

(72) Lampson to Chamberlain (Peking, Feb. 15, 1927; Jan. 21 & 25, 1928), *BDFA*, II-E, vol. 32, doc. 191, pp. 242-243; vol. 34, docs. 61, 243, pp. 49-50, 217. 久保『戦間期中国〈自立への模索〉』181 ~ 182 頁。ランプソンはアグレンおよびエドワーズとの会談で、岸本をエドワーズの後任として事務総長（Secretary-General）に任命することで合意した。これは芳沢謙吉公使にも伝えられ、岸本は Chief Secretary に就任した。ところが、久保亨によれば、芳沢は、ランプソンが将来的な岸本の総税務司（Inspector-General）就任をも約したかのように誤解し、約 1 年後にランプソンと発言の存否をめぐって質疑を交わす。その際、ランプソンは、海関総税務司はイギリス人が占有し続ける方針を芳沢に明言し、芳沢は、日本人就任の可能性が完全否定されたことに疑義を呈している。

(73) Correspondence with Nationalist Authorities in regard to the Nanking Incident, *BDFA*, II-E, vol. 32, doc. 237, pp. 286-292.

(74) E. Howard to Kellogg (Washington, April 5, 1927); Kellogg to Howard (Washington, April 7, 1927); Chamberlain to Tilley (Foreign Office, April 28, 1927), ibid., docs. 228, 230 & 262, pp. 280-282, 308.

(75) Brenan to Lampson (Canton, April 20, 1927), ibid., doc. 333, pp. 437-440.

(76) Howard to Chamberlain (Washington, April 1, 1927), ibid., doc. 213, pp. 262-263.

(77) Ferrell, *The presidency of Calvin Coolidge*, pp.127-140. Hicks, *Republican ascendancy*, pp. 157-159.

(78) McKercher, *The second Baldwin Government and the United States*, chap. 3.

(79) Ibid., p. 55.

(80) Howard to Kellogg (Washington, May 3, 1927), *BDFA*, II-E, vol. 32, doc. 297, pp. 366-367.

(81) Memorandum by A. H. F. Edwardes (Peking, Aug. 31, 1927), *BDFA*, II-E. vol. 34, doc. 136, pp. 127-128.

(82) Lampson to Chamberlain (Peking, Dec. 22, 1927); Edwardes to Lampson (Peking, Dec. 8, 1927), *BDFA*, II-E, vol. 34, docs. 134, 135, pp. 121-126.

(83) Chamberlain to Lampson (Foreign Office, Dec. 31, 1927 & Jan. 11, 1928); Lampson to Chamberlain (Peking, Jan. 5, 1928), ibid., docs. 1, 7, 17, pp. 1, 3-4, 8-9.

(84) Newton to Chamberlain (Peking, Feb. 3, 1928); Consul-General S. Barton to Chamberlain (Shanghai, Feb. 15 & 23, 1928), ibid., docs. 91, 188, 193, 214, pp. 64, 181-182, 184, 195-196.

(85) Lampson to Chamberlain (Hong Kong, Feb. 21, 1928), ibid., doc. 203, pp. 188-189. 久保『戦間期中

国〈自立への模索〉』183 ~ 192 頁。

(86) MacMurray to Kellogg (Peking, Dec. 29, 1927), *FRUS*, 1928, vol. 2, pp. 376-379.

(87) MacMurray to Kellogg (Peking, Dec. 31, 1927); Kellogg to MacMurray (Washington, Jan. 3, 1928), ibid., pp. 398-400.

(88) Kellogg to MacMurray (Washington, Jan. 12, 1928), ibid., pp. 379-381.

(89) MacMurray to Kellogg (Peking, Feb. 13, 1928), ibid., pp. 382-383.

(90) Kellogg to MacMurray (Washington, June 15, 1928), ibid., pp. 181-182.

(91) Kellogg to MacMurray (Washington, June 23, 1928); MacMurray to Kellogg (Peking, June 30, 1928), ibid., pp. 449-452.

(92) Kellogg to MacMurray (Washington, July 11, 1928), ibid., pp. 453-454.

(93) MacMurray to Kellogg (Peking, July 12, 1928), ibid., pp. 456-459.

(94) Kellogg to MacMurray (Washington, July 13, 1928); MacMurray to Kellogg (Peking, July 13, 1928), ibid., pp. 459-460.

(95) MacMurray to Kellogg (Peking, July 17, 1928), ibid., pp. 462-463.

(96) MacMurray to Kellogg (Peking, July 20 & 21, 1928), ibid., pp. 467-470.

(97) Kellogg to MacMurray (Washington, July 23, 1928); MacMurray to Kellogg (Peking, July 24, 1928), ibid., pp. 472-474.

(98) Treaty regulating tariff relations between the United States of America and the Republic of China, signed at Peking, July 25, 1928, ibid., pp .475-477.

(99) Memorandum by the Assistant Secretary of State (Johnson) (Washington, Sep. 1, 1928), ibid., pp. 196-198.

(100) Kneeshaw, *In pursuit of peace*, chaps. 1-4. Hicks, *Republican ascendancy*, pp. 150-151.

(101) Newton to the Earl of Birkenhead (Peking, Sep. 12, 1928), *BDFA*, II-E, vol. 35, doc. 230, pp. 230-231.

(102) The Earl of Birkenhead to Newton (Foreign Office, Sep. 14, 1928), ibid., doc. 232, pp. 232-233; Memorandum respecting the tariff questiong in China (Board of Trade, Sep. 24, 1928), ibid., doc. 293, pp. 284-287. 阿曽沼「中国の関税自主権回復問題と二十世紀イギリス外交」。

(103) Lampson to the Earl of Birkenhead (Peking, Sep. 21, 1928), *BDFA*, II-E, vol. 35, doc. 258, p. 249.

(104) Lord Cushendun to Lampson (Foreign Office, Oct. 31, 1928), ibid., doc. 339, pp. 334-336.

(105) 芳沢公使→田中外相（昭和 3 年 8 月 1 日)、「中間付加税ニ関スル件」『日本外交文書』昭和期 I 第 1 部第 2 巻、611 文書（727 ~ 731 頁)。

(106) Cushendun to Lampson (Foreign Office, Oct. 26, 1928), *BDFA*, II-E, vol. 35, doc. 331, pp. 320-321.

(107) Cushendun to Lampson (Foreign Office, Oct. 23 & Nov. 1, 1928) ; Lampson to Cushendun (Peking, Oct. 29 & Nov. 6, 1928), ibid., docs. 317, 333, 349, 362, pp. 303, 330-331, 343, 352.

(108) Tariff Autonomy Treaty, *BDFA*, II-E, vol. 36, doc. 41, pp. 65-69.

(109) 芳沢公使→田中外相（昭和 3 年 8 月 1 日)、「中間付加税ニ関スル件」『日本外交文書』昭和期 I 第 1 部第 2 巻、611 文書（727 ~ 731 頁)。

(110) 在上海矢田総領事→田中外相（昭和 3 年 8 月 13 日）同上、567 文書（649 ~ 652 頁)。

(111) 在英佐分利臨時大使→田中外相（昭和 3 年 8 月 22 日 , 9 月 20 日） 同上、569, 572 文書（657 ~ 659, 662 ~ 663 頁)。

(112) 田中外相→矢田総領事(昭和 3 年 9 月 22 日)同上、573 文書（663 ~ 665 頁)。

(113) 田中外相→矢田総領事(昭和 3 年 10 月 2 日)同上、626, 627 文書（755 ~ 758 頁)。

(114) 矢田総領事→田中外相（昭和 3 年 10 月 7, 9 日）同上、629, 630 文書（758 ~ 760 頁)。

(115) 矢田総領事→田中外相（昭和 3 年 11 月 16 日）同上、647 文書（783 ~ 784 頁)。

(116) 在南京岡本領事→田中外相(昭和 3 年 11 月 22 日）同上、650 文書（787 ~ 790 頁)。

(117) 田中外相→矢田総領事（昭和 3 年 11 月 24 日）同上、652 文書（791 ~ 792 頁)。

(118) 矢田総領事→田中外相（昭和 3 年 11 月 27 日）同上、653 文書（792 ~ 794 頁)。

(119) 矢田総領事→田中外相（昭和 4 年 1 月 21 日)、田中外相→在支堀臨時大使および別電 1 ~ 3（昭和 4 年 1 月 25 日)『日本外交文書』昭和期 I 第 1 部第 3 巻、505, 508 文書（660, 662 ~ 665 頁)。

(120) 在上海重光総領事→田中外相（昭和 4 年 4 月 13, 19 日）同上、602 文書別電 1、607 文書（759, 766 頁)。

(121) 岡本領事→田中外相（昭和 4 年 5 月 3 日）同上、612 文書（773 ~ 774 頁)。

(122) 田中外相→在支芳沢公使（昭和 4 年 5 月 24 日）『日本外交文書』昭和期 I 第 1 部第 3 巻、624 文書（785 ~ 789 頁)。

第十二章　陸軍改革運動と張作霖爆殺事件

(1)「岡村寧次日記」大正 10 年 10 月 27 日の条、高橋『昭和の軍閥』54 頁、舩木『岡村寧次大将』33 頁より。

(2) 黒沢『大戦間期の日本陸軍』第 3 章。

(3) 同上、第 6 章。真崎「歩兵戦闘教練ニ就テ」。

(4) 纐纈『総力戦体制研究』18 頁。津野「欧州戦ニ関スル所感ノ一節」。

(5) 纐纈『総力戦体制研究』104 頁。

(6)『国家総動員に関する意見』（臨時軍事調査委員、1920 年 5 月）は、纐纈『総力戦体制研究』213 頁以下に収録。黒沢『大戦間期の日本陸軍』第 2 章も参照。

(7) 須山『小畑敏四郎』173 ~ 175 頁。

(8) 高倉編『田中義一伝記』下巻、183 ~ 189, 210 ~ 216 頁。

(9) 黒沢『大戦間期の日本陸軍』82 頁。『帝国国防資源』第 1 章は、纐纈『総力戦体制研究』206 頁以下に収録されている。

(10) 高橋「陸軍軍縮の財政と政治」。

(11) 高倉編『田中義一伝記』下巻、178 ~ 203 頁。

(12) 同上、200 ~ 210 頁。

(13) 荒木編『元帥上原勇作伝』下巻、202 ~ 212 頁。

(14) 高倉編『田中義一伝記』下巻、328 ~ 334 頁。

(15) 戸部『逆説の軍隊』161 ~ 167 頁。

(16)「田中大将に贈りし勧告書」（大正 13 年 1 月 14 日）『上原勇作関係文書』609 ~ 613 頁。同文書の筆者については、渡辺『宇垣一成』27 ~ 31 頁による。

(17) 角田編『宇垣一成日記』Ⅰ、388 頁、大正 11 年において宇垣は、山梨半造について「政略的党派的考に制せられて、[…] 姑息非理をも容認看過」と記し、395 頁では、山梨が陸軍内の田中と上原の争いを「地位保持のために利用せんとし」たと記している。松下『日本軍閥興亡史』下巻、142 頁は、山梨について、「頭脳すこぶる綿密なるはよしとするも、微を究め細を穿ち、重箱の隅を楊子でほじくるがごとく、加うるに性陰険にして、好憎の念強く、また名利に貪欲」と酷評している。

(18)『宇垣一成日記』Ⅰ、大正 13 年 6 月頃、大正 15 年 1 月 29 日の条、455 ~ 456, 503 頁。

(19) 同上、昭和 2 年 4 月 20 日の条、571 頁。

(20) 松下『日本軍閥興亡史』下巻、148 ~ 149 頁。松下は、宇垣閥を藩閥に代わる陸大閥として位置付けている。

(21) 小林『政党内閣の崩壊と満州事変』、森『日本陸軍と日中戦争への道』。小林道彦の研究の特に序章は、第一次世界大戦後の軍制改革問題や上原勇作の合理的立場などを再評価した点で優れている。ただし、人事抗争における田中義一や宇垣一成の勝利を参謀本部に対する陸軍省の優位として評価することの意義など、議論の全体構造に不明瞭な点が多い。田中や宇垣が派閥抗争において陸相としての職権を活用し、権力闘争において勝利したことと、田中や宇垣によって、参謀本部に対する陸軍省の制度的ないし政治的な優位が確立したこととは、異なるはずである。田中や宇垣によって陸軍省の優位が確立したとしても、田中や宇垣が陸軍中央を離れたことでそれが動揺するなら、個人の力量を超える陸軍省の優位など、確立していなかったことになる。そのため、陸軍省の優位を強調する序章の議論は、続く本論の議論に対し、むしろ不調和な印象を与えている。

小林の著書は、1920 年代における田中派や宇垣派の人事抗争における勝利を参謀本部に対する陸軍省の優位として再評価し、その上で全体として、昭和初期の山東出兵や満州事変、第 1 次上海事変における、特に出兵手続きをめぐる政府と陸軍省、参謀本部の折衝を再構成するという作業を行っている。小林は、出兵が容認、実施される過程と、参謀本部に対する陸軍省の統制が動揺する過程、関東軍に対する陸軍中央および政府の統制が失敗する過程、そして政党内閣が崩壊する過程とを、朝鮮統治や鉄鋼資源の問題などと重ね合わせながら、連動させて理解しようとしているようである。しかし、同書中にそのような議論の枠組みや結論は明示されておらず、全体として取り上げている主題と個々の新しい事実紹介や解釈との関連性も、明瞭ではない。取り上げられている個々の事例を重視すれば、民政党や政友会、さらに陸軍の中にも様々な軍制改革構想や満州事変収拾構想があり、政府と陸軍の間に部分的協力関係が成立する一方で、全体的な合意や統制は成立せず、その結果、政府は満州事変に際し、部内の誤解や偶発的要因も重なって関東軍の統制に失敗していく、

という理解を提示しようとしているようである。しかし、こうした理解も明示されておらず、また、この理解は、参謀本部に対する陸軍省の優位という、「はじめに」や序章で提示される議論の枠組みとあまり調和していない。

他方、森靖夫の研究は、小林の著書に比べ、全体的議論や結論を明示しており、論旨は簡明であるが、それだけ議論や歴史評価の粗雑さが際立っている。同書の議論中、本書に関わる華北分離工作までの議論の要点は、①山県有朋の生存中はその影響力によって陸軍の統制が取れていた、②1920年代までの陸軍は、軍務局長ないし陸軍次官という軍政職を経た陸相の主導権の下で、軍政部門が軍令部門たる参謀本部より影響力を持っており、特に田中義一および宇垣一成の下で統制が取られていた、③1920年代半ば、陸軍内には軍部大臣文官制を容認する議論も存在したが、それに消極的な宇垣の下で陸軍の統制が維持されていたため、文民統制を徹底する機会を逸する一方、1920年代末から30年にかけて宇垣の後継となる畑英太郎や津野一輔が死去し、軍政経歴を持たない南次郎が陸相に就任したため、個人の経歴と資質に依存する統制方式の限界が露呈し、陸軍の統制が動揺し始めた、④満州事変勃発後、軍令系の荒木貞夫が陸相に就任し、党派的人事を行う一方で、関東軍と共に満州事変を積極的に拡大した、⑤これに対し、永田鉄山は、真崎甚三郎参謀次長と共に満州事変の拡大を阻止しようとしたが、真崎は永田ほど関東軍の抑制に積極的でなく、関東軍の統制に失敗した、⑥満州事変後、永田軍務局長は林銑十郎陸相と共に陸軍内の統制を図ろうとしたが、皇道派がそれを妨害する一方で、外務省が永田らに独断で中国国民政府に対する宥和的政策を展開したため、陸軍中央は、関東軍の暴発的な華北分離工作を抑えることができなくなり、さらに永田の殺害と林陸相の辞任のため、陸軍の統制を回復する可能性が失われた、というもの。森は序章において、日本陸軍を好戦的集団と見なす偏見が存在し、特に参謀本部が陸軍を暴走に導いたとする解釈が通説であるとして、それらを批判する。しかし、森の議論には、全体的整合性が欠けている。

森は、1920年代までの軍政部門優位の陸軍の人事状況が1930年代に軍令部門優位の人事状況に変化したことで、関東軍の暴走が抑えられなくなったとする。しかし、その一方で森は、森が記述する関東軍や荒木貞夫ら統帥系軍人の暴走的、攻撃的言動について、その背景や理由を説明しない。つまり、森の記述では、関東軍や参謀本部は自明の如く暴走する存在であって、暴走する日本陸軍の中心が好戦的な参謀本部であったという、森が批判する通説なるものは、実は森自身の主張となっている。さらに森は、1920年代までの陸軍が、山県有朋や田中義一、宇垣一成の存在と、軍令部門に対する軍政部門の優位によって、統制を維持していたと主張するが、その一方で、1910年代の満蒙独立運動に対する陸軍の関与やシベリア出兵などについて、表面的な検討しか行っていない。たとえば30頁において、田中義一が寺内正毅に対し、自分の行動は統制に反するものではないと弁明したことを理由に、陸軍の統制は取れていた、といった類である。とはいえ、田中が寺内に言い訳をしたからといって、独断行動の事実は消えないであろう。田中は概ね、参謀本部に属すると独断的行動を繰り返し、陸軍省に属すると軍を自らの統制下に置こうとした。これは、森流の解釈では、陸軍省は軍を統制する一方で、参謀本部は好戦的であったことの事例となるが、それは、陸軍省と参謀本部それぞれの職務権限と田中の権力志向および行動力が融合した結果、生じた現象であって、田中個人の行動が、一般的な参謀本部の攻撃性とそれに対する陸軍省の統制実績を証明するものにはならない。森の解釈は主客転倒であろう。

森が、陸軍による個々の独断的行動の原因について独自の解釈を示さないまま、陸軍省が参謀本部より優位に立ち、陸軍の統制を維持していたと主張するのは、当初より結論が設定された、予断に基づく演繹的主張に過ぎない。特に関東軍の独断行動の動機や過程を検証することなく、永田による陸軍統制の可能性を高く評価するのは、後述のように、分析とは異質な恣意的独断である。

(22)『宇垣一成日記』Ⅰ、昭和2年12月1日の条、624頁。

(23)小畑敏四郎の次男又雄による母千鶴子の回想についての証言。須山『小畑敏四郎』64～65頁。同回想によれば、小畑敏四郎と永田鉄山が交遊していたのは、中佐の頃までで、小畑宅で討論や遊戯も行っていた。しかし、小畑が大佐に昇進した前後に関係は疎遠になり、その後しばらくしてからは往来も手紙のやり取りもなくなっ

たという。小畑の大佐昇進は昭和2年7月である。

(24) 舩木『岡村寧次大将』208頁。須山『小畑敏四郎』49, 58頁。

(25) 高橋『昭和の軍閥』58～60頁。

(26) 防衛庁防衛研修所戦史室「一夕会と双葉会由来」、高橋『昭和の軍閥』68～70頁、舩木『岡村寧次大将』204頁。なお、舩木は一夕会の設立を5月16日としているが、誤植であろう。

(27) 松下『日本軍閥興亡史』下巻、148頁は、宇垣軍縮で退職した将校の大多数が非陸大卒業生であったことから、陸大卒将校との間に対抗意識が生まれたのではないかと指摘している。

(28)『宇垣一成日記』Ⅰ、昭和2年1月14日の条、560～561頁。

(29) 佐藤『昭和初期対中国政策の研究』95頁。

(30) 上原勇作宛武藤信義書簡(昭和2年4月25日)『上原勇作関係文書』545～546頁。

(31)「河本大作大佐談」(昭和17年12月1日) 森『満洲事変の裏面史』。

(32) 防衛研究所戦史部所蔵「陸軍省　密大日記」昭和2年第4冊。同文書は、佐藤『昭和初期対中国政策の研究』103～104頁に全文引用。

(33) 佐藤『昭和初期対中国政策の研究』111頁。

(34) 防衛研究所戦史部所蔵「斎藤恒中将史料」。同文書は、佐藤『昭和初期対中国政策の研究』105～111頁に引用。

(35)「木曜会記事」第5回 (昭和3年3月1日)『鈴木貞一氏談話速記録』下、375～379頁。

(36) 小林「浜口雄幸内閣期の政党と陸軍」94頁。満蒙を「取ルコト」が領有、すなわち併合を意味するという解釈は、歴史学的というより、予断に基づく飛躍的解釈である。陸軍の佐官級将校が満蒙併合の方針で合意していたなら、これは石原莞爾の満蒙領有論より先行する。また、小林の解釈が正しいなら、満州事変勃発後、満蒙の領有を目指した石原が陸軍中央の反対で満州国創設へと方針転換したことに対し、木曜会に参加していた将校は、陸軍上層部に対して石原を支持するように働きかけなければならなかったはずである。さらに石原について小林は、石原が中国全土の領有を構想していたとするが、「全支那ヲ根拠トシテ[…]之ヲ利用」の表現から、そのような結論を下すのも、飛躍である。この主張は、小林『政党内閣の崩壊と満州事変』(175頁) にも引き継がれている。

小林は、『政党内閣の崩壊と満州事変』をまとめるに先立ち、上記論文の他、「第二次若槻礼次郎内閣期の政党と陸軍」「日本陸軍と中原大戦」「田中政友会と山東出兵」「井上準之助と軍制改革問題」「政党政治と満州事変」「三月事件再考」「政軍関係と満州事変」を発表した。全体の趣旨は、宇垣閥の陸軍は、軍縮を通じて政党内閣と協力関係を維持しながら、軍制改革を進めようとし、また、中国国民党に対しても宥和的で、武器援助を行い、協力関係を進めようとしていた、というもの。しかし、これらは研究書にまとめられる際、注(21)で記したように、参謀本部に対する陸軍省の優位という、森『日本陸軍と日中戦争』に通ずる視点が導入、強調されている。

小林は、『日本の大陸政策』を引き継ぎ、主に軍備政策を通じて政軍関係を捉えようとしており、具体的な事実紹介において成果を挙げた。しかし、そのため、満州事変が引き起こされていく過程に対する理解は、膨張主義を自明の前提とする定型的なものとなっている。「政治的権力の確立」を直ちに「満蒙領有」と解釈するのはその典型で、その上、小林の記述は、服部龍二の謬論に惑わされ、論旨が一貫していない。張作霖爆殺について、武力行使でなく、満州の治安維持のためであったという服部説を採用するなら、自ら主張する、事件3か月前の木曜会における満蒙領有の合意との関連性について、議論がなされていなければならない。小林の記述に従えば、木曜会より河本大作の方が自制的であったということにもなりかねない。ただし、木曜会の満蒙領有論に関する記述や、張作霖爆殺に関する服部説の援用は『政党内閣の崩壊と満州事変』においてなされず、同書104頁は、張作霖爆殺を大正5年の三村豊予備少尉による暗殺未遂事件を組織的に行ったものに過ぎないと評価している。小林は、所説を訂正した可能性もあるが、その点は明記されていない。また、小林は、「河本らの計画は、日本の手で満州全域をコントロールしようというものではなかった」としているので、やはり服部に近い解釈のようである。いずれにせよ、小林に、河本の長期的な展望と張作霖爆殺を決断した緊急のねらいとの区別がついていないのは、確実である。

さらに小林は、「田中政友会と山東出兵」および『政党内閣の崩壊と満州事変』103頁において、済南事件によって蔣介石との融和を目指す田中外交が崩壊し、その点で張作霖爆殺事件より重大であったかのような記述を行っている。小林

には、済南事件は国民革命軍との衝突であったため、蒋介石の反発は大きかったはず、という思い込みがあるようである。しかし、済南事件をめぐり、国民政府は責任回避のため、日本を非難し、被害を過大に宣伝したが、日本は国民政府に配慮しながら居留民保護を優先し、対して英米も、中立の立場を取りながら、国民革命軍に対する自国民保護を優先した。それぞれ立場は交錯していたが、済南事件は、様々な過誤や政治的打算、緊急措置が錯綜した、一過性の事件に過ぎなかった。また、事件の有無にかかわらず、日本や欧米と中国の関係は、恒常的に緊張状態にあった。その一方で、本文後述のように、国民政府は、満州への進軍問題で、日本側に配慮している。国民政府が不安定な中で生じた済南事件について、過大評価は適切ではないであろう。なお、小林および佐藤元英は、日本側の拙速な出兵が済南事件を招いたとするが、それは、参謀本部編『昭和三年支那事変出兵史』の理解不足から生じた誤りである。第2次山東出兵が迅速に行われたのは、前年の経験と事前の計画策定を踏まえ、国民革命軍の済南通過直前まで派兵を控えていたからである。したがって、迅速な派兵が現場に混乱を引き起こした形跡もない。この点に関しては、服部龍二の謬論の修正を含め、宮田「再考・済南事件」を参照。

小林の研究は、満州事変前後の陸軍軍制改革史としてまとめられるべき方向に展開してきた。しかし、小林はそうした議論の中で、満州事変が勃発し、軍の政治的影響力が拡大していく過程を主に論じようとしており、そのため、新たに紹介された事実と全体的議論がかみ合わなくなっている嫌いがあった。その点は、『政党内閣の崩壊と満州事変』でも解消されていない。注(21)で記したように、同書は出兵をめぐる政府と陸軍との折衝に重点を置く一方で、議論の全体像や結論が不分明となっている。

(37) 永井和によれば、東方会議に出席するため上京した吉田茂奉天総領事は、牧野伸顕内大臣に対し、専任外相を設置する必要を訴えていた。永井『青年君主昭和天皇と元老西園寺』272～273頁。

(38)「東方会議経過報告」『日本外交文書』昭和期I第1部第1巻、35頁。

(39) 佐藤『昭和初期対中国政策の研究』140～145頁。

(40) 同上、161～163頁。

(41) R. Macleay to A. Chamberlain (Peking, Mar. 13, 1926), *BDFA*, II-E, vol. 30, doc. 221, p. 341.

(42) 稲葉「張作霖爆殺事件」16～17頁。

(43) 済南事件に関しては、宮田「再考・済南事件」を参照。

(44) 臼井「張作霖爆死の真相」、島田「張作霖爆殺事件」、稲葉「張作霖爆殺事件」。

(45) 参謀本部編『昭和三年支那事変出兵史』618～620頁。

(46) 磯谷廉介宛河本大作書簡(昭和3年4月18日)「裁かれる昭和」(第1回「満蒙に血の雨を」)。小林『「支那通」一軍人の光と影』47～50頁。書簡の翻刻には若干の異同がある。同書簡は、井星「張作霖爆殺事件の真相」4、相良『赤い夕陽の満州野が原に』148～150頁にも引用されているが、こちらは省略が多い。

(47) 河本「私が張作霖を殺した」。本手記の由来については、井星「張作霖爆殺事件の真相」、平野「戦争放火者の側近」による。「河本大作大佐談」。

(48)『宇垣一成日記』I、大正15年3月5日の条、512頁。

(49) 小林『政党内閣の崩壊と満州事変』76～82頁。

(50) 稲葉「張作霖爆殺事件」43頁。

(51) 佐郷屋他「昭和維新の諸事件」433～437頁。

(52) 小畑又雄の証言、須山『小畑敏四郎』228頁。

(53) 東京大学法学部附属近代日本法政史料センター所蔵「荒木貞夫関係文書」6-81。

(54) 三谷『近代日本の戦争と政治』111～112頁。

(55)「支那南北両軍ニ交付スヘキ覚書」(昭和3年5月16日閣議決定)『日本外交文書』昭和期I第1部第2巻、65文書(75～76頁)。

(56) 田中外相→在支芳沢公使(昭和3年5月16日)同上、68文書(80頁)。

(57) 在上海矢田総領事→田中外相(昭和3年5月18日)、在支公使館付建川武官→畑陸軍次官(昭和3年5月18日)、芳沢公使→田中外相(昭和3年5月19日)同上、75～77文書(88～93頁)。

(58)「昭和三年五月十八日閣議ニ於テ決定セル支那軍隊武装解除ノ主義方針(極秘)」同上、73文書(84～85頁)。

(59) 稲葉「張作霖爆殺事件」3頁。

(60) 佐藤『昭和初期対中国政策の研究』233～237, 259頁。

(61) 参謀本部編『昭和三年支那事変出兵史』120～122, 620～626頁。

(62)「昭和三年陸支密大日記」第7冊、稲葉「張作霖爆殺事件」16頁より。

(63)「斎藤恒日記」昭和3年5月21日の条、稲葉「張作霖爆殺事件」11～12頁より。

(64) 小川平吉「満州問題秘録・秘」岡他編『小川平吉関係文書』1、626 ~ 627 頁。
(65) 高倉編『田中義一伝記』下、1027 ~ 1029 頁。
(66) たとえば滝沢「昭和史の定説を覆す『ソ連謀略説』大検証・張作霖を『殺った』ロシア工作員たち」。張作霖爆殺をソ連の陰謀とする説については、プロホロフ「『張作霖爆殺はソ連の謀略』と断言するこれだけの根拠」。滝沢が河本回想の信憑性を否定する根拠は、平野が戦後、中国共産党寄りの立場を取っていたことと、日本軍に張作霖を爆殺する動機がないことであるが、いずれも不適当である。平野の「私が張作霖を殺した」は、昭和 12, 3 年頃の記述で、さらに森克己に対する河本の証言とも矛盾しているわけではない。また、河本の書簡には張への殺意が明確であることから、動機の存否は問題にならない。さらにプロホロフの議論は、ソ連謀略説が一次史料による裏付けを伴っておらず、また、日本側の史料も踏まえていないことを示すものである。なお、服部龍二も河本の回想に否定的であるが、これについては注 (72) を参照。
(67)「河本大作大佐談」。
(68)「斎藤恒日記」昭和 3 年 5 月 30 日の条、稲葉「張作霖爆殺事件」14 頁より。
(69)「斎藤恒日記」6 月 1 日の条、同上、15 頁より。
(70) 大江『張作霖爆殺事件』14 頁。
(71) 稲葉「張作霖爆殺事件」37 頁。
(72) 1953 年、太原の中国共産党の戦犯収容所にあった河本は、張作霖爆殺に関する供述書を残した。同資料は、事件に対する関東軍首脳の関与をより明確に述べていたため、服部龍二はこれに基づき、張作霖爆殺は河本が主導したものの、関東軍上層部が相当程度関与し、しかもそのねらいは、奉天軍の指揮系統を混乱させることで満州の治安維持を図るものであったと主張している（服部『東アジア国際環境の変動と日本外交』213 ~ 215 頁）。同供述書は、服部が指摘するように、他の回想と対立する点はあるものの、大筋でそれ以前の回想を引き継いでいる。服部は両者のいずれかは事実を歪曲したものと推測するが、これは、自らが利用した共産党側資料の価値を高めるための邪推である。また、服部は、戦後の供述で河本が自らの責任を認めており、かつ陸軍の責任を考慮しなくてよい状況にあったとして、供述書をより信用しているが、“日本帝国主義による侵略”という以外の認識を認めない供述書の方を信頼する感性は、客観性を欠く。「唯々満蒙に血の雨を降らせたいのが希望」とまで記した河本が、治安維持のために張作霖爆殺を決行したとは考えられない。また、村岡の張作霖暗殺案は、本文に記したように、山海関を越える前に実行し、奉天軍の満州帰還を阻止するというものであった。奉天軍の満州帰還を許しながら、その指揮系統を混乱させることで治安の維持を図ったというのは、奉天軍の武装解除が実現しなければ、むしろ逆効果ともなりかねない。服部は、当時の関東軍の情勢判断と危機感を誤認しているが、関東軍が治安問題をいかに懸念していたかは、本文に記した通りである。なお、河本の供述書は、「河本大作供述調書」で抄訳が紹介されている。
(73) 稲葉「張作霖爆殺事件」33 ~ 34 頁。
(74) 同上、464 ~465 頁。「インタビュー河本清子さん」『This is 読売』(1997 年11 月)68 頁。
(75) 東宮大佐記念事業委員会編『東宮鉄男伝』復刻版、406 頁。
(76) 稲葉「張作霖爆殺事件」33 頁。
(77) 小川「満州問題秘録・秘」626 ~ 627 頁。

第十三章　米英日の新政権と世界恐慌下の内外政策

(1) Ferrell, *The presidency of Calvin Coolidge*, chap. 9. Fausold, *The presidency of Herbert C. Hoover*, pp. 63-72.
(2) Fausold, *The presidency of Herbert C. Hoover*, pp. 4-5, 27, 39-40, 115, 244-245.
(3) Ibid., pp. 44-57.
(4) Ibid., pp. 75-76, 119-120.
(5) Ibid., pp. 97-98, 135.
(6) Ibid., pp. 167-176.
(7) 以下の英米予備交渉については、関『ロンドン海軍条約成立史』第 1 章。
(8) 以下の記述は、関『ロンドン海軍条約成立史』第 5 章による。
(9) 同上、191 頁。
(10) Fausold, *The presidency of Herbert C. Hoover*, pp. 93-97, 106-112.
(11) Williamson, *National crisis and National Government*, p. 55.

(12) Ibid., pp. 23-25, 41-42, 52.
(13) Skidelsky, *Politicians and the slump*, pp. 85, 124.
(14) Ibid., pp. 315.
(15)『日本銀行百年史』第 3 巻、351 ~ 354 頁。
(16) McKercher, *Transition of power*, p. 68.
(17) Skidelsky, *Politicians and the slump*, p. 107.
(18) Ibid., pp. 119-123.
(19) Ibid., pp. 172-173.
(20) Williamson, *National crisis and National Government*, pp. 83-84, 166, 171.
(21) Skidelsky, *Politicians and the slump*, pp. 132-144, 152-154.
(22) Ibid., pp. 143-149.
(23) Ibid., pp. 113-119.
(24) Ibid., pp. 185-189.
(25) Williamson, *National crisis and National Government*, pp. 12-14, 60-64, 99-102, 138-140.
(26) Ibid., pp. 79-91.
(27) Ibid., pp. 165-171.
(28) Ibid., pp. 130, 175-176,187-191, 206.
(29) Ramsden, *The age of Balfour and Boldwin*, pp. 305-315
(30) Williamson, *National crisis and National Government*, pp. 107-10, 252.
(31)『昭和財政史』第 10 巻、206, 212 ~ 213 頁。『日本銀行百年史』第 3 巻、351 ~ 360 頁。
(32)『昭和財政史』第 3 巻、21 ~ 24 頁。『昭和財政史』第 10 巻、222 ~ 225 頁。
(33) 浜口「合理的景気回復の基調」。伊藤『昭和初期政治史研究』36 ~ 37 頁。
(34)『昭和財政史』第 10 巻、237 ~ 241 頁。
(35)『昭和財政史』第 3 巻、24 ~ 30 頁。
(36)『昭和財政史』第 6 巻、119 ~ 145 頁。
(37) 同上、31 ~ 36 頁。
(38)『昭和財政史』第 5 巻、168 ~ 257 頁。
(39) 通商産業省編『商工政策史』第 12 巻、80 ~ 89 頁。由井『中小企業政策の史的研究』146 ~ 162 頁。
(40) 平沢『大恐慌期日本の経済統制』第 1 章。『商工政策史』第 9 巻、158 ~ 170 頁。
(41) 西成田『近代日本労資関係史の研究』307 ~ 311 頁。
(42) 農林大臣官房総務課編『農林行政史』第 1 巻、554 ~ 560 頁。
(43) 満洲国史編纂委員会『満洲国史』〈総論〉12 ~ 14 頁。渋谷『馬賊で見る「満洲」』40 ~ 41, 62 ~ 63 頁。
(44) 渋谷『馬賊で見る「満洲」』第 3 章。
(45) 小林『「大東亜共栄圏」の形成と崩壊』24 ~ 32 頁。金子『近代日本における対満州投資の研究』490 ~ 508 頁。
(46) 宇野「中国の動向」238 ~ 242 頁。
(47) 金子『近代日本における対満州投資の研究』420 ~ 446 頁。
(48)『満洲青年連盟史』430, 558 ~ 615 頁。
(49) 幣原外相→在支堀臨時代理公使他（昭和 4 年 9 月 13 日）『日本外交文書』昭和期 I 第 1 部第 3 巻、649 文書（820 ~ 823 頁）。
(50) 有田八郎亜細亜局長「日支関係改善ニ就イテノ或種ノ考案ヲ評ス」同上、649 文書付記 2（827 ~ 831 頁）。
(51) 在上海重光総領事→幣原外相（昭和 4 年 11 月 24 日）同上、671 文書（868 ~ 870 頁）。
(52) 幣原外相→在南京上村領事（昭和 5 年 1 月 10 日）、『日本外交文書』昭和期 I 第 1 部第 4 巻、242 文書（323 頁）。
(53) 幣原外相→在上海重光総領事（昭和 5 年 1 月 10 日）同上、243 文書（323 ~ 331 頁）。
(54) 重光代理公使→幣原外相（昭和 5 年 1 月 16, 20 日）同上、249, 255 文書（335 ~ 336, 343 ~ 344 頁）。
(55) 重光代理公使→幣原外相（昭和 5 年 1 月 21 日）同上、256 文書（344 ~ 349 頁）。
(56) 幣原外相→重光代理公使（昭和 5 年 1 月 24 日）、重光代理公使→幣原外相（昭和 5 年 1 月 25, 26 日）同上、265, 269, 272 文書（361 ~ 362, 364 ~ 366, 370 ~ 373 頁）。
(57) 重光代理公使→幣原外相（昭和 5 年 1 月 26 日）同上、273 文書（374 ~ 376 頁）。
(58) 重光代理公使→幣原外相（昭和 5 年 1 月 31 日）、上村領事→幣原外相（昭和 5 年 2 月 3 日）同上、281, 285 文書（385 ~ 389, 392 ~ 394 頁）。
(59) 重光代理公使→幣原外相（昭和 5 年 1 月 31 日）同上、283 文書（390 頁）。
(60) 幣原外相→重光代理公使（昭和 5 年 2 月 5 日）同上、287 文書（395 ~ 396 頁）。
(61) 重光代理公使→幣原外相（昭和 5 年 2 月 7 日）同上、293 文書（401 ~ 402 頁）。
(62) 幣原外相→重光代理公使（昭和 5 年 2 月 22 日）同上、300, 301 文書（410 ~ 415 頁）。
(63) 重光代理公使→幣原外相（昭和 5 年 2 月 27 日）同上、305 文書（417 頁）。
(64) 昭和 5 年 3 月 11 日閣議決定、幣原外相→在支各公館（昭和 5 年 3 月 13 日）同上、308, 310 文書（423 ~ 426 頁）。
(65) 日中関税協定（昭和 5 年 5 月 6 日）同上、322 文書（437 ~ 442 頁）。
(66) 小池『満州事変と対中国政策』第 5 章。

(67) 重光代理公使→幣原外相（昭和 5 年 3 月 19 日）『日本外交文書』昭和期 I 第 1 部第 4 巻、312 文書（427 ~ 429 頁）。
(68) 在上海矢田総領事→田中外相(昭和 4 年 1 月 3 日)『日本外交文書』昭和期 I 第 1 部第 3 巻、491 文書（645 ~ 647 頁）。
(69) 重光代理公使→幣原外相（昭和 5 年 3 月 19 日）『日本外交文書』昭和期 I 第 1 部第 4 巻、312 文書（427 ~ 429 頁）。
(70) 幣原喜重郎「外交管見」（昭和 3 年 10 月 19 日、慶応義塾大学での講演）幣原平和財団編『幣原喜重郎』276 頁。
(71) 幣原外相→在支矢野公使館書記官（昭和 5 年 4 月 26 日）『日本外交文書』昭和期 I 第 1 部第 4 巻、555 文書（731 頁）。
(72) 幣原外相→在支重光代理公使(昭和 5 年 8 月 2 日)同上、674 文書（862 ~ 864 頁）。

第十四章　治外法権撤廃交渉

(1) Louis, *British strategy in the Far East*, pp. 168-169.
(2) Memorandum by Hornbeck, the Chief of the Division of Far Eastern Affairs, of a conversation with the Chinese special representative (C. C. Wu) (Washington, Jan. 5, 1929), *FRUS*, 1929, vol. 2, pp. 543-546.
(3) 植田『支那に於ける租界の研究』450 ~ 451 頁。
(4) 田中外相→在支芳沢公使（昭和 4 年 5 月 24 日）『日本外交文書』昭和期 I 第 1 部第 3 巻、624 文書 (785 ~ 789 頁)。
(5) Lampson to A. Chamberlain (Steamship "Kaiping," May 15, 1929), *BDFA*, II-E, vol. 36, doc. 363, pp. 421-425.
(6) 植田『在支列国権益概説』200 ~ 211 頁。
(7) Lampson to A. Henderson (Nanking, Apr., 29, 1930), *BDFA*, II-E, vol. 38, doc. 210, pp. 192-197.
(8) MacMurray to Kellogg, the Secretary of State (Peking, April 25, 1928), etc, *FRUS*, 1928, vol. 2, pp. 281-292.
(9) MacMurray to Kellogg (Peking, May 8, 1928), ibid., pp. 220-221. Chamberlain to Domer in Tokyo (Foreing Office, May 11, 1928); Chamberlain to Lampson (Foreign Office, May 12, 1928), *BDFA*, II-E, vol. 34, docs. 462, 466, pp. 400, 402.
(10) The Chinese Minister for Foreign Affairs (C.T.Wang) to MacMurray (Nanking, June 17, 1929), *FRUS*, 1929, vol 2, p.765.
(11) MacMurray to H. Stimson, the Secretary of State (Peiping, Sep. 13, 1929); Memorandum by Hornbeck (Washington, Oct. 30, 1929), ibid., pp. 319, 339-340.
(12) Perkins to Stimson (Peiping, Dec. 7, 1929), ibid., p. 641.
(13) Lampson to Henderson (H.M.S. "Sandwich," Jan. 4, 1930), *BDFA*, II-E, vol. 38, doc. 62, pp. 51-63. 以下、1930 年 1 月までの記述は、このランプソン報告による。
(14) Stimson to the Reverend J. J. Burke, General Secretary of the National Catholic Welfare Conference (Washington, Oct. 29, 1930), *FRUS*, 1930, vol. 2, pp. 207-208.
(15) MacMurray to Stimson (Peking, June 11, July 25 & Sep. 12, 1929) *FRUS*, 1929, vol. 2, pp. 683-684, 687-688, 695-696.
(16) 以下、10 月 18 日小委員会報告までの記述は、Lampson to Henderson (Peking, Oct. 10, 1929), *BDFA*, II-E, vol. 37, doc. 310, pp. 280-286 による。
(17) Stimson to MacMurray (Washington, Sep. 20, 1929), ibid., pp. 699-700.
(18) MacMurray to Stimson (Peiping, Oct. 9 & 10, 1929), ibid., pp. 702-707.
(19) 以下、11 月 14 日の中国側回答とそれに対する列強側の対応までの記述は、Lampson to Henderson (Peking, Nov. 15, 1929), *BDFA*, II-E, vol. 37, doc. 447, pp. 383-386 による。
(20) Stimson to MacMurray (Wasington, Nov. 2, 1929), *FRUS*, 1929, vol. 2, p. 710.
(21) 在支堀臨時代理公使→幣原外相（昭和 4 年 11 月 24 日）『日本外交文書』昭和期 I 第 1 部第 3 巻、670 文書（867 ~ 868 頁）。
(22) Lampson to Henderson (Peking, Dec. 12, 1929), *BDFA*, II-E, vol. 37, doc. 498, pp. 427-429.
(23) Perkins to Stimson (Peiping, Dec. 10, 1929), *FRUS*, 1929, vol. 2, pp. 722-723.
(24) Perkins to Stimson (Peiping, Dec. 11, 1929), ibid., p. 724.
(25) Lampson to Henderson (Peking, Dec. 14, 1929), *BDFA*, II-E, vol. 37, doc. 383, p. 329.
(26) Perkins to Stimson (Peiping, Dec. 13, 1929), *FRUS*, 1929, vol. 2, p. 725.

(27) Lampson to Henderson (Peking, Dec. 18, 1929), *BDFA*, 2-E, vol. 37, doc. 396, pp. 336-339; Perkins to Stimson (Peiping, Dec. 15, 1929), *FRUS*, 1929, vol. 2, pp. 727-730.

(28) Perkins to Stimson (Peiping, Dec. 15, 1929), *FRUS*, 1929, vol. 2, pp. 727-730.

(29) Perkins to Stimson (Peiping, Jan. 4, 1930), ibid., pp. 744-747.

(30) Perkins to Stimson (Peiping, Jan. 15, 1930), *FRUS*, 1930, vol. 2., pp. 318-319.

(31) Perkins to Stimson (Peiping, Jan. 16, 1930), ibid., pp. 319-321.

(32) Perkins to Stimson (Peiping, Jan. 16, 1930), ibid., pp. 321-322.

(33) Perkins to Stimson (Peiping, Jan. 22, 1930), ibid., pp. 322-324.

(34) Agreement relating to the Chinese Courts in the International Settlement at Shanghai, signed February 17, 1930, ibid., pp. 333-341; *BDFA*, 2-E, vol. 38, doc. 81, pp. 72-78. 協定の概要は、植田『支那に於ける租界の研究』458 ~ 470 頁も参照。

(35) 以下、2 月 23 日のランプソンの北京帰任までの記述は、Lampson to Henderson (Peking, Mar. 1, 1930), *BDFA*, II-E, vol. 38, doc. 88, pp. 83-97 による。

(36) Plan for the abolition of extra-territoriality, communicated by C. T. Wang to Lampson, Jan. 10, 1930, *BDFA*, II-E, vol. 38, doc. 64, p. 64.

(37) Lampson to Henderson (Nanking, Feb. 4, 1930); Proposals relating to abolition of extra-territoriality, handed by Lampson to Chinese Minister for Foreign Affairs, Feb. 3, 1930, ibid., docs. 69 & 70, pp. 66-67.

(38) An outline of possible provisions, for purpose of discussion without present commitment, January 23, 1930, *FRUS*, 1930, vol. 2, pp. 363-372.

(39) Memorandum by the Chinese Minister handed to Hornbeck on February 6, 1960, ibid., pp. 373-375.

(40) Lampson to Henderson (Peking, March 21, 1930), *BDFA*, II-E, vol. 38, doc. 85, pp. 81-82; N. Johnson to the Acting Secretary of State (Peiping, Mar. 22, 1930), *FRUS*, 1930, vol. 2, pp. 412-413.

(41) Lampson to Henderson (Peking, March 10, 1930), *BDFA*, II-E, vol. 38, doc. 61, pp. 46-50.

(42) Lampson to Henderson (Peking, March 28, 1930), ibid., doc. 86, pp. 82-83; Johnson to the Acting Secretary of State (Peiping, Mar. 28, 1930), *FRUS*, 1930, vol. 2, pp. 418-423.

(43) Lampson to Henderson (Peking, May 19, 1930), *BDFA*, II-E, vol. 38, doc. 253, pp. 228-243. 以下、5 月 12 日のランプソンの北京帰任までの記述は、ランプソンの本報告による。

(44) Lampson to Henderson (H.M.S. "Bridgewater," Sep. 28, 1930), ibid., doc. 366, pp. 379-388.

(45) Johnson to Stimson (Peiping, May 3, 1930), *FRUS*, 1930, vol. 2, pp.437-438.

(46) Draft scheme for the abolition of extra-territoriality, prepared by the British and United States Ministers in Peking and revised by the State Department to June 4, 1930, *BDFA*, II-E, vol. 38, doc. 206, pp. 184-189.

(47) Aveling to Henderson (Peking, May 3 & 8, 1930), ibid., docs. 114 & 117, pp. 117 & 119.

(48) Lampson to Henderson (Peking, June 16, 17 & 18, 1930), ibid., docs. 157-162, pp. 161-163.

(49) Lampson to Henderson (Peking, June 19, 1930), ibid., doc. 170, pp. 167-168.

(50) Lampson to Henderson (Peking, June 19, 1930), ibid., doc. 168, pp. 165-166.

(51) Lampson to Henderson (Peking, June 22, 1930), ibid., doc. 179, pp. 171-172.

(52) Lampson to Henderson (Peking, June 24, 1930), ibid., doc. 183, pp. 173-174.

(53) Henderson to Lampson (Foreign Office, June 24, 1930), ibid., doc. 185, p. 175.

(54) Henderson to Lampson (Foreign Office, June 26, 1930); Lampson to Henderson (Peking, June 24 & July 1, 1930), ibid., docs. 190, 202, 205, pp.177-178, 183-184, etc.

(55) Henderson to Lampson (Foreign Office, July 28, 1930), ibid., doc. 228, pp. 211-212.

(56) Henderson to Lampson (Foreign Office, Aug. 12, 1930), ibid., doc. 243, pp. 220-221.

(57) Lampson to Henderson (Peking, Sep. 3, 1930), ibid., doc. 273, pp. 267-268.

(58) Aveling to Henderson (Peking, Oct. 2 & 3, 1930); Lampson to Henderson (Peking, Oct. 6, 1930) ibid., docs. 327, 330 & 331, pp. 333-334.

(59) Memorandum respecting the prospective of stable government in China (Foreign Office, July 19, 1930), ibid., doc. 219, pp. 203-206.

(60) Lampson to Henderson (Peking, Oct. 5, 1930), ibid., doc. 384, pp. 397-404. 以下、10 月 4 日のランプソンの北京帰任までの記述は、本報告による。

(61) 植田『支那に於ける租界の研究』431 ~ 432 頁。

(62) Text of the Draft Treaty handed by His Majesty's

Minister to China to the Chinese Minister for Foreign Affairs on September 11, 1930, *BDFA*, II-E, vol. 38, doc. 355, pp. 357-363.

(63) Lampson to Henderson (Peking, Oct. 5, 1930), ibid., doc. 384, p. 401.

(64) Memorandum by Hornbeck (Washington, Oct. 28, 1930 & Nov. 12); Draft Agreement of October 28, 1930, *FRUS*, 1930, vol. 2, pp. 471-480, 482-483.

(65) 在支重光代理公使→幣原外相（昭和 5 年 12 月 30 日）『日本外交文書』昭和期 I 第 1 部第 4 巻、456 文書（594 ~ 598 頁）。

(66) 重光代理公使→幣原外相（昭和 6 年 2 月 8 日）『日本外交文書』昭和期 I 第 1 部第 5 巻、623 文書（676 ~ 678 頁）。

(67) 在支重光代理公使宛谷亜細亜局長書簡（昭和 6 年 1 月 15 日）同上、363 文書（388 ~ 393 頁）。

(68) Text of Draft Treaty for the Abolition of Extra-territoriality handed to His Majesty's Minister on December 1, 1930, *BDFA*, II-E, vol. 38, doc. 398, pp. 410-413; Chinese counterproposals of December 7, 1930, *FRUS*, 1930, vol. 2, pp. 485-489.

(69) Lampson to Henderson (Peking, June 8, 1931), *BDFA*, II-E, vol. 39, doc. 161, pp. 184-215. 以下、1931 年 6 月 6 日の英中条約合意までの記述は、ランプソンの本報告による。

(70) Atherton to Stimson (London, Jan. 2, 1931), *FRUS*, 1931, vol. 3, pp. 716-717.

(71) Stimson to C. Dawes (Great Britain), (Washington, Jan. 19, 1931), ibid., pp. 719-720.

(72) Dawes to Stimson (London, Feb. 3, 1931), ibid., pp. 724-726.

(73) The Department of State to Chinese Legation: Statement to the Chinese Minister (Feb. 7, 1931); Memorandum by Hornbeck (Feb. 7, 1931), ibid., pp. 726-731.

(74) Memorandum by Castle, the Assistant Secretary of State (Washington, Feb. 20, 1931); The Chinese Legation to the Department of State: Statement (Washington, Feb. 20, 1931), ibid., pp. 733-736.

(75) Stimson to Johnson (Washington, Feb. 26, 1931), ibid., pp. 736-737.

(76) 重光代理公使→幣原外相（昭和6 年3 月28 日）『日本外交文書』昭和期I 第1 部第5 巻381 文書（413 ~416 頁）。

(77) Memorandum by Hornbeck of a conversation with C. C. Wu (Washington, Apr. 8, 1931), *FRUS*, 1931, vol. 3, p. 789.

(78) Memorandum by Johnson (Nanking, Apr. 18, 1931); Johnson to Stimson (Nanking, Apr. 20, 1931), ibid., pp.795, 800-802.

(79) Memorandum by Joseph E. Jacobs (Washington, Apr. 27, 1931); The Department of State to the Chinese Legation (Tentative and without commitment), ibid., pp. 831-827.

(80) Lampson to Henderson (Peking, May 11, 1931); Ordinance for the enforcement of jurisdiction over foreigners in China (promulgated May 4. 1931), *BDFA*, E-II, vol. 39. docs. 103, 104, pp.137-138.

(81) Memorandum by Johnson (Nanking, May 8, 1931), *FRUS*, 1931, vol. 3, pp. 843-844.

(82) Stimson to Peck, the Consul General at Nanking (Washington, May 12, 1931), ibid., pp. 851-852.

(83) Draft Extra-territoriality Treaty *BDFA*, II-E, vol. 39, doc. 109, pp. 140-151.

(84) Memorandum by Hornbeck of a conversation with C. C. Wu (Washington, June 6, 1931), *FRUS*, 1931, vol. 3, pp. 873-874.

(85) Stimson to Cuningham, the Consul General at Shanghai, (Washington, June 16, 1931), ibid., pp. 877-878.

(86) Johnson to Stimson (Shanghai, June 13, 1931), ibid., p. 877.

(87) Memorandum by Johnson of a conversation with C. T. Wang (Shanghai, June 20, 1931), ibid., pp. 879-881.

(88) Draft of a treaty between China and the United States of America, revised as of July 14, 1931 (Tentative and without commitment), ibid., pp. 893-908.

(89) Memorandum by Joseph E. Jacobs (Washington, July 2, 1931), ibid., pp. 886-887.

(90) The Acting Secretary of State to Johnson (Washington, July 13, 1931), ibid., pp. 890-893.

(91) Stimson to Johnson (Washington, Sep. 24, 1931), ibid., p. 916.

(92) Stimson to Peck (Washington, Oct. 24, 1931), ibid., pp. 917-918.

(93) Stimson to Dawes (Washington, Oct. 27, 1931), ibid., pp. 918-919.

(94) Jonson to Stimson (Nanking, Dec. 19, 1931), ibid., pp. 923-924.

(95) The Department of State to the Chinese Legation (Washington, Dec. 19, 1931), ibid., pp. 924-925.

(96) Jonson to Stimson (Peiping, Dec. 31, 1931), ibid., p. 931.

(97) 高光『アメリカと戦間期の東アジア』第 3 章 1,

第5章2は、満州事変後のアメリカによる治外法権撤廃問題に関する紹介的記述を行っている。高光によれば、1934年に米中通商条約の期限が到来したことで、中国よりアメリカに対して治外法権撤廃の要請がなされたが、アメリカはこれを受け入れなかった。とはいえ、1937年に至り、アメリカ国務省は中国との互恵通商協定の締結交渉を有利に進めるための取引材料として、中国における治外法権の撤廃を考慮したという。ただし、高光には、中国における治外法権問題に関する基礎的知識が欠けている嫌いがある。たとえば同書83～84頁は、中国人が被告となる混合裁判に関し、原告の所属する国家の代表が裁判に同席することを一般的現象であったかのように記している。これは、高光が上海臨時法院における観審制度を租界外の一般的制度と誤認していることを示唆している。しかも、観審官や会審官、共同判事は本来、租界内の中国裁判所における司法と行政ないし政治の分離を実現するための補助的制度として導入されたものであって、被告が中国人であることからも、治外法権に基づくものではない。また、1930年代の米中交渉に関する記述において、高光には、上海の除外期間をめぐる1931年段階の中国と欧米との距離や、治外法権に関しても最恵国待遇の規定が存在しており、仮にアメリカが治外法権を撤廃したとしても、関連国、特にイギリスや日本がそれに同調しない限り、発効しないことなどに対する認識が不十分なようで、さらに1934年に期限を迎えた米中通商条約がどのように処理されたのかについても記述していない。

イギリス、アメリカと中国の間で治外法権撤廃条約が締結されたのは、戦時中の1943年1月11日であった。これについては、Chan, “The abrogation of British extraterritoriality in China 1942-43” を参照。

第三部　広域経済圏形成の中で
第十五章　満州事変の勃発

(1) 佐藤『昭和初期対中国政策の研究』327～333頁。

(2) 小磯『葛山鴻爪』491頁。大江志乃夫はこの事実から、河本は荒木と小畑を告白の相手に選んでいたとする。大江『張作霖爆殺』20～21頁。

(3) 小畑敏四郎「純情熱血の士」『東宮鉄男伝』700頁。

(4) 粟屋『東京裁判論』第2部第6章（初出は「張作霖爆殺の真相と鳩山一郎の嘘」『中央公論』1982年9月号）。永井『青年君主昭和天皇と元老西園寺』第5章。佐藤『昭和初期対中国政策の研究』329～347頁。

(5) 伊藤『昭和天皇と立憲君主制の崩壊』第3章。永井『青年君主昭和天皇と元老西園寺』第4章、特に339～345頁。

(6) 永井『青年君主昭和天皇と元老西園寺』314～316頁は、昭和天皇の意図を説明する仮説として「不当な処分を容認するかわりの不信任」という概念を提起している。ここでいう不当な処分とは、河本らへの行政処分と虚偽の調査結果公表のことである。「不当な処分を容認するかわりの不信任」という表現について永井は、昭和天皇の意図を説明するには違和感の残る表現であるような但し書きをしているが、それは昭和天皇にすれば、不当な上奏がなされた場合、手続き上はそれを受け入れざるを得ない一方で、明らかに不当な処置を行った内閣側の責任についても注意を喚起せざるを得ないと感じた結果なのであろう。そうした感覚は、天皇の直接的な政治行動を抑制する明治憲法の運用方法から生じたものであって、この点は、永井が元老西園寺公望と昭和天皇ないし牧野伸顕内大臣の関係をめぐり、昭和天皇と牧野が西園寺の意向に反して田中内閣を倒壊させたとする所論を批判し、むしろ牧野が西園寺の意向に合わせる形で昭和天皇の行動に修正を加えていった経過を明らかにしている点とも整合している。ただし、最終的に昭和天皇は、6月27日の田中の上奏に際して田中の前後矛盾を指摘し、田中の再説明を拒否した。それでも田中は鈴木貫太郎侍従長に取りなしを依頼し、白川陸相に責任転嫁するなど醜態をさらしたため、鈴木より昭和天皇の意図が間接的に伝えられ、内閣総辞職に至った。結果的に昭和天皇の行動は、明治憲法運用の慣習から逸脱したが、その一方で、そこに至る経過には、憲法運用の慣習内で田中の責任を追及しようとする姿勢が一貫していた。そこで昭和天皇の対応をめぐり、結果と経過のいずれを重視するかで評価の違いが生じることとなる。この点に関し、伊藤之雄と永井和の間で評価が対

立しているが、伊藤が立憲君主制における君主の機能を「調停」に求める特有の視点から、それを逸脱したために生じた事件の影響を重視するのに対し、永井は明治憲法における天皇の地位が絶大であったことを前提に、天皇の権力がいかに抑制されつつ行使されていたのかを明らかにしている。伊藤と永井の評価の違いは、両者の視点や問題関心の相違による。
(7)「岡村寧次日記」昭和4年7月11日の条、船木『岡村寧次』205頁。
(8)大川周明宛永田鉄山書簡（昭和4年9月11日）『大川周明関係文書』739～740頁。
(9)船木『岡村寧次』207頁。
(10)照沼「鈴木荘六参謀総長後任を繞って」。
(11)高橋『昭和の軍閥』97頁。
(12)河本大作宛小磯国昭書簡（昭和5年6月25日）、伊藤「『満州建国』裏面史の解明に光」61頁。
(13)『戦史叢書』8〈大本営陸軍部〉1、304頁。伊藤『昭和初期政治史研究』289頁。
(14)関「満州事変前史」366～370頁。
(15)石原中佐述「戦争史大観」（昭和4年7月4日）角田編『石原莞爾資料』35～39頁。
(16)石原中佐案「国運転回ノ根本国策タル満蒙問題解決案」（昭和4年7月5日）同上、40～41頁。
(17)「関東軍満蒙領有計画」（昭和4年7月）同上、42～45頁。
(18)関「満州事変前史」362～369頁。
(19)永井『青年君主昭和天皇と元老西園寺』296～298頁。
(20)橋川「昭和超国家主義の諸相」『橋川文三著作集』第5巻（初出は橋川編『現代日本思想体系』31「超国家主義」筑摩書房、1964年）63頁。
(21)『石原莞爾選集』第2巻、297頁。
(22)石原莞爾「戦争史大観の序説」（戦争史大観の由来記）『石原莞爾選集』第3巻、115頁。石原の国柱会入会時期については、『国柱会百年史』に基づき、大正7年とする説もある。西山「日本の近・現代における国体論的日蓮主義の展開」14頁。
(23)大谷『近代日本の日蓮主義運動』114～128頁。同書は、田中智学や本多日生らの活動を調査した研究である。ただし、同書に体系的な議論は存在せず、散文的な叙述の間に画一的批評が挿入されるのみである。これは、諸事実の分析を帰納的に積み上げ、結論を出していくという研究ができず、既成観念を適用することでしか国柱会を評価できなかったためであろう。
(24)『石原莞爾選集』第1巻、138頁。
(25)同上、大正9年10月12日, 11月14日の条、189、215頁。
(26)『石原莞爾選集』第2巻、大正9年5月25日の条、310頁。
(27)『石原莞爾選集』第1巻、大正9年6月28日の条、42頁。
(28)同上、大正9年7月19日の条、66～67頁。
(29)『石原莞爾選集』第2巻、大正13年10月28日の条、257頁。
(30)石原莞爾「現在及将来ニ於ケル日本ノ国防」角田編『石原莞爾資料』59～60頁。
(31)石原莞爾「戦争史大観の序説」、仁科「成立史から観た石原莞爾の戦争史観」。
(32)『石原莞爾選集』第3巻に所収。
(33)「満蒙問題私見」昭和6年5月、角田編『石原莞爾資料』78頁。
(34)石原中佐述「戦争史大観」（昭和4年7月4日）角田編『石原莞爾資料』38頁。
(35)西山「日本の近・現代における国体論的日蓮主義の展開」。
(36)「『満蒙ニ於ケル占領地統治ニ関スル研究』ノ抜粋」角田編『石原莞爾資料』52～57頁。関「満州事変前史」371頁。
(37)平井「ソ連の動向」305～312頁。
(38)関「満州事変前史」378～379頁。
(39)李『近代東アジアの政治力学』272～273頁。
(40)在間島岡田総領事→幣原外相（昭和5年11月16日）『日本外交文書』昭和期I第1部第4巻、165, 166文書、221～224頁。
(41)李『近代東アジアの政治力学』283頁。
(42)間島の朝鮮人をめぐる日中関係については、李『近代東アジアの政治力学』、白『東アジア政治・外交史研究』を参照。
(43)加藤寛治「倫敦海軍条約秘録」、坂井『英傑加藤寛治』143頁。関『ロンドン海軍条約成立史』62頁。
(44)小林「海軍軍縮条約」156頁。
(45)伊藤『昭和初期政治史研究』308～324頁。
(46)橋川「昭和超国家主義の諸相」『橋川文三著作集』第5巻、9～25頁。
(47)奥脇『検証「新しき村」』285～286頁。
(48)朝日平吾「死ノ叫声」（大正10年9月3日）『現代史資料』第4巻、480頁。
(49)小沼『一殺多生』83, 171頁。
(50)McJimsey, *The Presidency of Franklin Delano Roosevelt*, pp. 27-28.

(51) 丸山真男は、軍部以外にファシズムを推進した国民層として、小工場主、土建屋、小売商、小地主、自作農上層、学校教員、下級官吏、僧侶などの「疑似インテリゲンチャ」を想定し、都市のサラリーマン階層、文化人、ジャーナリスト、自由知識職業者など、丸山自身を含む「本来のインテリゲンチャ」はファシズムに嫌悪感を抱き、消極的抵抗さえ行っていたと述べている。丸山によれば、本来のインテリゲンチャはゲーテやベートーヴェンなどのヨーロッパ的教養を持った人々であり、彼らの教養は日本固有のものでなかったために、日本において国民的な広がりを持ち得なかった。しかし、これに対してドイツでは、それら教養が自国のものであったために、そのファシズムも主体的で、民主主義を容認し得るものになったという。丸山は、日本の文化をヨーロッパの文化に比べ、主体性を欠いたものとし、丸山と丸山を支持する人々のみが真のヨーロッパ的教養と主体性を持ち、ファシズムに抵抗していたと主張する。丸山の主張は、事実の分析とは異質な、非科学的な自己正当化に過ぎない。丸山は、日本ファシズムの特質として、それが大衆的組織を持たず、英雄主義に特化し、空想的、観念的、非計画的であったことを挙げている。丸山によれば、佐郷屋留雄や血盟団、後に二・二六事件を起こした青年将校たちが、日々の生活に追われる一般国民を反政府活動に動員しなかったのは、彼らが非民主主義的で、主体性を欠いていたから、ということになる。しかし、現実には、彼らは最終手段としての非合法活動を自己の責任において決意したため、大衆動員を行わなかったのであって、彼らは、権威の下で保身的言辞を弄する丸山以上に主体的に行動し、日本の民主主義を信頼していた。彼らが、腐敗した権力者と罪を犯した彼ら自身が排除された後の日本の将来に希望を託したのは、そのためである。

なお、丸山には「偽善のすすめ」という文章がある。内容は、偽善とは善の存在を前提として可能になるから、偽善は肯定されるべきであり、日本にはイギリスのような「演技」的政治行動が必要というもの。こうした、誠実さを欠いた奇抜なイギリス政治理解を提示することで、丸山は、自らは日本国民による民主主義を不可能ないし不要と考えるが、民主主義を掲げる自らの立場は高く評価されるべき、と考えているようである。丸山真男「日本ファシズムの思想と運動」『丸山真男集』第3巻、「偽善のすすめ」同、第9巻。

(52) 須崎『日本ファシズムとその時代』97～100, 110～121頁。同書および須崎『二・二六事件』は、青年将校に関する詳細な情報を含んだ研究である。ただし、須崎慎一は、青年将校個々人の情報収集に熱中し、通説を批判しようとするあまり、青年将校相互の違いを強調するばかりで、青年将校間の信頼関係や連帯関係に対する配慮が希薄であり、体系的な理解を提示できていない。たとえば須崎は、『日本ファシズムとその時代』において、青年将校運動の昂揚に対する農村恐慌の影響を重視する議論を行いながら、『二・二六事件』323頁では、その影響を逆に否定している。要するに、青年将校が「バラバラ」であったからというわけである。須崎は、陸軍青年将校が皇道派や北一輝の指示によって反乱を起こしたわけでなく、また、青年将校は陸軍上層部への働きかけを重視しており、五・一五事件への参加を見合わせるなど、実力行使に否定的であったという適切な指摘を行っている。この点は、既に竹山護夫によって指摘されている事実でもある。竹山『竹山護夫著作集』第4巻、143頁（初出は1969年）。しかし、その一方で須崎は二・二六事件について、第一師団が満州に派遣されることとなり、青年将校は左遷や満州勤務への反発から事件を起こしたという議論を展開している。左遷に反発して死刑覚悟の要人暗殺事件を起こしたという結論は、須崎自身の議論の流れからも飛躍している。この点に関連し、昭和10年12月の移動で羅南に中隊長として異動になった大蔵栄一は、第一師団の北満駐留決定の情報に接し、磯部浅一や栗原安秀が派遣前に決着をつけようとする意向に傾いていることに反対した。その際、磯部は大蔵に対し、第一師団の留守中に「幕僚どもがどんな策動をするか」知れたものではない、という意見を述べている（大蔵『二・二六事件への挽歌』237～242頁）。須崎は、青年将校が満州への派遣に反発したのは、満州で戦死する可能性を恐れていたからであったかのように示唆しているが、任務による戦死を恐れたのと、実質的謀殺の可能性に反発したのでは、意味が異なる。青年将校が謀殺の可能性に反発したという主張ならば、第一師団の満州派遣決定が二・二六事件の重大なきっかけとなったという議論は成立し得るであろう。

須崎『二・二六』事件は、以下に記すような『日本ファシズムとその時代』の一貫しない議論と対照的に、明確な主張を無理に提起しようとしたため、かえって奇抜な議論や短絡的ないし感情的記述が散見される著作となっている。

須崎の議論には、青年将校を皇道派や北一輝によって操られたテロリストとする一般的理解を想定し、それを否定することで自らの独自性を示そうとしている嫌いがある。そのため、青年将校が、政界のみならず、日本全体の道徳、倫理が再生され、各々が自らに与えられた義務を誠実に遂行していくような社会を理想としていたことを理解していない。青年将校にとって、政界が陸軍上層部の働きかけによって正常化するのであれば、好んで要人暗殺を行い、自らの人生をも終わらせる必要などなかった。須崎は史料的に、青年将校がテロリズムに同調していなかったことを実証しながら、青年将校はテロリズムの可能性を、威嚇のための「抜かない宝刀」として利用していた、とする議論を提示している。須崎は、青年将校の文章に恐喝の意図を感じ取ったようであるが、それは青年将校に対する無理解と偏見によるものである。

他方、『日本ファシズムとその時代』は、須崎がファシズムと考えるものを列記して、日本にファシズムがあったと議論する研究である。『二・二六事件』と同様、個々の指摘に妥当なものもあるが、それらは全体的かつ体系的な議論につながっていない。序章と本論、終章がそれぞれ飛躍、乖離しており、要するに演繹的な議論と歴史叙述がかみ合っていないのである。同書において、青年将校はおそらくファシズムの一現象として取り上げられているのであろうが、須崎によれば、青年将校も、皇道派も、統制派も、農村における国家主義的運動も、選挙粛清運動も、天皇への忠誠心も、支那事変の勃発も、全てファシズムであって、したがって日本におけるファシズムを否定するのは、歴史の事実から目を背ける態度であるというわけである。しかし、これは議論や説得ではなく、自分の価値観に対する感傷的な同調の呼びかけに過ぎない。その区別ができていないから、序章、本論、結論がかみ合わなくなるのである。

(53)「右翼思想犯罪事件の綜合的研究（結盟団事件より二・二六事件まで）」『現代史資料』第4巻、52頁。須崎『日本ファシズムとその時代』114～116頁。

(54)「藤井斉日記」昭和6年2月6日の条、原他編『検察秘録五・一五事件』第3巻660～661頁。須崎『日本ファシズムとその時代』116頁。

(55) 青年将校運動に関しては、上記の須崎慎一の近年の研究と対照的な、竹山護夫の古典的著作が存在する（竹山『竹山護夫著作集』第4巻）。竹山の議論は、青年将校の論理を天皇、国家、軍隊、自我の4つの視点から分析しようとするもので、特に自我の問題が含められている点で、橋川文三の超国家主義論を青年将校において継承しようとしている側面がある。ただし、竹山は、分析対象の心情的要因よりも、それぞれの著述における論理展開の追跡に比重を置いており、橋川のようなロマン主義契機に対する関心は希薄である。竹山が、青年将校における犠牲精神の重要さに言及せず、専ら自我の喪失感を重視しているのも、そのためであろう。天皇や国家といった視点は、国家主義に対する学問上の批判的感性が今日以上に強かったはずの当時において、不可避の論点であったと推測される。しかし、本書の「はじめに」で記したように、明治以降の日本国民は、忠義や孝行といった伝統的倫理観に基づいて近代的遵法意識を形成しており、その意味で近代日本における君主制、すなわち日本全体を統合する統治権が天皇のみに帰属することは、日本の国民的な法治国家意識において、常識的な基本感覚となった。また、本文中に記したように、民主化に伴う国民的な政治意識の形成は、世界的な一般的現象として、国民が伝統的価値観を主体的に受容するという現象を伴っており、昭和期における天皇や国家に対する国民的忠誠心や貢献意識も、国民の自主性や政治意識が表れたものであった。したがって、天皇信奉者をファシズムとして片付ける議論は論外としても、たとえば青年将校の論理を天皇や国家といった事後的視点から整理する分析方法も、かえって作為的な、歴史状況を捨象した観念論になりかねない。青年将校の基本感覚は当時として常識的なものであって、その部分を特別扱いして青年将校の論理展開を追跡したところで、青年将校に特有な行動原理を理解することには、つながらないであろう。

(56) 昭和7年1月「○○少佐の手記　所謂十月事件ニ関スル手記」『現代史資料』第4巻、653頁。

(57) 司法省刑事局「右翼思想犯罪事件の綜合的研究」『現代史資料』第4巻。三月事件に関する最近の論考である小林『政党内閣の崩壊と満州事変』

第2章補論も、これに無批判に依拠して三月事件を要約している。他にも小林道彦の所論には、注(69)で示すように、問題がある。「○○少佐の手記」に村中孝次らの脚色が加えられていることについては、田中清「『所謂十月事件に関する手記』について」『現代史資料』第5巻、839～842頁を参照。

(58) 関「大陸外交の危機と三月事件」。

(59) 中野『橋本大佐の手記』20～21頁。堀「三月事件」77～85頁。

(60) 船木『岡村寧次大将』223～224頁。

(61) [中島信一]広瀬校訂・解説「五・一五事件・大川周明裁判・中島信一検事聴取書」。

(62) 中野『橋本大佐の手記』47～51, 55～56頁。

(63) 堀「三月事件」89～90頁。

(64)「建川美次中将談」(昭和18年7月18日)森『森克己著作選集』第6巻、320頁。河野『国史の最黒点』前編、34～36頁。堀「三月事件」61～62頁。

(65) 小磯『葛山鴻爪』500～511頁。

(66) 原他編『検察秘録二・二六事件』第2巻、377～379頁。

(67) 伊藤『昭和初期政治史研究』300～301頁。

(68) 永田鉄山自筆の計画書は、菅原『相沢中佐事件の真相』62～64頁が初出。同文書は、高橋編『現代史資料』第23巻、xlv～xlvii頁や刈田『昭和初期政治・外交史研究』100～101頁、堀「三月事件」112～113頁でも紹介されている。小林『政党内閣の崩壊と満州事変』第2章補論は、三月事件を政友会の倒閣運動との関連で捉えると共に、永田の計画書をそれに関連して宇垣内閣を実現しようとした合法的な手続き文書であったとする。そのため、小林は、陸軍内の状況についてほとんど検討しておらず、永田が小磯国昭の指示によって計画書を作成しながら、大川や小磯の計画に反対していたことについて言及していない。なお、永田の計画書は、内容からも、後継首相の指名手続きに関するもので、小林の主張に新しい論点はなく、竹山護夫が紹介した、永田自身の弁明についても、言及していない。

(69)『宇垣一成日記』Ⅱ、1937年1月27日の条、1127頁。

(70)「一〇月事件ニ関スル永田少将ノ説明」、竹山『竹山護夫著作集』第4巻、314～317頁。

(71) 原他編『検察秘録二・二六事件』第2巻、378～379頁。堀「三月事件」89頁。

(72) 船木『岡村寧次大将』225～226頁。

(73) 角田編『宇垣一成日記』Ⅰ、718～719頁。小田部『徳川義親の十五年戦争』65頁。

(74) 小磯『葛山鴻爪』511～514頁、徳川『最後の殿様』124～127頁。小田部『徳川義親の十五年戦争』62～63頁。堀「三月事件」94, 100～101頁。「大川周明其他の策動資金関係調査報告、附所謂三月事件顛末概要」原田述『西園寺公と政局』別巻、344～345, 349頁。

(75) 矢部編『近衛文麿』上巻、190～191頁。

(76)「岡村寧次日記」昭和6年2月28日, 3月20日の条、船木『岡村寧次大将』226, 228頁。

(77)「○○少佐手記・所謂十月事件ニ関スル手記」『現代史資料』第4巻、656頁。

(78)「大川周明其他の策動資金関係調査報告」344, 348頁。堀「三月事件」102頁。

(79)『満洲青年連盟史』11頁

(80)「満蒙問題私見」昭和6年5月、角田編『石原莞爾資料』78頁。

(81) 関「満州事変前史」391頁。

(82) 幣原外相→在奉天林総領事(昭和6年8月11, 17日)、林総領事→幣原外相(昭和6年8月17日)『日本外交文書』昭和期Ⅰ第1部第5巻、296, 300, 301文書(324～326, 330～331頁)。

(83) 林総領事→幣原外相(昭和6年8月2日)同上、294文書(323～324頁)。永田田宛石原書簡(昭和6年8月12日)角田編『石原莞爾資料』83～84頁。『秘録永田鉄山』446～449頁。

(84) 陸軍省中村事件処理案『日本外交文書』昭和期Ⅰ第1部第5巻、311文書付記2(338～340頁)。

(85) 中野『橋本大佐の手記』88頁。

(86) 関「満州事変前史」432～435頁。

(87) 小林『政党内閣の崩壊と満州事変』193～196頁によれば、石原の更迭には本庄繁関東軍司令官が反対したという。満州事変勃発後の南次郎の無定見な行動については、島田「満州事変の展開」12～24, 44～61頁他各所に記述されている。

(88) 刈田『昭和初期政治・外交史研究』233～252頁。

(89) 小沼『一殺多生』300～302頁。

(90) 須崎『二・二六事件』44～47頁。

(91) 末松『私の昭和史』44頁。

(92) 小山『憲政常道と政党政治』第6章。

(93) 小川平吉宛永田鉄山口上(昭和6年12月)、昭和6年12月12日付犬養毅宛小川平吉書簡『小川平吉関係文書』第2巻、351, 352文書、566～567頁。刈田『昭和初期政治・外交史研究』169～170頁。

(94)『東宮鉄男伝』521頁。

(95)『鈴木貞一氏談話速記録』上、308～309頁。

第十六章　満州事変期の政治、経済再編と対外政策

(1) 小林『政党内閣の崩壊と満州事変』第2部および森『日本陸軍と日中戦争への道』第3章は、満州事変勃発後の陸軍中央と関東軍との関係を検討した最新の研究である。両著とも、荒木陸相を強硬派とする一方で、真崎甚三郎参謀次長と永田鉄山陸軍省軍事課長を穏健派として位置付けている。特に森は、永田が荒木と対立して関東軍の統制を図ろうとしていたかのように議論し、二人の対照性を強調する。しかし、永田が関東軍を統制しようとしたからといって、永田が事変の不拡大を目指していたことにはならない。たとえば関東軍の満州独立国家論に対する当面の満州独立政権論は、将来的な独立国家の創設に向けた、政府を巻き込む段階的事変拡大構想であったと評価すべきであろう。つまり永田は、関東軍の暴走を抑え、陸軍中央の統制下に置くことで、逆に政府を積極的な満州事変遂行へと誘導しようとしていた、と推定する方が、全体として整合的である。森は100~101頁において、昭和7年1月から2月にかけ、永田は早急な独立国家の創設に反対する点で外務省と合意していたが、荒木は早急な独立国家創設を関東軍に指示していた、と記述している。ところが、237頁注(88)では、荒木の指示が永田を経由して行われたことを認めている。永田が外務省との合意を尊重していたとは考えにくい。他方、荒木や小畑のような統帥系の将校は、現場の将兵の労苦を代弁しようとする感情から、非常時に際し、軍政系の将校に比べ、強硬な発言をすることは多かったであろう。しかし、そのことと、政府の意図を超える事変の拡大志向とは、次元が異なる。

(2) 菅原『相沢中佐事件の真相』60~61頁。計画書は、昭和10年7月の真崎教育総監の罷免に際し、軍事参議官会議に提示され、その後、小畑敏四郎が保管していた。小畑の死後、計画書は小畑の未亡人千鶴子より菅原に渡され、菅原の著書に写真が掲載された。

(3) 船木『岡村寧次』245頁。

(4) 後述のように、真崎が永田自筆計画書の存在を知るのは、1935年7月8日、真崎が教育総監を罷免される直前になってのことである。

(5) 山浦編『森恪』755~756頁。

(6) 小沼『一殺多生』388~389頁。小沼正「上申書」、『現代史資料』第5巻、486頁。

(7) 升味『日本政党史論』第5巻、217~219頁。

(8)『木戸幸一日記』上巻、昭和7年2月19日, 3月1, 9日, 4月4日の条、140~141, 144~148, 153頁。原田『西園寺公と政局』第2巻、254, 260~261頁。

(9) 山口「五・一五事件」。

(10) 須山『小畑敏四郎』97~98, 213~225頁。大蔵『二・二六事件への挽歌』116~117頁。小畑は青年将校が陸大を受験しないことを懸念し、大岸頼好に対して「君たちの仲間みたいな人によって、陸軍大学校に新風を吹き込んでもらいたい」と述べている。小畑は大正8年に陸軍中央幼年学校生徒であった大岸を知って以来、「自分の子供」のように親しくしていたという。

(11)『木戸幸一日記』上巻、昭和7年5月16, 17日の条、163~166頁。

(12) 升味『日本政党史論』第6巻、156~169頁。小山『憲政常道と政党政治』320-326頁。小山は、昭和天皇が鈴木喜三郎内閣を否定したと解釈しているが、希望内容は政党内閣自体を否定しているわけではない。ただし、それは、政党内閣の継続より、首相の人格や平和的外交、政務官の扱いなどを優先しており、実質的に、鈴木を首班として上奏する場合の西園寺の保証、すなわち、鈴木が昭和天皇の要望に応えるような何らかの根拠を西園寺に求めるものとなっていた。その点で、この希望は政党内閣を否定する機能を果たした、と解釈することも、可能であろう。

(13)『昭和財政史』第3巻、137~158頁。同第6巻（藤崎憲二執筆）179~184頁。

(14)『昭和財政史』第6巻、484頁。

(15) 同上、166~175頁。同第10巻、315~327, 338頁。

(16)『昭和財政史』第6巻、175~191頁。

(17)『農林行政史』第4巻、206頁。

(18)『昭和財政史』第6巻、210~214頁、同第10巻、327~328頁。『農林行政史』第3巻、1095~1116頁。

(19)『昭和財政史』第1巻、145頁。同第6巻、484~485頁。同第9巻、86~91頁。同第10巻、327頁。

(20)『農林行政史』第2巻、192~207頁。

(21)『商工政策史』第12巻、176~214頁。『昭和財政史』第10巻、331~333頁。

(22)『真崎甚三郎日記』1、6月17日の条、47頁。
(23) 同上、6月29日, 7月2日の条、69～72, 77～79頁。
(24) Skidelsky, *Politicians and the slump*, pp. 370-375. Williamson, *National crisis and National Government*, pp. 236, 259-261.
(25) Drummond, *The floating pound and the Sterling Area*, p. 11. Skidelsky, *Politicians and the slump*, p. 17.
(26) Skidelsky, *Politicians and the slump*, pp. 414-421. Williamson, *National crisis and National Government*, p. 308-343.
(27) Williamson, *National crisis and National Government*, p. 252.
(28) Ibid., pp. 352-356.
(29) Ibid., pp. 373-386.
(30) Ibid., pp. 322, 393. Skidelsky, *Politicians and the slump*, p. 390.
(31) Williamson, *National crisis and National Government*, pp. 401-424.
(32) Drummond, *The floating pound and the Sterling Area*, pp. 5-9.
(33) Ibid., chap. 3.
(34) Ibid., chap. 5.
(35) Ibid., chap. 4.
(36) Ibid., chap. 2.
(37) Ibid., pp. 16-17.
(38) Williamson, *National crisis and National Government*, p. 455.
(39) Ibid., pp. 446-449, 474-487.
(40) Ibid., pp. 49-50, 69-70, 128-129.
(41) Ibid., p. 505. Drummond, *Imperial economic policy*, pp. 182-186.
(42) Drummond, *Imperial economic policy*, chaps. 4-8.
(43) Newton, *Profits of Peace*, p. 5.
(44) Drummond, *Imperial economic policy*, pp. 279-280.
(45) Memorandum by Sir J. Pratt (Foreign Office, Oct. 27, 1931), *DBFP*, 2-VIII, no. 685, pp. 826-829.
(46) Memorandum by Sir V. Wellesley (Foreign Office, Feb. 1, 1932), *DBFP*, 2-IX, no. 239, pp. 283-291.
(47) Memorandum by Pratt (Geneva, Mar. 10, 1932), ibid., enclosure 1 in no. 55, pp. 83-89.
(48) Fausold, *The presidency of Herbert C. Hoover*, pp. 133, 140-141, 152-166.
(49) Ibid., *The presidency of Herbert C. Hoover*, pp. 183-186.
(50) Rappaport, *Henry L. Stimson and Japan*, pp. 26-40.
(51) Ibid., pp. 49-65.
(52)「米国政府覚書」『日本外交文書』満州事変第1巻第3冊、事項8、136文書別電（148頁）。
(53) Rappaport, *Henry L. Stimson and Japan*, pp. 43, 73, 76, 88-93.
(54) Ibid., pp. 115-119, 135-139, 152-159.
(55) Ibid., pp. 120-123, 134, 154-155. Hicks, *Republican ascendancy*, pp. 254-257.
(56) Rappaport, *Henry L. Stimson and Japan*, pp. 162-165, 171, 180-188, 196.
(57) Foreign Office Memorandum (Feb. 25, 1932), *DBFP*, 2-IX, no. 576, pp. 618-620.
(58) Patteson to J. Simon (Geneva, Mar. 18, 1932), ibid., no. 106, pp. 164-167.
(59) 海野『国際連盟と日本』218～219頁。
(60) Note from Simon to Mellon (Geneva, Jun. 21, 1932), *DBFP*, 2-X, no. 437, pp. 519-521.
(61) Letter from Lord Lytton to Lady Betty Balfour (Mukden, May 23, 1932), ibid, enclosure in no. 449, pp. 532-535.
(62) Letter, dated June 23rd, 1932, from the Chinese Delegation to the President of the Special Assembly (Geneva, Jun. 23, 1932), League of Nations, *Official Journal*, special supplement, no. 102, p. 45. Patteson to Simon (Geneva, Jun. 24, 1932), *DBFP*, 2-X, no. 453, pp. 538-539.
(63) 在仏長岡大使→斎藤外相（昭和7年7月6日）、在ジュネーヴ沢田連盟事務局長→内田外相（昭和7年7月10, 12日）『日本外交文書』〈満州事変〉第2巻第1冊、事項2・270, 272, 事項3・326文書他（579～581, 954～955頁）。
(64) R. Vansittart to F. Lindley (Foreign Office, Jun. 22, 1932), Patteson to Simon (Geneva, Jun. 24, 1932), *DBFP*, 2-X, nos. 442, 453, pp. 525-526, 538-539.
(65) Lindley to Simon (Tokyo, Jun. 23 & 25), ibid., nos. 445, 455, pp. 527, 540.
(66) Lindley to Simon (Tokyo, Jul. 21, 1932), ibid., no. 545, pp. 615-620.
(67)「満州国承認ノ件」（昭和7年6月20日）外務省外交史料館蔵「満州国承認問題一件・帝国ノ部」第2巻。
(68)「満州国承認問題ニ関スル件」『日本外交文書』〈満州事変〉第2巻第1冊、事項2・275文書（584頁）。
(69) 内田外相→沢田連盟事務局長（昭和7年7月7日）同上、事項3・324文書（946～947頁）。
(70) Simon to Lindley (Foreign Office, Jul. 19, 1932), *DBFP*, 2-X, no. 539, p. 606.
(71) 浅野「イギリスの同情と批判」335～338頁。

(72) たとえば、在米出淵大使→内田外相（昭和 7 年 9 月 10 日）『日本外交文書』〈満州事変〉第 2 巻第 2 冊、事項 4・403 文書（398 ~ 399 頁）。
(73) Lindley to Simon (Tokyo, Sept. 12, 1932), *DBFP*, 2-X, no. 674. pp. 749-750.
(74) Nish, *Japan's struggle with internationalism*, p. 175.
(75) Memorandum by Pratt (Oct. 10, 1932), *DBFP*, 2-X, no. 746, note 2 & 5, pp. 830, 832.
(76) Memorandum by Orde (Foreign Office, Oct. 12, 1932), ibid., no. 746, pp. 830-833.
(77) Record of a conversation on November 28 between T. Wilford and V. Wellesley (London, Nov. 29, 1932), *DBFP*, 2-XI, no.77, pp. 97-101.
(78)「国際連盟調査委員会報告書」『日本外交文書』〈満州事変〉別巻、254 頁。
(79) 内田外相→沢田連盟事務局長他（昭和 7 年 10 月 1 日）『日本外交文書』〈満州事変〉第 3 巻、事項 1・1 文書（1 ~ 3 頁）。
(80) 臼井『満洲国と国際連盟』86 ~ 88 頁。ＮＨＫ取材班編『満州事変・世界の孤児へ』169 ~ 171 頁。
(81) 斎藤良衛「連盟支那調査委員ノ満蒙問題解決方法腹案予想ニ就テ」「満州国承認問題一件・帝国ノ部」第 2 巻所収。
(82)「国際連盟調査委員会報告書」251 頁。
(83) Letter from Lord Lytton to Lady Betty Balfour (Mukden, Monday, May 23, 1932), *DBFP*, 2-X, enclosure in no. 449, pp. 532-535.
(84) 在上海重光公使→芳沢外相(昭和 7 年 3 月 27 日)『日本外交文書』〈満州事変〉第 2 巻第 1 冊、事項 3・59 文書（710 ~ 712 頁）。
(85) 外務省「国際連盟支那調査委員会報告書ニ対スル帝国政府意見書」（昭和 7 年 11 月 21 日）『日本外交文書』〈満州事変〉別巻、360 頁。
(86) Memorandum by F. P. Walters (Oct. 26, 1932), *DBFP*, 2-XI, no. 26, note 5, p.39-40.
(87) Ingram to Simon (Peking, Jul. 13, 1932), *DBFP*, 2-X, no. 527, pp. 592-595.
(88) Minute by J. Pratt (Nov. 4, 1932); Minute by Orde (Nov. 4, 1932), *DBFP*, 2-XI, no. 26, note 5, pp. 39-40.
(89) 竹内編『松岡全権大演説集』220 ~227 頁。臼井『満洲国と国際連盟』165 ~ 166 頁。井上『危機のなかの協調外交』12 ~ 14 頁。ソーン『満州事変とは何だったのか』下巻、215 ~ 220 頁。
(90) Memorandum by Pratt (Geneva, Dec. 3, 1932), *DBFP*, 2-XI, no. 85, pp. 106-108.
(91) 内田外相→在ジュネーヴ連盟代表（昭和 7 年 12 月 10 日）『日本外交文書』〈満州事変〉第 3 巻、事項 1・119 文書（181 頁）。
(92) Patteson to Vansittart (Geneva, Dec. 13, 1932), *DBFP*, 2-XI, no. 110, pp. 128-129.
(93) 連盟代表→内田外相（昭和 7 年 12 月 16 日）『日本外交文書』満州事変第 3 巻、事項 1・141 文書（197 ~ 200 頁）。なお、引用した訳文は、連盟代表→内田外相（昭和 8 年 2 月 16 日）同、事項 1・305 文書（495 頁）による。
(94) 連盟代表→内田外相（昭和 7 年 12 月 16 日）、内田外相→連盟代表(昭和 7 年 12 月 17 日)同上、事項 1・146, 148 文書（203 ~ 207 頁）。
(95) Patteson to Simon (Geneva, Dec. 17 & 19, 1932), *DBFP*, 2-XI, nos. 132, 143, pp. 150-151, 158.
(96) M. Massigli à M. Herriot (Genève, 15 déc. 1932), Ministère des affaires étrangères, *Documents diplomatiques français, 1932-1939*, 1re série, tome II, no. 106.
(97) Patteson to Simon (Geneva, Dec. 17, 1932), *DBFP*, 2-XI, no. 132, pp. 150-151.
(98) Memorandum by Pratt (Foreign Office, Dec. 23, 1932), ibid., no. 155, pp. 170-176.
(99) Memorandum by Pratt (Foreign Office, Jan. 5, 1933), ibid., no. 173, pp. 195-197.
(100) Letter from Eden to Simon (Geneva, Feb. 1, 1933), ibid., no. 270, p. 293.
(101) 井上『危機のなかの協調外交』36 ~ 43 頁。酒井『大正デモクラシー体制の崩壊』36 頁も同じ誤読をしている。これは、酒井が井上の謬説を軽信したためであろう。1 月 26 日のサイモンと松岡洋右、松平恒雄駐英大使の会談に関する日英双方の史料〔Patteson to Lindley (Geneva, Jan. 26, 1933), *DBFP*, 2-XI, no. 252, p. 276. 連盟代表→内田外相（昭和 8 年 1 月 28 日）『日本外交文書』〈満州事変〉第 3 巻、事項 1・248 文書（321 頁）〕に、日中間の直接交渉に関する記述は存在しない。井上が依拠した原田『西園寺公と政局』第 3 巻、7 ~ 9 頁には、リンドリーから内田外相に伝えられた趣旨に関する伝聞として、日中直接交渉に関する記述が存在する。しかし、12 月 15 日案の「第一決議案」第 4 項以下で規定される和協委員会での交渉が、実質的に日中直接交渉に等しいとする観測に根拠はなく、リンドリーの発言が事実とすれば、それは日本側に妥協を促すための修辞として述べられたものであろう。しかも、同史料においても、サイモンは日本側に、「議長宣言案」第 9 項の全面受諾を求めている。にもかかわらず、井上がこれを無視したのは、直接には、既述の松岡洋右の講演を誤読した

めである。松岡の講演は、イギリスが「妥協を申し出た」と紛らわしい表現をしているが、これは正確には、イギリスが譲歩したという意味ではなく、日本に妥協を提案、すなわち日本に妥協するよう「申し出た」が、日本側はそれを拒否した、という趣旨である。なお、イギリスが留保宣言という案を提示したのは（和解案は紛争解決のための合意条件なので、それに対する留保など本来はあり得ない）、日本側の要求で元来「理由書」であったものが「議長宣言」へと名称を変更していたためであろう。この点に関連して杉村陽太郎は、28日にドラモンドと会談した際、問題の第9項について、「之ヲ単ニ議長個人ノ意見トシテ述フル事トシ、之ニ対シ日本側ニテ反対ノ声明ヲ為ス事不可能ナル可キヤ」を照会し、「到底不可能ナリ」との回答を得ている〔連盟代表→内田外相（昭和8年1月29日）『日本外交文書』満州事変第3巻、事項1・253文書（325～326頁）〕。

(102) 連盟代表→内田外相（昭和8年2月16日）『日本外交文書』〈満州事変〉第3巻、事項1・305文書（495頁）。引用文は、連盟の勧告案についての「仮訳」（連盟代表部作成）より。これは「二月四日新案」〔同、事項1・273文書（344～349頁）〕をさらに若干修正したものである。

(103) 内田外相→連盟代表（昭和8年2月6日）同上、事項1・274文書（349頁）。

(104) 連盟代表→内田外相（昭和8年2月2日）同上、事項1・264文書（334頁）。

(105) 連盟代表→内田外相（昭和8年2月5日）同上、事項1・273文書付属別電（344～349頁）。なお、連盟代表部は、前注(104)の電報の中で、「帝国政府ニ於テ今日迄ニ第三項ノ下ニ交渉シ収メ得タル結果ヲ以テ到底忍ヒ得ストノ見解ヲ保持セラルル以上、右ヨリモ不利［…］ナルモノヲ忍ハルル如キハ想像シ得サル所ナリ［…］帝国政府ニ於テハ第四項ニ移ル場合既ニ脱退ノ方針ヲ御決定相成リ居ルモノト解シ［…］差支無キヤ」と照会していた。連盟代表部は、連盟側が満州国不承認の立場を堅持している限り、連盟脱退を不可避と判断していたようである。

(106) 内田外相→連盟代表（昭和8年2月2日）同上、事項1・265文書（334～335頁）。

(107) 連盟代表→内田外相（昭和8年2月16日, 昭和8年2月17日）同上、事項1・304, 307文書（380～381, 501頁）。なお、この時点でも連盟代表部内には、「脱退か頬冠りか」をめぐる見解の対立が存在していた（井上『危機のなかの協調外交』47～48頁）。これは、当初、連盟側が満州国不承認を堅持している限り、連盟脱退は不可避と判断していた代表部が、規約第15条第4項による勧告決議は必ずしも連盟脱退を意味しないとする訓令を受けたためであろう。

(108) 内田外相→連盟代表（昭和8年2月17日）『日本外交文書』〈満州事変〉第3巻、事項1・311文書（504～505頁）。

(109) 連盟代表→内田外相（昭和8年2月10日）同上、事項1・287文書（359～360頁）。

(110) Patteson to Simon (Geneva, Feb. 8, 1933), *DBFP*, 2-XI, nos. 309 (note 7), 310, pp. 323-324.

(111) 2月22日にサイモンは、同趣旨の文書を内閣に回覧している。Simon to Patteson (Foreign Office, Feb. 4, 1933); Memorandum by Simon (Foreign Office, Feb. 18, 1933), ibid., nos. 285, 342, pp. 303-304, 343-347. イギリス外務省内の同様の議論については、臼杵「国際法上の不承認と共通利益」。

第十七章　満州事変後の対中国政策

(1) 島田「華北工作と国交調整」20～22頁。

(2) 橘川『嵐と闘ふ哲将荒木』252～255頁、『戦史叢書』第8巻〈大本営陸軍部〉1、345～348頁。なお、森『日本陸軍と日中戦争への道』121～123頁および森『永田鉄山』209～211頁は、参謀本部第二部が昭和8年5月2日付で作成した「根本的国策並対策要綱」という文書が満州国の治安維持や産業開発、中国に対して模範を示すことを優先していた点を理由に、永田の対中国方針に関する荒木の回想内容を否定している。しかし、満州国建設優先と、森靖夫のいう「中国一撃論」ないし華北に対する謀略が矛盾するわけではない。「根本的国策並対策要綱」を理由に、後の華北分離工作に対する永田の関与を否定するのであれば、同要綱作成時に参謀本部第二部支那課長を務め、後に華北分離工作を実行した酒井隆についても、新たな評価と説明がなされるべきであろう。森は、永田の中国政策が攻撃的なものでなかったことを主張するのみで、それ以外の問題を無視するが、ある事実に関する通説を

修正するなら、そこから波及する周辺的な事実関係についても、体系的に整理し直す必要がある。また、森は荒木の回想を否定する根拠として、本文後述の原田熊雄に対する斎藤実首相の発言（注(21)を参照）を挙げるが、同史料は、ロシアに対する永田の姿勢を示すものであって、永田の中国政策を説明する史料ではない。

(3) 秦『軍ファシズム運動史』87 ~ 88 頁。

(4) 北岡「陸軍派閥対立（一九三一～三五）の再検討」88 ~ 89 頁。

(5) 井上『危機のなかの協調外交』の省部会議に関する記述は、作為的である。井上は「会議は皇道派の対ソ強硬論から始まった。すでにこの頃、皇道派の総帥的存在であった荒木陸相は、小畑らに『昭和八年度解氷期対ソ開戦論』をまとめさせていたのである。これに反対したのが、統制派の永田鉄山参謀本部第二部長であった」（89頁）と述べ、「昭和八年度解氷期対ソ開戦論」が省部会議の場で検討されたかのように読める記述をしている。しかし、昭和 8 年 6 月の省部会議で「昭和八年度解氷期対ソ開戦論」を検討するということはあり得ない。「昭和八年度解氷期対ソ開戦論」に関する記述は、橘川学『嵐と闘ふ哲将荒木』やそれを荒木に確認した上で記述された『戦史叢書』第 8 巻〈大本営陸軍部〉1、345 ~ 347 頁には存在しない。井上は、高橋『昭和の軍閥』185 ~ 187 頁に依拠したとするが、同書で紹介されている「昭和八年度解氷期対ソ開戦論」をめぐる永田と小畑の対立は、昭和 7 年の出来事である。

井上は、相互に関連のない省部会議と「昭和八年度解氷期対ソ開戦論」とを結び付けることで、1933 年 6 月の時点で陸軍内における統制派の優位が確立したと主張し、さらに五相会議における統制派の穏健性を強調することで、陸軍全体が「相対的安定状態」にあり、外務省とも協調的な立場にあったとする。謬論に導くための恣意的な史料操作に近い。

(6) 高橋『昭和の軍閥』186 頁。高橋は、小畑がソ連に対する先制攻撃論者であったように記しているが、これは本文に記したように、短絡的である。ソ連に対する無条件の先制攻撃論なるものは、満州事変期の対ソ戦略の実態に合致せず、その後も実現しなかった。また、小畑の連隊長時代に部下となり、その後も指導を受けた三吉義隆は、小畑の対ソ戦略が満州国内で内線作戦によりソ連を迎え撃つものであったことを証言している。須山『小畑敏四郎』93 ~ 95, 209 頁。

(7) 川田『浜口雄幸と永田鉄山』198 ~ 199 頁。本文に記したようなソ連一撃論は、一方的先制攻撃計画ではない。皇道派の主張を合理的に解釈することは十分に可能であって、それを不合理とする方が、軍事的に一面的であろう。後の張鼓峰事件やノモンハン事件に対してソ連側が示した強硬な対応は、むしろ満州事変期の皇道派と同様の論理に則っていたと推定できる。

(8)『戦史叢書』第 8 巻〈大本営陸軍部〉1、338 ~ 341 頁。同第 27 巻〈関東軍〉1、92 ~ 95 頁。

(9) 橘川『嵐と闘ふ哲将荒木』259 頁。

(10)『秘録板垣征四郎』75 頁。

(11)『真崎甚三郎日記』1、昭和 8 年 1 月 4 日の条、88 頁。

(12) 島田「華北工作と国交調整」10 ~ 11 頁。

(13)『真崎甚三郎日記』1、昭和 8 年 2 月 6 日の条、92 ~ 93 頁。

(14) 稲葉「中国・板垣将軍・日本」542 頁。「岡村寧次日記」昭和 8 年 2 月 13 日の条、舩木『岡村寧次大将』266 頁。

(15) 井上『危機のなかの協調外交』88 ~ 89 頁。

(16) 関東軍参謀部第二課「機密作戦日誌」（抜粋）、『現代史資料』第 7 巻、547, 554, 559 頁。

(17) 須磨弥吉郎「北支見聞録」『現代史資料』第 7 巻、568 ~ 569 頁。なお、森『永田鉄山』208 頁によれば、永田は当初、板垣に対し、華北への謀略が中国との全面戦争を引き起こす可能性を懸念し、それに慎重な見解を述べていたという。森靖夫は、それを根拠に永田と板垣の違いを強調するが、永田はその発言内容からも、当初は関内出兵を厳禁する昭和天皇および真崎参謀次長の意見に配慮して、穏健な姿勢を取ったか、それを擬装したが、その後、機会主義的に態度を変更し、謀略を積極的に支持するようになったのであろう。それは満州事変勃発前後の永田の態度と同様である。

(18) 片倉『片倉参謀の証言』22 ~ 23, 99 ~ 133 頁

(19) 宮本『宗教的人間の政治思想』185 ~ 190 頁。

(20) 橘川『嵐と闘ふ哲将荒木』258 ~ 259 頁。

(21) 原田『西園寺公と政局』第 3 巻、110~111 頁。

(22) 稲葉「中国・板垣将軍・日本」544 頁。

(23) 杉村『国際外交録』363, 428, 452 頁。

(24) 同上、92 ~ 93 頁。

(25) 在上海有吉公使→内田外相（昭和 8 年 5 月 13 日）『日本外交文書』〈満州事変〉第 3 巻、事項 4・37 文書（847 ~ 848 頁）。

(26) 有吉公使→内田外相（昭和 8 年 5 月 25 日）同上、

事項4・70文書、871～872頁。
(27) 有吉公使→内田外相（昭和8年6月13日）『日本外交文書』昭和期Ⅱ第1部第2巻、16文書（17～18頁）。
(28) 在南京日高総領事→内田外相（昭和8年6月9日）『日本外交文書』〈満州事変〉第3巻、事項4・104文書（893～895頁）。
(29)「日支関係打開ニ資スヘキ具体的措置ニ付有吉公使ヨリ汪兆銘ニ申入ノ件」（昭和8年7月4日）『日本外交文書』昭和期Ⅱ第1部第2巻、21文書付記（23～24頁）。
(30) 酒井『大正デモクラシー体制の崩壊』28～31, 52～63頁。井上『危機のなかの協調外交』第3, 5章。
(31) 須磨弥吉郎「対支静観主義放棄論」『現代史資料』第8巻、16～21頁。
(32) 松本『上海時代』上、243～247頁。
(33) 臼井『新版・日中戦争』6～10頁。
(34)「対支政策ニ関スル重光次官口授」（昭和9年10月20日）『日本外交文書』昭和期Ⅱ第1部第3巻、13文書付記、22～24頁は、重光の政策構想に関する史料で、内容は、海関制度の「破壊」や各国の中国駐在軍の撤退など、急進的な現状変革を目指したものである。文面からは、臼井勝美のように反英的な側面を重視し、陸軍の構想と類似したものとして評価することも、あるいは酒井哲哉のように、中国に対する譲歩という側面を重視することも可能であろう（酒井『大正デモクラシー体制の崩壊』58～62頁）。しかし、本文書の提言は、中国への漸進的な譲歩という満州事変以前からの重光自身の持論や、満州事変後における外務省の全体的な政策体系からかけ離れており、重光がそれを現実化しようとした形跡もない。本文書の提言は、外務省首脳を対象とした、部内向けの宣伝的な言説に過ぎないのではないか、と推測される。
(35) 広田外相→在英松平大使他（昭和8年10月25日）『日本外交年表並主要文書』下巻、276頁。
(36)「日支経済提携ニ関スル件」（昭和9年2月26日）、『日本外交文書』昭和期Ⅱ第1部第3巻、5文書付記、8～12頁。
(37) 広田外相→在米斎藤大使他（昭和9年3月19日）『現代史資料』第8巻、30頁。
(38) 広田外相→有吉公使（昭和9年4月14日）前掲『現代史資料』第8巻、32～33頁、『日本外交文書』昭和期Ⅱ第1部第3巻、339文書（434～435頁）。天羽英二情報部長の非公式声明（昭和9年4月17日）『東京朝日新聞』4月18日、『現代史資料』第8巻、25頁。
(39) 島田「華北工作と国交調整」76～77頁。
(40) 井上『危機のなかの協調外交』125～128頁。
(41) 守島編『昭和の動乱と守島伍郎の生涯』72～75頁。
(42) Memorandum by Pratt (Foreign Office, April 26, 1934), *DBFP*, 2-XX, no. 119, 221-222. 井上寿一も本書を参考文献に挙げているので、井上の所論は引用史料に基づいて構想された可能性がある。
(43) 関東軍司令部「大連会議議事録」（昭和8年7月6日）『日本外交文書』昭和期Ⅱ第1部第2巻、275文書付記、338～342頁。
(44) 島田「華北工作と国交調整」52～54頁、臼井『日中外交史研究』109～117頁。
(45)「満州国ト北支政権トノ交渉ニ関スル件」（昭和8年8月30日）別紙甲号「『停戦ニ関スル協定』ニ伴フ善後処理満州国ノ存立要綱」（関東軍第三課ノ試案）『日本外交文書』昭和期Ⅱ第1部第2巻、288文書付記（361～362頁）。
(46) 関東軍第三課「北支停戦協定ニ伴フ善後処理交渉案」（昭和8年9月11日）、在満菱刈隆大使→広田外相（昭和8年9月26日）『日本外交文書』昭和期Ⅱ第1部第2巻、302文書（374～379頁）。
(47)「満州国ト北支政権トノ交渉ニ関スル件」（昭和8年8月30日）別紙乙号「北支停戦協定ニ伴フ善後処理交渉ニ関シ陸軍次官ヨリ関東軍参謀長宛電報案」『日本外交文書』昭和期Ⅱ第1部第2巻、288文書付記（360～362頁）。なお、同書は、本電報に関する外務側電報のみを掲載しているが、外務省外交史料館所蔵「満州事変・華北問題」第2, 3巻所収の原文と比較し、「満州国ノ存立」を「満州国ノ存在」とするなどの転記の誤りや誤植があったので、改めた。
(48) 在満菱刈隆大使→広田外相（昭和8年9月26日）『日本外交文書』昭和期Ⅱ第1部第2巻、302文書（374～379頁）。
(49) 関東軍参謀部「暫行蒙古人指導方針要綱案」（昭和8年7月16日）『現代史資料』第8巻、447～448頁。
(50) 島田「華北工作と国交調整」226～227頁。
(51) 松室孝良「蒙古国建設に関する意見」『現代史資料』第8巻、449～463頁。
(52) 関東軍参謀部「対察施策」（昭和9年1月24日）『現代史資料』第8巻、468～471頁。
(53)「北平会商成立ニ到ル経緯」、関東軍参謀部「停戦協定善後処理ニ関スル北平会議々事録（昭和8年11月15日）、外務省外交資料館所蔵「満州

事変・華北問題」第3巻所収。島田「華北工作と国交調整」56頁。
(54) 佐々木「荒木陸相と五相会議」。
(55)「帝国国策」（昭和8年10月2日）『現代史資料』第8巻、11～13頁。
(56)「国策理由書（皇国内外情勢判断）」外務省外交史料館蔵「帝国ノ対外政策関係一件　五相会議」。同文書の作成者について、陸軍省軍務局とする説（高橋『昭和の軍閥』184頁）と荒木貞夫とする説（酒井『大正デモクラシー体制の崩壊』71頁）が存在する。なお、高橋によれば、本文書は昭和8年8月16日付の作成という。井上『危機のなかの協調外交』93～94頁は、本文書が統制派によって作成されたかのような記述をしている。井上は、6月の省部会議で統制派が皇道派を抑えたという推定を前提に、本文書を、統制派が主導する陸軍の穏健性やそうした陸軍と外務省との対米政策を中心とした提携関係を立証するものと評価している。
(57)『真崎甚三郎日記』1、昭和8年11月14日の条、107頁。
(58) 橘川『嵐と闘ふ哲将荒木』265頁。
(59) 伊藤他編「鈴木貞一日記――昭和九年」昭和9年2月15日の条。この発言内容からも、五相会議提出の陸軍案は小畑を中心とする皇道派によって作成されたようである。ただし、この発言は、皇道派と自らを区別する政治的発言なので、五相会議提出陸軍案のどの部分が少数意見であったのかは、重要ではないであろう。後述のように、近衛は小畑と親しく、小畑に統制派と重臣の接触に関する情報を流しているので、こうした林の言動も小畑に伝えられたであろう。
(60)『秘録永田鉄山』403頁。
(61) 川田『浜口雄幸と永田鉄山』211～213頁。
(62)『秘録永田鉄山』335～336頁。井上『危機のなかの協調外交』180頁以下は、永田は満州国の安定化を優先し、中国への謀略に否定的であったとする。板垣が欧州に出張し、関東軍が停戦協定善後処理交渉を本格的に進めようとしていたこの時期、永田が華北工作に関する具体的構想や方策を有していたわけではなかったであろう。しかし、井上の見解は、当時の陸軍における華北工作が、熱河作戦時の天津特務機関のように、直接的な武力行使を控えるべき状況下において活用されたという事実を無視している。井上は、永田の満州国育成構想と華北工作が矛盾すると解釈するが、後述のように、永田ら統制派の広域統制経済圏構想は、華北資源の掌握に向けた独断行動を支持する決定的要因となった。井上が永田の穏健性を強調する根拠は片倉衷の回想に過ぎず、経済史の研究成果に照らせば、井上が強調するほど、永田の真意を推測させる史料が不足しているわけではない。しかも、片倉は板垣および永田と近い関係にあり、その回想を根拠に永田の穏健性を強調するのは、客観性を欠く。森『日本陸軍と日中戦争への道』は、こうした井上の誤りを踏襲した研究である。
(63) 川田『浜口雄幸と永田鉄山』111～118, 134～139頁。
(64) 片倉『片倉参謀の証言』25頁。
(65) 同上、23, 134～158頁（特に136, 143頁）。
(66) 永井『日中戦争から世界戦争へ』第1章。森『日本陸軍と日中戦争への道』245頁注(12)および森『永田鉄山』233～234頁は、陸軍内に華北占領構想が満州事変以前から存在したことを理由に、「支那占領地統治綱領案」について、「永田が作らせたものという推定は根拠が薄く」、これによって「永田が対中国一撃論の急先鋒であった」とするのは誤りと主張する。しかし、これは詭弁である。第1に、有事の際の華北占領構想が満州事変以前より存在したことは、満州事変後、参謀本部第二部で永田の部長退任後に完成された「綱領案」について永田の関与を否定する根拠とはならない。華北占領構想が以前から存在した以上、陸軍において有事の際の華北占領は、現実に起こり得る事態として、永田を含め、一般に想定されていた。しかも、満州国が成立し、長城線まで日本の勢力圏下に置かれた状況においては、「綱領案」を前例を踏襲しただけのものとする主張にさえ、無理がある。むしろ永田は、従前の構想を満州事変後の情勢に合わせて発展させ、特に華北資源の掌握に関する点を具体化させようとした、と推定すべきであろう。第2に、「支那占領地統治綱領案」の内容とその作成時期は、研究史上、陸軍が華北分離工作を発動していく動機と、その長期的な位置付けに関わるものとして重視されている。しかし、これは華北分離工作の実施計画でも、中国に対する先制攻撃計画でもない。森は、占領地統治計画と華北軍事侵攻、そして華北分離工作を混同しており、そうした混同の上に、永田は中国一撃論ではなかったとし、さらに永田は華北分離工作に反対していたと議論を発展させていく。これは、誤った前提に誤った推論を重ねていく議論である。

森の謬論は、永田に対する先入観、すなわち、

永田は陸軍の統制を回復しようとしていたはず、という予断から事実を解釈していく演繹的な研究姿勢に由来する。森は、なぜ永田の周辺で華北分離工作への動きが生じ、永田がそれを抑えなかったのかについて説明せず、また、永田周辺の広域統制経済圏構想に対する理解を決定的に欠いている。永田は、権力が分散する自由主義的な組織では、国家の合理的運用は不可能と考えた。そこで軍内の権力を自らに集中すると共に、軍外に対する政治的影響力を広げ、統制経済の導入を図ろうとした。対して皇道派は、各自の分限と、理念や精神の共有を重視する伝統的価値観に基づき、永田の集権的な組織運営や統制経済構想、政官界との交流、宇垣内閣実現計画への関与などに反発した。しかも荒木の場合、永田の三月事件計画書の存在を知っていた。永田は、集権化に反対する陸軍内の抵抗を排除するため、欺瞞を弄しながら陸軍内外の様々な勢力と協力関係を形成し、皇道派を周囲から追いつめた。昭和期の陸軍派閥対立とは概ね、権力の集中を図る統制派の行動が皇道派の反発を引き起こしていくという現象であった。

永田を高く評価する森にとって、永田に関する本書の個々の事実解釈は、受け入れがたいであろう。本書の理解する永田とは、国家総動員に対する関心から統制経済と華北資源に魅せられ、それに否定的な皇道派を、青年将校の暴発に警戒する政官界の偏見や不安を利用して失脚させると共に、他方で自らは直接関与することなく、出先に華北分離工作を暴発させてそれを事後的に追認し、しかも政官界に対して穏健派を擬装した、虚言や虚勢を多用する機会主義的かつ権力志向の強い主観的合理主義者であった。この評価は、皇道派の立場に近い見方であろうが、相手や状況次第で言動を頻繁に変え、発言と行動の乖離が激しかった永田の軌跡は、客観的にはそのようなものであった。1935年から1936年にかけ、華北分離工作と二・二六事件という異常事態が連鎖的に続発したのは、このような永田とそれに追従ないし迎合した永田周辺の無統制な行動、そして彼らに籠絡されてその陸軍内権力の掌握に協力した政官界の失策が積み重なった結果であった。この解釈以上に、両事件の原因を一体化して実証的に説明し得る解釈は、現時点において存在しないであろう。上記解釈は、異常な事態を招いた異常な歴史経過を体系的に理解しようとした結果であり、そうであればこそ、本書はそうした異常な経過との対比で、当時の一般的な中国政策をも解明しようとしている。永田の再々評価には、表面的な史料解釈を越える、全体的歴史経過に対する体系的再解釈が不可欠であろう。

(67) 大蔵「外交国策樹立ニ関スル進言」（国立国会図書館憲政資料室所蔵）。本史料は、井上『危機のなかの協調外交』90～91頁で詳しく紹介されている。ただし、井上は、ソ連との不可侵条約締結などに注目して、その穏健性を強調するが、他方でこの文書が、中国に満州国の正式承認を求め、日満支経済ブロックの形成を掲げている点を問題にしていない。井上は、日満支経済ブロック構想を日中提携論と評価するなど、華北と満州の自由経済交流の回復を目指す構想と、華北を日満広域統制経済圏に編入しようとする構想とを混同した議論を展開している。

こうした粗雑な井上の議論に対し、小林『政党内閣の崩壊と満州事変』v頁および268頁注(16)は、「満州事変→日満経済ブロック＝アウタルキーの形成→門戸開放・機会均等原則との対立→日中戦争から太平洋戦争へという枠組み」に対する「貴重な例外」として評価する。しかし、井上の議論は、自由主義経済と統制経済の区別すらできていない暴論であって、これを小林道彦が評価するのは、永田鉄山に対する小林の予断と、経済思想や当時の日本の経済実態に対する無理解、無関心のためである。満州事変勃発後、満州国の成立、円通貨の膨張と円相場の暴落、そして満州への円投資の拡大によって、日本と満州は広域経済圏を形成した。ただし、そうした日満広域経済圏は、以下の本文で述べるように、圏外、特に欧米勢力圏との自由貿易に依存し、国際自由貿易を否定していなかった。そこで満州事変後の関東軍、特に対中交渉の担当者と皇道派の陸軍中央は、欧米諸国との貿易関係を尊重し、関係を安定化させながら、同様に日満広域経済圏と華北との自由主義的な経済交流を回復することで、日本と中国の政治的緊張を緩和しようとした。問題は、そうした自由主義経済思想とは別に、日満広域経済圏に統制経済を導入し、さらに華北をもそれに編入することで、イギリスに対抗できる広域統制経済圏を実現しようとする構想が登場したことにあった。「満州事変→日満経済ブロック＝アウタルキーの形成→門戸開放・機会均等原則との対立」までの流れは、満州事変後の必然的経過どころか、主流

ですらなかったが、陸軍統制派、特に永田の周辺には確実に存在した展望であった。
(68) 満鉄経済調査会『満洲工業開発方策の総括』17 ~ 26 頁。原「一九三〇年代の満州経済統制政策」51 ~ 54 頁。
(69) 閣議決定「日満経済統制方策要綱」『現代史資料』第 7 巻、593 ~ 597 頁。
(70) 陸軍省軍務課「満州国関係重要事項記録」、防衛庁防衛研究所戦史部蔵「片倉史料」17 ~ 19。
(71)「北支経済工作調査機関設置計画」(1933 年 11 月)、南満洲鉄道株式会社調査部『支那経済開発方策並調査資料』315 ~ 321 頁。
(72) 中村『戦時日本の華北経済支配』15 頁。小林「華北占領政策の展開過程」。
(73) 広田外相→在英松平大使他「五相会議決定ノ外交方針ニ関スル件」(昭和 8 年 10 月 25 日)『日本外交年表並主要文書』下巻、275 ~ 276 頁。北岡『政党から軍部へ』184 頁。
(74) 高久肇「北支那経済工作調査機関設置計画に就て」(昭和 8 年 12 月) 326 ~ 330 頁。
(75) 以下の記述は、長『昭和恐慌』第 11 章、伊藤『日本の対外金融と金融政策』第 4 章、山本『日本植民地経済史研究』第 3 章による。
(76) 伊藤『日本の対外金融と金融政策』276 頁。
(77) 山本『「満洲国」経済史研究』167 頁。
(78) 小林「華北占領政策の展開過程」。中村『戦時日本の華北経済支配』第 1 章。山本『日本植民地経済史研究』150 頁。同『「満洲国」経済史研究』12 ~ 15 頁。江口『十五年戦争小史』99 ~ 102 頁、同『日本帝国主義史研究』70 ~ 72 頁。江口圭一は、経済要因の他、対ソ戦略や満州国の治安問題などの理由から、華北分離工作が満州事変後の必然的現象であったことを強調する。しかし、江口は、華北への謀略を不要ないし有害と考える見解が陸軍内に存在したことを認識していない。江口の議論は、板垣征四郎や片倉衷の行動を、当時の日本における最も合理的な行動として評価するものであろう。江口の記述は、個々の事実をその相互関係や全体的流れの中で捉え、それぞれの意味を理解していくものでなく、江口の予断に適合する事実の流れのみを全体像として叙述し、それに印象批評や図式を添えることを分析と誤認したものである。そのような江口の議論を批判するため、井上寿一のような、他の歴史的可能性を検討すると称して杜撰な史料操作をする研究まで登場しており、歴史的必然性を強調するだけの研究は、非生産的である。
(79)「粛軍に関する意見書」『現代史資料』第 4 巻、634 頁。
(80) 池田『日本の曲がり角』13 ~ 16 頁。
(81) 大蔵『二・二六事件への挽歌』6 ~ 11, 127 ~ 129 頁。
(82)『真崎甚三郎日記』1、昭和 9 年 1 月 4 日の条、114 頁。
(83) 片倉『片倉参謀の証言』28 ~ 33 頁。
(84) 同上、34 ~ 35, 159 ~ 204 頁 (特に 171 ~ 172, 176 ~ 177 頁)。秦『軍ファシズム運動史』312 ~ 321 頁。
(85) 池田純久「陸軍当面ノ非常時政策」秦『軍ファシズム運動史』354 ~ 359 頁、林編『二・二六事件秘録』別巻、66 ~ 370 頁に収録。『真崎甚三郎日記』2、昭和 10 年 7 月 13 日の条および「解題」、12, 157 頁。
(86) 大江志乃夫は「政治的非常時勃発ニ処スル対策要綱」について、「三月事件、十月事件の失敗にかんがみ、軍みずから非合法手段によって政権を奪取することはせず、むしろクーデターにたいするカウンター = クーデターのかたちで政権をにぎる方針のもとに、軍事政権のとるべき政策の大綱を列挙したもの」と述べている。現実に弾圧の渦中にあった青年将校が該文書に接した時に受けた印象としてならともかく、大江は、片倉や永田の青年将校弾圧による政官界との関係強化構想を取り違えている。該文書を三月事件や十月事件の修正版として捉える記述も誤りである。大江『天皇の軍隊』246 ~ 247 頁。
(87)『真崎甚三郎日記』1、昭和 9 年 1 月 19 日の条、125 頁。

第十八章　帝国領域としての満州国

(1)『満洲国史』〈総論〉〈各論〉。
(2)『満洲国史』〈総論〉118 ~ 126 頁。
(3) 同上、214 ~ 217 頁。同〈各論〉2 ~ 25 頁。
(4) 古屋「『満洲国』の創出」68 頁。古屋や岡部『満州国』47 ~ 48 頁は、満州国の統治機構を「総務庁中心主義」という概念で説明しているが、これは『満洲国史』など、当時からの一般的理解を踏襲したものである。とはいえ、総務庁中心主義という表現は、総務庁が中核的な機能を担ったという事実を指摘するのみの主観的表現で、

満州国統治機構の全体的性格や統治実態を客観的に分析、説明しているわけではない。「満州」など、当時の固有名詞表記の使用に慎重でありながら、学術的概念の使用に配慮を欠くのは、倒錯であろう。

(5) 同上、243 ~ 251 頁。

(6) 古屋「『満洲国』の創出」69 頁。星野『見果てぬ夢』31 頁。

(7)『満洲国史』〈総論〉410 頁。

(8) 同上、257 ~ 269 頁。同〈各論〉76 ~ 87 頁。

(9) 山室「『満洲国』統治の制度と政策」。

(10)『満洲国史』〈総論〉270 ~ 313 頁。

(11) 同上、459 ~ 470 頁。

(12) 同上、303 頁。

(13) 同上、309 頁。星野『見果てぬ夢』60 ~ 79 頁。

(14) 浜口「満鉄改組問題をめぐる政治的攻防」436 頁。

(15)『満洲国史』〈総論〉371 ~ 373, 343 ~ 346 頁。

(16) 浜口「満鉄改組問題をめぐる政治的攻防」441 ~ 443 頁。なお、浜口裕子は、満鉄改組や対満事務局の設置を軍による影響力拡大という定型化された理解の枠組みでしか捉えていない。これでは、外務省と拓務省以外の省庁を対満政策決定の過程に参入させた意味を説明できない。

(17)『満洲国史』〈総論〉478 ~ 505 頁。

(18) 閣議決定「満州国ニ於ケル帝国ノ治外法権ノ撤廃及南満州鉄道付属地行政権ノ調整乃至移譲ニ関スル件」(昭和 10 年 8 月 9 日)『日本外交文書』昭和期Ⅱ第 1 部第 4 巻下、710 文書、839 ~ 840 頁。

(19) 副島「『満州国統治』と治外法権撤廃」は、満州国における治外法権撤廃問題に関する希少な論考であり、治外法権撤廃に至るまでの一次史料の紹介や、撤廃に備えて満州国に雇用された日本人警官や司法官などの統計を紹介している点で、有意義である。しかし、副島昭一の研究は、治外法権に関する原理的な現象と付随的な現象を区別できていない。治外法権とは基本的に、裁判における外国人被告の権利を保護するための制度であるのに対し、1936 年 6 月の日満条約は、満州国における日本人の居住、土地取得の権利に関するもので、両者は異なる。ところが、福島はそのことを認識せず、さらに治外法権撤廃問題を、満州国に対する日本の支配強化として性格付けようとする。しかし、治外法権の撤廃と一体化した近代法制の施行やそれに伴う過渡的制限措置を、政治的支配の強化という視点のみから評価するのは、近代法制の意義自体を否定する偏狭な議論である。しかも副島は、1936 年の日満条約によって満州における日本人の権利が格段に拡大された事実を、自らの視点に囚われて逆に看過している。これは、副島が治外法権撤廃問題を専ら日本による満州支配の強化という観点から説明しようとしたことの、逆説的な結果である。副島の議論が的はずれなのは、こうした副島の予断と演繹的な研究姿勢に由来する。

(20)『満洲国史』〈総論〉498 頁。

(21) 同上、491 ~ 494 頁。副島「『満州国統治』と治外法権撤廃」150 ~ 152 頁。副島は、渉外事件裁判を「事実上の治外法権の継続」と評価するが、これは、日本人被告の裁判において適用される法律が日本法から満州国法に移行していることに言及しておらず、誤解を招く記述である。満州国による日本人裁判官の雇用が治外法権の拡大であるというのは、日本の条約改正史においても、井上馨の交渉案が政府内外の反対によって挫折しており、感情的に理解できなくはない。しかし、それを分析結果として、治外法権の事実上の継続と評価するのは、不適当である。岡部『満州国』95 ~ 96 頁も、治外法権撤廃によって日本に対する満州国の政治的、経済的従属が強まったと記述している。一般日本人対する満州国の開放および日本人被告保護のための過渡的司法制度の施行と、満州国に対する日本政府の政治的影響力の拡大とを混同した記述で、治外法権に対する無理解によるものであろう。

(22) 佐久間『記録 満州国の消滅と在留邦人』第 3 章。岡部『満州国』223 頁。蘭『「満州移民」の歴史社会学』92 頁。

(23) 最近のものとして、蘭編『日本帝国をめぐる人口移動の国際社会学』第 2 部。

(24) 浅田「満州農業移民政策の立案過程」。

(25) 須山『小畑敏四郎』257 頁。

(26) 浅田「満州農業移民政策の立案過程」31 ~ 32 頁。

(27) 1930 年代の日本の満州移民については、それを侵略の尖兵であると同時に、国策の被害者であるとする評価が約束事のように繰り返されている。しかし、そうした理解は、満州移民の背景、環境、動因、経過など、その複雑かつ多様な歴史的側面の一部たりとも説明していない。そこには、国家が国民を全て管理、統制していたという、現実にあり得ない全体主義的かつ教条的な思い込みがあるのであろう。

(28) 永田の移民に対する積極姿勢に関しては、昭和 10 年 7 月 8 日に拓務大臣官邸で行われた「海外

拓殖委員会諮問第二号特別委員会議事録」という史料が存在する。岡部編『満州移民関係資料集成』第1巻、209～262頁。

(29)『満洲国史』〈総論〉331～332頁。岡部『満州国』92～95頁。

(30) 分村移民については、その先駆事例となった長野県大日向村に関する資料集、山田編『満州移民』や、高橋「日本ファシズムと満州分村移民の展開」、長野県編『長野県史』通史編第9巻〈近代〉3、403～420頁が詳しい。

(31) 蘭『「満州移民」の歴史社会学』第3章。

(32)「海外拓殖委員会関係資料・北満ニ於ケル満人中流農家ノ営農例」岡部編『満州移民関係資料集成』第1巻、188頁。

(33)『満洲国史』〈総論〉427～428頁。

(34) 小林「満州農業移民の営農実態」462頁。

(35) 中村『麻山事件』86頁。本書は、満蒙開拓団を「日本帝国主義侵略の手先」といった図式的割り切りのみで解明されるものでないことを念頭に、満州における農業の具体的実情や、戦後、加藤完治が吐いた暴言の数々なども含め、哈達河開拓団で発生した集団自決事件に至る当時の状況を客観的に叙述した労作である。

(36) 満州移民に関し、小林「満州農業移民の営農実態」が、情報、分析の水準において最高のもので、それだけに、その後に引き継がれる予断や定型的視点の原型ともなっている。たとえば、日本の移民が土地を収奪し、しかも地主化したために現地の人々の反感を招いた、といった指摘などである。小林英夫は、1934年に発生した土龍山事件などを取り上げ、抗日運動の主体が、旧吉林軍や農民自衛組織など、旧来の満州における支配層であったことや、反乱の理由に銃器回収や種痘に対する反対などがあったことを指摘しながら、それを「日本帝国主義の満州支配」に対する抵抗であったとしている。満州の支配階層が日本の支配に抵抗することは、日本の満州支配に対する抵抗ではあったが、それが日本帝国主義に対する抵抗という、理念的ないし階級闘争的な行動であったかどうかは疑問である。というのも、土龍山事件を引き起こした謝文東は、後に満州国に帰順しているからである。また、460頁において、日本人の下で小作人となった農民はそれ以前の自小作農、小作農が大多数であったとしながら、彼らは土地を奪われて小作農に転落し、不満を持ったとする、前後一貫しない記述も行っている。しかも、小林自身が、日本人の土地経営の下で中国人や満州人の小作料が引き下げられたことを指摘しているのである。ところが、小林は小作料の低さを、日本人の経営が行き詰った理由としてしか取り上げていない。小林の議論は、情報の豊富さと対照的に、予断や偏見、体系的理解の欠如などを感じさせる。同様に、最近の満州移民を扱った論文、たとえば今井「満州農業移民における地主化とその論理」も、試験移民や分村移民が経営上の必要から地主化しながら、雇用労働者への依存を強めることで、かえって労賃の支払いが増加し、経営が圧迫されるという悪循環に陥っていたことを指摘している。今井良一の議論は、既に小林によって指摘されているものであるが、今井はそこから、満州移民を「中身のないもの」と結論付ける。しかし、初期の、それも戦時下における移民経営の困難さを理由としてそのような結論を導くのは短絡的であって、そのような単純な議論を歴史研究とするなら、明治期の日本における、特に初期の北海道移民なども、そのほとんどを「中身のないもの」として結論付けることが可能であろう。しかも今井は、地主化という表現を、日本人移民による農作業の完全放棄という意味で用いているようであるが、これは誤用である。さらに今井の議論には、農業労働者の雇用と小作地経営とを混同している嫌いがある。

第十九章　イギリス自由主義とアメリカ自由主義の相克

(1) Self, *Neville Chamberlain*, pp. 2-15, 28-29.

(2) Ibid., pp. 176-182.

(3) McJimsey, *The Presidency of Franklin Delano Roosevelt*, pp. 26-27.

(4) Ibid., pp. 121-130.

(5) Ibid., pp. 17-25.

(6) Ibid., pp. 23-24, 37, 55-57, 86-87.

(7) Ibid., pp. 58-61.

(8) Ibid., p. 41.

(9) Ibid., pp. 43-48.

(10) Ibid., pp. 66-77.

(11) Ibid., pp. 81-83.

(12) Dallek, *Franklin D. Roosevelt and American Foreign Policy*, pp. 35-37.

(13) Ibid., pp. 49-50.

(14) Self, *Neville Chamberlain*, pp. 183-185.

(15) Dallek, *Franklin D. Roosevelt and American Foreign Policy*, pp. 32-48. Butler, *Cautious visionary*, pp. 29-44.

(16) Dallek, *Franklin D. Roosevelt and American Foreign Policy*, pp. 49-54. Butler, *Cautious visionary*, pp. 49-80.

(17) Butler, *Cautious visionary*, pp. 3-12.

(18) Ibid., pp. 16-19.

(19) Dallek, *Franklin D. Roosevelt and American Foreign Policy*, pp. 56-57. Butler, *Cautious visionary*, pp. 47-80.

(20) Dallek, *Franklin D. Roosevelt and American Foreign Policy*, pp. 72-73.

(21) Self, *Neville Chamberlain*, pp. 189-190. Dallek, *Franklin D. Roosevelt and American Foreign Policy*, p. 74.

(22) Self, *Neville Chamberlain*, pp. 193-196. Newton, *Profits of Peace*, pp. 4, 39-40.

(23) Newton, *Profits of Peace*, pp. 40-44.

(24) Self, *Neville Chamberlain*, p. 202-219. Newton, *Profits of Peace*, pp. 45-48.

(25) Self, *Neville Chamberlain*, p. 221-224. セルフによれば、チェンバレンのこうした対策を「個別実際的政策」（ad hoc pragmatic policy）として評価すべきとする見解も存在する。

(26) Newton, *Profits of Peace*, pp. 5-6, 56-59.

(27) Parker, *Chamberlain and appeasement*, pp. 16-22.

(28) Newton, *Profits of Peace*, pp. 58-60. Self, *Neville Chamberlain*, p. 251.

(29) Endicott, *Diplomacy and enterprise*, p. 52. Bell, *Chamberlain, Germany and Japan*, pp. 1-24.

(30) Endicott, *Diplomacy and enterprise*, pp. 52-63. Bell, *Chamberlain, Germany and Japan*, pp. 24-61.

(31) Endicott, *Diplomacy and enterprise*, pp. 64-72. Trotter, *Britain and East Asia*, pp. 39-60. Bell, *Chamberlain, Germany and Japan*, pp. 64-103.

(32) Bell, *Chamberlain, Germany and Japan*, pp. 116-144.

(33) Dallek, *Franklin D. Roosevelt and American Foreign Policy*, pp. 27-30, 42, 68-70.

(34) Ibid., pp. 47, 71-72.

(35) Ibid., pp. 60-66.

(36) Ibid., pp. 82-83. Butler, *Cautious visionary*, pp. 88-92.

(37) Dallek, *Franklin D. Roosevelt and American Foreign Policy*, p. 86.

(38) Memorandum by Hull (May 16 & 19, 1934), *FRUS*, 1934, vol. 3, pp. 650-661. Borg, *The United States and the Far Eastern crisis*, pp. 96-98.

(39) Dallek, *Franklin D. Roosevelt and American Foreign Policy*, pp. 84-85. Butler, *Cautious visionary*, pp. 93-112.

(40) Dallek, *Franklin D. Roosevelt and American Foreign Policy*, pp. 122-123. Butler, *Cautious visionary*, pp. 114-122.

(41) Dallek, *Franklin D. Roosevelt and American Foreign Policy*, pp. 91-92, 124.

(42) 外務省監修『通商条約と通商政策の変遷』1120 ~ 1124 頁。

(43) Butler, *Cautious visionary*, pp. 122-128.

(44) Ibid., pp. 129-155, 180.

(45) Ibid., pp. 159-162. Memorandum by Hull (Feb. 19, 1935); FRUS, 1935, vol. 3, pp. 942-945. 1930 年代のアメリカによる互恵通商協定の日本への適用構想に関連し、高光『アメリカと戦間期の東アジア』165 頁は、アメリカが日本の重要品目の関税を低減する協定を締結し、中国がそれに同意することによって、全ての協定締結国が関税低減を享受することになる、という不可解な記述をしている。互恵通商法は、アメリカがある国と協定税率を設定することで、その税率が最恵国待遇を有する国に対しても適用されることを想定していた。高光は 63 頁においても、互恵通商協定の税率が全ての互恵通商協定締結国に適用されると記しており、高光の誤解は確実である。165 頁 11 行目の「中国が同意すれば」の記述は、そうした誤解に基づくものであろう。高光の記述は、日米間の協定税率を中国が承認するという意味か、米中間で日本の重要品目に関する税率協定を行うという意味でしか理解のしようがないが、いずれも無意味、非現実的な現象で、特に後者は文脈にもそぐわない。高光は、既述の治外法権問題とも合わせ、最恵国待遇に関する知識を欠いているようである。

同書には、学位論文を加筆した学術書として不可解な記述が散見される。たとえば 26 ~ 27 頁では、日本は第一次世界大戦の惨禍を経験しなかったため、1930 年代に平和主義の影響がなかったのに対し、イギリスやアメリカでは、平和主義が宥和政策や孤立主義という形で「奇形」的に展開したとする。高光の記述は、日本や英

米の論理を歴史的に理解するのでなく、平和主義という基準から歴史的因果関係を措定し、評論しようとするものである。また、36頁では、原敬内閣が普通選挙や社会政策に消極的であったため、1930年代の軍部による民衆動員、組織化が成功したという奇抜な記述をしている。

高光の全体的議論は概ね、第一次世界大戦によって、アメリカは平和主義を世界的趨勢、高光のいう「グローバリゼーション」と捉えたのに対し、日本は「総力戦化」を「グローバリゼーション」と捉えた。日米はそうした認識に基づいてそれぞれ軍備問題に関心を集中させ、対立する一方で、1937年初めまでアメリカは中国の能力を高く評価せず、むしろ東アジアから後退することで日本との対立を回避しようとしていた。しかし、アメリカは、日中戦争前後に中国の能力を高く評価するようになり、対日強硬路線に転換するが、その一方で互恵通商協定による自由貿易の拡大を通じた戦争抑止の試みも開始していた。ただし、これは1936年末までは成果を挙げることができず、日中戦争の勃発やその拡大を防ぐことができなかった、というもの。同書の問題は、「グローバリゼーション」なる概念を日米に当てはめ、対比するため、第一次世界大戦の意義を強調しながら、1920年代を無視して1930年代を論じていることにある。上記の原内閣に関する主張は、その後、普通選挙や社会政策が導入されたことを無視しているが、同様に、アメリカ側では共和党の外交が無視されている。同書も、日本における外国史研究の問題性を例示する研究である。

(46) Dallek, *Franklin D. Roosevelt and American Foreign Policy*, p. 75. Borg, *The United States and the Far Eastern crisis*, p. 102.

(47) Dallek, *Franklin D. Roosevelt and American Foreign Policy*, p. 87. Borg, *The United States and the Far Eastern crisis*, p. 103.

(48) Dallek, *Franklin D. Roosevelt and American Foreign Policy*, p. 88.

(49) Borg, *The United States and the Far Eastern crisis*, p. 108.

(50) Dallek, *Franklin D. Roosevelt and American Foreign Policy,* pp. 89-90.

(51) Brennan, *Silver and the first New Deal*, pp. 130-131.

(52) Endicott, *Diplomacy and enterprise*, chaps. 5, 6. Trotter, *Britain and East Asia*, chaps. 8, 9. 野沢編『中国の幣制改革と国際関係』。

(53) Dallek, *Franklin D. Roosevelt and American Foreign Policy*, pp. 93-94. Brennan, *Silver and the first New Deal*, p. 148.

(54) Endicott, *Diplomacy and enterprise*, p. 107.　木畑「リース＝ロス使節団と英中関係」。

(55) Endicott, *Diplomacy and enterprise*, p. 108-110. Trotter, *Britain and East Asia*, p. 150.

(56) 小林「幣制改革をめぐる日本と中国」244～245頁。波多野「幣制改革への動きと日本の対中政策」276～277頁。

(57) 広田外相→在支有田大使他（昭和10年9月19日）『日本外交文書』昭和期Ⅱ第1部第4巻下、566文書（644～645頁）。

(58) 広田外相→在支有田大使他（昭和10年9月19日）同上、567文書（645～647頁）。

(59) 酒井『大正デモクラシー体制の崩壊』126～127頁。井上『危機のなかの協調外交』242～243頁。井上は、日本がリース＝ロスの提案に応じられなかった原因として、日本の外貨不足を強調している。井上の指摘するように、日本の外貨不足は中国への借款供与を不可能にする客観的要因となり得た。ただし、井上は、借款供与に前向きな有吉明の見解を紹介することで、外務省の主観的意図と客観的条件の乖離を強調しているが、イギリスの提案に最も原理主義的に反対していたのは、井上自身がこの時期の外務省における中心と評価している重光葵であった。

(60) 平野「中国の金融構造と幣制改革」66～69, 78～79頁、久保「幣制改革以降の中国経済」92～94頁。

(61) 湯本大蔵省国庫課長談話要領（昭和10年12月20日於外務省東亜局長室）『日本外交文書』昭和期Ⅱ第1部第5巻下、928文書付記、1217頁、『現代史資料』第8巻、120頁。

(62)「支那幣制改革協議会」（昭和10年11月4日、於外務省東亜局長室）『日本外交文書』昭和期Ⅱ第1部第4巻下、582文書付記2（670～673頁）。

(63) Borg, *The United States and the Far Eastern crisis*, chap. 4.

(64) 斎藤「アメリカ銀政策の展開と中国」154～156頁、滝田「ルーズヴェルト政権と米中銀協定」。Dallek, *Franklin D. Roosevelt and American Foreign Policy*, pp. 94-95.

(65) Parker, *Chamberlain and appeasement*, p. 75. Self, *Neville Chamberlain*, p. 352.

(66) Parker, *Chamberlain and appeasement*, pp. 24-30, 75.

(67) Craigie minute (29 Mar. 1935), cited in: McKercher, *Transition of power*, p. 211.

(68) Parker, *Chamberlain and appeasement*, pp. 30-31.
(69) Ibid., pp. 45-46.
(70) Ibid., pp. 48-56.
(71) Dallek, *Franklin D. Roosevelt and American Foreign Policy*, chap. 5.
(72) Parker, *Chamberlain and appeasement*, pp. 57-68.
(73) Ibid., pp. 70-72. Newton, *Profits of Peace*, pp. 75-77.
(74) Parker, *Chamberlain and appeasement*, pp. 80-84.
(75) Dallek, *Franklin D. Roosevelt and American Foreign Policy*, pp. 126-143.

第二十章　陸軍派閥対立と華北分離工作

(1)『真崎甚三郎日記』1、昭和 9 年 1 月 22 日 , 2 月 15 日の条、128, 142 頁。なお、真崎の陸相就任問題をめぐっては、伊藤隆による同日記の解題、21 ~ 22, 30 頁を参照。
(2) 高宮『軍国太平記』174 頁。北岡『政党から軍部へ』218 頁も、真崎が永田の軍務局長起用に反対していたと記している。伊藤隆らと共に、真崎日記を初めて利用した研究者の記述としては無責任であろう。また、北岡は、真崎が昭和 10 年 7 月の教育総監更迭に関し、日記中で林陸相を「土蜘蛛」と記していることに、「背筋の寒くなる思いがした」という。「土蜘蛛」という言葉が日本書紀などに由来し、しかもその隠語が真崎でなく、柳川平助の命名であったことを認識していないのはともかく、北岡の記述は、林の背信行為に対する真崎の憤慨を理解しない、皇道派に対する偏見の強さを示すものであろう。
(3) 山浦編『森恪』789 頁。須山『小畑敏四郎』98, 261 頁。
(4)『真崎甚三郎日記』1、昭和 9 年 1 月 31 日の条、133 頁。
(5) 同上、伊藤隆解題および昭和 9 年 4 月 10 日 , 11 月 16 日の条、27, 174, 346 ~ 347 頁。
(6) 同上、昭和 9 年 3 月 27 日 , 4 月 4 日の条、166, 169 ~ 170 頁。
(7) 矢崎堪十宛永田鉄山書簡(昭和 8 年 9 月 10 日付)『秘録永田鉄山』403 頁。
(8) 御厨『政策の総合と権力』18 ~ 26 頁。
(9) 高宮『軍国太平記』154, 172 頁。
(10) 影山、荒木(対談)「二・二六事件の回想」342 頁。
(11) 宇垣宛南書簡(昭和 9 年 4 月 13 日)『宇垣一成関係文書』425 ~ 426 頁。
(12)『真崎甚三郎日記』1「解題」30 頁。
(13) 同上、昭和 9 年 4 月 11 日の条、175 頁。
(14) 高宮『軍国太平記』178 ~ 181 頁。
(15)『真崎甚三郎日記』1、昭和 9 年 5 月 5, 7 日の条、192, 194 頁。
(16) 同上、昭和 9 年 7 月 9 日の条、246 頁。
(17)『木戸幸一日記』上巻、昭和 9 年 7 月 5 日の条、343 ~ 345 頁。
(18) 升味『日本政党史論』第 6 巻、216 ~ 231 頁。
(19) 磯谷「支那の対日政策私観」。
(20) 根本「最近の日支関係」。
(21) 島田「華北工作と国交調整」58 頁。
(22) 広田外相宛菱刈隆駐満大使電(昭和 9 年 2 月 15 日)『日本外交文書』昭和期Ⅱ第 1 部第 3 巻、229 文書(285 頁)。
(23) 島田「華北工作と国交調整」57 ~ 58 頁。
(24) 古屋「日中戦争にいたる対中国政策の展開とその構造」89 ~ 95 頁、芳井「華北分離工作の背景」。
(25) 柴山兼四郎「北支那状勢判断」広田外相宛在北平中山書記官電(昭和 9 年 3 月 29 日)『日本外交文書』昭和期Ⅱ第 1 部第 3 巻、194 文書(247 ~ 250 頁)。
(26)「支那問題ニ関スル軍部トノ協議ノ件」(昭和 9 年 12 月 27 日亜一調書)同上、28 文書付記(49 ~ 58 頁)。
(27) 守島編『昭和の動乱と守島伍郎の生涯』70 頁。
(28)『真崎甚三郎日記』1、昭和 9 年 4 月 1 日 , 昭和 10 年 1 月 9 日の条、168, 396 頁。
(29) 三池「藍衣運動より新生活運動へ」。
(30) 広田外相宛菱刈駐満大使電(昭和 9 年 6 月 15 日)『日本外交文書』昭和期Ⅱ第 1 部第 3 巻、242, 243 文書(302 ~ 304 頁)。
(31) 島田「華北工作と国交調整」61 ~ 64 頁。
(32)「岡村寧次日記」昭和 9 年 10 月 16 日 , 11 月 30 日 , 昭和 10 年 1 月 18 日の条、舩木『岡村寧次大将』283, 286 頁。
(33) 目黒茂臣陸軍憲兵大佐の証言、『秘録永田鉄山』173 頁。
(34) 司法省刑事局「右翼思想犯罪の綜合的研究(血盟団事件より二・二六事件まで)」および「資料解説」『現代史資料』第 4 巻、xxii, 145 ~ 147 頁。
(35) 大蔵『二・二六事件への挽歌』180 ~ 181 頁。
(36) 板垣征四郎「満州国ノ対支施策統制ニ関スル意見」(昭和 9 年 8 月 27 日)防衛省防衛研究所図

書館蔵「陸満密綴」第17号、所収。芳井「華北分離工作の背景」。

(37) 北岡「陸軍派閥対立（一九三一～三五）の再検討」68～69頁。永田は、昭和7年中は宇垣に警戒していた。「南次郎日記」昭和7年10月17日の条、酒井『大正デモクラシー体制の崩壊』94頁。ただし、原田『西園寺公と政局』第3巻327頁によれば、永田は原田熊雄に陸軍内の宇垣への反発を紹介した上で、「大したことはありません」と述べている。穏健派を装いながら、軍内の意見に仮託して宇垣への反発を述べたものであろうか。川田『浜口雄幸と永田鉄山』229頁は、永田の反宇垣を一貫していたとするが、その後、永田は南に接近する中で、重臣における宇垣への期待を利用するようになったのであろう。

(38)「南次郎日記」昭和10年欄外、酒井『大正デモクラシー体制の崩壊』82頁。

(39) 片倉『片倉参謀の証言』42～46頁。

(40) 森『日本陸軍と日中戦争への道』130頁。

(41) 石本憲治宛酒井隆書簡（昭和9年10月23日）南満洲鉄道株式会社調査部『支那経済開発方策並調査資料』〈支那立案調査書類・第2編第1巻其2〉384～399頁。

(42) 中村『戦時日本の華北経済支配』16～18頁。

(43) 広田外相宛有吉公使電（昭和9年11月27日）『日本外交文書』昭和期Ⅱ第1部第3巻、26文書、43～44頁。

(44) 広田外相宛若杉書記官電（昭和9年12月12日）同上、28文書、48～49頁。

(45) 戸部「陸軍『支那通』と中国国民党」48～53頁。同『日本陸軍と中国』179～181頁。

(46) 関東軍参謀部「昭和十年一月大連会議ニ於ケル関東軍説明事項」（昭和10年1月3日）、国立公文書館所蔵『満受大日記（密）』〈昭和十年十一冊ノ内其一〉所収。

(47)「南次郎日記」昭和10年1月3日の条、酒井『大正デモクラシー体制の崩壊』116頁より。

(48) 島田「華北工作と国交調整」58～59頁。

(49) 同上、98～100頁。

(50) 在南京須磨総領事→広田外相（昭和10年1月23日）、「一月二十一日須磨汪兆銘会談」『日本外交文書』昭和期Ⅱ第1部第4巻上、3文書（6～8頁）。

(51)「広田大臣王寵恵会談要領」、外務省外交資料館所蔵「帝国ノ対支外交政策関係一件」第4巻所収。

(52) 島田「華北工作と国交調整」85～91頁。

(53)「関東軍対支政策」（昭和10年3月30日）、秦『日中戦争史』327頁。古屋「日中戦争にいたる対中国政策の展開とその構造」96～97頁。

(54) 中村『戦時日本の華北経済支配』17頁。

(55) 盤井文雄少佐「対『満州国外、内蒙古』策意見具申」（昭和10年2月）『現代史資料』第8巻、486～488頁。

(56) 矢崎勘十宛永田鉄山書簡（昭和10年3月4日）『秘録永田鉄山』404頁。

(57)『鉄山永田中将』264頁。

(58)『西園寺公と政局』第4巻、75頁。

(59) 竹山『竹山護夫著作集』第4巻、199～203頁（初出は1974～1979年）。酒井『大正デモクラシー体制の崩壊』78～79頁。

(60)『真崎甚三郎日記』2、昭和10年4月6日の条および「解説」、4, 64頁。

(61) 酒井『大正デモクラシー体制の崩壊』112～132頁。

(62) 杉山参謀次長宛酒井電（昭和10年5月25日）『現代史資料』第8巻、77～78頁。

(63) 松崎「再考『梅津・何応欽協定』」。

(64) 清水「秘密結社『青幇』工作に踊る」。島田「華北工作と国交調整」103～104頁。秦『日中戦争史』15～18頁。

(65) 中村『戦時日本の華北経済支配』25頁。小林「華北占領政策の展開過程」195頁。

(66)『木戸幸一日記』上巻、昭和10年5月30日の条、408頁。

(67)『牧野伸顕日記』昭和10年5月31日の条、631頁。

(68) 松崎「再考『梅津・何応欽協定』」。

(69) 林宛南書簡（昭和10年5月6日付）防衛庁防衛研究所戦史室所蔵「林銑十郎大将史料」所収。

(70) 宇垣宛南書簡（昭和10年5月6日）『宇垣一成関係文書』431～432頁。

(71) 宇垣宛南書簡（昭和10年6月1日）同上、432～433頁。

(72) 酒井『大正デモクラシー体制の崩壊』119頁。

(73) 広田外相宛南駐満大使電（昭和10年6月4日）『日本外交文書』昭和期Ⅱ第1部第4巻上、292文書（337～338頁）。

(74) 秦『盧溝橋事件の研究』12頁。

(75)「北支交渉問題処理要綱」、『現代史資料』第8巻、65～67頁。最終合意は、『日本外交文書』昭和期Ⅱ第1部第4巻上、296文書付記（342頁）にも収録。

(76) 島田「華北工作と国交調整」107～109頁。

(77) 井上『危機のなかの強調外交』181～194頁は、『秘録永田鉄山』95～97頁に収録された片倉衷の回想に基づき、永田は中国本土に対する当面の軍事的勢力拡大を抑制する方針であったと推定し

ている。しかし、片倉は、永田を擁護するため、梅津 - 何応欽協定および土肥原 - 秦徳純協定を中国との戦争を回避する措置として正当化しており、永田や片倉が華北経済資源の獲得を目指していたことや、昭和10年後半の華北自治工作に対する片倉の評価について、言及していない。井上の議論は、永田の生存中、陸軍出先が独断行動を行った後も、その統制は回復されたのに対し、永田の死後、出先の統制が失われてしまったというもので、これは史料的根拠を欠く上、後述のような事実経過にも反している。

(78) 島田「華北工作と国交調整」109～110頁。

(79) 軍令部「藤原部員参謀本部ニテ聴取セル事項其ノ二」(昭和10年6月14日)、『現代史資料』第8巻、94頁。

(80) 島田「華北工作と国交調整」112～120頁。宋哲元を河北省に移駐させたねらいについて島田俊彦は、宋哲元が1933年の関内作戦時に反蔣介石工作の対象とされていたことなどを推測の根拠として挙げている。しかし、宋哲元に対する工作は失敗した。関東軍が宋をチャハル省から排除しようとしたのはおそらくそのためで、とすれば、参謀本部が謀略当事者の意向に反して宋を河北省に移駐させ、反蔣工作の対象とするよう図ったとするのは、不合理であろう。むしろ関東軍は、過去の経緯から宋哲元の完全排除を目指したが、事態の急変を望まない参謀本部側が、妥協案として宋哲元の河北省移駐を提案した、と判断すべきであろう。

(81) 軍令部「藤原部員参謀本部ニテ聴取セル事項其ノ二」(昭和10年6月14日)。

(82) 島田「華北工作と国交調整」144～146頁。秦『盧溝橋事件の研究』19頁。『白堅武日記』第2冊、1935年6月9～15, 28日の条、1235～1237頁。

(83) 中村「戦時日本の華北経済支配」28～29頁。小林「華北占領政策の展開過程」。

(84) 関東軍参謀部「対内蒙施策要領」(昭和10年7月25日)、『現代史資料』第8巻、492～500頁。

(85) 外務省東亜局第一課試案「満州国承認方国民政府ニ要望ノ件」(一〇、六、一八)『日本外交文書』昭和期Ⅱ第1部第4巻上、26文書付記1 (40～42頁)。

(86)「対支政策討議会討議要録」(十、六、二九) 同上、26文書付記3、45～48頁。

(87)「対支政策決定の経緯」(外務省東亜局一課調書)、『現代史資料』第8巻、102～108頁。

(88)『真崎甚三郎日記』2、昭和10年7月8日の条、148～149頁。

(89)『木戸幸一日記』上巻、昭和10年1月11日の条、380～381頁。

(90) 原田『西園寺公と政局』第4巻、294頁。酒井『大正デモクラシー体制の崩壊』121～124頁。

(91) 井上『危機のなかの協調外交』190頁、森『日本陸軍と日中戦争』137～138頁。

(92) 原田『西園寺公と政局』第4巻、293頁。

(93) 宇垣宛南書簡（昭和10年8月14日)『宇垣一成関係文書』433頁。

(94) 守島編『昭和の動乱と守島伍郎の生涯』51～52, 67, 84頁。井上寿一は、永田が華北分離工作に反対していたとする根拠として、守島伍郎の回想、推測も挙げている（井上『危機のなかの協調外交』203頁)。しかし、これは、永田が守島に対しても、表面的態度と本心とを使い分けていたことを示す資料である。

(95) 磯谷宛永田書簡(昭和10年8月11日)、小林『「支那通」一軍人の光と影』102～104頁。

(96) 同上、104～105頁。

(97)「対支政策決定の経緯」。

(98) 島田「華北工作と国交調整」120～127頁。

(99) 国立公文書館所蔵「満受大日記（密)」〈昭和十年十一冊ノ内其九〉所収。

(100) 井上『危機のなかの協調外交』195頁。

(101)「北支及内蒙に対する中央部の指導」(軍務局長→関東軍、昭和10年8月28日)、『現代史資料』第8巻、501頁。

(102) 支那駐屯軍司令部「対支基礎的観念」(昭和10年9月)、南満洲鉄道株式会社調査部『支那経済開発方策並調査資料』〈支那立案調査書類・第2編第1巻其2〉52～67頁。

(103) 高橋解説「多田駿手記」。

(104) 在南京須磨総領事→広田外相（昭和10年10月8日)『日本外交文書』昭和期Ⅱ第1部第4巻上、263文書（306頁)。

(105) 安井『盧溝橋事件』52頁。

(106) 広田外相宛若杉参事官電（昭和10年10月12日)『日本外交文書』昭和期Ⅱ第1部第4巻上、45文書（73～74頁)。

(107) 安井『盧溝橋事件』52頁。

(108)「岡村寧次日記」昭和10年10月13日の条、舩木『岡村寧次大将』303頁。

(109)「岡村少将来談要領」(昭和10年10月18日)『日本外交文書』昭和期Ⅱ第1部第4巻上、45文書付記（74～76頁)。

(110) 守島編『昭和の動乱と守島伍郎の生涯』85頁。

(111)「岡村寧次日記」昭和10年10月22日の条、舩木『岡村寧次大将』304頁。
(112) 島田「華北工作と国交調整」146～147頁。
(113) 専田「親日華北政権樹立の夢崩る！」139～141頁。
(114) 松井『内蒙三国志』29頁。
(115) 島田「華北工作と国交調整」148, 188～189頁。安井『盧溝橋事件』53頁。
(116)「枢密院に於ける質問に対する陸軍大臣の答申案」『日本外交年表並主要文書』下巻、314頁。
(117)「関東軍の国境集中に関する参謀本部への報告」、秦『日中戦争史』338頁。
(118) 島田「華北工作と国交調整」148～150頁。
(119) 関東軍参謀長宛参謀次長電（昭和10年11月13日）、外務省外交資料館所蔵「満州事変・華北問題」第7巻所収。島田「華北工作と国交調整」151頁。
(120) 関東軍参謀長他宛参謀次官電「北支自治運動ニ関スル件」、「満州事変・華北問題」第7巻所収。島田「華北工作と国交調整」152～153頁。
(121) 島田「華北工作と国交調整」158頁。
(122) 関東軍、支那駐屯軍参謀長他宛陸軍次官電（昭和10年11月25日）『現代史資料』第8巻、147～148頁。
(123) 関東軍、支那駐屯軍参謀長他宛陸軍次官電（昭和10年11月26日）『現代史資料』第8巻、148頁。
(124) 島田「華北工作と国交調整」150～151頁。芳井「華北分離工作の背景」19～21頁。なお、華北自治運動に関する井上『危機のなかの協調外交』211～215, 224～227頁の記述は、誤謬を重ねた議論となっている。井上の特異な指摘は多岐に渡るが、概ね次の通り。すなわち、①永田が殺害されるまで、関東軍や支那駐屯軍の統制は保たれていたが、永田の死後、華北分離工作の推進者は統制を失った「単なる人的派閥」に過ぎなくなり、彼らは確固たる対外方針に基づかず、「派閥力学による対抗意識の結果」として華北自治工作を展開した、②昭和10年後半期、陸軍内では皇道派が勢力を回復し、かつ、華北分離工作を積極的に抑止しなかった、③南次郎は、少なくとも昭和10年8月末頃まで華北との経済提携を中心とする漸進的関係改善を目指す立場で、軍事力の行使に抑制的であったが、陸軍中央の混乱によって立場を孤立させ、強硬派に転じた、④陸軍中央は華北分離工作に一貫して抑制的であったが、現地は独断で冀東防共自治委員会や冀察政務委員会を成立させ、表面的には、関東軍の「全面的勝利」に終わった、しかし、冀察政務委員会の性格は曖昧で、むしろ蔣介石による抗日拠点となった、というもの。しかし、これらは全て誤りである。すなわち、①統制の有無という観点から永田殺害の前後で華北分離工作を区分し、しかも華北自治工作を人的派閥による対抗意識の結果とする議論には、根拠がない。関東軍が支那駐屯軍に対抗して自治工作を独断で敢行したという意味ならば、誤りではないが、井上は248頁において、関東軍は9月24日の多田声明に基づいて土肥原を華北に派遣したと記している。明記されていないが、井上は、板垣や土肥原が主として外務省に対抗するために華北自治工作を展開した、と理解しているのかもしれない。板垣らが外務省に対抗していたことは確かであるが、基本的に華北自治工作は、蔣介石の勢力を華北から排除し、華北の経済資源を掌握すると共に、それによって陸軍内における自らの評価を上げるために開始された。しかも、その点で永田殺害の前後に違いはなく、無統制というなら、永田生前中の華北分離工作も無統制に実施されたものである。②昭和10年後半に皇道派が勢力を回復したとする根拠も不明。考えられる理由は永田の殺害と川島義之陸相の就任ぐらいであるが、川島はそれほど主導権を発揮したわけでもなく、井上の記述がどのような現象を指しているのか、具体的記述はない。井上は真崎甚三郎日記に基づき、華北自治工作に対する真崎の評価を紹介しながら議論を進めているので、おそらく真崎日記からの引用の意義を高めるために、皇道派の勢力回復という前提が必要になったのであろう。③南に関する評価は論外。南は華北を絶対的統制下に置くために板垣を参謀副長に起用した本人であって、井上の議論は酒井哲哉の研究を無視している。しかも、井上が南の穏健性を示す根拠として引用する重光葵宛の8月29日付書簡（214頁）は、南が重光に「日満支ブロック」建設の意思を強調しているものである。これはむしろ、華北分離工作を正当化しようとするものであって、これを漸進的な日中経済提携構想と評価するのは、小林英夫や中村英隆の研究を無視した議論である。④冀察政務委員会は、この時点での日本との全面対立を避けようとした蔣介石の対日妥協措置として設立されたものであって、これは華北自治工作の実質的な失敗を意味していた。これを関東軍の成果とし、しかもその実態を蔣介石による抗日拠点とするのは、矛盾であろう。
(125)「岡村寧次日記」昭和10年11月18日の条、舩

木『岡村寧次大将』306 頁。

(126) 島田「華北工作と国交調整」158 ~ 161 頁。安井『盧溝橋事件』57 ~ 58 頁。

(127) 広田外相宛須磨総領事電（昭和 10 年 12 月 1 日）『日本外交文書』昭和期Ⅱ第 1 部第 4 巻上、374 文書別電（420 ~ 421 頁）。

(128) 広田外相宛有吉大使電（昭和 10 年 12 月 2 日）同上、377 文書（422 ~ 424 頁）。

(129) 関東軍、支那駐屯軍参謀長他宛陸軍次官電（昭和 10 年 12 月 3 日）『現代史資料』第 8 巻、148 ~ 149 頁。外務省外交資料館所蔵「満州事変・華北問題」第 8 巻にも、陸軍省軍務局軍事課「北支自治運動ニ関スル件」として所収。

(130) 島田「華北工作と国交調整」162 ~ 163 頁。安井『盧溝橋事件』58 ~ 59 頁。

(131) 広田外相宛有吉大使電（昭和 10 年 12 月 6 日）、『日本外交文書』昭和期Ⅱ第 1 部第 4 巻上、389 文書（434 頁）。

(132) 平野『北京一二・九学生運動』。

(133) 関東軍、支那駐屯軍参謀長他宛陸軍次官電（昭和 10 年 12 月 9 日）『現代史資料』第 8 巻、149 頁。

(134) 松井『内蒙三国志』29 頁。

(135)「岡村寧次日記」昭和 10 年 12 月 10 日の条、舩木『岡村寧次大将』307 頁。

(136)「冀察政務委員会成立に関する磯谷武官声明」（昭和 10 年 12 月 20 日）、秦『日中戦争史』72, 339 頁。

(137) 戸部「陸軍『支那通』と中国国民党」49 ~ 55 頁。同『日本陸軍と中国』188 頁。

(138) 久保田久晴海軍大佐「天津鎖聞」（『天津特報』第 1 号、昭和 11 年 1 月 23 日）『現代史資料』第 8 巻、140 頁。

(139) 島田「華北工作と国交調整」206 ~ 213 頁。「第一次北支処理要綱」（昭和 11 年 1 月 13 日）、「第二次北支処理要綱」（昭和 11 年 8 月 11 日関係諸省間決定）『現代史資料』第 8 巻、349 ~ 350, 368 ~ 371 頁。

(140)「関東軍ノ任務ニ基ク対外諸問題ニ関スル軍ノ意見（有田大使ト懇談席上）（昭和 11 年 3 月 28 日）『日本外交文書』昭和期Ⅱ第 1 部第 5 巻上、24 文書付記（51 ~ 52 頁）。

(141) 星野『見果てぬ夢』188 ~ 189 頁。

(142) 昭和 12 年末のドイツによる和平仲介は、トラウトマン工作と呼ばれる。同仲介については、戸部『ピース・フィーラー』第 2 章が詳しい。また、宮田「トラウトマン工作再考」は、ドイツ仲介の発端について、当初、ドイツ側は仲介に消極的であったが、参謀本部よりトラウトマン駐華ドイツ大使に日本の和平条件の概要が通知されたことから、駐日ドイツ大使より広田外相に和平条件の詳細について照会され、広田がこれに応えた結果、ドイツ本国も仲介に積極的になったことを明らかにしている。12 月に入り、ドイツが和平仲介を本格化させた後、逆に広田が消極的になった背景として、ドイツを通じて知らされた陸軍の動向に対する反発があったものと考えられる。華北分離工作以来、参謀本部は中国現地陸軍の独断行動を抑制しようとしており、それが支那事変の拡大にも反対する姿勢につながっていた。しかし、広田はそうした陸軍の状況を完全に誤解していたようである。なお、宮田「トラウトマン工作再考」157 頁は、中国側の未公刊史料に基づき、王寵恵より蔣介石に宛てた電報を翻訳、引用している。しかし、同翻訳の最初の文章は、翻訳のような王外交部長の意見ではなく、孔祥熙財政部長の電報からの引用である。翻訳に誤りがあるので、訂正しておく。同史料については、小野田「駐華ドイツ大使トラウトマンによる和平工作の中国側史料としての『極密徳国調停案』」が詳しい。

終章　二十世紀前半の英米世界秩序と日本

(1) 宮田「東郷重徳『時代の一面』」。

(2) 小谷「イギリスの外交戦略とインテリジェンス」。

(3) 波多野『幕僚たちの真珠湾』第 5 章。

(4) Newton, Scott, *Profits of Peace*, chap. 6.

(5) McKercher, *Transition of power*, pp. 311-312.